प्रसाद के सम्पूर्ण नाटक एवं एकांकी

प्रसाद के सम्पूर्ण नाटक एवं एकांकी

जयशंकर प्रसाद
के
सम्पूर्ण नाटक एवं एकांकी

सम्पादन एवं भूमिका
डॉ. सत्यप्रकाश मिश्र
भूतपूर्व अध्यक्ष, हिन्दी विभाग
इलाहाबाद, विश्वविद्यालय, इलाहाबाद

लोकभारती प्रकाशन

लोकभारती प्रकाशन
पहली मंजिल, दरबारी बिल्डिंग, महात्मा गांधी मार्ग
प्रयागराज-211 001
वेबसाइट : www.lokbhartiprakashan.com
ईमेल : info@lokbhartiprakashan.com

शाखाएँ : 1-बी, नेताजी सुभाष मार्ग, दरियागंज
नई दिल्ली-110 002
अशोक राजपथ, साइंस कॉलेज के सामने
पटना-800 006
1, अनमोल सोराबजी संतुक लेन, धोबी तलाव,
मरीन लाइंस, मुम्बई-400 002

तीसरा संस्करण : 2008
चौथा संस्करण : 2013
पहली आवृत्ति : 2024

मूल्य : ₹ 700

बी.के. ऑफसेट
नवीन शाहदरा, दिल्ली-1100 032
द्वारा मुद्रित

PRASAD KE SAMPOORNA NATAK
EVAM EKANKI
Edited by Satya Prakash Mishra

ISBN : 978-81-8031-345-5

अनुक्रम

प्राक्कथन

१९०७ ई० से लेकर १९३३ ई० की जिस अवधि में जयशंकर प्रसाद के नाटक लिखे गये हैं वह भारतीय इतिहास का सबसे अधिक उधेड़बुन का समय है। उस युग को विवेकानन्द, रामकृष्ण परमहंस, सिस्टर निवेदिता, अरविन्द, दयानन्द सरस्वती, महात्मा गाँधी, रवीन्द्रनाथ टैगोर, तिलक, महात्मा फुले, मदनमोहन मालवीय आदि इस रूप में परिभाषित कर रहे थे कि हर क्रिया, निश्चय, आन्दोलन, सत्याग्रह, सिविल-नाफरमनी, स्वदेशी आन्दोलन आदि एक तरफ और स्वाधीनता, स्वतन्त्रता, स्वराज्य पराधीनता, आत्मगौरव, और स्वदेश प्रेम, आदि अवधारणाएँ दूसरी तरफ साथ ही साथ आध्यात्मिक, राजनैतिक, नैतिक और काल्पनिक अर्थ देती थीं न केवल अर्थ की दृष्टि से बल्कि स्वरूप की दृष्टि से भी। साही ने लिखा है कि 'छायावाद की हर रचना एक ही साथ नैतिक भी है और कल्पनात्मक भी और राजनैतिक भी।' (छठवाँ दशक-२७५) साहित्य में भारतेन्दु हरिश्चन्द्र और अध्यात्म नें विवेकानन्द का एक स्वर से आर्य साम्राज्य की एकता और आर्य संस्कृति को नष्ट होने से बचाने का, उसके विभिन्न गणों समाजों और जातीयताओं को एक सूत्र में पिरोने का विवेकवादी और आनन्दवादी दोनों प्रयत्न चल रहा था। प्रसाद के नाटकों में 'प्रायश्चित' से यह चेतना जिस मुखर रूप में हो आती है उसकी युगभूमि के लिए दो सन्दर्भ पर्याप्त होंगे।

"अब महाघोर काल उपस्थित है। चारों ओर आग लगी हुई है। दरिद्रता के मारे देश जला जाता है। अंगरेजों से जो नौकरी बच जाती है उन पर मुसलमान आदि विधर्मी भरती होते जाते हैं। आमदनी वाणिज्य की थी ही नहीं, केवल नौकरी की थी सो भी धीरे-धीरे खिसकी। तो अब कैसे काम चलेगा। कदाचित ब्राह्मण और गोसाई लोग कहैं कि हमको तो मुफ्त का मिलता है, हमको क्या ? इस पर हम कहते हैं कि विशेष उन्हीं का रोना है। जो कराल काल चला आता है उसको आँख खोलकर देखो। कुछ दिन पीछे आप लोगों के मानने वाले बहुत थोड़े ही रहेंगे अब सब लोग एकत्र हो। हिन्दू नाम धारी वेद से लेकर तन्त्र वरंच भाषा ग्रन्थ मानने वाले तक सब एक होकर अब अपना परम धर्म यह रखो कि आर्य जाति में एका हो। इसी में धर्म की रक्षा है। भीतर तुम्हारे चाहे जो भाव और जैसी उपासना हो ऊपर से सब आर्य मात्र एक-रहो। धर्म सम्बन्धी उपाधियों को छोड़कर प्रमुख धर्म की उन्नति करो" (भारतेन्दु समग्र ९७६)।—भारतेन्दु

"भारतवर्ष में हमारे दो बड़े विघ्न हैं—एक है पुरानी धार्मिक कट्टरता और

दूसरा है वर्तमान योरोपीय सभ्यता''—विवेकानन्द

जयशंकर प्रसाद के लिखना शुरू करने के पहले ही गाँधी की 'हिन्द स्वराज्य' की अवधारणा अवतार ले चुकी थी और सिस्टर निवेदिता तथा अरविन्द आदि स्वाधीनता तथा स्वराज्य पर 'मार्डनरिव्यू' 'नारायण' आदि पत्रिकाओं में लेख लिख रहे थे। छायावाद की मनोभूमि की बनावट के तत्वों का रेखांकन करते हुए विजय देव नारायण साही ने, इसीलिए 'दार्शनिक मुद्रा, विराट नाटकीयता तथा नैतिक और कल्पनात्मक स्वप्न लोकों का विशिष्ट अनुपात में सम्मिश्रण, और भाषा समस्या जो संस्कृत शब्दावली के माध्यम से मनो-भूमि को क्लैसिकल और एब्स्ट्रैक्ट बनाने का कार्य करती रही है का, उल्लेख किया है। इस मनोभूमि के निर्माण में श्रीधर पाठक, माधव शुक्ल, अयोध्या सिंह उपाध्याय हरिऔध, हितैषी, रामनरेश त्रिपाठी, माखनलाल चतुर्वेदी, गयाप्रसाद शुक्ल सनेही, रूप नारायण पाण्डेय, और मैथिलीशरण गुप्त की कृतियों की भी भूमिका रही है। इस युग की रचनाओं में 'लोकसेवा', 'लोकधर्म', 'लोकमर्यादा' 'लोक हृदय की पहचान', 'लोकमंगल', 'लोकाग्नि', 'लोकनीति', 'लोककल्याण', 'लोकवाद', शब्द कैनन की तरह प्रयुक्त मिलते हैं। देश की मिट्टी, पेड़ पौधे, पशु-पक्षी, कीड़े-मकोड़े, वनस्पतियाँ, नदी नाले, पर्वत-समुद्र, फल-फूल, स्त्री-पुरुष सबको खड़ी बोली पद्य के प्रारम्भिक संघर्षकालीन दौर में सर्जनात्मकता का विषय बनाकर लेखकों और रचनाकारों ने 'देश वत्सलता' और स्वदेशानुराग का आकर्षक व्यवस्थित ढाँचा खड़ा कर दिया था। छायावाद ने इस ढाँचे में मनुष्यता का रंग भर सबको मानव बना दिया—मानवीकृत कर दिया। भक्ति काल में जैसे सब कुछ राधाकृष्णमय हो गया था वैसे ही, प्रसाद के समय में सब कुछ मानवमय, और चिन्मय हो गया। कर्नेलिया का 'कल्याणी' में पेड़-पौधों को याद करना भारतवासियों को धिक्कारना और प्रेरित करना दोनों है।

प्रसाद जी के समय में 'भारतेन्दु द्वारा विकसित हिन्दी रंगमंच की स्वतन्त्र चेतना' क्रमशः क्षीण हो चुकी थी माधवशुक्ल जैसे लोग नाटय समितियों और राम लीला मंडलियों को जीवित किए हुए थे परन्तु वह भी प्रयाग और कलकत्ता में ही। उनके समय में जैसा कि प्रसाद जी ने लिखा है कि ''तीस बरस पहले (संभवत: १९०६ ई० में। जब काशी में पारसी रंगमंच की प्रबलता थी तब भी मैंने किसी दक्षिणी नाटक मंडली द्वारा संस्कृत मृच्छकटिक का अभिनय देखा था उसकी भारतीय विशेषता अभी मुझे भूली नहीं है'' (दे० रंगमञ्च)। रामलीला, रासलीला, यात्रा, भाँड की परिहास लीला, नौटंकी, कथकली आदि भाव मुद्राओं वाले नृत्यों आदि ने उत्तर भारत में अभिनयात्मक ह्रास के युग में चलते-फिरते रंगमंचों और विमानों की रक्षा की यह भी उनका मानना है, जो पारसी थियेटर से भिन्न परम्परा की लोक स्वीकृति का भी प्रमाण है। प्रसाद जी ने यह भी लिखा है कि ''पारसी व्यवसायियों ने पहले-पहल नये रंगमंच की आयोजना की। भाषा मिश्रित थी—इन्द्र सभा, चित्र बकावली, चन्द्रावली, हरिश्चन्द्र आदि के अभिनय होते थे, अनुकरण होता था रंगमंच में शेक्सपीरियन स्टेज'

का'' (दे० प्रसाद वाङ्मय, भाग ४, 'रंगमंच')। पारसी थियेटर के द्वारा एक प्रकार की विकृत रुचि और भोंड़ेपन का प्रचार किया जा रहा था। उसमें परिवर्तन करके भिन्न-भिन्न रुचि वाले लोगों के लिए सभी कलाओं के योग से अभिनीत नाटक ही एक विधा या माध्यम से रूप में उन्हें स्वीकार था। उपदेश और मनोरंजन से भी वे उसे बचाना चाहते थे। वे यथार्थवाद के इब्सनीय रूप से परिचित थे और उसके आधार पर भाषा तथा सामाजिक चेतना के छिन्न-भिन्न होकर बिखरने के कारण वेदना की वृत्ति की प्रस्तुति को पश्चिम की नकल से विकसित यथार्थ के कारण आवश्यक नहीं मानते थे। उनको विश्वास था कि अतीत और वर्तमान के आधार पर ही भविष्य का निर्माण संभव है। उन्होंने लिखा कि ''कुछ लोग कहते हैं साहित्यकार को आदर्शवादी होना ही चाहिए और सिद्धांत से ही आदर्शवादी धार्मिक प्रवचनकर्ता बन जाता है। वह समाज को कैसा होना चाहिए, यही आदेश करता है। और यथार्थ-वादी सिद्धांत से ही इतिहासकार से अधिक कुछ नहीं ठहरता, क्योंकि यथार्थवाद इतिहास की संपत्ति है। वह चित्रित करता है कि समाज कैसा है या था किंतु साहित्य-कार न तो इतिहास कर्त्ता है और न धर्मशास्त्र—प्रणेता। इन दोनों के कर्त्तव्य स्वतंत्र हैं। साहित्य इन दोनो की कमी को पूरा करने का काम करता है—''उनके अनुसार साहित्य समय की वास्तविक स्थिति क्या है, इसको दिखाते हुए भी उसमें आदर्शवाद का सामंजस्य स्थिर करता है। दुःख दग्ध जगत और आनंदपूर्ण स्वर्ग का एकीकरण साहित्य है; इसीलिए असत्य अघटित घटना पर कल्पना को वाणी महत्त्वपूर्ण स्थान देती है, जो निजी सौन्दर्य के कारण सत्य पद पर प्रतिष्ठित होती है उसमें विश्वमंगल की भावना ओतप्रोत रहती है (प्रसाद वाङ्मय, भाग ४)।

इन उद्धरणों में व्याप्त विश्वदृष्टि या दार्शनिक मुद्रा तथा नैतिक और कल्पनात्मक विजन का समन्वय उनकी समस्त रचनाओं में अन्तःप्रवाहित रक्त की तरह है। पौरुष, आनन्द, उल्लास और श्रेयमयी प्रेय दृष्टि उनके नाटकों में स्वतंत्रता की कामना के साथ ही अनुस्यूत है। उनके निबन्ध एक प्रकार से उनकी सर्जनात्मकता के व्याख्यान हैं। लगता है जैसे वे उनके नाटकों, काव्य ग्रंथों और उपन्यास कहानियों में व्याप्त आत्मा की संकल्पनात्मकता को आलोचना की भाषा में रूपान्तरित करते हैं। उनके अन्तिम अधूरे नाटक अग्निमित्र और अधूरे उपन्यास इरावती में उनके निबंध 'रहस्यवाद', 'यथार्थवाद' और 'छायावाद', काव्य और कला, और 'रंगमंच' की अनेक स्थापनाओं को अग्रगामिता प्रदान हुई है। 'जीवन का विकास इस दुःख पूर्ण बुद्धिवाद के बन्दीगृह में अवरुद्ध है। उसे आनंद पथ पर ले चलने की क्षमता तुममें अन्तर्निहित है। दुःखवाद की निद्रा छोड़कर आनन्द की जागृति के लिए मानवता चंचल हो रही है। यह सब उसी के क्षुद्र उपसर्ग हैं, तुम मंगलपूर्ण सृष्टि स्थिति संहार तिरोभाव और अनुग्रह के पंच कृत्य करने में कुशल 'चिदानंदमयी आत्मसत्ता में विश्वास करो'' (प्रसाद वाङ्मय, भाग ४, पृ० ७८०)।

अपने समय की दुःखदग्धता के नरक की पहचान करके उस जगत को

श्रद्धा सर्ग की कल्पना में रूपान्तरित करने की संकल्पनात्मक अनुभूति की 'राज्यश्री' के 'लोकसेवा' व्रत या कामायनी के आनन्दसर्ग की समरस स्थिति में, एक स्मित-रेखा आलोक मयो मूर्ति की तरह व्याप्त है। अभिनय, सूत्रधार, नियतिनटी, रंगमंच आदि शब्द प्रसाद के जीवन दर्शन के बीज शब्द है जो नाटक को 'लीला' का अर्थ देकर रचनाओं का आत्मसाक्षात्कार या आत्मोपलब्धि का पर्याय भी बना देते हैं। दूसरी ओर महाशक्ति के माध्यम से आनन्द की प्रतीति के लिए 'नाटक' लिखना और सृष्टि के विधान या क्रम को एक नाटक के रूप में देखना, एक से अपने समय की पराधीनता से मुक्ति का उपाय खोजना, स्वतंत्रता प्राप्त करना और दूसरे से स्व-तंत्रता प्राप्त करना एक से स्वराज्य और दूसरे से स्व-राज्य में विचरने का संकल्प कितना महत्त्वपूर्ण और कितना परस्पर विरुद्ध दिखता है। काल और कालातीत की एक साथ उपलब्धि ऋजुरेखीय काल के स्वीकार के साथ ही काल के अतिक्रमण की इच्छा और अन्ततः कामना, स्कंदगुप्त, चन्द्रगुप्त, एक घूँट, विशाख आदि में उस अतिक्रमण का प्रसादान्त संकेत प्रसाद के नाटकों को इतिहास और समकालीन, अतीत और वर्तमान दोनों बना देते हैं। एक ही साथ इतिहास और नाटक का रचनात्मक निर्वाह भी अन्ततः एक प्रकार के विरुद्धों का सामजस्य है। अतीत प्रसाद के लिए प्रदत्त या पुरातत्व की दृष्टि से खोदकर निकाला गया मात्र हो नहीं है वह साम्राज्यवाद के दौर में हत दर्प जाति के लिए सांस्कृतिक स्तर पर उत्तेजना और प्रेरणा का भी विषय है। प्रसाद के नाटकों मे 'भारत-भारती' का आभ्यंतरित रूप ही नहीं मिलता है, वर्तमान राष्ट्रीय शक्ति का एक हद तक मानवीय समस्याओं के संदर्भ मे परम्परा की खोज मिलती है। शक्ति के विद्युत्कणों की तलाश और समन्वय को समकालीन दृष्टि का अतीत में प्रक्षेपण ही स्कंदगुप्त, सिंहरण, अलका, देवसेना, कार्नेलिया, मन्दाकिनी, चाणक्य, चन्द्रगुप्त, हर्ष, ध्रुवस्वामिनी आदि चरित्रों की सृष्टि करवाता है। सृष्टि इसलिए कि इतिहास के अन्तर्गत ये रहे होंगे लेकिन इस रूप में ये इन नाटकों की नैतिकता पर चढ़े हुए अग्निवाण ही हैं, जिसे प्रसाद ने निर्मित किया है—विशेष संकेत के रूप में। इतिहास सन्दर्भ और सामग्री दोनों है। वह उपादान है निमित्त नहीं, निमित्त तो मूलतः तत्कालीन स्वाधीनता की आकांक्षा और आत्म गौरव की प्राप्ति है। अजातशत्रु के कथा प्रसंग और 'कामायनी' के आमुख में प्रसाद ने अपनी इतिहास दृष्टि का संकेत किया है। वे इतिहास को इतिहास सृष्टि के लिए प्रयोग करना चाहते हैं और नाटकों में समन्वित इच्छा शक्ति का, आत्माओं की संकल्पात्मक अनुभूति का, विश्वात्मा की इच्छा का अनेक स्तरों पर पाठक और श्रोता के सामने घटित को घटमान के रूप मे प्रस्तुत करते हैं। इतिहास की यह द्वन्द्वात्मक चेतना हेगेल के डायलेक्टिक और शैवागमदर्शन के द्वन्द्व से मिलकर बनी है। इसके मूल में काल की चक्रीय या सनातन दृष्टि भी है परन्तु वह सनातनता कर्म की साधना का निषेध नहीं करती है बल्कि संकल्पात्मक बनाती है। द्वन्द्वात्मकता के साथ में संकल्पात्मकता का यह वैचारिक बीजारोपण प्रसाद के लिए ही संभव था। अजातशत्रु के कथाप्रसंग का यह उद्धरण

कामायनी के 'आमुख' के साथ मिलाकर देखने पर ऐतिहासिक नाटकों की अर्थगर्भ संकेतात्मकता और इतिहास दृष्टि या 'कालचेतना' के लिए काफी संकेतात्मक है।

"इतिहास में घटनाओं की प्रायः पुनरावृत्ति होते देखी जाती है इसका तात्पर्य यह नहीं कि इसमें कोई नयी घटना होती ही नहीं किन्तु असाधारण नयी घटना भी भविष्यत में फिर होने की आशा रखती है। मानव समाज की कल्पना का भंडार अक्षय है क्योंकि वह इच्छा शक्ति का विकास है। इन कल्पनाओं और इच्छाओं का मूलसूत्र बहुत ही सूक्ष्म और अपरिस्फुट होता है। जब वह इच्छा शक्ति किसी व्यक्ति या जाति में केन्द्रीभूत होकर अपना सफल या विकसित रूप धारण करती है तभी इतिहास की सृष्टि होती है। विश्व में जब तक कल्पना इयत्ता को नहीं प्राप्त होती तब तक वह रूप परिवर्तन करती हुई, पुनरावृत्ति करती ही जाती है। समाज की अभिलाषा अनंत स्रोतवाली है। पूर्व कल्पना के पूर्ण होते होते एक नयी कल्पना उसका विरोध करने लगती है और पूर्व कल्पना कुछ काल तक ठहर कर, फिर होने के लिये अपना क्षेत्र प्रस्तुत करती है इधर इतिहास का नवीन अध्याय खुलने लगता है। मानव समाज के इतिहास का इसी प्रकार संकलन होता है।" अजातशत्रु कथा प्रसंग

"आज के मनुष्य के समीप तो उसकी वर्तमान संस्कृति का क्रमपूर्ण इतिहास ही होता है; परन्तु उसके इतिहास की सीमा जहाँ से प्रारम्भ होती है ठीक उसी के पहिले सामूहिक चेतना की दृढ़ और गहरे रंगों की रेखाओं से, बीती हुई और भी पहले की बातों का उल्लेख स्मृति पट पर अमिट रहता है; परन्तु कुछ अतिरंजित सा। वे घटनाएँ आज विचित्रता से पूर्ण जान पड़ती हैं सम्भवतः इसीलिये हमको अपनी प्राचीन श्रुतियों का निरुक्त के द्वारा अर्थ करना पड़ता है जिससे कि उन अर्थों का अपनी वर्तमान रुचि से सामंजस्य किया जाय" आज हम सत्य का अर्थ घटना कर लेते हैं। तब भी उसके तिथि क्रम मात्र से सन्तुष्ट न होकर मनोवैज्ञानिक अन्वेषण के द्वारा इतिहास की घटना के भीतर कुछ देखना चाहते हैं। उसके मूल में क्या रहस्य है ? आत्मा की अनुभूति। हाँ, उसी भाव के रूपग्रहण की चेष्टा सत्य या घटना बन कर प्रत्यक्ष होती है। फिर वे सत्य घटनाएँ स्थूल और क्षणिक होकर मिथ्या और अभाव में परिणत हो जाती हैं। किन्तु सूक्ष्म अनुभूति या भाव, चिरंतन सत्य के रूप में प्रतिष्ठित रहता है, जिसके द्वारा युग युग के पुरुषों की और पुरुषार्थों की अभिव्यक्ति होती रहती है।" कामायनी—आमुख।

प्रसाद के इतिहास की यह समकालीनता एक प्रकार का सनातनत्व भी लिये है। पुराणों से ली गई कथाओं में भाव के रूप ग्रहण की चेष्टा, जो शुद्ध वर्तमान में होती है सत्य के रूप ग्रहण करने के क्रम में रूपक का अर्थ ले लेती है। 'जनमेजय के नागयज्ञ' में जिसे मैं नाटकीयता की दृष्टि से काफी अर्थगर्भ और महत्वपूर्ण नाटक मानता हूँ, में यह रूपकत्व देवासुर संग्राम के अन्तर्निहित रूपकत्व जैसा ही अर्थवान है। यह रूपकत्व उनके सभी नाटकों के इतिहास की घटना के अर्थ को वर्तमान में में अन्तरित करने या संकेतित करने के कारण विद्यमान है वैसे रूपक तो यह है ही।

प्रसाद इतिहास और वर्तमान का प्रयोग 'प्रतिच्छाया' (दे० जायसी-साही) अलंकार की तरह करते हैं। जैसे आमने सामने रखे हुए दो दर्पण हों लगभग जायसी के 'पद्मावत' की तरह, जिसका प्रसाद बहुत सम्मान के साथ गाला के प्रसंग में उल्लेख करते हैं और यह प्रसाद की इतिहास दृष्टि को विशेषकर ऐतिहासिक नाटकों के लोक और अलोक, इतिहास और स्वप्नलोक के समान ही रचते हैं। अलाउद्दीन के द्वारा राख के हाथ में उठाने का उल्लेख वे 'संकेत' के रूप में करते हैं।

जयशंकर प्रसाद की इस गहरी चिन्तनशीलता ने हिन्दी नाटकों को पहली बार बौद्धिक अर्थवत्ता प्रदान की। उनके नाटकों की भूमिकाएँ जहाँ एक ओर उनकी अनुसंधान परक तथ्यान्वेषी दृष्टि का संकेत करती हैं वहीं इतिहास को एक अंगरखा भी संधान परक तथ्यान्वेषी दृष्टि का संकेत करती हैं वहीं इतिहास को एक अंगरखा भी पहनाती है। यद्यपि जयशंकर प्रसाद जी ने स्कंदगुप्त की भूमिका में लिखा है कि "पात्रों की ऐतिहासिकेता के विरुद्ध चरित्र की सृष्टि, जहाँ तक सम्भव हो सका नहीं होने दी गई है। फिर भी कल्पना का अवलम्ब लेना ही पड़ा है केवल घटना की परम्परा ठीक करने के लिए।" उन्हीं भूमिकाओं में अनेक स्रोतों के द्वारा अपने समकालीन सामाजिक राजनैतिक यथार्थ का समरूपो खोजने का संभव प्रयत्न किया। पराधीनता और पराधीनता से मुक्ति के जो समरूपी न केवल अतीत में खोजे गए बल्कि सांस्कृतिक पराधीनता के अनेक कारणों के भी समरूपी और समस्थानिकों की पहचान करके उन्हें वर्तमान के लिये आँखें खोलने वाले, शक्ति संचारक के रूप में प्रस्तुत किया गया। चन्द्रगुप्त की भूमिका, जो चन्द्रगुप्त नाटक की तरह, जैसा की प्रो० रामस्वरूप चतुर्वेदी ने उल्लेख किया है कई बार लिखी गयी है, इस संदर्भ में अधिक महत्त्वपूर्ण है। प्राणश्चित, विशाख, जनमेजय का नागयज्ञ, आदि नाटकों के 'परिचय' और प्राक्कथनों का इस दृष्टि से भी विशेष महत्त्व है। धार्मिक मतवाद, जाति-उपजातियों के झगड़े, सांप्रदायिक समस्यायें, धर्मोन्माद, देश के छोटे-छोटे टुकड़ों में विभाजन की प्रवृत्तियों के बहुपक्षीय समाधान नाटकों में खोजने का प्रयत्न उनकी विशेषता है।

अपने समय को परिभाषित करने के क्रम में अपने अतीत के प्राणतत्त्व को आत्मसात करते चलना उनका स्वभाव था। विचार, भाषा, शिल्प, यथार्थबोध, सभ्यता-समीक्षा, राष्ट्रीय और मानवीय चेतना, दार्शनिकता, रंगमंचीयता आदि की दृष्टि से वे सतत जागरूक रचनाकार हैं। 'उर्वशी चम्पू' से लेकर 'ध्रुवस्वामिनी' तक की यात्रा नाटक की दृष्टि से अनवरत विकास और सतत जागरूकता की यात्रा है। १९०९ ई० में प्रकाशित उर्वशी चम्पू को उन्होंने 'बाल्य रचना' मानते हुए पद्य के ब्रज भाषा में होने पर प्रकारान्तर से एकहिचक और कमी का अनुभव किया है। रचना में भी प्रेमतत्त्व का सम्प्रेषण है। कुछ कल्पित प्रसंगों के अलावा चम्पू में वैचारिकता और समकालीनता का अभाव है नाटकीयता के तत्त्व भी कम है। 'सज्जन' पाँच दृश्यों का नाट्य प्रयत्न है जिसमें संस्कृत और पारसी थियेटर की नाट्य रूढ़ियों का प्रयोग किया गया है। प्रारम्भ नान्दीपाठ, नट नटी का प्रयोग, भरत वाक्य और पारसी थियेटर की तरह से गानेवालियों का प्रथम दृश्य में उपयोग तथा गीतों का संगीतात्मक

प्रयोग मिलता है। पंचम दृश्य में द्रौपदी युधिष्ठिर के काव्यात्मक संवाद केशव की याद दिलाते हैं, नाटक के प्रारम्भ और अन्त दोनों में 'सत्कविता' और सज्जनता के के सम्बन्धों को रेखांकित किया गया है। युधिष्ठिर की धर्मनिष्ठा और सज्जनता को एक मूल्य के रूप में प्रस्तुत करना लेखक का लक्ष्य रहा है। 'कल्याणी परिणय' १९१२ ई० में नागरी प्रचारिणी पत्रिका में प्रकाशित हुआ था बाद में १९३१ में कुछ संशोधनों के साथ 'चन्द्रगुप्त' में समायोजित कर लिया गया। इस नाटक में पहली बार पहले दृश्य में ही चाणक्य 'अन्धकार हट रहा जगत जागृत हुआ' के द्वारा प्रकृति और जागरण दोनों का संकेत किया गया है। गीत साभिप्राय प्रयुक्त हैं। 'चाणक्य' का स्मरण भी भारत के गौरवमय अतीत का स्मरण है जिसमें क्या से क्या हो गया कि ध्वनि है।

> इतना था सौहार्द सभी हम एक थे।
> एक अकेले हमीं रहे, न अनेक थे॥
> करुणा का था राज्य, प्रेम ही धर्म था
> युद्धानन्द विनोद एक ही कर्म था
> न था किसी में मोह, कभी न विवाद था
> मिलता अविरत स्वच्छ सुधा का स्वाद था
> भीत शीत की भी न मार्ग की मन्त्रणा
> यह कुचक्र मय चाल न थी, न कुमन्त्रणा

प्रसाद ने इसी नाटक में कार्नेलिया—एक विदेशी महिला—के मुख से 'भारत भूमि की प्रशंसा करवाई है। 'चन्द्रगुप्त' में यह अधिक सर्जनात्मक और आत्मीयता युक्त है। इसमें प्रयुक्त यह वाक्य कि "भारत की पवित्र भूमि केवल हत्या, लूट, रक्त और युद्ध से वीभत्स बनायी जा रही है। वाह कैसा सुन्दर देश है। मुझे इस भूमि से जन्म भूमि सा प्रेम होता जा रहा है" स्वदेशानुराग की वृद्धि की दृष्टि से महत्त्वपूर्ण है। नाटक में चरित्रांकन व्यक्तित्व के अनुकूल नहीं है। 'प्रायश्चित' जो १९१४ में इन्दु में प्रकाशित हुआ था एक दृष्टि से जयशंकर प्रसाद के प्रारम्भिक रुझानों से भी 'प्रायश्चित' है। यह नाटक प्रसाद जी का पहला नाटक है जिसमें 'राष्ट्र प्रेम' को मूल्य मानकर 'देशद्रोह' का प्रायश्चित आत्मवध माना गया है। इसमें भावना का एकांगीपन अधिक है, नाटक में उस प्रकार की बौद्धिकता नहीं है जैसो स्कन्दगुप्त, चन्द्रगुप्त आदि में मिलता है। चरित्रों में अन्तर्द्वन्द्व और आत्मसंघर्ष की शुरुआत अवश्य है। पात्र भी अधिक नहीं है यद्यपि कि क्रिया व्यापार और वस्तु विन्यास विखरा हुआ है। कुल छः दृश्यों का नाटक है।

प्रायश्चित्त में प्रारम्भ में दो विद्याधारियाँ आती हैं जो लगभग पारसी थियेटर की शैली में नाटक के कार्य व्यापार की सूचना देने के साथ ही साथ 'हिन्दू साम्राज्य' के सूर्य के अस्त होने और आर्य साम्राज्य के नाश के कारणों का उल्लेख करती हुई

यह भी कहती है कि क्या यह 'किसी नीच भारतवासी का कार्य है' । नाटक के प्रारंभ के इस संवाद का निम्नलिखित अंश महत्त्वपूर्ण है जो एक प्रकार से नाटक का संदेश भी है । प्रतिहिंसा को प्रसाद बाद के नाटकों में अच्छा नहीं मानते हैं परन्तु अहिंसा को वे गुलामी का कारण अवश्य मानते हैं । उनके उपन्यासों और प्रारम्भिक काव्यों से भी ऐसे तरुण संघों के समर्थन का भाव मिलता है जो देश को राजनैतिक और सांस्कृतिक दृष्टि से सम्पन्न करना चाहते हैं । स्कन्दगुप्त, चाणक्य और चन्द्रगुप्त में ही नहीं कंकाल तितली और इरावती में भी इसके प्रयत्न है ।

प०—सखी ! "हिंसा कैसी बुरी वस्तु है । देख इसने कैसा भयंकर कार्य किया ।"

दू०—सीधी । इस रही सही 'प्रतिहिंसा' को भी भारतवासियों के लिये ईश्वर की दया समझ । जिस दिन इसका लोप होगा उस दिन से तो इनके भाग्य में दासत्व करना लिखा है ।"

प०—"विहारिणी तेरी बातें तो सब बेसिर पैर की होती हैं । भला प्रतिहिंसा भी कोई अच्छी वस्तु है, जिस पर तू इतना कह गई ।"

दू०—विलासिनी । जिस दिन से कोई जाति अपने आत्मगौरव के शत्रु से बदला लेना भूल जाती है, उसी दिन उसका मरण होता है । सब, जब अपने व्यक्तिगत सम्मान की रक्षा करते हैं तब उस समष्टि रूपी-जाति या समाज की रक्षा स्वयं हो जाती है, और नहीं तो अपमान सहते-सहते उसकी आदत ही वैसी पड़ जाती है । फिर शक्ति का उपयोग नहीं हो सकता, और शक्ति का उपयोग न होने से वह धीरे-धीरे उत्सन्न हो जाती है । इसलिये मैं कहती हूँ बची हुई यह थोड़ी प्रतिहिंसा यदि जाग्रत रही तो फिर भी मनुष्य अपने को समझ सकता है ।"

'प्रायश्चित' में यवन सैनिकों के अनुसार प्रसाद ने भाषा का भिन्न प्रयोग किया है । जैसे 'बहादुर सरदारो ! बैठो । आज फतह की खुशी मनाओ कल इसका बहुत जल्द इन्तजाम होगा । बाद के नाटकों में भाषा की यह सलवटें भाषा के एक तान प्रवाह के अन्तर्गत पैदा करके प्रसाद ने 'नाट्य भाषा' को अधिक सृजनशील और संकेतात्मक बनाया है । 'करुणालय' गीतिनाट्य है 'घूमेंगे बस देश देश स्वाधीन हो' यह रोहित की इच्छा है । इस नाटक में यज्ञ में नरबलि को आसुरी क्रिया ही नहीं कहा गया है बल्कि विश्वामित्र के मुँह से धर्म की छाप लगाकर किये जाने वाले आसुरी कर्म की निन्दा के साथ ही साथ उस आधुनिकता की भी निन्दा की गयी है जिसमें मनुष्य आवश्यकताओं का दास होकर प्रलोभनों के लिये मनुष्यता से गिर जाता है ।

अपनी आवश्यकता का अनुचर बन गया
रे मनुष्य ! तू कितने नीचे गिर गया
आज प्रलोभन भय तुझसे करवा रहे
कैसे आसुर कर्म्म ! अरे तू क्षुद्र है—

यह भी पाँच दृश्यों का नाटक है फलतः मुखसन्ध और फलागम ही मिलता है। करुणा और आनन्द को इसमें भी प्रकारान्तर से मूल्य माना गया है। प्रसाद जी ने 'रंगमंच' में इस प्रकार का संकेत भी किया है कि संस्कृत के नाटकों में पाई जानी वाली संधियों में से बीज निर्वहण को तो छोड़ा ही नहीं जा सकता है। 'एक घूंट' और 'ध्रुवस्वामिनी' में भी इसी का पालन है। प्रसाद के प्रायः सभी नाटकों में आनन्दवादी नैतिकता और औपन्यासिक चरित्र चित्रण पाया जाता है। जो एक प्रकार से 'वस्तुनेतारसस्तेषां' का कायान्तरण लगता है।

'राज्यश्री' (१९१५-१९२७) को वे अपना प्रथम 'ऐतिहासिक रूपक' मानते हैं। उन्होंने इसके प्राक्कथन में लिखा है कि हर्षवर्धन के जीवन का अन्तिम दृश्य इसमें इसलिये नहीं दिया गया कि इस रूपक का उद्देश्य है राज्यश्री का चरित्र चित्रण। चरित्रों की सृष्टि और उनकी पूर्वनिर्धारित भूमिकाओं के अनुसार उनका चरित्र-चित्रण उनके नाटकों की विशेषता है। यद्यपि प्रारम्भिक नाटकों से ही हृदय परिवर्तन भी मिलता है। स्कन्दगुप्त, चन्द्रगुप्त और अजातशत्रु में इसके प्रमाण हैं। परन्तु यह परिवर्तन बलवान का नहीं विवश का अधिक है। चार अंकों और २२ दृश्यों में विभाजित-परिवर्धित यह नाटक वैसे आकार में छोटा है निश्चय ही अंत में 'राज्यश्री' की क्षमा करने की शक्ति और करुणा को ही प्रतिष्ठित किया गया है।

नाटक की कथा संरचना में जिस समाज रचना को रूपायित किया गया है उसकी जटिलता का संकेत प्रसाद विमर्शात्मक रूप से करते हैं। प्रसाद मानव मन को मथनेवाली अन्तर्वासनाओं, आशंकाओं और वेदनाओं तथा सामाजिक जीवन में विद्यमान जाति-वर्ण, ऊँच-नीच, छुआ छूत के आचार-विचार से उत्पन्न दमित भावनाओं, और आक्रोश को नाटक में बड़ी कुशलता से संरचते हैं। राज्यश्री में सुरमा और शान्तिभिक्षु दोनों ही अन्तर्दमित वासनाओं की विकृतियों के परिणाम स्वरूप डकैती, हत्या, अपहरण आदि का कार्य करते हैं। सुरमा शान्तिदेव भिक्षु से जब यह कहती है कि मुझे एक साधारण फूलवाली समझते हो न। और तुम ठहरे, कुलीन क्षत्रिय, तिस पर भिक्षु" तो जाति, वर्ग और धर्म के द्वारा और उसकी ओट में होने वाले शोषण का भी संकेत करती है। नरदत्त महत्त्वशाली व्यक्तियों के सौभाग्य में धूर्तता का संकेत करता है और व्यंजना से भारत के तत्कालीन राजाओं की प्रवृत्ति और अनैतिकता का संकेत करता है। उसके कथन में शाश्वतता के बजाय एक प्रकार की समकालीनता है जो देशी नरेशों की ओर संकेतित है। जैसे—

"कौन न कहेगा कि महत्त्वशाली व्यक्तियों के सौभाग्य अभिनय में धूर्तता का बहुत हाथ होता है। जिसके रहस्यों को सुनने में रोम-कूप स्वेद जल से भर उठे जिसके अपराध का पात्र छलक रहा है—वही समाज का नेता है। जिसके सर्वस्व हरणकारी करों से कितनों का सर्वनाश हो चुका है, वही महाराज है। जिसके दण्डनीय कार्यों का न्याय करने में परमात्मा को समय लगे, वह दण्ड विधायक है।"

राज्यश्री का यह बीज भाव जो एक ओर राजनैतिक अधःपतन, सामाजिक

अन्तर्वेदना और मनःस्त[illegible] को उद्‌घाटित करता है और दूसरी ओर '**लोकसेवा**' (पृ० १४१) और **लोककल्याण** (१४१ को मूल्य के रूप में प्रस्तुत करता है, बाद के नाटकों में अधिक प्रबल और तेजस्वी रूप में प्रकट हुआ है। ३ अंकों और ५, ७, ५ के क्रम से क्रमशः दृश्यों में विभाजित नाटक '**विशाख**' में भी अन्यायी और अत्याचारी शासन का व्यापक चित्र है, जिसमें धर्म, धन और सत्ता के बल पर प्रभुत्व कामी नेतृत्व करने वाले लोगों द्वारा और सामान्य गरीब जनता का सर्वस्व अपहरण संदर्भ के रूप में प्रस्तुत है। इस प्रकार के कथन एक प्रकार का सन्देश भी देते हैं और अतीत तथा वर्तमान दोनों पर रोशनी भी फेंकते हैं। प्रसाद के **कंकाल और तितली** में भी इसके प्रमाण हैं। नागरिकों में भिक्षुओं और श्रमणों के प्रति अरुचि और तिरस्कार का भाव दिखाकर प्रसाद धर्म के सम्बन्ध में अनेक प्रश्न करते हैं। इस प्रकार के प्रश्न बौद्ध धर्म के संघों के ही बारे में नहीं है बल्कि उस पाखण्ड मात्र के बारे में है जहाँ धर्म व्यापार और जीविका बनकर अपहरण, बलात्कार, शोषण और अत्याचार का कारण बना है विशाख, जनमेजय का नागयज्ञ, अजातशत्रु, चन्द्रगुप्त और ध्रुवस्वामिनी नाटकों में ऐसे अनेक प्रश्न और जिज्ञासाएँ हैं। भिक्षुओं और श्रमणों को सत्ता के केन्द्र में रखकर अनेक अत्याचारों का जनक सिद्ध किया गया है। विशाख में आभूषण प्रियता की निन्दा (लगा दो गहनों का बाजार) सत्याग्रह पर बल, सत्कर्म के प्रति निष्ठा, आत्मसम्मान की मूल्यवत्ता, स्वराज्य की प्रतीकात्मक आवश्यकता पर जिस प्रकार से स्वामी प्रेमानन्द द्वारा बल दिया गया है, उससे महात्मा गांधी के विचारों से प्रभावित स्वाधीनता अन्दोलन का स्पष्ट संकेत मिलता है। नाटक में सत्कर्म और सत्याग्रह पर बल दिया गया है। प्रेमानन्द का कथन है कि—

'निर्बल भी हो, सत्य पक्ष मत छोड़ना
शुचिता से इस कुहुक जाल को तोड़ना'

विशाख, पृ० १६७

विशाख के अन्त में प्रतिहिंसा को पाशववृत्ति कहा गया है। भरत वाक्य की तरह नाटक के अन्त में चन्द्रलेखा ने जो प्रार्थना की है वह भी रामराज्य की कल्पना का ही रूपान्तरण लगती है—

दीन दुखी न रहे कोई
सुखी हों सब लोग
देश समृद्धि प्रपूरित हो—जनता नीरोग
कूटनीति टूटे जग में—सबमें सहयोग,
भूप प्रजा समदर्शी हों—तज कर सब ढोंग

अजातशत्रु (१९२[illegible]ई०) में उच्छृंखल राजशक्ति का विरोध है। जीवक प्रारम्भ में कहता है कि महाराज 'इस उच्छृंखल राजशक्ति का विरोधी होकर आप की सेवा करने

आया है और नाटक के अन्त में अजातशत्रु भी बिम्बिसार से कहता है कि "मुझे अच्छी शिक्षा नहीं मिली थी। मिला था केवल जंगलीपन की स्वतंत्रता का अभिमान। अपने को विश्व भर से स्वतंत्र जीव समझने का झूठा आत्म सम्मान।" यह प्रतीति तत्कालीन राजसता और किसी भी सत्ता पर टिप्पणी है। नाटक में बौद्ध धर्म की विश्वमैत्री करुणा, क्षमा, प्रेम को मूल्य के रूप में प्रतिष्ठित किया गया है। मैथिलीशरण गुप्त के साकेत के अष्टम सर्ग के कैकेयी, कौशल्या और राम के संवाद सहसा 'अजातशत्रु के छलना वासवी और अजात के प्रसंग में याद आ जाते हैं। नाटक अपने कार्य व्यापार और गतिविधि की दृष्टि से विशाख की तुलना में महत्वपूर्ण है। ३ अंकों और २७ दृश्यों में संरचित इस नाटक में संवादात्मकता गीत और दृश्यनियोजन पहले के नाटकों से पारसी थियेटर के प्रभाव से मुक्त हैं। नट, नटी सूत्रधार और विद्याधरियों का प्रयोग तो उन्होंने पहले ही छोड़ दिया था। अजातशत्रु के गीत भी भावस्थितियों और मनो-वृत्तियों को रूपायित और प्रस्तुत करने की दृष्टि से अधिक महत्त्वपूर्ण हैं। सत और असत के साँचों में मुख्य चरित्रों को कसने की प्रवृत्ति तो प्रसाद में ध्रुवस्वामिनी तक में बनी हुई है परन्तु छोटे चरित्रों में व्यक्तिमयता अवश्य बढ़ी है। अजातशत्रु में प्रकारान्तर से औद्योगिक सभ्यता और पूंजी के बढ़ते प्रभाव के कारण मानवीय सम्बन्धों में उदारता के अभाव का संकेत किया गया है। वाजिरा कहती है "प्रकृति से विद्रोह करके नये साधनों के लिए कितना प्रयास होता है! अन्धी जनता अंधेरे में दौड़ रही है। इतनी छीनाझपटी, इतना स्वार्थ साधन कि सहज प्राप्त अन्तरात्मा की सुख शान्ति को भी लोग खो बैठते हैं—भाई भाई से लड़ रहा है, पुत्र पिता से विद्रोह कर रहा है, स्त्रियाँ पतियों पर शासन करना चाहती हैं·····"! गौतम दास दासियों जैसे छोटे बड़े के भेद की निन्दा करते हैं। तीसरे अंक के चौथे दृश्य में रानी शक्तिमती और दीर्घकारायण के संवाद नाट्यधर्मिता की दृष्टि से महत्त्वपूर्ण भले न हों परन्तु स्त्री पुरुष समानता की दृष्टि से महत्त्वपूर्ण हैं। वस्तुतः जातीय समरसता, स्वाधीन राष्ट्रीयता आर्यावर्त्त की अखंडता और स्त्री पुरुष समानता, उनके नाटकों में प्रेरक दृष्टि के रूप में मिलती है।

अजातशत्रु की मल्लिका की तरह '**जनमेजय का नागयज्ञ**' (१९२५ ई०) में सरमा 'विश्व-मैत्री' को मूल्य के रूप में प्रस्तुत करती है और प्रारम्भ में ही यह कहती है कि "श्रीकृष्ण की उस अपूर्व प्रतिमा ने मेरे नस नस में मनुष्य मात्र के प्रति एक अविचल प्रीति और स्वतंत्रता भर दी थी। शूद्र गोप से लेकर ब्राह्मण तक की समता और प्राणी मात्र के प्रति समदर्शी होने की अमोघ वाणी उनके मुख से कई बार सुनी। वही मेरे उस आत्मसमर्पण का कारण हुई।" नाटक के पहले दृश्य में ही श्रीकृष्ण मानवतावाद का घोष करते हैं। दुःखदग्ध जगत और आनन्द पूर्ण स्वर्ग, श्रेय और प्रेय के सामंजस्य के प्रसादीय हल कई रूप में इन नाटकों में भी मिलते हैं। प्रायः सभी संतुलनधर्मी ही हैं परन्तु सभी मानवीय हैं। कृष्ण कहते हैं कि "अखिल विश्व एक सम्पूर्ण सत्य है। असत्य का भ्रम दूर करना होगा, मानवता की घोषणा करनी होगी।

सबको अपनी समता में ले आना होगा।' आत्मसत्ता के प्रचारक संकुचित भावों को नष्ट करो।" नाटक के ३ अंकों और ३५ दृश्यों में धर्म, पाप, समता, प्रेम, जातीय अनुराग और विश्वमैत्री को अनेक बार व्याख्यायित किया गया है। पुरोहितवाद को युद्ध और हिंसा का कारण माना गया है। दक्षिणा के लालची को मनसा घृणित पशु कहती है। त्रिविक्रम बन्दर और बकरा नचाने को पौरोहित्य से बेहतर कर्म मानता है। बलिकर्म आदिहिंसक वृत्तियें को इसमें अधार्मिक कहा गया है। जातीय अपमान अभाव और पुरोहितवाद के कारण उत्पन्न जातीय युद्ध और उससे मुक्ति के उपाय का ही यह नाटक है। स्वाधीनता आन्दोलन के उस दौर में इस प्रकार के नाटक व्यापक जनाधार का निर्माण करके राष्ट्रीयता की भावना को सुदृढ़ बनाने का कार्य करते हैं और साथ ही साथ गहरे स्तर पर जाकर सामाजिक संस्कार का निर्माण भी करते हैं। समता, न्याय और मानव मात्र का बन्धुत्व मूल्य के स्तर पर इस नाटक का विषय है। नाटक में प्राण देकर स्वतंत्रता की रक्षा के प्रयत्न का अद्‌भुत सन्देश इस नाटक में मिलता है। मनसा और उसकी सखियों द्वारा गाया गया उद्‌बोधन गीत पराधीनता के युग में जातीय जागरण का गीत है। चन्द्रगुप्त और ध्रुव स्वामिनी के प्रयाण और जागरण गीतों की तुलना में 'स्वतंत्रता' को मूल्य के रूप में प्रतिष्ठित करने का यह प्रसाद का अप्रतिम प्रयत्न है। गीत का कुछ अंश उद्धृत।

क्या सुना नहीं कुछ अभी पड़े सोते हो
क्यों निज स्वतंत्रता की लज्जा खोते हो
प्रतिहिंसा का विष तुम्हें नहीं चढ़ता क्या
इतने शीतल हो वेग नहीं बढ़ता क्या
जब दर्प भरा अरि चढ़ा चला आता है
तब भी तुमने आवेश नहीं आता है
जातीय मान के शव पर क्यों रोते हो
क्यों निज स्वतंत्रता की लज्जा खोते हो
धिक्कार और अवहेला की बलिहारी
सचमुच तुम सब हो पुरुष या कि हो नारी
चल जाय दासता की न कहीं यह छलना
देखते तुम्हारे लांछित हो कुल ललना
जातीय क्षेत्र में अयश बीज बोते हो
क्यों निज स्वतंत्रता की लज्जा खोते हो।।

नाटक में व्यास महात्मा गाँधी की तरह सत्य की स्थापना करते हैं। वे आस्तीक से कहते हैं कि 'बस सत्य महान धर्म है। इतर धर्म क्षुद्र हैं और उसी के अंग हैं। वह तप से भी ऊँच है। क्योंकि वह दम्भविहीन है। वह शुद्धि बुद्धि की आकाश वाणी है। वह अन्तरात्मा की सत्ता है। उसको दृढ़ कर लेने पर ही सब धर्म

आचरित होते हैं।" नाटक के अंत में माणवक का हृदय परिवर्तन होता है वह हिंसा का परित्याग करता है और अंत में हिंसा की उड़ती हुई धूल को समता के मंद्ररव की घोषणा के साथ स्नेह और शान्ति के जलद से शान्त करने की प्रार्थना करता है। प्रसाद के सभी नाटकों में भारतीय और पाश्चात्य नाट्य सिद्धांतों—रस और संघर्ष—के समन्वय की दृष्टि 'प्रकृति के अनुचर और नियति के दास' के रूप में मिलती है इस नाटक के भरत वाक्य में भी है।

'जनमेजय का नागयज्ञ' कई बार खेला जा चुका है और सफल भी हुआ है। यह नाटक कार्य व्यापार और दृश्य व्यवस्थापन की दृष्टि से संभाव्य भी है। नाटक में अनेक सामाजिक-सांस्कृतिक प्रश्नों और उनके उत्तरों को जिस में प्रस्तुत किया गया है वह अन्य नाटकों की तुलना में भारतीय सामाजिक जीवन में न्याय की दृष्टि से अत्यन्त महत्त्वपूर्ण है।

'स्कंदगुप्त' (१९२८ ई०) और 'चन्द्रगुप्त' उत्कट देश प्रेम और राष्ट्रीयता के नाटक हैं। 'स्कंदगुप्त' में भट्टार्क की माँ कमला भारत भूमि के उद्धार की आकांक्षा को ही महत्त्व देती है वह कहती है कि "भट्टार्क तेरी माँ को एक ही आशा थी कि पुत्र देश का सेवक होगा, म्लेच्छों से पद दलित भारतभूमि का उद्धार करके मेरा कलंक धो डालेगा। मेरा सिर ऊँचा होगा। परन्तु हाय।" वह अपने पुत्र को देश द्रोही और निंदनीय कहती है। स्कंदगुप्त, गोविन्दगुप्त और बन्धुवर्मा के संवाद 'स्वदेश प्रेम को प्राणों से भी अधिक मूल्यवान के रूप में स्थापित करते है। स्कंदगुप्त कहता है "आर्य! इस गुरु भार उत्तरदायित्व का सत्य से पालन कर सकूँ और आर्यराष्ट्र की रक्षा में सर्वस्व अर्पण कर सकूँ आप लोग इसके लिए भगवान से प्रार्थना कीजिए और आशीर्वाद दीजिए कि स्कंदगुप्त अपने कर्तव्य से—स्वदेश सेवा से—कभी न विचलित हो।" बन्धवर्मा गोविन्द गुप्त से कहता है कि 'आपके चरणों में बैठकर यह बालक स्वदेश सेवा की शिक्षा ग्रहण करेगा।" एक सैनिक पात्र 'हूणों' की चढाई के काल को 'राष्ट्र का आपत्ति काल' कहता है और यवन सभ्यता की निन्दा के द्वारा पाश्चात्य सभ्यता की निन्दा करता है 'वह भट्टार्क से कहता है "यवनों से उधार ली हुई सभ्यता नाम की विलासिता के पीछे आर्य जाति उसी तरह पड़ी है जैसे कुल बधू को छोड़कर कोई नागरिक वेश्या के चरणों में। देश पर बर्बर हूणों की चढ़ाई और तिस पर भी यह निर्लज्ज आमोद। जातीय जीवन के निवाणोन्मुख प्रदीप का यह दृश्य है" शर्वनाग विजया से माखनलाल चतुर्वेदी लिखित फूल की अभिलाषा' की ही तरह कहता है कि "देश पर एक भीषण आतङ्क है। भट्टार्क की पिशाच लीला सफल होना चाहती है! विजया! चलो, देश के प्रत्येक बच्चे बूढ़े और युवक को उसकी भलाई में लगाना होगा, कल्याण का मार्ग प्रशस्त करना होगा। आओ यदि हम राजसिंहासन न प्रस्तुत कर सके तो हमें अधीर न होना चाहिए। हम देश की प्रत्येक गली को झाड़ू देकर ही इतना स्वच्छ कर दें कि उस पर चलने वाले राजमार्ग का सुख पायें।" कमला अपने देश द्रोही पुत्र को देखना नहीं चाहती उसे नरक के कीड़े तक कहती है। प्रसाद

का संकेत उन भारतीयों की ओर है, जो अंग्रेजों की सत्ता की रक्षा के लिए 'सुखी घरों में आग लगा रहे थे ! हाहाकार मचा कर देश को अनाथ बनाकर उसकी दुर्दशा कर रहे थे ।

'स्कंदगुप्त' में भी 'कल्याणी' की तरह से सिंहल राजकुमार धातुसेन कहता है कि "भारत समग्र विश्व का है। और सम्पूर्ण वसुन्धरा इसके प्रेमपाश में आबद्ध । अनादि काल से ज्ञान की, मानवता की ज्योति यह विकीर्ण कर रहा है । वसुन्धरा का हृदय—भारत—किसको प्यारा नहीं है ?" विजया मातृगुप्त से इस भीषण समय में उद्‌बोधन गीत गाने को कहती है । उसका कहना है कि 'यह आश्चर्य और शोक का समय नहीं है । सुकवि शिरोमणि ! गा चुके मिलन संगीत, गा चुके कोमल कल्पनाओं के लचीले गान, रो चुके प्रेम के पचड़े ! एक बार वह उद्‌बोधन गीत गादो कि भारतीय अपनी नश्वरता पर विश्वास करके अमर भारत की सेवा के लिए सन्नद्ध हो जायें ।''....सुना दो वह संगीत-जिससे पहाड़ हिल जाय; और समुद्र काँप कर रह जाय; अँगड़ाइयाँ लेकर मुचकुन्द की मोह निद्रा से भारत वासी जाग पड़े । हम-तुम-गली-गली, कोने कोने पर्यटन करेंगे, पैर पड़ेंगे, लोगों को जगावेंगे" । इस प्रकार के अनेक उद्‌बोधनात्मक अंश ओजपूर्ण वाणी में चौथे अंक के चौथे दृश्य में भरे पड़े हैं । रामा, शर्वनाग, कमला, पर्णदत्त और मातृगुप्त सभी हूणों या विदेशियों से देश को मुक्ति के लिए अनेक कोनों से जगाते हुए आकर इकट्ठे होते जाते हैं और अन्ततः स्कंदगुप्त के नेतृत्व में हूणों को सभी मिलकर ध्वस्त करते हैं । कमला महात्मा गांधी की तरह से कहती है 'समझ लो जो अपने कर्म को ईश्वर का कर्म का समझकर करता है वही ईश्वर का अवतार है ।' वह कहती है "ओ स्कंद आसुरी वृत्तियों का नाश करो, सोने वालों को जगाओ और रोने वालों को हंसाओ आर्यावर्त्त तुम्हारे साथ होगा और उस आर्य पताका के नीचे समग्र विश्व" । देवसेना जैसे अनेक चरित्र अपने प्रेम को देश के प्रेम मूल्य के लिए न्योछावर कर देती हैं । प्रसाद के प्रत्येक नाटक में ऐसी आत्म बलिदानी स्त्रियाँ हैं, जिनके लिए देश प्रेम ही सर्वोपरि मूल्य है । उनमें से कई मर जाती हैं या मारी जाती हैं, परंतु पूरो जाति को जगाकर प्रस्तुत कर देती है । देवसेना और स्कंदगुप्त दोनों के गीत पुनर्जागरण काल के महत्त्वपूण गीतों में से हैं। देवसेना का गीत 'देश की दुर्दशा निहारोगे—डूबते को कभी उबारोगे' मैथिलीशरण गुप्त के 'भारत भारती' की याद दिलाता है और स्कंदगुप्त का गीत 'निछावर कर दें हम सर्वस्व हमारा प्यारा भारत वर्ष' लोगों को 'राष्ट्रीयता' की सीख ही नहीं देता है दृढ़ निश्चय और स्वदेशाभिमान पैदा करता है ।

स्कंदगुप्त एक प्रकार से प्रसाद द्वारा लड़ा जाता हुआ राष्ट्रीय संग्राम है जो साहित्य के द्वारा लड़ा जा रहा है । परंतु यह इतना ही नहीं है इसमें भो धर्म के धन और राजनीति से संयुक्त होने की निन्दा ही नहीं हरकतों से उसका प्रदर्शन भी है । हूण सेनापति, अनन्तदेवी, पुरगुप्त और बौद्ध धर्माचार्यों की संगति, ब्राह्मणों का दक्षिणा के लिए धर्म की मनमानी व्याख्या, नाटक के क्रिया व्यापार सेगुलामी के कारण के रूप

में प्रदर्शित और सम्प्रेषित है। स्कंदगुप्त, देवसेना, विजया, पर्णदत्त आनन्ददेवी की अन्तःवृत्तियों का चित्रण प्रसाद ने अधिक कुशलता से किया है। इसमें स्कंदगुप्त एक व्यक्ति भी लगता है। इस अर्थ में वह माध्यम न होकर चरित्र है—जीवित और स्पन्दनशील, हालांकि परिणति काफी सीमा तक प्रेमचन्द के प्रेमाश्रम जैसी ही है। इस अर्थ में प्रेमचंद के उपन्यासों और नाटकों में गोदान और ध्रुवस्वामिनी को छोड़ कर आश्चर्य जनक समता है। देवसेना का 'आह वेदना मिली विदाई' नाटक को अत्यंत ट्रेजिक बनाता है। एक अजीव प्रकार का 'आकाशदीप' जैसा भाव नाटक के अन्त में प्रसाद पैदा करते हैं, जो नाटक के मूल रस को अंत में अनेक प्रकार के शाश्वत प्रश्नों और जिज्ञासाओं से भर देता है। स्कंदगुप्त और चन्द्रगुप्त दोनों का अन्त लगभग एक सा है—अपने प्रभाव की दृष्टि से, जब कि ध्रुवस्वामिनी का अंत बिल्कुल भिन्न है।

'एक घूंट' (१९२९) जैसा एकांकी नाटक, जिसमें कोई दृश्य और अंक विभाजन नहीं है', वस्तुतः प्रसाद के दार्शनिक या वैचारिक चिन्तन का नाट्य रूपान्तरण जैसा है। प्रसन्नता, आह्लाद आनन्द, स्वच्छन्द प्रेम आदि को विश्वचेतना के विकास यानी जीवन के लिए इसमें आवश्यक माना गया है। नाटक काफी कुछ पहले के नाटकों की याद दिलाता है। इसमें क्रिया व्यापार का अभाव है। नाटक की भाषा हरकत की भाषा न होकर चिन्तन की भाषा है। नाटक में अतिवादी आनन्द के अनियंत्रित प्रेम और आनन्द के सिद्धांत की निरर्थकता प्रदर्शित है। बुद्ध के घर की काली कलूटी हांड़ी भी कई दिन से उपवास कर रही है और मूंगफली वाले का एक रुपये का खोमचा लड़कों ने उछल कूद कर गिरा भी दिया और लूट कर खा भी गये, उसके घर पर सात दिन की उपवासी रुग्ण बालिका मुनक्के की आशा में पलक पसारे बैठे रोगी या खाट पर पड़ी होगी—इस दुःख को आप नहीं समझ सकते मुकुल के यह कहने पर आनन्द इसे भी स्वच्छंद प्रेम को जकड़ कर रखने का कारण मानता है। वह प्रकारांतर से वैवाहिक प्रथा तोड़ने का समर्थन करता है। दुःखमय विचारों को दूर भगाने का यह एकान्तिक प्रयत्न झाड़ूवाला के विचारों से दूर हो जाता है। झाड़ूवाला का प्रयोग निश्चय ही नया प्रयोग है, जो यथार्थ को प्रेम स्वातंत्र्य के छायावादी विचारों के सामने जब रखता है तब स्वाभाविक और सहज स्नेह का बनलता को प्रमाण मिलता है और वह कहती है कि 'मैं जिसे प्यार करती हूँ वही—केवल वही व्यक्ति-मुझे प्यार करे, मेरे हृदय को प्यार करे, मेरे शरीर को-जो मेरे सुन्दर हृदय का आवरण है—सतृष्ण देखे। उस प्यास में तृष्णा न हो, एक-एक घूंट वह पीता चले, मैं भी पिया करूं। समझे? इसमें आप की पोली दार्शनिकता या व्यर्थ के वाक्यों को स्थान नहीं। संतुलित साकांक्ष प्रेम का यही संतुलन प्रसाद का काम्य है। नाटक के अंत में आनन्द प्रेमलता के उत्फुल्लता से यह समझ जाता है कि मस्तिष्क के साथ हृदय का मेल—इड़ा और श्रद्धा की समरसता आवश्यक है।

'प्रबोध चन्द्रोदय' और 'भारत दुर्दशा' की शैली में लिखा गया "कामना" (१९२३-२४ ई०) ३ अङ्कों और २२ दृश्यों का एक प्रतीकात्मक नाटक है। कामना,

सन्तोष, विनोद, विलास, विवेक, शांतिदेव, दम्भ, दुर्वृत्त, क्रूर, लीला, लालसा, करुणा, प्रमदा, वनलक्ष्मी और महत्त्वाकांक्षा की मानवीकरण प्रक्रिया के द्वारा प्रसाद जी ने कामना, लालसा और महत्त्वाकांक्षा के कारणा कैसे सन्तोष, शांति, और विवेकके थान पर दम्भ, दुर्वृत्त, क्रूरता, विलास प्रमदा, विनोद आदि प्रबलहोकर व्यक्ति और राष्ट्र की संस्कृति और शान्ति को नष्ट करते हैं यही इस नाटक का संकेत है। परंतु यह संकेत भी अन्ततः एक संकेतक है दूसरे संकेत का और वह है अंग्रेजों द्वारा भारत द्वीप के विनाश और गुलाम बनाने की कथा का तथा प्रकारान्तर से किसी भी देश की गुलामी की कथा का। फलतः व्यापक अर्थ में वह पराधीनता-समीक्षा का नाटक है। सीधी-साधी जाति को, जिसमें महत्त्व और आकांक्षा का अभाव और संघर्ष का लेश भी नहीं, अपने देश की दरिद्रता से प्रताड़ित और अपने कुकर्मों से निष्कासित विलास पाप और अपराधों से पाशित करने अतः गुलाम बनाने के लिए मदिरा और स्वर्ण के प्रचार से पतित करता है। चरखा चला कर हाथ का बुना हुआ कपड़ा पहनने वाली कामना को स्वर्णघट ने वशीभूत करके विवेक और सन्तोष से उसका अनुराग कम करके, उसे विदेशी जीवन और संस्कृति में ढालता है और उसके साथ द्वीप के अधिकांश निवासी स्वर्ण कामना से उन्मत्त होकर व्यक्तिगत महत्ता के प्रलोभन वाले विचारों के प्रभाव में संघर्ष करने लगते हैं-फलतः हत्या क्रूरता, अपहरण और विलास की वृद्धि होती हैं। प्रसाद ने इस नाटक में ईसाई धर्म में पृथ्वी को स्वर्ग बनाने के लिए ईसा के अवतार की कल्पना और पाप की अवधारणा का प्रयोग भी आधुनिक पाश्चात्य संस्कृति की गुलामी के प्रमुखतत्त्व के रूप में किया है। विवेक कहता है कि स्वर्ग बनाने की कल्पना इसे अवश्य नरक बनाकर छोड़ेगी। संतोष कहता है "छिप कर बातें करना, कानों में मंत्रणा करना, छूरों की चमक से आँखों में त्रास उत्पन्न करना, वीरता नाम के किसी अद्भुत पदार्थ की ओर अन्धे होकर दौड़ना युवकों का कर्त्तव्य हो रहा है। वे शिकार और जुआ, मदिरा और विलासिता के दास होकर गर्व से छाती फुलाये घूमते हैं हम धीरे-धीरे सभ्य हो रहे हैं।" तीसरे अंक के आठवें दृश्य में इस प्रकार की सभ्यता के परिणाम सामने आते हैं, जब हर व्यक्ति को शिकायत है की कोई निष्ठा, विश्वास और सम्बन्ध रह ही नहीं गये हैं। देश का सोना दूसरे देश में जा रहा है। प्रकृति का दोहन करके असन्तुलन द्वारा बिनाश को बुलाया जा रहा है। विनोद यह स्वीकार करता है कि मदिरा और स्वर्ण के द्वारा एक मायास्तूप की रचना हुई जिससे अपराध परम्परा विकसित हुई। विवेक लगभग गांधी की भाषा में कहता है कि आत्मप्रतारको। उस दिन की प्रतीक्षा में कठोर तपस्या करनी होगी, जिस दिन ईश्वर और मनुष्य, राजा और प्रजा, शासितों और शासकों का भेद विलीन होकर विराट विश्व, जाति और देश के वर्णों से स्वच्छ होकर एक मधुर मिलन-क्रीड़ा का अभिनय करेगा। नाटक पूर्णतः सुखान्त है और एक अर्थ में 'हिन्द स्वराज्य' का नाटकीय रूपान्तरण लगता है।

'चन्द्रगुप्त' (१९३१ ई०) प्रसाद का महत्त्वपूर्ण और बहु प्रशंसित नाटक है। उनके अन्य नाटकों से बड़ा भी है। चार अंकों के इस नाटक में कुल ४४ दृश्य हैं और अंतिम

अंक में तो कुल १४ दृश्य हैं जो उनके किसी नाटक में नहीं है। जातियों, राष्ट्रीयताओं विभिन्न सम्प्रदायों और धार्मिक समूहों में बँटे हुए विशाल देश को कैसे प्रभुता सम्पन्न एक स्वाधीन राष्ट्र के रूप में निर्मित और व्यवस्थापित किया जाय ? नाटककार इस सांस्कृतिक राजनैतिक चेतना से नाटक की परिकल्पना करता है।

'चन्द्रगुप्त' (१९३१ ई०) की विशेषता है कि इसमें चरित्रों को पराधीनता के युग में उत्कट देशप्रेमी और स्वाधीनता तथा अखण्ड राष्ट्रीयता के लिए अनासक्त भाव से मर मिटने वाला ही नहीं प्रस्तुत किया गया है, बल्कि एक व्यक्ति के रूप में भी प्रस्तुत किया गया जो प्रेम करता है और कर्त्तव्य तथा प्रेम के द्वन्द्व में अन्तर्मथित भी होता है। चाणक्य, राक्षस और चन्द्रगुप्त को यही यांत्रिक नहीं मानवीय बनाता है। नाटककार का मुख्य उद्देश्य तो पराधीनता से मुक्ति के लिए प्रदेशों, क्षेत्रों, जातियों, धर्मों आदि की निजताओं, स्वातंत्र्य कामनाओं और अहंताओं को भुलाकर विशाल आर्यावर्त को स्वाधीन और अजेय बनाना है। नाटक के प्रारम्भ में ही चाणक्य सिंहरण से कहता है "मालव और मगध को भुलाकर जब तुम आर्यावर्त का नाम लोगो तभी आत्मसम्मान मिलेगा और इस प्रभाव में वह अलका से यही कहता है कि मेरा देश समग्र आर्यावर्त है।" चाणक्य ब्राह्मणत्व को बौद्धिकता और त्याग का पर्याय मानकर उसे आर्यावर्त के अस्तित्व के लिए अनिवार्य मानता है। वह कहता भी है कि 'ब्राह्मणत्व एक सार्वभौम शाश्वत बुद्धि वैभव है। 'चन्द्रगुप्त' में हिन्दू-मुसलमान, बौद्ध-वैष्णव, उत्तर-दक्षिण आदि भेदों के आधार पर भेद नीति द्वारा राष्ट्र को गुलाम बनाने और सदाचारों को नष्ट करने का दृढ़ता से उल्लेख हैं। दो ब्रह्मचारियों के संवाद का एक उद्धरण अंग्रेजों के समय और वर्तमान समय में सत्ता मात्र के कुचक्र का संकेत करता है। एक ब्रह्मचारी कहता है कि 'गणतन्त्रों में प्रजावन्य बीरुध के समान फल-फूल रही है तो दूसरा ब्रह्मचारी कहता है कि वह (महापद्म नन्द) सिद्धान्त विहीन, नृशंस, कभी बौद्धों का पक्षपाती, कभी वैदिकों का अनुयायी बनकर दोनों में भेदनीति चलाकर बल-सञ्चय करता रहता है। मूर्ख जनता धर्म की ओट में नचायी जा रही है।" चाणक्य नन्द के दरबार में नन्द और राक्षस से यही कहता है कि 'यवन आक्रमणकारी बौद्ध और ब्राह्मण का भेद न करेंगे।' चाणक्य और चाणक्य के माध्यम से प्रसाद यह 'संदेश' देना आवश्यक समझते हैं कि "भाषा ठीक करने से पहले मनुष्यों को ठीक करना आवश्यक है। 'अलका' जो देवसेना का ही विकास है, अपने भाई को देशद्रोही लगभग कमला की ही तरह कहती है और दृढ़ता के साथ घोषित करती है कि "यवनों की विजयवाहिनी के आक्रमण का प्रत्यावर्त्तन बनाने वाले यही भारत सन्तान होंगे।"

चन्द्रगुप्त की विशेषता चाणक्य, अलका, चन्द्रगुप्त राक्षस अथवा दाण्डायन जैसे चरित्रों की निर्मिति में नहीं इनके भीतर जल रही ज्वाला, अपमान, वितृष्णा, आकांक्षा और स्मृति के समन्वित नाटकीय विधान में है। प्रारम्भिक नाटकों में विद्यमान नैतिकता का स्वरूप इसमें बदल कर राजनैतिक लक्ष्य की प्राप्ति-पराधीनता

से मुक्त सम्प्रभुत्ता सम्पन्न राष्ट्र का निर्माण, है। नाटक में बार-बार यवनों से आर्यावर्त पादाक्रान्त न होने पावे इसका संकेत है। हर पात्र को ठोकर, तिरस्कार और अपमान की प्रतीति है फिर भी लक्ष्य तो सर्वोपरिता है। व्यक्तिगतता का सामूहिक वेदना के निराकरण हेतु समर्पण है। नाटकों में देश के पहाड़, नदियों, वृक्षों के प्रति सम्बन्ध भावना का बारम्बार उल्लेख किया जाता है, जो हर नागरिक के मन में अपनी राष्ट्रीय पहचान का भाव पैदा करता है। 'अरुणमधुमय' यह देश हमारा की अर्थवत्ता अलका और कार्नेलिया के इन कथनों से अधिक व्यापक और महत्वपूर्ण हो जाती है। प्रसाद चाहते हैं कि प्रत्येक नागरिक अलका की ही तरह यह कह सके कि "मेरा देश है, मेरे पहाड़ हैं, मेरी नदियाँ हैं और मेरे जङ्गल हैं। इस भूमि के एक-एक परमाणु मेरे हैं और मेरे शरीर के एक-एक क्षुद्र अंश उन्हीं परमाणुओं के बने हैं।" या कार्नेलिया की तरह कहे कि "यहाँ के श्यामल कुंज, घने जंगल, सरिताओं की माला पहने हुए शैल श्रेणी हरी-भरी वर्षा, गर्मी की चाँदनी, शीतकाल की धूप और भोले कृषक तथा सरला कृषक बालिकाएँ बाल्यकाल की सुनी हुई कहानियों की जीवित प्रतिमाएँ हैं। यह स्वप्नों का देश, यह त्याग और ज्ञान का पालना, यह प्रेम की रङ्गभूगि-भारत भूमि क्या भुलाई जा सकती है? कदापि नहीं अन्य देश मनुष्यों की जन्म भूमि हैं, यह भारत मानवता की जन्म भूमि हैं।' आम्भीक और पर्वतेश्वर के पश्चाताप और स्वीकृतियाँ देश प्रेम को और बल प्रदान करती है एक प्रकार से वीर रस की सृष्टि करती हैं। वे श्रोताओं, पाठकों और सामाजिकों को पराधीनता से मुक्ति के लिए राष्ट्रहित में अहंता को त्यागने का संदेश देते हैं—हृदय परिवर्तित करते हैं।

चन्द्रगुप्त में मूल भाव या विचार सूत्र प्रारम्भ से अन्त तक शेक्सपियर के नाटकों की तरह आत्महत्या और हत्या आदि षड्यन्त्रों या युक्तियों के बावजूद सम्पन्न और दृढ़ होता रहता है। मूल भाव जैसा कि पहले ही कहा गया है पराधीनता से मुक्ति हेतु देश को जगाकर संगठित करना है। अलका पर्वतेश्वर से कहती है कि "पराधीनता से बढ़कर विडम्बना और क्या है।" चन्द्रगुप्त कल्याणी से कहता है कि 'बन्दी तो सारा देश है राजकुमारी' दारुण द्वेष से सब जकड़े हैं" ? नाटक में एक दृश्य है :—राक्षस चन्द्रगुप्त को मगध के सिंहासन पर हाथ पकड़ कर बैठाता है नागरिक वृन्द चन्द्रगुप्त की जय ! मगध (राष्ट्र) की जयकार करते हैं तब जिन शब्दों में चाणक्य मगध के नागरिकों को बधाई देता है। यह अत्यन्त मूल्य परक अंश है क्योंकि यह स्वतन्त्रता को एक मूल्य के रूप में स्थापित करता है। इस उद्धरण के प्रत्येक शब्द बड़ी कुशलता से संयोजित हैं चाणक्य का कथन है "मगध के स्वतन्त्र नागरिकों को बधाई है। आज आप लोगों के राष्ट्र का नवीन जन्म दिवस है। स्मरण रखना होगा कि ईश्वर ने सब मनुष्यों को स्वतन्त्र उत्पन्न किया है, परन्तु व्यक्तिगत स्वतत्रता वहीं तक दी जा सकती है, जहाँ तक दूसरों की स्वतन्त्रता में बाधा न पड़े। यही राष्ट्रीय नियम का मूल हैं।" यदि ग्रीक लुटेरों या सैनिकों के स्थान पर अंग्रेज रख

लिया जाय तो पूरे नाटक का अर्थ सन्दर्भ स्पष्ट हो जायगा। वैसे भी नाटक में एक स्थान पर अरस्तू और चाणक्य की चोट है इसमें दो बुद्धियाँ लड़ रही हैं—कहकर पाश्चात्य और भारतीय संस्कृति की चोट का भी संकेत किया गया है। एक उद्धरण देना आवश्यक है—इस अर्थ में कि यह उद्धरण नाटकीयता, दृश्य पीठ और क्रियात्मकता की दृष्टि से महत्वपूर्ण है संवाद छोटे, अर्थगर्भ, और हरकत वाले हैं।

सिकन्दर—तुमको अपनी विपत्तियों से डर नहीं—ग्रीक लुटेरे हैं ?

चन्द्रगुप्त—क्या यह झूठ ? लूट के लोभ से हत्या व्यवसाइयों को एकत्र करके उन्हें वीर सेना कहना, रणकला का उपहास करना है।

सिकन्दर—(आश्चर्य और क्रोध से) सिल्यूकस।

चन्द्रगुप्त—सिल्यूकस नहीं, चन्द्रगुप्त से कहने की बात चन्द्रगुप्त से करनी चाहिए।

आम्भीक—शिष्टता से बातें करो।

चन्द्रगुप्त—स्वच्छ हृदय भीरु कायरों की-सी वंचक शिष्टता नहीं जानता। अनार्य ! देश द्रोही। आम्भीक ! चन्द्रगुप्त रोटियों के लालच या घृणा जनक लोभ से सिकन्दर के पास नहीं आया है।

सिकन्दर—बन्दी कर लो इसे !

'चन्द्रगुप्त' के बारे में २५ वर्षों की कालावधि, तक्षशिला और सिन्धु के सीमा प्रान्तों से लेकर मगध तक फैले देश-स्थान और लाक्षणिक भाषा आदि को लेकर रंग-मंचीय दृष्टि से अनेक आपत्तियाँ की गई हैं। परन्तु इसके बावजूद चन्द्रगुप्त में रंग-मंचीयता की सम्भावना भी व्यक्त की गई है। शान्ता गांधी, कारंथ, प्रतिभा अग्रवाल और गिरीश रस्तोगी के प्रयत्नों के आधार पर कहा जा सकता है कि चन्द्रगुप्त का भी अभिनय सम्भव है। स्वयं प्रसाद जी ने १९३३ में 'अभिनय चन्द्रगुप्त' शीर्षक से एक रंगमंचीय प्रारूप लिखा था और अभिनय में रुचि भी ली थी। ४ अंक और ४४ दृश्यों में विभाजित इस नाटक में बीजभाव को बिना कोई क्षति पहुँचाये, नाटक की संकेतात्मकता को बनाये रखते हुए काल स्थान और पात्र की एकता को ध्यान में रखते हुए वैज्ञानिक साधनों और विकसित रंगमंचीयक्षमता का उपयोग करते हुए सुसंपादित पाठ के आधार पर इसका अभिनय किया जा सकता है और सांस्कृतिक प्रदूषण तथा आतंक के इस युग में इसे किया जाना चाहिए। आज की परिस्थिति में स्वयं नाटकों के कुछ अंश यदि अप्रासंगिक लगते हैं तो कुछ नये सिरे से प्रासंगिक भी लगने लगे हैं। मसलन 'जनमेजय का नागयज्ञ' और 'कामना' की प्रासंगिता बढ़ गयी है।

ध्रुवस्वामिनी, (१९३३ ई०) जिसमें कि प्रसाद की समकालीनता ऐतिहासिकता अधिक स्पष्ट, संवाद मार्मिक बेधक, मनोभिव्यंजक और सटीक भाविक विधान की दृष्टि से सहज हैं, रंगमंच की दृष्टि से ही सफल कृति नहीं है बल्कि अपने समग्र नाट्य विधान अन्तर्वस्तु और सरोकार की दृष्टि से भी महत्वपूर्ण हैं। ३ अंकों के इस छोटे नाटक में प्रसाद ने दृश्यों का विभाजन नहीं किया है। एक ही मंच पर पूरा एक

अंक घटित होता है। यह पहला नाटक है, जिसमें रंगमंचीय संकेत नये नाटकों की तरह विस्तार से दिया गया है। रंग व्यवस्था से लेकर रंग क्रिया तक के संकेत यह कहते हैं कि एक कुशल नाट्य निर्देशक की भाँति प्रसाद ने इस नाटक के पाठ को व्यवस्थित किया है। प्रत्येक अंक के प्रारम्भ में विस्तार से की गई रंग व्यवस्था इसका प्रमाण है। प्रसाद की नाट्यभाषा प्रारम्भ से ही बदलती रही है परन्तु वह संकेतात्मक से मुक्त कभी नहीं रही है। उसमें हरकतों के लिये अवकाश कम हैं इस अर्थ में वह क्लासिकल है। ध्रुवस्वामिनी का बीजभाव फलागम की दृष्टि से स्वदेशानुराग की अपेक्षा अपने और प्रकारान्तर से नारीमात्र के स्वत्व की रक्षा भी है। एक प्रकार से यह शक्ति काव्य के तर्ज पर 'शक्तिनाट्य' है।

'ध्रुवस्वामिनी' का प्रारम्भ ही असंतुष्ट दाम्पत्य और नारी विवशता से होता है। "सीधा तना हुआ, अपने प्रमुख की साकार कठोरता का अभ्रभेदी उन्मुक्त शिखर और इन क्षुद्र कोमल निरीह लताओं और पौधों को इनके चरण में लोटना ही चाहिए न।" वाक्य पुरुष सत्तात्मक व्यवस्था में एक नारी के असंतोष और पीड़ा का संकेत करता है, जो पिता द्वारा उपहार स्वरूप दिये जाने के प्रति असहमति और गुप्त साम्राज्य के राजभवन में अपने प्रति संचित अपमान आदि की प्रतीति से गहराता है। अंततः उसके भीतर इसे पूरी व्यवस्था मात्र में एक अजीब प्रकार की क्लीबता, तानाशाही, पराधीनता और कूटनीति तथा छलना की गन्ध आती है। इस प्रकार इस नाटक में पराधीनता शब्द का अर्थ काफी व्यापक है। पराधीनता का भय केवल शकराज या विदेशी सत्ता से नहीं है बल्कि पराधीनता स्वयं सामाजिक और सांस्कृतिक व्यवस्था के ढाँचे में है। हिजड़े, बौने, गूंगे और नपुंसक पात्रों के माध्यम से नाटक में इस व्यवस्था की ओर ही संकेत किया गया है। वह कहती भी है कि 'उसे छोड़ दो कुमार यही वही नपुंसक नहीं है। बहुत से लोगों में से किसको किसको निकालोगे।" इसका अर्थ विस्तार वैसे तो स्वाधीनता आन्दोलन के समय को भी संकेतित करता है, जिनमें इस प्रकार के अनेक लोग थे। पर मूलतः यह नाटक सामाजिक राजनैतिक है। इसमें इतिहास और घटनाएँ नाट्यान्तरित नहीं है बल्कि वे नाटक के भीतर ही रूप ग्रहण करती हैं। यद्यपि नाटक के दूसरे अंक की भाषा प्रेम की परिभाषा आदि के बावजूद कोमा के भावावेग के कारण काफी क्लासिकल और रंगमंच के प्रतिकूल है—वह पाठ्य भाषा है श्रव्य नहीं।

स्त्री की 'स्वाधीनता' ध्रुवस्वामिनी का मूल विषय नहीं है बल्कि व्यवस्था मात्र में स्वाधीनता की माँग विषय है। ध्रुवस्वामिनी का धर्मशास्त्र को दी गई चुनौती और पुरोहित द्वारा उनका उत्तर 'विवाह' व्यवस्था का नैतिक स्वीकार ही है। परन्तु ध्रुवस्वामिनी द्वारा पूछे गये प्रश्न नाटक में अनुत्तरित ही रह जाते हैं। मन्दाकिनी भी धर्म के प्रतिकार का प्रश्न उठाती है, जो बदली स्थितियों में प्रेम करने और विवाह करने के अधिकार की ही माँग है जिसे प्रसाद शास्त्र सम्मत भी सिद्ध करना चाहते हैं। शकराज की लाश को ले जाने के बाद मन्दा और ध्रुवस्वामिनी

का संवाद काफी महत्त्वपूर्ण है।

मन्दाकिनी स्त्रियों की विडम्बनात्मक स्थिति का संकेत करती है कि अपमान और तिरस्कार के बाद भी क्यों स्त्रियाँ पुरुषों के चरणों को पकड़ती है। ध्रुव-स्वामिनी का दिया गया उत्तर संकेतात्मक और उन्मीलक भी है। ध्रुवस्वामिनी के अनुसार उसका कारण है कि "पराधीनता की एक परम्परा सी उनकी नस-नस में—उनकी चेतना में न जाने किस युग में घुस गयी है—उन्हें समझ कर भी भूल करनी पड़ती है।" वह स्वयं भी महसूस करती है कि पुरुषों की प्रभुता का जाल मुझे अपने निर्दिष्ट पथ पर ही लाया। इस विकसित चेतना के बावजूद भी वह विवाह के बन्धन को तोड़कर अपने प्रेम को अभिव्यक्त नहीं कर पाती। जो अव्यक्त रूप में विद्रोह का एक कारण भी बना है। नाटक में इस प्रेम को अत्यन्त सधे हुए रूप में प्रदर्शित किया गया है। मन्दाकिनी महसूस भी करती है कि शास्त्र का एक मन्त्र कील की तरह नारी हृदय से सटकर गड़ा है, जो प्रेम को अभिव्यक्त होने से रोक रहा है। ध्रुवस्वामिनी अन्ततः यह निश्चय कर लेती है कि यह निर्णय हो ही जाना चाहिये कि मैं कौन हूँ। यह वाक्य एक प्रकार से नारी जागरण का प्रतीक वाक्य है, जो अनेक प्रकार की व्यवस्थाओं की पराधीनता से मुक्ति का भी प्रमाण है। नाटक एक प्रकार से मनुष्य की दस्युवृत्ति के प्रति विद्रोह का ही नाटक है। नाटक का बीज भाव पराधीनता मात्र से मुक्ति ही नहीं है बल्कि क्लीक नपुंसक और कायर राजा से मुक्ति का भी संकेत है। इसमें भी प्रसाद ने प्रतिचरित्र और अनुचरित्र सृष्टियों का क्रम बनाए रखा है। रामगुप्त और शिखर स्वामी और कोमा स्थिर चरित्र हैं। ध्रुवस्वामिनी चन्द्रगुप्त शकराज के चरित्रों में गतिशीलता है। नाटक में त्रासदीय तत्वों का प्रयोग दक्षता के साथ किया गया है। ध्रुवस्वामिनी और चन्द्रगुप्त में से नाटक के अन्त में ध्रुवस्वामिनी का व्यक्तित्व और अर्न्तद्वन्द्व और निर्णय ही लेकर दर्शक उठता है। शेष तो सब भूल जाता है। पराजय और हताशा के चरम क्षणों के बीच से जय और आशा का संकेत नाटक के क्रमिक विकास को नाट्य रचना और रंगकर्म की दृष्टि से महत्त्वपूर्ण बनाता है। ध्रुवस्वामिनी के बाद का नाटक अग्निमित्र अपूर्ण नाटक है। उसके बारे में कुछ भी निष्कर्ष निकालना कठिन है। उससे प्रसाद की नाट्य रचना पर अतिरिक्त प्रकाश भी नहीं पड़ता है।

प्रसाद के नाटक अपने समय को ही पारिभाषित करने वाले नाटक नहीं हैं बल्कि अपने समय को परिभाषित करके बदलने की आकांक्षा की दृष्टि से लिखे गये स्वाधीनता प्रयत्न हैं। सांस्कृतिक स्तर पर लेखक के रूप में एक नाटककार अपने समय की 'अड़ीभून नाट्यांभिरुचि' को बदलने की न केवल कोशिश करता है। बल्कि गहरे स्तर पर उसे नैतिक, सत्याग्रही, सर्वधर्म समभावी, सहिष्णु, उदार, स्व राष्ट्रप्रेमी, स्वाधीन और समतावादी बनाने का अनथक प्रयत्न करता है। अपने समय के धार्मिक और राजनैतिक और सामाजिक पाखण्ड को विश्व मानव के हित की कसौटी पर कसते हुए उद्घाटित करने से प्रसाद कभी नहीं चूकते। उस युग

का शायद ही कोई ऐसा लेखक हो, जिसने इतने गम्भीर और शाश्वत प्रश्नों को सम-कालीनता की दृष्टि से परखा हो। प्रसाद का दूसरा काम अपने समय की अभिरुचि को नाटक की दृष्टि से संस्कारित भी करना था। निश्चय ही प्रसाद को नाट्य धर्मिता की कमियों के बावजूद अपने लक्ष्य में सफल नाटककार कहा जा सकता है। आज के संदर्भ में उनके नाटकों को नयी अर्थवत्ता प्राप्त होती है—विशेषकर सांस्कृतिक और आर्थिक साम्राज्यवाद के इस युग में। उनके द्वारा पूछे गये प्रश्न अब फिर से जीवित होकर हमसे नये उत्तर माँगने लगेहैं।

सत्यप्रकाश मिश्र
हिन्दी विभाग
इलाहाबाद विश्वविद्यालय
इलाहाबाद

उर्वशी चम्पू

श्री शिवजी सहाय

निवेदन

परमश्रद्धास्पद—

श्रीयुत् बाबू देवी प्रसाद सुंघनी साहु

पूज्यप्राद स्वर्गीय पितृदेव !

आपका वह विद्यानुराग जो वात्सल्य प्रेम के साथ हमारे ऊपर था, उसी के द्वारा यह बीज इस क्षुद्र हृदय में अंकुरित हुआ, यह क्षुद्र पुस्तक उसी का फल है, इसमें उस प्रदेश की भी कुछ बातें हैं जहाँ कि आप इस समय विहरण करते हैं, बाल्यकाल में प्रायः आप हमसे संस्कृत के श्लोक तथा हिन्दी के दोहे कण्ठस्थ कराकर सुना करते थे, आशा है कि अब इस पुस्तक द्वारा आपका कुछ मनरंजन होगा।

आशीर्वादभाजन
भवदीयात्मज
जयशंकर

विजया दशमी
वि० १९६६

भूमिका

यह उर्वशी नामक चम्पू तथा हमारा प्रथम-परिश्रम साहित्य-सरोज-मकरन्दोन्मत्त-मधुकरगण के समक्ष प्रथमोपहार-स्वरूप उपस्थित है जो कि, वि० सं० १९६३ में लिखा जा चुका था, किन्तु श्रीपरमेश्वर की कृपा से उसे प्रकाशित होने का अब अवसर मिला। हमने भी काव्य बनाया है, यह ठीक उसी के समान है जैसे एक सीपी पारावार पार करने का गर्व करें, अस्तु जो कुछ हो बाल्यकाल का बालसुलभ-अशुद्ध-वाक्यविन्यास भी प्रिय तथा मधुर ही लगना चाहिये।

"चम्पू", यह शब्द आप लोगों से अपरिचित नहीं है, क्योंकि 'नरहरि चम्पूकार' ने अपने ग्रन्थ की भूमिका में लिखा है कि "काव्य जो दृश्य तथा श्रव्य इन दो भागों में विभक्त है उन दोनों भागों में प्रत्येक भेद के तीन २ भेद हैं प्रथम पद्य, द्वितीय गद्य, तृतीय-गद्यपद्य-चम्पू अतः काव्य के छः भेद हुए अब यह कवि की इच्छा पर निर्भर है कि चम्पू दृश्य बनावै वा श्रव्य"। किन्तु, हमारा कथन है कि चम्पू केवल श्रव्य ही होता है।

साहित्यदर्पण के षष्ठ परिच्छेद की पहिली कारिका "दृश्य-श्रव्यत्वभेदेन पुनः काव्यं द्विधामतम्" काव्य का दो भाग करती है दृश्य तथा श्रव्य। अपरञ्च साहित्याचार्य अम्बिकादत्तजी भी गद्यकाव्य मीमांसा में अपनी कारिका—

"दृश्यंश्रव्यमितिद्वेधा तत्काव्यं परिकीर्त्तितम्।"

से उसी का समर्थन करते हैं।

अथच, दृश्य काव्य का, साहित्यदर्पणकार षष्ठ परिच्छेद के तृतीय श्लोक—

"नाटकमथप्रकरणं भाण व्यायोगसमवकारडिमाः"

इत्यादि से अट्ठाइस भेद मानते हैं तथा अग्निपुराण ३३८ वें अध्याय के प्रथम श्लोक—

"नाटकं सप्रकरणं डिम ईहामृगोपि वा।"

इत्यादि से भी वे ही अट्ठाइस भेद सिद्ध हैं तथा श्री भारतेन्दुजी ने भी इन्हीं भेदों को अपने नाटक नामक प्रबन्ध में स्थान दिया है। इन दृश्य काव्यों की गद्यपद्यमय प्रणाली ही है तथा अग्निपुराण में तो दृश्यकाव्य को मिश्र के ही भेद में माना है क्योंकि ३३७ वें अध्याय के ८ वें श्लोक—

"गद्यं पद्यं च मिश्रं च काव्यादि त्रिविधं स्मृतम्।"

से आदितः काव्य को गद्य, पद्य, तथा मिश्र इन तीन भागों में विभाजित किया है तथा ३३७ वें अध्याय के ३८ वें श्लोक—

"मिश्रं वपुरितिख्यातं प्रकीर्णमिति च द्विधा।
श्रव्यं चवाभिनेयं च प्रकीर्णं सलोकोक्तिभिः ॥

से दृश्य (अभिनेय) को तो केवल मिश्र के ही भेद में माना है, तथा भारतेन्दुजी के "नाटक" के मत से नाटक के एक २ अंक की समाप्ति होने पर पद्यगानमय चर्चरी की आवश्यकता होती है, अतः केवल गद्यमय नाटक दूषित होगा तथा केवल पद्यमय होने से भी दृश्य काव्य दूषित होगा। क्योंकि साहित्यदर्पण के षष्ठ परिच्छेद के—

"भवेद्गूढ़ शब्दार्थः क्षुद्रचूर्णकसंयुतः।
नानाविधानसंयुक्तो नातिप्रचुरपद्यवान् ॥

इत्यादि से प्रमाणित होता है कि नाटक में क्षुद्रचूर्णक (गद्यभेद) होना चाहिये तथा बहुत से पद्य न होने चाहिये अतः अग्निपुराण-मतसिद्ध दृश्य काव्य मिश्र ही होता है।

अब श्रव्यकाव्य को साहित्याचार्य की कारिका तीन भागों में विभाजित करती है (जिसके अर्थ पर ध्यान न देने से ही 'नरहरिचम्पूकर्ता' चम्पू को दृश्य भी मानते हैं) वह यह है।

गद्यं पद्यं तथा गद्यपद्यं श्रव्यमितित्रिधा

गद्य, पद्य, तथा गद्यपद्य, जिस गद्यपद्य को साहित्यदर्पणकार श्रंव्य भेद के अन्तर्गत लिखते हैं (अथगद्यपद्यमयानि)

" गद्य पद्य मयं काव्यं चम्पूरित्यभिधीयते"

तथा टीककार तर्कवागीश महाशय ने भी लिखा है—

"गद्यपद्यमयानि श्रव्यकाव्यानीत्यर्थः भेदाः श्रव्यकाव्य विशेषाः"

उससे यह सिद्ध हुआ कि चम्पू दृश्य नहीं किन्तु श्रव्य ही होता है, मिश्र होने से ही दृश्यकाव्य चम्पू नहीं होता है।

संस्कृत में अद्यावधि चम्पूनामांकित जितने ग्रन्थ देखने में आते हैं वे सब श्रव्य हैं तथा गद्यपद्यमय नाटक शकुन्तलादि चम्पू नहीं कहे जाते हैं, यह भी एक समुज्ज्वल दृष्टान्त है कि संस्कृत में अद्यावधि किसी नाटक को जो कि प्रायः गद्यपद्यमय होते ही हैं चम्पू नहीं कहते हैं। अतः अग्निपुराण के "मिश्रं वपुरिति ख्यातं" इत्यादि में जो मिश्र श्रव्य है अथवा जिसको साहित्याचार्य ने अपनी कारिका—

"गद्यं पद्यं तथा गद्यपद्यं श्रव्यमिति त्रिधा"

में श्रव्य गद्यपद्यमय माना है उसी को साहित्यदर्पणकार ने लिखा है कि—

"गद्यपद्यमयं काव्यं चम्पूरित्यभिधीयते"

तथा टीकाकार ने भी लिखा है (गद्यपद्यमयानि श्रव्यकाव्यानीत्यर्थः) इन प्रमाणों से यह सिद्ध हो गया कि चम्पूनामांकित गद्यपद्यमय श्रव्य-काव्य ही होता है तथा दृश्य जिसकी मिश्र प्रणाली ही है 'चम्पू' नहीं कहा जा सकता[1]।

अनन्तर, हिन्दी में चम्पूनामांकित प्रथम काव्य प्रयाग-निवासी पं रामप्रसाद तिवारी ने वनाया है जो कि सन् १८७६ ई० में इण्डियन प्रेस में मुद्रित हो चुका है जिसकी संक्षिप्त आलोचना पं० देवीदत्त त्रिपाठी नरहरि चम्पूकर्त्ता ने अपने चम्पू की भूमिका में किया है तथा पं० रामप्रसादजी कृत नृसिह चम्पू में अनेक दोष दिखाकर अपने ही नरहरि-चम्पू को चम्पू शैली का प्रथम ग्रन्थ माना है किन्तु वह संस्कृत के नृसिह-चम्पू का छायानुवाद है तथा उसे न तो हम शुद्ध अनुवाद ही कह सकते न तो त्रिपाठी जी की उक्ति ही कह सकते हैं, अस्तु जो कुछ हो। इस उर्वशी में कथा के किसी २ अंश की छाया महाकवि कालिदास के विक्रमोर्वशीय त्रोटक से ली गई है, किन्तु उनकी किसी कविता का अनुवाद नहीं किया गया है। अपरञ्च, इसके गद्य भाग में प्रायः संस्कृत के शब्दों का विशेष प्रयोग भाषा की उत्कृष्टता तथा मनोहरता के हेतु किया गया है क्योंकि यह संस्कृत की सहायता बिना नहीं हो सकता, तथा खड़ी बोली के प्रेमी महाशय गण अवश्य ही किंचित् असन्तुष्ट होंगे क्योंकि पद्य के सवैया आदि छन्दों में वृज-भाषा ही विशेष है, वस्तुतः इन छन्दों में खड़ी बोली का व्यवहार करने से उतनी मनोहरता नहीं हो सकती। प्रथम संस्करण होने से तथा प्रूफ-संशोधन के दोष से अशुद्धियाँ रह गयीं हैं, विद्वज्जनों से बाल्यरचना के हेतु क्षमा प्रथमही प्रार्थित है तथा त्रुटियों के हेतु मुझे चितावनी देंगे जो कि द्वितीय संस्करण में शुद्ध कर दिया जायगा तथा अपनी कृपा दिखाकर मुझे दूसरा उपहार देने के हेतु प्रोत्साहित करेंगे। किमधिकं विज्ञेषु।

---

१. "श्रव्यकाव्य तीन प्रकार का है—गद्यपद्यात्मक, गद्यात्मक और पद्यात्मक। गद्यपद्यात्मक काव्य को चम्पू कहते हैं—जैसे रामायणचम्पू, भारत-चम्पू इत्यादि। नागरी में इस प्रकार का कोई अच्छा ग्रन्थ नहीं, लल्लूलाल के प्रेमसागर को यथाकथञ्चित् इस कक्षा में सन्निविष्ट कर सकते हैं।

—नैषध चरित चर्चा

कथामुख

कश्यप भगवान् के अदित्य देव को मनु नामक मानव-जाति-प्रथक उत्पन्न हुए. इनको इक्ष्वाकु आदि नव पुत्र तथा इलानाम्नी एक कन्या हुई[1] जिसने कि सोमसुन्दर सौम्य की प्रणयिनी होकर उन्हीं के वीर्य से पुरूरवा को गर्भ में धारण किया तथा जब वे उत्पन्न हुए तो शैशवाऽवस्था उल्लंघन करने पर चन्द्रवंशियों का प्रधान राजकेन्द्र प्रतिष्ठानपुर (झूसी) प्रतिष्ठित किया।

तथा, चन्द्रवंश के प्रथम राजा पुरूरवा ही हुए। एक दिवस मानव-मृगेन्द्र को मृगया खेलने की इच्छा हुई तत्काल ही अश्वरथ गजरथ तथा चतुरंगिणी सैन्य सज्जित कर—

सो०—कुण्डल कर्ण विलोल, वीरवलय भूषित भुजा।
कवच धारि अनमोल, मृगया खेलन सब चले॥ १॥

भु०प्र०—सजे सूर धारे दुधारे सुधारे।
गदा चक्र ओ शूल साँगी सँवारे॥

---

१. सन्तान की कामना करके जब मनु ने ऋषिश्रेष्ठ वशिष्ठ के आज्ञानुसार यज्ञ किया तो रानी की इच्छित प्रथमतः कन्या ही हुई जिसका कि इला नाम पड़ा, महाराज मनु ने दुःखित चित्त होकर वशिष्ठ से प्रार्थना कि या 'भगवान्! यह तो कन्या हुई तथा हम पुत्र होने की अभिलाषा रखते हैं' तब वशिष्ठ ने देवाधिदेव शंकर की तपस्या करके प्रसन्नतापूर्वक उनसे इला को सुद्युम्न हो जाने का बरदान लिया। ईश्वर की कृपा से इला सुदृढ़ युवक के स्वरूप में परिवर्तित हो गई। वह एक दिवस मृगया खेलते-खेलते गन्धमादन की उस तराई में जा निकला जो कि भगवान् देवाधिदेव तथा जगज्जननी की विहार-भूमि थी। शापवश सुद्युम्न पुनः इला के रूप में परिवर्तित हो गया। तथा स्त्री रूप में देख कर भगवान् बुध उनपर आसक्त हो गये, उन्हीं के वीर्य से पुरूरवा उत्पन्न हुए। तथा वहाँ से आकर स्त्री रूप से दुःखित होकर त्रिवेणी तट पर इला ने जहाँ वास किया था उसी का नाम इलावास हुआ। (अब उसी का अपभ्रंश इलाहाबाद है तथा प्रतिष्ठानपुर अब भी झूसी के टूटे फूटे रूप में विद्यमान है)।

(श्रीमद्भागवत)

भरे गर्व से लै सुधन्वा, नुकीले ।
लसै चारु नाराच तूणीर में ले ॥ २ ॥
लसै लालिमा नेत्र में बीरता की ।
चढ़ो मोछ पै ताव दै दै कमाँ सी ॥
बढ़ी ओप दूनी दिपै चारु ओरै ।
परै देखि ज्वालावली खड्ग छोरै ॥ ३ ॥
सबै अस्त्र साजे चढ़े हैं तुरंगे ।
चलैं चाल तेजै लजावैं कुरंगे ॥
बजे सैन्य भेरी चढ़ै ताव दूनी ।
लजै है चमू इन्द्र की होय ऊनी ॥ ४ ॥

सो०—अम्बर छाई धूरि, चलत सैन्य नरनाथ के ।
रहे सबै भयपूरि, प्रबल प्रताप पुरूरवा ॥ ५ ॥

एक बृहत्स्वर्णविनिर्मित किंकिणीजालमालित केतुपताकाविभूषित पार्श्वरक्षक, पृष्ठरक्षक, परिरक्षित रथ पर प्रजारंजन-प्रियदर्शन पुरूरवा आसीन हुए, अपरञ्च सब समूह के संग मृगया खेलते खेलते गन्धमादान की एक अधित्यका में पहुँचे, पुरूरवा के कर्ण में अकस्मात् स्त्रीगण का क्रन्दन सुनाई पड़ा। वीरप्रवर पुरूरवा ने तत्काल अरिप्रहारहास्यकारी कर में धनुर्बाण ग्रहण कर सूत को उसी ओर चलने को प्रेरित किया, कुछ दूर जाने पर एक पद्मिनीवन तीर पर पद्मिनियों का समूह दिखाई पड़ा, जो कि निज पद्मनेत्रों से अविरल जलधारा बहा रही थीं, जिज्ञासा करने पर ज्ञात हुआ, कि वे अप्सरायें उस सरोवर में सलिलविहार कर रहीं थीं, अकस्मात् केशी नामक दैत्य उन सब की प्रिया सखी उर्वशी को उठा कर अभी-अभी ईशान दिशा की ओर ले भागा है। बिना विलम्ब के नरनाथ की आज्ञा से सूत ने रथ को उसी ओर प्रेरित किया, सुदूर जाने पर एक अशोक वृक्ष के तल शोकतुषारम्लान पद्ममुख अवनत किए हुए नैसर्गिक सौन्दर्यमयी बाला दिखाई पड़ी।

दो०—हरिन यूथ ते बिलग जिमि, हरिनी होत विहाल ।
चितवत चहुँदिशि चकित ह्वै, लोयन, कोयन लाल ॥ ६ ॥

तथा, जिसके समक्ष एक पर्वताकार दानव निज पैशाचिक अग्निस्फुलिंगों को विनिर्गत करने वाले नेत्रों से देखता हुआ विनय करता था, किन्तु बाला हेमपुत्तलिका समान स्तब्ध थी।

दो०—सुनि रथांग को शब्द वह, चन्द्रमुखी तत्काल ।
चितयो दीन कटाक्ष सों, करत जु तुरत बिहाल ॥ ७ ॥

उसी सरल कटाक्ष की उन्मादक शक्ति से पुरूरवा तत्काल असि को कोश-विहीन करते हुए रथ से अवतरण करके उस दुष्ट दैत्य की ओर धावित हुए, वह भी उन्हें निज कार्य में बाधा डालने वाला देख कर खदिरांगार के समान नेत्र लाल कर धावित हुआ। नरनाथ ने तीव्र स्वर में कहा "दुष्ट स्त्रियों से क्या वीरता दिखाता है इधर देख" तत्काल ही उसने अपनी भयानक गदा का अचूक प्रहार इनके ऊपर किया, किन्तु रणचतुर नरनाथ ने हट कर एक ऐसा तीव्र असि प्रहार किया कि वह भीषण राक्षस धराशायी हो गया। उर्वशी ने यह कृपा देखकर निज रक्षक की ओर विनीत भाव से देखते हुए धन्यवाद दिया, परन्तु उन्होंने हँसकर सुन्दरी से रथ पर बैठने का अनुरोध किया, सुन्दरी स्तिमित कटाक्ष करती हुई युवक नरनाथ के समीप रथ में स्थित हुई।

दो०—प्रथम मिलन के हेतु तैं, सकुचति पुलकति बाल।
ज्यों समीर के परस ते, खिलत कदम्ब रसाल॥ ८॥

अपरञ्च, पुरूरवा उर्वशी को लेकर अप्सराओं के समीप आए। उर्वशी सहित नरनाथ को मूर्त्तिमान रति-रतिवल्लभ के समान देख कर अप्सराएँ अतीव हर्षित भईं तथा सबने उर्वशी को कण्ठ से लगाया।

अनन्तर, सब अप्सराओं ने नरनाथ से आतिथ्य स्वीकार करने के हेतु अनुरोध किया, नरनाथ बाध्य होकर सेनापति को सेना लेकर स्कन्धावार में ठहरने की आज्ञा करके अप्सराओं की विहार भूमि नन्दनकानन की ओर गये।

■

ॐ नमः शिवाय

उर्वशी

प्रथम परिच्छेद

सोरठा—शम्भु नयन प्रतिबिम्ब, जयति शैलजा बदन पै।
राजत विधु के बिम्ब, मनहुँ नील कमलावली ॥ १ ॥

कवित्त—रत्नमयी भूमि लगे हाटक के फाटक त्यों
चन्द्र के प्रकाश ते न दीपहु को काम है।
नन्दन के सुमन सुमाल गल बीच मञ्जु
सौरभ अगार बिहरत वरबाम है॥
परम प्रमोद में सकल सुर सुन्दरी
बिहाय के सँकोच करैं नृत्य धाम धाम है।
रक्षित सुरेन्द्र सों उतुङ्ग सौधमयी जहाँ
दुःख को न नाम सुरपुरी तासु नाम है ॥ २ ॥

दो०—लोग बतावत चन्द है, पै नहिं मोहिं सुहाय।
नगरी तेज अमन्द को, मण्डल नरहिं लखाय ॥ ३ ॥

रो०—कहूँ निकुञ्जन में कूजत कोकिल कलबानी।
कहुँ उपवन गृह लता मांहि सारस की बानी॥
कहुँ सुरशिशुगण क्रीड़त हैं मालिनि कमलन ते।
कहूँ सुन्दरीगण गूँथत अलकहिं कुसुमन ते ॥ ४ ॥

रो०—बलित हेमबल्ली कलकुसुम सहित उपवन जहँ।
वलित लताच्छादित अराम मणि खचित अहँ जहँ॥
अति उतुंग वातायन सौध ललित जहँ सोहैं।
सुरदम्पति गलबांही दै जहँ मुनिमन मोहैं ॥ ५ ॥

दो०—निधुवन लीला निरत नित, पूरित जहँ कल-कुंज।
नन्दन चित-नन्दन अहै, उपवन सौरभ-पुंज ॥ ६ ॥

रो०—कहूँ लोल लतिका पर निरतत मधुकर मुदभरि।
मंजुमंजुजरी ते बरसत मकरन्द सुरस भरि॥

कहूँ प्रस्फुटित पाटल के प्रसून बर सोहैं।
कहूँ खिले कचनारन पै लालरी ललौहैं॥ ७॥

रो०—कहूँ पुष्करिणी मांहि हेम-अरविन्द प्रफुल्लित।
मंजु भृंग बालावलि लुरत चहूँ दिसि इत-उत॥
कहूँ मालती-लता-कुञ्ज में स्फटिक शिला पर।
दैं गलबाहीं सुखासीन सुरदम्पति मनहर॥ ८॥

रो०—कहूँ कामिनीगण मनमुदित अलापत रागहिं।
वीणा कोकिल कलरव लाजत भरिसुख साजहिं॥
सदा मालती सँग माधव बिहरत जहँ सानँद।
निदरत कृष्णकेलिकल-कुञ्जहि नन्दन भरिमद॥ ९॥

रो०—मलयअनिल लहि नवमल्लिका परागहि सुख सों।
बहत सदा आमोद सहित नन्दन के रुख सों॥
यक्ष कहूँ कोउ गावत कहुँ कोउ बीन बजावत।
कहूँ अप्सरा निरत नृत्य में रस बरसावत॥१०॥

इन्द्र नगर में नन्दनकानन एक अपूर्व मनोहर स्थान है, उसकी शोभा को शोभा ही कह सकती है, कहीं चञ्चल चञ्चरीक मंजुरसाल-मंजरी पर गूँज गूँज कर मकरन्द का आनन्द ले रहे हैं, कहीं छोटे-छोटे मृगछौने कान उठाकर इधर उधर अपने आयत दृष्टिपात करते हुए हरित तृणावली चर रहे हैं, कहीं कामोन्मत्त अप्सरायें सरोवर में अपने मुख से इर्षा करने वाले कमलों पर जल के छींटे डालकर उनको जलमग्न कर देना चाहती हैं, पर वे अपने गर्व से पुनः प्रफुल्लित पत्रावली सहित कमलनालों पर तन कर खड़े हो जाते हैं, उन्हीं में स्नान करती हुई कोई अप्सेरा अपने अलकों को कमलावली पर विलुलित देखकर भ्रमरावली के भ्रम से चकित तथा भयभीत होकर, जलाप्लावित वस्त्रों को समेट कर बाहर निकलने को उद्यत हो जाती है।

स०—गलबाहीं दै कोऊ कहूँ बिहरैं
सुरनारी कहूँ जल-क्रीड़ा करैं।
कोउ बीनत हैं कुसुमावलि को
कोऊ तीखे कटाक्ष कटा को करैं॥
कोउ भावती नील सरोज से नैन
नचाइ के चाव बढ़ायो करैं।
कोउ मल्लिका की कलिकान सों माला
बनाइ के नाह के डारैं गरैं॥११॥

इसी नन्दनन्दन के लीलाकुन्ज को तिरस्कार करने वाले नन्दनकानन के एक सघनाच्छादित मालती-कुंज में स्फटिक शिला पर सुखासीन दो व्यक्ति दृष्टि-गोचर होते है, इनमें से एक तो शरत्चन्द्र-विनिन्दक-मुखारविन्द, आजानुबाहु, वृषभस्कन्ध, कमलनयन, युवा साक्षात् अंगधारी अनंग के तुल्य, विशाल धनुष पार्श्व में रखे हुए पृष्ठ पर कराल स्वर्णपुंखितबाणों से पूरित तूणीर धारण किए हुए, एक सर्वांगसुन्दरी के कर कमल को अपने कर में लिए हुए निर्निमेष लोचनों से उसके मुख की ओर निहार रहा है, परन्तु यह कौन मनोहारिणी है ?

स०—चन्द्रकी वल्लरी चन्द्रकला सी
कि चन्द्रमा सी यह दीसत को है ?
नैन भये को किधौं फल हैं
किधौं मैन तरंग के पुंज सी सोहै ।।
कामिनी है किधौं काम नीके कर
आपने ही सों सुधार दियो है ।
प्रात दिवाकर ! बालकलाधर !
काम कलाधर ! कामिनी को है ? ।।१२।।

स०—ओछे उरोज पै चम्पई कंचुकी
तोरति अंग किये अरसोहैं ।
गोल कपोलन पै अरुनाई
अमन्द छटा मुख की सरसोहैं ।।
दीरघ कंज से लोचन माते
रसीले उनीँदे कछूक लजोहैं ।
छूटत बान धरे खरसान
चढ़ी रहै काम कमान सी भौहैं ।।१३।।

स०—अलकावलि की बनी बेनी भली
गुथि के वर कुन्दकलीगन के ।
चपलाई लखे दृगकंजन की
दबि जात गुमान सुमीनन के ।।
दृग-चाप चढ़े गुन के बिन
देखि के बुद्धि भ्रमै है मुनीनन के ।
लखि ऊँचे उरोजन पै अँचला
मचला मन होत मुनीनन के ।।१४।।

अस्तु जो कुछ हो देखिये वह युवा उस सुन्दरी के कण्ठ में हस्तदाम डालकर

क्या कह रहा है—"प्रिये! तुम धन्य हो, और नन्दन! तुम्हारे विहरण से धन्य हो रहा है" अहा! कैसा आनन्ददायक दृश्य है—

रो०—सरसकुसुमित मल्लिकादिकहरिततरुगन चारु।
मंजुमधुकर पुञ्जगुञ्जित मधुहि चाखन हारु॥
झहरि झरनि परिमल परसि हिय देत आनँदपूरि।
विकसि अरविन्दन झरैं सर में कुसुमकर धूरि॥१५॥

रो०—सनी स्वेद पराग सों बसि मञ्जुमालति कुञ्ज।
ललितबेलिकंपाइ मुदभरि हिये मधुकरपुञ्ज॥
यदपि है यह पुण्यभूमि लहै न चित्त विकार।
श्रवण में टउ फूँकि मनमथ मन्त्र देत बयार॥१६॥

सुन्दरी स्निग्ध कटाक्ष करती हुई बोली—

"जी हाँ, मन्मथ! आपके गुरु अब आपके श्रवण में मन्त्र फूकेंगे। अनन्तर आपके चित्त में विकार होगा, तो कृपया मुझको आज्ञा दीजिए"—इतना कहकर सुन्दरी अर्धोत्थित हुई थी, कि युवक सजलनयन अञ्जलिबद्ध होकर कहने लगा—"प्रिये! इतना कटाक्ष शर सहने को हमारा हृदय असमर्थ है"—

सो०—प्रेम-पाश गल डालि, क्यों खींचत जन दीनको।
प्रिये कण्ठ भुज डालि, मैनपीर खींचहु तुरत॥ १७॥

युवक इतना कह रहा था कि दूर से आती हुई एक युवती को देख कर सुन्दरी कुछ सकुच कर खड़ी हो गई, और कहने लगी—"जीवनधन! प्राणनाथ! वह देखो, कमला चली आ रही है ज्ञात होता है कि मुझी को बुलाने आई है, प्रिय! अब इस चन्द्रमुख का दर्शन कब होगा?"

युवक निज हृदयका वैकल्य दिखाता हुआ कहने लगा "हाय! विधाता! प्रियतमा के मुखावलोकन का आनन्द-विशेष हमारे भाग्य में नहीं है। प्रिये! हम प्रभात ही प्रतिष्ठानपुर जाने के हेतु उद्यत हो चुके हैं, और सुरेन्द्र से आज्ञा भी मिल चुकी है, अब क्या कहूँ जैसी तुम्हारी और निर्दय दैव की इच्छा।"

सुन्दरी इतना सुनते ही निज अरविन्द-परिहासकारी नेत्रों से अविरल अश्रुधारा बहाने लगी, अनन्तर बोली—

"प्राणनाथ! आप इसको पूर्णतया जानते हैं कि मैं परवश हूँ तथापि कृपया इस दासी को विस्मरण न कीजियेगा बस यही हमारी हार्दिक प्रार्थना है, इसको निश्चय जानिये कि हम और हमारा तन, मन, यह सर्वस्व आपका है।"

"प्रिये ! विशेष क्या कहूँ कालचक्र की कुटिल गति है।" युवक ने कहा—

दो०—बसि सरोज रस लेत को सन्ध्या समय मलिन्द।
रवि अथवत सम्पुटित भो उड़ि न सक्यो परि फन्द ॥ १८ ॥
रैन जाइहै उदय पुनि सूर होइहै प्रात।
सोचि रह्यो अलि बारनहि कमलहि देख्यो खात ॥ १९ ॥

"अच्छा प्रिये ! अब सन्ध्या की सन्ध्या करना आवश्यक है, अतएव इस समय बिदा माँगता हूँ, पुनः सुरेन्द्र की सभा में् एकबार आपका दर्शन करूँगा।"

उर्वशी ने दीर्घ निःश्वास लिया परन्तु साथ ही युवक के मधुर अधरों ने उसे रोक दिया, और वह युवक एक ओर नन्दनकानन के पार्श्व में चला गया।

इतने समय तक वह युवती दूर खड़ी थी, अब समीप आई, परन्तु इन युगल प्रेमी के मधुर प्रेमालाप को सुन चुकी थी, अतएव सुन्दरी के कोमल कपोल पर कर कमल से चुटकी लेकर बोली—"रानी ! प्रेम के पाले पड़ी"—चलो सुरेन्द्र ने आज तुमको नृत्य के लिये शीघ्र आवाहित किया है। आज इस राजर्षि की बिदाई है, उसी के उपलक्ष्य में राग-रंग होगा। अब क्या, रूप दिखा कर तो वश में किया ही था आज गुण दिखा कर प्रेमपाश में बाँध लेना, अरे विशेष क्या कहना है तुम तो उनके—"उर-वशी"—हो, परन्तु उर्वशी जो कि अब तक आपे में न थी, एक बार इषत्-हास करके उसकी ओर देखा, और धीरे से एक हस्तप्रहार उस युवती के कपोल पर किया और उसका कर ग्रहण कर नन्दन के दूसरे पार्श्व की ओर चली गई।

इति प्रथम परिच्छेद

■

द्वितीय परिच्छेद

स०—मोदभरी सुकुमोदिनियाँ, हुलसै
लगीं देखि दिवाकर लालिमा।
लागे उलूक चितौन चहूँ दिशि
लै लै पराग उड़ै लगे आलिमा॥
बाल वियोगिनी पीत कपोल सों
इन्दुकला दरसाई अकास मा।
कञ्ज सँकोचि लगे मुरझान, लगी
चकई को वियोग की कालिमा॥ २०॥

धीरे-धीरे सन्ध्या की अँधियारी निज आवरण से जगतीतल को अवगुण्ठित कर रही है। और इधर पीतमुख सुधामुख अपनी सुधाकिरणों से धरातल को परिवेष्टित करने के मिस से औषधियों को सुधासिंचन से सुधाफल देने वाली बनाने लगा है। अहा!

स०—सन्ध्या सुबाल की भालमणी, किधौं—
ताराहरा की सुमेरु-मणी है।
अम्बर के सर शुभ्र सरोज
खिल्यो री पसारि के पत्रावली है॥
मैन महीपति को वर छत्र कि
काम कटोरी सुधा सों भरी है।
चन्द्रिका चारु पसारत है यह
चन्द्र किधौं शुचि चन्द्रमणी है॥ २१॥

पक्षीगण अपने पथ से विपथ हो चुके हैं, वियोगिनीगण विरजनी रजनी के पैंजनी शब्द तुल्य नालिनमकरन्द से मत्त मधुकरनिकर के आनन्दोल्लास को सुन कर पुष्पधन्वा के धनुष्टंकार-शब्द का अनुभव करती हुई व्यथा से अश्रु-वर्षण करने लगी हैं, आकाश के झरोखे से अन्धकार के आवरण का अनुसन्धान करते हुए कृष्णाभिसारिका की नाईं तारागण कहीं कहीं झाँकने लगे हैं॥

धवलाज्योत्स्ना, सुप्रतिष्ठित प्रतिष्ठानपुर के श्वेतपाषाण विनिर्मित सुविशाल राजप्रासाद पर निज अधिकार कर चुकी है। राजप्रासाद में एक सुविस्तृत हर्म्य है,

जिस पर वही पूर्व कथित युवा राजकीय परिच्छद से आच्छादित, मणिखचित सिंहासन पर अमूल्य मणिमाणिक्य-जटित मुकुट धारण किये हुए उदासीन आसीन है।

यही इस वीरभोग्या बसुन्धरा के चक्रवर्ती सम्राट हैं, प्रताप और बल सब में सम होने के कारण बुध लोग पुरूरवा और पुरुहूत नाम के "रवा" और "हूत" के भेद से नरेन्द्र और सुरेन्द्र को भिन्न मानते हैं।

इनका अन्तरंग मित्र तथा, प्रधान सचिव विजयसेन भी पार्श्व में दण्डायमान हैं, परन्तु महाराज का मुखमण्डल उदासीन है अतएव परिहासप्रिय विजयसेन भी इस समय मौनव्रतावलम्बन लिये हैं।

किंचित्कालोपरान्त महाराज के मुख से एक दीर्घ निःश्वास के साथ ही चक्षुकोण में जलबिन्दु दिखाई दिये, जो कि चन्द्र-ज्योत्स्ना से धवलित होने के कारण गिरने के समय में चन्द्रमण्डल से तारापात का दृश्य दिखाते थे। विजयसेन से न रहा गया अतएव अकुला कर बोले, "राजन् यह अश्रुवर्षण क्यों है? कृपया इस दुष्टमेघ का निवारण कीजिये, और कहिये वह क्या है जो महाराज को अलभ्य है?" पुरूरवा ने दीर्घ निःश्वास लेकर कहना आरम्भ किया—

रो०—"अरविन्द पै लखि खंज एक सुराज पावत रंक।
कहत हैं यह लोग नित निरधारि मानि अशंक॥
हाय हम खंजन युगल लखि कंज मुख पै आज।
प्रेम जाल परे, व्यथित-हिय होत हैं बिन काज॥ २२॥

हाय!

सो०—अमल चन्द्र-मुख चारु, नैन खंज-गंजन कुटिल।
रस-सिंगार को सारु, सोइ "उर-वशी"! उरवसी॥ २३॥"

इतना कहते कहते महाराज के नीलनयन युगल चन्द्रमा के उज्ज्वल-मण्डल में निज नीलिमा प्रसारित करने का उद्योग करने लगे, कि अकस्मात उस सकलंक शशिमण्डल में से एक निष्कलंक चन्द्र नीचे खसकता हुआ दिखाई पड़ा, मानो महाराज का दृष्टिसूत्र चन्द्र का सारांश खींच रहा हो। किंचित्कालोपरान्त उसी सुविशाल हर्म्यकोण में आकर वह चन्द्रांश एक असामान्य सुन्दरी के रूप में परिवर्त्तित हो गया, क्रमशः वह मूर्ति आगे बढ़ने लगी, इधर महाराज चकित होकर सिंहासन से उतर कर उस सुन्दरी की ओर धावित हुए तथा समीप जाकर उस पूर्णचन्द्र को अंकावगत किया। प्रेमोद्दीपक चन्द्र के निरखने से महाराज के ऊपर कम्प, अश्रु, स्वरभंग, रोमांच इत्यादि संचारीगण ने अपने संचार का आवरण किया, धीरे-धीरे संयोग में भी

वियोग की नवमावस्था मूर्च्छा का अधिकार महाराज पर हुआ। तत्काल ही आकुल होकर सुन्दरी ने कमला को आवाहन किया, उस कोकिल विनिन्दक कण्ठस्वर को सुनते ही उसी क्षण एक युवती ने उस अपूर्व रंगभूमि में प्रवेश किया, अपरंच सुन्दरी ने विजयसेन, युवती इत्यादि की सहायता से, महाराज को ले आकर सिंहासन पर शयन कराया।

अनन्तर वह सुन्दरी पार्श्व में स्थित हुई तथा आकुल होकर उपचार का उद्योग करने लगी—

स०—कंज मुखी लखि कंज सँकोच
सुसोचन ते मन पीर मरोरत।
दै पिचुकारी गुलाब के आब की
केस सने ते सुगन्ध झकोरत।
लै निज पीतम को मुख अंक में
राखि कपोल अमोल निहोरत।
मानहु मूरछ को लखि के विधु
वा मुख में ज्यों सुधाहि निचोरत॥ २४॥

स०—मूरछा देखि के प्यारे सुजान की
व्याकुल बाल सँजोवती है।
बारहिबार सुवारि भरे दृग-
यन्त्रन ते मुख धोवती है!
दीरघ श्वास बगारि के त्यों
मलयानिल ते मुख गोवती है।
प्यारे मिलाप की मूरछा ते
मनहीं मन मोहिनी रोवती है॥ २५॥

किंचित्कालोपरान्त महाराज की मूर्च्छा भंग हुई, अपरंच उठ कर बैठे। अब तो सुन्दरी को असीम आनन्द हुआ, उसके विषादाश्रु आनन्दाश्रु में पलट गये, किंचित्काल तक दोनों स्तब्ध, नीरव तथा शान्त रहे, उपरान्त इसके पुरूरवा ने शून्यता भंग की, तथा बोले—

स०—पूरन या मुखचन्द चितै इन
नैन चकोरन ने सुख पायो।
आजु उदै भयो मों सुखचन्द
सुपूरब पुन्यन को फल पायो।

प्रान प्रिये ! मम नैनन मों बसि
प्रेम की गाँठ हिये में बँधायो ।
आजु हिये भरि लाइ हिये हम
चाहत प्रेम की गाँठ छुड़ायो ॥ २६ ॥

प्रिये—

स०—तेरेई रूप सरोवर मों दृग-
कंज हमारे सुमज्जन कीन्हें ।
मत्त मनोभव राज के जाल में
मों मन मीन बसेरो है लीन्हें ।
कान में तान सुमोहिनी सी बसि
यों बुधि इन्द्रिन को बस कीन्हे ।
आजु तुम्हैं पुनि यों लखि कै
भुजहूँ भरि चाहत अंक मों लीन्हे ॥ २७ ॥

स०—नेकु कृपा करि कोर फिरी इतै
कोर फिरी तो तुम्हैं लखि पायो ।
चन्द्रमुखी ! सुनु मों मन चन्द्र
सुधासर में पुनि मज्जन पायो ।
नेकु दया करिकै कहिये यह
आजु कृपा की प्रथा कहँ पायो ।
बान सों बेधि के कोउ अखेट को
आजु सिकारी दया हिय लायो ॥२८॥

अनन्तर उर्वशी सलज्ज कटाक्ष करती हुई बोली, "बस—बहुत हुआ, कुछ दूसरे दिवस के हेतु रहने दीजिये ।"

तदनन्तर युवती ने कहा—"जी हाँ· रहने के लिये तो आपका शुभागमन हुआ ही है, सरस्वती तो आपकी सिद्ध है............" वह और कुछ कहना चाहती थी कि उर्वशी ने उसके मुख पर अपना कर कमल रख कर रोक दिया तथा किंचित् भ्रूविलास करके निर्लज्ज इत्यादि शब्द से उसकी उपमा दी ।

इस रव ने पुरूरवा के कर्णकुहर में विचित्र ध्वनि उत्पन्न की, बस उन्होंने तत्क्षणही प्रश्न किया—

"कमले ! इनकी सिद्धता का सविस्तर सुचरित सुनने के लिये हमारा चित्त उत्सुक है, वह क्या है ? तनिक कहो"—अब तो उर्वशी के सहस्रशः वर्जन करने पर भी कमला ने कहना आरम्भ किया—

"आपके आने के पश्चात् सुरेन्द्र की सभा में "लक्ष्मी परिणय" एक नूतन अभिनय हुआ था, उसमें आपकी "उरवशी' को लक्ष्मी का अभिनय करना पड़ा, परन्तुः—

सो०—प्रेम ! अनूपम जाल, मैन सिकारी हाथ में।
मूरख होत बिहाल, सुरझ्यो चाहत अरुझि के ॥२९॥

बस उसी समय अचानक इनकी प्रेमसूत्र में बँधी हुई रसना ने 'पुरुषोत्तम' के स्थान में 'पुरूरवा' शब्द का प्रयोग किया, सिद्ध-सरस्वती ने अपना प्रभाव पुरूरवा शब्द पर डाला, सो पुरूरवा के रव ने पुरुहूत के हृदय में चांचल्योदय किया, उसी क्षण इनसे अमनस्य का कारण पूछा गया, अनन्तर इन्द्र को अतिशय इच्छुक देखकर हमने आद्योपान्त (असुर से इनका हरण किया जाना, और आपका इनको मोक्ष देना इत्यादि) समस्त सुनाया, योगाभ्यास की शक्ति से सुरेन्द्र ने सत्यता की चरम सीमा का अन्वेषण किया, उपरान्त बोले "अहो ! पुरूरवा ऐसा ही है कि हमको भी समय पर उसकी सहायता आवश्यक होती है, अतएव मित्र को मित्र का कार्य करना उचित है, सो उर्वशी ! तुम मृत्युलोक में जाकर उस राजर्षि को अब……" इतना कह रही थी, कि उर्वशी ने निज चंचल दृगकोरों से वर्जन किया, तदुपरान्त कुछ संभल कर कमला पुनः बोली "……हाँ राजर्षि को प्रसन्न करो।"

इतना सुनने के समय तक तो महाराज सुधासर में गोता लगा रहे थे, तथा समय सयय पर अनेक भाव उनके मुखमण्डल पर लक्षित होते थे—परन्तु अब अकस्मात् आनन्दोद्वेग से उन्मत्त होकर महाराज ने उर्वशी के मनोहर अंगों का गाढ़ालिंगन किया।

स०—बीती निशा दुख की, सुख सूर
उदै भयो चारु, मिले पुनि दोऊ।
आनँदसिन्धु समात हिये नहिं
भूलि गये सुबिती हुती जोऊ।
छाकि भले अधरासव को
रसमत्त भये मदमैन में दोऊ।
दोऊ दुहूँ की करैं मनुहारि
निरेखत हैं मुख दोउ को दोऊ ॥३०॥

इति द्वितीय परिच्छेद।

तृतीय परिच्छेद

स०—प्यारी निशा को भयो सुख प्रात
दिनेश उदै भये मानो मनी को ।
कै रतिकामिनी को भरचो लाल
सुहाला ते प्याला है नीलमनी को ।।
प्राची दिशा वरबाल के भाल में
लाग्यो गुलाल को मंगल टीको ।
खेलि के होरी निशंक निशा ते
मयंक कढ्यो हुलसाइ कै जी को ।।३१।।

प्रभात के समय प्रकृति का विचित्र परिवर्तन, मानव प्रकृति पर कैसा प्रभाव डालता है, अहा ! यह परिमल-पूर-प्रभंजन प्रमोद का मूल है—

स०—विकसाइ रसाल की मंजरी को
अरुझाइ मिलिन्दन को रस मैं ।
हिय लाइ भली कलिकान हिये
भरि देत खिलाइ करै बस मैं ।
अति लोल लजीली लता ललितान
ते कुंजन में करि केलि रमै ।
मकरन्द प्रसेद सों सिक्त कलेवर
कामी प्रभात को वायु भ्रमै ।। ३२ ।।

भगवान मरीचिमाली निज स्वर्णमरिचि द्वारा धरातल को सींच रहे हैं । सहस्राक्ष से ईर्षा करने वाले सहस्रपत्रारविन्द सरोवर के सुखसलिल में क्रमशः किरणगण के संग अपने पत्रों को प्रसारित कर रहे हैं ।

सुखद समीर निज मन्द-मन्द गजगमन से मकरन्द दान करता हुआ गिरिशृंग तथा वृक्षों पर पड़ती हुई भगवान भुवन-भास्कर की काँचनीय किरणों के साथ कल्लोल करता हुआ उनको विचलित करने का उद्योग कर रहा है ।।

जम्बीर, जम्बू, खर्जूर, तालीस, पनस, पलाश, निम्बू, कदम्ब, सहकार, अर्जुन, केतकी तथा नीप, तरुगण की शाखा पर आसीन पक्षीगण निज मृदुल कण्ठ से

प्रभात का यशोगान कर रहे हैं, सुमनगन्ध से मत्त मातंग के समान गन्धमादनगिरि की एक रमणीक उपत्यका में, बकुल वृक्ष के तल स्फटिक शिला पर बाल-विभाकर-रश्मि के संग चमकते हुए वनविहार-प्रेमी उर्वशी और पुरूरवा सुखासीन हैं, समीप ही में एक निर्झरिणी झर-झर शब्द करती हुई प्रवाहित है, जल में रहने पर भी रज सहित राजीव भृंग-गुंजार से दोलायमान होता हुआ, समीरण को मकरन्द से भर रहा है। पुरूरवा सानन्द सुन्दरी का मुख चुम्बन करते हुए बोले, प्रिये ! देखो तुम्हारे शुभागमन से इस वन्य भूमि की कुछ विचित्र दशा हो रही है—

अहा !

भु० प्र०—कहूँ भृंग गुंजार अम्भोजिनी में।
कहूँ मान कल्लोल शैवालिनी में॥
विहंगावली नृत्य कल्लोलकारी।
सुकूजै करै केलि दे कीलकारी॥ ३३॥
चहूँ ओर कादम्ब जम्बीर जम्बू।
रसालौ तमालावली चारु निम्बू॥
लुरैं लोल लोनी लता फूलफूली।
हरी-पत्रिका कुंज सोहै दुकूली॥ ३४॥

त्रो०—चहुँ ओर लखात लता लतिका।
कुसुमावलि ते रहि पूरि धरा॥
मनु बीती निशा लखि सूर उदै।
मद छाड़ि उड़ूगन भूमि परै॥ ३५॥
अपरंच इस नदी में—

त्रो०—नव नीरज नील लसै विकसै।
प्रतिबिम्ब परे जल नील लसै॥
जमुना मनु नैन हजारन ते।
सुनिहारत है पितु को सुख ते॥ ३६॥

त्रो०—लखु प्रानप्रिये ! तुमको. लखि कै।
विकसाइ दियो तरु फूल घने॥
सु मनो निज नैनन ते भरि कै।
तव रूप मरन्द चखैं भरिकै॥ ३७॥

त्रो०—मकरन्द पराग प्रसेद सने।
तजि चारु सरोवर कञ्ज खिले॥

मुख मञ्जु अमोल लखे तव ये।
भ्रमरावलि दौरि लुरै अतिसै ॥ ३८ ॥

क०—ललित लवंग एला लवली लतान लोनो
सहित सुमन मन मोद के सुहेत हैं।
वहत बयार स्वच्छ परिमल पूर करि
डारन ते मुदित कलोल रस लेत हैं॥
नीलमनि मानिक सुमरकत के आलबाल
परि प्रतिबिम्ब पुष्प रंगबहु लेत हैं।
चाखि मकरन्द मुखरित मधुकर मानो
फूलन सो फूल को सँदेसो कहि देत हैं॥ ३९ ॥

पुरूरवा कुछ और कह रहे थे कि अकस्मात् उर्वशी निज उरोज-सरोज पर सरोज सम्पुट के आघात से चौंक उठी, पुरूरवा के नैन, प्रिया के नील-नीरज-नेत्रों को तामरस रूप धारण करते हुए, तथा उनमें अपमान सूचक जल विन्दु का आभास देख कर, आरक्तिम हो गये। इधर दृष्टिपात किया तो सामने कुछ दूर में एक युवा अस्त्र-शस्त्र सज्जित इषत्-हास करता हुआ खड़ा है। तत्क्षण तड़िल्लता के समान असि को कोश-धन से बाहर करके, पुरूरवा उसी ओर बड़े वेग से धवित हुए, परन्तु युवा नीरव तथा निस्तब्ध! समीप पहुँचने पर पुरूरवा ने कुपित, कम्पित तथा तीव्र स्वर से प्रश्न किया—"पामर! तू कौन हैं? जो अपनी मृत्यु को आपही बुलाता है?"

युवा उसी भाव से बोला—"अहा! क्या आपही यमराज हैं, अस्तु जो कुछ हो, यह बताइये ऐसी कौन अवज्ञा उपस्थित हुई है जो आप इतने कुपित हो रहे हैं?"

पुरू०—"तू ने सुन्दरी के ऊपर क्यों सुमन प्रहार किया?"

युवा—"(हँस कर) देखिये कहीं सुकुमारी पद्मिनी को पद्मकोरकाघात से मूर्छा तो नहीं आई, अरे कहीं आपके सुमन को सौरभ लेने के मिस से समीरण उड़ा न ले जाय"—इतना सुनते ही नरनाथ क्रोध से उन्मत्त होकर—"सावधान"—कहते हुये असि प्रहारोद्यत हो गये, उसी समय युवा भी अपने सुदृढ़ हस्त में असि ग्रहण करके युद्ध में सन्नद्ध हुआ, परस्पर घात-प्रत्याघात आरम्भ हुआ।

दोहा—भरेक्रोध-जल जलद-जुग, भिरत करत आघात।
विज्जुलता सी असि युगल, लपटि लपटि छुटि जात ॥ ४० ॥

कुल काल तक विषम युद्ध हुआ, परन्तु युगल गजराज की तरह हटते ही नहीं थे, अकस्मात् एक तूर्यनाद बड़े वेग से हुआ, शब्द के सुनते ही यह युवक एक विद्युतपुंज की नाई चमक कर जो स्थिर हुआ, तो युवा के स्थान में मूर्तिमान अनंग के समान सुन्दर

सुरेन्द्र खड़े हुए स्मित कर रहे हैं। पुरूरवा यह विचित्र कौतुक देखकर चकित तथा चित्रित के समान स्तब्ध होकर बद्धाञ्जली करके कहने लगे :—

"सुरेश ! यह क्या ? विचित्र ! आपने क्या दिखाया ? धन्य ! आपने माया दिखाकर हमको दोषभागी किया, कृपया हमारा अपराध क्षमा कीजिये।"

सुरेश—"(हँसकर) कुछ नहीं, मित्र। यह तो आपकी परीक्षा थी, तथा साथ ही अपने चित्त का आमोद !"

पुरूरवा—"ऐसा परिहास करना देवेन्द्र को उचित नहीं है, तिस पर एक तुच्छ मनुष्य से, धन्य !"

सुरेन्द्र—"अत्युत्तम, अब शिक्षा रहने दीजिये, आपकी उरवशी कहाँ है ?"—इतना कह कर प्रेम के आवेग में पुरूरवा के कण्ठ में हस्तदाम डाल कर परिचित बाल-बकुल पादप की ओर चले परन्तु वहाँ 'उर्वशी' की छाया भी नहीं थी, अपरंच पुरूरवा जो उधर देखने लगे तो इधर इन्द्रदेव भी अलक्ष्य।

इति तृतीय परिच्छेद

■

चतुर्थ परिच्छेद

प्रखर किरण-माला-विभूषित भगवान भुवनभास्कर निज जाज्वल्यमान रथ लिये हुए, सुनील स्वच्छ गगन मध्य विश्राम के हेतु स्थित हुए हैं। तथा इधर अश्रु सुधा बरसाता हुआ, प्रजाकमलिनी-शशि पुरूरवा अशोक-पादप-तल आसीन है। प्रिया-विरह में दग्ध होने पर भी दीर्घ निःश्वास के साथ नरनाथ के नेत्र-नीरज से बारम्बार अश्रुधुनी निकल रही है।

पुरूरवा एक रसाल की डाल पर बैठे हुए तरुण-कोकिल का कलरव सुनकर उसी ओर देखते हुए कहने लगेः—

स०—"शोक समूह अशोक लखात
रसाल की थाल सुज्वाल सी लागत।
किंसुक औ कचनार की डार मैं
फूल खिले ये अँगार बगारत।
कूकिकै क्वैलिया कूर कुरूप री
हाय! हिये को छटूक कै डारत।
प्रानप्रिये! विरहाग में तेरे
अनंगहू आय हमैं ललकारत ॥४१॥

क०—"अमल कपोल वेई झलकि २ उठैं,
वेई कल कुण्डल झलकि उठै हिय में।
कानन में बोलनि सुकोकिला कलाप ऐसी,
गूँजि गूँजि उठत सने हैं जे अमिय में।
वेई चख चंचल की चलनि चितौनि चारु,
चुभि रही नेकु ना निकरि सकै जिय में।
मेरे अँधियारे हिय-धन बीच प्यारी! तेरी,
विजुलीसी हँसी चमकत छिन्न २ में ॥४२॥

क०—आलस वलित नैन नील अरविन्द की
लजीली चितवन ते चितैबो चारु चाय के।
मुरि मुसुक्यान बतराइबो मधुर बंक,
भौंह को नचाइबो चढ़ाय अनखाय के॥

अलकावलि भारते सुलंक की लचक,
कल किंकिनि झनक में रह्यो है नरमाय के।
चित्त में चुभी है मैन-मोहिनि सी मूरति प्यारी
निकरि ना सकत है जौ कहूँ ते भरमाय के ॥४३॥

(कुछ ठहर कर, तथा उन्मत्त के समान) आह ! हमारे विरह समुद्र की एक आशा ही नौका है, प्रिया-वियोग-दिवाकर-तप्त-मरु में एक आशा-तरु ही हमको आश्रय-दायक है। ये वन्यवृक्ष किसी अर्थ के नहीं, वरन् विपरीत-फलदायक हैं। जगदीश ! इस प्रेम-कानन से तू ही उबारने वाला हैं—

बरवै—हाय ! कहाँ आयो मैं एहि बन माँहि।
एक यहै तरु दूजी छाया नाँहि ॥ ४४ ॥
हाय ! न या बन तृनहूँ कहूँ दिखात।
जोऊ है सो नित प्रति सूखत जात ॥ ४५ ॥
हा रस-मेघ ! न द्रवत वारि क्यों मीत।
आशा-लता निरखि हम होत सभीत ॥ ४६ ॥
रात दिवस सब एक सम लखत न भेद।
जादू सम जग दीसत हा ! अति खेद ॥ ४७ ॥
काह करूँ कित जाऊँ कछु न दिखाय।
हाय ! हाय ! जक लागी कहँ प्रिय बाय ॥ ४८ ॥
तपन ताप सों सब तन झुरसत जाहि।
छाले पड़िगे सोचत चित पदमाँहि ॥ ४९ ॥

अहा ! प्रेम-देव ! धन्य !

प्यारी के दृग में बनि तीखो सान।
पहिले मार्‍यो मेरे हिय में बान ॥ ५० ॥
भरो हलाहल कारो पुतरिन माहँ।
गोली बनि बेधत हिय मिलत न छाहँ ॥ ५१ ॥
कारी लाँबी लट में बनि के फाँस।
फाँसत है तहँ तेरो ही है बास ॥ ५२ ॥
हाय ! अरे वा सुधा-सनी मुसुक्यान।
अधरन मे बनि बस दामिनी समान ॥ ५३ ॥
अरुनाई जो झलकत बीच कपोल।
तेरोई प्रतिबिम्ब लखै चित लोल ॥ ५४ ॥
अब जान्यो मैं तेरी छलबल चाल।
बहु रूपन तें करत हिये में साल ॥ ५५ ॥

तोहिं न आवत दया सुहिया कठोर।
विरह तपावत अंगहि निशि अरु भोर ॥ ५६ ॥

राजकुमारी, कुँवर, बिबुध गन्धर्ब।
नर, किन्नर यक्षादिक, खर्बा-खर्ब ॥ ५७ ॥

तेरे तीरथ में करि मज्जन आसु।
भये तृप्त नहिं कबहूँ बुझ्यो न प्यास ॥ ५८ ॥

कण्ठ-विगत किय प्रानहि दीनहिं कूर।
अपने जन को मारत बनिकै सूर ॥ ६९ ॥

हा। प्रेम! हमारा प्रेमभाजन कहाँ है? (आकाश की ओर देखकर) सुरेन्द्र! यह छल मित्र से ही किया जाता है? (आवेग से) नहीं-नहीं; सुरेन्द्र होकर असुरेन्द्र की क्रिया नहीं कर सकते, विधि! तुम्हारी कैसी विडम्बना है? (ठहर कर) आह! अब यह मुकुट और धनुष किस सुख के लिये……"

इतना कहते-कहते दीर्घ विश्वास के साथ मुख से—"उर्वशी!" बहिर्गत हुआ तथा नरनाथ मूर्छित होकर धरातल पर गिर पड़े। कुछ काल के उपरान्त जब तन्द्रा टूटने लगी तत्काल ही मधुर मन्द,-मन्द एक गान-शब्द समीरण के साथ पुरूरवा के कर्ण-कुहर में, तथा कपोल पर टकराने लगा। पुरूरवा की तन्द्रा टूटी, समीप में ही एक नीलवसना सुन्दरी निम्नलिखित पद्य गाती हुई दृष्टिगोचर हुई—

मधुर मन्द मकरन्द पूर हे, मारुत दुख को जान रे।
प्यारी-जीवन-मूल लला को, देहु उठाय सुजान रे॥
खान पान छूट्यो है निसदिन, व्याकुल रहत सुप्रान रे।
चन्द्र बिना नीरज यह मुरझै, अद्भुत बात न जान रे॥
निज विधु मण्डल को नहिं पावत, छाया लखै अजान रे।
अश्रु-सरोवर में चकोर-जुग, करत रहत हैं स्नान रे॥
मधुर मन्द मकरन्द० ॥ ६० ॥

गान समाप्त होते-होते पुरूरवा उस सुन्दरी के समीप पहुँच गये। समीपस्थ नरनाथ को देख कर सुन्दरी ने कथनारम्भ किया—

बरवै—अहो पथिक! यह सोई उपवन कुंज।
जामें भूलि धरे नहिं पग अलि पुंज ॥ ६१ ॥

चित्त-कल्पना अलि-सम मत गुंजार।
यह तरु में नहिं होत सुकुसुमित डार ॥ ६२ ॥

चन्द्र बढ़ै यह अहै लखै न चकोर।
कमुदिनि विकसित होय न लखि यहि ओर ।। ६३ ।।
सूर चन्द्र कछु भाखत बनत न आहि।
देखे नलिन सुनलिनीहू मुरझाहि ।। ६४ ।।
यह वह चुम्बक अहै जो निजतें दौरि।
लपटत लोहा के सँग अति बरजोरि ।। ६५ ।।
यह शृङ्गार अहै वह रहै नाहि जहँ भेद।
भेद रहै जदि, तासु बढ़ै अति खेद ।। ६६ ।।
अलंकार यह वहै रहै धुनि-हीन।
यह वह नवरस अहै जो सब रस-छीन ।। ६७ ।।
यहि उपवन में रहै वायु कहुं नाहि।
या मारुत के लगे कली मुरझाहि ।। ६८ ।।
यह वह श्रमशाला अहै रहै जो सून।
सून रहै पै कलरव नितप्रति दून ।। ६९ ।।
प्रेम चक्रवर्ती राजा के राज।
हाय ! दुहाई सुनी जात नहिं काज ।। ७० ।।
ह्वै प्रसन्न कोऊ को देहि इनाम।
काम न आवै रहै न जग ते काम ।। ७१ ।।
मन-मानिक-मनि बेचै, चहै जो दाम।
लौह दाम गल पड़े लहै न छदाम ।। ७२ ।।
हिये राखिये धीरज सहिये पीर।
आशा और निराशा, नैनन नीर ।। ७३ ।।
प्रियहि चहै तो सीखौ जलज-सुरीति।
रहहु सदा रस-आकुल चाखहु प्रीति ।। ७४ ।।
पथिक ! धीर धरि चलिये पथ अति दूर।
ह्वै कटिबद्ध सदा सनेह में चूर ।। ७५ ।।

स०—नलिनी नलि चाहत है रवि को,
निशि बीततही तेहि पावत है।
टक लावै चकोर 'कलाधर' पै
तेहि को मुखचन्द दिखावत है ।।
चित्-साँच को चाहो तो साँचो सुनो
कमलासन को नर पावत है।

परमेश्वर साँचे सनेहिन को
मिल्यो चाहिये ताहि मिलावत है ॥ ७६ ॥

पुरूरवा—"किन्तु उसका कुछ उद्योग भी तो होना चाहिये ?"

इस पर वह सुन्दरी कोई अवगुण्ठित-वस्तु पुरूरवा के कर में देकर, जब तक वे उसे उत्कण्ठित दृष्टि से देखें, तब तक अदृश्य हो गई, नरनाथ ने उस वस्तु को देखा तो उनको स्वर्ण-मंजूषा में पत्र के साथ एक चमकती हुई वस्तु न दिखायी दी, वे चकित होकर उस पत्र की ओर, पत्र के समान कम्पित हृदय को सावधान करके दृष्टिपात किया—

उसमें लिखा था—

सुहृद्वर !

हमारा अपराध क्षमा करिये, कुछ कार्यवश उस दिन ऐसी घटना को संघटित करना पड़ा, परन्तु उसका परिशोधन करने के हेतु यह "संगममणि" जो श्री महारानी गिरिराज-कुमारी के चरण-राग से उत्पन्न हुई है, सो उसको भेजते हैं, "उर्वशी पार्श्ववर्त्ती-कुमार बन में भगवान् क्रौंचदारण के शाप से लता-रूप में परिवर्तित हो गई है, अतएव इस मणि के प्रताप से स्पर्श मात्र ही से उर्वशीलता से उर्वशी हो जायगी—विशेष युगल-मिलाप के उपरान्त सम्मिलन होने पर कहेंगे।

तुम्हारा अभिन्नहृदय,
देवराज

तत्काल पत्र और मंजूषा फेंककर मणि लिये अश्रु-वर्षण करते—"हा ! प्रिये ! उर्वशी !" की रट लगाते हुए पुरूरवा समीप ही के कुमार कानन की ओर बारम्बार निम्नलिखित पद्य करुणा से गाते हुए चले।

"शोक हरन हे नव अशोक ! हे चारु रसाल २ रे।
हे मधु आकुल बकुल मधूक मधूक अगार विशाल रे॥
एला ललित-लवंग-लता ! हे कनक-यूथिका जाल रे।
मालति ! माधविलता ! बता दे, विधुवल्लरि को आल रे॥
प्राणवल्लरी ! प्रेमवल्लभी ! विकसित देहु लखाय रे।
शोक हरन हे नव अशोक"० ॥ ७७ ॥

चलते-चलते नरनाथ श्रम से थक कर एक बकुल-वृक्ष, जिसका आलवाल मर्मर-विनिर्मित अति स्वच्छ था, जिससे कि एक मनोहारिणी लता लिपटी थी, उसी के नीचे स्थित हुए। क्रमशः ह्रास से आलस्य-पूर्ण होकर निद्रा-वशीभूत हो गये। "मणि" हाथ

में थी। सुप्तावस्था में मणि-स्पर्श से बकुलालिंगित लता "उर्वशी" रूप में परिवर्तित हो गई, तथा उस मुकुट विहीन विशाल शिर को निज पीन-जघन पर रख कर चंचल-अंचल से समीर-संचारण करने लगी।

पुरूरवा की निद्रा, स्पर्श-सुख से टूटी तो उर्वशी-मुख-प्रभात सामने था। तत्काल उठकर प्रेमी-युगल ने आलिंगन किया, तथा प्रेमालाप करने लगे, अकस्मात् प्रिया-मुख-चन्द्र-चुम्बन करते हुए पुरूरवा बोले—

"प्रिये ! इस बन में तो बहुत दिवस व्यतीत हुए, अब राज्य की ओर चलने की इच्छा होती है।"

उर्वशी ने कोकिलकण्ठ विनिन्दक मधुर-स्वर से कहा—

"जैसी आपकी इच्छा, मैं तो आपकी अनुचरी हूँ।"

इति चतुर्थ परिच्छेद

■

पंचम परिच्छेद

छन्द—जीति धरा धरि धर्म्म, सुपथ राख्यो निज बस मैं।
बीरन को सन्मान राखि, दै दान द्विजन मैं॥
अचल वीर लक्ष्मी आलिंगन, करत रहत नित।
सुजस चन्द्र को सो प्रकास, उदयत लखात नित॥
प्रियानैन जुग प्रजा को, शशि सम सुखदायक अतिहि।
पुरूरवा जय-रव सहित, सिंहासन राजत अतिहि॥७८॥

आज प्रतिष्ठानपुर राज्य-सिंहासन पर आसन किये, प्रिया सहित महाराज पुरूरवा दिखाई देते हैं।

समस्त राज्य कर्मचारीगण आज हर्ष से अंग में फूले नहीं समा रहे हैं। कहीं चारण पूर्वोक्त पद्य गा रहे हैं। कहीं वैतालिक जयोच्चारण कर रहे हैं, कहीं नृत्य हो रहा है, कहीं पुरस्कार बँट रहा है, कहीं दासीगण वस्त्रालंकार की चमक दिखाती हुई, शीघ्रता के साथ इधर-उधर जा रही हैं। आज प्रतिष्ठानपुर नरेन्द्रागमन से पुनः प्रतिष्ठित हो रहा है। इस समय महाराज अपने सुयोग्य मन्त्री से, राज्य-विषय की कुछ वार्त्ता कर रहे हैं।

अकस्मात् एक दासी दौड़ती हुई आई, परन्तु—

सो०—सजल नयन कर बाँधि, कहन चहत कहि ना सकै।
रही मौन मन साधि, दासी चित्रित सी खड़ी॥७९॥

सो०—बोले लखि इमि हाल, दासी आकुल जान के।
राजमुकुट महिपाल, कहहु कहा चाहत कहन॥८०॥

दासी कम्पित कण्ठ से बोली—

"महाराज वह मणि।..............."

इतना कहते-कहते वह पुनः स्तम्भित हो गई।

महाराज—"क्यों, कहती क्यों नहीं।"

दासी—"महाराज ! हर्म्य पर से मणि मिलती नहीं है।"

यह सुनते ही महाराज प्रफुल्ल मुख पर उदासीनता छा गई तथा व्याकुल होकर बोले—"क्यों ? कैसे नहीं मिलती ? शीघ्र उसका अनुसन्धान करो। हाय ! वह मणि........हमारी हृदयमणि-दायिनी है।"

बस अब सारी सभा में व्यग्रता छा गई तत्क्षण अनुसन्धान आरम्भ हुआ। महाराज ! उदासीन हो गये, सूर्य के मन्द-प्रकाश होने से, आधीन कमलगण भी मुरझा गये।

निदान महाराज भी उसी छत की ओर चले, और वहाँ जाकर ज्योंही खड़े हुए, कि एक सरसराती हुई कोई वस्तु, बाण के समान, ठीक महाराज के सन्मुख आकर गिरी। वहाँ जो देखा गया तो एक गृद्ध नाराच-विद्ध मृतक पड़ा है, तथा उसके चंचु में वह मणि दबी हुई है—

सो०—लियो उठाय नरेश, लखि मणि दीपत अमल अति।
उदय भयो सुद्दिनेश, विकसि गयो नृप मुखकमल ॥८१॥

तथा एक दास को आज्ञा दी कि—"इसका बाण निकालो।"

दास ने तत्काल बाण निकाल कर उसका रक्त धोया, और उस बाण में से एक पत्र निकाल कर (जो कि उसी बाण में बँधा हुआ था) महाराज को दिया। महाराज स्वयं उसको पढ़ने लगे—

सो०—चन्द्रवंश को सूर, पुरूरवा सुतवीर वर।
करन शत्रुमद चूर, ताको शाणित बाण यह ॥८२॥

तत्काल ही बाण लिये महाराज हर्ष, विस्मय सहित उर्वशी के समीप आये, तथा वह पत्र, बाण, मणि इत्यादि सब उनको दिया, इतने में अकस्मात् प्रतिहारी ने सविनय निवेदन किया—

"धर्म्मावतार ! तपोवन से एक बालक लिये हुए दो तपस्विनियाँ आई हैं, तथा श्रीमान् के दर्शन की इच्छा करती है।"

प्रतिहारी को तत्काल ही सबको लाने की आज्ञा हुई। किंचित काल में मंगल तथा शुक्र के मध्य में चन्द्रमा समान, तपस्विनी-युगल-मध्य-स्थित एक बालक द्वार में प्रवेश करता हुआ दिखाई दिया।

उर्वशी ने आकुल होकर दुग्ध उतरती हुई पयस्विनी के समान, सप्रेम उस बालक को अंकावगत किया, तथा—

"प्रिये ! सत्य कहो, यह सुन्दर बालक कौन है ?"

उर्वशी ने सलज्जावनत मुख से कहा—

"प्राणनाथ ! आपका ...."

"हमारा" इतना कहते हुए, नरेन्द्र ने बालक को कण्ठ से लगा लिया—

बार बार सुकुमार अंग अवलोकत नृपवर।
बार बार मुख चूमि अंग पर फेरत निज कर

"वत्स ! प्राणप्रिय !" इत्यादि मधुर वचन कहती हुई, उसका मुख चुम्बन करने लगी। महाराज ! ने भी कौतुक वश उर्वशी से प्रश्न किया—

नृप के हिये समात नोद नहिं लखि निज सुत मुख।
चन्द्रकला लखि बारिधि ज्यों उफनत लहि अति सुख ॥८३॥

परन्तु उर्वशी की अवस्था कुछ और ही है, समीपस्थ मणिमय स्तम्भ के सहारे हृदय पर कर रखकर दीर्घ निःश्वास लेती हुई अविरल अश्रुधारा बहा रही है।

कज्जल कलित सुअश्रु जल, धारा अमल कपोल।
नीलकंज सहनाल जिमि, राजत सरवर लोल ॥८४॥

महाराज ने देखा तो पूछा—"प्रिये! यह क्या है? आनन्द के समय निरानन्द कैसा? यह विना मेघ का जल-वर्षण क्यों?"

अतिशय आग्रह करने पर उर्वशी बोली—

"सुरेन्द्र की आज्ञा थी कि......... ..."

इतना ही कहा था, कि अकस्मात् आकाश से बड़े वेग से तूर्य्यनाद प्रारम्भ हुआ, सब कोई चकित होकर उर्ध्वमुख करके देखने लगे। सब मनुष्यों को एक तेज-मण्डल सूर्य्य के समान नीचे की ओर अवतरण करता हुआ दिखाई दिया। कुछ समीप आने पर वह एक विमान सदृश ज्ञात हुआ।

उर्वशी पुरूरवा के अभ्युत्थान करने पर, सब कोई उठ खड़े हुए, तत्काल ही सुरेन्द्र विमान द्वारा, अवतरण करते हुए दृष्टिगोचर हुए। नरेन्द्र ने देवेन्द्र का पाद स्पर्श करना चाहा, परन्तु उन्होंने वर्जन करके नरेन्द्र को कण्ठ से लगा लिया अनन्तर उर्वशी के नमस्कार के उत्तर में आशीर्वाद देकर, गद्गद हो वालक को उठाकर कण्ठ से लगाया, पुनः उर्वशी की ओर दृष्टिपात करके कहा—

"चिरजीवहु लहि युगल सुख, सहित राज सुतवीर।
अरिदल दलि अरु मित्र संग, राखि सनेह गँभीर ॥८५॥

यह श्रवण करते ही उर्वशी ने कहा "नाथ! यह कैसे?"

सुरेन्द्र ने तत्काल ही—"उसका कुछ संशय मत करो" यह कह कर उर्वशी को आनन्दसरोवर की तरल तरंग में तरलित कर दिया।

उर्वशी ने पुनः नमस्कार किया, तब महाराज पुरूरवा ने देवेन्द्र को उसी सिंहासन पर बैठाया तथा देवेन्द्र ने उनको। इधर यह क्रिया देखते ही नगर, राजमन्दिर सर्वत्र आनन्द का मेघ छा गया, चारो ओर मंगल वाद्य सुनाई देने लगा।

समुचित सम्मानसूचक वस्तु व्यवहार करने के उपरान्त पुरूरवा सविनय बोले—

"देवराज! रहस्य भेद करिये? चित्त अतिशय उत्सुक है। उस कौशल का कारण क्या है?"

सुरेन्द्र मन्दस्मित करते हुए बोले—

"नरनाथ! इसी कार्य के लिये, मुख्यतः हमारा आगमन हुआ है। हमने पत्र द्वारा आपको सूचित किया था कि, "सम्मिलन उपरान्त सविस्तर निवेदन करेंगे।" उसका यथार्थ समय आज है, अतएव सुनिये—

"हमने इनको यहाँ आने के हेतु जो आज्ञा दी, उसे तो कमला ने सब कहा ही होगा, परन्तु किञ्चित भाग उसका अभी तक आपके कर्णगोचर नहीं हुआ, आने के समय हमने उर्वशी को यह आज्ञा दी कि—

सो०—सुत को सुचि मुखचन्द, जौलौं नहिँ देखहिँ नृपति ।
तौलौं तहँ निर्द्वन्द्व, बसहु प्रेम परिपूर ह्वै ।। ८६ ।।

इतने में आकुल होकर पुरूरवा बोले, "तदुपरान्त ?"

सुरेन्द्र ने सहास कहा—

आप आकुल क्यों होते हैं, सुनिये तो—"विधिवशात् वन्य-विहार में उर्वशी को प्रसव वेदना सहन करना पड़ा......."

अब तो पुरूरवा किञ्चित भ्रूभंग करके बोले—

सो०—"साँची देहु बताय, ऐसो ना कबहूँ सुन्यो ।
राखहु क्यों भरमाय, होत असम्भव हू कहूँ ।। ८७ ।।"

सुरेन्द्र ! गम्भीर स्वर से बोले—

"क्या, देवांगना तथा मानवी एक हैं ?"

पुरूरवा—"नहीं, उन दोनों में उतना अन्तर है, जितना उनके वासस्थान का ।"

सुरेन्द्र—"तो मानवी के समान उनका प्रसवाभास प्रकाश नहीं होता है, अनन्तर—

सो०—जानि बिरह को मूल, निज सुतहूँ सुख-मूल को ।
बुद्धि भई अनुकूल, चह्यो छिपावन ताहि तब ।। ८८ ।।

सो उर्वशी ने पत्र द्वारा प्रसव छिपाने के हेतु हमसे विनय किया ।"

"अतएव कौशल से उसे आपकी दृष्टि से हटाया गया, तथा अपने प्रसव को सहचरी को समर्पण करने के उपरान्त जब ये वहाँ से आ रही थीं, उसी समय में भ्रम से पार्श्वस्थ कुमार कानन में जा पड़ीं ।"

"तदुपरान्त आपको विदित ही है । संयोग-वशात् मणिग्राही गृद्ध्र को आज तपोवन में से कुमार ने देखा, आमिष-अंश जान कुमार ने शर-संधान किया, हम भी उचित समय देख कर, तापसी के साथ कुमार का आपके समीप प्रेरण करके, सुखी हुए ।"

तदनन्तर कुमार को दोनों ने, पुनः कण्ठ से लगाया । अपरंच वन्दनीय युगल की वन्दना करते हुए बन्दीगण निम्नलिखित आशीर्वादिक पद गाने लगे—

छन्द—जय ! सुरेश ! जयजय ! नरेश ! किय सुफल सिंहासन ।
आजु लख्यो हम चन्द्र सूर्य्य बैठे इक आसन ।।
जय महरानी, नवकुमार, जय कमल प्रजागन ।
सदा रहैं विकसित लखि नरनारो श्री आनन ।। ८९ ।।
"राज्य मित्रता ! बढ़हि नित, बरषहि नूतन जलद जल ।
शस्य श्यामला धरा ह्वै, तरुगन फूलहिं फलहिं फल" ।। ९० ।।

समाप्तोयं ग्रन्थः

सज्जन

पात्र सूची

■

नटी

सूत्रधार

युधिष्ठिर

भीम

अर्जुन

नकुल

सहदेव

द्रौपदी

दुर्योधन

दुःश्शासन

कर्ण

शकुनि

चित्रसेन (गन्धर्वराज)

सेनापति (गन्धर्व सेना का)

विद्याधर सैनिक

राक्षस

विदूषक

सज्जन

नान्दी—

(छप्पय)

अजय किरातहिं देखि चकित ह्वै कै निज मन मैं।
पूजन लाग्यो करन सुमन चुनि सुन्दर घन मैं॥
लखि किरात के गले सोइ कुसुमन की माला।
अर्जुन तब करि जोरि कह्यो अस कौन दयाला॥
गुन गहत जौन शठता किये, सो क्षमहु नाथ वितरहु विजय।
इमि प्रमुदित पूजित विजय, सो जयशंकर जय जयति जय॥

(**सूत्रधार आता है**)

(**चारो ओर देख कर**)—अहा, आज कैसा मङ्गलमय दिवस है, हमारे प्यारे सज्जनों की मण्डली बैठी हुई है, और सत्प्रबन्ध देखने की इच्छा प्रकट कर रही है। तो मैं भी अपनी प्यारी को क्यों न बुलाऊँ। (**नेपथ्य की ओर देख कर**) प्यारी, अरी मेरी प्रानप्यारी !

(**नेपथ्य में से आती हुई**)

नटी—क्या है क्या ?

सूत्र०—यही है कि, जो है सो····(**शिर खुजलाता है**)

नटी—कुछ कहोगे कि, केवल जो है सो।

सूत्र०—यह कि, तुम्हारा नाक-भौं चढ़ाना देख कर हमारे चित्त में यह इच्छा होती है कि, कोई वीर-रस का अभिनय आज इन सज्जनों को दिखाऊँ, क्योंकि—

सत्कविता, हितकर वचन, सज्जनहीं के हेत।
विधु लखि चन्द्रमणी द्रवै, काँच ध्यान नहिं देत॥

नटी—तो कौन प्रबन्ध ?

सूत्र०—यह भी हमहीं से पूछोगी, हमने तो तुम्हीं से मंत्रणा करना विचारा था, क्योंकि—

दुख में मित्र समान अरु, गृह में गृहिणी होत।
जीवन की सहचरी सो, रमणी रस की सोत॥

नटी—(**हँसकर**)—आज तो बड़ी सज्जनता सूझी है। अच्छा तो "सज्जन"—नामक प्रबन्ध क्यों न दिखाया जाय। प्रबन्ध भी छोटा और मनोरम है।

सूत्र०—अच्छा सोचा। पर प्रिये! कुछ अपने मधुर कण्ठ से गा कर सुनाओ, क्योंकि—

पशुहूँ मोहत जाहि सुनि, उपजावत अनुराग।
चित्त प्रफुल्लित करन हित, और कौन जस राग॥

और ऋतु भी शरद का कैसा मनोहर है!

भयो विमल जल लोल नलिनि की अवली फूली।
सारस करत कलोल मयूरी बोलन भूली॥
निर्मल नील अकास कास फूलै कूलन मैं।
शीतल मंद सुवास पवन खेलै फूलन मैं॥

(नेपथ्य में से मृदंग शब्द सुनाई पड़ता है)

नटी—अब तो महाराज दुर्य्योधन के सभा ही में गाना आरम्भ हुआ है।

सूत्र०—क्या अभिनय आरम्भ हुआ? तो चलो जल्दी चलें।

(दोनों जाते हैं)

प्रथम दृश्य

(द्वैत सरोवर का निकटवर्ती कानन)

(पट-मंडप में दुर्य्योधन, दुःशासन, कर्ण, शकुनी प्रभृति बैठे हैं, और उनकी स्त्रियाँ भी पार्श्व में बैठी हैं। नृत्य हो रहा है)

गाने वाली गाती है—

सदा जुग जुग जीओ महाराज।
सुखी रहो सब भाँति अनन्दित, भोगो सब सुख साज।
नित नव उत्सव होय मगन मन, विनवैं राज समाज॥

कर्ण—वाह! वाह क्या अच्छा गाया!

(दुर्य्योधन अंगूठी देता है)

दुर्य्योधन—मित्र कर्ण! पाण्डवों को हमारे आने का पता लगा कि नहीं?

कर्ण—अवश्य ही उन्हें ज्ञात होगा।

दुःशा०—वे पांचों इस समय अकेले होंगे, समय तो अच्छा है।

कर्ण०—चुप…हां हमारे विभव को देख कर वे अवश्य ईर्ष्या से जलते होंगे, और हम लोगों के आने का तात्पर्य भी तो यही है।

दुर्य्यो०—**(ऊर्ध्व साँस ले कर)**—जब से अर्जुन के अस्त्र प्राप्ति की बात हमने सुनी है, तब से हमारे मन में बड़ी आशंका है।

कर्ण०—कुछ आशंका नहीं है।

जो चण्ड आप भुज दण्ड रहे सहारे ।
हैं नित्य नूतन हिये महँ ओज धारे ॥
उद्योग सों विरत होय कबौ न हेली ।
लक्ष्मी सदा रहत तासु बनी सुचेली ॥

दुर्य्यो०—क्यों न हो मित्र कर्ण ! तुम ऐसा न कहोगे तो कौन कहेगा (**कर्ण सिर हिलाता है**) ।

विदूषक—(**स्वगत**)—देखो केवल कर्ण से सलाह लेने वाले **मनुष्यों** की क्या दशा होती है । **मनुष्यों,** तुम्हें ईश्वर ने आंख भी दिया है, उससे कार्य लिया करो, हमारे राजा दुर्य्योधन को तो केवल कर्ण ही मित्र है, और होना भी चाहिए, क्योंकि धृतराष्ट्र का पुत्र है ।

कर्ण—ओ बतोलिये ! क्या बड़बड़ाता है ।

विदू०—(**हाथ जोड़ कर**) जी धर्म्मावतार ! कुछ नहीं ।

कर्ण—झूठ बोलता है, और मुंह के सामने ।

दुर्य्यो०—चला जा सामने से ।

कर्ण०—जा मुंह मत दिखा ।

(**विदूषक मुंह बना कर मुंह फेर लेता है**)

दुर्य्यो०—(**झिड़क कर**) बाहर जाओ ।

विदु०—जाता हूँ सरकार ! (**विदूषक बाहर जाता है**)

कर्ण—इसके सामने मंत्रणा करना ठीक नहीं है ।

शकुनी०—मंत्रणा क्या है ? मृगया खेलने चलोगे न ? (**इङ्गित करता है**)—पशु भी तो इसी बन में हैं ।

कर्ण और दुर्योधन—हां, हां ठीक है ।

(**आपस में इङ्गित कर चुप रह जाते हैं**)

(**नेपथ्य में**)

''अरे छोड़ छोड़, गरदन दुखती है, धीरे से पकड़े रह, बतलाता हूँ''

(**सब आश्चर्य से देखते हैं । विदूषक को पकड़े हुए एक राक्षस आता है**)

कर्ण—(**क्रोधित हो कर**)—तू कौन है, नहीं जानता कि किसके सामने खड़ा है ?

राक्षस—(**उसे छोड़ कर**)—जानता हूँ ! बुद्धि का जिसे अजीर्ण है और जिसे केवल कर्ण ही का सहारा है, उस कौरवाधिपति के सामने ।

कर्ण—(**उठ कर**)

रे नीच मोच तव कंध नगीच आई
जो कौरवाधिप समीप करै ढिठाई,

क्यों ह्वै अभीत इत आवन दुष्ट कीन्ह्यों,
बेगै बताव मम खड्ग कबौं न चीन्ह्यों,

दुश्शा०—(**राक्षस से**) क्यों, तू क्यों यहाँ आया है ?

राक्षस—महाराज गन्धर्वाधिराज चित्रसेन ने कहा है कि दुर्य्योधन से कहो कि मृगया खेलने का विचार यहाँ न करें। उत्सव कर चुके, अब यदि अपना कुशल चाहैं तो यहां से हस्तिनापुर को प्रयाण करें।

कर्ण—(**क्रोधित होकर**) जा जा, अपने स्वामी से कह दे कि हमलोग अवश्य मृगया खेलेंगे।

राक्षस—अच्छा (**सिर हिलाता हुआ जाता है, और विदूषक की टाँग पकड़कर खींचता जाता है**)

विदूषक—अरे छोड़, मत दुख दे, मैं तो जिसकी विजय होगी उसी के पक्ष में रहूँगा।

(राक्षस उसे छोड़ कर चला जाता है)

(पट परिवर्तन)

द्वितीय दृश्य

(स्थान—द्वैत सरोवर, मृगया के वेश में दुर्योधन और कर्ण इत्यादि वाण धनुष पर चढ़ाए हुए एक मृग के पीछे चले आते हैं)

दुर्योधन—(**चारो ओर देखता हुआ**) हैं! मृग कहाँ भागा ?

मृग की बात कहाँ कहौं, बीर देखि डर जात।
अस्त्र सामुहे दृढ़ हृदय, किये कौन ठहरात॥

दुश्शा०—हां, हां, ठीक है, (**'मृग की बात' इत्यादि फिर से पढ़ता है**)

दुर्यो०—अहा हा! यह स्थान कैसा मनोरम है, सरोवर में खिले हुए कमलों के पराग से सुरभित समीर इस वन्य प्रदेश को आमोदमय कर रहा है—

नीलसरोवर बीच,
इन्दीवर अवली खिली।

कर्ण—मनु कामिनि कचबीच,
नीलम की वेंदी लसै॥

दुर्यो०—जलमहँ परसि सुहात,
कुसुमित शाखा तरुन की।

कर्ण—मनु दरपन दरसात,
निज मुख चूमत कामिनी॥

दुर्यो०—सारस करत कलोल,
सारस की अवलीन में।

कर्ण—मनु नरपति के गोल,
चक्रवर्त्ति विहरण करैं ॥

शकुनी—वाह ! अङ्गराज ने तो आज उपमा की झड़ी लगा दी (**कुछ सुनकर**) वे कौनहैं । (**नेपथ्य में से**) यही हैं यही हैं (**सब चकित होकर देखते हैं**)

(**यक्षगण की सेना का प्रवेश**)

सेनापति—तुमलोग यहाँ से शीघ्र चले जाओ।

कर्ण—(**तलवार पर हाथ रख कर**) तू कौन है ?

सेनापति—मैं स्वामी के आज्ञानुसार शिष्टता के साथ कह रहा रहा हूँ, नहीं तो दूसरी प्रकार से आप लोगों का आदर किया जायगा। क्योंकि—

प्रथम राखि महामति मान को।
शुचि बतावहिं नीति बिधान को ॥
यदि न मानहि मूरख टेक सों।
तब करे हठि दण्ड अनेक सों ॥

(**दुर्य्योधन क्रोध दिखलाता है**)

कर्ण— (**तलवार निकाल कर**) अपनी चपल जीभ को रोक और अपनी रक्षा कर ! (**दोनों तलवार निकालकर युद्ध करते हैं। इतने में विद्याधरों को साथ में लिए चित्रसेन का प्रवेश**)

(**गन्धर्वो को ससैन्य देखकर सब का खड़े हो जाना। आगे बढ़कर और मुँह फेर कर दुर्योधन टहलने लगता है। और उसकी सेना श्रेणीवद्ध खड़ी हो जाती है**)

चित्रसेन—कौरवपति ! तुमको बहुत समझाया गया, परन्तु तुमने हठ न छोंड़ा।

(**दुर्योधन अनसुनी करता है**)

चित्रसेन—हैं, इतना घमण्ड ?

बार बार सानुनय रह्यो यद्यपि मम अनुचर।
तबहुँ न मान्योमूढ़ ग्राह सन्निकट द्वैत सर ॥
मृगया खेलन लग्यो जहाँ मम बिहरण को थल।
प्रहरी वर्जन कर्‍यो तिन्हैं मार्‍यो तेहिपै खल ॥
जानत नाहिं प्रचण्ड भुजन को पामर ! मेरे।
चञ्चल दृढ़ कोदण्ड और नाराच करेरे ?
अबहुं न क्यों हटि जात, मानि के आज्ञा मेरी।
क्षमा किये बहु बार, अवज्ञा को हम तेरी ॥

(**दुर्योधन क्रोध से तलवार खींचता है**)

दुश्शासन---महाराज ! सावधान रहिये ।

कर्ण---बस, बहुत बड़बड़ा मत, नहीं तो ये अँगुरियाँ **वीणा बजाने** योग्य न रह आयगी। अह ह ह ह दुष्ट !

सुघर साजि मनोहर रूप को
नित रिझावहिं जो सुर भूप को,
तिनहि सङ्ग बजावहु बीन को,
तुमहिं सङ्कर की मति दीन को ?

और यदि न मानेगा तो (**दाँतपीस कर**)

क्रोधानलज्ज्वलित भीम करालिका सी,
संहारकारिणि हँसै जिमि कालिका-सी।
सो चञ्चला असि जबै चमकै लगैगी,
तेरो सुरक्त करि पान महा पगैगी ॥

गन्धर्व---अच्छा तो फिर बचाओ अपने को ! (**सब तलवार निकाल कर लड़ते हैं, युद्ध में कर्ण सब को भगाने का साहस करता है और विक्रम दिखाता है, इतने में पीछे से राक्षसों की सेना आती है और सब को घेर लेती है**) ।

(**पट-परिवर्तन**)

तृतीय दृश्य

स्थान---कानन, पर्ण-कुटीर

(**चारों ओर शान्ति विराज रही है । एक सघन वृक्ष के नीचे युधिष्ठर और अर्जुन, नकुल, सहदेव, द्रौपदी के सहित बैठे हुये हैं ।**)

युधिष्ठिर---अहा ! प्रकृति की गति कैसी अनोखी है---

मध्याह्न में महत तेज लखात जाको,
आकाश मध्य कोउ देखि सकै न जाको ।
सो दिव्य देव दिननाथ लहै प्रतीची,
ह्वै कै सुरञ्जित लखात सबै नगीची ।

अर्जुन---महाराज, यह तो ठीक ही है---

जे जाइ पश्चिम दिशा मह मोद माते,
ह्वै बारुणी विवस मोह तरङ्ग राते ।
देखे तिन्हैं पतित लोग सबै हँसाहीं,
प्राची दिशा शशि मिसै हँसती सदा हीं ॥

द्रौपदी---तो इससे क्या---

आदित्य के उदय के पहले निशा में ।
घोरान्धकार बढ़ि जात लखौ अमा में ॥

उद्योग में तदपि घूमत आस धारे।
त्वै अस्त हूँ उदय होत प्रभू सहारे॥

नकुल और सहदेव—आर्य्य ! प्यास लगी है।

युधिष्ठिर—(**मुंह फेर कर**) हा दैव ! यही सब देखना है। हाय हाय ! ये सुकुमार राजकुमार और यह कराल कानन—

जिन कबहूं न दीन्हें पाँवहू को धरा में।
तिन समिध बटोरैं औ करैं मृत्यका में॥
समुझत रतनों को फार सों जे उतारैं।
वह कुसुम जुहा के भूषनों को सुधारैं॥

(**उसास लेकर**) हे विश्वम्भर !

जिनहिं बढ़ायो मान सों, न करु तासु अपमान।
कुलवारन को कुल यही, रहै जगत सनमान॥

नकुल और सहदेव—आर्य्य ! अभी जल नहीं आया ?

युधिष्ठिर—(**नेपथ्य की ओर देखकर**) बच्चा घबराओ मत, वह भीम आते हैं।

(**भीम का जल लिए प्रवेश। भीम लोटा रख कर जोर से हँसता है। युधिष्ठिर और अर्जुन पूछते हैं, पर केवल हँसता है**)

युधि०—(**हंस कर**) वत्स ! भीम है क्या ?

भीम—(**हंसते हुए**) आर्य्य ! कुछ नहीं, बहुत अच्छा हुआ।

युधि०—अरे सुनूं भी, क्या अच्छा हुआ ?

भीम—अच्छा कहूँ, नहीं नहीं नहीं नहीं, आपसे नहीं। धनंजय ! इधर आओ तुम से कह दें। महाराज से तुम्हीं कहो, हम को तो हँसी रुके से नहीं रुकती है। (**हँसता है। युधिष्ठिर इङ्गित करते हैं। अर्जुन उठ कर जाते हैं। भीम कुछ कान में कहता है।**)

अर्जुन—(**युधिष्ठिर के पास आकर**) आर्य ! भीम जल लेने के लिये द्वैत सरोवर पर गये थे, वहाँ देखा तो दुर्य्योधन और गन्धर्वों में घोर युद्ध हो रहा है, फिर परिणाम यह हुआ कि वे सब दुर्य्योधन को पकड़ ले गये।

युधि—(**खड़े होकर**) वत्स भीम ! तुम वहाँ रहो और तुम्हारे सन्मुख दुर्य्योधन को पकड़ कर वे सब ले जायँ और तुम कुछ न करो ! छिः छिः !

भीम—महाराज ! इसी सज्जनता के कारण तो आपकी यह दशा है। मैं तो ऐसी बातों का पक्षपाती नहीं हूँ।

युधि०—

विपत्ति में मानव को निरेखि के,
सुखी करै चित्त सुमोद लेखि के।

अहै वही नीच महान नारकी,

तजौ यही बात बुरे विचार की ।।

वत्स भीम ! शत्रु को दुःखी देखना और घृणित उपाय से बल-प्रयोग करने को क्रूरता कहते हैं । तुम वीर हो, वीरता को ग्रहण करो—

अरिहुँ से छल करै नहीं सन्मुख रन रौपै ।

दृढ़ कर में करवाल गहै मिथ्या पर कौपै ।।

दुखी करै नहिं द्विज, सुरभी, अबला नारी को ।

लक्षण ये सब सत्य-वीर-व्रत के धारी को ।।

(भीम कुछ कहना चाहता है, इतने में रोते हुए दासी और रानियों का प्रवेश)

दासी और रानी—धर्म्मावतार ! रक्षा करिये !

युधि०—क्या है क्या ?

दासी—भीष्मादि गुरुजनों के मना करने पर भी कौरवनाथ विहार करने के हेतु यहां आये थे, सो अकारण गन्धर्वों के साथ युद्ध हो गया, गन्धर्व लोग कौरवपति को समित्र बांधे लिये जाते हैं, रक्षा कीजिये, रक्षा कीजिये !

युधि०—वत्स अर्जुन ! जाओ—उन्हें शीघ्र छुड़ा लाओ—(**दासियों से**)—क्यों वे कितनी दूर गये हैं ?

दासी—अभी वह वहीं होंगे, महाराज ! रक्षा कीजिये !

(अर्जुन जाते हैं ।)

(पट-परिवर्तन ।)

चतुर्थ दृश्य

(स्थान द्वैत सरोवर)

(दुर्योधन को पकड़े हुए विद्याधर ले जाने को उत्सुक हैं)

विद्याधर—चल, अब चलता क्यों नहीं, लड़ने के लिए तो बहुत बल था ।

दूसरा—शकुनी, कोई जूए की जाल यहां भी सोच रहे हो क्या ?

तीसरा—यह न समझना कि निकल भागेंगे ।

कर्ण—(**क्रोध से**)—क्या बकबक करता है, अपना काम कर, चलते हैं न ।

विद्याधर—ओ हो, इन्हें अपमान के साथ नहीं ले चलना होगा, उचित मान की आवश्यकता है ।

चित्रसेन—क्यों दुष्टो ! अब छल से पाण्डवों को मारने का विचार न करोगे ? (**विद्याधरों से**)—आओ, अब इन सबको ले चलें (**इतना कह कर चित्रसेन ज्यों ही चलने को उद्यत होता है, वैसे ही अर्जुन प्रवेश करता है ।**)

अर्जुन—ठहरो, ठहरो, तुम लोगों का प्रधान कौन है ?

सेनापति—(**आगे निकल कर खड़ा हो जाता है**) हम हैं हम। तुम्हें क्या कहना है ?

अर्जुन—यही कि यदि अपनी कुशल चाहते हो, तो इन लोगों को छोड़ दो।

सेनापति—वाह ! वाह ! आप छुड़ाने आये हैं, दर्पण तो यहां मिलेगा नहीं—द्वैत सरोवर के जल में जरा मुँह देख आओ !

अर्जुन—(**क्रोधित होकर**)—

कंटक नहिं पददलित होत मारग मैं जौलौं।
मुख की तीछनता कौ त्यागत है नहिं तौ लौं।
नीच प्रकृति जन मानत नाहिन हैं बातन ते।
ये पूजा के योग सदा ही हैं लातन ते।

दुष्टो ! फिर भी समझाता हूं—मान लो। इन लोगों को छोड़ दो।

दुर्योधन—मैं तुम्हारी दया नहीं चाहता।

कर्ण—(**सगर्व**)—

सहें अनेकन कष्ट पै, लहैं सदा ही मान।
अरि सों दया न चाहते, साँचे बीर महान।

अर्जुन—(**शिर हिलाकर**)—मैं तुम से कुछ नहीं कहना चाहता। (**विद्याधरों से**)—हां इतनी देर में क्या सोचा ?

सेनापति—जा जा, अपना काम कर।

अर्जुन—(**दाँत पीस कर**)—

ह्वै सावधान सब रक्षहु आपने को।
देखो प्रचण्ड भुजदण्ड बलै घनों को॥
वैरी कराल वन दाहन ज्वालिका सी।
मेरी अहै सुअसि विद्युत मालिका-सी॥

(अर्जुन तलवार निकाल कर आक्रमण करता है, और सब दुर्योधननादि को घेर कर लड़ते हैं। किन्तु घोर युद्ध के उपरान्त अर्जुन से व्यथित हो कर सब भागते हैं, और उसी समय चित्रसेन का प्रवेश होता है। अर्जुन उस पर भी झपटता है, चित्रसेन हट कर वार करता है, दोनों में द्वन्द्व युद्ध होता है)

चित्रसेन—बस मित्र बस, बहुत हुआ।

अर्जुन—(**छोड़ कर**)—हैं, मित्र चित्रसेन ! तुम कहां ?

(दोनों गले से गले मिलते हैं सब आश्चर्य से देखते हैं।)

अर्जुन—मित्र ! क्षमा करना, युद्ध-विप्लव में सहसा आप को न पहिचान सका !

चित्रसेन—मित्र ! कुछ नहीं वह केवल संयोग था। कहो तुम कैसे यहां आये ? युद्ध क्यों हुआ ?

अर्जुन—महाराज की आज्ञा हुई कि दुर्य्योधनादिकों को गन्धर्व लोग पकड़े लिए जाते हैं, अतएव उन्हें शीघ्र जा कर छुड़ाओ।

चित्रसेन—(**आश्चर्य से**) महाराज ने आज्ञा दी ! (**सोचकर**) अहा ! यह बात सिवा धर्मराज के किसके हृदय में आ सकती है ! देखो—

लाक्षागृह में जारन चाह्यो, जूआ खेल्यो।
छल सों सब करि हरण, दियो बनवास अकेल्यो॥
कानन हूं में आयो छल से जो मारन को।
त्यहि अरिहूं पै दया करै, अस मतिधारण को॥

अच्छा चलिये। (**विद्याधरों से**)—चलो, इन्हें इसी प्रकार से महाराज के सन्मुख ले चलो।

(**अर्जुन से**) आओ मित्र धनंजय ! हम लोग भी चलें।

(**दोनों आगे-आगे हाथ में हाथ मिला कर जाते हैं। पीछे-पीछे विद्याधर लोग दुर्य्योधनादिक को बाँध कर ले चलते हैं।**)

(**पट-परिवर्तन**)

पंचम दृश्य

(**महाराज युधिष्ठिर, भीम, नकुल, सहदेवादि द्रौपदी सहित बैठे हुए हैं**)

युधि०—प्रिये कृष्णा ! कुमुदिनीनायक के सुप्रकाश में कानन कैसा प्रतीयमान हो रहा है—

तिमिर गगन माँहीं, चन्द्र आभा प्रकासै।
द्रौपदी—जिमि सुमति लहेते चित्त में धर्म भासै॥
युधि०—उदयत रजनी में जो सदा तेज धारै;
द्रौ०—जिमि सुजन सुसंगौं में परे पुण्य धारै॥
युधि०—कुमुदिनि विकसानी इन्दु की मूर्ति देखे।
द्रौ०—शुभमति सुधरै है ज्यों विवेकै सुपेखे॥
युधि०—उडुगन जुरि आये चन्द्र को चारु घेरैं।
द्रौ०—जिमि शुभ फल आवैं सज्जनों पै घनेरैं॥

(**सब को लिए हुए अर्जुन का प्रवेश**)

अर्जुन—आर्य के चरणकमलों में सेवक का नमस्कार।

युधि०—वत्स धनंजय ! निरन्तर विजयी हो !

(**सब अभिनन्दन करते हैं**)

(**युधिष्ठिर उठ कर दुर्य्योधनादिक का बंधन खोलते हैं। नेपथ्य में धर्मराज क जय-जय की ध्वनि होती है। फूलों की वर्षा होती है। सब यथोचित बैठते हैं।**)

युधि०--वत्स दुर्योधन ! सब कुशल है ?

दुर्योधन--(**लज्जित होकर**)--महाराज की कृपा से ।

चित्रसेन--महाराज सुरेन्द्र ने आपको आशीर्वाद कहा है । उन्हें कौरवपति का असत्परामर्श ज्ञात हो गया था, इस कारण उन्होंने हमको भेजा । हमने इन्हें बहुत बार समझाया पर इन्होंने न माना, इस कारण इनके साथ हमें ऐसा व्यवहार करना पड़ा, अतएव क्षमा चाहता हूँ ।

युधि०—जाने दो उस बात को । देवराज से हमारा अभिवादन कहना, और कहना हम उनकी कृपा के लिये कृतज्ञ हैं ।

चित्रसेन—अच्छा महाराज ! (**एक विद्याधर को इङ्गित करता है, और वह नम्र होकर चला जाता है ।**)

युधि०—वत्स सुयोधन ! तुम गुरुजनों की आज्ञा के अनुकूल नहीं चलते, यह अच्छा नहीं करते । देखो साम्राज्य का भार तुम्हारे ऊपर है, यह संसार में कैसा गुरुतर कार्य्य है ? यह स्वयं जानते हो किन्तु फिर भी ऐसी चूक तुमसे क्यों होती है, सो ज्ञात नहीं होता । संसार में राजा ईश्वर का प्रतिनिधि-स्वरूप समझा जाता है, अतएव तुम्हें बहुत समझ कर चलना चाहिए ।

खल को शासन करै शरासन दृढ़ करि धारे ।
अनुचर आस न रहै सिंहासन नित्य सुधारे ॥
पास न राखे नीच, तिन्हैं नासन हित सोचै ।
जासन मानै प्रजा सदा विश्वास न मोचै ॥
सबहीं सों नहिं लड़ै अड़ै नहिं नीचजनो से ।
नहिं आलस में पड़ै कड़ै बरतै न जनों से ।
तजि मर्य्याद न बढ़े चढ़ै आभा नित दूनी ।
सबहिं मोद सो मढ़े बढ़े कीरति चौगूनी ॥

और--

नीति प्रीति युत प्रजा सों, पालत है जो राज ।
सिंहासन सोहत सदा, ताही को सुख साज ॥

युधि०—जाओ राज्य करो ।

(विद्याधरी गण माला लिये हुये आती हैं, और गाती हुई नाचती हैं ।)

धर्म्म को राज सदा जग होवे ।
सुख सों पूरि रहै पुहुमी यह—
नित नव मंगल होवे ॥

सत्कविता सज्जनता ही पर

प्रेम सबहि को होवे।

सज्जन की जय धर्म्मराज की—

विजय सदा ही होवे॥

धर्म को राज सदा जग होवे—

(युधिष्ठिर के गले में सब माला पहिराती हैं, सब धर्म की जय कहते हैं।)

(पटाक्षेप)

■

प्रायश्चित्त

पात्र-सूची

■

जयचन्द

मन्त्री

सेनापति

मुहम्मदगोरी

शफकत

चर

गोरी के दरबारी

दो विद्याधरियाँ-विहारिणी, विलासिनी

प्रायश्चित्त

प्रथम दृश्य

[समय—रात्रि ; स्थान—कगार, नदी का किनारा—रण-भूमि]

(दो विद्याधरियों का प्रवेश।)

पहली—"क्योंरी विहारिणी ! आज कहां घूमने आयी है। यह तो बड़ा भयानक दृश्य है। कोई रण-भूमि है क्या ?"

दूसरी—"विलासिनी ! तुझे तो अपने गन्धमादन-विलास से छुट्टी ही नहीं। क्या मालूम कि संसार में क्या हो रहा है ?"

प॰—"मुझे तो सचमुच इधर का हाल कुछ भो नहीं मालूम। हाँरी सखी ! भला यह सब क्या हुआ है ?"

दू॰—"हा ! तुझ से क्या कहें, और तुझे इतना भीं नहीं ज्ञात है कि हिन्दू-साम्राज्य सूर्य्य इसी रण-भूमि-अस्ताचल में डूबा है। चौहान-कुल-भूषण पृथ्वीराज का इसी युद्ध में सर्व्वस्वान्त हुआ ?"

प॰—"विहारिणी ! भला कह तो, यह बीर कैसे गिराया गया ? क्या उसके हाथ में लोहे की कमान नहीं थी ? क्या उसका साहस क्षीण हो गया था ? आश्चर्य ! जिस पृथ्वीराज के भुजबल से अनेक बार यवनसमूह पराजित हुआ है, उसका यह परिणाम ?"

दू॰—"विलासिनी ! यदि भाई का शत्रु भाई न हो—यदि शैलबासिनी सरिता ही शृंग को न तोड़े—तो भला दूसरा क्या कर सकता है।"

प॰—"क्या किसो नीच भारतवासी का ही काम है ?"

दू॰—"हां, पृथ्वीराज के श्वसुर जयचन्द का।"

प॰—"भला सखी ! मैंने तो सुना था कि जयचन्द ने अपनी कन्या का पाणिग्रहण उनके साथ करा दिया और फिर कोई वैमनस्य न रहा, तब ऐसा क्यों हुआ ?"

दू॰—"प्रतिहिंसा आत्मसम्मान और दुर्दमनीय वृत्ति के वशीभूत होकर यह सब हुआ है। स्वयं लड़ नहीं सकता था, लड़ने के लिए साधन चाहिये। और फिर किस के साथ ! जामाता से प्रकाश्य युद्ध कैसे हो, इसलिये यवव बुलाये गये और आर्य्यसाम्राज्य का नाश किया गया।"

प॰—"सखी ! हिंसा कैसी बुरी वस्तु है। देख, इसने कैसा भयङ्कर कार्य्य, किया।"

दू०—"सोधो ! इस रही-सही "प्रतिहिंसा" को भी भारत वासियों के लिए ईश्वर की दया समझ। जिस दिन इसका लोप होगा, उस दिन से तो इनके भाग्य में दासत्व करना लिखा ही है।"

प०—"विहारिणी ! तेरी बातें तो सब बे सिर-पैर की होती है। भला, प्रतिहिंसा भी कोई अच्छी वस्तु है, जिस पर तू इतना कह गई है।"

दू०—"विलासिनी ! जिस दिन से कोई जाति, अपने आत्मगौरव के शत्रु से बदला लेना भूल जाती है, उसी दिन उसका मरण होता है। सब, जब अपने व्यक्तिगत सम्मान की रक्षा करते हैं, तब उस समष्टि रूपी जाति या समाज की रक्षा स्वयं हो जाती है, और नहीं तो अपमान सहते-सहते उसकी आदत ही वैसी पड़ जाती है। फिर शक्ति का उपयोग नहीं ही सकता, और शक्ति के उपयोग न होने से वह भी धीरे-धीरे उत्सन्न हो जाती है। इसलिए मैं कहती हूँ कि यह थोड़ी बची हुई प्रतिहिंसा यदि जागृत रही, तो फिर भी मनुष्य अपने को समझ सकता है।"

प०—"तू तो ज्ञान छाँटने लगती है और ऐसी रूखी बन जाती है कि दया का लेश भी छू नहीं जाता। देख, वह प्यास से एक आहत तड़प रहा है। चल, उसे नदी का जल पिला कर तृप्त करें।"

दू०—"ठहर ; देख, यह कौन है। अरे यह तो दुष्ट जयचन्द ही है। सखी, तू भी अन्तरिक्ष में हो जा और मैं भी अन्तरिक्ष होकर चाण्डाल से कुछ प्रायश्चित कराया चाहती हूँ। उसी ओर चलें।"

(प्रस्थान)

द्वितीय दृश्य

[**स्थान—रणभूमि का ही एक हिस्सा। श्मशान—बुझती हुई चिता, अन्धकार।**]

(जयचन्द का प्रवेश)

जयचन्द—"ह ह ह ह ह, मैं आज पिशाचों की क्रीड़ा देखने आया हूँ। और इस बुझती हुई पृथ्वीराज की चिता को देख कर अपनी हिंसा की आग भी बुझाना चाहता हूँ (**ठहर कर**) उसके मस्तक को तो नहीं पा सकता, पर उसकी राख को मैं अवश्य अपने पैरों से कुचलूंगा।"

(**आकाश से शब्द**)—"हां रे हां, पृथ्वीराज के साथ अपनी त्रैलोक्यसुन्दरी, कन्या की राख को भी तू कुचलेगा।"

जयचंद—(**भीत हो कर—साहस के साथ**) नहीं, मैं तो अपने शत्रु की राख को बिखेरना चाहता हूं।"

(**आकाश से**)—"भला, यह तो बता, तूने अपनी कन्या को कैसा सुख दिया।

जयचन्द—(**गर्व से**) "अरे तू है कौन, जो व्यर्थ बक-बक करता है। वह, जब

तक कुमारी रही, फूलों में पली, जब युवती हुई, योग्य पति को वरण किया, इससे बढ़ कर स्त्री को कौन सुख मिलेगा ?''

(**आकाश से**)--''नराधम ! अब उसकी क्या दशा है ?''

जयचन्द--''जो आर्य्य ललनाओं की होती है। सुन चुकी होगी, तो मर गई होगी, नहीं तो सुनते ही प्राणत्याग करने का उद्योग करेगी ।''

(**आकास से**)--''दुष्ट इसी चिता की धूलि में उस फूल का भी पराग मिला हुआ है, जिसे तूने बड़े स्नेह से अपने हाथ में रखा था ।''

जयचन्द—''क्या कहा ?''

(**आकश से**)—''यही कि इसी चिता की राख में संयोगिता की राख भी मिली है, जिसे तू कुचलेगा ।''

जयचन्द—(**करुणार्द्र स्वर से**) ''क्या संयोगिता सती हो गयी ?''

(**आकाश से**)—''हां, तूने ही तो अपने हाथ से उसके सती होने की तैयारी की थी ।''

जयचन्द—''क्षत्राणी थी। यही ठीक भी था। पर हाय संयोगिते ! तू अभी बिना कली की आशालता थी, यही दुःख है—(**मोह**)

(**आकाश से**)--''क्यों अब रोने लगा ? कुचल, उस राख को कुचल, अपनी छाती ठंढी कर !''

जयचन्द—(**आकाश की ओर देखकर**) ''हाय, संयोगिते ! मैंने तुझे कुछ भी सुख न दिया ! अपने स्वार्थ के लिए, अपनी जिघांसावृत्ति की तृप्ति के लिए, अपने पाले हुये हरिणशावक पर ही शर-सन्धान किया ।''

(**आकाश से**)—''अभी क्या रोता है, अभी तो तुझे बहुत रोना पड़ेगा। तूही नहीं, तेरे इस कार्य्य से सारे भारवासियों को रोना पड़ेगा। और उनके घृणा-प्रकाश करने पर तेरी आत्मा सदा रोती रहेगी। पहले, अपने लगाये हुए विष-वृक्ष के फल को चख, फिर तू उसी लकड़ी से जलाया जायगा कि नहीं, इसकी खोज पीछे करना। अपनी प्रतिहिंसा से तृप्त हो जा। इस राख को, जिसमें संयोगिता और पृथ्वीराज की राख मिली हुई है, अपने पवित्र चरणों से पवित्र तो कर दे।''

जयचन्द—''भाई तुम कौन हो, क्यों मुझे सता रहे हो ।''

(**आकाश से**)—''अभी तो तू यहाँ पिशाचों की क्रीड़ा देखने आया था और मैंने भी सोच रक्खा था, कि तू भी किसी नरपिशाच से कम नहीं। देखें किसकी क्रीड़ा अच्छी होती है। पृथ्वीराज की खोपड़ी एक पिशाच के हाथ में दे और संयोगिता की तू ले। दोनो लड़ा कर देख, कौन फूटती है।''

जयचन्द—''हाय हाय ! मुझ से घोर दुष्कर्म हुआ ।''

(**आकाश से**)—''और तुझे घोर प्रायश्चित्त भी करना होगा ।''

जयचन्द—"हाथ जोड़कर। तुम सच में कोई देवदूत हो। कृपाकर यह बतलाओ, कि इसका क्या प्रायश्चित्त है। मैं उसे अवश्य करूँगा।"

(**आकाश से**)—"जामातृवध के लिए शत्रुवध, और देशद्रोह के लिए आत्मवध।"

(**जयचन्द मूर्च्छित होता है। एक मन्द प्रकाश के साथ पटाक्षेप**)

तृतीय दृश्य

(**राजभवन-कन्नौज**)

जयचन्द—"मन्त्रिवर, उस छली यवन ने क्या विजित भूमि देना अस्वीकार किया ?"

मंत्री—"हां महाराज ! वह कहता है, कि यदि महाराज को फिर दिल्ली का राज्य मिल जायगा, तो उसको कई बार दिल्ली विजय करना पड़ेगा। इसलिए, वह झंझट नहीं बढ़ाया चाहता।"

जयचन्द—"मन्त्रिवर ! क्या सारे पाप का यही परिणाम हुआ ?"

मंत्री—"सो तो हुआ महाराज !"

जयचंद—"नहीं मन्त्री महाशय, ऐसा नहीं होगा। देखो जब दिल्लीराज ने इस पृथ्वीराज को अपना महाराज्य समर्पित किया था, उसी समय मेरे हृदय-वन में एक विषवृक्ष का बीज, बड़े विषैले कांटे से खोद कर गाड़ा गया। अब उस वृक्ष को उखाड़ कर क्या उसका सुख न भोग सकूंगा ?"

मंत्री—"महाराज के हाथों भारत-दुर्भाग्य ने सब कुछ कराया। क्या आश्चर्य है, कि यह भी हो जाय।"

जयचंद—(**खड़ा हो कर**) "नहीं, नहीं ! खड्गबल से सहायता मिलेगी। जयचन्द निरा कायर नहीं है। इस थके हुए लुटेरे को, जिसका बल क्षीण हो गया है, विजय कर लेना कौन-सी बड़ी बात है।"

मंत्री—"आप जो न करें सो थोड़ा है। मैं आपको सलाह क्या दे सकता हूँ, पर इतना अवश्य कहूँगा, कि आप भी सन्नद्ध रहिये। यवन भी इसी ध्यान में हैं कि अभी पृथ्वीराज अधमरा है।"

जयचन्द—"मन्त्री महाशय, सैन्य सुसज्जित रखने के लिये सेनापति के पास आज्ञापत्र भेद दो। किन्तु फिर युद्ध.... अच्छा। (**चमक उठता है**) हैं, यह क्या ? वह दूर कैसा धुंधला उजाला हो रहा है ? अरे... इसमें कोई आकृति, हां हां वही तो हैं, संयोगिता...."

मंत्री—"महाराज ! क्या आपको भ्रम हो रहा है ? कहां ध्यान है।"

जयचन्द—"भ्रम नहीं, मन्त्रिवर, भ्रम नहीं होता है। मैंने प्रायश्चित्त करने की प्रतिज्ञा की है।"

मंत्री—"कैसा प्रायश्चित्त महाराज ?"

जयचन्द—"पाप का । मन्त्री, जिसे मैंने किया है । देखो, मन्त्रिवर एक पुच्छ-मर्दिता सिंहिनी-मूर्ति प्रायश्चित्त करने को अपनी उँगली उठा कर मुझे चिताती है । देखो, वह...."

मंत्री—"महाराज ! आप कैसी उन्मत्त की-सी बातें कर रहे हैं ? यह समय धैर्य्य का है । आप को एक प्रबल शत्रु से सामना करना है, उसके सामने क्या आप इसी तरह से अपनी रक्षा करेंगे ?"

जयचन्द—"क्या कहा, शत्रु कहां है । सभी तो हैं । तुम भी हमारे शत्रु हो । क्या तुम नहीं हो ? संसार ही शत्रु है, उससे क्या करें । बोलो, कहो कौन मित्र है ?"

मंत्री—"महाराज, सावधान हूजिये, बड़ा विषम समय है ।"

जयचन्द—"हां मन्त्री, क्या कहा विष ? हां; यह भी तो प्रायश्चित्त का एक उपकरण है ।"

मंत्री—"हा शोक !" **(जाता है)**

(राजा जयचन्द स्तब्ध बैठ जाता है)

(पट-परिवर्तन)

चतुर्थ दृश्य

(दिल्ली दरबार, मुहम्मद गोरी सिंहासनासीन)

दरबारी—"शाहंशाह को तख्ते हिन्दोस्तान मुबारक हो ।"

मुहम्मद—"बहादुर सर्दारो ! दीन इस्लाम को तख्ते हिन्दोस्तान मुबारक हो ।"

दरबारी—"आमीं, आमीं ।

मुहम्मद०—"बहादुर शफ़क़त ! आज सचमुच हिन्दोस्तान हलाली झंडे के नीचे आ गया । और यह सब तो एक बात है, दर असल खुदाये पाक को अपने पाक मजहब को जीनत देना मञ्जूर है । नहीं तो भला इन फौलादी देवजादे हिन्दुओं पर फतह पाना क्या मुमकिन था ।"

दरबारी—"कभी नहीं, हरगिज नहीं ।"

शफ़क़त—"लेकिन हुजूर रायपिथौरा भी एक ही देवसूरत और बहादुर शख्स था ! बेहोश होने पर ही कब्जे में आया ।"

एक दरबारी—"अजी, क्या उस मूजी की तारीफ करते हो ।"

मुहम्मद०—"नहीं अनवर ! तुम भूल करते हो । हकीकत में वह शख्स काबिल तारीफ था । और मुसलमानों को भी वैसा ही मजहब का पक्का होना चाहिये । देखो, कितनी बेरहमी से उसका कत्ल किया गया, मगर उस काफिर ने पाक दीन इस्लाम को नहीं कुबूल किया । वाकई बहादुर था ।"

दरबारी—(सर झुकाकर) "बजा इर्शाद ।"

शफ़क़त—"मगर हुजूर ! कम्बख्त, काफिर जयचन्द भी खूब ही छका । उसने समझ रक्खा था कि 'तख्ते देहली हमीं को मिलेगा ।' आप के जवाब ने तो उस पर कोह ढहा दिया होगा । चकनाचूर कर दिया होगा ।"

मुहम्मद० (हँसकर) "एक ही बेवकूफ है । पूरा उल्लू बना । (कुछ सोचकर) मगर शफ़कत, इस दुश्मन को भी लगे हाथ न कमजोर करेंगे तो यह भारी नुकसान पहुँचावेगा ।"

दरबारी—(खड़े होकर तलवार निकालकर) "शाहंशाहे आलम ! जंग ! फतह !!"

मुहम्मद०—"बहादुर सरदारो ! बैठो । आज फतह की खुशी मनाओ । कल इसका बहुत जल्द इन्तज़ाम होगा ।"

(इनाम देता है)

(पटाक्षेप)

पंचम दृश्य

(दुर्ग का एक भाग)

(जयचन्द और मन्त्री)

जयचन्द—"मन्त्री ! उन दुष्ट राजाओं ने क्या उत्तर दिया ?"

मंत्री—"महाराज ! किसी ने कहा कि—'क्या महाराज फिर कोई राजसूय यज्ञ करेंगे, जो बुलावा हो रहा है ? अच्छा उपहार की सामग्री एकत्र कर के आता हूँ ।' किसी ने कहा—'मैंने महाराज की आज्ञा से सेना घटा दी है । जब सब सेना एकत्र होगी, तब आऊँगा ।' किसी ने उत्तर दिया कि—'जहाँ तक हो सकेगा शीघ्र आऊँगा' ।"

जयचन्द—"कहो, कहो, सत्य और शीघ्र कहो ।"

मंत्री—"महाराज ! किसी-किसी ने यह भी कहा है कि हम देशद्रोही का साथ न देंगे । यदि यवन लोग आप से चढ़ आते, तो अवश्य हम उनकी सहायता करते, पर जब उन्होंने स्वयं उसे बुलाया है, तब हमलोग कुछ नहीं कर सकते ।"

जयचन्द—"हाँ ! मंत्री ! जयचन्द के अधीन राजाओं और सरदारों को ऐसा कहने का हौसला हो गया ? चलो अच्छा हुआ । तुमने रक्षा का क्या उपाय सोचा है ?"

मंत्री—"महाराज ! चौहान और राठौर के युद्ध में साहसी शूर और राजभक्त सेना कट चुकी है, यह तो महाराज को मालूम ही होगा । जो कुछ है, तैयार हो रही है ।"

(चर का प्रवेश)

चर—"महाराज की जय हो ! मंत्री महाशय ! अभिवादन करता हूँ।"

मंत्री—'कुशल तो है ? कहो क्या समाचार है ?"

चर—"महाराज ! यवनों की एक बड़ी सेना, इसी ओर चुप-चाप बढ़ती चली आ रही है। सम्भव है कि पहर-दो-पहर में वह कन्नौज तक पहुंच जाय।"

जयचन्द—"मंत्री ! क्या होगा ?"

मंती—"महाराज ! आप वीर हैं, युद्ध के लिए प्रस्तुत होइये।"

जयचन्द—(**सोचकर**) "नहीं मंत्री ! इन मेरी पाप-भूषित भुजाओं में अब वह बल नहीं है कि युद्ध करूँ। लो, शीघ्र राजकुमार को बुलाओ। यह राज्य उनका है, अब वही इसकी रक्षा करें। मुझसे कोई संसर्ग नहीं है।"

मंत्री—"महाराज ! वह नये राजकुमार हैं, भला ऐसे संकट में उनसे रक्षा होगी ?"

जयचंद—"भला मंत्री ! तुम नहीं जानते कि मुझे प्रायश्चित्त करना है। (**आकाश की ओर**) देखो, देखो, वह कौन मूर्ति है ! हां हां, देवि ! क्रुद्ध न हो, मैं अवश्य प्रायश्चित्त करूंगा। लो मैं जाता हूँ (**मन्त्री से**) मंत्री ! तुम जानो, राजकुमार जाने। कन्नौज राज्य से मेरा कुछ सम्बन्ध नहीं। मैं प्रायश्चित्त करने जाता हूं।"

(**प्रस्थान, पटाक्षेप**)

छठा दृश्य

स्थान—गंगा-तट

(**जयचन्द और साथी**)

जयचंद—"सैनप ! तुम मेरे साथ क्यों आ रहे हो ? क्या यहां भी कोई सेना है ? जाओ, यदि तुम्हारे किये कुछ हो सके, तो कन्नौज की रक्षा करो। और नहीं तो मरने ही की ठीक प्रतिज्ञा हो, तो चलो। गंगा-तट से बढ़कर कौन-सी भूमि है !"

सैनप—"महाराज, वीरों के लिए रण-गंगा से बढ़ कर दूसरा पुण्यतीर्थ नहीं है। परन्तु करूँ क्या, मेरे ऊपर आपकी रक्षा का भार है।'

जयचंद—"ह ह ह ह, पर यह भी जानते हो कि मेरे ऊपर कितने पापों का भार है ? भला सब तुम्हारे उठाये उठेगा ? मैं तो प्रायश्चित्त करने जाता हूँ, तुम्हारा तो कोई पापकर्म्म प्रकट नहीं हैं। फिर तुम क्यों चलते हो ? जाओ, जल्दी अपने देश के कार्य्य में, अपने हाथों को लगाओ !"

सैनप—"महाराज आप !"

जयचंद—"बोलो मत, मैं एक बार फिर उसी गजेन्द्र पर चढ़ कर प्रायश्चित्त करूंगा, जिस मदान्ध पर चढ़ कर मैं भी मदान्ध हो गया था। हां सैनप, एक बात

कहना मैं भूल गया था। कन्नौज निवासियों से कह देना कि तुम्हारे पापी राजा ने, जिनकी तुम लोगों ने बहुत-सी आज्ञाएँ मानी हैं, एक अन्तिम प्रार्थना यह की है कि यदि हो सके, तो शहाबुद्दीन का बध कर के उसकी रक्तधारा से दो एक अंजुली, जयचन्द के नाम पर देना, क्योंकि पापियों को नरक में यही पीने को मिलता है। बस, जाओ।''

(सैनप का प्रस्थान, जयचन्द का गजारोहण, और गंगा में धँसना,)

जयचंद—बस महाशय ठहरो! **(आकाश की ओ र देख कर)** देवि! एक तो मैं नहीं कर सका; पर दूसरा तो मेरे वश में है, वह प्रायश्चित्त करता हूँ। देश-द्रोह के लिए आत्मवध। हां फिर, इससे बढ़कर दूसरा स्थान कहां हैं? पतितपावनी, प्रणाम **(कूद पड़ता है)**

(पटाक्षेप)

■

कल्याणी परिणय

पात्र-परिचय

●

चाणक्य

चन्द्रगुप्त

इन्दुशर्मा

चण्डविक्रम

सिल्यूकस

मेगास्थिनीज़

साइर्बटियस

दौवारिक

चर

■

कार्नेलिया : कल्याणी:.

एलिस

तरलिका, चार नर्त्तकियाँ

पहला दृश्य

[सिन्धुतट-कानन । चाणक्य टहलता हुआ दिखाई देता है ।]

चाणक्य—वाह ! प्रभात का समय भी कैसा सुन्दर होता है, देखो ।

(पद्य)

अन्धकार हट रहा जगत जागृत हुआ ।
रजनी का भी स्तब्ध भाव अपसृत हुआ ।।
नीलाकाश प्रशान्त स्वच्छ होने लगा ।
दक्षिण-पवन-स्पर्श सुखद होने लगा ।।
क्लान्त निशा जो जगी रात भर मोद में ।
चली लेटने आप नींद की गोद में ।।
ऊषा का पट ओढ़ लिया अति चाव से ।
अन्तरिक्ष में सोने को शुचि भाव से ।।
पर जीवों को जगा दिया कलनाद से ।
जो तन्द्रा-सुख भोग रहे आह्लाद से ।।

(कुछ ठहर कर) पर मुझे भी दिन-रात राज-काज के झगड़ों ने दूसरा ही बना डाला । चाणक्य ! तेरी वह शान्ति कहाँ गयी ? इस क्रूर कार्य में क्यों तू ने हाथ डाला ? हाय, सब कहते हैं कि चाणक्य बड़ा ही दुष्ट है पर उन्हें यह ध्यान ही नहीं कि यह कार्य ही ऐसा है ! संसार ! संसार !! तेरी लीला अपरम्पार है । मनुष्य को ध्यान भी नहीं रहता कि वह क्या से क्या हो गया । अनिर्वचनीय शक्ति तू ने—

छाया-सा अस्पष्ट चित्र दिखला दिया ।
भ्रममय अनुसंधान हमें सिखला दिया ।।

नहीं तो कहाँ मैं, और कहाँ यह दुस्तर कुहेलिका-समुद्र संसार !

(स्मरण करके गद्गद कण्ठ से आँखें बन्द किए हुए)

आह !
दूर छोड़ कर देश किस जगह आ गया ।
यात्री का पद कहो कहाँ से पा गया ?
नये-नये हैं साथ राह भी है नयी ।
नव विस्मृति के साथ व्यथा नव हो गयी ।।
सुख समुद्र के बीच प्रेम का द्वीप था ।
चन्द्रदेव का रजत-बिम्ब ही दीप था ।।

पवन-सुरभि आनन्दपूर्ण सुख शीत था।
नव वसन्त का राग शान्ति-सङ्गीत था॥
चिर वसन्त-मय काम्य कुसुम के कुञ्ज थे।
जिनमें विहरणशील रसिक अलिपुञ्ज थे॥
इतना था सौहार्द सभी हम एक थे।
एक अकेले हमीं रहे, न अनेक थे॥
करुणा का था राज्य, प्रेम ही धर्म था।
युद्धानन्द विनोद एक ही कर्म था॥
न था किसी में मोह, कभी न विवाद था।
मिलता अविरत स्वच्छ सुधा का स्वाद था॥
भीति शीत की भी, न मार्ग की यन्त्रणा।
यह कुचक्र-मय चाल न थी, न कुमन्त्रणा॥

सैनिक—(प्रवेश करते, स्वागत) रङ्ग-ढङ्ग तो आज निराला है, बाप रे बाप! किसके लिए कुमन्त्रणा की चक्की तैयार हो रही है? किसका सिर पीसकर यन्त्रणा दी जायगी? कह दें, साहस ही नहीं होता कि कह दें। अच्छा ठहर जायँ।—

चाणक्य—(निःश्वास लेकर आँख खोलता हुआ)

तप्त हृदय का उष्ण नहीं निःश्वास था।
शुद्ध प्रेम-मय भाव सत्य विश्वास था॥

सैनिक—(जल्दी से) मन्त्रिवर! ग्रीक शिविर से एक ब्राह्मण आये हैं।

चाणक्य—(झिड़क कर) चला जा यहाँ से। तुझे किसने यहाँ आने को कहा है?—

सैनिक—(घबराकर काँपता हुआ) उसी ब्राह्मण ने। जाने लगता—

चाणक्य—(रोक कर) उसने अपना नाम भी कुछ बताया है (कुछ सोचकर) अच्छा, जाओ बुला लाओ। (सैनिक जाता है)

इन्दुशर्मा—(प्रवेश कर) नमस्कार!

चाणक्य—नमस्कार! कहो जी क्या समाचार है?

इन्दुशर्मा—अमात्य! हमारा चन्द्रगुप्त के शिविर में आना आज यवनों पर विदित हो गया, आज मैं किसी तरह वहाँ से चला आया पर अब न जाऊँगा। (पुरजा देकर) यह लीजिये यह ग्रीक शिविर का पूरा विवरण इसी में लिख दिया है, इसे आप स्वस्थ होकर पढ़ लीजिये।

चाणक्य—मित्र! हम तुम्हारे कृतज्ञ हैं। पर क्या एक बात जानने में तुम हमारी कुछ सहायता कर सकोगे? क्या यह बता सकते हो कि यवन शिविर में से कुछ स्त्रियाँ जो बाहर निकलकर घूमती थीं, वे कौन थीं।

इन्दुशर्मा—(**कुछ सोचकर**) वह तो यवन सम्राट् सिल्यूकस की कन्या थी जिसे मैं पढ़ाया करता था।

चाणक्य—ठीक है। मुझे भी यही सन्देह था। अच्छा अब विश्राम करें (**इन्दुशर्मा जाता है। चाणक्य फिर टहलने लगता है। कुछ सोचकर**) हूँ, तभी चन्द्रगुप्त की यह अवस्था है। अच्छा, पर क्या इतना परिश्रम व्यर्थ होगा। तलवार से नहीं, बुद्धि से नहीं, लक्ष्मी की झलक से नहीं, केवल एक क्षुद्र कटाक्ष से कौटिल्य का कूट-चक्र टूट जायगा। कभी नहीं, कभी नहीं। कोई कवि होता तो अवश्य कहता—

कृष्ण केसर से भरे नव नील सरसीरुह अहो।
देखकर किसका मधुप-मन धैर्य धरता है, कहो॥
पड़ गयी माला गले जिसके सरस नलिनाक्ष की।
कंटकों की है लड़ी तैयार कुटिल कटाक्ष की॥
चुभ गये काँटे जिसे वह एक पग चलता नहीं।
दलित अपने हृदय को निज हाथ से मलता नहीं॥

पर मुझे तो ऐसी कपोल कल्पनायें अच्छी नहीं लगतीं। चन्द्रगुप्त! क्या ग्रीक कुमारी के भोगे सुख ने तुझे भुला दिया कि तू ने किस कठिनाई से राज्य पाया है। हूँ, मैं समझ गया। यवनों की एक चाल यह भी है। मछली फँसाने के लिये वंशी फेंक दी गयी है, चारा भी मुँह में लग चुका है। पर अभी वारा-न्यारा नहीं हुआ। (**हंसकर**) अरे चाणक्य! तिमिङ्गिल और बंसी सहित अहेरी खिंचा चला आवे तब तो नाम, नहीं तो ये भी क्या जानेंगे। (**घूमकर नेपथ्य की ओर देखकर**) उधर देखो, चन्द्रगुप्त चला आ रहा है, मुखमन्डल सन्ध्या के कमलसा हो गया है, अहा। इसका मलिन मुख हमसे नहीं देखा जाता। सम्भवत: यह प्राभातिक वायु सेवन करके शिविर की ओर लौटा जा रहा है। मैं भी अपना आह्निक-कृत्य समाप्त कर चुका हूँ। चलूँ, अभी बहुत-सा कार्य करना है। प्रभात में जो थोड़ी शान्ति मिली थी, इन झंझट के कामों से वह फिर जाती रहेगी (**जाता है**)

(**पटाक्षेप**)

दूसरा दृश्य

(**शिविर में चन्द्रगुप्त और चण्डविक्रम**)

चन्द्रगुप्त—अजी जाकर महामन्त्री से कह दो कि मैं अस्वस्थ हूँ, इससे थोड़ी देर में मन्त्रणागृह में आऊँगा। (**स्वगत**) इन झंझटों से घड़ी भर भी अवकाश नहीं।

चण्डविक्रम—किन्तु महाराज ! ऐसे रण-प्रांगण में आप क्यों सुस्त हो रहे हैं कुछ समझ में नहीं आता ? आज पाँच दिन से समस्त सैनिक लोग व्यग्रमुख से आप से आज्ञा की आशा कर रहे हैं।

चन्द्रगुप्त—वयस्य चण्डविक्रम। युद्ध कुछ खिलवाड़ तो है नहीं, कि जब इच्छा हुई अकारण सैनिकों का नाश कर दिया जाय। यह तो शत्रु की विशेष गति-विधि पर ध्यान रखकर किया जाता है जिसमें अपनी हानि न हो।

चण्डवि०—**(धीरे से)** पर मैं देख रहा कि महाराज के हृदय-पट पर कोई अलक्षित चित्रकार नया रंग भर रहा है।

चन्द्रगुप्त—**(चौंककर)** क्या कहा, क्या ? तुम तो व्यर्थ ही शङ्का कर रहे हो।

चण्डवि०—**(हंसकर)** महाराज ! शङ्का किस लिये करूँ।

चन्द्रगुप्त—**(छिपाते** हुए) कुछ नहीं, हमने समझा कि तुम कुछ दूसरी बात समझ रहे हो।

चण्डवि०—महाराज !

नव घन जल सींची जा चुकी जो धरा है।
हृदय सरस जिसका भाव ही से भरा है॥
वह प्रगट न वैसी आर्द्र देती लखाई।
तृण हरित बताते हो गयी है सिंचाई॥

चन्द्रगुप्त—इस कविता का भाव मेरी समझ में नहीं आया।

चण्डवि०—**(पद्य)**

वसन्त के कानन में खिला जो।
मलिन्द से प्रेम भरा मिला जो॥
गुलाब वो गन्ध छिपा सके नहीं।
समीर-निःश्वास कहे जहाँ तहीं॥

चन्द्रगुप्त—**(मुस्कराकर)** यह तो तुमने अच्छा मघवा का अर्थ बिड़ौजा किया।

चण्डवि०—क्षमा कीजिये, अब मुझे प्रगट कहना पड़ा। अच्छा, कल आप मृगया खेलते-खेलते किधर चले गये थे ? हम लोगो से जब आप अलग हुए तब मालूम होता है कि मृग तो आपके हाथ लगा नहीं वरन् आप ही किसी मृगनयनी के बरुनी के जाल में फँस गये ; मैं तो यही समझ सका, आगे जो कुछ हो।

चन्द्रगुप्त—अब तुम से क्या छिपायें, सुनो। जब मृग के पीछे मैं बहुत दूर निकल गया, तब मुझे मालूम हुआ कि मैं जङ्गल की सीमा पर चला आया हूँ। अस्तु मैं थोड़ी देर तक वहाँ ठहर गया क्योंकि मृग झाड़ी में छिप गया था और मैं भी शान्त हो गया था। अभी थोड़ी देर भी नहीं हुई थी कि मृग घोड़ों की टाप सुनकर झाड़ी

में से निकलने लगा। मैंने भी अपना धनुष चढ़ा कर ज्यों ही तीर छोड़ना चाहा कि, हाय, मैं स्वयं घायल हो गया। (**चुप हो जाता है**)

चण्ड वि०––हाँ फिर क्या हुआ ? कहिये न, इसी से तो मैं समझता हूँ कि आप छिपाना चाहते हैं।

चन्द्रगुप्त––क्या कहें उसी समय मेरे सामने से सुन्दरियों का एक झुण्ड अपने घोड़ों को दौड़ाता हुआ निकल गया। चण्डविक्रम ! मैं तो अवाक्-सा रह गया। मुझे मालूम हुआ कि नन्दनकानन से भूलकर अप्सरायें इस घोर कानन में चली आयी हैं। अहा ! उसका लावण्य तो मैं कह नहीं सकता जो सब के आगे काले घोड़े पर सवार होकर नीलघन की चपला को लजा रही थी।

(पद्य लावनी)

वे खुले अलक मारुत से क्रीड़ा करते।
मुखरूप-सिन्धु में लहरों को अनुहरते॥
था रूप मिला परिमल से प्रेम-भरा था।
वर्षा-कानन सा निर्मल हुआ हरा था॥
राका वसन्त-सा मधुर, तीक्ष्ण दिनकर-सा।
गम्भीर शान्ति-सङ्गीत सुधामय स्वर-सा॥
आकर्षण था उस चन्द्रकान्त में ऐसा।
खिच जाय हृदय लोहा का भी हो कैसा॥

अहा, वह नैसर्गिक सौन्दर्य क्या फिर भी देखने को मिलेगा ?

(नेपथ्य में कोलाहल। सैनिक का **प्रवेश**)

सैनिक––महाराज की जय हो। शत्रुओं ने अचानक आकमण कर दिया है। सेनापति सिंहनाद सेना लेकर अग्रसर हो रहें है !

चन्द्रगुप्त––(**शीघ्रता से**) जल्दी घोड़ा खींचने के लिए कहो। चण्डविक्रम ! चलो देखें तो आज ग्रीक लोक कितने बीर हैं। शीघ्र प्रस्तुत हो।

(**सैनिक और चण्डविक्रम जाते हैं**)

आवें लड़ें ग्रीक, हम वीर निर्भीक,
प्रण में रहें ठीक, सब वीर मेरे।
देखे सबल हाथ, रण बीच कर साथ,
अर्पण करें माथ, पहुँचे न डेरे। आवें····

(चन्द्रगुप्त जाता है। चाणक्य का प्रवेश
चाणक्य सीटी बजाता है, गुप्तचर का प्रवेश)

चर––क्या आज्ञा है ?

चाणक्य––कठिन कार्य है। आज तुम्हारी कठिन परीक्षा है।

चर––आप कहिये, मैं अवश्य करूँगा।

चाणक्य—यह तो मुझे दृढ़ विश्वास है कि चन्द्रगुप्त का पराक्रम ठीक है पर उस पराक्रम की अग्नि में घी डालने का काम तुम्हारा है। जिस समय चन्द्रगुप्त विजयी हो रहा हो उस समय तुमको उसके पास पहुंचकर यवनकुमारी का ध्यान दिलाना होगा और शिविर भी बतलाना होगा। यदि तुम कृतकार्य हुए तो समझ लेना कि चाणक्य तुम्हें यथेष्ट पुरस्कार देगा।

चर—जो आज्ञा! (जाता है)

पटाक्षेप

तृतीय दृश्य

[सिन्धु तट पर चन्द्रगुप्त की सेना]

(समवेतस्वर)

जय जय जय आदि भूमि, जय जय जय भरत भूमि।
जय जय जय जन्म भूमि, अपने सम प्यारी॥
निखिल-विश्व-गुरु समान, जिसका गौरव महान्।
प्रति कण में निहित ज्ञान, प्राण देह धारी॥
हम सब हैं नद्धप्राण, भारत के शिरस्त्राण।
असि शरधनु धारी॥
हिमगिरि सम वीर रहें, सिन्धु सम गँभीर रहें।
जननी व्रतधारी॥

(चन्द्रगुप्त का प्रवेश)

सेना—जय! महाराजाधिराज चन्द्रगुप्त की जय!

चन्द्रगुप्त—वीरगण! आज जो परिश्रम आप लोगों ने किया वह अकथनीय है। आज ही मुझे मालूम हुआ कि मैं अकेला नहीं हूँ। भारत के अगणित वीरपुत्र सच्चे हृदय से मेरा साथ दे रहे हैं।

सिंहनाद—सब महाराज के चरण का प्रभाव है।

चन्द्रगुप्त—वीरगण! तुम्हारे ऐसे कर्मण्य वीरों के शौर्य, मेरे साहस और ईश्वर की कृपा के मिल जाने से आज सिल्यूकस की विजयिनी ग्रीकवाहिनी को हम लोगों से पराजित होना पड़ा है।

सेना—जय, सम्राट् चन्द्रगुप्त की जय!

(चर आकर चन्द्रगुप्त से कुछ धीरे से कहता है और इङ्गित पाकर चला जाता है)

चन्द्रगुप्त—(**सैनिकों से**) वीरगण! हम लोगों को अभी और कुछ करना है। ग्रीक नरपशुओं को भारतीय पवित्र धरा से बाहर हाँक देना चाहिए। जिसमें ये फिर हमारी शस्यश्यामला धरा की ओर लोलुप दृष्टि से न देखें।

सैनिक—जैसी महाराज की आज्ञा।

(चाणक्य का प्रवेश)

चाणक्य—विजयतां भारत सम्राटः।

चन्द्रगुप्त—आर्य। अभिवादन करता हूँ।

चाणक्य—वत्स! विजयलक्ष्मींलभस्व।

चन्द्रगुप्त—आर्य! इच्छा होती है कि ग्रीक शिविर पर अचानक आक्रमण करके कूट-युद्धकारी ग्रीकों को बता दें कि भारत का विजय करना दुःसाध्य ही नहीं किन्तु और कुछ भी है।

चाणक्य—ग्रीक शिविर में, सेना और सेनापति दोनों को विशेष लाभ की सम्भावना है।

चन्द्रगुप्त—(**प्रसन्न होकर**) आर्य का आशीर्वाद सादर ग्रहण करता हूँ।

चाणक्य—अभीष्ट-सिद्धि हो।

(चन्द्रगुप्त आगे होता है और सैनिक पीछे-पीछे 'जय जय जय आर्य भूमि' इत्यादि गाते हुए जाते हैं)

पटाक्षेप

चौथा दृश्य

(राजकीय कानन)

कठिन कुहक कल्पनामयी, प्रतिक्षण-सी नित्य नयी।
कल-कल नाद सुनाती है यह मृग-मरीचिका-मयी॥
छाया-सी छोड़ती न छन भर ऐसी ढीठ, भयी।
अङ्क सदृश बढ़ती है इसकी प्रतिभा प्रभा नयी॥

कार्नेलिया—पिता! वृद्ध पिता! तुम्हें आशा कब तक दौड़ाया करेगी? क्या तुम्हारा पहला शासनविस्तार कम है जो इस पिशाची की छलना में पड़ लाखों जीवों का नाश करा रहे हो। अहा हा! इस शस्य श्यामला धरा को रक्तरञ्जित करनेवाले हिंस्र पशु नहीं तो क्या हैं? ये नर पशु ग्रीक-सैनिक मारी की तरह देश का नाश कर रहे हैं। भारत की पवित्र भूमि केवल हत्या, लूट, रक्त और युद्ध से बीभत्स बनायी जा रही है। वाह कैसा सुन्दर देश है! मुझे इस भूमि से जन्मभूमि का-सा प्रेम होता जा रहा है। जिधर देखो नया दृश्य—

श्यामल कुञ्ज घने कानन ऊँचे शैलों की माला है।
सिन्धुधार बह रही स्वच्छ जैसे फूलों की माला है।।
सतत हिमावृत शृङ्ग बहाते इसमें सरिता धारा है।
स्नेहमयी जननी के मन में जैसे करुणा धारा है।।
सुखद सूर्य उत्ताप शीत में वर्षा में जल धारा है।।
शरद गगन में रजत चन्द्रमा घनीभूत ज्यों पारा है।।
हरे भरे सब खेत, सरल मानव, सरला सब बाला है।।
देव समान उदार-वदन सब इनका ढङ्ग निराला है।

(एलिस का प्रवेश कार्नेलिया को देखकर)

एलिस—(**स्वागत**) वाह नया रङ्ग है। पतङ्ग बाढ़ पर है। (**प्रगट**) राजकुमारी !

कार्ने०—कौन ? एलिस, तू, आ गयी। देख इस दृश्य के देखने में मैं ऐसी तन्मय थी कि तेरा आना मुझे मालूम नहीं हुआ।

एलिस—कुमारी ! सन्ध्या का दृश्य तो यों ही मनोहर होता है—

अस्त हुये दिन-नाथ पीत कर कान्ति को।
सरला सन्ध्या लगी बुलाने शान्ति को।।
सांसारिक कलनाद शान्त होने लगा।
विभु का विमल विनोद व्यक्त होने लगा।।

कार्ने०—क्रमशः तारापुञ्ज प्रकट होने लगे।
सुधा कन्द के बीज विमल बोने लगे।
उज्ज्वलतारे शान्त गगन भी नील है।
प्रकृति ढाल में जड़े हीर के कील हैं।।

एलिस—किन्तु कुमारी समय का भी क्या ही प्रभाव है—

हुआ काकरव क्लान्त, कोकिला खुल पड़ी।
लगी बुलाने उसे आँख जिससे लड़ी।।
मलयानिल भी मधुर कथा का भार ले।
चला मचलता हुआ सुमन का सार ले।।

कार्ने—(**बात बदलते हुए**) सखी, वह सब क्या दिखायी पड़ रहा है ?

एलिस—तरुश्रेणी में सौध सुशैल समान ये।
नागरिकों के हैं प्रमोद उद्यान ये।।
क्यारी में हैं कुसुम विटप मन भावने।
आरोपित हैं यथास्थान काटे, बने।।

कार्ने०—क्यों सखी ! क्या उनको काट-छाँट देने से उनका स्वाभाविक सौन्दर्य बिगाड़ा नहीं जाता क्या वे उसी तरह नहीं भले मालूम होते ?

एलिस—नागरिकों के हैं प्रमोद की वस्तु ये ।
बढ़ सकते हैं नहीं यथेप्सित अस्तु ये ।।
उल्लासित हो जिसने हाथ बढ़ा दिया ।
यथास्थान रहने को वह काटा गया ।

कार्ने०—प्यारी सखी—
प्रकृति उदार करों से जो पाले गये ।
नीरद से जल-बिन्दु जहाँ डाले गये ।
उन बर्धित तरुवृन्द प्रफुल्ल सुवास से ।
कर सकते समता न अहो ! ये दास से ।।

एलिस—कुमारी ! एक बात कहना तो मैं भूल ही गयी, अच्छा न कहूँगी ।

कार्ने०—क्या-क्या ? कह दे, तुझे कहना ही होगा ।

एलिस—उस दिन सिन्धु तट के शिविर के बाहर जब हम लोग घूमने गयी थीं तब वहाँ एक युवक दिखायी पड़ा था, जिसे तुम बहुत घूम-घूमकर देख रही थीं—

कार्ने०—(**रोक कर**) मैं क्यों देखने लगी । तूने ही कहा कि कोई शत्रुपक्ष का सैनिक है । हम लोगों को बढ़ चलना चाहिये ।

एलिस—(**हँसकर**) हाँ हाँ, तो फिर इतना क्रोध क्यों करती हो सुनो, वही भारतवर्ष का राजा चन्द्रगुप्त था, शिकार खेलते-खेलते उधर आ गया था ।

कार्ने०—(**अनमनी होकर**) होगा । क्या कोई शिविर से दूत आया है ?

एलिस—हाँ ! कहता था कि शाहंशाह सिल्यूकस को कुछ चोट आ गयी है ।

कार्ने०—हाय ! सखी मैं बाबा को देखने शीघ्र जाऊँगी । तू भी चल ।

एलिस—चलूँगी क्यों नहीं, अच्छा तैयारी करने की आज्ञा दे दें । (**जाती है**)

पटाक्षेप

पाँचवा दृश्य

(सिल्यूकस का शिविर)

कार्ने०—बाबा ! क्षमा करना । मेरा हृदय नहीं मानता था । युद्ध का समाचार सुनकर मैं न ठहर सकी, आपने मुझे क्यों हटा दिया था, अब मैं कहीं न जाऊँगी ।

सिल्यूकस—बेटी ! तू आ गयी, इससे मैं क्रोधित नहीं हूँ । मेरे हुए हृदय को तुमसे ढाढ़स मिलेगा ।

कार्ने०—बाबा ! क्या विजेता सल्यूकस को भी चन्द्रगुप्त ने पराजित किया ।

(सिल्यूकस चुप रह जाता है ! नेपथ्य में कोलाहल ! रणवाद्य)

सिल्यूकस : हैं ! यह क्या ?

कार्ने० : बाबा मैं बाहर देखती हूँ, क्या है । **(जाती है ।)**

(चन्द्रगुप्त के साथ सैनिकों का प्रवेश । सिल्यूकूस को घेरकर तलवार छीन लेते है वह निश्चेष्ट खड़ा रह जाता है)

चन्द्रगुप्त—क्यों ग्रीक सम्राट् ! क्या युद्धि-पिपासा अभी नही मिटी ? भारत को क्या आप लोगों ने मृगया का स्थान समझ लिया है । यह नही जानते कि मृगेन्द्र भी उसी कानन में रहता है ।

(सिल्यूकस चुप रह जाता है । कार्नेलिया का प्रवेश दौड़कर वह सिल्यूकस से लिपट जाती है)

चन्द्रगुप्त—**(स्वगत)** आह ! यह तो वही सुन्दरी है । चर ने ठीक ही कहा था ।

सिल्यूकस—बेटी ! तू इन लोगों से मेरे लिए कुछ प्रार्थना मत करना । यह सदैव ध्यान रखना कि ग्रीक-रक्त तेरे अङ्ग में है ।

कार्ने०—बाबा ! क्या मैं सिल्यूकस की कन्या नही हूँ ! क्या आप वीरों की तरह मरना नहीं जानते ? **(चन्द्रगुप्त को देखकर)** सुन्दर युवक !

चन्द्रगुप्त : **(स्वगत)** सिंह के योग्य सिंहिनी है । **(प्रगट)** मैं इस का परिणाम तुम्हारे ही ऊपर छोड़ता हूँ । ग्रीकसम्राट् क्या फिर आर्य वीरों से लड़ेंगे ? आशा है कि तुम इसे बड़ी सरलता से हल सकती हो और तुम से दो-एक दिन में उत्तर मिलेगा । **(सिल्यूकस से)** आप मुक्त हैं । अब मैं जाता हूँ ।

पटाक्षेप

छठवाँ दृश्य

(दुर्ग का उद्यान । सिल्यूकस)

सिल्यूकस—आह ! बड़ी वेदना ! घोर अपमान ! क्या इसका प्रतिशोध नहीं लिया जा सकता !

(साइबर्टियस और मेगस्थिनीज़ का प्रवेश)

साइबर्टियस—**(अभिवादन करके)** सम्राट् ! चन्द्रगुप्त की सेना ने चारों ओर से ऐसी व्यूह रचना की है कि इस दुर्ग को भी आप घिरा समझिये ।

सिल्यूकस—क्यों ? उसने तो हम लोगों को मुक्त कर दिया था। फिर अवरोध क्यों ?

मेगस्थिनीज—यह उसके मन्त्री चाणक्य की चाल है। उसने प्रसिद्ध कर रखा है कि 'यह सेना आप लोगों को रोकने के लिए नहीं प्रत्युत आपकी रखवाली के लिये है।'

सिल्यूकस—उन लोगों का तात्पर्य क्या है ? जब एक बार मैत्री हो गयो फिर ऐसा क्यों ?

मेगस्थिनीज—सम्भव है कि वह कुछ नियम स्वीकार कराना चाहता हो।

सिल्यूकस—क्यों ? क्या ग्रीक इतने कायर हो गये ?

साइबर्टियस—आपको अपने उस रक्षित साम्राज्य का भी ध्यान रखना चाहिये।

सिल्यूकस—क्या कोई नया समाचार उधर से आया है।

साइबर्टियस—आण्टिगोनस शीघ्र ही सीरिया पर चढ़ाई किया चाहता है (**पत्र देकर**) इसे पढ़ लीजिये उसका ध्यान करके चन्द्रगुप्त से सन्धि कर लेना ही ठीक होगा। क्योंकि यह आपका प्रबल शत्रु है जो आपके समीप है।

सिल्यूकस—(**पत्र पढ़कर**) अच्छा मैं यह कार्य तुम दोनों आदमियों के ऊपर छोड़ता हूँ। इसे जैसा ठीक समझो, करो। (**दोनों जाते हैं।**) कार्नेलिया से भी तो पूछूँ वह क्या कहती है। (**जाता है**)

पटाक्षेप

सातवाँ दृश्य

[प्रकष्ठ—कार्नेलिया गाती है]

(पद्य सोहनी)

कार्नेलिया—कैसी कड़ी रूप की ज्वाला।

पड़ता है पतङ्ग-सा इसमें, मन का ढङ्ग निराला।
सान्ध्य गगन-सी रागमयी यह बड़ी कड़ी है हाला॥
काँटे छिपे गूँथे हैं इसमें है फूलों की माला।
चुभने पर नहिं अलग हृदय से, मन होगा मतवाला॥

श्रृङ्गार और वीर का कैसा सुन्दर समावेश है। अहा कैसी वीरत्व व्यंजक मुखाकृति है ! वह एक बार, केवल एक बार देखकर भुलायी जा सकती थी। पर यह दूसरा दर्शन दुबारा खींची हुई मदिरा की तरह हृदय को उन्मत्त बनाये देता है। (**ठहरकर**) किन्तु बाबा को उसने पराजित किया। बन्दी बनाया। फिर मेरा हृदय

क्यों उसकी ओर इतना आकर्षित होता है। कभी नहीं, कभी नहीं। मैं अपने हृदय को उसकी ओर से फेरूँगी। (**ऊपर देखकर**) कौन, तू मुझे भुलाने आयी है क्या ? वह मुक्त कर देना याद दिलाती हैं, हाँ, हाँ, मैं उसे न भूलूंगी, उसके लिए मैं कृतज्ञ हूँ पर इसका परिणाम भी तो मेरे ऊपर छोड़ा गया है (**ठहरकर**) क्या करूँ ? हाँ, क्या कहा था कि 'आप मुक्त हैं, अब मैं जाता हूँ।' अहा क्या ही सुरीला कण्ठस्वर था! कैसा उन शब्दों का प्रभाव था। (**गाती है**)

(पद्य विहाग)

जैसी मधुर मुरलिया श्याम की।
वैसी गूँज रही है बोली प्यारे मुख अभिराम की।
हुए चपल मृग नैन मोह वश बजी विपञ्ची काम की ॥
फैल रही है मधुर माधवी गन्ध अङ्ग छविधाम की।
रूप सुधा के दो प्याले दृग ने ही मति बे काम की ॥

आह! आलोक! छाया! सौन्दर्य! सङ्गीत! सुगन्ध! सब चन्द्रगुप्त! क्या करें वह नहीं हटा है, मेरी आँखों का तारा हो रहा है (**बैठ जाती है। सिल्यूकस का प्रवेश। एक ओर खड़ा हो जाता है**)

कार्ने०—चन्द्रगुप्त! मैं ग्रीक सम्राट् की कन्या, तुम हिन्दू राजकुमार। क्या किया जाय। बाबा! क्या तुम मेरा आन्तरिक भाव बिना कहे नहीं समझ सकते ?

सिल्यू०—(**प्रकट होकर**) क्या है बेटी, क्यों उदास हो, क्या मेरे सोच ने तुम्हें जगा रखा था, तेरा स्वास्थ्य तो ठीक है न ?

कार्ने०—(**घबराकर**) नहीं बाबा! अब कब यहाँ से चलियेगा ?

सिल्यू०—शीघ्र चलूँगा, बेटी क्या तुम्हारी राय है कि मैं चन्द्रगुप्त से सन्धि कर लूँ, जिस तरह वह कहे।

कार्ने०—हाँ, बाबा। शीघ्र चलिये।

सिल्यू०—जाओ सो रहो, तुम्हारा स्वास्थ्य ठीक नहीं मालूम होता। (**दोनों का प्रस्थान**)

पटाक्षेप

आठवाँ दृश्य

(**उद्यान में मेगस्थिनीज और सिल्यूकस**)

सिल्यू०—कोई अच्छा समाचार तुम ले आये होगे, शीघ्र कहो।

मेगा०—सम्राट्! सन्धि करने पर तो हिन्दू लोग प्रस्तुत हैं, पर नियम बड़े कड़े हैं। वे कहते हैं कि 'सिन्धु के उस तट के कुछ देश हम लोग लेंगे और····'

सिल्यू०—चुप क्यों हो गये, कहो, वे नियम चाहे कितने ही कड़े हों पर मैं उन्हें ध्यान से सुनना चाहता हूँ।

मेगा०—सुनिये, चन्द्रगुप्त का प्रधान मन्त्री चाणक्य ब्राह्मण है, उसने कहा कि यदि सन्धिबन्धन-दृढ़ रखना चाहें तो ग्रीक सम्राट् अपनी कन्या का विवाह महाराज चन्द्रगुप्त से कर दें। तब, सम्भव है कि महाराज चन्द्रगुप्त भी उपस्थित ग्रीस-विप्लव में तुम्हारी कुछ सहायता करें।

सिल्यू०—क्या चन्द्रगुप्त को मालूम हो गया कि आण्टिगोनस से और हमसे शीघ्र कोई लड़ाई होने वाली है।

मेगा०—इतना ही नही, उसका मन्त्री चाणक्य कहता था कि 'सिकन्दर' के साम्राज्य में जो भावी ग्रीस-विप्लव है उसे मैं अच्छी तरह समझ रहा हूँ। ऐसी अवस्था में सिल्यूकस भारत की आशा छोड़ें। उनको सीरिया मिलना भी कठिन हो जायगा। इस कारण ग्रीक-सम्राट् यदि चन्द्रगुप्त को अपना बन्धु बनायेंगे तो उनको बहुत-कुछ सहायता मिलेगी। इसके अतिरिक्त इस विशाल भारत की सम्राज्ञी भी तो उन्हीं की कन्या होगी। मनुष्य सन्तान के लिए ही सब कुछ करता है, इस सम्बन्ध से भारत का साम्राज्य भी आपके प्रेम-बन्धन में बँधा रहेगा।

सिल्यू०—मेगस्थिनीज़, इन हिन्दुओं में केवल बाहुबल की ही प्रधानता नहीं हैं बल्कि ये बड़े तीक्ष्ण बुद्धि भी होते हैं। (**ठहरकर**) क्या इन भीमकाय हाथियों का झुण्ड सीरिया युद्ध में कुछ काम दे सकता है ?

मेगा०—सम्राट्। मेरी समझ में तो ये अवश्य आपको विजय दिलायेंगे।

सिल्यू०—किन्तु, दो भिन्न जातियों में विवाह किस प्रकार हो सकता है।

मेगा०—क्या आप उस पारस-कुमारी का ध्यान भूल गये जो राजकुमारो की गर्भधारिणी थीं।

सिल्यू०—(**स्वगत**) बेटी की अनुमति तो एक प्रकार से मिल चुकी है। वह तो चन्द्रगुप्त पर अनुरक्त हुई है। (**प्रगट**) क्या तुम्हारी इच्छा है कि यह सन्धि जिस प्रकार हो अवश्य कर ली जाय।

मेगा०—भारत-सम्राट् से ग्रीक-सम्राट् यदि सम्बन्ध रखें तो यह अच्छी बात है, क्योंकि यह सर्वथा उपयुक्त है।

सिल्यू०—अच्छा। (**दोनों जाते हैं**)

पटाक्षेप

नवाँ दृश्य

(चन्द्रगुप्त बैठा है। तरलिका पान ले आती है। दरबार)

चन्द्रगुप्त—तरलिके ! आज पान तो बहुत ही अच्छा लगाया है। बहुत दिनों से इधर ऐसा स्वाद पान का नहीं मिला था।

तरलिका—प्रभु की रुचि विचित्र है। मैं इतनी प्रशंसा के योग्य नहीं हूँ।

चन्द्रगुप्त—तरलिके! मैं सच कहता हूँ।

तरलिका—नाथ! जब चित्त को प्रसन्नता मिलती है तब बुरी वस्तु भी भली मालूम होती है।

चन्द्रगुप्त—तरलिके! मैं तुम्हें देखकर बहुत प्रसन्न होता हूँ।

तरलिका—महाराज, बहुत दिनों के बाद आज मैंने एक माला बनायी है, उसे आप स्वीकार करें।

(माला पहना देती है)

चन्द्रगुप्त—(हँसकर) इन फूलों का रस तो भँवरे ले चुके हैं।

तरलिका—(हँसकर) महाराज। यह तो भँवरों की ही धृष्टता है, कलियों का क्या दोष?

(गाती है—राग मांड़)

पाया जिसमें प्रेम-रस, सौरभ और सोहाग,
अली उसी ही कली से मिलता सह-अनुराग।
अली नहिं एक कली का है।
कुसुम धूलि से पूर हो चलता है उस पन्थ।
डरे न कण्टक को अली पढ़े प्रेम का ग्रन्थ।
अली नहिं एक गली का है।
रजनी में सुख केलि को किया कमलिनी पास।
भयी मुद्रिता तब तुरत अली चमेली पास।
पढ़े यह पाठ छली का है।
चाहे होय कुमोदिनी या मल्ली का पुञ्ज।
अलि को केवल चाहिये सुखमय क्रीड़ा कुञ्ज॥
सुप्रेमी रङ्गरली का है।
अली नहिं एक कली का है।

चन्द्रगुप्त—तरलिके! कविता नयी है।

तरलिका—(हँसकर) महाराज समय ही नया है।

चन्द्रगुप्त—तरलिके! मैं तुमसे इस समय बहुत प्रसन्न हुआ अच्छा जाओ।

(तरलिका का प्रस्थान। दौवारिक का प्रवेश)

दौवारिक—महाराजधिराज की जय हो। महामात्य चाणक्य जी आ रहे हैं।

(चाणक्य का प्रवेश चन्द्रगुप्त उठकर उन्हें बिठाता है)

चन्द्रगुप्त—गुरुदेव ! सन्धि क्या स्वीकृत हो गई ? (**हँसकर**) आपकी मन्त्रणा बड़ी गूढ़ होती है। कुछ समझ में नहीं आती।

चाणक्य—वत्स ! तुम राजा ठहरे, तुम्हीं सोचो कि शत्रु को पाकर भी तुमने क्यों छोड़ दिया ? वह भी क्या हमारी मन्त्रणा से किया गया था ?

चन्द्रगुप्त—गुरुदेव ! एक बार एक ग्रीक-सम्राट् ने महाराज पुरु के साथ ऐसा ही व्यवहार किया था।

चाणक्य—अस्तु, अब तुम्हें मालूम हो जाता है चाणक्य ने क्या किया।

(**तूर्य्यनाद-दौवारिक के साथ सिल्यूकस, कार्नेलिया, साइबर्टियस और मेगास्थिनीज का प्रवेश। चाणक्य सबको यथास्थान बिठाता है**)

सिल्यूकस—महाराज चन्द्रगुप्त ! आपके शौर्य से हम बहुत प्रसन्न हैं।

चन्द्रगुप्त—यह आपकी महानुभावता है।

सिल्यूकस—मैं आपसे सहर्ष मैत्री करूँगा !

मेगास्थिनीज़—और यह बन्धन दृढ़ होवे इसलिए राजकुमारी का विवाह भी महाराज चन्द्रगुप्त से हो जाय तो अच्छा है।

चाणक्य—हाँ ठीक है। दो बालू के करारों को यथास्थान ठीक रखने के लिए एक सरला सरिता की आवश्यकता है।

चन्द्रगुप्त—(**सलज्ज**) जैसी गुरुवर की आज्ञा।

(**सिल्यूकस-कार्नेलिया को साथ में लिये बढ़ता है। चाणक्य, चन्द्रगुप्त से कल्याणी का हाथ मिला देता है। दोनों साथ बैठते हैं, चन्द्रगुप्त उसे माला पहनाता है और वह सादर ग्रहण करती है**)

सिल्यूकस—बेटी ! इससे उपयुक्त वर तुम्हारे लिये मैं नहीं खोज सकता था। और पिता का कन्या के लिये यही प्रधान कर्तव्य है।

कल्याणी—जैसी पिता की आज्ञा।

सिल्यूकस—और तुम्हें उपहार स्वरूप में आरकोसिया और जैड्रोसिया आदि प्रदेश देता हूँ।

कल्याणी—बाबा ! क्या आप मुझे यहाँ छोड़ देंगे।

सिल्यूकस—नहीं बेटी ! मेगास्थनीज़ बराबर यहाँ आया करेगा।

चाणक्य—तो क्या आप शीघ्र स्वदेश की ओर प्रस्थान कीजियेगा।

सिल्यूकस—मुझे अपने एक प्रबल शत्रु से सामना करना होगा।

चाणक्य—सेनानी चण्डविक्रम एक बड़ी सेना हाथियों की लेकर आपकी सहायता को जायेंगे।

सिल्यूकस—अच्छी बात है।

(नर्तकीगण आकर गाती हैं)

("पपीहा काहे" की धुन)

सखी सबही विधि मङ्गल आज।
सब मिलके आनन्द मनावें अचल रहे यह राज!
अपने भुजबल से किया, अर्जित नव साम्राज।
ऐसे श्री सम्राट् का, अविचल हो यह राज॥
गौरव लक्ष्मी ग्रीस की, अर्द्धांगिनि सी वाम।
कल्याणी को देखकर पूर्ण हुआ मन काम॥
जिसके बल के सिन्धु में, गज सम थके अराति।
चन्द्रगुप्त-भुज वे सदा, सबल रहें सब भाँति॥
रहे आनन्दित राज समाज,
आवें गावें विमल कीर्ति सब देवांगना समाज।
जिसकी प्रतिभा नदी में, शत्रु-विघ्न द्रुम-मूल।
उन्मज्जित हों, सो जयति, विष्णुगुप्त अनुकूल॥
सुखी हो भारत विज्ञ समाज,
भारत की यह कथा विजयिनी रहे सदा सिरताज।
सखी सबही विधि मंगल आज!
जय महाराज श्री चन्द्रगुप्त की जय!!

पटाक्षेप

करुणालय

[गीतिनाट्य]

पात्र-परिचय

पुरुष

हरिश्चन्द्र : अयोध्या के महाराज

रोहित : युवराज

वसिष्ठ : ऋषि

विश्वामित्र : ऋषि

शुनःशेफ : अजीगर्त का पुत्र

शक्ति : वसिष्ठ का पुत्र

मधुच्छन्द : विश्वामित्र के सौ पुत्रों में ज्येष्ठ

ज्योतिष्मान् : सेनापति

स्त्री

तारिणी : अजीगर्त की स्त्री

सुव्रता : दासी-रूप में विश्वामित्र की गन्धर्व-विवाहिता स्त्री

यह दृश्यकाव्य गीति नाट्य के ढंग पर लिखा गया है। तुकान्त-विहीन मात्रिक छन्द में वाक्यानुसार विराम-चिन्ह दिया गया है। यद्यपि हिन्दी में इस ढंग की कविता का प्रचार नहीं है, तथापि अन्य भाषाओं में (जैसे संस्कृत में कुलक, अंग्रेजी में ब्लैंक वर्स, बंगला में अमित्राक्षर छन्द आदि) इसका उपयुक्त प्रचार है। हिन्दी में भी इस कविता का प्रचार कैसा लाभ-दायक होगा, इसी विचार के लिए आज यह काव्य पाठकों के सामने उपस्थित किया गया है।

माघ संवत् १९७०

—इन्दु, कला ४,
खंड १, किरण

प्रथम दृश्य

सरयू में नाव पर जल-विहार करते हुए महाराज हरिश्चन्द्र का सहचर-जनों सहित प्रवेश

हरिश्चन्द्र

सान्ध्य नीलिमा फैल रही है, प्रान्त में
सरिता के। निर्मल विधु बिम्ब विकास है,
जो नभ में धीरे-धीरे है चढ़ रहा।
प्रकृति सजाती आगत-पतिका रूप को।
मलयानिल-ताड़ित लहरों में नेम से
जल में ये शैंवाल जाल हैं झूमते।
हरे शालि के खेत पुलिन में रम्य हैं
सुन्दर बने तरङ्गायित ये सिन्धु से,
लहराते जब वे मारुत-वश झूम के।
जल में उठती लहर बुलाती नाव को,
जो आती है उस पर कैसी नाचती।
अहा खिल रही विमल चांदनी भी भली।
तारागण भी उस मस्तानी चाल को
देख रहे हैं, चलती जिससे नाव है।
वंशी-रव से होता पूर्ण दिगन्त है
जो परिमल-सा फैल रहा आकाश में।
प्रकृति चित्र-पट-सा दिखलाती है अहा,
कल-कल शब्द नदी से भिन्न न और का,
शान्ति ! प्रेममय शान्ति भरी है विश्व में !
सुन्दर है अनुकूल-पवन, आनन्द में
झूम-झूमकर धीरे-धीरे चल रहा
पिये ! प्रेम-मदिरा विह्वल-सा हो रहा
कर्णधार हो स्वयं चलाता नाव को।

नौके ! धीरे, और जरा धीरे चलो,
आह, तुम्हें क्या जल्दी है उस ओर की ।
कहीं नहीं उत्पात प्रभञ्जन का यहां ।
मलयानिल अपने हाथों पर है धरे
तुम्हें लिये जाता है अच्छी चाल से
प्रकृति सहचरी-सी कैसी है साथ में,
प्रेम-सुधामय चन्द्र तुम्हारा दीप है ।
नौके ! है अनुकूल पवन यह चल रहा,
और ठहरती, हां इठलाती ही चली ।

ज्योतिष्मान

महाराज ! इस तट-कानन को देखिये,
कैसा है हो रहा सघन तरु-जाल से ।
इसी तरह यह जनपद पहले था, प्रभो !
कानन-शैल भरे थे चारो ओर ही
हिंस्र जन्तु से पूर्ण, मनुज-पशु थे यहां ।
आर्य्य-पूर्व-पुरुषों की ही यह कीर्ति है,
जो अब ये उद्यान सजे फल फूल से,
बने मनोहर क्रीड़ा-कूट विचित्र ये ।
इक्ष्वाकु-कुल भुजबल से निर्बीज ही
हुए दस्युदल, अब न कभी वे रोष से
आंख उठाते हम आर्यों को देख के ।
आर्य-पताका है फहराती अरुण हो ।

हरिश्चन्द्र

आर्यो के अनुकूल देवगण हैं सदा
विश्व हमारा शासन अभिनय रङ्ग है
हम पर है दायित्व सभी सुख-शान्ति का
सब विभूतियां और उपकरण गर्व के
आर्य्य जाति के चरणों में उपहार है ।

नेपथ्य में घोर गर्जन

यह कैसा उत्पात ! चलो जल्दी करो
मांझी ! तट पर नाव ले चलो शीघ्र ही ।

मांझी

प्रभो ! स्तब्ध है नाव; न हिलती है । बरे
देखो तो इसको क्या है, हैं हो गये !

नेपथ्य से गर्जन के साथ

मिथ्याभाषी यह राजा पाखण्ड है
इसने सुत बलि देना निश्चित था किया
जब वह पहिनेगा हिरण्यमय वर्म को ।
राजकुमार हुआ है अब बलि-योग्य जब
तो फिर क्यों उसकी बलि यह करता नहीं ?
बार-बार इसने हमको वञ्चित किया
उसका है यह दण्ड, आह ! हतभाग्य यह
जा सकता है नहीं कहीं भी नाव से ।

हरिश्चन्द्र

आह ! देव यदि आप जानते समझते
कितनी ममता होती है सन्तान की
देव ! जन्मदाता हूं फिर भी अब नहीं
देर करुंगा, बलि देने में पुत्र की ।
जो कर चुका प्रतिज्ञा उसको भूल के
क्रोधित होने का अवसर दूंगा नहीं ।
हे समुद्र के देव ! देव आकाश के,
शान्त हूजिये, क्षमा कीजिये, दीन को ।

नेपथ्य से गर्जन के साथ

अच्छा जल्दी जाकर तू उद्योग में
तत्पर हो, कर यज्ञ पुत्र-बलिदान से ।

हरिश्चन्द्र

जो आज्ञा, मैं शीघ्र अभी जाके वहाँ
प्रथम करुंगा कार्य्य आपका भक्ति से ।

नौका चलने लगती है

द्वितीय दृश्य

कानन में रोहित

स्वगत

पिता परमगुरु होता है; आदेश भी
उसका पालन करना हितकर धर्म है।
किन्तु निरर्थक मरने की आज्ञा कड़ी
कैसे पालन करने के है योग्य यों।
वरुण, देव हो या कि दैत्य ! वह कौन है ?
क्या उसको अधिकार हमारे प्राण पर
क्या वह इतनी सार्वजनिक सम्पत्ति है
नहीं, नहीं, 'वह मेरा है, यह स्वत्त्व है
हम जब थे अज्ञान, न थे कुछ जानते
सुख किसका है नाम, तरुणता वस्तु क्या,
प्रकृति प्रलोभन में न फँसे थे, पास की
वस्तु न यों आकर्षित करती थी हमें,
तभी क्यों न कर लिया क्रूर बलि-कर्म्म को
अहा स्वच्छ नभ नील, अरुण रवि-रश्मि की
सुन्दर माला पहन, मनोहर रूप में,
नव प्रभात का दृश्य सुखद है सामने
उसे बदलना नील तमिस्रा रात्रि से
जिसमें तारा का भी कुछ न प्रकाश है
प्रकृति मनोगत भाव सदृश जो गुप्त, यह
कैसा दुखदायक है ? हाँ बस ठीक है।
देखेंगे परिवर्तनशीला प्रकृति को
घूमेंगे बस देश-देश स्वाधीन हो।

मृगया से आहार, जीव सहचर सभी
नव किसलय दल सेज सजी सब स्थान में
कहो रही क्या कमी सहायक चाप है।

नेपथ्य से

चलो सदा चलना ही तुमको श्रेय है।
खड़े रहो मत, कर्म्म-मार्ग विस्तीर्ण है।
चलनेवाला पीछे को ही छोड़ता
सारी बाधा और आपदा-वृन्द को।
चले चलो, हाँ मत घबराना तनिक भी
धूल नहीं यह पैरों में है लग रही
समझो, यही विभूति लिपटती है तुम्हें।
बढ़ो, बढ़ो, हाँ रुको नहीं इस भूमि में,
इच्छित फल की चाह दिलाती बल तुम्हें,
सारे श्रम उसको फूलों के हार से
लगते हैं, जो पाता ईप्सित वस्तु को।
चलो पवन की तरह, रुकावट है कहाँ,
बैठोगे, तो कहीं एक पद भी नहीं
स्थान मिलेगा तुम्हें, कुटिल संसार में।
सघन लतादल मिले जहाँ हैं प्रेम से
शीतल जल का स्रोत जहाँ है बह रहा
हिम के आसन् बिछे, पवन् परिमल मिला
बहता है दिन-रात, वहाँ जाना तुम्हें!
सुनो ग्रीष्म के पथिक, न ठहरो फिर यहाँ;
चलो, बढ़ो, वह रम्य भवन अति दूर है।

रोहित

आकाश को देखकर

अरे! कौन! यह? छाया-सी है इन्द्र की
कायरता का अरि, प्रतिमा पुरुषार्थ की
बड़ी कृपा आकाश-विहारी देव की
हुई, दीन करता प्रणाम है भक्ति से।
देव! आप यदि हैं प्रसन्न, तो भाग्य है;
प्रभो! सदा आदेश आपका ध्यान से

पालन करता रहे दास, वर दीजिये,
"रुके कर्म-पथ में न कभी यह भीत हो"

नेपथ्य से

हम प्रसन्न हैं, वत्स ! करो निज कार्य्य को ।

रोहित जाता है

तृतीय दृश्य

(अज)ीगर्त के कुटीर में अजीगर्त और तारिणी

अजीगर्त

प्रिये ! एक भी पशु न रहे अब पास में,
तीन पुत्र; भोजन का कौन प्रबन्ध हो ?
यह अरण्य भी फल से खाली हो गया,
केवल सूखी डाल, पात फैले, अहो
नव वसन्त में जब यह कुसुमित था हुआ,
तब तो अलि, शुक और सारिका नीड़ में
कोमल कलरव सदा किया करते । अहो
जहाँ फैल कर लता चरण को चूमती
कोमल किसलय अधर मधुर से प्रेम से,
अब सूखे कांटे गड़ते हैं, हा ! वहीं !
कानन की हरियाली ही सब भूख को
तुरत मिटाती थी देकर फल-फूल ही
वहाँ न छाया भी मिलती है धूप में !
कहो प्रिये, अब फिर क्या करना चाहिये ?

तारिणी

हाय ! क्या कहें प्राणनाथ इस भूमि में
अब तो रहना दुष्कर-सा है हो गया ।

नेपथ्य से रोहित

'घबराओ मत अजीगर्त । मैं आ गया ।"

प्रवेश करके

रोहित

कहिये क्या है दुःख आपको जो अभी
इतने व्याकुल होकर यों किस बात को
सोच रहे थे। क्या पशुओं का दुःख है?

अजीगर्त

तुम तो जैसे सत्य बात हो जानते
और दिखाई देते राजकुमार-से,
स्वर्णखचित यह शिरस्त्राण है कह रहा
वर्म बना बहुमूल्य बताता विभव का।
किन्तु सकोगे समझ! भूख के दुःख को
और विकल पीड़ित अकाल से प्राण को
जीवन की आकुल आशा जब त्रस्त हो
एक-एक दाने का आश्रय खोजती
वह वीभत्स पिशाच खा लिया चाहता
जब अपना ही मांस। अधीर विडम्बना
हंसती हो इन दुर्बल शब्दों पर, अजी
तब भी तुम कुछ दोगे मुझे सहायता?

रोहित

एक बात यदि तुम भी मेरी मान लो।

अजीगर्त

मानूंगा कैसी ही निष्ठुर बात हो।

रोहित

सौ दूंगा मैं गाय तुम्हें, जो दो मुझे
एक पुत्र अपना, उस पर सब सत्त्व हो
मेरा, उसको चाहे जो कुछ मैं करूँ।

तारिणी

दूंगी नहीं कनिष्ठ-पुत्र को मैं कभी।

अजगर्त

और ज्येष्ठ को मैं भी दे सकता नहीं

रोहित

तो मध्यम सुत दे देना स्वीकार है—
वलि देने के लिए एक नरमेध में?

ऋषि-पत्नी मुँह ढांप कर भीतर चली जाती है और अजीगर्त कुछ सोचने लगता है

अजीगर्त

हाँ हाँ ! मुझको सब बातें स्वीकार हैं ।
चलो मुझे पहले गायें दे दो अभी ।

रोहित्त

अच्छा, उसको यहाँ बुलाओ देख लें
हम भी, मध्यम पुत्र तुम्हारा है कहां ?

अजीगर्त

नेपथ्य की ओर मुख करके

शुनःशेफ ! ओ शुनःशेफ ! ! आ जा यहां ।

मार खाने के भय से खेल छोड़ कर कर शुनःशेफ भागता हुआ आता है

शुनःशेफ

क्या है बाबा, क्यों हो मुझे बुला रहे ?
मैंने कोई भी न किया है दोष जो
आप बुलाते मुझे मारने के लिये ।

अजीगर्त

चुप रह ओ मूर्ख ! बोलना मत, यहां
खड़ा रह, (रोहित से)—
यही मध्यम मेरा पुत्र है ।

रोहित्त

अच्छा है । बस चलो अभी तुम साथ में,
राज्य-केन्द्र में चलते हैं हम भी अभी,
उसी स्थान में मूल्य तुम्हें मिल जायगा
और इसे हम ले जाते हैं सङ्ग ही ।

शुनःशेफ से

चलो चलो जी साथ हमारे शीघ्र ही
मेरे हाथ तुम्हारा विक्रय हो चुका ।

शुनःशेफ का अजीगर्त की ओर सकरुण देखते हुए

रोहित के साथ प्रस्थान

चतुर्थ दृश्य

महाराज हरिश्चन्द्र सिंहासनासीन। शुनःशेफ को साथ लिए हुये रोहित का प्रवेश

रोहित

हे नरेन्द्र हे पिता पुत्र यह आपका
रोहित सेवा में आ गया। विनम्र हो
करता अभिवादन है, अब कर दीजिये
क्षमा इसे। हूँ पशु लेकर आया यहाँ।

हरिश्चन्द्र

रे पुत्राधम ! तुने आज्ञा भङ्ग की
मेरी, अब तू योग्य नहीं इस राज्य के।

रोहित

देव ! दिया जाता बलि में जो मैं तभी
तो क्या पाता राज्य ! न ऐसा कीजिये।
सुनिये, मैंने रक्षा की है धर्म्म की
नहीं आप होते अनुगामी निरय के।
पुत्र न रहता, तो क्या होता कौन फिर
देता पिण्ड तिलोदक। यह भी समझिये
कुल के पुण्य-पुरोहित देव वसिष्ठ से
(वसिष्ठ का प्रवेश, राजा अभ्युत्थान देता है)

वसिष्ठ

राजन् ! विजयी रहो ! सुनी सब बात है
यह तो अच्छा कार्य्य कुंवर ने है किया।
यदि पशु का है पिता; दे दिया सत्य ही
उसने बलि के लिये इसे, तो ठीक है।
राजपुत्र के बदले इसको दीजिये
बलि; तब देव प्रसन्न तुरत हो जायंगे
और आप भी सत्य-सत्य हो जायंगे।

शुनःशेफ से

क्यों जी ! तुमको दिया पिता ने क्या इन्हें
मूल्य लिया है ?

शुनःशेफ

सत्य प्रभो ! सब सत्य है ।

वसिष्ठ

फिर क्या तुझको यह सब स्वीकार है ?

शुनःशेफ

जो कुछ होगा भाग्य और जिन कर्म में ।

वसिष्ठ

अच्छा फिर सब यज्ञ-कार्य्य भी ठीक हो
और शीघ्र करना ही इसको उचित है ।

हरिश्चन्द्र

जो आज्ञा हो, मैं करता हूँ सब अभी ।

सबका प्रस्थान

पंचम दृश्य

यज्ञ-मण्डप में हरिश्चन्द्र, रोहित, वसिष्ठ, होता इत्यादि बैठे हैं । शुनःशेफ यूप में बंधा हुआ है । शक्ति उसे बध करने के लिए बढ़ता है, पर सहसा रुक जाता है ।

वसिष्ठ

शक्ति, तुम्हारी शक्ति कहाँ है जो नहीं
करता है बलि-कर्म, देर है हो रही ।

शक्ति

पिता, आप इस पशु के निष्ठुर तात से
भी कठोर हैं । जो आज्ञा यों दे रहे !

शस्त्र फेंक कर

कर्म नहीं, यह मुझसे होगा घोर है ।

प्रस्थान । अजीगर्त का प्रवेश

अजीगर्त

और एक सौ गायें मुझको दीजिये,
मैं कर दूँगा काम आपका शीघ्र ही ।

वसिष्ठ

अच्छा अच्छा, तुम्हें मिलेंगी और भी
सौ गायें। लो पहले इसको तो करो।

अजीगर्त शस्त्र उठा कर चलता है

शुनःशेफ

आकाश की ओर देख कर

हे हे करुणा-सिन्धु, नियन्ता विश्व के,
हे प्रतिपालक तृण, वीरुध के, सर्व के,
हाय प्रभो ! क्या हम इस तेरी सृष्टि के
नहीं, दिखाता जो मुझ पर करुणा नहीं !
हे ज्योतिष्पथ-स्वामी ! क्यों इस विश्व की
रजनी में, तारा प्रकाश देते नहीं
इस अनाथ को, जो असहाय पुकारता
पड़ा दुःख के गर्त्त बीच अति दीन हो
हाय ! तुम्हारी करुणा को भी क्या हुआ,
जो न दिखाती स्नेह पिता का पुत्र से।
जगत्पिता ! हे जगद्बन्धु, हे हे प्रभो,
तुम तो हो, फिर क्यों दुख होता है हमें ?
त्राहि त्राहि करुणालय ! करुणा-सद्म में
रखो, बचा लो ! विनती है पदपद्म में।

आकाश में गर्जन, सब त्रस्त होते हैं। सब शक्तिहीन हो जाते हैं। विश्वामित्र का मधुच्छन्दा प्रभृति अपने सौ पुत्रों के साथ प्रवेश

विश्वामित्र

वसिष्ठ से

कहो कहो इक्ष्वाकु-वंश के पूज्य हे !
आर्य महर्षि ! कैसा होता यह काम है ?
हाय ! मचा रक्खा क्या यह अन्धेर है !
क्या इसमें है धर्म ? यही क्या ठीक है ?
किसी पुत्र को अपने बलि दोगे कभी ?
नहीं ! नहीं ! फिर क्यों ऐसा उत्पात है ?

आकाश की ओर देखकर

अपनी आवश्यकता का अनुचर बन गया
रे मनुष्य ! तू कितने नीचे गिर गया
आज प्रलोभन-भय तुझसे करवा रहे
कैसे आसुर कर्म्म। अरे तू क्षुद्र है—
क्या इतना ? तुझ पर सब शासन कर सके
और धर्म की छाप लगाकर—मूढ़ तू !
फंसा आसुरी माया में, हिंसा जगी
अथवा अपने पुरोहिती के मान की
ऋषि वसिष्ठ को, कुलगुरु को, इस राज्य के।

वसिष्ठ से

तुम हो त्राता धर्म्म मनुज की शांति के
यह क्या है व्यापार चलाया ? चाहिये
यदि मनुष्य के प्राण तुम्हारे देव को
ले लो (मधुच्छदा की ओर देख कर—)

वसिष्ठ

लज्जित हूँ, मुझमें यह साहस था नहीं
विश्वामित्र महर्षि तुम्हें हूँ मानता

झपटती हुई, एक राजकीय दासी का प्रवेश; जो राजा और अजीगर्त की ओर देखकर कहती है

दासी

राजा से

न्याय ! न्याय !! हे देव, न्याय कर दीजिये

अजीगर्त से

रे रे दुष्ट बना है ऋषि के रूप में
निरा वधिक रे नीच ! अरे चाण्डाल तू
भूल गया दुर्दैव सदृश उस बात को

विश्वामित्र से

और न तुम भी मुझको हो पहचानते।
क्या वह नवल तमाल कुञ्ज में प्रेम से
परिवर्त्तन वनमाला का विस्मृत हुआ
क्या वह सब थी केवल कुटिल प्रवञ्चना ?

अहो न अब पहचान रहे निज पुत्र को
जो है परिचित शुनःशेफ के नाम से।

विश्वामित्र

अरे! सुव्रता! तू है, सचमुच स्वप्न-सो
मुझको अब सब बातें आती ध्यान में
मैं जब तप के लिए छोड़ असहाय ही
तुझे गया—फिर पड़ा अकाल। न था कहीं
क्षण भर को अवलम्ब तुम्हें यह भूल कर
मैं चिन्तित था धर्म और तप तत्व में
रे झूठे अभिमान तुझे धिक्कार है।
तुझे बहुत खोजा था मैंने ग्राम में।
जब जाता था हिमगिरि के वनकुञ्ज में
सत्य, तुझे वञ्चित न कभी मैंने किया।
ईश-कृपा से आज अचानक पा गया।
प्रिये! तुम्हारा मुख, निज सुत को देख कर
पूर्ण हुआ आनन्द

शुनःशेफ की ओर

ज्येष्ठ यह पुत्र है
मेरा, अब तुम सुत को लेकर साथ में
सुखी रहो। (**अजीगर्त से**)
रे दुष्ट वधिक! अब क्यों नहीं
बतलाता है उसको अपना पुत्र तू,

हरिश्चन्द्र से

राजन्! यह सुव्रता हमारी नारि है
इसे मुक्त दासीपन से कर दीजिये,
और नराधम को भी शासित कीजिये
राजन्! सब तप और सत्य तुम कर चुके
यदि अपनी इस प्रजा-वृन्द का ध्यान हो
दुःख दूर करने का कुछ उद्यम करो।

हरिश्चन्द्र

हे कौशिक ऋषिवर्य्य! इसे कर दीजिये
क्षमा, और सुव्रता स्वतंत्रा हो ऋषे!
चरणों में यह राज्य आज उत्सर्ग है।

विश्वामित्र

अस्तु। सुव्रते! कहां कहां फिर तुम रहीं
मेरे जाने बाद?—

सुव्रता

प्रभो! उस ग्राम से
लाञ्छित करके देश-निकाला ही मिला,
क्योंकि गर्भिणी थी मैं इससे घूमती
आयी मैं इस ऋषि के आश्रम पास में।
प्रसव-समर्पण किया इसी की गोद में
और स्वयं अन्तःपुर में दासी बनी

वसिष्ठ

धन्य सुव्रते! साधु! सुशीले! धन्य तू
पाया पति, सुत, फिर अपने सौभाग्य से।

विश्वामित्र

करुणा वरुणालय जगदीश दयानिधे।
सब यों ही आनन्द सहित सुख से रहें।

सबकी ओर देख कर

जगन्नियन्ता का यह सच्चा राज्य है
सबका ही वह पिता, न देता दुःख है
कभी किसी को। उसने देखा सत्य को
हरिश्चन्द्र के; जिसने प्रण पूरा किया
उद्यत होकर करने में बलिकर्म्म के।
यह जो रोहित को बलि देते तो नहीं
वह बलि लेता; किन्तु मना करता इन्हें।
क्योंकि अधम है क्रूर आसुरी यह क्रिया
यह न आर्य पथ है, दुस्तर अपराध है
वह प्रकाशमय देव, न देता दुःख है।
अस्तु, सभी तुम शक्तिहीन हो हो गये
कहता हूँ उसको सुन लो सब ध्यान से,
समस्वर से सब करो स्तवन, उस देव का
जो परिपालक है इस पूरे विश्व का।
तुममें जब हो शक्ति और यह पुत्र भी

शुनःशेफ हो मुक्त आप; तब जान लो
यज्ञ कार्य्य पूरा होकर फल मिल गया।

समवेत स्वर से

जय जय विश्व के आधार।
अगम महिमा सिन्धु-सी है कौन पावै पार।
जो प्रसव करता जगत निज तेज का आधार।
उसी की शुभ-ज्योति से हो सत्य-पथ निर्धार।
छुटे सब यह विश्व बन्धन हो प्रसन्न उदार।
विश्व प्राणी प्राण में हो व्याप्त विगत विकार।
—जय जय विश्व के आधार ।।

आलोक के साथ वीणा-ध्वनि। शुनःशेफ का बन्धन आप-से-आप खुल जाता है, और सब शक्तिमान् होकर खड़े हो जाते हैं। पुष्प-वृष्टि होती है।)

आलोक के साथ पटाक्षेप

■

राज्यश्री

निपेतुरेकस्यां तस्यां शरा इव लक्ष्यभुवि भूभुजां सर्वेषां दृष्टयः

—हर्षचरिते

पात्र-परिचय

राज्यश्री	: कन्नौजराज ग्रहवर्मा की रानी
अमला, कमला, विमला	: राज्यश्री की सखियाँ
सुरमा	: एक मालिन
हर्षवर्द्धन	: स्थाण्वीश्वर का राजकुमार; फिर भारत का सम्राट्
दिवाकरमित्र	: एक महात्मा
नरेन्द्रगुप्त	: गौड़ का राजा
राज्यवर्द्धन	: स्थाण्वीश्वर का बड़ा राजकुमार
भण्डि	: सेनापति
नरदत्त	: मालव का सैनिक
सुएनच्वाङ्ग	: चीनी यात्री
पुलकेशिन	: चालुक्य-नरेश
धर्मसिद्धि; शीलसिद्धि	: दो भिक्षु
शान्तिदेव	: भिक्षु फिर दस्यु विकट घोष
देवगुप्त	: मालवराज
मधुकर	: उसका सहचर
ग्रहवर्मा	: कन्नौज का राजा

दौवारिक, सहचर, प्रहरी, दस्यु, सैनिक, प्रतिहारी, दूत, मंत्री, नागरिक इत्यादि

प्राक्कथन

राज्यश्री और हर्षवर्द्धन से सम्बन्ध रखने वाली घटनाओं का आधार हर्षवर्द्धन के राजकवि बाण का बनाया हुआ हर्षचरित और चीनी यात्री सुएनच्वाङ्ग का वर्णन है। हर्षचरित का वर्णन अपूर्ण है, अनुमान होता है कि ग्रन्थ की पूरी प्रति उपलब्ध नहीं, या वह उस कवि की रचना कादम्बरी की भाँति अधूरी-ही रही। कुछ विशेष घटनाओं का वर्णन चीनी यात्री ने किया है। बौद्ध-धर्म का विशेष पक्षपाती होने के कारण वह उन घटनाओं को नहीं छोड़ सका, जो बौद्ध-धर्म के अनुकूल हुई थीं।

उस समय गुप्तों का प्राधान्य नष्ट हो चुका था। छठीं शताब्दी में मालव के यशोधर्मदेव ने जब हूण मिहिरकुल को परास्त किया, तो साम्राज्य-शक्ति मगध से हटकर मालव की शरण में चली गयी, परन्तु यशोधर्मदेव की वंश परम्परा में वह स्थिर न रह सकी। इधर, जो हूण भारत की सीमा के भीतर घुस आये थे, वे कभी न कभी उपद्रव मचा ही देते, इस कारण स्थानीय राज्यों को उनसे बराबर छोटा-मोटा युद्ध करना ही पड़ता। सम्भवतः भारत के उत्तर पश्चिमी प्रान्त से उनका आतङ्क निर्मूल नहीं हुआ था, यद्यपि वे अब भारत-साम्राज्य के विजेता नहीं रहे।

वह सातवीं शताब्दी का प्रारम्भ था, जब स्थाण्वीश्वर के राजवंश ने प्रबलता प्राप्त की, शक्ति-सञ्चय करके वे हूणों से लड़े। कान्यकुब्ज में मौखरियों का प्राधान्य था और मालव में गुप्तवंश के कुछ फुटकल राजकुमार प्रबल हो गये थे। यशोधर्म के साम्राज्य का विभाग होकर स्थान-स्थान पर नवीन राजवंश अधिकार जमा रहे थे। इधर सिकुड़ कर मगध में गुप्तवंश के महाराजाधिराज अपनी मान-मर्यादा लिये दिन बिता रहे थे। फिर भी गुप्तों के राजकुमारों के ही अधिकार में पूर्वी मालव, मगध और गौड़ था।

गौड़ के एक राजकुमार ने मौखरी और वर्द्धनों की सम्मिलित राजशक्ति को उलट देने का संकल्प लिया। बाण ने इसका नाम नरेन्द्रगुप्त लिखा है परन्तु सुएनच्वाङ्ग के आधार पर बोधिद्रुम को उखाड़ने वाला शशांक ही गौड़-विद्रोह का कारण माना जाने लगा है. यद्यपि अभी तक यह स्पष्ट रूप से प्रमाणित नहीं हुआ है कि नरेन्द्रगुप्त और शशाङ्क एक ही व्यक्ति हैं। कुछ लोग हर्षवर्द्धन की माता का नाम ही यशोमती देख कर ही उसे यशोधर्म की दुहिता मान लेने का प्रयास कर रहे हैं। अस्तु। वर्द्धनवंश के प्रभाकर के मरते ही नरेन्द्र के उकसाने से मालव के देवगुप्त ने प्रभाकर के जामाता ग्रहवर्मा से कान्यकुब्ज को छीन लिया और प्रभाकर की दुहिता राज्यश्री को बन्दी बना

कर सफलता प्राप्त की। राज्यवर्द्धन ने जब कान्यकुब्ज का उद्धार किया, तो नरेन्द्र ने छलसे उसकी हत्या की। हर्ष अभी एक नवयुवक शासक था। सम्भव था कि थानेसर ही उलट दिया जाता, परन्तु उसने अतुल पराक्रम से उस विपत्ति का सामना किया और मालव तथा गौड़ के षड्यन्त्र को ध्वस्त कर दिया। घटनाचक्र से वह समस्त उत्तरापथ का महाराजाधिराज बन गया। हर्षवर्द्धन ने राजनीति को संयम से चलाया। कामरूप, काश्मीर और वलभी के प्रान्तराज्य उसके अनुगत हो गये। दिवाकरमित्र नामक एक साधु ने राज्यश्री के प्राणों की रक्षा की।

कहा जाता है, कि हर्षवर्द्धन ने राज्यश्री के साथ कान्याकुब्ज का संयुक्त—शासन किया और इसलिये बहुत दिनों तक वह केवल राजपुत्र उपाधि धारण किये था, किन्तु बांसखेड़ा के शिलालेख में वह स्वयं लिखता है—"स्वहस्तोमम महाराजाधिराजश्री-हर्षस्य"। उसका राज्यकाल ६०५ ईसवीय से आरम्भ होकर ६४७ ईसवीय तक चलता है।

चीनीयात्री ने तो हर्ष के काषाय लेने का भी उल्लेख किया है, परन्तु सम्भवतः यह भारत की वही प्राचीन प्रथा थी, किसका वर्णन कालिदास ने विश्वजित् याग के बाद सर्वस्वदान के रूप में किया है—रघु भी सब जीत कर ऐसा दान करके अकिंचन हो गये थे, जब कौत्स गुरु-दक्षिणा के लिए गये थे। हर्षवर्द्धन का बौद्धधर्म की ओर अधिक झुकाव होने का कारण उनकी भगिनी राज्यश्री का बौद्ध दिवाकरमित्र द्वारा बचाया जाना भी हो सकता है। सम्भवतः,धर्म में वे समन्वयवादी थे, सूर्य, शिव और बुद्ध तीनों देवताओं की प्रतिमाएँ आदरणीय थी। प्रधानतः हर्षवर्द्धन के हृदय में धर्म का सात्त्विक रूप व्याप्त था, यद्यपि चीनी-यात्री ने उसके महायान—प्रेमी होने का अधिक वर्णन किया है।

पुलकेशिन् चालुक्य ने उनकी विजय को दक्षिण में रोक दिया वह भी उत्तरापथ के साम्राज्य से सन्तुष्ट था। राज्यश्री एक आदर्श राजकुमारी थी। उसने अपना वैधव्य सात्त्विकता से बिताया। अनेक अवसरों पर वह हर्ष के लौह-हृदय को कोमल बनाने में कृतकार्य हुई।

यद्यपि इस धर्मसमन्वय के कारण, चीनीयात्री सुएनच्वाङ्ग और सोयूकी के अनुसार, स्वयं हर्षवर्द्धन के प्राण लेने तक की चेष्टा भी की गयी थी, परन्तु वह राज्यश्री के कोमल स्वभाव की प्रेरणा से, बचता ही रहा। कान्यकुब्ज का और प्रयाग का दान-महोत्सव वर्णन करते हुए सुएनच्वाङ्ग अघाता नहीं। यह सब प्रेरणा राज्यश्री की थी।

इस दृश्यकाव्य का पूर्वरूप "इन्दु" में पहले निकला, फिर चित्राधार के संग्रह में वह पुनर्मुदित हुआ। एक प्रकार से मैं इसे अपना प्रथम ऐतिहासिक रूपक समझता हूँ। उस समय यह अपूर्ण सा-ही था, इसका वर्त्तमान रूप कुछ परिवर्त्तित और परिवर्द्धित है।

विकटघोष और सुरमा, यद्यपि ऐतिहासिक पात्र नहीं है, परन्तु चीनी यात्री का एक डाकू से पकड़े जाने का उल्लेख मिलता है। हर्षवर्द्धन के जीवन का अन्तिम दृश्य इसमें नहीं दिया गया है, क्योंकि इस रूपक का उद्देश्य है, राज्यश्री का चरित्र-चित्रण।

प्रथम अङ्क

प्रथम दृश्य

(नदी-तट का उपवन)

शान्तिदेव—सुरमा, अभी विलम्ब है।

सुरमा—क्या विलम्ब है प्रियतम, देखो मैं मल्लिका का क्षुप सींचती हूँ; यह भी मुझे वञ्चित नहीं रखता—छाया, सुगन्ध और फूलों से जीविका देता है, किन्तु तुम! कितने निष्ठुर हो! तुम्हारी आंखों में दया का सङ्केत भी नहीं।

शान्ति—मैं भिक्षु हूँ सुरमा! संसार ने मुझे एक ओर ढकेल दिया है—मैं अभी उसी ढालुवें से ढुलक रहा हूँ। रुकने का, सोचने का, अवसर नहीं। मुझे तुम्हारी बात, तुम्हारा स्नेह, एक विडम्बना—एक धोखा-सा जान पड़ता है।

सुरमा—विश्वास करो! मैं आजीवन किसी राजा की विलास-मालिका बनाती रहूँ—ऐसा मेरा अदृश्य कहे, तो भी मैं मान लेने में असमर्थ हूँ। मेरी प्राणों की भूख आँखों की प्यास, तुम न मिटाओगे?

शान्ति०—यह तो हुई तुम्हारी बात, परन्तु मैं क्या चाहता हूँ—यह मैं अभी स्वयं नहीं समझ सका हूँ।

सुरमा—मैं समझ गयी; तुम फूल लेने आकर नित्य बातें बना जाते हो। मुझे एक साधारण पुष्पवाली समझते हो न! और तुम, ठहरे कुलीन क्षत्रिय, तिस पर भिक्षु!!

शान्ति०—ठहरो सुरमा! जीवन की दौड़ बहुत लम्बी है, उसकी अभिलाषा के लिए इतना चंचल न होना चाहिये।

सुरमा—तुम निर्दय हो, मेरी आराधना का मूल्य नहीं जानते—भिक्षु! तुम्हारा धर्म उसके सामने—

शान्ति०—उतावली न हो सुरमा! परीक्षा देने जा रहा हूँ; साथ ही भाग्य की परीक्षा भी लूँगा! महारानी राज्यश्री एक दिन भिक्षुओं को दान देंगी, मैं भी देखूँगा कि भाग्य मुझे किस ओर खींचता है। फिर मैं तुमसे मिलूँगा। (प्रस्थान)

(देवगुप्त का प्रवेश)

देव—वाह! जैसा सुन्दर यह उपवन है, वैसी ही मालिन! क्यों जी, तुम्हारा नाम तो सुनूँ!

८

सुरमा—(सलज्ज) मुझे लोग सुरमा कहते हैं।

देव०—नाम तो बड़ा सुरुचिपूर्ण है! भला, मैं तुम्हारे इस उपवन में कुछ दिन ठहर सकता हूँ?

(सुरमा देवगुप्त को देखती है)

देव०—तुम तो बोलती भी नहीं हो। यह तुम्हारा मल्लिका का बाल-व्यजन तो अभी अधवना ही है—धन्य तुम्हारी शिल्प-कुशलता!

सुरमा—मैं अकेली इस उपवन में रहती हूँ, आप एक विदेशी!

देव०—तो इससे क्या? सब अकेले ही तो संसार-पथ में निकलते हैं, किसी का मिल जाना, यह तो उसके भाग्य की बात है। देखो मुझे यदि तुम न मिल जाती, तो कौन आश्रय देता? (हँसता है)

सुरमा—(स्वगत)—यह कैसा विलक्षण पुरुष है? उत्तर देते भी नहीं बनता, क्या करूँ?

देव०—तो मैं तुम्हारे इस उद्यान में दो घड़ी तो विश्राम अवश्य करूँगा। फिर चाहे निकाल देना।

सुरमा—अच्छी बात है। मैं अपनी पुष्प-रचना लेकर राज-मन्दिर जाती हूँ, तब तक आप यहाँ विश्राम कर लीजिये।

देव०—तो क्या तुम राज-मन्दिर में भी जाती हो?

सुरमा—हाँ! वहीं से तो मेरी जीविका है!

देव०—अच्छी बात है सुरमा, तुम हो आओ; मैं तब तक थकान मिटाता हूँ।

(एक वृक्ष के नीचे बैठ जाता है—सुरमा माला बनाती हुई उसे कनखियों से देखती जाती है)

देव०—वाह! कितना सुरभित समीर है। घ्राण तृप्त हो गया; मस्तिष्क जैसे हँसने लगा और ग्लानि का तो कहीं पता नहीं। सुरमा, तुम्हारा स्थान कितना सुरम्य है!—(देखकर)—अरे तुम्हारा बाल-व्यजन बन भी गया, कितना सुन्दर है! उन कोमल हाथों को चूम लेने का मन करता है—जिन्होंने इसे बनाया।

सुरमा—(हँसती हुई) आप तो बड़े धृष्ट है.... तो अब मैं जाती हूँ।

(अपनी पुष्प-रचना लेकर इठलाती हुई जाती है)

द्वितीय दृश्य

(कान्यकुब्ज के राजमन्दिर का एक प्रकोष्ठ)

ग्रहवर्मा—(राज्यश्री के साथ चिन्तित भाव) से प्रवेश करते हुए—प्रिये, मेरा चित्त आज न जाने क्यों उदासीन हो रहा है, चेष्टा करके भी मैं उसे प्रसन्न नहीं कर पाता

हूँ। अनेक भावनाएँ हृदय में उठ रही हैं, जो निर्बल होने पर भी उसे उद्विग्न कर रही हैं।

राज्यश्री--नाथ, आप जैसे धीर पुरुषों को--जिनका हृदय हिमालय के समान अचल और शांत है--क्या मानसिक व्याधियाँ हिला या गला सकती हैं? कभी नहीं!

ग्रह०--इस विश्वव्यापी वैभव के आनन्द में यह मेरा हृदय सशङ्क होकर मुझे आज दुर्बल बना रहा है।

राज्यश्री--शङ्का किस बात की, प्रियतम?

ग्रह०--पुण्यभूमि महोदय का सिंहासन, सरल और अनुरक्त प्रजा; सुजला-सस्य-श्यामला उर्वरा भूमि, स्वास्थ्य का वातारण और सबसे सुन्दर उत्तरापथ का कुसुम यह पवित्र मुख--मेरा है, अपना है; फिर भी...

राज्यश्री--(संकुचित होती हुई)--तब भी, क्या?

ग्रह०--तब भी यही कि यह सुदूर-व्यापी नील आकाश कितने कुतूहलों का, परिवर्तनों का क्रीड़ा-क्षेत्र है। यह आवरण है भी कितना काला--कितना....

राज्यश्री--बस नाथ, बस! क्यों हृदय को दुर्बल बनाकर अनुशोचन बढ़ा रहे हो!

ग्रह०--मनुष्य-हृदय स्वभाव-दुर्बल है। प्रवृत्तियाँ बड़ी-बड़ी राजशक्तियों के सदृश इसे घेरे रहती हैं। अवसर मिला कि इस छोटे-से हृदय-राज्य को आत्मसात् कर लेने को प्रस्तुत हो जाती हैं!

राज्यश्री--व्यर्थ चिन्ता! हृदय को प्रसन्न कीजिये। सम्भव है कि संगीत में मन लग जाय, बुलाऊँ गानेवालियों को?

ग्रह०--नहीं प्रिये, क्षत्रियों का विनोद तो मृगया है। इच्छा होती है कि सीमा-प्रान्त के जङ्गल में कुछ दिनों तक मन बहलाऊँ।

राज्यश्री--जैसी इच्छा, मुझे भी आज भिक्षुओं को दान देना है।

ग्रह०--अच्छी बात है। **(प्रस्थान)**

(तृतीय दृश्य)

(सुरमा का उपवन)

देवगुप्त--मालव-नरेश, मैं छद्मवेश में अनेक देश देखता फिरा, किन्तु उस दिन मदनोत्सव में जो आनन्द-दायक दृश्य यहाँ देखने में आया, वह क्या कभी भूलने को है! राज्यश्री! आह कितना आकर्षक--कितना सौन्दर्यमय वह रूप है।

(मधुकर का प्रवेश)

मधु०--महाराज, मालव से एक दूत आया है।

देव०--उसे बुलालो मधुकर, मैं अब कुछ दिन यहीं अपना निवास रक्खूँगा।

(मधुकर जाता है, दूत के साथ फिर आता है)

दूत०--जय हो देव!

देब०—कहो क्या समाचार है ?

दूत०—महाराज के अनुग्रह से सब मङ्गल हैं। मन्त्रिवर ने यह प्रार्थना-पत्र श्री चरणों में भेजा है। **(पत्र देता है)**

देब०—(**पढ़ता है**)—'स्वस्ति श्री इत्यादि महाराज की....आज्ञा के अनुसार वीरसेन सेना के साथ निर्दिष्ट स्थान पर प्रेरित हो चुके है। और भी एक सहस्र सैनिक दूत के साथ ही अनेक वेशों में आपके समीप उपस्थित है। सङ्केत पाते ही एकत्र हो सकेंगे। किन्तु देव, परिणाम-दर्शी होकर कार्य आरम्भ करें—यही प्रार्थना है। **(हँसकर पत्र फाड़ता हुआ)** मन्त्री वृद्ध हो गये है ! जाओ विश्राम करो। **(दूत जाता है)**

(सुरमा का प्रवेश)

देव०—आओ सुरमा; यह मेरा साथी एक और श्रेष्ठि आ गया है, तुम्हें कष्ट तो न होगा ?

सुरमा—**(माला एक ओर रखती हुई)**—कष्ट ! ओह ! कष्टों का तो अभ्यास हो गया है। अभी राज-मन्दिर से हो आयी। सुना है कि महाराज मृगया के लिए सीमाप्रान्त चले गये है। मैं उन विभव-विलास के प्रदर्शनों को, उपकरणों को, अपनी दरिद्रता की हँसी उड़ाते देखती हुई, लौट आयी हूँ। यह माला, यह मल्लिका का बाल-व्यजन क्या होगा—मेरा दिन-भर का परिश्रम !

देव०—**(सहानुभूति)**—तो मैं इसे ले सकता हूँ सुरमा !

सुरमा—आप ? ले लीजिये !

देव०—तुम्हारे महाराज कुपित न होंगे।

सुरमा—होना है सो हो जाय—श्रेष्ठि, मैं राजा को देखकर बड़ा डरती हूँ ! वहाँ जाना होता है तो मैं जैसे आग में, पानी में जा रही हूँ ! पैर काँपने लगने है—मानों भूकम्प में चल रही हूँ !

देव०—और यदि मैं भी कहीं का राजा होऊँ सुरमा !

सुरमा—**(देखकर)**—तुम ! तुम राजा नहीं हो सकते; असंभव है। तुम तो हमारे-जैसे ही लोग हो, तुम्हारी मुख की ज्योति—उहूँ, तुम और चाहे कुछ बन जाओ, राजा नहीं हो सकते।

देव०—वाह सुरमा ! तुम सामुद्रिक भी जानती हो !

सुरमा—**(पास बैठकर)**—अहा ! कितनी सुहावनी रात है—चन्द्रिका के मुख पर कुहरे का अवगुण्ठन नहीं ! स्वच्छ अनन्त में देवताओं के दीप झलमला रहे है—कितना सुन्दर है !

देव०—**(स्वगत)**—कितनी भावनामयी यह युवती है—अवश्य इसके हृदय में महत्त्व की आकांक्षा है—**(प्रकट)**—क्यों सुरमा, ऐसी रात तो सुन्दर सङ्गीत खोजती है—तुम कुछ गाना भी जानती हो ?

सुरमा—(**कृत्रिम क्रोध से**)--वाह ! आप तो धीरे-धीरे हाथ-पाँव फैलाने लगे।

देव०—(**अनुनय से**)—सुन्दरी ! एक तान ! अपराध क्षमा हो ! विदेश की यह रजनी आजीवन स्मरण रहेगी—दुहाई है !

सुरमा—मैं जानती हूँ कि नहीं, यह नहीं जानती, पर गाती हूँ—कभी-कभी अपने दुःखी दिनों पर रोती हूँ अवश्य !

देव०—वही सही सुरमा !

सुरमा—(**गाती है**)--

आशा विकल हुई है मेरी,
प्यास बुझी न कभी मन की रे !
दूर हट रहा सरवर शीतल,
हुआ चाहता अब तो ओझल,
झुक जाती है पलकें दुर्बल !
ध्वनि सुन न पड़ी नव घन की रे !
ओ बेपीर पीर ! हूँ हारी,
जाने दे, हूँ मैं अधमारी,
सिसक रही घायल दुखियारी—
गाँठ भूल जीवन-धन की रे !
आशा विकल हुई है मेरी

चतुर्थ दृश्य

(प्रकोष्ठ में मन्त्री)

दूत—(**प्रवेश करके**)—आर्य ! भयानक समाचार है !

मन्त्री—क्या है ?

दूत—सीमाप्रान्त के कानन में महाराज तो सुख-मृगया-विनोद में दिवस-यापन कर रहे हैं; किन्तु.......

मन्त्री—कहो-कहो, किन्तु क्या ?

दूत—युद्ध की आशङ्का है ! मालवेश्वर की सीमा हमारी सीमा से मिली हुई है अकारण उनकी सेना आज्कल सीमा पर एकत्र होने लगी है और महाराज को चिढ़ाने के लिए जान-बूझ कर कुछ धृष्टता की जा रही है। इसलिए महाराज ने कहा है कि सेनापति को सेना के साथ शीघ्र यहाँ आ जाना चाहिये।

मन्त्री—किन्तु जैसे समाचार नगर के मुझे मिले है, उससे तो मैं स्वयं सशङ्क हो हो रहा हूँ। मुझे कान्यकुब्ज के भीतर नागरिकों में कुछ सन्देहजनक व्यक्ति होने का पता चला है।- (**कुछ सोचकर**)—अच्छा, तुम महाराज से कहना कि मैं सैन्य भेजता

हूँ, पर आद्यन्त सावधान रहने की आवश्यकता है। मैं नगर-रक्षा के लिए थोड़ी सेना रख लूँगा, क्योंकि स्थाण्वीश्वर से सहायता मिलने में अभी विलम्ब होगा। मैं वहाँ भी सन्देश भेजता हूँ।

(दूत का प्रस्थान)

तो अब महारानी को भी समाचार देना चाहिये। अब स्मरण आया—आज तो वह दान-पर्व में लगी होंगी। तो चलूँ वहीं। सेना भी तो भेजनी है। जरा भी कैसी भीषण व्याधि है! अहा! हम लोग इसे नित्य देखते हैं, पर तथागत के समान किसने इस दृश्य से लाभ उठाया? इतने दिन काम किया; अब भी तृष्णा तो न छूटी! चलूँ—मुझे पहुँचने में भी तो विलम्ब होगा। पहले सेनापति से मिलूँ या महारानी से?—**(सोचकर)**—पहले सेनापति से यही ठीक होगा।

प्रस्थान

पञ्चम दृश्य

(देव-मंदिर में राज्यश्री दान के उपकरण और भिक्षु उपस्थित हैं।)

राज्यश्री—**भिक्षुओं को वस्त्र और धन देती है—शान्तिदेव सामने आता है—** तुम्हारा शुभ-नाम भिक्षु?

शांतिदेव—जय हो! मेरा नाम शान्तिभिक्षु....

(रुककर राज्यश्री की ओर देखने लगता है)

राज्यश्री—भिक्षु, तुमने प्रवज्या ग्रहण कर ली है, किन्तु तुम्हारा हृदय अभी....

शांतिदेव—कल्याणी! मैं, मेरा अपराध—

राज्यश्री—हाँ तुम! भिक्षु! तुम्हें शील-सम्पदा नहीं मिली, जो सर्व-प्रथम मिलनी चाहिये।

शांतिदेव—मैं सब ओर से दरिद्र हूँ देवि!—(**स्वगत**)—विश्व में इतनी विभूति! और मैं—सिर ऊँचा करके अत्यन्त ऊँचाई की ओर देखता हुआ केवल उलटा होकर गिर जाता हूँ—चढ़ने की कौन कहे!

राज्यश्री—क्या सोचते हो, भिक्षु!

शांतिदेव—केवल अपनी क्षुद्रता—

राज्यश्री—तुम संयत करो अपने मन को भिक्षु! श्लाघा और आकाङ्क्षा का पथ तुम बहुत पहले छोड़ चुके हो। यदि तुम्हारी कोई अत्यन्त आवश्यकता हो, तो मैं पूरी कर सकती हूँ; निश्चिन्त उपासना की व्यवस्था करा दे सकती हूँ।

शांतिदेव—(**स्वगत**) इतना सौन्दर्य, विभव और शक्ति एकत्र !

राज्यश्री—तुम चुप क्यों हो, भिक्षु !

शांतिदेव—मुझे जो चाहिये वह नहीं मिल सकता—इसलिये मैं न माँगूँगा ।

राज्यश्री—भिक्षु ! मेरा व्रत न खण्डित करो ।

शांतिदेव—नहीं, मैं दान न लूँगा; मुझे कुछ न चाहिये ।

(प्रस्थान)

राज्यश्री—विमला ! मैं इस प्रसङ्ग से दुःखी हो गयी हूँ ।

विमला—चिन्ता न कीजिये देवि, पूजन भी तो हो चुका है । अब पधारिये ।

राज्यश्री—चलती हूँ सखि ! मेरा हृदय कह रहा है कि महाराज का कोई सन्देश आ रहा है ।

विमला—प्रियजन की उत्कण्ठा में प्रायः ऐसा ही भ्रम हुआ करता है ।

(प्रतिहारी का प्रवेश)

प्रति०—महादेवी की जय हो ! मन्त्री महोदय आ रहे हैं ।

राज्यश्री—आने दो ।

मंत्री०—(**प्रवेश करके**)—महादेवी की जय हो ! कुछ निवेदन....

राज्यश्री—कहिये-कहिये—

मंत्री—सीमाप्रान्त से युद्ध का सन्देश आया है ।

राज्यश्री—(**स्वस्थ होकर**)—मन्त्री ! इसी बात को कहने में आप सङ्कुचित होते थे ! क्षत्राणी के लिए इससे बढ़कर शुभ-समाचार कौन होगा ! आप प्रबन्ध कीजिये, मैं निर्भय हूँ ।

(मन्त्री का प्रस्थान)

राज्यश्री—चलो, सब लोग फिर से विजय के लिए प्रार्थना कर लें ।

(सब प्रतिमा के सामने जाकर प्रार्थना करती हैं । पुष्पाञ्जलि चढ़ाती हैं, मन्दिर में अट्टहास, राज्यश्री मूर्च्छित होती हैं, अन्धकार)

षष्ठ दृश्य

(सुरमा का उपवन)

देवगुप्त—सुरमा, तुमको जब बड़े कष्ट से उपवन सींचते देखता हूँ और परिश्रम से फूलों को चुनते और उनकी माला बनाते देखता हूँ, तो मेरा हृदय व्यथित होता है !

सुरमा—क्यों, इतनी सहानुभूति तो आज तक किसी ने मेरे साथ नहीं दिखलायी !

देवगुप्त—मेरा हृदय जाने; इस 'क्यों' का कारण मैं क्या बतलाऊँ । यह कुसुम तो कामदेव की उपासना में मुकुट की शोभा बढ़ा सकता है ।

सुरमा—किसी की अधिक प्रशंसा करना उसे धोखा देना है, श्रेष्ठि ! तुम्हारा...

देव०—ठहरो सुरमा ! मैं श्रेष्ठि नहीं हूँ—आज मैं तुम्हें अभिन्न समझ कर अपना रहस्य कहता हूँ। मैं मालव-नरेश देवगुप्त हूँ।

सुरमा—(आश्चर्य से)—क्या !

दूत०—(प्रवेश करके)—जय हो देव, स्थाण्वीश्वर में प्रभाकरवर्द्धन का निधन हुआ और राज्यावर्द्धन इस समय हूण-युद्ध के लिए पञ्चनद गये हैं।

देव०—अच्छा जाओ !

(दूत का प्रस्थान)

सुरमा—तुम–आप—मालव के—

देव०—हाँ सुरमा, चलोगी मेरे साथ ?

सुरमा—यह भी सत्य है ? नहीं महाराज ! जैसे आपका वेश कृत्रिम है, वैसे ही यह वाणी भी तो नहीं ?

देव०—नहीं प्रिये, मैं तुम्हारा अनुचर हूँ।

सुरमा—हे भगवान् ! इतना बड़ा सौभाग्य ! नहीं, यह मेरे अदृष्ट का उपहास है।

देव०—सुन्दरी यह उपहास नहीं, सत्य है।

सुरमा—परन्तु शान्तिभिक्षु की प्रतीक्षा !

देव०—कौन शान्तिभिक्षु ? उसे कुछ दान दिया चाहती हो क्या ?

सुरमा—नहीं, दे चुकी हूँ !

देव०—तो दे दो; यह उपवन ही न—तुम्हें अब इसकी आवश्यकता ही क्या ?

सुरमा—वही करूँगी।

देव०—मुझे तुमने प्राण-दान दिया, परन्तु देखो, जब तक यहाँ से हम लोग मालव के लिए प्रस्थान न करें यह बात न खुलने पावे।

सुरमा—अच्छा जाती हूँ, विश्वास रखिये—(अस्तव्यस्त भाव से उठ कर जाती है)

(मधुकर का प्रवेश)

देव०—सीमा का क्या समाचार है ? वीरसेन की वीरता पर तो मुझे विश्वास है; पर मौखरी भी सहज नहीं। इधर मैं इतने मनुष्यों के साथ दूसरी राजधानी में पड़ा हूँ, बड़ी विषम समस्या है। क्या करूँ, कुछ समझ में नहीं आता।

मधुकर—सीमाप्रान्त में विजय मिलने की निश्चित सम्भावना है और यदि ऐसा न हुआ, तो शीघ्र ही मालव पहुँच कर सब दोष मन्त्री के सिर रखकर अलग हो जाइयेगा, सन्धि का प्रस्ताव भेज दीजियेगा। क्योंकि यह तो प्रसिद्ध है ही कि मालवेश्वर बहुत दिनों से तीर्थ-यात्रा के लिए गये हैं।

देव०—मधुकर ! देवगुप्त उसी गुप्त-कुल का है, जिसके नाम से एक दिन समस्त जम्बूद्वीप विकम्पित होता था। आज सिंह-विहीन जङ्गल में स्यारों का राज्य है। मुझे एक बार वही चेष्टा करनी होगी। स्थाण्वीश्वर और कान्यकुब्ज दोनों का ध्वंस करना है।

मधु—दैव अनुकूल होने से आपकी इच्छा पूरी ही होगी।

(चर का प्रवेश)

चर—जय हो देव ! सीमाप्रान्त का युद्ध आपके पक्ष में सफल हुआ। ग्रहवर्मा को कड़ी चोट आयी है; क्योंकि वीरसेन ने कान्यकुब्ज की सेना पहुँचने के पहले ही युद्ध आरम्भ कर दिया था। इधर दुर्ग में भी सेना बहुत कम है।

देव०—मेरा अनुमान है कि मेरे सैनिक उनसे अधिक हैं। मधुकर ! सुनो तो—(**कान में कुछ कहता है, प्रकट**)—जब कुछ और सेना सीमा की ओर चली जाय, तो जिस ढङ्ग से बताया है, उसी प्रकार मेरे सब सैनिक दुर्ग में एकत्र हों। 'विजय' संकेत होगा, जाओ—बस।

(सबका प्रस्थान)

साप्तम दृश्य

(प्रकोष्ठ में मूर्छित राज्यश्री और सखियाँ)

विमला—सखी ! क्या होगा !

कमला—क्या कहूँ, मन्दिर वाली घटना से अभी तक एक बार भी पूरी चेतना नहीं आयी। सखी ! यह बात तो आश्चर्यजनक हुई—क्या कोई अपदेवता वहाँ उस दिन आ गया था ?

विमला—सखी मैं तो समझती हूँ, वही भिक्षु ठठाकर हँस पड़ा महारानी को प्रतिमा हँसने के अपशकुन की आशङ्का हुई।

कमला—देख, देख, अब उठ रही हैं, कुछ कहा ही चाहती हैं—

(मन्त्री का प्रवेश, राज्यश्री उठकर प्रलाप करती है)

राज्यश्री—हँस दिया—हाँ, हँस दिया ! मेरी प्रार्थना पर हँस दिया ! क्या वह अनुचित थी ? मेरी बात क्या हँसने योग्य थी ? नहीं, नहीं, हँसी का कारण है मेरा निर्बल होना। हँसो और भी हँसो ! मेरा प्रार्थना तुम्हारे कर्कश कठोर अट्टहास में विलीन हो जाय ! हा हा हा हा !

मन्त्री—किससे और क्या कहूँ ? जिसकी आशङ्का-मात्र से यह दशा है, उसे वास्तविक समाचार देने का क्या परिणाम होगा ? कुटिलते ! देख, तूने एक सोने का संसार मिट्टी में मिला दिया।

(प्रतिहारी का त्रस्तभाव से प्रवेश)

प्रति—आर्य ! न मालूम क्यों दुर्ग में बड़ी भीड़ इकट्ठी हो रही है। प्रजा कह रही है कि मुझे महाराज की सच्ची अवस्था मालूम होनी चाहिये।

मन्त्री—उन लोगों से कहो कि हम अभी आते हैं।

(प्रतिहारी का प्रस्थान)

(राज्यश्री उठ कर उन्मत्तभाव से टहलती हैं)

प्रति०—(पुनः प्रवेश करके)—अनर्थ !

मन्त्री—क्या हुआ ? कुछ कहो भी !

प्रति०—उन्हीं प्रजाओं के साथ दुर्ग में सहस्रों शत्रु घुस आये हैं।

मन्त्री—हूँ ! वह प्रजा न थी, जो इस तरह षड्यन्त्र करके दुर्ग में चली आयी ? वे शत्रु....(विचारने लगता है)

(एक सैनिक का प्रवेश)

सैनिक—मन्त्रिवर ! दुर्ग-रक्षक सैन्य-सङ्ग्रह करके आत्म-रक्षा का प्रबन्ध कर रहे हैं। उन्होंने मुझे यह कहने के लिए भेजा है कि इस उपद्रव का नेता वही दुष्ट वणिक-वेशधारी मालवेश है।

मन्त्री—(चौंक कर) क्या मालवेश ? अच्छा ! जाओ, युद्ध में पीछे न हटना ! कान्यकुब्ज के एक भी सैनिक के जीवित रहते देवगुप्त दुर्ग पर अधिकार न करने पावे।

(सैनिक का प्रस्थान)

राज्यश्री—मन्त्री ! उसने हँस दिया !

(नेपथ्य में रण-कोलाहल)

मन्त्री—विमला ! यहाँ महारानी का रहना ठीक नहीं।

राज्यश्री—महारानी फिर कहाँ जायँगी ?

मंत्री—शत्रु दुर्ग में घुस आये हैं।

राज्यश्री—जाओ, उन्हें सादर लिवा लाओ।

मंत्री—हे भगवान् !

(देवगुप्त का विजयी सैनिकों के साथ प्रवेश। राज्यश्री मन्त्री का खड्ग ले लेती है और देवगुप्त पर उसे चलाती हैं, देवगुप्त उसे पकड़ता है और वह मूर्च्छित होती है)

[यवनिका]

द्वितीय अङ्क

प्रथम दृश्य

(सुरमा का उपवन, अकेले शान्ति देव)

शांति०—मैं संसार से अलग किया गया था—किस लिये ? पिता ने मुझे भिक्षु-सङ्घ में समर्पण किया था—क्या इसलिये कि मैं धार्मिक जीवन व्यतीत करूँ ? मेरे लिये उस हृदय में दया या सहानुभूति न थी ! जब हृदय-कानन की आशा-लता बलवती हुई, तो मैं देखता हूँ कि कर्मक्षेत्र में मेरे लिये कुछ अवशिष्ट नहीं। सुरमा—जीवन की पहली चिनगारी—वह भी किधर गयी ! धधक उठी एक ज्वाला–राज्यश्री !—**(सोचकर)**—मूर्ख ! मैं निश्चय नहीं कर पाता कि सुरमा या राज्यश्री, मेरे जलते हुये ग्रहपिण्ड के भ्रमण का कौन केन्द्र है ! कान्यकुब्ज में इतना बड़ा परिवर्तन ! इधर सुरमा भी न जाने कहाँ गयी ! तो क्या करूँ ? लौट जाऊँ सङ्घ में ? नहीं, सङ्घ मेरे लिए नहीं है। अब यहीं कुटी में रहूँगा। तो क्या मैं तपस्वी होऊँगा ? नहीं, अच्छा जो नियति करावे।—**(देखकर)**—ओह ! कैसी काली रात है !

(सोता है, दस्युओं का प्रवेश)

एक—आज जो सेना हम लोगों ने देखी, वह किसकी है ?

दूसरा—राज्यवर्द्धन की सेना है। राज्यश्री और ग्रहवर्मा का प्रतिशोध लेने आ रही है।

पहला—तो क्या राज्यश्री भी मार डाली गयी ?

दूसरा—नहीं जी, वह तो बन्दी है। इसी गड़बड़ी में तो अपना हाथ लगेगा। क्या बताऊँ, यदि राज्यश्री को हम लोग पा जाते, तो बहुत-सा धन मिलता।

(शान्ति देव करवटें बदलता है)

पहला—(**उसे देखकर**)—तू कौन है रे ?

शांति०—विकटघोष !

दूसरा—सो तो तेरे लम्बे-चौड़े हाथ-पैर और कर्कश कण्ठ से ही प्रकट है, पर तू करता क्या है ?

शांति०—मैं कान्यकुब्ज का दस्यु, मूर्ख ! मेरे क्षेत्र में तू क्यों आया ?

पहला—भाई विकटघोष ! तो हम लोग भी तुम्हें अपना नेता मानेंगे।

विकट०—यह बात ! फिर राज्यश्री को अकेले लोप करने का प्रयत्न न करना ! समझा।

दोनों—नहीं, भला ऐसा भी हो सकता है ! परन्तु दस्युपति, एक और भी सेना गौड़ की आ रही है। इन दोनों के आक्रमण के बीच से राज्यश्री को निकाल ले जाना सहज काम नहीं।

विकट०—डरपोक ! इसी बल पर दस्यु बना है ।

दोनों—नहीं, हम लोग प्राण देने या लेने में पीछे नहीं हटते ।

विकट०—तो अच्छी बात है ! चलो, हम लोग आज रात में दोनों सेनाओं का लक्ष्य तो समझ लें ।

दोनों—चलो ।

(तीनों का प्रस्थान)

दूसरा दृश्य

(वन-पथ)

(कुछ सैनिकों के साथ भण्डि का प्रवेश)

भण्डि—क्यों जी, अब तो मेरा अनुमान है कि कन्नौज की सीमा समीप है ।

एक सैनिक—हम लोग तो आज ही पहुँच गये होते, यदि गौड़राज की प्रतीक्षा में समय नष्ट न किया गया होता ।

भण्डि—आज ही तो नरेन्द्रगुप्त शशाङ्क के आने का निश्चय था, और इसी कानन का स्थान नियत था, फिर अभी वे क्यों नहीं आये ?

अन्य सै०—आवें चाहे न आवें । सेनापति ! इस अकारण मैत्री से मेरा चित्त तो बहुत शङ्कित हो रहा है । महाकुमार ने न जाने क्यों उस पर इतना विश्वास कर लिया है । क्या हम लोग स्वयं इस दुष्ट मालवपति को दण्ड देने में असमर्थ हैं···?

भण्डि—यह ठीक है, पर यदि राजनीति मित्रता से सफल होती हो, तो विग्रह करना उचित नहीं । उसकी भी स्थाण्वीश्वर से मैत्री करने की इच्छा है । क्यों ? केवल वर्द्धनों का लोहा मानकर !

तीसरा सै०—अच्छा, तो अब आप पट-मण्डप में विश्राम करें, महाराजकुमार के पूछने पर आपको मैं सूचना दूँगा । शिविर आपका समीप है ।

भण्डि—अच्छा **(सामने देखकर)**—ये तीन कौन अपरिचित-से चले आ रहे हैं ।

(विकटघोष का अपने दो साथियों सहित प्रवेश)

विकट०—**(प्रणाम करके)**—सेनापति की कृपा से मेरा मनोरथ पूर्ण हो ।

भण्डि—तुम्हारी क्या अभिलाषा है ?

विकट०—हम लोग साहसिक हैं परन्तु अब चारित्र्य और वीरतापूर्ण जीवन व्यतीत करना चाहते हैं, देवगुप्त हमारा चिर शत्रु है, उससे प्रतिशोध लेना हमारा अभीष्ट है ।

भण्डि—किन्तु तुम्हारा विश्वास ?

विकट०—क्या हम तीन वीरों से आप डरते हैं—क्या इतनी बड़ी सेना को हम तीन व्यक्ति वञ्चित कर सकते हैं ! इतनी मूर्खता मेरे मन में तो नहीं है, सेनापति !

भण्डि--किन्तु....

विकट०—किन्तु कौन जन्तु है, मैं नहीं जानता! वीरों के पास कोई प्रमाण-पत्र नहीं लिखा रहता, सेनापति! यदि आप अविश्वास करते हों, तो हम लोग चले जाँय।

भण्डि—तुम्हारा परिचय?

विकट०--मेरा नाम है विकटघोष और ये दोनों मेरे शूर साथी हैं। मैं आपका उपकार करूँगा; विजय में उपयोगी सिद्ध हो सकूँगा।

भण्डि--क्या?

विकट०—मुझे कान्यकुब्ज-दुर्ग के गुप्त-मार्ग विदित हैं, उनके द्वारा सुगमता से आपको विजय मिल सकती है।

भण्डि--(**कुछ विचार कर**)--तुम मुझे तो कोई हानि नहीं पहुँचा सकते। अस्तु, तुम पञ्चनद गुल्म में सम्मिलित किये गए। (**पूर्व सैनिक से**)--गौल्मिक! इन्हें ले जाओ।

(**सब जाते हैं**)

तृतीय दृश्य

(शिविर)

(**राज्यवर्द्धन, नरेन्द्रगुप्त और भण्डि**)

नरेन्द्र०—दुरात्मा देवगुप्त ने कैसे कुसमय में यह उत्पात मचाया! जब आप दोनों भाई पिता के शोक में व्याकुल थे, तभी उसे नारकीय अभिनय करने का अवसर मिला! अच्छा, धैर्य और शान्ति से अग्रसर होकर....

राज्यवर्द्धन—शान्ति कहाँ, गौड़ेश्वर! आपने इन दुर्वृत्त वैरियों से बदला लेना और तुरन्त दण्ड देना मेरे जीवन का प्रथम कार्य है। अपने बाहुबल से प्रतिशोध न लेकर चित्त को सन्तोष देना मेरा काम नहीं।

नरेन्द्र०—ऐसा ही होगा।

राज्यवर्द्धन—होगा नहीं, हुआ समझो। राज्यवर्द्धन वह राख का ढेर नहीं, जो शत्रु-मुख के पवन से धधक न उठे। यह ज्वाला है; उत्तरापथ को जलाकर शान्त होगी। गौड़ेश्वर, तुम तो वर्द्धनों के बन्धु हो, परन्तु यह तुमसे न छिपा होगा कि स्थाण्वीश्वर की उन्नति अनेक नरेशों की आँखों में खटक रही है। अभी पंचनद से हूणों को विताड़ित किया और जालन्धर में उदितराज की स्कन्धावार में छोड़ आया; परन्तु मैं देखता हूँ कि हूणों से पहले अपने घर में ही युद्ध करना पड़ेगा।

भण्डि—देव उसके लिये चिन्ता क्या! हमारा शस्त्र-बल उचित दण्ड देने में कभी पीछे न रहेगा। महोदय और मगध तो हम लोगों के मित्र ही हैं—पश्चिम आर्यावर्त्त में ही तो सङ्घर्ष है।

नरेन्द्र०—कुछ चिन्ता न कीजिये—गौड़ और मगध की समस्त शक्ति आपके लिये प्रस्तुत है।

राज्यवर्द्धन—भण्डि, महोदय-दुर्ग लेने का क्या उपाय निश्चित किया है? ध्वंस करने की तो मेरी इच्छा नहीं; और अवरोध में भी अधिक दिन बिताना ठीक नहीं।

भण्डि—उसके लिये चिन्ता न कीजिये देव, सब यथासमय आप देखेंगे। विश्राम कीजिये।

(दूत का प्रवेश)

दूत—जय हो, देव!

राज्यवर्द्धन—क्या समाचार है?

दूत—दुर्ग के भीतर बहुत थोड़ी सेना है और देवी राज्यश्री भी वहीं हैं।

राज्यवर्द्धन—मैं अभी आक्रमण करना चाहता हूँ।

भण्डि—विश्राम कीजिये। आज भर केवल। कल ही आप देखेंगे कि विजय-लक्ष्मी आपका स्वागत करती है।

राज्यवर्द्धन—ऐसा ही हो, भण्डि!

चतुर्थ दृश्य

(दुर्ग के भीतर एक प्रकोष्ठ में राज्यश्री और विमला)

विमला—सिर की वेदना तो अब कम है न महादेवी!

राज्यश्री—वेदना रोम-रोम में खड़ी है, विमला! चेतना ने तो भूली हुई यातनाओं, अत्याचार और इस छोटे-से जीवन पर संसार के दिये हुए कष्टों को फिर से सजीव कर दिया है। सखी! औषधि न देकर यदि तू विष देती, तो कितना उपकार करती।

विमला—भगवान् पर विश्वास रखिये।

राज्यश्री—विश्वास! सखी, विश्वास तो मेरा प्रत्येक श्वास कर रहा है! मैं तो समझती हूँ कि मेरी प्रार्थना—मेरी आर्त्तवाणी—उन कानों में पहुँचती ही नहीं है।

विमला—गर्व से भरे मनुष्यों का ही यह स्वभाव है—जिनके कान मोतियों के कुण्डल से बाहर लदे हैं और प्रशंसा एवं सङ्गीत की झनकारों से भीतर भी भरे हैं, वे ही क्रन्दन नहीं सुनना चाहते।

राज्यश्री—जैसी उनकी इच्छा। तो क्या सर्वत्र शत्रु का अधिकार हो गया है?

विमला—दुर्दैव ने सब करा दिया।

(देवगुप्त का प्रवेश)

राज्यश्री—यह कौन!

देव०—मैं हूँ देवगुप्त। राज्यश्री! तुम्हें स्वस्थ देखकर मैं प्रसन्न हुआ।

विमला—अधखिली बसंत की कली को जलती हुई धूल में गिरा कर भीषण अंधड़ चिल्ला कर कहता है—'तुम स्वस्थ हो !' शांत सरोवर की कुमुदिनी को पैरों से कुचल कर उन्मत्त गज, उसे सहलाना चाहता है !

देव०—राज्यश्री ! अपनी इन दासियों को मना करो। मैं तुमसे बात करना चाहता हूँ।

राज्यश्री—तुम देवगुप्त ? मुझसे बात करने के अधिकारी नहीं हो—मैं तुम्हारी दासी नहीं हूँ। एक निर्लज्ज प्रवञ्चक का इतना साहस !

देव०—सुन्दरी !

राज्यश्री—बस मैं सचेत हूँ देवगुप्त ! मुझे अपने प्राणों पर अधिकार है। मैं तुम्हारा वध न कर सकी, तो क्या अपना प्राण भी नहीं दे सकती ?

देव०—तब तुम इस राज-मन्दिर को बन्दीगृह बनाना चाहती हो ?

राज्यश्री—नरक में रहना हो सो भी अच्छा !

देव०—तब यही हो (**ताली बजाता है—चार सैनिकों का प्रवेश**) देखो आज से ये लोग बन्दी हैं—सावधान ! इसके साथ वही व्यवहार करना होगा।

(**प्रस्थान**)

पञ्चम दृश्य

(**प्रकोष्ठ में मधुकर—रात्रि**)

मधु०—देखूँ अब क्या होता है ?

(**विकटघोष पीछे से आकर चपत लगाता है**)

मधु०—(**सिर सहलाता हुआ**)—क्या यही होना था ? भाई तुम हो कौन ? मुझसे तुमसे कब का परिचय है ?—यह परिचय कैसा ?

विकट०—यह तुम नहीं जानते—हम तुम साथ ही न वहाँ पढ़ते थे ! तुम एक चपत लगाकर गुरुकुल छोड़ कर भाग आये और राजसहचर बनकर आनन्द करने लगे। यह उसी का प्रतिशोध है। स्मरण हुआ ? मेरा नाम है विकटघोष !

मधु०—(**विचारने की मुद्रा से**)—होगा ! होगा भाई, वह तो पाठशाला का लड़कपन था; अब हम तुम दोनों बड़े हो गये। फिर, वैसी बात न होनी चाहिये।

विकट०—यह सब तो मित्रता में चलता ही रहता है; पर तुमने मुझे पहचाना ठीक !

मधु०—ठीक ! क्या नाम ?

विकट०—विकटघोष।

मधु०—ओह ! तब आप शंख-घोष करते। यह मेरी रोएँदार खँजड़ी क्यों बजा रहे थे ? आप इतनी रात को अतिथि !

विकट०—मैं शीघ्र जाऊँगा ।

मधु०—हाँ ! अधिक कष्ट करने की आवश्यकता नहीं—आपको दूर जाना भी होगा ?

विकट०—चुप रहो; पहले यह तो पूछा ही नहीं कि तुम क्यों आये थे ।

मधु०—आप जाइये, मैं पूछ लूँगा ! उधर--(**राह दिखलाता है**)

विकट०—तुझे तुम्हारी महारानी से मिलना है ।

मधु०—तब आपको उस ठाठ से आना चाहिये था ! यह भयानक दाढ़ी और बिच्छू की दुम—नहीं-नही डंक-सी मूँछ ! उहुँ ! आप तनिक भी सहृदय नहीं—इसे कुछ नीची कीजिये !

(**हाथ बढ़ाता है**)

विकट०—(**झटक कर**)—सीधे बताओ किधर से जाना होगा ?

मधु०—दो पथ हैं । एक सुन्दर राजमन्दिर में जाता है, यहाँ श्रीमती सुरमा देवी विराजमान हैं और दूसरा बन्दीगृह में, जहाँ राज्यश्री हैं । आप किसी रानी से भेंट किया चाहते हैं ?

विकट०--(**चौंक कर**)—सुरमा ! कौन ?

मधु०—अजी ! वे नयी रानी हैं—इस नये राज्य की ! समझते नहीं राजा लोग जब नये राज्य बना सकते हैं, तो उसमें रानी वही पुरानी रक्खेंगे !

विकट०—यह कहाँ की राजकुमारी है ?

मधु०—अरे इसी बुद्धि पर तुम रानी से मिलने चले हो । (**उसे छुरा निकालते देख कर डरता हुआ**)—पहले उसे भीतर करो, नहीं, तो मेरे प्राण बाहर आ जायँगे ।

विकट०—तो बताओ शीघ्र ।

मधु०—वह तो इसी कान्यकुब्ज की एक मालिन है । उसे भीतर....

(**भयभीत होकर छुरे को देखता है**)

विकट०—(**छुरे को भीतर रखता हुआ सोचता है**)—तो क्या वही सुरमा—वह रानी ! देवगुप्त की प्रणयिनी । उसके यहाँ कौन-सा पथ जायेगा ?

मधु०—यही (**सामने दिखाकर**)—और उधर—(**बताकर**) आप राज्यश्री से मिल सकते हैं ।

विकट०—अच्छा अब तुम विश्राम करो ।

(**उसके हाथ-पैर बाँधने लगता है**)

मधु०—यह क्या ?—यह मित्रता है !

विकट०—चुप रहो—(**सङ्केत करता है**)

(**दूसरा दस्यु आता है, उसे वहीं छोड़कर विकटघोष चला जाता है दूसरा दस्यु उसे घसीटकर ले जाता है**)

षष्ठ दृश्य

(उपवन में सुरमा और देवगुप्त)

देव०—आज सुरमा ! अच्छी तरह पिला दो । कल तो मुझे भयानक युद्ध के लिये प्रस्तुत होना है । तुम कितनी सुन्दर हो सुरमा !

सुरमा—कितनी मादकता इस प्रशंसा में है, प्रियतम ! मुझे अपना स्वरूप विस्मृत होता जा रहा है । मेरा यह सौभाग्य.......!

देव०—सुरमा ! मेरे जीवन में ऐसा उन्मादकारी अवसर कभी न आया था । तुम यौवन, स्वास्थ्य और सौन्दर्य की छलकती हुई प्याली हो—पागल न होना ही आश्चर्य है, मेरे इस साहस की विजय-लक्ष्मी !

सुरमा—(**इधर-उधर देखती हुई**)—कहाँ हूँ ? यह उज्ज्वल भविष्य कहाँ छिपा था ? और यह सुन्दर वर्तमान, इन्द्रजाल तो नहीं ? (**देवगुप्त का हाथ पकड़ कर**) क्या यह सत्य है ?

(सुरमा पान-पात्र भरकर देती है)

देव०—उतना ही सत्य है, जितना मेरा कान्यकुब्ज के सिंहासन पर अधिकार । सुरमा ! शङ्का न करो । दो—एक पात्र ।

देव०—(**पीता हुआ**) यह देखो सुरमा ! नक्षत्र के फूल आकाश बरसा रहा है, उधर देखो चन्द्रमा की स्निग्ध प्रसन्न हँसी तुम्हारा मनुहार कर रही हैं, जीवन की यह निराली रात है ! सुरमा ! कुछ गाओगी ?

सुरमा—क्यों नहीं प्रियतम ! (**गाती है**)

सम्हाले कोई कैसे प्यार
मचल-मचल उठता है चञ्चल
भर लाता है आँखों में जल
बिछलन कर, चलता है उस पर
लिये व्यथा का भार
सिसक-सिसक उठता है मन में
किस सुहाग के अपनेपन में
'छुईमुई'-सा होता, हँसता
कितना है सुकुमार

देव०—सुरमा ! तुम कितनी मधुर हो—मेरे जीवन की ध्रुवतारिका !

(नेपथ्य से)

"यह तुम्हारे दुर्भाग्य के मन्दग्रह की प्रभा है !"

देव०—(**चौंककर**)—यह कौन ?

(नेपथ्य से)

"मैं हूँ। सुरमा के उपवन का यक्ष। सावधान! इस अपनी विपत्ति और अलक्ष्मी से अलग हो जाओ, नहीं तो युद्ध में तुम्हारा निधन होगा।"

देव०—यक्ष? असम्भव! यक्ष और कोई नहीं, मनुष्य हैं। तुम कौन हो, प्रवञ्चक?

(नेपथ्य से)

"मैं यक्ष हूँ—तुम्हारी इच्छा हो तो बाण चलाकर लेख लो—वही फिर लौट कर तुम्हें लगता है कि नहीं। मैं फिर सावधान कर देता हूँ—सुरमा को अभी अपने पास से अलग करो, नहीं तो पछताओगे।"

देव०—तो मैं·······

(नेपथ्य से)

"हाँ, हाँ, तुम; यदि तुम्हें मृत्यु का आलिङ्गन न करना हो तो सुरमा के बाहुपाश से अपने को मुक्त करो।"

(देवगुप्त भयभीत होकर सुरमा को देखता है, सुरमा हताश दृष्टि से उसे देखती हैं, दूर से कोलाहल की ध्वनि)

देव०—यह क्या?

(नेपथ्य से)

"यह है तुम्हारी सुख-निद्रा का अन्त-सूचक शत्रु-सेना का शब्द! मूर्ख! अब भी भागो?"

(देवगुप्त भयभीत सुरमा को छोड़कर जाता है। सुरमा—'प्रियतम सुनो-सुनो कहती' रह जाती है। विकटघोष का प्रवेश)

सुरमा—हे भगवान्!

विकट०—रमणी! जब तुम्हे कोई चलने को कहता है, तो पैरों में पीड़ा का अनुभव करने लगती हो। जब विश्राम का समय होता है, तो पवन से भी तीव्रगति धारण करती हो। तुम स्नेह से पिच्छिल, जल से अधिक तरल, पत्थर से भी कठोर! इन्द्रधनुष से भी सुन्दर बहुरङ्गशालिनी स्त्री। तुमको·······

सुरमा—तुम कौन हो? यक्ष नहीं, तुम्हारा स्वर तो परिचित-सा है।

विकट०—**(बनावटी बाल अलग करके)**—परिचय? तुम लोगों से परिचय आकाश-तट के डूबते हुए तारों का-सा है—उज्ज्वल आलोक फैलाकर अन्धकार में विलीन हो जाना। ओह, जब निःश्वास ले-लेकर सिसकती हुई, किसी मूर्ख की छाती पर सुकुमार कुसुम-सी व्याकुल होकर तुम पतित रहती हो, तब भी तुम्हारे भीतर व्यङ्ग हँसा करता है! जब स्वयं प्राण देने के लिए प्रस्तुत होती हो, तब वह कितने जीवन

लेने का प्रस्ताव होता है ! प्रवञ्चना की पुजारिन ! युवती, रमणी सुरमा ! तुमने मुझे पहचाना ?

सुरमा—पहचानती हूँ शान्तिभिक्षु ! मेरा अपराध क्षमा करोगे ?

शान्ति०—अपराध का पता लगा है अभी, सुरमा ? मैंने तो यही कहा था कि—'अभी विलम्ब है, थोड़ा ठहरो'—तब तुमने समीर की-सी गति धारण कर ली—आँधी चल पड़ी । ठहरने का क्षण समय की सारिणी से लोप हो गया–वाह-री छलना !

सुरमा—क्षमा करो शान्तिभिक्षु !

शान्ति०—अभी नहीं सुरमा ! विलम्ब है !

(प्रस्थान)

सप्तम दृश्य

(राज्यश्री बन्दीगृह में)

नरदत्त—-कौन न कहेगा कि महत्त्वशाली व्यक्तियों के सौभाग्य-अभिनय में धूर्त्तता का बहुत हाथ होता हैं । जिसके रहस्यों को सुनने से रोम-कूप स्वेद-जल से भर उठें, जिसके अपराध का पात्र छलक रहा है, वही समाज का नेता है । जिसके सर्वस्व-हरण-कारी करों से कितनों का सर्वनाश हो चुका है, वही महाराज है । जिसके दण्डनीय कार्यों का न्याय करने में परमातमा को समय लगे, वही दण्ड-विधायक हैं । यदि किसी साधारण मनुष्य का यही काम होता, जो महाराज देवगुप्त ने किया है, तो वह चोर, लम्पट और धूर्त आदि उपाधियों से विभूषित होता । परन्तु उन्हें कौन कह सकता है ?–(**राज्यश्री को देखकर**)—अहा, कैसा देवी का-सा रूप है ! देखते ही श्रद्धा होती है ।

(अन्य प्रहरियों का प्रवेश)

नर०—क्यों जी, तुम लोग अब तक कहाँ थे ? बड़ा विलम्ब किया !

एक—आपको क्या मालूम नहीं ! उधर इतना बखेड़ा फैला है !

नर०—क्या ? कुछ सुनें भी । हम तो यहीं थे न !

एक—राज्यवर्द्धन की सेना घुसी चली आ रही है ।

नर०—और महाराज ?

एक—जायँगे कहाँ ? दुर्ग-द्वार पर तो भीषण युद्ध हो रहा है ।

(नेपथ्य में रण-वाद्य और कोलाहल)

नर०—अच्छा, तुम लोग सावधान रहना । मैं देख आऊँ !

(प्रस्थान)

दूसरा—क्या कहें, यह चुड़ैल भी हम लोगों के पीछे लगी है, नहीं तो अब तक हम लोग नौ-दो ग्यारह होते !

राज्यश्री—(**चैतन्य होकर**) क्यों जी, यह युद्ध का शब्द कैसा ?

पहला—घबराती क्यों हो ? कितनों को मारकर तुम मरोगी !

राज्यश्री—सुखी मनुष्य ! तुम मरने से इतना डरते हो ! भग्न हृदयों से पूछो—वे मृत्यु की कैसी सुखद कल्पना करते हैं ।

दूसरा—अनागत विपत्ति की कल्पना चाहे जितनी सुन्दर हो; पर आ पड़ने पर मृत्यु की विभीषिका उतनी टाल देने की वस्तु नहीं ।

राज्यश्री—अस्त होते हुए अभिमानी भास्कर से पूछो—वह समुद्र में गिरने को कितना उत्सुक है ! पतङ्ग-सदृश निराश हृदय से पूछो कि जल जाने में वह अपना सौभाग्य समझता है या नहीं ! और तुम तो सैनिक हो, मरने का ही वेतन पाते हो !

दूसरा—और तुम जीने के लिये ?

(**रण कोलाहल—विकट घोष का प्रवेश**)

विकट०—क्यों, यही गप्प लड़ाने का समय है ? जाओ, शीघ्र युद्ध में जाओ, महाराज ने बुलाया है । मुझे राज्यश्री को दूसरे स्थान में ले जाने की आज्ञा हुई है ।

पहला—तब तो आप के पास कोई आज्ञापत्र होगा ? ऐसे हम लोग कैसे टलें !

तीसरा—यह तो पागल है, भला आप असत्य कहेंगे । हम लोग जाते हैं—(**स्वगत**)—किसी प्रकार पिण्ड तो छूटे !

(**सभी का प्रस्थान**)

विकट०--भद्रे ! शीघ्र चलो । महाराजकुमार राज्यवर्द्धन का आदेश है कि राज्यश्री को युद्ध से कहीं अलग ले जाओ ।

राज्यश्री—क्या ? भाई राज्यवर्द्धन !

विकट०--हाँ, उन्होंने कहा है कि युद्ध के भीषण होने की सम्भावना है, इसलिए आपको शीघ्र ही किसी सुरक्षित स्थान में पहुँचना चाहिये ।

राज्यश्री—तो चलो ।

विकट०—(**कुछ विचार कर ताली बजाता है--दो दस्युओं का प्रवेश**)--देखो, उसी गुप्त-मार्ग से इन्हें ले चलो, मैं अभी आता हूँ ।

(**राज्यश्री का दस्युओं के साथ प्रस्थान**)

(**नेपथ्य से सुरमा का क्रन्दन । रण-कोलाहल । विकटघोष का उस ओर जाना, सुरमा को लिये हुए फिर आना । सुरमा मूर्छित-सी**)

विकट०--सुरमा ! सावधान ! नहीं तो प्राण न बचेंगे ?

सुरमा--कौन (**चैतन्य होकर**) शान्ति ?

विकट०--चुप तुम चाहे कितनी कुटिलता ग्रहण करो; पर मैं तुम्हें ...

सुरमा--मेरे शान्ति—मेरे प्रिय !

विकट०—इस अभिनय का काम नहीं। चलो, वह देखो; युद्ध समीप आता जा जा रहा है। अरे, लो वे इधर ही आ रहे हैं।

(विकटघोष सुरमा को लेकर जाता है। एक ओर से देवगुप्त, दूसरी ओर से राज्यवर्द्धन का प्रवेश)

राज्यवर्द्धन—दुष्ट मालव! अब भागने से काम न चलेगा—सावधान। तेरी नीचता का अन्त समीप है।

देवगुप्त—तो मैं प्रस्तुत हूँ।

(युद्ध--देवगुप्त की मृत्यु)

[यवनिका]

तृतीय अङ्क

प्रथम दृश्य

(पथ में)

सुरमा—तब ?

विकट०—तुम्हारी इच्छा सुरमा! तुम्हारी शीघ्रता ने दो जीवन नष्ट किये—मैं दस्यु हुआ और तुम एक कामुक की वासना पूर्ण करने वाली वेश्या।

सुरमा—और तुम राज्यश्री को कहाँ छिपाये हो ?

विकट०—वह मैं नहीं जानता। मेरे साथी—दूसरे दस्यु—उसे ले भागे।

सुरमा—क्यों, क्या तुम्हारे विलम्ब का कारण राज्यश्री का रूप न था ?

विकट०--पर उसकी प्यास तुम्हीं ने जगा दी थी। मैं विचारता था कि किधर बढ़ूँ ? रूप और विभव दोनों के प्रभाव ने मुझे अभिभूत तो कर दिया था, किन्तु मैं तुम्हें भूला न था, सुरमा!

सुरमा--तो अब हम तुम एकत्र संसार की यात्रा कर सकते हैं। विचार लो!

विकट०—पतन की चरम सीमा तक चलें, सुरमा! बीच में रुकने की आवश्यकता नहीं। संसार ने हम लोगों की ओर आँख उठाकर नहीं देखा और देखेगा भी नहीं तब उसकी उपेक्षा ही करूँगा। यदि कुछ ऐसा कर सकूँ कि वह मुझे देखे, मेरी खोज करे, तब तो सही!

सुरमा--यही तो मैं चाहती थी। तुम ऐसा करो, और मैं तुम्हारी बनूँ।

विकट०--तो चलो, गौड़ के शिविर में चलें।

सुरमा--वहाँ क्या करना होगा ?

विकट०—वहाँ चलने पर बताऊँगा; पहले किसी प्रकार शिविर में घुसना होगा।

सुरमा—तुम किसी भी बात को सोचते हो तो बड़ी तीव्रता से !

विकट०—यही तो मेरी सरलता का प्रमाण है, सुरमा ! अब शील-सङ्कोच का डर मुझे नहीं भयभीत कर सकता। यहाँ तक बढ़ आने पर लौटना असम्भव है !

(नरेन्द्रगुप्त का एक सहचर के साथ प्रवेश विकट घोष और सुरमा का छिप जाना)

नरेन्द्र०—वयस्य ! बड़ी विषम समस्या है। राज्यवर्द्धन आज मेरे शिविर में आवेगा, बस यही अवसर है। मगध के गुप्तों का गौरव इन वर्द्धनों के चरणों में लोट रहा है ! मुझसे यह नहीं देखा जाता। मगध आज नतफण मन्त्रमुग्ध सर्प है, उसका यह नीरव अपमान मुझसे नहीं देखा जाता।

सहचर—इसीलिये तो परमभट्टारक ने आपको सुदूर गौड़ में भेज दिया है। आपकी तेजस्विता से आपके कुल के लोग भी सशङ्क हैं।

नरेन्द्र०—किन्तु भभक उठने वाली अग्नि को किसी उपाय से शान्त कर लेना सहज नहीं—मैं इन उपायों से और भी उत्तेजित हो गया हूँ। सम्बन्धी होकर वे मेरी अवमानना करें और मैं शील की आड़ लेकर अपनी दुर्बलता छिपाता फिरूँ ?—असम्भव है ! आज इसका निबटारा करना है। राज्यवर्द्धन मेरे हाथ में होगा, उसका अन्त होने पर हर्षवर्द्धन—कल का छोकरा—उसे उँगलियों पर नचा दूँगा।

सह०—परन्तु क्या आप स्वयं हत्या करेंगे ?

नरेन्द्र०—नहीं—यह तो असम्भव है। मुझे एक साहसिक और वेश्या की आवश्यकता है, जिसमें वह प्राणों के साथ कीर्त्ति से सी वञ्चित रहे। परन्तु मिले जब तो !

सह०—यह घटना आकस्मिक रूप से होनी चाहिये। तो फिर कहिये, मैं खोज लाऊँ !

(विकटघोष सुरमा से संकेत करता है, दोनों बाहर आते हैं)

नरेन्द्र०—तुम लोग कौन हो ?

विकट०—हम लोग गायक हैं।

नरेन्द्र०—(**देख कर**) क्यों जी, यह तो हम लोगों के काम का मनुष्य हो सकता है ?—(**विकटघोष से**)—तुम गायक नहीं हो; तुम्हारे मुख पर तो कला की एक भी रेखा नहीं है। स्पष्ट, रक्त और हत्या का उल्लेख तुम्हारे ललाट पर है।

विकट०—जीवन बड़ा कठोर है, इसकी आवश्यकता जो न करावे ! सच बात तो यह है कि मुझे अपने सुख के लिए सब कुछ करना अभीष्ट है।

नरेन्द्र०—वही तो पुरुषार्थ की बात है, तुममें पूर्ण मनुष्यता है (**सुरमा की ओर देखकर**) और तुम तो अवश्य गा सकती हो। चलो मुझे तुम दोनों की आवश्यकता है।

विकट०—तो मेरा पुरस्कार ?

नरेन्द्र०—काम देखकर मिलेगा। आज शिविर में राज्यवर्द्धन का निमंत्रण है, उसी उत्सव में तुम लोगों को चलना होगा।

विकट०—(अलग सुरमा से) राज्यवर्द्धन—सुरमा, तुम्हारे भाग्याकाश का धूमकेतु; और मेरे लिए तो सभी शत्रु हैं। बोलो, क्या कहती हो ?

सुरमा—जो करो, मैं प्रस्तुत हूँ। (अलग) हाय, दूसरा पथ नहीं यदि मैं कहती हूँ कि नहीं तो, उहूँ......फिर, यही सही; इस ओर से भी प्राण नहीं बचता।

विकट०—हम लोग चलेंगे।

नरेन्द्र०—तो चलो।

(सब जाते हैं। मधुकर का प्रवेश)

मधु०—प्राण बचे बाबा, अब इन राजाओं के फेर में न पड़ूँगा। ओह उस विकटघोष का बुरा हो, कहाँ से टपक पड़ा! राज्यश्री भी कहीं इधर-उधर चली गयी होगी। सुरमा का दुर्भाग्य! वह भी कुछ ही दिनों के लिए रानी बन गयी थी? मुझे छुट्टी मिली इस प्रतिज्ञा पर कि मैं राज्यश्री को खोज निकालूँगा; पर जाऊँ किधर? वह बड़े-बड़े शिविर पड़े दिखाई दे रहे हैं, तो उधर ही चलूँ। हूँ, सोंधी बास भी तो आ रही है—चलूँ ? नहीं अब भागो; ब्राह्मण देवता! भीख माँग कर खा लेना ठीक है; पर किसी राजा के यहाँ कदापि न......

(प्रस्थान)

द्वितीय दृश्य

(कानन में राज्यश्री को लिये हुए दोनों दस्यु)

राज्यश्री—मैं दुखी हूँ, दस्यु ! तुम धन चाहते हो; पर वह मेरे पास नहीं! इस विस्तीर्ण विश्व में सुख मेरे लिये नहीं, पर जीवन ? आह! जितनी साँसें चलनी हैं, वे चलकर ही रुकेंगी। तुम मनुष्य होकर हिंस्र पशुओं को क्यों लज्जित कर रहे हो; इस श्मशान को कुरेद कर जलीं हुई हड्डियों के टुकड़ों के अतिरिक्त मिलेगा क्या ?

दस्यु—परन्तु मैं तुमको छोड़ूँ कैसे, क्या करूँ ? तुम मुझे कुछ धन दिलवा दो।

राज्यश्री—अर्थी ! तुम इतने मूर्ख हो ! मेरा राज्य छिन गया, सब लुट गया, भला अब मैं कहाँ से दिलवा दूँ ?

दस्यु—तब मैं तुम्हें किसी के हाथ बेच दूँगा। क्योंजी, यही ठीक रहा।

दूसरा—और किया क्या जायगा ?

राज्यश्री—तब अच्छा हो कि मेरे जीवन का अन्त हो जाय! भगवान तुम्हारी इच्छा पूर्ण हो !

(नेपथ्य से गान)

अब भी चेत ले तू नीच
दुःख-परितापित धरा को स्नेह-जल से सींच
शीघ्र तृष्णा-पाश से नर, कण्ठ को निज खींच
स्नान कर करुणा-सरोवर, धुले तेरा कीच

पहला०—यह क्या ?

दूसरा०—हम लोग क्या कर रहे हैं ?

(दिवाकरमित्र का प्रवेश)

दिवा०—क्षणिक संसार ! इस महाशून्य में तेरा इन्द्रजाल किसे नहीं भ्रान्त करता ! मैंने बहुत दिनों शास्त्रों का अध्ययन किया, पण्डितों को परास्त किया, तर्क से कितनों का मुँह बन्द कर दिया, परन्तु क्या मन को शान्ति मिली ? नहीं; तब ?—भगवान् की करुणा का अवलम्ब शेष है। करुणे ! इस दुःखपूर्ण धरती को अपनी क्रोड़ में चिरकालिक शान्ति दे, विश्राम दे। (देखकर)—अरे, यह वनलक्ष्मी-सी कौन है ? विषाद की यह कालिमा क्यों ? और तुम लोग कौन हो, भाई ?

दस्यु—हम लोग दस्यु हैं !

दिवा०—और तुम देवी ?

राज्यश्री—जब विपत्ति हो, जब दुर्दशा की मलिन छाया पड़ रही हो, तब अपने उज्ज्वल कुल का नाम बताना, उसका अपमान करना है। देव, मैं एक विपन्न अनाथा हूँ ! जीवन का अन्त चाहती हूँ—मृत्यु चाहती हूँ।

दिवा०—यह पाप ! देवि, आत्महत्या या स्वेच्छा से मरने के लिये प्रस्तुत होना—भगवान की अवज्ञा है। जिस प्रकार सुख-दुःख उसके दान है—उन्हें मनुष्य झेलता है, उसी प्रकार प्राण भी उसी की धरोहर है। तुम अधीर न हो। क्यों भाई, तुम प्राण चाहते हो या धन ?

पहला—मुझे तो धन चाहिये।

दिवा०—तो चलो, मेरे कुटीर पर जो कुछ हो सब ले लो।

दूसरा—किन्तु, मुझे तो अपनी शान्ति दीजिये ! देव, मैं इस कर्म से अत्यन्त व्यथित हो गया हूँ। अब अपने पद-रज की विभूति दीजिये।

दिवा०—(हँस कर) अच्छा वैसा ही होगा; चलो सब लोग आश्रम पर। रेवा-तट पर कुमार हर्षवर्द्धन और पुलकेशिन चालुक्य का युद्ध चल रहा है। अनेक लोग हताहत हो गये हैं।। क्या तुम लोग उन आहतों की सेवा-शुश्रूषा कर सकोगे ?

राज्यश्री —क्या ? कुमार हर्षवर्द्धन !

दिवा०—हाँ देवी, चलो आश्रम समीप है।

(प्रस्थान)

तृतीय दृश्य

(रेवा-तट को युद्ध-भूमि—रण, वाद्य बजता है। एक ओर से हर्षवर्द्धन और दूसरी ओर से पुलकेशिन् अपनी सेना के साथ आते हैं।)

हर्ष०—चालुक्य ! तुम वीर हो।

पुल०—उत्तरापथेश्वर ! अभी मुझे अपनी वीरता को परीक्षा देनी है, क्योंकि विदेशी हूणों को विताड़ित करने वाले महावीर हर्षवर्द्धन के अस्त्र का आज ही सामना है।

हर्ष०—पर मैं अब युद्ध न करूँगा। (हाथ उठाकर) ठहरो, कोई अस्त्र न चलावे।

(रण-वाद्य बन्द हो जाते हैं)

पुल०—क्यों ? युद्ध से विश्राम क्यों ?

हर्ष०—मुझे साम्राज्य की सीमा नहीं बढ़ानी है। वसुन्धरा के शासन के लिए एक प्रवीर की आवश्यकता होती है, सो इधर दक्षिणापथ में उसका अभाव नहीं। महाराष्ट्र सुशासित वीरनिवास है। मुझे तो उत्तरापथ के द्वार की रक्षा करनी है।

पुल०—नहीं, नहीं, बातों से काम नहीं चलेगा सम्राट् ! आज मुझे क्षात्र-धर्म की परीक्षा देनी है—युद्ध होगा।

हर्ष०—कभी नहीं। यों तुम अपनी विजय-घोषणा कर सकते हो, क्योंकि मेरी गजवाहिनी तुम्हारे अश्वारोहियों से वित्रस्त हो चुकी है—परन्तु अब मैं युद्ध न करूँगा; व्यर्थ इतने प्राणों का नाश न होने दूंगा। चालुक्य, मैं सन्धि का प्रार्थी हूँ। और भी सुनोगे ? हम लोग साम्राज्य नहीं स्थापित किया चाहते थे; मगध के सम्राटों की दुर्बलता से उत्तरापथ हूणों से अरक्षित था, आपाततः मुझे युद्ध करना पड़ा। उधर मेरे आत्मीय मौखरी ग्रहवर्मा का षड्यन्त्र से बध हुआ ही था—भाई राज्यवर्द्धन की भी हत्या हुई ! मैं अकारण दूसरों की भूमि हड़पने वाला दस्यु नहीं हूँ। यह एक संयोग है कि कामरूप से लेकर सुराष्ट्र तक, काश्मीर से लेकर रेवा तक, एक सुव्यवस्थित राष्ट्र हो गया। मुझे और न चाहिये। यदि इतने ही मनुष्यों को सुखी कर सकूँ—राज-धर्म का पालन कर सकूँ, तो कृतकृत्य हो जाऊँगा।

पुल०—उदार महापुरुष। मेरी बड़ो इच्छा थी कि मेरे शरीर पर हूणों का अहेर करने वाले इन हाथों से प्रहार हो और मैं उसे झेलूँ तो !

हर्ष०—मैं इस वीरोन्माद, इस उत्साह का आदर करता हूँ। चालुक्य ! मेरा मन व्यथित हो उठा है। मैंने सुना है कि मेरी अनाथा दुखिया बहन कहीं इसी विन्ध्यापाद में है। मैं अभी जाना चाहता हूँ।

पुल०—क्या महारानी राज्यश्री अभी जीवित हैं ?

हर्ष०—हाँ पुलकेशिन् ! मुझे अभी-अभी चर ने यह सन्देश दिया है। दक्षिणापथेश्वर, मैं अभी विदा चाहता हूँ।

पुल०—महावीर, जैसी आप की इच्छा ! मैं आप से सन्धि, युद्ध, सब में अपने को धन्य समझता हूँ।

हर्ष०—(हाथ फैलाकर)-तो आओ भाई !

(दोनों गले से मिलते हैं)

चतुर्थ दृश्य

(सरयू का तट—अशोक-कानन। विकटघोष अपने साथी डाकुओं के साथ बैठा हुआ। सामने देवी की उग्र—मूर्ति)

विकट०—सुरमा, तुम्हारे हाथों में आकर यह कड़वी मदिरा कितनी मीठी, कितनी हल्की हो जाती है—पिलाओ और प्रेयसी !

सुरमा०—लो—(पिलाती है)

विकट०—अभी तक सब नहीं आये ! वह चीनी यात्री अवश्य बड़ा धनी होगा, सुरमा ! तब तक तुम कुछ गाओ न !

सुरमा—गाती है

जब प्रीति नहीं मन में कुछ भी
तब क्यों फिर बात बनाने लगे।
सब रीति प्रतीति उठी पिछली
फिर भी हँसने मुसकाने लगे॥
मुख देख सभी सुख खो दिया था
दुख मोल इसी सुख को लिया था।
सर्वस्व ही तो हमने दिया था
तुम देखने को तरसाने लगे॥

विकट०—सुरमा ! वह उपालम्भ बड़ा कठोर है ! सुरमा, मैं देवलोक से तुम्हारे लिये गिर पड़ा—केवल तुम्हें पाने के लिये, फिर भी यह ! (मद्यप की-सी चेष्टा करता है)

(सुएनच्वाङ्ग को लिये हुये डाकुओं का प्रवेश)

विकट०—हा हा हा हा ! आ गया ! क्यों, धर्म कमाने आया था, तो पूँजी के लिये कुछ रुपये भी लाया था ?

सुएन०—दस्युराज ! मैं रुपये लेकर नहीं आया हूँ। मेरे पास थोड़ा-सा धर्म और कुछ शान्ति है—तुम चाहते हो लेना ?

विकट—मूर्ख ! शान्ति को मैंने देखा है, कितने शवों में वह दिखायी पड़ी ! शान्ति को मैंने देखा है दरिद्रों के भीख माँगने में। मैं उस शान्ति को धिक्कारता हूँ।

धर्म को मैंने खोजा--जीर्ण पत्रों में, पंडितों के कूटतर्क में उसे बिलखते पाया, मुझे उसकी आवश्यकता नहीं।

सुएन०--तब क्या चाहिये ?

विकट०—या तो धन दे या रक्त। जो तुझे धन नहीं देता, उसे मेरी देवी को रक्त देना पड़ता है।

सुएन०—रक्त से किसकी प्यास बुझती है, जानते हो ?—पिशाचों, पशुओं की—तुम तो मनुष्य हो।

विकट०—ओह ! मेरी प्रतिमा—मेरी क्रूरता की देवी—नरबलि चाहती है। तू बहुत स्वस्थ है, विदेशी। मैंने राज-रक्त से पहले-पहल हाथ रँगा था, वह कितना लाल था ! उसका मनोरंजन कितना ललित था ! सुरमा ! स्मरण है वह राज्यवर्द्धन की हत्या ? बड़ी उत्साहवर्धक थी वह !

सुरमा—प्रिय ! वह भयानक दृश्य था—आह मैं गा रही थी, राज्यवर्द्धन के हाथ में मदिरा का पात्र था और तुम थे खड़े। उसकी मदिर दृष्टि मुझ पर पड़ी थी। अनुचर सब मद-विह्वल थे। सहसा तुम्हारी आँखे चमक उठीं, ज्योंही राजकुमार ने मेरी ओर हाथ बढ़ाया—दूसरा पात्र माँगा, तुमने कितनी भीषणता से प्रहार किया ! वह छुरी पत्थर का कलेजा भी छेद देती—राज्यवर्द्धन तो साधारण मनुष्य था।

विकट०—हाँ सुरमा ! वह मेरा हाथ ! अब तो मैं रक्त देख कर अत्यन्त प्रसन्न होता हूँ ! यात्री ! तो आज ही तुम्हारी बलि होगी, प्रस्तुत रहो !

सुएन०—मुझे प्रार्थना कर लेने दो।

सुरमा—देवी की जय !

(सुरमा के साथ सब विकट-नृत्य करने लगते हैं। भिक्षु प्रार्थना करता है। अकस्मात आँधी के साथ अन्धकार फैलता है। सब चिल्लाने लगते हैं—"दस्यु पति ! उस भिक्षु को छोड़ दो" "उसी के कारण यह विपत्ति है," "छोड़ो उसे !"—प्रार्थना करते हुये सुएनच्वाङ्ग को सब धक्का देकर हटा देते हैं)

पञ्चम दृश्य

(दिवाकर मित्र का तपोवन)

राज्यश्री—दुःखों को छोड़ कर और कोई न मुझसे मिला, मेरा चिर सहचर ! परन्तु अब उसे भी छोड़ूँगी। आर्य मुझे आज्ञा दीजिये। स्त्रियों का पवित्र कर्तव्य पालन करती हुई इस क्षण-भङ्गुर संसार से बिदाई लूँ—नित्य की ज्वाला से, यह चिता की ज्वाला प्राण बचावे !

दिवा०—देवि, मैं यह कदापि नहीं कह सकता। यह धर्म नहीं, आत्महत्या है। सती होना जल मरने से ही नहीं हो सकता। यह तो मैं नहीं कह सकता कि इस पुतले को बना कर दुःख का सम्बल देकर विधाता ने क्यों अनन्तपथ का यात्री बनाया, पर, इससे इतना भयभीत क्यों रहूँ ? उस करुणानिधान की स्नेहानुभूति इसी में तो झलकती है। प्राणी दुःखों में भगवान् के समीप होता है, देवि ! उसको ···।

राज्यश्री—परन्तु अब इस हृदय में बल नहीं है, महात्मन् ! आज्ञा दीजिये। मेरे इस अंतिम सुख में बाधा न दीजिये—**(प्रार्थना करती है)**

जय जयति करुणा-सिन्धु।
जय दीनजन के बन्धु॥
जय अखिल लोक ललाम।
जय जय भुवन अभिराम॥
जय पतित पावन नाम।
जय प्रणत जन सुख धाम॥
जय देव धर्म स्वरूप।
जय जाय जगत्पति भूप॥

(चिता प्रज्ज्वलित होती है। राज्यश्री का उसमें प्रवेश करने का उपक्रम। सहसा—'ठहरो-ठहरो !' का शब्द। दस्यु—जो भिक्षु हो गया था—दौड़ता हुआ आता है)

राज्यश्री—अब क्या ?

भिक्षु—सम्राट् हर्षवर्द्धन आ रहे हैं।

रज्य०—कौन ? भैया हर्ष ?

(हर्ष का प्रवेश)

राज्यश्री—आओ हर्ष ! इस अन्तिम समय में तुम आ गये ! मेरा सारा विषाद चला गया।

हर्ष०—हे भगवान् ! मैं यह क्या देखता हूँ ! प्रतिहिंसा से प्रेरित होकर लाखों प्राणों का संहार करनेवाले हृदय, और वज्र हो जा ! बहन, मैंने इतना रक्तपात किया; क्या इसलिये कि राज्यश्री जल मरे और इतना दृप्त राजचक्र फिर मेरी असफलता पर एक बार हँस दे ? उत्तरापथ के समस्त नरपति आज इन चरणों में प्रणत है। यह मरण का समय नहीं है, चलो एक बार देखो कि तुम्हारे नीच शत्रुओं का क्या परिणाम हुआ। कान्यकुब्ज के सिंहासन पर वर्द्धनवंश की एक बालिका उर्जस्वित शासन कर सकती है, यही तो मुझे दिखला देना था।

राज्यश्री—भाई हर्ष, यह रत्नजटित मुकुट तुम्हें भगवान ने इसलिये नहीं दिया कि लाखों सिरों को तुम पैरों से ठुकराओ। मेरी शान्ति ढूँढ़कर तुमने उसे इतनी बड़ी

नर-हत्या में पाया ! हर्ष ! विचार करो, तुमने मेरे सदृश कितनी स्त्रियों को दुखिया बनाया ! तुम्हें क्या हो गया था ?

हर्ष०—(**सिर नीचा करके**) मेरा भ्रम था ! किन्तु अब ?

राज्यश्री—अब मुझे आज्ञा दो कि मैं तुम्हारा प्रायश्चित करूँ और सतीधर्म का पालन भी ।

हर्ष०—बहन ! हम लोग दो ही तो बचे हैं । भाई राज्यवर्द्धन की हत्या हुई, अब तुम भी जाना चाहती हो, मेरे वर्द्धन कुल की यह दशा ! तो फिर यही हो राज्यश्री !

राज्यश्री—क्या भाई राज्यवर्द्धन भी नहीं रहे ?

हर्ष०—हाँ बहन ! जब उन्होंने दुष्ट मालव को दण्ड देकर कान्यकुब्ज का उद्धार किया, उसी समय बन्धु नामधारी नरेन्द्र—नीच नरेन्द्र ने षड्यन्त्र से उनका प्राण-नाश कराया ! आज तक भण्डि उसका पीछा कर रहे हैं; वह भाग रहा है । तो फिर मैं ही क्या करूँगा ?—(**दिवाकर मित्र से**) आर्य ! मुझे भी काषाय दीजिये ।

राज्यश्री—(**चिता से हट आती है**)—भाई ! तुम भी····! नहीं, ऐसा नहीं होगा । मैं तुम्हारे लिए जीवित रहूँगी । मेरे अकेले भाई ! मुझे क्षमा करो, मैं कठोर हो गयी थी ।

हर्ष०—बहन ! इस इन्द्रजाल की महत्ता में जीवन कितना लघु है ! सब गर्व; सारी वीरता, अनन्त विभव, अपार ऐश्वर्य, हृदय की एक चोट से—संसार की एक ठोकर से—निस्सार लगने लगा ।

राज्यश्री—भाई ! दुःखमय मानव जीवन है । उसे अभ्यास पड़ जाता है, इस लिये सबके मन में तीव्र विराग नहीं होता । पर तुम, इतने दुर्बल होगे, यह मैं नहीं जानती थी ! मैं स्त्री हूँ—स्वभाव-दुर्बल नारी ! मेरा अनुकरण न करो, भाई ! चलो हम लोग दूसरों के दुख-सुख में हाथ बँटावें ।

हर्ष०—चलो, पराक्रम से जो सम्पत्ति, शस्त्र-बल से जो ऐश्वर्य मैंने छीन लिया है, उसे पात्रों को दे दूँ । हम राजा होकर कङ्गाल बनने का अभ्यास करें ।

राज्यश्री—चलो भाई ! जहाँ तक बन पड़े, लोक-सेवा करते अन्त में हम दोनों साथ ही काषाय लेंगे ।

(सबका प्रस्थान)

चतुर्थ अङ्क

प्रथम दृश्य

(कानन में—साधु के वेष में विकटघोष)

सुरमा—यह आज नया रूप कैसा ?

विकट०—कान्यकुब्ज में स्वर्ण और रत्न की वर्षा हो रही है सुरमा ! राज्यश्री अपने समस्त कोष का अद्‌भुत दान कर रही है। वहाँ भी लूटना चाहिये न।

सुरमा—अब समझी ! मुझे तो तुम्हारा यह रूप देख कर बड़ा सन्देह हुआ था।

विकट०—यही न कि मैं फिर साधु तो नहीं हो गया ? **(हँसता है)**

(उसके साथी दस्यु साधु के रूप में आते है)

एक दस्यु—परन्तु अब हम लोग कहाँ चलेंगे, कान्यकुब्ज का दान तो अन्तप्राय है। अब सुना गया है कि यहीं प्रयाग में ही फिर से दान होगा। और, वह चीनी भिक्षु भी साथ ही आ रहा है।

विकट०—चीनी भिक्षु !—न जाने क्यों उसे इतना आदर मिल रहा है !

दूसरा०—और साथ-ही-साथ धन भी। सुना है कि पञ्चनद के उदितराज, कामरूप के कुमारराज; वलभी के ध्रुवभट भी यहीं आ रहे है और सम्राट् हर्षवर्द्धन सर्वस्व दान करेंगे।

सुरमा—तो मैं भी चलूँगी।

विकट०—इसी रूप में ?

(सुरमा नेपथ्य में जाती है और अवधूती बनकर आती है)

सुरमा—

अलख अरूप

तेरा नाम, सब सुखधाम,
जीवन ज्योति स्वरूप।
मङ्गल गान, एक समान,
सब छाया की धूप॥

अलख अरूप

(सब गाते हुए जाते हैं)

(बौद्ध साधुओं का प्रवेश)

धर्मसिद्धि—इतना अपमान ! वह चीनी भिक्षु भयानक पण्डित निकला !

शीलसिद्धि—महायान ! तान्त्रिक उपसनाओं से भरा हुआ एक इन्द्रजाल ! उसकी उन्नति ! भगवान तथागत ! तुम्हारे सत्य का इतना दुरुपयोग !

धर्म०—अज्ञान प्रायः प्रबल हो जाता है और असत्य अधिक आकर्षक होता है, किन्तु यह चीनी यात्री और हर्ष दोनों ही इसके प्रधान कारण हैं।

शील०—फिर उपाय ?

धर्म०—उपाय होगा। देखा नहीं—यह दस्युओं का दल साधु बनकर आ रहा है। दान का अतिरूप है यह; जब ऐसे लोग भी उस पुण्यभाग के अधिकारी होंगे, तब वह स्वयं विकृत होगा। चलो महास्थविर से कहना है।

शील०—वे तो अत्यन्त उत्तेजित हैं।

धर्म०—चलो भी।

(प्रस्थान)

द्वितीय दृश्य

(प्रयाग में गङ्गा-तट, हर्ष सपरिवार)

राज्यश्री—भाई, भण्डि ने क्या कहा ?

हर्ष०—गुप्तकुल का दुर्नाम नरेन्द्र प्राणों के लिए अत्यन्त भयभीत है। वह सन्धि का प्रार्थी है और वह कहता है कि उस हत्या में वेश्या का सम्पर्क था, उसका नहीं।

राज्यश्री—फिर भी वह क्षम्य है। अपना सम्बन्धी है। भाई, जाने दो! आज हम लोग दान देने चल रहे हैं, क्षमा करो भाई!

हर्ष—तब तुम्हारी इच्छा। मेरा हृदय नहीं क्षमा करेगा, मैं अशक्त हूँ।

(एक दौवारिक का प्रवेश)

दौवारिक—जय हो देव!

हर्ष०—क्या है ?

दौवा०—महाश्रमण पर आज एक भयानक आक्रमण हुआ था, किन्तु वे बच गये।

हर्ष०—महाश्रमण पर! उपद्रवी पकड़े गये ?

दौवा०—नहीं देव! वे निकल भागे। ऐसा विदित होता है कि महाश्रमण के प्राण लेने का एक षड्यन्त्र था, जिसके भीतर धार्मिक द्वेष काम कर रहा था।

हर्ष०—धर्म में भी यह उपद्रव! राज्यश्री, देखो बहन! सब स्थानों पर क्षमा की एक सीमा होती है—**(दौवारिक से)**—जाओ डौंड़ी पिटवा दो कि यदि महाश्रमण का एक रोम भी छू गया, तो समस्त विरोधियों जीवित जलना पड़ेगा।

राज्यश्री—चलो भाई! हम लोग यह महासमारोह दूर से देखें।

(सब का प्रस्थान। दूसरी ओर से दो भिक्षुओं का प्रवेश)

पहला—यही होना चाहिये। अब धर्म नहीं बचेगा।

दूसरा—अब दूसरा उपाय नहीं।

पहला—तो फिर वही ठीक किया जाय।

दूसरा—वह तो प्रस्तुत है !

पहला—तो फिर चलो।

(दोनों का प्रस्थान)

तृतीय दृश्य

(प्रयाग का दूसरा भाग, सुरमा का प्रवेश)

सुरमा—जैसे अंतिम अभिनय हो ! आज यह क्या होगा ? इतना बड़ा उत्पात ऐसे ही चला करेगा ? असम्भव है। तो ? मैंने रोक नहीं लिया, नहीं मानता—हत्या करते-करते कितना निर्दय-हृदय हो गया है ! और मैं कहाँ चल रही हूँ, वही जीवन, किन्तु वह धीर धारा न रही ! ठठा कर हँसना, नाचते हुए स्थिर जीवन में एक आन्दोलन उत्पन्न कर देना, नहीं, यह कृत्रिम है, यह नहीं चलेगा ! राज्यश्री को देखती हूँ, तब मुझे अपना स्थान सूचित होता है—पता चलता है कि मैं कहाँ हूँ ! चलूँ, रोक सकूँ !

(सुरमा का प्रस्थान। दो नागरिकों का व्यग्र भाव से प्रवेश)

पहला—इतना बड़ा उत्पात !

दूसरा—होम करते हाथ जले !

पहला—ना भाई ! कितने ही ढोंगी घुस आते हैं—अधिक पुण्य भी करने में कितना पाप हो सकता है !

दूसरा—परन्तु वह राजा का प्रताप था ! सुना नहीं कि उस नीच हत्यारे का हाथ काँप कर रह गया।

पहला—पकड़ लिया गया कि नहीं ?

दूसरा—चलो देखा जाय।

(प्रस्थान)

चतुर्थ दृश्य

(बुद्ध-प्रतिमा के सम्मुख सम्राट हर्षवर्द्धन और प्रमुख सामन्तगण तथा चीनी यात्री सुएनचाङ्ग)

(हर्षवर्द्धन सब मणि रत्न दान करता हुआ अपना सर्वस्व उतार देता है)

हर्ष०—**(राज्यश्री से)** दो बहन। एक वस्त्र। **(राज्यश्री देती है)** क्यों मेरी इसी विभूति और प्रतिपत्ति के लिए हत्या की जा रही थी न ? मैं आज सबसे अलग हो रहा हूँ—यदि कोई शत्रु मेरा प्राणदान चाहे, तो वह भी दे सकता हूँ।

(समवेत स्वर से)

(जय महाराजाधिराज हर्षवर्द्धन की जय)

सुएन०—यह भारत का देव-दुर्लभ दृश्य देखकर सम्राट् ! मुझे विश्वास हो गया कि यही अमिताभ की प्रसव-भूमि हो सकती है ।

(विकटघोष को लिये हुए प्रहरियों का प्रवेश)

राज्यश्री—महा-श्रमण मुझे भी एक वस्त्र दीजिये

सुएन०—सर्वस्व दान करने वाली देवी ! मैं तुम्हे कुछ दूं—यह मेरा भाग्य ! तुम्हीं मुझे वरदान दो कि भारत से जो मैंने सीखा है; वह जाकर अपने देश में सुनाऊँ । लो देवि !—**(वस्त्र देता है)**

(हर्ष और राज्यश्री एक-एक वस्त्र में खड़े होते हैं)

भण्डि—देव, यह दान तो हो चुका, अब मैं भी कुछ माँगता हूँ—न्याय दीजिये ।

हर्ष०—यह ! साहसिक ! क्यों तुम मेरे प्राण चाहते थे न ?

(विकटघोष चुप रहता है)

भण्डि—देव ! यही नीच है, जिसने कुमार राज्यवर्द्धन की हत्या की थी । मैंने इसे भागते हुए देखा था; परन्तु उस समय मैं नरेन्द्र के पीछे पड़ा था ।

हर्ष०—क्या ! यही है ?

सब लोग—बध करो ! बध करो !!

राज्यश्री—ठहरो **(देखकर)**—मुझे स्मरण हो रहा है । हाँ, वही तो है ! तुम हो शान्तिभिक्षु !

विकट०—हाँ देवि !

हर्ष०—क्या ? भिक्षु !

राज्यश्री—हाँ, यह भिक्षु था, भाई ! मैंने इससे कहा था—'तुम संयत करो अपने मन को श्लाघा और आकांक्षा का पथ बहुत पहले छोड़ चुके हो' परन्तु भगवान् !

विकट०—बध की आज्ञा दीजिये । ओह ! प्राण जल रहे हैं । रोम-रोम से चिनगारियाँ निकल रही हैं.... दण्ड ! दण्ड ! हे भगवान् !

राज्यश्री—आज हम लोगों ने सर्वस्व दान किया है, भाई ! आज महाव्रत का उद्यापन है । क्यों एक यही दान रह जाय—इसे प्राणदान दो भाई !

(घोष–"देवी राज्यश्री की जय")

सुरमा—**(दौड़ती हुई आयी)**—मुझे भी महारानी ! स्त्री की मर्यादा ! करुणा की देवी ! राज्यश्री ! मुझे भी दण्ड !

राज्यश्री—अरे तू मालिन !

सुरमा—हाँ भगवति ! मेरा प्रायश्चित्त ?

राज्यश्री—महाश्रमण ! आज सबका प्रायश्चित्त चित्त-शुद्धि-पूर्वक कषाय लेने में है । आप इन दोनों को भी काषाय दीजिये ।

(महाश्रमण आगे बढ़कर दो कषाय देते हैं। विकटघोष का बन्धन खोला जाता है)

सुएन०—'दस्युराज ! मैं रुपये लेकर नही आया हूँ। मेरे पास थोड़ा सा धर्म है और कुछ शान्ति—तुम चाहते हो लेना ?'—मैंने यही एक दिन तुमसे कहा था, वही आज भी कहता हूँ।

(विकटघोष और सुरमा दोनों महाश्रमण के पैर पर गिरते हैं;
थालों में मणि, आभूषण, और वस्त्र लिये
कुमारराज, उदितराज इत्यादि आते हैं)

हर्ष०—यह क्या ?

कुमार०—उसी धर्म की रक्षा के लिए बोधिसत्व का व्रत ग्रहण कीजिये। आप भिक्षु होकर लोक का कल्याण नहीं कर सकते—राजदण्ड से ही आपका कर्त्तव्य पूर्ण होगा। लोक-सेवा छोड़कर आप व्रत-भङ्ग न कीजिये।

सुएन०—हाँ महाराज ! इस धर्मराज्य का शासन करने के लिए आप को राजमुकुट और दण्ड ग्रहण करना ही पड़ेगा।

राज्यश्री—भाई ! यहाँ त्याग का प्रश्न नहीं है। यह लोक-सेवा है। ऐसा राज्य करने का आदर्श आर्यावर्त की ही उत्तम-श्री है।

(हर्ष नत होकर मुकुट और राजदण्ड ग्रहण करता है-घोष-
"जय महाराजाधिराज हर्षवर्द्धन की जय !" "जय देवी राज्यश्री की जय !")

(आलोक—पुष्पवर्षा)

(समवेत स्वर से)

करुणा-कादम्बिनि बरसे !
दुख से जली हुई यह धरणी प्रमुदित हो सरसे।
प्रेम-प्रचार रहे जगतीतल दया-दान दरसे।
मिटे कलह शुभ शान्ति प्रकट हो अचर और चर से।

यवनिका

■

विशाख

परिचय

भारत के प्राचीन इतिहास की जैसी कमी है वह पाठकों से छिपी नहीं है। यद्यपि धर्म-ग्रन्थों में सूत्र-रूप से बहुत-सी गाथायें मिलती हैं किन्तु वे क्रमबद्ध और घटना-परम्परा से युक्त नहीं है। संस्कृत-साहित्य में इतिहास नाम से लब्ध-प्रतिष्ठ केवल राजतरङ्गिणी नामक ग्रन्थ ही उपलब्ध होता है। कल्हण पण्डित ने अपने पूर्व के कई इतिहासों का और उनके लेखकों का उल्लेख किया है पर वे अब नहीं मिलते। यह नाटक, राज-तरङ्गिणी की एक ऐतिहासिक घटना पर अवलम्बित है जिसका समय निर्धारण करना एक कठिन और इस नाटक से स्वतन्त्र विषय होगा। फिर भी उसका कुछ दिग्दर्शन करा देना इस परिचय का एक अङ्ग होगा।

राजतरङ्गिणी का क्रम-बद्ध इतिहास तृतीय-गोनर्द से प्रारम्भ होता है जिसे कि कल्हण से पहले के विद्वानों ने लिखा है। इसके पहले के बावन राजाओं का नाम नहीं मिलता, क्योंकि युधिष्ठिर के समकालीन आदि गोनर्द से काश्मीर का इतिहास क्रम-बद्ध करने के लिये इतने राजा जान-बूझ कर भुला दिये जाते हैं, अथवा वे कोई वास्तविक राजा थे ही नहीं, केवल समय को पूरा करने के लिए उनके अस्तित्व की कल्पना कर ली गयी है। कल्हण से पहले के विद्वानों ने इस विस्तृत समय को २२६८ वर्ष रक्खा है। कल्हण ने, कल्यब्द के ६५२ वर्ष बीतने पर भारत-युद्ध हुआ, ऐसा मान कर, उस समय को १२६६ वर्ष की संख्या में घटा दिया है। और, आदि-गोनर्द से लेकर दूसरे गोनर्द तक और लव से लेकर शनीचर तक, फिर अशोक से लेकर अभिमन्यु तक कुल १७ राजाओं की सूची उन बावन विस्मृत राजाओं में से खोज निकाली गयी है, जिसे सम्भवतः पद्ममिहिर, हेलाराज इत्यादि पण्डितों ने ताम्रशासन विजयस्तम्भ, आज्ञापत्र तथा दानपत्र इत्यादि देखकर जैसे-जैसे ठीक किया था। इनके राज्यकाल जो कि इस ग्रन्थ में निर्धारित हैं, कहाँ तक ठीक है इसकी समीक्षा करनी होगी।

नवाविष्कृत ऐतिहासिक युग का प्रसिद्ध सम्राट् अशोक मौर्य अब अनजाने हुए इतिहास का बनावटी राजा न रहा। इसका समय अच्छी तरह निर्द्धारित हो चुका है। राजतरङ्गिणी के मत से इसका राज्य-काल गत-कलि १७३४ से आरम्भ होकर गत-गलि १७९५ तक है। कलि-संवत् ई० सन् से ३१०१ वर्ष पहले आरम्भ होता है। ३१०१ में से १७३४ घटा देने से प्रकट होता है कि ईसा से १३६७ वर्ष पहले राजतरङ्गिणी के मत से अशोक हुआ। अशोक आदि दो-चार प्रसिद्ध और ऐतिहासिक राजाओं का

समय १५० वर्ष उन माने हुए १२६६ विस्मृत वर्ष में से निकाल कर यदि वह काल्पनिक ११०० वर्ष इस १३६७ बी० सी० में से निकाल दिया जाय तो २६७ बी० सी० अशोक का राज्यकाल आधुनिक ऐतिहासिकों के मत से मिलता-जुलता-सा दिखाई पड़ता है।

एक लेखक महोदय ने राजतरङ्गिणी के अशोक को अशोक मौर्य न होने का कोई प्रमाण न देकर केवल ११०० वर्ष का अन्तर देखकर उसे एक दूसरा अशोक मान लेना चाहा है जिसका कि कोई प्रमाण नहीं है और जब कि उसके बाद पाँच-छः राजाओं के अनन्तर कनिष्क का नाम आता है जिसे कि अब ऐतिहासिक लोग प्रसिद्ध कुशन सम्राट् मानते हैं ओर नागार्जुन का उसका समकालीन होना बौद्ध लोग भी स्वीकार करते हैं जैसा कि राजतरङ्गिणी में भी मिलता है, तब हम इस राजतरङ्गिणी के १३६७ बी० सी० वाले अशोक को इतिहास सिद्ध २६७ बी० सी० का क्यों न मान लें। क्योंकि मेरी समझ में विस्मृत राजाओं का ११०० वर्ष का समय ही यह भ्रम डाले हुये है। इतिहास को, प्राचीनता-सम्पन्न करने का प्रयत्न-रूपी ११०० वर्ष का काल्पनिक समय निकाल देने से यह इतिहास क्रम से चला चलेगा। आगे भी चलकर क्षति-पूर्ति स्वरूप १०० से लेकर ३०० वर्ष काल्पनिक समय राजतरङ्गिणी में कई जगह मिलेंगे। जैसे रणादित्य का ३०० वर्ष तक राज्य करना। इसी रणादित्य के बाद विक्रमादित्य और बालादित्य का नाम आता है जिनका समय ४९५ और ५३७ बी० सी० मिलता है।

ऊपर के विवरण से निर्द्धारित किया गया है कि विस्मृत राजाओं का काल्पनिक काल (जैसा कि अशोक और कनिष्क का समय-मिलान करने से स्पष्ट होता है) मन-गढ़न्त सा है।

राजतरङ्गिणी के मत से इस नाटक के प्रधान पात्र नरदेव का राज-काल वि० पू० ९७० है। उसमें ५७ वर्ष जोड़ देने से १०२७ ई० पू० समय निकलता है। वह काल्पनिक ११०० वर्ष का काल घटा देने से यह घटना ईसा की पहली शताब्दी की प्रतीत होती है। या, इसके एक या आधी शताब्दी और पीछे की हो सकती है।

इस प्रकार यह घटना संवत् १८०० वर्ष पहले की है। उस समय की रीति-नीति का परिचय होना कठिन तो है, फिर भी जहाँ तक हो सका है उसी काल का चित्रण करने का प्रयत्न किया गया।

पात्रों में प्रेमानन्द और महापिङ्गल आदि दो-एक कल्पित हैं, जो मुख्य काल के विरुद्ध नहीं।

—लेखक

पात्र

नरदेव	: काश्मीर का राजा
महापिङ्गल	: राजा का सहचर
सुश्रवा	: नागसरदार
विशाख	: ब्राह्मण नागरिक
प्रेमानन्द	: संन्यासी
सत्यशील	: कानीर बिहार का बौद्ध महन्त
चन्द्रलेखा	: सुश्रवा की कन्या
इरावती	: चन्द्रलेखा की बहिन
रमणी	: सुश्रवा की बहिन
तरला	: महापिङ्गल की स्त्री
रानो	: नरदेव की स्त्री
सरला	: गायिका

नाग, भिक्षु, दौवारिक, दासी, सैनिक प्रहरी इत्यादि ।

प्रथम अङ्क

प्रथम दृश्य

(स्थान—काश्मीर का एक कुञ्ज, पास ही हरा-भरा खेत, शिला-खण्ड पर बैठा हुआ स्नातक विशाख)

विशाख—(आप ही आप)—

वरुणालय चित्त शान्त था,
अरुणा थी पहली नयी उषा;
तरुणाब्ज अतीत था खिला,
करुणा की मकरन्द वृष्टि थी;
सुषमा वनदेवता बनी—
करती आदर थी अनन्त की,
कल कोकिल कल्पनावली,
मुद में मञ्जुल गान गा रही,
स्मृतियाँ सब जन्म-जन्म की—
खिलती थीं सुमनावली बनी;
वह कौन ? कहाँ ? न ज्ञात था,
सुख में केवल व्यस्त चित्त था।
वह बीत गया अतीत था,
तम–सन्ध्या उसको छिपा गयी,
न भविष्य रहा समीप में—
किसको चञ्चल चित्त सौंप दूँ ?

शैशव ! जब से तेरा साथ छूटा तब से असन्तोष, अतृप्ति और अटूट अभिलाषाओं ने हृदय को घोंसला बना डाला। इन विहङ्गमों का कलरव मन को शान्त होकर थोड़ी देर भी सोने नहीं देता। यौवन सुख के लिये आता है—यह एक भारी भ्रम है। आशा-मय भावी सुखों के लिए इसे कठोर कर्मों का सङ्कलन ही कहना होगा। उन्नति के लिए मैं भी पहली दौड़ लगाने चला हूँ। देखूँ, क्या अदृष्ट में है। थोड़ा विश्राम कर लूँ, फिर चलूँगा। **(वृक्ष के सहारे टिक जाता है)**

(चन्द्रलेखा अपनी बहिन इरावती के साथ मलिन वेश में
उसी खेत में आती है, सेम की फलियाँ तोड़ती है,
विशाख उसे देखता है)

विशाख—(मन में)—ऐसा सुन्दर रूप और वेश ऐसा मलिन !

सलोने अंग पर पट हो मलिन भी रङ्ग लाता है ।
कुसुम-रज से ढँका भी हो कमल फिर भी सुहाता है ।।

विधाता की लीला ! ठीक भी है, रत्न मिट्टियों में से ही निकलते हैं । स्वर्ण से जड़ी हुई मञ्जूषाओं ने तो कभी एक भी रत्न उत्पन्न नहीं किया । (फिर देखकर) इनकी दरिद्रता ने इन्हें सेम की फलियों पर ही निर्वाह का आदेश किया है ।

(फलियाँ तोड़कर वृक्षों के नीचे विश्राम करती हुई दोनों गाती हैं)

चन्द्रलेखा—

सखी री ! सुख किसको हैं कहते ?
बीत रहा है जीवन सारा केवल दुख ही सहते ।।
करुणा, कान्त कल्पना है बस; दया न पड़ी दिखायी ।
निर्दय जगत, कठोर हृदय है, और कहीं चल रहते ।।
सखी री ! सुख किसको हैं कहते ?

विशाख—(सामने जाकर)—देवियो ! आप कौन हैं ? क्या कृपा करके बतावेंगी कि आपका दुःख किस प्रकार बाँटा जा सकता है ? सौन्दर्य में सुर-सुन्दरियों को भी लज्जित करनेवाली आप लोग क्यों दुखी हैं ? और, ये फलियाँ आप क्यों एकत्र कर रही हैं ?

इरावती—(भयभीत होकर)—क्षमा कीजिये, मैं अब कभी न इधर आऊँगी । दरिद्रता ने विवश किया है इसी से आज सेम की फलियाँ, पेट भरने के लिए, अपने बूढ़े बाप की रक्षा करने के लिए, तोड़ ली हैं । यदि आज्ञा हो तो इन्हें भी रख दूँ ।

(सब फलियाँ उझल देती है)

चन्द्रलेखा—हा निर्दय दैव !

विशाख—डरो मत, डरो मत । मैं इस कानन या क्षेत्र का स्वामी नहीं हूँ । मैं तो एक पथिक हूँ । आप लोगों का शुभ नाम क्या है, परिचय क्या है ?

इरावती—हम दोनों सुश्रवा नाग की कन्यायें हैं । किसी समय मेरा पिता इस रमाण्याटवी प्रदेश का स्वामी था; और तब सब तरह के सुखों ने हम लोगों के शैशव में साथ दिया था । पर हा !

विशाख—उन बीती बातों को सोच कर हृदय को दुखी न बनाओ । अपना शुभ नाम बताओ ।

इरावती—मेरा नाम इरावती है और इस मेरी छोटी बहिन का नाम चन्द्रलेखा है।

विशाख—सच तो—

घने घन-बीच कुछ अवकाश में यह चन्द्रलेखा-सी।
मलिन पट में मनोहर है निकष पर हेम-रेखा-सी।

(**चन्द्रलेखा लज्जित होती है और हट जाती**)

इरावती—भद्र, हम लोग दारिद्रय-पीड़िता हैं, फिर आप भी उपहास करके अपमानित करते हैं!

विशाख—देवी, क्षमा करना मेरा अभिप्राय ऐसा कभी नहीं था— (**रुक कर**)—हाँ आप लोगों की यह दशा कैसे हुई ?

इरावती—देव ! हम नागों की सारो भू-सम्पत्ति हरण करके इस क्षत्रिय राजा ने एक बौद्धमठ में दान कर दिया है !

विशाख—(**स्वगत**)—क्यों न हो, इसी को तो आजकल धर्म कहते हैं। किसी भी प्रकार से उपार्जित धन को धर्म्म में व्यय करने का अधिकार ही कहाँ है। ऐसों को धर्मात्मा कहें कि दुष्टात्मा! क्योंकि वे यह नहीं जानते कि दूसरों का गला काट कर कोई धर्मशाला, मठ या मन्दिर बना देने से ही उनका पाप नहीं घुल जाता है। अच्छा फिर—

इरावती—हम लोग तबसे अन्नहीन, दीन-दशा में, इस कष्टमयी स्थिति में जीवन व्यतीत कर रही है। इन क्षेत्रों का अन्न यदि गिरा पड़ा भी कभी बटोर ले जाती हूँ तो भी डर कर, छिपकर।

विशाख—आप लोगों के पिता से कहाँ भेंट हो सकती है ? अभी तो मैं तक्षशिला से पढ़कर लौटा आ रहा हूँ, संसार में मेरा अभी कुछ समझा हुआ नहीं है। इसलिये व्यवहार की दृष्टि से यदि मेरा कोई प्रश्न अनुचित भी हो तो, देवियो ! क्षम्य है।

इरावती—फिर आप क्यों इस पचड़े में पड़ते हैं ?

विशाख—उपाध्याय ने यह उपदेश दिया है कि दुखी की अवश्य सहायता करनी चाहिये। इसलिये मेरी इच्छा है कि मेरी सेवा आप लोगों के सुख के लिये हो।

इरावती—भद्र ! आपकी बड़ी दया है। किन्तु आप इस झंझट में न पड़ें।

विशाख—(**स्वगत**)—मैं तो कभी न पड़ता यदि इस संसार में पदार्पण करने की प्रतिपदा तिथि में यह चन्द्रलेखा न दिखलाई पड़ती। (**प्रकट**) संसार में रह कर कौन इससे अलग हो सकता है !

चन्द्रलेखा—(**स्वगत**)—धन्य पर-दुःख-कातरता !

इरावती—रमणकह्लद पर मेरे पिता रहते हैं, वहीं आप उनसे मिल सकते हैं। (**बौद्ध महन्त को आते देख**)—यह महन्त बड़ा ही भयानक है। आप इससे सचेत रहियेगा। वह देखिये आ रहा है। अब हम लोग चली जायें, नहीं तो····

विशाख—घबराने की कोई आवश्यकता नहीं है, आप लोग जायें। मैं अभी कुछ उससे बातचीत करूँगा।

(चन्द्रलेखा और इरावती जाती हैं, बौद्ध भिक्षु का प्रवेश)

महन्त—(**आप-ही-आप**)—ऐसा खेत किसी का भी नहीं है। किन्तु हाँ, जानवरों से बढ़कर उन लोगों से इसकी रक्षा होनी चाहिये जो दो पैर के पशु हैं! **(गाता है।)**

जीवन भर आनन्द मनावे,
खाये पीये जो कुछ पावे।
लोग कहें छोड़ो यह तृष्णा—लिपट रही है साँपिन कृष्णा,
सुखद बना संसार कुहक है, क्यों छुटकारा पावे।
जननी अपनी हाथों से जब, बालक को ताड़न करती
रोकर करुणाप्लुत हो सुत फिर माँ को उसी बुलावे।
उसी तरह से दुख पाकर भी, मानव रोकर या गाकर भी,
संसृति को सर्वस्व मानता, इसमें ही सुख पावे।

विशाख—(**सामने आकर**)—महास्थविर, अभिवादन करता हूँ।

भिक्षु—धर्म-लाभ हो। किन्तु यह तो कहो, इस तरह तुम यहाँ क्यों छिपे हो! मेरा खेत तो…

विशाख—चर नहीं गया, आप घबरायँ नहीं।

भिक्षु—नहीं, नहीं; इससे हमारे-जैसे अनेक धार्मिक और निरीह व्यक्तियों का निर्वाह होता है, इसलिए इसकी रक्षा करनी उचित है।

विशाख—आपको यह भूमि किसने दी है? आपका इस पर कैसा अधिकार हैं?

भिक्षु—(**क्रोध से**)—तू कौन? राजा का साला कि नाती कि घोड़ा; तुझसे मतलब?

विशाख—मैंने अच्छी तरह विचार कर लिया है कि आपको इतनी भूमि का अन्न खाकर और मोटा होने की आवश्यकता नहीं।

भिक्षु—और तुझे है? चला जा सीधे यहाँ से, नहीं तो अभी खेत की चोरी में पकड़ा दूंगा, यह लम्बी-चौड़ी बहस भूल जायेगी। अरे दौड़ो-दौड़ो!

विशाख—(**एक ओर देखकर**)—अरे वह देखो भेड़िया आया!

(भिक्षु घबरा कर गिर पड़ता हैं और विशाख चला जाता है)

भिक्षु—(**इधर-उधर देखकर उठता हुआ**)—धत्तेरे की! धूर्त बड़ा दुष्ट था। चला गया, नहीं तो मारे डण्डों के मारे डण्डों के—(**डण्डा पटकता**)—खोपड़ी तोड़ डालता!

(सुश्रवा नाग गाता हुआ आता है—)

उठती है लहर हरी–हरी
पतवार पुरानी, पवन प्रलय का, कैसा किये पछेड़ा है
उठती है लहर हरी–हरी।
निस्तब्ध जगत है, कहीं नहीं कुछ फिर भी मचा बखेड़ा है
उठती है लहर हरी-हरी।
नक्षत्र नहीं हैं कुहू निशा में, बीच नदी में बेड़ा है
उठती है लहर हरी-हरी।
'हां पार लगेगा घबराओ मत' किसने यह स्वर छेड़ा है ?
उठती है लहर हरी-हरी।

भिक्षु—ऐ बेड़ा बखेड़ा ! खेत मत रौंद, नहीं तो पैर तोड़ दूँगा।

सुश्रवा—नहीं महाराज, मैं तो पगडण्डी से जा रहा हूँ।

भिक्षु—मुझी को अन्धा बनाता है !

सुश्रवा—हा दुर्दैव ! यह हमारे पितृ-पितामहों की भूमि थी, उसी पर चलने में यह कदर्थना !

भिक्षु—क्या ! क्या ! क्या ! तेरे पितृ-पितामहों की भूमि थी ? अरे मूर्ख, भूमि किसकी हुई है ? यदि तेरे बाप-दादों की थी तो मेरे भी लकड़दादा, नकड़दादा या किसी खपड़दादा की रही होगी। क्या तू इस पर चल-फिर कर अपना अधिकार जमाना चाहता है ? निकल जा यहाँ से, चला जा—(**उसे ढकेलता है, सुश्रवा गिर कर उठता है**)

सुश्रवा—जब तुमको इतनी तृष्णा है तो फिर मैं तो बाल-बच्चोंवाला गृहस्थ हूँ; यदि मेरे मुँह से दबी हुई आत्मश्लाघा निकल ही पड़ी तो फिर उस पर इतना क्रोध क्यों ? तुम जानते हो, मैं वही सुश्रवा नाग हूँ जिसके आतङ्क से यह रमणक प्रदेश थर्राता था ! अभी भी तुम्हारे जैसे कीड़ों को मसल डालने लिये इन वृद्ध बाँहों में कम बल नहीं है !

भिक्षु—(**डरता हुआ भी घुड़क कर**)—चुपचाप चला जा, नहीं तो कान सीधे कर दिये जायँगे।

सुश्रवा—क्या मैंने कुछ अपराध किया है जो दब कर चला जाऊँ ? ठहर जा, अभी कचूमर निकालता हूँ ?—(**डण्डा उठाता है**)

भिक्षु—(**स्वगत**)—डण्डा तो मेरे पास भी है पर काम गले से लेना चाहिये। (**प्रकट**) अरे दौड़ो, यह मुझे मारता है; कोई बिहार में है कि नहीं ई ई ई ? (**पाँच-सात युवा भिक्षु निकल पड़ते हैं और उस वृद्ध सुश्रवा को पकड़ लेते हैं। दौड़ती हुई चन्द्रलेखा आती है**)

चन्द्रलेखा—मैं तो खोज रही थी, अभी ही घर से निकल पड़े हैं। जाने दो। क्षमा करो। मुझे मार लो। मेरे बूढ़े पिता को छोड़ दो।

(घुटने के बल बैठ जाती है)

भिक्षु—अर र र, यह कहाँ से आ गई! छोड़ो जी, उस बूढ़े को छोड़ दो! जब यह स्वयं कहती है तो उसे छोड़ दो, इसे ही पकड़ लो!

[सब भिक्षु आपस में इङ्गित करते हुए बूढ़े को छोड़ कर चन्द्रलेखा को पकड़ ले जाते हैं। महन्त भी जाता है। सुश्रवा मूर्च्छित होकर गिर पड़ता है।]

[पट-परिवर्तन]

द्वितीय दृश्य

(स्थान—राजद्वार के समीप छोटा-सा उपवन)

(महापिङ्गल और विशाख)

महा०—क्यों, हमको जानते हो—हम कौन हैं?

विशाख—क्षमा कीजियेगा, अभी तक पूरी जानकारी नहीं है। फिर भी आप मनुष्य हैं, इतना तो अवश्य कह सकूँगा।

महा०—मूर्ख, महामूर्ख; विदित होता है कि अभी तुम कोरे बछड़े हो। पाठशाला का जूआ फेंक कर या तोड़-ताड़कर भगे हो! राजसभा के विनय-पाठ तुमको सिखाये नहीं गये क्या? बताओ तो तुम्हारा कौन शिक्षक है, उसे अभी शिक्षा दूँगा!

विशाख—मेरे शिक्षक आपकी तरह कोई दुमदार वा उपाधिधारी जीव नहीं है। उन्हीं के यहाँ तुम्हारे ऐसे कोड़ियों पशु, राजमान्य मनुष्य बनाये जाते हैं।

महा०—मैं उन महाराज की, जिनके यहाँ बुद्धि नाटकों के स्वगत की तरह रहती है, आँख, नाक और कान हूँ, तुम नहीं जानते?

विशाख—आँख, नाक और कान? कदापि नहीं, हाँ चरण वा चरण-रज हो सकते हो।

महा०—चुप रह, क्या बड़-बड़ करता है।

विशाख—धन्य! ऐसे शब्द मुँह से निकालना आप ही को आता है। भला कहिए, बुद्धि नाटकों के स्वगत की तरह कैसी?

महा०—जैसे नाटकों के पात्र स्वगत जो कहते हैं, वह दर्शक-समाज वा रङ्गमञ्च तो सुन लेता है, पर पास का खड़ा हुआ दूसरा पात्र नहीं सुन सकता, उसको भरत बाबा की शपथ है; उसी तरह राजा की बुद्धि, देश-भर का न्याय करती है, पर राजा को न्याय नहीं सिखा सकती।

विशाख—फिर आप लोगों का कैसे निर्वाह होता है?

महा०—अरे लण्ठ ? अभी मूर्खता का क, ख, ग, घ, पढ़ रहा है ! तुझे यह पूछना चाहिये कि हमारे ऐसे दुमदारों के बिना विचारे राजा की क्या स्थिति होती ? वे कैसे रहते ? उठ-बैठ सकते कि नहीं ? उनकी समझ की ज्वाला में आहुति पड़ती कि नहीं ?

विशाख—अस्तु अस्तु, वही कहिये, वही कहिये।

महा०—महाराज को हमारे ऐसे यदि दो-चार चाटुकार सामन्त न मिलते तो उन्हें बुद्धि का अजीर्ण हो जाता—और उनकी हाँ-में-हाँ न मिलने से फिर भयानक वात की संग्रहणी हो जाती और निरीह प्रजा से अनेक विधानों से कर न मिलने के कारण उन्हें उपवास करके ही अच्छा होना पड़ता।

विशाख—(**बात को दूसरे रुख पर ले जाने के लिए**)—मेरा मन गाना सुनना चाहता है।

महा०—तो क्या तुमने यह कोई नाटच-गृह समझ रखा है ?

विशाख—खेद, साहित्य और संगीत तो सुयोग्य नागरिकों को ही आता है। मैंने आपके गाने की बड़ी प्रशंसा सुनी है, इसी से—हाँ।

महा०—(**प्रसन्न होकर**) तुम रसिक भी हो। अच्छा-अच्छा, सुनाऊँगा, ठहरो, चित्त उसके अनुकूल हो जाय—(**खाँसता है**)

विशाख—(**अलग**)—मुझे तो बच्चा, तुमसे काम निकालना है। (**प्रकट**) चित्त को भी स्वर के साथ मिलाना पड़ता है ! सङ्गीत क्या साधारण····

महा०—तुमने भी कैसी अच्छी सङ्गीत-विज्ञान की बात कही है, वाद्य तो पीछे मिलता है, पहले मन तो मिले।

विशाख—मन मिलने से कण्ठ मिलता है।

महा०—यथार्थ है, क्या कहा—वाह वाह ! अच्छा गाता हूँ—(**खाँसता है।**)

(**महापिङ्गल भीषण स्वर में गाता है**—)

मचा है जग भर में अन्धेर।
उल्टा-सीधा जो कुछ समझा वही हो गया ढेर।
बुद्धि अन्ध के हाथों जैसे कोई लगी बटेर,
किसी तरह से करो उड़न्छू औरों का धन ढेर।
बक-बक करके चुप कर दो बस चतुर हुये, क्या देर ?
चलती है यह चला करेगी चालें इसकी घेर।
चतुर सयाने किया करेंगे इसमें हेराफेर।
मचा है जग भर में अन्धेर।

विशाख—धन्य धन्य, क्या गाया !

महा०—तुम्हारा सिर ! और क्या ? ऐसा मूर्ख तो देखा नहीं। कहाँ से यहाँ चला आया; निकल जा जहाँ से ! कोई है ?

विशाख—क्षमा हो, मुझसे अपराध क्या हुआ ? मैं तो एक क्षुद्र-जीव आपका शरणागत हूँ ।

महा०—हाँ बच्चा ! अब तुम परीक्षा में उत्तीर्ण हुए । बड़े लोगों का चित्त अव्यवस्थित रहता है, वह अपना भूला हुआ क्रोध कभी अचानक ध्यान कर लेने पर, इसी तरह बिगड़ बैठते हैं । उस समय उनकी बातों से इसी तरह ठण्डा करना चाहिये । अब तुमको राजा का दर्शन मिलेगा ।

विशाख—(अलग)—हे भगवान्, तो क्या ये आदमी भी काटनेवाले कुत्तों से कम हैं ! उनको क्रोध का रोग होता है या अभिमान और गर्व दिखलाने का यह बहाना है ? (प्रकट) श्रीमन् कब ?

महा०—अच्छा फिर कभी आना । क्या राजा लोग इस तरह शीघ्र किसी से भेंट करते हैं । हाँ तुम्हारा अभीष्ट क्या है ? सो तो कहो ।

विशाख—कुछ नहीं, एक सुन्दरी की कुछ करुण कथा निवेदन करनी है । उसके दुःख मोचन की प्रार्थना है ।

महा०—क्या विरह-निवेदन ! तब तो महाराज से तुम्हें शीघ्र मिला दूँगा । किन्तु कुछ गड़बड़ बातें न कहना ।

विशाख—श्रीमान् राज-सहचर हैं । बौद्ध साधु की कुकर्म-कथा राजा के कानों तक पहुँचाना मेरा अभीष्ट है, उसने एक सुन्दरी को अपने मठ में बन्द कर रक्खा है ।

महा०—सुन्दरी और साधु का सरस प्रयोग है—साधु वर्ण विन्यास है, सु····सा····साहित्य का सुन्दर समावेश है । फिर तुम्हारे-से अरसिक उसमें गड़बड़ क्यों मचाना चाहते हैं ?

विशाख—श्रीमन् ! आपके कानों ने आपकी बुद्धि को मूर्ख बनाया है । साधु ने सुन्दरी को पकड़ मँगाया है, कुछ सुन्दरी ने साधुता नहीं ग्रहण की है ।

महा०—सत्य है क्या ? बौद्ध भिक्षु होकर अपने मठ में उसने स्त्री रख ली है !

विशाख—वे तो उसे मठ नहीं, विहार कहते हैं !

महा०—अच्छा चलो, तुम्हें राजा से मिलाता हूँ ।

[पट-परिवर्तन]

तृतीय दृश्य

(स्थान—राज-सभा; महाराज नरदेव सिंहासनासीन हैं । नर्त्तकी नाचती और गाती है—)

कुञ्ज में वंशी बजती है !
स्वर में खिंचा जा रहा मन, क्यों बुद्धि बरजती है,
सन्ध्या रागमयी, तानों का भूषण सजती है,

दौड़ चलूँ, देखूँ लज्जा अब मुझको तजती है,

कुञ्ज में वंशी बजती है !

नरदेव—वाह वाह ! कुछ और गाओ—

(नर्त्तकी नमस्कार करके फिर गाती है—)

आज मधु पी ले, यौवन वसन्त खिला !
शीतल निभृत प्रभात में बैठ हृदय के कुञ्ज,
कोकिल कलरव कर रहा, बरसाता सुख पुञ्ज,
देख मञ्जरित रसाल हिला ?
आज मधु पी ले, यौवन वसन्त खिला ?
चन्दन-वन की छाँह में, चलकर मन्द समीर,
अब मेरा निःश्वास हो, करता किसे अधीर,
मधुप क्यों मञ्जु मुकुल से मिला ?
आज मधु पी ले, यौवन वसन्त खिला !

नरदेव—प्रतीहारी ! इन्हें पुरस्कार दिलाओ ।

प्रतीहारी—जो आज्ञा । **(नर्त्तकी जाती है)**

नरदेव—आज महापिङ्गल दिखाई नहीं देता है, कहाँ है ?

सभासद—महाराज, आज उसके यहाँ प्रीति-भोज है । हम सबों का न्योता है । उसी में व्यस्त होगा ।

महा०—**(दौड़ा हुआ आता है)**—दोहाई महाराज, झूठ बिल्कुल झूठ ! यह सब हमारा घर खा डाला चाहते हैं । लम्बी-चौड़ी प्रशंसा करके, तुम्हारे नाम जो है सो, सब खा गये । और न्योता सिर पर । हम बुलायें या नहीं, ये सब आप ही नायी बनकर अपने को न्योंत लेते हैं ।

सभासद—पृथ्वीनाथ ! यह बड़ा कञ्जूस है । नित्य कहता है कि आज खिलायेंगे, कल खिलायेंगे, कभी इसने हाथ भी न धुलाया ।

महा०—कोई है जी, लाओ पानी, इनका हाथ धुला दो, तनिक मुँह तो देखो, पहले उसे धो लो ! कहीं से माल उठा लाये हैं, जो है सो तुम्हारे नाम, खिलाओ ! खिलाओ ! और जब खा-पी चुके तब बड़े भारी शास्त्री की तरह आलोचना करने लगे । उसमें नमक विशेष था, खीर में मीठा कुछ फीका था । लड्डू गीला था ऐं ?

सभासद—वह तो जब हम लोग सन्ध्या को पहुँचेंगे तब मालूम होगा ?

महा०—अरे बाबा, तुम्हें प्रीति-भोज ही लेना है तो उन मालदार महन्तों के यहाँ क्यों नहीं जाते, जहाँ नित्य मालपुए और लड्डू बना करते हैं । यदि कुत्ते की तरह बाहर भी बैठे रहोगे, तो जूठो पत्तलों से पेट भर जायगा ।

सभासद—तुम बड़े असभ्य हो !

महा०—और यह बड़े सभ्य हैं, जो बिना बुलाये भोजन करने को प्रस्तुत हैं। जाओ-जाओ, बड़े-बड़े बिहारों में यदि तुम मिट्टी फेंकते तो भी तुम लड्डू के लिए लालायित न रहते।

नरदेव—आज तो बौद्ध महन्त और विहारों के पीछे बहुत पड़ रहे हो! कुशल तो है?

महा०—महाराज! अब तो मैं तपस्या करूँगा कि यदि पुनर्जन्म हो, तो मैं किसी विहार का महन्त होऊँ। राज-कर से मुक्ति, अच्छी खासी जमींदारी, बड़े-बड़े लोग सिर झुकावें और चेली लोग पैर दबावें, तुम्हारे नाम जो है सो।

नरदेव—चुप मूर्ख! भिक्षुओं के साथ हँसी ठीक नहीं, वे पूजनीय हैं।

महा०—क्षमा हो पृथ्वीनाथ, उसी झगड़े में देर हुई है। अभी उनकी साधुता का सुन्दर नमूना ड्योढ़ी पर है। यदि आज्ञा हो तो बुलाऊँ।

नरदेव—क्यों कोई आया है?

महा०—हाँ एक दुःखी बिनती सुनाने आया है।

नरदेव—उसे बुलाओ।

महा०—जो आज्ञा—(**जाता है, विशाख को लेकर आता है**)

विशाख—जय हो देव! राज्य-श्री बढ़े! प्रजा का कल्याण हो।

नरदेव—प्रणाम ब्राह्मण देवता—कहिये क्या काम है?

विशाख—राजन्! पुण्य को पाप न होने देना, आप ही से प्रबल प्रतापी नरेशों का कर्त्तव्य है।

नरदेव—उसका अर्थ, सविस्तार कहिये।

विशाख—कानीर विहार का बौद्ध महन्त जिसे राज्य को ओर से बहुत-सी सम्पत्ति मिली है, प्रमादी हो गया है। दीन-दुखियों की कुछ नहीं सुनता—मोटे निठल्लों को एकत्र कर के विहार में बिहार कर रहा है। एक दरिद्र नाग की कन्या को अकारण पकड़ कर अपने मठ में बन्द कर रक्खा है। उसका वृद्ध पिता दुखी होकर द्वार-द्वार विलाप कर रहा है।

नरदेव—क्या? मेरे राज्य में ऐसा अन्याय और सो भी राजधानी के समीप ही! भला वह किसकी कन्या है?

विशाख—पृथ्वीनाथ, सुश्रवा नाग की। उसी की भूमि अपहृत करके—आपके स्वर्गीय पिता ने विहार में दान कर दिया था।

मन्त्री—चुप मूर्ख, राज-सभा में तुझे बोलना नहीं आता, अपहृत कैसी? भूमि का अधिपति तो राजा है, वह जब जिसे चाहे दे सकता है।

विशाख—क्षमा मंत्रिवर! क्षमा! बोलना तो आता है; परन्तु क्या राजसभा में

सत्य उपेक्षित रहता है ? यदि ऐसा हो, तो हम क्षम्य हैं । क्योंकि, हम अभी गुरुकुल से निकले हैं, राज-व्यवहार से अनभिज्ञ हैं ।

नरदेव—बस ब्राह्मणदेव पर्याप्त हुआ **(मन्त्री से)** क्यों मन्त्रिवर ! क्या यही प्रबन्ध राज्य का है ? खेद की बात है । अभी इस ब्राह्मण की बातों की खोज जाय, और गुप्त रीति से । देखो आलस न हो ! हम स्वयं इसका न्याय करेंगे ।

महा०--स्वामी, ये भी तो 'ग्राम कण्टक', हैं । इनकी अवश्य खोज लेनी चाहिये । शास्त्र में लिखा भी है 'कण्टकेनैव कण्टकं' जो है सो ।

नरदेव—चुप रहो, तुम्हारी बातें अच्छी नहीं लगतीं । मन्त्री शीघ्र प्रबन्ध करो, बस जाओ ।''

(मन्त्री और विशाख तथा महापिङ्गल जाते हैं)

[पट-परिवर्तन]

चतुर्थ दृश्य

(स्थान—विहार के समीप का पथ)

(एक रँगीला साधु गाता हुआ आता है)

साधु—

तू खोजता किसे, अरे आनन्दरूप है ।
उस प्रेम के प्रभाव ने पागल बना दिया ।
सब को ममत्व मोह का आसव पिला दिया ।।
अपने पै आप मर रहा यह भ्रम अनूप है ।।
यह सत्य यही स्वर्ग यही पुण्य-घोष है ।
सत्कर्म कर्मयोग यही विश्व कोश है ।।
किसने कहा कि झूठ है संसार कूप है ।।
सेवा, परोपकार, प्रेम सत्य कल्पना ।
इनके नियम अमोघ और झूठ जल्पना ।।
हो शान्ति की सत्ता वही शक्ति-स्वरूप है ।।
आसक्ति अन्य पर न किसी अन्य के लिये ।
उसका ममत्व घूम रहा चेतना लिये ।।
सर्वस्व उसी का वही सब का स्वरूप है ।।
वह है कि नहीं है ? विचित्र प्रश्न मत करो ।
इस विश्व दयासिन्धु बीच सन्तरण करो ।।

वह और कुछ नहीं, विशाल विश्व-रूप है;
तू खोजता किसे अरे आनन्दरूप है ॥

भिक्षु—(**विहार से निकल कर**)—वन्दे !

साधु—स्वस्ति ! आनन्द ! कहो जी, इस विहार का क्या नाम है और इसके स्थविर कौन हैं ?

भिक्षु—महाशय, आर्य सत्यशील इस विहार के स्थविर हैं और कानीर विहार इसका नाम है ।

साधु—वाह, क्या यहाँ आतिथ्य के लिये भी कोई प्रबन्ध है ? क्या कोई श्रमण अतिथि रूप से यहाँ थोड़ा विश्राम कर सकता है ?

भिक्षु—आर्य, आपका शुभ नाम सुनूँ, फिर जाकर स्थविर से निवेदन करूँ ।

साधु—कह देना कि प्रेमानन्द आया है ।

(**भिक्षु भीतर जाकर लौट आता है ।**)

भिक्षु—चलिये, आतिथ्य के लिए हम लोग प्रस्तुत हैं ।

(**बड़बड़ाता हुआ विशाख आता है ।**)

विशाख—(**आप ही**)—सिर घुटाते ही ओले पड़े । कोई चिन्ता नहीं । इसी में तो आना था । झञ्झट जितनी जल्द आवे और चली जावे तो अच्छा ! अच्छा हम जो इस पचड़े में पड़े तो हमको क्या ? परोपकार ! ना बाबा ! झूठ बोलना पाप है । चन्द्र-लेखा को यदि न देखता, तो सम्भव है कि यह धर्म-भाव न जगता । मैंने सुना है कि मेरे गुरुदेव श्री प्रेमानन्दजी आये हैं और इसी अधर्म विहार में ठहरे हैं । वह भिक्षु तो मुझे देखते ही काटने को दौड़ेगा; फिर भी कुछ चिन्ता नहीं, गुरुदेव का तो दर्शन अवश्य करूँगा (**उच्च स्वर में**) अजी यहाँ कौन है ?

भिक्षु—(**बाहर निकल कर**) क्या है जी, क्या कोलाहल मचाया है ?

विशाख—गुरुजी यहाँ पधारे हैं, मैं उनका दर्शन करना चाहता हूँ ।

भिक्षु—कौन ? तुम्हारे गुरुजी कौन हैं; एक प्रेमानन्द नाम का संन्यासी आया है । क्या वही तो तुम्हारा गुरु नहीं है ?

विशाख—क्या तुम उसी स्थविर के चेले हो, जिसने कि एक अनूढ़ा कन्या को पकड़ कर रक्खा है ?

भिक्षु—क्या तुम झगड़ा करने आये हो ?

विशाख—क्या तुमको शील और विनय की शिक्षा नहीं मिली है ?

भिक्षु—अशिष्ट पुरुषों के लिये अन्य प्रकार का शिष्टाचार है । और अब तुम यहाँ से सीधे चले जाओ, इसी में तुम्हारी भलाई है ?

विशाख—बस ! मिट्टी के बर्त्तन थोड़ी ही आँच में तड़क जाते हैं । नये पशु एक ही

प्रहार में भड़क जाते हैं। यह राजपथ है, यहाँ से हटाने का तुम्हें अधिकार नहीं है। बस अब तुम्हीं अपने विहारबिल में घुस जाओ !

भिक्षु—(**कमर बाँधता हुआ**) तो क्या तुम नहीं जाओगे ?

विशाख—समझ लो, कहीं गाँठ पड़ जायगी, तो कमर न खुलेगी, और तुम्हें ही व्यथा होगी (**हँसता है**)।

(**सत्यशील और प्रेमानन्द निकल पड़ते हैं।**)

सत्यशील—क्या है ? क्यों झगड़ते हो ? (**विशाख को देखता है**)

प्रेमानन्द—विशाख ! यह क्या ? (**विशाख अभिवादन करता है**)

विशाख—गुरुदेव आपका यहाँ आना सुनकर मैं भी चला आय।

प्रेमानन्द—क्या तुम अभी अपने घर नहीं गये ?

विशाख—गुरुकुल से निकलते ही कर्त्तव्य सामने मिला। आपकी आज्ञा थी कि सेवा, परोपकार और दुखी की सहायता मनुष्य के प्रधान कर्त्तव्य हैं।

प्रेमानन्द—भला ! तुम्हारे कार्य का विवरण तो सुनूं।

विशाख—मुझे कहते सङ्कोच होता है।

प्रेमानन्द—नहीं। सङ्कोच की क्या आवश्यकता है, स्पष्ट कह सकते हो।

विशाख—आपने जिनका आतिथ्य ग्रहण किया है, इन्हीं महात्मा ने एक कुटुम्ब को बड़ा दुखी बनाया है, और उसकी कन्या को अपने विहार में बन्द कर रक्खा है।

प्रेमनान्द—सत्यशील, क्या यह सत्य है ?

सत्यशील—तुम कौन होते हो। अजी तुमने किस सङ्घ में उपसम्पदा ग्रहण की है ? केवल सिर घुटा लेने से ही श्रमण नहीं होता, हाँ। पहले अपनी तो कहो, तुम्हें प्रश्न करने का क्या अधिकार है ? क्या आतिथ्य का यही प्रतिकार है ? बस चले जाओ सीधे, हाँ !

प्रेमानन्द—मैं शाश्वत सङ्घ का अनुयायी हूँ। प्रेम की सत्ता को संसार में जगाना मेरा कर्त्तव्य है। तो भी संसारी नियम, जिसमें समाज का सामञ्जस्य बना रहे पालनीय हैं, और तुम उससे उपेक्षा दिखलाते हो। क्या तुम उस कन्या को न छोड़ दोगे ? क्या धर्म की आड़ में प्रभूत पाप बटोरोगे ?

सत्यशील—तुम्हें यहाँ से जाना है या नहीं ?

विशाख—गुरुदेव सहनशीलता की भी सीमा होती है। अब आप इस पाखण्डी से बात न कीजिये। घड़ा भर गया है ! स्वतः फूटेगा।

प्रेमानन्द—

मना आनन्द मत, कोई दुखी है।
सुखी संसार है तो तू सुखी है ॥
न कर तू गर्व औरों को दबा कर।
कठिनता से दबाकर तू दुखी है ॥

—बस चले जाओ। अपने विहार में बिहार करो। किन्तु यह ध्यान रखना, तुम्हें इसका प्रतिफल मिलेगा।

सयशील—भला, भला ! बहुत-सा देखा है।

(सत्यशील और भिक्षु जाते हैं)

प्रेमानन्द—बेटा विशाख ! तुम अब कहाँ जाओगे ?

विशाख—गुरुदेव ! कृपा कर बतलाइये कि आप यहाँ कैसे ? मुझे जहाँ आज्ञा मिलेगी वहीं जाऊँगा !

प्रेमानन्द—(कुछ विचार कर)—ठीक है, तेरा मार्ग भिन्न है, तुझे आवश्यकता है। जब तक सुख भोग कर चित्त को उनसे नहीं उपराम होता, मनुष्य पूर्ण वैराग्य नहीं पाता है। तुझे कर्मयोग के व्यावहारिक रूप का ही अनुकरण करना चाहिये।

विशाख—भगवन्, सुख भोग कर भी बहुत लोग उससे नहीं घबराते हैं और शान्ति को नहीं पाते हैं ?

प्रेमानन्द—और यह भी देखा गया है कि बिना कुछ भी सुख लिये, किशोर अवस्था में ही कितनों को पूर्ण शान्तिमय वैराग्य हो जाता है। इसका कारण केवल संस्कार है। इसलिये वैराग्य अनुकरण करने की वस्तु नहीं; जब वह अन्तरात्मा में विकसित हो, जब उलझन की गाँठ सुलझ जावे, उसी समय हृदय स्वतः आनन्दमय हो जाता है—

समीर स्पर्श कली को नहीं खिलाता है।
विकस गयी, खुली, मकरन्द जब कि आता है॥

विशाख—देव ! फिर परिश्रम की कोई आवश्यकता नहीं। वह तो जब आने को होगा; आवेगा।

प्रेमानन्द—विशाख उधर देखो; कमल पर भँवरों को—

मधुमत्त मिलिन्द मावुरी,
मधुराका जग कर बिता चुके।
अरविन्द प्रभात में भला,
फिर देता मकरन्द क्यों उन्हें ?

—सन्ध्या के मधु ने रात भर भ्रमरों को आनन्द-जागरण में रखा, सबेरे ही फिर मिला, दिन भर फिर मस्त। हृदय-कमल जब विकसित हो जाता है, तब चेतना बरावर आनन्द मकरन्द पान किया करती है जिसमें नशा टूटने न पावे। सत्कर्म हृदय को विमल बनाता है और हृदय में उच्च वृत्तियाँ स्थान पाने लगती है; इसलिये सत्कर्म-कर्मयोग को आदर्श बनाना आत्मा की उन्नति का मार्ग स्वच्छ और प्रशस्त करना है।

विशाख—फिर क्या आज्ञा है ?

प्रेमानन्द—यही कि जब तक शुद्ध-बुद्धि का उदय न हो, तब तक स्वार्थ-प्रेरित होकर भी सत्कर्म करणीय है। तुम्हारा उद्देश्य उत्तम होना चाहिये। जो कर्त्तव्य है उसे निर्भय होकर करो।

विशाख—(**चरण पकड़ कर**)—वही होगा गुरुदेव ! कृपा बनी रहे। हाँ, आपने क्या गुरुकुल छोड़ दिया ? अब वहाँ पर कौन है ?

प्रेमानन्द—स्थान कभी खाली नहीं रहते, अब वह सब अच्छा नहीं लगता। परिव्राजक होकर प्रकृति का दर्शन करूँ, यही अभिलाषा है—

घबराना मत इस विचित्र संसार से।
औरों को आतंक न हो अविचार से॥
कमी न हो आनन्द-कोश में, पूर्ण हो।
कहीं न चालों में पड़ कोई चूर्ण हो॥
सीधी राह पकड़ कर सीधे चले चलो।
छले न जाओ औरों को भी मत छलो।
निर्बल भी हो, सत्य-पक्ष मत छोड़ना,
शुचिता से इस कुहक-जाल को तोड़ना॥

(**प्रस्थान**)

[**पट-परिवर्तन**]

पञ्चम दृश्य

(**स्थान—सङ्घाराम का एक अंश**)

(**बन्दिनी चन्द्रलेखा गाती है—**)

देखी नयनों ने एक झलक, वह छवि की छटा निराली थी।
मधु पीकर मधुप रहे सोये, कमलों में कुछ-कुछ लाली थी।
सुरभित हाला पी चुके पलक; वह मादकता मतवाली थी।
भोले मुख पर वे खुले अलक, सुख की कपोल पर लाली थी।

(**स्वगत**) हा ! प्रेम का विकास और विपत्ति का परिहास साथ-ही-साथ दोनों उबल पड़े; हृदय में विपत्ति की दारुण ज्वाला जल रही थी, उसी में प्रणय सुधाकर ने शीतलता की वर्षा की, मरुभूमि लहलहा उठी। इस कुत्सित कोठरी में आँख बन्द कर उसी स्वर्ग का आनन्द लेती हूँ। निष्ठुर, पाखण्ड ने मुझे कितना प्रलोभन दिया। यदि एक बार देख लेने पाती ! पिताजी तो मुक्त हैं, इरावती बहिन उनकी सेवा कर लेगी। मैं तो इस दुःख व सुखी जीवन से छुट्टी पाने के लिये प्रस्तुत हूँ।

(घबराये हुए एक भिक्षु का प्रवेश। बाहर कोलाहल)

भिक्षु—भाग चाण्डाली ! तेरे कारण सब सत्यानाश हुआ। निकल ! क्या अब उठा नहीं जाता ?

चन्द्रलेखा—क्यों, बात क्या है ? क्या अब मैं चली जाऊँ ?

भिक्षु—हाँ, हाँ, चली जाओ। अभी जाओ।

(दूसरी ओर से नरदेव और पकड़ा हुआ सत्यशील आता है।)

नरदेव—(चन्द्रलेखा को देखकर आप-ही-आप) आह ! ऐसा रङ्ग तो मेरे रङ्ग-महल में भी नहीं। (प्रकट) क्यों सत्यशील, तुम्हारे सत्य और शील का यही न प्रमाण है ?

सत्यशील—नरेश, यह प्रव्रज्या ग्रहण करने आयी है।

चन्द्रलेखा—कभी नहीं ! यह झूठा है। मेरे बूढ़े पिता को मारता था, मैं छुड़ाने आयी। बस मुझे ही पकड़ कर इसने यहाँ बन्द कर रखा है। यह दुराचारी है नरनाथ !

नरदेव—(स्वगत)—रूप की सत्ता ही ऐसी है। कौन इससे बच सकता है ? (प्रकट)—किन्तु सत्यशील ! तुम तो अधम कीट हो; तुम्हारे लिये यही दण्ड है कि तुम लोगों का अस्तित्व पृथ्वी पर से उठा दिया जाय, नहीं तो तुम लोग बड़ा अन्याय फैलाओगे ! सेनापति ! सब विहारों को—राज्य भर में जलवा दो।

सेनापति—जो आज्ञा।

नरदेव—इस मिथ्याशील को इसी कोठरी में बन्द करो, और इस विहार में भी आग लगवा दो। अभी।

सेनापति—जैसी आज्ञा।

(राजा और चन्द्रलेखा तथा अन्य लोग खड़े होकर आग लगते देखते हैं)

(झपटते हुए प्रेमानन्द और विशाख का प्रवेश)

प्रेमानन्द—राजन् ! क्रोध से न्याय नहीं होता। यह क्या अनर्थ कर रहे हो। धर्म का तुम नाम उठा देना चाहते हो, सो भी उसी की दुहाई देकर ! अन्य विहार व भिक्षुओं ने क्या किया था ?

नरदेव—(हँसकर) आप भी तो ऐसे ही परिव्राजक हैं न। ऐसों को ऐसा ही कड़ा दण्ड देना चाहिये। चुप रहिये।

प्रेमानन्द—मैं वैसा भिक्षु नहीं। राजन्, सत्ता का अपव्यय न करो। सत्ता शक्तिमानों को निर्बलों की रक्षा के लिए मिली है, औरों को डराने के लिए नहीं। प्रजा के पाप का फल या परिणाम ही न्याय है। तब, राजा को और पाप करके पाप नहीं दबाना चाहिये। न्याय के दोनों ही आदेश हैं, दण्ड और दया। इसलिए शासक के आचरण ऐसे होने चाहिए जिससे प्रजा को उत्तम आदर्श मिले, प्रजा में दया आदि सद्गुणों का प्रचार हो।

नरदेव—(सिर झुकाकर)—जैसी आज्ञा।

प्रेमानन्द—यह अपनी आज्ञा बन्द करो कि सब विहार जला दिए जायँ। सुन्दर आराधना की, करुणा की भूमि को नृशंसता-बर्बरता का राज्य न बनाओ। तुम नहीं जानते कि 'यथा राजा तथा प्रजा।'

नरदेव—वैसा ही होगा।

विशाख—हटिये यहाँ से, वह देखिये जली हुई दीवार गिरा चाहती है।

(सब लोग हटते हैं। दीवार गिरती है)

[यवनिका]

■

द्वितीय अङ्क

प्रथम दृश्य

(स्थान—पहाड़ी झरने के समीप विशाख और चन्द्रलेखा)

विशाख—चन्द्रलेखा! यह कैसा रमणीक प्रदेश है? जी नहीं ऊबता। वनस्थली भी ऐसी मधुरिमामयी होती है, इसका मुझे कभी ध्यान नहीं था। हम लोग क्या सदैव इसी तरह प्रकृति की सुन्दर भ्रूभङ्गी देखते जीवन व्यतीत कर सकेंगे?

चन्द्रलेखा—विशाख! कौन कह सकता है? क्या क्षितिज की सीमा से उठते हुए नीलनीरद खण्ड को देख कर कोई बतला देगा कि यह मधुर फुहारा बरसावेगा कि करकापात करेगा। भविष्य को भगवान् ने बड़ी सावधानी से छिपाया है और उसे आशामय बनाया है।

विशाख—प्रिये! आज मैं भी क्या उस आशामय भविष्य का आनन्द मनाऊँ, हृदय में रसीली वंशी बजाऊँ? क्या मैं....

चन्द्रलेखा—(बात काट कर)—बस, उसे हृदय से उठकर मस्तिष्क तक ही जाने दो, रसना पर लाने में रस नहीं है।

विशाख—(व्याकुल होकर)—मैं कहूँगा—

हृदय की सब व्यथायें मैं कहूँगा।
तुम्हारी झिड़कियाँ सौ-सौ सहूँगा॥
मुझे कहने न दो, फिर चुप रहूँगा।
तुम्हारी प्रेम धारा में बहूँगा॥

हृदय अपना तुम्हीं को दे दिया है।
नहीं; तुमने स्वयं ही ले लिया है ॥

चन्द्रलेखा—अब तुम्हीं बताओ कि मैं क्या कहूँ ? मुझे तो तुम्हारी तरह कवितायें कण्ठस्थ नहीं ! हृदय के इस बनिज-व्यापार को मैं अच्छी तरह नहीं जानती। फिर भी ....

विशाख—फिर भी; फिर भी क्या ; वही, उतना ही कह दो।

चन्द्रलेखा—यही कि जब तुमसे बात-चीत होने लगती है तब मेरा मन न-जाने कैसा-कैसा करने लगता है। तुम्हारी सब बात स्वीकार कर लेने की इच्छा होती है। तो भी....

विशाख—तो भी ! फिर वही तो भी। अरे तो भी क्या ?

चन्द्रलेखा—यही कि मुझे तुम अपने बूढ़े बाप की गोद से छीन लिया चाहते हो—यह बड़ी भयानक बात है।

विशाख—तो क्या मैं इतना निष्ठुर हूँ, मुझे तुम्हें कहीं लेकर चला जाना नहीं है। मैं तो केवल आज्ञा चाहता हूँ कि....

चन्द्रलेखा—(**बात काट कर**)—कि नहीं !

विशाख—तो अब मैं कुछ न कहूं। (**जाना चाहता है**)

चन्द्रलेखा—सुनो तो, कहाँ जा रहे हो ?

विशाख—जहाँ भाग्य ले जावे।

चन्द्रलेखा—तब तो तुम बड़े सीधे मनुष्य हो। अच्छा आओ चलो, उस कुञ्ज से कुछ दाड़िम तोड़ लें।

विशाख—(**गम्भीर होकर**)—नहीं चन्द्रलेखा, परिहास का समय नहीं है। तुम देख रही हो कि समीप ही बड़ी गहरी खाई है और तुम अपनी सहारे की डोरी खींच लिया चाहती हो।

(**सामने दिखाता है**)

चन्द्रलेखा—(**घबरा कर उसे पकड़ लेती है**)—हाँ हाँ, तो क्या तुम उसमें कूद पड़ोगे ! ऐसा न करना, मैं तुम्हारी हूँ।

(**नेपथ्य से "अन्त को तू हार गयी"**)

चन्द्रलेखा—इरावती बहिन हैं क्या ?

विशाख—मैंने तो एक दृष्टान्त दिया था। सचमुच तुम तो घबरा गई हो। अच्छा इस घबराहट ने ही मेरा काम कर दिया....

(**इरावती का प्रवेश**)

इरावती—और इस बेचारी को बेकाम कर दिया।

(**चन्द्रलेखा लज्जित होती है**)

इरावती--चन्द्रलेखा ! बुआ इधर ही आ रही हैं। वह कुछ कहना चाहती हैं।

(रमणी का प्रवेश)

रमणी--वत्स विशाख ! तुम दोनों का अनुराग देख कर मैं बहुत प्रसन्न हुई। भाई सुश्रवा भी आज ही कल में आने वाले हैं। राजा नरदेव ने उसकी सारी सम्पत्ति जो विहार से मिली है, लौटा दी है। (**चन्द्रलेखा से**) बेटी चन्द्रलेखा, मैंने जो तुमसे कहा है उन बातों को कभी न भूलना।

चन्द्रलेखा--बुआ ! आपकी शिक्षा मैं सादर ग्रहण करती हूँ।

(रमणी जाती है। कुछ सखियाँ आती हैं)

पहली--अरी चन्द्रलेखा तूने अपना ब्याह भी ठीक कर लिया, हम लोगों को पूछा तक नहीं।

दूसरी—अरी वाह ! इसमें पूछने की कौन-सी बात है। ऐसा तो तू भी करेगी।

तीसरी—अरी ! चल, क्या तेरी ही तरह सब हैं ?

चौथी—तुम सब बड़ी पगली हो ! पहले अभी वर-वधू का स्वागत तो कर लो। आ इरावती, तू भी हम लोगों के सङ्ग आ।

(विशाख और चन्द्रलेखा को घेर कर सब गाती और नाचती हैं)

हिये में चुभ गयी,
हाँ, ऐसी मधुर मुसकान।
लूट लिया मन, ऐसा चलाया नैन का तीर-कमान ॥
भूल गयी चौकड़ी, प्राण में हुआ प्रेम का गान।
मिले दो हृदय, अमल अछूते, दो शरीर इक प्रान ॥

[पट-परिवर्तन]

द्वितीय दृश्य

(महापिङ्गल का घर)

महा०—कौन कहता है कि मैं नीरस हूँ। प्रेम-रस यदि मेरे रोम-कूपों से निकाला जाय तो चार-चार रहट चलने लगें। अब मैं प्रेम करूँगा। प्रेम। अच्छा तो किससे करूँ। सोच-समझ कर करूँ, जिसमें नाम हँसाई न हो। अच्छा वह जो उस दिन सन्ध्या को वितस्ता के तट पर बाल खोले सुन्दरी बैठी थी। है तो अच्छी, पर बाल उसके झाड़ू की तरह लम्बे थे। उँ हुँ, वह नहीं। अच्छा वह, हाँ हाँ ! परन्तु नहीं, उसकी नाक इतनी लम्बी थी कि सुवा केला की फली समझ कर ठोर चलाने लगे। नहीं-नहीं, वह तो मेरे प्रेम के योग्य नहीं। अच्छा ! वह तो ठीक रही, न-न-न,

बाप रे ! उसकी आँखें देखकर डर लगता है। जैसे किसी ने मार दिया हो और वह निकली पड़ती हों। भाई मुझे तो कोई समझ में नहीं आती। अरे यहाँ कोई है (**इधर-उधर देखकर**)—नहीं है कि मुझे इस विपत्ति में सलाह दे इसीलिये तो बड़े आदमी पार्श्वचर रखते हैं (**सोचता है**)—हा-हा-हा-हा, बुद्धू ही रहे। कहाँ के कहाँ दौड़े गये, पर अपना सिर नहीं टटोला। अरे, वह मेरी घरवाली। नहीं-नहीं उसके दोनों नथुने दो भयानक सुरङ्ग के मुँह-से खुले रहते हैं, कभी ऊँघते हुए उसी में न घुस जाऊँ। ना बाबा, हाँ अब याद आया, धत्तेरे की, उस दिन सुश्रवा नाग के यहाँ जो मैं गया था तो एक चन्द्रलेखा थी, दूसरी कौन थी ? वह इरावती, अहा हा, मैं प्रेमी हो गया। राजा, चन्द्रलेखा पर और इरावती पर मैं आसक्त हुआ। हो गया। अब मैं प्रेम करने लगा। तनिक लम्बी-लम्बी साँस तो लूँ। आखों से आँसू बहाऊँ। प्रिये, प्रियतमे ! इस दास....(**लेट जाता है**)।

(**तरला आकर धौल जमाती है**)

तरला—बुढ़ापे में प्रेम की अफीम खाने चला है।

महा०—(**घबड़ाकर हाथ जोड़ता हुआ**) नहीं नहीं, मैं तो अफीम नहीं भाँग पीता हूँ। भाँग तो अभी है न ?

तरला—पिलाती हूँ। तुझे सङ्खिया घोलकर पिलाती हूँ। कौन निगोड़ी है, जिस पर तुझे बुढ़ापे में मरने का सुख मिलने वाला है।

महा०—(**उसी तरह**) कोई नहीं, कोई नहीं, तुम्हारी चञ्चलता की शपथ।

तरला—कोई नहीं। अभी क्या कहते थे बैल के भाई ! हम लोगों ने तो कभी दूसरे की ओर हँसकर देखा कि प्रलय मचा, व्यभिचारिणी हुई, और तुम्हारे ऐसे साठ वर्ष के खपट्टों को प्रेम वाले दूध के दाँत जमें।

महा०—(**बिगड़ कर**) क्या कहा, मैं साठ वर्ष का हूँ। यह मुझे नहीं सहन हो सकता, अभी मेरी मूँछें काली हैं। आँखों में लाली है। (**उँगली पर गिनता हुआ**) चालीस पाँच पैंतालिस तीन अड़तालीस वर्ष ग्यारह महीना एक पक्ष एक सप्ताह छः दिन पाँच पहर एक घड़ी सवा दण्ड साढ़े तीन पल का हूँ। तात्पर्य, पचास वर्ष से भी कम का हूँ।

तरला—(**सफेद बालों का गुच्छा पकड़ कर खींचती हुई**) और यह क्या है !

महा०—दुहाई है। मेरे बाल नहीं। ये काले हैं, हाँ-हाँ चूना लग गया है। शास्त्र की आज्ञा से अभी मैं ब्याह, प्रेम या और इसी तरह का सब गड़बड़ कर सकता हूँ। दुहाई है। मेरे बाल काले हैं।

तरला—चूना लगा है तुम्हारे मुँह में।

(**महापिङ्गल मुँह पोछने लगता है। तरला हँसती है। और बाल खींचती है**)

महा०—देखो यह हँसी अच्छी नही लगती। छोड़ दो।

तरला—प्रेम करोगे ? सहज में ?

महा०—अरे, तुम बड़ी मूर्खा हो। वह सब एक स्वाँग था। भला राजा-का-सा रूप न धरे तो मिले क्या। अभी तुम्हारा चन्द्रहार नहीं बन सका, जब राजा को अपने ढङ्ग का बनाऊँ तब तो काम हो।

तरला—हाँ, सच तो। मेरा चन्द्रहार लाओ।

महा०—देखो कैसी पिघल गई। गर्म कढ़ाई में घी हो गई। गहने का जब नाम सुना, बस पानी-पानी।

तरला—बातें न बनाओ। लाओ मेरा हार।

महा०—अभी तार लगे तब न हार मिले। तुम तो बीच में ही बिल्ली की तरह रास्ता काटने लगी।

तरला—तब ? अब की ला दोगे।

महा०—अच्छा। पर कान में एक बात तो सुन जाओ।

तरला—जाओ, जाओ; मैं नहीं सुनती।

महा०—तब फिर।

तरला—अच्छा। अच्छा।

(दोनों हाथ मिलाकर गाते हैं)

लगा दो गहने का बाजार।
कुछ है चिन्ता नहीं और क्या मिले नहीं आहार
नाक छेद लो, कान छेद लो, किसको अस्वीकार।
सोना-चाँदी उनमें डालो, तब हो पूरा प्यार॥

(दौवारिक का प्रवेश)

दौवारिक—शीघ्र चलिये, महाराज ने बुलाया है।

महा०—अरे हम नहीं—(**भागता है। उसके पीछे दौवारिक जाता है**)

[पट-परिवर्तन]

तृतीय दृश्य

(राजकीय उद्यान; नरदेव अकेला गाता है)

छाने लगी जगत में सुषमा निराली।
गाने लगी मधुर मञ्जुल कोकिलाली॥
फैला पराग, मलयानिल की बधाई!
देते मिलिन्द कुसुमाकर की दुहाई॥

(स्वगत) यह हृदय ही दूसरा हो गया है या समय ही। मन अकस्मात् एक मनोहर मूर्ति का एकान्त-भक्त होता जा रहा है। चित्त में अलस उदासी विचित्र मादकता फैल रही है। आप-ही-आप चुटीला मन और भी घायल होने के लिये ललच रहा है। कौन है ? प्रतीहारी !

(प्रतीहारी का प्रवेश)

प्रतीहारी—जय हो देव ! क्या आज्ञा है !

नरदेव—महापिङ्गल को शीघ्र बुलाओ।

प्रतीहारी—जो आज्ञा पृथ्वीनाथ, मन्त्री महोदय बाहर खड़े हैं।

नरदेव—नहीं समय नहीं है। कह दो फिर आवें। तुम जाओ।

(प्रतीहारी सिर झुका कर जाता है)

(स्वगत) जब चित्त को चैन नहीं, एक घड़ी भी अवकाश नहीं,—शान्ति नहीं, तो ऐसा राज्य लेकर कोई क्या करे; केवल अपना सिर पीटना है। वैभव केवल आडम्बर के लिये है। सुख के लिये नहीं। क्या वह दरिद्र किसान भी जो अपनी प्रिया के गले में बाँह डाल कर पहाड़ी निर्झर के तट पर बैठा होगा, मुझसे सुखी नहीं है ? किसी भी देश के बुद्धिमान शान्ति के लिए सार्वजनिक नियम बनाते है, किन्तु वह क्या सबके व्यवहार में है ? जिस प्रतारणा के लिए शासक दण्ड-विधाता है, कभी उन्हीं अपराधों को स्वयं करके दण्डनायक भी छिपा लेता है। धींगा-धींगी, और कुछ नहीं। राजा नियम बनाता हैं प्रजा उसको व्यवहार में लाती है। उन्हीं नियमों में जनता बँधी रहती है। राजा भी अपने बनाये हुए नियमों में मकड़ी और जाला की तरह मुक्त नहीं, किन्तु, कभीं-कभीं उल्टा लटक जाता है। उस रमणी को बरजोरी अपने वश में करने के लिए जी मचल रहा हैं, किन्तु नीति ! नियम !! आह ! हमारा शासन मुझे ही बोझ हो रहा है, मन की यह उच्छृङ्खलता क्यों है ?

महा०—**(प्रवेश करके)**—क्यों क्या वह बन्दर भाग गया ? अरे कोई दूसरी सिकड़ी लाओ। नहीं तो अश्वशाला की रखवाली कौन करेगा ?

नरदेव—**(हँसता हुआ)**—अरे मूर्ख ! बन्दर नहीं भागा है।

महा०—फिर यह विचारों की चौलत्ती क्यों चल रही है ?

नरदेव—नष्ट ! भला क्या तूने मेरे हृदय को घुड़साल समझ रक्खा है।

महा०—तो फिर और क्या ! सङ्कल्प-विकल्प सुख-दुःख, पाप-पुण्य, दया, क्रोध इत्यादि की जोड़ियाँ इसी घुड़साल में बँधती है।

नरदेव—पर लात तुम्हीं खाते हो। **(हँसता है)**

महा०—और पीड़ा आपको हो रही है ?

नरदेव—सच तो पिङ्गल ! आज चित्त बड़ा उदास है, कहीं भी मन नहीं लगता।

महा०—मन बैठे-बैठे चरखे की तरह घूमता है। यदि रथ के चक्के की तरह आप ही घूमने लगिये, फिर तो वह धुरे की तरह स्थिर हो जायेगा।

नरदेव—**(हँस कर)**—तो कहाँ घूमने चलूँ ?

महा०—देव ! मृगया के समान और कौन विनोद है।

नरदेव—विषम-बन की ओर चलूँ ?

महा०—नहीं, नहीं, उधर तो फाड़ खाने वाले जन्तु मिलते हैं। रमण्याटवी की ओर चलिए, जहाँ मेरे खाने योग्य कुछ मिले।

नरदेव—डरपोक। अच्छा उधर ही सही !

महा०—**(अलग)**—बहुत शीघ्र प्रस्तुत हो गये। उधर तो सोंधी बास आती है **(प्रकट)**—अच्छा तो मैं अश्व प्रस्तुत करने को कहता हूँ।

नरदेव—शीघ्र **(महापिङ्गल जाता है)**—उधर वसन्त की वनश्री भी देखने में आवेगी, साथ ही मनोराज्य की देवी का भी दर्शन होगा। अहा !

(महापिङ्गल दौड़ता हुआ आता है)

महा०—महाराज ! विनोद यहीं हो गया। आ गयी, सरला गाना सुनाने आ गयी है। दुहाई है, आज इसका नृत्य देखिये। कल मृगया को चलिये।

नरदेव—अच्छा।

(सरला आती है और गाती है–)

मेरे मन को चुरा के कहाँ ले चले।
मेरे प्यारे मुझे क्यों भुला के चले ॥
ऐसे जले हम प्रेमानल में जैसे नहीं थे पतंग जले !
प्रीति लता कुम्हिलाई हमारी विषम पवन बन कर क्यों चले।

[पट-परिवर्तन]

(चतुर्थ दृश्य)

(रमण्याटवी में—विशाख का गृह, चन्द्रलेखा और विशाख)

विशाख—अच्छा तो प्रिये ! अब मैं जाता हूँ। शीघ्र ही लौटकर यह मुखचन्द्र देखूँगा।

चन्द्रलेखा—ना, ना—मैं न जाने दूँगी, तुम्हें कहीं जाने की क्या आवश्यकता है ? मैं कैसे रहूँगी ?

विशाख—मुझे कमी तो किसी बात की नहीं है; फिर भी उद्योगहीन मनुष्य शिथिल हो जाता है। उसका चित्त आलसी हो जाता है, इसलिये कुछ थोड़ा भी इधर-उधर कर आऊँगा तो मन भी बहल जायगा और कुछ लाभ भी हो जायगा।

चन्द्रलेखा—क्या इतने ही दिनों में तुम्हारा मन ऊब गया ? क्या मुझसे घृणा हो गयी ? लाभ; यह तो केवल बहाना है । हा !

विशाख— बस इसी से तो मैं कुछ कहता नहीं था । क्या मैं भी तुम्हारी तरह बैठा रहूँ ? पर्याप्त सुख तुम्हें देना क्या मेरा कर्त्तव्य नहीं है ? सुख क्या बिना सम्पत्ति के हो सकता है ? तुम्हें मैं क्या समझाऊँ ?

चन्द्रलेखा—बस-बस रहने दो । मैं तो तुम्हें पाकर अपने सुख में कोई भी कमी नहीं देखती हूँ—

सुख की सीमा नहीं सृष्टि में नित्य नये ये बनते हैं ।
आवश्यकता जितनी बढ़ जावे उतने रूप बदलते हैं ।।
सच्चा सुख, सन्तोष जिसे है उसे विश्व में मिलता है ।
पूर्ण काम के मानस में बस, शान्ति-सरोरुह खिलता है ।।

मुझे तो जीवनधन ! तुम्हें पा जाने पर और किसी की आवश्यकता नहीं । पर तुम्हारे मन में न जाने कितनी अभिलाषायें है ।

विशाख—संसार उन्नति का साथी है, क्या मुझे उससे अलग रहना चाहिये ? क्या इसमें तुम मेरे प्रणय की कमी समझती हो ?

चन्द्रलेखा—मैं क्या जानूँ कि संसार क्या चाहता है । मैं तो केवल तुम्हें चाहती हूँ ! मेरे संकीर्ण हृदय में तो इतना स्थान नहीं कि संसार की बातें आ जायें किन्तु—

अकेली छोड़कर जाने न दूँगी ।
प्रणय को तोड़कर जाने न दूँगी
तुम्हें इस गेह से जाने न दूँगी ।
हृदय को देह से जाने न दूँगी

विशाख—तो मुझे क्या करोगी ?

चन्द्रलेखा—प्रियतम !

बनाकर आँख की पुतली तुम्हें बस ।
तुम्हारे साथ मैं खेला करूँगी

विशाख—इस अनुरोध से जीवन सार्थक हुआ । अब तो मेरा ही मन कहीं नहीं जाना चाहता । अच्छा, तब तक मैं यही थोड़ी दूर टहल आऊँ । क्या तुम भी मेरे साथ चलौगी ?

चन्द्रलेखा—अच्छा, जब तक मैं धान रखवाती हूँ, तब तक तुम आ जाना ।

विशाख—अभी आता हूँ । (जाता है)

(दूसरी ओर से घोड़ा आकर धान खाने लगता है । चन्द्रलेखा स्वयं उसे हटा देती है । नरदेव और महापिंगल का प्रवेश)

नरदेव—स्वेद से भींगे हुए घोड़े की पीठ पर कैसी सुन्दर सुकुमार कर की छाप थी ? महापिङ्गल, यही स्थान है न ? अहा—

स्वीकृति प्रेम प्रशस्ति पर कञ्चन कर को छाप।
हमें ज्ञात होती सखे, मिटा हृदय का ताप॥

(महापिङ्गल चन्द्रलेखा को दिखाता है)

महा०—पर यह तो कहिये आप बिना कहे-सुने किसी के घर में क्यों चले गये ?

नरदेव—इस सुहावने कानन में किसी का घर है, यह जान कर मुझे बड़ी प्रसन्नता हुई और बिना कहे-सुने ही तो अतिथि आते हैं।

महा०—न-न-न ! आपके-से अतिथि को दूर ही से दण्डवत। **(चन्द्रलेखा की ओर देख कर)**—क्यों सुन्दरी। **(राजा भी उसे देखता है)**

चन्द्रलेखा—**(राजा को पहचान कर नमस्कार करती है)** पृथ्वीनाथ, यह दासी आपसे क्षमा माँगती है। मैंने नहीं जाना कि घोड़ा श्रीमान का ही है।

महा०—हाँ, हाँ, उसे जानने की क्या आवश्यकता थी जिसने धान खाया उसने चपत पाया।

नरदेव—यह तुम्हारा ही घर है ? सुन्दरी !

चन्द्रलेखा—यह झोपड़ी दासी की है। श्रीमान्, यदि मृगया से थके हुये हों तो विश्राम कर लें। मैं आतिथ्य करने के योग्य नहीं, तब भी दीनों की भेंट फलमूल स्वीकार कीजिये।

महा०—मैं तो हिरन के पीछे चौकड़ी भरते-भरते थक गया हूँ। अब तो बिना कुछ भोजन किये मैं चल नहीं सकता ! जो है सो क्या नाम, एक पग भी।

(बैठ जाता है। चन्द्रलेखा राजा के लिये मञ्च लाती है। नरदेव भी बैठता है)

नरदेव—तो फिर सुन्दरी ! तुम्हें बड़ा कष्ट हुआ।

चन्द्रलेखा—**(दूध लाती है)** श्रीमान्, कष्ट क्यों हो ? जो लब्ध पदार्थ हैं उन्हें आदरणीय अतिथि के सामने रखने में मुझे कुछ सङ्कोच नहीं है, और कृत्रिमता का यहाँ साधन भी नहीं है।

(राजा और पिङ्गल दूध पीते हैं)

महा०—तृप्त हुआ—अब आशीर्वाद क्या दूँ **(कुछ ठहर कर)** अच्छा तुम राज-रानी हो।

चन्द्रलेखा—ब्राह्मण देवता, यह कैसा अन्याय। आप मुझे शाप न दीजिये। मेरी इस झोपड़ी में राजमन्दिर से कहीं बढ़ कर आनन्द है। हमारे नरपति के सुराज्य में हम लोगों को कानन में भी सुख है।

महा०—ठीक है। खटमल को पुरानी गुदड़ी में ही सुख है। राज-सुख क्या सहज लभ्य है ?

चन्द्रलेखा—यह क्या ! प्रलोभन है या परिहास है ?

नरदेव—नही, नहीं, प्रिये, यह नरदेव सचमुच तुम्हारा दास है ।

चन्द्रलेखा—तो क्या में अपने को अधर्म के पञ्जे में समझूँ और नीति को केवल मौखिक कल्पना मान लूँ ।

नरदेव—डरो मत, मैं तुम्हारा होकर रहूँगा । क्या मेरी इस प्रार्थना पर तुम न पिघलोगी ।

चन्द्रलेखा—राजन्, मुझसे अनादृत न हूजिये, बस, यहाँ से चले जाइये ।

महा०—अच्छा अच्छा—जो है सो क्या नाम—चलिये महाराज !

(**दोनों जाते हैं ।**)

चन्द्रलेखा—भगवान् ! तूने रूप देकर यह भी झञ्झट लगाया । देखूँ इसका क्या परिणाम होता है । प्राणनाथ से मुझे यह बात न कहनी चाहिये, उनका चित्त और भी चञ्चल हो जायगा । अब तो एक वही इससे बचा सकता है । प्रभो ! एक तुम्हीं इस दुःख से उबारने में समर्थ हो । दीनों के पुकार पर तुम्हीं तो आते हो । आओगे बचाओगे नाथ ! कितना ही दुःख दो, फिर भी मुझे विश्वास है कि तुम्हीं मुझे उनसे उबारोगे, तुम्हीं सुधारोगे विपद्भञ्जन !—

कार्तिक कृष्णा कुहू क्रोध से काले करका भरे हुए,
नीरद जलधि क्षुब्ध हो भीमा प्रकृति, हृदय भय भरे हुए ।
खोजा हमने हाथ पकड़ ले साथी कोई नहीं मिला,
दीपमालिका हुई वहीं पर तेरी छवि की, प्राण मिला ।

[**पट-परिवर्तन**]

पाँचवाँ दृश्य

[**एक बौद्ध संन्यासी और नागरिक**]

भिक्षु—अमिताभ यह कैसा जनपद—जहाँ भिक्षुओं को देख कर कोई वन्दना भी नहीं करता, भिक्षा की तो कौन कहें ? **(नागरिक को देख कर)** उपासक ! धर्मलाभ हो ।

नागरिक—मुझे तुम्हारा धर्म नहीं चाहिये । दया कीजिये, यहाँ से किसी और स्थान को पधारिये ।

भिक्षु—क्यों यहाँ पर क्या भगवान् की कृपा नहीं है ? क्या यह उनके करुणा-राज्य के बाहर है ?

नागरिक—मुझे इन चाटूक्तियों के उत्तर देने का अवकाश नहीं। भस्मावशेष विहार और भग्नस्तूपों से तुम्हें इसका उत्तर मिलेगा। तुम लोगों को गृहस्थ मोटा बना कर अब अपना अपकार न करावेंगे। बढ़ो यहाँ से!

(जाता है)

भिक्षु—धर्म भी क्या अधर्म हो जाता है? पुण्य क्या पाप में परिवर्तित होता है? भगवन्, यह तुम्हारे धर्मराज की कैसी व्यवस्था है? क्या धर्म में भी प्रतिघात होता है? उसका भी पतन और उत्थान है?

(महापिङ्गल का प्रवेश)

महा०—एक दिन भीख न मिली और धर्म पर पानी फिर गया, सारो करुणा और विश्वमैत्री कपूर को गयी, क्यों श्रमणजी?

भिक्षु—उपासक! बात तो तुम यथार्थ कह रहे हो किन्तु तथागत के धर्म में ऐसी शिथिलता क्यों?

महा०—अजी धर्म जब व्यापार हो गया और उसका कारबार चलने लगा फिर तो उसमें हानि और लाभ दोनों होगा। इसमें चिन्ता क्या है। तुम्हें भोजन की आवश्यकना हो तो चलो मेरे साथ। किन्तु, थोड़ा काम भी करना होगा।

भिक्षु—और यदि मैं काम न करूँ तो?

महा०—भोजन न मिलेगा। मेरे ही यहाँ नहीं, प्रत्युत् इस देश-भर में। शीघ्र बोलो, स्वीकार है?

भिक्षु—क्या करना होगा?

महा०—जितने टूटे हुए विहार हैं उनमें से जिसके चाहो स्थविर बन जाओ।

भिक्षु—परिहास न करो, टूटे विहारों के लिए कोई लँगड़ा भिक्षु खोज लो।

महा०—अजी, राजा प्रसन्न होंगे तो तुम्हारे लिए उसको फिर से बनवा देंगे, किन्तु हाँ, काम करना होगा।

भिक्षु—अभी तो काम भी नहीं समझ में आया।

महा०—रमण्याटवी में एक दम्पति रहते हैं। स्त्री का नाम है चन्द्रलेखा। वह परम सुन्दरी है, इसी कारण महाराज उसको चाहते हैं।

भिक्षु—तो इसमें मैं क्या करूँ?

महा०—चैत्य की पूजा करने जव वह जाती है तब तुम वहाँ के देवता बनकर उसे आज्ञा दो कि वह राजा से प्रेम करे।

भिक्षु—तो फिर क्या होगा?

महा०—होगा क्या—तुम धर्म-महामात्य होगे और मैं दण्डनायक हूँगा। चन्द्रलेखा रानी होगी।

भिक्षु—और यदि न करूँ ?

महा०—तब तो राज्य-रहस्य जाननेवाला मुण्डित मस्तक लोटन-कबूतर हो जायगा।

भिक्षु—तथागत! यहाँ मैं क्या करूँ? (कुछ सोच कर) अच्छा मुझे स्वीकार है।

महा०—तो चलो भोजन करो।

(दोनों जाते हैं)

[पट-परिवर्तन]

सातवाँ दृश्य

(अँधेरी रात। स्थान-चैत्य भूमि—प्रेमानन्द वहीं पर बैठा है)

प्रेमानन्द :

मान लूँ क्यों न उसे भगवान ?
नर हो या किन्नर कोई हो निर्बल या बलवान;
किन्तु कोश करुणा का जिसका हो पूरा; दे दान।
मान लूँ क्यों न उसे भगवान ?
विश्व-वेदना का जो सुख से करता है आह्वान,
तृण से त्रयस्त्रिंश तक जिसको समसत्ता का भान।
मान लूँ क्यों न उसे भगवान ?
मोह नहीं है किन्तु प्रेम का करता है सम्मान,
द्वेषी नहीं किसी का, तब सब क्यों न करें गुणगान।
मान लूँ क्यों न उसे भगवान ?

—यह चैत्य है। इसमें बुद्ध का शव-भस्म है। भस्म से ही यह रक्षित है। और भी कितने जीवों का भस्म इसी स्थान पर पहले भी रहा होगा। चींटे यहाँ भी शव को खा गये होंगे। वे ही शव होंगे और फिर वही भस्म होगा, उसी में फिर चींटे होंगे, ऐसा सुन्दर परिणाम संसार का है! अजी, अब तो मैं यहाँ से इस समय कहीं नहीं जाता। थोड़ी देर तक पड़ा-पड़ा चोरों को धोखा दूँगा, फिर देखा जायगा। इस अँधेरी रात में किसी गृही को क्यों दुःख दूँ!

(प्रेमानन्द एक ओर लेट जाता है)

(भिक्षु का प्रवेश)

भिक्षु : भयानक रात है—अभी तो सन्ध्या हुई है, किन्तु विभीषिका ने अपनी काली चादर अच्छी तरह तान ली है। मैं तो यहाँ नहीं ठहरूँगा, चाहे बधिक सिर भले

काट ले पर यह प्रतिक्षण भय से बीसों बार मरना तो नहीं अच्छा। कीड़े-मकोड़े से ? ऊँहूँ ! वह विषैले ! जाने दो उनका ध्यान करना भी ठीक नहीं। फिर भाग चलूँ। क्या चन्द्रलेखा आधी रात को आती है ? वह डरती नहीं, कामिनी है कि डाकिनी ! अच्छा बैठ जाऊँ।

(बैठता है। प्रेमानन्द नाक बजाता है जिसे सुनकर भिक्षु चौंक कर खड़ा हो जाता है)

भिक्षु—नमो तस्म ...नमो... न न मैं नहीं भगवतो...भग जाता हूँ (काँपता है, शब्द बन्द होता है, भिक्षु फिर डरता हुआ बैठता है)

प्रेमानन्द—(अलग खड़ा होकर)—देखूँ तो यह दुष्ट यहाँ आज कौन कुकर्म करता है।

(फिर छिप जाता है। भिक्षु काँपता हुआ सूत्र-पाठ करने लगता है। लोमड़ी दौड़ कर निकल जाती है भिक्षु घबड़ा कर जप-चक्र फेंक उसे मारता है)

प्रेमानन्द—(स्वगत)—वाह, जप-चक्र तो सुदर्शन चक्र का काम दे रहा है ! देखूँ इसकी क्या अभिलाषा है।

भिक्षु—(टूटा हुआ जप-चक्र लेकर बैठ कर)—आज कैसी मूर्खता में हम लगे हैं—यहाँ तो भगवान् लोमड़ी के रूप में आकर भाग जाते हैं और मुझे भी भगाना चाहते हैं; क्या करूँ ? अभी वह नहीं आयी। जब अपने पहले दिनों में, किसी की आशा में मैं अभिसार में बैठता था, तब इससे भी बढ़ी हुई भयानकता मेरा कुछ नहीं कर सकती थी; किन्तु अब वह वेग नहीं रहा, वह बल नहीं रहा ! नहीं तो क्या बताऊँ—(अकड़ता है) अच्छा कोई चिन्ता नहीं, देखा जायगा। अब तो बिना काम किये मैं टलनेवाला नहीं। (दूर से प्रकाश होता है)—अरे यह क्या—हाँ हाँ, वही चन्द्रलेखा आती है ! छिप जाऊँ ! (चैत्य की दूसरी ओर छिप जाता है)

(हाथ में छोटा-सा दीप लिये चन्द्रलेखा आती है और दीप चैत्य के समीप रख कर नमस्कार करती है)

चन्द्रलेखा—भगवन् ! अपनी कल्याण-कामना के लिए मैं यह दीप प्रति सन्ध्या को जलाती हूँ। करुणासिन्धु ! तुम कामना-विहीन हो, पर मैं अबला स्त्री और गृहस्थ, सुख की आशाओं से लदी हुई—फिर क्योंकर कामना न करूँ ? आप विश्व के उपकार में व्यस्त हैं, किन्तु मेरा यह नव गठित छोटा-सा विश्व मेरे ऊपर निर्भर करता है; चाहे यह मेरा अहङ्कार ही क्यों न हो, किन्तु मैं इसे त्यागने में असमर्थ हूँ !

मेरा वसन्तमय जीवन है। प्रभो ! इसमें पतझड़ न आने पावे ! मेरा कोमल हृदय छोटे सुख में सन्तुष्ट है, फिर बड़े सुख वाले उसमें क्यों व्याघात डालते हैं ! क्या उन्हें इतने में भी ईर्ष्या है जो संसार भर का सुख अपनाया चाहते हैं ? इसका क्या उपाय है ! हमारे सम्बल तुम्हीं हो नाथ !

(गाती है)

कर रहे हो नाथ, तुम जब, विश्व-मङ्गल-कामना,
क्यों रहें चिन्तित हमीं, क्यों दुःख का हो सामना ?
क्षुद्र जीवन के लिये, क्यों कष्ट हम इतने सहें—
कर्णधार ! सम्हाल कर, पतवार अपनी थामना ।

(नमस्कार करती है और फूल चढ़ाती है)

——आज देर हो गई । नित्य यहाँ पर आती हूँ किन्तु आज-सा हृदय कभी भयभीत नहीं हुआ । घर तो समीप ही है, चलूँ !

(दीप बुझ जाता है——चन्द्रलेखा त्रस्त होती है । भिक्षु चैत्य की आड़ से बोलता है)

"चन्द्रलेखा, तेरी धर्मवृत्ति देखकर मैं प्रसन्न हुआ ।"

(चन्द्रलेखा घुटना टेक देती है)

चन्द्रलेखा—बड़ी कृपा, धन्य भाग्य !

चैत्य की आड़ से—किन्तु मैं तुझे सुख देना चाहता हूं ।

चन्द्रलेखा——भगवान् की करुणा से में सुख पाऊँगी ।

चैत्य की आड़ से—तू नरदेव की रानी हो जा !

चन्द्रलेंखा—**(तमक कर)** हैं—यहाँ यही भगवान् की वाणी है ! या आप मेरी परीक्षा लिया चाहते हैं । नहीं भगवन्; ऐसी आज्ञा न दीजिये । मैं सन्तुष्ट हूँ ।

चैत्य की आड़ से—तुझे होना पड़ेगा ।

चन्द्रलेखा—तब तू अवश्य इस चैत्य का कोई दुष्ट अपदेवता है । मैं जाती हूँ, आज से इस राख के टीले पर कभी नहीं आऊँगी !

(जाना चाहती है, भिक्षु बड़ा भयानक गर्जन करता है, चन्द्रलेखा घबड़ा कर गिर पड़ती है)

प्रेमानन्द—**(निकल कर)**–डरो मत, डरो मत; मैं आ गया । **(प्रेमानन्द भिक्षु को पकड़ कर उसका गला दबाता है वह चिल्लाता है)**——हाय हाय ! यहाँ तो कोई यक्ष है । छोड़ दे, अब मैं ऐसा न करूँगा ।

प्रेमानन्द——**(भिक्षु को चन्द्रलेखा के सामने लाता हुआ)**——बेटी ! डरो मत, यह पाखण्ड भिक्षु था ! भगवान् किसी को पाप की आज्ञा नहीं देते, धैर्य धरो ।

(तलवार लिये हुए विशाख का प्रवेश)

विशाख——गुरुदेव ! प्रणाम । प्रिये, यह क्या !

प्रेमानन्द—यह दुष्ट भिक्षु चन्द्रलेखा को डरा कर राजकीय प्रलोभन देता था । मैं यहीं था, चन्द्रलेखा-सी सती का इन्द्र भी अपकार नहीं कर सकता । किन्तु अब इसे अकेली पूजा को न भेजना ।

विशाख—क्यों रे दुष्ट। काट लूँ तेरा मुड़ा हुआ सिर !

(तलवार उठाता है भिक्षु गिर पड़ता है, प्रेमानन्द उसे रोक लेता है)

प्रेमानन्द—क्षमा सर्वोत्तम दण्ड है विशाख !

(यवनिका-पतन)

तृतीय अङ्क

प्रथम दृश्य

(स्थान—वितस्ता का तट। नरदेव और महापिङ्गल)

नरदेव—पिङ्गल ! तुम जानते हो कि प्रतिरोध से बड़ी शक्तियाँ रुकती नहीं प्रत्युत् उनका वेग और भी भयानक हो जाता है। वही अवस्था मेरे प्रेम की है। इसने कोमलता के स्थान में कठोरता का आश्रय लिया है। माधुर्य छोड़ कर भयानक रूप धारण किया है।

महा०—किन्तु मुझे तो प्रेम की जगह यह कोई प्रेत समझ पड़ता है, जो आपके हृदय पर अधिकार जमाये है ?

नरदेव—क्या मेरे प्रेम की तू अवहेलना किया चाहता है ? क्या उसकी परीक्षा लिया चाहता है ? अभी मैं उसकी आज्ञा से, यह अपनी कटार अपने वक्षस्थल में उतार सकता हूँ।

(कटार निकालता है)

महा०—यथार्थ है श्रीमान्, उसे भीतर कीजिये; नहीं तो मेरी बुद्धि घूमने चली जायगी। अपना हृदय क्या वस्तु है उसकी आज्ञा लिये बिना सहस्रों के हृदय का रक्त यह कटार पी सकती है, और क्या प्रेम इसे कहते हैं। हाँ जो, कुछ ऐसा-वैसा नहीं, प्रेम भी तो राजाओं का है।

(एक सुन्दर नाव पर रानी का प्रवेश डाँड़ें चलाने वाली सखियाँ गा रही हैं)

नदी नीर से भरी।

सञ्चित जल ले शैल का,
हुई नदी में बाढ़।
मानस में एकत्र था,
इधर प्रणय भी गाढ़॥
नदी नीर से भरी।

नेह नाव उतरा चली,
लगते हलके डाँड़ ।
लगती है किस कूल पर,
बस्ती है कि उजाड़ ।।
मेरी स्नेह की तरी ।

नरदेव—अहा ! महारानी भी आज इधर आ गयी ।

महा०—(**धीरे से**) भागिये ।

महारानी—(**नाव से उतर कर**) महाराज ! दासी का आगमन कुछ कष्ट दायक तो नहीं हुआ ?

नरदेव—भला प्रिये, यह क्या कहती हो !

महा०—सच बोलिये पृथ्वीनाथ !

महारानी—(**हँसकर**) क्या कहता है पिङ्गल ?

महा०—जङ्गल में मङ्गल ।

महारानी—प्राणनाथ ! आज कितने दिनों पर दर्शन हुए ।

नरदेव—क्या मैं कहीं बाहर गया था ?

महारानी—मैं तो अपने को दूर ही समझती हूँ ।

महा०—यह रेखागणित का सिद्धान्त तो मेरी समझ में न आया ।

महारानी—
दूर जब हो गया कहीं मन से
क्या हुआ तन लगा रहे तन से ।
स्वप्न में सैर सैकड़ों योजन
कर चुका मन; न छू गया तन से ।।

नरदेव—(**लज्जित होकर**) प्रिये, यह क्या कह रही हो !

महारानी—नाथ ! कैसा शोचनीय प्रसङ्ग है कि मैं ऐसा कहूँ—
मधुपान कर चुके मधुप, सुमन मुरझाये,
शीतल मलयानिल गया, कौन सिचवाये ?
पत्ते नीरस हो गये सुखा कर डाली,
चलती उपवन में लूह कहाँ हरियाली ?

नरदेव—(**हाथ पकड़ कर**) प्रिये, तुमको ऐसी बातें न कहनी चाहिये ।

महारानी—वही तो मैं चाहती थी, किन्तु प्राणनाथ की कल्याण-कामना मुझे मुखर बनाती है ।

नरदेव—क्या मुझसे तुम विशेष बुद्धिमती हो ?

महारानी—यह मैंने कब कहा ? पर राज्य की व्यवस्था देखिये, कैसी शोचनीय है ! आपकी मानसिक अवस्था तो और भी····

नरदेव—बस जाओ, इन बातों को मैं सुनना नहीं चाहता। जी बहलाने के लिये कुछ दिन उपवन में चला आया, यही क्या बड़ा भारी अन्याय हुआ।

(बौद्ध भिक्षु को लिये प्रहरियों का प्रवेश)

भिक्षु—न्याय ! न्याय ! ! मैंने क्या किया है, हाय हाय ! !

नरदेव—क्या बात है ?

प्रहरी—महापिङ्गलजी ने कहा कि यह भिक्षु राजाज्ञा से कारागार में रक्खा जाय। यह वहाँ नहीं रहता, अपना सिर पटक कर प्राण देना चाहता है।

महा०—तो तुम लोगों को इस मुड़े हुए सिर के लिए इतनी चिन्ता क्यों है; ले जाओ इसे।

महारानी—भिक्षु का क्या अपराध है ?

नरदेव—मैं तो नहीं जानता, क्यों जी क्या बात है ?

भिक्षु—महापिङ्गल ने मुझे धमकाया कि यदि तुम उस पुराने चैत्य पर जाकर चन्द्रलेखा को डरा करके महाराज से मिलने पर न विवश करोगे तो तुम शूली पर चढ़ाये जाओगे।

[नरदेव और रानी महापिङ्गल को देखती हैं महापिङ्गल भागना चाहता है]

महारानी—सावधान होकर खड़े रहो। कहो, क्या तुमने महाराज के आदेश से ही यह काम कराया था ?

नरदेव—मैंने कब इसे कहा···

महा०—महाराज, जब आप इतने ब्याकुल हुये कि हाँ····तब मैंने ऐसा प्रबन्ध किया था, जो है सो—

नरदेव—तुम झूठे हो।

महारानी—प्रहरियों, इस भिक्षु को छोड़ दो और महापिङ्गल को बाँध लो।

(प्रहरी आगे बढ़ते हैं)

महा०—दुहाई ! चन्द्रलेखा मुझे नहीं प्यारी थी महाराज ! आप बचाइये, नहीं तो फिर····

नरदेव—प्रिये ! उसे जाने दो वह मूर्ख है।

महारानी—महाराज ! आप देश के राजा हैं और हमारे पति हैं, क्या इसी तरह राज्य रहेगा ? क्या अन्याय का घड़ा नहीं फूटेगा ? क्या आपको इसका प्रतिफल नहीं भोगना पड़ेगा ? मान जाइये। ऐसे कुटिल सभासदों का सङ्ग छोड़िये। इसे दण्ड पाने दीजिये।

महा०—दुहाई महाराज ! चन्द्रलेखा के डर से यह मुझे मरवाना चाहती हैं, न्याय वाय कुछ नहीं ।

नरदेव—(**स्वगत**) आह चन्द्रलेखा ! (**प्रहरियों से**) छोड़ो जी, जाओ तुम लोग !

महा०—बड़ी दया हुई । इसी रानी की सौतिया-डाह से तो वह झिझकती है ।

महारानी—चुप नरक के कीड़े ! तेरी जीभ बिजली से भी चपल है ।

नरदेव—रानी ! तुम अब जाओ, अपने महल में जाओ ।

महारानी—आपने कुपथ पर पैर रक्खा है और मैं आपको बचा न सकी परिणाम बड़ा ही भयङ्कर होने वाला है । वह मैं नहीं देखना चाहती । किन्तु, कहे जाती हूँ कि अन्याय का राज्य बालू की भीत है । अब मैं रह कर क्या करूँगी, मैं चली, किन्तु सावधान ।

(**नदी में कूद पड़ती है**)

[**पट-परिवर्तन**]

द्वितीय दृश्य

[**विशाख और चन्द्रलेखा प्रकोष्ठ में**]

विशाख—प्रिये, क्या किया जाय ?

चन्द्रलेखा—भगवान् ही सहाय हैं । धैर्य धारण करो ।

विशाख—कामान्ध नरपति से रक्षा कैसे होगी ? चलो प्रिये ! हिमवान की बहुत-सुरक्षित गुफायें हैं, प्रकृति के आश्रय में वहीं सुख में रहेंगे ।

चन्द्रलेखा—मैं तो अनुचरी हूँ । किन्तु अब समय कहाँ हैं, पिताजी को तो समाचार भेज चुकी हूँ ।

विशाख—हाँ; जो विपत्ति में आश्रय हैं, जो परित्राण है, वही यदि विभीषिकामयी कृत्या का रूप धारण करे तो फिर क्या उपाय है ! राजा के पास प्रजा न्याय कराने के लिये जाती है, किन्तु जब वही अन्याय पर आरूढ़ है तब क्या किया जाय ! (**कुछ सोचता है**)—कोई चिन्ता नहीं प्रिये ! डरो मत ।

(**महापिङ्गल का प्रवेश**)

महा०—विशाख ! मैं तुम्हारी भलाई के लिये कुछ कहना चाहता हूँ ।

विशाख—बस चुप रहो, तुम ऐसे नीचों का मुँह भी देखने में पाप है ।

महा०—चन्द्रलेखा को राजा के महल में जाना ही होगा । क्यों तब और व्यर्थ प्राण जावें ।

(**विशाख तलवार खींच लेता है**)

विशाख—अच्छा सावधान ! इस अपमान का प्रतिफल भोगने के लिये प्रस्तुत हो जा ।

[महापिङ्गल भागना चाहता है, चन्द्रलेखा बचाना चाहती है, किन्तु विशाख की तलवार उसका प्राण संहार कर देती है]

चन्द्रलेखा—अनर्थ हो गया प्राणनाथ ! यह क्या किया ! अब तो भविष्य भयानक होकर, स्पष्ट है ।

विशाख—

मरण जब दीन जीवन से भला हो,
सहें अपमान क्यों फिर इस तरह हम ।
मनुज होकर जिया धिक्कार से जो,
कहेंगे पशु गया-बीता उसे हम ।।

(सैनिकों का प्रवेश । विशाख को घेर लेते हैं । वह तलवार चलाता हुआ बन्दी होता है । चन्द्रलेखा भी पकड़ ली जाती है)

(सुश्रवा का प्रवेश)

सुश्रवा—यह क्या अनर्थ ?

सैनिक—देखता नहीं है—राजानुचर महापिङ्गल का यह शव है । इसी विशाख ने अभी इसकी हत्या की है ।

सुश्रवा—क्यों वत्स विशाख ! यह क्या सत्य है ?

विशाख—सत्य है । इसने मेरा अपमान किया और मेरे सामने मेरी स्त्री को प्रलोभन दिया—उसे सामान्य वेश्या से भी नीच समझ लिया !

सैनिक—इसका निर्णय तो महाराज स्वयं करेंगे । अब चलो यहाँ से !

सुश्रवा—ठीक तो, किन्तु यह बताओ चन्द्रलेखा ने क्या अपराध किया है—उसे क्यों ले जाते हो ?

चन्द्रलेखा—मुझे जाने दो बाबा ! मैं साथ जा रही हूँ । कोई चिन्ता नहीं ।

सैनिक—बूढ़े ! चुप रह । राजाज्ञा के विरुद्ध कुछ नहीं कर रहे हैं ।

(दोनों को लेकर जाता है । रमणी और इरावती तथा कुछ नागों का प्रवेश)

सुश्रवा—चन्द्रलेखा गई, विशाख भी गया, हा····

रमणी—आने में देर हुई, कोई चिन्ता नहीं ।

प० नाग—देवी ! तब क्या उपाय है ?

दू० नाग—चन्द्रलेखा का उद्धार करना ही होगा ।

ती० नाग—चाहे प्राण भले ही जायँ, इससे पीछे न हटूँगा, जो देवी की आज्ञा हो ।

चौ० नाग—तो मैं जाता हूँ और भाइयों को बुलाता हूँ ।

रमणी—शीघ्र जाओ ।

(प्रेमानन्द का प्रवेश)

प्रेमानन्द—किन्तु क्या अन्याय का प्रतिफल अन्याय है ? क्या राजा नहीं मनुष्य है ? रक्त-मांस का उसका भी शरीर है, फिर क्या उसे भ्रम नहीं हो सकता ?

रमणी—भ्रम नहीं, यह स्पष्ट समझ कर किया गया, अन्याय है।

प्रेमानन्द—रमणी ! अग्नि में घी न डालो ! समझ से काम लो।

रमणी—तो हम लोग चुपचाप बैठें ?

इरावती—और बहिन चन्द्रलेखा को न खोजें ?

प्रेमानन्द—देश की शान्ति भङ्ग करना और निरपराधों को दुख देना—इसमें तुम्हें क्या मिलेगा ? देखो, सावधान हो; इस उत्तेजना राक्षसी के पीछे न पड़ो—एक अपराध के लिए लाखों को दण्ड न दो ! हरी-भरी भूमि के लिये पत्थर वाले बादल न बनो ! अन्यथा पछताओगे।

सुश्रवा—तब क्या करें ?

प्रेमानन्द—सत्य को सामने रक्खो, आत्मबल पर भरोसा रक्खो, न्याय की माँग करो।

सब—अच्छा तो पहले यही किया जाय।

[**पट-परिवर्तन**]

तृतीय दृश्य

[**तरला का गृह**]

भिक्षु— **(आप-ही-आप)**—जब भिक्षु होने पर भी माँगे भीख न मिली; तो हम क्या करें ऐं बोलो। आकाश की स्याही को चन्द्रमा की चाँदनी से कब तक धोया करें ? बिल्ली कब तक छीछड़ों से अपना जी चुरावे। गड़बड़झाला न करें तो क्या करें। भगवान तुम चाहे कुछ हो या न हो, पर सङ्कट के समय कभी काम आ जाते हो, ऐं बोलो, फिर क्यों न तुम्हें मान लेने के लिये जी चाहे। लेकिन हाँ, सब उसी समय तक; फिर, तुम हो—हुआ करो।

अरे बाप रे !—**(काँपता है)**—जब चन्द्रलेखा का पति तलवार निकाल कर—ओह ! नहीं, बच गये बच; अजी हाँ, वह भी बिल्ली की राह काटने वाली सायत थी। चलो अब तो पौ बारह है—भरा घड़ा मिला है ! चुप, क्या बकता है। अरे निर्भयानन्द, तुझे क्या हो गया है—**(सोच कर)**—हाँ, यह यक्षिणी सोना बनाने वाली। आ तो इस टूटे-फूटे घर में सोने की पाटी, पन्ने का पावा, चाँदी की चूल्ही और मिट्टी का तावा ? अगड़-बगड़ रगड़-बगड़ साध तो झगड़—**(तरला को आते देख आँख मूंद कर बैठ जाता है)**

(पोटली लिए हुए तरला का प्रवेश)

तरला—लीजिये महाराज ! यह भिक्षा प्रस्तुत है। दरिद्र की रूखी-सूखी ग्रहण कीजिये। जूठन गिरा कर मेरा घर पवित्र करिये।

भिक्षु—(आँख खोलकर)—उपासिका ! तू आ गई। अहा, कैसी पवित्र मूर्ति है ! तुझे शान्ति मिले। अरे यह क्या लायी, भिक्षा ? नहीं-नहीं, तू बड़ी दुखी है, मैं तेरी भिक्षा नहीं ग्रहण करूँगा मैं यों ही प्रसन्न हूँ।—(जाना चाहता है)

तरला—(स्वगत)—अहा कैसे महात्मा हैं—(प्रकट)—भगवान्, मुझसे अवश्य कोई अपराध हुआ, आप रूठे जाते हैं। दया कीजिये। क्षमा कीजिये।

भिक्षु—नहीं नहीं, दरिद्र की भिक्षा सच्चे साधु नहीं लेते हैं। तुझे दुःख होगा, अपने को क्या, कोई-न-कोई भगवान का भक्त मिल ही जायगा। मुझे समाधि में ज्ञात हुआ कि मुझे बड़ा कष्ट है।

तरला—(रोने लगती है)—भगवान यह क्या ! आप तो अन्तर्यामी हैं। आप सत्य कहते हैं—मैं सचमुच ही बड़ी दुखिया हूँ। अभी थोड़े दिन हुए मेरे स्वामी किसी दुष्ट के हाथ मारे गये हैं, और मेरे लिये कुछ जीवन-वृत्ति भी नही छोड़ गये हैं।

भिक्षु—(स्वगत)—मैं जानता हूँ, तू महापिङ्गल की स्त्री है। उसी दुष्ट ने मेरी दुर्दशा करायी। राजा का सहचर ही था, बड़ा मालदार रहा है। अच्छा—'(प्रकट)—विचार था कि तुझे दुःख से बचा लें, किन्तु नहीं; वैसा करने से हम विरक्त लोगों को बड़े झगड़े में पड़ना पड़ता है—सब पीछे लग जाते हैं।—(सोचने का ढोंग करता है)—नहीं नहीं, फिर भी दया आती है।

तरला—भगवान्, दया कीजिये, मेरा उपकार कीजिये—मैं दासी हूँ !

भिक्षु—एक बार दया कर देने से हल्ला मच जाता है, सभी तङ्ग करने लगते हैं कि मुझे भी धनी बना दो। किन्तु तुझ पर तो...

तरला—(स्वगत)—क्या यह सोना बनाना जानते हैं ? (प्रकट) फिर क्यों नहीं दया करते यह दुखिया भी सुखी होकर आपका गुण-गान करेगी।

भिक्षु—अच्छा आँख मूँद कर हाथ जोड़, मैं भी देखूँ कि तेरा भाग्य कैसा है।—(तरला वैसा ही करती है)—इचिलु मिचिलु खिचिलु बयुजारे श्वयुनश्वे खिचिटि खिचिटि फट् (ठहरकर)—ठीक है, खोल दे आँख।

तरला—(आँख खोल कर) क्या देखा भगवन् !

भिक्षु—समुद्र की रेत की तरह !

तरला—क्या रेत की तरह ?

भिक्षु—हाँ, रेत की तरह लम्बा-चौड़ा चमकता हुआ उज्ज्वल...

तरला—उज्ज्वल ! क्या उज्ज्वल ?

भिक्षु—(क्रोध से) तेरा—कपाल और क्या !

तरला—(पैर पकड़ कर)—खुल गये, भाग्य खुल गये !

भिक्षु—(सिर हिलाता है)—खुल गये, अवश्य खुल गये। पर तू सब से कहेगी और मैं तङ्ग किया जाऊँगा।

तरला—कभी नहीं, जो आज्ञा कीजिये।

भिक्षु—(कड़क कर)—अच्छा तो ला फिर जो तेरे पास चाँदी ताँबा हो। ताँबा चाँदी हो जाय, चाँदी सोना हो जाय—(ऐंठता हुआ)—चल तो स्वर्णयक्षिणी—हाँ देर न कर !

[**तरला जाकर घर में से गहने निकाल लाती है। भिक्षु उसे देखकर विचित्र चेष्टाकरता है**]

भिक्षु—अच्छा, इचिलु, मिचिलु बयुजारे श्वयुनश्वे खिचिट खिचिट फट् स्वर्णं कुरु कुरु स्वाहा—(गड्ढा दिखा कर)—रख दे इसी में—(रखने पर उसे ढक देता है)—आँखें बन्द कर हाथ जोड़—(**तरला वैसे ही करती है। भिक्षु मन्त्र पढ़ाता है, वह पढ़ती है**)

भिक्षु—अच्छा तो देख।

तरला—देखूँ क्या, आखें तो बन्द हैं; खोल दूं ?

भिक्षु—न न न न न न, ऐसा न करना, नहीं तो सब छू मन्तर !

तरला—तब क्या करूँ ?

भिक्षु—सुन, जब तक हम देवता की पूजा करके ध्यान लगाते हैं, नैवेद्य चढ़ाते हैं, समझा न—बोलो कहो !

तरला—बोलो कहो, क्या कहूँ ?

भिक्षु—चुप रहो, जो मैं कहता हूँ वह्।

तरला—वही तो।

भिक्षु—नैवेद्य लगने पर सब एकदम छू मन्तर।

तरला—सब एकदम छू मन्तर ! (सिर हिलाती है)

[**भिक्षु पूजा का ढोंग करता है। तरला आँखें बन्द किये है। भिक्षु गड्ढे में से सब निकाल कर बांधता है**]

भिक्षु—उपासिका, मैं इसी चतुष्पथ पर यज्ञ-बलि देकर आता हूँ। तब इसको खोलना होगा। बस सब एकदम छू मन्तर !

तरला—सब छू मन्तर ?

भिक्षु—तब तक आँख न खोलना, नहीं तो सब····

तरला—क्या छू मन्तर ?

भिक्षु—हाँ हाँ, चुप होकर मन्त्र का जप-ध्यान करो।

(तरला 'खिचिट स्वाहा' जपती है। भिक्षु सब लेकर चम्पत हो जाता है। तरला थोड़ी देर बाद आँख खोलती है। गड्ढा खाली देख कर कहती है—'हाय रे सब छू मन्तर !)

(गिर पड़ती है)

[पट-परिवर्तन]

चौथा दृश्य

[स्थान—राजदरबार। राजा नरदेव सिंहासन पर। विशाख और चन्द्रलेखा बन्दी के रूप में]

नरदेव—क्यों विशाख ! हमारे उपकारों का क्या यही प्रतिफल है कि तुम मेरा अपमान करते हुए मेरे सहचर की हत्या करो ? तुम्हारा इतना साहस !

विशाख—नहीं जानता हूँ कि उस समय क्या उत्तर दिया जाता है जब कि अभियोग ही उल्टा हो और जो अभियुक्त हो—वही न्यायाधीश हो !

नरदेव—ब्राह्मणत्त्व की भी सीमा होती है, राज्यशासन के वह वहिर्भूत नहीं है। क्या अपने दण्ड का तुम्हें ध्यान नहीं है ?

विशाख—न्याय यदि सचमुच दण्ड देता है तो मैं नहीं कह सकता कि हम दोनों में, किसे वह पहिले मिलेगा।

नरदेव—चुप रहो। दौवारिक !

दौवारिक—(प्रवेश करके)—पृथ्वीनाथ ! क्या आज्ञा है ?

नरदेव—इस विशाख ने अपराध स्वीकार किया है। इसका सर्वस्व अपहरण करके इसे केवल राज्य से बाहर कर दो।

चन्द्रलेखा—और मुझे क्या आज्ञा है ?

नरदेव—तुम्हारा विचार फिर होगा।

चन्द्रलेखा—मेरा अपराध ?

नरदेव—मैं सब बातों का उत्तर देने को बाध्य नहीं।

विशाख—तो मैं भी बाहर जाने को बाध्य नहीं।

नरदेव—इतनी धृष्टता ! प्रहरी, ले जाओ इसे।

चन्द्रलेखा—मुझे भी।

नरदेव—(क्रुद्ध होकर)—दोनों को ले जाओ, शूली दे दो !

(बाहर कोलाहल होता है)

नरदेव—देखो तो बाहर क्या है !

(एक बाहर जाकर देखकर आता है)

दौवारिक—महाराजाधिराज, नाग जाति की एक बड़ी जनता महाराज से प्रार्थना करने आई है।

नरदेव—उसमें से थोड़े लोग यहाँ आवें।

(**दौवारिक जाकर कुछ नाग सरदारों को ले आता है**)

नाग—न्याय! न्याय!

नरदेव—कैसा आतङ्क है! क्यों तुम लोग चिल्ला रहे हो?

सुश्रवा—आपके सैनिकों ने मेरी कन्या चन्द्रलेखा और जामाता विशाख को अकारण पकड़ रखा है, उसे छोड़ दीजिये।

नरदेव—उसने हत्या की थी। उसके अपराधों का विचार हुआ है कि वह देश से निकाला जाय। इसलिए तुम लोगों को अब उस विषय में कुछ न बोलना चाहिए।

नाग-रमणी—तो सारे सभासदों और नागरिकों के सामने राजा! मैं तुम्हें अभियुक्त बनाती हूँ। जो दोष कि एक निरपराध नागरिक को देश-निकाला दे सकता है वही अपराध देखूँ तो सत्ताधारी का क्या कर सकता है? क्या तुम चन्द्रलेखा पर आसक्त नहीं हो, और क्या तुमने एकान्त में उससे प्रणय-भिक्षा नहीं की थी? क्या तुम्हारी ओर से प्रेरित होकर महापिङ्गल नहीं गया था? क्या अपने पति को छोड़कर चन्द्रलेखा से राजरानी बनने का घृणित प्रस्ताव नहीं किया? बोलो, उत्तर दो।

नरदेव—अभागिनि! क्या तेरी मृत्यु निकट है? क्या स्त्री होने की ढाल तुझे उससे बचा लेगी? अपनी जीभ रोक!

चन्द्रलेखा—यह सब सत्य है कि राजा नरदेव मेरी प्रणय-कामना में पड़ कर यह अनर्थ करा रहे हैं—धर्म की दुहाई है!

जनता—अनर्थ! न्याय के नाम पर अत्याचार!! इसका सुविचार होना चाहिये।

नरदेव—क्या तुम लोगों को कुछ विचार नहीं है कि हम न्यायाधिकरण के सामने हैं।

जनता—न्यायाधिकरण में क्या अत्याचार ही होता है? हम अन्यायपूर्ण आज्ञा नहीं मानेंगे।

नरदेव—तुम लोग शान्ति के साथ घर लौट जाओ।

जनता—तो हमें चन्द्रलेखा और विशाख मिल जायँ।

नरदेव—कभी नहीं। अपराधी इस तरह नहीं मुक्त हो सकता। नियम यों नहीं भङ्ग किये जा सकते।

जनता—तो हम भी नहीं टलेंगे!

(**प्रेमानन्द का प्रवेश**)

प्रेमानन्द—राजन्, सावधान ! यह क्या ? बच्चे जब हठ करें तो क्या पिता भी रोष से उन्हीं का अनुकरण करे ? क्या राजा प्रजा का पिता नहीं है जो एक बार उसका मचलना नहीं सम्हाल सकता ?

नरदेव—यह मठ नहीं है भिक्षु ! तुम्हें यहाँ बोलने का अधिकार नहीं है ।

प्रेमानन्द—राजन् ! सुविचार कीजिये ।

नरदेव—महादण्डनायक !

द० ना०—क्या आज्ञा है महाराज ।

नरदेव—इन लोगों को बाहर निकाल दो और चन्द्रलेखा तथा विशाख को अभी सूली न दी जावे ।

प्रेमानन्द—उन्हें छोड़ दीजिये । राजन्; प्रजा को सुख दीजिये । क्या आप ही ने इसी एक स्त्री पर अत्याचार होने के कारण सैकड़ों विहार नहीं जलवाये ? क्या वह न्याय दूसरों के लिए ही था ? भगवान् की गर्वहारिणी योगमाया की यह उज्ज्वल सृष्टि है । नरनाथ ! वह तुम्हारा न्याय नहीं था, न्याय का अभिमान मात्र था । आज तुम वही पाप कर रहे हो ! कैसा रहस्यमय प्रतिघात है । इसी से कहता हूँ कि भगवान् की करुणा ही सबको न्याय देती है । तुम मान जाओ ।

नरदेव—चले जाओ संन्यासी, तुम क्यों व्यर्थ अड़ते हो यह, नहीं हो सकता । निकालो जी, इन्हें बाहर करो ।

सब नाग—तब हम हम लोगों पर कोई उत्तरदायित्व नहीं, और, बिना विशाख और चन्द्रलेखा को लिये हम नहीं जायँगे ।

नरदेव—(कड़क कर)—मारो इन दुष्टों को ।

(सैनिक प्रहार करते हैं । 'आग आग !'—का हल्ला । नरदेव घबरा कर भीतर भागता है । चन्द्रलेखा और विशाख को लेकर नाग लोग भागते हैं । आग फैल जाती है । अग्नि में से घुसकर प्रेमानन्द राजा को उठा लाता है और पीठ पर लादकर चला जाता)

[**पट-परिवर्त्तन**]

पञ्चम दृश्य

(कानन में इरावती का कुटीर)

इरावती—**(प्रवेश करके)**—क्रोध ! प्रतिहिंसा और भयानक रक्तपात ! ! यह क्या सुन रही हूँ भगवन्, तुमने चिरकाल से मनुष्य को किस मायाजाल में उलझाया है ! वह अपनी पाशववृत्ति के वशीभूत होकर उपद्रव कर ही बैठता है—सब समझदारी, सारा

ज्ञान, समस्त क्रमागत उच्च सिद्धान्त बुल्लों के समान विलीन ही जाते हैं; और उठने लगती हैं भयानक तरङ्गें ! चन्द्रलेखा को लेकर इतना बड़ा उपद्रव हो जायगा, कौन जानता था । अहा स्नेह, वात्सल्य, सौहार्द, करुणा और दया सब विलीन हो गये—केवल क्रूरता, प्रतिहिंसा का आतङ्क रह गया । इतना दुःखपूर्ण संसार क्यों बनाया मेरे देव ! यह तुम्हारी ही सृष्टि है । करुणासिन्धु ! मेरे नाथ !

(प्रार्थना करती है)

दीन दुखी न रहे कोई,
सुखी हों सब लोग ।
देश समृद्धि प्रपूरित हो—जनता नीरोग,
कूटनीति टूटे जग में—सबमें सहयोग,
भूप प्रजा समदर्शी हों—तजकर सब ढोंग ।

(अचेत नरदेव को लिए प्रेमानन्द का प्रवेश)

इरावती—**(देख कर)**—अहा, घायल है कोई ! और आप महात्मा ! इन्हें ढोकर ले आ रहे हैं—तो क्या मैं भी कोई सेवा कर सकती हूँ ?

प्रेमानन्द—**(नरदेव को लिटाते हुए)**—सेवा करने का सभी को अधिकार है देवि ! इसे थोड़ा-सा दूध चाहिये ।

(इरावती जाती है, प्रेमानन्द किसी जड़ी का रस नरदेव के मुँह में टपकाता है, वह कुछ चैतन्य होता है । इरावती दूध लाती है)

प्रेमानन्द—अभी तुम्हें बल नहीं है । लो, थोड़ा-सा दूध पी लो—**(इरावती दूध पिलाती है)**

नरदेव—**(स्वस्थ होकर)**—देवदूत ! मेरे अपराध क्षमा कीजिये ।

प्रेमानन्द—अपराध ! अपराध तो नरदेव ! एक भी क्षमा नहीं किये जाते और उसी अवस्था में अपराधों से अच्छा फल होता है ! सज्जनों के लिए वही उदाहरण हो जाता है । किन्तु तुम्हें तो पूर्ण दण्ड मिला और अब तपाये हुए सोने की तरह हो गये । अभी तुम्हारी व्यथायें शान्त नहीं हुईं, इसलिए तुम लेटो । थोडी-सी जड़ी और लाकर तुम्हारे अङ्गों पर मल दूँ, जिससे तुम पूर्ण स्वस्थ हो जाओ । **(जाता है)**

नरदेव—हाय हाय, मैंने क्या किया—एक पिशाच-ग्रस्त मनुष्य की तरह मैंने प्रमाद की धारा बहा दी ! मैंने सोचा था कि नदी को अपने बाहुबल से सन्तरण कर जाऊँगा, पर मैं स्वयं बह गया । सत्य है, परमात्मा की सुन्दर सृष्टि को, व्यक्तिगत मानापमान, द्वेष और हिंसा से किसी को भी आलोड़ित करने का अधिकार नहीं है । प्रायः देखा जाता है कि दूसरों के दोष दिखाने वाले घटनाचक्र से जब स्वयं किसी अन्याय को करने लगते हैं तो पशु से भी भयानक हो जाते हैं । न्याय और स्वतन्त्रता के बदले

'घोर आवश्यक' बताने वाले परतन्त्रता के बन्धन का पाश अपने हाथ में लेकर मानव-समाज के सामने प्रकट होते हैं। इसी लिये प्रकृति के दास मनुष्य को—आत्मसंयम, आत्मशासन की पहली आवश्यकता है। नहीं तो वह प्रमादवश अनर्थ ही करता है ··।

प्रेमानन्द—(प्रवेश करके)—ठीक है नरदेव! यह विचार तुम्हारा ठीक है। प्रमाद, आतङ्क, उद्वेग आदि स्वप्न हैं, अलीक हैं। किन्तु क्या इसे पहले भी विचार किया था? क्या मानवता का परम उद्देश्य तुम्हारी अविचार-वन्या में नहीं बह गया था? विचारो, सोचो, फिर राजा होना चाहते हो?

नरदेव—नहीं भगवन्! अब नहीं। उस प्रमादी मुकुट को मैं स्वीकार नहीं करूँगा हृदय में असीम घृणा है। उसे निकालने दीजिये। गुरुदेव, मैं आपकी शरण हूँ; मुझे फिर से शान्ति दीजिये।

प्रेमानन्द—नरदेव! तुम आज सच्चे राजा हुए। तुम्हारे हृदय पर आज ही तुम्हारा अधिकार हुआ। तुम्हारा स्वराज्य तुम्हें मिला। हृदय राज्य पर जो अधिकार नहीं कर सका, जो उसमें पूर्ण शान्ति न ला सका, उसका शासन करना एक ढोंग करना है। भगवान् तूम्हारा सार्वत्रिक कल्याण करेंगे।

(चन्द्रलेखा का एक बालक को गोद में लिए हुए आना)

चन्द्रलेखा—महात्मन्! यह बालक राजमन्दिर में मिला है। उत्तेजित नागों ने इसे राजकुमार समझ कर मार डालना चाहा। पर मैं किसी तरह इसे बचा लायी।

नरदेव—(देखकर)—भगवान्, तू धन्य है, इस प्रकाण्ड दावाग्नि में नन्हीं-सी दूब तेरी शीतलता में बची रही। मेरे प्यारे बच्चे!

प्रेमानन्द—मूर्त्तिमती करुणे! तुम्हारा जीवन सफल हो! स्त्री जाति का सुन्दर उदाहरण तुमने दिखाया। नरदेव को मार कर भी तुमने जिलाया।

चन्द्रलेखा—अरे नरदेव···मैं तो पहचान भी न सकी....

नरदेव—देवि, क्षमा हो। अधम के अपराध क्षमा हों।

(बच्चे को गोद में लेता है)

चन्द्रलेखा—राजन्, रूप की ज्वाला ने तुम्हें दग्ध कर दिया, कामना ने तुम्हें कलुषित कर दिया, क्या मेरा कुछ इसमें सहयोग था। नहीं; इस सोने के रङ्ग ने तुम्हारी आँखों में कमल रोग उत्पन्न कर दिया। तुम्हें सर्वत्र चम्पकवर्ण दिखलाई देने लगा। पर क्या यह रङ्ग ठहरेगा। किन्तु इस दुखद घटना का इतिहास साक्षी रहेगा, तुम्हारी दुर्बलता की घोषणा किया करेगा। परमात्मा तुम्हें अब भी शान्ति दे।

विशाख—(प्रवेश करके)—यह क्या, तुम नरदेव हो? अभी जीवित हो!

प्रेमानन्द—विशाख, वत्स! प्रतिहिंसा पाशववृत्ति है। नरदेव अब संन्यासी हो गया है। उसे राष्ट्र से कोई काम नहीं। यदि मेरा कहा मानो, तो तुम अपने सज्जनता के हृदय से इन्हें क्षमा कर दो, और इस बालक को ले जाकर प्रजा के अनुकूल राजा

बनने की शिक्षा दो। तुम्हें भी कर्म करने के बाद मेरे ही पथ पर शान्ति पाने के लिए आना होगा।

विशाख—जैसी आज्ञा।

नरदेव—भाई विशाख, मुझे क्षमा करना।

विशाख—भगवान् क्षमा करें।

नरदेव—शान्ति के लिए भगवान् के प्रार्थना करनी चाहिये।

प्रेमानन्द—प्रार्थना करो, तुम्हें शान्ति मिलेगी।

नरदेव—(हाथ जोड़ कर बैठ कर)

हृदय के कोने कोने से
स्वर उठता है कोमल मध्यम, कभी तीव्र होकर भी पञ्चम,
मन के रोने से।
इन्दु स्तब्ध होकर अविचल है; भाव नहीं कुछ, वह निर्मल है
हृदय न होने से।
उसे देख सन्तोष न होता, वह मेघों में छिप कर सोता,
तेजस् खोने से।
तुम आओ तब अच्छा होगा, हृदय भाव कुछ सच्चा होगा,
तेरे टोने से।
किन्तु हुआ अब लज्जित हूँ मैं कर्म फलों से सज्जित हूँ मैं,
उनके बोने से।
आवृत हो अतीत सब मेरा, तूने देखा, सब कुछ मेरा,
पर्दा होने से।
हृदय के कोने-कोने से ।।

[पटाक्षेप]

अजातशत्रु

कथा-प्रसङ्ग

इतिहास में घटनाओं की प्राय: पुनरावृत्ति होते देखी जाती है। इसका तात्पर्य यह नहीं है कि उसमें कोई नयी घटना होती ही नहीं। किन्तु असाधारण नयी घटना भी भविष्यत् में फिर होने की आशा रखती है। मानवसमाज की कल्पना का भण्डार अक्षय है, क्योंकि वह इच्छा-शक्ति का विकास है। इन कल्पनाओं का, इच्छाओं का मूल-सूत्र बहुत ही सूक्ष्म और अपरिस्फुट होता है। जब वह इच्छा-शक्ति किसी व्यक्ति या जाति में केन्द्रीभूत होकर अपना सफल या विकसित रूप धारण करती है, तभी इतिहास की सृष्टि होती है। विश्व में जब तक कल्पना इयत्ता को नहीं प्राप्त होती, तब तक वह रूप-परिवर्तन करती हुई, पुनरावृत्ति करती ही जाती है। समाज की अभिलाषा अनन्त स्रोतवाली है। पूर्व कल्पना के पूर्ण होते-होते एक नयी कल्पना उसका विरोध करने लगती है, और पूर्व कल्पना कुछ काल तक ठहर कर, फिर होने के लिए अपना क्षेत्र प्रस्तुत करती है। इधर इतिहास का नवीन अध्याय खुलते लगता है। मानवसमाज के इतिहास का इसी प्रकार सङ्कलन होता है।

भारत का ऐतिहासिक काल गौतम बुद्ध से माना जाता है, क्योंकि उस काल की बौद्ध-कथाओं में वर्णित व्यक्तियों का पुराणों की वंशावली में भी प्रसङ्ग आता है। लोग वहीं से प्रामाणिक इतिहास मानते हैं। पौराणिक-काल के बाद गौतम बुद्ध के व्यक्तित्व ने तत्कालीन सभ्य संसार में बड़ा भारी परिवर्तन किया। इसलिये हम कहेंगे कि भारत के ऐतिहासिक काल का प्रारम्भ धन्य है, जिसने संसार में पशु-कीट-पतङ्ग से लेकर इन्द्र तक के साम्यवाद की शङ्खध्वनि की थी। केवल इसी कारण हमें, अपना अतीव प्राचीन इतिहास रखने पर भी, यहीं से इतिहास-काल का प्रारम्भ मानने में गर्व होना चाहिये।

भारत-युद्ध के पौराणिक काल के बाद इन्द्रप्रस्थ के पाण्डवों की प्रभुता कम होने पर बहुत दिनों तक कोई सम्राट् नहीं हुआ। भिन्न-भिन्न जातियाँ अपने-अपने देशों में शासन करती थीं। बौद्धों के प्राचीन संघों में ऐसे १६ राष्ट्रों के उल्लेख हैं, प्राय: उनका वर्णन भौगोलिक क्रम के अनुसार न हो कर जातीयता के अनुसार है। उनके नाम हैं—अङ्ग, मगध, काशी, कोसल, वृजि, मल्ल, चेदि, वत्स, कुरु, पाञ्चाल, मत्स्य, शूरसेन, अश्वक, अवन्ति, गान्धार और काम्बोज।

उस काल में जिन लोगों से बौद्धों का सम्बन्ध हुआ है, इनमें उन्हीं का नाम है। जातक-कथाओं में शिवि, सौवीर, मद्र, विराट् और उद्यान का भी नाम आया है; किन्तु

उनकी प्रधानता नहीं है। उस समय जिन छोटी-से-छोटी जातियों, गणों और राष्ट्रों का सम्बन्ध बौद्ध धर्म से हुआ, उन्हें प्रधानता दी गयी, जैसे 'मल्ल' आदि।

अपनी-अपनी स्वतन्त्र कुलीनता और आचार रखनेवाले इन राष्ट्रों में—कितनों ही में गणतन्त्र शासन-प्राणाली भी प्रचलित थी—निसर्गनियमानुसार एकता, राजनीति के कारण नहीं, किन्तु एक-से होने वाली धार्मिक क्रांति से थी।

वैदिक हिंसापूर्ण यज्ञों और पुरोहितों के एकाधिपत्य से साधारण जनता के हृदय-क्षेत्र में विद्रोह की उत्पत्ति हो रही थी। उसी के फलस्वरूप जैन-बौद्ध धर्मों का प्रादुर्भाव हुआ। चरम अहिंसावादी जैन-धर्म के बाद बौद्धधर्म का प्रादुर्भाव हुआ। वह हिंसामय 'वेद-वाद' और पूर्ण-अहिंसा वाली जैन-दीक्षाओं के 'अति-वाद' से बचता हुआ एक मध्यवर्ती नया मार्ग था। सम्भवतः धर्म-चक्र-प्रवर्तन के समय गौतम ने इसी से अपने धर्म को 'मध्यमा-प्रतिपदा' के नाम से अभिहित किया और इसी धार्मिक-क्रान्ति ने भारत के भिन्न-भिन्न राष्ट्रों को परस्पर सन्धि-विग्रह के लिए बाध्य किया।

इन्द्रप्रस्थ और अयोध्या के प्रभाव का ह्रास होने पर, इसी धर्म के प्रभाव से पाटलिपुत्र पीछे बहुत दिनों तक भारत की राजधानी बना रहा। उस समय के बौद्ध-ग्रन्थों में ऊपर कहे हुए बहुत-से राष्ट्रों में से चार प्रमुख राष्ट्रों का अधिक वर्णन है—कोसल, मगध, अवन्ति और वत्स। कोसल का पुराना राष्ट्र सम्भवतः उस काल में सब राष्ट्रों से विशेष मर्यादा रखता था; किन्तु वह जर्जर हो रहा था। प्रसेनजित् वहाँ का राजा था। अवन्ति में प्रद्योत (पज्जोत) राजा था। मालव का राष्ट्र भी उस समय सबल था। मगध, जिसने कौरवों के बाद भारत में महान् साम्राज्य स्थापित किया, शक्तिशाली हो रहा था। बिम्बिसार वहाँ के राजा थे। अजातशत्रु वैशाली (वृजि) की राजकुमारी से उत्पन्न, उन्हीं का पुत्र था। इसका वर्णन भी बौद्धों की प्राचीन कथाओं में बहुत मिलता है। बिम्बिसार की बड़ी रानी कोसला (वासवी) कोसल नरेश प्रसेनजित् की बहन थी वत्स-राष्ट्र की राजधानी कौशाम्बी थी, जिसका खँडहर जिला बाँदा (करुई सब-डिवीजन) में यमुना-किनारे 'कोसम' नाम से प्रसिद्ध है। उदयन इसी कौशाम्बी का राजा था। इसने मगध-राज और अवन्ति-नरेश की राजकुमारियों से विवाह किया था। भारत के सहस्ररजनी-चरित्र 'कथासरित्सागर' का नायक इसी का पुत्र नरवाहनदत्त है।

वृहत्कथा (कथा-सरित्सागर) के आदि आचार्य वररुचि हैं, जो कौशाम्बी में उत्पन्न हुए थे। और जिन्होंने मगध में नन्द का मन्त्रित्व किया। उदयन के समकालीन अजातशत्रु के बाद उदयाश्व, नन्दिवर्द्धन और महानन्द नाम के तीन राजा मगध के सिंहासन पर बैठे। शूद्रा के गर्भ से उत्पन्न, महानन्द के पुत्र, महापद्म ने नन्द-वंश की नींव डाली। इसके बाद सुमाल्य आदि आठ नन्दों ने शासन किया (विष्णुपुराण, ४ अंश)। किसी के मत से महानन्द के बाद नवनन्दों ने राज्य किया। इस 'नवनन्द' वाक्य के दो अर्थ हुए—नवनन्द (नवीन नन्द), तथा महापद्म और सुमाल्य आदि नौ

नन्द। इनका राज्य-काल भी, पुराणों के अनुसार, १०० वर्ष होता है। नन्द के पहले राजाओं का राज्य-काल भी, पुराणों के अनुसार, लगभग १०० वर्ष होता है। ढुण्ढि ने मुद्राराक्षस के उपोद्घात के अन्तिम नन्द का नाम धननन्द लिखा है। इसके बाद योगानन्द का मंत्री वररुचि हुआ। यदि ऊपर लिखी हुई पुराणों की गणना सही है, तो मानना होगा कि उदयन के पीछे, २०० वर्ष के बाद वररुचि हुए, क्योंकि पुराणों के अनुसार ४ शिशुनाग वंश के और ९ नन्दवंश के राजाओं का राज्य-काल इतना ही होता है। महावंश और जैनों के अनुसार कालाशोक के बाद केवल नवनन्द का नाम आता है। कालाशोक पुराणों का महापद्म नन्द है। बौद्धमतानुसार इन शिशुनाग तथा नन्दों का सम्पूर्ण राज्यकाल १०० वर्ष से कुछ ही अधिक होता है। यदि इसे माना जाय, तो उदयन के १००-१२५ वर्ष पीछे वररुचि का होना प्रमाणित होगा। कथा-सरित्सागर में इसी का नाम 'कात्यायन' भी है—"नाम्नावररुचिः किं च कात्यायन इति श्रुतः"। इन विवरणों से प्रतीत होना है कि वररुचि उदयन के १२५-२०० वर्ष बाद हुए। विख्यात उदयन की कौशाम्बी वररुचि की जन्मभूमि है।

मूल वृहत्कथा वररुचि ने काणभूति से कही, और काणभूति ने गुणाढ्य से। इससे व्यक्त होता है कि यह कथा वररुचि के मस्तिष्क का आविष्कार है, जो सम्भवतः उसने संक्षिप्त रूप से संस्कृत में कही थी; क्योंकि उदयन की कथा उसकी जन्म-भूमि में किम्बदन्तियों के रूप में प्रचलित रही होगी। उसी मूल उपाख्यान को क्रमशः काणभूति और गुणाढ्य ने प्राकृत और पैशाची भाषाओं में विस्तारपूर्वक लिखा। महाकवि क्षेमेन्द्र ने उसे वृहत्कथा-मंजरी नाम से, संक्षिप्तरूप से, संस्कृत में लिखा। फिर काश्मीर-राज अनन्तदेव के राज्य-काल में कथा-सरित्सागर की रचना हुई। इस उपाख्यान को भारतीयों ने बहुत आदर दिया और वत्सराज उदयन कई नाटकों और उपाख्यानों में नायक बनाये गये। स्वप्न-वासवदत्ता, प्रतिज्ञायौगन्धरायण और रत्नावली में इन्हीं का वर्णन है। 'हर्षचरित' में लिखा है—"नागवन विहारशीलं च मायामातंगांगान्निर्गताः महासेनसैनिकाः वत्सपतिन्ययंसिषुः।" मेघदूत में भी—"प्राप्यावन्तीनुदयनकथाकोविद-ग्रामवृद्धान्" और "प्रद्योतस्य प्रियदुहितरं वत्सराजोऽत्र जह्रे" इत्यादि हैं। इससे इस कथा की सर्वलोकप्रियता समझी जा सकती है। वररुचि ने इस उपाख्यान-माला को सम्भवतः ३५० ई० पूर्व लिखा होगा। सातवाहन नामक आन्ध्र-नरपति के राजपण्डित गुणाढ्य ने इसे वृहत्कथा नाम से ईसा की पहली शताब्दी में लिखा। इस कथा का नायक नरवाहनदत्त इसी उदयन का पुत्र था।

बौद्धों के यहाँ इसके पिता का नाम 'परन्तप' मिलता है। और 'मरन परिदीपित-उदेनिवत्थु' के नाम से एक आख्यायिका है। उसमें भी (जैसा कि कथा सरित्सागर में) इसकी माता का गरुड़-वंश के पक्षी द्वारा उदयगिरि की गुफा में ले जाया जाना और वहाँ एक मुनि-कुमार का उनकी रक्षा और सेवा करना लिखा है। बहुत दिनों तक

इसी प्रकार साथ रहते-रहते मुनि से उसका स्नेह हो गया और उसी से वह गर्भवती हुई। उदयगिरि (कलिङ्ग) की गुफा में जन्म होने के कारण लड़के का नाम उदयन पड़ा। मुनि ने उसे हस्ती वश करने की विद्या, और भी कई सिद्धियाँ दीं। एक वीणा भी मिली (कथा सरित्सागर के अनुसार, वह, प्राण बचाने पर, नागराज ने दी थी)। वीणा-द्वारा हाथियों और शबरों की बहुत-सी सेना एकत्र करके उसने कौशाम्बी को हस्तगत किया और अपनी राजधानी बनाया, किन्तु बृहत्कथा के आदि आचार्य वररुचि का कौशाम्बी में जन्म होने के कारण उदयन की ओर विशेष पक्षपात-सा दिखाई देता है। अपने आख्यान के नायक को कुलीन बनाने के लिए उसने उदयन को पाण्डव वंश का लिखा है। उनके अनुसार उदयन गाण्डीवधारी अर्जुन की सातवीं पीढ़ी में उत्पन्न सहस्रानीक का पुत्र था। बौद्धों के मतानुसार 'परन्तप' के क्षेत्रज पुत्र उदयन की कुलीनना नही प्रकट होती; परन्तु वररुचि ने लिखा है कि इन्द्रप्रस्थ नष्ट होने पर पाण्डव-वंशोयों ने कौशाम्बी को राजधानी बनाया। वाररुचि ने यों सहस्त्रानीक से कौशाम्बी के राजवंश का आरम्भ माना है। कहा जाता हैं, इसी उदयन ने अवन्तिका को जीतकर उसका नाम उदयपुरी या उज्जयन-पुरी रखा। कथा-सरित्सागर में उदयन के बाद नरवाहनदत्त का ही वर्णन मिलता है। विदित होता है, एक-दो पीढ़ी चल कर उदयन का वंश मगध की साम्राज्य-लिप्सा और उसकी रण-नीति में अपने स्वतन्त्र अस्तित्व को नहीं रख सका।

किन्तु विष्णुपुराण की एक प्राचीन प्रति में कुछ नया शोध मिला है और उससे कुछ और नयी बातों का पता चलता है। विष्णुपुराण के चतुर्थ अंक के २१वें अध्याय में लिखा है कि "तस्यापि, जन्मेजयश्रुतसेनोप्रसेनभीमसेनाः पुत्राश्चत्वारो भविष्यन्ति ।१। तस्यापरःशतानीको भविष्यति योऽसौ....विषयविरक्तचित्तो....निर्वाणमाप्यति ।२। शतानीकादश्वमेघदत्तो भविता। तस्मादप्यधिसीमकृष्णः अधिसीमकृष्णात् नृचक्षुः यो गंगयापहृते हस्तिनापुरे कौशाम्ब्याम् निवत्स्यति।"

इसके बाद १७ राजाओं के नाम हैं। फिर "ततोप्यपरःशतानीकः तस्माच्च उदयनः उदयनादहीनरः" लिखा है।

इससे दो बातें व्यक्त होती हैं। पहली यह कि शतानीक कौशाम्बी में नहीं गये; किन्तु नृचक्षु नामक पाण्डव-वंशी राजा हस्तिनापुर के गंगा में बह जाने पर कौशाम्बी गये। उनसे २९वीं पीढ़ी में उदयन हुए। सम्भवतः उनके पुत्र अहीनर का ही नाम कथा-सरित्सागर में नरवाहनदत्त लिखा है।

दूसरी यह कि शतानीक इस अध्याय में दोनों स्थान पर 'अपरशतानीक' करके लिखा गया है। 'अपरशतानीक' का विषय-विरागी होना, विरक्त हो जाना लिखा है। सम्भवतः यह शतानीक उदयन के पहले का कौशाम्बी का राजा है। अथवा बौद्धों की

कथा के अनुसार इसकी रानी का क्षेत्रज पुत्र उदयन है, किन्तु वहाँ नाम—इस राजा का परन्तप है। जन्मेजय के बाद जो 'अपरशतानीक' आया है, वह भ्रम-सा प्रतीत होता है, क्योंकि जन्मेजय ने अश्वमेध यज्ञ किया था; इसलिए जन्मेजय के पुत्र का नाम अश्वमेधदत्त होना कुछ सङ्गत प्रतीत होता है, अतएव कौशाम्वी में इस दूसरे शतानीक की ही वास्तविक स्थिति ज्ञात होती है, जिसकी स्त्री किसी प्रकार (गरुड़ पक्षी-द्वारा) हरी गयी। उस राजा शतानीक के विरागी हो जाने पर उदयगिरि की गुफा में उत्पन्न विजयी और वीर उदयन, अपने बाहुबल से, कौशाम्बी का अधिकारी हो गया। इसके बाद कौशाम्वी के सिंहासन पर क्रमशः अहीनर (नरवाहनदत्त), खण्डपाणि, नरमित्र और क्षेमक—ये चार राजा बैठे। इसके बाद कौशाम्वी के राजवंश या पाण्डव-वंश का अवसान होता है।

अर्जुन से सातवीं पीढ़ी में उदयन का होना तो किसी प्रकार से ठीक नहीं माना जा सकता, क्योंकि अर्जुन के समकालीन जरासंध के पुत्र सहदेव से लेकर, शिशुनाग-वंश से पहले के जरासंध वंश के २२ राजा मगध के सिंहासन पर बैठ चुके हैं। उनके बाद १२ शिशुनाग-वंश के बैठे जिनमें छठे और सातवें राजाओं के समकालीन उदयन थे। तो क्या एक वंश में उतने ही समय में, तीस पीढ़ियाँ हो गयीं, जितने में कि दूसरे वंश में केवल सात ही पीढ़ियाँ हुई! यह बात कदापि मानने योग्य न होगी। संभवतः इसी विषमता को देखकर श्रीगणपति शास्त्री ने "अभिमन्योः पंचविंश संतानः" इत्यादि लिखा है। कौशाम्बी में न तो अभी विशेष खोज हुई है, और न शिलालेख इत्यादि ही मिले हैं; इसलिए सम्भव है, कौशाम्बी के राज वंश का रहस्य अभी पृथ्वी के गर्भ में ही दबा पड़ा हो।

कथा-सरित्सागर में उदयन की दो रानियों के ही नाम मिले हैं। वासवदत्ता और पद्मावती। किन्तु बौद्धों के प्राचीन ग्रन्थों में उसकी तीसरी रानी मागन्धी का नाम भी आया है।

वासवदत्ता उसकी बड़ी रानी थी जो अवन्ति के चण्डमहासेन की कन्या थी। इसी चण्ड का नाम प्रद्योत भी था, क्योंकि मेघदूत में "प्रद्योतस्य प्रियदुहितरं वत्सराजोऽत्र जह्रे" और किसी प्रति में "चाण्डस्यात्र प्रियदुहितरं वत्सराजो विजह्रे" ये दोनों पाठ मिलते हैं। इधर बौद्धों के लेखों में अवन्ति के राजा का नाम प्रद्योत मिलता है और कथा-सरित्सागर के एक श्लोक से एक भ्रम और भी उत्पन्न होता है। वह यह है—"ततश्चण्डमहासेनप्रद्योतो पितरो द्वयो देव्योः।" तो क्या प्रद्योत पद्मावती के पिता का नाम था? किन्तु कुछ लोग प्रद्योत और चण्डमहासेन को एक ही मानते है। यही मत ठीक है, क्योंकि भास ने अवन्ती के राजा का नाम प्रद्योत ही लिखा है, और वासवदत्ता में उसने यह दिखाया है कि मगधराजकुमारी पद्मावती को यह अपने लिए चाहता था। जैकोबी ने अपने वासवदत्ता के अनुवाद में अनुमान किया कि यह प्रद्योत चण्डमहासेन

का पुत्र था; किन्तु जैसा कि प्राचीन राजाओं का देखा जाता है, यह अवश्य अवन्ति के राजा का मुख्य नाम था। उसका राजकीय नाम चण्डमहासेन था। बौद्धों के लेख से प्रसेनजित् के एक दूसरे नाम 'अग्निदत्त' का भी पता लगता है। बिम्बासर 'श्रेणिक' और अजातशत्रु 'कुणीक' के नाम से भी विख्यात थे।

पद्मावती, उदयन की दूसरी रानी के पिता के नाम में बड़ा मतभेद है। यह तो निर्विवाद है कि वह मगधराज की कन्या थी, क्योंकि कथा-सरित्सागर में भी यही लिखा है; किन्तु बौद्धों ने उसका नाम श्यामावती लिखा है, जिस पर मागन्धी के द्वारा उत्तेजित किये जाने पर, उदयन बहुत नाराज हो गये थे। वे श्यामावती के ऊपर, बौद्ध-धर्म का उपदेश सुनने के कारण, बहुत क्रुद्ध हुए। यहाँ तक कि उसे जला डालने का भी उपक्रम हुआ था; किन्तु भास की वासवदत्ता में इस रानी के भाई का नाम दर्शक लिखा है। पुराणों में भी अजातशत्रु के बाद दर्शक, दर्भक और वंशक—इन कई नामों से अभिहित एक राजा का उल्लेख है; किन्तु महावंश आदि बौद्ध ग्रन्थों में केवल अजातशत्रु के पुत्र उदयाश्व का ही नाम उदायिन, उदयभद्रक के रूपान्तर में मिलता है। मेरा अनुमान है कि पद्मावती अजातशत्रु की बहन थी और भास ने संभवतः (कुणीक के स्थान में) अजात के दूसरे नाम दर्शक का ही उल्लेख किया है जैसा कि चण्डमहासेन के लिए प्रद्योत नाम का प्रयोग किया है।

यदि पद्मावती अजातशत्रु की कन्या हुई, तो इन बातों को भी विचारना होगा कि जिस समय बिम्बिसार मगध में, अपनी वृद्धावस्था में राज्य कर रहा था, उस समय पद्मावती का विवाह हो चुका था। प्रसेनजित् उसका समवयस्क था। वह बिम्बिसार का साला था; कलिङ्गदत्त ने प्रसेनजित् को अपनी कन्या देनी चाही थी, किन्तु स्वयं उसकी कन्या कलिङ्गसेना ने प्रसेन को वृद्ध देखकर उदयन से विवाह करने का निश्चय किया था।

> "श्रावस्तीं प्राप्य पूर्वं च तं प्रसेनजितम् नृपम्!
> मृगयानिर्गतं दूराज्जरापाण्डुं ददर्श सा॥
> तमुद्यानगता सावैवत्सेशं सख्युरुदीरितम्।" इत्यादि
>
> (मदनमञ्चुका लम्बक)

अर्थात्—पहले श्रावस्ती में पहुंचकर, उद्यान में ठहरकर, उसने सखी के बताये हुए वत्सराज प्रसेनजित् को, शिकार के लिए जाते समय, दूर से देखा। वह वृद्धावस्था के कारण पाण्डु-वर्ण हो रहे थे।

इधर बौद्धों ने लिखा है कि "गौतम ने अपना नवाँ चातुर्मास्य कौशाम्बी में, उदयन के राज्य-काल में, व्यतीत किया और ४५ चातुर्मास्य करके उनका निर्वाण हुआ। ऐसा भी कहा जाता है—अजातशत्रु के राज्याभिषेक के नवें या आठवें वर्ष में गौतम

का निर्वाण हुआ। इससे प्रतीत होता है कि गौतम के ३५वें ३६वें चातुर्मास्य के समय अजातशत्रु सिंहासन पर बैठा। तब तक वह बिम्बिसार का प्रतिनिधि या युवराज-मात्र था; क्योंकि अजात ने अपने पिता को अलग करके, प्रतिनिधि-रूप से, बहुत दिनों तक राज-कार्य किया था, और इसी कारण गौतम ने राजगृह का जाना बन्द कर दिया था। ३५वें चातुर्मास्य में ९ चातुर्मास्यों का समय घटा देने से निश्चय होता है कि अजात के सिंहासन पर बैठने के २६ वर्ष पहले उदयन ने पद्मावती और वासवदत्ता से विवाह कर लिया था और वह एक स्वतन्त्र शक्तिशाली नरेश था। इन बातों को देखने से यही ठीक जंचता हैं कि पद्मावती अजातशत्रु की बड़ी बहन थी, और पद्मावती को अजातशत्रु से बड़ी मानने के लिए यह विवरण यथेष्ट है। दर्शक का उल्लेख पुराणों में मिलता है, और भास ने भी अपने नाटक में वही नाम लिखा हैं; किन्तु समय का व्यवधान देखने से—और बौद्धों के यहाँ उसका नाम न मिलने से—यही अनुमान होता है कि प्रायः जैसे एक ही राजा को बौद्ध, जैन और पौराणिक लोग भिन्न-भिन्न नाम से पुकारते हैं, वैसे ही दर्शक, कुणीक और अजातशत्रृ—ये नाम एक ही व्यक्ति के हैं, जैसे बिम्बिसार के लिए विन्ध्यसेन और श्रेणिक—ये दो नाम और भी मिलते हैं। प्रोफेसर गैगर महावंश के अनुवाद में बड़ी दृढ़ता से अजातशत्रु और उदयाश्व के बीच में दर्शक नाम के किसी राजा के होने का विरोध करते हैं। कथा-सरित्सागर के अनुसार प्रद्योत ही पद्मावती के पिता का नाम था। इन सब बातों को देखने से यही अनुमान होता है कि पद्मावती बिम्बसार की बड़ी रानी कोसला (वासवी) के गर्भ से उत्पन्न मगध-राजकुमारी थी।

नवीन उन्नतिशील राष्ट्र मगध जिसने कौरवों के बाद महान् साम्राज्य भारत में स्थापित किया, इस नाटक की घटना का केन्द्र है। मगध को कोसल का दिया हुआ, राजकुमारी कोसला (वासवी) के दहेज में काशी का प्रान्त था, जिसके लिए मगध के राजकुमार अजातशत्रु और प्रसेनजित से युद्ध हुआ। इस युद्ध का कारण, काशी-प्रान्त का आय-कर लेने का सङ्घर्ष था। 'हरितमात', 'वद्ढकीसूकर', 'तच्छ सूकर' जातक की कथाओं का इसी घटना से सम्बन्ध हैं।

अजातशत्रु जब अपने पिता के जीवन में ही राज्याधिकार का भोग कर रहा था और जब उसकी विमाता कोसलकुमारी वासवी अजात के द्वारा एक प्रकार से उपेक्षित सी हो रही थी, उस समय उसके पिता (कोसलनरेश) प्रसेनजित् ने उद्योग किया कि मेरे दिये हुए काशी-प्रान्त का आय-कर वासवी को ही मिले। निदान, इस प्रश्न को लेकर दो युद्ध हुए। दूसरे युद्ध में अजातशत्रु बन्दी हुआ। संभवतः इस बार उदयन ने भी कोसल को सहायता दी थी। फिर भी निकट-सम्बन्धी जानकर समझौता होना अवश्यम्भावी था, अतएव प्रसेनजित् ने मैत्री चिरस्थायी करने के लिए, और अपनी

बात भी रखने के लिए, अजातशत्रु से अपनी दुहिता बाजिराकुमारी का ब्याह कर दिया।

अजातशत्रु के हाथ से उसके पिता बिम्बिसार की हत्या होने का उल्लेख भी मिलता है। 'थुस जातक कथा' अजातशत्रु के अपने पिता से राज्य छीन लेने के सम्बन्ध में, भविष्यवाणी के रूप में, कही गयी है। परन्तु बुद्धघोष ने बिम्बिसार का बहुत दिन तक अधिकारच्युत होकर बन्दी की अवस्था में रहना लिखा है। और, जब अजातशत्रु को पुत्र हुआ, तब उसे 'पैतृक स्नेह' का मूल्य समझ पड़ा। उस समय वह स्वयं पिता को कारागार से मुक्त करने के लिए गया; किन्तु उस समय वहाँ महाराज बिम्बिसार की अन्तिम अवस्था थी। इस तरह से भी पितृहत्या का कलङ्क उस पर आरोपित किया जाता है; किन्तु कई विद्वानों के मत से इसमें सन्देह है कि अजात ने वास्तव में पिता को बन्दी बताया था, या मार डाला। उस काल की घटनाओं को देखने से प्रतीत होता है कि बिम्बिसार पर गौतम बुद्ध का अधिक प्रभाव पड़ा था। उसने अपने पुत्र का उद्धत स्वभाव देखकर जो कि गौतम के विरोधी देवदत्त के प्रभाव में विशेष रहता था, स्वयं सिंहासन छोड़ दिया होगा।

इसका कारण भी है। अजातशत्रु की माता छलना, वैशाली के राजवंश की थी, जोजैन तीर्थंकर महावीर स्वामो को निकट-सम्बन्धिनी भी थी। वैशाली की वृजि-जाति (लिच्छवि) अपने गोत्र के महावीर स्वामी का धर्म विशेष रूप से मानती थी। छलना का झुकाव अपने कुल-धर्म की ओर अधिक था। इधर देवदत्त जिसके बारे में कहा जाता है कि उसने गौतम बुद्ध के मार डालने का एक भारी षड्यन्त्र रचा था और किशोर अजात को अपने प्रभाव में लाकर राजशक्ति से भी उसमें सहायता लेना चाहता था—चाहता था कि गौतम से वह सङ्घ में अहिंसा की ऐसी व्याख्या प्रचारित करावे जो कि जैन-धर्म से मिलती हो, और उसके इस उद्देश्य में राजमाता की सहानुभूति का भी मिलना स्वाभाविक ही था।

बौद्ध-मत में बुद्ध ने कृत, दृष्ट और उद्दिष्ट—इन्हीं तीन प्रकार की हिंसाओं का निषेध किया था। यदि भिक्षा में मांस भी मिले, तो वर्जित नहीं था। किन्तु देवदत्त यह चाहता था कि 'सङ्घ में यह नियम हो जाय कि कोई भिक्षु मांस खाये ही नही।' गौतम ने ऐसी आज्ञा नहीं प्रचारित की। देवदत्त को धर्म के बहाने छलना की सहानुभूति मिली और बड़ी रानी तथा बिम्बिसार के साथ, जो बुद्ध-भक्त थे, शत्रुता की जाने लगी।

इसी गृह-कलह को देखकर बिम्बिसार ने स्वयं सिंहासन त्याग दिया होगा और राजशक्ति के प्रलोभन से अजात को अपने पिता पर सन्देह रखने का कारण हुआ होगा, और विशेष नियन्त्रण की भी आवश्यकता रही होगी। देवदत्त और अजात के

कारण गौतम को कष्ट पहुँचाने का निष्फल प्रयास हुआ। सम्भवतः इसी से अजात की क्रूरताओं का बौद्ध-साहित्य में बड़ा अतिरञ्जित वर्णन मिलता है।

कोमल-नरेश प्रसेनजित् के—शाक्य-दासी-कुमारी के गर्भ से उत्पन्न—कुमार का नाम विरुद्धक था विरुद्धक की माता का नाम जातकों में बासभखत्तिया मिलता है। (उसी का कल्पित नाम शक्तिमती है) प्रसेनजित् अजात के पास सहायता के लिए राजगृह आया था, किन्तु 'भद्दसाल-जातक' में इसका विस्तृत विवरण मिलता है कि विद्रोही विरुद्धक गौतम के कहने पर फिर से अपनी पूर्व मर्यादा पर अपने पिता के द्वारा अधिष्ठित हुआ।

इसने कपिलवस्तु का जनसंहार इसलिए चिढ़कर किया था कि शाक्यों ने धोखा देकर प्रसेनजित् से शाक्य-कुमारी के बदले एक दासी-कुमारी से ब्याह कर दिया था, जिससे दासी-संतान होने के कारण विरुद्धक को अपने पिता के द्वारा अपदस्थ होना पड़ा था। शाक्यों के संहार के कारण बौद्धों ने इसे भी क्रूरता का अवतार अङ्कित किया है। 'भद्दसाल-कथा' के सम्बन्ध में जातक में कोसल-सेनापति बन्धुल और उसकी स्त्री मल्लिका का विशद वर्णन है। इस बन्धुल के पराक्रम से भीत होकर कोसल-नरेश ने इसकी हत्या करा डाली थी और इसका बदला लेने के लिए उसके भागिनेय दीर्घ-कारायण ने प्रसेनजित् से राजचिह्न लेकर क्रूर विरुद्धक को कोसल के सिंहासन पर अभिषिक्त किया।

प्रसेन और विरुद्धक सम्बन्धिनी घटना का वर्णन 'अवदान-कल्पलता' में भी मिलता है। बिम्बिसार और प्रसेन दोनों के पुत्र विद्रोही थे और तत्कालीन धर्म के उलट-फेर में गौतम के विरोधी थे। इसीलिए इनका क्रूरतापूर्ण अतिरञ्जित चित्र बौद्ध-इतिहास में मिलता है। उस काल के राष्ट्रों के उलट-फेर में धर्म के दुराग्रह ने भी सम्भवतः बहुत सा भाग लिया था।

मागन्धी (श्यामा) जिसके उकसाने से पद्मावती पर उदयन बहुत असन्तुष्ट हुये थे, ब्राह्मण-कन्या थी जिसको उसके पिता गौतम से ब्याहना चाहते थे, और गौतम ने उसका तिरस्कार किया था। इसी मागन्धी को और बौद्धोंके साहित्य में वर्णित आम्र-पाली (अम्बपाली) को, हमने कल्पना द्वारा एक में मिलाने का साहस किया है। अम्बपाली पतिता और वेश्या होने पर भी गौतम के द्वारा अन्तिम काल में पवित्र की गयी। (कुछ लोग जीवक को इसी का पुत्र मानते हैं)।

लिच्छवियों का निमन्त्रण अस्वीकार करके गौतम ने उसकी भिक्षा ग्रहण की थी। बौद्धों की श्यामावती, वेश्या आम्रपाली, मागन्धी और इस नाटक की श्यामा वेश्या का एकत्र संघटन, कुछ विचित्र तो होगा; किन्तु चरित्र का विकास और कौतुक बढ़ाना ही इसका उद्देश्य है।

सम्राट् अजातशत्रु के समय में मगध साम्राज्य-रूप में परिणत हुआ; क्योंकि अङ्ग और वैशाली का इसने स्वयं विजय किया था और काशी अब निर्विवाद रूप से उसके अधीन हो गयी थी। कोसल भी इसका मित्रराष्ट्र था। उत्तरीय भारत में यह इतिहास-काल का प्रथम सम्राट हुआ।

मथुरा के समीप परखम गाँव में मिली हुई अजातशत्रु की मूर्ति देखकर मिस्टर जायसवाल की सम्मति है कि अजातशत्रु ने सम्भवतः पश्चिम में मथुरा तक भी विजय किया था।

पात्र

बिम्बिसार : मगध का सम्राट्

अजातशत्रु (कुणीक) : मगध का राजकुमार

उदयन : कौशाम्बी का राजा, मगध-सम्राट् का जामाता

प्रसेनजित् : कोसल का राजा

विरुद्धक (शैलेन्द्र) : कोसल का राजकुमार

गौतम : बुद्धदेव

सारिपुत्र : सद्धर्म के आचार्य

आनन्द : गौतम के शिष्य

देवदत्त (भिक्षु) : गौतम बुद्ध का प्रतिद्वन्द्वी

समुद्रदत्त : देवदत्त का शिष्य

जीवक : मगध का राजवैद्य

वसन्तक : उदयन का विदूषक

बन्धुल : कोसल का सेनापति

सुदत्त : कोसल का कोषाध्यक्ष

दीर्घकारायण : सेनापति बन्धुल का भाञ्जा, सहकारी सेनापति

लुब्धक : शिकारी

(काशी का दण्डनायक, अमात्य, दूत, दौवारिक और अनुचरगण)

वासवी : मगध-सम्राट् की बड़ी रानी

छलना : मगध सम्राट् की छोटी रानी और राजमाता

पद्मावती : मगध की राजकुमारी
मागन्धी (श्यामा) : आम्रपाली
वासवदत्ता : उज्जयिनी की राजकुमारी
} उदयन की रानियाँ

शक्तिमती : (महामाया) : शाक्यकुमारी, कोसल की रानी

मल्लिका : सेनापति बन्धुल की पत्नी

वाजिरा : कोसल की राजकुमारी

नवीना : सेविका

(विजया, सरला, कञ्चुकी, दासी, नर्त्तकी इत्यादि)

प्रथम अङ्क

प्रथम दृश्य

स्थान—प्रकोष्ठ

(राजकुमार अजातशत्रु, पद्मावती, समुद्रदत्त और शिकारी लुब्धक)

अजात०—क्यों रे लुब्धक ! आज तू मृगशावक नहीं लाया। मेरा चित्रक अब किससे खेलेगा ?

समुद्र०—कुमार ! यह बड़ा दुष्ट हो गया है। आज कई दिनों से यह मेरी बात सुनता ही नहीं है।

लुब्धक—कुमार ! हम तो आज्ञाकारी अनुचर हैं। आज मैंने जब एक मृगशावक को पकड़ा, तब उसकी माता ने ऐसी करुणा भरी दृष्टि से मेरी और देखा कि उसे छोड़ ही देते बना। अपराध क्षमा हो।

अजात०—हाँ, तो फिर मैं तुम्हारी चमड़ी उधेड़ता हूँ। समुद्र ! ला तो कोड़ा।

समुद्र०—(**कोड़ा लाकर देता है**)—लीजिये। इसकी अच्छी पूजा कीजिये।

पद्मा०—(**कोड़ा पकड़ कर**)—भाई कुणीक ! तुम इतने दिनों में ही बड़े निष्ठुर हो गये। भला उसे क्यों मारते हो ?

अजात०—उसने मेरी आज्ञा क्यों नहीं मानी ?

पद्मा०—उसे मैंने ही मना किया था, उसका क्या अपराध ?

समुद्र०—(**धीरे से**)—तभी तो उसको आज-कल गर्व हो गया। किसी की बात नहीं सुनता।

अजात०—तो इस प्रकार तुम उसे मेरा अपमान करना सिखाती हो ?

पद्मा०—यह मेरा कर्तव्य है कि तुमको अभिशापों से बचाऊँ और अच्छी बातें सिखाऊँ। जा रे लुब्धक, जा, चला जा। कुमार जब मृगया खेलने जायँ, तो उनकी सेवा करना। निरीह जीवों को पकड़ कर निर्दयता सिखाने में सहायक न होना।

अजात०—यह तुम्हारी बढ़ाबढ़ी मैं सहन नहीं कर सकता।

पद्मा०—मानवी सृष्टि करुणा के लिये है, यों तो क्रूरता के निदर्शन हिंस्र पशु-जगत् में क्या कम है ?

समुद्र०—देवि ! करुणा और स्नेह के लिये तो स्त्रियाँ जगत् में हुई हैं, किन्तु पुरुष भी क्या वही हो जायँ ?

पद्मा०—चुप रहो समुद्र ! क्या क्रूरता ही पुरुषार्थ का परिचय है ? ऐसी चाटूक्तियाँ भावी शासक को अच्छा नहीं बनातीं ।

(छलना का प्रवेश)

छलना—पद्मावती ! यह तुम्हारा अविचार है । कुणीक का हृदय छोटी-छोटी बातों में तोड़ देना, उसे डरा देना, उसकी मानसिक उन्नति में बाधा देना है ।

पद्मा०—माँ, यह क्या कह रही हो ! कुणीक मेरा भाई है, मेरे सुखों की आशा है, मैं उसे कर्तव्य क्यों न बताऊँ ? क्या उसे चाटुकारों की चाल में फँसते देखूँ और कुछ न कहूँ !

छलना—तो क्या तुम उसे बोदा और डरपोक बनाना चाहती हो ? क्या निर्बल हाथों से भी कोई राजदण्ड ग्रहण कर सकता है ?

पद्मा०—माँ, क्या कठोर और क्रूर हाथों से ही राज्य सुशासित होता है ? ऐसा विष-वृक्ष लगाना क्या ठीक होगा ? अभी कुणीक किशोर है, यही समय सुशिक्षा का है । बच्चों का हृदय कोमल थाला है, चाहे इसमें कँटीली झाड़ी लगा दो, चाहे फूलों के पौधे ।

अजात०—फिर तुमने मेरी आज्ञा भङ्ग होने दी ? क्या दूसरे अनुचर इसी प्रकार मेरी आज्ञा का तिरस्कार करने का साहस न करेंगे ?

छलना—यह कैसी बात ?

अजात०—मेरे चित्रक के लिए जो मृग आता था, उसे ले आने के लिये लुब्धक रोक दिया गया । आज वह कैसे खेलेगा ?

छलना—पद्मा ! तू क्या इसकी मङ्गल-कामना करती है ? इसे अहिंसा सिखाती है, जो भिक्षुओं की भद्दी सीख है ? जो राजा होगा, जिसे शासन करना होगा, उसे भिखमङ्गों का पाठ नहीं पढ़ाया जाता । राजा का परम धर्म न्याय है, वह दण्ड के आधार पर है । क्या तुझे नहीं मालूम कि वह भी हिंसामूलक है ?

पद्मा०—माँ, क्षमा हो । मेरी समझ में तो मनुष्य होना राजा होने से अच्छा है ।

छलना—तू कुटिलता की मूर्ति है । कुणीक को अयोग्य शासक बनाकर उसका राज्य आत्मसात करने के लिए कौशाम्बी से आयी है ।

पद्मा०—माँ ! बहुत हुआ, अन्यथा तिरस्कार न करो । मैं आज ही चली जाऊँगी !

(वासवी का प्रवेश)

वासवी—वत्स कुणीक ! कई दिनों से तुमको देखा नहीं । मेरे मन्दिर में इधर क्यों नहीं आये ? कुशल तो है ?

(अजात के सिर पर हाथ फेरती है)

अजात०—नहीं माँ, मैं तुम्हारे यहाँ न आऊँगा, जब तक पद्मा घर न जायगी ।

वासवी—क्यों ! पद्मा तो तुम्हारी ही बहिन है । उसने क्या अपराध किया है ? वह तो बड़ी सीधी लड़की है ।

छलना—(**क्रोध से**)—वह सीधी और तुम सीधी ! आज से कभी कुणीक तुम्हारे पास न जाने पावेगा, और तुम भी यदि भलाई चाहो तो प्रलोभन न देना ।

वासवी—छलना ! बहिन ! ! यह क्या कह रही हो ? मेरा वत्स कुणीक ! प्यारा ! कुणीक ! हा भगवान ! मैं उसे देखने न पाऊँगी ? मेरा क्या अपराध—

अजात—यह पद्मा, बार-बार मुझे अपदस्थ किया चाहती है, और जिस बात को मैं कहता हूँ उसे ही रोक देती है ।

वासवी—यह मैं क्या देख रही हूँ । छलना ! यह गृह-विद्रोह की आग तू क्यों जलाया चाहती है ? राज-परिवार में क्या सुख अपेक्षित नहीं है—

बच्चे बच्चों से खेलें, हो स्नेह बढ़ा उसके मन में,
कुल-लक्ष्मी हो मुदित, भरा हो मङ्गल उसके जीवन में !
बन्धुवर्ग हों सम्मानित, हों सेवक सुखी, प्रणत अनुचर,
शान्तिपूर्ण हो स्वामी का मन, तो स्पृहणीय न हो क्यों घर ?

छलना—यह सब जिन्हें खाने को नही मिलता, उन्हें चाहिये । जो प्रभु हैं, जिन्हें पर्याप्त है, उन्हें किसी की क्या चिन्ता—जो व्यर्थ अपनी आत्मा को दबावें ।

वासवी—क्या तुम मेरा भी अपमान किया चाहती हो ? पद्मा तो जैसी मेरी, वैसी ही तुम्हारी ! उसे कहने का तुम्हें अधिकार है । किन्तु तुम तो मुझ से छोटी हो, शील और विनय का यह दुष्ट उदाहरण सिखा कर बच्चों की क्यों हानि कर रही हो ?

छलना—(**स्वागत**)—मैं छोटी हूँ, यह अभिमान तुम्हारा अभी गया नहीं । (**प्रकट**)—छोटी हूँ, या बड़ी; किन्तु राजमाता हूँ । अजात को शिक्षा देने का मुझे अधिकार है । उसे राजा होना है । यह भिखमङ्गों का—जो अकर्मण्य होकर राज्य छोड़ कर दरिद्र हो गये हैं—उपदेश नहीं ग्रहण करने पावेगा ।

पद्मा०—माँ अब चलो, यहाँ से चलो ! नहीं तो मैं ही जाती हूँ ।

वासवी—चलती हूँ बेटी ! किन्तु छलना—सावधान ! यह असत्य—गर्व मानव-समाज का बड़ा भारी शत्रु है ।

(पद्मावती और वासवी जाती हैं)

द्वितीय दृश्य

(महाराज बिम्बिसार एकाकी बैठे हुए आप-ही-आप कुछ विचार रहे हैं)

बिम्बिसार—आह, जीवन की क्षणभङ्गुरता देखकर भी मानव कितनी गहरी नींव देना चाहता है । आकाश के नीले पत्र पर उज्ज्वल अक्षरों से लिखे अदृष्ट के लेख जब धीरे-धीरे लुप्त होने लगते हैं, तभी तो मनुष्य प्रभात समझने लगता है, और जीवन

संग्राम में प्रवृत्त होकर अनेक अकाण्ड-ताण्डव करता है। फिर भी प्रकृति उसे अन्धकार की गुफा में ले जाकर उसका शान्तिमय, रहस्यपूर्ण भाग्य का चिट्ठा समझाने का प्रयत्न करती है; किन्तु वह कब मानता है? मनुष्य व्यर्थ महत्त्व की आकांक्षा में मरता है; अपनी नीची, किन्तु सुदृढ़ परिस्थिति में उसे सन्तोष नहीं होता; नीचे से ऊँचे चढ़ना ही चाहता है, चाहे गिरे तो भी क्या?

छलना—(**प्रवेश करके**) और नीचे के लोग वहीं रहें! वे मानो कुछ अधिकार नहीं रखते? ऊपरवालों का यह क्या अन्याय नहीं है?

बिम्बिसार—(**चौंक कर**) कौन, छलना?

छलना—हाँ महाराज! मैं ही हूँ।

बिम्बिसार—तुम्हारी बात मैं नहीं समझ सका!

छलना—साधारण जीवों में भी उन्नति की चेष्टा दिखायी देती है। महाराज! इसकी किसको चाह नहीं है। महत्व का यह अर्थ नहीं कि सबको क्षुद्र समझे।

बिम्बिसार—तब?

छलना—यही कि मैं छोटी हूँ, इसलिये पटरानी नहीं हो सकी, और वासवी मुझे इसी बात पर अपदस्थ किया चाहती है।

बिम्बिसार—छलना! यह क्या! तुम तो राजमाता हो। देवी वासवी के लिये थोड़ा-सा भी सम्मान कर लेना तुम्हें विशेष लघु नहीं बना सकता—उन्होंने कभी तुम्हारी अवहेलना भी तो नहीं की।

छलना—इन भुलावों में मैं नहीं आ सकती। महाराज! मेरी धमनियों में लिच्छवि, रक्त बड़ी शीघ्रता से दौड़ता है। यह नीरव अपमान, यह सांकेतिक घृणा, मुझे सह्य नहीं, और जब कि खुल कर कुणीक का अपकार किया जा रहा है, तब तो—

बिम्बिसार—ठहरो! तुम्हारा यह अभियोग अन्याय पूर्ण है। क्या इसी कारण तो बेटी पद्मावती नहीं चली गयी? क्या इसी कारण तो कुणीक मेरा भी आज्ञा सुनने में आनाकानी नहीं करने लगा है? कैसा उत्पात मचाया चाहती हो?

छलना—मैं उत्पात रोकना चाहती हूँ। आपको कुणीक के युवराज्याभिषेक की घोषणा आज ही करनी पड़ेगी।

वासवी—(**प्रवेश करके**) नाथ, मैं भी इसमें सहमत हूँ। मैं चाहती हूँ कि यह उत्सव देखकर और आपकी आज्ञा लेकर मैं कोसल जाऊँ। सुदत्त आज आया है, भाई ने मुझे बुलाया है।

बिम्बिसार—कौन, देवी वासवी!

वासवी—हाँ महाराज!

कंचुकी—(**प्रवेश करके**)—महाराज! जय हो! भगवान् तथागत गौतम आ रहे हैं।

बिम्बिसार—सादर लिवा लाओ—(कञ्चुकी का प्रस्थान) छलना ! हृदय का आवेग कम करो, महाश्रमण के सामने दुर्बलता न प्रकट होने पावे।

(अजात को साथ लिये हुए गौतम का प्रवेश)

(सब नमस्कार करते हैं)

गौतम—कल्याण हो ! शान्ति मिले ! !

बिम्बिसार—भगवन्, आपने पधारकर मुझे अनुगृहीत किया

गौतम—राजन् ! कोई किसी को अनुगृहीत नहीं करता। विश्व भर में यदि कुछ कर सकती है तो वह करुणा है, जो प्राणिमात्र में समदृष्टि रखती है—

गोधूली के राग-पटल में स्नेहाञ्चल फहराती है।
स्निग्ध उषा के शुभ्र गगन में हास विलास दिखाती है ॥
मुग्ध मधुर बालक के मुख पर चन्द्रकान्ति बरसाती है।
निर्निमेष ताराओं से वह ओस बूँद भर लाती हैं ॥
निष्ठुर आदि-सृष्टि पशुओं की विजित हुई इस करुणा से।
मानव का महत्त्व जगती पर फैला अरुणा करुणा से ॥

बिम्बिसार—करुणामूर्ति ! हिंसा से रँगी हुई वसुन्धरा आपके चरणों के स्पर्श से अवश्य ही स्वच्छ हो जायगी। उसकी कलङ्क-कालिमा धुल जायगी।

गौतम—राजन्, शुद्ध बुद्धि तो सदैव निर्लिप्त रहती है। केवल साक्षी रूप से सब दृश्य देखती है। तब भी, इन सांसारिक झगड़ों में उसका उद्देश्य होता है कि न्याय का पक्ष विजयी हो—यही न्याय का समर्थन है। तटस्थ की यही शुभेच्छा सत्त्व से प्रेरित होकर समस्त सदाचारों की नींव विश्व में स्थापित करती है। यदि वह ऐसा न करे, तो अप्रत्यक्ष रूप से अन्याय का समर्थन हो जाता है—हम विरक्तों को भी इसीलिए राजदर्शन की आवश्यकता हो जाती है।

बिम्बिसार—भगवान् की शान्तिवाणी की धारा प्रलय की नरकाग्नि को भी बुझा देगी। मैं कृतार्थ हुआ।

छलना—(नीचा सर करके)—भगवन् ! यदि आज्ञा हो, तो मैं जाऊँ।

गौतम—रानी ! तुम्हारे पति और देश के सम्राट् के रहते हुए मुझे कोई अधिकार नहीं है कि तुम्हें आज्ञा दूं। तुम इन्हीं से आज्ञा ले सकती हो।

बिम्बिसार—(घूमकर देखते हुए)—हाँ, छलने ! तुम जा सकती हो; किन्तु कुणीक को न ले जाना, क्योंकि तुम्हारा मार्ग टेढ़ा है।

(छलना का क्रोध से प्रस्थान)

गौतम—यह तो मैं पहले ही से समझता था, किन्तु छोटी रानी के साथ अन्य को विचार से काम लेना चाहिये।

बिम्बिसार—भगवन् ! हम लोगों का क्या अविचार आपने देखा ?

गौतम—शीतल वाणी—मधुर व्यवहार—से क्या वन्य पशु भी वश में नहीं हो जाते ? राजन्, संसार भर के उपद्रवों का मूल व्यङ्ग है। हृदय में जितना यह घुसता है, उतनी कटार नहीं। वाक्-संयम विश्वमैत्री की पहली सीढ़ी है। अस्तु, अब मैं तुम से एक काम की बात कहना चाहता हूँ। क्या तुम मानोगे—क्यों महारानी ?

बिम्बिसार—अवश्य।

गौतम—तुम आज ही अजातशत्रु को युवराज बना दो और इस भीषण-भोग से कुछ विश्राम लो। क्यों कुमार, तुम राज्य का कार्य मन्त्रि-परिषद् की सहायता से चला सकोगे।

अजात०—क्यों नहीं, पिताजी यदि आज्ञा दें।

गौतम—यह बोझ, जहाँ तक शीघ्र हो, यदि एक अधिकारी व्यक्ति को सौंप दिया जाय, तो मानव को प्रसन्न ही होना चाहिये, क्योंकि राजन्, इससे कभी-न-कभी तुम हटाये जाओगे; जैसा विश्व भर का नियम है। फिर यदि तुम उदारता से उसे भोग कर छोड़ दो, तो इसमें क्या दुःख—।

बिम्बिसार—योग्यता होनी चाहिये महाराज ! यह बड़ा गुरुतर कार्य है। नवीन रक्त राज्यश्री को सदैव तलवार के दर्पण में देखना चाहता है।

गौतम—(**हँसकर**)—ठीक है। किन्तु, काम करने के पहले तो किसी ने भी आज तक विश्वस्त प्रमाण नहीं दिया कि वह कार्य के योग्य है। यह बहाना तुम्हारा राज्याधिकार की आकांक्षा प्रकट कर रहा है। राजन् ! समझलो, इस गृह-विवाद आन्तरिक झगड़ों से विश्राम लो।

वासवी—भगवन् ! हम लोगों के लिए तो छोटा सा उपवन पर्याप्त है। मैं वहीं नाथ के साथ रहकर सेवा कर सकूँगी।

बिम्बिसार—तब जैसी आपकी आज्ञा। (**कंचुकी से**) राज-परिषद् सभागृह में एकत्र हो; कंचुकी ! शीघ्रता करो।

(कंचुकी का प्रस्थान)

[पट परिवर्तन]

तृतीय दृश्य

(समुद्रदत्त और देवदत्त)

देवदत्त—वत्स ! मैं तेरी कार्यवाही से प्रसन्न हूँ। हाँ फिर क्या हुआ—क्या अजात का राज तिलक हो गया ?

समुद्रदत्त—शुभ मुहूर्त में सिंहासन पर बैठना ही शेष है और परिषद् का कार्य तो उनकी देख-रेख में होने लगा। कुशलता से राजकुमार ने कार्यारम्भ किया है; किन्तु गौतम यदि न चाहते तो यह काम सरलता से न हो सकता।

देवदत्त—फिर उसी ढकोसले वाले ढोंगी की प्रशंसा! अरे समुद्र, यदि मैं इसकी न चेष्टा करता, तो यह सब कुछ न होता—लिच्छविकुमारी में इतना मनोबल कहाँ कि वह यों अड़ जाती!

समुद्रदत्त—तो युवराज ने आपको बुलाया है, क्योंकि रानी वासवी और महाराज बिम्बिसार सम्भवतः अपनी नवीन कुटी में चले गये होंगे। अब यह राज्य केवल राजमाता और युवराज के हाथ में है। उनकी इच्छा है कि आपके सदुपदेश से राज्य सुशासित हो।

देवदत्त—(**कुछ बनता हुआ**)—यह झंझट भला मुझ विरक्त से कहाँ होगा। फिर भी लोकोपकार के लिए तो कुछ करना ही पड़ता है।

समुद्रदत्त—किन्तु गुरुदेव! युवराज है बड़ा उद्धत, उसके सङ्ग रहने में भी डर मालूम पड़ता है। बिना आपकी छाया के मैं तो नहीं रह सकता।

देवदत्त—वत्स समुद्र! तुम नहीं जानते कि कितना गुरुतर काम तुम्हारे हाथ में है। मगध-राष्ट्र का उद्धार इस भिक्षु के हाथों से करना ही होगा। जब राजा ही उसका अनुयायी है, फिर जनता क्यों न भाड़ में जायगी। यह गौतम बड़ा कपट-मुनि है। देखते नहीं, यह कितना प्रभावशाली होता जा रहा है; नहीं तो मुझे इन झगड़ों से क्या काम?

समुद्रदत्त—तब क्या आज्ञा है?

देवदत्त—गौतम का प्रभाव मगध पर से तब तक नहीं हटेगा, जब तक बिम्बिसार राजगृह से दूर न जायगा। यह राष्ट्र का शत्रु गौतम समग्र जम्बूद्वीप को भिक्षु बनाना चाहता है और अपने को उनका मुखिया। इस तरह जम्बूद्वीप भर पर एक दूसरे रूप में शासन करना चाहता है।

जीवक—(**सहसा प्रवेश करके**)—आप विरक्त हैं और मैं गृही। किन्तु जितना मैंने आपके मुख से अकस्मात् सुना है वही पर्याप्त है कि मैं आपको रोककर कुछ कहूँ। सङ्घभेद करके आपने नियम तोड़ा है, उसी तरह राष्ट्रभेद करके क्या देश का नाश करना चाहते हैं?

देवदत्त—यह पुरानी मण्डली का गुप्तचर है, समुद्र! युवराज से कहो कि इसका उपाय करें। यह विद्रोही है, इसका मुख बन्द होना चाहिये।

जीवक—ठहरो, मुझे कह लेने दो। मैं ऐसा डरपोक नहीं हूँ कि जो बात तुमसे कहनी है, उसे मैं दूसरों से कहूँ। मैं भी राजकुल का प्राचीन सेवक हूँ। तुम लोगों की

यह कूटमन्त्रणा अच्छी तरह समझ रहा हूँ। इसका परिणाम कदापि अच्छा नहीं। सावधान, मगध का अधःपतन दूर नहीं है।

(जाता है)

सुदत्त—(प्रवेश करके)—आर्य समुद्रदत्तजी ! कहिये, मेरे जाने का प्रबन्ध ठीक हो गया है न ? शीघ्र कोसल पहुँच जाना मेरे लिए आवश्यक है। महारानी तो अब जायँगी नहीं, क्योंकि मगध-नरेश ने वानप्रस्थ आश्रम का अवलम्बन किया है; फिर मैं ठहर कर क्या करूँ ?

समुद्रदत्त—किन्तु युवराज ने तो अभी आपको ठहरने के लिये कहा है।

सुदत्त—नहीं, मुझे एक क्षण भी यहाँ ठहरना अनुचित जान पड़ता है, मैं इसीलिए आपको खोजकर मिला हूँ। मुझे यहाँ का समाचार कोसल में शीघ्र पहुँचाना होगा। युवराज से मेरी ओर से क्षमा माँग लीजियेगा। (जाता है)

देवदत्त—चलो, युवराज के पास चलें। (दोनों जाते हैं)

[पट-परिवर्तन]

चतुर्थ दृश्य

स्थान—उपवन

(महाराज बिम्बिसार और महारानी वासवी)

बिम्बिसार—देवी, तुम कुछ समझती हो कि मनुष्य के लिए एक पुत्र का होना क्यों इतना आवश्यक समझा गया है ?

वासवी—नाथ ! मैं तो समझती हूँ कि वात्सल्य नाम का जो पुनीत स्नेह है, उसी के पोषण के लिए।

बिम्बिसार—स्नेहमयी ! वह भी हो सकता है, किन्तु मेरे विचार में कोई और ही तबा है।

वासवी—वह क्या, नाथ ?

बिम्बिसार—संसारी को त्याग, तितिक्षा या विराग होने के लिए पहला और सहज साधन है। पुत्र को समस्त अधिकार देकर वीतराग हो जाने से असन्तोष नहीं होता; क्योंकि मनुष्य अपनी ही आत्मा का भोग उसे भी समझता है।

वासवी—मुझे यह जानकर प्रसन्नता हुई कि आपको अधिकार से वंचित होने का दुःख नहीं।

बिम्बिसार—दुःख तो नहीं, देवि ! फिर भी इस कुणीक के व्यवहार से अधिकार का ध्यान हो आता है । तुम्हें विश्वास हो या न हो, किन्तु कभी-कभी याचकों का लौट जाना, मेरी वेदना का कारण होता है ।

वासवी—तो नाथ ! जो आपका है वही न राज्य का है, उसी का अधिकारी कुणीक है, और जो कुछ मुझे मेरे पीहर से मिला है, उसे जब तक मैं न छोड़ूँ तब तक तो मेरा ही है ।

बिम्बिसार—इसका क्या अर्थ है ?

वासवी—काशी का राज्य मुझे, मेरे पिता ने, आँचल में दिया है, उसकी आय आपके हाथ में आनी चाहिये और मगध-साम्राज्य की एक कौड़ी भी आप न छुयें । नाथ ! मैं ऐसा द्वेष से नहीं कहती हूँ; किन्तु केवल आपका मान बचाने के लिये ।

बिम्बिसार—मुझे फिर उन्हीं झगड़ों में पड़ना होगा देवि, जिन्हें अभी छोड़ आया ।

(**जीवक का प्रवेश**)

जीवक—महाराज की जय हो !

बिम्बिसार—जीवक, यह कैसा परिहास ? यह सम्बोधन अब क्यों ? यहाँ तुम कैसे आये ?

जीवक—यह अभ्यास का दोष है । मैं श्रीमान् के साथ ही रहूँगा; अब मुझे वह पुरानी गृहस्थी अच्छी नहीं लगती ।

बिम्बिसार—इस अकारण वैराग्य का कोई अर्थ भी है ?

जीवक—कुछ नहीं राजाधिराज ! और है तो यही कि जिन आत्मीयों के लिए निष्कपट भाव से मैं परिश्रम करता हुआ उन्हें सुख देने का प्रबन्ध करता हूँ, वे भी विद्रोही हो जाते हैं ।

वासवी—महाराज, जीवन की सारी क्रियाओं का अन्त केवल अनन्त विश्राम में है । इस वाह्य हलचल का उद्देश्य आन्तरिक शान्ति है, फिर जब उसके लिए व्याकुल पिपासा जग उठे, तब उसमें बिलम्ब क्यों करें ?

जीवक—यही विचार कर मैं भी स्वामी की शरण आया हूँ, क्योंकि समुद्रदत्त की चालें मुझे नहीं रुचतीं । अदृष्ट का आदेश जानकर मैं भी आपका अनुगामी हो गया हूँ ।

बिम्बिसार—क्या अदृष्ट सोचकर, अकर्मण्य बनकर, तुम भी मेरी तरह बैठ जाना चाहते हो ?

जीवक—नहीं महाराज ! अदृष्ट तो मेरा सहारा है । नियति की डोरी पकड़ कर मैं निर्भय कर्मकूप में कूद सकता हूँ, क्योंकि मुझे विश्वास है कि जो होना है वह तो होगा ही, फिर कायर क्यों बनूँ—कर्म से क्यों विरक्त रहूँ—मैं इस उच्छृङ्खल नवीन राजशक्ति का विरोधी होकर आपकी सेवा करने आया हूँ ।

वासवी—यह तुम्हारी उदारता है, किन्तु हम लोगों को किस बात की शङ्का है जो तुम व्यस्त हो ?

जीवक—देवदत्त, निष्ठुर देवदत्त के कुचक्र से महाराज की जीवन-रक्षा होनी ही चाहिये।

बिम्बिसार—आश्चर्य ! यह मैं क्या सुन रहा हूं ! जीवक ! मुझे भ्रान्ति में न डालो—विष का घड़ा मेरे हृदय पर न ढालो। भला अब मेरे प्राण से मगध-साम्राज्य का क्या सम्बन्ध है ? देवदत्त मुझ से क्यों इतना असन्तुष्ट है ?

जीवक—बुद्धदेव की प्रतिद्वन्द्विता ने उसे अन्धा कर दिया है—महत्त्वाकांक्षा उसे एक गर्त्त में गिरा रही है। उसकी वह आशा तब तक सफल न होगी, जब तक आप जीवित रहकर गौतम की प्रतिष्ठा बढ़ाते रहेंगे और उनकी सहायता करते रहेंगे।

बिम्बिसार—मूर्खता—नहीं, नहीं, यह देवदत्त की क्षुद्रता है। भला आत्मबल या प्रतिभा किसी की प्रशंसा के बल से विश्व में खड़ी होती है ? अपना अवलम्ब वह स्वयं है, इसमें मेरी इच्छा वा अनिच्छा क्या। वह दिव्य ज्योति स्वतः सबकी आँखों को आकर्षित कर रही है। देवदत्त का विरोध केवल उसे उन्नति दे सकेगा।

जीवक—देव ! फिर भी जो ईर्ष्या की पट्टी आँखों पर चढ़ाये हैं, वे इसे नहीं देख सकते। अब मुझे क्या आज्ञा है, क्योंकि यह जीवन अब आप ही की सेवा के लिए उत्सर्ग है।

वासवी—जीवक, तुम्हारा कल्याण हो, तुम्हारी सद्बुद्धि तुम्हारी चिर सङ्गिनी रहे। महाराज को अब स्वतन्त्र वृत्ति की आवश्यकता है, अतः काशी-प्रान्त का राजस्व, जो हमारा प्राप्य है, लाने का उद्योग करना होगा। मगध-साम्राज्य से हम लोग किसी प्रकार का सम्बन्ध न रखेंगे।

जीवक—देवि ! इसके पहले एक बार मेरा कौशाम्बी जाना आवश्यक है।

बिम्बिसार—नहीं जीवक ! मुझे किसी की सहायता की आवश्यकता नहीं, अब वह राष्ट्रीय झगड़ा मुझे नहीं रुचता।

वासवी—तब भी आपको भिक्षावृत्ति नहीं करनी होगी। अभी हम लोगों में वह त्याग, मानापमान-रहित अपूर्व स्थिति नहीं आ सकेगी। फिर, जो शत्रु से भी अधिक घृणित व्यवहार करना चाहता हो, उसकी भिक्षावृत्ति पर अवलम्बन करने को हृदय नहीं कहता।

जीवक—तो सुदत्त कोसल जा चुके हैं। और कौशाम्बी में भी यह समाचार पहुँचना आवश्यक है। इसीलिये मैं कहता था; और कोई बात नहीं। काशी के दण्ड-नायक से भी मिलता जाऊँगा।

बिम्बिसार—जैसी तुम लोगों की इच्छा।

वासवी—नाथ ! मैं आपसे छिपाती थी, फिर भी कहना ही पड़ा कि हम लोग वानप्रस्थ आश्रम में भी स्वतन्त्र नहीं रखे गये हैं ।

बिम्बिसार—(**निःश्वास लेकर**)—ऐसा !—जो कुछ हो—

(**गाते हुए भिक्षुओं का प्रवेश**)

न धरो कहकर इसको 'अपना' ।
यह दो दिन का है सपना ॥

वैभव का बरसाती नाला, भरा पहाड़ी झरना ।
बहो, बहाओ नहीं अन्य को, जिससे पड़े कलपना ॥
दुखियों का कुछ आँस पोंछ लो, पड़े न आहें भरना ।
लोभ छोड़कर हो उदार; बस, एक उसी को जपना ॥

बिम्बिसार—देवि, इन्हे कुछ दो—

वासवी—और तो कुछ नहीं है—(**कंकण उतार कर देती है**) प्रभु ! इस स्वर्ण और रत्नों का आँखों पर बड़ा रङ्ग रहता है, जिससे मनुष्य अपना अस्थि-चर्म का शरीर तक नहीं देखने पाता—

(**भिखारी जाते हैं**)

[**पट-परिवर्तन**]

पञ्चम दृश्य

(कौशाम्बी में मागन्धी का मन्दिर)

मागन्धी—(**स्वगत**)—इस रूप का इतना अपमान ! सो भी एक दरिद्र भिक्षु के हाथ ! मुझसे ब्याह करना अस्वीकार किया ! यहाँ मैं राजरानी हुई, फिर भी वह ज्वाला न गयी, यहाँ रूप का गौरव हुआ, तो धन के अभाव से दरिद्र-कन्या होने के अपमान की यन्त्रणा में पिस रही हूँ ! अच्छा इसका भी प्रतिशोध लूँगी, अब से यही मेरा व्रत हुआ । उदयन राजा हैं, तो मैं भी अपने हृदय की रानी हूँ । दिखला दूँगी कि स्त्रियाँ क्या कर सकती है !

(एक दासी का प्रवेश)

दासी—देवि क्या आज्ञा है ?

मागन्धी—तू ही न गयी थी गौतम का समाचार लाने, वह आजकल पद्मावती के मन्दिर में भिक्षा लेने आता है न ?

दासी—आता है स्वामिनी ! वह घण्टों महल में बैठकर उपदेश करता है । महाराज भी वहीं बैठकर वक्तृता सुनते है, बड़ा आदर करते हैं ।

मागन्धी—तभी कई दिनों से इधर नहीं आते हैं, अच्छा नर्त्तकियों को तो बुला ला। नवीना से भी कह दे कि वह शीघ्र आवे और आसव लेती आवे।

(दासी का प्रस्थान)

मागन्धी—(आप-ही-आप)—गौतम! यह तुम्हारी तितिक्षा तुम्हें कहाँ ले जायगी? यह तुमने कभी न बिचारा कि सुन्दरी स्त्रियाँ भी संसार में अपना कुछ अस्तित्व रखती हैं। अच्छा तो देखें कौन खड़ा रहता है?

(नवीना का पान-पात्र लेकर प्रवेश)

नवीन—देवी की जय हो!

मागन्धी—तुम्हें भी बुलाना होगा, क्यों? महाराज नहीं आते हैं तो तुम सब महारानी हो गयी हो न?

नवीना—दासी को आज्ञा मिलनी चाहिये, यह तो प्रतिक्षण श्रीचरणों में रहती हैं।

(पान कराती है)

मागन्धी—महाराज आयेंगे कि नहीं, इसका पता लगाकर शीघ्र आओ—**(नवीना जाती है, मागन्धी आप-ही-आप गाती है)**

अली ने क्यों भला अवहेला की।
चम्पक-कली खिली सौरभ से उषा मनोहर बेला की।
विरस दिवस, मन बहलाने को मलयज से फिर खेला की।
अली ने क्यों भला अवहेला की।

नवीना—(प्रवेश करके)—महाराज आया ही चाहते है।

मागन्धी—अच्छा आज मुझे बड़ा काम करना है, नवीना नर्त्तकियों को शीघ्र बुला। मेरी वेष-भूषा ठीक है न—देखो तो—

नवीना—वाह स्वामिनी, तुम्हें वेष-भूषा की क्या आवश्यकता है—यह सहज सुन्दर रूप बनावटों से और भी बिगड़ जायगा।

मागन्धी—(हँसकर)—अच्छा, अच्छा रहने दे, और सब उपकरण ठीक रहे, समझी? कोई वस्तु अस्त-व्यस्त न रहे। अप्रसन्नता की कोई बात न होने पावे। उस दिन जो कहा है, वह ठीक रहे।

नवीना—वह भी आपके फिर से कहने की आवश्यकता है? मैं सब अभी ठीक किये देती हूँ।

(जाती है)

(एक ओर से उदयन का और दूसरी ओर से नर्त्तकियों का प्रवेश। सब नाचती हैं और मागन्धी उदयन का हाथ पकड़कर बैठाती है)

(नर्त्तकियों का गान)

प्यारे, निर्मोही होकर मत हमको भूलना रे।

बरसो सदा दया-जल शीतल,
सिंचे हमारा हृदय-मरुस्थल,
अरे कँटीले फूल इसी में फूलना रे।

(नर्त्तकियाँ जाती हैं)

मागन्धी—आर्यपुत्र ! क्या कई दिनों तक मेरा ध्यान भी न आया ? क्या मुझसे कोई अपराध हुआ था।

उदयन—नहीं प्रिये ! मगध से गौतम नाम के महात्मा आयें हैं, जो अपने को **'बुद्ध'** कहते है। देवी पद्मावती के मन्दिर में उनका सङ्घ निमन्त्रित होता था और वे उपदेश देते थे। महादेवी वासवदत्ता भी वहीं नित्य आती थीं।

मागन्धी—**(बात काटकर)**—तब फिर मुझे क्यों पूछा जाय !

उदयन—**(आदर से)**—नहीं-नहीं यह तो तुम्हारी ही भूल थी, बुलवाने पर भी नहीं आयी। वाह ! सुनने के योग्य उपदेश होता था। अभी तो कई दिन होगा। हमने अनुरोध किया है कि वे कुछ दिनों तक ठहर कर कौशाम्बी में धर्म का प्रचार करें।

मागन्धी—आप पृथ्वीनाथ है, सब कुछ आपको सोहाता है किन्तु मैं तो अच्छी आँखों से इस गौतम को नहीं देखती। मगध के राजमन्दिर में ही मुड़ियों का स्वांग अच्छा है कौशाम्बी इस पाखण्ड से बची रहे तो बड़ा उत्तम हो। स्त्रियों के मन्दिर में उपदेश क्यों हो—क्या उन्हें पातिव्रत छोड़कर किसी और भी धर्म की आवश्यकता है ? **(पान-पात्र बढ़ाती है)**

उदयन—ठहरो मागन्धी ! पुरुष का हृदय बड़ा सशंक होता है, क्या तुम इसे नहीं जानती ? क्या अभी-अभी तुमने कुछ विषाक्त व्यङ्ग नहीं किया है ? यह मदिरा अब मैं नहीं पिऊँगा। अभी आज ही भगवान् का इसी पर उपदेश हुआ है, पर मैं देखता हूँ कि मदिरा से पहिले तुमने हलाहल मेरे हृदय में उँड़ेल दिया। यह व्यङ्ग सूखे ग्रास की तरह नीचे भी नहीं उतरता और बाहर भी नहीं हो पाता।

मागन्धी—क्षमा कीजिये नाथ ! मैं प्रार्थना करती हूँ, अपने हृदय को इस हाला से तृप्त कीजिये। अपराध क्षमा हो ! मैं दरिद्र-कन्या हूँ। मुझे आप के पाने पर और किसी की अभिलाषा नहीं है। वे आपको पा चुकी हैं, अब उन्हें और कुछ की बलवती आकाङ्क्षा है, चाहे लोग उसे धर्म ही क्यों न कहे। मुझमें इतनी सामर्थ्य भी नहीं।

उदयन—हूँ, अच्छा देखा जायगा। **(मुग्ध होकर)** उठो मागन्धी, उठो ! मुझे अपने हाथों से अपना प्रेम-पूर्ण पात्र शीघ्र पिलाओ, फिर कोई बात होगी **(मागन्धी मदिरा पिलाती है)**

उदयन—**(प्रेमोन्मत्त होकर)**—तो मागन्धी, कुछ गाओ। अब मुझे अपने मुखचन्द्र को निर्निमेष देखने दो कि मैं एक अतीन्द्रिय जगत् की नक्षत्रमालिनी निशा को प्रकाशित

करने वाले शरच्चन्द्र की कल्पना करता हुआ भावना की सीमा को लाँघ जाउँ, और तुम्हारा सुरभि-निःश्वास मेरी कल्पना को आलिङ्गित करने लगे।

मागन्धी—वही तो मैं भी चाहती हूँ कि मेरी मूर्छना मेरे प्राणनाथ की विश्व-मोहिनी वीणा की सहकारिणी हो, हृदय और तन्त्री एक होकर बज उठें, विश्व-भर जिसके सम पर सिर हला दे और पागल हो जाय।

उदयन—हाँ, मागन्धी! वह रूप तुम्हारा बड़ा प्रभावशाली था, जिसने उदयन को तुम्हारे चरणों में लुटा दिया (**मद्यप की-सी चेष्टा करता है**)—किसी को भेजो कि पद्मावती के मन्दिर में से....

मागन्धी—(**दासी से**)—आर्यपुत्र की हस्तिस्कन्ध-वीणा ले आओ।

(**दासी जाती है**)

उदयन—तब तक तुम्हीं कुछ सुनाओ।

(**मागन्धी पान कराती है और गाती है**)

आओ हिये में अहो प्राण प्यारे!
नैन भये निर्मोही, नहीं अब देखे बिना रहते हैं तुम्हारे॥
सबको छोड़ तुम्हें पाया है, देखूँ कि तुम होते हो हमारे॥
तपन बुझे तन की औ' मन की, हों हम-तुम पल एक न न्यारे॥
आओ हिये में अहो प्राण प्यारे!

उदयन—हृदयेश्वरी! कौन मुझसे तुमको अलग कर सकता है?

हमारे वक्ष में बनकर हृदय, यह छवि समायेगी।
स्वयं निज माधुरी छवि का रसीला गान गायेगी॥
अलग तव चेतना ही चित्त में कुछ रह न जायेगी।
अकेले विश्व-मन्दिर में तुम्हीं को पूज पायेगी॥

मागन्धी—प्रियतम! मैं दासी हूँ।

उदयन—नहीं, तुम आज से स्वामिनी बनो।

(**दासी वीणा लेकर आती है उदयन के सामने रखती हैं; उदयन के उठाने के साथ ही साँप का बच्चा निकल पड़ता है—मागन्धी चिल्ला उठती है**)

मागन्धी—पद्मावती! तू यहाँ तक आगे बढ़ चुकी है! जो मेरी शङ्का थी, वह प्रत्यक्ष हुई।

उदयन—(**क्रोध से उठकर खड़ा हो जाता है**)—अभी इसका प्रतिशोध लूँगा। ओह! ऐसा पाखण्ड-पूर्ण आचरण! असह्य!

मागन्धी—क्षमा सम्राट्! आपके हाथ में न्यायदण्ड है। केवल प्रतिहिंसा से आपका कोई कर्त्तव्य निर्धारित न होना चाहिए, सहसा भी नहीं। प्रार्थना है कि आज विश्राम करें; कल विचार कर कोई काम कीजियेगा।

उदयन—नहीं। (**सिर पकड़कर**) किन्तु फिर भी तुम कह रही हो, —अच्छा, मैं विश्राम चाहता हूँ।

मागन्धी—यहीं···?

(**उदयन लेटता है, मागन्धी पैर दबाती है**)

[**पट-परिवर्तन**]

षष्ठ दृश्य

(**कोशाम्बी के पथ में जीवक**)

जीवक—(**आप-ही-आप**)—राजकुमारी से भेंट हुई और गौतम के दर्शन भी हुए, किन्तु मैं तो चकित हो गया हूँ कि क्या करूँ! वासवी देवी और उनकी कन्या पद्मावती, दोनों की एक तरह की अवस्था है। जिसे अपना ही सँभालना दुष्कर है, वह वासवी की क्या सहायता कर सकेगी! सुना है कि कई दिनों से पद्मावती के मन्दिर में उदयन जाते ही नहीं, और व्यवहारों से भी कुछ असन्तुष्ट से दिखलाई पड़ते हैं; क्योंकि उन्हीं के परिजन होने के कारण मुझसे भी अच्छी तरह न बोलें, और महाराज बिम्बिसार की कथा सुनकर भी कोई मन नहीं प्रकट किया। दासी आने को थी, वह भी नहीं आयी। क्या करूँ?

(**दासी का प्रवेश**)

दासी—नमस्कार! देवी ने कहा है, आर्य जीवक से कहो कि मेरी चिन्ता न करें। माताजी की देख-रेख उन्हीं पर है, अब वे शीघ्र हो मगध चले जायँ। देवता जब प्रसन्न होंगे, उनसे अनुरोध करके कोई उपाय निकालूँगी और पिताजी के श्रीचरणों का भी दर्शन करूँगी। इस समय तो उनका जाना ही श्रेयस्कर है। महाराज की विरक्ति से मैं उनसे भी कुछ कहना नहीं चाहती। सम्भव हैं कि उन्हें किसी षड्यन्त्र की आशंका हो क्योंकि नयी रानी ने मेरे विरुद्ध कान भर दिये हैं, इसलिये मुझे अपनी कन्या समझ कर क्षमा करेंगे। मैं इस समय बहुत दुःखी हो रही हूँ, कर्तव्य-निर्धारण नहीं कर सकती।

जीवक—राजकुमारी से कहना कि मैं उनकी कल्याण कामना करता हूँ। भगवान् की कृपा से वे अपने पूर्व—गौरव का लाभ करें और मगध की कोई चिन्ता न करें मैं केवल सन्देश कहने यहाँ चला आया था। अभी मुझे शीघ्र कोसल जाना होगा।

दासी—बहुत अच्छा। (**नमस्कार करके जाती है**)

(**गौतम का सङ्घ के साथ प्रवेश**)

जीवक—महाश्रमण के चरणों में अभिवादन करता हूँ।

गौतम—कहो, मगध के क्या समाचार है? मगध-नरेश सकुशल तो हैं?

१५

जीवक—तथागत ! आपसे क्या छिपा है ? मगध-राजकुल में बड़ी अशान्ति है। वानप्रस्थ-आश्रम में भी महाराज बिम्बिसार को चैन नहीं है।

गौतम—जीवक !

चञ्चल चन्द्र सूर्य है चञ्चल,
चपल सभी ग्रह तारा हैं।
चञ्चल अनिल, अनल, जल, थल, सब
चञ्चल जैसे पारा है।
जगत प्रगति से अपने चञ्चल,
मन की चञ्चल लीला है।
प्रति क्षण प्रकृति चञ्चला कैसी
यह परिवर्त्तनशीला है।
अणु-परमाणु, दुःख-सुख चञ्चल
क्षणिक सभी सुख साधन हैं।
दृश्य सकल नश्वर-परिणामी,
किसको दुख, किसको धन है ?
क्षणिक सुखों को स्थायी कहना
दुःख-मूल यह भूल महा।
चञ्चल मानव ! क्यों भूला तू,
इस सीठी में सार कहाँ ?

जीवक—प्रभु ! सत्य है।

गौतम—कल्याण हो। सत्य की रक्षा करने से, वही सुरक्षित कर लेता है। जीवक ! निर्भय होकर पवित्र कर्तव्य करो।

(गौतम का सङ्घ सहित प्रस्थान)

(विदूषक वसन्तक का प्रवेश)

वसन्तक—अहा वैद्यराज ! नमस्कार। बस एक रेचक और थोड़ा-सा बस्तिकर्म्म—इसके बाद गर्मी ठण्ढी ! अभी आप हमारे नमस्कार का भी उत्तर देने के लिये मुख न खोलिये पहले रेचक प्रदान कीजिये। निदान में समय नष्ट न कीजिये।

जीवक—(**स्वगत**)—यह विदूषक इस समय कहाँ से आ गया ! भगवान्, किसी तरह हटे।

वसन्तक—क्या आप निदान कर रहे हैं ? अजी अजीर्ण है, अजीर्ण। पाचन देना हो दो, नहीं तो हम अच्छी तरह जानते हैं कि वैद्य लोग अपने मतलब से रेचन तो अवश्य ही देंगे। अच्छा हाँ कहो तो, बुद्धि के अजीर्ण में तो रेचन ही गुणकारी होगा ? सुनो जी मिथ्या आहार से पेट का अजीर्ण होता है और मिथ्या विहार से बुद्धि का;

किन्तु महर्षि अग्निवेश ने कहा है कि इसमें रेचन ही गुणकारी होता है। (**हँसता है**)

जीवक—तुम दूसरे की तो कुछ सुनोगे नहीं ?

वसन्तक—सुना है कि धन्वन्तरि के पास एक ऐसी पुड़िया थी कि बुढ़िया युवती हो जाय और दरिद्रता का केचुल छोड़कर मणिमयी बन जावे ! क्या तुम्हारे पास भी—उहूँ—नहीं है ? तुम क्या जानो।

जीवक—तुम्हारा तात्पर्य क्या है ? हम कुछ न समझ सके।

वसन्तक—केवल खलबट्टा चलाते रहे और मूर्खता का पुटपाक करते रहे। महाराज ने एक नयी दरिद्र कन्या से ब्याह कर लिया है, मिथ्या विहार करते-करते उन्हें बुद्धि का अजीर्ण हो गया है। महादेवी वासवदत्ता और पद्मावती जीर्ण हो गयी हैं, तब कैसे मेल हो ? क्या तुम उन्हें अपनी औषधि से उन्हें विवाह करने के समय की अवस्था का नहीं बना सकते, जिसमें महाराज इस अजीर्ण से बच जायँ ?

जीवक—तुम्हारे ऐसे चाटुकार और भी चाट लगा देंगे, दो-चार और जुटा देंगे।

वसन्तक—उसमें तो गुरुजनों का ही अनुकरण है ! श्वसुर ने दो ब्याह किये, तो दामाद ने तीन। कुछ उन्नति ही रही।

जीवक—दोनों अपने कर्म के फल भोग रहे हैं। कहो, कोई यथार्थ बात भी कहने-सुनने की है या यही हँसोड़पन ?

वसन्तक—घबराइये मत। बड़ी रानी वासवदत्ता पद्मावती को सहोदरा भगिनी की तरह प्यार करती हैं। उनका कोई अनिष्ट नहीं होने पावेगा। उन्होंने ही मुझे भेजा है और प्रार्थना की है कि "आर्यपुत्र की अवस्था आप देख रहे हैं, उनके व्यवहार पर ध्यान न दीजियेगा। पद्मावती मेरी सहोदरा है, उसकी ओर से आप निश्चिन्त रहें। कोसल से समाचार भेजियेगा।" नमस्कार। (**हँसता हुआ जाता है**)

जीवक—अच्छा, अब मैं भी कोसल जाऊँ।

(**जाता है**)

[**पट-परिवर्तन**]

सप्तम दृश्य

(स्थान—कोसल में श्रावस्ती की राजसभा)

(**प्रसेनजित् सिंहासन पर और अमात्य, अनुचरगण यथास्थान बैठे हैं**)

प्रसेनजित्—क्या यह सब सच है ? सुदत्त, तुमने आज मुझे एक बड़ी आश्चर्य-जनक बात सुनायी है। क्या सचमुच अजातशत्रु ने अपने पिता को सिंहासन से उतारकर उनका तिरस्कार किया है ?

सुदत्त—पृथ्वीनाथ ! यह उतना ही सत्य है, जितना श्रीमान् का इस समय सिंहासन पर बैठना । मगध-नरेश से एक षड्यन्त्र द्वारा सिंहासन छीन लिया गया है ।

विरुद्धक—मैंने तो सुना है कि महाराज बिम्बिसार ने वानप्रस्थ-आश्रम स्वीकार किया है और उस अवस्था में युवराज का राज्य सँभालना अच्छा ही है ।

प्रसेनजित्—विरुद्धक ! क्या अजात की ऐसी परिपक्व अवस्था है कि मगधनरेश उसे साम्राज्य का बोझ उठाने की आज्ञा दें ?

विरुद्धक—पिताजी ! यदि क्षमा हो, तो मैं यह कहने में सङ्कोच न करूँगा कि युवराज को राज्य-सञ्चालन की शिक्षा देना महाराज का ही कर्तव्य है ।

प्रसेनजित्—(**उत्तेजित होकर**)—और आज तुम दूसरे शब्दों में उसी शिक्षा के पाने का उद्योग कर रहे हो ! क्या राज्याधिकार ऐसे प्रलोभन की वस्तु है कि कर्तव्य और पितृभक्ति एक बार ही भुला दी जाय ?

विरुद्धक—पुत्र यदि पिता से अपना अधिकार माँगे, तो उसमें दोष ही क्या ?

प्रसेनजित्—(**और भी उत्तेजित होकर**)—तब तू अवश्य ही नीच रक्त का मिश्रण है । उस दिन, जब तेरी ननिहाल में तेरे अपमानित होने की बात मैंने सुनी थी, मुझे विश्वास नहीं हुआ । अब मुझे विश्वास हो गया कि शाक्यों के कथनानुसार तेरी माता अवश्य ही दासी-पुत्री है । नहीं तो तू इस पवित्र कोसल की विश्व-विश्रुत गाथा पर पानी फेर कर अपने पिता के साथ उत्तर प्रत्युत्तर न करता । क्या इसी कोसल में रामचन्द्र और दशरथ के सदृश पुत्र और पिता अपना उदाहरण नहीं छोड़ गये हैं ?

सुदत्त—दयानिधे ! बालक का अपराध मार्जनीय है ।

विरुद्धक—चुप रहो सुदत्त ! पिता कहे और पुत्र उसे सुने । तुम चाटुकारिता करके मुझे अपमानित न करो ।

प्रसेनजित्—अपमान ! पिता से पुत्र का अपमान ! ! क्या यह विद्रोही युवक-हृदय, जो नीच रक्त से कलुषित है, युवराज होने के योग्य है ? क्या भेड़िये की तरह भयानक ऐसी दुराचारी सन्तान अपने माता-पिता का ही वध न करेगी ! अमात्य !

अमात्य—आज्ञा पृथ्वीनाथ !

प्रसेनजित्—(**स्वगत**) अभी से इसका गर्व तोड़ देना चाहिये ।—(**प्रकट**) आज से यह निर्भीक किन्तु अशिष्ट—बालक अपने युवराजपद से वञ्चित किया गया । और, इसकी माता का राजमहिषी का-सा सम्मान नहीं होगा—केवल जीविका-निर्वाह के लिए उसे राजकोष से व्यय मिला करेगा ।

विरुद्धक—पिताजी, मैं न्याय चाहता हूँ ।

प्रसेनजित्—अबोध, तू पिता से न्याय चाहता है ! यदि पक्ष निर्बल है और पुत्र अपराधी है, तो किस पिता ने पुत्र के लिए न्याय किया है ? परन्तु मैं यहाँ पिता नहीं

राजा हूँ। तेरा बड़प्पन और महत्त्वाकांक्षा से पूर्ण हृदय अच्छी तरह कुचल दिया जायगा—बस चला जा।

(**विरुद्धक सिर झुकाकर जाता है**)

अमात्य—यदि अपराध क्षमा हो, तो कुछ प्रार्थना करूँ। यह न्याय नहीं है। कोसल के राजदण्ड ने कभी ऐसी व्यवस्था नहीं दी। किसी दूसरे के पुत्र का कलङ्कित कर्म सुनकर श्रीमान् उत्तेजित हो अपने पुत्र को दण्ड दें, यह श्रीमान् की प्रत्यक्ष निर्बलता है। क्या श्रीमान् उसे उचित शासक नही बनाना चाहते ?

प्रसेन०—चुप रहो मन्त्री, जो कहता हूँ वह करो।

(**दौवारिक आता है**)

दौवारिक—महाराज की जय हो ! मगध से जीवक आये हैं।

प्रसेन०—जाओ, लिवा लाओ।

(**दौवारिक जाता है और जीवक को लिवा लाता है।**)

जीवक—जय हो कोसल-नरेश की !

प्रसेन०—कुशल तो है जीवक ? तुम्हारे महराज की तो सब बातें हम सुन चुके हैं, उन्हें दुहराने की कोई आवश्यकता नहीं। हाँ, कोई नया समाचार हो तो कहो।

जीवक—दयालु देव, कोई नया समाचार नहीं है। अपमान की यन्त्रणा ही महादेवी वासवी को दुखित कर रही है, और कुछ नहीं।

प्रसेन०—तुम लोगों ने तो राजकुमार को अच्छी शिक्षा दी। अस्तु, देवी वासवी को अपमान भोगने की आवश्यकता नहीं। उन्हें अपनी सपत्नी-पुत्र के भिक्षान्न पर जीवन-निर्वाह नहीं करना होगा। मन्त्री ! काशी की प्रजा के नाम एक पत्र लिखो कि वह अजात को राज-कर न देकर वासवी को अपना कर दान करे, क्योंकि काशी का प्रान्त वासवी को मिला है, सपत्नी-पुत्र का उस पर कोई अधिकार नहीं है।

जीवक—महाराज ! देवी वासवी ने कुशल पूछा है और कहा है कि इस अवस्था में मैं आर्य-पुत्र को छोड़ कर नहीं आ सकती, इसलिये भाई कुछ अन्यथा न समझें।

प्रसेन०—जीवक, यह तुम क्या कहते हो। कोसल-कुमारी दशरथनन्दिनी शान्ता का उदाहरण उसके सामने है; दरिद्र ऋषि के साथ जो दिव्य जीवन व्यतीत कर सकती थी। क्या वासवी किसी दूसरे कोसल की राजकुमारी है ? कुल-शील-पालन ही तो आर्य-ललनाओं का परमोज्ज्वल आभूषण है। स्त्रियों का यही मुख्य धन है। अच्छा जाओ विश्राम करो।

(**जीवक का प्रस्थान**)

(**सेनापति बन्धुल का प्रवेश**)

बन्धुल—प्रबलप्रताप कोसल-नरेश की जय हो !

प्रसेन०—स्वागत सेनापते ! तुम्हारे मुख से 'जय' शब्द कितना सुहावना सुनाई पड़ता है ! कहो, क्या समाचार है ?

बन्धुल—सम्राट् कोसल की विजयिनी पताका वीरों के रक्त में अपने अरुणोदय का तीव्र तेज दौड़ाती है और शत्रुओं को उसी रक्त में नहाने की सूचना देती है ! राजाधिराज ! हिमालय का सीमाप्रान्त बर्बर लिच्छिवियों के रक्त से और भी ठण्ढा कर दिया गया है। कोसल के प्रचण्ड नाम से ही शान्ति स्वयं पहरा दे रही है। यह सब श्रीचरणों का प्रताप है। अब विद्रोह का नाम भी नहीं है। विदेशी बर्बर शताब्दियों तक उधर देखने का भी साहस न करेंगे।

प्रसेन०—धन्य हो विजयी वीर ! कोसल तुम्हारे ऊपर गर्व करता है और आशीर्वादपूर्ण अभिनन्दन करता है। लो, यह विजय का स्मरण-चिह्न !....

(हार पहनाता है)

सब—जय, सेनापति बन्धुल की जय !

प्रसेन०—(**चौकन्ने हुये**) हैं ! जाओ, विश्राम करो।

(बन्धुल जाता है)

(पट-परिवर्तन)

अष्टम दृश्य

स्थान — प्रकोष्ठ

(कुमार विरुद्धक एकाकी)

विरुद्धक—(**आप-ही-आप**) घोर अपमान ! अनादर की पराकाष्ठा और तिरस्कार का भैरवनाद ! ! यह असहनीय है। धिक्कार पूर्ण कोसल-देश की सीमा कभी की मेरी आँखों से दूर हो जाती; किन्तु मेरे जीवन का विकास-सूत्र एक बड़े कोमल कुसुम के साथ बँध गया है। हृदय नीरव अभिलाषाओं का नीड़ हो रहा है। जीवन के प्रभात का वह मनोहर स्वप्न, विश्व-भर की मदिरा बनकर मेरे उन्माद की सहकारिणी कोमल कल्पनाओं का भण्डार हो गया। मल्लिका ! तुम्हें मैंने अपने यौवन के पहले ग्रीष्म की अर्द्धरात्रि में आलोकपूर्ण नक्षत्रलोक से कोमल हीरक-कुसुम के रूप में आते देखा। विश्व के असङ्ख्य कोमल कण्ठों की रसीली तानें पुकार बनकर तुम्हारा अभिनन्दन करने, तुम्हें सँभालकर उतारने के लिये, नक्षत्रलोक को गयी थीं। शिशिरकणों से सिक्त पवन तुम्हारे उतरने की सीढ़ी बना था, उषा ने स्वागत किया, चाटुकार मलयानिल परिमल की इच्छा से परिचारक बन गया, और बरजोरी मल्लिका के एक कोमल वृन्त का आसन देकर तुम्हारी सेवा करने लगा। उसने खेलते-खेलते तुम्हें उस आसन से भी उठाया और गिराया। तुम्हारे धरणी पर आते ही जटिल जगत् की कुटिल गृहस्थी के आल-

बाल में आश्चर्यपूर्ण सौन्दर्यमयी रमणी के रूप में तुम्हें सबने देखा। यह कैसा इन्द्रजाल था—प्रभाव का वह मनोहर स्वप्न था—सेनापति बन्धुल, एक हृदयहीन क्रूर सैनिक ने तुम्हें अपने उष्णीष का फूल बनाया। और, हम तुम्हें अपने घेरे में रखने के लिए कँटीली झाड़ी बनकर पड़े ही रहे! कोसल के आज भी हम कण्टकस्वरूप हैं.... !

(**कोसल की रानी का प्रवेश**)

रानी—छिः राजकुमार! इसी दुर्बल हृदय से तुम संसार में कुछ कर सकोगे। स्त्रियों की-सी रोदनशीला प्रकृति लेकर तुम कोसल के सम्राट बनोगे?

विरुद्धक—माँ, क्या कहती हो! —हम आज एक तिरस्कृत युवकमात्र हैं, कहाँ का कोसल और कौन राजकुमार!

रानी—देखो, तुम मेरी सन्तान होकर मेरे सामने ऐसी नीच बात न कहो। दासी की पुत्री होकर भी मैं राजरानी बनी और हठ से मैंने इस पद को ग्रहण किया, और और तुम राजा के पुत्र होकर इतने निस्तेज और डरपोक होगे, यह कभी मैंने स्वप्न में भी न सोचा था। बालक! मानव अपनी इच्छा-शक्ति से और पौरुष से ही कुछ होता है। जन्मसिद्ध तो कोई भी अधिकार दूसरों के समर्थन का सहारा चाहता है। विश्व में छोटे से बड़ा होना, यही प्रत्यक्ष नियम है। तुम इसकी क्यों अवहेलना करते हो? महत्त्वाकांक्षा के प्रदीप्त अग्निकुण्ड में कूदने को प्रस्तुत हो जाओ, विरोधी शक्तियों का दमन करने के लिए कालस्वरूप बनो, साहस के साथ उनका सामना करो, फिर या तो तुम गिरोगे या वे ही भाग जायँगी। मल्लिका तो क्या, राजलक्ष्मी तुम्हारे पैरों पर लोटेगी। पुरुषार्थ करो! इस पृथ्वी पर जियो तो कुछ होकर जियो, नहीं तो मेरे दूध का अपमान कराने का तुम्हें अधिकार नहीं।

विरुद्धक—बस माँ! अब कुछ न कहो। आज से प्रतिशोध लेना मेरा कर्तव्य और जीवन का लक्ष्य होगा। माँ! मैं प्रतिज्ञा करता हूँ कि तेरे अपमान के कारण इन शाक्यों का एक बार अवश्य संहार करूँगा और उनके रक्त में नहाकर, कोसल के सिंहासन पर बैठकर, तेरी वन्दना करूँगा। आशीर्वाद दो कि इस क्रूर परीक्षा में उत्तीर्ण होऊँ।

रानी—(**सिर पर हाथ फेर कर**)—मेरे बच्चे, ऐसा ही हो।

[**दोनों जाते हैं।**]

नवम दृश्य

स्थान—पद्मावती का प्रकोष्ठ

(**पद्मावती वीणा बजाना चाहती है, कई बार प्रयास करने पर भी नहीं सफल होती।**)

पद्मावती जब भीतर की तन्त्री बेकल है तब यह कैसे बजे! मेरे स्वामी! मेरे नाथ! यह कैसा भाव है प्रभु!

(फिर वीणा उठाती है और रख देती है गाने लगती है)

मीड़ मत खिंचे बीन के तार।
निर्दय उँगली! अरी ठहर जा,
पल-भर अनुकम्पा से भर जा,
यह मूर्च्छित मूर्च्छना आह-सी
निकलेगी निस्सार।
छेड़-छेड़कर मूक तन्त्र को,
विचलित कर मधु मौन मन्त्र को—
बिखरा दे मत, शून्य पवन में
लय हो स्वर-संसार।
मसल उठेगी सकरुण वीणा,
किसी हृदय को होगी पीड़ा,
नृत्य करेगी नग्न विकलता
परदे के उस पार।

पद्मावती—(**आप ही आप**)—यह सौभाग्य ही है कि भगवान् गौतम आ गये हैं, अन्यथा पिता की दुरवस्था सोचते-सोचते तो मेरी बुरी अवस्था हो गयी थी। महाश्रमण की अमोघ सान्त्वना मुझे धैर्य देती है; किन्तु मैं यह क्या सुन रही हूँ—स्वामी मुझसे असन्तुस्ट हैं। भला यह वेदना मुझसे कैसे सही जायगी! कई बार दासी गयी; किन्तु वहाँ तो तेवर ही ऐसे हैं कि किसी को अनुनय-विनय करने का साहस ही नहीं होता। फिर भी कोई चिन्ता नहों, राजभक्त प्रजा को विद्रोही होने का भय ही क्यों हो?

हमारा प्रेमनिधि सुन्दर सरल है।
अमृतमय है, नहीं इसमें गरल है॥

(नेपथ्य से—"भगवान् बुद्ध की जय हो")

पद्मावती—अहा! सङ्घ-सहित करुणानिधान जा रहे हैं, दर्शन तो करूँ।

(**खिड़की से देखती है**)

(**उदयन का प्रवेश**)

उदयन—(**क्रोध से**)—पापीयसी, देख ले, यह तेरे हृदय का विष—तेरी वासना का निष्कर्ष जा रहा है। इसीलिये न यह नया झरोखा बना है।

पद्मावती—(**चौंककर खड़ी हो जाती है; हाथ जोड़कर**)—प्रभु! स्वामी! क्षमा हो! यह मूर्ति मेरी वासना का विष नहीं है किन्तु अमृत है, नाथ! जिसके रूप पर आपकी भी असीम भक्ति है, उसी रमणी-रत्न मागन्धी का भी जिन्होंने तिरस्कार किया था—शान्ति के सहचर, करुणा के स्वामी—उन बुद्ध को, मांसपिण्डों की कभी आवश्यकता नहीं।

उदयन—किन्तु मेरे प्राणों की हैं। क्यों, इसलिये न वीणा में साँप का बच्चा छिपाकर भेजा था ! तू मगध की राजकुमारी है, प्रभुत्व का विष जो तेरे रक्त में घुसा है, वह कितनी ही हत्यायें कर सकता है। दुराचारिणी ! तेरी छलना का दाँव मुझ पर नहीं चला—अब तेरा अन्त है, सावधान !

(तलवार निकालता है)

पद्मावती—मैं कौशाम्बी-नरेश की राजभक्त प्रजा हूँ स्वामी, किसी छलना का आपके मन पर अधिकार हो गया है। वह कलङ्क मेरे सिर पर ही सही, विचारक दृष्टि में यदि मैं अपराधिनी हूँ, तो दण्ड भी मुझे स्वीकार है, और वह दण्ड, वह शान्तिदायक दण्ड यदि स्वामी के कर-कमलों से मिले, तो मेरा सौभाग्य है। प्रभु ! पाप का सब दण्ड ग्रहण कर लेने से वही पुण्य हो जाता है।

(सिर झुकाकर घुटने टेकती है)

उदयन—पापीयसी ! तेरी वाणी का घुमाव-फिराव मुझे अपनी ओर नहीं आकर्षित करेगा। दुष्टे ! इस हलाहल से भरे हुये हृदय को निकालना ही होगा। प्रार्थना कर ले।

पद्मावती—मेरे नाथ। इस जन्म के सर्वस्व ! और परजन्म के स्वर्ग ! तुम्ही मेरी गति हो और और तुम्ही मेरे ध्येय हो, जब तुम्हीं समक्ष हो तो प्रार्थना किसकी करूँ ? मैं प्रस्तुत हूँ।

(तलवार उठता हैं, इसी समय वासवदत्ता प्रवेश करती है)

वासवदत्ता—ठहरिये ! मागन्धी की दासी नवीना आ रही है, जिसने सब अपराध स्वीकार किया है। आपको मेरे इस राजमन्दिर की सीमा के भीतर, इस तरह, हत्या करने का अधिकार नहीं है। मैं इसका विचार करूँगी और प्रमाणित कर दूँगी कि अपराधी कोई दूसरा है। वाह ! इसी बुद्धि पर आप राज्य-शासन कर रहे हैं ? कौन है जी ? बुलाओ मागन्धी और नवीना को।

दासी—महादेवी की जो आज्ञा **(जाती है)**

उदयन—देवी ! मेरा तो हाथ ही नहीं उठता—है, यह क्या माया है ?

वासवदत्ता : आर्यपुत्र ! यह सती का तेज है, सत्य का शासन है, हृदयहीन मद्यप का प्रलाप नहीं। देवी पद्मावती ! तू पति के अपराधों को क्षमा कर।

पद्मावती—(उठकर)—भगवान्, यह क्या ! मेरे स्वामी ! मेरा अपराध क्षमा हो—नसें चढ़ गयी होगी।

(हाथ सीधा करती है)

दासी—**(प्रवेश करके)**—महाराज, भागिये ! महादेवी, हटिये वह देखिये आग की लपट इधर ही चली आ रही है। नयी महारानी के महल में आग लगी है, और उसका

पता नहीं है ! नवीना मरती हुई कह रही थी कि मागन्धी स्वयं मरी और मुझे भी उसने मार डाला; वह महाराज का सामना नहीं करना चाहती थी ।

उदयन—क्या ? षड्यन्त्र ! अरे, क्या मैं पागल हो गया था ! देवी अपराध क्षमा हो (पद्मावती के सामने घुटने टेकता है ।)

पद्मावती—उठिये उठिये महाराज ! दासी को लज्जित न कीजिये ।

वासवदत्ता—यह प्रणय-लीला दूसरी जगह होगी—चलो हटो, यह देखो लपट फैल रही है ।

(वासवदत्ता दोनों का हाथ पकड़कर खींचकर खड़ी हो जाती है । पर्दा हटता है—मागन्धी के महल में आग लगी हुई दिखाई पड़ती है)

[यवनिका]

द्वितीय अङ्क

प्रथम दृश्य

स्थान—मगध

(अजातशत्रु की राजसभा)

अजात०—यह क्या सच है समुद्र ! मैं यह क्या सुन रहा हूँ ! प्रजा भी ऐसा कहने का साहस कर सकती है ? चींटी भी पङ्ख लगाकर बाज के साथ उड़ना चाहती है ! 'राज-कर मैं न दूँगा'—यह बात जिस जिह्वा से निकली, बात के साथ ही वह भी क्यों न निकाल ली गयी ? काशी का दण्डनायक कौन मूर्ख है ? तुमने उसी समय उसे बन्दी क्यों नहीं किया ?

समुद्रदत्त—देव ! मेरा कोई अपराध नहीं । काशी में बड़ा उपद्रव मचा था । शैलेन्द्र नामक विकट डाकू के आतङ्क से लोग पीड़ित थे । दण्डनायक ने मुझसे कहा कि काशी के नागरिक कहते हैं कि हम कोसल की प्रजा हैं, और····।

अजात०—कहो, कहो रुकते क्यों हो ?

समुद्रदत्त—और हम लोग उस अत्यचारी राजा को कर न देंगे जो अधर्म के बल से पिता के जीते ही सिंहासन छीनकर बैठ गया है । और, जो पीड़ित प्रजा की रक्षा भी नहीं कर सकता—उनके दुःखों को नहीं सुनता तथा····।

अजात०—हाँ, हाँ, कहा, सङ्कोच न करो ।

समुद्र०—सम्राट् ! इसी तरह की बहुत-सी बातें वे कहते हैं, उन्हें सुनने से कोई लाभ नहीं । अब, जो आज्ञा दीजिये वह किया जाय ।

अजात०—ओह ! अब समझ में आया । यह काशी की प्रजा का कण्ठ नहीं, इसमें हमारी विमाता का व्यंग्य-स्वर है । इसका प्रतिकार आवश्यक है । इस प्रकार अजातशत्रु को कोई अपदस्थ नहीं कर सकता ।

(**कुछ सोचता है**)

दौवारिक—(**प्रवेश करके**)—जय हो, आर्य देवदत्त आ रहे हैं ।

(**देवदत्त का प्रवेश**)

देवदत्त—सम्राट् कल्याण हो, धर्म की वृद्धि हो, शासन सुखद हो !

अजात०—नमस्कार भगवन् ! आपकी कृपा से सब कुछ होगा और यह उसका प्रत्यक्ष प्रमाण है कि आवश्यकता के समय आप पुकारे हुए देवता की तरह आ जाते हैं ।

देवदत्त—(**बैठता हुआ**)—आवश्यकता कैसी ? राजन् ! आपको कमी क्या है, और हम लोगों के पास आशीर्वाद के अतिरिक्त और धरा ही क्या है ? फिर भी सुनूँ—

अजात—कोसल के दाँत जम रहे हैं । वह काशी की प्रजा में विद्रोह करना चाहता है । वहाँ के लोग राजस्व देना अस्वीकार करते हैं ।

देवदत्त—पाखण्डी गौतम आजकल उसी ओर घूम रहा है, इसीलिये । कोई चिन्ता नहीं । गौतम की कोई चाल नहीं लगेगी । यदि मुनिव्रत धारण करके भी वह ऐसे साम्राज्य के षड्यन्त्रों में लिप्त है, तो मैं भी हठवश उसका प्रतिद्वन्द्वी बनूँगा । परिषद् का अह्वान करो ।

अजात०—जैसी आज्ञा—(**दौवारिक से**)—जाओ जी, परिषद् के सभ्यों को बुला लाओ ।

(**दौवारिक जाता है, फिर प्रवेश**)

दौवारिक—सम्राट् की जय हो ! कोसल से कोई गुप्त अनुचर आया है और दर्शन की इच्छा प्रकट करता है ।

देवदत्त—उसे लिवा लाओ ।

(**दौवारिक जाकर लिवा लाता है**)

दूत—मगध-सम्राट् की जय हो ! कुमार विरुद्धक ने यह पत्र श्रीमान् की सेवा में भेजा है ।

(**पत्र देता है, अजातशत्रु पत्र पढ़कर देवदत्त को दे देता है**)

देवदत्त—(**पढ़ कर**)—वाह, कैसा सुयोग ! हम लोग क्यों न सहमत होंगे ! दूत, तुम्हें शीघ्र पुरस्कार और पत्र मिलेगा—जाओ, विश्राम करो ।

(**दूत जाता है**)

अजात०—गुरुदेव, बड़ी अनुकूल घटना है ! मगध जैसा परिवर्तन कर चुका है, वही तो कोसल भी चाहता है । हम नहीं समझते कि बुड्ढों को क्या पड़ी है और उन्हें

सिंहासन का कितना लोभ है। क्या यह पुरानी और नियन्त्रण में बँधी हुई, संसार के कीचड़ में निमज्जित राजतन्त्र की पद्धति, नवीन उद्योग को असफल कर देगी? तिल-भर भी जो अपने पुराने विचारों से हटना नहीं चाहता, उसे अवश्य नष्ट हो जाना चाहिये, क्योंकि यह जगत् ही गतिशील है।

देवदत्त—अधिकार, चाहे वे कैसे भी जर्जर और हल्की नींव के हों, अथवा अन्याय ही से क्यों न सङ्गठित हों, सहज में नहीं छोड़े जा सकते। भद्रजन उन्हें विचार से काम में लाते हैं और हठी तथा दुराग्रही उनमें तब तक परिवर्तन भी नहीं करना चाहते, जब तक वे एक बार ही न हटा दिये जायँ।

दौवारिक—(**प्रवेश करके**)—जय हो देव! महामान्य परिषद् के सभ्यगण आये हैं।

देवदत्त—उन्हें लिवा आओ।

(**दौवारिक जाकर लिवा लाता है**)

परिषद्गण—सम्राट् की जय हो! (**महात्मा को अभिवादन करते हैं।**)

देवदत्त—राष्ट्र का कल्याण हो। राजा और परिषद् की श्री-वृद्धि हो।

(**सब बैठते हैं**)

परिषद्०—क्या आज्ञा है?

अजात०—आप लोग राष्ट्र के शुभचिन्तक हैं। जब पिताजी ने यह प्रकाण्ड बोझ मेरे सिर पर रख दिया और मैंने इसे ग्रहण किया, तब इसे भी मैंने किशोर जीवन का एक कौतुक ही समझा था। किन्तु बात वैसी नहीं थी! मान्य महोदयो, राष्ट्र में एक ऐसी गुप्त-शक्ति का कार्य खुले हाथों चल रहा है, जो इस शक्तिशाली मगध-राष्ट्र को उन्नत नहीं देखना चाहती। और मैंने केवल इस बोझ को आप लोगों की शुभेच्छा का सहारा पाकर लिया था। आप लोग बताइये कि उस शक्ति का दमन आप लोगों को अभीष्ट है कि नहीं? या अपने राष्ट्र और सम्राट् को आप लोग अपमानित करना चाहते हैं?

परिषद्—कभी नहीं। मगध का राष्ट्र सदैव गर्व से उन्नत रहेगा और विरोधी शक्ति पददलित होगी।

देवदत्त—कुछ मैं भी कहना चाहता हूँ। इस समय जब मगध का राष्ट्र अपने यौवन में पैर रख रहा है तब विद्रोह की आवश्यकता नहीं, राष्ट्र के प्रत्येक नागरिक को उसकी उन्नति सोचनी चाहिये। राजकुल के कौटुम्बिक झगड़ों से और राष्ट्र से कोई ऐसा सम्बन्ध नहीं कि उसके पक्षपाती होकर हम अपने देश की और जाति की दुर्दशा करावें। सम्राट् की विमाता बार-बार विप्लव की सूचना दे रही हैं। यद्यपि महामान्य सम्राट् बिम्बिसार ने अपने सब अधिकार अपनी सुयोग्य सन्तान को दे दिये हैं, फिर भी ऐसी दुश्चेष्टा क्यों की जा रही है? काशी, जो कि बहुत दिनों से मगध का एक सम्पन्न

प्रान्त रहा है, वासवी देवी के षड्यन्त्र से राजस्व देना अस्वीकार करता है। वह कहता है कि मैं कोसल का दिया हुआ वासवी देवी का रक्षित धन हूँ। क्या ऐसे मुख्य और धनी प्रदेश को मगध छोड़ देने को प्रस्तुत है? क्या फिर इसी तरह और प्रदेश भी स्वतन्त्र होने की चेष्टा न करेंगे? क्या इसी में राष्ट्र का कल्याण है।

सब—कभी नहीं, कभी नहीं। ऐसा कदापि न होने पावेगा।

अजात०—तब आप लोग मेरा साथ देने के लिए पूर्ण रूप से प्रस्तुत हैं? देश को अपमान के बचाना चाहते हैं?

सब—अवश्य! राष्ट्र के कल्याण के लिए प्राण तक विसर्जन किया जा सकता है, और हम सब ऐसी प्रतिज्ञा करते हैं।

देवदत्त—तथास्तु! क्या इसके लिए कोई नीति आप लोग निर्धारित करेंगे?

एक सभ्य—मेरी विनीत सम्मति हैं कि आप ही इस परिषद् के प्रधान बनें और नवीन सम्राट् को अपनी स्वतन्त्र सम्मति देकर राष्ट्र का कल्याण करें, क्योंकि आप सदृश महात्मा सर्वलोक के हित की कामना रखते है। राष्ट्र का उद्धार करना भी भारी परोपकार है।

अजात०—यह मुझे भी स्वीकार हैं।

देवदत्त—मेरी सम्मति हैं कि साम्राज्य का सैनिक अधिकार स्वयं लेकर सेना-पति के रूप में कोशल के साथ युद्ध और उसका दमन करने के लिए अजातशत्रु को अग्रसर होना चाहिये। समुद्रदत्त गुप्त-प्रणिधि बनकर काशी जावें और प्रजा को मगध के अनुकूल बनावें, तथा शासन-भार परिषद् अपने सिर पर ले।

दूसरा सभ्य—यदि सम्राट् बिम्बिसार इसमें अपमान समझें?

देवदत्त—जिसने राज्य अपने हाथ से छोड़कर स्त्री की वश्यता स्वीकार कर ली, उसे इसका ध्यान भी नहीं हो सकता। फिर भी उनके समस्त व्यवहार वासवी देवी की अनुमति से होंगे—(**सोचकर**)—और भी एक बात है, मैं भूल गया था, वह यह कि कार्य को उत्तम रूप से चलाने के लिए महादेवी छलना परिषद् की देख-रेख किया करें।

समुद्रदत्त—यदि आज्ञा हो, तो मैं भी कुछ कहूँ।

परिषद०—हाँ, हाँ, अवश्य।

समुद्रदत्त—यह एक भी सफल नहीं होगा, जब तक वासवी देवी के हाथ-पैर चलते रहेंगे। यदि आप लोग राष्ट्र का निश्चित कल्याण चाहते है, तो पहले इसका प्रबन्ध करें।

देवदत्त—तुम्हारा तात्पर्य क्या हैं?

समुद्रदत्त—यही की वासवी देवी को महाराज बिम्बिसार से अलग तो किया नहीं जा सकता—फिर भी आवश्यकता से बाध्य होकर उप उपवन की रक्षा पूर्णरूप से होनी चाहिये।

तीसरा सभ्य—क्या महाराज बन्दी बनाने जायँगे ? मैं ऐसी मन्त्रणा का विरोध करता हूँ। यह अनर्थ है ! अन्याय है।

देवदत्त—ठहरिये अपनी प्रतिज्ञा को स्मरण कीजिये और विषय के गौरव को मत भुला दीजिये। समुद्रदत्त सम्राट् बिम्बिसार को बन्दी नहीं बनाना चाहता, किन्तु नियन्त्रण चाहता है, सो भी किस पर, केवल वासवी देवी पर, जो कि मगध की गुप्त शत्रु है। इसका और कोई दूसरा सरल उपाय नहीं। यह किसी पर प्रकट करके सम्राट् का निरादर न किया जाय, किन्तु युद्धकाल की राज-मर्यादा कहकर अपना काम निकाला जाय, क्योंकि ऐसे समय में राजकुल की विशेष रक्षा होनी चाहिये।

तीसरा सभ्य—तब मेरा कोई विरोध नहीं।

अजात०—फिर, आप लोग आज की इस मन्त्रणा से सहमत है ?

सब—हम सबको स्वीकार है।

अजात०—तथास्तु।

(सब जाते हैं)

[पट-परिवर्तन]

द्वितीय दृश्य

स्थान—पथ

[मार्ग में बन्धुल]

बन्धुल—(**स्वगत**)—इस अभिमानी राजकुमार से तो मिलने की इच्छा भी नहीं थी, किन्तु क्या करूँ, उसे अस्वीकार भी नहीं कर सका। कोसल-नरेश ने जो मुझे काशी का सामन्त बनाया है, वह मुझे अच्छा नहीं लगता, किन्तु राजा की आज्ञा। मुझे तो सरल और सैनिक-जीवन ही रुचिकर है। यह सामन्त का आडम्बरपूर्ण पद कपटाचरण की सूचना देता है। महाराज प्रसेनजित् ने कहा कि 'शीघ्र ही मगध काशी पर अधिकार करना चाहेगा, इसलिये तुम्हारा वहाँ जाना आवश्यक है।' यहाँ का दण्डनायक तो मुझसे प्रसन्न हैं। अच्छा देखा जायगा—(**टहलता है**)—यह समझ में नहीं आता कि एकान्त में कुमार क्यों मुझसे मिलना चाहता है !

(विरुद्धक का प्रवेश)

विरुद्धक—सेनापते ! कुशल तो है ?

बन्धुल—कुमार की जय हो ! क्या आज्ञा हैं ? आप क्यों अकेले हैं ?

विरुद्धक—मित्र बन्धुल ! मैं तो तिरस्कृत राज-सन्तान हूँ। फिर अपमान सहकर, चाहें वह पिता का सिंहासन क्यों न हो, मुझे रुचिकर नहीं।

बन्धुल—राजकुमार ! आपको सम्राट् ने निर्वासित तो नहीं किया, फ़िर आप क्यों इस तरह अकेले घूमते हैं ? चलिये—काशी का सिंहासन आपको मैं दिला सकता हूँ।

विरुद्धक—नहीं बन्धुल ! मैं दया से दिया हुआ दान नहीं चाहता, मुझे तो अधिकार चाहिये, स्वत्त्व चाहिये।

बन्धुल—फिर आप क्या करेंगे ?

विरुद्धक—जो कर रहा हूँ।

बन्धुल—वह क्या ?

विरुद्धक—मैं बाहुबल से उपार्जन करूँगा। मृगया करूँगा। क्षत्रिय-कुमार हूँ, चिन्ता क्या है ? स्पष्ट कहता हूँ बन्धुल, मैं साहसिक हो गया हूँ। अब वही मेरी वृत्ति है। राज्य-स्थापन करने के पहले मगध के भूपाल भी तो यही करते थे !

बन्धुल—सावधान ! राजकुमार ! ऐसी दुराचार की बात न सोचिये। यदि आप इस पथ से नहीं लौटते, तब मेरा भी कुछ कर्त्तव्य होगा, जो आपके लिए बड़ा कठोर होगा। आतङ्क का दमन करना प्रत्येक राजपुरुष का कर्म है, यह युवराज को भी मानना ही पड़ेगा।

विरुद्धक—मित्र बन्धुल ! तुम बड़े सरल हो। जब तुम्हारी सीमा के भीतर कोई उपद्रव हो, तो मुझे इसी तरह आह्वान कर सकते हो, किन्तु इस समय तो मैं एक दूसरी—तुम्हारे शुभ की बात कहने आया हूँ। कुछ समझते हो कि तुमको काशी का सामन्त क्यों बनाकर भेजा गया है ?

बन्धुल—यह तो बड़ी सीधी बात है—कोसल-नरेश इस राज्य को हस्तगत करना चाहते हैं, मगध भी उत्तेजित है, युद्ध की सम्भावना है; इसलिए मैं यहाँ भेजा गया हूँ। मेरी वीरता पर कोसल को विश्वास है।

विरुद्धक—क्या ही अच्छा होता कि कोसल तुम्हारी बुद्धि पर भी अभिमान कर सकता, किन्तु बात कुछ दूसरी ही है।

बन्धुल—वह क्या ?

विरुद्धक—कोसल-नरेश को तुम्हारी वीरता से सन्तोष नहीं; किन्तु आतङ्क है। राजशक्ति किसी को भी इतना उन्नत नहीं देखना चाहती।

बन्धुल—फिर सामन्त बनाकर मेरा क्यों सम्मान किया गया ?

विरुद्धक—यह एक षडयन्त्र है—जिससे तुम्हारा अस्तित्व न रह जाय।

बधुल—विद्रोही राजकुमार ! मैं तुम्हें बन्दी बनाता हूँ। सावधान हो !

(**पकड़ना चाहता है**)

विरुद्धक—अपनो चिन्ता करो; मैं 'शैलेन्द्र' हूँ।

(विरुद्धक तलवार खींचता हुआ निकल जाता है, फिर बन्धुल भी चकित हो कर चला जाता है)

(श्यामा का प्रवेश)

श्यामा—**(स्वगत)**—रात्रि चाहे कितनी भयानक हो, किन्तु प्रेममयी रमणी के हृदय से भयानक वह कदापि नहीं हो सकती। यह देखो, पवन मानो किसी डर से धीरे-धीरे साँस ले रहा है। किसी आतङ्क से पक्षिवृन्द अपने घोंसलों में जाकर छिपे गये हैं। आकाश में ताराओं का झुण्ड नीरव सा है, जैसे कोई भयानक बात देखकर भी वे बोल नहीं सकते, केवल आपस में इङ्गित कर रहे हैं! संसार किसी भयानक समस्या में निमग्न सा प्रतीत होता है! किन्तु में शैलेन्द्र से मिलने आयी हूँ—वह डाकू है तो क्या, मेरी भी अतृप्त वासना है। मागन्धी! चुप, वह नाम क्यों लेती है। मागन्धी कौशाम्बी के महल में आग लगाकर जल मरी—अब तो मैं श्यामा, काशी की प्रसिद्ध वार-विलासिनी हूँ। बड़े बड़े राजपुरुष और श्रेष्ठि इसी चरण को छूकर अपने को धन्य समझते हैं। धन की कमी नहीं, मान का कुछ ठिकाना नहीं; राजरानी होकर और क्या मिलता था, केवल सापत्न्य ज्वाला की पीड़ा!

(विरुद्धक का प्रवेश)

विरुद्धक—रमणी! तुम क्यों इस घोर कानन में आयी हो?

श्यामा—शैलेन्द्र, क्या तुम्ही को बताना होगा! मेरे हृदय में जो ज्वाला उठ रही है, उसे अब तुम्हारे अतिरिक्त कौन बुझावेगा? तुम मेरे स्नेह की परीक्षा चाहते थे—बोलो, तुम कैसी परीक्षा चाहते हो?

विरुद्धक—श्यामा, मैं डाकू हूँ। यदि तुमको इसी समय मार डालूँ!

श्यामा—तुम्हारे डाकूपन का ही विश्वास करके आयी हूँ। यदि साधारण मनुष्य समझती—जो ऊपर से बहुत सीधा सादा बनता है—तो मैं कदापि यहाँ आने का साहस न करती। शैलेन्द्र, लो यह अपनी नुकीली कटार, इस तड़पते हुए कलेजे में भोंक दो!

(घुटने के बल बैठ जाती है)

विरुद्धक—किन्तु श्यामा! विश्वास करने वाले के साथ डाकू भी ऐसे नहीं करते, उनका भी एक सिद्धान्त होता है। तुमसे मिलने में इसलिये मैं डरता था कि तुम रमणी हो और वह भी वारविलासिनी; मेरा विश्वास है कि ऐसी रमणियाँ डाकुओं से भी भयानक हैं।

श्यामा—तो क्या अभी तक तुम्हें मेरा विश्वास नहीं? क्या तुम मनुष्य नहीं हो, आन्तरिक प्रेम की शीतलता ने तुम्हें कभी स्पर्श नहीं किया? क्या मेरी प्रणय भिक्षा असफल होगी? जीवन कीं कृत्रिमता में दिन-रात प्रेम का बनिज करते-करते क्या

प्राकृतिक स्नेह का स्रोत एक बार ही सूख जाता है ? क्या वार-विलासिनी प्रेम करना नहीं जानती ? क्या कठोर और क्रूर कर्म करते-करते तुम्हारे हृदय में चेतनालोक की गुदगुदी और कोमल स्पन्दन नाम को भी अवशिष्ट नहीं है ? क्या तुम्हारा हृदय केवल मांसपिण्ड है ? उसमें रक्त का संचार नहीं ? नहीं-नहीं, ऐसा नहीं, प्रियतम—(**हाथ पकड़कर गाती है**)

बहुत छिपाया, उफन पड़ा अब,
सँभालने का समय नहीं है
अखिल विश्व में सतेज फैला
अनल हुआ यह प्रणय नहीं है
कहीं तड़प कर गिरे न बिजली
कहीं न वर्षा हो कालिमा की
तुम्हें न पाकर शशाङ्क मेरे
बना शून्य यह, हृदय नहीं है
तड़प रही है कहीं कोकिला
कहीं पपीहा पुकारता है
यही विरुद क्या तुम्हें सुहाता
कि नील नीरद सदय नहीं हैं
जली दीपमालिका प्राण की
हृदय-कुटी स्वच्छ हो गयी है
पलक-पाँवड़े बिछा चुकी हूँ
न दूसरा ठौर, भय नहीं है
चपल निकल कर कहाँ चले अब
इसे कुचल दो मृदुल चरण से
कि आह निकले दबे हृदय से
भला कहो, यह विजय नहीं है

(**दोनों हाथ-में-हाथ मिलाये हुए जाते हैं**)

[**पट-परिवर्तन**]

तृतीय दृश्य

(मल्लिका का उपवन)

(मल्लिका और महामाया)

मल्लिका—वीर-हृदय युद्ध का नाम ही सुनकर नाच उठता है। शक्तिशाली भुज-दण्ड फड़कने लगते हैं। भला मेरे रोकने से वे रुक सकते थे। कठोर कर्मपथ में अपने स्वामी के पैर का कण्टक भी मैं नहीं होना चाहती। वह मेरे अनुराग, सुहाग की वस्तु है। फिर भी उनका कोई स्वतन्त्र अस्तित्व है, जो हमारी श्रृङ्गार-मञ्जूषा में बन्द करके नहीं रखा जा सकता। महान् हृदय को केवल विलास की मदिरा पिलाकर मोह लेना ही कर्तव्य नहीं है।

महामाया—मल्लिका तेरा कहना ठीक है, किन्तु फिर भी....।

मल्लिका—किन्तु-परन्तु नहीं। वे तलवार की धार हैं, अग्नि की भयानक ज्वाला हैं, और वीरता के वरेण्य दूत है। मुझे विश्वास हैं कि सम्मुख युद्ध में शक्र भी उनके प्रचण्ड आघातों को रोकने में असमर्थ है। रानी! एक दिन मैंने कहा कि 'मैं पावा के अमृतसर का जल पीकर स्वस्थ होना चाहती हूँ; पर वह सरोवर पाँच सौ प्रधान मल्लों से सदैव रक्षित रहता हैं। दूसरी जाति का कोई भी उसमें जल नहीं पीने पाता।' उसी दिन स्वामी ने कहा कि 'तभी तो तुम्हें वह जल अच्छी तरह पिला सकूँगा।'

महामाया—फिर क्या हुआ ?

मल्लिका—रथ पर अकेले मुझे लेकर वहीं चले। उस दिन मेरा परम सौभाग्य था, सारी मल्लजाति की स्त्रियाँ मुझ पर ईर्ष्या करती थीं। जब मैं अकेली रथ पर बैठी थी, मेरे वीर स्वामी ने उन पाँच सौ मल्लों से अकेले युद्ध आरम्भ किया और मुझे आज्ञा दी—'तुम निर्भय होकर जाओ' सरोवर में स्नान करो या जल पी लो।'

महामाया—उस युद्ध में क्या हुआ ?

मल्लिका—वैसी बाण विद्या पाण्डवों की कहानी में मैंने सुनी थी। देखा, उनके धनुष कटे थे और कमरबन्द के बन्धन से ही वे चल सकते थे। जब वे समीप आकर खड्ग-युद्ध में आह्वान करने लगे, तब स्वामी ने कहा—'पहले अपने शरीर की अवस्था को देखो, मैं अर्द्धमृतक घायलों पर अस्त्र नहीं चलाता।' फिर उन्होंने ललकार कर कहा—'वीर मल्लगण, जाओ, अस्त्रवैद्य से अपनी चिकित्सा कराओ, बीच में जो अपनी कमरबन्द खोलेगा, उसकी मृत्यु निश्चित है!' 'मल्ल-महिलाओं की ईर्ष्या और उस सरोवर का जल स्वेच्छा से पान कर मैं कोसल लौट आयी।

महामाया—आश्चर्य, ऐसी बाण-विद्या तो अब नहीं देखने में आती! ऐसी वीरता तो विश्वास करने की बात ही है, फिर भी मल्लिका! राजशक्ति का प्रलोभन, उसका आदर—अच्छा नहीं है, विष का लड्डू हैं, गन्धर्वनगर का प्रकाश है। कब क्या परि-

णाम होगा—निश्चय नहीं हैं और इसी वीरता से महाराज को आतङ्क हो गया है। यद्यपि मैं इस समय निरादृत हूँ, फिर भी मुझसे उनकी बातें छिपी नहीं है। मल्लिका! मैं तुम्हें बहुत प्यार करती हूँ, इसलिए कहती हूँ—

मल्लिका—क्या कहना चाहती हो रानी!

महामाया—गुप्त आज्ञापत्र शैलेन्द्र डाकू के नाम जा चुका है, कि यदि तुम बन्धुल का बध कर सकोगे, तो तुम्हारे पिछले सब अपराध क्षमा कर दिये जायँगे, और तुम उनके स्थान पर सेनापति बनाये जाओगे।

मल्लिका—किन्तु शैलेन्द्र एक वीर पुरुष है। वह गुप्त हत्या क्यों करेगा? यदि वह प्रकट रूप से युद्ध करेगा, तो मुझे निश्चय है कि कोसल के सेनापति उसे अवश्य बन्दी बनावेंगे।

महामाया—किन्तु मैं जानती हूँ कि वह ऐसा करेगा, क्योंकि प्रलोभन बुरी वस्तु है।

मल्लिका—रानी! बस करो! मैं प्राणनाथ को अपने कर्तव्य से च्युत नहीं करा सकती, और उनसे लौट आने का अनुरोध नहीं कर सकती। सेनापति का राजभक्त कुटुम्ब कभी विद्रोही नहीं होगा और राजा की आज्ञा से वह प्राण दे देना अपना धर्म समझेगा—जब तक कि स्वयं राजा, राष्ट्र का द्रोही न प्रमाणित हो जाय।

महामाया—क्या कहूँ! मल्लिका, मुझे दया आती है और तुमसे स्नेह भी है; क्योंकि तुम्हें पुत्रवधू बनाने की बड़ी इच्छा थी; किन्तु घमण्डी कोसल नरेश ने उसे अस्वीकार किया। मुझे इसका बड़ा दुःख हैं; इसीलिये तुम्हें सचेत करने आयी थी।

मल्लिका—बस, रानी बस। मेरे लिये मेरी स्थिति अच्छी है और तुम्हारे लिये तुम्हारी। तुम्हारे दुर्विनीत राजकुमार से न ब्याही जाने में मैं अपना सौभाग्य ही समझती हूँ। दूसरे की क्यों, अपनी ही दशा देखो, कोसल की महिषी बनी थीं, अब—

महामाया—(**क्रोध से**)—मल्लिका, सावधान! मैं जाती हूँ।

(**प्रस्थान**)

मल्लिका—गर्वीली स्त्री, तुझे राजपद की बड़ी अभिलाषा थी; किन्तु मुझे कुछ नहीं, केवल स्त्री-सुलभ सौजन्य और समवेदना तथा कर्तव्य और धैर्य की शिक्षा मिली है। भाग्य जो कुछ दिखावे।

[**पट-परिवर्तन**]

चतुर्थ दृश्य

काशी में श्यामा का गृह

(श्यामा बैठी है)

श्यामा—(**स्वगत**)—शैलेन्द्र ! यह तुमने क्या किया—मेरी प्रणयलता पर कैसा वज्रपात किया ! अभागे बन्धुल को ही क्या पड़ी थी कि उसने द्वन्द्वयुद्ध का आह्वान स्वीकार कर लिया ! कोसल का प्रधान सेनापति छल से मारा गया है। और उसी के हाथ से घायल होकर तुम भी बन्दी हुए। प्रिय शैलेन्द्र ! तुम्हें किस तरह बचाऊँ— (**सोचती है**)

समुद्रदत्त—श्यामा ! तुम्हारे रूप की प्रशंसा सुनकर यहाँ चले आने का साहस हुआ है। क्या मैंने कुछ अनुचित किया ?

श्यामा—(**देखती हुई**)—नहीं श्रीमान्, यह तो आपका घर है। श्यामा आतिथ्य धर्म को भूल नहीं सकती—यह कुटीर आपकी सेवा के लिए सदैव प्रस्तुत है। सम्भवतः आप परदेसी हैं और इस नगर में नवागत व्यक्ति हैं। बैठिये—क्या आज्ञा है ?

समुद्रदत्त—(**बैठता हुआ**)—हाँ सुन्दरी, मैं नवागत व्यक्ति हूँ, किन्तु एक बार और आ चुका हूँ—तभी तुम्हारे रूप की ज्वाला ने मुझे पतङ्ग बनाया था, 'अब उसमें जलने के लिए आया हूँ। भला इतनी भी कृपा होगी ?

श्यामा—मैं आपसे विनती करती हूँ कि पहले आप ठण्ढे होइये और कुछ थकावट मिटाइये, फिर बातें होंगी। विजया ! श्रीमान् को विश्राम-गृह में लिवा जा।

विजया आती है और समुद्रदत्त को लिवा जाती है

(एक दासी का प्रवेश)

दासी—स्वामिनी ! दण्डनायक ने कहा है कि श्यामा की आज्ञा ही मेरे लिए सब कुछ है। हजार मोहरों की आवश्यकता नहीं, केवल एक मनुष्य उसके स्थान में चाहिये, क्योंकि सेनापति की हत्या हो गयी है, और यह बात भी छिपी नहीं है कि शैलेन्द्र पकड़ा गया है। तब, उसका कोई प्रतिनिधि चाहिये जो सूली पर रातोंरात चढ़ा दिया जाय। अभी किसी ने उसे पहचाना भी नहीं है।

श्यामा—अच्छा, सुन चुकी। जा, शीघ्र सङ्गीत का सम्भार ठीक कर; एक बड़े सम्भ्रान्त सज्जन आये हैं। शीघ्र जा, देर न कर—

(दासी जाती है)

(**स्वगत**)—स्वर्ण-पिञ्जर में भी श्यामा को क्या वह सुख मिलेगा—जो उसे हरी डालों पर कसैले फलों को चखने में मिलता है ? मुक्त नील गगन में अपने छोटे-छोटे पङ्ख फैलाकर जब वह उड़ती है, तब जैसी उसकी सुरीली तान होती है, उसके सामने

तो सोने के पिंजड़े में उसका गान क्रन्दन ही है। मैं उसी श्यामा की तरह, जो स्वतन्त्र हैं, राजमहल की परतन्त्रता से बाहर आयी हूँ। हँसूँगी और हँसाऊँगी, रोऊँगी और रुलाऊँगी ! फूल की तरह आयी हूँ, परिमल की तरह चली जाऊँगी। स्वप्न की चन्द्रिका में मलयानिल की सेज पर खेलूँगी। फूलों की धूल से अङ्गराग बनाऊँगी, चाहे उसमें कितनी ही कलियाँ क्यों न कुचलनी पड़ें ! चाहे कितनों ही के प्राण जायँ, मुझे कुछ चिन्ता नहीं ! कुम्हला कर, फूलों को कुचल देने में ही सुख है।

(समुद्रदत्त का प्रवेश)

श्यामा—(**खड़ी होकर**)—कोई कष्ट तो नहीं हुआ ? दासियाँ दुर्विनीत होती हैं, क्षमा कीजियेगा।

समुद्रदत्त—सुन्दरियों की तुम महारानी हो और तुम वास्तव में उसी तरह रहती भी हो; तब, जैसा गृहस्थ होगा, वैसे आतिथ्य की भी सम्भावना है—बड़ा सुख मिला, हृदय शीतल हो गया !

श्यामा—आप तो मेरी प्रशंसा करके मुझे बार-बार लज्जित करते हैं।

समुद्रदत्त—सुन्दरी ! मैं कह तो नहीं सकता; किन्तु मैं बिना मूल्य का दास हूँ। अनुग्रह करके कोमल कण्ठ से कुछ सुनाओ।

श्यामा—जैसी आज्ञा।

(बजाने वाले आते हैं)

(गान और नृत्य)

चला है मन्थर गति में पवन रसीला नन्दन कानन का
नन्दन कानन का, रसीला नन्दन कानन का
फूलों पर आनन्द भैरवी गाते मधुकर वृन्द,
बिखर रही है किस यौवन की किरण, खिला अरविन्द,
ध्यान है किसके आनन का
नन्दन कानन का, रसीला नन्दन कानन का ॥च०॥
उषा सुनहला मद्य पिलाती, प्रकृति बरसती फूल,
मतवाले होकर देखो तो विधि-निषेध को भूल,
आज कर लो अपने मन का।
नन्दन कानन का रसीला नन्दन कानन का ॥च०॥

समुद्रदत्त—अहा ! श्यामा का-सा कण्ठ भी है। सुन्दरी, तुम्हारी जैसी प्रशंसा सुनी थी, वैसी ही तुम हो ! एक बार इस तीव्र मादक को और पिला दो। पागल हो जाने के लिए इन्द्रियाँ प्रस्तुत हैं।

(श्यामा इङ्गित करती है, सब जाते हैं)

श्यामा—क्षमा कीजिये, मैं इस समय बड़ी चिन्तित हूँ, इस कारण आपको प्रसन्न न कर सकी। अभी दासी ने आकर एक बात ऐसी कही है कि मेरा चित्त चञ्चल हो उठा। केवल शिष्टाचारवश इस समय मैंने आपको गाना सुनाया—

समुद्रदत्त—वह कैसी बात है, क्या मैं भी सुन सकता हूँ ?

श्यामा—(**सङ्कोच से**)—आप अभी तो विदेश से आ रहें हैं, मुझसे कोई घनिष्ठता भी नहीं, तब कैसे अपना हाल कहूँ।

समुद्रदत्त—सुन्दरी ! यह तुम्हारा सङ्कोच व्यर्थ है।

श्यामा—मेरा एक सम्बन्धी किसी अपराध में बन्दी हुआ है, दण्डनायक ने कहा है कि यदि रात-भर में मेरे पास हजार मोहरें पहुँच जायँ, तो मैं इसे छोड़ दूँगा, नहीं तो नहीं।

(**रोती है**)

समुद्रदत्त—तो इसमें कौन-सी चिन्ता की बात है। मैं देता हूँ; इन्हें भेज दो। (**स्वगत**)—मैं भी तो षड्यंत्र करने आया हूँ—इसी तरह दो-चार अन्तरङ्ग ,मित्र बना लूँगा, जिसमें समय पर काम आवें। दण्डनायक से भी समझ लूँगा—कोई चिन्ता नहीं।

श्यामा—(**मोहरों की थैली देकर**)—तो दासी पर दया करके इसे दे आइये, क्योंकि मैं किस पर विश्वास करके इतना धन भेज दूँ ! और यदि आपको पहचाने जाने की शङ्का हो तो मैं आपका अभी वेश बदल दे सकती हूँ।

समुद्रदत्त—अजी, मोहरें तो मेरे पास हैं, इनकी क्या आवश्यकता है ?

श्यामा—आपकी कृपा है। वह भी, मेरी ही हैं, किन्तु इन्हें ही ले जाइये; नहीं तो आप इसे भी वार-वनिताओं की एक चाल समझियेगा।

समुद्रदत्त—भला यह कैसी बात—सुन्दरी श्यामा, तुम मेरी हँसी उड़ाती हो ! तुम्हारे लिए यह प्राण प्रस्तुत है। बात इतनी ही है कि वह मुझे पहचानता है।

श्यामा—नहीं, यह तो मेरी पहली बात आपको माननी ही होगी। इतना बोझ मुझ पर न दीजिये कि मैत्री में चतुरता की गन्ध आने लगे और हम लोगों को एक-दूसरे पर शंका करने का अवकाश मिले। मैं आपका वेश बदल देती हूँ।

समुद्रदत्त—अच्छा प्रिये ! ऐसा ही होगा। मेरा वेश-परिवर्तन करा दो।

(**श्यामा वेश बदलती है और समुद्रदत्त मोहरों की थैली लेकर अकड़ता हुआ जाता है**)

श्यामा—जाओ बलि के बकरे, जाओ ! फिर न आना। मेरा शैलेन्द्र, मेरा प्यारा शैलेन्द्र !

तुम्हारी मोहनी छवि पर निछावर प्राण हैं मेरे
अखिल भूलोक बलिहारी मधुर मृदु हास पर तेरे

[**पट-परिवर्तन**]

पञ्चम दृश्य

सेनापति बन्धुल का गृह

मल्लिका और दासी

मल्लिका—संसार में स्त्रियों के लिये पति ही सब कछु है, किन्तु हाय। आज मैं उसी सोहाग से वञ्चित हो गयी हूँ। हृदय थरथरा रहा है, कण्ठ भरा आता है—एक निर्दय चेतना सब इन्द्रियों को अचेतन और शिथिल बनाये दे रही है। आह! (**ठहरकर और निःश्वास लेकर**) हे प्रभु! मुझे बल दो—विपत्तियों को सहन करने के लिए—बल दो! मुझे विश्वास दो कि तुम्हारी शरण जाने पर कोई भय नहीं रहता, विपत्ति और दुःख उस आनन्द के दास बन जाते हैं, फिर सांसारिक आतङ्क उसे नहीं डरा सकते हैं। मैं जानती हूँ कि मानव-हृदय अपनी दुर्बलताओं में ही सबल होने का स्वाँग बनाता है—किन्तु मुझे उस बनावट से, उस दम्भ से, बचा लो! शान्ति के लिए साहस दो—बल दो!!

दासी—स्वामिनी धैर्य धारण, कीजिये।

मल्लिका—सरला! धैर्य न होता, तो अब तक यह हृदय फट जाता—यह शरीर निस्पन्द हो जाता। यह वैधव्य-दुःख नारी-जाति के लिए कैसा कठोर अभिशाप है, यह किसी भी स्त्री को अनुभव न करना पड़े।

दासी—स्वामिनी, इस दुःख में भगवान् ही सान्त्वना दे सकेंगे—उन्हीं का अवलम्ब है।

मल्लिका—एक बात स्मरण हो आयी सरला!

दासी—क्या स्वामिनी?

मल्लिका—सद्धर्म के सेनापति सारिपुत्र मौग्दलायन को कल मैं निमन्त्रण दे आयी हूँ, आज वे आवेंगे। देख, यदि न हुआ हो तो भिक्षा का प्रबन्ध शीघ्र कर, जा—शीघ्र जा—(**दासी जाती है।**)—तथागत! तुम धन्य हो, तुम्हारे उपदेशों से हृदय निर्मल हो जाता है। तुमने संसार को दुःखमय बतलाया और उससे छूटने का उपाय भी सिखाया, कीट से लेकर इन्द्र तक की समता घोषित की; अपवित्रों को अपनाया, दुखियों को गले लगाया, अपनी दिव्य करुणा की वर्षा से विश्व को आप्लावित किया—अमिताभ, तुम्हारी जय हो!

(**सरला आती है**)

सरला—स्वामिनी! भिक्षा का आयोजन सब ठीक है, कोई चिन्ता नहीं, किन्तु····

मल्लिका—किन्तु नहीं, सरला! मैं भी व्यवहार जानती हूँ, आतिथ्य परम धर्म है। मैं भी नारी हूँ, नारी के हृदय में जो हाहाकार होता है, वह मैं अनुभव कर रही हूँ। शरीर की धमनियाँ खिंचने लगती हैं। जी रो उठता है, तब भी कर्तव्य करना ही होगा।

सारिपुत्र और आनन्द का प्रवेश ।

मल्लिका—जय हो ! अमिताभ की जय हो—दासी वन्दना करती है । **स्वागत !**

सारिपुत्र—शान्ति मिले--सन्तोष में तृप्ति हो । देवि ! हम लोग आ गये—भिक्षा प्रस्तुत है ?

मल्लिका—देव ! यथाशक्ति प्रस्तुत है । पावन कीजिये । चलिये ।

[दासी जल लाती, है, मल्लिका पैर धुलाती है । दोनों बैठते हैं और भोजन करते हैं । लाते समय स्वर्ण-पात्र दासी से गिरकर टूट जाता है । मल्लिका उसे दूसरा लाने को कहती है]

आनन्द—देवि ! दासी का अपराध क्षमा करना—जितनी वस्तुयें बनती हैं, वे सब बिगड़ने ही के लिये । यही उसका परिणाम था; उसमें बेचारी दासी को कलङ्क-मात्र था ।

मल्लिका—यथार्थ है !

सारिपुत्र—आनन्द क्या तुमने समझा कि मल्लिका दासी पर रुष्ट होगी ! क्या तुमने अभी नहीं पहिचाना ? स्वर्ण पात्र टूटने से इन्हें क्या क्षोभ होगा—स्वामी के मारे जाने का समाचार अभी हम लोगों के आने के थोड़ी ही देर पहले आया है, किन्तु वह भी इन्हें अपने कर्तव्य से विचलित नहीं कर सका ! फिर यह तो एक धातुपात्र था ! **(मल्लिका से)**---तुम्हारा धैर्य सराहनीय है ! आनन्द ! तो, इस मूर्तिमती धर्म परायणता से कर्तव्य की शिक्षा लो ।

आनन्द—महिमामयी ! अपराध क्षमा हो । आज मुझे विश्वास हुआ कि केवल काषाय धारण कर लेने से ही धर्म पर एकाधिकार नहीं हो जाता–यह तो चित्त-शुद्धि से मिलता है ।

मल्लिका--पतितपावन की अमोघ वाणी ने दृश्यों की नश्वरता की घोषणा की है । अब मुझे वह मोह की दुर्बलता-सी दिखाई पड़ती है । उस धर्म-शासन से कभी विद्रोह न करूँगी, वह मानव का पवित्र अधिकार हैं, शान्तिदायक धैर्य का साधन है, जीवन का विश्राम है—**(पैर पकड़ती है)**–महापुरुष ! आशीर्वाद दीजिये कि मैं इससे विचलित न होऊँ ।

सारिपुत्र—उठो देवी ! उठो ! तुम्हें मैं क्या उपदेश करूँ ? तुम्हारा चरित्र, धैर्य का—कर्तव्य का–स्वयं आदर्श है । तुम्हारे हृदय में अखण्ड शान्ति है । हाँ, तुम जानती हो कि तुम्हारा शत्रु कौन है—तब भी विश्वमैत्री के अनुरोध से, उससे केवल उदासीन ही न रहो, प्रत्युत द्वेष भी न रखो ।

[महाराज प्रसेनजित् का प्रवेश]

प्रसेन०—महास्थविर ! मैं अभिवादन करता हूँ । मल्लिका देवी, मैं क्षमा माँगने आया हूँ ।

मल्लिका—स्वागत महाराज ! क्षमा किस बात की ?

प्रसेन०—नहीं—मैंने अपराध किया है। सेनापति बन्धुल के प्रति मेरा हृदय शुद्ध नहीं था—इसलिये उनकी हत्या का पाप मुझे भी लगता है।

मल्लिका—यह अब छिपा नहीं है महाराज ! प्रजा के साथ आप इतना छल, इतनी प्रवञ्चना और कपट-व्यवहार रखते हैं ! धन्य हैं।

प्रसेन०—मुझे धिक्कार दो—मुझे शाप दो—मल्लिका ! तुम्हारे मुखमण्डल पर तो ईर्ष्या और प्रतिहिंसा का चिह्न भी नहीं है। जो तुम्हारी इच्छा हो वह कहो, मैं उसे पूर्ण करूँगा—

मल्लिका—(**हाथ जोड़कर**)—कुछ नहीं महाराज ! आज्ञा दीजिये कि आपके राज्य से निर्विघ्न चली जाऊँ; किसी शान्तिपूर्ण स्थान में रहूँ। ईर्ष्या से आपका हृदय प्रलय के मध्याह्न का सूर्य हो रहा है, उसकी भीषणता से बचकर किसी छाया में विश्राम करूँ। और कुछ भी मैं नहीं चाहती।

सारिपुत्र—मूर्तिमती करुणे ! तुम्हारी विजय है।

(**हाथ जोड़ता है**)

[**पट-परिवर्तन**]

षष्ठ दृश्य

महाराज बिम्बिसार का गृह

(**बिम्बिसार और वासवी**)

बिम्बिसार—रात में ताराओं का प्रभाव विशेष रहने से चन्द्र नहीं दिखायी देता और चन्द्रमा का तेज बढ़ने से तारे सब फीके पड़ जाते हैं, क्या इसी को शुक्लपक्ष और कृष्णपक्ष कहते हैं ? देवी ! कभी तुमने इस पर विचार किया है।

वासवी—आर्यपुत्र ! मुझे तो विश्वास है कि नीला पर्दा इसका रहस्य छिपाये है, जितना चाहता है, उतना ही प्रकट करता है। कभी निशाकर को छाती पर लेकर खेला करता है, कभी ताराओं को बिखेरता और कृष्णा कुहू के साथ क्रीड़ा करता है।

बिम्बिसार—और कोमल पत्तियों को, जो अपनी डाली में निरीह लटका करती है, प्रभञ्जन क्यों झिंझोड़ता है ?

वासवी—उसकी गति है, वह किसी से कहता नहीं है कि तुम मेरे मार्ग में अड़ो; जो साहस करता है, उसे हिलना पड़ता है। नाथ ! समय भी इसी तरह चला जा रहा है, उसके लिये पहाड़ और पत्ती बराबर है।

बिम्बिसार—फिर उसकी गति तो सम नहीं है, ऐसा क्यों ?

वासवी—यही समझाने के लिए बड़े-बड़े दार्शनिकों ने कई तरह की व्याख्यायें की हैं, फिर भी प्रत्येक नियम में अपवाद लगा दिये हैं। यह नहीं कहा जा सकता कि वह अपवाद नियम पर है, या नियामक पर। सम्भवतः उसे ही लोग बवण्डर कहते हैं।

बिम्बिसार—तब तो देवी! प्रत्येक असम्भावित घटना के मूल में यही बवण्डर है। सच तो यह है कि विश्व-भर में स्थान-स्थान पर वात्याचक्र है; जल में उसे भँवर कहते हैं, स्थल पर उसे बवण्डर कहते हैं, राज्य में विप्लव, समाज में उच्छृङ्खलता और धर्म में पाप कहते हैं। चाहें इन्हें नियमों का अपवाद कहो, चाहे बवण्डर—यही न?

(**छलना का प्रवेश**)

बिम्बिसार—यह लो, हम लोग तो बवण्डर की बातें करते थे, तुम यहाँ कैसे पहुंच गयीं! राजमाता महादेवी को इस दरिद्र-कुटीर में क्या आवश्यकता हुई?

छलना—मैं बवण्डर हूँ—इसीलिये जहाँ मैं चाहती हूँ, असम्भावित रूप से चली जाती हूँ और देखना चाहती हूँ कि इस प्रवाह में कितनी सामर्थ्य है—इसमें आवर्त्त उत्पन्न कर सकती हूँ कि नहीं!

वासवी—छलना! बहिन! तुमको क्या हो गया है?

छलना—प्रमाद—और क्या। अभी सन्तोष नहीं हुआ? इतना उपद्रव करा चुकी हो, और भी कुछ शेष है?

वासवी—क्यों, अजात तो अच्छी तरह है? कुशल तो है?

छलना—क्या चाहती हो! समुद्रदत्त काशी में मारा ही गया। कोसल और मगध में युद्ध का उपद्रव हो रहा है। अजात भी उसमें गया है। साम्राज्य-भर में आतङ्क है।

बिम्बिसार—युद्ध में क्या हुआ? (**मुँह फिराकर**)—अथवा मुझे क्या?

छलना—शैलेन्द्र नाम के डाकू ने द्वन्द्वयुद्ध में आह्वान करके फिर धोखा देकर कोसल के सेनापति को मार डाला। सेनापति के मर जाने से सेना घबरायी थी, उसी समय अजात ने आक्रमण कर दिया और विजयी हुआ—काशी पर अधिकार हो गया।

वासवी—तब इतना घबराती क्यों हो? अजात को रण-दुर्मद साहसी बनाने के लिए ही तो तुम्हें इतनी उत्कण्ठा थी। राजकुमार को तो ऐसी उद्धत शिक्षा तुम्हीं ने दी थी, फिर उलाहना क्यों?

छलना—उलाहना क्यों न दूँ—जब कि तुमने जान-बूझकर यह विप्लव खड़ा किया है। क्या तुम इसे नहीं दबा सकती थीं; क्योंकि वह तो तुम्हारे पिता से तुम्हें मिला हुआ प्रान्त था।

वासवी—जिसने दिया था, यदि वह ले ले, तो मुझे क्या अधिकार है कि मैं उसे न लौटा दूँ? तुम्हीं बतलाओ कि मेरा अधिकार छीनकर जब आर्यपुत्र ने तुम्हें दे दिया, तब भी मैंने कोई विरोध किया था?

छलना—यह ताना सुनने मैं नहीं आयी हूँ। वासवी तुमको तुम्हारी असफलता सूचित करने आयी हूँ।

बिम्बिसार—तो राजमाता को कष्ट करने की क्या आवश्यकता थी ? यह तो एक सामान्य अनुचर कर सकता था।

छलना—किन्तु वह मेरी जगह तो नहीं हो सकता था और सन्देश भी अच्छी तरह से नहीं कहता। वासवी के मुख की प्रत्येक सिकुड़न पर इस प्रकार लक्ष्य न रखता, न तो वासवी को इतना प्रसन्न ही कर सकता।

बिम्बिसार—(**खड़े होकर**)—छलना ! मैंने राजदण्ड छोड़ दिया है; किन्तु मनुष्यता ने अभी मुझे नहीं परित्याग किया है। सहन की भी सीमा होती है। अधम नारी !—चली जा। तुझे लज्जा नहीं—बर्बर लिच्छिवि-रक्त !

वासवी—बहिन ! जाओ, सिंहासन पर बैठकर राजकार्य देखो। व्यर्थ झगड़ने से तुम्हें क्या सुख मिलेगा ? और अधिक तुम्हें क्या कहूँ; तुम्हारी बुद्धि !

(**छलना जाती है**)

वासवी—(**प्रार्थना करती** है)

दाता सुमति दीजिये !
मानव-हृदय-भूमि करुणा से सींचकर
बोधन-विवेक-बीज अङ्कुरित कीजिये
दाता सुमति दीजिये ॥

(**जीवक का प्रवेश**)

जीवक—जय हो देव !

बिम्बिसार—जीवक, स्वागत। तुम बड़े समय पर आये ! इस समय हृदय बड़ा उद्विग्न था। कोई नया समाचार सुनाओ।

जीवक—कौशाम्बी के समाचार तो लिखकर भेज चुका हूँ। नया समाचार यह है कि मागन्धी का सब षड्यन्त्र खुल गया और राजकुमारी पद्मावती का गौरव पूर्ववत् हो गया। वह दुष्टा मागन्धी महल में आग लगाकर जल मरी !

बिम्बिसार—बेटी पद्मा ! प्राण बचे। इतने दिनों तक बड़ी दुःखी रही, क्यों जीवक ?

वासवी—और कोसल का क्या समाचार है ? विरुद्धक को भाई ने क्षमा किया या नहीं ? वह आजकल कहाँ है ?

जीवक—वही तो काशी का शैलेन्द्र है। उसने मगध-नरेश—नहीं-नहीं—कुमार कुणीक से मिलकर कोसल सेनापति बन्धुल को मार डाला और स्वयं इधर-उधर विद्रोह करता फिर रहा है।

वासवी—यह क्या है ! भगवान् ! बच्चों को यह क्या सूझी है ? क्या यही राजकुल की शिक्षा है ?

जीवक—और महाराज प्रसेनजित् घायल होकर रणक्षेत्र से लौट गये । इधर कोई और नयी बात हुई हो, तो मैं नहीं जानता ।

बिम्बिसार—जीवक, अब तुम विश्राम करो । अब और कोई समाचार सुनने की इच्छा नहीं है । संसार-भर में विद्रोह, सङ्घर्ष, हत्या, अभियोग, षड्यन्त्र और प्रतारणा है । यही सब तुम सुनाओगे, ऐसा मुझे निश्चय हो गया । जाने दो । एक शीतल निःश्वास लेकर तुम विश्व के वात्याचक्र से अलग हो जाओ और इस पर प्रलय के सूर्य की किरणों से तप कर गलते हुए गीले लोहे की वर्षा होने दो । अविश्वास की आँधियों को सरपट दौड़ने दो । पृथ्वी के प्राणियों में अन्याय बढ़े, जिससे दृढ़ होकर लोग अनीश्वरवादी हो जायँ, और प्रतिदिन नयी समस्या हल करते-करते कुटिल कृतघ्न-जीव मूर्खता की धूल उड़ावें—और विश्वभर में इस पर एक उन्मत्त अट्टाहास हो ।

(उन्मत्त भाव से जाता है)

[पट-परिवर्तन]

सप्तम दृश्य

कोसल की सीमा

(मल्लिका की कुटी में मल्लिका और दीर्घकारायण)

दीर्घ०—नहीं, मैं कभी इसका अनुमोदन नहीं कर सकता । आप चाहे इसे धर्म समझें; किन्तु साँप को जीवनदान करना कभी भी लोकहितकर नहीं है ।

मल्लिका—कारायण ! तुम्हारा रक्त अभी बहुत खौल रहा है । तुम्हारी प्रतिहिंसा की बर्बरता वेगवती हैं, किन्तु सोचो, विचारो, जिसके हृदय में विश्वमैत्री के द्वारा करुणा का उद्रेक हुआ है, उसे अपकार का स्मरण क्या कभी अपने कर्तव्य से विचलित कर सकता है ?

कारायण—आप देवी हैं । सौरमण्डल से भिन्न जो केवल कल्पना के आधार पर स्थित है, उस जगत् की बातें आप सोच सकती हैं । किन्तु हम इस सङ्घर्षपूर्ण जगत् के जीव है, जिसमें कि शून्य भी प्रतिध्वनि देता है, जहाँ किसी को वेग से कङ्कड़ी मारने पर वही कङ्कडी—मारने वाले की ओर—लौटने की चेष्टा करती है । इसलिये मैं तो यही कहूँगा कि इस मरणासन्न घमण्डी और दुर्वृत्त कोसल-नरेश की रक्षा आपको नहीं करनी चाहिये ।

मल्लिका—अपना कर्त्तव्य मैं अच्छी तरह जानती हूँ । करुण की विजय-पताका के नीचे हमने प्रयाण करने का दृढ़ विचार करके उसकी अधीनता स्वीकार कर ली

है। अब एक पग भी पीछे हटने का अवकाश नहीं। विश्वासी सैनिक के समान नश्वर जीवन का बलिदान करूँगी—कारायण!

कारायण—तब मैं जाता हूँ—जैसी इच्छा।

मल्लिका—ठहरो, मैं तुमसे एक बात पूछना चाहती हूँ। क्या तुम इस युद्ध में नहीं गये थे? क्या तुमने अपने हाथों से जान-बूझकर कोसल को पराजित होने नहीं दिया? क्या सच्चे सैनिक के समान ही तुम इस रण-क्षेत्र में खड़े थे और तब भी कोसल-नरेश की यह दुर्दशा हुई? जब तुम इस लघु—सत्य को पालने में असमर्थ हुये, तब तुमसे और महान् स्वार्थ-त्याग की क्या आशा की जाय! मुझे विश्वास है कि यदि कोसल की सेना अपने सत्य पर रहती, तो यह दुःखद घटना न होने पाती।

कारायण—इसमें मेरा क्या रपराध है? जैसी सबकी वैसी ही मेरी भी इच्छा थी—(**कुटी से घायल प्रसेनजित् निकलता है**)

प्रसेन०—देवी, तुम्हारे उपकारों का बोझ मुझे असह्य हो रहा है। तुम्हारी शीतलता ने इस जलते हुए लोहे पर विजय प्राप्त कर ली है। बार-बार क्षमा माँगने पर हृदय को सन्तोष नहीं होता। अब मैं श्रावस्ती जाने की आज्ञा चाहता हूँ।

मल्लिका—सम्राट्! क्या आपको मैंने बन्दी कर रखा है? यह कैसा प्रश्न! बड़ी प्रसन्नता से आप जा सकते है!

प्रसेन०—नहीं, देवी! इस दुराचारी के पैरों में तुम्हारे उपकारों की बेड़ी और हाथों में क्षमा की हथकड़ी पड़ी है। जब तक तुम कोई आज्ञा देकर इसे मुक्त नहीं करोगी, यह जाने में असमर्थ है।

मल्लिाक—कारायण! यह तुम्हारे सम्राट् हैं—जाओ; इन्हें राजधानी तक सकुशल पहुँचा दो, मुझे तुम्हारे बाहुबल पर भरोसा है, और चरित्र पर भी।

प्रसेन०—कौन कारायण, सेनापति बन्धुल का भागिनेय?

कारायण—हाँ श्रीमान्। वही कारायण अभिवादन करता है।

प्रसेन०—कारायण! माता ने आज्ञा दी है, तुम मुझे कल पहुँचा दोगे? देखो जननी की यह मूर्ति!—विपद में बच्चे की तरह उसने मेरी सेवा की है। क्या तुम इसमें भक्ति करते हो? यदि तुमने इन दिव्य चरणों की भक्ति पायी हैं, तो तुम्हारी जीवन धन्य है।

(**मल्लिका का पैर पकड़ता है**)

मल्लिका—उठिये सम्राट्! उठिये। मर्यादा भङ्ग करने का आपको भी अधिकार नहीं है।

प्रसेन०—यदि आज्ञा हो तो मैं दीर्घकारायण को अपना सेनापति बनाऊँ और इसी वीर में स्वर्गीय सेनापति बन्धुल की प्रतिकृति देखकर अपने कुकर्म का प्रायश्चित करूँ। देवी! मैं स्वीकार करता हूँ कि महात्मा बन्धुल के साथ मैंने घोर अन्याय किया

है ! और आपने क्षमा करके मुझे कठोर दण्ड दिया है। हृदय में इसकी बड़ी ज्वाला है। देवी ! एक अभिशाप तो दे दो, जिसमें नरक की ज्वाला शान्त हो जाय और पापी प्राण निकलने में सुख पावे।

मल्लिका—अतीत के वज्र-कठोर हृदय पर जो कुटिल रेखा-चित्र खिंच गये हैं; वे क्या कभी मिटेंगे ? यदि आपकी इच्छा है तो वर्तमान में कुछ रमणीय सुन्दर चित्र खींचिये, जो भविष्य में उज्ज्वल होकर दर्शकों के हृदय को शान्ति दें। दूसरों को सुखी बनाकर सुख पाने का अभ्यास कीजिये।

प्रसेन०—आपका आशीर्वाद सफल हो ! चलो कारायण !

(**दोनों नमस्कार करके जाते हैं**)

मल्लिका—(**प्रार्थना करती है**)

अधीर हो न चित्त विश्व-मोह-जाल में।
यह वेदना-विलोल-वीचि-मय समुद्र है॥
है दुःख का भँवर चला कराल चाल में !
वह भी क्षणिक, इसे कहीं टिकाव है नहीं॥
सब लौट जायँगे उसी अनन्त काल में।
अधीन हो न चित्त विश्व-मोह-जाल में॥

अजात०—(**प्रवेश करके**)—कहाँ गया ! मेरे क्रोध का कन्दुक, मेरी क्रूरता का खिलौना, कहाँ गया ? रमणी ! शीघ्र बता—वह घमण्डी कोसल-सम्राट् कहाँ गया ?

मल्लिका—शान्त हो राजकुमार कुणीक ! शान्त हो तुम किसे खोजते हो ? बैठो। अहा, यह सुन्दर मुख, इसमें भयानकता क्यों ले आते हो ? सहज सुन्दर वदन को क्यों विकृत करते हो ? शीतल हो; विश्राम लो। देखो, यह अशोक की शीतल छाया तुम्हारे हृदय को कोमल बना देगी, बैठ जाओ।

अजात०—(**मुग्ध-सा बैठ जाता है**)—क्या यहीं प्रसेनजित् नहीं रहा अभी मुझे गुप्तचर ने समाचार दिया है।

मल्लिका—हाँ, इसी आश्रम में उनकी शुश्रूषा हुई है और वे स्वस्थ होकर अभी-अभी गये हैं। पर तुम उन्हें लेकर क्या करोगे ? तुम उष्ण रक्त चाहते हो, या इस दौड़-धूप के बाद शीतल हिम-जल ? युद्ध में जब यशार्जन कर चुके, तक हत्या करके क्या अब हत्यारे बनोगे ? वीरों को विजय की लिप्सा होना चाहिये, न कि हत्या की।

अजात०—देवी; आप कौन हैं ? हृदय नम्र होकर आप-ही-आप प्रणाम करने को झुक रहा है। ऐसी पिघला देने वाली वाणी तो मैंने कभी नहीं सुनी।

मल्लिका—मैं स्वर्गीय कोसल-सेनापति की विधवा हूँ, जिसके जीवन में तुम्हारी बड़ी हानि थी और उसे षड्यन्त्र के द्वारा मरवा कर तुमने काशी का का राज्य हस्तगत किया है।

अजात०—यह षड्यन्त्र स्वयं कोसल-नरेश का था, क्या आप नहीं जानतीं ?

मल्लिका—जानती हूँ, और यह भी जानती हूँ कि सब मृत्पिंड इसी मिट्टी में मिलेंगे।

अजात०—तब भी आपने उस अधम जीवन की रक्षा की ! ऐसी क्षमा ! आश्चर्य ! यह देव-कर्तव्य·····।

मल्लिका—नहीं राजकुमार, यह देवता का नहीं—मनुष्य का कर्तव्य है। उपकार, करुणा, समवेदना और पवित्रता मानव-हृदय के लिये ही बने हैं।

अजात०—क्षमा हो देवि ! मैं जाता हूँ—अब कोसल पर आक्रमण नहीं करूँगा ! इच्छा थी कि इसी समय इस दुर्बल राष्ट्र को हस्तगत करूँ, किन्तु नहीं; अब लौट जाता हूँ।

मल्लिका—जाओ, गुरुजनों को सन्तुष्ट करो।

(अजात जाता है)

(पट-परिवर्तन)

अष्टम दृश्य

श्रावस्ती का एक उपवन

(श्यामा और शैलेन्द्र मधपान करते हुये)

शैलेन्द्र—प्रिये ! यहाँ आकर मन बहल गया।

श्यामा—क्या वहाँ मन नहीं लगता था ? क्या रूप-रस से तृप्ति हो गयी ?

शैलेन्द्र—नहीं श्यामा ! तुम्हारे सौन्दर्य ने तो मुझे भुला दिया है कि मैं डाकू था। मैं स्वयं भूल गया हूँ कि मैं कौन था, मेरा उद्देश्य क्या था, और तुम ! एक विचित्र पहेली हो। हिंस्र पशु को पालतू बना लिया, आलसपूर्ण सौन्दर्य की तृष्णा मुझे किस लोक में ले जा रही है ! तुम क्या हो सुन्दरी ?

(पान करता है)

श्यामा—**(गाती हैं)**—

निर्जन गोधूली प्रान्तर में खोले पर्णकुटी के द्वार
दीप जलाये बैठे थे तुम किये प्रतीक्षा पर अधिकार।
बटमारों से ठगे हुये की ठुकराये की लाखों से,
किसी पथिक की राह देखते अलस अकम्पित आँखों से—
पलकें झुकीं यवनिका-सी थी अन्तस्तल के अभिनय में।
इधर वेदना श्रम-सीकर आँसू की बूँदे परिचय में।

फिर भी परिचय पूछ रहे हो,विपुल विश्व में किसको दूँ ?
चिनगारी श्वासों में उठती, रो लूँ, ठहरो दम ले लूँ
निर्जन कर दो क्षण भर कोने में, उस शीतल कोने में,
यह विश्राल सँभल जायेगा सहज व्यथा के सोने में
बीती बेला, नील गगन तम, छिन्न विपञ्ची, भूला प्यार,
क्षपा-सदृश छिपना है फिर तो परिचय देंगे आँसू-हार

(शैलेन्द्र उसे पान कराता है)

शैलेन्द्र—ओह, मैं बेसुध हो चला हूँ—इस सङ्गीत के साथ सौन्दर्य और सुरा ने मुझे अभिभूत कर लिया है। तब यही सही।

(दोनों पान करते हैं, श्यामा सो जाती है)

शैलेन्द्र—(**स्वगत**)—काशी के उस सङ्कीर्ण भवन में छिपकर रहते-रहते चित्त घबरा गया था। समुद्रदत्त के मारे जाने का मैं ही कारण था, इसीलिये प्रकाश्य रूप से अजातशत्रु से मिलकर कोई कार्य भी नहीं कर सकता था। इस पामरी की गोद में मुँह छिपाकर कितने दिन बिताऊँ ? हमारे भावी कार्यों में अब यह विघ्नस्वरूप हो रही है। यह प्रेम दिखाकर मेरी स्वतन्त्रता हरण कर रही है। अब नहीं, इस गर्त्त में में अब नहीं गिरा रहूँगा। कर्मपथ के कोमल ओर मनोहर कण्टकों को कठोरता से—निर्दयता से—हटाना ही पड़ेगा। तब, आज से अच्छा समय कहाँ—

(श्यामा सोयी हुई भयानक स्वप्न देख रही है, चौंक कर उठती है)

श्मामा—शैलेन्द्र···

शैलेन्द्र—क्यों प्रिये !

श्यामा—प्यास लगी है।

शैलेन्द्र—क्या पियोगी ?

श्यामा—जल।

शैलेन्द्र—प्रिये ! जल तो नहीं है। यह शीतल पेय है, पी लो।

श्यामा—विष ! ओह सिर घूम रहा है। मैं बहुत पी चुकी हूँ। अब ···जल···· भयानक स्वप्न। क्या तुम मुझे जलते हुए हलाहल की मात्रा पिला दोगे !—

(अर्द्ध-निमीलित नेत्रों से देखती हुई)

अमृत हो जायगा, विष भी पिला दो हाथ से अपने
पलक ये छक चुके हैं चेतना उसमें लगी कँपने
विकल हैं इन्द्रियाँ, हाँ देखते इस रूप के सपने
जगत विस्मृत हृदय पुलकित लगा वह नाम है जपने

शैलेन्द्र—छिः ! यह क्या कह रही हो ? कोई स्वप्न देख रही हो क्या ? लो थोड़ी पी लो (**पिला देता है ।**)

श्यामा—मैंने अपने जीवन भर में तुम्हीं को प्यार किया है । तुम मुझे धोखा तो नहीं दोगे ? ओह ! कैसा भयानक स्थान हैं ! उसी स्वप्न की तरह····

शैलेन्द्र—क्या बक रही हो ! सो जाओ, वन-विहार से थकी हो ।

श्यामा—(**आँख बन्द किये हुये**)—क्यों यहाँ ले आये ! क्या घर में सुख नहीं मिलता था ?

शैलेन्द्र—कानन की हरी-भरी शोभा देखकर जी बहलाना चाहिये, क्यों तुम इस प्रकार बिछली जा रही हो ।

श्यामा—नहीं नहीं, मैं आँख न खोलूँगी, डर लगता है, तुम्हीं पर मेरा विश्वास है; यहीं रहो ।

(**निद्रित होती है**)

शैलेन्द्र—(**स्वगत**)—सो गयी ! आह ! हृदय में एक वेदना उठती है—ऐसी सुकुमार वस्तु ! नहीं-नहीं ! किन्तु विश्वास के बल पर ही इसने समुद्रदत्त के प्राण लिये ! यह नागिन है, पलटते देर नहीं । मुझे अभी प्रतिशोध लेना है—दावाग्नि-सा बढ़कर फैलना है, उसमें चाहे सुकुमार तृण-कुसुम हो अथवा विशाल शालवृक्ष; दावाग्नि या अन्धड़ छोटे-छोटे फूलों को बचाकर नहीं चलेगा । तो बस····

श्यामा—(**जगकर**)—शैलेन्द्र ! विश्वास ! देखो कहीं····ओह भयानक····(**आँख बन्द कर लेती है**)

शैलेन्द्र—तब देर क्या ! कहीं कोई आ जायगा ! फिर—(**श्यामा का गला घोंटता है, वह क्रन्दन करके शिथिल हो जाती है**) बस चलें पर नहीं, धन की भी आवश्यकता है—

(**आभूषण उतारकर ले जाता है**)

(**गौतम बुद्ध और आनन्द का प्रवेश**)

आनन्द—भगवन् देवदत्त ने तो अब बड़े उपद्रव मचाये । तथागत को कलङ्कित और अपमानित करने के लिए उसने कौन-से उपाय नहीं किये ? उसे इसका फल मिलना चाहिये ।

गौतम—यह मेरा काम नहीं—वेदना और सङ्ज्ञावों का दुःख अनुभव करना मेरी सामर्थ्य के बाहर है ! हमें अपना कर्त्तव्य करना चाहिये, दूसरों के मलिन कर्मों को विचारने से भी चित्त पर मलिन छाया पड़ती है ।

आनन्द—देखिये, अभी चिञ्चा को लेकर उसने कितना बड़ा अपवाद लगाना चाहा था—केवल आपकी मर्यादा गिरा देनेकी इच्छा से ।

गौतम—किन्तु सत्य-सूर्य को कहीं कोई चलनी से ढक लेगा ? इस क्षणिक प्रवाह में सब विलीन हो जायँगे। मुझे अकार्य करने से क्या लाभ ! चिञ्चा को ही देखो, अब वह बात खुल गयी कि उसे गर्भ नहीं है, वह केवल मुझे अपवाद लगाना चाहती थी। तभी उसकी कैसी दुर्गति हुई। शुद्ध बुद्धि की प्रेरणा से सत्कर्म करते रहना चाहिये। दूसरों की ओर उदासीन हो जाना ही शत्रुता की पराकाष्ठा है। आनन्द, दूसरों का अपकार सोचने से अपना हृदय भी कलुषित होता है।

आनन्द—यथार्थ है प्रभु (**श्यामा के शव को देखकर**) अरे यह क्या ! चलिये गुरुदेव ! यहाँ से शीघ्र हट चलिये। देखिए, अभी यहाँ कोई काण्ड घटित हुआ है।

गौतम—अरे, यह तो कोई स्त्री है, उठाओ आनन्द ! इसे सहायता की आवश्यकता है।

आनन्द—तथागत आपके प्रतिद्वन्द्वी इससे बड़ा लाभ उठावेंगे। यह मृतक स्त्री विहार में ले जाकर क्या आप कलङ्कित होना चाहते हैं।

गौतम—क्या करुणा का आदेश कलङ्क के डर से भूल जाओगे ? यदि हम लोगों की सेवा से वह कष्ट से मुक्त हो गयी तब ? और मैं निश्चयपूर्वक कहता हूँ कि यह मरी नहीं है। आनन्द, विलम्ब न करो। यदि यह यों ही पड़ी रही, तब भी तो विहार पीछे ही है। उस अपवाद से हम लोग कहाँ बचेंगे ?

आनन्द—प्रभु, जैसी आज्ञा।

(**उसे उठाकर दोनों ले जाते हैं**)

(**शैलेन्द्र का प्रवेश**)

शैलेन्द्र—उसे कोई उठा ले गया। चलो मैं भी उसके घर में जो कुछ था ले आया। अब कहाँ चलना चाहिये। श्रावस्ती तो अपनी राजधानी है; पर यहाँ अब एक क्षण भी मैं नहीं ठहरूँगा। माता से भेंट हो चुकी, इतना द्रव्य भी हाथ लगा। बस कारायण से मिलता हुआ एक बार ही सीधे राजगृह। रहा अजात से मिलना; किन्तु अब कोई चिन्ता नहीं, श्यामा तो रही नहीं, कौन रहस्य खोलेगा ? समुद्रदत्त के लिए मैं भी कोई बात बना दूँगा। तो चलूँ, इस संघाराम में कुछ भीड़-सी एकत्र हो रही है, यहाँ ठहरना अब ठीक नहीं। (**जाता है**)

[**एक भिक्षु का प्रवेश**]

भिक्षु—आश्चर्य ! वह मृत स्त्री जी उठी और इतनी देर में दुष्टों ने कितना आतङ्क फैला दिया था। समग्र विहार मनुष्यों से भर गया था। दुष्ट जनता को उभाड़ने के लिए कह रहे थे कि पाखण्डी गौतम ने ही उसे मार डाला। इस हत्या में गौतम की ही कोई बुरी इच्छा थी ! किन्तु उसके स्वस्थ होते ही सबके मुँह में कालिख लग गयी। और अब तो लोग कहते हैं कि 'धन्य हैं, गौतम बड़े महात्मा हैं। उन्होंने मरी हुई स्त्री

को जिला दिया !' मनुष्यों के मुख में भी तो साँपों की तरह दो जीभ हैं। चलूँ देखूँ, कोई बुला रहा है। (**जाता है**)

(**रानी शक्तिमती और कारायण का प्रवेश**)

रानी—क्यों सेनापति, तुम तो इस पद से सन्तुष्ट होगें ? अपने मातुल की दशा तो अब तुम्हें भूल गयी होगी ?

कारायण—नहीं रानी ! वह भी इस जन्म में भूलने की बात है ! क्या करूँ, मल्लिका देवी की आज्ञा से मैंने यह पद ग्रहण किया है; किन्तु हृदय में बड़ी ज्वाला धधक रही है !

रानी—पर तुम्हें इसके लिए चेष्टा करनी चाहिये; स्त्रियों की तरह रोने से काम न चलेगा। विरुद्धक ने तुमसे भेंट की थी ?

कारायण—कुमार बड़े साहसी हैं—मुझसे कहने लगे कि 'अभी मैंने एक हत्या की है और उससे मुझे यह धन मिला है, सो तुम्हें गुप्त-सेना-सङ्गठन के लिए देता हूँ। मैं फिर उद्योग में जाता हूँ। यदि तुमने धोखा दिया, तो स्मरण रखना—शैलेन्द्र किसी पर दया करना नहीं जानता।' उस समय मैं तो केवल बात ही सुन कर स्तब्ध रह गया। बस स्वीकार करते ही बना रानी ! उस युवक को देखकर मेरी आत्मा काँपती है।

रानी—अच्छा, तो प्रबन्ध ठीक करो। सहायता मैं दूँगी। पर यहाँ भी अच्छा खेल हुआ···· ।

कारायण—हम लोग भी तो उसी को देखने आये थे। आश्चर्य ! क्या जाने कैसे वह स्त्री जी उठी ! नहीं तो अभी ही गौतम का सब महात्मापन भूल जाता।

रानी—अच्छा, अब हम लोगों को शीघ्र चलना चाहिये, सब जनता नगर की ओर जा रही है। देखो, सावधान रहना, मेरा रथ भी बाहर खड़ा होगा।

कारायण—कुछ सेना अपनी निज की प्रस्तुत कर लेता हूँ जो कि राजसेना से बराबर मिली-जुली रहेगी और काम के समय हमारी आज्ञा मानेगी।

रानी—और भी एक बात कहनी है—कौशाम्बी का दूत आया है। सम्भवतः कौशाम्बी और कोसल की सेना मिलकर अजात पर आक्रमण करेंगी। उस समय तुम क्या करोगे ?

कारायण : उस समय वीरों की तरह मगध पर आक्रमण करूँगा और सम्भवतः इस बार अवश्य अजात को बन्दी बनाऊँगा। अपने घर की बात अपने घर में ही निपटेगी।

रानी—(**कुछ सोचकर**)—अच्छा।

(**दोनों जाते हैं**)

[**पट-परिवर्तन**]

नवम् दृश्य

कौशाम्बी का पथ

(जीवक और वसन्तक)

वसन्तक—(**हँसता हुआ**)—तब इसमें मेरा क्या दोष ?

जीवक—जब तुम दिन-रात राजा के समीप रहते हो और उनके सहचर बनने का तुम्हें गर्व है, तब तुमने क्यों नहीं ऐसी चेष्टा की—

वसन्तक—कि राजा बिगड़ जायँ ?

जीवक—अरे बिगड़ जायँ कि सुधर जायँ। ऐसी बुद्धि को····।

वसन्तक—धिक्कार है, जो इतना भी न समझे कि राजा पीछे चाहे स्वयं सुधर जायँ, अभी तो हमसे बिगड़ जायँगे।

जीवक—तब तुम क्या करते हो ?

वसन्तक—दिन-रात सीधा किया करते हैं। बिजली की रेखा की तरह टेढ़ी जो राजशक्ति है, उसे दिन-रात सँवार कर, पुचकार कर, भयभीत होकर, प्रशंसा करके सीधा करते हैं। नहीं तो न जाने किस पर वह गिरे ! फिर महाराज ! पृथ्वीनाथ ! यथार्थ है ! आश्चर्य ! इत्यादि के क्वाथ से पुटपाक····।

जीवक—चुप रहो, बको मत, तुम्हारे ऐसे मूर्खों ने ही तो सभा को बिगाड़ रक्खा है ! जब देखो परिहास !

वसन्तक—परिहास नहीं अट्टहास। उसके बिना क्या लोगों का अन्न पचता है। क्या बल है—तुम्हारी बूटी में ? अरे ! जो मैं सभा को बनाऊँ, तो क्या अपने को बिगाड़ूँ ? और फिर झाड़ू लेकर पृथ्वी-देवता को मोरछल करता फिरूँ ? देखो न अपना मुख आदर्श में—चले सभा बनाने, राजा को सुधारने ! इस समय तो····।

जीवक—तो इससे क्या, हम अपना कर्त्तव्य पालन करते हैं, दुःख से विचलित तो होते नहीं—

> लोभ सुख का नहीं, न तो डर है
> प्राण कर्त्तव्य पर निछावर है

वसन्तक—तो इससे क्या ? हम भी अपना पेट पालते हैं, अपनी मर्यादा बनाये रहते हैं, किसी और के दुःख से हम भी टस-से-मस नहीं होते—एक बाल-भर भी नहीं, समझे ? और काम कितना सम पर और सुरीला करते हैं, सो भी जानते हो। जहाँ उन्होंने आज्ञा दी कि "इसे मारो", हम तत्काल ही सम पर बोलते हैं कि "रोऽऽऽ"

जीवक—जाओ रोओ !

वसन्तक—क्या तुम्हारे नाम को ? अरे रोएँ तुम्हारे-से परोपकारी, जो राजा को

समझाया चाहते हैं। घण्टों बकवाद करके उन्हें भी तङ्ग करना और अपने मुख को भी कष्ट देना। जो जीभ अच्छा स्वाद लेने के लिए बनी है, उसे व्यर्थ हिलाना-डुलाना! अरे; यहाँ तो जब राजा ने एक लम्बी-चौड़ी आज्ञा सुनायी उसी समय "यथार्थ है श्रीमान्" कह कर विनीत होकर गर्दन झुकाकर ली—बस इतिश्री। नहीं तो राजसभा में बैठने कौन देता है!

जीवक—तुम लोग-जैसे चाटुकारों का भी कैसा अधम जीवन है!

वसन्तक—और आप-जैसे लोगों का उत्तम? कोई माने चाहे न माने—टांग अड़ाये जाते हैं! मनुष्यता का ठीका लिये फिरते हैं।

जीवक—अच्छा भाई, तुम्हारा कहना ठीक है, जाओ, किसी प्रकार से पिंड भी छूटे!

वसन्तक—पद्मावती ने कहा कि आर्य जीवक से कह देना कि अजात का कोई अनिष्ट न होने पावेगा। केवल शिक्षा के लिए यह आयोजन है! और, माताजी से विनती से कह देंगे कि पद्मावती बहुत शीघ्र उनका दर्शन श्रावस्ती में करेंगी।

जीवक—अच्छा तो क्या युद्ध होना ध्रुव है?

वसन्तक—हाँ जी, प्रसेनजित् भी प्रस्तुत हैं। महाराज उदयन से मन्त्रणा ठीक हो गयी है। आक्रमण हुआ ही चाहता है। महाराज बिम्बिसार की समुचित सेवा करने, अब वहाँ हम लोग आया हो चाहते हैं, पत्तल परसी रहे—समझे न?

जीवक—अरे पेटू, युद्ध में तो कौए-गिद्ध पेट भरते हैं।

वसन्तक—और इस आपस के युद्ध में ब्राह्मण भोजन करेंगे, ऐसी तो शास्त्र की आज्ञा ही है। क्योंकि युद्ध से तो प्रायश्चित्त लगता है। फिर बिना, ह-ह-ह-ह....।

जीवक—जाओ महाराज, दण्डवत्।

(**दोनों जाते हैं**)

[**पट-परिवर्तन**]

दशम् दृश्य

मगध में छलना का प्रकोष्ठ

(**छलना और अजातशत्रु**)

छलना—बस थोड़ी-सी सफलता मिलते ही अकर्मण्यता ने सन्तोष का मोदक खिला दिया! पेट भर गया! क्या तुम भूल गये कि 'सन्तुष्टश्च महीपतिः'।

अजात०—माँ क्षमा हो। युद्ध में बड़ी भयानकता होती है; कितनी स्त्रियाँ अनाथ हो जाती हैं। सैनिक जीवन का महत्त्वमय चित्र न जाने किस षडयन्त्रकारी मस्तिष्क की

भयानक कल्पना है। सभ्यता से मानव की जो पाशव वृत्ति दबी हुई रहती है उसी को इसमें उत्तेजना मिलती है। युद्धस्थल का दृश्य बड़ा भीषण होता है।

छलना—कायर! आँखें बन्द कर ले! यदि ऐसा ही था, तो क्यों बूढ़े बाप को हटाकर सिंहासन पर बैठा?

अजात०—तुम्हारी आज्ञा से माँ। मैं आज भी सिंहासन से हटकर पिता की सेवा करने को प्रस्तुत हूँ।

देवदत्त—(**प्रवेश करके**) किन्तु अब बहुत दूर तक बढ़ आये, लौटने का समय नहीं है। उधर देखो, कोसल और कौशाम्बी की सम्मिलित सेना मगध पर गरजती चली आ रही है।

छलना—यदि उसी समय कोसल पर आक्रमण हो जाता, तो आज इसका अवकाश ही न मिलता।

देवदत्त—समुद्रदत्त का मारा जाना आपको अधीर कर रहा है; किन्तु क्या समुद्रदत्त के ही भरोसे आप सम्राट् बने थे? वह निर्बोध बिलासी—उसका ऐसा परिणाम तो होना ही था। पौरुष करने वाले को अपने बल पर विश्वास करना चाहिये।

छलना—बच्चे! मैंने बड़ा भरोसा किया था कि तुम्हें भरतखण्ड का सम्राट् देखूँगी और वीरप्रसू होकर एक बार गर्व से तुमसे चरण-वन्दना कराऊँगी, किन्तु आह! पति-सेवा से भी वञ्चित हुई और पुत्र का....।

देवदत्त—नहीं, नहीं, राजमाता दुखी न हों, अजातशत्रु तुम्हारा अमूल्य वीर-रत्न है। रण की भयानकता देखकर तो क्षण भर के लिए वीर धनञ्जय का भी हृदय पिघल गया था!

(**सहसा विरुद्धक का प्रवेश**)

विरुद्धक—माता, वन्दना करता हूँ। भाई अजात! क्या तुम विश्वास करोगे—मैं साहसिक हो गया हूँ। किन्तु मैं भी राजपुत्र हूँ और हमारा-तुम्हारा ध्येय एक ही है।

अजात०—तुम्हें! कभी नहीं, तुम्हारे षड्यन्त्र से समुद्रदत्त मारा गया, और····।

विरुद्धक—और कोसल-नरेश को पाकर भी मेरे कहने से छोड़ दिया, क्यों? यदि मेरी मन्त्रणा लेते, तो आज तुम मगध में सम्राट् होते और मैं कोसल में सिंहासन पर बैठकर सुख भोगता। किन्तु उस दुष्टा मल्लिका ने तुम्हें····।

अजात०—हाँ उसमें तो मेरा ही दोष था। किन्तु अब तो मगध और कोसल आपस मे शत्रु हैं, फिर हम तुमपर विश्वास क्यों करें?

विरुद्धक—केवल एक बात विश्वास करने की है। यही कि तुम कोसल नहीं चाहते और मैं काशी-सहित मगध नहीं चाहता। देखो, सेनापति कारायण ही कोसल की सेना का नेता है। वह मिला हुआ है, और विशाल सम्मिलित वाहिनी क्षुब्ध समुद्र

के समान गर्जन कर रही है। मैं खड्ग लेकर शपथ करता हूँ कि कौशाम्बी की सेना पर आक्रमण करूँगा और दीर्घ कारायण के कारण जो निर्बल कोसल सेना है उस पर तुम; जिसमें तुम्हें विश्वास बना रहे। यही समय है, विलम्ब ठीक नहीं।

छलना—कुमार विरुद्धक ! क्या तुम अपने पिता के विरुद्ध खड़े होगे ? और किस विश्वास पर.... ।

विरुद्धक—जब मैं पदच्युत और अपमानित व्यक्ति हूँ, तब मुझे अधिकार है कि सैनिक कार्य में किसी का भी पक्ष ग्रहण कर सकूं, क्योंकि यही क्षत्रिय की धर्मसम्मत आजीविका है। हाँ, पिता से मैं स्वयं नहीं लड़ूंगा। इसीलिये कौशम्बी की सेना पर मैं आक्रमण करना चाहता हूँ।

छलना—अब अविश्वास का समय नहीं है। रणवाद्य समीप ही सुनाई पड़ते हैं।

अजात०—जैसी माता की आज्ञा।

(छलना तिलक और आरती करती है)

(नेपथ्य में रणवाद्य, विरुद्धक और अजात की युद्ध-यात्रा)

[यवनिका]

तृतीय अङ्क

प्रथम दृश्य

मगध में राजकीय भवन

(छलना और देवदत्त)

छलना—धूर्त्त ! तेरी प्रवञ्चना से मैं इस दशा को प्राप्त हुई। पुत्र बन्दी होकर विदेश चला गया और पति को मैंने स्वयं बन्दी बनाया ! पाखण्ड, तूने ही यह चक्र रचा है।

देवदत्त—नारी ! क्या तुझे राजशक्ति का घमण्ड हो गया है, जो परिव्राजकों से इस तरह बातें करती है ! तेरी राजलिप्सा और महत्त्वाकांङ्क्षा ने ही तुझसे सब कुछ कराया, तू दूसरे पर क्यों दोषारोपण करती है, क्या मुझे ही राज्य भोगना है ?

छलना—पाखण्ड ! जब तूने धर्म के नाम पर उत्तेजित करके मुझे कुशिक्षा दी, तब मैं भूल में थी। गौतम को कालङ्कित करने के लिये कौन श्रावस्ती गया था ? और किसने मतवाला हाथी दौड़ाकर उनके प्राण लेने की चेष्टा की थी ? ओह ! मैं किस भ्रान्ति में थी ! जी चाहता है कि इस नर-पिशाच मूर्ति को अभी मिट्टी में मिला दूं ! प्रतिहारी !

प्रतिहारी—(**प्रवेश करके**)—महादेवी की जय हो ! क्या आज्ञा है ?

छलना—अभी इस मुड़िये को बन्दी बनाओ और वासवी को पकड़ लाओ !

(**प्रतिहारी इङ्गित करता है, देवदत्त बन्दी होता है**)

देवदत्त—इसका फल तुझे मिलेगा !

छलना—घायल बाघिनी को भय दिखाता है ! वर्षा की पहाड़ी नदी को हाथों से रोक लेना चाहता है ! देवदत्त ! ध्यान रखना, इस अवस्था में नारी क्या नहीं कर सकती है ! अब तेरा अभिशाप मुझे नहीं डरा सकता। तू अपने कर्म भोगने के लिये प्रस्तुत हो जा।

(**वासवी का प्रवेश**)

छलना—अब तो तुम्हारा हृदय सन्तुष्ट हुआ ?

वासवी—क्या कहती हो छलना ? अजात बन्दी हो गया तो मुझे सुख मिला, यह बात कैसे तुम्हारे मुख से निकली ! क्या वह मेरा पुत्र नहीं है ?

छलना—मीठे मुंह की डायन ! अब तेरी बातों से मैं ठण्ढी नहीं होने की ! ओह ! इतना साहस, इतनी कूट-चातुरी ! आज मैं उसी हृदय को निकाल लूँगी, जिसमें यह सब भरा था। वासवी सावधान ! मैं भूखी सिंहनी हो रही हूँ।

वासवी—छलना, उसका मुझे डर नहीं है। यदि तुम्हें इससे कोई सुख मिले, तो तुम करो। किन्तु एक बात और विचार लो—क्या कोसल के लोग जब मेरी यह अवस्था सुनेंगे, तो अजात को और शीघ्र मुक्त कर देने के बदले कोई दूसरा काण्ड न उपस्थित करेंगे ?

ललना—तब क्या होगा ?

वासवी—जो होगा वह तो भविष्य के गर्भ में है, किन्तु मुझे एक बार कोसल अनिच्छापूर्वक भी जाना ही होगा और अजात को ले आने की चेष्टा करनी ही होगी।

ललना—यह और भी अच्छी रही—जो हाथ का है, उसे भी जाने दूँ ! क्यों वासवी ! पद्मावती को पढ़ा रही हो !

वासवी—बहिन छलना ! मुझे तुम्हारी बुद्धि पर खेद होता है। क्या मैं अपने प्राणों को डरती हूँ; या सुख-भोग के लिये जा रही हूँ ? ऐसी अवस्था में आर्यपुत्र को मैं छोड़कर चली जाऊँगी, ऐसा भी तुम्हें अब तक विश्वास है ? मेरा उद्देश्य केवल विवाद मिटाने का है।

छलना—इसका प्रमाण ?

वासवी—प्रमाण आर्यपुत्र हैं। छलना, चौंको मत। तुम भी उन्हीं की परिणीता पत्नी हो, तब भी तुम्हारे विश्वास के लिए मैं उन्हें तुम्हारी देख-रेख में छोड़ जाऊँगी। हाँ, इतनी प्रार्थना है कि उन्हें कोई कष्ट न होने पावे, और क्या कहूँ, वे ही तुम्हारे भी

पति हैं। हाँ, देवदत्त को मुक्त कर दो। चाहे इसने कितना भी हम लोगों का अनिष्ट-चिन्तन किया हो, फिर भी परिव्राजक मार्जनीय है।

छलना—(**प्रहरियों से**)—छोड़ दो इसको, फिर काला मुख मगध में न दिखावे।

(**प्रहरी छोड़ते हैं, देवदत्त जाता है**)

वासवी—देखो, राज्य में आतङ्क न फैलने पावे। दृढ़ होकर मगध का शासन करना ! किसी को कष्ट भी न हो। और प्यारी छलना ! यदि हो सके तो आर्यपुत्र की सेवा करके नारीजन्म सार्थक कर लेना।

छलना—वासवी ! बहिन !—(**रोने लगती है**)—मेरा कुणीक मुझे दे दो, मैं भीख माँगती हूँ। मैं नहीं जानती थी कि निसर्ग से इतनी करुणा और इतना स्नेह, सन्तान के लिए, इस हृदय में सञ्चित था। यदि जानती होती, तो इस निष्ठुरता का स्वाँग न करती।

वासवी—रानी ! यही जो जानती कि नारी का हृदय कोमलता का पालना है, दया का उद्गम है, शीतलता की छाया है और अनन्य-भक्ति का आदर्श है, तो पुरुषार्थ का ढोंग क्यों करती। रो मत बहिन ! मैं जाती हूँ तू यही समझ कि कुणीक ननिहाल गया है।

छलना—तुम जानो।

[**पट-परिवर्तन**]

द्वितीय दृश्य

कोसल के राजमहल से लगा हुआ बन्दीगृह

[**बाजिरा का प्रवेश**]

बाजिरा—(**आप-ही-आप**)—क्या विप्लव हो रहा है। प्रकृति से विद्रोह करके नये साधनों के लिये कितना प्रयास होता है ! अन्धी जनता अँधेरे में दौड़ रही है। इतनी छीना-झपटी, इतना स्वार्थ-साधन कि सहज-प्राप्य अन्तरात्मा की सुख-शान्ति को भी लोग खो बैठते हैं ! भाई भाई से लड़ रहा है, पुत्र पिता से विद्रोह कर रहा है, स्त्रियाँ पतियों पर शासन करना चाहती हैं ! उनसे प्रेम नहीं, मनुष्य मनुष्य के प्राण लेने के लिए शस्त्रकला को प्रधान गुण समझने लगा है और उन गाथाओं को लेकर कवि कविता करते हैं ! बर्बर रक्त में और भी उष्णता उत्पन्न करते हैं ! राज-मन्दिर बन्दीगृह में बदल गये हैं ! कभी सौहार्द से जिसका आतिथ्य कर सकते थे, उसे बन्दी बना कर रखा है। सुंदर राजकुमार ! कितनी सरलता और निर्भीकता इस विशाल भाल पर अंकित है ! अहा ! जीवन धन्य हो गया है। अन्तःकरण में एक नवीन स्फूर्ति

आ गयी है। एक नवीन संसार इसमें बन गया है। यही यदि प्रेम है तो अवश्य स्पृहणीय है, जीवन की सार्थकता है। कितनी सहानुभूति, कितनी कोमलता का आनन्द मिलने लगा है! (**ठहर कर सोचती हुई**) एक दिन पिताजी का पैर पकड़ कर प्रार्थना करूँगी कि इस बन्दी को छोड़ दो। किसी राष्ट्र का शासक होने के बदले इसे प्रेम के शासन में रहने से मैं प्रसन्न रहूँगी। मनोरम सुकुमार वृत्तियों का छायापूर्ण हृदय में आविर्भावतिरोभाव होते देखूँगी और आँख बन्द कर लूँगी।

[**गाना**]

हमारे जीवन का उल्लास, हमारे जीवन धन का रोष
हमारी करुणा के दो बूँद मिले एकत्र, हुआ संतोष
दृष्टि को कुछ भी रुकने दो, न यों चमका दो अपनी कान्ति
देखने दो क्षण भर भी तो, मिले सौन्दर्य देखकर शान्ति
नहीं तो निष्ठुरता का अन्त, चला दो चपल नयन के बाण
हृदय छिद जाय विकल बेहाल, वेदना से हो उसका त्राण

(**खिड़की खुलती है, बन्दी अजातशत्रु दिखाई देता है**)

अजात०—इस श्यामा रजनी में चन्द्रमा की सुकुमार किरण-सी तुम कौन हो? सुन्दरी, कई दिन मैंने देखा, मुझे भ्रम हुआ कि यह स्वप्न है! किन्तु नहीं, अब मुझे विश्वास हुआ है कि भगवान् ने करुणा की मूर्ति मेरे लिये भेजी हैं और इस बन्दीगृह में भी कोई उसकी अप्रकट इच्छा कौशल कर रही है।

बाजिरा—राजकुमार! मेरा परिचय पाने पर तुम घृणा करोगे और फिर मेरे आने पर मुँह फेर लोगे—तब मैं बड़ी व्यथित हूँगी! हम लोग इसी तरह अपरिचित रहें। अभिलाषायें नये रूप बदलें, किन्तु वे नीरव रहें। उन्हें बोलने का अधिकार न हो! बस, तुम हमें एक करुण दृष्टि से देखो और मैं कृतज्ञता के फूल तुम्हारे चरणों पर चढ़ाकर चली जाया करूँ।

अजात०—सुन्दरी! यह अभिनय कई दिन हो चुका, अब धैर्य नहीं रुकता है। तुम्हें अपना परिचय देना ही होगा।

बाजिरा—राजकुमार! मेरा परिचय पाकर तुम सन्तुष्ट न होगे, नहीं तो मैं छिपाती क्यों?

अजात०—तुम चाहे प्रसेनजित् की ही कन्या क्यों न हो; किन्तु मैं तुमसे असन्तुष्ट न हूँगा; मेरी समस्त श्रद्धा अकारण तुम्हारे चरणों पर लोटने लगी है, सुन्दरी!

बाजिरा—मैं वही हूँ राजकुमार! कोसल की राजकुमारी। मेरा ही नाम बाजिरा है।

अजात०—सुनता था कि प्रेम द्रोह को पराजित करता हैं। आज विश्वास भी हो गया। तुम्हारे उदार प्रेम ने मेरे विद्रोही हृदय को विजित कर लिया। अब यदि कोसल-नरेश मुझे बन्दीगृह से छोड़ दें तब भी....।

बाजिरा—तब भी क्या ?

अजात०—मैं कैसे जा सकूँगा ?

बाजिरा—(**ताली निकाल कर जँगला खोलती है; अजात बाहर आता है**)—अब तुम जा सकते हो। पिता की सारी झिड़कियाँ मैं सुन लूँगी। उनका समस्त क्रोध मैं अपने वक्ष पर वहन करूँगी। राजकुमार, अब तुम मुक्त हो जाओ !

अजात०—यह तो नहीं हो सकता। इस प्रकार के प्रतिफल में तुम्हें अपने पिता से तिरस्कार और भर्त्सना ही मिलेगी। शुभे ! अब यह तुम्हारा चिर-बन्दी मुक्त होने की चेष्टा भी न करेगा।

बाजिरा—प्रिय राजकुमार ! तुम्हारी इच्छा; किन्तु फिर मैं अपने को रोक न सकूँगी और हृदय की दुर्बलता या प्रेम की सबलता मुझे व्यथित करेगी।

अजात०—राजकुमारी ! तो हम लोग एक-दूसरे को प्यार करने के अयोग्य हैं, ऐसा कोई मूर्ख भी न कहेगा।

बाजिरा—तब प्राणनाथ ! मैं अपना सर्वस्व तुम्हें समर्पण करती हूँ—

(**अपनी माला पहनाती है**)

अजात०—मैं अपने समेत उसे तुम्हें लौटा देता हूँ प्रिये ! हम तुम अभिन्न हैं। यह जङ्गली हिरन—इस स्वर्गीय सङ्गीत पर—चौकड़ी भरना भूल गया है। अब यह तुम्हारे प्रेम-पाश में पूर्णरूप से बद्ध है। (**अँगूठी पहनाता है**)

(**कारायण का सहसा प्रवेश**)

कारायण—यह क्या ! बन्दीगृह में प्रेमलीला। राजकुमारी ! तुम कैसे यहाँ आयी हो ? क्या राजनियम की कठोरता भूल गयी हो ?

बाजिरा—इसका उत्तर देने के लिए मैं बाध्य नहीं हूँ।

कारायण—किन्तु यह काण्ड एक उत्तर की आशा करता है। वह मुझे नहीं तो महाराज के समक्ष देना ही होगा। बन्दी, तुमने ऐसा क्यों किया ?

अजात०—मैं तुमको उत्तर नहीं देना चाहता। तुम्हारे महाराज से मेरी प्रतिद्वन्द्विता है—उनके सेवकों से नहीं।

कारायण—राजकुमारी ! मैं कठोर कर्त्तव्य के लिए बाध्य हूँ। इस बन्दी राजकुमार को ढिठाई की शिक्षा देनी ही होगी।

बाज़िरा—क्यों ? बन्दी भाग तो गया नहीं, भागने का प्रयास भी उसने नहीं किया; फिर !

कारायण—फिर ? आह ! मेरी समस्त आशाओं पर तुमने पानी फेर दिया ! भयानक प्रतिहिंसा मेरे हृदय में जल रही है; उस युद्ध में मैंने तुम्हारे लिये ही····।

बाजिरा—सावधान ! कारायण अपनी जीभ सम्भालो !

अजात०—कारायण ! यदि तुम्हें अपने बाहुबल पर भरोसा हो तो मैं तुमको द्वन्द्व युद्ध के लिए आह्वान करता हूँ।

कारायण—मुझे स्वीकार है, यदि राजकुमारी की प्रतिष्ठा पर आँच न पहुँचे। क्योंकि मेरे हृदय में अभी भी स्थान है। क्यों राजकुमारी, क्या कहती हो ?

अजात०—तब और किसी समय। मैं अपने स्थान पर जाता हूं। जाओ राजनन्दिनी !

बाजिरा—किन्तु कारायण ! मैं आत्म-समर्पण कर चुकी हूँ।

कारायण—यहां तक ! कोई चिन्ता नहीं। इस समय तो चलिये, क्योकि महाराजा आना ही चाहते हैं।

(अजात अपने जंगले में जाता है, एक ओर कारायण और राजकुमारी बाजिरा जाती है, दूसरी ओर से वासवी और प्रसेनजित् का प्रवेश)

प्रसेन०—क्यों कुणीक, अब क्या इच्छा है ?

वासवी—न न, भाई ! खोल दो। इसे मैं इस तरह देखकर बात नहीं कर सकती। मेरा बच्चा कुणीक····

प्रसेन०—बहिन ! जैसा कहो। (**खोल देता है, वासवी अंक में ले लेती है**)

अजात०—कौन ! विमाता ? नहीं, तुम मेरी माँ हो ! माँ ! इतनी ठण्डी गोद तो मेरी माँ का भी नहीं है। आज मैंने जननी की शीतलता का अनुभव किया। मैंने तुम्हारा बड़ा अपनान किया है, माँ ! क्या तुम क्षमा करोगी ?

वासवी—वत्स कुणीक ! वह अपमान भी अब क्या मुझे स्मरण है। तुम्हारी माता, तुम्हारी माँ नहीं है, मैं तुम्हारी माँ हूँ। वह तो डायन है, उसने मेरे सुकुमार बच्चे को बन्दी-गृह भेज दिया ! भाई, मैं इसे शीघ्र मगध के सिंहासन पर भेजना चाहती हूँ, तुम इसके जाने का प्रबन्ध कर दो।

अजात०—नहीं माँ, अब कुछ दिन उस विषैली वायु से अलग रहने दो। तुम्हारी शीतल छाया का विश्राम मुझसे अभी नहीं छोड़ा जायगा।

(घुटने टेक देता हैं, वासवी अभय का हाथ रखती है)

[पट-परिवर्तन]

तृतीय दृश्य

कानन का प्रान्त

विरुद्धक—आर्द्र-हृदय में करुण-कल्पना के समान आकाश में कादम्बिनी घिरी आ रही है ! पवन के उन्मत्त आलिंगन से तरुराजि सिहर उठती है। झुलसी हुई कामनायें मन में अङ्कुरित हो रही हैं । क्यों जलदागमन से ? आह !

अलका की किस विकल विरहिणी की पलकों का ले अवलम्ब,
सुखी सो रहे थे इतने दिन, कैसे हे नीरद निकुरम्ब !
बरस पड़े क्यों आज अचानक सरसिज कानन का संकोच
अरे जलद में भी यह ज्वाला ! झुके हुये क्यों किसका सोच ?
किस निष्ठुर ठण्ढे हृत्तल में जमे रहे तुम बर्फ समान ?
पिघल रहे हो किस गर्मी से ! हे करुणा के जीवन-प्राण ?
चपला की व्याकुलता लेकर चातक का ले करुण विलाप,
तारा आँसू पोंछ गगन के, रोते हो किस दुख से आप ?
किस मानस-निधि में न बुझा था बड़वानल जिससे बन भाप
प्रणय-प्रभाकर-कर से चढ़कर इस अनन्त का करते माप,
क्यों जुगनू का दीप जला, है पथ में पुष्प और आलोक ?
किस समाधि पर बरसे आँसू किसका है यह शीतल शोक ।
थके प्रवासी बनजारों-से लौटे हो मन्थर गति से;
किस अतीत की प्रणय-पिपासा जगती चपला-सी स्मृति से ?

(मल्लिका का प्रवेश)

मल्लिका—तुम्हें सुखी देखकर मैं सन्तुष्ट हुई कुमार !

विरुद्धक—मल्लिका ! मैं तो आज टहलता-टहलता कुटी से इतनी दूर चला आया हूँ। अब तो मैं सबल हो गया, तुम्हारी इस सेवा से मैं जीवन भर उऋण नहीं हूँगा।

मल्लिका—अच्छा किया। तुम्हें स्वस्थ देखकर मैं बहुत प्रसन्न हुई। अब तुम अपनी राजधानी को लौट जा सकते हो।

विरुद्धक—मुझे तुमसे बहुत कुछ कहना है। मेरे हृदय में बड़ी खलबली है। यह तो तुम्हें विदित था कि सेनापति बन्धुल को मैंने ही मारा है; और उसी की तुमने इतनी सेवा की ! इससे क्या मैं समझूँ। क्या मेरी शङ्का निर्मूल नहीं है ? कह दो मल्लिका !

मल्लिका—विरुद्धक ! तुम उसका मनमाना अर्थ लगाने का भ्रम मत करो। तुमने समझा होगा कि मल्लिका का हृदय कुछ विचलित है; छिः ! तुम राजकुमार हो न, इसीलिये। अच्छी बात क्या तुम्हारे मस्तिष्क में कभी आयी ही नहीं; मल्लिका उस मिट्टी की नहीं है, जिसकी तुम समझते हो।

विरुद्धक—किन्तु मल्लिका ! अतीत में तुम्हारे ही लिये मेरा वर्तमान बिगड़ा। पिता ने जब तुमसे मेरा व्याह करना अस्वीकार किया उसी समय से मैं पिता के विरुद्ध हुआ और उस विरोध का यह परिणाम हुआ।

मल्लिका—इसके लिये मैं कृतज्ञ नहीं हो सकती। राजकुमार ! तुम्हारा कलङ्की जीवन भी बचाना मैंने अपना धर्म समझा। और यह मेरी विश्वमैत्री की परीक्षा थी। जब इसमें मैं उत्तीर्ण हो गयी तब मुझे अपने पर विश्वास हुआ। विरुद्धक, तुम्हारा रक्त-कलुषित हाथ मैं छू भी नहीं सकती। तुमने कपिलवस्तु के निरीह प्राणियों का, किसी की भूल पर, निर्दयता से वध किया, तुमने पिता से विद्रोह किया विश्वासघात किया; एक वीर को छल से मार डाला और अपने देश के, जन्मभूमि के विरुद्ध अस्त्र ग्रहण किया ! तुम्हारे ऐसा नीच और कौन होगा ! किन्तु यह सब जानकर भी मैं तुम्हें रणक्षेत्र से सेवा के लिये उठा लायी।

विरुद्धक—तब क्यों नहीं मर जाने दिया ? क्यों इस कलङ्की जीवन को बचाया और अब....।

मल्लिका—तुम इसलिये नहीं बचाये गये कि फिर भी एक विरक्ता नारी पर बलात्कार और लम्पटता का अभिनय करो। जीवन इसलिये मिला है कि पिछले कुकर्मों का प्रायश्चित्त करो अपने को सुधारो।

(श्यामा का प्रवेश)

श्यामा—और भी एक भनायक अभियोग है—इस नरराक्षस पर ! इसने एक विश्वास करने वाली स्त्री पर अत्याचार किता है, उसकी हत्या की है ! शैलेन्द्र ?

विरुद्धक—अरे श्यामा !

श्यामा—हाँ शैलेन्द्र, तुम्हारी नीचता का प्रत्यक्ष उदाहरण मैं अभी जीवित हूँ। निर्दय ! चाण्डाल के समान क्रूर कर्म तुमने किया ! ओह, जिसके लिये मैंने अपना सब छोड़ दिया, अपने वैभव पर ठोकर लगा दी, उसका ऐसा आचरण ? प्रतिहिंसा और पश्चात्ताप से सारा शरीर भस्म हो रहा है !

मल्लिका—विरुद्धक ! यह क्या, जो रमणी तुम्हें प्यार करती है, जिसने सर्वस्व तुम्हें अर्पण किया था, उसे भी तुम न चाह सके ! तुम कितने क्षुद्र हो ? तुम तो स्त्रियों की छाया भी छू सकने के योग्य नहीं हो।

विरुद्धक—मैं इसे वेश्या समझता था।

श्यामा—और मैं तुम्हें डाकू समझने पर भी चाहने लगी थी ! इतना तुम्हारे ऊपर मेरा विश्वास था। तब मैं नहीं जानती थी कि तुम कोसल के राजकुमार हो !

मल्लिका—यदि तुम प्रेम का प्रतिदान नहीं जानते हो तो व्यर्थ एक सुकुमार

नारी-हृदय को लेकर उसे पैरों से क्यों रौंदते हो ? विरुद्धक ! क्षमा माँगो; यदि हो सके तो इसे अपनाओ !

श्यामा—नहीं देवि ! अब मैं आपकी सेवा करूँगी, राजसुख मैं बहुत भोग चुकी हूँ। अब मुझे राजकुमार विरुद्धक का सिंहासन भी अभीष्ट नहीं है, मैं तो शैलेन्द्र डाकू को चाहती थी।

विरुद्धक—श्यामा, अब मैं सब तरह से प्रस्तुत हूँ, और क्षमा भी माँगता हूँ।

श्यामा—अब तुम्हें तुम्हारा हृदय अभिशाप देगा, यदि मैं क्षमा भी कर दूं। किन्तु नहीं, विरुद्धक ! अभी मुझमें उतनी सहनशीलता नहीं है।

मल्लिका—राजकुमार। जाओ, कोसल लौट जाओ; और यदि तुम्हें अपने पिता के पास जाने में डर लगता हो, तो मैं तुम्हारी ओर से क्षमा माँगूँगी। मुझे विश्वास है कि महाराज मेरी बात मानेंगे।

विरुद्धक—उदारता की मूर्ति ! मैं किस तरह तुमसे तुम्हारी कृपा से,अपने प्राण बचाऊँ ! देवि ! ऐसे भी जीव इसी संसार में हैं, तभी तो यह भ्रम-पूर्ण संसार ठहरा है (**पैरों पर गिरता है**)—देवि ! अधम का अपराध क्षमा करो।

मल्लिका—उठो राजकुमार ! चलो, मैं भी श्रावस्ती चलती हूँ। महाराज प्रसेनजित् से तुम्हारे अपराधों को क्षमा करा दूँगी, फिर इस कोसल को छोड़कर चली जाऊँगी। श्यामा, तब तक तुम इस कुटीर पर रहो, मैं आती हूँ। (**दोनों जाते हैं**)

श्यामा—जैसी आज्ञा—(**स्वागत**)—जिसे काल्पनिक देवत्व कहते हैं—वही तो सम्पूर्ण मनुष्यता है। मागन्धी, धिक्कार है तुझे !

(**गाती है**)

स्वर्ग है नहीं दूसरा और
सज्जन हृदय परम करुणामय यही एक है ठौर
सुधा-सलिल से मानस, जिसका पूरित प्रेम-विभोर
नित्य कुसुममय कल्पद्रुम की छाया है इस ओर

[**पट-परिवर्तन**]

चतुर्थ दृश्य

प्रकोष्ठ

[दीर्घ कारायण और रानी शक्तिमती]

शक्तिमती—बाजिरा सपत्नी की कन्या है, मेरा तो कुछ वश नहीं, और तुम जानते हो कि मैं इस समय कोशल की कङ्कड़ी से भी गयी-बीती हूँ। किन्तु कोसल के सेनापति कारायण का अपमान करे ऐसा तो....।

कारायण—रानी! हम इधर से भी गये और उधर में भी गये! विरुद्धक को भी मुँह दिखाने लायक न रहे और बाजिरा भी न मिली!

शक्तिमती—तुम्हारी मूर्खता! जब मगध के युद्ध में मैंने तुम्हें सचेत किया था, तब तुम धर्मध्वज बन गये थे; और हमारे बच्चे को धोखा दिया! अब सुनती हूँ कि वह उदयन के हाथ से घायल हुआ है। उसका पता भी नहीं है।

कारायण—मैं विश्वास दिलाता हूँ कि कुमार विरुद्धक अभी जीवित हैं। वह शीघ्र कोसल आवेंगे।

शक्तिमती—किन्तु तुम इतने डरपोक और सहनशील दास हो, मैं ऐसा नहीं समझती थी। जिसने तुम्हारे मातुल का बध किया, उसी की सेवा कर के अपने को धन्य समझ रहे हो! तुम इतने कायर हो, यदि मैं पहले जानती!

कारायण—तब क्या करती? अपने स्वामी की हत्या कर के अपना गौरव, अपनी विजय-घोषणा स्वयं सुनाती?

शक्तिमती—यदि पुरुष इन कामों को कर सकता है तो स्त्रियाँ क्यों न करें? क्या उन्हें अन्तःकरण नहीं है? क्या स्त्रियाँ अपना कुछ अस्तित्व नहीं रखती? क्या उनका जन्म-सिद्ध कोई अधिकार नहीं है? क्या स्त्रियों का सब कुछ, पुरुषों की कृपा से मिली हुई भिक्षा-मात्र है? मुझे इस तरह पदच्युत करने का किसी को क्या अधिकार था?

कारायण—स्त्रियों के सङ्गठन में, उनके शारीरिक और प्राकृतिक विकास में ही, एक परिवर्तन है—जो स्पष्ट बतलाया है कि वे शासन कर सकती है; किन्तु अपने हृदय पर। वे अधिकार जमा सकती है उन मनुष्यों पर—जिन्होंने समस्त विश्व पर अधिकार किया। वे मनुष्य पर राजरानी के समान एकाधिपत्य रख सकती हैं, तब उन्हें इस दुरभिसन्धि की क्या आवश्यकता है—जो केवल सदाचार और शान्ति को ही नहीं शिथिल करती, किन्तु उच्छृङ्खलता को भी आश्रय देती है!

शक्तिमती—फिर बार-बार यह अवहेलना कैसी? यह बहाना कैसा? हमारी असमर्थता सूचित करा कर हमें और भी निर्मूल आशङ्काओं में छोड़ देने की कुटिलता क्यों है? क्या हम पुरुष के समान नहीं हो सकती? क्या चेष्टा करके हमारी स्वतन्त्रता

नहीं पददलित की गयी है ? देखो, जब गौतम ने स्त्रियों को भी प्रव्रज्या लेने की आज्ञा दी, तब क्या वे ही सुकुमार स्त्रियाँ परिव्रजिका के कठोर व्रत को अपनी सुकुमार देह पर नहीं उठाने का प्रयास करती ?

कारायण : किन्तु यह साम्य और परिव्रजिका होने की बिधि भी तो उन्हीं पुरुषों में से किसी ने फैलायी है। स्वार्थत्याग के कारण वे उसकी घोषणा करने में समर्थ हुये, किन्तु समाज भर में न तो स्वार्थी स्त्रियों की कमी है, न पुरुषों की; और सब एक हृदय के हैं भी नहीं, फिर पुरुषों पर ही आक्षेप क्यों ? जितनी अन्तःकरण की वृत्तियों का विकास सदाचार का ध्यान करके होता है—उन्हीं को जनता कर्तब्य का रूप देती हैं। मेरी प्रार्थना है कि तुम भी उन स्वार्थी मनुष्यों की कोटि में मिलकर बवण्डर न बनो।

शक्तिमती : तब क्या करूँ ?

कारायण : विश्व भर में सब कर्म सबके लिए नहीं है, इसमें कुछ विभाग हैं अवश्य। सूर्य अपना काम जलता-बलता हुआ करता है और चन्द्रमा उसी आलोक को शीतलता से फैलाता हैं। क्या उन दोनों से परिवर्तन हो सकता है ? मनुष्य कठोर परिश्रम करके जीवन संग्राम में प्रकृति पर यथाशक्ति अधिकार करके भी एक शासन चाहता है, जो उसके जीवन का परम ध्येय है, उसका एक शीतल विश्राम हैं। और वह स्नेह-सेवा-करुणा की मूर्ति तथा सान्त्वना के अभय-हस्त का आश्रय, मानव-समाज की सारी वृत्तियों की कुञ्जी, विश्व-शासन की एकमात्र अधिकारिणी प्रकृति-स्वरूप स्त्रियों के सदाचारपूर्ण स्नेह का शासन है। उसे छोड़कर असमर्थता, दुर्बलता प्रकट करके इस दौड़-धूप में क्यों पड़ती हो देवि ! तुम्हारे राज्य की सीमा विस्तृत हैं, और पुरुष की सङ्कीर्ण। कठोरता का उदाहरण है पुरुष, और कोमलता का विशेषण है—स्त्रीजाति। पुरुष क्रुरता है तो स्त्री करुणा है—जो अन्तर्जगत् का उच्चतम विकास है, जिनके बल पर समस्त सदाचार ठहरे हुये है। इसीलिये प्रकृति ने उसे इतना सुन्दर और मनमोहन आवरण दिया है—रमणी का रूप। सङ्गठन और आधार भी वैसे ही है। उन्हें दुरुपयोग में न ले जाओ। क्रूरता अनुकरणीय नहीं है, उसे नारी-जाति जिस दिन स्वीकृत कर लेगी, उस दिन समस्त सदाचारों में विप्लव होगा। फिर कैसी स्थिति होगी, यह कौन कह सकता है।

शक्तिमती : फिर क्या पदच्युत करके मैं अपमानित और पददलित नहीं की गयी ? क्या—यह ठीक था ?

कारयण : पदच्युत होने का अनुभव करना भी एक दम्भ-मात्र है। देवि ! एक स्वार्थी के लिए समाज दोषी नहीं हो सकता। क्या मल्लिका देवी का उदाहरण कहीं दूर है ! वही लोलुप नर पिशाच मेरा और आपका स्वामी, कोसल का सम्राट्, क्या-

क्या उनके साथ कर चुका है, यह क्या आप नहीं जानती ? फिर भी उनकी सती-सुलभ वास्तविकता देखिये और अपनी कृत्रिमता से तुलना कोजिये ।

शक्तिमती : (**सोचती हुई**) कारायण यहाँ तो मुझे सिर झुकाना ही पड़ेगा ।

कारायण : देवि ! मैं एक दिन में इस कोसल को उलट-पलट देता, छत्र-चमर लेकर हठात् विरुद्धक को सिंहासन पर बैठा देता; किन्तु मन के बिगाड़ने पर भी मल्लिका देवी का शासन मुझे सुमार्ग से न हटा सका, और आप देखेंगी कि शीघ्र ही कोसल के सिंहासन पर राजकुमार विरुद्धक बैठेंगे; परन्तु आपकी मन्त्रण के प्रतिकूल ।

(**विरुद्धक और मल्लिका**)

शक्तिमती : आर्या मल्लिका को मैं अभिवादन करती हूँ ।

कारायण : मैं नमस्कार करता हूँ ।

(**विरुद्धक माता का चरण छूता है**)

मल्लिका : शान्ति मिले, विश्व शीतल हो । बहिन, क्या तुम अब भी राजकुमार को उत्तेजित करके उसे मनुष्यता से गिराने की चेष्टा करोगी ? तुम जानती हो, तुम्हारा प्रसन्न मातृभाव क्या तुम्हें इसीलिये उत्साहित करता है ? क्या क्रूर विरुद्धक को देखकर तुम्हारी अन्तरात्मा लज्जित नहीं होती ?

शक्तिमती : वह मेरी भूल थी देवि ! क्षमा करना । वह बर्बरता का उद्रेक था—पाशव-वृत्ति की उत्तेजना थी ।

मल्लिका : चन्द्र-सूर्य-शीतल-उष्ण, क्रोध-करुणा, द्वेष-स्नेह का द्वन्द्व संसार का मनोहर दृश्य है । रानी ! स्त्री और पुरुष भी उसी विलक्षण नाटक के अभिनेता हैं । स्त्रियों का कर्त्तव्य है कि पाशववृत्ति वाले क्रूरकर्मा पुरुषों को कोमल और करुणाप्लुत करें, कठोर पौरुष के अनन्तर उन्हें जिस शिक्षा की आवश्यकता है—उस स्नेह, शीतलता, सहनशीलता और सदाचार का पाठ उन्हें स्त्रियों से ही सीखना होगा । हमारा यह कर्त्तव्य है । व्यर्थ स्वतन्त्रता और समानता का अहङ्कार करके उस अपने अधिकार से हमको वञ्चित न होना चाहिये । चलो, आज अपने स्वामी से क्षमा माँगो । सुना जाता है कि अजात और बाजिरा का व्याह होने वाला है, तुम भी उस उत्सव में अपने घर को सूना मत रक्खो ।

शक्तिमती—आपकी आज्ञा शिरोधार्य है देवि !

कारायण—तो मैं भी आज्ञा चाहता हूँ; क्योंकि मुझे शीघ्र ही पहुँचना चाहिये । देखिए, वैतालिकों की वीणा बजने लगी । सम्भवतः महाराज शीघ्र सिंहासन पर आया चाहते हैं ।—(**राजकुमार विरुद्धक से**)—राजकुमार, मैं आप से भी क्षमा चाहता हूँ, क्योंकि आप जिस विद्रोह के लिए मुझे आज्ञा दे गये थे, मैं उसे करने में असमर्थ था—अपने राष्ट्र के विरुद्ध यदि आप अस्त्र ग्रहण न करते, तो सम्भवतः मैं आपका अनुगामी

हो जाता; क्योंकि मेरे हृदय में भी प्रतिहिंसा थी। किन्तु वैसा न हो सका उसमें मेरा अपराध नहीं।

विरुद्धक—उदार सेनापति, मैं हृदय से तुम्हारी प्रशंसा करता हूँ और स्वयं तुमसे क्षमा माँगता हूँ।

कारायण—मैं सेवक हूँ युवराज! **(जाता है)**

[पट-परिवर्तन]

पञ्चम दृश्य

कोसल की राजसभा

(वर-वधू के वेश में अजातशत्रु और बाजिरा तथा प्रसेनजित् शक्तिमती, मल्लिका, विरुद्धक, वासवी और कारायण का प्रवेश)

मल्लिका—बधाई है महाराज! यह शुभ सम्बन्ध आनन्दमय हो!

प्रसेन०—देवि! आपकी असीम अनुकम्पा है, जो मुझ जैसे अधम व्यक्ति पर इतना स्नेह! पतितपावनी, तुम धन्य हो!

मल्लिका—किन्तु महाराज! मेरी एक प्रार्थना हैं।

प्रसेन०—आपकी आज्ञा शिरोधार्य है। भगवती!

मल्लिका—आपकी इस पत्नी, परित्यक्ता शक्तिमती का क्या दोष है? इस शुभ अवसर पर यह विवाद उठाना यद्यपि ठीक नहीं है तो भी....।

प्रसेन०—इसका प्रमाण तो वह स्वयं है। उसने क्या-क्या नहीं किया—यह क्या किसी से छिपा है?

मल्लिका—किन्तु इसके मूल कारण तो महाराज ही हैं। यह तो अनुकरण करती रही—यथा राजा तथा प्रजा—जन्म लेना तो इसके अधिकार में नहीं था, फिर आप इस अबला पर क्यों ऐसा दण्ड विधान करते हैं?

प्रसेन०—मैं इसका क्या उत्तर दूँ देवि!

शक्तिमती—वह मेरा ही अपराध था आर्यपुत्र! क्या उसके लिए क्षमा नहीं मिलेगी—मैं अपने कृत्यों पर पश्चात्ताप करती हूँ। अब मेरी सेवा मुझे मिले, उससे मैं वञ्चित न होऊँ, यह मेरी प्रार्थना है।

(प्रसेनजित् मल्लिका का मुँह देखता है)

मल्लिका—क्षमा करना ही होगा महाराज! और उसका बोझ मेरे सिर पर होगा। मुझे विश्वास है कि यह प्रार्थना निष्फल न होगी।

प्रसेन०—मैं उसे कैसे अस्वीकार कर सकता हूँ !

(शक्तिमती का हाथ पकड़कर उठाता है)

मल्लिका—मैं कृतज्ञ हुई सम्राट् ! क्षमा से बढ़कर दंड नही है, और आपकी राष्ट्रनीति इसी का अवलम्बन करे, मैं यही आशीर्वाद देती हूँ। किन्तु एक बात और भी है।

प्रसेन०—वह क्या ?

मल्लिका—मैं आज अपना सब बदला चुकाना चाहती हूँ; मेरा भी कुछ अभियोग है।

प्रसेन०—वह बड़ा भयानक है ! देवि, उसे तो आप क्षमा कर चुकी हैं; अब ?

मल्लिका—तब आप यह स्वीकार करते हैं कि भयानक अपराध भी क्षमा कराने का साहस मनुष्य को होता है ?

प्रसेन०—विपन्न की यही आशा है। तब भी....।

मल्लिका—तब भी ऐसा अपराध क्षमा किया जाता है, क्यों सम्राट् ?

प्रसेन०—मैं क्या कहूँ ? इसका उदाहरण तो मैं स्वयं हूँ !

मल्लिका—तब यह राजकुमार विरुद्धक भी क्षमा का अधिकारी है।

प्रसेन—किन्तु वह राष्ट्र का द्रोही है, क्यों धर्माधिकारी, उसका क्या दण्ड है ?

धर्मा०—**(सिर नीचा कर)**—महाराज !—

मल्लिका—राजन्, बिद्रोही बनाने के कारण भी आप ही हैं। बनाने पर विरुद्धक राष्ट्र का एक सच्चा शुभचिंतक हो सकता था। और इससे क्या, मैं तो स्वीकार करा चुकी हूँ कि भयानक अपराध भी मार्जनीय होते हैं

प्रसेन०—तब विरुद्धक को क्षमा किया जाय।

विरुद्धक—पिता, मेरा अपराध कौन क्षमा करेगा ? पितृद्रोही को कौन ठिकाना देगा ? मेरी आँखें लज्जा से ऊपर नहीं उठती। मुझे राज्य नहीं चाहिये; चाहिये केवल आपकी क्षमा। पृथ्वी के साक्षात् देवता ! मेरे पिता ! मुझ अपराधी पुत्र को क्षमा कीजिये।

(चरण पकड़ता है)

प्रसेन—धर्माधिकारीं ! पिता का हृदय इतना सदय होता है कि नियम उसे क्रूर नही बना सकता। मेरा पुत्र मुझसे क्षमा भिक्षा चाहता है, धर्मशास्त्र के उस पत्र को उलट दो, मैं एक बार अवश्य क्षमा कर दूँगा। उसे न करने से मैं पिता नहीं रह सकता, मैं जीवित नहीं रह सकता।

धर्मा०—किन्तु महाराज ! व्यवस्था का भी कुछ मान रखना चाहिये।

प्रसेन०—यह मेरा त्याज्य पुत्र है। किन्तु अपराध का मृत्युदण्ड, नहीं-नहीं वह किसी राक्षस पिता का काम है। वत्स विरुद्धक ! उठो, मैं तुम्हें क्षमा करता हूँ।

(**विरुद्धक को उठाता है**)

(**बुद्ध का प्रवेश**)

सब—भगवान् के चरणों में प्रणाम।

गौतम—विनय और शील की रक्षा करने में सब दत्तचित्त रहें, जिससे प्रजा का कल्याण हो—करुणा की विजय हो। आज मुझे सन्तोष हुआ, कोसल-नरेश ! तुमने अपराधी को क्षमा करना सीख लिया, यह राष्ट्र के लिए कल्याण की बात हुई। फिर भी तुम इसे त्याज्य पुत्र क्यों कह रहे हो ?

प्रसेन०—महाराज, यह दासीपुत्र है, सिंहासन का अधिकारी नहीं हो सकता।

गौतम—यह दम्भ तुम्हारा प्राचीन संस्कार है। क्यों राजन् ! क्या दास, दासी, मनुष्य नहीं हैं ? क्या कई पीढ़ी ऊपर तक तुम प्रमाण दे सकते हो कि सभी राजकुमारियों की ही सन्तान इस सिंहासन पर बैठी हैं या प्रतिज्ञा करोगे कि कई पीढ़ी आने वाली तक दासी-पुत्र इस पर न बैठने पावेंगे ? यह छोटे-बड़े का भेद क्या अभी इस सङ्कीर्ण हृदय में इस तरह घुसा है कि निकल नहीं सकता ? क्या जीवन की वर्त्तमान स्थिति देखकर प्राचीन अन्धविश्वासों को, जो न जाने किस कारण होते आये हैं, तुम बदलने के लिए प्रस्तुत नहीं हो ? क्या इस क्षणिक भव में तुम अपनी स्वतन्त्र सत्ता अनन्त काल तक बनाये रक्खोगे ? और भी, क्या उस आर्य-पद्धति को तुम भूल गये कि पिता से पुत्र की गणना होती हैं ? राजन्, सावधान हो, इस अपनी सुयोग्य शक्ति को स्वयं कुण्ठित न बनाओ। यद्यपि इसने कपिलवस्तु में निरीह प्राणियों का वध करके बड़ा अत्याचार किया है और कारणवश क्रूरता भी यह करने लगा था, किन्तु अब इसका हृदय, देवी मल्लिका की कृपा से शुद्ध हो गया है। इसे तुम युवराज बनाओ।

सब—धन्य है ! धन्य है ! !

प्रसेन०—तब जैसी आज्ञा—इस व्यवस्था का कौन अतिक्रमण कर सकता है, और यह मेरी प्रसन्नता का कारण भी होगा। प्रभु, आपकी कृपा से मैं आज सर्वसम्पन्न हुआ। और क्या आज्ञा है ?

गौतम—कुछ नहीं। तुम लोग कर्तव्य के लिये सत्ता के अधिकारी बनाये गये हो, उसका दुरुपयोग न करो। भूमण्डल पर स्नेह का, करुणा का, क्षमा का शासन फैलाओ। प्राणिमात्र में सहानुभूति को विस्तृत करो। इन क्षुद्र विप्लवों से चौंककर अपने कर्म-पथ से च्युत न हो जाओ।

प्रसेन०—जो आज्ञा, वही होगा।

(**अजातशत्रु उठकर विरुद्धक को गले लगाता है**)

अजात०—भाई विरुद्धक, मैं तुमसे ईर्ष्या कर रहा हूँ।

विरुद्धक—और मैं वह दिन शीघ्र देखूँगा कि तुम भी इसी प्रकार अपने पिता से क्षमा किये गये।

अजात०—तुम्हारी वाणी सत्य हो।

बाजिरा—भाई विरुद्धक ! मुझे क्या तुम भूल गये ? क्या मेरा कोई अपराध है, जो मुझसे नहीं बोलते थे ?

विरुद्धक—नहीं, नहीं, मैं तुमसे लज्जित हूँ। मैं तुम्हें सदैव द्वेष की दृष्टि से देखा करता था, उसके लिए तुम मुझे क्षमा करो।

बाजिरा—नहीं भाई ! यही तुम्हारा अत्याचार है।

(सब जाते है)

वासवी—**(स्वगत)**—अहा ! जो हृदय विकसित होने के लिये हैं, जो मुख हँसकर स्नेह-सहित बातें करने के लिए है, उसे लोग कैसा बिगाड़ लेते हैं ! भाई प्रसेन, तुम अपने जीवन-भर में इतने प्रसन्न कभी न हुए होगे, जितने आज। कुटुम्ब के प्राणियों में स्नेह का प्रचार करके मानव इतना सुखी होता है, यह आज ही मालूम हुआ होगा। भगवान् ! क्या कभी वह भी दिन आवेगा जब विश्व-भर में एक कुटुम्ब स्थापित हो जायगा और मानव-मात्र स्नेह से अपनी गृहस्थी सम्हालेंगे ?

(जाती है)

[पट-परिवर्तन]

षष्ठ दृश्य

(वार्तालाप करते हुए दो नागरिक)

पहला : किसने शक्ति का ऐसा परिचय दिया है ! सहनशीलता का ऐसा प्रत्यक्ष प्रमाण—ओह !

दूसरा : देवदत्त का शोचनीय परिणाम देकर मुझे तो आश्चर्य हो गया। जो एक स्वतन्त्र सङ्घ स्थापित करना चाहता था, उसकी यह दशा....।

पहला : जब भगवान् से भिक्षुओं ने कहा कि देवदत्त आपका प्राण लेने आ रहा है, उसे रोकना चाहिये . . . ।

दूसरा : तब, तब ?

पहला : तब उन्होंने केवल यही कहा कि घबराओं नहीं, देवदत्त मेरा कुछ अनिष्ट नहीं कर सकता। वह स्वयं मेरे पास नहीं आ सकता; उसमें इतनी शक्ति नहीं क्योंकि उसमें द्वेष है।

दूसरा—फिर क्या हुआ ?

पहला—यही कि देवदत्त समीप आने पर प्यास के कारण उस सरोवर में जल पीने उतरा। कहा नहीं जा सकता कि उसे क्या हुआ—कोई ग्राह पकड़ ले गया कि उसने लज्जा से डूब कर आत्महत्या कर ली। वह फिर न दिखायी पड़ा।

दूसरा—आश्चर्य ! गौतम की अमोघ शक्ति है। भाई, इतना त्याग तो आज तक देखा नहीं गया। केवल पर-दुःख-कातरता ने किस प्राणी से राज्य छुड़वाया है ! अहा, वह शान्त मुखमण्डल, स्निग्ध गम्भीर दृष्टि, किसको नहीं आकर्षित करती। कैसा विलक्षण प्रभाव है !

पहला—तभी तो बड़े-बड़े सम्राट् लोग विनत होकर उनकी आज्ञा का पालन करते हैं। देखो, यह भी कभी हो सकता था कि राजकुमार विरुद्धक पुनः युवराज बनाये जाते ? भगवान् ने समझा कर महाराज को ठीक कर ही दिया—और वे आनन्द से युवराज बना दिये गये।

दूसरा—हाँ जी, चलो, आज तो श्रावस्ती भर में महोत्सव है, हम लोग भी घूम-घूम कर आनन्द लें।

पहला—श्रावस्ती पर से आतङ्क-मेघ टल गया, अब तो आनन्द-ही-आनन्द है। इधर राजकुमारी का ब्याह भी मगधराज से हो गया। अब युद्ध-विग्रह तो कुछ दिनों के लिए शान्त हुये। चलो हम लोग भी महोत्सव में सम्मिलित हों।

(एक ओर से दोनों जाते हैं, दूसरी ओर से वसन्तक का प्रवेश)

वसंतक—फटी हुई बाँसुरी भी कहीं बजती है ! एक कहावत है कि रहे मोची-के-मोची।' यह सब ग्रहों की गड़बड़ी है, ये एक बार ही इतना बड़ा काण्ड उपस्थित कर देते हैं ! कहाँ साधारण ग्रामवाला—हो गयी थी राजरानी ! मैं देख आया—वही मागन्धी ही तो है। अब आम की बारी लेकर बेचा करती है और लड़कों के ढेले खाया करती है। ब्रह्मा भी कभी भोजन करने के पहले मेरी ही तरह भाँग पी लेते होंगे, तभी तो ऐसा उलटफेर....ऐं, किन्तु, परन्तु, तथापि, वही कहावत 'पुनर्मूषिको भव ! एक चूहे को किसी ऋषि ने दया करके व्याघ्र बना दिया, वह उन्हीं पर गुर्राने लगा। जब झपटने लगा तो चट से बाबा जी बोले—'पुनर्मूषिको भव'—जा बच्चा, फिर चूहा बन जा। महादेवी वासवदत्ता को यह समाचार चलकर; सुनाऊँगा। अरे उसी के फेर में मुझे देर हो गयी। महाराज ने वैवाहिक उपहार भेजे थे, सो अब तो मैं पिछड़ गया। लड्डू तो मिलेंगे। अजी बासी होंगे तो क्या—मिलेंगे तो। ओह, नगर में तो

आलोक-माला दिखाई देती है ! सम्भवतः वैवाहिक महोत्सव का अभी अन्त नहीं हुआ। तो चलूँ ।

(जाता है)

[पट-परिवर्तन]

सप्तम दृश्य

आम्र कानन

[आम्रपाली मागन्धी]

मागन्धी—(आप-ही-आप)—वाह री नियति ! कैसे-कैसे दृश्य देखने में आये—कभी बैलों को चारा देते-देते हाथ नहीं थकते थे, कभी अपने हाथ से जल का पात्र तक उठा कर पीने से सङ्कोच होता था, कभी शील का बोझ एक पैर भी महल के बाहर चलने में रोकता था और कभी निर्लज्ज गणिका का आमोद मनोनीत हुआ ! इस बुद्धिमत्ता का क्या ठिकाना हैं ! वास्तविक रूप के परिवर्तन की इच्छा मुझे इतनी विषमता में ले आयी। अपनी परिस्थिति को संयत न रखकर व्यर्थ महत्त्व का ढोंग मेरे हृदय ने किया, काल्पनिक सुख-लिप्सा ही में पड़ी—उसी का यह परिणाम है। स्त्री-सुलभ एक स्निग्धता, सरलता की मात्रा कम हो जाने से जीवन में कैसे बनावटी भाव आ गये ! जो अब केवल एक सङ्कोचदायिनी स्मृति के रूप में अवशिष्ट रह गये।

(गाती है)

स्वजन दीखता न विश्व में अब, न बात मन में समाय कोई
पड़ी अकेली बिकल रो रही, न दुःख में हैं सहाय कोई
पलट गये दिन सनेह वाले, नहीं नशा, अब रही न गर्मी
न नींद सुख की, न रङ्गलियाँ, न सेज उजला बिछाय सोई
बनी न कुछ इस चपल चित्त की, बिखर गया झूठ गर्व जो था
असीम चिन्ता चिता बनी है, विटप कँटीले लगाय रोई
क्षणिक वेदना अनन्त सुख बस, समझ लिया शून्य में बसेरा
पवन पकड़कर पता बताने न लौट आया न जाय कोई

(बुद्ध का प्रवेश—घुटने टेक कर हाथ जोड़ती है, सिर पर हाथ रखते है)

गौतम—करुणे, तेरी जय हो !

मागन्धी—(आँख खोल कर और पैर पकड़ कर)—प्रभु, आ गये ! इस प्यासे

हृदय की तृष्णा मिटाने को अमृत-स्रोत ने अपनी गति परिवर्तित की—इस मरु-देश में पदार्पण किया !

गौतम—मागन्धी, तुम्हें शान्ति मिलेगी। जब तक तुम्हारा हृदय उस विशृङ्खलता में था, तभी तक यह विडम्बना थी।

मागन्धी—प्रभु ! मैं अभागिनी नारी, केवल उस अवज्ञा की चोट से बहुत दिन भटकती रही। मुझे रूप का गर्व बहुत ऊँचे चढ़ा ले गया था, और अब उसने ही नीचे पटका।

गौतम—क्षणिक विश्व का यह कौतुक है देवि ! अब तुम अग्नि से तपे हुए हेम की तरह शुद्ध हो गयी हो। विश्व के कल्याण में अग्रसर हो। असंख्य दुखी जीवों को हमारी सेवा की आवश्यकता है। इस दुःख-समुद्र में कूद पड़ो ! यदि एक भी रोते हुए हृदय को तुमने हँसा दिया, तो सहस्रों स्वर्ग तुम्हारे अन्तर में विकसित होंगे। फिर तुमको पर-दुःख कातरता में ही आनन्द मिलेगा। विश्वमैत्री हो जायगी—विश्व-भर अपना कुटुम्ब दिखायी पड़ेगा। उठो, असंख्य आहें तुम्हारे उद्योग से अट्टहास में परिणत हो सकती हैं।

मागन्धी—अन्त में मेरी विजय हुई नाथ ! मैंने अपने जीवन के प्रथम वेग में ही आपको पाने का प्रयास किया था। किन्तु वह समय ठीक भी नहीं था। आज मैं अपने स्वामी को, अपने नाथ को, अपना कर धन्य हो रही हूँ।

गौतम—मागन्धी ! अब उन अतीत के विकारों को क्यों स्मरण करती है, निर्मल हो जा !

मागन्धी—प्रभु ! मैं नारी हूँ, जीवन-भर असफल होती आयी हूँ। मुझे उस विचार के सुख से न वञ्चित कीजिये। नाथ ! जन्म-भर की पराजय में भी आज मेरी ही विजय हुई। पतितपावन ! यह उद्धार आपके लिए भी महत्त्व देनेवाला है और मुझे तो सब कुछ।

गौतम—अच्छा आम्रपाली ! कुछ खिलाओगी ?

मागन्धी—**(आम की टोकरी लाकर रखती हुई)**—प्रभु ! अब इस आम्र-कानन की मुझे आवश्यकता नहीं, यह सङ्घ को समर्पित है।

[**संघ का प्रवेश**]

संघ—जय हो, अमिताभ की जय हो ! बुद्धं शरणं...।

मागन्धी—गच्छामि।

गौतम—संघं शरणं गच्छामि।

[**पट-परिवर्तन**]

अष्टम दृश्य

[पद्मावती और छलना]

छलना—बेटी ! तुम बड़ी हो, मैं बुद्धि में तुमसे छोटी हूँ। मैंने तुम्हारा अनादर करके तुम्हें भी दुःख दिया और भ्रान्त पथ पर चल कर स्वयं भी दुःखी हुई।

पद्मा०—माँ, मुझे लज्जित न करो ! तुम क्या मेरी माँ नहीं हो ! माँ, भाभी के बच्चा हुआ है—अहा कैसा सुन्दर नन्हा-सा बच्चा है !

छलना—पद्मा ! तुम और अजात सहोदर भाई-बहन हो, मैं तो सचमुच एक बवण्डर हूँ। बहिन वासवी क्या मेरा अपराध क्षमा कर देगी ?

(वासवी का प्रवेश)

छलना—(पैर पर गिरकर)—कुणीक की तुम्हीं वास्तव में जननी हो, मुझे तो बोझ ढोना था।

पद्मा०—माँ ! छोटी माँ पूछती है, क्या मेरा अपराध क्षम्य है ?

वासवी—(मुस्करा कर)—कभी नहीं, इसने कुणीक को उत्पन्न करके मुझे बड़ा सुख दिया, जिसका इस छोटे से हृदय से मैं उपभोग नहीं कर सकती। इसलिये मैं इसे क्षमा नहीं करूँगी।

छलना—(हँस कर)—तब तो बहिन, मैं भी तुमसे लड़ाई करूँगी, क्योंकि मेरा दुःख हरण करके तुमने मुझे खोखली कर दिया है, हृदय हल्का होकर बेकाम हो गया है। अरे, सपत्नी का काम तो तुम्ही ने कर दिखाया। पति को तो बस में किया ही था, मेरे पुत्र को भी गोद में लिया। मैं …।

वासवी—छलना ! तू नहीं जानती, मुझे एक बच्चे की आवश्यकता थी, इसलिये तुझे नौकर रख लिया था—अब तो तेरा काम नहीं है।

छलना—बहिन, इतनी कठोर न हो जाओ।

वासवी—(हँसती हुई)—अच्छा जा, मैंने तुझे अपने बच्चे की धात्री बना दिया। देख, अब अपना काम ठीक से करना, नहीं तो फिर….।

छलना—(हाथ जोड़कर) अच्छा स्वामिनी !

पद्मा०—क्यों माँ, अजात तो यहाँ अभी नहीं आया ! वह क्या छोटी माँ के पास नहीं आवेगा ?

वासवी—पद्मा ! जब उसे पुत्र हुआ, तब उससे कैसे रहा जाता। वह सीधे श्रावस्ती से महाराज के मन्दिर में गया है। सन्तान उत्पन्न होने पर अब उसे पिता के स्नेह का मोल समझ पड़ा है।

छलना—बेटी पद्मा ! चल। इसी से कहते हैं कि काठ की सौत भी बुरी होती है—देखी निर्दयता—अजात को यहाँ न आने दिया।

वासवी—चल, चल, तुझे तेरा पति भी दिला दूँ और बच्चा भी। यहाँ बैठ कर मुझसे लड़ मत कङ्गालिन!

(**सब हँसती हुई जाती हैं**)

[**पट-परिवर्तन**]

नवम दृश्य

महाराज बिम्बिसार का कुटीर

(**बिम्बिसार लेटे** हुए है)

(नेपथ्य से गान)

चल बसन्त बाला अञ्चल से किस घातक सौरभ से मस्त
आती मलयानिल की लहरें जब दिनकर होता है अस्त।
मधुकर से कर सन्धि, विचर कर उषा नदी के तट उस पार;
चूसा रस पत्तों-पत्तों से फूलों का दे लोभ अपार।
लगे रहे जो अभी डाल से बने आवरण फूलों के,
अवयव थे शृङ्गार रहे जो वनबाला के झूलों के।
आशा देकर गले लगाया रुके न वे फिर रोके से,
उन्हें हिलाया बहकाया भी किधर उठाया झोंके से।
कुम्हलाये, सूखे, ऐंठे फिर गिरे अलग हो वृन्तों से,
वे निरीह मर्माहत होकर कुसुमाकर के कुन्तों से।
नवपल्लव का सृजन! तुच्छ हैं किया वात से वध जब क्रूर,
कौन फूल सा हँसता देखे! वे अतीत से भी जब दूर।
लिखा हुआ उनकी नस-नस में इस निर्दयता का इतिहास,
तू अब 'आह' बनी घूमेगी उनके अवशेषों के पास।

बिम्बिसार—(**उठकर आप-ही-आप**)—सन्ध्या का समीर ऐसा चल रहा है—जैसे दिन-भर का तपा हुआ उद्विग्न संसार एक शीतल निश्वास छोड़कर अपना प्राण धारण कर रहा हो। प्रकृति की शान्तिमयी मूर्ति निश्चल होकर भी मधुर झोंके से हिल जाती है। मनुष्य-हृदय भी रहस्य है, एक पहेली है। जिस पर क्रोध से भैरव-हुङ्कार करता हैं, उसी पर स्नेह का अभिषेक करने के लिए प्रस्तुत रहता है। उन्माद! और क्या? मनुष्य क्या इस पागल विश्व के शासन से अलग होकर कभी निश्चेष्टता नहीं ग्रहण कर सकता? हाय रे मानव! क्यों इतनी दुरभिलाषायें बिजली की तरह तू अपने हृदय में आलोकित करता है? क्या निर्मल-ज्योति तारागण की मधुर किरणों

के सदृश सद्वृत्तियों का विकास तुझे नहीं रुचता ! भयानक भावुकता और उद्वेगजनक अन्तःकरण लेकर क्यों तू व्यग्र हो रहा है ? जीवन की शान्तिमयी सच्ची परिस्थिति को छोड़ कर व्यर्थ के अभिमान में तू कब तक पड़ा रहेगा ? यदि मैं सम्राट् न होकर किसी विनम्र लता के कोमल किसलयों के झुरमुट में एक अधखिला फूल होता और संसार की दृष्टि मुझ पर न पड़ती—पवन की किसी लहर को सुरभित करके धीरे से उस थाले में चू पड़ता—तो इतना भीषण चीत्कार इस विश्व में न मचता। उस अस्तित्व को अनस्तित्व के साथ मिलाकर कितना सुखी होता ! भगवान्, असंख्य ठोकरें खाकर लुढ़कते हुए जड़ ग्रहपिण्डों से भी तो इस चेतन मानव की बुरी गति है। धक्के-पर-धक्के खाकर भी यह निर्लज्ज, सभा से नहीं निकलना चाहता। कैसी विचित्रता है। अहा ! वासवी भी नहीं हैं। कब तक आवेंगी।

जीवक—(**प्रवेश करके**)—सम्राट्।

बिम्बिसार—चुप ! यदि मेरा नाम न जानते हो, तो मनुष्य कह कर पुकारो। वह भयानक सम्बोधन मुझे न चाहिये !

जीवक—कई रथ द्वार पर आये हैं, और राजकुमार कुणीक भी आ रहे हैं।

बिम्बिसार—कुणीक कौन ! मेरा पुत्र या मगध का सम्राट् अजातशत्रु ?

अजात०—(**प्रवेश करके**)—पिता, आपका पुत्र यह कुणीक सेवा में प्रस्तुत है—(**पैर पकड़ता है**)।

बिम्बिसार—नहीं, नहीं, मगधराज अजातशत्रु को सिंहासन की मर्यादा नहीं भङ्ग करनी चाहिए। मेरे दुर्बल-चरण—आह, छोड़ दो।

अजात०—नहीं पिता, पुत्र का यही सिंहासन है। आपने सोने का झूठा सिंहासन देकर मुझे इस सत्य अधिकार से वञ्चित किया। अबाध्य पुत्र को भी कौन क्षमा कर सकता है ?

बिम्बिसार—पिता। किन्तु, वह पुत्र को क्षमा करता है; सम्राट् को क्षमा करने का अधिकार पिता को कहाँ ?

अजात०—नहीं पिता, मुझे भ्रम हो गया था। मुझे अच्छी शिक्षा नहीं मिली थी। मिला था केवल जङ्गलीपन की स्वतन्त्रता का अभिमान—अपने को विश्व-भर से स्वतन्त्र जीव समझने का झूठा आत्म-सम्मान।

बिम्बिसार—वह भी तो तुम्हारे गुरुजन की ही दी हुई शिक्षा थी। तुम्हारी माँ थी—राजमाता।

अजात०—वह केवल मेरी माँ थी—एक सम्पूर्ण अङ्ग का आधा भाग; उसमें पिता की छाया न थी—पिता ! इसलिये आधी शिक्षा अपूर्ण ही होगी।

छलना—(**प्रवेश करके चरण पकड़ती है**)—नाथ ! मुझे निश्चय हुआ कि वह मेरी उद्दण्डता थी। वह मेरी कूट-चातुरी थी, दम्भ का प्रकोप था। नारी-जीवन के

के स्वर्ग से मैं वञ्चित कर दी गयी। ईंट-पत्थर के महल रूपी बन्दीगृह में मैं अपने को धन्य समझने लगी थी। दण्डनायक; मेरे शासक! क्यों न उसी समय शील और विनय के नियम-भंग करने के अपराध में मुझे आपने दण्ड दिया! क्षमा करके, सहन करके, जो आपने इस परिणाम की यन्त्रणा के गर्त्त में मुझे डाल दिया है, वह मैं भोग चुकी। अब उबारिये।

बिम्बिसार—छलना, दण्ड देना मेरी सामर्थ्य के बाहर था! अब देखूं कि क्षमा करना भी मेरी सामर्थ्य में है कि नहीं!

वासवी—(**प्रवेश करके**)—आर्यपुत्र! अब मैंने इसको दण्ड दे दिया है, यह मातृत्व-पद से च्युत की गयी है, अब इसको आपके पौत्र की धात्री का पद मिला है। एक राजमाता को इतना बड़ा दण्ड कम नही है; अब आपको क्षमा करना ही होगा।

बिम्बिसार—वासवी! तुम मानवी हो कि देवी?

वासवी—बता दूं! मैं मगध के सम्राट की राजमहिषी हूँ। और, यह छलना मगध के राजपौत्र की धाई है, और यह कुणीक मेरा बच्चा इस मगध का युवराज है और आपको भी....।

बिम्बिसार—मैं अच्छी तरह अपने को जानता हूँ वासवी!

वासवी—क्या?

बिम्बिसार—कि मैं मनुष्य हूँ और इन मायाविनी स्त्रियों के हाथ का खिलौना हूँ।

वासवी—तब तो महाराज, मैं जैसा कहती हूँ वैसा ही कीजिये; नहीं तो आपको लेकर मैं नहीं खेलूँगी।

बिम्बिसार—तो तुम्हारी विजय हुई वासवी! क्यों अजात! पुत्र होने पर पिता के स्नेह का गौरव तुम्हें विदित हुआ—कैसी उलटी बात हुई।

[**कुणीक लज्जित होकर सिर झुका लेता है**]

पद्मा—(**प्रवेश करके**)—पिताजी, मुझे बहुत दिनों से आपने कुछ नहीं दिया है, पौत्र होने के उपलक्ष्य में तो मुझे कुछ अभी दीजिये नहीं तो मैं उपद्रव मचाकर इस कुटी को खोद डालूँगी।

बिम्बिसार—बेटी पद्मा! अहा तू भी आ गयी!

पद्मा०—हाँ पिताजी! बहू भी आ गयी है। क्या मैं यहीं ले आऊँ?

वासवी—चल पगली! मेरी सोने-सी बहू इस तरह क्या जहाँ-तहाँ जायगी—जिसे देखना हो, वहीं चले!

बिम्बिसार—तुम सबने तो आकर मुझे आश्चर्य में डाल दिया। प्रसन्नता से मेरा जी घबरा उठा है।

पद्मा०—तो फिर मुझे पुरस्कार दीजिये।

बिम्बिसार—क्या लोगी?

पद्मा०—पहिले छोटी माँ को, भइया को, क्षमा कर दीजिये; क्योंकि इनकी याचना पहले की है; फिर.... ।

बिम्बिसार—अच्छा री पद्मा ! देखूँगा तेरी दुष्टता । उठो वत्स अजात ! जो पिता है वह क्या कभी भी पुत्र को क्षमा—केवल क्षमा—माँगने पर भी नहीं देगा । तुम्हारे लिये यह कोष सदैव खुला है । उठो छलना तुम भी । (**अजातशत्रु को गले लगाता है**) ।

पद्मा०—तब मेरी बारी !

बिम्बिसार—हाँ कह भी....

पद्मा०—बस चल कर मगध के नवीन राजकुमार को एक स्नेह-चुम्बन आशीर्वाद के साथ दीजिये ।

बिम्बिसार—तो फिर शीघ्र चलो—(**उठ कर गिर पड़ता है**) ओह ! इतना सुख एक साथ मैं सहन न कर सकूँगा ! तुम सब बहुत विलम्ब करके आये ! (**काँपता है**)

(**गौतम का प्रवेश, अभय का हाथ उठाते हैं**)

[**आलोक के साथ यवनिका-पतन**]

■

जनमेजय का नाग यज्ञ

प्राक्कथन

इस नाटक की कथा का सम्बन्ध एक बहुत प्राचीन स्मरणीय घटना से है। भारतवर्ष में यह एक प्राचीन परम्परा थी कि किसी क्षत्रिय राजा के द्वारा कोई ब्रह्महत्या या भयानक जनक्षय होने पर उसे अश्वमेध यज्ञ करके पवित्र होना पड़ता था। रावण को मारने पर श्री रामचन्द्र ने तथा और भी कई बड़े-बड़े सम्राटों ने इस यज्ञ का अनुष्ठान करके पुण्य लाभ किया था। कलियुग के प्रारम्भ में पाण्डवों के बाद परीक्षित के पुत्र जन्मेजय एक स्मरणीय शासक हो गये हैं। भारत के शान्ति पर्व, अध्याय १५० में लिखा हुआ मिलता है कि सम्राट् जन्मेजय से अकस्मात् एक ब्रह्महत्या हो गई, जिसपर उन्हें प्रायश्चित्त स्वरूप अश्वमेध यज्ञ करना पड़ा। शतपथब्राह्मण (१३–५–४–१) से पता चलता है कि इन्द्रोत देवाप शौनक उस अश्वमेध में आचार्य थे और जन्मेजय का अश्वमेध यज्ञ इन्हीं ने कराया था। महाभारत में भी इन्हीं आचार्य का उल्लेख है। इस अश्वमेध यज्ञ में कुछ ऐसे विघ्न उपस्थित हुए, जिनके कारण जनमेजय को शौनक से कहना पड़ा—

> अद्य प्रभृति देवेन्द्रमजितेन्द्रियमस्थिरम्।
> क्षत्रिया वाजिमेधेन न यक्ष्यन्तीति शौनकः॥
> दौर्बल्यं भवतामेतत् यदयंधर्षितः क्रतुः।
> विषयेमेन वस्तव्यं गच्छध्वं सहबान्धवैः॥
>
> (हरिवंश, भविष्य पर्व, अ० ५)

कौटिल्य के अर्थ-शास्त्र के तीसरे प्रकरण में लिखा है—

> कोपाज्जन्मेजयो ब्राह्मणेषु विक्रान्तः

क्षत्रिय सम्राट् जन्मेजय ने अपने राज-दण्ड के बल से एक प्राचीन प्रथा बहुत दिनों के लिए बन्द कर दी। इसमें कश्यप पुरोहित का भी बहुत कुछ हाथ था। इसका प्रमाण भी मिलता है। आस्तीक पर्व के पचासवें अध्याय से इस घटना का एक सूत्र मिलता है कि काश्यप यदि चाहते, तो परीक्षित को तक्षक न मार सकता; और जन्मेजय को एक लकड़हारे की साक्षी से इसका प्रमाण दिलाया गया था। ऐतरेयब्राह्मण ७-२७ में इसी घटना का इस प्रकार उल्लेख है कि जब पारीक्षित-जन्मेजय ने यज्ञ करना चाहा, तब काश्यप पुरोहितों को छोड़ दिया। इसपर असितांगिरस काश्यप ने बड़ा आन्दोलन किया कि हमहीं पुरोहित बनाए जायँ। सम्भवतः इसी कारण तुर कावषेय ऋषि ने जन्मेजय

का ऐन्द्रमहाभिषेक कराया था। (देखिये ऐतरेयब्राह्मण ८-२१)। इन प्रमाणों के देखने से यह विदित होता है कि अर्थलोलुप काश्यप ने इस यज्ञ में विघ्न डाला, और खाण्डव-दाह से निर्वासित नागों का विद्रोह आरम्भ हुआ, जिसमें काश्यप का भी छिपा हुआ हाथ होना असम्भव नहीं। कुल बातों को मिलाकर देखने से यही विदित होता है कि जन-मेजय के विरुद्ध एक भारी षड्यन्त्र चल रहा था।

आदि पर्व के पौष्य पर्व अ० ३ से विदित होता है कि जब जन्मेजय पर कृत्या और विपत्ति आई, तब उन्होंने नाग-कन्या से उत्पन्न सोमश्रवा को बड़ी प्रार्थना से अपना पुरोहित बनाया और आसन्न नाग-विद्रोह तथा भीतरी षड्यन्त्रों से बचने के लिए उन्हें अत्यन्त प्रयत्नशील होना पड़ा। नागों ने ब्राह्मणों से सम्बन्ध स्थापित कर लिया था, और इसी कारण वे बलवान् होकर अपने गये हुये राज्य का पुनरुद्धार करना चाहते थे। नाग-जाति भारतवर्ष की एक प्राचीन जाति थी जो पहले सरस्वती के तट पर रहती थी। (आदि पर्व, १४०) भरत जाति के क्षत्रियों ने उन्हें वहाँ से खाण्डव वन की ओर हटाया। खाण्डव में भी वे अर्जुन के कारण न रहने पाये। खाण्डव-दाह के समय नाग जाति के नेता तक्षक निकल भागे। महाभारत युद्ध के बाद उन्मत्त परी-क्षित ने श्रृङ्गी-ऋषि, ब्राह्मण का अपमान किया, और तक्षक ने काश्यप आदि से मिल-कर आर्य-सम्राट् परीक्षित की हत्या की। उन्हीं के पुत्र जन्मेजय के राज्य-प्रारम्भ-काल में आर्य जाति के भक्त उत्तङ्क ने वाह्य और आभ्यन्तर कुचक्रों का दमन करने के लिए जन्मेजय को उत्तेजित किया। आर्य युवकों के अत्यन्त उत्साह से अनेक आभ्यन्तर विरोध रहते हुये भी नवीन साम्राज्य की रक्षा की गयी। श्रीकृष्ण द्वारा सम्पादित नवीन महाभारत-साम्राज्य की पुनर्योजना जन्मेजय के प्रचण्ड विक्रम और दृढ़ शासन से हुई थी। सदैव से लड़ने वाली इन दो जातियों में मेल-मिलाप हुआ, जिससे हजारों वर्षों तक आर्य साम्राज्य में भारतीय प्रजा फूलती-फलती रही। बस इन्हीं घटनाओं के आधार पर इस नाटक की रचना हुई है।

इस नाटक के पात्रों में कल्पित केवल चार-पाँच हैं। पुरुषों में माणवक और त्रिविक्रम तथा स्त्रियों में दामिनी और शीला आदि। जहाँ तक हो सका है, इसके आख्यान भाग में भारत काल की ऐतिहासिकता की रक्षा की गई है, और इन कल्पित चार पात्रों से मूल घटनाओं का सम्बन्ध-सूत्र जोड़ने का ही काम लिया गया है। इनमें से वास्तव में दो-एक का केवल नाम ही कल्पित हैं, जैसे वेद की पत्नी दामिनी। उनके चरित्र और व्यक्तित्व का भारत-इतिहास में बहुत कुछ अस्तित्व है।

कुकुरी सरमा भी जन्मेजय की प्रधान शत्रु थी, जिसके पुत्र को जन्मेजय के भाइयों ने पीटा था। महाभारत और पुराणों के देखने से विदित होता है कि यादवों

की कुकुर नाम की एक शाखा थी। सम्भवतः सरमा उन्हीं यादवियों में से थी जो दस्युओं द्वारा अर्जुन के सामने हरण की गयी थीं। तात्पर्य यह कि इस नाटक में ऐसी कोई घटना समाविष्ट नहीं है जिसका मूल भारत और हरिवंश में न हो। घटनाओं की परम्परा ठीक करने में नाटकीय स्वतन्त्रता से अवश्य कुछ काम लेना पड़ा हैं, परन्तु उतनी से अधिक नहीं, जितनी किसी ऐतिहासिक नाटक लिखने में ली जा सकती हैं।

पात्र

जन्मेजय	: इन्द्रप्रस्थ का सम्राट्
तक्षक	: नागों का राजा
वासुकि	: नाग सरदार
काश्यप	: पौरवों का पुरोहित
वेद	: कुलपति
उत्तङ्क	: वेद का शिष्य
आस्तीक	: मनसा और जरत्कारु का पुत्र
सोमश्रवा	: उग्रश्रवा का पुत्र और जन्मेजय का नया पुरोहित
च्यवन	: महर्षि कुलपति
वेदव्यास	: कृष्ण द्वैपायन
त्रिविक्रम	: वेद का दूसरा विद्यार्थी
माणवक	: सरमा और वासुकि का पुत्र
जरत्कारु	: ऋषि, मनसा का पति
चण्डभार्गव	: जन्मेजय का सेनापति
तुर कावषेय	: जन्मेजय का ऐन्द्रमहाभिषेक करनेवाला पुरोहित
अश्वसेन	: तक्षक का पुत्र
भद्रक	: जन्मेजय का शिकारी
शौनक	: एक प्रधान ऋषि और ब्राह्मणों का नेता
	दौवारिक, सैनिक, नाग, दास आदि।
वपुष्टमा	: जन्मेजय की रानी
मनसा	: जरत्कारु की स्त्री और वासुकि की बहन
सरमा	: कुकुर वंश की यादवी
मणिमाला	: तक्षक की कन्या
दामिनी	: वेद की पत्नी
शीला	: सोमश्रवा की पत्नी

दासियाँ और परिचारिकायें आदि।

प्रथम अङ्क

प्रथम दृश्य

स्थान—कानन में मनसा और सरमा

सरमा—बहन मनसा, मैं तो आज तुम्हारी बात सुनकर चकित हो गयी।

मनसा—क्यों क्या तुमने यह समझ रक्खा था कि नाग जाति सदैव से इसी गिरी अवस्था में है ? क्या इस विश्व के रङ्गमञ्च पर नागों ने कोई स्पृहणीय अभिनय नहीं किया ? क्या उनका अतीत भी उनके वर्तमान की भाँति अन्धकारपूर्ण था। सरमा, ऐसा न समझो। आर्यों के सदृश्य उनका भी विस्तृत राज्य था, उनकी भी एक संस्कृति थी।

सरमा—जब मैंने प्रभास के विप्लव के बाद अर्जुन के साथ आते हुये नागराज वासुकि को आत्म-समर्पण किया था, तब भी इस साहसी और वीर जाति पर मेरी श्रद्धा थो। श्रीकृष्ण की उस अपूर्व प्रतिमा ने मेरी नस-नस में मनुष्य मात्र के प्रति एक अविचल प्रीति और स्वतन्त्रता भर दी थी। शूद्र गोप से लेकर ब्राह्मण तक की समता और प्राणी मात्र के प्रति समदर्शी होने की अमोघ वाणी उनके मुख के कई बार सुनी थी। वही मेरे उस आत्म-समर्पण का कारण हुयी।

मनसा—क्या कहूँ, जिसकी तू इतनी प्रशंसा कर रही हैं, उसी ने इस जाति का अधःपात किया है। और नहीं तो क्या प्रबल नाग जाति वीर्य या शौर्य में आर्यों से कम थी ? जब नागों ने आभीरों के साथ मिल कर यादवियों का हरण किया था, तब धनञ्जय की वीरता भी विचलित हो गई थी !

सरमा—(**बिगड़ कर**) बहन, वह प्रसङ्ग न छेड़ो ! वह आर्यो के लिए लज्जाजनक अवश्य है, किन्तु उनकी वीरता पर कलङ्क नहीं है। क्या मैं तुम्हारे भाई पर मुग्ध होकर अपनी इच्छा से नही चली आयी ? क्या और भी अनेक यादवियाँ अपने चरित्र-पतन की पराकाष्ठा दिखला कर उन आक्रमणकारियों के साथ नहीं चली गयी ? उसमें कुछ नागों की वीरता न थी। जिनकी रक्षा करनी थी, स्वयं वे ही जब लुटेरों को आत्म-समर्पण कर रही थीं, तब अर्जुन की वीरता क्या करती ?

मनसा—जब उनमें कोई बात ही न थी, तब फिर वे क्यों आयी ?

सरमा : मैं व्यङ्ग सुनने नहीं आई हूं ! श्रीकृष्ण ने पददलितों की जिस स्वतन्त्रता और उन्नति का उपदेश दिया था, वह आसुरी भावों से भरकर उद्दाम वासना में

परिणत हो गई। धर्म-संस्थापक ने जातीय पतन का वह भीषण आन्तरिक संग्राम भी अपनी आँखों देखा, किन्तु इस औद्धत्य को रुकते न देखकर उन्हें प्रकृति के चक्र में पिस जाने दिया। यदि वे चाहते, तो यादवों का नाश न होता। किन्तु हाँ, उसका परिणाम अन्य जातियों के लिए भयानक होता। और, मनसा, यह समझ रखना कि कुकुर वंश से यादवों की यह कन्या सरमा किसी के सिर का बोझ, अकर्मण्यता की मूर्ति होकर नहीं आयी है। इस वक्षस्थल में अबलाओं का रुदन ही नहीं भरा है।

मनसा—हाँ सरमा, मुझमे भी ओजपूर्ण नाग-रक्त है। इस मस्तिष्क में अभी तक राजेश्वरी होने की कल्पना खुमारी की तरह भरी हुई है। वह अतीत का इतिहास याद करो, जब सरस्वती का जल पीकर स्वस्थ और पुष्ट नाग जाति कुरुक्षेत्र की सुन्दर भूमि का स्वामित्व करती थी! जब भारत जाति के क्षत्रियों ने उन्हें हटाने को विवश किया, तब वे खाण्डव वन में अपना उपनिवेश बनाकर रहने लगे थे। उस समय तुम्हारे कृष्ण ने साम्य और विश्वमैत्री का जो मन्त्र पढ़ा था, क्या उसे तुम सुनोगी? और जो नृशंसता आर्यों ने की थी, उसे आँखों से देखोगी? लो, देखो मेरा मन्त्रबल, प्रदोष की गाढ़ी नीलिमा में अपनी आँखें गड़ा दो। सावधान।

(कुछ बढ़ती हुई क्षितिज की ओर अपना दाहिना हाथ फैलाती है, और उसके तमिस्र पटल पर खांडव की सीमा प्रकट होती है अर्जुन और श्रीकृष्ण आते हैं)

अर्जुन : भयानक जन्तुओं से पूर्ण यह खाण्डव वन देकर उन लोगों ने हमें अच्छा मूर्ख बनाया! क्या हम लोग भी जंगली हैं जो वृक्षों के पत्ते पहन कर इन भयानक जन्तुओं के साथ इसी में निवास करेंगे? सखे कृष्ण! यह कपटपूर्ण व्यवहार असह्य है।

श्रीकृष्ण—अर्जुन! पृथ्वी पर कहीं-कहीं अब तक मनुष्यों और पशुओं में भेद नहीं है। मनुष्य इसीलिये है कि वे पशु को भी मनुष्य बनावें। तात्पर्य यह कि सारी सृष्टि एक प्रेम की धारा में बहे और अनन्त जीवन लाभ करे।

अर्जुन—किन्तु यह विषमता-पूर्ण विश्व क्या कभी एक-सा होगा? क्या जड़-चेतन, सुख-दु:ख, दिन-रात, पाप-पुण्य आदि द्वन्द्व कभी एक होंगे? क्या इनकी समता होगी? मनुष्य यदि चेष्ट भी करे, तो क्या होगा?

श्रीकृष्ण—सखे! सृष्टि एक व्यापार है, कार्य है। उसका कुछ-न-कुछ उद्देश्य अवश्य है। फिर ऐसी निराशा क्यों? द्वन्द्व तो कल्पित है, भ्रम है। उसी का निवारण होना आवश्यक है। देखो, दिन का अप्रत्यक्ष होना ही रात्रि है, आलोक का अदर्शन ही अन्धकार है। ये विपक्षी द्वन्द्व अभाव हैं। क्या तुम कह सकते हो कि अभाव की भी कोई सत्ता है? कदापि नहीं।

अर्जुन—पर यदि कोई दुःख, रात्रि, जड़ता और पाप आदि को ही सत्ता माने, और अन्धकार को ही निश्चय जाने, तो?

श्रीकृष्ण—तो फिर जीव दुःख के भँवर में भी आनन्द की अभिलाषा क्यों करता है ? रात्रि के अन्धकार में दीपक क्यों जलाता है ? क्या यह वास्तविकता की ओर उसका झुकाव नहीं है ? वयस्य, जिन पदार्थों की शक्ति अप्रकाशित रहती है, उन्हें जड़ कहते है। किन्तु देखो जिन्हें हम जड़ कहते हैं, वे जब किसी विशेष मात्रा में मिलते हैं, तब उनमें एक शक्ति उत्पन्न होती हैं, स्पन्दन होता है जिसे जड़ता नही कह सकते। वास्तव में सर्वस्त्र शुद्ध चेतन है, जड़ता कहा? यह तो एक भ्रमात्मक कल्पना है। यदि तुम कहो कि इनका तो नाश होता है, और चेतन की सदैव स्फूर्ति रहती है, तो यह भी भ्रम है। सत्ता कभी लुप्त भले ही हो जाय, किन्तु उसका नाश नहीं होता। गृह का रूप न रहेगा तो ईटें रहेगी, जिनके मिलने पर गृह बने थे। वह रूप परिवर्तित हुआ, तो मिट्टी हुई, राख हुई, परमाणु हुये। उस चेतन के अस्तित्व की सत्ता कहीं नहीं जाती और न उसका चेतनमय स्वभाव उससे भिन्न होता है। वही एक 'अद्वैत' हैं। यह पूर्ण सत्य हैं कि जड़ के रूप में चेतन प्रकाशित होता है। अखिल विश्व एक सम्पूर्ण सत्य हैं। असत्य का भ्रम दूर करना होगा, मानवता की घोषणा करनी होगी, सबको अपनी समता में ले आना होगा।

अर्जुन—तो फिर यह बताओ कि यहाँ क्या करना होगा। तुम तो सखे, न जाने कैसी बातें करते हो, जो समझ ही में नहीं आती, और समझने पर भी उनको व्यवहार में लाना बहुत दुरूह है। झाड़ियों में छिप कर दस्युता करनेवाली और गुन्जान जङ्गलों में पशुओं के समान दौड़ कर छिप जाने वाली इस नाग जाति को हम किस रीति से अपनी प्रजा बनावें ? ये न तो सामने आकर लड़ते हैं और न अधीनता ही स्वीकृत करते हैं। अब तुम्ही बताओ, हम क्या करें ?

श्रीकृष्ण—पुरुषार्थ करो, जड़ता हटाओ। इस वन्य प्रान्त में मानवता का विकास करो जिसमें आनन्द फैले। सृष्टि को सफल बनाओ।

अर्जुन—फिर वही पहेली ! यह बताओ कि इस समय हम क्या करें ! क्या इन पेड़ों पर बैठकर इन्हें सिंहासन समझ लें। क्या गीदड़ों और लामड़ियों को अपनी प्रजा, तथा भयानक सिंहों को अपना शत्रु समझ कर उनसे सन्धि-विग्रह करें, और सदा इन नागों के छिपे आक्रमणों से क्षुब्ध रहें ?

श्रीकृष्ण—तब तो तुम्हारे जैसे सैकड़ों अर्जुन केवल इस खाण्डव का भी उद्धार न कर सकेंगे। अजी इसमें एक ओर से आग लगा दो ! अग्निदेव को वसा और मांस की आहुतियों से अजीर्ण हो गया है। उन्हें प्रकृत आहार की आवश्यकता है। श्वापदसङ्कुल जङ्गलों को सुन्दर जनपदों में परिवर्तित कर देना उन्हीं का काम है।

अर्जुन—अरे, यह क्या कह रहे हो ! अभी तो विश्व भर की एकता का प्रतिपादन कर रहे थे, और अभी यह अनाचार। इतने प्राणियों की हिंसा, और इन जंगलियों का निर्वासन सिखाने लगे ! क्या यही विवेक है ?

श्रीकृष्ण—(**हँसकर**) बलिहारी इस बुद्धि की ! अजी जो उन विपक्षी द्वन्द्वों के पोषक हैं, जो मिथ्या विश्वास के सहायक हैं, क्या उनको समझाकर, उनके साथ शिष्टाचार करके अपना प्रयत्न सफल कर सकते हो ? यदि उन्हें समता में ले आना है, तो जो जिस योग्य हों, उनसे वैसा ही सङ्घर्ष करना पड़ेगा। जिनमें थोड़ी कसर है, वे हमसे ईर्ष्या करके ही हमारे बराबर पहुँचेंगे। जो बहुत पिछड़े हुये हैं, उन्हें फटकारने से ही काम चलेगा। जो हमारे विकास के विरोधी हैं और अपने को जड़ ही मानते हैं, उन्हें रूप बदलना ही पड़ेगा। दूसरा परिवर्तन ही उन्हें हमारे पास ले आवेगा। हमारी दृष्टि साम्य की है। भ्रम ने जिन्हें हेय बना रक्खा है, जिन्हें पद-दलित कर रक्खा है, जो अपने को जड़ता का अवतार मानते हैं, जो धार्मिक होने के बदले दस्यु होने में ही अपना गौरव समझते हैं, उन्हें तो स्वयं हमारा रूप धारण करना होगा। यह प्रतिक्रिया स्वाभाविक है। इसमें कोई दोष नहीं। विश्व मात्र एक अखण्ड व्यापार है। उसमें किसी का व्यक्तिगत स्वार्थ नहीं है। परमात्मा के इस कार्यमय शरीर में किस अङ्ग का बढ़ा हुआ और निरर्थक अंश लेकर कौन-सी कमी पूरी करनी चाहिये, यह सब लोग नहीं जानते। इसी से निजत्व और परकीयत्व के दुःख का अनुभव होता। विश्व मात्र को एक रूप में देखने से यह सब सरल हो जाता है। तुम इसे धर्म और भगवान् का कार्य समझ कर करो, तुम 'मुक्त' हो। बस अर्जुन, इस विषम व्यापार को सम करो। दुर्वृत्त प्राणियों का हटाया जाना ही अच्छे विचारों की रक्षा है। आत्मसत्ता के प्रतारक सङ्कुचित भावों को भस्म करो ! लगा दो इसमें आग !

(अर्जुन खाण्डव-दाह करता है। बड़ा हल्ला मचता है। प्राणियों की बड़ी संख्या भस्म होती है। नाग लोग चिल्ला कर भागते हैं।)

श्रीकृष्ण—सखे, सावधान ! इसे बुझाने का प्रयत्न करने वाले भी अपने आप को न बचा सकेंगे।

(दोनों धनुष सँभालते और बाण चलाते हैं। पूर्व-परिवर्तित दृश्य अदृश्य हो जाता है)

मनसा—देखा यादवी ! कैसी विलक्षणता है ! यह बनावटी परोपकार, और ये विश्व के ठेकेदार ! ओह, इन्हीं की तुम प्रशंसा करती हो, जिनके अत्याचार से निरीह नागोंका निर्वासन हुआ, और दुर्गम हिमावृत चोटियों के मार्ग से कष्ट सहते हुए उन्हें इस गान्धार देश की सीमा में आना पड़ा ! देखो, अपने आर्यों की यह समता ! फिर यदि नागों ने आभीरों से मिल कर यादवियों का अपहरण किया, तो क्या बुरा किया ? यदि नागराज तक्षक ने शृङ्गी ऋषि से मिलकर परीक्षित का संहार किया, तो क्या अनिष्ट किया ? इस विश्व में बुराई भी अपना अस्तित्व चाहती है। मैंने नागजाति के कल्याण के लिए अपना यौवन एक वृद्ध तपस्वी ऋषि को अर्पित कर दिया है। केवल जातीय प्रेम से प्रेरित होकर मैंने अपने ऊपर यह अत्याचार किया है !

सरमा—और मैंने विश्व-मैत्री तथा साम्य को आदर्श बना कर नाग-परिणय का यह अपमान सहन किया है ! मायाविनी, यह कैसा कुहक दिखाया ! ओह ! अभी तक सिर घूम रहा है !

मनसा—बिलकुल इन्द्रजाल है यादवी ! यह विद्या हम नागों की पैतृक सम्पत्ति है।

सरमा—किन्तु यह जानकर भी तुमने उलटी ही बात सोची ! आश्चर्य है ! मनसा तुम्हारा कलुषित हृदय कैसे शुद्ध होगा ?

मनसा—आर्यों को इसका प्रतिफल देकर। उन्हें इस हृव्य की प्रतिहिंसा भोगनी पड़ेगी। अब पाण्डवों की वह गरमा-गरमी नहीं रही। यह नाग जाति फिर एक बार चेष्टा करेगी, परिणाम चाहे जो हो।

सरमा—अभागिनी नागिनी ! श्रीकृष्ण के इस महत् उद्देश्य का तू उलटा अर्थ लगाती है ! जो प्राकृतिक नियमों को सामने रखकर सब की शुभ कामना रखता था, उसे अपवाद लगाती है ! भला तेरा और तेरी जाति का उद्धार कैसे होगा ? अपना सुधार न कर तू दूसरों के दोष ही देखेगी। जो वास्तव में तेरी ही परिस्थिति बदल कर तेरी उन्नति करने की चेष्टा करता है, उसे सङ्कीर्णता से अपना शत्रु समझती है ! हाँ, मैं कैसे भ्रम में थी ! विषम को सम करना चाहती थी, जो मेरी सामर्थ्य के बाहर था। स्नेह से मैं सर्प को अपनाना चाहती थी; किन्तु उसने अपनी कुटिलता न छोड़ी। बस, अब यह जातोय अपमान मैं सहन नहीं कर सकती। मनसा, मैं जाती हूँ। वासुकि से कह देना कि यादवी सरमा अपने पुत्र को साथ ले गयी। मैं अपने स्वजातियों के चरण सिर पर धारण करूँगी, किन्तु इन हृदय-हीन उद्दण्ड बर्बरों का सिंहासन भी पैरों से ठुकरा दूँगी।

(**सवेग प्रस्थान**)

मनसा—जा न, मेरा क्या बिगड़ता है !

(**वासुकि का प्रवेश**)

वासुकि—बहन, यह तुमने क्या किया ! क्या सरमा को इस तरह उत्तेजित करके उसे चले जाने देना अच्छा हुआ ?

मनसा—तो जाओ, उसे मना लाओ !

वासुकि—हमें साहस नहीं होता। बहन, तुमने अपने रूखे व्यवहार से जरत्कारु को भी यहाँ न रहने दिया। हम लोग आर्यों से मेल करने की जो चेष्टा कर रहे हैं, उस पर इसका कैसा प्रभाव पड़ेगा ?

मनसा—कैसा प्रभाव पड़ेगा, यह तुम जानो। मुझे क्या ? जरत्कारु गये, तो क्या हुआ, मेरा नाम भी तो तुम लोगों ने जरत्कारु ही रख दिया है। क्या अब कोई दूसरा नाम बदलोगे ?

वासुकि—बहन, व्यंग्य न बोलो। तुम्हारी इच्छा से ही ब्याह हुआ था, किसी ने कुछ दबाव डालकर नहीं यिया था। नागों के उपकार के लिए तुमने स्वयं ही—

मनसा—बस बस ! कायरों की संख्या न बढ़ाओ। नागों के विश्व-विश्रुत कुल में तुम्हारे सदृश निर्जीव व्यक्ति भी उत्पन्न होंगे, ऐसी सम्भावना न थी ! रमणियों के आँचल में मुँह छिपा कर आर्यों के समान वीर्यशाली जाति पर बाण बरसाना चाहते हो ! अब मुझसे यह सहन न होगा ! मैं यह पाखंड नहीं देख सकती ! खाण्डव की ज्वाला के समान जल उठो ! चाहे उसमें आर्य भस्म हों, और चाहे तुम। इस नीच अभिनय की आवश्यकता नहीं।

[**सवेग प्रस्थान**]

द्वितीय दृश्य

गुरुकुल के उपवन में उत्तङ्क

उत्तङ्क—(**स्वगत**) गुरुदेव को गये महीनों हो गये, अब इस गुरुकुल में मन नहीं लगता। क्या करूँ मेरा अध्ययन तो कभी का समाप्त हो गया; किन्तु गुरुदेव की आज्ञा है कि 'जब तक हम न आवें तुम घर न जाना।' इसलिए मुझे ठहरना ही पड़ेगा। अहा, सायङ्काल समीप है। अग्नि-शाला की परिचर्या का भार मुझी पर है। अभी दीपक नहीं जला। और भी कई काम हैं। अच्छा तो चलूँ, नहीं तो गुरु-पत्नी आने पर बातें सुनावेंगी, (**घूमकर**) अच्छा, फूल तो चुनता चलूँ। (**फूल चुनता हुआ**) अहा, मुझे भी यह सरल छात्रजीवन छोड़कर जटिल संसार के कुटिल कर्मपथ पर अग्रसर होना पड़ेगा। यह गुरुकुल इस जीवन-यात्रा का पहला पत्थर है। यही चतुष्पथ है। किस मार्ग पर चलूँ, यह लौट कर सोचूँगा। तो चलूँ।

(**दामिनी का प्रवेश**)

दामिनी—कहाँ चले उत्तङ्क ?

उत्तङ्क—आर्या को प्रणाम करता हूँ। मैं फूल चुनने आया था, कुछ विलम्ब हो गया। अभी अग्नि-शाला का कार्य करना हैं, और सायङ्काल भी हो रहा है, इसी से शीघ्रता कर रहा हूँ।

दामिनी—व्यर्थ इतनी त्वरा क्यों ? और भी तो छात्र हैं ! कोई कर लेगा। ठहरो।

उत्तङ्क—किन्तु गुरुदेव की आज्ञा है, मुझी पर यह सारा भार है। नहीं तो वे अप्रसन्न होंगे।

दामिनी—मैं उन्हें समझा लूँगी, तुम्हें इसकी चिन्ता क्या है! और, फिर, जो दूसरों की परवा नहीं करते, उनके लिए दूसरे क्यों अपना सिर मारें।

उत्तङ्क—यह बात तो मेरी समझ में नहीं आयी।

दामिनी—तुम्हें तो वैसी शिक्षा ही नहीं मिली है। तुम क्यों इसे समझने लगे!

उत्तङ्क—जैसा आप समझें। गुरुजी तो कह रहे थे कि अबकी आने पर तुम्हें छुट्टी दे देंगे, तुम्हारा अध्ययन समाप्त हो चुका। किन्तु—

दामिनी—तुम तो कुछ समझते ही नहीं!

उत्तङ्क—किन्तु मैं दार्शनिक प्रतिज्ञाएँ अपने सहपाठिमों से भी विशेष शीघ्र समझता था, और गुरुजी की भी यही धारणा है।

दामिनी—अच्छा बताओ, तुम फूल क्यों चुनते हो?

उत्तङ्क—मुझे भले लगते हैं।

दामिनी—तब तो तुम मानते हो कि जिसे जो भला लगे, उसे वह स्वायत्त करे, क्यों?

उत्तङ्क—ठहरिये! इस प्रतिज्ञा में कोई आपत्ति तो नहीं है? (सोचता है) नहीं-नहीं, यह ठीक नहीं। इससे तो डाकू भी कह सकता है कि मुझे अमुक वस्तु प्रिय है, इसलिए मैं उसे लेता हूँ। मेरा यह कथन है कि फूल प्रकृति की उदारता का दान है। पवन उससे सौरभ लेता है, उसे कोई रोक नहीं सकता। स्वयं जो उपवन का स्वामी है, वह भी इसमें असमर्थ है। वह सौरभ कहाँ-कहाँ ले जाकर किसे-किसे देता है, इसका कोई ठिकाना नहीं। अतएव यह सिद्ध हुआ कि फूल प्रकृति की दी हुई साधारण सम्पत्ति है, इसीलिये मैं लेता हूँ। ये मुझे रुचते भी हैं, और मेरे हैं भी।

दामिनी—गुरुजी ने तुम्हें जितना तर्क पढ़ाया है उतनी यदि संसार की शिक्षा देते, तो तुम्हारा बहुत उपकार करते। अच्छा बताओ तो सही, यही फूल इन्हीं दिनों में क्यों फूलता है?

उत्तङ्क—इसके विकसित होने की एक ऋतु होती है।

दमिनी—क्यों उत्तङ्क, ऋतु में ही सब विकसित होते हैं, क्या यह भी नियम है?

उत्तङ्क—और नहीं तो क्या!

दामिनी—और जो फूल ऋतु में विकसित हों, उसे अपनी तृप्ति के लिए तोड़ लेना चाहिये, नहीं तो वह कुम्हाला जायगा, व्यर्थ झड़ जायगा। इसलिये उसका उपयोग कर लेना चाहिये। क्यों, यही बात है न?

उत्तङ्क—और नहीं तो क्या! फूल सूँघने से हृदय पवित्र होता है, मेधा-शक्ति बढ़ती है, और मस्तिष्क प्रफुल्लित होता है।

दामिनी—तुम्हारा सिर होता है।

उत्तङ्क—हैं-हैं, आप रुष्ट क्यों होती हैं?

दामिनी—नहीं उत्तङ्क, भला मैं तुमसे रुष्ट हो सकती हूँ ? वाह, यह भी अच्छी कही। अच्छा लो, तुम इन्हीं फूलों की एक माला बनाओ, और तब मैं कुछ गाऊँ।

उत्तङ्क—जो आज्ञा।

(माला बनाने लगता है)

दामिनी—**(गाती है)**—

अनिल भी रहा लगाये घात
मैं बैठी द्रुम-दल समेट कर, रही छिपाये गात
खोल कर्णिका के कपाट वह निधड़क आया प्रात
बरजोरी रस छीन ले गया, करके मीठी बात

(उत्तङ्क को देखती हुई) तुम्हारी माला !—

उत्तङ्क—वाह ! आप गा चुकीं ? इधर मेरी माला भी बन गयी, देखिये !

दामिनी—**(माला देखती हुई)** हाँ जी, तुम तो इस विद्या में सिद्धहस्त हो, किन्तु इसे मुझे पहना दो। नहीं-नहीं, मेरे जूड़े में लगा दो। मुझसे नहीं लगेगा।

उत्तङ्क—यह तो मुझे भी नहीं आता।

[दामिनी उसका हाथ पकड़कर बताती है : उत्तङ्क जूड़े में माला लगाता है]

उत्तङ्क—अब ठीक लगी, अब यह नहीं गिरने की। ऐं ! आपका शरीर न जाने क्यों काँप रहा है।

दामिनी— मूर्ख !

उत्तङ्क—क्षमा कीजिए, जाता हूँ। **(प्रस्थान)**

दामिनी—जिसे आत्म-संयम की इतनी शिक्षा मिलनी थी, उसे हाड़-मांस के मनुष्य का शरीर क्यों मिला ? क्यों न उसे छाया-शरीर मिला !

(बैठ जाती है)

[उत्तङ्क का प्रवेश]

उत्तङ्क—गुरुदेव आ गये।

दामिनी—**(प्रकृतिस्थ होकर)** उत्तङ्क मेरी इन बातों को भूल जाना ! मुझे क्षमा करना !

उत्तङ्क—देवि, मैं नहीं समझ सका, आप क्या कहती हैं ? चलिये **(देखकर)** लीजिये, वे तो इधर ही आ रहे हैं।

(वेद का प्रवेश)

दामिनी—आर्यपुत्र, अपने बड़ा विलम्ब किया। मुझे इस तरह अकेली छोड़ना आपकी बड़ी भूल है।

वेद—किन्तु देवि ! मैं धैर्य को तुम्हारे पास छोड़ गया था। क्या उसने भी साथ नहीं दिया ?

दामिनी—उत्तङ्क भी घर जाने के लिए उत्सुक है। वह अब वहाँ से शीघ्र जाना चाहता है। इसकी भी मुझे बड़ी चिन्ता रहती थी।

वेद—लो, मैं ठीक समय पर आ पहुँचा। अब न तुम्हें मेरी भूल दिखायी पड़ेगी, और न उत्तङ्क को घर जाने के लिए घबराहट ही होगी! वत्स उत्तङ्क! तुम पर मैं अन्तःकरण से प्रसन्न हूँ। तुम्हारे शील ने विद्या को भी अलंकृत कर दिया है। अब तुम घर जा सकते हो। यद्यपि अभी मुझे इन्द्रप्रस्थ जाना पड़ेगा, पर मैं उसका कोई-न-कोई प्रबन्ध कर लूँगा। जन्मेजय का अभिषेक होने वाला है। वह तक्षशिला विजय करके आया है। किन्तु काश्यप इसके विरुद्ध है। जब बुलावा आवेगा, तब जाने का प्रबन्ध करूँगा।

उत्तङ्क—क्यों गुरुदेव! काश्यप तो जन्मेजय का पुरोहित है। फिर वह इसके विरुद्ध क्यों है?

वेद—राजकुल पर विशेष आतंक जमाने के लिए प्रायः वह विरोधी बन जाया करता है, और फिर पूरी दक्षिणा पा जाने पर प्रसन्न होता है। पर राजकुल भी उससे आन्तरिक द्वेष रखता है।

उत्तङ्क—अच्छा तो देव, गुरुदक्षिणा के सम्बन्ध में क्या आज्ञा होती है?

वेद—सौम्य, मैं तुमसे इसी तरह प्रसन्न हूँ दक्षिणा की कोई आवश्यकता नहीं।

उत्तङ्क—बिना दक्षिणा दिये विद्या सफल नहीं होती। कुछ तो आज्ञा कीजिये।

वेद—अच्छा, तो तुम अपनी इस सतृष्ण गुरु-पत्नी से पूछ देखो।

उत्तङ्क—आर्ये, क्या आज्ञा है?

दामिनी—यदि मुझसे पूछते हो तो रानी के मणि-कुण्डल ले आओ! उन्हें पहनने की बड़ी अभिलाषा है।

(वद उसकी ओर सक्रोध देखते हैं)

उत्तङ्क—गुरुदेव, यही होगा! कल मैं जाऊँगा।

(प्रस्थान)

वेद—दामिनी! मैंने तेरी दुर्बलता और उत्तङ्क का चरित्र-बल अपनी आखों से देखा है। तुझे लज्जा नहीं आती कि मैंने उस त्रुटि की पूर्ति के लिये तुझे जो अवसर दिया, वह तूने खो दिया!

(दामिनी सिर झुका लेती है)

[दोनों का प्रस्थान]

तृतीय दृश्य

स्थान—इन्द्रप्रस्थ में जन्मेजय की राज्यसभा : जन्मेजय, तुर कावषेय और सभासदगण

जन्मेजय—भगवान् ! फिर भी कोई सीमा होनी चाहिये। राजपद का इतना अपमान !

तुर—राजन् ! वसुन्धरा के समान चक्रवर्ती का हृदय भी उदार और सहन-शील होना चाहिए। उसे व्यक्तिगत मानापमान पर ध्यान न देना चाहिये। और ब्राह्मणों को तो सदा सन्तुष्ट रखना चाहिये, क्योंकि यही सन्तुष्ट रहने पर राष्ट्र का हितचिन्तन करते है। इसीलिये इनका इतना सम्मान हैं।

जन्मेजय—किन्तु आर्य, मैंने कोई ऐसी बात नहीं की, जिससे पुरोधा अप्रसन्न हों। और उन्हें तो राष्ट्र के उत्कर्ष से प्रसन्न होना चाहिये था, न कि उलटे वे मुझे मना करते कि तुम अभी तक्षशिला पर चढ़ाई न करो।

तुर—उन्होंने इसी में तुम्हारा कुछ हित विचारा होगा। सम्भव है, उनकी समझ की भूल हो या तुम्हीं इसको न समझ सके हो।

जन्मेजय—आर्य, अभी मैं उस प्रदेश को विजय किये चला आ रहा हूँ। आपको नहीं मालूम, वे वन्य जातियाँ किस तरह सभ्य और सुखी प्रजा को तङ्ग किया करती थीं। कन्याओं का अपहरण किया जाता था, धनी लूटे जाते थे, व्यवसाय का मार्ग बन्द हो गया था। सीमाप्रान्त की दस्यु जातियों की उच्छृङ्खलता बढ़ती जा रही थी। भला यदि मैं उनको दण्ड न देता, तो और क्या उपाय था ?

तुर—यदि ऐसा ही था, तो तुम्हारी युद्धयात्रा आवश्यक थी ! यही राजधर्म था। अस्तु, तुम्हारा यह ऐन्द्रमहाभिषेक तो हमने करा दिया, और वह सम्पन्न भी भी हुआ; किन्तु तुम्हें अपने पुरोहित काश्यप से क्षमा माँगनी चाहिये, और इसकी सारी दक्षिणा उन्हीं को दी जानी चाहिये। मैं इसी से प्रसन्न हूंगा।

जन्मेजय—भगवान् की जैसी आज्ञा। कोई जाकर आचार्य को बुला लावे, और दक्षिणा भी प्रस्तुत हो।

(प्रतिहारी जाता है)

तुर—राजन् ! मार्मिकता से प्रजा की पुकार सुनना। युद्धयात्राएं अब तुम्हें विजय देंगी। इस अभिषेक का यही फल है। किंतु राजन्, विजयों का व्यवसाय न चलाना, नहीं तो उसमें घाटा भी उठाना पड़ता है। सृष्टि की उन्नति के लिए ही राष्ट्र हैं। बल का प्रयोग वहीं करना चाहिये जहाँ उन्नति में बाधा हो। केवल मद से उस बल का दुरुपयोग न होना चाहिये। तुम्हारी राजपरिषद् ने भारत के साम्राज्य का, तुम्हारी किशोरावस्था में, बड़े नियमित रूप से सुशासन किया है। यौवन और प्रभुत्व के दर्प में आकर काम न बिगाड़ बैठना।

प्रतिहारी—(प्रवेश करके) महाराज की जय हो। आचार्य आ रहे हैं।

(काश्यप पुरोहित का बकते-झकते प्रवेश)

काश्यप—यह क्या! इसका लकड़दादा कवष एक दासी का पुत्र था, इसीलिए ऋषियों ने भोजन के समय उसे अपनी पंक्ति से निकाल दिया था। उसी का वंशधर तुर-फुर! भला यह क्या जाने कि अभिषेक किसे कहते हैं! दासी-पुत्र के वंशधर के किये अभिषेक से तुम सम्राट् हो! ऐं! देखोगे इसका परिणाम, भोगोगे इसका फल। मैं कौरवों का प्राचीन पुरोहित; वंशपरम्परा से मेरा अधिकार, राजकुल का देव, उसी का इतना अपमान!

तुर—ऋषिवर्य, क्षमा हो। राष्ट्र के कामों को रोक देना भी तो उचित नहीं था। भला सोचिये कि वहाँ तो ब्राह्मण-कन्यायें दस्युओं से अपहृत हो रही हों; और यह आप इन्हें तक्षशिला-विजय से रोकें! क्या वे आपके ही स्वजन नहीं? क्या वे इस राज्य में नहीं रहते? क्या उनकी रक्षा का भार इन्द्रप्रस्थ के सम्राट् पर नहीं है?

काश्यप—मैं कौरवों का कर्मकाण्ड कराते-कराते बुड्ढा हो गया, किन्तु तुम्हारे समान लफङ्गा इस राज-सभा में आज तक न देखा। क्या राजतन्त्र जो चाहे, वही करता जाय, और अध्यात्म के गुरु ब्राह्मण उसी की हाँ-में-हाँ मिलाते जायँ! यदि ऐसा ही था, तो ब्राह्मणों को दण्ड देने का अधिकार भी राजा को क्यों न मिला? नियन्त्रित राष्ट्र के नियमन का अधिकार ब्राह्मणों को है। इन बातों को तुम क्या जानो! वह तो जिसकी पैतृक सम्पत्ति हो, वही जानेगा। तुम क्या जानो!

तुर—द्विजवर्य! जब राजा अपनी प्रजा का, अपने राष्ट्र का वैभव बढ़ा रहा हो, तब उसका आदर करना भी उसकी प्रजा धर्म है।

काश्यप—और अपने अग्नि-सेवक, पुरोहित, पाप के पष्ठमांश के भोक्ता, गुरुसमान ब्राह्मण की अवज्ञा का प्रायश्चित्त कौन करेगा? तुम? राष्ट्र का भला हुआ, यह एक स्वतन्त्र धर्म है; और ब्राह्मण की अवज्ञा एक भिन्न पाप है। दोनों का परिणाम भिन्न है। हम लोग कर्मवादी हैं। फल दोनों का ही मिलेगा! अरे तुम क्या पढ़ आये हो। यहाँ इसी में यह दाढ़ी सफेद हुई है—यह दाढ़ी। (दाढ़ी पर हाथ फेरता है)

जनमेजय—भगवन्, यह पौरव जनमेजय प्रणाम करता है। चाहे मुझसे और जो भूल हुई हो, किन्तु दक्षिणा मैंने किसी को नहीं दी। वह आप ही के लिये रखी है।

(अनुचरगण दक्षिणा की थाली लाते हैं)

काश्यप—(थाली लेकर) आशीर्वाद! कल्याण हो! क्यों न हो! हैं तो आप पौरवकुल के! फिर क्यों न ऐसी महत्ता रहे!

तुर—(हँसकर) तो क्यों महात्मन्, मुझे कुछ भी न मिलेगा। मैंने आपके यजमान के सब कृत्य कराये, और दक्षिणा—

काश्यप—तुम लोगे ? अच्छे आये ! अरे अभी जो अशुद्ध कृत्य तुमने कराया होगा, उसका प्रायश्चित कराना पड़ेगा उसमें जो व्यय होगा वह कौन देगा ? बोलो, ऐं ।

तुर—तो फिर मैं यों ही चला जाऊँ ?

काश्यप—तो क्या यहीं बैठे रहोगे ? अरे अभी सम्राट् युवक हैं, तुम लोगों की बातों में आ जाते हैं । किन्तु फिर भी····

तुर—तो फिर मैं जाता हूँ । आप दोनों, यजमान और पुरोहित, मिलबरतें ।

काश्यप—राजाधिराज, तुर कावषेय जाना चाहते हैं, इन्हें प्रणाम करो ।

[सब प्रणाम करते हैं । तुर हँसते हुए जाते हैं । काश्यप बैठता है । वपुष्टमा का प्रवेश]

वपुष्टमा—आर्य काश्यप को मैं प्रणाम करती हूँ ।

(सिंहासन पर बैठती है)

जन्मेजय—देवि, तुम्हारे आ जाने से यह राजसभा द्विगुणित शोभायुक्त हुई । आर्य तुर ने दक्षिणा नहीं ली, वे यों ही चले गये ।

वपुष्टमा—क्यों आर्यपुत्र, आपने ऐसा क्यों होने दिया ?

मन्त्री—सम्राज्ञी, वे तपस्वी हैं, महात्मा हैं, त्यागी हैं । उन्होंने कहा—हम राष्ट्र की शीतल छाया में रहते हैं, इसलिए हमारा कर्त्तव्य था कि प्रजाहितैषी विजयी राजा का ऐन्द्रमहाभिषेक करें । और दक्षिणा के अधिकारी तो आपके पुरोहित काश्यप हैं हीं

काश्यप—यह बात तो उसने पद्धति के अनुसार ही की है ।

वपुष्टमा—[हँसकर) किन्तु आर्य काश्यप, आपको तो उन्हें सन्तुष्ट करना चाहिये था आप ही कुछ दे देते ।

काश्याप—सम्राज्ञो, अभी आपसे तो कुछ दक्षिणा मिली ही नहीं । वह मिलने पर फिर तुर कावषेय को देने का विचार करूँगा !

अपुष्टमा—तब भी विचार !

काश्यप—और क्या ! हम लोग बिना विचार किये कोई काम करते हैं ? यदि पद्धति वैसी आज्ञा न दे, यदि वह विहित न हो ! तो फिर पाप-भागी कौन होगा ? दूना प्रायश्चित्त कौन करेगा ?

मन्त्री—(हँसते हुए) यथार्थ है ।

काश्यप—हाँ, सूत्रों की यथावत् पद्धति के अनुसार ! बस !

वपुष्टमा—आर्य पुत्र, अन्तः पुर की सहेलियाँ बड़ा आग्रह करती हैं । वे कहती हैं, आज तो बड़े आनन्द का दिवस है, हम लोग राजाधिराज को अपना कौशल दिखा कर पुस्कार लेंगी ।

जनमेजय—किन्तु देवि, यह परिषद्गृह है।

काश्यप—नहीं सम्राट् यह भी उसी का अङ्ग है। अभिषेक के बाद नाच-रङ्ग पद्धति के अनुसार है विधि-विहित है।

जनमेजय--देवि, अब रङ्ग-मन्दिर में चलकर नृत्य देखूँगा। यहाँ बैठे बिलम्ब भी हुआ।

दौवारिक--(**प्रवेश करके**) जय हो देव! एक स्नातक ब्रह्मचारी राज-दर्शन की इच्छा से आये हैं।

जनमेजय--लिवा लाओ।

(**दौवारिक जाता है; और उत्तङ्क को लेकर आता है**)

उत्तङ्क—राजाधिराज की जय हो!

जनमेजय—ब्रह्मचारिन्, नमस्कार करता हूँ। कहिये आप किस कार्य के लिये पधारे हैं?

उत्तङ्क—राजाधिराज, मैं आर्य वेद का अन्तेवासी हूँ। मेरी शिक्षा समाप्त हो गयी है, किन्तु अभी तक गुरुदक्षिणा नहीं दे सका हूँ। इसलिये आपके पास प्रार्थी होकर आया हूँ।

काश्यप—अरे कुछ कहो भी, किस लिये आये हो? जैसा गुरु है, वैसे ही तुम भी हो। न बोलने की पद्धति, न विधिविहित शिष्टाचार। क्या वेद ने तुम्हें यही पढ़ाया है?

उत्तङ्क--आप वृद्ध हैं, पूजनीय हैं, क्या मेरे उपाध्याय को कटु वाक्य कहकर मेरी गुरुभक्ति की परीक्षा लेना चाहते हैं? या मुझे अपना शिष्टाचार सिखाना चाहते हैं?

जनमेजय--ब्रह्मचारीजी, क्षमा कीजिये! आप आर्य वेद के गुरुकुल से आये हैं? अहा! मैंने भी वहीं शिक्षा पायी है। आर्य सकुशल तो हैं?

उत्तङ्क—सम्राट्, सब कुशल है।

जनमेजय--गुरुकुल अच्छी तरह चल रहा है? कोई कमी तो नहीं है? अब तो गुरुवर बहुत वृद्ध हो गये होंगे! महा-वटवृक्ष वैसा ही हरा-भरा है?

काश्यप--अभी तो कुछ ही वर्ष हुये, अग्निहोत्र के लिए उन्होंने फिर पाणिग्रहण किया है।

जनमेजय—(**ब्रह्मचारी से**) क्या आर्य काश्यप सच कहते हैं?

उत्तङ्क—सच है राजाधिराज! उन्हीं अपनी गुरुपत्नी के लिए मुझे महादेवी के कानों के मणिकुण्डल चाहिए। मुझ से यही गुरुदक्षिणा माँगी गयी है।

जनमेजय—(**कुछ देर चुप रह कर**) मेरा तो कुण्डलों पर कोई अधिकार नहीं है, क्योंकि मैं यह विजयोपहार महादेवी को अर्पण कर चुका हूँ।

काश्यप—तपोवन के गुरुकुल में ये मणिकुण्डल पहन कर तुम्हारी गुरुपत्नी क्या करेंगी ?

उत्तङ्क—और यह भी कोई शिष्टाचार है कि पुरोहित राजधर्म में बाधा डालें—दानशील राजा के मन में शङ्का उत्पन्न करें ? महादेवी, मैं आपसे प्रार्थना करता हूँ कि मणिकुण्डल दान कर मुझे गुरु ऋण से मुक्त कीजिये।

वपुष्टमा—(कुण्डल उतार कर देती है) लीजिये ब्रह्मचारीजी। किन्तु इन्हें बड़ी सावधानी से ले जाइयेगा।

उत्तङ्क—अचल सौभाग्य हो ! राज्यश्री अविचल रहे !

जनमेजय—ये तक्षक के अमूल्य मणिकुण्डल हैं। वह इनकी ताक में है। इन्हें सुरक्षित रखियेगा।

उत्तङ्क—जो आज्ञा। (जाता है)

काश्यप—अरे ऐसे अमूल्य रत्न भी इस तरह अज्ञात ब्रह्मचारी को दान करने चाहिये ? राजकोष में फिर क्या रह जायगा !

जनमेजय—किन्तु वह ब्रह्मचारी बड़ा सरल दिखाई देता है।

काश्यप—ऐसे बहुतेरे ठग आते हैं।

वपुष्टमा—आर्य, ऐसा न कहिये।

(सरमा का प्रवेश)

सरमा—दुहाई है ! दुहाई है ! न्याय कीजिए, सम्राट, दुहाई है !

जनमेजय—क्या है ? किस बात का न्याय चाहती हो ?

सरमा—मेरे पुत्र को आपके भाइयों ने अकारण पीटा है। वह कुतूहल से यज्ञशाला में चला गया था। वे लोग कहते थे कि उसने घी का पात्र जूठा कर दिया।

काश्यप—अवश्य ही वह चोरी से घी खाने घुसा होगा।

वपुष्टमा—आर्यपुत्र ! न्याय कीजिये ! नारी का अश्रुजल अपनी एक-एक बूँद में बहिया लिये रहता है।

जनमेजय—तुम्हारा नाम क्या है। तुम क्यों यहाँ आयी हो ?

सरमा—मैं यादवी हूँ। मैंने अपनी इच्छा से नाग-परिणय किया था, पर उनकी कुटिलता न सह सकी। कारण यह कि वे दिनरात आर्यों से अपना प्रतिशोध लेने की चिन्ता में रहते थे। यह मुझसे सहन न हो सका, इसलिये मैं उनका राज्य छोड़ कर चली आयी।

वपुष्टमा—छिः ! आर्य-ललना होकर नाग जाति के पुरुष से विवाह किया ! तभी तो यह लाञ्छना भोगनी पड़ती है।

सरमा—सम्राज्ञी ! मैं तो एक मनुष्य-जाति देखती हूँ—न दस्यु और न आर्य ! न्याय की सर्वत्र पूजा चाहती हूँ—चाहे वह राज मन्दिर में हो, या दरिद्र-कुटीर में। सम्राट, न्याय कीजिये।

जन्मेजय—दस्यु महिला के लिए कोई आर्य न्यायाधिकरण में नहीं बुलाया जायगा तुमने व्यर्थ इतना प्रयास किया।

सरमा—सम्राट, मनुष्यता की मर्यादा भी क्या सब के लिए भिन्न भिन्न है ? क्या आर्यों के लिए अपराध भी धर्म हो जायगा ?

जन्मेजय—चुप रहो ! पतिता स्त्रियों को श्रेष्ठ और पवित्र आर्यों पर अपराध लगाने का कोई अधिकार नहीं है।

सरमा—किन्तु पतिता पर अपराध करने का आर्यों को अधिकार है ? राजाधिराज, अधिकार का मद न पान कीजिये। न्याय कीजिये।

जन्मेजय—असभ्यों में मनुष्यता कहाँ ! उनके साथ तो वैसा ही व्यवहार होना चाहिये। जाओ सरमा ! तुमको लज्जित होना चाहिये।

सरमा—इतनी घृणा ! ऐश्वर्य का इतना घमण्ड ! मनुत्व और अधिकार का इतना अपव्यय ! मनुष्यता इसे नहीं सहन करेगी। सम्राट् सावधान !

काश्यप—जा, जा, चली जा। बक-बक करती है।

सरमा—काश्यप मैं जाती हूँ। किन्तु स्मरण रखना, दुखिता, अनाथा रमणी का अपमान, पीड़िता की मर्मव्यथा, कृत्या होकर राजकुल पर अपनी कराल छाया डालेगी। उस समय तुम्हारे-जैसे लोलुप पुरोहित उससे राजकुल की रक्षा न कर सकेंगे।

(वेग से प्रस्थान)

चतुर्थ दृश्य

पथ में सरमा और माणवक

माणवक—इतना अपमान ! माँ, यह असह्य है !

सरमा—हाँ बेटा ! धिक्कारो, इस अभागिनी को मर्मभेदी शब्दों से और भी आहत करो ! तुम्हारे अपमान का कारण मैं ही हूँ।

माणवक—माँ ! इन दम्भियों में कौन-सी विशेष मनुष्यता है जो तुम अपना राज्य छोड़कर इनसे तिरस्कृत होने के लिए चली आयी हो ? अपना अपना ही है। दारिद्र्य की विकट ताड़ना से एक टुकड़े के लिये दूसरों की ठोकर सहना ! ओह—

सरमा—बस करो बेटा !

माणवक—नहीं, माँ बड़ी भूख लग रही है। पेट की ज्वाला ही बड़वाग्नि है, जो कभी नहीं बुझती। उसे सब लोग नहीं अनुभव कर सकते। जो उत्तम पदार्थों की थाली पैर से ठुकरा देते हैं, जिन्हें अरुचि की डकार सदा आती रहती है, वे इसे क्या जानेंगे। माँ, इसी के लिए ऐमें कर्म हो जाते हैं जिन्हें लोग अपराध कहते हैं।

सरमा—बेटा, तुम इस अभागिनी की और भी भर्त्सना करोगे? क्षमा करो लाल, मैं इन्हें अपना सम्बन्धी समझ कर इनका आश्रय लेने चली आयी थी। तुम मेरी अग्नि-परीक्षा न करो। जिनकी रसना की तृप्ति के लिए अनेक प्रकार के भोजनों की भरमार होती है, वे पेट की ज्वाला नहीं समझते। मैंने न्याय की प्रार्थना की, तो उन्होंने एक अपमान और जोड़ दिया। मैंने नाग-परिणय किया था। यह भी मुझ पर एक अपराध लगा! हे भगवान्! मेरे अभिमान का यह फल!

माणवक—फिर तुमने मुझे प्रतिशोध लेनें से क्यों रोक दिया?

सरमा—हत्या! तू सरमा का पुत्र होकर गुप्त रूप से हत्या करना चाहता था, पर यह कलङ्क मैं नहीं सह सकती थी। तू उनसे लड़कर वहीं मर जाता या उन्हें मार डालता, यह मुझे स्वीकार था। परन्तु—उसके लिए तू अभी बिलकुल बच्चा है।

माणवक—दुर्बलों के पास और उपाय ही क्या है? क्या तब मुझे शान्ति मिलेगी, जब तुम हस्तिनापुर के राजमन्दिर के वातायनों की ओर दीनता से ताकती रहोगी?

सरमा—नहीं बेटा। मैं इस अपमान का बदला लूंगा, किन्तु सहायता के लिये लौटकर नागकुल में न जाऊँगी।

माणवक—तब फिर प्रतिशोध कैसे सम्भव है? माँ मेरे हृदय में दारुण प्रतिहिंसा की ज्वाला धधक रही हैं। घमण्डियों के वे वक्र विलोचन बरछों की तरह लग रहे हैं। माँ, मुझे अत्याचार का प्रतिशोध लेने दो। मैं पिता के पास जाऊँगा। मैं मनसा के हाथों का विषाक्त अस्त्र बनूँ, उसकी भीषण कामना का पुरोहित बनूं। क्रूरता का तांडव किये बिना मैं न जी सकूँगा। मैं आत्मघात कर लूँगा।

(**रोने लगता है**)

सरमा—मैं जानती हूँ, मैं अनुभव कर रही हूँ। उस अपमान के विष का घूँट मेरे गले में अभी तक तीव्र वेदना उत्पन्न करता हुआ धीरे-धीरे उलट रहा है। पर माणवक मेरे प्यारे बच्चे! पहले तो तूने मातृ-स्नेह के वश होकर अपने पिता के वैभव का तिरस्कार किया। पर अब क्या मनसा से सहायता माँग कर मुझे उसके सामने फिर लज्जित करना चाहता है? यादवी प्राण के लिये नहीं डरती। (**छुरी फेंककर**) ले, पहले मेरा अन्त कर ले, फिर तू जहाँ चाहे, चला जा। (**रोकर**) हाय! वत्स तुझे नहीं मालूम कि तेरे ही अभिमान पर मैंने राज-वैभव ठुकरा दिया था। बेटा!

माणवक—माँ, मत रोओ, क्षमा करो मेरी भूल थी। मैं पुत्र हूँ। अपने अपमान के प्रतिशोध के लिए तुम्हारा हृदय दुःखी नहीं करना चाहता (**पैरों पर गिरता है**) माँ, मैं जाता हूँ। भाग्य में होगा, तो फिर तुम्हारे दर्शन करूँगा।

सरमा—ठहर जा, माणवक ठहर जा। मेरी बात सुन ले। रूठ मत, मैं सब करूँगी। जो तू कहेगा, वही करूँगी। सुन ले! नहीं आया! चला गया! हाय रे जननी का हृदय! मैं सब ओर से गयी। अन्धकारपूर्ण शून्य हृदय! इसमें सैकड़ों बिजलियों से भी प्रकाश न होगा। माणवक—माणवक!

(**उसके पीछे जाती है**)

पञ्चम दृश्य

कानन में तक्षक

तक्षक—मैं अपने शत्रुओं को सुखासन पर बैठे, साम्राज्य का खेल खेलते, देख रहा हूँ। और स्वयं दस्युओं के समान अपनी ही धरणी पर पैर रखते हुए भी काँप रहा हूँ। प्रलय की ज्वाला इस छाती में धधक उठती है प्रतिहिंसे! तू बलि चाहती है, तो, ले, मैं दूँगा! छल, प्रवञ्चना, कपट, अत्याचार सब तेरे सहायक होंगे। हाहाकार, क्रन्दन और पीड़ा तेरी सहेलियाँ बनेंगी। रक्तरञ्जित हाथों से तेरा अभिषेक होगा। शून्य गगन, शव-गन्ध-पूरित धूम से भरकर तेरी धूपदानी बनेगा। ठहरो देवी, ठहरो (**खड्ग निकालता है।**)

(**वासुकि का प्रवेश**)

वासुकि—क्यों नागनाथ! क्या हो रहा है? किस पर क्रोध?

तक्षक—प्रिय वासुकि, तुम आ गये? कहो, वह काश्यप ब्राह्मण आवेगा कि नहीं?

वासुकि—प्रभो! वह तो गहरी दक्षिणा पाकर फिर राजकुल से सन्तुष्ट हो गया है। किन्तु उसे एक बात का बड़ा खेद है। वह रानी के मणिकुण्डल दूसरे ब्राह्मण को मिलना सहन नहीं कर सकता। इसी से आशा है कि वह फिर आपसे मिलेगा। सरमा भी अपनी करनी का फल पा रही है। वह अत्यन्त अपमानित की गयी है। सम्भव है, वह फिर नाग-कुल में लौट आवे।

तक्षक—मणिकुण्डल! कौन, वे ही, जो कभी हम नागों की अमूल्य सम्पत्ति, थे। हाय! वासुकि, वे फिर कहाँ मिलेंगे। किन्तु वे मिल जावें तो काश्यप को देकर उसे अपनी ओर मिला लेता। राजकुल का पूरा समाचार काश्यप से ही मिल सकता है।

काश्यप—(**प्रवेश करके**) नागनाथ की जय हो!

तक्षक—प्रणाम करता हूँ ब्राह्मण देवता। कुशल तो है ?

काश्यप—आर्य, क्षत्रियों को घमण्ड हो गया है। उनके सविनय प्रणाम में भी एक तीखा तिरस्कार भरा रहता है। ब्राह्मणों का सम्मान वे सहन नहीं कर सकते। वे राजमद से इतने मत्त हैं कि अध्यात्म गुरु की अवहेलना क्या, कभी-कभी परिहास तक कर बैठते हैं—उनके क्रोध को हँसी में उड़ा देते हैं। यह बात इस विशुद्ध ऋषि-कुल-सम्भूत शरीर को सहन नहीं है। (ठहर कर) नागराज, अभी तक क्षत्रिय स्पष्ट रूप से ब्राह्मणों के नेतृत्व का विरोध नहीं कर सके हैं। अभी वे प्राचीन संस्कार के वशीभूत हैं।

तक्षक—तो फिर क्या आज्ञा है ?

काश्यप—घबराओ मत। अभी ब्राह्मणों में वह बल है, तप का वह तेज है कि वे नाग-जाति को क्षत्रिय बना लें। तुम लोगों को भी चाहिये कि जहाँ तक हो सके, आर्य-जाति की इन्द्रियपरायणता के सहायक बनो। उनमें अपने रक्त का मिश्रण करो। समय आने पर तुम्हारे ही वंशधर इस भारत के अधिकारी होंगे। पर इसके लिए उद्योग करते रहो।

तक्षक—प्रभो, मणिकुण्डल कौन ब्राह्मण लाया है ?

काश्यप—(नेपथ्य की ओर देखकर) लो, वह आ रहा है। हम लोग छिप जाते हैं। (वासुकि का हाथ पकड़कर जाता है)

(उत्तङ्क का प्रवेश)

तक्षक—ब्रह्मचारिन्, नमस्कार करता हूँ।

उत्तङ्क—कल्याण हो ! मैं थक गया हूँ। यदि यहाँ विश्राम करूँ तो, आप असन्तुष्ट तो न होंगे ? क्या आप इस कानन के स्वामी हैं ?

तक्षक—अब तो नहीं हूँ, पर हाँ कभी था। आप बैठिये।

(उत्तङ्क बैठता है; फिर थककर सो जाता है)

(काश्यप का प्रवेश)

तक्षक—क्यों काश्यप, इसने मणिकुण्डल कहाँ रक्खे होंगे ?

काश्यप—अपने उष्णीष में। मैं हट जाता हूँ। तुम्हें देखकर मुझे डर लग रहा है। तुम इतने भयानक क्यों दिखाई देते हो ?

तक्षक—महात्मन्, आप जब अपना धर्म करने लगते हैं, जब यज्ञ करने लगते हैं, तब आप भी मुझे इतने ही भयानक देख पड़ते हैं। जब पशुओं की कातर दृष्टि आपको प्रसन्न करती है, तब सच्चे धार्मिक व्यक्ति का जी काँप उठता होगा।

काश्यप—अजी वह तो धर्म है, कर्त्तव्य है !

तक्षक—किन्तु हम असभ्य जंगली लोग धर्म को पवित्र, अपनी मानवी प्रवृत्ति से

परे, एक उदार वस्तु मानते हैं। अपनी आवश्यकता को, अपनी लालसामयी दुर्बलता को उसमें नहीं मिलाते। उसे बालक की निर्मल हँसी के समान अछूती रहने देते हैं। पाप को पाप ही कहते हैं, उस पर धर्म का मिथ्या आवरण, नहीं चढ़ाते।

काश्यप—बस करो। नागराज, अभी तुमको यह भी नहीं मालूम कि पाप और पुण्य किसे कहते हैं। इन सूक्ष्म तत्त्वों को समझना तुम्हारी मोटी बुद्धि और सामर्थ्य के बाहर है। जो तस्करता करना चाहते हो, वह करो। आर्यों को यह कला नहीं सिखलायी गयी है।

[तक्षक छुरी निकालता है। काश्यप चिल्लाता है—'हैं हैं, ब्रह्महत्या न करो।' तक्षक उसे ढकेल कर उत्तङ्क का उष्णीष लेना चाहता है। उत्तङ्क जाग उठता है। तक्षक छुरा मारना चाहता है। सरमा दौड़ती हुई आती है और तक्षक का हाथ पकड़ लेती है। तक्षक उत्तङ्क को छोड़कर उठ खड़ा होता है।]

सरमा—नृशंस तक्षक !

तक्षक—तुझे इस विश्वासघात का प्रतिफल मिलेगा। परिणाम भोगने के लिए प्रस्तुत हो जा। आज यह छुरी तेरा ही रक्त-पान करेगी।

उत्तङ्क—पामर ! तुझे लज्जा नहीं आती ? सोये हुये व्यक्ति को मार डालना चाहता था, अब नारी की हत्या करना चाहता है !

तकक्ष—अरे, तुझमें भी नागराज तक्षक को ललकारने का साहस है। देखूँ तो, अपने-आपको या पापिनी सरमा को कैसे बचाता है !

(छुरी उठाता है)

उत्तङ्क—यदि ब्राह्मण हूँगा, यदि मेरा ब्रह्मचर्य्य और स्वाध्याय सत्य होगा, तो तेरा कुत्सित हाथ चल ही न सकेगा। हत्याकारी दस्यु को यह अधिकार नहीं कि वह सत्यशील ब्रह्मतेज पर हाथ चला सके ! पाखण्डी, तेरा पतन समीप है।

(तक्षक छुरा चलाना चाहता है : वासुकि आकर हाथ पकड़ लेता है)

वासुकि—नागराज, क्षमा करें ! यह मेरी स्त्री है।

तक्षक—वासुकि, तुम विद्रोह करनेवाली को दण्ड से बचाते हो !

वासुकि—फिर भी यह मेरी स्त्री है। नागराज ! सरमा और उत्तङ्क मुक्त हैं। वे जहाँ चाहें, जा सकते हैं।

सरमा—यह आर्य-संसर्ग का ही प्रताप है। नागराज, आप मेरे पति हैं, किन्तु आपका मार्ग भिन्न है और मेरा भिन्न। फिर भी मेरा अनुरोध है कि जब अवसर मिले, इसी तरह मनुष्यता को व्यवहार में लाइयेगा। अपने आपको सर्प की सन्तान मानकर कुटिलता और क्रूरता की ही उपासना मत कीजियेगा !

वासुकि—क्या पति होने के कारण तुम पर मेरा कुछ भी अधिकार नहीं ? अब मैं तुम्हें न जाने दूँगा।

सरमा—आपको और सब अधिकार है, पर मेरी सहज स्वतन्त्रता का अपहरण करने का नहीं।

वासुकि—इसका अर्थ ?

सरमा—इसका अर्थ यही है कि मैं आपके साथ चलूँगी, पर अपमानित होने के लिये नहीं आपको प्रतिज्ञा करनी पड़ेगी।

वासुकि—मैं प्रतिश्रुत होता हूँ।

सरमा—अच्छी बात है।

(सब जाते हैं)

षष्ठ दृश्य

गुरुकुल में त्रिविक्रम और दो विद्यार्थी

त्रिविक्रम—अरे चुप भी रहो ! क्या टाँय-टाँय कर रहे हो !

पहला विद्यार्थी—अरे भाई, अब दूसरी शाखा का अध्ययन प्रारम्भ करूँगा। यह अब समाप्त हो चली है। थोड़ा-सा और परिश्रम है।

त्रिविक्रम—शाखा ! किसकी शाखा ?

पहला विद्यार्थी—वेद की।

त्रिविक्रम—वेद ! चुप मूर्ख ! गुरुजी क्या कोई वृक्ष हैं, जो उनमें शाखायें होंगी ?

पहला विद्यार्थी—भाई हँसी मत करो। मैं श्रुति के लिये कह रहा हूँ।

त्रिविक्रम—सो तो मैं सुनता हूँ। अच्छा बताओ तो पढ़कर करोगे क्या ? इस शाखामृग का अनुकरण करने से क्या लाभ होगा ?

पहला विद्यार्थी—विद्ययाऽमृतमश्नुते।

त्रिविक्रम—अमृत होकर तुम क्या करोगे ? कब तक इस दुरन्तपूरा उदर-दरी को भरोगे ? अनन्त काल तक यह महान् प्रयास ! बड़ी कठोरता है !

दूसरा विद्यार्थी—और तुम गुरुकुल में क्यों आये हो ? सब से तो पूछ रहे हो, पहले अपनी तो बताओ।

त्रिविक्रम—पहले तुम बताओ।

दूसरा विद्यार्थी—प्रश्न मेरा है।

त्रिविक्रम—मैं तो इनसे पूछता था। तुम क्यों बीच में कूद पड़े ? अब पहले तुम्हीं बताओ।

दूसरा विद्यार्थी—मैं तो पुरोहित बनूँगा।

त्रिविक्रम—उत्तम ! यजमान की थोड़ी-सी सामग्री इतस्ततः करके, कुछ जलाकर, कुछ जल में फेंककर, कुछ वितरण करके और बहुत-सी अपनी कमर में रखकर एक सङ्कल्प का जमाखर्च सुना देना; और उसको विश्वास दिला देना कि अज्ञात प्रदेश में तुम्हारी सब वस्तुयें मिल जायँगी। अरे भाई ! इससे अच्छा तो यह होता कि तुम बन्दर और बकरे को नचाने की विद्या सीख कर डमरू हाथ में लेकर घूमते।

पहला विद्यार्थी—तुम मूर्ख हो ! तुम्हारे मुँह कौन लगे !

दूसरा विद्यार्थी—अच्छा तुम क्या करने आये हो ? और पढ़ कर क्या करोगे ?

त्रिविक्रम—मैं ! अपनी प्रकृति के अनुसार काम करूँगा, जिसमें आनन्द मिले। और केवल पुरोहिती करने के लिए जो तुम इतनी माथा-पच्ची कर रहे हो, वह व्यर्थ है। भला पुरोहिती में पढ़ने की क्या आवश्यकता है ? जो मन्त्र हुआ, उच्च स्वर से अण्ट-शण्ट पढ़ते चले गये और दक्षिणा रखाते गये। बस हो चुका।

दूसरा विद्यार्थी—अच्छा, हम अपना देख लेंगे। तुम तो बताओ कि कौन काम करोगे जिसमें बिना परिश्रम के लोग तुम्हारे अनुकूल रहें।

त्रिविक्रम—किसी श्रीमन्त के यहाँ विदूषक बनूँगा। आदर से आऊँगा, जाऊँगा। कोई काम न धन्धा ! मूर्खता से भी लोगो को हँसा लूँगा, निर्द्वन्द्व विचरण करते हुये जीवन व्यतीत करूँगा।

पहला विद्यार्थी—यह क्यों नहीं कहते कि निर्लज्ज बनूँगा !

त्रिविक्रम—अच्छा जाओ, अपना काम देखो। आज पुण्यक उत्सव है। गुरुजी की ओर से निमन्त्रण है।

(दोनों विद्यार्थियों का प्रस्थान। वेद का प्रवेश। उन्हे देखकर त्रिविक्रम ध्यानस्थ हो जाता है)

वेद—बेटा त्रिविक्रम !

(त्रिविक्रम आँखें बन्द किये हुए उच्च स्वर से मन्त्र पढ़ने लगता है)

वेद—अरे त्रिविक्रम !

(वेद को खाँसी आती है। त्रिविक्रम उछल कर खड़ा हो जाता है)

त्रिविक्रम—क्या है गुरुजी ?

वेद—बेटा, अपनी गुरुआनी को समझाओ ! आडम्बर फैलाकर आप भी कष्ट भोगती हैं, मुझे भी दुःख देती हैं। समझे !

त्रिविक्रम—गुरुदेव ! मेरी समझ में तो कुछ आना असम्भव है ! आपने इतना अध्ययन कराया, पर मेरी समझ में कुछ न आया ?

वेद—(**चौंककर**) मूर्ख ! मेरा सब परिश्रम व्यर्थ ही गया ?

त्रिविक्रम—परिश्रम तो व्यर्थ ही किया जाता है। तिसपर समझने के लिये

परिश्रम करना तो सब से भारी मूर्खता है। हट चलिये, वह आ रही हैं।

(वेद और त्रिविक्रम का प्रस्थान। दामिनी का प्रवेश)

दामिनी—उत्तङ्क नहीं आया। मेरी कामना के लक्ष्य! उत्तङ्क! पुण्यक के बहाने मैंने तुझे बुलाया है। एक बार और परीक्षा करूँगी।

(मणिकुण्डल लिये हुए उत्तङ्क का प्रवेश)

उत्तङ्क—आर्य्या, मैं उत्तङ्क प्रणाम करता हूँ।

दामिनी—कौन उत्तङ्क! तुम आ गये?

उत्तङ्क—हाँ देवि, मणिकुण्डल भी प्रस्तुत हैं!

दामिनी—उत्तङ्क! मुझे अपने हाथों से पहना दो।

उत्तङ्क—देवि, क्षमा हो, मुझे पहनाना नहीं आता।

दामिनी—उत्तङ्क! तुम मुझे छूने से हिचकते क्यों हो?

उत्तङ्क—नही देवि, मुझे गुरु-ऋण से मुक्त करें, मैं जाऊँ!

दामिनी—तो चले ही जाओगे? आज मैं स्पष्ट कहना चाहती हूँ कि—

उत्तङ्क—चुप रहो देवि! यदि ईश्वर का डर न हो तो संसार से तो डरो। पृथ्वी के गर्भ में असंख्य ज्वालामुखी हैं, कदाचित् उनका विस्फोट ऐसे ही अवसरों पर हुआ होगा। तुम गुरु-पत्नी हो, मेरी माता के तुल्य हो।

(सवेग प्रस्थान)

दामिनी—धिक्कार है मुझे!

(प्रस्थान)

सप्तम दृश्य

कानन में धनुष पर बाण चढ़ाये हुए जनमेजय

जनमेजय—कहाँ गया? अभी तो इधर ही आया था?

(भद्रक का प्रवेश)

भद्रक—जय हो देव! मृग अभी इधर नहीं आया, उधर ही गया।

जनमेजय—भद्रक, तुम बता सकते हो कि किस ओर गया?

भद्रक—प्रभो, तनिक सावधान हो जाइये, अभी पता चल जाता है।

(दोनों चुपचाप देखते और सुनते हैं)

जनमेजय—(धीरे से) अजी देखो, वह उस झाड़ी में छिपा हुआ-सा जान पड़ता है।

भद्रक—नहीं पृथ्वीनाथ, ऐसी जगह नहीं छिपते।

जन्मेजय—चुप रहो। निकल जायगा।

(बाण चलाता है। झाड़ी में क्रन्दन और धमाका)

जन्मेजय—यह क्या ?

भद्रक—क्षमा हो देव, मनुष्य का-सा स्वर सुनाई देता है।

(दोनों झपटे हुये जाते हैं और घायल ऋषि को उठा लाते हैं)

जन्मेजय—अनर्थ हो गया! हाय रे भाग्य! आये थे मृगया खेल कर हृदय को बहलाने, यहाँ हो गया ब्रह्म-हत्या का महापातक! तपोनिधे! मेरा अपराध कैसे क्षमा होगा ? आप कौन हैं ? आपकी अन्तिम आज्ञा क्या है ?

ऋषि—तुम आर्यावर्त के सम्राट् हो। (ठहर कर) अच्छा शान्त होकर सुनो। अदृष्ट की लिपि ही सब कुछ कराती है। आह! अब मैं नहीं बच सकता। मैं यायावर वंश का जरत्कारु हूं। ओह! बड़ी वेदना है! तुम लोग कोमल मृगों पर इतने तीखे बाण चलाते हो! जन्मेजय, मैं तुमको क्षमा करता हूँ। किन्तु कर्मफल तो स्वयं समीप आते हैं, उनसे भाग कर कोई बच नहीं सकता। मेरा पुत्र आस्तीक तुम्हारी समस्त ज्वालाओं को शान्त करेगा। स्मरण रखना, मनुष्य प्रकृति का अनुचर और नियति का दास है।—आह! जल—

(भद्रक आकर जल लाता है : जन्मेजय जल पिलाता है)

जन्मेजय—तपोधन, मेरा हृदय मुझे धिक्कार की ज्वाला में भस्म कर रहा है। मैं ब्रह्म-हत्या का अपराधी हुआ हूँ! भगवन्, क्षमा करें!

जरत्कारु—राजन्! क्षमा!

(छटपटा कर मर जाता है)

जन्मेजय—सचमुच मनुष्य प्रकृति का अनुचर और नियति का दास है।

[यवनिका-पतन]

द्वितीय अंक

प्रथम दृश्य

तपोवन में आस्तीक और मणिमाला का प्रवेश

मणिमाला—भाई! आज तो बहुत विलम्ब हुआ!

आस्तीक—हाँ मणि, आज विलम्ब तो हुआ। हम लोगों ने अपना पाठ समाप्त कर लिया है और पूजा के लिये फूल भी रख दिये हैं चलो, उस झरने पर बैठ कर थोड़ा विश्राम करें।

(दोनों आगे बढ़कर बैठते हैं)

मणिमाला—पिताजी को देखे बहुत दिन हुये। जी चाहता है, एक बार जाकर उनके दर्शन करूँ, और माँ की गोद में सिर रख कर रोऊँ।

आस्तीक—पगली! भला रोने की भी कोई कामना है?

मणिमाला—हाँ भाई! तुम लोगों के तो बड़े-बड़े मनोरथ, बड़ी-बड़ी अभिलाषा होती हैं, किन्तु हम लोगों के कोमल प्राणों में एक बड़ी करुणामयी मूर्च्छना होती है। संसार को उसी सुन्दर भाव में डुबा दूँ, उसी का रङ्ग चढ़ा दूँ, यही मेरी परम कामना है : कभी-कभी तो मुझे यह चिन्ता होती है कि ऐसे कोमल हृदय पर हाड़-मांस का यह आवरण क्यों है, जो दिन-रात गर्व से फूला रहता है और हृदय को हृदय से मिलने नहीं देता।

आस्तीक—बहन, तुम न जाने कैसी और कहाँ की बातें करती हो। उन बातों का इस वर्तमान जीवन से भी कोई सम्बन्ध है या नहीं?

मणिमाला—वे इसी लोक की बातें हैं। मुझसे तो मानो कोई कहता है कि महा-शून्य में विश्व इसीलिये बना था। यही उद्देश्य था कि वह एक निर्मल स्रोतस्वती की तरह नील वनराजि के बीच, यूथिका की छाया में बह चले, और उनकी मृदु वीचि से सुरभित पवन के परमाणु आकाश की शून्यता को परिपूर्ण करें।

आस्तीक—क्या तुम कोई स्वप्न सुना रही हो?

मणिमाला—भाई, यह स्वप्न नहीं है, भविष्य की कल्पना भी नहीं है। जब सन्ध्या को अपने श्याम अङ्ग पर तपन-रश्मियों का पीला अङ्गराग लगाये देखती हूँ और फिर उस सुनहले शून्य में वसन्त की किसी कोकिल को गाते हुए उड़ जाते देखती हूँ, तब हृदय में जो भाव उत्पन्न होते हैं, वे स्वयं मेरी समझ में भी नहीं आते। किन्तु फिर भी जैसे कोई कहता हो कि उस सुदूरवर्ती शून्य क्षितिज के प्रत्यक्ष से उस कोकिल का कोई सम्बन्ध है।

आस्तीक—क्यों मणि, यह सब क्या है? इसका कुछ तात्पर्य भी है, या केवल कुहुक है? इन मांस-पिण्डों में क्यों इतना आकर्षण है, और कहीं-कहीं क्यों ठीक इसके विपरीत है? जिसको स्नेह कहते हैं, जिसको प्रेम कहते हैं, जिसको वात्सल्य कहते हैं, वह क्यों कभी-कभी चुम्बक के समान उसके साथ के लिए दौड़ पड़ता है, जिसके साथ उसका कोई सम्बन्ध नहीं? और जहाँ उसका उद्भव है, वहाँ से क्यों कोई सम्पर्क नहीं?

मणिमाला—मैं समझ गयी भाई! क्या वह बात मुझे नहीं खटकती? बूआ को तुमसे कुछ स्नेह नहीं है। किन्तु भाई, हमारी अयोग्यता का, हमारे अपराध का, दण्ड देकर लोग हमें और भी दूर कर देते हैं। जिसके हम कोई नहीं हैं, वह तो अनजान के समान साधारण मनुष्यता का व्यवहार कर सकता है, किन्तु जिसमें हमारी घनिष्ठता है, जिससे कुछ सम्पर्क है, वही हमसे घृणा करता है, हमारे प्रति द्वेष को अपने हृदय

में गोपनीय रत्न के समान छिपाये रहता है। भाई इसीसे कहती हूँ कि माँ की गोद में सिर रख कर रोने को जो चाहता है। मैं स्त्री हूँ, प्रकट में रो सकूँगी। किन्तु तुम लोग अभागे हो, तुमको खुलकर रोने का भी अधिकार नहीं। रोओगे तो तुम्हारे पुरुषत्व पर धक्का लगेगा। तुम रोना चाहते हो, किन्तु रो नहीं सकते, यह भारी कष्ट है। तुम्हारे पिता नहीं रहे, उनकी हत्या हो गई! और माँ! (देखकर) नहीं-नहीं भाई क्षमा करो। मैंने तुम्हें रुला दिया, यह मेरा अपराध है।

(आस्तीक के आँसू पोंछती है)

आस्तीक—नहीं मणि, मेरी भूल थी। रोना और हँसना ये ही तो मानवी सभ्यता के आधार हैं। आज मेरी समझ में यह बात आ गई कि इन्हीं के साधन मनुष्य की उन्नति के लक्षण कहे जाते हैं।

(एक ओर से जन्मेजय का प्रवेश। दोनों को देखकर जन्मेजय आड़ में खड़ा हो जाता है)

जन्मेजय—(स्वगत)—मनुष्य क्या है? प्रकृति का अनुचर और नियति का दास, या उसकी क्रीड़ा का उपकरण! फिर क्यों वह अपने आपको कुछ समझता है? आज इस आश्रम के महर्षि से इसका रहस्य जानना चाहिए! अहा! कैसा पवित्र स्थान है! और यह देवबाला भी कैसी मनोहर है!

(नेपथ्य में सङ्गीत)

जीने का अधिकार तुझे क्या, क्यों इसमें सुख पाता है।
मानव, तूने कुछ सोचा है, क्यों आता, क्यों जाता है॥
आद्य अविद्या कर्म हुआ क्यों, जीव स्ववश तब कैसे था।
महाशून्य के पट में पहला चित्रकार क्यों आता है॥
शुद्ध नाद था बड़ा सुरीला, कोई विकृति न थी उसमें।
कौन कल्पना करके उसमें मींड़ लगाकर गाता है॥
कल्प-कल्प की भाँति दुःख को क्षण भर का सुख भला लगा।
असि-धारा पर धरा हुआ सुख, उससे कैसा नाता है॥
दुख ने क्या दुख दिया तुझे, कुछ इसका कभी विचार किया।
चौंक उठा तू झूठे दुखपर, कुछ भी तुझे न आता है॥
कारण, कर्म न भिन्न कहीं है, कर्म! कर्म चेतनता है॥
खेल खेलने आया है तू, फिर क्यों रोने जाता है॥
इस जीवन को भिन्न मानकर क्षण-क्षण का विभाग करता।
लीला से तू दुखी बन गया, लीला से सुख पाता है॥

तू स्वामी है, तू केवल है, स्वच्छ सदा तू निर्मल है।
जो कुछ आवे, करता चल तू, कहीं न आता-जाता है ।।

आस्तीक—बहन, माणवक लौट आया है। यह उसी का-सा स्वर है। मैं जाऊँ, उससे मिल जाऊँ। तुम तो अभी ठहरोगी न ?

मणिमाला—हाँ भाई, मैंने इस झरने का बहना अभी जी भर नहीं देखा। तुम चलो, मैं भी थोड़ा ठहर कर आती हूँ !

(आस्तीक का प्रस्थान)

जनमेजय—(प्रकट होकर)—अहा ! कैसा रमणीक स्थान है ! (मानो अभी देख पाया हो) अरे ! निर्जन वन में देवबाला-सी आप कौन हैं ?

मणिमाला—मैं नागकन्या हूँ ! क्या आप आतिथ्य चाहते हैं ?

जनमेजय—शुभे ! क्या यहाँ कोई ऐसा स्थान है ?

मणिमाला—आर्य ! समीप ही में महर्षि च्यवन का आश्रम है। मेरा भाई उन्हीं के गुरुकुल में पढ़ता है। मैं भी थोड़े दिनों के लिए यहीं आ गई हूँ। ऋषि-पत्नी मुझे भी शिक्षा देती हैं।

जनमेजय—भद्रे, यदि तुम्हारा भी परिचय पा जाऊँ, तो मैं विचार करूँ कि आतिथ्य ग्रहण कर सकता हूँ या नहीं।

मणिमाला—मैं नागराज तक्षक की कन्या हूँ, और जरत्कारु ऋषि का पुत्र आस्तीक मेरा भाई है।

जनमेजय—यह कैसा रहस्य ! क्या कहा जरत्कारु ?

मणिमाला—हाँ यायावर जरत्कारु ने मेरी बूआ नाग कुमारी मनसा से ब्याह किया था।

जनमेजय—नागकुमारी, मैं क्षमा चाहता हूँ। इस समय मैं तुम्हारा आतिथ्य नहीं ग्रहण कर सकता, क्योंकि मुझे एक पुरोहित ढूँढ़ना है ! मैं पौरव जनमेजय हूँ।

मणिमाला—(सम्भ्रम से) —स्वागत ! माननीय अतिथि, आपको इस गुरुकुल का आतिथ्य अवश्य ग्रहण करना चाहिये। नहीं तो कुलपति सुनकर हम लोगों पर रुष्ट होंगे।

जनमेजय—उदारशीले, धन्यवाद ! इस समय मुझे आवश्यक कार्य है। फिर कभी आकर उनके दर्शन करूँगा।

मणिमाला—मैं समझ गयी। आप मुझे शत्रु-कन्या समझते हैं, इसीलिये—

जनमेजय—नहीं भद्रे, तुम्हारे इस सरल मुख पर तो शत्रुता का कोई चिह्न ही नहीं है। ऐसा पवित्र सौन्दर्यपूर्ण मुख-मण्डल तो मैंने कहीं नहीं देखा।

मणिमाला—(लज्जित होकर)—आप आर्य जाति के सम्राट् हैं न !

जन्मेजय—किन्तु मैं तो तुम-सी नागकुमारी को प्रजा होना भी अच्छा समझता हूँ।

(जाता है)

मणिमाला—(उधर देखती हुई)—ऐसी उदारता-व्यञ्जक मूर्त्ति, ऐसा तेजोमय मुख-मण्डल ! यह तो शत्रुता करने की वस्तु नहीं है। **(कुछ सोचकर)** मैं ही भ्रम में हूँ। मैं जिसका सुन्दर व्यवहार देखती हूँ, उसी के साथ मेरा स्नेह हो जाता है। नहीं, नहीं, यह मेरी विश्वमैत्री का, उस सरमा यादवी की शिक्षा का फल है। किन्तु यहाँ तो अन्तःकरण में एक तरह की गुदगुदी होने लग गयी !

(गुनगुनाते हुये शीला का प्रवेश)

मणिमाला—आओ सखि ! मैं तो बड़ी देर से तुम्हारी राह देख रही हूं। तुमको तो गाने से छुट्टी नहीं मिलती। मार्ग पर चलते हुए भी गाती रहती हो।

शीला—सखि ! अपना वर ढूँढ़ती फिरती हूँ।

मणिमाला—अरे तुम्हारा तो ब्याह हो चुका है न ?

शीला—क्या तुम पागल हो गयी हो ! अभी तो बात पक्की हुई थी।

मणिमाला—हाँ, हाँ, सखि ! मैं भूल गई थी।

शीला—और जब किसी से तुम्हारा ब्याह हो जाय, तब भी कभी-कभी इसी तरह पति को भूल जाना, दूसरा वर ढूँढ़ने लगना।

मणिमाला—चलो ! तुम भी बड़ी ठठोल हो। अरे क्या सोमश्रवा तुझे मनोनीत नहीं है ?

शीला—अब तो नहीं है।

मणिमाला—क्यों, क्या इतने ही दिनों में बदल गये ?

शीला—नहीं सखि ! एक बड़ी भयानक बात हो गई है। भावी पति सोमश्रवा मुझसे ब्याह कर लेने पर पौरव-सम्राट् जनमेजय के राजपुरोहित बनेंगे।

मणिमाला—तब तो तुम्हें और भी प्रसन्न होना चाहिये।

शीला—जो अपने को मनुष्यों से कुछ अधिक समझते है, उनसे मैं बहुत डरती हूँ। राज-सम्पर्क हो जाने से इसी हड्डी-मांस के मनुष्य अपने को किसी बड़े प्रयोजन की वस्तु समझने लगते हैं। उन्हें विश्वास हो जाता है कि हम किसी दूसरे जगत् के हैं।

मणिमाला—किन्तु मैं तो समझती हूँ कि ऐसे तुच्छ विचार रखने वाले साधारण मनुष्यों से भी नीचे हैं।

शीला—सखि, तुम ऐसा सोच सकती हो; क्योंकि तुम भी नागराज की कन्या हो। किन्तु मैं तो साधारण विप्र-कन्या हूँ।

मणिमाला—अहा ! कैसी भोली है ! क्या कहना !

शीला—(हँसकर) राजकुमारी, सुना है, आज उनके आश्रम में फिर सम्राट् जन्मेजय आनेवाले हैं।

मणिमाला—सखि, जब तुम सम्राट् की पुरोहितानी होगी, तब हम लोगों पर क्यों कृपा रक्खोगी!

शीला—और यदि कहीं तुम्हीं सम्राज्ञी हो जाओ, तब?

मणिमाला—(लज्जित होकर) चल पगली!

आस्तीक—(प्रवेश करके) महर्षि ने तुम लोगों को बुलाया है।

(सब जाते हैं)

द्वितीय दृश्य

(पथ में एक ओर से दामिनी और दूसरी ओर से माणवक का प्रवेश)

दामिनी—मैं किधर आ निकली! राह भूल गयी हूँ।

माणवक—आप कहाँ जाना चाहती हैं?

दामिनी—मैं—मैं—

माणवक—हाँ हाँ, आप कहाँ जायँगी?

दामिनी—मैं बता नहीं सकती—मैं जानती ही नहीं।

माणवक—शुभे! संसार में बहुत-से लोग ऐसे हैं। जो जाना तो चाहते हैं, परन्तु कहाँ जाना चाहते हैं, इसका उन्हें कुछ भी पता नहीं।

दामिनी—पर क्या आप बतला सकते हैं?

माणवक—(स्वगत) यह अच्छी रही! बड़ी विचित्र स्त्री मिली। समझ में नहीं आता कि यह कोई बनी हुई मायाविनी है या सचमुच कोई भूली भटकी है।

दामिनी—आप बोलते क्यों नहीं?

माणवक—मुझे अधिक बातें करने का अभ्यास नहीं। मैं यही नहीं जानता कि आप कहाँ जाना चाहती हैं, तब कैसे और क्या बताऊँ! मुझे—

दामिनी—आप कहाँ रहते हैं?

माणवक—यह न पूछो। मैं संसार की भूली हुई वस्तु हूँ। न मैं किसी को जानना चाहता हूँ और न कोई मुझे पहचानने की चेष्टा करता है। तुमने कभी शरद् के विस्तृत व्योम-मण्डल में रुई के पहल के समान एक छोटा-सा मेघ-खण्ड देखा है? उसको देखते-देखते विलीन होते या कहीं चले जाते भी तुमने देखा होगा। विशाल

कानन की एक वल्लरी की नन्हीं-सी पत्ती के छोर पर विदा होने वाली श्यामा रजनी के शोकपूर्ण अश्रु-विन्दु के समान लटकते हुये एक हिमकण को कभीं देखा है ? और उसे लुप्त होते हुए भी देखा होगा। उसी मेघ-खण्ड या हिमकण की तरह मेरी भी विलक्षण स्थिनि है। मैं कैसे कह सकता हूँ कि कहाँ रहता हूँ और कब तक रह सकूंगा ?

दामिनी—आश्चर्य ! तुम तो एक पहेली हो।

माणवक—मैं ही नहीं, यह समस्त विश्व भी एक पहेली है। हर्ष-द्वेष, प्रतिहिंसा, प्रतिशोध—

दामिनी—क्या कहा ?

माणवक—प्रतिशोध ! क्या ये सब पहेली नहीं हैं ?

दामिनी—हाँ हाँ, स्मरण आया—प्रतिशोध ! मुझे प्रतिशोध लेना है !

माणवक—किससे ? क्या उसे लेकर तुम रख सकोगी ? वह जहाँ रहेगा, जलाया करेगा, डङ्क मारा करेगा और तड़पाया करेगा। उसे तुम सँभाल नहीं सकोगी। और जिसे तुम धारण नहीं कर सकतीं, उसे तुम लेकर क्या करोगी ? छोड़ो, उसके पीछे न पड़ो। देवि, इसी में तुम्हारा कल्याण होगा। एक मैं ही इसका प्रत्यक्ष उदाहरण हूँ। चारों ओर मारा-मारा फिर रहा हूँ।

दामिनी—क्या तुमको भी किसी से प्रतिशोध लेना है ? वाह ! तब तो हम और तुम एक पथ के पाथिक हैं।

माणवक—क्षमा करो, मैं उस पथ में बहुत ठोकरें खा चुका हूँ। अब उस पर चलने का साहस नहीं, बल नहीं। तुम जाओ, तुम्हारा मार्ग और है, मेरा और।

दामिनी—तब मुझको ही वहाँ पहुँचा दो।

माणवक—कहाँ ?

दामिनी—(**कुछ सोचकर**) तक्षक के पास।

माणवक—(**चौंककर**) वहाँ ! मैं नहीं जा सकता। और तुम दुर्बल रमणी हो। लौट जाओ, दुस्साहस न करो।

दामिनी—नहीं, मुझे वहाँ जाना आवश्यक है। मेरे शत्रु का एक वही शत्रु है। अच्छा, और कहाँ जाऊँ, तुम्हीं बता दो।

माणवक—मैं—नहीं—(**देखकर**) लो वे स्वयं इधर आ रहे हैं ! मैं जाता हूँ।

(माणवक का प्रस्थान तक्षक का प्रवेश)

तक्षक—सुन्दरी, इस विजन पथ में, इस बीहड़ स्थान में तुम क्यों आई हो ?

दामिनी—क्या आप ही तक्षक हैं ?

तक्षक—क्यों, कुछ काम है ?

दामिनी—हाँ, पर पहले अपना नाम बतलाइये।

तक्षक—हाँ, मेरा ही नाम तक्षक है।

दामिनी—मैं प्रतिशोध लेना चाहती हूँ।

तक्षक—किससे ?

दामिनी—उत्तङ्क से, जिससे आप मणिकुण्डल लेना चाहते थे।

तक्षक—तुम कौन हो ?

दामिनी—मैं चाहे कोई होऊँ। जो उत्तङ्क को मेरे अधिकार में कर देगा, उसे मैं मणिकुण्डल दूँगी।

तक्षक—ठहरो, तुम बड़ी शीघ्रता से बोल रही हो।

दामिनी—क्या विश्वास नहीं होता ?

तक्षक—होता है, पर वह काम इसी क्षण तो नहीं हो जायगा।

दामिनी—चेष्टा करो। शीघ्रता करो, नहीं तो तुम इस योग्य ही न रह जाओगे कि उसे पकड़ सको।

तक्षक (**हँसकर**) क्यों ?

दामिनी—वह तुमसे बदला लेने के लिए जनमेजय के यहाँ गया है। बहुत शीघ्र तुम उसके कुचक्र में पड़ोगे।

तक्षक—इसका प्रमाण ? स्मरण रखना कि तक्षक से खेलना सहज नहीं है।

(**गम्भीर हो जाता है**)

दामिनी—मैं अच्छी तरह जानती हूँ; तभी कहती हूँ।

तक्षक—अच्छा, तो मेरे यहाँ चलो। मैं इसका शीघ्र प्रबन्ध करूँगा। तुम डरती तो नहीं हो।

दामिनी—नहीं। चलो, मैं चलती हूँ।

(**दोनों जाते हैं**)

तृतीय दृश्य

(**प्रकोष्ठ में जन्मेजय और उत्तङ्क**)

जन्मेजय—आपकी यह बात तो मुझे जँच गई है, और मैं ऐसा ही करूँगा भी। किन्तु यह कुचक्र, भीषण रूप धारण कर रहा है।

उत्तङ्क—मैं सब सुन चुका हूँ, और जानता हूँ कि कुछ दुर्बुद्धियों ने यादवी सरमा, तक्षक तथा आपके पुरोहित काश्यप के साथ मिलकर एक षड्यन्त्र रचा है। किन्तु आपको इससे भयतीत न होना चाहिये।

जनमेजय—भगवन्, यह तो ठीक है, पर मुझसे वनजान में जो ब्रह्महत्या हो गयी, उससे मैं और भी खिन्न हूँ। काश्यप मुझ पर अभियोग लगाते हैं कि मैंने जान-बूझकर यह ब्रह्महत्या की। ब्राह्मण-वर्ग और आरण्यक-मण्डल भी इससे कुछ असन्तुष्ट हो गया है। पौर, जानपद आदि सब लोगों में यह आतङ्क फैलाया जा रहा है कि राजा यौवन-मद से स्वेच्छाचारी हो गया है, वह किसी की बात नहीं सुनता। इधर जब मैं आपसे तक्षक द्वारा अपने पिता के निधन का गुप्त रहस्य सुनता हूँ, तो क्रोध से मेरी धमनियाँ बिजली की तरह तड़पने लगती हैं। किन्तु मैं क्या करूँ, परिषद् भी अन्यमनस्क है, और कर्मचारी भी इस आतङ्क से कुछ डरे हुये हैं। वे बेमन का काम रहे हैं।

उत्तङ्क—लकड़हारे से तो आप सुन ही चुके कि इसी काश्यप ने तक्षक से मिल-कर राज-निधन कराया है। और यही लोलुप काश्यप फिर ऐसी कुमन्त्रणाओं में लिप्त हो, तो क्या आश्चर्य !

जनमेजय—होगा, तो फिर मैं क्या करूँ ?

उत्तङ्क—सम्राट् को किंकर्त्तव्य विमूढ़ होना शोभा नहीं देता। मनोबल सङ्कलित कीजिये, दृढ़-प्रतिज्ञ हृदय के सामने से सब विघ्न स्वयं दूर हो जायँगे। सबल हाथों में दण्ड ग्रहण कीजिये। दुराचारी कोई क्यों न हो, दण्ड से मुक्त न रहे। सम्राट् ! अपने पिता का प्रतिशोध लीजिये, जिसमें इस ब्रह्मचारी की प्रतिज्ञा भी पूरी हो। इन दुर्वृत्त नागों का दमन कीजिये।

जनमेजय—किन्तु मनुष्य प्रकृति का अनुचर और नियति का दास है। क्या वह कर्म करने में स्वतन्त्र है ?

उत्तङ्क—अपने कलङ्क के लिये रोने से क्या वह छूट जायगा ? उसके बदले में सुकर्म करने होंगे। सम्राट् ! मनुष्य जब तक यह रहस्य नहीं जानता, तभी तक वह नियति का दास बना रहता है। यदि ब्रह्महत्या पाप है, तो अश्वमेध उसका प्रायश्चित्त भी तो है। अपने तीनों वीर सहोदरों को तीन दिशाओं में विजयोपहार ले आने के लिये भेजिये, और आप स्वयं इन नागों का दमन करने के लिये तक्षशिला की ओर प्रस्थान कीजिये। अश्वमेध के व्रती होइये। सम्राट् ! जब तक मेरी क्रोधाग्नि में दुर्वृत्त नाग जलकर भस्म न होंगे, तब तक मुझे शान्ति न मिलेगी। बल-मद से मत्त चाहे कोई शक्ति हो, ब्राह्मण की अवज्ञा करके उसका फल अवश्य भोगेगी। बतलाइये, आप नियति द्वारा आरोपित कलङ्क का प्रतिकार, अपने सुकर्मों से, नियामक बन कर करना

चाहते हैं या नहीं ? और मेरी प्रतिज्ञा भी पूरी करना चाहते हैं या नहीं ? अन्यथा मैं दूसरा यजमान ढूँढ़ूँ।

जन्मेजय—आर्य उत्तङ्क ! पौरव जन्मेजय प्रतिज्ञा करता है कि अश्वमेध पीछे होगा, पहले नाग-यज्ञ होगा।

उत्तङ्क—सन्तुष्ट हुआ। सम्राट् ! मेरा आशीर्वाद है कि जीवन की समस्त बाधाओं को हटा कर आपका शान्तिमय राज्य बढ़े। अब शीघ्रता कीजिये। मैं जाता हूँ।

जन्मेजय—मैं प्रस्तुत हूँ। आर्य !

(उत्तङ्क का प्रस्थान : वपुष्टमा का प्रवेश)

वपुष्टमा—जब देखो, तब वही चिन्ता का स्वाँग ! आर्यपुत्र क्यों चिन्ता-मग्न हैं ? किस समस्या में पड़े हैं ?

जन्मेजय—देवि ! यह साम्राज्य तो एक बोझ हो गया है !

वपुष्टमा—तब फिर क्यों नहीं किसी दूसरे के सिर मढ़ते ?

जन्मेजय—यदि ऐसा कर सकता तो फिर बात क्या थी !

वपुष्टमा—तब यही कीजिये। जो सामने आवे, उसे करते चलिये।

जन्मेजय—करूँगा। अब एक बार कर्म-समुद्र में कूद पड़ूँगा, चाहे जो कुछ हो। आलस्य अब मुझे अकर्मण्य नहीं बना सकता। प्रिये, बहुत प्यास लगी है।

वपुष्टमा—कोई है ? प्रमदा !

प्रमदा—(**प्रवेश करके**) महादेवी की जय हो। क्या आज्ञा है ?

वपुष्टमा—रत्नावली से कहो द्राक्षासव ले आवे।

(प्रस्थान)

वपुष्टमा—आर्यपुत्र ! आज रत्नावली का गान सुनिये।

जन्मेजय—मेरी भी इच्छा थी कि आज आनन्द-विनोद करूँ। फिर कल से तो नाग-दमन और अश्वमेध होगा ही।

वपुष्टमा—क्या, नाग-दमन और अश्वमेध ? जब देखो, तब युद्ध-विग्रह। एक घड़ी विश्राम नहीं। पुरुष भी कैसे कठोर होते हैं !

जन्मेजय—यही उनकी भाग्यलिपि है ? अदृष्ट है। क्या वे विलास, प्रमोद और ललित कला के सुकुमार अङ्क में समय नहीं व्यतीत करना चाहते ? किन्तु क्या करें !

वपुष्टमा—और स्त्रियों के भाग्य में है कि अपनी अकर्मण्यता पर व्यंग्य सुना करें। (**रोष करती है**)।

जन्मेजय—प्रिये ! ऐसा स्वर क्यों ? स्नेह में इतनी रुखाई !

(स्नेहपूर्वक हाथ पकड़ता है)

(रत्नावली और प्रमदा का प्रवेश : नृत्य और गान)

मधुर माधव ऋतु की रजनी, रसीली सुन कोकिल की तान।
सुखी कर साजन को सजनी, छबीली छोड़ हठीला मान।।
प्रकृति की मदमाती यह चाल, देख ले दृग भर पी के सङ्ग।
डाल दे गलबाहीं का जाल, हृदय में भर ले प्रेम उमङ्ग।।
कलित है कोमल किसलय कुञ्ज, सुरभि पूरित सरोज मकरन्द।
खोल दे मुख-मण्डल सुख पुञ्ज, बोल दे बजे विपञ्ची वृन्द।।

चतुर्थ दृश्य

(प्रकोष्ठ में दामिनी)

दामिनी—मेरा जी घबराने लगा है। प्रतिशोध लेने के लिये मैं कैसे भयानक स्थान में आ गयी हूँ! क्या ये सब भी मनुष्य हैं? भयानक-से-भयानक काम करने में भी इन्हें तनिक रुकावट नहीं। मुझे केवल उत्तङ्क से ही प्रतिशोध लेना था। यहाँ तो राजा और परिषद् सभी के विरुद्ध एक गुप्त षड्यन्त्र चल रहा है। दुर्भाग्य कि मैं भी उसी कुकर्म में सहायक हो रही हूँ! मनुष्य जब एक बार पाप के नागपाश में फँसता है, तब वह उसी में और भी लिपटता जाता है। उसी के गाढ़े आलिङ्गन, भयानक परिरम्भ में सुखी होने लगता है। पापों की शृङ्खला बन जाती हैं। उसी के नये-नये रूपों पर आसक्त होना पड़ता है। आज मुझे क्यों इन सबसे भय लग रहा है? क्या मैं यहाँ से चली जाऊँ?

(मद्यप अश्वसेन का प्रवेश)

अश्वसेन—हहहह! एक, दो, तीन! मुझे भी लोगों ने निरा मूर्ख समझ रक्खा है! किसी प्रकार उस खाण्डव-दाह से निकल भागा, प्राण बचे। अब इस द्वन्द्व में पड़ने की आवश्यकता नहीं। हमारी जाति—ओह! व्यर्थ की बात। यदि उसका नाश ही हुआ, तो क्या! हमारा राष्ट्र गया, जाय। मुझे तो हे स्वर्णकलशवासिनी अप्सरे! तुम्हारी सेवा का अवसर मिले। बस! अच्छा जब तक मैं पी रहा हूँ, किसी को कोमल कण्ठ से कुछ गाना चाहिये। कौन है? **(देखकर)** अरे तुम कौन हो? यहाँ क्यों छिपी हो? तुम सुन्दर तो हो! गाना भी अवश्य जानती होगी, क्योंकि सुन्दर स्त्रियाँ गाना और रोना दोनों अच्छी तरह जानती हैं।

दामिनी—अश्वसेन, आज तुमने अधिक सुरा पी ली है। मैं तुम्हारी आश्रिता हूँ, मेरा अपमान न करो। मुझे इस समय छोड़ दो।

अश्वसेन—अपमान! यह तो आदर है, शिष्टता है! मेरे साथ नाचना, इसमें अपमान! मैं नागराज, कन्या—नहीं, मैं कुमार!

दामिनी—मैं तुम्हारे पिता को बुलाती हूँ, नहीं तो मुझे छोड़ दो।

अश्वसेन—तुम भी कैसी अरसिका हो! इस आनन्द में बुड्ढे पिता का क्या काम?

(**आगे बढ़ता है**)

दामिनी—हटो, नहीं तो अभी—

अश्वसेन—अच्छा तुम एक बार अत्यन्त क्रुद्ध हो जाओ। फिर मैं तुम्हें मनाऊँगा। बड़ा आनन्द आवेगा—हाँ सुन्दरी।

(**और मद्य पीता है**)

दामिनी—कैसी विडम्बना है! हे भगवन्, मेरा उद्धार करो!

अश्वसेन—सुन्दरी, कामकन्दले! तनिक इस सघन घन की ओर देखो। इसके कलेजे में छिपी हुयी बिजली को देखो। इन सबको न देखो, तो इस उद्दण्ड वृक्ष से लिपटी हुई लता को ही देखो। (**हाथ पकड़ता है**)

दामिनी—हटो अश्वसेन, मेरा मानस कलुषित हो चुका है, पर अभी तक मेरा शरीर पवित्र है। उसे दूषित न होने दूँगी—चाहे प्राण चले जायँ। दुराचारी, छोड़ दे! ईश्वर से डर!

अश्वसेन—(**कुछ सँभलकर**) सुन्दरी, मैं मनुष्य हूँ। मेरी समझ में यही मनुष्यता है कि रमणीय प्रलोभन और भयानक सौन्दर्य के सामने घुटने टेक दूँ। तुम भय और आश्चर्य से पाप का नाम लेकर मुसे डरा न सकोगी। मैं पाप और पुण्य की सीमा पर खड़ा हूँ। अब मान जाओ।

दामिनी—बचाओ! बचाओ!!

(**सवेग मणिमाला का प्रवेश**)

अश्वसेन—तुम कौन हो?

मणिमाला—भइया तुम एक दुर्बल रमणी पर अत्याचार करोगे? मुझे स्वप्न में भी इसका अनुमान न था। मेरे पिता जी की सन्तान होकर तुम ऐसी नीचता करोगे! हाय! इस नाग-कुल में ऐसे व्यक्ति उत्पन्न हुए, तभी तो उसकी यह दशा है!

अश्वसेन—मणिमाला!

मणिमाला—भाई, तुम देख रहे हो कि नाग-कुल पर कैसी विपत्ति है? फिर भी तुम इस प्रकार के अभिनय कर रहे हो!

अश्वसेन—मणि, मैं लज्जित हूँ।

मणिमाला—अच्छा भाई ! पिताजी को अब इस बात की सूचना नहीं होगी। किन्तु तुम ! हाय ! मेरा हृदय काँप उठता है। भाई, पुरुषोचित काम करो। अत्याचार से पीड़ितों की रक्षा करने में पौरुष का उपयोग करो। तुम वीरपुत्र हो।

अश्वसेन—अब और अधिक लज्जित न करो। मैं सबसे क्षमा-प्रार्थी हूँ। लो, मैं अभी रण-प्राङ्गण को चला।

(सँवेग प्रस्थान)

दामिनी—अब मैं यहाँ एक क्षण भी नहीं रहना चाहती। मणि, मैं जाऊँगी।

मणिमाला—अच्छा, **(कुछ ठहर कर)** दो-चार दिन में चली जाना। अभी तो मैं आयी हूँ।

(हाथ पकड़कर ले जाती है)

पञ्चम दृश्य

(कानन के एक कुटीर में तक्षक, वेद, काश्यप, सरमा और कुछ नाग तथा ब्राह्मण बैठे हैं)

तक्षक—मैं अपनी प्रतिज्ञा पर दृढ़ हूँ। कौरवों का नाश होने पर परिषद् की सत्ता आप लोगों के हाथ रहेगी, और हम लोग क्षत्रिय होकर आप लोगों के स्वाध्याय तथा शान्ति की रक्षा करेंगे। ब्राह्मणों पर हमारा कुछ भी नियन्त्रण न रहेगा।

काश्यप—हाँ जी, यह तो ठीक ही है।

वेद—किन्तु शक्ति पा जाने पर तुम भी अत्याचारी न हो जाओगे, इसका क्या निश्चय है ?

ब्राह्मण—सुनो जी, हम लोग आरण्यक, वानप्रस्थ, शान्त, तपोधन ब्राह्मण हैं। अत्याचार से सुरक्षित रहने के लिए एक शुद्ध राजसत्ता चाहते हैं। हमारा किसी से द्वेष नहीं है।

सरमा—अपने को अलग करके बचे हुओं पर यह दया दिखायी जाती है, किन्तु आप अपने को सर्वोच्च समझते हैं !

काश्यप—क्यों सरमा, क्या इसमें भी कोई सन्देह है ?

सरमा—नहीं, आर्य काश्यप ! इसमें क्या सन्देह है ! आप और भी ऐसे-ऐसे उत्तम काम करें, विप्लव करें, किन्तु आपके सर्वोच्च होने में कौन सन्देह कर सकता है !

तक्षक—सरमा ! क्या तुम भी ऐसा कहती हो ? अपनी ही अवस्था पर विचार कर देखो। जो राजतन्त्र न्याय का ऐसा उदाहरण दिखा सकता है, क्या वह बदलने योग्य नहीं है ?

सरमा—फिर भी एक दस्यु-दल को उसका स्थानापन्न बनाना बुद्धिमत्ता नहीं है। धर्म का ढोंग करके, एक निर्दोष आर्य-सम्राट् को अपने चङ्गुल में फँसा कर, उसके पतित होने की व्यवस्था देना, जिससे वह राज्यच्युत कर दिया जाय, क्या उचित है ? सो भी यहीं तक नहीं, उसके कुल-भर को आर्य-पद से इस प्रकार वञ्चित कर देने की कुमंत्रणा कहाँ तक अच्छी होगी।

काश्यप—स्वेच्छाचारिणी ! जो अनार्यों की दासी हो चुकी है, जो अपनी मर्यादा बिलकुल खो चुकी है, क्या वह भी ब्राह्मणों के कर्त्तव्य की आलोचना करेगी ?

सरमा—तुमने राजसभा में मुझे अपमानित किया था ! आज फिर वही बात। ब्राह्मण ! सहन की भी सीमा होती है। उस आत्मसम्मान की प्रवृत्ति को तुम्हारे बनाये हुए द्विज-महत्ता के बन्धन नहीं रोक सकेंगे। मैं यादवी हूँ, अपमान का बदला षड्यन्त्र करके नहीं लूँगी। यदि मेरे पुत्र की बाहुओं में बल होगा, तो वह स्वयं प्रतिशोध ले लेगा। मैं अब जाती हूँ, परन्तु मेरी बात स्मरण रखना।

(**वेग से जाती है**)

काश्यप—नागराज, इसे अभी मार डालो ! नहीं तो यह सारा भण्डा फोड़ देगी !

[**तक्षक दौड़कर उसे पकड़ लाता है। दूसरी ओर से मनसा का प्रवेश**]

मनसा—नागराज, क्या करते हो ! स्त्रियों पर यह अत्याचार ! छोड़ो इसे ! पहले अपनी रक्षा करो !

(**तक्षक सरमा को छोड़ देता है**)

तक्षक—क्या ! अपनी रक्षा !

मनसा—हाँ, हाँ, अपनी रक्षा ! जन्मेजय की सेना फिर तक्षशिला में पहुँच गयी है। भाई वासुकि नाग-सेना एकत्र करके यथाशक्ति उन्हें रोक रहे हैं। आर्यों का यह आक्रमण बड़ा भयानक है। वे तुम लोगों से बढ़कर बर्बरता दिखला रहे हैं। जो लोग बन्दी होते हैं, वे अग्निकुण्ड में जला दिये जाते हैं। गाँव-के-गाँव दग्ध हो रहे हैं। नाग-जाति बिना रक्षक की भेड़ों के समान भाग रही है। आर्यों की भीषण प्रतिहिंसा जाग उठी है। जन्मेजय कहता है कि पिता को जलाकर मारने का प्रतिफल इन नागों को उसी प्रकार जला कर दूंगा। हाहाकार मचा हुआ है।

सरमा—क्यों मनसा, अब मैं जाऊँ, या तक्षक के हाथों प्राण दूँ ? यादवी प्राणों की भिक्षा नहीं चाहती।

मनसा—सरमा ! यदि हो सके, तो इस विपत्ति के समय नागों की कुछ सहायता करो।

सरमा—नहीं मनसा ! यह आग तुम्हीं ने भड़कायी है इसे बुझाने का साधन मेरे पास नहीं है।

काश्यप—और मैं, मैं क्या करूँ ! हाय रे ! मैं क्या—मैं क्या—।

मनसा—तुम ! तुम घृणित पशु हो, चुप रहो !

काश्यप—सरमादेवी ! मेरा अपराध—हाय रे क्षमा—।

सरमा—मनसा ! मैं प्रतिज्ञा करती हूँ कि मुझसे नागों का कुछ भी अनिष्ट नहीं होगा। **(जाती है)**

तक्षक—इधर हम लोग भी तो आर्य-सीमा के भीतर ही हैं ! क्या किया जाय, कैसे पहुँचकर वासुकि की सहायता करूँ !

मनसा—चलो ! मैं जानती हूँ, एक पथ है, जो तुम्हें सुरक्षित स्थान पर पहुँचा देगा।

काश्यप—मैं भी चलूँगा ! यहाँ नहीं—पर हाय रे ! यहीं मेरा बड़ा धन है !

मनसा—सावधान ! नागराज, ऐसे कृतघ्न का विश्वास न कीजिये।

(तक्षक और मनसा दोनों जाते हैं)

काश्यप—तब तो चलो भाइयो, हम भी चलें।

सब ब्राह्मण—तुमने व्यर्थ हम लोगों पर भी एक प्रायश्चित चढ़ाया।

काश्यप—क्या मैंने तुम्हें बुलाया था ?

पह० ब्राह्मण—काश्यप, यदि हम पहले से जानते कि तुम इतने झूठे हो, तुम से बात न करते !

दू० ब्राह्मण—तुम इतने नीच हो, यह हम पहले नहीं जानते थे।

ती० ब्राह्मण—तुम इतने घृणित हो—

काश्यप—अच्छा बाबा ! हम सब कुछ हैं, तुम लोग कुछ नहीं हो। यदि दक्षिणा मिलती, तब तो चन्दन-चर्चित कलेवर लेकर सब लोग मन्द-मन्थर गति से घर जाते और मेरी ही बड़ाई करते ! किन्तु अब तो व्यवस्था ही उलट गयी।

सब ब्राह्मण—तुमने सबको राजनिन्दा सुनने के पाप का भागी बनाया।

काश्यप—और फिर भी कुछ हाथ न आया ! चलो।

(सब जाते हैं)

(सरमा गाती हुई आती है)

बरस पड़े अश्रु-जल, हमारा मान प्रवासी हृदय हुआ।
भरी धमनियाँ सरिताओं-सी, रोष इन्द्रधनु उदय हुआ॥
लौट न आया निर्दय ऐसा, रूठ रहा कुछ बातों पर।
था परिहास एक-दो क्षण का, वह रोने का विषय हुआ॥
अब पुकारता स्वयं खड़ा उस पार; बीच में खाई है।
आऊँ क्या मैं भला बता दो, क्या आने का समय हुआ॥
जीवन भर रोऊँ, क्या चिन्ता! वैसी हँसी न फिर करना।
कहकर आने लगा इधर फिर क्यों अब ऐसा सदय हुआ॥

नाथ! अभिमान से मैं अलग हूँ, किन्तु स्नेह से अभिन्न हूँ। रमणी का अनुराग कोमल होने पर भी बड़ा दृढ़ होता है। वह सहज में छिन्न नहीं होता। जब वह एक बार किसी पर मरती है, तब उसी के पीछे मिटती भी है। प्राणेश्वर! इस निर्जन वन में तुम्हारी अप्रत्यक्ष मूर्ति के चरणों पर अभिमानिनी सरमा लोट रही है। देवता! तुम सङ्कट में हो, यह सुनकर भला मैं कैसे रह सकती हूँ! मेरा अश्रु-जल समुद्र बनकर तुम्हारे और शत्रु के बीच गर्जन करेगा, मेरी शुभ कामना तुम्हारा वर्म बनकर तुम्हें सुरक्षित रक्खेगी! तुम्हारे लिये अपमानिता सरमा राजकुल में दासी बनेगी। **(जाती है)**

षष्ठ दृश्य

(कानन में अग्निशाला में शीला और सोमश्रवा)

शीला—क्या गुरुजनों के सामने ही ऐसा प्रश्न कीजियेगा?

सोमश्रवा—हाँ, और नहीं तो क्या! पाणिगृहीता भार्या पितृकुल में वास करेगी तो मेरा अग्निहोत्र कैसे चलेगा?

शीला—नागराज की कन्या मणिमाला अब थोड़े ही दिनों तक और यहाँ रहेगी, और भाई आस्तीक का भी समावर्त्तन संस्कार होने वाला है। अभी वह सहमत नहीं होता है, किन्तु कुछ ही दिनों में स्वीकार कर लेगा। तब तक के लिए मैं क्षमा चाहती हूँ।

सोमश्रवा—तो फिर मैं भी यही रहूं?

शीला—क्यों नहीं! फिर पुरोहित क्यों बने थे?

सोमश्रवा—प्रमादपूर्ण युद्धविग्रह का सम्पर्क मुझे तो नहीं अच्छा लगता। राजा

ने मुझे भी तक्षशिला में बुलाया है। किंतु देवि, मैं तो नहीं जाता। वह बीभत्स हत्या-काण्ड मुझसे नहीं देखा जायगा।

शीला—तो फिर यहाँ श्वसुर-कुल में रहोगे?

सोमश्रवा—नहीं, अपने पिता के आश्रम में रहूँगा। यहाँ से तो वह समीप ही है। कभी-कभी आकर तुम्हें भी देख जाया करूँगा।

शीला—किन्तु आर्यपुत्र! हम आरण्यकों को नगर में रहना कैसे अच्छा लगेगा?

सोमश्रवा—देवि मुझे तो राजा की पुरोहिती नहीं रुचती। इन्हीं थोड़े दिनो में इन्द्रप्रस्थ से जी घबरा उठा है। मुझे तो राजा के साथ ही तक्षशिला जाना पड़ता, किन्तु इस प्रस्तुत युद्ध में कल्याण के लिए कई आथर्वण प्रयोग करने हैं, इसी से मैं यहाँ आरण्यक-मण्डल में चला आया हूं। राजा का अग्निहोत्र भी मेरे साथ है। अब कुछ दिनों तक यहीं रहूंगा। तुम भी वहीं चलो। सब लोग मिलते-जुलते रहेंगे।

शीला—जब यहीं समीप में रहना है, तब तो ठीक ही है। किसी से विच्छेद भी न होगा।

(मणिमाला का प्रवेश)

मणिमाला—शीला! बहन, अरे तू इतना लजाती क्यों है। यह लो, यह तो बोलती भी नहीं! तेरा वह परिहास-रसिक स्वभाव वह विनोदपूर्ण व्यवहार, क्या सब कूछ भूल गया?

(च्यवन का प्रवेश। सब प्रणाम करते है)

च्यवन—आयुष्मन् सोमश्रवा! तुमने राजपुरोहित का पद स्वीकार कर लिया, यह बहुत अच्छा किया।

सोमश्रवा—आर्य! यह सब आप लोगों की कृपा है।

च्यवन—वत्स, राज-सम्पर्क के अवगुण हम ब्राह्मणों को, आरण्यकों को, न सीखने चाहिये। दया, उदारता, शील आर्जव और सत्य का सदैव अनुसरण करना चाहिये।

सोमश्रवा—आर्य, ऐसा ही होगा।

च्यवन—वत्स! ऐसा काम करना जिसमें दुरात्मा काश्यप ने ब्राह्मणों की जो विडम्बना की है, वह सब धुल जाय और सब पर ब्राह्मणों की सच्ची महत्ता प्रकट हो जाय! अध्यात्म-गुरु जब तक अपना सच्चा स्वरूप नहीं दिखलावेंगे, तब तक दूसरे भला कैसे धर्माचरण करेंगे! त्याग का महत्त्व, जो हम ब्राह्मणों का गौरव है, सदैव स्मरण रहे। धर्म कभी धन के लिये न आचरित हो, वह श्रेय के लिये हो, प्रकृति

के कल्याण के लिये हो, और धर्म के लिये हो। यही धर्म हम तपोधनों का परम धन है। उसकी पवित्रता शरत्कालीन जलस्रोत के सदृश, उसकी उज्ज्वलता शारदीय गगन के नक्षत्रालोक से भी कुछ बढ़ कर और शीतल हो।

सोमश्रवा—आर्य ! ऐसा ही होगा। मैंने राजा से प्रतिज्ञा की है कि यदि कोई धर्म-विरुद्ध कार्य होगा, तो मैं पुरोहिती छोड़ दूँगा। अब मेरे लिये क्या आज्ञा है ? मैं पिताजी को क्या उत्तर—— ।

च्यवन—(**हँसकर**) शीला तुम्हारे साथ जायगी। उसे कोई कष्ट नहीं होगा। वह दिन में दो बार वहाँ आ-जा सकती है।

मणिमाला—पिता जी ! तो फिर मैं सबको एकत्र करूँ ? सखियाँ इसकी विदाई करेंगी।

च्यवन—हाँ पुत्रियो, तुम अपने मङ्गलाचार कर लो !

(**सब का प्रस्थान**)

सप्तम दृश्य

(**तक्षशिला की एक घाटी में आर्य-सेना अवरोध किये हुये है।**
चण्ड भार्गव का प्रवेश)

चण्ड भार्गव—वीरों, तुमने आर्यों के प्रचण्ड भुज-दण्ड का प्रताप दिखला दिया। सम्राट् ने स्कन्धावार से तुम लोगों को बधाई भेजी है। इन पतित और दस्यु अनार्य नागों ने जान लिया कि निष्ठुरता और क्रूरता में भी आर्य-शक्ति पीछे नहीं है। वह मित्रों के साथ जितना स्नेह दिखलाती है, उतना ही शत्रुओं को कठोर दण्ड देना भी जानती है। आज के बन्दी कहाँ हैं ?

एक सैनिक—अभी लाता हूँ। (**जाकर बन्दी नागों को ले आता है**)

चण्ड भार्गव—क्यों, अब तुम्हारी क्या कामना है ? दौरात्म्य छोड़कर, आर्य-साम्राज्य की शान्त प्रजा होकर रहना तुम्हें स्वीकृत है या नहीं ? तुम दस्युवृत्ति छोड़ कर सभ्य होना चाहते हो या नहीं ?

एक नाग—आर्य सेनापति ! दस्यु कौन है, हम या तुम ? जो शान्तिप्रिय जनता पर अपना विक्रम दिखाने का अभिमान करता है, जो स्वाहा के मन्त्र पढ़कर गाँव-के-गाँव जला देना अपना धर्म समझता है, जो एक की प्रतिहिंसा का प्रतिशोध अनेक से लेना चाहता है, वह दुरात्मा है या हम ?

चण्ड भार्गव—हूँ ! इतनी ऊर्जस्वता !

नाग—क्यों नहीं ! अपनी स्वतंत्रता की रक्षा के विचार से मैं मरने के लिए रणभूमि में आया था। यदि यहाँ आकर बन्दी हो गया, तो क्या मैं लज्जित होऊँ ? हाँ दुःख इस बात का है कि तुम्हें मारकर नहीं मर सका।

चण्ड भार्गव—तुम जानते हो कि इसका क्या परिणाम होगा ?

नाग—वही जो औरों का हुआ है ! होगा रण-चण्डी का विकट ताण्डव, आर्यों का स्वाहा-गान, और हमारे जीवन की आहुति ! नाग मरना जानते हैं। अभी वे हीन-पौरुष नहीं हुये है। जिस दिन वे मरनें से डरने लगेंगे, उसी दिन उनका नाश होगा। जो जाति मरना जानती रहेगी, उसी को पृथ्वी पर जीने का अधिकार रहेगा।

चण्ड भार्गव—मैं अपना कर्तव्य कर चुका। इनकी आहुति दो।

(सैनिक लोग नागों को एक ओर ढकेल कर फूस से घेरकर आग लगा देते हैं। आर्य सैनिक 'स्वाहा' चिल्लाते हैं। पहाड़ी में से एक गुफा का मुँह खुल जाता है। मनसा और तक्षक दिखायी देते हैं)

चण्ड भार्गव—अरे यही तक्षक है ! पकड़ो, पकड़ो !

(चण्ड भार्गव आग बढ़ता हे। बाल खोले और हाथ में नंगी तलवार लिये हुए मनसा आकर बीच में खड़ी हो जाती है। तक्षक दूसरी ओर निकल जाता है, सब आर्य-सैनिक स्तब्ध रह जाते हैं)

अष्टम दृश्य

(पथ में माणवक और दामिनी)

माणवक—अब तुम निरापद स्थान में पहुँच गयीं हो मैं जाता हूं।

दामिनी—न न न ! कहीं फिर अश्वसेन न आ जाय। मुझे थोड़ी दूर पहुँचा दो। तुम्हारी बात न मानकर मैंने बड़ा दुःख उठाया। परन्तु मेरा अपराध भूलकर थोड़ा-सा उपकार और कर दो।

माणवक—मैं जनसंसर्ग से दूर रहना चाहता हूँ। मुझे क्षमा करो।

दामिनी—मैं पथभ्रष्ट हो जाऊँगी।

माणवक—सो तो हो चुकीं। अब भाग्य में होगा तो घूम-फिर कर फिर अपने स्थान पर पहुँच ही जाओगी।

(**वेद और त्रिविक्रम का प्रवेश**)

वेद—वत्स त्रिविक्रम ! आज और कितना चलना होगा ?

त्रिविक्रम—गुरुदेव, किधर चलना है ? जन्मेजय के यज्ञ की ओर अथवा गुरु पत्नी को ढूँढ़ने ?

वेद—ढूँढ़ तो चुके त्रिविक्रम ! वह उल्का-सी रमणी अनन्त पथ में भ्रमण करती होगी। उसके पीछे किस छाया-पथ से जाऊँगा ! दामिनी ! अब भी मैं तुझे क्षमा करने के लिये प्रस्तुत हूँ, क्योंकि मैं जानता हूँ कि बड़े-बड़े विद्वान् भी प्रवृत्तियों के दास होते हैं, फिर तू तो एक साधारण स्त्री ठहरी।

त्रिविक्रम—पर अब वह मिलती कहाँ है ?

वेद—जाने उसका भाग्य ! चलो, यज्ञशाला की ओर चलें। परन्तु त्रिविक्रम ! मुझे भय लग रहा है कि कहीं इस यज्ञ में कोई भयानक काण्ड सङ्घटित न हो !

त्रिविक्रम—तब तो कुटीर की ओर लौटना ही ठीक होगा।

(**दामिनी आकर पैरों पर गिरती है**)

वेद—कौन दामिनी !

दामिनी—हाँ आर्यपुत्र ! अपराधिनी को क्षमा कीजिये।

वेद—(**निश्वास लेकर**) क्षमा ! दामिनी हृदय से पूछो, वह क्षमा कर सकेगा ? परन्तु—।

दामिनी—वह मेरा भ्रम था। परन्तु हृदय से नहीं, आप अपनी स्वाभाविक कृपा से पूछ देखिये। वही मुझे क्षमा कर देगी। मेरा और कौन है !

माणवक—आर्य ! क्षमा से बढ़कर और किसी बात में पाप को पुण्य बनाने की शक्ति नहीं है। मैं भली-भाँति जानता हूँ, मानसिक दुर्बलताओं के रहते हुए भी यह स्त्री आचारतः पवित्र और शुद्ध है।

वेद—दामिनी, उजड़ा हुआ गुरुकुल देखकर क्या करोगी ! चलो, यज्ञशाला की ओर ही चलें। (**माणवक से**) भाई तुम कौन हो ?

माणवक—यादवी सरमा का पुत्र।

त्रिविक्रम—सरमा तो आजकल जन्मेजय के राजमन्दिर में ही है। वह छिपी हुई है तो क्या हुआ, मैं उसे पहचान गया हूँ।

माणवक—तो फिर मैं भी आप लोगों के साथ ही चलूँगा, एक बार माँ को देखूंगा।

(**सब जाते हैं**)

यवनिका-पतन

तृतीय अङ्क

प्रथम दृश्य

(वेदव्यास और जमेनजय)

जन्मेजय—आर्य ! मुझे बड़ा आश्चर्य है !

व्यास—वत्स, वह किस बात का ?

जन्मेजय—यही कि भगवान् बादरायण के रहते हुये ऐसा भीषण काण्ड क्यों कर हुआ ! इस गृहयुद्ध में पूज्यपाद देवव्रत के सदृश महानुभाव क्यों सम्मिलित हुये ?

व्यास—आयुष्मन्, तुम्हारे पितामहों ने मुझसे पूछकर कोई काम नहीं किया था, और न बिना पूछे मैं उनसे कुछ कहने ही गया था, क्योंकि वह नियति थी। दम्भ और अहङ्कार से पूर्ण मनुष्य अदृष्ट शक्ति के क्रीड़ा-कन्दुक हैं। अन्ध-नियति कर्तृत्व-मद से मत्त मनुष्यों की कर्म-शक्ति को अनुचरी बनाकर अपना कार्य कराती है, और ऐसी ही क्रान्ति के समय विराट् का वर्गीकरण होता है। वह एकदेशीय विचार नहीं है। इसमें व्यक्तित्व की मर्यादा का ध्यान नहीं रहता, 'सर्वभूतहित' की कामना पर ही लक्ष्य होता है।

जन्मेजय—भगवान्, इसका क्या तात्पर्य ?

व्यास—परमात्मशक्ति सदा उत्थान का पतन और पतन का उत्थान किया करती है। इसी का नाम है दम्भ का दमन। स्वयं प्रकृति की नियामिका शक्ति कृत्रिम स्वार्थ-सिद्धि में रुकावट उत्पन्न करती है। ऐसे कार्य कोई जान-बूझ कर नहीं करता, और न उनका प्रत्यक्ष में कोई बड़ा कारण दिखाई पड़ता है। उलट-फेर को शान्त और विचारशील महापुरुष ही समझते हैं, पर उसे रोकना उनके वश की भी बात नहीं है, क्योंकि उसमें विश्व-भर के हित का रहस्य है।

जन्मेजय—तब तो मनुष्य का कोई दोष नहीं, वह निष्पाप है !

व्यास—(हँसकर) किसी एक तत्त्व का कोई क्षुद्र अंश लेकर विवेचना करने से इसका निपटारा नहीं हो सकता। पौरव, स्मरण रक्खो, पाप का फल दुःख नहीं, किन्तु एक दूसरा पाप है। जिन कारणों से भारत युद्ध हुआ था, वे कारण या पाप बहुत दिनों से सञ्चित हो रहे थे। वह व्यक्तिगत कुकर्म नही था। जैसे स्वच्छ प्रवाह में कूड़े का थोड़ा-सा अंश रुक कर बहुत-सा कूड़ा एकत्र कर लेता है, वैसे ही कभी-कभी कुत्सित वासना भी इस अनादि प्रवाह में अपना बल सङ्कलित कर लेती है।

फिर जब उस समूह का ध्वंस होता है, तब प्रवाह में उसकी एक लड़ी बँध जाती है और फिर आगे चलकर वह कहीं-न-कहीं ऐसा ही प्रपञ्च रचा करती है।

जन्मेजय—उसका कहीं अवसान भी है?

व्यास—प्रशान्त महासागर ब्रह्मनिधि में।

जन्मेजय—आर्य कुछ मेरा भी भविष्य कहिये।

व्यास—वत्स, यह कुतूहल अच्छा नहीं। जो हो रहा है, उसे होने दो। अन्तरात्मा को प्रकृतिस्थ करने का उद्योग करो—मन को शान्त रखो।

जन्मेजय—पूज्यपाद, मुझे भविष्य जानने की बड़ी अभिलाषा है।

व्यास—(**ध्यानस्थ होकर**) जन्मेजय, तुम्हारा भविष्य भी बहुत रहस्यपूर्ण है। तुम्हारा जीवन श्रीकृष्ण के किये हुये एक आरम्भ की इति करने के लिये है। (**हँसकर ऊपर देखते हुए**) गोपाल, इसे तुम इतने दिनों के लिए स्थगित कर गये थे।

जन्मेजय—भगवन् पहेली न बनाइये।

व्यास—नियति, केवल नियति! जन्मेजय, और कुछ नहीं। ब्राह्मणों की उत्तेजना से तुमने अश्वमेध करने का जो दृढ़ सङ्कल्प किया है, उसमें कुछ विघ्न होगा, और धर्म के नाम पर आज तक जो बहुत सी हिंसा होती आई है, वे बहुत दिनों तक के लिए रुक जाने को है।

जन्मेजय—यदि कोई ऐसी बात हो, तो प्रभु, मैं यज्ञ न करूँ!

व्यास—वत्स, तुमको यज्ञ करना ही पड़ेगा। तुम्हारे सिर पर ब्रह्महत्या और इतनी नाग-हत्या का अपराध है। इसी यज्ञ की आशा से ब्राह्मण समाज ने अभी तक तुम्हें पतित नहीं ठहराया है। धर्म का शासन तुम्हें मानना ही पड़ेगा। तुम्हारी आत्मा इतनी स्वच्छन्द नहीं कि तुम इस प्रचलित परम्परा का उलङ्घन कर सको। अभी तुम्हारे स्वच्छन्द होने में बिलम्ब है। तुम्हें तो यह क्रियापूर्ण यज्ञ करना ही पड़ेगा, फल चाहे जो हो। यज्ञेश्वर भगवान् की इच्छा! जाओ जन्मेजय तुम्हारा कल्याण हो।

(**जन्मेजय प्रणाम करके जाता है। वेदव्यास ध्यानस्थ होते हैं। शीला, सोमश्रवा, आस्तीक तथा मणिमाला का प्रवेश**)

शीला—आर्यपुत्र, अभी तो भगवान् ध्यानस्थ है।

सोमश्रवा—तब तक आओ, हम लोग इस मन्त्रमुग्ध बन की शान्त शोभा देखें। क्यों भाई आस्तीक, रमणीयता के साथ ऐसी शान्ति कहीं और भी तुम्हारे देखने में आयी है?

आस्तीक—आर्यावर्त्त के समस्त प्रान्तों से इसमें कुछ विशेषता है। भावना की प्राप्ति और कल्पना के प्रत्यक्ष को यह सङ्गम-स्थली हृदय में कुछ अकथनीय आनन्द

कुछ बिलक्षण उल्लास, उत्पन्न कर देती है ! द्वेष यहाँ तक पहुँचते-पहुचते थक कर मार्ग में ही कहीं खो गया है । करुणा आतिथ्य के लिए वन-लक्ष्मी की भाँति आगतों का स्वागत कर रही है । इस कानन के पत्तों पर सरलतापूर्ण जीवन का सच्चा चित्र चमत्कृत हो जाता है ।

मणिमाला—भाई, मुझे तो इस दृश्य-जगत् में क्षण-भर स्थिर होने के लिए अपनी समस्त वृत्तियों के साथ युद्ध करना पड़ रहा है । वह करुणा की कल्पना, जो मुझे उदासीन बनाये रखती थी, यहाँ आने पर शान्ति में परिवर्तित हो गयी है । मानव-जीवन को जो कुछ प्राप्त हो सकता है, वह सब जैसे मिल गया हो ।

आस्तीक—सुनो ! (**कान लगाता** है)

सोमश्रवा—क्या ?

आस्तीक—यहाँ कोई उपदेश हो रहा है । मन को थोड़ा शान्त करो, सब स्पष्ट सुनाई देने लगेगा ।

(**सब चुप हो जाते** हैं ।)

आस्तीक—(**आप-ही-आप**) बुला लो, बुला लो, उस वसन्त को, उस जंगली वसन्त को, जो महलों में मन को उदास कर देता है, जो मन में फूलों के महल बना देता है, जो सूखे हृदय की धूल में मकरन्द सींचता है ! उसे अपने हृदय में बुला लो ! जो पतझड़ करके नयी कोंपल लाता है, जो हमारे कई जन्मों की मादकता में उत्तेजित होकर इस भ्रान्त जगत् में वास्तविक बात का स्मरण करा देता है, जो कोकिल के सदृश सकरुण आवाहन करता है, जिनमें विश्व-भर के सम्मिलन का उल्लास स्वतः उत्पन्न होता है, एक आकर्षण सबको कलेजे से लगाना चाहता है, उस वसन्त को, उस गयी हुई निधि को, लौटा लो । काँटों में फूल खिलें, विकास हो, प्रकाश हो, सौरभ खेल खेले विश्व मात्र एक कुसुम-स्तवक सदृश किसी निष्काम के करों में अर्पित हो । आनन्द का रसीला राग गूँज उठे । विश्व-भर का क्रन्दन कोकिल की काकली में परिणत हो जाय ।

व्यास—(**आँख खोलते हुए**) नमो रुचाय ब्राह्मणे ।

सोमश्रवा—आर्य के श्रीचरणों में उपश्रवा का पुत्र सोमश्रवा प्रणाम करता है ।

आस्तीक—यायावर वंशी आस्तीक आर्य को प्रणाम करता है ।

व्यास—कल्याण हो ! सद्बुद्धि का उदय हो !

शीला—आर्य ! उपश्रवा की पुत्रवधू भगवान् के चरणों में प्रणाम करती है ।

मणिमाला—महात्मा के चरणों में नागराज-बाला मणिमाला प्रणाम करती है ।

व्यास—कल्याण हो ! विश्व-भर के कल्याण में तुम सब दत्तचित्त हो ! वत्स सोमश्रवा, तुम राजपुरोहित हुए, यह अच्छा ही हुआ पर देखो, धर्म का शासन बिगड़ने न पावे ।

सोमश्रवा—आर्य आशीर्वाद दीजिये कि मैं अपने कर्त्तव्य में दृढ़तापूर्वक लगा रहूँ।

व्यास—वत्स आस्तीक, तुम्हारा प्रादुर्भाव किसी विशेष कार्य के लिए हुआ है। आशा है, तुम वह कार्य सम्पन्न करोगे।

आस्तीक—आर्य, आशीर्वाद दीजिये कि मैं अपने कर्त्तव्य के पालन में सफल होऊँ।

व्यास—पुत्री शीला, तुम आर्य ललनाओं के समान ही अपने पति के सत्कर्मों में सहकारिणी बनो।

शीला—भगवान् की जैसी आज्ञा! इसी प्रकार आशीर्वाद देते रहिये।

व्यास—नागराज कुमारी, अदृष्ट शक्ति ने तुम्हारे लिये भी एक बड़ा भारी कर्त्तव्य रख छोड़ा है, जो इस आर्य और अनार्य ही नहीं, किन्तु समस्त मानव-जाति के इतिहास में एक नया युग उत्पन्न करेगा। विश्वात्मा तुम्हे उसमें सफलता दे।

मणिमाला—भगवन्, आशीर्वाद दीजिये कि ऐसा ही हो।

व्यास—प्रिय वत्सगण, शुद्ध बुद्धि की शरण में जाने पर वह तुम्हें आदेश करेगी, और सीधा पथ दिखलावेगी। जाओ, तुम सबका कल्याण हो, और सबका तुम लोगों के द्वारा कल्याण हो।

सब—जो आज्ञा!

(**सब प्रणाम** करके जाते हैं)

द्वितीय दृश्य

(**प्रकोष्ठ में वपुष्टमा**)

वपुष्टमा—आर्यपुत्र अश्वमेध के व्रती हुए हैं। पृथ्वी का यह मनोहर उद्यान रक्त-रञ्जित होगा! भगवन्! क्या तुम भी बलि से प्रसन्न होते हो? यह तो बड़ा सङ्कट है। मन हिचकता है, पर विवशता वही करने को कहती है। धर्म की आज्ञा और ब्राह्मणों का निर्णय है। बिना यज्ञ किये छुटकारा नहीं। कैसा आश्चर्य है। एक व्यक्ति की हत्या जो केवल अनजान में हो गयी है, विधविहित असङ्ख्य हत्याओं से छुड़ायी जायगी! अखण्डनीय कर्म-लिपि! तेरा क्या उद्देश्य है, कुछ समझ में नहीं आता।

प्रमदा—(**प्रवेश करके**) महादेवी की जय हो ! परम भट्टारक ने सन्देश भेजा है कि मैं गान्धार-विजय करके बहुत शीघ्र ही लौटता हूँ । प्रिय अनुजों के साथ महादेवी यज्ञ-सम्भार का आयोजन करें ।

वपुष्टमा—प्रमदा, जब से मैंने अश्वमेध का नाम सुना है, तब से मेरा हृदय काँप रहा है । न जाने क्या होने वाला है ।

प्रमदा—महादेवी, भगवान् सब कुशल करेंगे । आप अपने हृदय को इतना दुर्बल बनाती हैं । सहस्रों राजकुमारों और श्रीमानों के मुकुटमणियों की प्रभा से ये पवित्र चरण रञ्जित होंगे और इन्हें देखकर आर्यावर्त्त की समस्त ललनायें उस माहात्म्य का, उस गौरव का, उच्च कण्ठ से गान करेंगी । भला ऐसे सुअवसर पर आपको प्रसन्न होना चाहिये या उद्विग्न ?

वपुष्टमा—उद्विग्न ! प्रमदा, मेरा हृदय बहुत ही उद्विग्न हो रहा है ! मेरा चित्त चञ्चल हो उठा है । भविष्य कुछ टेढ़ी रेखा खींचता हुआ दिखायी दे रहा है ।

प्रमदा—महादेवी, आपको ऐसी बातें शोभा नहीं देतीं । एक नयी परिचारिका आयी है । आज्ञा हो तो उसे बुलाऊँ । वह बहुत अच्छा गाना जानती है । उसी का कोई गीत सुनकर मन बहलाइये ।

वपुष्टमा—जैसी तेरी इच्छा ।

(**प्रमदा जाती है और परिचारिका के वेश में सरमा को लाती है**)

प्रमदा—यही नयी परिचारिका है ।

सरमा—सम्राज्ञी को मैं प्रणाम करती हूँ ।

वपुष्टमा—(**चौंककर**) कौन ? तुम्हारा क्या नाम है ?

सरमा—मुझे लोग कलिका कहते हैं ।

प्रमदा—नाम तो बड़ा अनोखा है ! अच्छा, महादेवी को कोई सुन्दर गीत सुनाओ ।

कलिका—महादेवी ? मुझे तो केवल करुणापूर्ण गीत आते हैं ।

वपुष्टमा—वही गाओ ।

प्रमदा—(**गाती है**)—

मन जागो जागो

मोह निशा छोड़ के, मन जागो ।
विकसित हों कमल-वृन्द, मधुप मालिका
गूँजती करती पुकार—जागो जागो ।
हेम पान पात्र प्रकृति, सुधा सिन्धु से
भर कर है लिये खड़ी, जागो जागो ।

वपुष्टमा—कलिका, तुम्हारे इस गाने का क्या अर्थ है ?

कलिका—महादेवी, वही जो लगा लिया जाय।

वपुष्टमा—कुछ और सुनाओ।

कलिका—अच्छा।

(गाती है)

फूल जब हँसते हैं अभिराम
मधुर माधव ऋतु में अनुकूल।
लगी मकरन्द झड़ी अविराम;
कहे जो रोना, उसकी भूल।
लोग जब हँसने लगते है;
तभी हम रोने लगते हैं।

उषा में सीमा पर के खेत
लहलहाते कर मलयज का स्पर्श।
बिखरते हिमकण विकल अचेत,
उसे हम रोना कहें कि हर्ष।
कृषक जब हँसने लगते हैं,
तभी हम रोने लगते हैं।

इसी 'हम' को तुम ले लो नाथ,
न लूटो मेरी कोई वस्तु।
उसे दे दो करुणा के हाथ,
सभी हो गया तुम्हारा, अस्तु।
लोग जब रोने लगते हैं,
तभी हम हँसने लगते हैं।

वपुष्टमा—सचमुच कलिका, जब एक रोता है, तभी तो दूसरे को हँसी आती है। यह संसार ऐसा ही है।

कलिका—स्वामिनी! केवल दम्भ, और कुछ नहीं! साधारण मनुष्यता से कुछ ऊँचे उठा लेनेवाला दम्भ, हृदय को बड़े वेग से पटक देता है, जिससे वह चूर हो जाता है! महादेवी, चूर होकर, मार्ग की धूल में मिलकर, समता का अनुभव करते हुए चरण-चिह्नों की गोद में लौटना भी एक प्रकार का सुख है, जो सबकी समझ में नहीं आता!

वपुष्टमा—हाँ! इच्छा होने पर भी मैं ऐसा नहीं कर सकती!

(सोथमवा और उत्तङ्क का प्रवेश)

वपुष्टमा—पौरव कूलवधू का आर्य के चरणों में प्रणाम है।

उत्तंक—कल्याण हो, सौभाग्यवती हो, वीरप्रसूत हो। श्रुतसेन, उग्रसेन और भीमसेन ये तीनों पाण्डव-कुल के महावीर विजयोपहार के साथ लौट आये। अश्व भी गान्धार तथा उत्तर-कुरु विजय करने के लिए प्रेरित किया गया है। स्वयं सम्राट् भी इस बार अश्व की रक्षा के लिए आगे बढ़ेंगे।

वपुष्टमा—आर्य के रहते हुए प्रबन्ध में कोई त्रुटि न होगी। कृती देवरों की सम्वर्धना करने के लिए मैं यज्ञशाला में चलती हूँ। किन्तु प्रभो, यह यज्ञ कैसा होगा ?

उत्तंक—जैसा सदैव से होता आया है। सम्राज्ञी, ब्रह्महत्या का प्रायश्चित्त करने और अपयश से बचने के लिए ही तो यह समस्त आयोजन है। बहुत अनुनय-विनय पर कुछ ब्राह्मण यज्ञ कराने के लिये उद्यत हुए हैं, सो भी जब कुलपति शौनक ने आचार्य होना स्वीकृत किया है, तब।

वपुष्टमा—यह सब करने पर भी क्या होगा ?

उत्तंक—राष्ट्र तथा समाज के शासन को दृढ़ करना ही इसका एकमात्र उद्देश्य है।

वपुष्टमा—तब आर्य इसे धर्म क्यों कहते हैं ?

उत्तंक—सम्राज्ञी, क्या धर्म कोई इतर वस्तु है ? वह तो व्यापक है। भला बिना उसके कहीं राष्ट्रनीति और समाजनीति चल सकती है ?

वपुष्टमा—मैं तो घबरा रही हूँ।

उत्तंक—कल्याणी, सावधान रहें। आप साम्राज्ञी हैं, फिर ऐसी दुर्बलता क्यों ? नियति का क्रीड़ा-कन्दुक नीचा-ऊँचा होता हुआ अपने स्थान पर पहुँच ही जायेगा। चिन्ता क्या है ? केवल कर्म करते रहना चाहिये।

वपुष्टमा—आर्य, आशीर्वाद दीजिये कि पति देवता के कार्य में मैं सहकारिणी रहूँ, और मरण में भी पश्चात्पद न होऊँ।

उत्तंक—पौरव कुलवधू के योग्य साहस हो, कल्याण हो !

(जाता है)

तृतीय दृश्य

(पहाड़ की तराई में नाग-सैनिक खड़े हैं)
(मनसा और उसकी दो सखियाँ आती हैं)

क्या सुना नहीं कुछ, अभी पड़े सोते हो
क्यों निज स्वतन्त्रता की लज्जा खोते हो।

प्रतिहिंसा का विष तुम्हें नहीं चढ़ता क्या
इतने शीतल हो, वेग नहीं बढ़ता क्या
जब दर्प भरा अरि चढ़ा चला आता है
तब भी तुममें आवेश नहीं आता है

जातीय मान के शव पर क्यों रोते हो
क्यों निज स्वतन्त्रता की लज्जा खोते हो!

धिक्कार और अवहेला की बलिहारी
सचमुच तुम सब हो पुरुष या कि हो नारी
चल जाय दासता की न कहीं यह छलना
देखते तुम्हारे लाञ्छित हों कुल-ललना

जातीय क्षेत्र में अयश बीज बोते हो
क्यों निज स्वतन्त्रता की लज्जा खोते हो

लज्जा मेरी या अपना सुख रखना है
परिणाम सुखद हैं; कड़वा फल चखना है
अपमान शल्य से छिदी हुई है छाती
निज दीन दशा पर दया नहीं क्या आती

अपने स्वत्वों से स्वयं हाथ धोते हो
क्यों निज स्वतन्त्रता की लज्जा खोते हो।

तक्षक—देवि, जातीयता की प्रतिमूर्ति, तुम्हारी जो आज्ञा होगी, वही होगा! जय, नागमाता की जय!

सब—जय, नागमाता की जय!

वासुकि—हम लोग उपहार लेकर जन्मेजय की अगवानी करने नहीं जायँगे!

नागगण—किन्तु मारेंगे और मर जायँगे!

मनसा—यही तो वीरों के उपयुक्त आचरण है! अच्छा तो सावधान अश्व सम्भवतः अब यहाँ आना ही चाहता है, उसे पकड़ना चाहिये।

(आस्तीक और मणिमाला का प्रवेश)

आस्तीक—क्यों माँ, क्या तुमको रक्त-रञ्जित धरणी मनोरम जान पड़ती है? एक प्राणी दूसरे का संहार करे, क्या इसके लिए तुम उत्तेजना देती हो? मेरी माँ यह क्या है?

मणिमाला—(**तक्षक से**) पिताजी, जबकि आर्यों ने इधर उपद्रव करना बन्द कर दिया है, और वे एक दूसरे रूप से सन्धि के अभिलाषी हैं, तब फिर आप युद्ध के लिए क्यों उत्सुक हैं ?

मनसा—बेटी, यदि तू जानती—

मणिमाला—क्या ?

मनसा—यही कि तेरे पिता को आग में जलाने के लिये वे ढूँढ़ते फिरते हैं, और इस नाग-जाति को धूल में मिला देना चाहते हैं ।

आस्तीक—क्यों आप अपने को मानव-जाति से भिन्न मानती हैं ? क्या यह आप लोगों के कल्पित गौरव का दम्भ नहीं है ।

मनसा—किन्तु वत्स, क्या यह आर्यों का दम्भ नहीं है ? क्या वे तुम्हारे इस ऊँचे विचार को नहीं समझते ?

आस्तीक—माँ, तुम्हारा कथन ठीक है ! किन्तु जब एक दूसरे प्रकार से नाग-जाति के भाग्य का निपटारा होने को है, तब इस युद्ध-विग्रह से क्या लाभ ? आर्यों का अश्व आवेगा, घूमकर चला जायगा । हम लोगों की स्वाधीनता पर उसका कोई प्रभाव नहीं पड़ेगा । जब हम युद्ध करके उनके सुव्यवस्थित राष्ट्र का नाश नहीं कर सकते, तब उनसे मित्रता रखने में क्या बुराई है ? यह तो कल्पित मानापमान के रूप में युद्ध-लिप्सा ही दिखाई देती है ।

तक्षक—(**स्वगत**) क्यों न हो, आर्य-रक्त का कुछ तो प्रभाव होना ही चाहिये ।

मनसा—सुना था, मेरी सन्तान से नाग-जाति का कुछ उपकार होगा । इसीलिए मैंने तुझे उत्पन्न किया था । यदि तू तलवार लेकर इस जातीय युद्ध में नहीं सम्मिलित होता, तो आज से तू मेरा त्याज्य पुत्र है ।

मणिमाला—बूआ, ऐसा न कहो । भाई आस्तीक !

मनसा—लड़की, चुप रह ! मुझे तू अभी पहचानती नहीं ।

आस्तीक—मैं किस प्रकार इस जाति की सहायता करूँगा, यह मैं जानता हूँ । तो फिर माँ मैं प्रणाम करता हूँ । तलवार लेकर तो नहीं, पर यदि हो सका तो मैं दूसरे प्रकार से यह विवाद मिटाऊँगा । इस क्रोध की बाढ़ में मैं बाँध बनूँगा, चाहे फिर मैं ही क्यों न तोड़कर बहा दिया जाऊँ ।

(**जाता है**)

मणिमाला—फिर मुझे क्या आज्ञा है ?

तक्षक—जा बेटी, तू घर जा ।

(**मणिमाला जाती है**)

मनसा—सावधान ! वह अश्व आ रहा है ।

(अश्व के साथ आर्य-सैनिकों का गाते हुए प्रवेश)

पद-दलित किया है जिसने भूमण्डल को ।
निज हेषा से चौंकाता आखण्डल को ।
वह विजयी याज्ञिक अश्व चला है आगे ।
हम सब हैं रक्षक, देख शत्रुगण भागे ।।

यह अरुण पताका नभ तक है फहराती ।
जो विजय-गीत मिल मलय पवन से गाती ।।
जय आर्यभूमि की, आर्य-जाति की जय हो ।
अरिगण को भय हो, विजयी जन्मेजय हो ।।

मनसा—छीन लो, इस अश्व को छीन लो !

(सब नाग चिल्लाकर दौड़ते हैं । युद्ध होता है । नाग अश्व पर अधिकार कर लेते हैं । दूसरी ओर से चण्ड भार्गव और जन्मेजय सैनिकों के साथ आकर नागों को भगाते और अश्व को छुड़ा ले जाते हैं । मणिमाला का प्रवेश)

मणिमाला—क्या ही वीर-दर्प से पूर्ण मुखश्री है ! प्रणय-वृक्ष, तू कैसे भयानक पानी से टकरानेवाले कगार पर लगा है ! पिता ! नहीं मानोगे । ओह ! क्षण भर में कितना भीषण रक्तपात हो गया ।

(घायलों को देखती है । मनसा का पुनः प्रवेश)

मनसा—कौन ? मणिमाला !

मणिमाला—हाँ बूआ, देखो तुम्हारी उत्तेजना ने क्या परिणाम दिखलाया । आहा ! बेचारे का हाथ ही कट गया है !

मनसा—(**गम्भीर होकर**) बेटी, सचमुच यह बड़ा भयानक दृश्य है । इसे देखकर तो मेरा भी हृदय काँप उठा है ।

मणिमाला—नहीं बूआ, तुम न काँपो । तुम त्रिशूल लिये हुये वज्र कठोर चरणों से इन शवों पर रण-चण्डी का ताण्डव नृत्य करो । संसार भर की रमणीयता और कोमलता बीभत्स क्रन्दन करे, और तुम्हारे रमणीसुलभ मातृभाव की धज्जियाँ उड़ जायँ ! विश्व भर में रमणियों के नाम का आतङ्क छा जाय ! सेवा, वात्सल्य, स्नेह तथा इसी प्रकार की समस्त दुर्बलताओं के कहीं चिह्न तक न रह जायँ, क्योंकि सुनती हूँ, इन सब विडम्बनाओं से केवल स्त्रियाँ ही कलङ्कित हैं । हाँ बूआ, एक बार विकट हुंकार कर दो !

मनसा—बस बेटी, बस अधिक नहीं । मेरी भूल थी, पर वह आज समझ में आ गयी । यदि स्त्रियाँ अपने इंगित की आहुति न दें तो विश्व में क्रूरता की अग्नि

प्रज्वलित ही नहीं हो सकती। बर्बर रक्त को खौला देना इन्हीं दुर्बल रमणियों की उत्तेजनापूर्ण स्वीकृति का कार्य है। उनकी कातर दृष्टि में जो बल, जो कर्त्तृत्व-शक्ति है वह मानव-शक्ति का सञ्चालन करने वाली है। जब अनजान में उसका दुरुपयोग होता है, तब तत्काल इस लोक में दूसरा ही दृश्य उपस्थित हो जाता है। बेटी, क्षमा कर, तू देवी है।

मणिमाला—तो चलो बूआ, इन घायलों की शुश्रूषा करें।

मनसा—अच्छा बेटी !

(दोनों घायलों को उठाती हैं)

चतुर्थ दृश्य

(महल का बाहरी भाग कलिका-दासी के रूप में सरमा आती है)

सरमा—मैं पति-सुख से बञ्चिता हूँ। पुत्र भी अपमानित होकर रूठ कर चला गया है। जाति के लोगों का निरादर और कुटुम्बियों का तिरस्कार सहकर पेट पालने के लिए अधम दासता कर रही हूं, तब भी कौन कह रहा है कि 'मैं तुम्हारे साथ हूँ ?' जब किसी की सहानुभूति नहीं, जब किसी से सहायता की आशा नहीं, तब भी विश्वास ! राजकुल में क्या करने के लिए आयी हूं। होगा, मेरा कोई काम होगा। मैं उस अदृष्ट शक्ति का यन्त्र हूं वह जो मेरे साथ है, मुझसे कोई काम कराना चाहता है।

(प्रमदा का प्रवेश)

प्रमदा—कलिका ! तू यहाँ क्या कर रही है ? क्या अभी तक शाला में नहीं गयी ? महारानी तेरी प्रतीक्षा कर रही होंगी।

कलिका—(**सरमा**) प्रमदा ! आज इस समय तू ही काम चला दे। मैं रात को रहूँगी। आज अश्व-पूजन होगा। रात भर जागना होगा। नृत्य-गीत देखूँ-सुनूँगी। मेरी प्यारी बहन, आज मेरा जी बेचैन है।

प्रमदा—अरी वाह ! मैं क्यों तेरा काम करने लगी।

कलिका—मैं तेरे पैरों पड़ती हूं। बहन ! इस समय तो मैं किसी काम की नहीं हूं।

प्रमदा—क्या तूने कुछ माध्वी पी ली है ? कल तो अच्छी भली थी।

कलिका—नहीं बहन, मैं गौड़ी या माध्वी कुछ नहीं पीती। अच्छा तू न करेगी, तो मैं ही चलती हूं।

(**रोनी सूरत बनाती है**)

प्रमदा--नहीं, मैं तो हँसी करती थी। जा, जब तेरा जी चाहे, तब आइयो, मैं जाती हूं।

(**प्रमदा जाती है। सरमा किसी को आते देखकर छिप जाती है। इधर-उधर देखता हुआ काश्यप आता है**)

काश्यप---सन्ध्या हो चली है। आकाश ने धूसर अन्धकार का कम्बल तान दिया है। यह गोधूलि आँखों में धूलि झोंककर काम करने का अभय दान दे रही है। आङ्गिरस काश्यप की प्रतिहिंसा का फल, उसे अपमानित करके, पुरोहिती छीनकर, शौनक को आचार्य बनाने की मूर्खता का दण्ड आज मिलेगा। ब्राह्मण ! आज वह शक्ति दिखला दे कि तुझमें 'शापादपि शरादपि' दोनों प्रकार से दण्ड देने का अधिकार है ! ओह, इतनी पुष्कल दक्षिणा ! ऐसे महत्त्व का पद ! मुझसे सब छीन लिया गया ! रोयेगा, जन्मेजय, तू आठ-आठ आँसू रोयेगा। तेरे हृदय को क्षत-विक्षत करके, तेरी आत्मा को ठोकर लगाकर, मैं दिखला दूँगा कि ब्राह्मण को अपमानित करने का क्या फल है ! ---अभी नहीं आया ?

(**तक्षक का छिपते हुए प्रवेश**)

तक्षक---कौन है ?

काश्यप---मैं, आङ्गिरस। तुम कौन ?

तक्षक---नाग।

काश्यप---प्रस्तुत होकर आये हो ?

तक्षक---तुम अपनी कहो।

काश्यप---मैंने सब ठीक कर दिया है। अश्व-पूजन में जाने वाले सब ब्राह्मण हमारे हैं। वहाँ थोड़ी-सी स्त्रियाँ ही रहेंगी। उनसे तो तुम नहीं डरते न ?

तक्षक---मेरे केवल पचीस ही साथी आ सके हैं।

काश्यप---इतने से काम हो जायगा। यज्ञ का अश्व तुम ले भागना, ओर यदि हो सके, तो महिषी को भी।

तक्षक---(**चौंककर**) क्यों उसका क्या काम हैं ?

काश्यप---बताऊँगा ! इस समय जाओ, सावधानी से काम करना। थोड़े-से रक्षक रहेंगे, वे भी सोम-पान करके झूमते हुए मिलेंगे। तुम्हे कोई डर नहीं है। जाओ, अब समय हो गया। यदि चूकोगे तो फिर ठिकाना न कगेगा। घात में लग जाओ। सरमा भी यहीं है, वह तुम्हारा काम करेगी।

तक्षक---अच्छा, जाता हूँ। किन्तु काश्यप, अबकी अन्तिम दाँव है। यदि अबकी सफलता न हुई तो फिर तुम्हारी कोई बात न मानूँगा।

(तक्षक जाता है)

काश्यप—मरो, कटो, मुझे क्या! घात चल गयी, तो हँसूँगा, नहीं तो कोई चिन्ता नहीं।

(काश्यप का प्रस्थान। सरमा का पुनः प्रवेश)

सरमा—इस नीच ने आज फिर मायाजाल रचा है। अच्छा आज तो सरमा जान पर खेल कर उस आर्य-बाला की मर्यादा की रक्षा करेगी। उस तिरस्कार का जो वपुष्टमा ने सिंहासन पर बैठ कर किया है, प्रतिफल देने का अच्छा अवसर मिला है। देखूँ, क्या होता है।

(आस्तीक का प्रवेश)

आस्तीक—आर्ये मैं आस्तीक प्रणाम करता हूँ।

सरमा—कल्याण हो वत्स! तुम यहाँ कैसे आये?

आस्तीक—माँ ने मुझे त्याज्य पुत्र बनाकर निकाल दिया है।

सरमा—(उसके सिर पर हाथ फेरती हुई) आज से मैं तुम्हारी माँ हूँ। वत्स, दुखी न होना। तुम मेरे पास रहो। माणवक और आस्तीक, मेरे दो बेटे थे। एक खो गया, तो दूसरा मिल गया!

आस्तीक—माँ, मुझे आज्ञा दो कि मैं क्या करूँ!

सरमा—आज तुम्हें बहुत बड़ा काम करना होगा। तुम पत्नीशाला के पीछे की खिड़की के पास चलो। जब तक मेरा कण्ठ-स्वर न सुनना, तब तक वहाँ से कहीं न जाना।

आस्तीक—जो आज्ञा।

(दोनों जाते हैं शीला और दामिनी का प्रवेश)

शीला—अहा, बहन दामिनी, अच्छे समय पर आ गयी। क्या यज्ञशाला में चलती हो?

दामिनी—किन्तु तुमने तो अभी तक वेश-भूषा भी नहीं की।

शीला—वेश-भूषा! क्यों?

दामिनी—क्यों, जब वहाँ बहुत-सी कुल-ललनायें और राजकुल की स्त्रियाँ अच्छे-अच्छे गहने-कपड़ों से सजकर आवेंगी, तब क्या तुम इसी वेश में उनमें जा बैठोगी?

शीला—क्यों, क्या इसमें कुछ लज्जा है?

दामिनी—अवश्य! जहाँ जैसा समाज हो, वहाँ उसी रूप में जाना चाहिये।

शीला—यह विडम्बना है। पवित्र हृदय को इसकी क्या आवश्यकता है? बनावटी बातें क्षणिक होती हैं, किन्तु जो सत्य है, वह स्थायी होता है। बहन दामिनी,

मेरी समझ में तो स्त्रियाँ विशेष शृङ्गार का ढोंग करके अपनी स्वाभाविक स्वतन्त्रता भी खो बैठती हैं। बस्त्रों और आभूषणों की रक्षा करने और उन्हें सँभालने में उनको जो कार्य करने पड़ते हैं, वे ही पुरुषों के लिए विभ्रम हो जाते हैं। चलने से उन्हें आभूषणों के कारण सँभालकर पैर रखना, कपड़ों को बचाने के लिये समेट कर उठते, हटाते, खींचते हुये चलना—यह सब पुरुषों की दृष्टि को तो कलुषित करता ही है, हमारे लिए भी और बन्धन हो जाता है। खुले हृदय से, स्वच्छन्दता से, उठना बैठना और बोलना-चालना भी दुष्कर हो जाता है। वेश-भूषा के नियमों में उलझकर अस्त-व्यस्त हो जाना पड़ता है।

दामिनी—बहन, तुमने तो यह बड़ी भारी वक्तृता दे डाली। तो फिर क्या संसार में इनका प्रयोग व्यर्थ है ?

शीला—मेरी सम्मति तो यह है कि सरलता, हृदय की पवित्रता, स्वच्छता और अपनी प्रसन्नता के लिये उतना ही स्त्री-जन-सुलभ सहज शृङ्गार पर्याप्त है, जो स्वतन्त्रता में बाधा न डालता हो, जो दूसरे का मनोरञ्जन करने के लिये न हो। कुटिलों का लक्ष्य बनने के लिये कठपुतली की तरह सजना व्यर्थ ही नहीं, किन्तु पाप भी है।

दामिनी—लो, यह व्यवस्था भी हो गयी, किन्तु मैं तो इसे नहीं मानने की।

शीला—देखो, इसी कारण मणिकुण्डलों के लिये, अपने पति के सामने तुम्हें कितना लज्जित होना पड़ा था, और कितना बड़ा अनर्थ तुमने उपस्थित कर दिया था !

दामिनी—**(सिर नीचा करके)** हाँ बहन, यहाँ तो मुझे हार माननी ही पड़ी ! अच्छा, लो चलो।

(दोनों जाती हैं)

पञ्चम दृश्य

(पत्नीशाला की पिछली खिड़की के निकट आस्तीक टहल रहा है)

(योद्धा के वेश में मणिमाला का प्रवेश)

आस्तीक—तुम कौन हो ?

मणिमाला—भाई आस्तीक ! तुम यहाँ कैसे ?

आस्तीक—अरे ! मणिमाला, तुम इस वेश में क्यों ?

मणिमाला—भाई ! आज विषम काण्ड है। पिताजी ने फिर कुछ आयोजन किया है। मैं भी इसीलिये आई हूँ कि यदि हो सके तो उन्हें बचाऊँ।

आस्तीक—मुझे भी सरमा माता ने भेजा है। किन्तु तुम्हारा यहाँ रहना तो ठीक नहीं। जब कोई उपद्रव संघटित होगा, तब तुम यहाँ रह कर क्या करोगी ?

मणिमाला—नही, मैं तो आज उपद्रव में कूद पड़ूँगी। क्यों भाई, क्या तुम्हें रमणियों की दुर्बलता ही विदित है, उनका साहस तुमने नहीं सुना ?

आस्तीक—किन्तु–

मणिमाला—आज किन्तु-परन्तु कुछ नहीं सुनूँगी। आज मुझे विश्वास है कि पिताजी पर कोई भारी आपत्ति आवेगी।

आस्तीक—क्यों ?

मणिमाला—भला कुकर्म का भी कभी अच्छा परिणाम हुआ है ? **(कान लगाकर सुनती है)** भीतर कुछ कोलाहल-सा सुनाई दे रहा है। मैं जाती हूँ।

(जाना चाहती है आस्तीक हाथ पकड़ कर रोकता है)

आस्तीक—ठहरो मणि ! तुम न जाओ।

मणिमाला—छोड़ दो भाई। मैं अवश्य जाऊँगी, इसीलिये वेश बदल कर आयी हूँ।

(मणिमाला हाथ छुड़ाकर चली जाती है। माणवक का प्रवेश)

आस्तीक—कौन ? माणवक !

माणवक—भाई आस्तीक !

(खिड़की खुलती है मूर्च्छिता वपुष्टमा को लिये कई नागों का उसी से बाहर आना सरमा पीछे से आकर उनको रोकना चाहती हैं नागों का वपुष्टमा को ले जाने का प्रयत्न)

माणवक—तुम इसे मेरी रक्षा में छोड़ दो। नागराज की सहायता करो।

(घबड़ाये हुए नाग वपुष्टमा को उसी के हाथ सौंप देते हैं)

सरमा—यहाँ बात मत करो। शीघ्र चलो।

आस्तीक—किन्तु मणिमाला भी यहीं है।

सरमा—आर्य लोग स्त्रियों की हत्या नहीं करते चलो।

(चारों जाते हैं रक्षकों से युद्ध करते हुए तक्षक का प्रवेश और भी आर्य सैनिक आ जाते हैं तक्षक और मणिमाला दोनों बन्दी होते हैं)

षष्ठ दृश्य

(वेदव्यास अपने आश्रम में बैठे हैं)

(माणवक, आस्तीक, सरमा और वपुष्टमा भी हैं)

व्यास—ब्रह्मचक्र के प्रवर्त्तन में कैसी कठोर कमनीयता है ! वत्स आस्तीक, मैंने तुमसे जो कहा था, उसे मत भूलना।

आस्तीक—भगवन् ! मैं मातृद्रोही हो गया हूँ। मैंने माता की आज्ञा नहीं मानी। मेरे सिर पर यह एक भारी अपराध है।

व्यास—वत्स, सत्य महान् धर्म है। इतर धर्म क्षुद्र हैं, और उसी के अङ्ग हैं। वह तप से भी उच्च है, क्योंकि वह दम्भ-विहीन है। वह शुद्ध बुद्धि की आकाशवाणी है। वह अन्तरात्मा की सत्ता है। उसको दृढ़ कर लेने पर ही अन्य सब धर्म आचरित होते हैं। यदि उससे तुम्हारा पद-स्खलन नहीं हुआ, तो तुम देखोगे कि तुम्हारी माता स्वयं तुम्हारा अपराध क्षमा और अपना अपराध स्वीकृत करेगी। क्योंकि अन्त में वही विजयी होता है, जो सत्य को परम ध्येय समझता है।

माणवक—भगवन्, वह बात सर्वत्र तो नहीं घटित होती। क्या इसमें अपवाद नहीं होता ? यदि सत्य का फल श्रेय ही होता, यदि पाप करने से लोग प्रत्यक्ष नरक की ज्वाला में जलते, यदि पुण्य करते हुए जीवन को सुखमय बना सकते, तो क्या संसार में कभी इतना अत्याचार हो सकता था ?

व्यास—वत्स माणवक, विजय एक ही प्रकार की नहीं है, और उसका एक ही लक्षण नहीं है। परिणाम में देखोगे कि तुम श्रेयस्कर मार्ग पर थे। यदि प्रतिहिंसावश तुमने नागों का साथ दिया था, तो उस अलौकिक प्रभुता ने उसका भी कुछ दूसरा ही तात्पर्य रक्खा था। आज यदि तुम वहाँ न होते, कोई दूसरा नाग होता, तो इस पौरव कुलवधू की क्या अवस्था होती ? क्या उस सम्राट् पर यह तुम्हारी विजय नहीं है, जिसके भाइयों ने तुम्हें पीटा था ? तुम्हारे सत्य ने ही तुम्हें विजय दिलायी है।

सरमा—आर्य, श्री चरणों की कृपा से मेरी सारी भ्रान्ति दूर हो गयी, किन्तु एक अवशिष्ट है।

व्यास—वह क्या ?

सरमा—महारानी वपुष्टमा का परिणाम चिन्ता का विषय है।

व्यास—है अवश्य, किन्तु कोई भय नहीं। विश्वात्मा सबका कल्याण करता है।

आस्तीक—तब क्या आज्ञा है ?

व्यास—ठहरो, इस आश्रम में सब प्राकृतिक साधन पर्याप्त हैं। तुम लोग यहीं रहो। जब तुम लोगों के जाने की आवश्यकता होगी, तब मैं स्वयं भेज दूंगा। अभी तुम लोग विश्राम करो।

(वेदव्यास जाते हैं)

वपुष्टमा—बहन सरमा, मुझे क्षमा करो। मैंने तुम्हारा बड़ा अनादर किया था। आज मुझे तुम्हारे सामने आँख उठाते लज्जा आती है। तुमने मुझपर जैसी विजय पायी है, वह अकथनीय है।

सरमा—नहीं महारानी, वह आपके सिंहासन का आवेश था। वास्तविक स्थिति कुछ और ही थी, जो सब मनुष्यों के लिए समान है। वहाँ स्त्री-जाति के सम्मान का प्रश्न था, नाग और आर्य-जाति की समस्या नहीं थी। नाग-परिणय से तो मैं न्याय पाने की भी अधिकारिणी न थी। किन्तु क्या आपको विदित है कि कितने ऐसे शुद्ध आर्यों का भी अधिकारियों के द्वारा प्रतिदिन बहुत अपमान होता है, जो राज-सिंहासन तक नहीं पहुच पाते। पर अब उन बातों की चर्चा ही क्या !

वपुष्टमा—किन्तु बहन, मैं तो किसी ओर की नहीं रही सम्राट् की इच्छा क्या होगी, कौन जाने। आर्यावर्त्त भर में यह बात फैल गयी होगी कि सम्राज्ञी—

सरमा—भगवान् की दया से सब अच्छा ही होगा, आप चिन्तित न हों। चलिये, स्नान कर आवें।

(दोनों जाती हैं)

आस्तीक—क्यों माणवक, आज तो तुम्हारे समस्त अपमान का बदला चुक गया ! क्या अब भी तुम इस दुखिया रानी को शुद्ध हृदय से क्षमा न करोगे।

माणवक—भाई ! मैं तो वपुष्टमा को कभी का क्षमा कर चुका। नहीं तो अब तक पकड़कर नागों के हाथ सौंप देता। माँ की आज्ञा मैं टाल नहीं सका। आस्तीक, यदि सच पूछो तो मैंने इस प्रतिहिंसा का आज से परित्याग कर दिया। देखो, इस तपोवन में शस्य श्यामला धरा और सुनील नभ का, जो एक-दूसरे से इतने दूर हैं, कैसा सम्मिलन है।

आस्तीक—भाई, यह भगवान् बादरायण का आश्रम है। देखो, यहाँ की लता-वल्लरियों में, पशु-पक्षियों में, तापस-बालकों में परस्पर कितना स्नेह है ! ये सब हिलते-डुलते और चलते-फिरते हुये भी मानो गले से लगे हुए हैं। यहाँ के तृण को भी एक शान्ति का आश्वासन पुचकार रहा है। स्नेह का दुलार, स्वार्थ-त्याग का प्यार, सर्वत्र बिखर रहा है।

माणवक—भाई आस्तीक बहुत दिन हुये, हमने और तुमने एक-दूसरे को गले नहीं लगाया। आओ आज—

आस्तीक—(**गले लगाकर**) मेरे शैशव-सहचर! वह विशुद्ध क्रीड़ा, वह बाल्यकाल का सुख, जीवन भर का पाथेय है। क्या वह कभी भूलने योग्य है? आज से हम-तुम फिर वही पुराने मित्र और भाई हैं। जी चाहता है, एक बार फिर हाथ मिलाकर उसी तरह खेलें-कूदें।

माणवक—भाई, क्या वह समय फिर आने को है? यदि मिल सके, तो मैं कह सकता हूँ कि उन दस वर्षों के लिए शेष नब्बे वर्षों का जीवन दे देना भी उपयुक्त है। क्या ही रमणीक स्मृति है।

आस्तीक—किन्तु भाई, हम लोगों का कुछ कर्त्तव्य भी है। दो भयङ्कर जातियाँ क्रोध से फुफकार रही हैं। उनमें शान्ति स्थापित करने का हमने बीड़ा उठाया है।

माणवक—भाई, चिन्ता न करो। भगवान् की कृपा से तुम सफल होगे। प्रभु की बड़ी प्रभुता है।

(दोनों प्रार्थना करते हैं)

नाथ, स्नेह की लता सींच दो, शान्ति जलद वर्षा कर दो।
हिंसा धूल उड़ रही मोहन, सूखी क्यारी को भर दो॥
समता की घोषणा विश्व में, मन्द्र मेघ गर्जन कर दो।
हरी भरी हो सृष्टि तुम्हारी, करुणा का कटाक्ष कर दो॥

सप्तम दृश्य

(कानन में मनसा और वासुकि)

वासुकि—बहन, अब क्या करना होगा? तक्षक बन्दी हैं। उनके साथ मणिमाला भी है। पहले के भयङ्कर यज्ञ में जो बात नहीं होने पाई थी, वही इस बार अनायास हो गयी। अपनी मूर्खता से आज नागराज स्वयं पूर्णाहुति बनने गये।

मनसा—भाई, मुझसे क्या कहते हो! क्या मैं उस उत्तेजना की एक सामग्री नहीं हूँ? हाय-हाय! मैंने ही तो इस नाग-जाति को भड़काया था। आज देख रहे हो, यहाँ कितने घायल पड़े हैं। जाति के अवशिष्ट थोड़े-से लोगों में भी कितने ही बेकाम हो गये, और कितने जलाये गये। जान पड़ता है कि इस जाति के लिए प्रलय समीप है। इस परिणाम का उत्तरदायित्व मुझ पर है। हा, मैंने यह क्या किया!

(कुछ नागों का प्रवेश)

नाग—नागमाता! आपकी कृपा और सेवा-शुश्रूशा से अब हम लोग इस योग्य हो गये हैं कि फिर युद्ध कर सकें। आज्ञा दीजिये, अब हम लोग क्या करें? सुना है, नागराज बन्दी हो गये हैं। पहले उनका उद्धार करना चाहिये।

मनसा—वत्सगण, अब और जन-क्षय कराने की आवश्यकता नहीं है। बन्दी तक्षक को जनमेजय कभी का जला देता, किन्तु सुना है, उसकी रानी का पता नहीं है, इसलिए अभी कुछ नहीं हुआ।

नाग—तो क्या नागराज जलाये जायँ, और हम लोग यहाँ पड़े-पड़े आनन्द करें! धिक्कार है!

मनसा—वत्स, उत्तेजित न हो।

वासुकि—नहीं मनसा, अब मत रोको, अब इस भग्न गृह को बचा रखने से क्या लाभ! इसे गिर जाने दो। दो-चार ठूँठ वृक्षों पर इतनी ममता क्यों? इन्हें सूख जाने दो। जब हरा-भरा कानन जल गया, तब इन्हें भी जल जाने दो। चलो वीरो, जो लोग युद्ध के योग्य हैं, वे सब एक बार निर्वाणोन्मुख दीप की भाँति जल उठें। यदि औरों को न जला सकेंगे, तो स्वयं ही जल जायँगे। सारी कथा ही समाप्त हो जायगी।

नाग—हम प्रस्तुत हैं।

वासुकि—तो फिर चलो।

मनसा—क्यों भाई, क्या तुम मेरी बात न सुनोगे?

वासुकि—बहन, तुम्हारी बात सुनने के कारण ही आज तक यह सब हुआ। अब तुम्हारे हृदय में स्त्री सुलभ करुणा का उद्रेक हुआ है, इसीलिये तुम मुझे दूसरी ओर फेरना चाहती हो यही तो स्त्रियों की बात है। एक भयानक क्रूरता को ठोकर मार-कर जगा चुकी हो, और अब फिर उसे थपकी देकर सुला देना चाहती हो! पर अब यह बात नहीं होने की! मरण के डर से मैं कलङ्कित जीवन बचाने का दुस्साहस न करूँगा।

मनसा—भाई, तुम्हारी मनसा तुमसे क्षमा चाहती है। जातिनाश कराने का कलङ्क उसके सिर पर न लगने दो।

वासुकि—अब कोई उपाय नहीं है।

मनसा—**(कुछ सोचकर)** अच्छा, तुम अवशिष्ट सैनिकों को साथ लेकर चलो। मैं भी चलती हूँ। यदि सन्धि करा सकी, तब तो ठीक ही है, नहीं तो हम सब लोग जल मरेंगे।

वासुकि—**(हँसकर)** अभी इतनी आशा है?

मनसा—एक बार आर्यों के महर्षि बादरायण के पास जाऊँगी। सुना है, उनकी महिमा अपूर्व है। सम्भव है, उनसे मिलाकर कुछ काम कर सकूँ।

नाग—अच्छी बात है। एक बार और चेष्टा कर देखिये। हम लोग पूर्णाहुति के लिए प्रस्तुत होकर चलते हैं। किंतु स्मरण रहे, जिस स्वतन्त्रता के लिए इतना रक्त बहाया गया है, वह स्वतन्त्रता हाथ से जाने न पावे।

मनसा—विश्वास रखो, मनसा कभी अपमान-जनक सन्धि का प्रस्ताव न करेगी। नाग-बाला को भी मरना आता है।

सब नाग—जय, नागमाता की जय।

अष्टम दृश्य

(यज्ञ-शाला में बन्दी तक्षक, मणिमाला, जन्मेजय, शौनक, उतङ्क, सोमश्रवा चण्डभार्गव आदि)

जन्मेजय—इतनी नम्रता और आज्ञापालन का यह परिणाम! इतनी प्रतिहिंसा! प्रभुत्व का इतना लोभ! धन्य हो भूसुरो! तुमने अच्छा प्रतिशोध लिया।

ब्राह्मण—राजन्, लोभ और हठ से जो धर्म आचरित होता है, उसका ऐसा ही परिणाम हुआ करता है। इसमें इन्द्र ने बाधा डाली है।

जन्मेजय—चुप रहो। तुम्हें लज्जा नहीं आती! ब्राह्मण होकर ऐसा गर्हित कार्य! शत्रु से मिलकर महर्षि को छिपा देना! ये सब मुझे लज्जित करने के उपाय हैं। मैं अवश्य इसका प्रतिशोध लूँगा। क्रोध से मेरा हृदय जल रहा है। इसी अनलकुण्ड में तुम सबकी आहुति होगी!

सोमश्रवा—राजन्, सुबुद्धि से सहायता लो। प्रमत्त न बनो। हो सकता है कि पदच्युत काश्यप का इसमें कुछ हाथ हो, किन्तु समस्त ब्राह्मणों को क्यों इसमें मिलाते हो?

जन्मेजय—तुम लोगों को इसका प्रतिफल भोगना होगा। यह क्षात्र रक्त उबल रहा है। उपयुक्त दण्ड तो यही है कि तुम सबको इसी यज्ञकुण्ड में जला दूँ। किन्तु नहीं, मैं तुम लोगो को दूसरा दण्ड देता हूँ। जाओ, तुम लोग मेरा देश छोड़कर चले जाओ। आज से कोई क्षत्रिय अश्वमेध आदि यज्ञ नहीं करेगा। तुम सरीखे पुरोहितों की अब इस देश में आवश्यकता नहीं। जाओ, तुम सब निर्वासित हो।

सोमश्रवा—अच्छी बात है, तो जाता हूँ राजन् !

जन्मेजय—हाँ हाँ। जाना ही पड़ेगा। सबको निकल जाना पड़ेगा। परन्तु उत्तङ्क तुम्हारा एक काम अवशिष्ट है।

उत्तङ्क—वह क्या ?

जन्मेजय—स्मरण है, किसने मुझे इस कार्य के लिए उत्तेजित किया था ?

उत्तङ्क—मैंने।

जन्मेजय—उस दिन हमने कहा था कि, 'अश्वमेध पीछे होगा, पहले नाग-यज्ञ होगा।' सम्भव है कि उस समय वह केवल एक साधारण-सी बात रही हो। परन्तु आज वही काम होगा।

उत्तङ्क—राजन् वह तो हो चुका है। तक्षशिला-विजय में कितने ही नाग जलाये जा चुके हैं।

जन्मेजय—परन्तु हवनकुण्ड में नहीं ! अश्वमेध की विधि चाहे जिसकी कही हो नागयज्ञ आज सचमुच होगा, और वह भी मेरी बनायी हुयी विधि से सोमश्रवा से पूछो कि वे इसके आचार्य होंगे या नहीं।

सोमश्रवा—जब सब ब्राह्मण निर्वासित हैं, तब मैं ही क्यों यहाँ रहूँगा ! और शास्त्र के विरुद्ध कोई नया नियम बनाने की मुझमें सामर्थ्य नहीं है। नर-बलि का यह घातक कार्य मुझसे न हो सकेगा।

उत्तङ्क—सोमश्रवा, बलि से आज हिचकते हो ?

जन्मेजय—तक्षक ने आज तक इस राजकुल के साथ जितने दुर्व्यवहार किये हैं, उनका स्मरण होगा, मन्त्री और उसके सामने उसके कुटुम्ब की आहुतियाँ होंगी।

उत्तङ्क—और पूर्णाहुति में तक्षक।

जन्मेजय—ठीक है ब्रह्मचारी।

शीला—बहन मणिमाला, मैं तुम्हारे साथ हूँ। यदि तुम्हें जलावेंगे, तो मैं भी तुम्हारे साथ जलूँगी।

सोमश्रवा—अच्छा होगा। ब्राह्मण निर्वासित और ब्राह्मणी की आहुति ! सम्राट् ! विचार से काम कीजिये। ऐसा नहीं कि दण्डनीय के साथ निरपराध भी पिस जायँ।

जन्मेजय—उत्तङ्क कुछ मत सुनो ! घृत डालकर वह्नि प्रज्वलित करो। (**अनुचरों से**) एक-एक करके नागों को इसी में डालो। आज मैं क्षत्रियों के उपयुक्त ऐसा यज्ञ करूँगा, जैसा आज तक किसी ने न किया होगा और न कोई कर सकेगा। इस नाग-यज्ञ से अश्वमेधों का अन्त होगा। विलम्ब न करो। जिसको जाना हो, चला जाय।

(उत्तङ्क अग्नि में घी डालता है । अनुचर नागों को लेकर उसमें डालते हैं क्रन्दन और हाहाकार होता है)

तक्षक—क्षत्रिय-सम्राट् ! क्रूरता में तुम किसी से कम नहीं हो ।

जन्मेजय—यही तो मैं तुमसे कहलाना चाहता था । अब तुम्हारी बारी है ।

(वेद और दामिनी का प्रवेश)

वेद—आयुष्मन् उत्तङ्क !

उत्तङ्क—गुरुदेव, प्रणाम ।

वेद—उत्तङ्क उत्तेजित होकर प्रतिक्रिया करने की भी कोई सीमा होती है ।

उत्तङ्क—भगवन्, यह तो मेरा कर्त्तव्य है । कृपया इसमें बाधा न दीजिये ।

दामिनी—उत्तङ्क ! हृदय के अतिवाद से वशीभूत होने का मुझ से बढ़कर और कोई उदाहरण न मिलेगा । तुम कुछ मस्तिष्क से काम लो ।

उत्तङ्क—तुम मेरी गुरुपत्नी ! आश्चर्य !

दामिनी—उत्तङ्क, मैं क्षमा चाहती हूं । आर्यपुत्र ने मुझे क्षमा कर दिया है । तुम भी अब पिछली बातें भूल जाओ और क्षमा कर दो ।

उत्तङ्क—गुरुदेव समर्थ हैं, पर मुझमें हृदय है ।

दामिनी—हृदय है ! तब तो तुम उसकी दुर्बलता से और भी भलीभाँति परिचित होगे !

उत्तङ्क—समझ गया ! यह मेरा दम्भ था । मैं भी क्या स्वप्न देख रहा था । **(बैठ जाता है)**

जन्मेजय—(**अनुचरों से**) इन अभिनयों से काम न चलेगा । जलाओ दुष्ट तक्षक को ।

(अनुचर तक्षक, वासुकि आदि को जलाना चाहते हैं । इतने में व्यास के साथ सरमा मनसा, माणवक और आस्तीक का प्रवेश)

व्यास—ठहरो ! ठहरो !

जन्मेजय—भगवन्, यह पारीक्षत जनमेजय आपके चरणों में प्रणाम करता है ।

आस्तीक—मेरा प्रतिफल ! मेरा न्याय !

जन्मेजय—तुम कौन हो ?

आस्तीक—जिस ब्रह्महत्या का प्रायश्चित्त करने के लिए तुमने अश्वमेध किया है, मैं उसी ब्रह्महत्या की क्षतिपूर्ति चाहता हूँ । मैं उन्हीं जरत्कारु ऋषि का पुत्र हूँ, जिनकी तुमने बाण चलाकर हत्या की थी ।

जन्मेजय—आश्चर्य ! कुमार ! तुम्हारा मुख-मण्डल तो बड़ा सरल है, फिर भी वह क्या कह रहा है ! मैं किस लोक में हूँ !

व्यास—सम्राट्, तुम्हें न्याय करना होगा। यह बालक अपने पिता की हत्या की क्षतिपूर्ति चाहता है। आर्य न्यायाधिकरण के समक्ष यह बालक तुम पर अभियोग न लगाकर केवल क्षतिपूर्ति चाहता है। क्या तुम इसे भी अस्वीकृत करोगे ?

जन्मेजय—मुझे स्वीकार है भगवन् ! आस्तीक, तुम क्या चाहते हो ? क्या मैं अपना रक्त तुम्हें दूँ ?

आस्तीक—नहीं, मुझे दो जातियों में शान्ति चाहिये। सम्राट्, शान्ति की घोषणा करके बन्दी नागराज को छोड़ दीजिये। यही मेरे लिए यथेष्ट प्रतिफल होगा।

जन्मेजय—(**सिर घुमाकर**) अच्छी बात है, वही हो। छोड़ दो तक्षक को।

व्यास—धन्य है क्षमाशील ब्रह्मवीर्य ! ऋषिकुमार, तुम्हारे पिता धन्य हैं।

(लोग तक्षक को छोड़ देते हैं वासुकि से सरमा का मिलन)

सरमा—महाराज, मेरा भी एक विचार है। आप उसका न्याय कीजिये।

जन्मेजय—कौन ? यादवी सरमा !

सरमा—हाँ, मैं ही हूं सम्राट् !

जन्मेजय—तुम्हारे लड़के को मेरे भाइयों ने पीटा था ? तुम क्या चाहती हो ?

सरमा—जब आप स्वीकार करते हैं, तब मुझे कुछ न चाहिये। आर्य सम्राट् मुझे केवल एक वस्तु दीजिये, और परिवर्तन में मुझसे कुछ लीजिये भी।

जन्मेजय—क्या प्रतिदान ?

सरमा—हाँ, सम्राट् !

जन्मेजय—वह क्या ?

सरमा—इस नागबाला मणिमाला को आप अपनी वधू बनाइये।

(**जन्मेजय सिर नीचा कर लेता है**)

व्यास—किन्तु सरमा, यह तुम अनधिकार चर्चा करती हो। पहले वपुष्टमा को बुलाओ, वे स्वीकृति दें।

सरमा—यही हो। (**जाकर वपुष्टमा को ले आती है**)

वपुष्टमा—आर्यपुत्र की जय हो !

जन्मेजय—षड्यन्त्र ! यह कभी न होगा ! भला धर्षिता स्त्री कौन ग्रहण करेगा !

व्यास—सम्राट्, तुम्हीं करोगे ! जब पुरुषों ने स्त्रियों की रक्षा का भार लिया है, और उनको केवल अपनी सीमा में स्वतन्त्रता मिली है, तब यदि उनकी अरक्षित अवस्था में उन पर अत्याचार होगा, तो उसका अपराध उनके रक्षकों के सिर पर होगा। क्या अबला होने के कारण यही सब ओर से अपराधिनी है ? नहीं, मैं कह सकता हूं कि यह पवित्र है, कमल-वन से निकले हुए प्रभात के मलय-पवन के समान शुद्ध है। इसे स्वीकार करना होगा। वपुष्टमा, आगे बढ़ो।

वपुष्टमा—नाथ ! दासी श्रीचरणों की शपथ करके कहती है कि यह पवित्र है। **(पैर पकड़ती है)**

जन्मेजय—**(व्यास की ओर देखकर)** उठो महिषी, उठो। **(उठाता है)**

वपुष्टमा—आर्यपुत्र ! सरमा देवी की बात माननी ही पड़ेगी। आओ बहन मणिमाला।

सरमा—मणिमाला, तुम सौभाग्यवती हो। इस अवसर पर तुम्हीं प्रेम-शृङ्खला बनकर इन दोनों क्रुद्ध जातियों को प्रेम-सूत्र में बाँध दो।

शीला—बहन मणि ! आज मेरी वह भविष्यवाणी सफल हुई। भला कौन जानता था कि तपोवन में अङ्कुरित, केवल एक दृष्टि में वर्द्धित तथा पल्लवित क्षुद्र प्रेमाङ्कुर एक दिन इतना महान् फल देगा !

(रानी मणिमाला के हाथ बन्धन-मुक्त करके जन्मेजय को पकड़ा देती है)

वपुष्टमा—यह निर्मल कुसुम तुम्हारे समस्त सन्ताप का हरण करके मस्तक को शीतल करे। (**मणिमाला लज्जित होती** है)

मनसा—आर्य सम्राट् ! मेरा समस्त विद्वेष तिरोहित हो गया। मैं चाहती हूं आज से नाग-जाति विद्वेष भूल कर आर्यों से मित्र-भाव का व्यवहार करे, और आर्यगण भी उन्हें अनार्य और अपने से बहुत दूर न मानें। मैं आस्तीक के नाम पर प्रतिज्ञा करती हूं कि आज से कोई नाग कभी आर्यों के प्रति विद्रोह का आचरण न करेगा।

व्यास—जब राजकुल ही सम्बन्ध-सूत्र में बँध गया, तब भिन्नता कैसी ! इस प्रचण्ड वीर जाति के क्षत्रिय होने में क्या सन्देह है !

जन्मेजय—ऐसा ही होगा।

सब—जय, नागमाता की जय !

व्यास—ब्रह्ममण्डली, तुम भी पुरानी बातों को विस्मृत करके अपने सम्राट् को क्षमा करो !

जन्मेजय—भगवन् ! मेरा अपराध क्या है, यह तो मुझे विदित हो जाय।

व्यास—इस षड्यंत्र का मूल काश्यप उपयुक्त दण्ड पा चुका। यज्ञशाला के विप्लव में से भागते समय किसी नाग ने उसकी हत्या कर डाली। सम्राट्, इन ब्राह्मणों ने तुम्हारा कोई अपराध नहीं किया है। इनकी क्षमाशीलता तो देखो ! तुमने अकारण इन्हें निर्वासन की आज्ञा दी, पर फिर भी इन्होंने शाप तक न दिया। तपस्वी ब्राह्मणों, तुम लोग धन्य हो ! तुमने ब्राह्मणत्व का बहुत ही सुन्दर उदाहरण दिखलाया है।

जन्मेजय—भगवान् की जैसी आज्ञा (**सब ब्राह्मणों से**) आप लोग मुझे क्षमा कीजिये।

शौनक—सम्राट्, तुम सदैव क्षम्य हो, क्योंकि तुम्हारे नुशासन से हम आरण्यक लोग शान्तिपूर्वक अपना स्वाध्याय करते हैं। क्या तुम्हारा एक भी अपराध हम सहन नहीं कर सकते ? सहनशील होना ही तो, तपोधन और उत्तम ब्राह्मण का लक्षण है। किन्तु मानूँगा, व्यासदेव, तुम्हारी ज्ञान-गरिमा को, तुम्हारी वृत्ति को, तुम्हारी शान्ति को मानूँगा। आज तक अवश्य कुछ ब्राह्मण तुम्हें दूसरी दृष्टि से देखते थे, किन्तु नहीं, तुम सर्वथा स्तुत्य और वन्दनीय हो। तुम्हारा अगाध पाण्डित्य ब्राह्मणत्व के ही योग्य है।

व्यास—सम्राट्, तुमने मुझसे एक दिन पूछा था कि क्या भविष्य है। देखा नियति का चक्र ! यह ब्रह्मचक्र आप ही अपना कार्य करता रहता है। मैंने कहा था कि यज्ञ में विघ्न होगा। फिर भी तुमने यज्ञ किया ही। किन्तु जानते हो, यह मानवता के साथ ही साथ धर्म का भी क्रम-विकास है। यज्ञों का कार्य हो चुका। बालक सृष्टि खेल कर चुकी। अब परिवर्तन के लिए यह काण्ड उपस्थित हुआ है। अब सृष्टि को धर्म-कार्यों में विडम्बना की आवश्यकता नहीं। सरस्वती और यमुना के तट पर शुद्ध और समीप ले जानेवाले उपनिषद् और आरण्यक संवाद हो रहे हैं। इन्हीं महात्मा ब्राह्मणों की विशुद्ध ज्ञान-धारा से यह पृथ्वी अनन्त काल तक सिञ्चित होगी, लोगों को परमात्मा की उपलब्धि होगी, लोक में कल्याण और शान्ति का प्रचार होगा। सब लोग सुख-पूर्वक रहेंगे।

सब—भगवन् की वाणी सत्य हो।

व्यास—विश्वात्मा का उत्थान हो। प्रत्येक हत्तन्त्री में पवित्र पुण्य के सामगान की मीड़ें लहरा उठें।

(**नेपथ्य में गान**)

जय हो उसकी, जिसने अपना विश्व-रूप विस्तार किया।
आकर्षण का प्रेम नाम से सब में सरल प्रचार किया॥
जल, थल, नभ का कुहक बन गया जो अपनी ही लीला से।
प्रेमानन्द पूर्ण गोलक को निराधार आधार दिया॥

हम सब में जो खेल कर रहा अति सुन्दर परछाईं-सा।
आप छिप गया आकर हममें, फिर हमको आकार दिया ॥
पूर्णानुभव कराता है जो 'अहमिति' से निज सत्ता का ॥
'तू मैं ही हूँ' इस चेतन का प्रणव मध्य गुंजार किया ॥

यवनिका-पतन

●

कामना

[illegible] लड़की की आप [illegible]
[illegible] मर्ज़ी से शादी कर लो [illegible]
[illegible] सी बातें करते हैं [illegible]
[illegible] हैं [illegible]
[illegible] न?"
[illegible] शक है?"
[illegible] जाति में [illegible]
[illegible] पुरुषों में शादी [illegible]
[illegible]
[illegible] यही कारण है कि [illegible]
[illegible] 25 साल के लड़के-लड़की [illegible]
[illegible] चुका है, पर अपने [illegible] साथी [illegible]
[illegible]
[illegible] दिक्कतें [illegible]
[illegible] जिन्हें नहीं करना [illegible]
कर सकते [illegible]

चिट्ठी नं. 1

पूज्य पिता [illegible]

मैंने [illegible] के अनुसार शादी कर ली है। [illegible] अच्छे [illegible]
चिन्ता मत [illegible] मुझे माफ कर दें।

आ[illegible]

चिट्ठी नं. 2

प्रिय रमेश [illegible]

मैं [illegible] नहीं जा सकती। तुम मुझे [illegible]
देना। तुम [illegible] सुखी रहना। तुम दुखी रहोगे तो [illegible]
में सुख [illegible] 4-5 साल बाद [illegible]
से कहूँगी [illegible] करो।

हिरण्मयेनपात्रेण सत्यस्यापिहितंमुखम् ।

—ईशोपनिषत्

नैव राज्यं न राजासीन्नचदंडो न दडितः ।
धर्म्मेणैव प्रजाः सर्व्वाः रक्षन्तिस्मपरस्परम् ॥
पाल्यमानास्तथाऽन्यौन्यं नरा धर्मेण भारत ।
दैन्यं परमुपाजग्मुस्ततस्तान् मोह आविशत् ॥

—महाभारत

पात्र

सन्तोष
विनोद
विलास
विवेक
शातिदेव
दम्भ
दुर्वृत्त
क्रूर
कामना
लीला
लालसा
करुणा
प्रमदा
वनलक्ष्मी
महत्त्वाकांक्षा

वृद्ध, युवा, बालक, नागरिक, सैनिक, आगन्तुक, द्वीपवासी, शिकारी, बन्दी माता, बालिका, अन्यस्त्रियाँ आदि ।

प्रथम अङ्क

प्रथम दृश्य

(फूलों का द्वीप समुद्र का किनारा
वृक्ष की छाया में लेटी हुई कामना)

कामना—उषा के अपाङ्ग में जागरण की लाली है। दक्षिण-पवन शुभ्र मेघामाला का अञ्चल हटाने लगा। पृथ्वी के प्राङ्गण में प्रभात टहल रहा है। विशाल जल-राशि के शीतल अङ्क से लिपटकर आया हुआ पवन इस द्वीप के निवासियों को कोई दूसरा सन्देश नहीं, केवल शान्ति का निरन्तर सङ्गीत सुनाया करता है। सन्तोष! हृदय-समीप होने पर भी दूर है, सुन्दर है, केवल आलस के विश्राम का स्वप्न दिखाता है। परन्तु अकर्मण्य सन्तोष से मेरी पटेगी? नहीं! इस समुद्र में इतना हाहाकार क्यों है? उंह, ये कोमल पत्ते तो बहुत शीघ्र तितर-बितर हो जाते हैं। (**बिछे हुये पत्तों को बैठकर ठीक करती** है) यह लो, इन डालों से छनकर आयी हुई किरणें इस समय ठीक मेरी आँखों पर पड़ेंगी। अब दूसरा स्थान ठीक करूँ, बिछावन छाया में करूँ। (**पत्तों को दूसरी ओर बटोरती है**) घड़ी-भर चैन से बैठने में भी झंझट है।

(दो-चार फूल वृक्ष से चू पड़ते हैं—व्यग्र होकर वृक्ष की ओर सरोष देखने लगती है)

(तीन स्त्रियों का कलसी लिये हुए प्रवेश)

पहली—क्यों बिगड़ रही हो कामना?

दूसरी—किस पर क्रोध है कामना?

तीसरी—कितनी देर से यहाँ हो कामना?

कामना—(**स्वगत**) क्यों उत्तर दूं? सिर खाने के लिए यहाँ भी सब पहुंची!

(मुह फिरा लेती है और बोलती नहीं)

पहली—क्यों कामना, क्या स्वस्थ नहीं हो?

दूसरी—आह! बेचारी कुम्हला गयी है!

तीसरी—धूप में क्यों देर से बैठी है। चल—

कामना—मैं नहीं चाहती कि तुम लोग मुझे तङ्ग करो। मैं अभी यहीं ठहरूँगी।

दूसरी—दुलारी कामना, तू क्यों अप्रसन्न है?

तीसरी—प्यारी कामना, तू क्यों नहीं घर चलती?

पहली—काम जो करना होगा ! (**सँभल कर**) अच्छा कामना, जब तक तेरा मन ठीक नहीं है, तेरा काम मैं कर दिया करूँगी।

दूसरी—तेरी कपास मैं ओट दिया करूँगी।

तीसरी—सूत मैं कात दिया करूँगी।

पहली—बुनना और पीने का जल भरना इत्यादि मैं कर दूंगी। तू अपना मन स्वस्थ कर, चित्त को चैन दे। कामना तेरी-सी लड़की तो इस द्वीप-भर में कोई नहीं है।

कामना—क्या मैं रोगी हूँ जो तुम लोग ऐसा कह रही हो ? मैं किसी का उपकार नहीं चाहती। तुम सब जाओ, मैं थोड़ी देर में आती हूँ।

(तीनों जाती हैं, कामना उठकर टहलती है)

कामना—ये मुरझाये हुए फूल, उँह—कलियाँ चुनो, उन्हें गूंथो और सजाओ, तब कहीं पहनो। लो, इन्हें रूठने में भी देर नहीं लगती जब देखो, सिर झुका लेते हैं, सुगन्ध और रुचि के बदले इनमें एक दबी हुई गर्म साँस निकलने लगती है : (**हार तोड़ कर फेंकती हुई और कुछ कहा चाहती है। दो पुरुषों को आते देख चुप हो जाती है। वृक्ष की ओट में चली जाती है। एक हल और दूसरा फावड़ा लिए आता है**)।

सन्तोष—भाई, आज धूप मालूम भी नहीं हुई।

विनोद—हमें तो प्यास लग रही हैं। अभी तो दिन भी नहीं चढ़ा।

सन्तोष—थोड़ी देर छांह में बैठ जायँ—बातें करें।

विनोद—काम तो हम लोगों का हो चुका, अब करना ही क्या है ?

सन्तोष—अभी देव परिवार के लिए जो नयी भूमि तोड़ी जा रही है, उसमें सहायता के लिए चलना होगा।

विनोद—अपने खेतों में बहुत अच्छी उन्नति है। अन्न बहुत बच रहेगा ! उन लोगों की आवश्यकता होगी; तो दूंगा।

सन्तोष—अरे, साल में बहुत सार्वजनिक काम आ पड़ते हैं, तो उनके लिये संग्रहालय में भी तो रखना चाहिये।

विनोद—हाँ जी, ठीक कहा

(समुद्र की ओर देखता है)

सन्तोष—क्यों जी, इसके उस पार क्या है ?

विनोद—यही नहीं समझ में आता कि वह पार है या नहीं।

सन्तोष—ओह ! जहाँ तक देखता हूँ, अखण्ड जलराशि।

विनोद—क्यों कभी इसमें चलकर देखने की इच्छा होती है ?

सन्तोष—इच्छा तो होती है, पर लौटकर न आने के संदेह से साहस नहीं होता। ये हरे-भरे खेत, छोटी-छोटी पहाड़ियों से ढुकलते—मचलते हुए झरने, फूलों से लदे हुए वृक्षों की पंक्ति, भोली गउओं और उनके प्यारे बच्चों के झुण्ड; इस बीहड़, पागल और

कुछ न समझने वाले उन्मत्त समुद्र में कहाँ मिलेंगे। ऐसी धवल धूप, ऐसी तारों से जग-मगाती रात वहाँ होगी ?

विनोद—मुझे तो विश्वास है कि कदापि न होगी।

सन्तोष—तब जाने दो, उसकी चर्चा व्यर्थ है। क्यों जी, आज उपासना में वह कामना दिखाई पड़ी।

विनोद—क्या तुम उससे ब्याह किया चाहते हो ?

सन्तोष—उसकी बातें, उसकी भाव-भाङ्गिमा कुछ समझ में नहीं आतीं। मैं तो उससे अलग रहना चाहता हूं।

विनोद—मेरी गृहस्थी तो ब्याह के बिना अधूरी जान पड़ती है। मैं तो लीला की सरलता पर प्रसन्न हूँ।

सन्तोष—तुम जानो। अच्छा होता यदि तुम उसी से ब्याह कर लेते ?

विनोद—तुम तुम !

सन्तोष—मैं सन्तुष्ट हूं—मुझे ब्याह की आवश्यकता नहीं।

विनोद—अच्छी बात है। चलो, अब घर चलें।

(दोनों जाते हैं। कामना आती है)

कामना—हाँ, तुम हिचकते हो, और मैं तुमसे घृणा **(जीभ दबाती है)**। हैं यह क्या ? इसके क्या अर्थ ? मैं क्या इस देश की नहीं हूँ। क्या मुझ में कोई दूसरी शक्ति है, जो मुझे इनसे भिन्न रखना चाहती है। कुछ मैं ही नहीं, ये लोग भी तो मुझको इसी दृष्टि से देखते हैं।

(लीला का प्रवेश)

लीला—बहन, क्या अभी घर न चलोगी ?

कामना—तू भी आ गयी ?

लीला—क्यों न आती ?

कामना—आती, पर मुझ से यह प्रश्न क्यों करती है ?

लीला—बहन, तू कैसी होती जा रही है। तेरा चरखा चुपचाप मन मारे बैठा है। तेरी कलसी खाली पड़ी है। तेरा बुना हुआ कपड़ा अधूरा पड़ा है। तेरी—

कामना—मेरा कुछ नहीं है, तू जा। मैं चुप रहना चाहती हूँ; मेरा हृदय रिक्त है। मैं अपूर्ण हूँ।

लीला—बहन, मैंने कुछ नहीं समझा।

कामना—तू कुछ न समझ, बस, केवल चली जा।

(लीला शिर झुकाकर चली जाती है)

—मैं क्या चाहती हूँ ? जो कुछ प्राप्त है, इससे भी महान्। वह चाहे कोई वस्तु हो। हृदय को कोई करो रहा है। कुछ आकाङ्क्षा है; पर क्या है ? इसका किसी को विवरण नहीं देना चाहती। केवल वह पूर्ण हो, और वहाँ तक, जहाँ तक कि उसकी सीमा हो। बस—

(दूर पर वंशी की ध्वनि। कामना इधर-उधर चौंककर देखने लगती है। समुद्र में एक छोटी-सी नाव आती दिखायी पड़ती है : एक युवक बैठा डाँड़ चला रहा है। कामना आश्चर्य से देखती है। नाव तीर पर आकर लगती है)

—हैं, यह कौन ! मैं क्यों झुकी जा रही हूँ ? और, सिर पर इसके क्या चमक रहा है, जो इसे बड़ा प्रभावशाली बनाये है। इसका व्यक्तित्व ऐसा है कि मैं इसके सामने अपने को तुच्छ बना दूं, और अपने को समर्पित कर दूं।

[कुछ सोचती है। युवक स्थिर दृष्टि से उसकी ओर देखता हुआ बाँसुरी बजाता है। कामना उठती और फूल इकट्ठे करती है। अकस्मात् उसके ऊपर बिखेर देती है। युवक पैर उठाता है कि नीचे उतरे। कामना उसका हाथ पकड़ कर नीचे ले आती है। युवक अपना स्वर्ण-पट्ट खोलकर युवती कामना के सिर पर बाँधता है, और दोनों एक दूसरे को देखते हैं]

पट-परिवर्तन

द्वितीय दृश्य

(वृक्ष कुञ्ज में एक परिवार बैठा बातचीत कर रहा है)

बालिका—माँ, कोई कहानी सुना।

बालक—नहीं माँ, तू बहन से कह दे, वह मेरे साथ दौड़े।

माता—थोड़ा-सा बुनना और है। मैं कहानी सुनाऊँगी, और आज तुझे दौड़ाऊँगी भी। आज तूने कम खाया; क्या भूख नहीं थी !

बालिका—माँ, आज यह दौड़ न सका, इसी से—

माता—तो तूने इसे क्यों नहीं खेल खिलाया ?

बालक—माँ, आज वहाँ लड़कों में कामना नहीं आयी। इससे बहुत कम खेल-कूद हुआ।

(एक स्त्री का प्रवेश)

स्त्री—अजी कहाँ हो बहन! कुछ सुना!

माता—क्यों बहन, क्या है? आओ, बैठो।

स्त्री—अरे आज तो एक नयी बात हुई है।

माता—क्या?

स्त्री—समुद्र के उस पार से एक युवक आया है।

माता—सपना तो नहीं देख रही है।

स्त्री—क्या! मैं अभी देखती आ रही हूँ।

माता—कहाँ है। वह कहाँ बैठा है?

स्त्री—कामना के घर में। उसी के साथ तो वह द्वीप में आया है।

माता—वह उसे क्यों ले आयी? क्या किसी ने रोका नहीं? उपासना-मन्दिर से क्या आदेश मिला कि वह नवीन मनुष्य इस देश में पैर रखने का अधिकारी हुआ, क्योंकि यह एक नयी घटना है।

स्त्री—आज-कल तो उपासना का नेतृत्व उसी कामना के हाथ में है, तब दूसरा कौन आदेश देगा?

बालक—वह कैसा है माँ?

बालिका—क्या हमीं लोगों के-जैसा है?

स्त्री—और तो सब कुछ हमीं लोगों का-सा है। केवल एक चमकीली वस्तु उसके सिर पर थी। कामना कहती है, अब उसने वह मुझे दे दी है। उसे सिर में बाँधकर कामना बड़ी इठलाती हुई सबसे बातें कर रही है।

(एक किशोरी बालिका का प्रवेश)

किशोरी—सब लोग चलो, आगन्तुक के लिए एक घर की आवश्यकता है। कामना ने सहायता के लिये बुलाया है।

(सब जाते हैं। लीला और सन्तोष का प्रवेश)

लीला—हाँ प्रियतम! इस पूर्णिमा को हम लोग एक हो जायँगे।

सन्तोष—परन्तु तुम्हारी सखी तो—

लीला—अरे सुना है, उसने भी वरण किया है।

सन्तोष—किसे? वह तो इससे अलग रहना चाहती है

लीला—कोई समुद्र-पार से आया है।

सन्तोष—हाँ, आने का समाचार तो मैंने भी सुना है; पर उस नवागंतुक से क्या इस देश की कुमारी ब्याह करेगी ?

लीला—क्यों, क्या ऐसा नहीं हो सकता ?

सन्तोष—अभी तक तो नहीं सुना; क्या किसी पुरानी कहानी में तुमने ऐसा सुना है ?

लीला—परन्तु कोई आया भी तो नहीं था ।

सन्तोष—यह तो ठीक नहीं है । सुना है, उसका नाम विलास है ।

लीला—ठीक तो नहीं है; पर होगा यही ।

सन्तोष—यदि विरोध हुआ, तो तुम क्या करोगी ?

लीला—मेरी सखी है । आज तक तो इस द्वीप में विरोध कभी नहीं हुआ !

सन्तोष—तो मैं विचार करूँगा । तुम्हारे पथ पर मैं चल सकूँगा ?

लीला—(**आश्चर्य से**) क्या इसमें भी सन्देह है ?

सन्तोष—हाँ लीला ।

लीला—नहीं-नहीं, ऐसा न कहो—

(**दोनों जाते हैं**)

तृतीय दृश्य

(**कुञ्जवन में कामना के साथ बैठा हुआ विलास**)

कामना—प्रिय, अब तो तुम हम लोगों की बातें अच्छी तरह समझने लगे । जो लोग मिलने आते हैं, उनसे बातें भी कर लेते हो ।

विलास—हाँ, अब तो कोई बाधा नहीं होती प्रिये ! तुम लोग कुछ गाती नहीं हो क्या ?

कामना—गाती क्यों नहीं हैं, पर तुम्हें हमारे गाने अच्छे लगेंगे ?

विलास—क्यों नहीं, सुनूँ तो ।

(**कामना गाती है और विलास बाँसुरी बजाता है**)

सघन वन-वल्लरियों के नीचे

उषा और सन्ध्या-किरनों ने तार बीन के खींचे
हरे हुए वे गान जिन्हें मैंने आँसू से सींचे
स्फुट हो उठी मूक कविता फिर कितनों ने दृग मींचे

स्मृति-सागर में पलक-चुलुक से बनता नहीं उलीचे
मानस-तरी भरी करुना-जल होती ऊपर-नीचे

विलास—कामना ! कामना ! तुम लोगों का ऐसा मधुर गान है ! मैंने तो ऐसा गान कभी नहीं सुना !

कामना—(आश्चर्य से) क्या ऐसा गान कहीं नहीं होता ?

विलास—इस लोक में तो नहीं ।

कामना—तब तो बड़ी अच्छी बात हुई ।

विलास—क्यों ?

कामना—मैं नित्य सुनाया करूँगी ।

विलास—क्यों प्रिये, तुम्हारे देश के लोग मुझसे अप्रसन्न तो नहीं हैं ? क्या तुम—

कामना—इसमें अप्रसन्न होने की तो कोई बात नहीं है । यह तो इस द्वीप का नियम है कि प्रत्येक स्त्री पुरुष स्वतंत्रता से जीवन-भर के लिए अपना साथी चुन ले ।

विलास—क्या तुम्हें किसी का डर नहीं है ?

कामना—(**अल्हड़पन से**) डर ! डर क्या है ?

विलास—क्या तुम्हारे ऊपर किसी की आज्ञा नहीं है ?

कामना—हाँ है, नियमों की । वह तुम्हारे लिए टूट नहीं रहा है । और, इस समय तो मैं ही इस द्वीप-भर की उपासना का नेतृत्व कर रही हूँ । मेरे लिए कुछ विशेष स्वतन्त्रता है ।

विलास—क्या ऐसा सदैव रहेगा ?

कामना—(**चौंककर**) क्या मेरे जीवन-भर ? नहीं ऐसा तो नहीं है, और न हो सकता है ।

विलास—(**गम्भीरता से**) क्यों नहीं हो सकता ? मेरे देश में तो बराबर होता है।

कामना—(**प्रसन्नता और घबराहट से**) तो क्या मेरे लिये यहाँ भी वह सम्भव है ?

विलास—उद्योग करने से होगा ।

कामना—चलो, उस शिलाखण्ड पर अच्छी छाया है वहीं बैठें ।

(**हाथ पकड़ कर उठाती है । दोनों वहीं जाकर बैठते हैं**)

विलास—कामना, तुम लोगों की कोई कहानी है ?

कामना—है क्यों नहीं !

विलास—कुछ सुनाओ । इस द्वीप की कथा मैं सुनना चाहता हूँ ।

कामना—(**आकाश की ओर दिखाकर**) हम लोग बड़ी दूर से आये हैं । जब विलोड़ित जलराशि स्थिर होने पर यह द्वीप ऊपर आया, उसी समय हम लोग तीतल

तारिकाओं की किरणों की डोरी के सहारे नीचे उतारे गये। इस द्वीप में अब तक तारा की ही सन्तानें बसती हैं।

विलास—क्यों यह जाति उतारी गयी ?

कामना—वहाँ चुपचाप बैठने से यह सन्तुष्ट नहीं थी। पिता ने खेल के लिये यहाँ भेज दिया। इन तारा की सन्तानों का खेल एक बड़े छिद्र से पिता देखा करते हैं।

विलास—कौन सा छिद्र ?

कामना—वही, जिससे दिन हो जाता है। पिता का असीम प्रकाश उससे दिखायी पड़ता, क्योंकि वह केवल आलोक है ? वही रात को झँझरीदार परदा खींच लेता है, तब कहीं-कहीं से तारे चमकते हैं। यह सब उसी लोक का प्रकाश है।

विलास—अच्छा, तो वहाँ जाते कैसे हैं ?

कामना—पिता की आज्ञा से, कभी छोटी; कभी बड़ी एक राह खुलती है, और किसी दिन बिलकुल नहीं, उसे चन्द्रमा कहते हैं। अपने शीतल पथ से थकी हुई तारा की संतान अपने खेल समाप्त कर उसी से चली जाती है।

विलास—(**आश्चर्य मे**) भला तारों की राह से ये क्यों भेजे जाते हैं ?

कामना—यह खिलवाड़ी और मचलने वाली सन्तान थका देने के लिये भेजी जाती है। हमारे अत्यन्त प्राचीन आदेशों में तो यही मिलता है, ऐसा ही हम लोग जानते हैं।

(**दूर एक बड़ा सुरीला पक्षी बोलता है। कामना घुटने टेक कर सिर झुका लेती और चुपचाप उसका शब्द सुनती है**)

विलास—कामना ! यह क्या कर रही हो ?

कामना—(**उठकर**) पिता का संदेश सुन रही थी। मैं उपासना-गृह में जाती हूँ। क्योंकि कोई नवीन घटना होने वाली है। तुम चाहे ठहरकर आना।

(**चली जाती** है)

विलास—आश्चर्य ! कैसी प्रकृति से मिली हुई यह जाति है ! महत्त्व और आकांक्षा का अभाव और सङ्घर्ष का लेश भी नहीं है। जैसे शैल-निवासिनी सरिता पथ के विषम ढोकों को, विघ्न-बाधाओं को भी अपने सम और सरल प्रवाह तथा तरल गति से ढँकती हुई बहती रहती है, उसी प्रकार यह जाति, जीवन की वक्र रेखाओं को सीधी करती हुई; अस्तित्व का उपभोग हँसती हुई कर लेती हैं। परन्तु ऐसे—(**चुप होकर सोचने लगता** है) उहूं, करना होगा। ऐसी सीधी जाति पर भी यदि शासन न किया, तो पुरुषार्थ ही क्या ? इनमें प्रभाव फैलाकर अपने व्यक्तिगत महत्ता के प्रलोभन वाले विचारों का प्रचार करना होगा। जान पड़ता है कि किसी गुप्त संकेत पर ये लोग प्राचीन प्रथा के अनुसार, केवल उपासना के लिए किसी के नेतृत्व का अनुसरण करते हैं। सम्भवतः

जब तक लोग उसकी कोई अयोग्यता न देख लेंगे, तब तक उसी को नेता मानते रहेंगे। भाग्य से आज-कल कामना ही हैं; परन्तु मेरे कारण शीघ्र इसको अपने पद से हटना होगा। तो, जब तक कामना इस पद पर हैं, उसी बीच में अपना काम कर लेना होगा।

(दूर पर एक स्त्री की छाया दीख पड़ती है)

छाया—मूर्ख ! अपने देश की दरिद्रता से विताड़ित और अपने कुकर्मों से निर्वासित साहसी ! तू राजा बना चाहता है ? तो स्मरण रख, तुझे इस जाति को अपराधी बनाना होगी। जो जाति अपराध और पापों से पाशित नहीं होती, वह विदेशी तो क्या, किसी अपने सजातीय शासक की भी आज्ञाओं का बोझ बहन नहीं करती। और, समझ ले कि बिना स्वर्ण और मदिरा का प्रचार किये तू इस पवित्र और भोलीभाली जाति को पतित नहीं बना सकता।

विलास—कौन, मेरी महात्वाकांक्षा ! तुझे धन्यवाद। ठीक समय पर पहुँची।

(विलास जाता है। छाया अदृश्य हो जाती हैं)

(एक ओर से कामना दूसरी ओर से विनोद का प्रवेश)

कामना—विनोद ! तुम इधर लीला से मिले थे ? वह तुम्हें एक दिन खोज रही थी।

विनोद—सन्तोष के कारण मैं उससे नहीं मिलता। आज उसका ब्याह होने वाला था न !

कामना—वह सन्तोष से व्याह न करेगी ! चलो, फूलों का मुकुट पहनाकर तुम्हें ले चलूं।

विनोद—मैं ?

कामना—हाँ !

चतुर्थ दृश्य

(लीला अपने कुटीर के पुष्पमण्डप में)

लीला—आज मिलन-रात्रि है। आज दो अधूरे मिलेंगे, एक पूरा होगा। मधुर जीवन स्रोत को सन्तोष की शीतल छाया में बहा ले जाना आज से हमारा कर्तव्य होना चाहिये। परन्तु मुझे वैसी आशा नहीं। मेरा हृदय व्याकुल है, चञ्चल है, लालायित है, मेरा सब कुछ अपूर्ण है केवल उसी चमकीली वस्तु के लिये। मेरी सखी कामना ! आह मुझे भी एक वैसी ही मिलनी चाहिये।

(वन-लक्ष्मी का प्रवेश)

लीला—तुम कौन हो ?

वन-लक्ष्मी—मैं वन-लक्ष्मी हूँ ।

लीला—क्यों आयी हो ?

वन-लक्ष्मी—इस द्वीप के निवासियों में जब व्याह होता है, तब मैं आशीर्वाद देने आती हूँ । परन्तु किसी के सामने नहीं ।

लीला—फिर मेरे लिए ऐसी विशेषता क्यों ?

वन-लक्ष्मी—अभिशाप देने के लिए ।

लीला—हम 'तारा की संतान' हैं । हमें किसी के अभिशाप से क्या सम्बन्ध ! और मैंने किया ही क्या है जो तुम अभिशाप कह कर चिल्लाती हो । इस द्वीप में आज तक किसी को अभिशाप नहीं मिला, तो मुझे ही क्यों मिले ?

वन-लक्ष्मी—मैंने भूल की अभिशाप तो तुम स्वयं इस द्वीप को दे रही हो ।

लीला—जो बात मैं समझती नहीं, उसी के लिये क्यों मुझे.... ।

वन-लक्ष्मी—जो वस्तु कामना को अकस्मात मिली है, उसी के लिए तुम ईर्ष्या कर रही हो, वैसी ही तुम भी चाहती हो ।

लीला—तो ऐसा चाहना क्या कोई अभिशाप, ईर्ष्या या और क्या-क्या तुम कह रही हो, वही है ?

वन-लक्ष्मी—आज तक इस द्वीप के लोग 'यथा-लाभ-सन्तुष्ट' रहते थे, कोई किसी का मत्सर नहीं करता था । परन्तु इस विष का—

लीला—बस करो, मैं तुम्हारे अभिशाप, ईर्ष्या और विष को नहीं समझ सकी ! यदि मैं किसी अच्छी वस्तु को प्राप्त करने की चेष्टा करूँ, तो उसकी गिनती तुम अपने इन्हीं शब्दों में करोगी, जिन्हें किसी ने सुना नहीं था । अभिशाप, मत्सर ईर्ष्या और विष ।

वन-लक्ष्मी—अच्छी वस्तु तो उतनी ही है, जितने की स्वाभाविक आवश्यकता है । तुम क्यों व्यर्थ अभावों की सृष्टि करके जीवन जटिल बना रही हो ? जिस प्रकार ज्वालामुखियाँ पृथ्वी के नीचे दबा रक्खी गयी हैं, और शीतल स्रोत पृथ्वी के वक्षस्थल पर बहा दिये गये हैं, उसी प्रकार ये सब अभाव 'तारा की सन्तानों' के कल्याण के लिए गाड़ दिये गये हैं । यह ज्वाला सोने के रूप में सब के हाथों में खेलती और मदिरा के शीतल आवरण से कलेजे में उतर जाती है ।

लीला—मदिरा ! क्या कहा ?

वन-लक्ष्मी—हाँ-हाँ, मदिरा, जो तुम्हारे उस पात्र में रक्खी है ।

(पात्र की ओर संकेत करती है)

लीला—क्या इसे कहती हो ? (**पात्र उठा लेती हैं**) इसे तो सखी कामना ने ब्याह के उपलक्ष में भेजा हैं। और सोना क्या ?

वन-लक्ष्मी—वही, जिसके लिए लालायित हो।

लीला—तुम वन-लक्ष्मी हो, तभी....

वन-लक्ष्मी—क्या मैं भी उस चमकीली वस्तु के लिये शीतल हृदय में जलन उत्पन्न करूँ ?

लीला—जलन तो हैं ही। तुम्हारे पास नहीं हैं, इसलिये मुझे भी उससे वञ्चित करना चाहती हो। कामना के पास हैं, और मैं उसे पाने का प्रयास कर रही हूँ इसे ही तो तुमने कहा था मत्सर ! और मैं पा जाउँगी उद्योग करके, इसलिये तुम निषेध करती हो। क्या यह मत्सर या तुम्हारे शीतल हृदय की जलन नहीं हैं ?

वन-लक्ष्मी—लीला ! लीला ! सावधान हो, हमारे द्वीप में लोहे का उपयोग सृष्टि की रक्षा के लिए हैं। उसे संहार के लिए मत बना। जो वस्तु खेती और हिंस्र पशुओं से सरल जीवों की रक्षा का साधन है, उसे नरक के हाथ, हिंसा की उँगलियाँ न बना दे। कामना को उस विदेशी युवक के साथ महार्णव में विसर्जन कर दे। उसे दूसरे देश में चले जाने के लिये भी कह दे, परन्तु....

लीला—वन-लक्ष्मी हो ? क्या तुम ऐसा निष्ठुर निर्देश करती हो कि मैं अपनी सखी को······· ।

वन-लक्ष्मी—हाँ ! हाँ ! उस अपनी सखी से दूर रह ! केवल तू ही उस अग्नि का ईंधन बनकर विनाश न फैला। महार्णव से मिलती हुई तरङ्गिणी के जल में चुटकी लेता हुआ, शीतल और सुगन्धित पवन इस देश में बहने दे। इस देश के थके कृषकों को विनोद-पूर्ण बनाने के लिए, प्रत्येक पथिक पर, कल्याण के सदृश, यहाँ के वृक्षों को फूल बरसाने दे। आग, लोहे और रक्त की वर्षा की प्रस्तावना न कर। इस विश्वम्भरा को, इस जननी को, धातु निकाल कर, खोखली और निर्बल बनाने का समारम्भ होने से रोक। मेरी प्यारी लीला मान जा। कहे जाती हूँ, जिस दिन तूने उस चमकीली वस्तु के लिए हाथ पसारा, उसी दिन इस देश की दुर्दशा का प्रारम्भ होगा।

(**चली जाती है**)

लीला—(**कुछ देर बाद**) आश्चर्य ! आज तक तो वन-लक्ष्मी किसी से नहीं मिली थी। अब मैं क्या करूँ ? चलकर कामना से कहूं; या उपासनागृह में ही सबके सामने कहूं (सोचती है) नहीं, अलग ही कहना ठीक होगा। तो चलूँ, (रुककर) यह लो कामना तो स्वयं आ रही है।

(**कामना का प्रवेश**)

कामना—लीला, सखी, तू कैसी हो रही है ?

लीला—मैं तो तेरे ही पास आ रही थी। बड़े आश्चर्य की बात है।

कामना—आश्चर्य की कई बातें आज कल इस द्वीप में हो रही हैं। पर उनसे क्या ? पहले मेरी ही बात सुन ले। मैं विलास के साथ बातें कर रही थी कि पक्षियों का सङ्केत हुआ। मैं उपासनागृह में गयी। मुझे नियमानुसार यह विदित हुआ कि इस देश पर कोई आपत्ति शीघ्र आया चाहती है। परन्तु मैं तनिक भी विचलित न हुई। मैं तो तेरे ब्याह का शृङ्गार करने आयी हूँ। तू कह…।

लीला—आज वन-लक्ष्मी मुझसे न जाने कहाँ-कहाँ की कैसी-कैसी बातें कह गयी।

कामना—वन-लक्ष्मी ! भला, वह तेरे सामने आयी ! आश्चर्य ! क्या कहा ?

लीला—कहा कि कामना के हाथों से देश का विनाश होगा। तू उसका साथ न दे, और उस चमकीली वस्तु की चाह कभी न करना जैसी कामना के पास है; क्योंकि वह ज्वाला है। और भी न-जाने क्या-क्या कह गयी।

कामना—हूँ। तूने क्या कहा ?

लीला—मैंने कहा कि वह मेरी सखी है, मैं उसे न छोड़ूँगी। (**आलिङ्गन करती है**)

कामना—प्यारी लीला, वह मैं तुझे अवश्य दिलाऊँगी, अधीर न हो। तू जैसे भ्रान्त हो गयी है। वह पेया, जो मैंने भेजी है, कहाँ है ? थोड़ी उसमें से पी ले।

लीला—ओह ! उसे तो और भी मना किया है।

कामना—(**हँसती हुई पात्र उठाकर**) अरे ले भी, अभी थकावट दूर होती है। (**लीला और कामना पीती हैं**)

लीला—बहन, इसके पीते ही तो मन दूसरा हुआ जाता है।

कामना—बड़ी अच्छी वस्तु है।

लीला—ऐसी पेया तो नहीं पी थी। यह कहाँ से ले आयी ?

कामना—एक दिन मैं और विलास, दोनों, नदी के किनारे से बहुत दूर निकल गये। फिर वहाँ प्यास लगी; परन्तु नदी तक लौटने में विलम्ब होता। एक तरबूज आधा पड़ा था, उसमें सूर्य की गरमी से तपा हुआ उसी का रस था। हम दोनों ने आधा-आधा पी लिया। बड़ा आनन्द आया। अब उसी रीति से बनाया करती हूँ।

कामना—(**मद विह्वल होती है**) कामना, तू वन-लक्ष्मी है। वह जो आयी थी, मुझे भुलाने आयी थी। तू क्या है सुगन्ध की लहर है। चाँदनी की शीतल चादर है। अः (**उठना चाहती है**)

कामना—(**लीला को बिठाकर**) तू बैठ, आज मिलन-रात्रि है। विनोद के आने का समय हो गया।

लीला—विनोद ! कौन ! नहीं कामना ! सन्तोष ! मेरा प्यारा सन्तोष ! तुमने तो ब्याह न करने का निश्चय किया है ?

कामना—कैसी है तू ! वह मेरा निर्वाचित है ! मैं चाहे ब्याह करूँ या नहीं परन्तु वह तो सुरक्षित रहेगा—समझी लीला ! तेरे लिए तो विनोद ही उपयुक्त है। सन्तोष मुझसे डरता है तो मैं भी उससे सब को डराऊँगी—विनोद को मैं बुला आयी हूं। वह तेरा परम अनुरक्त है।

(लीला अवाक होकर देखती है फूलों के मुकुट से सजा हुआ विनोद आता है)

कामना—स्वागत !

लीला—विराजिये।

(सब बैठते है)

(कामना दो फूल के हार दोनों को पहनाती और पात्र लेकर दोनों को एक में पिलाती है। पीछे खड़ी होकर दोनों के सिर पर हाथ रखती है। तीनों के मुख पर तीव्र आलोक)

कामना—अखण्ड मिलन हो !

विनोद—उपासना-गृह में भी तो चलना होगा।

लीला—यह तो नियम है।

कामना—थोड़ी और पी लो, तो चलें। वहाँ सब लोग एकत्र रहें। परन्तु देखो, जो मैं कहूँ, वहाँ वही करना।

लीला }
विनोद } —वही होगा।

(दोनों पात्र खाली करके जाते है)

कामना—मेरे भीतर का बाँकपन सीधा हो गया है। मेरा गर्व उसके पैरों में लोटने लगा। वह अतिथि होकर आया, आज स्वामी है। व्योम-शैल से गिरती हुई चन्द्रिका की धारा आकाश और पाताल एक कर रही है। आनन्द का स्रोत बहने लगा है। इस प्रपात के स्वच्छ कणों से कुहासे के समान सृष्टि में अन्धकार-मिश्रित आलोक फैल गया है। अन्तःकरण के प्रत्येक कोने से असन्तोष-पूर्ण तृप्ति की स्वीकार-सूचनायें मिल रही है। विलास ! तुम्हारे दर्शन ने सुख भोगने के नये-नये आविष्कारों से मस्तिष्क भर दिया है। क्लान्ति और श्रान्ति मिलने के लिए जैसे सकल इन्द्रियाँ परि-श्रम करने लगी हैं—विलास !

(गाती है)

घिरे सघन घन नींद न आयी,
निर्दय भी न अभी आया !

चपला ने इस अन्धकार में,
क्यों आलोक न दिखलाया ?
बरस चुकीं रस-बूंद सरस हो
फिर भी यह मन कुम्हलाया ?
उमड़ चले आँखों के झरने,
हृदय न शीतल हो पाया !

—चलूँ उपासना-गृह में—(जाती है)

[**पट-परिवर्तन**]

पञ्चम दृश्य

उपासना-गृह

(सामने धूनी में जलती हुई अग्नि। बीच मे कामना स्वर्णपट्ट बाँधे। दोनों ओर द्वीप के नागरिक। सबसे पीछे विलास)

कामना—पिता ! हम सब तेरी सन्तान हैं (**सब वही कहते**)

कामना—हमारी परस्पर की भिन्नता के अवकाश को तू पूर्ण बनाये रख, जिसमें हम सब एक हो रहें।

सब—हम सब एक हो रहें।

कामना—हमारे ज्ञान को इतना विस्तार न दे कि हम सब दूर-दूर हो जायँ। हम सब के समीप रहें।

सब—हम सब के समीप रहें।

कामना—हमारे विचारों को इतना सङ्कुचित न कर दे कि हम अपने ही में सब कुछ समझ लें। सब में तेरी सत्ता का अनुभव हो।

सब—सब में तेरी सत्ता का अनुभव हो (**घुटने टेकते हैं**)

कामना—(**उठकर**) हम लोगों में आज एक नवीन मनुष्य है। वह आज लोगों को पिता का एक संन्देश सुनायेगा !

एकवृद्ध—पवित्र पक्षियों के सन्देश क्या अब बन्द होंगे !

दूसरा—क्या मनुष्य से हम लोग सन्देश सुनेंगे !

तीसरा—कभी ऐसा नहीं हुआ।

विलास—शान्त होकर सुनिये। पवित्र उपासना-गृह में मन को एकाग्र करके, विनम्र होकर, सन्देश सुनिये। विरोध न कीजिये।

पहला वृद्ध—इस उपद्रव का अर्थ ? विदेशी युवक, तुम यहाँ क्या किया चाहते हो ? विरोध क्या ?

विनोद—सुनने में बुराई क्या है ?

लीला—हमारे ब्याह की उपासना यों उपद्रव में न समाप्त होनी चाहिये। आप लोग सुनते क्यों नहीं ?

कामना—मैं आज्ञा देती हूँ कि अभी उपासना पूर्ण नहीं हुई, इसलिये सब लोग सन्देश को सावधान होकर सुनें।

दो-चार वृद्ध—इस उन्मत्त कथा का कहीं अन्त होगा ? कामना ! आज तुम्हें क्या हुआ है ? तुम केवल उपासना का नेतृत्व कर रही हो, आज्ञा कैसी ? वह क्यों मानी जाय ?

कई स्त्री पुरुष—हम लोगों को यहाँ से चलना चाहिये और कोई दूसरा व्यक्ति कल से उपासना का नेता होगा।

विलास—अनर्थ न करो ईश्वर का कोप होगा।

(विलास के संङ्केत करने पर कामना अग्नि में जल डालती है)

विलास—ईश्वर है, और वह सब के कर्म देखता है। अच्छे कार्यों का पारितोषिक और अपराधों का दण्ड देता है। वह न्याय करता है; अच्छे को अच्छा और बुरे को बुरा !

विवेक—परन्तु युवक, हम लोग आज तक उसे पिता समझते थे और हम लोग कोई अपराध नहीं करते। करते हैं केवल खेल। खेल का कोई दण्ड नहीं। यह न्याय और अन्याय क्या ? अपराध और अच्छे कर्म क्या हैं, हम लोग नहीं जानते। हम खेलते हैं, और खेल में एक दूसरे के सहायक हैं, इसमें न्याय का कोई कार्य नहीं। पिता अपने बच्चों का खेल देखता है, फिर कोप क्यों ?

विलास—तुम्हारी ज्ञान-सीमा सङ्कुचित होने के कारण यह भ्रम है। तुम लोग पुण्य भी करते हो, और पाप भी।

विवेक—पुण्य क्या ?

बिलास—दूसरों की सहायता करना इत्यादि। पाप है दूसरों को कष्ट देना, जो निषिद्ध है।

विवेक—परन्तु निषेध तो हमारे यहाँ कोई वस्तु नहीं हैं। हम वही करते हैं, जो जानते हैं, और जो जानते हैं, वह सब हमारे लिये अच्छी बात है। केवल निषेध का घोर नाद करके तुम पाप क्यों प्रचारित कर रहे हो ? वह हमारे लिए अज्ञात बात है। तुम इस ज्ञान को अपने लिए सुरक्षित रक्खो। यहाँ.... ।

कामना—दिव्य पुरुष सें केवल शिक्षा ग्रहण करनी चाहिये।

विनोद—हम आपके आज्ञाकारी हैं। आपके नेतृत्व-काल में अपूर्व वस्तु देखने में आयी, और कभी न सुनी हुई बातें जानी गयीं। आप धन्य हैं!

एक—हम लोग भी स्वीकार ही करेंगे। तो अब सब लोग जायँ?

विनोद—ब्याह का उपहार ग्रहण कर लीजिये।

कामना—वह ईश्वर की प्रसन्नता है। आप लोगों को उसे लेकर जाना चाहिये।

(विनोद और लीला सब को मदिरा पिलाते हैं)

कामना—है न यह उसकी प्रसन्नता?

दो-चार—अवश्य, यह तो बड़ी अच्छी पेया है।

(सब मोह में शिथिल होते हैं)

—ईश्वर से डरना चाहिये, सदैव सत्कर्म....।

एक—नहीं तो वह इसी ज्वाला के समान अपने क्रोध को धधका देगा।

दूसरा—और हम लोगों को दण्ड देगा।

विवेक—परन्तु प्यारे बच्चो, वह पिता स्नेह करता है, यह हम लोग कैसे भूल जायँ, और उससे डरने लगें?

कामना—तुम्हें प्रमाण मिलेगा कि हम लोगों में अपराध है; उन्हीं अपराधों से हम लोग रोगी होते और उसके बाद इस द्वीप से निकाल दिये जाते है। उन अपराधों को हमें धीरे-धीरे छोड़ना होगा।

विवेक—तो फिर सब कर्म केवल अपराध ही हो जायँगे—

और सब—हम लोग उन अपराधों को जानेंगे और उनका त्याग करेंगे। रोग और निकाले जाने से बचेंगे।

विलास—सब का कल्याण होगा।

(एक दूसरे से आलिंगन करते हुए मद्यपों की-सी प्रसन्नता प्रकट करते हुए जाते हैं)

विवेक—परिवर्तन! वर्षा से धुले हुए आकाश की स्वच्छ चन्द्रिका, तमिस्रा से-कुहू से बदल जायगी। बालकों के से शुभ्र हृदय छल की मेघमाला से ढँक जायँगे।

(सोचता है)

पिता! पिता! हम डरेंगे, तुमसे काँपेंगे? क्यों? हम अपराधी हैं। नहीं-नहीं, यह क्या अच्छी बात है। यह क्या है? अब खेल समाप्त होने पर तुम्हारी गोद में शीतल पथ से हम न जाने पावेंगे। तुम दण्ड दोगे। नहीं-नहीं—ओह! न्याय करोगे?

भयानक न्याय—क्योंकि हम अपराध करेंगे, और तुम दण्ड दोगे—ओह ! उसने कहा कि तुम निर्जीव बनाकर इस द्वीप से निकाल दिये जाते हो, यही प्रमाण है कि तुम अपराधी हो। क्या हम अपराधी हैं ? अपराध क्या पदार्थ है ? क्षुद्र स्वार्थों से बने हुए कुछ नियमों का भङ्ग करना अपराध होगा। यही न ? परन्तु हमारे पास तो कोई नियम ऐसे नहीं थे, जो कभी तोड़े जाते रहे हों। फिर क्यों यह अपराध हम पर लादा जा रहा है ? पिता ! प्रेममय पिता ! हमारे इस खेल में भी यह कठोरता, यह दण्ड का अभिशाप लगा दिया गया ! हमारे फूलों के द्वीप में किस निर्दय ने काँटे विखेर दिये ? किसने हमारा प्रभात का स्वप्न भङ्ग किया ? स्वप्न—आ ! कुदृश्यों से थकी हुई आँखों में चला आ—विश्राम ! आ ! मुझे शीतल अङ्क में ले !—ऊँह ! सो जाऊँ ! (**सोने की चेष्टा करता है। स्वप्न में—स्वर्ग और नरक का दृश्य देखना हुआ अर्ध-निद्रित अवस्था में उठ खड़ा होता है**)—मैं क्या-क्या कह गया। ये सब अभूतपूर्व बातें कहाँ से हमारे हृदय में उठ रही हैं। परन्तु, नहीं—यह तो प्रत्यक्ष है, दिखलायी पड़ रहा है कि ज्वाला और उसके पहले विष से मिला हुआ धुआँ फैलने लगा है। जलाने वाली, अमृत होकर सुख भोग करने की इच्छा इस पृथ्वी को स्वर्ग बनाने की कल्पना, इसे अवश्य नरक बनाकर छोड़ेगी। हैं ! नरक और स्वर्ग ! कहाँ हैं ? ये क्यों मेरे हृदय में घुसे पड़ते हैं ? काल्पनिक अत्यन्त उत्तमता, सुख-भोग की अनन्त कामना, स्वर्गीय इन्द्र-धनुष बनकर सामने आ गयी है, जिसने वास्तविक जीवन के लिये इस पृथ्वी की दबी हुई ज्वालामुखियों का मुख खोल दिया है। हमारे फूलों के द्वीप के बच्चो ! रोओगे इन कोमल फूलों के लिये, इन शीतल झरनों के लिये। पिता के दुलारे पुत्रो ! तुम अपराधी के समान बेंत से काँपोगे। तुम गोद में नहीं जाने पाओगे। हाँ ! मैं क्या करूँ—कहाँ जाऊँ ?

(**बड़बड़ाता हुआ जाता है**)

षष्ठ दृश्य

(**कामना के मन्दिर में नवीन उपस्करण**)

(**कामना और विलास**)

विलास—बहुत-से लोग पेया माँगते हैं कामना !

कामना—तो कैसे बनेगी ?

विलास—लीला स्वर्ण-पट्ट के लिये अत्यन्त उत्सुक है।

कामना—उसे तो देना ही होगा।

विलास—स्वर्ण तो मैंने एकत्र कर लिया है, अब उसे बनाना है।

कामना—फिर शीघ्रता करो।

विलास—जब तक तुम रानी नहीं हो जातीं, तब तक मैं दूसरे को स्वर्ण-पट्ट नहीं पहनाऊँगा। केवल उपासना में प्रधान बनने से काम न चलेगा। परन्तु रानी बनने में अभी देर है, क्योंकि अपराध अभी प्रकट नहीं है। उसका बीज सब के हृदयों में है।

कामना—फिर क्या होना चाहिये?

विलास—आज सब को पिलाऊँगा। कुछ स्त्रियाँ भी रहेंगी न?

कामना—क्यों नहीं।

विलास—कितनी देर में सब एकत्र होंगे?

कामना—आते ही होंगे। मुझे तो दिखलाओ, तुमने क्या बनाया है, और कैसे बनाया?

विलास—देखो, परन्तु किसी से कहना मत।

(कामना आश्चर्य से देखती है। पर्दा हटाकर शराब की भट्ठी और सुनार की धौंकनी दिखलाता है। गलाया हुआ बहुत-सा सोना रक्खा है। मञ्जूषा में से एक कङ्कण निकाल कर कामना को दिखाता है)

लीला—(**सहसा प्रवेश करके**) सब लोग आ रहे हैं।

(विलास सब बन्द कर लेता है, लीला की ओर क्रोध से देखता है। लीला संकुचित हो जाती है)

विलास—जब कह दिया गया कि तुम्हें भी मिलेगा, तब इतनी उतावली क्यों है?

(विनोद भी आ जाता है)

कामना—विनोद और लीला हमारे अभिन्न हैं प्रिय विलास!

विलास—ईश्वर का यह ऐश्वर्य है, उसका अङ्ग है। जब उसकी इच्छा होगी, तभी मिलेगा। जल्दी का काम नहीं। विनोद! तुम्हें भी इसकी....

विनोद—मैंने भी बहुत-सी रेत इकट्ठी की है, परन्तु बना न सका—मुझे नहीं, लीला को चाहिये।

विलास—(**आश्चर्य और क्रोध प्रकट करते हुये**) अच्छा, प्रतिज्ञा करो कि कामना जो कहेगी, वही तुम लोग करोगे, आज का रहस्य किसी से न कहोगे।

विनोद—प्रतिज्ञा करते हैं।

लीला—हम दोनों दास हैं। किसी से न कहेंगे।

कामना—क्या कहा!

दोनो—दास हैं। आप के दास हैं।

कामना—नहीं, नहीं; तुमने इतने दीन होकर इस ज्वाला की भीख मत लो। इस द्वीप के निवासी....।

विलास—ठहरो कामना, (**विनोद से**) तो तुम अपनी बात पर दृढ़ हो ? झूठ तो नहीं बोलते ?

लीला—झूठ क्या ?

विलास—यही कि जो कहते हो, उसे फिर न कर सको।

कामना—ऐसा तो हम लोग कभी नहीं करते। क्यों विनोद !

विलास—मैं तुमसे नहीं पूछ रहा हूँ कामना।

विनोद—हाँ-हाँ, वही होगा।

(विलास एक छोटा-सा हार निकालकर लीला को पहनाता है। कामना क्षोभ से देखती है। विलास पर्दा खींचकर खड़ा हुआ मुसकराता है। सब लोग आ जाते हैं। कामना सब का स्वागत करती है। युवक और युवतियों का झुण्ड बैठता है)

विलास—आज आप लोग अतिथि हैं, यदि कोइ अपराध हो तो क्षमा कीजियेगा।

एक युवक—अतिथि क्या ?

विलास—यही कि मेरे घर पधारे हैं।

एक युवती—हम लोग तो इसे अपना ही घर समझते हैं।

विनोद—वास्तव में तो घर विलास जी का है।

विलास—ऐसा कहना तो शिष्टाचार-मात्र है। अच्छे लोग तो ऐसा कहते ही हैं।

युवक—क्या इस घर के आप ही सब कुछ हैं ? हम लोग कुछ नहीं ?

कामना—आप लोग जब आ गये हैं, तब तक आप लोग भी हैं, परन्तु विलास जी की आज्ञानुसार।

विलास—(**हँसकर**) हमारे देश में इसको शिष्टाचार कहते हैं। यद्यपि आप लोगों का इस समय हमारे घर पर पूर्ण अधिकार है, परन्तु स्वत्व हमारा ही है; क्योंकि जब आप लोग यहाँ से चले जायँगे, तब तो मैं ही इसका उपभोग करूँगा।

लीला—कैसी सुन्दर बात है, कैसा ऊँचा विचार है !

(सब आश्चर्य में एक-दूसरे का मुँह देखते हैं)

विलास—आप लोग कुछ थके होंगे इसलिये थोड़ी-थोड़ी पेया पी लीजिये तब खेल होगा। देखिये, आप लोगों को आज एक नया खेल खेलाया जायगा। जो मैं कहूँ, वही करते चलिये।

युवक—ऐसा ?

विलास—हाँ, आप लोग गाते हुए घूमते और नाचते भी तो हैं ?

युवक
युवती } —क्यों नहीं, परन्तु उसका समय दूसरा होता है।

विलास—आज हम जैसा कहें, वैसा करना होगा।

कामना—अच्छी बात है। नया खेल देखा जायगा।

(कामना और लीला मदिरा ले आती हैं। विलास सबको पंक्ति से बैठाता और कामना को सङ्केत करता है। दोनों सबको मद्य पिलाती है। सब प्रसन्न होते हैं)

एक—**(नशे में)** अब खेल होना चाहिये।

सब—**(मद-विह्वल होकर)** हाँ, हाँ, होना चाहिये।

विलास—अच्छा—**(एक से पूछता है)** क्यों, तुमको कौन स्त्री अच्छी लगती है? देखो उसके मुख पर कैसा प्रकाश है।

(एक दूसरे की स्त्री को दिखाता है)

वह युवक—हाँ, इसमें तो कुछ विचित्र विशेषता है।

विलास—अच्छा तो इनमें से सब लोग इसी प्रकार एक-एक स्त्री को चुन लो।

(नशे में एक दूसरे की स्त्री को अच्छी समझते हुए उनका हाथ पकड़ते हैं। विलास सब को मण्डलाकार खड़ा करता है)

कामना—अब क्या होगा?

विलास—इस खेल में एक व्यक्ति बीच में रहेगा, जो सब की देख-रेख करेगा।

कामना—तुम्हीं रहो।

विलास—नहीं, मुझको तो आज अभी बताना पड़ेगा आज तुम्हीं देखो। और तुम तो इन लोगों में मुख्य हो भी।

सब—ठीक कहा।

विलास—अच्छा, तो कामना! इस खेल की तुम रानी बनोगी। जब तुम कहोगी तभी यह खेल बन्द होगा—समझीं!

सब—अच्छी बात है।

(विलास चन्द्रहार और कंकण लाकर कामना को पहनाता है। सब आश्चर्य से देखते हैं)

विनोद—कामना रानी है।

विलास—सचमुच रानी है।

(कामना के संकेत करने पर नृत्य आरम्भ होता है, और विलास गाता है : सब उसका अनुकरण करते हैं)

पी ले प्रेम का प्याला
भर ले जीवन-पात्र में यह अमृतमयी हाला
सृष्टि विकासित हो आँखों में, मन हो मतवाला

मधुप पी रहे मधुर मधु, फूलों का सानन्द,
तारा-मद्यप-मंडली चषक भरा यह चन्द
सजा आपानक निराला।

(सब उन्मत्त होकर नाचते-नाचते मद्यप की चेष्टा करते हैं। विवेक का प्रवेश। आश्चर्य चकित होकर देखता है)

विलास—कौन ?

विवेक—यह नरक है या स्वर्ग ?

विलास—बुड्ढे इसे स्वर्ग कहते हैं। तुम कैसे जान गये ?

विवेक—तो इसी स्वर्ग में नरक की सृष्टि होगी। भागो-भागो।

विलास—पागल है।

सब—पागल है ! पागल है !

(विवेक क्षोभ से भागता है)

यवनिका-पतन

द्वितीय अङ्क

प्रथम दृश्य

(विलास, कामना, विनोद और लीला)

लीला—बहुत दूर चले आये। अब हम लोगों को लौटना चाहिये।

विलास—हाँ इधर तो द्वीप के निवासी बहुत ही कम आते हैं।

विनोद—हम समझते हैं, अब इस द्वीप के मनुष्यों को और भूमि की आवश्यकता न होगी।

कामना—आवश्यकता तो होगी ही।

विलास—फिर इतना दुर्गम कान्तार अनाक्रान्त क्यों छोड़ दिया जाय ? सम्भव है, कालान्तर में इधर ही बसना पड़े।

विनोद—तब इधर—

विलास—तुम्हारे पास तीर और धनुष क्यों है ?

विनोद—आने वाले भय से रक्षा के लिये।

विलास—परन्तु, यदि तुम्हीं उनके लिए भय के कारण बन जाओ, तब ?

विनोद—कैसे ?

विलास—मूर्ख, दुर्दान्त पशु जब तुम्हारे ऊपर आक्रमण करते हैं, तब तुम अपने को बचाते हो। यदि तुम उन पर आक्रमण करने लगो, तो वे स्वयं भागेंगे।

(**चार युवक तीर और धनुष लिये आते हैं**)

विलास—ये लोग भी आ गये।

कामना—हाँ, अब तो हम लोगों का एक अच्छा दल हुआ।

आगंतुक—कहिये, आज यहाँ कौन-सा नया खेल है?

विलास—जो तुमको हानि पहुंचाने के लिये सदैव तत्पर हैं, उन्हें यदि तुम भयभीत कर सको, तो वे स्वयं कभी साहस न करेंगे, और साथ ही एक खेल भी होगा।

आगंतुक—बात तो अच्छी है।

विलास—अच्छा, सब लोग भयानक चीत्कार करो, जिससे पशु निकलेंगे, और तब तुम लोग उन पर तीर चलाना।

सब—(**आश्चर्य से**) ऐसा!

विलास—हाँ।

(**सब चिल्लाते है, और ताली पीटते हैं, पशुओं का भीतर दौड़ना, तीर लगना और छटपटाना**)

सब—बड़ा विचित्र खेल है।

विलास—खेल ही नहीं, यह व्यायाम भी है।

कामना—परन्तु विलास, देखो यह हरी-हरी घास रक्त से लाल रँगी जाकर भयानक हो उठी है, यहाँ का पवन भाराक्रान्त होकर दबे-पाँव चलने लगा है।

विलास—अभी तुमको अभ्यास नहीं है रानी! चलो विनोद, सब को लिवाकर तुम चलो।

(**विलास और कामना को छोड़कर सब जाते हैं**)

कामना—विलास!

विलास—रानी!

कामना—तुमने ब्याह नहीं किया।

विलास—किससे?

कामना—मुझी से उपासना-गृह की प्रथा पूरी नहीं हुई।

विलास—परन्तु और तो कुछ अन्तर नहीं है। मेरा हृदय तो तुम से अभिन्न ही है। मैं तुम्हारा हो चुका हूँ।

कामना—परन्तु—(**सिर झुका लेती है**)

विलास—कहो कामना! (**ठुड्डी पकड़ कर उठाता है**)

कामना—मैं अपनी नहीं रह गयी हूँ प्रिय विलास क्या कहूँ।

विलास—तुम मेरी हो। परन्तु सुनो, यदि इस विदेशी युवक से ब्याह करके कहीं तुम सुखी न होओ, या कभी मुझी को यहाँ से चला जाना पड़े ?

कामना—(आश्चर्य और क्षोभ से) नहीं विलास, ऐसा न कहो।

विलास—परन्तु अब तो तुम इस द्वीप की रानी हो। रानी को क्या ब्याह करके किसी बन्धन में पड़ना चाहिये।

कामना—तब तुमने मुझे रानी क्यों बनाया ?

विलास—रानी, तुमको इसलिए रानी बनाया कि तुम नियमों का प्रवर्त्तन करो। इस नियम-पूर्ण संसार में अनियन्त्रित जीवन व्यतीत करना मूर्खता नहीं है ? नियम अवश्य है। ऐसे नीले नभ में अनन्त उल्का-पिण्ड; उनका क्रम से उदय और अस्त होना दिन के बाद नीरव निशीथ, पक्ष-पक्ष पर ज्योतिष्मती राका और कुहू, ऋतुओं का चक्र, और निस्सन्देह शैशव के बाद उद्दाम यौवन, तब क्षोभ से भरी हुई जरा—ये सब क्या नियम नहीं है ?

कामना—यदि ये नियम हैं, तो मैं कह सकती हूँ कि अच्छे नियम नहीं हैं। ये नियम न होकर नियति हो जाते हैं, असफलता की ग्लानि उत्पन्न करते हैं।

विलास—कामना ! उदार प्रकृति बल, सौंदर्य और स्फूर्ति के फुहारे छोड़ रही है। मनुष्यता यही है कि सहज-लब्ध विलासों का अपने सुखों का सञ्चय और उनका भोग करे। नियमों के भले और बुरे, दोनों ही कर्तव्य होते है, प्रतिफल भी उन्हीं नियमों में से एक है। कभी-कभी उसका रूप अत्यन्त भयानक होता है, उससे जी घबराता है। परन्तु मनुष्यों के कल्याण के लिए उसका उपयोग करना ही पड़ेगा; क्योंकि स्वयं प्रकृति वैसा करती है। देखो यह सुन्दर फूल झड़कर गिर पड़ा। जिस मिट्टी से रस खींचकर फूला था, उसी में अपया रङ्ग-रूप मिला रहा है। परन्तु विश्वम्भरा इस फूल के प्रत्येक केसर बीज को अलग-अलग वृक्ष बना देगी, और उन्हें सैकड़ों फूल देगी।

कामना—इसमें तो बड़ी आशा है।

विलास—इसी का अनुकरण, निग्रह-अनुग्रह की क्षमता का केन्द्र प्रतिफल की अमोघ शक्ति से यथाभाग सन्तुष्ट रखने का साधन, राजशक्ति है। इस देश के कल्याण के लिये उसी तन्त्र का तुम्हारे द्वारा प्रचार किया गया है, और तुम बनायी गयी हो रानी। और रानी का पुरुष कौन होता है, जानती हो ?

कामना—नहीं, बताओ।

विलास—राजा। परन्तु मैं तुम्हें ही इस द्वीप की एकच्छत्र अधिकारिणी देखना चाहता हूँ। उसमें हिस्सा नहीं बँटाना चाहता !

कामना—तब मेरा रानी होना व्यर्थ था।

विलास—परन्तु तुम्हारी सब सेवा के लिये मैं प्रस्तुत हूँ। कामना, तुम द्वीप-भर में कुमारी ही बनी रह कर अपना प्रभाव विस्तृत करो! यही तुम्हारे रानी बनने के लिए पर्याप्त कारण हो जायगा।

कामना—यह क्या झूठ।

विलास—मैं जो कहता हूँ। चलो, वे लोग दूर निकल गये होंगे।

(दोनों जाते हैं)

पटाक्षेप

द्वितीय दृश्य

(पथ में विवेक)

विवेक—डर लगता है। घृणा होती है मुँह छिपा लेता हूँ। उनकी लाल आँखों में क्रूरता, निर्दयता और हिंसा दौड़ने लगी है। लोभ ने उन्हें भेड़ियों से भी भयानक बना रक्खा है। वे जलती-बलती आग में दौड़ने के लिये उत्सुक हैं। उनको चाहिये कठोर सोना और तरल मदिरा—देखो-देखो, वे आ रहे हैं।

(अलग छिप जाता)

(मद्यप की-सी अवस्था में दो द्वीपवासियों का प्रवेश)

पहला—आहा! लीला की कैसी सुन्दर गढ़न है।

दूसरा—और जब वह हार पहन लेती है, तो जैसे सन्ध्या के गुलाबी आकाश में सुनहरा चाँद खिल जाता है।

पहला—देखो, तुम उसकी ओर न देखना।

दूसरा—क्यों, विनोद को छोड़कर तुम्हें भी जब यह अधिकार है, तब मैं ही क्यों बंञ्चित रहूँ?

पहला—परन्तु फिर तुम्हारी प्रेयसी को....।

दूसरा—बस, बस, चुप रहो।

पहला—तब क्या किया जाय? वह मुझसे कङ्कणों के लिये कहती थी, इतना सोना मैं कहाँ से इकट्ठा करूँ?

दूसरा—नदी की रेत से।

पहला—बड़ा परिश्रम है।

दूसरा—तब एक उपाय है····।

पहला—क्या?

दूसरा—शांतिदेव इधर आनेवाला है। उसके पास बहुत-सा सोना है वह ले लिया जाय। तीर और धनुष तो है न ?

पहला—यही करना होगा।

(विवेक का प्रवेश)

विवेक—क्यों, क्या सोचते हो युवक ?

पहला—तुमसे क्यों कहूँ ?

दूसरा—तुम पागल हो।

विवेक—उन्मत्त ! व्यभिचारी ! ! पशु ! ! !

पहला—चुप बूढ़े।

विवेक—व्यभिचार ने तुम्हें स्त्री-सौन्दर्य का कलुषित चित्र दिखलाया है, और मदिरा उस पर रङ्ग चढ़ाती है क्यों, क्या यह सौन्दर्य पहले कहीं छिपा था जो अब तुम लोग इतने लोलुप हो गये हो।

पहला—जा, जा, पागल बूढ़े, तू इस आनन्द को क्या समझे ?

विवेक—सौन्दर्य, इस शोभन प्रकृति का सौन्दर्य विस्मृत हो चला। हृदय का पवित्र सौन्दर्य नष्ट हो गया। यह कुत्सित, यह अपदार्थ····।

दूसरा—मूर्ख है, अन्धा है। अरे मेरी आँखों से देख, तेरी आँखे खुल जायँगी, कुत्सित हृदय सौन्दर्य-पूर्ण हो जायगा, बूढ़े, परन्तु तुझे अब इन बातों से क्या काम ? जा।

पहला —तुझे क्या यदि उसकी भौंह में एक बल है, आँखों के डोरे में खिंचाव है वक्षस्थल पर तनाव है, और अलकों में निराली उलझन है, चाल में लचीली लचक है ? तू आँखें बन्द रख।

दूसरा—उस पर उस चमकते हुए सोने के कङ्कण-हारों से सुशोभित अम्लान आभूषण-परिपाटी मूर्ख····

पहला—पागल है।

विवेक—मैं आगल हूं ! अच्छा है जो सज्ञान नहीं हूं, इस वीभत्स कल्पना का आधार नहीं हूँ। हाय ! हाय ! हमारे फूलों के द्वीप के फूल अब मुरझाकर अपनी डाल से गिर पड़ते है। उन्हें कोई छूता नहीं उनके सौरभ से द्वीप-वासियों के घर अब नहीं भर जाते। हाय मेरे प्यारे फूलो ! **(जाता है)**

दोनों—जा, जा ! (**छिप जाते हैं**)

(शांतिदेव का प्रवेश)

शांतिदेव—मैं इसे कहाँ रक्खूँ, किधर से चलूँ ? हैं, मुझे क्या हो गया ! क्यों भयभीत हो रहा हूँ ? इस द्वीप में तो यह बात नहीं थी। परन्तु तब सोना भी तो नहीं था ! अच्छा, इस पगडण्डी से निकल चलूँ।

(बगल से निकलना चाहता है कि दोनों छिपे हुये तीर चलाते हैं। शान्तिदेव गिर पड़ता है। दोनों आकर उसे दबा लेते हैं। सोना खोजते हैं)

(अकस्मात् शिकारियों के साथ कामना का प्रवेश)

कामना—यह क्या, तुम लोग क्या कर रहे हो ?

लीला—हत्या—

विलास—घोर अपराध !!

कामना—(शिकारियों से) बांध लो इनको, ये हत्यारे हैं।

(सब दोनों को पकड़ लेते हैं। शांतिदेव को उठाकर ले जाते हैं)

(पट-परिवर्तन)

तृतीय दृश्य

(कुटीर में विनोद और लीला)

लीला—मेरा स्वर्ण पट्ट ?

विनोद—अभी तक तो नहीं मिला।

लीला—आज तक तो आशा-ही आशा है।

विनोद—परन्तु अब सफलता भी होगी।

लीला—कैसे ?

विनोद—अपराध होना आरम्भ हो नया है। अब तो एक दिन विचार भी होगा। देखो, कौन-कौन खेल, होते हैं !

लीला—तुम उन दोनों को कहाँ रख आये ?

विनोद—पहले विचार हुआ कि उपासना-गृह या संग्रहालय में रक्खे जायँ। फिर यह निश्चित हुआ कि नहीं, मित्र-कुटुम्ब के लिये जो नया घर बन रहा है, उसी में रखना चाहिए और, उन शिकारियों को वहाँ रक्षक नियत किया गया है।

लीला—इस योजना से कुछ-न-कुछ तुम्हें मिलेगा।

विनोद—परन्तु लीला, हम लोग कहाँ चले जा रहे हैं, कुछ समझ रही हो ? समझ में आने की ये बातें हैं ?

लीला—अच्छी तरह। (मदिरा का पात्र भरती हुई) कहीं नीचे, कहीं बड़े अन्धकार में।

विनोद—फिर मुझे क्यों प्रोत्साहित कर रही हो ?

(लीला पात्र मुँह से लगा देती है। विनोद पीता है)

लीला—आज तुम्हें गाना सुनाऊँगी।

विनोद—(**मद-विह्वल होकर**) सुनाओ प्रिये !

(लीला गाती है)

छटा कैसी सलोनी निराली है,
देखो आयी घटा मतवाली है
आओ साजन मधु पियें, पहन फूल के हार
फूल-सदृश यौवन खिला, है फूल की बहार
भरी फूलों से बेले की डाली है
शीतल धरती हो गयी, शीतल पड़ी फुहार
शीतल छाती से लगो, शीतल चली बयार
सभी ओर नयी हरियाली है

(सहसा कामना का कई युवकों के साथ प्रवेश)

कामना—फूल के हार कहाँ लीला ! तपा हुआ सोने का हार है। शीतलता कहाँ, ज्वाला धधक उठी है। यह आनन्द करने का समय नहीं है।

विनोद—क्या है रानी ?

कामना—विनोद, ये शिकारी उन अपराधियों के रक्षक हैं, इन्हें दिन-रात वहाँ रहना चाहिये। तब इनके जीवन-निर्वाह का प्रबन्ध····।

विनोद—जैसी आज्ञा हो।

(विलास का प्रवेश)

विलास—ये शिकारी नहीं, सैनिक है, शान्ति-रक्षक हैं। सार्वजनिक संग्रहालय पर अधिकार करो। इनमें से कुछ उसकी रक्षा करेंगे, और बचे हुये कारागार की।

विनोद—कारागार क्या ?

विलास—वही, जहाँ अपराधी रक्खे जाते हैं, जो शासन का मूल है, जो राज्य का अमोघ शस्त्र है।

लीला—(**विनोद से**) यह तो बड़ी अच्छी बात है।

कामना—विनोद मैं तुमको सेनानी बनाती हूँ। देखो, प्रबन्ध करो। आतङ्क न फैलने पावे।

विलास—यह लो सेनापति का चिह्न।

(एक छोटा-सा स्वर्ण पट्ट पहनता है। कामना तलवार हाथ में देती है। सब भय और आश्चर्य से देखते हैं)

कामना—(**शिकारियों से**) देखो, आज से जो लोग इनकी आज्ञा नहीं मानेंगे, उन्हें दण्ड मिलेगा।

(**सब घुटने टेकते हैं**)

विलास—परन्तु सेनापति, स्मरण रखना, तुम इस राजमुकुट के अन्यतम सेवक हो। राजसेवा में प्राण तक दे देना तुम्हारा धर्म होगा।

विनोद—(**घुटने टेककर**) मैं अनुगृहीत हुआ।

लीला—(**धीरे से**) परन्तु यह तो बड़ा भयानक धर्म है।

कामना—हाँ विलास जी।

विलास—आज राजसभा होगी। उसी में कई पद प्रतिष्ठित किये जायँगे। वहीं सम्मान किया जाय।

कामना—अच्छी बात है।

(**विनोद अपने सैनिकों के साथ परिक्रमण करता है**)

(**पट-परिवर्तन**)

चतुर्थ दृश्य

(**पथ में सन्तोष और विवेक**)

सन्तोष—यह क्या हो रहा है ?

विवेक—इस देश के बच्चे दुर्बल, चिन्ताग्रस्त और झुके हुए दिखाई देते हैं ! स्त्रियों के नेत्रों में विह्वलता-सहित और भी कैसे-कैसे कृत्रिम भावों का समावेश हो गया है ! व्यभिचार ने लज्जा का प्रचार कर दिया है !

सन्तोष—छिप कर बातें करना, कानों में मन्त्रणा करना, छूरों की चमक से आँखों में त्रास उत्पन्न करना, वीरता नाम के किसी अद्‌भुत पदार्थ की ओर अन्धे होकर दौड़ना युवकों का कर्त्तव्य हो रहा हैं। वे शिकार और जुआ, मदिरा और विलासिता के दास होकर गर्व से छातो फुलाये घूमते हैं। हम धीरे-धीरे सभ्य हो रहे हैं।

विवेक—सब बूढ़े मूर्ख और पुरानी लकीर पीटने वाले कहे जाते हैं।

सन्तोष—एक-एक पात्र मदिरा के लिये लालायित होकर दासता का ये बोझ वहन करते हैं। हृदय में व्याकुलता, मस्तिष्क में पाप-कल्पना भरी है।

विवेक—सोने का ढेर छल और प्रवञ्चना से एकत्र करके थोड़े-से ऐश्वर्यशाली

मनुष्य द्वीप-भर को दास बनाये हुये हैं। और, आशा में, कल स्वयं भी ऐश्वर्यवान् होने की अभिलाषा में बचे हुए सीधे सरल व्यक्ति भी पतित होते जा रहे हैं।

सन्तोष—हत्या और पापों की दौड़ हो रही है, और धर्म की धूम है।

विवेक—चलो भाई, चलें, अब उपासना-गृह में शासन-सभा होगी वहीं उन हत्यारों का विचार भी होने वाला है। (**देखता हुआ**) उधर देखो, रानी उपासना-गृह में जा रही हैं !

सन्तोष—भला यह रानी क्या वस्तु है ?

विवेक—मदिरा से ढुलकती हुई, वैभव के बोझ से दबी हुई, महत्वाकाङ्क्षा की तृष्णा से प्यासी, अभिमान की मिट्टी की मूर्ति।

सन्तोष—परन्तु है प्रभावशालिनी। भला हम लोग यह सब नहीं जानते थे। यह कहाँ से....।

विवेक—वही विदेशी, इन्द्रजाली युवक विलास। उसकी तीक्ष्ण आँखों में कौशल की लहर उठती है। मुसकराहट में शीतल ज्वाला और बातों में भ्रम की बहिया है।

सन्तोष—परन्तु हम सब जानते हुए भी अजान हो रहे हैं।

विवेक—कोई उपाय नहीं। (**जाता है**)

(**विलास का प्रवेश**)

विलास—(**स्वगत**) यह बड़ा रमणीय देश है ! भोले-भाले प्राणी थे, इनमें जिन भावों का प्रचार हुआ, वह उपयुक्त ही था। परन्तु सब कर के क्या किया ? अपने शाप-ग्रस्त और सङ्घर्षपूर्ण देश की अत्याचार-ज्वाला से दग्ध होकर निकला। यहाँ शीतल छाया मिली; मैंने क्या किया ?

सन्तोष—वही ज्वाला यहाँ भी फैला दी, यहाँ भी नवीन पापों की सृष्टि हुई। अब सब द्वीपवासी और उनके साथ तुम भी उसी मानसिक नीचता, पराधीनता, दासता, द्वन्द्व और दुःखों के अलातचक्र में दग्ध हो रहे हो ! आनन्द के लिए सब किया; पर वह कहाँ ! जब मन में आनन्द नहीं, तब कहीं नहीं।

विलास—(**देखकर**) कौन ? सन्तोष ! तुम क्या जानोगे ? भावुकता और कल्पना ही मनुष्य को कला की ओर प्रेरित करती हैं इसी में उसके कल्याण का रहस्य है, पूर्णता है।

सन्तोष—विलास ! तुम्हारे असङ्ख्य साधन हैं। तब भी कहाँ तक ? संसार की अनादि काल से की गयी कल्पनाओं ने जगत को जटिल बना दिया, भावुकता गले का हार हो गयी, कितनी कविताओं के पुराने पत्र पतझड़ के पवन में कहाँ-के-कहाँ उड़ गये ! तिसपर भी संसार में असंख्य मूक कवितायें हुई। चन्द्र-सूर्य की किरणों की

तूलिका से अनन्त आकाश के उज्ज्वल पट पर बहुत-से नेत्रों ने दीप्तिमान रेखाचित्र बनाये; परन्तु उनका चिह्न भी नहीं है। जिनके कोमल कण्ठ पर गला दे देना साधारण बात थी, उन्होंने तीसरी सप्तक की कितनी मर्मभेदी तानें लगायीं; किन्तु वे सर्वग्रासी आकाश के खोखले में विलीन हो गयीं।

(**सन्तोष जाता है**, **कामना का प्रवेश**)

कामना—(**विलास को देखकर, स्वगत**) जैसे खुले हुये ऊँचे कदम्ब पर वर्षा के यौवन का एक सुनील मेघखण्ड छाया किये हो। कैसा मोहन रूप हैं (**प्रकट**) क्यों विलास ! यहाँ क्या कर रहे हो ?

विलास—विचार कर रहा हूँ।

कामना—क्या ?

विलास—जिस इच्छा के बीज का रोपण करता हूँ, हमारी महत्वाकाङ्क्षा उसी के अङ्कुरों को सुरक्षित रखने के लिये—सूर्य के ताप से बचाने के लिये—अनन्त आकाश को मेघों से ढँक लेती है।

कामना—तब तो बड़ी अच्छी बात है !

विलास—परन्तु सन्देह है कि कहीं मधु-वर्षा के बदले करकपात न हो।

कामना—मीठी भावनायें करो। प्रिय विलास, मधुर कल्पनाएँ करो। सन्देह क्यों ?

विलास—सामने देखो—वह समुद्र का यौवन, जलराशि का वैभव; परन्तु उसमें नीची-ऊँची लहरें हैं।

कामना—नहीं देखते हो, सीपी अपने चमकीले दाँतों से हँस रही है। चलो, उपासना-गृह चलें।

विलास—तुम चलो, अभी आता हूँ।

(**कामना जाती है**)

विलास—(**स्वागत**)—कामना एक सुन्दर रानी होने के योग्य प्रभावशालिनी स्त्री है। उसने ब्याह का प्रस्ताव किया था ! मैं भी ब्याह के पवित्र बन्धन में बँधकर राजा होकर सुखी होता; परन्तु मेरी मानसिक अव्यवस्था कैसे छाया-चित्र दिखलाती है ! कोई अदृष्ट शक्ति सङ्केत कर रही है।—नहीं, कामना एक गर्वपूर्ण सरल हृदय की स्त्री है। रङ्गीन तो है, पर निरीह इन्द्रधनुष के समान उदय होकर विलीन होने वाली है। तेज तो है, पर वेदी के धधकाने से जलने वाली ज्वाला है। मैं उसको अपना हृदय-समर्पण नहीं कर सकता। मुझको चाहिये बिजली के समान वक्र रेखाओं का सृजन करने वाली, आँखों को चौंधिया देने वाली तीव्र और विचित्र ज्वाला, जिस हृदय में ज्वालामुखी धधकती हो, जिसे ईंधन का काम न हो, वही दुर्दमनीय तेज ज्वाला। मैं उसी का अनुगत हूँगा। यह हृदय उसी का लोहा मानेगा। इस फूलों के द्वीप में मधुप के

समान विहार करूँगा। मैं इस देश के अनिर्दिष्ट आकाश-पथ का धूमकेतु हूँ। चलूँ, मेरी महत्त्वाकाङ्क्षा ने अवकाश और समय दोनों की सृष्टि कर दी है। उसमें पदार्थों के द्वारा नयी सृष्टि के साथ मैं भी कुहेलिका सागर में विलीन हो जाऊँ। (जाता है)

(पट-परिवर्तन)

पञ्चम दृश्य

(उपासना-गृह नवीन रूप में)

(विलास सब लोगों को समझा रहा है, सब लोगों को खड़े होकर अभिवादन करना सिखला रहा है। बीच में वेदी, सामने सिंहासन और दोनों ओर चौकियाँ हैं मण्डलाकार लोग एकत्र हैं। राजदण्ड हाथ में लिए हुए कामना रानी का प्रवेश। पीछे सेनापति, विनोद और सैनिक)

कामना—(सिंहासन के नीचे वेदी के सामने खड़ी होकर) हे परमेश्वर! तुम सब से उत्तम हो, सब से महान् हो, तुम्हारी जय हो।

सब—तुम्हारी जय हो।

विलास—आप आसन ग्रहण करें।

(कामना मञ्च पर बैठती है)

कामना—आप लोगों को सुशासन की आवश्यकता हो गयी है; क्योंकि इस देश में अपराधों की संख्या बहुत बढ़ती चली जा रही है। यह मेरे लिए गौरव की बात है कि मुझे आप लोगों ने इसके उपयुक्त समझा है। परन्तु आप लोगों ने मेरे और अपने बीच का सम्बन्ध तो अच्छी तरह समझ लिया होगा?

एक—नहीं.

विलास—(आश्चर्य से) नहीं समझा! अरे, तुमको इतना भी नहीं ज्ञान हुआ कि ये तुम्हारी रानी हैं, और तुम इनकी प्रजा?

सब—हम प्रजा हैं।

विलास—देखो, ईश्वर असंख्य प्राणियों का, इस सारी सृष्टि का जिस प्रकार अधिपति है, उसी प्रकार तुम अपने कल्याण के लिये, अपनी सुव्यवस्था के लिये, न्याय और दण्ड के लिये इनको अपना अधिपति मानते हो। जिस प्रकार एक अन्य पशु दूसरे को सताकर उसे खा जाता है; और उसे दण्ड देने के लिए मृगया के रूप में ईश्वर हम लोगों को आज्ञा देता है, उसी प्रकार हमारी इस जाति को एक-दूसरे के अपराधियों को दण्ड देने के लिये रानी की आवश्यकता हुई। और यह हुई ईश्वर की प्रतिनिधि।

अब सब लोग उसकी आज्ञा और नियमों का पालन करें; क्योंकि उसने तुम्हारे कष्टों को मिटाने के लिए पवित्र कुमारी होने का कष्ट उठाया है। उसके सङ्कल्प हमारे कल्याण के लिये होंगे।

विनोद—यथार्थ है। (**तलवार सिर से लगाता है**)

सब—हम अनुगत हैं। हमारी रक्षा करो।

कामना—तुम सब सुखी होगे। मेरे दो हाथ हैं, एक न्याय करेगा, दूसरा दण्ड देगा। दण्ड के लिए सेनापति नियुक्त हैं, परन्तु न्याय में सहायता के लिए एक मन्त्री की—परामर्शदाता की—आवश्यकता है, जिसमें मैं सत्य और न्याय के बल से शासन कर सकूँ। तुम लोगों में से कौन इस पद को ग्रहण करना चाहता है ?

(**सब परस्पर मुँह देखते हैं**)

कामना—मैं तो विलास को इस पद के उपर्युक्त समझती हूँ, क्योंकि इन्हीं की कृपा और परामर्शों से हम लोगों ने बहुत उन्नति कर ली है।

लीला—मेरी भी यही सम्मति है।

सब लोग—अवश्य।

(**कामना एक स्वर्णपट्ट विलास को पहनाती है। एक ओर विलास दूसरी ओर विनोद चौकियों पर बैठते हैं धूनी जलती है**)

विलास—अपराधियों को बुलाया जाय।

विनोद—(**सैनिकों से**)—जाओ, उन्हें ले आओ !

(**दो सैनिक एक-एक को बाँधे हुए ले आते हैं**)

कामना—क्यों तुम लोगों ने शान्तिदेव की हत्या की है ?

विलास—और तुम अपना अपराध स्वीकार करते हो कि नहीं ?

अपराधी-१—हत्या किसे कहते हैं, यह मैं नहीं जानता। परन्तु जो वस्तु मेरे पास नहीं थी, उसी को लेने के लिए हम लोगों ने शान्तिदेव पर तीरों से वार किया।

अपराधी-२—और इसीलिये कि उसके पास का सोना हम लोगों को मिल जाय।

कामना—देखो तुम लोगों ने थोड़े-से सोने के लिये एक मनुष्य की हत्या कर डाली। यह घोर दुष्कर्म है।

विलास—और इसका दण्ड भी ऐसा होना चाहिये कि देखकर लोग काँप उठें, फिर कोई ऐसा दुस्साहस न करे।

विवेक—जिससे डरकर लोग तुम्हारा सोना न छुएं।

कामना—कौन है यह ?

विनोद—वही पागल।

विवेक—इसने उसी वस्तु के लेने का प्रयत्न किया है, जिसकी आवश्यकता इस समय समग्र द्वीपवासियों को है। फिर—

विलास—परन्तु इसका उद्योग अनुचित था।

विवेक—मैं पागल हूँ, क्या समझूँगा कि उचित उपाय क्या है। उपाय वही उचित होगा, जिसे आप नियम का रूप देंगे। परन्तु मैं पूछता हूँ, यहाँ इतने लोग खड़े हैं, इनमें कौन ऐसा है, जिसे सोना न चाहिये?

(कामना विलास का मुँह देखती है)

विवेक—वाह कैसा सुन्दर खेल है। खेलने के लिए बुलाते हो, और उसमें फँसा कर नचाते हो। स्वयं ज्वाला फैला दी है; अब पतङ्ग गिरने लगे हैं, तो उनको भगाना चाहते हो?

विलास—न्याय में हस्तक्षेप करने वाले इस वृद्ध को निकाल दो। पागलपन की भी एक सीमा होती है।

(विवेक निकाला जाता है)

कामना—अच्छा, इन्हें बन्दीगृह में ले जाओ अन्तिम दण्ड इनको फिर दिया जायगा।

(बन्दियों को सैनिक ले जाते हैं। विलास और कामना बातें करते हैं)

कामना—सेनापति, उपस्थित सभी पुरुषों को आज स्मरण-चिह्न लाकर दो।

(विनोद सबको स्वर्णमुद्रा देता है)

कामना—प्यारे द्वीपवासियों, मेरी एकान्त इच्छा है कि हमारे द्वीप-भर के लोग स्वर्ण के आभूषणों से लद जायँ। उनकी प्रसन्नता के लिये मैं प्रचुर साधन एकत्र करूँगी। परन्तु उस काम में क्या आप लोग मेरा साथ देंगे?

सब—यदि सोना मिले, तो हम लोग सब कुछ करने के लिए प्रस्तुत हैं।

विलास—सब मिलेगा, आप लोग रानी की आज्ञा मानते रहिये।

एक—अवश्य मानेंगे। परन्तु न्याय क्या ऐसा ही होगा?

विलास—यह प्रश्न न करो।

विनोद—राजकीय आज्ञा की समालोचना करना पाप है।

विलास—दण्ड तो फिर दण्ड ही है। वह मीठी मदिरा नहीं है, जो गले में धीरे से उतार ली जाय।

सब—ठीक है। यथार्थ है।

विलास—देखो, अब से तुम लोग एक राष्ट्र में परिणत हो रहे हो। राष्ट्र के शरीर की आत्मा राजसत्ता है। उसका सदैव आज्ञा-पालन करना, सम्मान करना।

सब—हम लोग ऐसा ही करेंगे !

(**विनोद घुटने टेकता है। सब वैसा ही करके जाते है**)

पट-परिवर्तन

षष्ठ दृश्य

(**शान्तिदेव का घर**)

लालसा—मेरा कोई नहीं है; साथी, जीवन का सङ्गी और दुःख में सहायक कोई नहीं है। अब यह जीवन बोझ हो रहा है। क्या करूँ अकेली बैठी हूँ, इतना सोना है, परन्तु इसका भोग नहीं, इसका सुख नहीं। ओह ! (**उठती है और मदिरा का पात्र भरकर पीती है**) परन्तु यह जीवन, जिसके लिए अनन्त सुख-साधन है, रोकर बिता देने के लिए नहीं है। सब सुख की चेष्टा में हैं, फिर मैं ही क्यों कोने में बैठ कर रुदन करूँ ? देखो; कामना रानी है ! वह भी तो इसी द्वीप की एक लड़की है। फिर कौन-सी बात ऐसी है, जो मेरे रानी होने में बाधक है ? मैं भी रानी हो सकती हूँ, यदि विलास को—हाँ, क्यों नहीं। (**अपने आभूषणों को देखती है, वेश-भूषा सँवारती है, और गाती है**)

किसे नहीं चुभ जायँ, नैनों के तीर नुकीले ?
पलकों के प्याले रसीले, अलकों के फन्दे गँसीले
कौन देखूं बच जाय, नैनों के तीर नुकीले

(**विलास का प्रवेश**)

विलास—लालसा ! लालसा ! यह कैसा सङ्गीत है ? यह अमृत-वर्षा ! मुझे नहीं विदित था कि इस मरुभूमि में मीठे पानी का सोता छिपा हुआ बह रहा है। इधर से चला जा रहा था, अकस्मात् यह मनोहर ध्वनि सुनाई पड़ी। मैं आगे न जा सका, लौट आया।

लालसा—(**बड़ी रुखाई से देखती हुई**) आप कौन हैं ? हाँ, आप हैं ! अच्छा, आ ही गये तो बैठ जाइये।

विलास—सुन्दरी ! इतना निष्ठुर विभ्रम ! इतनी अन्तरात्मा को मसलकर निचोड़ लेने वाली रुखाई ! तभी तुम्हारे सामने हार मानने की इच्छा होती है।

लालसा—इच्छा होती है, हुआ करे, मैं किसी की इच्छा को रोक सकती हूँ ?

विलास—परन्तु पूरी कर सकती हो।

लालसा—स्वयं रानी पर जिसका अधिकार है, उसकी कौन-सी इच्छा अपूर्ण होगी ?

विलास—अब मुझी पर मेरा अधिकार नहीं रहा।

लालसा—देखती हूं, बहुत-सी बातें भी आप से सीखी जा सकती हैं।

विलास—इसका मुझे गर्व था, परन्तु आज जाता रहा। मेरी जीवन-यात्रा में इसी बात का सुख था कि मुझ पर किसी स्त्री ने विजय नहीं पायी; परन्तु वह झूठा गर्व था। आज–

लालसा—तो क्या मैं सचमुच सुन्दरी हूँ!

विलास—इसमें प्रमाण की आवश्यकता नहीं।

लालसा—परन्तु मैं इसको जाँच लूँगी, तब मानूंगी। दो-एक लोगों से पूछ लूँ। कहीं मुझे झूठा प्रलोभन तो नहीं दिया जा रहा है।

विलास—लालसा, मैं मानता हूँ (स्वगत) अब तो मन और भाषा में कृत्रिमता आ चली।

लालसा—फिर किसी दिन, मुझे, अपना मूल्य लगा लेने दीजिये।

विलास—अच्छा, एक बार वही गान तो सुना दो।

लालसा—जब मंत्री महाशय की आज्ञा है, तब तो पूरी करनी ही पड़ेगी। अच्छा एक पात्र तो ले लीजिये।

(किसे नहीं चुभ जायँ.... इत्यादि गाती है—पिलाती है)

विलास—कोई नहीं, कोई नहीं, इस अस्त्र से कौन बच सकता है ? अच्छा तो फिर ! किसी दिन।

(लालसा विचित्र भाव से सिर हिला देती है। विलास जाता है)

(लीला का प्रवेश)

लालस—आओ सखी, बहुत दिनों में दिखायी पड़ी।

लीला—नित्य आने-आने करती हूँ, परन्तु—

लालसा—परन्तु विनोद से छुट्टी नहीं मिलती।

लीला—विनोद, वह तो एक निष्ठुर हत्यारा हो उठा है। उसको मृगया से आवकाश नहीं।

लालसा—तब भी तुम्हारी तो चैन से कटती है।

(संकेत करती है)

लीला—चुप, तू भी वही—

लालसा—आह, यह लो।

लीला—मन नहीं लगा, तो तेरे पास चली आयी।

लालसा—तो मेरे पास मन लगने की कौन-सी वस्तु है? अकेली बैठी हुई दिन बिताती हूँ, रोती हूँ, और सोती हूँ!

लीला—तेरे आभूषणों की तो द्वीप-भर में धूम है!

लालसा—परन्तु दुर्भाग्य की तो न कहोगी।

लीला—तू तो बात भी लम्बी-चौड़ी करने लगी। अभीं-अभीं तो देखा, विलास चले जा रहे हैं।

लालसा—और तू कहाँ से आ रही है, वह भी बताना पड़ेगा।

लीला—चुप, देख रानी आ रही हैं।

(रक्षकों के साथ रानी का प्रवेश। लालसा और लीला स्वागत करती हैं संकेत करने पर सैनिक बाहर चले जाते हैं)

कामना—लालसा, तू लोगों से अब कम मिलती है, यह क्यों?

लालसा—रानी! जो नहीं चाहता।

कामना—इसी से तो मैं स्वयं चली आयी।

लालसा—यह आपकी कृपा है कि प्रजा पर इतना अनुग्रह है।

लीला—रानी, इसे बड़ा दुःख है!

कामना—मेरे राज्य में दुःख!

लालसा—हाँ रानी! मैं अकेली हूँ। अपने स्वर्ण के लिए दिन-रात भयभीत रहती हूँ।

कामना—लालसा, सब के पास जब आवश्यकतानुसार स्वर्ण हो जायगा, तभी यह अशान्ति दबेगी।

लालसा—रानी, यदि क्षमा मिले, तो एक उपाय बताऊँ।

रानी—हाँ-हाँ, कहो।

लालसा—यह तो सब को विदित है कि शान्तिदेव के पास बहुत सोना है। परन्तु यह कोई नहीं जानता कि वह कहाँ से आया?

लीला—हाँ-हाँ, बताओ, वह कहाँ से आया?

लालसा—नदी-पार के देश से। आज तक इधर के लोग न जाने कब से यही जानते थे कि उस पार न जाना, उधर अज्ञात प्रदेश है। परन्तु शान्तिदेव ने साहस करके उधर की यात्रा की थी, वह बहुत-से पशुओं और असभ्य मनुष्यों से बचते हुए वहाँ से यह सोना ले आये। जब नदी के इस पार आये, तो लोगों ने देख लिया, और इसी से उनकी हत्या भी हुई।

कामना—हाँ! (आश्चर्य प्रकट करती है)

लालसा—हाँ रानी, और उन हत्यारों को आज तक दण्ड भी नहीं मिला।

लीला—रानी, उसमें तो व्यर्थ विलम्ब हो रहा है। अवश्य कोई कठोर दण्ड उन्हें मिलना चाहिये। बेचारा शान्तिदेव!

कामना—अच्छा, चलो आज मृगया का महोत्सव है, वहीं सब प्रबन्ध हो जायगा।

(सब जाते हैं)

पट-परिवर्तन

सप्तम दृश्य

(जङ्गल में एक कुटी वृक्ष के नीचे करुणा बैठी है)

संतोष—(प्रवेश करके) पतझड़ हो रहा, पवन ने चौंका देने वाली गति पकड़ ली है—इसे वसन्त का पवन कहते हैं—मालूम होता है कि कर्कश और शीर्ण पत्रों के बीच चलने में उसकी असुविधा का ध्यान करके प्रकृति ने कोमल पल्लवों का सृजन करने का समारम्भ कर दिया है। विरल डालों में कहीं-कहीं दो फूल और कहीं हरे अंकुर झूलने लगे हैं—गोधूली में खेतों के बीच की पगडण्डियाँ निर्जन होने पर भी मनोहर हैं—दूर-दूर रहट चलने का शब्द कम और कृषकों का गान विशेष हो चला है। इसी वातावरण में हमारा देश बड़ा रमणीय था, परन्तु अब क्या हो रहा है, कौन कह सकता है। सब सुख स्वर्ण के अधीन हो गये। हृदय का सुख खो गया। पतझड़ हो रहा है।

करुणा—मानव-जीवन में कभी पतझड़ है, कभी वसन्त। वह स्वयं कभी पत्तियाँ झाड़कर एकान्त का सुख लेता है, कोलाहल से भागता है, और कभी-कभी फल-फूलों से लदकर नोचा-खसोटा जाता है।

संतोष—तुम कौन हो?

करुणा—इसी अभागे देश की एक बालिका, जहाँ जीवन के साधारण सुख धन के आश्रय में पलते हैं, जिसका अभाव दरिद्रता है।

संतोष—दरिद्रता! कैसी विकट समस्या! देवि, दरिद्रता सब पापों की जननी है, और लोभ उसकी सबसे बड़ी सन्तान है। उसका नाम न लो देखो, अन्न के पके हुए खेतों में पवन के सर्राटे से लहर उठ रही है! दरिद्रता कैसी? कपड़े के लिये कपास बिखरे हैं। अभाव किसका? सुख तो मान लेने की वस्तु है। कोमल गद्दों पर चाहे न मिले, परन्तु निर्जन मूक शिलाखण्ड से उसकी शत्रुता नहीं।

करुणा—हाँ, वसन्त की भी शोभा है और पतझड़ में भी एक श्री है। परन्तु वह सुख के सङ्गीत अब इस देश में कहाँ सुनायी पड़ते हैं जिनसे वृक्षों में—कुञ्जों में हलचल हो जाती थी और पत्थरों में भी झनकार उठती थी। अब केवल एक क्षीण क्रन्दन उसके अट्टहास में बोलता है।

संतोष—देवि, तुम्हारे और कौन है ?

करुणा—यह प्रश्न इस द्वीप में नहीं था। सब एक कुटुम्ब थे; परन्तु अब तो यही कहना पड़ेगा कि मैं शान्तिदेव की बहन हूँ। जब से उसकी हत्या हुई; मैं निस्सहाय हो गयी ! लालसा ने सब धन अपना लिया, और घर में भी मुझे न रहने दिया। वह कहती है कि इस घर और सम्पत्ति पर केवल मेरा अधिकार है और रहेगा ! मैं इस स्थान पर कुटीर बनाकर रहती हूँ। अकेली मैं अन्न नहीं उत्पन्न कर सकती, जङ्गली फलों पर निर्वाह करती हूँ। और कोई भी संसार के पदार्थ मैं नहीं पा सकती, क्योंकि सबके विनिमय के लिये अब सोना चाहिये। प्राकृतिक अमूल्य पदार्थों का मूल्य हो गया—वस्तु के बदले आवश्यक वस्तु न मिलने से प्राकृतिक साधन भी दुर्लभ हैं। सोने के लिए सब पागल है। अकारण कोई बैठने नहीं देता। जीवन के समस्त प्रश्नों के मूल में अर्थ का प्राधान्य है। मैं दूर से उन धनियों के परिवार का दृश्य देखती हूँ। वे धन की आवश्यकता से इतने दरिद्र हो गये हैं कि उसके बिना उनके बच्चे उन्हें प्यारे नहीं लगते। धन का—अर्थ का—उपभोग करने के लिए बच्चों की—सन्तानों की—आवश्यकता होती है। मैं अपनी निर्धनता के आँसू पीकर सन्तोष करती हूँ और लौटकर इसी कुटीर में पड़ रहती हूँ।

संतोष—धन्य है तू बहन ! आज से मैं तेरा भाई हूँ; मैं तेरे लिये हल चलाऊँगा तू दुःख न कर, मैं तेरा सब करूँगा। जिसका कोई नहीं है, मैं उसी का होकर देखूँगा कि इसमें क्या सुख है। हाँ नाम तो बताया ही नहीं !

करुणा—करुणा !

संतोष—और मेरा नाम संतोष है बहन !

करुणा—अच्छा भाई, चलो कुछ फल हैं खा लो।

(दोनों कुटीर में जाते हैं)

पट-परिवर्तन

अष्टम दृश्य

(जङ्गल में शिकारी लोग मांस भून रहे है, मद्य चल रहा है, नये शिकार के लिए खोज हो रही है । एक ओर से विलास और विनोद का प्रवेश । दूसरी ओर से कामना लालसा और लीला का आना । विनोद तलवार निकालकर सिर से लगाता है । वैसा ही सब करते हैं)

सब—रानी की जय हो ।

कामना—तुम लोगों का कल्याण हो ।

विलास—रानी, तुम्हारी प्रजा तुम्हें आशीर्वाद देती है ।

विनोद—उसके लिए वैभव और सुख का आयोजन होना चाहिये ।

कामना—लालसा सोने की भूमि जानती है । वह तुम लोगों को बतायेगी । क्या उसे पाने के लिए तुम लोग प्रस्तुत हो ?

सब—हम सब प्रस्तुत है ।

लालसा—उसके लिए बड़ा कष्ट उठाना पड़ेगा ।

सब—हम सब उठायेंगे ।

लालसा—अच्छा तो मैं बताती हूँ ।

विनोद—और, इस प्रसन्नता में मैं पहले से आप लोगों को एक वनभोज के लिए आमन्त्रित करता हूँ ।

लीला—परन्तु लालसा की एक प्रार्थना है ।

सब—अवश्य सुननी चाहिये ।

लालसा—शांतिदेव की हत्या का प्रतिशोध ।

(सब एक दूसरे का मुँह देखते है । लालसा विलास की ओर आशा से देखती है)

विलास—अवश्य, उन हत्यारे बन्दियों को बुलाओ ।

(चार सैनिक जाते हैं)

कामना—हाँ, तो तुम लोगों को उस भूमि पर अधिकार करना होगा डरोगे तो नहीं ? वह भूमि नदी के उस पार है ।

एक—जिधर हम लोग आज तक नहीं गये ?

विनोद—इसी कायरता के बल पर स्वर्ण का स्वप्न देखते हो ?

सब—नहीं, नहीं, सेनापति, आपने यह अनुचित कहा । हम सब वीर हैं ।

विनोद—यदि वीर हो, तो चलो—वीरभोग्या तो वसुन्धरा होती ही है । उस पर जो सबल पदाघात करता है, उसे वह हृदय खोल कर सोना देती है ।

कामना—लालसा को धन्यवाद देना चाहिये।

(**बन्दी हत्यारों के साथ सैनिकों का प्रवेश**)

लालसा—यही है, यही है मेरे शान्तिदेव का हत्यारा!

कामना—तुम लोगों ने अपराध स्वीकार किया है ?

विवेक—(**प्रवेश करके**) मैंने तो आज बहुत दिनों पर यह नयी सृष्टि देखी है। परन्तु जो देखता हूँ, वह अद्भुत है। इन्होंने एक हत्या की थी सोने के लिये परन्तु तुम लोग उदर-पोषण के लिए सामूहिक रूप से आज निरीह प्राणियों की हत्या का महोत्सव मना रहे हो। कल इसी प्रकार मनुष्यों की हत्या का आयोजन होगा।

हत्यारे—हमने कोई अपराध नहीं किया।

लीला—हत्यारों को इतना बोलने का अधिकार नहीं।

लालसा—इन्हें इन्हीं शिकारियों से मरवाना चाहिये।

विलास—जिसमें सब भयभीत हों, वैसा ही दण्ड उपयुक्त है।

कामना—ठीक है। इसी वृक्ष से इन्हें बाँध दिया जाय। और सब लोग तीर मारें।

(**मदिरोन्मत्त सैनिक वैसा ही करते है। कामना मुँह फेर लेती हैं**)

विवेक—रानी, देखो, अपना कठोर दण्ड देखो। और देखो अपराध से अपराध-परम्परा की सृष्टि।

विलास—इस पागल को तुम लोग यहाँ क्यों आने देते हो।

विवेक—मेरी भी इस खुली हुई छाती पर दो-तीन तीर! रक्त की धारा वक्षस्थल पर बहेगी, तो मैं भी समझूँगा कि तपा हुआ लाल सोने का हार मुझे उपहार में मिला है। रानी के सभ्य राज्य का जय-घोष करूँगा। लोहू के प्यासे भेड़ियों, तुम जब बर्बर थे, तब क्या इससे बुरे थे ? तुम पहले इससे भी क्या विशेष असभ्य थे ? आज शासन-सभा का आयोजन करके सभ्य कहलानेवाले पशुओं, कल का तुम्हारा धुँधला अतीत इससे उज्ज्वल था।

कामना—यह बूढ़ा तो मुझे भी पागल कर देगा।

विनोद—हटाओ इसको।

(**दो सैनिक उसे निकालते है**)

विलास—तो लालसा कब बतायेगी उस भूमि को।

लालसा—मैं साथ चलूँगी।

विलास—फिर उस देश पर आक्रमण की आयोजना होनी चाहिये।

कामना—सब सैनिक प्रस्तुत हो जायँ।

सब—जब आज्ञा हो।

विनोद—वन-भोज समाप्त करके।

(सैनिक घूमते हैं)

कामना—अच्छी बात है।

(सब स्त्री-पुरुष एकत्र बैठते है। मद्य-मांस का भोज। उन्मत्त होकर सब का एक विकट नृत्य]

विनोद—मेरा एक प्रस्ताव है।

सब—कहिये।

विनोद—यदि रानी की आज्ञा हो।

कामना—हाँ, हाँ, कहो।

विनोद—ऐसी उपकारिणी लालसा के कष्टों का ध्यान कर सब लोगों को चाहिए कि उनसे उनसे ब्याह कर लेने की प्रार्थना की जाय। कृतज्ञता प्रकाश करने का यह अच्छा अवसर है।

कामना—परन्तु—

विलास—नहीं रानी, उसका जीवन अकेला है, और अकेली पवित्रता केवल आपके लिये—

कामना—हाँ, अच्छी बात है; परन्तु किसके साथ ?

एक स्त्री—नाम तो लालसा को ही बताना पड़ेगा।

लालसा—मैं तो नहीं जानती। **(लज्जित होती है)**

लीला—तो मैं चाहती हूँकि हम लोगों के परम उपकारी विलास जी ही इस प्रार्थना को स्वीकार करें ! यह जोड़ी बड़ी अच्छी होगी।

सब—(**एक स्वर से**) बहुत ठीक है।

(विनोद लालसा का और लीला विलास का हाथ पकड़कर मिला देते हैं : कामना त्रस्त हो उस यूथ से अलग होकर खड़ी हो जाती है और आश्चर्य तथा करुणा से देखती है : स्त्रियाँ घेर कर नाचती हुई गाती हैं)

छिपाओगी कैसे—आँखें कहेंगी।
बिथुरी अलक पकड़ लेती है,
प्रेम की आँख चुराओगी कैसे—
आँखें कहेंगी छिपाओगी कैसे।
राग-रक्त होते कपोल है
लेते ही नाम बताओगी कैसे—
आँखें कहेंगी छिपाओगी कैसे।

यवनिका-पतन

तृतीय अङ्क

प्रथम दृश्य

(नवीन नगर का एक भाग, आचार्य दम्भ के घर क्रूर, दुर्वृत्त, प्रमदा और दम्भ)

दम्भ—निर्जन प्रान्तों में गन्दे झोंपड़े ! बिना प्रमोद की रातें। दिनभर कड़ो धूप में परिश्रम करके मृतकों की-सी अवस्था में पड़ रहना। संस्कृति-विहीन, धर्म-विहीन जीवन ! तुम लोगों का मन तो अवश्य ऊब गया होगा।

प्रमदा—आचार्य—कहीं मदिरा की गोष्ठी के उपयुक्त स्थान नहीं ! संङ्केत-गृहों का भी अभाव ! उजड़े कुञ्ज, खुले मैदान और जङ्गल, शीत, वर्षा तथा ग्रीष्म की सुविधा का कोई साधन नहीं। कोई भी विलास-शील प्राणी कैसे सुख पावे।

दम्भ—इसीलिये तो नवीन नगर-निर्माण की मेरी योजना सफल हो चली है। झुण्ड-के-झुण्ड लोग इसमें आकर बसने लगे हैं। जैसे मधुमक्खियाँ अपने मधु की रक्षा के लिए मधुचक्र का सृजन करती हैं, वैसे ही इस नगर में धर्म और संस्कृति की रक्षा होगी। नवीन विचारों का यह केन्द्र होग।। धर्म-प्रचार में यहाँ से बड़ी सहायता मिलेगी।

दुर्वृत्त—बड़ा सुन्दर भविष्य है। सुन्दर महल, सार्वजनिक भोजनालय, सङ्गीत-गृह और मदिरा-मंदिर तो हैं हीं; इनमें धर्म-भावनाओं की भव्यता बड़ा प्रभाव उत्पन्न कर रही है। देहाती अर्धसभ्य ममुष्यों को ये विशेष रूप से आकर्षित करते हैं। इससे उनके मानसिक विकास में बड़ी सहायता मिलेगी।

क्रूर—यह तो ठीक है। यहाँ पर अधिक-से-अधिक सोने की आवश्यकता होगी। यहाँ व्यय की प्रचुरता नित्य अभाव का सृजन करेगो। और अन्य स्थानों की अच्छी वस्तु यहाँ एकत्र करने के लिये नये उद्योग-धन्धे निकालने होंगे।

दम्भ—स्वर्ण के आश्रय में ही संस्कृति और धर्म बढ़ सकते हैं। उपाय जैसे भी हों, उनसे सोना इकट्ठा करो; फिर उनका सदुपयोग करके हम प्रायश्चित कर लेंगे।

प्रमदा—स्त्रियाँ पुरुषों की दासता में जकड़ गयी हैं; क्योंकि उन्हें हो स्वर्ण की अधिक आवश्यकता है। आभूषण उन्हीं के लिये है। मैंने स्त्रियों की स्वतन्त्रता का मन्दिर खोल दिया है। यहाँ वे नवीन वेश-भूषा से अद्भुत लावण्य का सृजन करेंगी। पुरुष स्वयं अब उनके अनुगत होंगे। मैं वैवाहिक जीवन को घृणा की दृष्टि से देखती हूँ। उन्हें धर्म-भवनों की देवदासी बनाऊँगी।

दुर्वृत्त—और यहाँ कौन उसे अच्छा समझता है। पर मैंने कुछ दूसरा ही उपाय सोच लिया है।

क्रूर—वह क्या?

दुर्वृत्त—इतने मनुष्यों के एकत्र रहने में सुव्यवस्था की आवश्यकता है। नियमों का प्रचार होना चाहिये। इसलिए इस धर्म-भवन से समय-समय पर व्यवस्थायें निकलेंगी। वे अधिकार उत्पन्न करेंगी और जब उनमें विवाद उत्पन्न होगा, तो हम लोगों का लाभ ही होगा। नियम न रहने से विश्रृङ्खला जो उत्पन्न होगी।

क्रूर—प्रमदा के प्रचार से विलास के परिणाम-स्वरूप रोग भी उत्पन्न होंगे। इधर अधिकारों को लेकर झगड़े भी होंगे, मार-पीट होगी। तो फिर मैं औषधि और शस्त्र-चिकित्सा के द्वारा अधिक-से अधिक सोना ले सकूँगा।

प्रमदा—परन्तु आचार्य की अनुमति क्या है?

दुर्वृत्त—आचार्य होंगे व्यवस्थापक। फिर तो अवस्था देखकर ही व्यवस्था बनानी पड़ेगी।

दम्भ—संस्कृति का आन्दोलन हो रहा है। उसकी कुछ लहरें ऊँची हैं और कुछ नीची। यह भेद अब फूलों के द्वीप में छिपा नहीं रहा। मनुष्य-मात्र के बराबर होने के कोरे असत्य पर अब विश्वास उठ चला है। उसी भेद-भाव को लेकर समाज अपना नवीन सृजन कर रहा है। मैं उसका सञ्चालन करूँगा।

दुर्वृत्त—परोपकार और सहानुभूति के लिए समाज की अत्यन्त आवश्यकता है।

दम्भ—योग्यता और संकृति के अनुसार श्रेणी-भेद हो रहा है। जो समुन्नत विचार के लोग हैं, उन्हें विशिष्ट स्थान देना होगा। धर्म, संस्कृति और समाज की क्रमोन्नति के लिये अधिकारी चुने जायेंगे। इससे समाज की उन्नति में बहुत-से केन्द्र बन जायँगे जो स्वतन्त्र रूप से इसकी सहायता करेंगे। उस समय हमारी जाति समृद्ध और आनन्द-पूर्ण होगी! इस नगर में रहकर हम लोग युद्ध और आक्रमणों से भी बचेंगे।

(**विवेक प्रवेश करके**)

विवेक—बाबा! ये बड़े-बड़े महल तुम लोगों ने क्यों बना डाले? क्या अनन्त काल तक जीवित रहकर दुख भोगने की तुम लोगों की बलवती इच्छा है?

दम्भ—गन्दा वस्त्र, असभ्य व्यवहार, यह कैसा पशु के समान मनुष्य है! इसको लज्जा नहीं आती।

विवेक—जो अपराध करता है, उसे लज्जा होती है। मैं क्यों लज्जित होऊँ। मुझे किसी स्त्री की ओर प्यासी आँखों से नहीं देखना है और न तो कपड़ों के आडम्बर में अपनी नीचता छिपानी है।

दुर्वृत्त—बर्बर ! तुझे बोलने का भी ढङ्ग नहीं मालूम ! जा, चला जा, नहीं तो मैं बता दूँगा कि नागरिकों से कैसे व्यवहार किया जाता है ।

विवेक—काँटे तो बिछ चुके थे, उनसे पैर बचाकर चलने में त्राण हो जाता; परन्तु तुम लोगों ने नगर बनाकर धोखे की टट्टियों और चालों का भी प्रस्तार किया है । तुम्हीं मुँह के बल गिरोगे । सम्हलो । लौट चलो उस नैसर्गिक जीवन की ओर, क्यों कृत्रिमता के पीछे दौड़ लगा रहे हो ।

प्रमदा—जा बूढ़े, जा; कहीं से एक पात्र मदिरा माँग कर पीले, और उसके आनन्द में कहीं पड़ रह । क्यों अपना सिर खपाता है ।

विवेक—ओह ! शान्ति और सेवा की मूर्ति, स्त्री के मुख से यह क्या सुन रहा हूँ—फूलों के मुँह से बीभत्सता की ज्वाला निकलने लगी है । शिशिर-प्रभात के हिम-कण चिनगारियाँ बरसाने लगे हैं । पिता ! इन्हें अपनी गोद में ले लो !

दम्भ—चुप ! धर्म-शिक्षा देने का तुझे अधिकार नहीं—जा, अपनी माँद में घुस । अस्पृश्य, नीच ।

विवेक—मैं भागूँगा, इस नगर-रूपी अपराधों के घोंसले से अवश्य भागूँगा—परन्तु तुम पर दया आती है । (**जाता है**)

दम्भ—गया । सिर दुखने लगा । इस बकवादी को किसी ने रोका भी नहीं ।

दुर्वृत्त—इन्हीं सब बातों के लिए नियम की—व्यवस्था की—आवश्यकता है ।

प्रमदा—जाने दो । कुछ मदिरा का प्रसङ्ग चले । देखो, वे नागरिक आ रहे हैं ।

(**मद्यपात्र लिये हुये नागरिक और स्त्रियाँ आती हैं सबका पान और नृत्य**)

पट-परिवर्तन

द्वितीय दृश्य

(**स्कन्धावार के पटमण्डप में कामना रानी**)

कामना—प्रकृति शान्त है, हृदय चञ्चल है । आज चाँदनी का समुद्र बिछा हुआ है । मन मछली के समान तैर रहा है; उसकी प्यास नहीं बुझती अनन्त नक्षत्र-लोक से मधुर वंशी की झनकार निकल रही है; परन्तु कोई गाने वाला नहीं है । किसी का स्वर नहीं मिलता । दासी ! प्यास—

(**सन्तोष का प्रवेश**)

कामना—कौन ? सन्तोष !

सन्तोष—हाँ रानी !

कामना—बहुत दिनों पर दिखायी पड़े।

सन्तोष—हाँ रानी !

कामना—किधर भूल पड़े ? अब क्या डर नहीं लगता ?

सन्तोष—लगता है रानी !

कामना—(**कुछ संकोच से**) फिर भी किस साहस से यहाँ आये।

सन्तोष—(**मुस्कराकर**)—देखने के लिये कि मेरी आवश्यकता अब भी है कि नहीं।

कामना—परिहास न करो सन्तोष !

सन्तोष—परिहास ! कभी नही। जब हृदय ने पराभव स्वीकार करके विजय-माला तुम्हें पहना दी और तुम्हारे कपोलों पर उत्साह की लहर खेल रही थी, उसी समय तुमने ठोकर लगाकर मेरी सुन्दर कल्पना को स्वप्न कर दिया। रमणी का रूप—कल्पना का प्रत्यक्ष—सम्भावना की साकारता और दूसरे अतीन्द्रिय रूप-लोक, जिसके सामने मानवीय महत्-अहम्भाव लोटने लगता है, जिस पिच्छिल भूमि पर स्खलन विवेक बनकर खड़ा होता है, जहाँ प्राण अपनी अतृप्त अभिलाषा का आनन्द-निकेतन देखकर पूर्ण वेग से धमनियों में दौड़ने लगता है, जहाँ चिन्ता विस्मृत होकर विश्राम करने लगती है, वहीं रमणी का—तुम्हारा—रूप देखा था—और यह नहीं कह सकता कि मैं झुक नहीं गया। परन्तु, मैंने देखा कि उस रूप में पूर्ण-चन्द्र के वैभव की चन्द्रिका-सी सब को नहला देने वाली उच्छृङ्खल वासना, वह अपार यौवन-राशि समुद्र के जल स्तूप के समान समुन्नत—उसमें गर्व से ऊँची रहस्य-पूर्ण कुतूहल की प्रेरक थी। मैंने विचारा कि यह प्यास बुझाने का मधुर-स्रोत नहीं है, जो मल्लिका की मीठी छांह में बहता है।

कामना—क्या यह सम्भव नहीं कि तुमने भूल की हो, उसे उजेले में न देखा हो ! अँधेरे में अपनी वस्तु न पहचान सके हो !

सन्तोष—वह तमिस्रा न थी, और न तो अन्धकार था, प्रेम की गोधूली थी, सन्ध्या थी। जब वृक्षों की पत्तियाँ सोने लगती हैं, जब प्रकृति विश्राम करने का सङ्केत करती है। पवन रुक कर सन्ध्या-सुन्दरी के सीमन्त में सूर्य का सिन्दूर रेखा लगाना देखने लगता है। पक्षियों का घर लौटने का मङ्गल गान होने लगता है, सृष्टि के उस रहस्यपूर्ण समय में जब न तो तीव्र, चौंका देने वाला आलोक था—न तो नेत्रों को ढँक लेने वाला तम था, तुम्हें देखने की—पहचानने की—चेष्टा की, और तुम्हें कुहक के रूप में देखा।

कामना—और देखते हुए भी आँखें बन्द थीं।

सन्तोष—मेरे पास कौन सम्बल था कामना–रानी !

कामना—ओह ! मेरा भ्रम था !

सन्तोष—क्या तुम्हें दुःख है कामना !

कामना—मेरे दुःखों को पूछकर और दुःखी न बनाओ ।

सन्तोष—नहीं कामना, क्षमा करो । तुम्हारे कपोलों के ऊपर और भौंहों के नीचे एक श्याम मण्डल है, नीरव रोदन हृदय में और गम्भीरता ललाट में खेल रही है ! और भी एक लज्जा नाम की नयी वस्तु पलकों के परदे में छिपी है, जो कुछ ऐसी मर्म की बातें जानती है, जिन्हें हम लोग पहले नहीं जानते थे ।

कामना—जाने दो सन्तोष ! तुम्हें अब इससे क्या ! तुम तो सुखी हो ।

सन्तोष—सुखी । हाँ मैं सुखी हूँ—मेरी एक ही अवस्था है । दुखों की बात उनसे पूछो, तुम्हारी राज्य-कल्पना से जिनकी मानसिक शुभेच्छा एक बार ही नष्ट हो गयी है । जिन पर कल्याण की मधु-वर्षा नहीं होती; उन अपनी प्रजाओं से पूछो, अपने मन से ।

कामना—जाओ सन्तोष, मुझे और दुखी न बनाओ ।

(**सिर झुका लेती** है)

सन्तोष—अच्छा रानी, मैं जाता हूँ (**जाता है**)

कामना—(**कुछ देर बाद सिर उठाकर**) क्या चला गया—

(**दासी पात्र लिये आती है, और सखियाँ आती हैं**)

पहली—रानी, मन कैसा है ?

दूसरी—मैं बलिहारी, यह उदासी क्यों है ?

कामना—यह पूछकर तुम क्या करोगी ?

पहली—फिर किससे कहोगी ?

दूसरी—पगली ! देखती नहीं ! स्त्री होकर भी नहीं जानती, नहीं समझती ।

पहली—रानी, देश में अन्य बहुत-से युवक हैं ।

कामना—तो फिर ?

दूसरी—ब्याह कर लो रानी !

कामना—चुप मूर्ख ! मैं पवित्र कुमारी हूँ । मैं सोने से लदी हुई, परिचारिकाओं से घिरी हुई, अपने अभिमान-साधना की कठिन तपस्या करूँगी । अपने हाथों से जो विडम्बना मोल ली है उसका प्रतिफल कौन भोगेगा ? उसका आनन्द, उसका ऐश्वर्य और उसकी प्रशंसा, क्या इतना जीवन के लिये पर्याप्त नहीं है ?

पहली—परन्तु—

दूसरी—जीवन का सुख, स्त्री होने का उच्चतम अधिकार कहाँ मिला ? रानी, तुम किसी पुरुष को अपना नहीं बना सकीं ।

कामना—देखती हूँ; तू बहुत बढ़ी चली जा रही है । क्या तुझे—

पहली—क्षमा हो, अपराध क्षमा हो ।

दूसरी—रानी, मुझे चाहे तीरों से छिदवा दो; परन्तु मैं एक बात बिना कहे न मानूँगी । जब इस विदेशी विलास को तुम्हारे साथ देखती हूँ, तब मैं क्रोध से काँप उठती हूँ । कुछ वश नहीं चलता, इससे रोने लगती हूँ । बस, और क्या कहूँ !

कामना—प्यारी, तू उस बात को न सुना, उसे बधिरता के घने परदे में छिपा रहने दे । मेरे जीवन के निकटतम रहस्य को अमावस्या से भी काली चादर में छिपा रख । मैं रोना चाहती हूँ; पर रो नहीं सकती । हाँ—

दूसरी—अच्छा, मैं कुछ गाऊँ, जिसमें मन बहले ।

कामना—सखी—

(**गान**)

जाओ, सखी, तुम जी न जलाओ,
हमें न सताओ जी ।

पहली—तुम व्यर्थ रहीं बकतीं,

कामना—तुम जान नहीं सकतीं,
मन की कथा है कहने की नहीं,

दूसरी—मत बात बनाओ जी ।

पहली—समझोगी नहीं सजनी,

दूसरी—भव प्रेममयी रजनी,
भर-नैन सुधा छवि चाख गयी
अब क्या समझाओ जी ।

(**विलास का प्रवेश**)

विलास—रानी !

कामना—(**सम्हल कर**) क्यों विलास ! यह नगर कैसा बसाया जा रहा है ?

विलास—आज भयानक युद्ध होगा । कल बताऊँगा

कामना—अच्छा खेल होगा, सभ्यता का तांडव नृत्य होगा । वीरता की तृष्णा बुझेगी, और हाथ लगेगा सोना !

विलास—व्यङ्ग न करो रानी ! विनोद आज मदिरा में उन्मत्त है; कोई सेनापति नहीं है ।

कामना—तो मैं चलूँ ?

विलास—मैं तो पूछ रहा हूँ।

कामना—अच्छी बात है, आज तुम्हीं सेनापति का काम करो। लीला और लालसा भी रणक्षेत्र में साथ जायँगी कि नहीं ?

(नेपथ्य में कोलाहल)

विलास—(बिगड़कर) स्त्रियों के पास और होता क्या है।

कामना—कुछ नहीं, अपना सब कुछ देकर ठोकरें खाना ! उपहास का लक्ष्य बन जाना !

विलास—इस समय युद्ध के सिवा और कुछ नहीं ! फिर किसी दिन उपालम्भ सुन लूँगा। (वेग से जाता है।)

(लीला और लालसा के साथ मद्यप विनोद का प्रवेश)

विनोद—रानी, सब पागल हैं।

कामना—एक तुमको छोड़कर विनोद।

विनोद—मैं तो कहता हूँ; दस घड़े रक्त के न बहाकर यदि एक पात्र मदिरा पी लो, सब कुछ-हो गया।

लीला—रानी, देखो, यह सोने का जाल नया बनकर आया है।

कामना—बहुत अच्छा है।

लालसा—और यह सोने के तारों से बिनी हुई नयी साड़ी तो देखो ही नहीं। (दिखाती है)

कामना—वाह ! कितनी सुन्दर शिल्पकला है !

विनोद—इस देश से खूब सोना घर भेजा गया है। वहाँ नये-नये सौन्दर्य-साधन बनाये जा रहे हैं। रानी, लाल रक्त गिराने से पीला सोना मिलने लगा। कैसा अच्छा खेल है।

कामना—बहुत अच्छा।

लालसा—आज विलास सेनापति होकर आक्रमण करने गये हैं, तो विनोद, तुम्हीं मेरे पटमण्डप में चलो। मैं अकेली कैसे रहूँगी ?

विनोद—हाँ, यह तो अत्यन्त खेद की बात है। परन्तु कोई चिन्ता नहीं। चलो। (दोनों जाते हैं)

लीला—रानी !

कामना—लीला !

लीला—यह सब क्या हो रहा है ?

कामना—ऐश्वर्य और सभ्यता के परिणाम ।

लीला—तुम रानी हो, रोको इसे ।

कामना—मेरा स्वर्ण-पट्ट देखकर प्रथम तुम्हीं को इसकी चाह हुई, आकांक्षा हुई । अब क्या, देश में धनवान और निर्धन शासकों का तीव्र तेज, दीनों की विनम्र-दयनीय दासता, सैनिक-बल का प्रचण्ड प्रताप, किसानों की भारवाही पशु कीसी पराधीनता, ऊँच और नीच, अभिजात और बर्बर, सैनिक और किसान, शिल्पी और व्यापारी, और इन सभी के ऊपर सभ्य व्यवस्थापक—सब कुछ तो है । नये-नये सन्देश, नये-नये उद्देश्य नयी-नयी संस्थाओं का प्रचार, सब कुछ सोना और मदिरा के बल से हो रहा है । हम जागते में स्वप्न देख रहे हैं ।

लीला—ओह ! (**जाती है**)

(**दो सैनिक एक स्त्री को बांधकर लाते हैं**)

कामना—यह कौन है ?

सैनिक—युद्ध में यह बन्दिनी बनायी गयी है ।

कामन—इसका अपराध ?

सैनिक—सेनापति के आने पर वह स्वयं निवेदन करेंगे । हम लोगों को आज्ञा हो तो जायँ, युद्ध समाप्त होने के समीप है ।

कामना—जाओ ।

(**दोनों जाते हैं**)

स्त्री—तुम रानी हो ?

कामना—हाँ ।

स्त्री—रानी बनने की साध क्यों हुई ? क्या आँखें इतनी रक्तधारा देखने की प्यासी थीं ? क्या इतनी भीषणता के साथ तुम्हारा ही जयघोष किया जाता है ?

कामना—मेरे दुर्भाग्य से ।

स्त्री—और तुम चुपचाप देखती हो ?

कामना—तुम बन्दिनी हो, चुप रहो ।

(**रक्ताक्त-कलेवर विजयी विलास का प्रवेश**)

विलास—जय ! रानी की जय !

कामना—क्या शत्रु भाग गये ?

विलास—हाँ रानी !

कामना—अच्छा विलास, बैठो, विश्राम करो ।

विलास—(**देखकर**) आहा । यह अभी यहीं है । इसको मेरे पटमण्डप में न ले जाकर यहाँ किसने छोड़ दिया है ?

कामना—वह सैनिक इसे यहीं पकड़ लाया। परन्तु कहो विलास, इसे क्यों पकड़ा ?

विलास—तुमको रानी, राज्य करने से काम, इन पचड़ों में क्यों पड़ती हो ? युद्ध में स्त्री और स्वर्ण, यही तो लूट के उपहार मिलते हैं। विजयी के लिए यही प्रसन्नता है। इसे मेरे यहाँ भेज दो।

कामना—विलास, तुमको क्या हो गया है ? मैं रानी हूँ, तुम्हारी शैय्या सजाने की दासी नहीं।

स्त्री—दोहाई रानी की ! तुहारे राज्य के बदले मुझे ऐसा पुरुष नहीं चाहिए। मुझे बचाओ, यह नरपिशाच ! ओह—

(मुँह ढाँकती)

विलास—अच्छा जाता हूँ। (सरोष प्रस्थान)

पट-परिवर्तन

तृतीय दृश्य

(पथ में लालसा)

लालसा—दारुण ज्वाला, अतृप्ति का भयानक अभिशाप ! मेरे जीवन का सङ्गी कौन है ? मैं लालसा हूँ, जन्म भर जिसे सन्तोष नहीं हुआ ! नगर से आ रही हूं। प्रमदा के स्वतन्त्रता-भवन के आनन्द-विहार से भी जी नहीं भरा, कोई किसी को रोक नहीं सकता और न तो विहार की धारा में लौटने की बाधा हैं। उच्छृङ्खल उन्मत्त विलास—मदिरा की विस्मृति। विहार की श्रान्ति फिर भी लालसा ! (देखकर) अरे मैं घूमती-घूमती किधर निकल आयी ? कहीं बहुत दूर। यदि कोई शत्रु आ गया तो (ठहर कर सोचती है) क्या चिन्ता ?

(एक शत्रु सैनिक का प्रवेश)

सैनिक—तुम कौन हो ?

लालसा—मैं, मैं ?

सैनिक—हाँ, तुम।

लालसा—सेनापति विलास की स्त्री।

सैनिक—जानती हो, कल तुम्हारे सेनापति ने मेरी स्त्री को पकड़ लिया है ? आज तुमको यदि मैं पकड़ ले जाऊँ ?

लालसा—(मुसकरा कर) कहाँ ले जाओगे ?

सैनिक—यह क्या ?

लालसा—कहाँ चलूँ, पूछती तो हूँ। तुम्हारे सदृश पुरुष के साथ चलने में किस सुन्दरी को शङ्का होगी ?

सैनिक—इतना अधःपतन ! हम लोगों ने तो समझा था कि तुम्हारे देश के लोग केवल स्वर्ण-लोलुप शृगाल ही हैं, परन्तु नहीं, तुम लोग तो पशुओं से भी गए-बीते हो। जाओ।

लालसा—तो क्या तुम चले जाओगे ? मेरी ओर देखो।

सैनिक—छिः ! देखने के लिये बहुत-सी उत्तम वस्तुएँ हैं। सरल शिशुओं की निर्मल हँसी, शरद का प्रसन्न आकाश-मण्डल, वसन्त का विकसित कानन, वर्षा की तरङ्गिणी-धारा, माता और सन्तानों का विनोद देखने से जिसे छुट्टी हो, वह तुम्हारी ओर देखे।

लालसा—तुम्हारे वाक्य मेरी कर्मेन्द्रियों को मांग रहे हैं। मैं कैसे छोड़ दूँ, कैसे न दूँ। ठहरो, मुझे इस सम्पूर्ण मनुष्यत्व को आँखों से देख लेने दो।

सैनिक—जाओ रमणी, लौट जाओ ! तुम्हारा सेना-निवेश दूर है।

लालसा—फिर तुम्हें इतने रूप की क्या आवश्यकता थी, जब हृदय ही न था ?

(तिरस्कार से देखता हुआ सैनिक जाता है)

लालसा—(**स्वगत**) चला जायगा। यो नहीं (**प्रकट**) अच्छा तो सुनो। क्या तुम अपनी स्त्री को भी नहीं छुड़ाना चाहते ?

सैनिक—(**लौटकर**) अवश्य छुड़ाना चाहता हूं—प्राण भी देकर।

लालसा—तुम्हारे शिष्ट आचरण का प्रतिदान करूँगी। चलोगे, डरते तो नहीं ?

(**दोनों जाते है । विलास का प्रवेश**)

विलास—यह उन्मत्त विलास-लालसा ! वक्षःस्थल में प्रबल पीड़ा। ओह ! अविश्वासिनी स्त्री, तूने मेरे पद की मर्यादा, वीरता का गौरव और ज्ञान की गरिमा सब डुबा दी ! जी चाहता है, इस अतृप्त हृदय में छुरा डालकर नचा दूं। (**ठहरकर**) परन्तु विलास ! विलास ! तुझे क्या हो गया हो गया है ? तुझे इससे क्या ? राज्य यदि करना है, तो इन छोटी-छोटी बातों पर क्यों ध्यान देता है ? अपनी प्रतिभा से शासन कर !

(**विवेक आता है**)

विवेक—आहा ! मंत्री और सेनापति महाशय, नमस्कार। परन्तु नहीं, जब मंत्री और सेनापति दोनों पद-पदार्थ एक आधार में है तब राजा क्या कोई भिन्न वस्तु है। दोनों की सम्मिलित शक्ति ही तो राजशक्ति है। अतएव हे राज-मंत्री सेनापति ! हे दिक्काल पदार्थ ! हे जन्म, जीवन और मृत्यु ! आपको ! नमस्कार

विलास—(विवेक का हाथ पकड़ कर) बूढ़े, सच बता, तू पागल है या कोई बना हुआ चतुर व्यक्ति ? यदि तुझे मार डालूँ ।'

विवेक—(हँसकर) अरे जिसे इतनी पहचान नहीं कि मैं पागल हूँ या स्वस्थ, वह राज-कार्य क्या करेगा ?

विलास—अच्छा, तुम यहाँ क्या करने आये हो ?

विवेक—लड़ाई कभी नहीं देखी थी, बड़ी लालसा थी, उसी से—

विलास—तो तू ही वह व्यक्ति है, जिसने बहुत-से घायलों को पास की अमराई में इकट्ठा कर रक्खा है और उनकी सेवा करता है ?

विवेक—यह भी यदि अपराध हो, तो दण्ड दीजिये; नहीं तो समझ लीजिये कि पागलपन है ।

विलास—फिर विचार करूँगा, इस समय जाता हूँ ।

विवेक—विचार करते जाइये, कलेजा फाड़ते जाइये, छुरे चलाते रहिये और विचार करते रहिये । विचार से न चूकिये, नहीं तो—

विलास—चुप ।

विवेक—आहा, विचार और विवेक को कभी न छोड़िये, चाहे किसी के प्राण ले लीजिये, परन्तु विचार करके ।

(विलास सरोष चला जाता है । विवेक दूसरी ओर जाता है)

पट-परिवर्तन

चतुर्थ दृश्य

(खेत में करुणा की कुटी संतोष अन्न की बालें एकत्र कर रहा है दुर्वृत्त आता है)

दुर्वृत्त—क्यों जी, इस खेत का तुम कितना कर देते हो ?

संतोष—कर !

दुर्वृत्त—हाँ । रक्षा का कर ।

सन्तोष—क्या इस मुक्त प्राकृतिक दान में भी किसी आपत्ति का डर है ? और क्या उन आपत्तियों से तुम किसी प्रकार इनकी रक्षा भी कर सकते हो ?

दुर्वृत्त—मुझे विवाद करने का समय नहीं है ।

सन्तोष—तब तो मुझे भी छुट्टी दिजिये, बहुत काम करना है ।

दुर्वृत्त—(**क्रोध से देखता हुआ**) अच्छा जाता हूँ।

(**करुणा आती है**)

करुणा—भाई, तुम्हें काम करते बहुत विलम्ब हुआ। थक गये होगे—चलो, कुछ खालो।

सन्तोष—बहन ! इस गाँठ को भीतर धर दूँ, तो चलूँ।

(**परिश्रम से थका हुआ सन्तोष बोझ उठाता है। गिर पड़ता है। उसके पैर में चोट आती है। करुणा उसे उठा भीतर ले जाती है**)

(**एक ओर से वन-लक्ष्मी, दूसरी ओर से महत्त्वाकांक्षा का प्रवेश**)

वन-लक्ष्मी—देखो, तुम्हारी कर लेने की प्रवृत्ति ने अन्नों के सत्व को हल्का कर दिया, कृषक थकने लगे हैं। खेतों को सींचने की आवश्यकता हो गयी। उर्वरा पृथ्वी को भी कृत्रिम बनाया जाने लगा है।

महत्त्वा०—विलास के लिए साधन कहाँ से आयेंगे ? यह जङ्गलीपन है। अकर्मण्य होकर प्रकृति की पराधीनता क्यों भोग करें। जब शक्ति है, फिर अभाव क्यों रह जाय ?

वन-लक्ष्मी—विलास की महत्त्वाकांक्षा ! तुम्हारा कहीं अन्त भी है। कब तक और कहाँ तक तुम मानव-जाति को झगड़ते देखना चाहती हो ?

महत्त्वा०—प्रकृति अपनी सीमा क्यों नहीं बनाती ? फूलों की कोमलता और उनका सौरभ एक ही प्रकार का रहने से भी तो काम चल जाता। फिर इतनी शिल्पकला, पंखड़ियों की विभिन्नता, रङ्ग की सजावट क्यों ? तब हम अनन्त साधनों से अपने सुख को अधिकाधिक सम्पूर्ण क्यों न बनायें।

वन-लक्ष्मी—दौड़ाओ काल्पनिक महत्त्व के लिए। अतृप्ति के कशाघात से उत्तेजित करो। परन्तु प्रकृति के कोष से अनावश्यक व्यय करने का किसको अधिकार है ? यह ऋण है। इसे कभी भी कोई चुका सकेगा ? प्राकृतिक पदार्थों का अपव्यय करके भावी जनता को दरिद्र ही नहीं बनाया जा रहा है, प्रत्युत उनकी वृत्ति का उद्‌गम ही बन्द कर देने का उपक्रम है। वे अपने पूर्वजों के इस ऋण को चुकाने के लिए भूखों मरेंगे।

महत्त्वा०—मरें; कौन निर्बलों का जीवन अच्छा समझता है ! देखो यहीं न, सन्तोष और करुणा। इनकी क्या अवस्था है।

वन-लक्ष्मी—इन पर तुम्हें दया नहीं; ये सच्चे हैं, सृष्टि की अमूल्य सम्पत्ति हैं। इनकी रक्षा करो।

महत्त्वा०—(हँसती है) तुम सरल हो।

वन-लक्ष्मी—तुम कुटिलता में ही सौन्दर्य देखती हो ।

महत्त्वा०—तरल जल की लहरें भी सरल नहीं । बाँकपना ही तो सौन्दर्य है । मैं उसी को मानती हूँ । करुणा और सन्तोष सृष्टि की दुर्बलताएँ हैं । मेरे पास उनके लिये सहानुभूति नहीं ।

(**जाती है**)

वन-लक्ष्मी—मेरा मृदुल कुटुम्ब ! मेरा कोमल श्रृङ्गार ! इस क्रूर मत्त्हवाकांक्षा से झुलस रहा है । मैं उन्हें आलिङ्गित करूँगी । (**खेत में बैठकर एक तृणकुसुम को देखती हुई**) तू कुछ कह रहा है । तेरा कुछ सन्देश है । तेरी लघुता एक महान् रहस्य है । मैं तेरे साथ स्वर मिलाकर गाऊँगी ।

(**गाती है**)

पृथ्वी की श्यामल पुलकों में सात्विक स्वेद-बिन्दु रङ्गीन ।
नृत्य कर रहा हिलता हूँ मैं मलयानिल से हो स्वाधीन ।।
आँधी की बहिया बह जाती चिढ़ कर चल जाती चपला ।
मै यों हीं हूँ, ये कोई भी मेरी हँसी न सकते छीन ।।
तितली अपना गिरा और भूला-सा पंख समझती है ।
मुझे छोड़ देती, मेरा मकरन्द मुझी में रहता लीन ।।
मधु सौरभ वाले फल-फूलों को लुट जाने का डर हो ।
मैं झूला झूलती रही हूँ—बनी हुई अम्लान नवीन ।।
व्यथित विश्व का राग-रक्त क्षत हूँ मुझको पहचानो तो ।
सुधा-भरी चाँदनी सुनाती मुझको अपनी जीवन-बीन ।।

पट-परिवर्तन

पञ्चम दृश्य

(**फूलों के द्वीप में एक नागरिक का घर**)

पिता—बेटा, इतनी देर हुई, अभी तक सोते रहोगे, क्या आज खेतों में हल नहीं जायगा ?

लड़का (**आँख मलता हुआ**) पहले एक प्याली मदिरा, फिर दूसरी बात, (**अँगड़ाई लेकर**) ओह बड़ी पीड़ा है ।

पिता—लड़के ! तुझे लज्जा नहीं आती ! मुझसे मदिरा माँगता है ?

लड़का—तो माँ से कह दो, दे जाय ।

(माता का प्रवेश)

माता—क्यों, आज भी सबेरा हो गया, अभी सुनार के यह नहीं गये, हल पकड़े खड़े हो ? इससे तो अच्छा होता कि बैलों के बदले तुम्हीं इसमें जुतते । आज के उत्सव में चार स्त्रियों के सामने क्या पहनकर जाऊँगी ।

पिता—तो अच्छी बात है, सोने का गहना बैठकर खाना और चबाना मेरी सूखी हड्डियाँ ! लड़के को चौपट कर डाला । वह मुझसे मदिरा माँगता है, और तुम माँगती हो आभूषण ।

लड़का—**(लेटा हुआ)** तुम दोनों कैसे मूर्ख बकवादी हो । एक प्याली देने में इतनी देर ! इतना झंझट !

माता—तुझ-सा निखट्टू पति मेरे ही भाग्य में बदा था मैं यदि—

पिता—हाँ, हाँ कहो 'यदि' क्या ? यही न कि दूसरे की स्त्री होती, तो गहनों से लद जाती; परन्तु उसके साथ पापों से भी—

लड़का—देखो मुझे एक प्याला दे दो, और एक-एक तुम लोग—बस झगड़ा मिट जायगा । जो बैल होंगे, आप ही कुछ देर में खेत पर पहुँच जायँगे ।

पिता—कुलाङ्गार ! यह धृष्टता मुझसे सही न जायगी ।

लड़का—तो लो, मैं जाता हूँ । युद्ध में सैनिक बनकर आनन्द करूँगा । तुम दोनों के नित्य के झगड़े से तो छुट्टी मिल जायगी ।

(उठता है)

माता—यह बाप है कि हत्यारा ? एक प्याला मदिरा नहीं दे देता । लड़के को मरने के लिये युद्ध में भेजना चाहता है । जान पड़ता है, इसने दूसरे बाल-बच्चे-स्त्री आदि बना लिये हैं; अब हम लोगों की आवश्यकता नहीं रही । एक को तो युद्ध में भेज दिया, दूसरे को भी—

पिता—वह तेरे लिए स्वर्ण लाने गया है । पिशाचिनी ! तू माँ है ? तुझे आभूषणों की इतनी आवश्यकता ?

लड़का—अच्छा, तो फिर जाता हूँ **(उठता और गिर पड़ता है, फिर माँ से कहता है)** तू ही दे दे, इस खेतिहर गँवार को जाने दे ।

(पिता क्रोध से चला जाता है)

माता—अच्छा लो, पर फिर न माँगना । **(देती है)**

लड़का—**(लेटा हुआ)** नहीं, आँख खुलने तक नहीं । अभी एक नींद सो लेने दो । **(लेटता है)**

माता—कैसा सीधा लड़का है । **(हँसती है)**

पट-परिवर्तन

षष्ठ दृश्य

(नवीन नगर की एक गली में नागरिकों का प्रवेश)

पहला ना०—सब ठीक है ! कामना ने यदि उन विचार-प्रार्थियों के कहने से कुछ भी इस नगर पर अत्याचार किया, तो हम लोग उसका प्रतिकार करेंगे ।

दूसरा ना०—वह क्या ?

पहला ना०—विलास को यहाँ का राजा बनावेंगे और कामना को बन्दी ।

दूसरा ना०—यहाँ तक ?

पहला ना०—बिना राजा के हम लोगों का काम नहीं चलेगा । यह तुच्छ स्त्री, कोमल हृदय की पुतली शासन का भेद क्या जानेगी ।

दूसरा ना०—क्या और लोग भी इसके लिए प्रस्तुत हैं ?

पहला—सब ठीक है, अवसर की प्रतीक्षा है । चलो, आज दम्भदेव के यहाँ उत्सव है । तुम चलोगे कि नहीं ?

दूसरा—हाँ, हाँ चलूँगा । **(दोनों जाते हैं)**

(करुणा का सन्तोष को लिये हुये प्रवेश)

करुणा—किससे पूछूँ—भाई सन्तोष, थोड़ी देर यहीं बैठो, मैं क्रूर का घर पूछ आती हूँ । बड़ी पीड़ा होगी । आह-आह !

(सहलाती है)

सन्तोष—करुणे ! मैं तुम्हारे अनुरोध से यहाँ चला आया हूँ । मुझे तो इस वैद्य के नाम से भी निर्वेद होता है ।

करुणा—मेरे लिये भाई—मेरे लिये ! बैठो, मैं आती हूँ—**(जाती है)**

(एक नागरिक का प्रवेश)

नागरिक—**(सन्तोष को देखकर)** तुम कौन हो जी ?

सन्तोष—मनुष्य—और दुखी मनुष्य ।

नागरिक—तब यहाँ क्या है जो किसी के घर पर बिना पूछे बैठ गये ?

सन्तोष—यह भी अपराध है ? मैं पीड़ित हूँ, इसी से थोड़ा विश्राम करने के लिए बैठ गया हूँ ।

नागरिक—अभी नगर-रक्षक तुम्हें पकड़कर ले जायगा। क्योंकि तुमने मेरे अधिकार में हस्तक्षेप किया है। बिना मेरी आज्ञा लिये यहाँ बैठ गये। क्या यह कोई धर्मशाला है?

सन्तोष—मैं तो प्रत्येक गृहस्थ के घर को धर्मशाला के रूप में देखाना चाहता हूँ, क्योंकि इसे पापशाला कहने में सङ्कोच होता है।

नागिरिक—देखो इस दुष्ट को। अपराध भी करता है और गालियाँ भी देता है। उठ जा यहाँ से, नहीं तो धक्के खायगा!

सन्तोष—हे पिता! तुम्हारी सन्तान इतनी बँट गयी है।

नागरिक—क्या हिस्सा भी लेगा? उठ-उठ—चल—

सन्तोष—भाई, मैं बिना किसी के अवलम्ब के चल नहीं सकता। मेरी बहन आती है मैं चला जऊँगा।

नगरिक—क्या तेरी बहन!

सन्तोष—हाँ—

नागरिक—(**स्वगत**) आने दो, देखा जायगा।

(**दौड़ती हुई करुणा का प्रवेश, पीछे मद्यप दुर्वृत्त**)

दुर्वृत्त—ठहरो सुन्दरी! मुझे विश्वास है कि तुमको न्यायालय की शरण लेनी पड़ेगी—मैं व्यवस्था बतलाऊँगा, तुम्हारी सहायता करूँगा, तुम सुनो तो! हाँ—क्या अभियोग है? किसी ने तुम्हें—एँ!

करुणा—(**भयभीत**) भाई सन्तोष! देखो यह मद्यप!

दुर्वृत्त—चलो, तुम्हें भी पिलाऊँगा। बिना इसके न्याय की बारीकियाँ नहीं सूझतीं—हाँ, तो फिर एक चुम्बन भी लिया—यही न!

करुणा—नीच, दुराचारी!

सन्तोष—क्यों नागरिक! यही तुम्हारा सभ्य व्यवहार है?

दुर्वृत्त—अनधिकार चेष्टा—मूर्ख! तू भी न्यायालय ने दण्ड पावेगा—तुम साक्षी रहना नागरिक!

नागरिक—(**करुणा की ओर देखता हुआ**) सुन्दर है हाँ-हाँ, यह तो अनधिकार चेष्टा प्रारम्भ से ही कर रहा है; बिना मुझसे पूछे यहाँ बैठ गया और बात भी छीनता है।

सन्तोष—मैं चिकित्सा के लिए यहाँ आया हूँ। क्यों मुझे तुम लोग तङ्ग कर रहे हो—चलो करुणा, हम लोग चलें।

दुर्वृत्त—वाह! चलो चलें! ए—तुम्हें परिचय देना होगा, तुम असभ्य बर्बर यहाँ किसी बुरी इच्छा से आये होगे। नागरिक! बुलाओ शान्तिरक्षक को।

सन्तोष—(**हंसकर**) शान्ति तुम्हारे घर कहीं है भी जो तुम उसकी रक्षा करोगे ? बाबा, हम लोग जाते हैं जाने दो।

दुर्वृत्त—परिचय देना होगा तब—

करुणा—परिचय देने में कोई आपत्ति नहीं है। मैं मृत शान्तिदेव की बहन हूँ।

(**दुर्वृत्त आँख फाड़ कर देखता है**)

नागरिक—तब यह तुम्हारा भाई कैसे ? इसमें कुछ रहस्य है।

दुर्वृत्त—तुम क्या जानो, चुप रहो (**करुणा से**) हाँ, तुम्हारा तो बड़ा भारी अभियोग है, न्यायालय अवश्य तुम्हें सहायता देगा। क्यों, तुमने शान्तिदेव का धन कुछ पाया ? अकेली लालसा उसे नहीं भोग सकती। तुम्हारा भी उसमें कुछ अंश है।

नागरिक—हाँ यह तो ठीक कहा—

करुणा—मुझे कुछ न चाहिये। मुझे जाने की आज्ञा दीजिये।

दुर्वृत्त—नहीं, मैं अपने कर्त्तव्य से च्युत नहीं हो सकता। तुम्हारा उचित प्राप्य, न्यायालय की सहायता से दिलाना मेरा कर्त्तव्य है। तुम व्यवहार लिखाओ।

सन्तोष—हम लोगों को कुछ न चाहिये।

(**क्रूर का प्रवेश**)

दुर्वृत्त—आओ नागरिक क्रूर ! यह तुमसे चिकित्सा कराने बड़ी दूर से आया है।

क्रूर—(**सन्तोष को देखता हुआ**) यह ! अरे इसकी तो टाँग सड़ गयी है, भयानक रोग है, इसको काटकर अलग कर देना होगा।

सन्तोष—हे देव ! यह क्या लीला है ! यह सब पिशाच हैं कि मनुष्य ! मुझे चिकित्सा न चाहिये, मुझे जाने दो।

नागरिक—नगर का दुर्नाम होगा, ऐसा नहीं हो सकता। तुम्हें चिकित्सा करानी होगी। मैं शस्त्र ले आता हूँ। (**जाता है**)

(**प्रमदा का सहेलियों के साथ नाचती हुई आना, दूसरी ओर से दम्भ का अपने दल के साथ प्रवेश**)

दम्भ—क्यों दुर्वृत्त ! क्रूर ! तुम लोग अभी उत्सव में नहीं मिले।

क्रूर—कुछ कर्त्तव्य है आचार्य ! यह पीड़ित है, इसको चिकित्सा—

दम्भ—(**सन्तोष को देखकर**) छिः छिः। पवित्र देवकार्य के समय तुम अस्पृश्य को छुओगे ? (**सन्तोष से**) जा रे, भाग !

दुर्वृत्त—(**धीरे से**) यह शान्तिदेव की बहन है। उसके पास अपार धन था। इसे न्यायालय में ले चलूँगा और क्रूर को भी इसकी चिकित्सा से कुछ मिलेगा। हम दोनों का लाभ है।

दम्भ—यह सब कल होगा। (**नागरिक से**) यह तुम्हारा घर है न ?

नागरिक—हाँ।

दम्भ—आज इसे तुम अपने यहाँ रक्खो। कल इसकी चिकित्सा होगी। और प्रमदा ! इस सुन्दरी को देवदासियों के दल में सम्मिलित कर लो। इसके लिए न्यायालय का प्रबन्ध कल किया जायगा। आज पवित्र दिन है, केवल उत्सव होना चाहिये।

(**नागरिक सन्तोष को पकड़ता है, और प्रमदा एक मद्यप के साथ करुणा को खींचती है। विवेक दौड़कर आता है**)

विवेक—कौन इस पिशाच-लीला का नायक है ?

(**सब सहम जाते हैं। विवेक सबसे छुड़ाकर दोनों को लेकर हटता है**)

दम्भ—तू कौन इस उत्सव में धूमकेतु-सा आ गया ? छोड़कर चला जा, नहीं तो तुझे पृथ्वी के नीचे गड़वा दूँगा।

विवेक—मैं चला जाऊँगा। फूल के समान आया हूँ, सुगन्ध के सदृश जाऊँगा। तू बच, देख उधर। (**सब उसे पकड़ने को चञ्चल होते हैं, विवेक दोनों को लिये हटता है। भूकम्प से नगर का वह भाग उलट-पलट हो जाता है**)

पट-परिवर्तन

सप्तम दृश्य

(**आक्रांत देश का एक गांव**)

(**एक बालिका और विवेक**)

बालिका—आज तक तो हमारे ऊपर अत्याचार होता रहा है; परन्तु कोई इतनी मित्रता नहीं दिखलाने आया। तू आज छल करने आया है।

विवेक—नहीं माँ, जा बड़े-बूढ़ों को बुला ला।

बालिका—परन्तु—

विवेक—हाय रे पाप ! इन निरीह बालकों में भी विश्वास का अभाव हो गया है। विश्वास करो माँ, बुला लो।

(**बालिका जाती है, चार वृद्ध और युवक आते हैं**)

विवेक—मैं उसी शापित देश का हूँ, जिसमें सोने की ज्वाला धधक उठी है, मदिरा की वन्या बाढ़ पर है। क्या मुझ पर विश्वास करोगे ?

युवक—कहो, तुम्हारा प्रयोजन सुन लें।

विवेक—हमारे और तुम्हारे देश की सीमा में एक नया राज्य स्थापित हो गया है। वह हमारे देश के विद्रोहियों का एक घृणित सङ्गठन है। उसने अत्याचार का ठेका ले लिया है। उससे क्या हम तुम दोनों बचना चाहते हैं ?

युवक—परन्तु उपाय क्या है ?

विवेक—हम लोगों को भाई समझकर मित्र-भाव की स्थापना करो, और इनके अत्याचारों से रक्षा करो। हम परस्पर दूसरे के सहायक हों।

युवक—किस प्रकार ?

विवेक—आज न्यायालय में विचार होने वाला है, और तुम्हारे देश के जो दो बन्दी हुए हैं, उन्हें दण्ड मिलेगा। हम लोगों में से बहुतेरे उसके विरुद्ध हैं, यदि तुम लोग भी हमारी सहायता करो, तो इस भीषण आतङ्क से सबकी रक्षा हो।

युवक—हम लोग ठीक समय पर पहुँचेंगे। परन्तु वहाँ तक जाने कैसे पावेंगे ?

विवेक—हमारी सेवा से जितने आहत अच्छे हो चुके हैं उन्हीं लोगों के दल के साथ। और, इस अच्छे कर्म के लिए बहुत सहायक मिलेंगे।

युवक—अच्छा, तो हम जाते हैं।

विवेक—तुम्हारा कल्याण हो।

(**युवक और उसके साथी जाते हैं, दूसरी ओर से वही बालिका दौड़ती हुई आती है। पीछे दो उन्मत्त मद्यप हैं**)

बालिका—दोहाई है, बचाओ ! बचाओ !

मद्यप सैनिक—सुन्दरी, इतनी दौड़-धूप करने पर तो प्रेम का आनन्द नहीं रहता। माना कि यह भी एक भाव है; पर वह मुझे रुचिकर नहीं। सुन तो लो—(**पकड़ता है**)

बालिका—अरे, तुम क्या मनुष्यता को भी मदिरा के साथ घोलकर पी गये हो !

सैनिक—मदिरा के नाम से वही तो पीता हूँ।

विवेक—(**आगे बढ़कर**) क्यों, तुम वीर सैनिक हो न ?

सैनिक—क्या इसमें भी सन्देह है ?

विवेक—कायर ! छोड़ दे नहीं तो दिखा दूँगा कि इन सूखी हड्डियों में कितना बल है !

सैनिक—जा पागल ! तू क्यों मरना चाहता है ?

विवेक—दूसरे की रक्षा में, पाप का विरोध और परोपकार करने में, प्राण तक दे देने का साहस किस भाग्यवान् को होता है ? नीच, ! आ, देखूँ तो !

(**सैनिक तलवार से प्रहार करने को उद्यत होता है, विवेक सामने तन कर खड़ा होता और उसकी कलाई पकड़ लेता है**)

सैनिक—अब छोड़ दो, हाथ टूटता है ।

विवेक—(**छोड़कर**) इसी बल पर इतना अभिमान ! जा अब सीधा हो जा । देश का कलङ्क धोने में हाथ बँटा, कल परीक्षा होगी ।

सैनिक—पिता ! क्षमा करो; जो आज्ञा होगी, मैं और मेरे साथी, सब वही करेंगे ।

विवेक—स्मरण रखना ।

(**दोनों शिर झुकाकर जाते हैं**)

पट-परिवर्तन

अष्टम दृश्य

(**सैनिक न्यायालय रानी और सैनिक लोग बैठे हैं एक ओर से विलास, दूसरी ओर से लालसा का प्रवेश**)

विलास—रानी, यह बन्दिनी स्त्री बड़ी भयानक है । हमारी सेना के समाचार लेने आयी थी ! इसको दण्ड देना चाहिए ।

लालसा—और एक व्यक्ति मेरे मण्डप में भी है । वह भी कुछ ऐसा ही जान पड़ता है । दोनों का साथ ही विचार हो ।

(**रानी के सङ्केत करने पर चार सैनिक जाते और दोनों को ले आते हैं शत्रु-सैनिक और स्त्री दोनों एक दूसरे को देख चीत्कार करते हैं**)

विलास—यह स्त्री प्राण-दण्ड के योग्य है । इसने सेना का सब भेद जान लिया था । यदि यह पकड़ न ली जाती, तो उस दिन के युद्ध में हम लोगों को पराजित होना पड़ता ।

लालसा—और सीमा पर मैं इस पुरुष से मिली । यदि मैं इसे भुलावा देकर न ले आती, तो यह मेरा बड़ा अपमान करता, जो इस जाति के लिये कलङ्क की बात होती ।

रानी—विलास !

विलास—कुछ नहीं रानी, इन्हें प्राणदण्ड !

लालसा—इनसे पूछने की क्या आवश्यकता है ? हम लोगों का कहना ही क्या इसके लिए यथेष्ट प्रमाण नहीं है ?

सब सैनिक—हाँ, हाँ, सेनापति का अनुरोध अवश्य माना जाय ।

कामना—तब मुझे कुछ कहना नहीं है ।

विलास—(**सैनिकों से**) दोनों को इसी वृक्ष से बाँध दो, और तीर मारो।

स्त्री—क्यों शत्रु-सेनापति ! स्त्री पर अत्याचार न कर पाने पर उसका प्राण लेना ही न्याय है ? परन्तु प्राण तुम ले सकते हो, मेरा अमूल्य धन नहीं।

शत्रु-सैनिक—सुन्दरी लालसा, तुम स्त्री हो या पिशाचिनी ?

लालसा—जा, जा, मर। (**दोनों को बाँधकर तीर मारे जाते हैं**)

(**कई प्रार्थियों का प्रवेश**)

सैनिक—रानी, द्वेष ने मुझे सोते में छुरा मार कर घायल किया है न्याय कीजिये।

दूसरा—प्रमदा मेरे आभूषणों की पेटी लेकर दुर्वृत्त के साथ भाग गयी। उससे मेरे आभूषण दिला दिये जायँ।

तीसरा—रानी, मैं बड़ा दुखी हूँ। मेरा मदिरा का पात्र किसी ने चुरा लिया। मैं बड़े कष्ट से रात बिताता हूं।

चौथा—नवीना मेरी विश्वासपात्र प्रेमिका बन कर गहने के लोभ से स्वर्णभूति के साथ जाने के लिए तैयार है उसे समझा दिया जाय, अन्यथा मैं आत्महत्या करूँगा।

पाँचवाँ—रानी, मेरा लड़का सब धन बेच कर मदिरा पी जाता है, उससे मेरा सम्बन्ध छुड़ा दिया जाय।

एकस्त्री—मुझे विश्वास देकर, कौमार-भङ्ग करके अब यह मद्यप मुझसे ब्याह नहीं करता।

एक दूत—(**प्रवेश करके**) जिस नवीन नगर की प्रतिष्ठा कुछ लोगों ने की थी, उसमें बहुत से अपराधी जाकर छिपे थे, वह नगर भूकम्प से भूगर्भ में चला गया।

रानी—ठहरो। मुझे पागल न बनाओ। अपराधों की आंधी ! चारों ओर कुकर्म ! ओह !

(**एक आठ वर्ष का बालक दौड़ा आता और दण्डितों के शवों पर गिर पड़ता है। कामना उठकर खड़ी हो जाती है**)

कामना—बालक, तुम कौन हो ?

बालक—(**रोता हुआ**) मेरी माँ, मेरे पिता—

कामना—क्यों विलास, यह क्या हुआ।

लालसा—ठीक हुआ।

कामना—लालसा, चुप रहो। तुम न मंत्री हो, और न सेनापति।

लालसा—हाँ, मैं कुछ नहीं हूँ—तो फिर—

विलास—उन्हें उपयुक्त दण्ड दिया गया।

कामना—यदि राजकीय शासन का अर्थ हत्या और अत्याचार है, तो मैं व्यर्थ रानी बनना नहीं चाहती। मेरी प्रजा इस बर्बरता से जितना शीघ्र छुट्टी पावे, उतना

ही अच्छा। (**मुकुट उतारती हुई**) यह लो, इस पाप-चिह्न का बोझ अब मैं नहीं वहन कर सकती। यथेष्ट हुआ। प्यारे देशवासियो, लौट चलो, इस इन्द्रजाल की भयानकता से भागो। मदिरा से सिंचे हुये चमकीले स्वर्ण-वृक्ष की छाया से भागो।

(**सिंहासन से हटती हैं**)

(**विवेक का उत्मत्त भाव से प्रवेश। कामना बालक को गोद में लेती है**)

विवेक—बहुत दिन हुए, जब मैंने कहा था कि 'भागो-भागो'। तब तुम्हीं सब लोगों ने कहा था कि 'पागल है'; और मैं पागल बन गया। (**देखकर**) कामना, आहा मेरी पगली लड़की! आ, मेरी गोद में आ—चल, हम लोग वृक्षों की शीतल छाया में लौट चलें।

(**कामना दौड़कर विवेक से लिपट जाती है**)

विनोद—मदिरा और स्वर्ण के द्वारा हम लोगों में नवीन अपराधों की सृष्टि हुई, और हुई एक महान् माया-स्तूप की रचना। हमारे अपराधों ने राजतन्त्र की अवतारणा की। पिता की सदिच्छा, माता का स्नेह, शील का अनुरोध हम लोगों ने नहीं माना। तब अवश्य दण्ड के सामने सिर झुकाना पड़ेगा। कामना, हम सब तुम्हारे साथ हैं।

विलास—सज्जनो! सैनिको! देश दरिद्र है, भूखा है। क्या तुम लोग इन देश-द्रोहियों के पीछे चलोगे? यह भी क्या खेल है?

विवेक—खेल था, और खेल ही रहेगा। रोकर खेलो चाहे हँसकर। इस विराट् विश्व और विश्वात्मा की अभिन्नता, पिता और पुत्र, ईश्वर और सृष्टि, सब को एक में मिलाकर खेलने की सुखद क्रीड़ा भूल जाती है; होने लगता है विषमता का विषमय द्वन्द्व। तब सिवा हाहाकार और रुदन के क्या फैलेगा? हँसने का काम भूल गये। पशुता का आतङ्क हो गया। मनुष्यता की रक्षा के लिये, पाशवी वृत्तियों का दमन करने के लिए राज्य की अवतारणा हो गयी; परन्तु उसकी आड़ में दुर्दमनीय नवीन अपराधों की सृष्टि हुई। इसका उद्देश्य तब सफल होगा, जब वह अपना दायित्व कम करेगी—जनता को, व्यक्ति को, आत्मसंयम और आत्मशासन सिखाकर विश्राम लेगी। जब अपराधों की मात्रा घटेगी और क्रमशः समूल नष्ट होगी, तब संघर्षमय शासन स्वयं तिरोहित होगा। आत्मप्रतारको! उस दिन की प्रतीक्षा में कठोर तपस्या करनी होगी, जिस दिन ईश्वर और मनुष्य, राजा और प्रजा, शासितों और शासकों का भेद विलीन होकर विराट्-विश्व, जाति और देश के वर्णों से स्वच्छ होकर एक मधुर मिलन-क्रीड़ा का अभिनय करेगा।

विनोद—आओ, हम सब उस मधुर-मिलन के योग्य हों। उस अभिनय का मङ्गल पाठ पढ़ें।

(**अपना स्वर्णपट्ट और आभूषण उतार कर फेंकता है। लीला भी उसका अनुकरण करती है**)

लीला—जितने भूले-भटके होंगे, वे इन्हीं पागलों के पीछे चलेंगे । हम अपने फूलों के द्वीप से काँटों को चुनकर निकाल बाहर करेंगे ।

(**बहुत-से लोग अपने स्वर्ण-आभूषण और मदिरा के पात्र तोड़ते हैं । विलास और लालसा आश्चर्य के भाव से देखते हैं**)

विलास—सैनिको, तुम्हारी क्या इच्छा है ? तुम वीर हो । क्या तुम इन्हीं का-सा दीन और निरीह जीवन बिताओगे ? क्या फिर उसी दुःखपूर्ण देश में जाओगे जहाँ न तो सोने के पानपात्र हैं, और न माणिक के रङ्ग की मदिरा ?

कुछ लोग—हम लोग यहीं नगर बसाकर रहेंगे ।

एक—और तुम हमारे राजा बनो ।

(**वह गिरा हुआ मुकुट उसे पहनाता है । लालसा भी रानी का स्थान ग्रहण करने के लिए आगे बढ़ती है । 'ठहरो-ठहरो कहते हुए दोनों ओर से सैनिकों के साथ सन्तोष का प्रवेश**)

विवेक—सन्तोष ! तुमने बहुत विलम्ब किया ।

आगन्तुक सै०—क्या ! यह हत्या ? तुम हत्या करके भी यह साहस करते हो कि हम लोग तुम्हें अपना सर्वस्व मानें । यह ठीक है कि हम लोगों को विधि-निषेधात्मक एक सर्वमान्य सत्ता की अब आवश्यकता हो गयी है; परन्तु तुम कदापि इसके योग्य नहीं हो । सोने से लदी हुई लालसा रानी ! और मदिरा से उन्मत्त विलास राजा ! ! आश्चर्य ! ! !

(**विलास के साथी सैनिक भी स्वर्ण और अस्त्र रख देते हैं**)

विलास—तब लालसा ?

लालसा—अनन्त समुद्र में, काल के काले परदे में, कहीं तो स्थान मिलेगा—चलो विलास !

(**दोनों जाते हैं**)

कामना—मेरे सन्तोष ! प्रिय सन्तोष

सन्तोष—मेरी मधुर कामना—(**कामना का हाथ पकड़ लेता है**)

(**परिवर्तित दृश्य । समुद्र में नौका पर विलास और लालसा ! सब नागरिक उस पर स्वर्ण फेंकते हैं । नाव डगमगाती है लालसा का क्रन्दन—'सोने से नाव डूबी, अब नहीं बस' । तुमुल तरङ्ग । परिवर्त्तित दृश्य में अन्धकार । दूसरी ओर आलोक । फूलों की वर्षा**)

(**समवेत स्वर से गान**)

खेल लो नाथ, विश्व का खेल !

राजा बन कर अलग न बैठो, बनो नहीं अनमेल ।।
वही भाव फिर लेगी जनता, भूल जायगी सारी समता ।
कहाँ रही प्यारी मानवता, बढ़ी फूट की बेल ।।
रुदन, दुःख, तम-निशा; निराशा, इन द्वंद्वों का मिटे तमाशा ।
स्मित आनन्द उषा औ' आशा, एक रहें कर मेल ।।
हम सब हैं हो चुके तुम्हारे, तुम भी अपने होकर प्यारे ।
आओ, बैठो साथ हमारे, मिलकर खेलें खेल ।।

यवनिका पतन

■

स्कन्दगुप्त विक्रमादित्य

इस नाट्य-रचना का आधार दो मन्तव्यों पर स्थिर किया गया है; जिनके सम्बन्ध में हमें कुछ कहना है : पहला यह कि उज्जयिनी का पर-दुःख-भंजक विक्रमादित्य गुप्त-वंशीय स्कंदगुप्त था और दूसरा यह कि मातृगुप्त ही दूसरा कालिदास था, जिसने 'रघुवंश' आदि काव्य बनाए।

स्कंदगुप्त का विक्रमादित्य होना तो प्रत्यक्ष प्रमाणों से सिद्ध होता है। शिप्रा से तुम्बी में जल भरकर ले आने वाले, और चटाई पर सोनेवाले उज्जयिनी के विक्रमादित्य स्कंदगुप्त के ही साम्राज्य के खंडहर पर भोज के परमार पुरखों ने मालव का नवीन साम्राज्य बनाया था। परन्तु मातृगुप्त के कालिदास होने में अनुमान का विशेष सम्बन्ध है। हो सकता है कि आगे चलकर कोई प्रत्यक्ष प्रमाण भी मिल जाय, परन्तु हमें उसके लिए कोई आग्रह नहीं। इसलिए हमने नाटक में मातृगुप्त का ही प्रयोग किया है। मातृगुप्त का काश्मीर का शासन और तोरमाण का समय तो निश्चित सा है। विक्रमादित्य के मरने पर उसका दिया काश्मीर-राज्य वह छोड़ देता है, और वही समय सिंहल के कुमार धातुसेन का निर्धारित होता है। इसलिए इस नाटक में धातुसेन भी एक पात्र है। वंधुवर्म्मा, चक्रपालित, पर्णदत्त, शर्वनाग, भटार्क, पृथ्वीसेन, खिंगिल, प्रख्यातकीर्त्ति, भीमवर्म्मा (इसका शिलालेख कौशाम्बी के मिला है) गोविन्दगुप्त, आदि सब ऐतिहासिक व्यक्ति हैं।

इसमें प्रपंचबुद्धि और मुद्गल कल्पित पात्र हैं। स्त्रीपात्रों में स्कंद की जननी का नाम मैंने देवकी रखा है। स्कंदगुप्त के एक शिलालेख में—"हतरिपुरिव कृष्णो देवकीमभ्युपेत" मिलता है। सम्भव है कि स्कंद की माता के नाम देवकी से ही कवि को यह उपमा सूझी हो। अनन्तदेवी का तो स्पष्ट उल्लेख पुरगुप्त के माता के रूप में मिलता है। यही पुरगुप्त स्कंदगुप्त के बाद शासक हुआ है। देवसेना और जयमाला वास्तविक और काल्पनिक पात्र, दोनों हो सकते हैं। विजया, कमला, रामा और मालिनी जैसी किसी दूसरी नामधारिणी स्त्री की भी उस काल में सम्भावना है; तब भी ये कल्पित हैं। पात्रों की ऐतिहासिकता के विरुद्ध चरित्र की सृष्टि, जहाँ तक संभव हो सका, नहीं होने दी गई है। फिर भी कल्पना का अवलम्ब लेना ही पड़ा है, केवल घटना की परम्परा ठीक करने के लिए।

विक्रमादित्य

जिसके नाम से विक्रमीय संवत् का प्रचार है, भारत के उस आबाल-वृद्ध-परिचित प्रसिद्ध विक्रमादित्य का ऐतिहासिक अस्तित्व कुछ विद्वान् लोग स्वीकार नहीं करते।

इसके कई कारण हैं। इसका कोई शिलालेख नहीं मिलता। विक्रमीय संवत् का उल्लेख प्राचीन ग्रन्थों में नहीं है। स्वयं मालव में अति प्राचीन काल से एक मालव संवत् का प्रचार था, जैसे—'मालवानां गणास्थित्या याते शतचतुष्टये' इत्यादि इसलिए कुछ विद्वानों का मत है कि गुप्तवंशीय प्रतापी द्वितीय चन्द्रगुप्त विक्रमादित्य ही असली विक्रमादित्य था, उसी ने सौराष्ट्र के शकों को पराजित किया और प्रचलित मालव संवत् के साथ अपनी 'विक्रम' उपाधि जोड़कर विक्रमीय संवत् का प्रचार किया।

परन्तु यह मत निस्सार है; क्योंकि चन्द्रगुप्त द्वितीय का नाम तो चन्द्रगुप्त था, पर उपाधि विक्रमादित्य थी; उसने सौराष्ट्र के शकों को पराजित किया : इससे यह तात्पर्य निकलता है कि शकारि होना विक्रमादित्य होने के लिए आवश्यक था। चन्द्रगुप्त द्वितीय के शकारि होने का हम आगे चलकर विवेचन करेंगे। पर चन्द्रगुप्त उज्जयिनी-नाथ न होकर पाटलीपुत्र के थे उनके शिलालेखों में गुप्त संवत् व्यवहृत हैं, तब वह दो संवतों के अकेले प्रचारक नहीं हो सकते। विक्रमादित्य उनकी उपाधि थी, नाम नहीं था। इन्हीं के लिए 'कथासरित्सागर' में लिखा है—"विक्रमादित्य इत्यासीद्राजा पाटलिपुत्रके" सिकन्दरसानी और आलमगीरसानी के उदाहरण पर मानना होगा कि जिसकी ऐसी उपाधि होती है उसके पहले उस नाम का कोई व्यक्ति भी हो चुकता है। चन्द्रगुप्त का राज्यकाल ३८५-४१३ ई० तक माना जाता है। तब, यह भी मानना पड़ेगा कि ३८० के पहले कोई विक्रमादित्य हो गया है, जिसका अनुकरण करने पर उक्त गुप्तवंशीय सम्राट् चन्द्रगुप्त ने विक्रमादित्य की उपाधि से अपने को विभूषित किया। तख्तेवाही के शिलालेख का, जो गोंडोफोरस का है, काल १०३ ई० है। तत्कालीन इसाई कथाओं के आधार पर जो समय उसका निर्धारित होता है उससे वह विक्रमीय संवत् ही ठहरता है। तब यह भी स्थिर हो जाता है कि उस प्राचीन काल में शक संवत् के अतिरिक्त एक संवत् का प्रचार था और वह विक्रमीय था। मालव लोग उसके व्यवहार में 'मालव' शब्द का प्रयोग करते थे।

चन्द्रगुप्त का शक—विजय

कहा जाता है, गुप्तवंशीय सम्राट् चन्द्रगुप्त विक्रमादित्य ने मालव और सौराष्ट्र के पश्चिमी क्षत्रपों को पराजित किया, जो शक थे। इसलिए यही चन्द्रगुप्त विक्रमादित्य था। सौराष्ट्र में रुद्रसिंह तृतीय के बाद किसी के सिक्के नहीं मिलते। इसलिए यह माना जाता है कि इसी चन्द्रगुप्त ने रुद्रसिंह को पराजित करके शकों को निर्मूल किया। पर, बात कुछ दूसरी है। चन्द्रगुप्त के पिता समुद्रगुप्त ने ही भारत की विजय यात्रा की थी। हरिषेण की प्रशस्ति से ज्ञात होता है कि आर्यावर्त्त के विजित राजाओं में एक नाम रुद्रदेव भी है। संभवतः यही रुद्रदेव स्वामी रुद्रसेन था, जो सौराष्ट्र का भी क्षत्रप था। तब यह विजय समुद्रगुप्त की थी, फिर चन्द्रगुप्त ने किन शकों को निर्मूल

किया ? चन्द्रगुप्त का शिलालेख बेतवा और यमुना के पश्चिमी तट पर नहीं मिला। समुद्रगुप्त के शिलालेख से प्रकट होता है कि उसी ने विजय यात्रा में राजाओं को भारतीय पद्धति के अनुसार पराजित किया। तात्पर्य; कुछ लोगों से उपहार लिया कुछ लोगों को उनके सिंहासनों पर बिठला दिया, कुछ लोगों से नियमित 'कर' लिया इत्यादि। चन्द्रगुप्त के पहले ही यह सब हो चुका था, वस्तुतः वे सब शासन में स्वतंत्र थे। तब कैसे मान लिया जाय कि सौराष्ट्र और मालव में शकों को चन्द्रगुप्त ने निर्मूल किया, जिसका उल्लेख स्वयं चन्द्रगुप्त के किसी भी शिलालेख में नहीं मिलता। गुप्त वंशियों की राष्ट्रनीति सफल हुई, वे भारत के प्रधान सम्राट् माने जाने लगे। पर स्वयं चन्द्रगुप्त का समकालीन नरवर्मा (Gangdhar के शिलालेख में) और वह भी मालव का, स्वतंत्र नरेश माना जाता है। फिर मालव-चक्रवर्त्ती उज्जयिनीनाथ विक्रमादित्य और सम्राट चन्द्रगुप्त, जो मगध और कुसुमपुर के थे, कैसे एक माने जा सकते हैं ? चन्द्र-गुप्त का समय ४१३ ई० तक है। इधर मन्दसोर वाले ४२४ ई० के शिलालेख में विश्ववर्मा और उसके पिता नरवर्मा स्वतन्त्र मालवेश हैं। यदि मालव गुप्तों के अधीन होता तो अवश्य किसी गुप्त राजाधिराज का उसमें उल्लेख होता, जैसा कि पिछले शिलालेख में (जो ४३७ ई० का है) कुमार गुप्त का उल्लेख है—"वनान्तवान्तस्फुट पुष्पहासिनीं कुमारगुप्तेपृथिवीं प्रशासति" इससे यह सिद्ध हो जाता है कि चन्द्रगुप्त का सम्पूर्ण अधिकार मालव पर नहीं था, वह उज्जयिनी नाथ नहीं थे उनकी उपाधि विक्रमादित्य थी, तब उनके पहले एक विक्रमादित्य ३८५ से पूर्व हुये थे। हमारे प्राचीन लेखों में भी इस प्रथम विक्रमादित्य का अनुसंधान मिलता है। 'गाथा सप्तशती' एक प्राचीन गाथाओं का संग्रह 'हाल' भूपति के नाम से उपलब्ध है। पैठन में इसकी राज-धानी थी इसका समय इसवीय सन् की पहली शताब्दी है। महामहोपाध्याय पं० दुर्गा प्रसाद ने अभिनन्द के रामचरित से—

"हालेनोत्तम पूजयाकवि वृषः श्रीपालितो लालितः
ख्यातिं कामपि कालिदास कवयो नीता शकारातिना"

उद्धृत करके माना है कि श्रीपालित ने अपने राजा हाल' के लिए यह 'गाथा सप्त-शती' बनाई इसमें एक गाथा पाँचवें शतक की है

"संवाहन सुहरस तोसिएण देन्तेह तुहकरे लक्खम्
चलणेण विक्रमादित्त चरित्रं अणु सिक्खअंतिस्सा" ।।६४।।

ईस्वी पूर्व पहली शताब्दी में एक विक्रमादित्य हुए, इसके मानने का यह एक प्रमाण है। जैन ग्रन्थ कालकाचार्य—कथा में उज्जयिनी-नाथ विक्रम का मध्यभारत के शकों को परास्त करना लिखा है। प्रबन्धकोष में लिखा है कि महावीर स्वामी के मोक्ष पाने पर ४७० वर्ष बाद विक्रमादित्य हुए। भारत की परम्परागत कथाओं में

प्रसिद्ध है कि विक्रमादित्य गंधर्वसेन का पुत्र था। टाड ने राजस्थान के राजकुलों का वर्णन करते हुए यह लिखा है कि तुअरवंश पांडव वंश की एक शाखा है, जिसमें संवत् प्रचारक विक्रम और अनंगपाल का जन्म हुआ था। प्राचीन ऐतिहासिक ग्रंथ 'राजावली' में दिल्ली के राजाओं का वर्णन करते हुए लिखा है कि दिल्ली के राजा राजपाल का राज्य कमायूँ के पहाड़ी राजा शुकवंत ने छीन लिया। उसे विक्रमादित्य ने मार कर दिल्ली का उद्धार किया इधर प्रसिद्ध विद्वान स्मिथ ने लिखा है कि ईसा के पूर्व दूसरी शताब्दी में शकों का उत्थान हुआ जो भारत में उसी के लगभग घुसे।

Branches of the Barbarian stream which penitrated the Indian passes, deposited settlements at Taxila in the Punjab and Mathura on the Jamuna.

Yet another section of the horde at a later date perhaps about middle of the first century after christ pushed on southwards and occupied the peninsula of Sourashtra or Kathiawar, founding a 'saka' dynasty which lasted until it was destroyed by Chandragupta Vikramaditya about A. D. 390.

The Satraps of Mathura were closely connected with those of Taxila and belong to the same period about 50 B. C. or later.

पिछली शक-शाखा के सम्बन्ध में, जो सौराष्ट्र गई, यह कहा जाता है कि चन्द्रगुप्त विक्रमादित्य ने उसे निर्मूल किया; पर वास्तव में ३८५ ई० तक समुद्रगुप्त जीवित थे और उन्हीं के समय में ३८२ ई० तक के शक सिक्के मिलते हैं। बाद के सिक्के बिना संवत् के हैं। इससे प्रतीत होता है कि समुद्रगुप्त के सामने क्षत्रपों का प्रताप निस्तेज हुआ, फिर बिना संवत् के सिक्के वहाँ प्रचलित हुए। तात्पर्य, उक्त समुद्रगुप्त के समय ३८५ तक ही सौराष्ट्र की शख-शाखा का ह्रास हुआ। चन्द्रगुप्त का राज्यारोहण काल ३८० ई० मानते हैं। परन्तु उसका सबसे पहला शिलालेख उदय गिरिका गुप्त संवत् ८२ (ई० ४०१) का मिलता है। सौराष्ट्र के जो सिक्के चन्द्रगुप्त के माने जाते हैं वे गुप्त संवत् ९० (ई० ३०९) के हैं इसके पहले के नहीं। शक क्षत्रपों के अंतिम सिक्कों का समय ३११-३८९ ई० है। अच्छा, इन सिक्कों के बाद ३८९ से लेकर ४०९ ई० (२० वर्ष) तक किन सिक्कों का प्रचार रहा, क्योंकि चन्द्रगुप्त के सिक्कों के देखने से उसका सौराष्ट्र विजय ४०९ ई० से पहले का नहीं हो सकता (जब के उसके सिक्के हैं) फिर इधर उदयगिरि वाला लेख भी ई० ४०१ के पहले का नहीं है। तब यह सहज ही अनुमान किया जा सकता है कि चन्द्रगुप्त के राज्यारोहण-काल का ३८५ या ३८० में इसलिए अनुमान किया जाता है जिसमें सौराष्ट्र-विजय का श्रेय उसी को मिले।

वास्तव में समुद्रगुप्त के समय में शक-विजय हुआ। हरिषेण की विजय—प्रशस्ति मे समुद्रगुप्त के द्वारा पराजित राजाओं की नामावली में रुद्रदेव का भी उल्लेख है और यह रुद्रदेव सौराष्ट्र के शक क्षत्रपों में रहा होगा। चन्द्रगुप्त ने भी पिता के अनुकरण पर विजय-यात्रा की थी, जैसा कि उनके उदयगिरि वाले शिलालेख से स्पष्ट है परन्तु उनके शासनकाल में मालव स्वतन्त्र था। समुद्रगुप्त के बाद मालव और सौराष्ट्र स्वतन्त्र राष्ट्र गिने जाते थे। Gangdhar और मंदसोर के दोनों शिलालेखों को देखने से सूचित होता है कि नरवर्म्मा और विश्ववर्म्मा मालव के स्वतंत्र नरेश थे। कुमारगुप्त के समय में बंधुवर्म्मा ने संभवतः ४२४-४३७ ई० के बीच गुप्त-साम्राज्य के अधीन होना स्वीकार किया।

चन्द्रगुप्त के शक-विजय का उल्लेख बाणभट्ट ने भी किया है—"अरिपुरे परकलत्र-कामुकं कामिनीवेशश्चन्द्रगुप्तः शकनरपतिं अशातयद्।" यह शक विजय किस प्रान्त में हुआ, इसका ठीक उल्लेख नहीं, पर कुछ लोग अनुमान करते हैं कि कुशानों के दक्षिणी शक क्षत्रप से ४०० ई० के समीप प्रतिष्ठान का उद्धार चन्द्रगुप्त ने किया। जब आन्ध्र राजाओं से लड़-झगड़ कर वे शक क्षत्रप स्वतन्त्र हो गये थे और चन्द्रगुप्त ने दक्षिण के उन स्वतन्त्र शकों को पराजित करने के लिए जिस उपाय का अवलम्बन किया था, उसका उल्लेख 'कथा सरित्सागर' की चौथी तरंग से भी प्रकट है।

मथुरा के शक शासकों का नाश, जो शकों की पहली शाखा के थे, किसने किया—इस सम्बन्ध में इतिहास चुप है। राजुबुल, षोडाश और खरओष्ठ नाम के तीन शक नरेशों के ई० के पूर्व पहली शताब्दी में, मथुरा पर शासन करने का उल्लेख स्पष्ट मिलता है। षोडाश ने आर्य-शासक रामदत्त से दिल्ली और मथुरा छीनकर शक-राज्य प्रतिष्ठित किया था। 'राजावलि' में इसका उल्लेख है कि विक्रमादित्य ने पहाड़ी राजा शुकवंत से दिल्ली का उद्धार किया। शुकवंत संभवतः विदेशी षोडाश का ही विकृत नाम है, क्योंकि ईसा की पहली शताब्दी के बाद उस प्रान्त में उन शकों का शासन निर्मूल हो गया। इन लोगों को पराजित करने वाला वही विक्रमादित्य हो सकता है, जो ईसवीय पूर्व पहली शताब्दी का हो।

जैसलमेर के इतिहास में भट्टियों का वर्णन यहाँ बड़े काम का है। उन्होंने लिखा है कि विक्रमीय संवत् ७२ में गजनी-पति गज का पुत्र शालिवाहन मध्य एशिया की क्रांतियों से विताड़ित होकर भारतवर्ष चला आया, और उसने पंजाब में शालिवाहनपुर (शालपुर या शाकल) नाम की राजधानी बसाई। स्मिथ ने जिस दूसरी शक-शाखा का उल्लेख किया है, उसके समय से भट्टियों के इस शालिवाहन का समय ठीक-ठीक मिल जाता है। शकों के दूसरे अभियान का नेता वही शालिवाहन था, जिसके सम्बन्ध में 'भविष्य पुराण में लिखा है—

एतस्मिन्नंतरे तत्र शालिवाहन भूपतिः ।
विक्रमादित्य पौत्रस्य पितृराज्यं गृहीतवान् ।।

कुछ लोग 'पौत्रश्च' अशुद्ध पाठ के द्वारा भ्रांत अर्थ निकालते हैं जो असंबद्ध है ! विक्रमादित्य के पौत्र का राज्य अपहरण करने वाला शालिवाहन विदेशी था। प्रबन्ध चिंतामणि में भी शालिवाहन को नागवंशीय लिखा है। गजनी से आया हुआ शालिवाहन एक शक था। संभवतः उसी ने शक राज्य की स्थापना की थी और शक संवत् का प्रचार किया। इसके पिता के ऊपर जिस खुरासान के फरीदशाह के आक्रमण की बात कही जाती है; वह पर्थियानरेश 'मिथ्राडोटस' का पुत्र 'फराटस द्वितीय' रहा होगा।

उस काल में युवेची, पार्थियन और शकों में भयानक संघर्ष चल रहा था। गजनी के शकों को भी इसी कारण अपना देश छोड़कर राबी एवं चनाब के बीच में 'शाकल' बसाना पड़ा। मिथ्राडोटस द्वितीय आदि के शासनकाल में भारतवर्ष का उत्तर-पश्चिमीय भू-भाग बहुत दिनों तक इन्हीं शकों के अधिकार में रहा। कभी पार्थियन, कभी शक और कभी युवेची जाति की प्रधानता हो जाती थी उसी समय में मालवों को पराजित कर के शकों ने पंजाब में अपने राज्य की स्थापना की थी। स्मरण रखना होगा कि मालव से यहाँ उस राष्ट्र का सम्बन्ध है जो पाणिनि के समय में मालव-क्षुद्रकगण कहे जाते थे, और सिकन्दर के समय में "Malloi and Azodrapai" के नाम से अभिहित थे।

इस प्राचीन मालव की सीमा पंजाब में थी। विक्रमादित्य और शकों का प्रथम कहरूर-युद्ध मुलतान से ५० मील दक्षिण-पूर्व में हुआ, और शालिवाहन के नेतृत्व में शकों के आक्रमण से मालवों को दक्षिण की ओर हटना पड़ा। संभवतः वर्तमान मालव देश उसी काल में मिलाया गया। और जहाँ पर इन मालवों ने शकों से पराजित होकर अपनी नई राजधानी बनाई, वह मंदसोर और उज्जयिनी थी।

शालिवाहन की इस विजय के बाद इसी के वंश के लोग राजस्थान से होते हुए सौराष्ट्र तक फैल गये, और वे पश्चिमीय क्षत्रप के नाम से प्रसिद्ध हुए। चष्टन और नहपान आदि दक्षिण तक इसकी विजय-वैजयंती ले गये। नहपान को कुंतलेश्वर सातकर्णि ने पराजित किया। 'कथा-सरित्सागर' से पता चलता है कि भरुकच्छ देश से भी शकों की सत्ता सातकर्णि ने उठा दी और 'कालाप' व्याकरण के प्रवर्त्तक शर्ववर्म्मा को वहाँ का राज्य दिया। शालिवाहन के सेनापतियों ने दक्षिण में शक-संवत् का अपने शासन-बल से प्रचार किया। उत्तरी भारत में आक्रमण और संघर्ष बराबर होते रहे इसलिए उज्जयिनी में वे अधिक समय तक न ठहर सके। शक क्षत्रपों ने सौराष्ट्र में अपने को दृढ़ किया और नवीन मालव—जिसे दक्षिण मालव भी कहते हैं—शीघ्र स्वतन्त्र होने के कारण अपने पूर्व व्यवहृत मालव-संवत् का ही उपयोग करता रहा।

ऊपर के प्रमाणों से यह सिद्ध करने का प्रयत्न किया गया है कि प्रथम विक्रमादित्य—गंधर्वसेन का पुत्र—मालवगण का प्रमुख अधिपति रहा। उसने मथुरा वाली शक-शाखा का नाश किया, और दिल्ली का उद्धार करके जैत्रपाल को वहाँ का राज्य दिया।

संवत् १६९९ अगहन सुदी पंचमी की लिखी हुई 'अभिज्ञान शाकुंतल' की प्राचीन प्रति से जो पं० केशव प्रसाद जी मिश्र (भदैनी, काशी) के पास है, दो स्थलों के नवीन पाठों का अवतरण यहाँ दिया जाता है—

(१) "आर्ये रसभाववशेषु दीक्षागुरोः श्रीविक्रमादित्य साहसांकस्याभिरूप भूयिष्ठेयं परिषत् अस्यां च कालिदास प्रयुक्तेनाभिज्ञानशाकुन्तलम् नाम्नानवेन नाटकेनोपस्थातव्यमास्माभिः।"

(२) "भवतु तवविडौजाः प्राज्यवृष्टिः प्रजासु
त्वमपि वितत यज्ञो वज्रिणं भावयेथा
गण शत परिवर्तैरेवमन्योन्य कृत्यै—
नियतमुभयलोकानुग्रहश्लाघनीयैः"

इसमें नीचे रेखा किये हुये दोनों शब्दों पर ध्यान देने से दो बातें निकली हैं। पहली यह कि जिस विक्रमादित्य का उल्लेख शाकुन्तल में हैं, उसका नाम विक्रमादित्य है और 'साहसांक' इसकी उपाधि है। दूसरे भरत वाक्य में 'गण' शब्द के द्वारा इन्द्र और विक्रमादित्य के लिए यज्ञ और गण राष्ट्र —दोनों की ओर कवि का संकेत है। इसमें राजा या सम्राट जैसा कोई संबोधन विक्रमादित्य के लिए नहीं है। तब यह विचार पुष्ट होता है कि विक्रमादित्य मालव गण-राष्ट्र का प्रमुख नायक था, न कि कोई सम्राट या राजा। कुछ लोग जैत्रपाल को विक्रमादित्य का पुत्र बताते हैं। हो सकता है इसी के एकाधिपत्य से मालवगण में फूट पड़ी हो और शालिवाहन के द्वितीय शक-आक्रमण में वे पराजित हुए हों।

चन्द्रगुप्त विक्रमादित्य मालव का अधिपति नहीं था; वह पाटलिपुत्र का विक्रमादित्य था। उसने स्त्री वेश धारण करके किसी शक-नरपति को मार डाला था। पर पश्चिमी मालव और सौराष्ट्र उसके समय में भी अपना स्वतंत्र अस्तित्व रखते थे, क्योंकि नरवर्म्मा और विश्ववर्म्मा का मालव में और स्वामी रुद्रसिंह आदि तीन स्वतन्त्र नरपति नाम सौराष्ट्र के शकों के मिलते हैं। इसके लेख आकर उदयगिरि और गोपाद्रि तक ही मिलते हैं। जैसा विक्रमादित्य का चरित्र है, उसके विरुद्ध इसके सम्बन्ध में कुछ गाथाएँ मिलती हैं। अपने पिता समुद्रगुप्त की विजयों के आधार पर और किसी शक-नरपति को मारकर, इसने भी पहली बार विक्रमादित्य की उपाधि धारण कर ली थी। यह असली विक्रमादित्य के बराबर अपने को समझता था।

'कथा सरित्सागर' और 'हर्षचरित' से लिए गये अवतरणों पर ध्यान देने से यह विदित होता है कि यह शक-विजय किसी छल से मिली थी। तुआर या (शिवप्रसाद के मतानुसार पँवार) मालवगण के प्रमुख अधीश्वर से भिन्न यह पाटलिपुत्र का विक्रमादित्य चन्द्रगुप्त था, जिसका समय ३८५ (४००) से प्रारम्भ होकर ४१३ ई० तक था।

कुछ लोगों का मत था कि मालव का यशोधर्म्म देव तीसरा विक्रमादित्य था, परन्तु परन्तु जिस "राजतरंगिणी" से इसके विक्रमादित्य होने का प्रमाण दिया जाता है। उसमें यशोधर्म के साथ विक्रम शब्द का कोई उल्लेख नहीं है। उसके शिलालेखों सिक्कों में भी इसका नाम नहीं है। यशोधर्म के जयस्तंभ में हूण मिहिरकुल को पराजित करने का प्रमाण मिलता है, परन्तु यह शकारि नहीं था। यह अनुमान भी भ्रांत है कि इसी यशोधर्मदेव ने मालव-संवत् के साथ विक्रम नाम जोड़कर विक्रम-संवत् का प्रचार किया, क्योंकि उसी के अनुचरों के शिलालेख में मालवगण-स्थिति का स्पष्ट उल्लेख है।

"पंचसु शतेसु शरदां यातष्वेकान्नति सहितेषु।
मालवगण स्थिति वशात् कालज्ञानाय लिखितेषु ।।

अलबेरूनी के लेख से यह भ्रम फैला है, परन्तु वही अपनी पुस्तक में दूसरी जगह कहरूर युद्ध के विजेता विक्रमादित्य से संवत् प्रचारक विक्रमादित्य को भिन्न मानकर अपनी भूल स्वीकार करता है। डाक्टर हार्नेली और स्मिथ कहरूर युद्ध के समय में मतभेद रखते हैं। हार्नेली उसे ५४४ में और स्मिथ ५२८ ई० में मानते हैं। कहरूर का रणक्षेत्र कई युद्धों की रंग स्थल है, जैसा कि पिछले-काल में पानीपत। शक और हूणों के आक्रमण काल में प्रथम विक्रमादित्य-स्कदगुप्त और यशोधर्म ने वहीं विजय प्राप्त की। अलबेरूनी ने पिछले युद्ध का ही विवरण सुनकर अपने को भ्रम में डाल दिया। जिन लोगों ने यशोधर्म्म देव को 'विक्रमादित्य' सिद्ध करने की चेष्टा की है वे 'राजतरंगिणी' के नीचे लिखा हुआ अवतरण प्रमाण में देते हैं—

"उज्जयिन्यां श्रीमान् हर्षापराभिधः, एकच्छत्रश्चक्रवर्त्ती विक्रमादित्य इत्यभूत्" इस श्लोक के 'श्रीमान हर्ष' पर भार डालकर असम्भावित अर्थ किया जाता है; पर हर्ष विक्रमादित्य से यशोधर्म्म का क्या सम्बन्ध है, यह स्पष्ट नहीं होता। इसी हर्ष विक्रमादित्य के लिए कहा जाता है कि उसने मातृगुप्त को कश्मीर का राज्य दिया। परन्तु इतिहास में पांचवी और छठीं शताब्दी में किसी हर्ष नामक राजा के उज्जयिनी पर शासन करने का उल्लेख नहीं मिलता। बहुत दिनों के बाद ईसवीय सन् ९७० के समीप मालव में श्रीहर्षदेव परमार का राज्य करना मिलता है। राजतरंगिणी के अनुसार उक्त हर्ष-विक्रमादित्य का काल वही है जब कश्मीर में गान्धार वंश

का 'तोरमाण' युवराज था। तोरमाण के शिलालेखों से यह सिद्ध हो जाता है कि उसके पिता तुंजीन वा प्रवरसेन का समकालीन स्कन्दगुप्त मालव का शासक हो सकता है। तब क्या आश्चर्य है कि लेखक के प्रमाद से 'राजतरंगिणी' में हर्ष का उल्लेख हो गया हो, और शुद्ध पाठ "श्रीमान् स्कन्दापरामिधः" हो। क्योंकि इसी तोरमाण ने ५०० ई० में गुप्तवंशियों से मालव ले लिया था; तब मातृगुप्त वाली घटना ५०० ई० के पहले की है। जो लोग यशोधर्म को विक्रमादित्य मानते हैं, वे यह भी कहते हैं कि मिहिरकुल को पराजित करने में यशोधर्म और नरसिंहगुप्त-बालादित्य दोनों का हाथ था। परन्तु यह भी भ्रम है। नरसिंहगुप्त ५२८ या ५४४ई० तक जीवित ही न थे। यशोधर्म का समकालीन बालादित्य द्वितीय हो सकता है, जो हमारे दिए हुए वंशवृक्ष के देखने से स्पष्ट हो जायेगा।

श्री काशीप्रसाद जायसवाल ने अपने विद्वत्तापूर्ण लेख में यह प्रमाणित किया है कि यशोधर्म कल्कि थे। 'कल्किपुराण' (जीवानंद संस्करण) में लिखा है—

प्रसीद जगतांनाथ धर्मवर्म्म रमापते ।।अध्याय ३।।
मुने किमत्र कथनं काल्किना धर्मवर्म्मणा ।।अध्याय ४।।

तब 'राजतरंगिणी' का यह अवतरण और भी हमारे मत को पुष्ट करता है कि यशोधर्म्मदेव से पहले विक्रमादित्य हुए थे—

म्लेच्छोच्छेदाय वसुधां हरेरवतरिष्यतः ।
शकान्विनाश्य येनादौ कार्य्य भारो लघूकृतः ।। तरंग ३ ।।

भावी कल्कि यशोधर्म्म के कार्य भार को लघु कर कर देने वाले विक्रमादित्य उनसे ६० ही वर्ष पहले हुए थे और वह थे श्रीविक्रमादित्य स्कंदगुप्त। इस तरह 'राजतरंगिणी' के "श्रीमान् हर्षपराभिधः" के शुद्ध पाठ से श्रीमान् स्कन्दापराभिधः" की संगति भी लग जाती है।

इन तीसरे विक्रमादित्य स्कंदगुप्त के सम्बन्ध में 'कथासरित्सागर का विषमशील लम्बक सविस्तर वर्णन करता है। 'उज्जयिनीनाथ (महेन्द्रादित्य) का पुत्र यह विक्रमादित्य 'म्लेच्छाक्रांतेचभूलोक' उत्पन्न हुआ और इसने—

"मध्यदेशः स सौराष्ट्रः स वङ्गाङ्गा च पूर्व दिक्
स कश्मीरान्सकौबेरी काष्टश्च करदीकृता
म्लेच्छसंघाश्च निहताः शेषाश्च स्थापिता वशे"

इतिहास में सम्राट् कुमारगुप्त की उपाधि महेन्द्रादित्य प्रसिद्ध है। इसके चाँदी के सिक्कों पर "परम भागवत महाराजाधिराज श्री कुमार गुप्त महेन्द्रादित्य" स्पष्ट लिखा मिलता है। इसीके समय में मालव के स्वतंत्र नरेश विश्ववर्म्मा के पुत्र बंधुवर्म्मा ने अधीनता स्वीकार कर ली। विक्रमाब्द ४८० तक गंगधार के शिलालेख द्वारा मालव

का स्वतंत्र रहना प्रमाणित है; परन्तु, ५२९ विक्रमाब्द वाले मंदसोर के शिलालेख में ४९३ वि० में कुमारगुप्त की सार्वभौम सत्ता मान ली गई। इससे प्रतीत होता है कि इसी काल में मालव गुप्त साम्राज्य में सम्मिलित हुआ। चन्द्रगुप्त द्वितीय के समय में नरवर्म्मा और विश्ववर्म्मा मालव के स्वतंत्र नरेश थे। कुछ लोगों का अनुमान है कि नर्मदा के निकटवर्ती पुष्यमित्रों ने जब गुप्त साम्राज्य से युद्ध प्रारम्भ किया था तभी कुमार स्कंदगुप्त के नेतृत्व में गुप्त साम्राज्य की सेना ने उज्जयिनी पर अधिकार किया। इन्हीं स्कंदगुप्त का सिक्कों में "परम भागवत श्री विक्रमादित्य स्कन्दगुप्त' के नाम से उल्लेख मिलता है। इनके शिलालेख से प्रकट है कि कुललक्ष्मी विचलित थी; म्लेच्छों और हूणों से आर्यावर्त्त आतंकित था। अपनी सत्ता बनाये रखने के लिए इन्होंने पृथ्वी पर सोकर रातें बिताई। हूणों के युद्ध में जिसके बिकट पराक्रम से धरा विकंपित हुई, जिसने सौराष्ट्र के शकों का मूलोच्छेद करके पर्णदत्त को वहाँ का शासक नियत किया वे स्कंदगुप्त ही थे, जूनागढ़वाले लेख में इसका स्पष्ट उल्लेख है। स्कंदगुप्त की प्रशंसा में उसमें लिखा है—

"आपिच जितमिव तेन प्रथयन्ति यशांसि यस्य
रिपवोप्यामूल भग्नदर्पा निर्वचना म्लेच्छदेशेषु"

पर्णदत्त के पुत्र चक्रपालितने 'सुदर्शन झील' का संस्कार कराया था, उससे अनुमान होता है कि अंतिम शक क्षत्रप रुद्रसिंह की पराजय वाली घटना ई० सन् ४५७ के करीब हुई थी। स्कंदगुप्त को सौराष्ट्र के शकों और तोरमाण के पूर्ववर्त्ती हूणों से लगातार युद्ध करना पड़ा। इधर वैमातृक भाई पुरगुप्त से आंतरिक द्वंद्व भी चल रहा था। उस समय की विचलित राजनीति को स्थिर करने के लिए प्राचीन राजधानी पाटलिपुत्र या अयोध्या से दूर एक केन्द्र स्थल में अपनी राजधानी बनाना आवश्यक था। इस लिए वर्तमान मालव की मौर्यकाल की अवंती नगरी को ही स्कंदगुप्त ने अपने साम्राज्य का केन्द्र बनाया और शक तथा हूणों को परास्त करके उत्तरीय भारत से हूण तथा शकों का राज्य 'निर्मूल कर विक्रमादित्य' की उपाधि धारण की।

'विक्रमादित्य'—उपाधि के लिए शकों का नाश करना एक आवश्यक कार्य था। पिछले काल में इसीलिये विक्रमादित्य का एक पर्य्याय 'शकारि' भी प्रचलित था और स्कंदगुप्त के समय में सौराष्ट्र के शकों का विनाश होना चक्रपालित के शिलालेख से स्पष्ट है परन्तु यशोधर्म के समय में शकों का राज्य कहीं न था। यही बात 'राजतरंगिणी' के 'शकान्विनाश्य येनादौ कार्य्य भारो लघूकृतः' से भी ध्वनित होती है। मंदसोर वाले जयस्तम्भ में यशोधर्म्म का शकों के विजय करने का उल्लेख नहीं है। हूणों के विजय का है। मन्दसोर के यशोधर्म के विजय स्तम्भ का भी वही समय है जो वराहदास या विष्णुवर्द्धन के शिलालेख का है। गोविन्द की उत्कीर्ण की हुई दोनों

प्रशस्तियाँ हैं। उसका समय ५३२ ई० का है। मिहिरकुल ही भारी विदेशी शत्रु था, यह बात उक्त जयस्तम्भ से प्रतीत होती है। मिहिरकुल ५३२ ई० के पहले पराजित हो चुका था तब वह कौन-सा युद्ध ५४४ में हुआ था यह नहीं कहा जाता; जिसके द्वारा यशोधर्म के 'विक्रम' होने की घोषणा की जाती है। इसीसे हार्नेली के विरुद्ध स्मिथ ने यशोधर्म द्वारा मिहिरकुल के पराजित होने का काल ५२८ ई० माना है, परन्तु वे इस युद्ध को 'कहरूर-युद्ध' कहकर सम्बोधित नहीं करते। कहरूर-युद्ध ५४४ ई० में नहीं हुआ जैसा कि फर्गुसन, कीलहार्न, हार्नली आदि का मत है—प्रत्युत पहले, बहुत पहले, ४५८ ई० के समीप, दूसरी बार हो चुका है। सम्भवतः सौराष्ट्र के शक रुद्रसिंह और गान्धार के हूण तुंजीन की सम्मिलित वाहनी को 'कहरूर-युद्ध' में पराजित कर स्कंदगुप्त-ने आर्यावर्त्त की रक्षा की थी। अच्छा, जब ५२८ ई० में मिहिरकुल पर विजय निश्चित-सी है तब 'कहरूर-युद्ध' के ऊपर विक्रमादित्य को यशोधर्म माननेवाला सिद्धान्त निर्मूल हो जाता है, क्योंकि ४३२ के पहले ही यशोधर्म हूण विजय करके सम्राट् आदि पदवी धारण कर चुका था। फिर ५४४ ई० के काल्पनिक युद्ध की आवश्यकता नहीं है।

'राजतरंगिणी' और सुंगयुन के वर्णन से मिलाने पर प्रतीत होता है कि हूणों का प्रधान केन्द्र गान्धार था। वहीं से हूण राजकुमार अपनी विजयिनी सेना लेकर भिन्न-भिन्न प्रदेशों में राज्य-स्थापन करते गये। राजतरंगिणी का क्रम देखने से तीन राजाओं का नाम आता है—मेघवाहन, तुंजीन और तोरमाण। गान्धार के मेघवाहन के समय में काश्मीर उसके शासन में हो गया था। उसके पुत्र तुंजीन ने काश्मीर की सूबेदारी की थी। यही तुंजीन प्रवरसेन के नाम से प्रसिद्ध हुआ, जिसने झेलम पर पुल बनवाया 'सेतुबंध' नामक प्राकृत काव्य इसी के नाम से अंकित है। गान्धारवंशीय हूण तुंजीन का समय और स्कंदगुप्त का समय एक है, क्योंकि उसके पुत्र तोरमाण का काल ५०० ई० स्मिथ ने सिद्ध किया है। संभवतः स्कंदगुप्त के द्वारा हूणों से काश्मीर राज्य निकल जाने पर मातृगुप्त वहाँ का शासक था।

यह उज्जयिनी-नाथ, कुमारगुप्त महेन्द्रादित्य का पुत्र स्कंदगुप्त विक्रमादित्य ही था। जिसने सौराष्ट्र आदि से शकों का और काश्मीर तथा सीमा प्रान्त से हूणों का राज्य-ध्वंस किया और सनातन आर्य-धर्म की रक्षा की—म्लेच्छों से आक्रांत भारत का उद्धार किया 'भितरी' के स्तम्भ में अंकित—"जयतिभुजबलाढ्यो गुप्तवंशैकवीरः प्रथित विपुल-धामा नामतः स्कंदगुप्तः विनयबलसुनीतै विक्रमेण क्रमेण" से स्पष्ट प्रतीत होता है कि स्कंदगुप्त बिक्रमादित्य ही द्वितीय 'कहरूर-युद्ध' का विजेता 'तृतीय विक्रम' है।

पिछले काल के स्वर्ण सिक्कों को देखकर लोग अनुमान करते हैं कि उसी के समय में हूणों ने फिर आक्रमण किया और स्कंदगुप्त पराजित हुये। वास्तव में ऐसी बात नहीं। तोरमाण के शिलालेखों के संवत् को देखने से यह विदित होता है स्कंदगुप्त पहले

ही निधन को प्राप्त हुये, और दुर्बल पुरगुप्त के हाथों में पकड़कर तोरमाण के द्वारा गुप्त साम्राज्य विध्वंस किया गया और गोपाद्रितक उसके हाथ में चले गये।

कालिदास

विक्रम के साथ कालिदास का कुछ ऐसा सम्बन्ध है कि एक का समय-निर्धारण करने में दूसरे की चर्चा आवश्यक-सी हो जाती है। यह प्रतिपादित किया जा चुका है कि ५७ ई० पूर्व में मालव के प्रथम विक्रमादित्य हुए, और दूसरे विक्रमादित्य का समय ३८५ (४०० ?) ईसवीय से ४१३ ईसवीय तक है। इनका सम्पूर्ण नाम श्री चन्द्रगुप्त विक्रमादित्य है। ये मगध के सम्राट थे। संभवतः इन्होंने अयोध्या को अपनी राजधानी बनाई थी। तीसरे विक्रमादित्य श्री स्कंदगुप्त विक्रमादित्य थे। वर्तमान मालव के प्रधान नगर उज्जयिनी को उन्होंने अपनी राजधानी बनाई थी। गुप्त राजवंश के अन्तंकलह का निवारण करने के लिए और हूण तथा शकों से प्रायः मुठभेड़ रहने के कारण इन्हें मगध और कोसल छोड़ना पड़ा।

कालिदास के सम्बन्ध में भी राजशेखर का एक श्लोक जल्हण की 'सूक्ति मुक्तावली' और हरि कवि की 'सुभाषितावली' में मिलता है।

> "एकोपि जीयते हन्त कालिदासो न केनचित्
> श्रृङ्गारे ललितोद्गारे कालिदासत्रयी किमु"

एकादश शताब्दी में उत्पन्न हुए, राजशेखर की इस उक्ति से यह प्रकट होता है कि उस शताब्दी तक तीन कालिदास हो चुके थे परन्तु वर्तमान आलोचकों का मत है कि कालिदास दो तो अवश्य हुए हैं एक 'रघुवंश', 'शाकुंतल' आदि के कर्त्ता, और दूसरे नलोदय तथा 'पुष्पवाण-विलास' आदि के रचयिता।

यह विभाग साहित्यिक महत्त्व की दृष्टि से किया गया है। श्रृङ्गार-तिलक जैसे साधारण ग्रन्थों को महाकवि कालिदास की कृति वे लोग नहीं मानना चाहते, इसलिए एक छोटे कालिदास को मान लेना पड़ा। बड़े कालिदास के लिए कुछ समीचीन समालोचकों का मत है कि ये 'शाकुंतल' और 'रघुवंश' के कर्ता, चन्द्रगुप्त द्वितीय विक्रमादित्य के समय में हुए। इनका मत है कि "आसमुद्रक्षितीशानाम" "इदंनवोत्थान मिवेन्दुमत्यै" "ज्योतिष्मतीचन्द्रमसैवरात्रिः" इत्यादि स्थानों में इन्दु और चन्द्र शब्दों से समुद्रगुप्त के वंशधर चंद्रगुप्त द्वितीय की ओर कालिदास का संकेत है। और, इसलिए महाकवि कालिदास मगध के गुप्त सम्राट् चंद्रगुप्त द्वितीय के राजकवि थे।

इधर परांजपे आदि विद्वानों का मत है कि कालिदास ने 'मालविकाग्निमित्र' में शुंगों के इतिहास का सूक्ष्म विवरण दिया है, जैसा कि उस काल में बहुत ही थोड़े समय

के पीछे का कवि लिख सकता है। पटवर्धन और और वैद्य महोदय कालिदास को ५७ ई० पूर्व का मानते हैं। और भी कई विद्वान इसके समर्थक हैं।

काव्यों में ज्योतिष सम्बन्धी जामित्र और होरा आदि ज्योतिष शास्त्र सम्बन्धी शब्दों को देखकर कुछ लोगों का अनुमान है कि 'रघुवंश' आदि के रचयिता कालिदास छठीं शताब्दी में रहे होंगे। उनके नाम से प्रसिद्ध 'ज्योतिर्विदाभरण' ग्रन्थ की भी ज्योतिष सम्बन्धी गणनाओं के अनुसार, अनेक लोगों ने यह स्थिर किया है कि यह ग्रन्थ भी छठीं शताब्दी का है; इसलिए इन ग्रन्थों के रचयिता कालिदास छठीं शताब्दी में उत्पन्न हुये और वे यशोधर्मदेव के सभासद थे। इस तरह महाकवि कालिदास के सम्बन्ध में तीन सिद्धान्त प्रचलित हैं—

(१) ५७ ई० पूर्व में मालव के कालिदास हुये।

(२) ईसा के चौथे शतक में चंद्रगुप्त द्वितीय मगध नरेश के समकालीन कालिदास हुये।

(३) मालव नरेश यशोधर्मदेश के सभासद थे।

'श्रृंगार तिलक' आदि ग्रन्थों के कर्ता कालिदास को प्रायः सब लोग इन महाकवि कालिदास से भिन्न और सबसे पीछे का—संभवतः नवम् या दशम् शताब्दी का मानते हैं। हम महाकवि कालिदास के सम्बन्ध में ही विवेचन किया चाहते हैं।

मालव के प्रथम विक्रमादित्य को लोग इसलिये नहीं मानते कि उनका कहीं ऐतिहासिक उल्लेख उन लोगों को नहीं मिला, और विक्रम-संवत् प्राचीन शिलालेखों में मालवगण के नाम से प्रचलित है। परन्तु ऊपर यह प्रमाणित किया गया है कि वास्तव में ५७ ई० पूर्व में एक विक्रमादित्य हुए। इस मत को न मानने वाले विद्वानों ने विक्रमादित्य को 'चन्द्रगुप्त द्वितीय' कहकर कालिदास का समय निर्धारित करने का प्रयत्न किया है। 'रघुवंश' में जो संकेत से गुप्तवंशी सम्राटों का उल्लेख है, उसकी संगति इस प्रकार लगाई गई। परन्तु आश्चर्य की बात है कि चन्द्रगुप्त का समय प्रमाणित करने के लिए जो अवतरण दिये गये हैं उनमें चन्द्रगुप्त का तो स्पष्ट उल्लेख है नहीं; हाँ कुमारगुप्त और स्कंदगुप्त का उल्लेख अधिक और स्पष्ट है। यदि वे सब संकेत भी गुप्तवंशियों के ही सम्बन्ध में मान लिए जायँ, तो यह समझ में नहीं आता कि चन्द्रगुप्त द्वितीय के समसामयिक कवि ने भावी राजाओं का वर्णन कैसे कर दिया। जब कि गुप्तवंश में उत्तराधिकार नियम निश्चित नहीं था कि ज्येष्ठ पुत्र ही राज्य का अधिकारी हो, समुद्रगुप्त अपनी योग्यता से ही युवराज हुये और चन्द्रगुप्त भी; तब रघुवंश में कुमार और उनके बाद स्कन्दगुप्त का वर्णन कैसे आया? चन्द्रगुप्त के समय गुप्त साम्राज्य का यौवनकाल था, फिर अग्निवर्ण जैसे राजा का चरित्र दिखाकर 'रघुवंश' का अन्त करना चन्द्रगुप्त के समसामयिक और उनकी सभा के कालिदास कैसे लिख सकते हैं? वास्तव में रघुवंश की सी दशा गुप्तवंश की हुई। अग्निवर्ण के

समान ही पिछले गुप्तवंशी विलासी और हीन वैभव हुये। तब यह मानना पड़ेगा कि गुप्तवंश का ह्रास भी कालिदास ने देखा था। और तब रघुवंश की रचना की थी।

ईसवी पूर्व पहली शताब्दी के कालिदास के लिए भी उधर प्रमाण मिलते हैं। इसलिए यह समस्या उलझती जा रही है, और इसका मूल कारण है—एक ही कालिदास को काव्य और नाटकों का कर्ता मान लेना। **हमारी सम्मति में काव्यकार कालिदास और नाटककार कालिदास भिन्न-भिन्न थे और नलोदय आदि के कर्ता कालिदास अन्तिम और तीसरे थे।** इस प्रकार जल्हण की 'कालिदास-त्रयी' का भी समर्थन हो जाता है। और सब पक्षों के प्रमाणों की संगति भी लग जाती है। यद्यपि 'शकुन्तला' और 'रघुवंश' का श्रेय एक ही कालिदास को देने का संस्कार बहुत ही प्राचीन है। विश्व साहित्य के इन दो ग्रन्थ-रत्नों का कर्ता एक कालिदास को न मानने से श्रद्धा बँट जाने का भय इसमें बाधक है। परन्तु पक्षपात और रूढ़ि को छोड़कर विचार करने से यह बात ठीक ही जँचेगी। हम ऊपर कह आये हैं कि कालिदास तीन हुये; परन्तु जो लोग दो ही मानते हैं, वे ही बता सकते हैं कि प्रथम कालिदास तो महाकवि हुए और उन्होंने उत्तमोत्तम नाटक तथा काव्य बना डाले, अब वह कौन-सी बची हुई कृति है जिस पर द्वितीय कवि को 'कालिदास' की उपाधि मिली ? क्योंकि यह सहज ही अनुमान किया जा सकता है कि कालिदास की उपाधि 'कालिदास' थी, न कि उनका नाम कालिदास था। जैसी प्रायः किसी वर्तमान कवि को, उसकी शैली की उत्तमता देखकर किसी प्राचीन उत्तम कवि के नाम से संबोधित करने की प्रथा-सी है। अस्तु ! हम नाटककार कालिदास को प्रथम और ईसवी पूर्व का कालिदास मानते हैं।

(१) नाटककार कालिदास ने गुप्तवंशीय किसी राजा का संकेत से भी उल्लेख अपने नाटकों में नहीं किया।

(२) 'रघुवंश' आदि असुरों के उत्पात और उनसे देवताओं की रक्षा के वर्णन से साहित्य भरा है। नाटकों में उस तरह का विश्लेषण नहीं। काव्यकार कालिदास का समय हूणों के उत्पात और आतंक से पूर्ण था। नाटकों में इस भाव का विकास इसलिए नहीं है कि वह शकों के निकल जाने पर सुख-शान्ति का काल है। 'मालविकाग्निमित्र' में सिंधु तट पर विदेशी यवनों का हराया जाना मिलता है। यवनों का राज्य उस समय उत्तरी भारत से उखड़ चुका था। 'शाकुन्तल' में हस्तिनापुर के सम्राट् 'वनपुष्प' माला-धारिणी यवनियों से सुरक्षित दिखाई देते हैं। यह संभवतः उस प्रथा का वर्णन है जो यवन सिल्यूकस-कन्या से चन्द्रगुप्त का परिणय होने पर मौर्य और उसके बाद शुंग वंश में प्रचलित रही हो। यवनियों का व्यवहार क्रीत दासी और परिचारिकाओं के रूप में राजकुल में था। यह काल ईसवी पूर्व पहली शताब्दी में रहा होगा। नाटककार कालि-दास 'मालविकाग्निमित्र' में राजसूय का स्मरण करने पर भी बौद्ध प्रभाव से मुक्त नहीं

थे। क्योंकि शाकुन्तल में धीवर के मुख से कहलाया है—"पशुमारणकर्म्म दारुणोप्यनुकम्पा मृदुरेव श्रोत्रियः"—और भी—"सरस्वती श्रुतिर्महती न हीयताम्" इन शब्दों पर बौद्ध धर्म की छाप है। नाटककार ने अपने पूर्ववर्त्ती नाटककारों के जो नाम लिए हैं, उनमें सौमिल्ल और कविपुत्र के नाट्यरत्नों का पता नहीं। भास के नाटकों को चौथी शताब्दी ईसवी पूर्व माना गया है।

(३) नाटककार ने 'मालविकाग्निमित्र' की कथा का जिस रूप में वर्णन किया है, वह उसके समय से बहुत पुरानी नहीं जान पड़ती। शुंगवंशियों के पतन-काल में विक्रमादित्य का मालवगण-राष्ट्रपति के रूप में अभ्युदय हुआ। उसी काल में कालिदास के होने से शुंगों की चर्चा बहुत ताज़ी सी मालूम होती है।

(४) 'जामित्र' और 'होरा' इत्यादि शब्द, जिनका प्रचार भारत में ईसा की पाँचवीं शताब्दी के समीप हुआ है, नाटक में नहीं पाये जाते। और 'शाकुन्तल' की जिस प्रति का हम उल्लेख कर चुके हैं उसमें स्पष्टरूपेण विक्रमादित्य से गण-राष्ट्र का सम्बन्ध संकेतित है, और कालिदास का उस नाटक का स्वयं प्रयोग करना भी ध्वनित होता है। यह अभिनय 'साहसाङ्क' उपाधिधारी विक्रमादित्य नाम के मालव-गणपति की परिषद् में हुआ था। इसलिए नाटककार कालिदास ईसवी पूर्व पहली शताब्दी के हैं।

(५) नाटकों की प्राकृत में मागधी—प्रचुर प्राकृत का प्रयोग है। उस प्राकृत का प्रचार भारत में सैकड़ों वर्ष पीछे हुआ था। पाँचवीं-छठीं शताब्दी में महाराष्ट्री-प्राकृत प्रारम्भ हो गई थी और उस काल के ग्रन्थों में उसी का व्यवहार मिलता है। 'शाकुन्तल' आदि की प्राकृत में बहुत से प्राचीन प्रयोग मिलते हैं जिनका व्यवहार छठीं शताब्दी में नहीं था।

इसलिए नाटककार कालिदास का होना, विक्रमादित्य प्रथम (मालवपति) के समय—ईसवी पूर्व पहली शताब्दी में ही निर्धारित किया जा सकता है।

काव्यकार कालिदास अनुमान से पाँचवीं शताब्दी के उत्तरार्द्ध और छठीं शताब्दी के पूर्वार्द्ध में जीवित थे। वे काश्मीर के थे, ऐसा लोगों का मत है। **'मेघदूत' में जो अलका का वर्णन है, वह काश्मीर-वियोग का वर्णन है।** यदि ये काश्मीर के न होते तो विल्हण को यह लिखने का साहस न होता।

"सहोदरा कुंकुमकेसराणां सार्धन्तनूनं कविताविलासा।
न शारदादेशमपास्य दृष्टस्तेषां यदन्यत्र मयाप्ररोहः॥"

५०० वर्ष के प्राचीन 'पराक्रम बाहु चरित' में इसका उल्लेख है कि सिंहल के राजकुमार धातुसेन (कुमारदास) से कालिदास की बड़ी मित्रता थी। उसने कालिदास को वहाँ बुलाया। (महावंश के अनुसार इनका राज्यकाल ५११ से ५२४ ई० तक है) यह राजा स्वयं अच्छा कवि था। 'जानकी हरण' इसका बनाया हुआ ग्रन्थ है।

"जानकी हरणं कर्त्तुं रघुवंशेस्थिते सति
कविकुमारदासो वा रावणो वा यदिक्षमः"

सोढ्ढल की बनाई हुई 'उदय-सुन्दरी-कथा' में एक श्लोक हैं—

"ख्यातः कृती कोपि च कालिदासः शुद्धासुधास्वादुमती च यस्य
वाणीमिषाच्चण्ड मरीचिगोत्र सिन्धोः परंपारमवाप कीर्त्तिः ।
बभूवुरन्येपि कुमारदासः" इत्यादि ।

हमारा अनुमान है कि 'सिन्धोः परंपार' में कालिदास और कुमारदास के सम्बन्ध की ध्वनि है ।

'ज्योतिर्विदाभरण' को बहुत से लोग ईसवीय छठी शताब्दी का बना हुआ मानते हैं। और हम भी कहते हैं कि वह ईसवीय पाँचवीं शताब्दी के अन्त और छठी के प्रारम्भ में होने वाले कालिदास की कृति है । नाटककार के पीछे भिन्न एक दूसरे कालिदास के होने का, और केवल काव्यकारका, उसमें एक स्पष्ट प्रमाण है ।

"काव्यत्रयं सुमतिकृद्रघुवंश पूर्वं पूर्वं ततोननुकियच्छ्रुतिकर्मवादः
ज्योतिर्विदाभरण कालविधानशास्त्रं श्री कालिदास कवितोहि ततोबभूव ॥

इस श्लोक में छठीं और पाँचवीं शताब्दी के ज्योतिर्विदाभरणकार कालिदास अपने को केवल काव्यत्रयी का ही कर्त्ता मानते हैं, नाटकों का नाम नहीं लिया है । इसलिये यह दूसरे कालिदास—नृपसखा कालिदास या दीपशिखा कालिदास कहिये—पाँचवीं और छठीं शताब्दी के कालिदास है । 'अस्तिकश्चिद्वाग् विशेषः' वाली किंवदन्ती भी यही सिद्ध करती है कि काव्यकार कालिदास नाटककार से भिन्न हुए । 'कालिदास' उनकी उपाधि हुई परन्तु वास्तविक नाम क्या था ?

'राजतरंगिणी' में एक 'विक्रमादित्य' का वर्णन है, जिसने प्रसन्न होकर काश्मीर देश का राज्य 'मातृगुप्त' नाम के कवि को दे दिया था । डाक्टर भाउदाजी का मत है कि यह मातृगुप्त ही कालिदास हैं । मेरा अनुमान है कि यह मातृगुप्त कालिदास तो थे, परन्तु द्वितीय और काव्यकर्त्ता कालिदास थे । प्रवरसेन, मातृगुप्त और विक्रमादित्य—ये परस्पर समकालीन व्यक्ति छठीं शताब्दी के माने जाते हैं ।

महाराष्ट्री भाषा का काव्य 'सेतुबंध' (दह मुह बह) प्रवरसेन के लिये कालिदास ने बनाया था। ऊपर हम कह आये हैं कि मातृगुप्त का वही समय है जो कश्मीर में प्रवरसेन का है । इसका नाम 'तुंजीन' भी था । सम्भवतः इसी सभा में रहकर कालिदास ने अपनी जन्मभूमि काश्मीर में यह अपनी पहली कृति बनाई, क्योंकि उस समय प्राकृत का प्रचार काश्मीर में अधिक था और यह वही प्राकृत है, जो उस समय समस्त भारत वर्ष में राष्ट्रभाषा के रूप में व्यवहृत थी, इसलिए इसका नाम महाराष्ट्री था ।

कुछ लोग का विचार है कि यह काव्य कालिदास का नहीं है क्योंकि पहले विष्णु की स्तुति के रूप में मंगलाचरण किया गया हैं, परन्तु यह तर्क निस्सार है। कारण, 'रघुवंश में विष्णु की स्तुति कालिदास ने की है। और 'सेतुबन्ध, में तो स्पष्ट रूप से लिखा मिलता है कि "इ व सिरि पवर सेण विरइए कालिदास कए" जब यह काव्य प्रवरसेन के लिए बनाया गया तो यह आवश्यक हैं कि उनके आराध्य विष्णु की स्तुति की जाय। प्रवरसेन ने ,जय स्वामी नामक विष्णु की मूर्ति बनवाई थी वस्तुतः कालिदास के लिए शिव और विष्णु में भेद नहीं था। जैसा कि हम ऊपर कह आये हैं, शाकुन्तल के प्राकृत से 'सेतुबन्ध' की प्राकृत अत्यन्त अर्वाचीन हैं, इसलिए उसे काव्यकार कालिदास का मान लेने में कोई आपत्ति नहीं है। कालिदास के संस्कृत काव्यों तथा इस महाराष्ट्री काव्य में कल्पना शैली और भाव का भी साम्य है। कुछ उदाहरण लीजिये।

वैदेहि पश्यामलयाद्विभक्तंमत्सेतुनाफेनिलमम्बुराशिम्

—(रघुवंश)

दीसई सेउ महा वह दोहाइअ पुव्व पच्छिम दिसा भाअम्

—(सेतुबन्ध)

+ + + +

छाया पथेनेव शरत्प्रसन्नमाकाशमाविष्कृत चारुतारम

—(रघुवंश)

मलअसुवेलालग्गो पडिट्ठिओ णहणि हम्मिसागर सलिले

—(सेतुबन्ध)

+ + + +

रत्नच्छाया व्यतिकर इव प्रेक्ष्यमेतत्पुरस्तात्

—(मेघदूत)

णिअअच्छाआवइ अरसामलइअसाअरोअर जन्ढन्तं

—(सेतुबन्ध)

ऐसा जान पड़ता है कि किसी कारण से प्रवरसेन और मातृगुप्त (कालिदास) में अनबन हो गई, और उसे राज्यसभा तथा काश्मीर को छोड़कर मालव आना पड़ा। शास्त्री महोदय के उस मत का निराकरण किया जा चुका है कि यशोधर्म्मदेव विक्रमादित्य नहीं थे। फिर संभवत इन्हें स्कन्दगुप्त विक्रमादित्य का ही आश्रित मानना पड़ेगा। क्योंकि तुंजीन और तोरमाण के समय में काश्मीर आपस के विग्रह के कारण अरक्षित था। उज्जयिनी के विक्रमादित्य के लिये यह मिलता भी है कि उसने "सकाश्मीरान्स कौबेरी काष्ठाश्च करदीकृता"। यह स्कन्दगुप्त विक्रमादित्य की ही वदान्यता थी कि काश्मीर विजय करके उसे मातृगुप्त को दान कर दिया।

चीनी यात्री हुऐन्त्सांग ने लिखा है कि कुमारगुप्त की सभा में दिङ्नाग के दादागुरु मनोरथ को हराने में कालिदास की प्रतिभा ने काम किया था। कुमारगुप्त का समय ४५५ ई० तक है। किशोर मातृगुप्त ने कुमारगुप्त के समय में ही विद्या का परिचय दिया। मनोरथ के शिष्य बसुबंधु, और उनका शिष्य दिङ्नाग था, जिसने कालिदास के काव्यों की कड़ी आलोचना की थी। संभवतः उसी का प्रतिकार "दिङ्नागानां पथिपरिहरन् स्थूल हस्तावलेपान्" से किया गया है क्योंकि प्राचीन टीकाकार मल्लिनाथ भी इसको मानते हैं। दिङ्नाग का गुरु वसुबन्धु अयोध्या के विक्रमादित्य का सुहृद् था। बौद्ध विद्वान् परमार्थ ने उसकी जीवनी लिखी है। इधर वामन ने काव्यालंकारसूत्र वृत्ति के अधिकरण ३, अध्याय २ में साभिप्रायत्व का उदाहरण देते हुये एक श्लोकार्ध उद्धत किया है—

"सोऽयं सम्प्रति चन्द्रगुप्त तनयश्चंद्रप्रकाशो युवा
जातो भूपतिराश्रयः कृतधियां दिष्टया कृतार्थश्रमः"

"आश्रयः कृतधियामित्यस्य वसुबन्धु साचिव्योपक्षेप परत्वात्साभिप्रायत्वम्"

यह अयोध्या के विक्रमादित्य चन्द्रगुप्त[1] का तनय चंद्रप्रकाश युवा कुमारगुप्त हो सकता है वसुबन्धु के गुरु मनोरथ का अन्त और उसका सभा में पराजित होना स्वयं बौद्धों ने कालिदास के द्वारा माना है इसी द्वेष से दिङ्नाग कालिदास का प्रतिद्वन्द्वी बना। अब यह मान लेने में कोई भ्रम नहीं होता कि मातृगुप्त किशोरावस्था में कुमारगुप्त की सभा में था। वही कालिदास स्कंदगुप्त विक्रमादित्य के सहचर थे। कुमारगुप्त का नामाङ्कित एक काव्य भी कुमारसभव बनाया। यह बात तो अब बहुत से विद्वान् मानने लगे हैं कि कालिदास के काव्यों में गुप्त वंश का व्यंजना से वर्णन है। हूणों के उत्पात और उनसे रक्षा करने का वर्णन का पूर्ण आभास कुमार सम्भव में है।

स्कंदगुप्त के भितरी वाले शिलालेख में एक स्थान पर उल्लेख है—

"क्षितितलशयनीये येन नीता त्रियामा"

---

१. विक्रमादित्य इत्यासीद्राजा पाटलिपुत्रके (कथा सरित्सागर)

यह द्वितीय चन्द्रगुप्त विक्रमादित्य के लिये आया है। बौद्धों ने अयोध्या में इसकी राजधानी लिखा है। संभवतः मगध की साम्राज्य सीमा बढ़ने पर अयोध्या में सम्राट् कुछ दिनों के लिए रहने लगे हों परन्तु उज्जयिनी में इसका शासन होना किसी भी लेखक ने नहीं लिखा है। इसके पुत्र कुमारगुप्त ने 'महोदय' को विशेष आदर दिया। क्योंकि साम्राज्य धीरे-धीरे उत्तर पश्चिम की ओर बढ़ रहा था। वस्तुतः उस समय राज्य की उत्तरोत्तर वृद्धि के साथ गुप्त सम्राट् लोग कुसुमपुर की प्रधानता रखते हुये सुविधानुसार अपने रहने का स्थान बदलते रहे हैं। क्यों कि उन्हें सैनिक केन्द्रों का बराबर परिवर्तन करना पड़ता था।

तो 'रघुवंश में भी मिलता है—

सललितकुसुमप्रवालश्य्यां, ज्वलितमहौषधिदीपिकासनाथाम् ।
नरपति रतिवाहयां वभूव क्वचिद् समेतपरिच्छद स्त्रियामाम् ।।

स्कंदगुप्त के शिलालेखों में जो पद्य रचना है, वह वैसी ही प्रांजल है जैसी रघुवंश की—'व्यपेत्य सर्वान्मनुजेन्द्र पुत्रान् लक्ष्मीः स्वयं यं वरयांचकार' इत्यादि में रघुवंश की सी ही शैली दीख पड़ती है। "स्कन्देन साक्षादिव देवसेनाम्" इत्यादि में स्कन्दगुप्त का स्पष्ट उल्लेख भी है और कुमारगुप्त के तो बहुत उल्लेख हैं रघुवंश के ५,६,७ सर्गों में तो अज के लिये कुमार शब्द का प्रयोग कम से कम ११ बार है।

विक्रमादित्य के जीवन के सम्बन्ध में यह प्रसिद्ध है कि उनका अन्तिम जीवन पराजय और दुःखों से सम्बन्ध रखता है। वस्तुतः चन्द्रगुप्त के जीवन काल में साम्राज्य की वृद्धि के अतिरिक्त उसका ह्रास नहीं हुआ। यह स्कन्दगुप्त के समय में ही हुआ कि उसे अनेक षड्यन्त्रों, विपत्तियों तथा कष्टों का सामना करना पड़ा। जिस समय पुरगुप्त के अन्तर्विद्रोह से मगध और अयोध्या छोड़कर स्कन्दगुप्त विक्रमादित्य ने उज्जयिनी को अपनी राजधानी बनाई, और साम्राज्य का नया संगठन हो रहा था उसी समय मातृगुप्त को काश्मीर का शासक नियुक्त किया गया। यह समय ईसवीय सन् ४५० से ५०० के बीच पड़ता है। ४६७ ई० में स्कन्दगुप्त विक्रमादित्य का अन्त हुआ। उसी समय मातृगुप्त (कालिदास) ने काश्मीर का राज्य स्वयं छोड़ दिया और काशी चले आये। अब बहुत से लोग इस बात की शंका करेंगे कि कहाँ उज्जयिनी कहाँ मगध, कहाँ काश्मीर फिर काशी, और सब के बाद सिंहल जाना—यह बड़ा दूरान्वय—सम्बन्ध है। परन्तु उस काल में सिंहल और भारत में बड़ा सम्बन्ध था महाराज समुद्रगुप्त के समय में सिंहल के राजा मेघवर्णने उपहार भेजकर बोध गया में विहार बनाने की प्रार्थना की थी; महावंश और समुद्रगुप्त के लेख में इसका संकेत है और महाबोधि विहार सिंहल के राजकुल को कीर्ति है। तब से सिंहल के राजकुमार और राजकुल के भिक्षु इस बिहार में बराबर आते रहते थे। बोध-गया से लाया गया पटना म्यूजियम में एक शिलालेख है—(नम्बर ११३); यह प्रमाण प्रख्यात कीर्त्ति का है—"लङ्काद्वीप नरेंद्राणां श्रमणः कुलजोभवत् । प्रख्यातकीर्त्ति धर्मात्मा स्वकुलाम्बर चन्द्रमा"। महानामन् के शिलालेख से इसकी पुष्टि होती है।

"संयुक्तागमिनो विशुद्धरजसः सत्वानुकम्पोद्यता
शिष्यायस्य सद्बिचेरुरतुलांलंकाचलोपत्यकां
तेभ्यः शीलगुणान्वितश्च शतशः शिष्याः प्रशिष्याः क्रमात्
जातास्तुंग नरेन्द्रवंश तिलकाः प्रोत्सृज्य राज्यश्रियम्"

जब राजकुल के श्रमण और राजपुत्र लोग यहाँ तीर्थ यात्रा के लिये बराबर आते थे, और संस्कृत कविता का प्रचार भी रहा हो, तब उस काल के सर्वोच्च कवि

की मैत्री की इच्छा होनी स्वभाविक है। और, उस नष्टाश्रय महाकवि के साथ मैत्री करने में अपने को धन्य समझने वाले कुमारदास की कथा में अविश्वासका कारण नहीं है। यदि 'स्कन्दगुप्त विक्रमादित्य के मरने पर दुखी होकर राजमित्र के पास सिंहल जाना इनका ठीक है, तो यह कहना होगा कि 'मेघदूत' उसी समय का काव्य है और देव गिरि की स्कन्दराज प्रतिमा उनकी आँखों से देखी हुई थी, जिसका वर्णन उन्होंने ''देवपूर्व गिरि ते' वाले श्लोक में किया है।

यदि ५२४ ई० तक कालिदास का जीवित रहना ठीक है तो उन्होंने गुप्तवंश का ह्रास भी भलि भाँति देख लिया अथवा सुना होगा। रघुवंश में वैसा ही अन्तिम पतन—पूर्ण वर्णन भी है।

कुमारदास का सिंहल का राजा उसी काल में होना और सिंहल में कालिदास के जानेकी रूढ़ि उस देश में माना जाना, उधर चीनीयात्री द्वारा वर्णित कालिदास का मनोरथ को हराना, दिङ्नाग और कालिदास का द्वन्द्व, विक्रमादित्य और मातृगुप्त की कथा का 'राज तरंगिणी' में उसी कालका उल्लेख, हूण राजकुल में सुंगयुन के अनुसार विग्रह; काश्मीर युद्ध की देखी हुई घटना—ये सब बातें आकर एक सूत्र में ऐसी मिल जाती हैं कि दूसरे काव्यकार कालिदास को विक्रम-सखा, दीप-शिखा कालिदास को मातृगुप्त मानने में कुछ भी संकोच नहीं होता—जैसा डाक्टर भाऊदाजी का मत है।

विक्रमाङ्क के समान भोजके पिता सिन्धुराज की पदवी साहसाङ्क थी। पद्मगुप्त परिमल ने नवसाहसाङ्क-चरित बनाया था। तंजौर वाली 'साहसाङ्क-चरित की प्रति में इनको भी कालिदास लिखा है। बहुत सम्भव है कि यह तीसरे कालिदास बंगाल के हों, जैसा कि बंगाली लोग मानते हैं। ऋतुसंहार, पुष्पबाण-विलास, शृंगार-तिलक और अश्वधाटी काव्यों के रचयिता संभवतः यही तीसरे कालिदास हो सकते हैं।

■

गुप्त राजवंश

श्री गुप्त—(ई० २७५–३००)

(कोई इसका नाम केवल 'गुप्त' लिखते हैं श्री सम्मान सूचक है)

|

घटोत्कच गुप्त—(ई० ३००–३२०)

(इस नाम के साथ 'गुप्त' शब्द नहीं मिलता)

|

चंद्रगुप्त—(ई० ३२०–३३५)

(यही पहला स्वतन्त्र गुप्त वंशी राजा हुआ। वैशाली के लिच्छिबियों के यहाँ इसका ब्याह हुआ)

|

समुद्रगुप्त—(ई० ३३५–३८५)

(गुप्तवंश का परम प्रतापी, भारत विजेता सम्राट्, राजसूय और अश्वमेध यज्ञ किया)

|

चन्दगुप्त विक्रमादित्य (ई० ३८५–४१३)

(पाटलीपुत्र का विक्रमादित्य, जिसे लोग चन्द्रगुप्त द्वितीय विक्रमादित्य कहते हैं)

|

कुमारगुप्त महेन्द्रादित्य (ई० ४१३–४५५)

(मलव-विजेता, आख्यायिकाओं के विक्रमादित्य का पिता महेन्द्रादित्य)

|

(स्कदगुप्त विक्रमादित्य (ई० ४५५–४६७)
(उज्जयिनी का द्वितीय विक्रमादित्य। महान वीर। इसके चाँदी के सिक्कों पर परम भागवत् श्री विक्रमादित्य स्कंदगुप्त अंकित है)

पुरगुप्त प्रकाशादित्य (ई४६७-४६९)
(इसके सोने के सिक्कों पर 'श्री विक्रमा' भी मिलता है। परंतु प्रकाशादित्य नाम वाले सिक्के भी इसी के हैं, जिन्हें उज्जयिनी में स्कंदगुप्त के शासन-काल में मगध में इसने स्वतन्त्र रूप से ढलवाये,

फिर स्कंगुप्त के मरने पर उसकी उपाधि श्री विक्रमा' भी ग्रहण कर ली होगी)

|

नरसिंहगुप्त बालादित्य (ई० ४६९–४७३)

(यह प्रथम बालादित्य है, जिसे राजतंरगिणी कार ने भ्रम से बिक्रमादित्य का भाई लिखा है। और, वह यशोधर्म्म का भी समकालीन नहीं था)

|

कुमारगुप्त विक्रमादित्य

(द्वितीय ई० ४७३–४७६)

(कई विद्वान कुमार गुप्त को स्कंद गुप्त का उत्तराधिकारी मानते हैं। परन्तु यह ठीक नहीं। भितरी के 'सील' से यह स्पष्ट हो जाता है कि कुमार गुप्त द्वितीय पुरगुप्त का पुत्र था। सारनाथ वाले शिलालेख का कुमार गुप्त और भितरीके 'सील' का कुमार, दोनों एक ही व्यक्ति है, जिसका उत्तराधिकारी बुधगुप्त था—जिसके राज्य में मालव पर हूणों का अधिकार हुआ। मंदसोर के शिलालेख में जिस कुमारगुप्त का उल्लेख है, उस काल (४९३ वि०) में बन्धुवर्म्मा का राज्य मालव पर था, उक्त ४३६ ई० में कुमार गुप्त प्रथम का राज्य था। और उसी शिलालेख में जो ५२९ वि० का उल्लेख है, वह उस मन्दिर के जीर्णोद्धार का है—'संस्कारितमिदंभूयः श्रेण्या भानुमतो गृहं'—से यह स्पष्ट है)

|

बुधगुप्त परादित्य ? (ई०४७८–४९४)

(इसके समय में मगध-साम्राज्य के बड़े-बड़े प्रदेश अलग हुए। इसका राज्य केवल

मगध अङ्ग और काशी तक ही रह गया था)

|

तथागतगुप्त परमादित्य ?
(ई० ४९४–५१०)

जोन एलन के मतानुसार यहाँ घटोत्कच का नाम होना चाहिए। परन्तु ह्वेन्त्सांग ने लिखा है कि यशोधर्म्म के साथ मिहर कुल को हराने वाले बालादित्य के पिता का नाम तथागतगुप्त था। इससे हम भानुगुप्त के पिता का नाम तथागत गुप्त ही मानने को बाध्य होते हैं)

|

भानुगुप्त बालादित्य (ई० ५१०–५३४)

जब हूणों से मालव का उद्धार यशोधर्म्म देव ने किया उसी समय मगध को इसी बालादित्य ने बचाया। इसी की ओर से एरिकिण में गोपराज ने युद्ध किया। सारनाथ में इसी का लेख मिला है—तद्वंश सम्भवो बालादित्यो नृपः प्रीत्य प्रकटादित्ये ' No 79, Plate XY IIIC)

|

वज्रगुप्त प्रकटादित्य (ई० ५३४–५४०)

(प्रकटादित्य वज्रगुप्त की उपाधि है। इसी वज्रगुप्त के समय में मालव के शीलादित्य ने मगध छीन लिया तब से गुप्त वंश का प्रधान्य लुप्त हुआ।

मालव राजवंश

सिंह वर्म्मा

(समुद्रगुप्त का समकालीन)

|

चन्द्रवर्मा (पुष्करण-राज)

(Gangdhar के शिलालेख में वर्णित स्वतंन्त्र नरेश)

नरवर्म्मा (मालव-राज)

|

विश्ववर्म्मा (मालव राज)

|

बंधुवर्म्मा का भाई—भीमवर्म्मा (संभवतः) (कौशाम्बी का सामंत राजा, स्कंदगुप्त का समसामायिक)

बंधुवर्म्मा (मालव राज) (गुप्त साम्राज्य के अधीन हुआ)

पात्र

स्कन्दगुप्त	: युवराज (विक्रमादित्य)
कुमारगुप्त	: मगध का सम्राट्
गोविन्दगुप्त	: कुमारगुप्त का भाई
पर्णदत्त	: मगध का महानायक
चक्रपालित	: पर्णदत्त का पुत्र
बन्धुवर्म्मा	: मालव का राजा
भीमवर्म्मा	: बन्धुवर्म्मा का भाई
मातृगुप्त	: काव्यकर्त्ता कालिदास
प्रपञ्चबुद्धि	: बौद्ध कापालिक
शर्वनाग	: अन्तर्वेद का विषयपति
कुमारदास (धातुसेन)	: सिंहल का राजकुमार
पुरगुप्त	: कुमारगुप्त का छोटा पुत्र
भटार्क	: नवीन महाबलाधिकृत
पृथ्वीसेन	: मन्त्री कुमारामात्य
खिङ्गिल	: हूण आक्रमणकारी
मुद्गल	: विदूषक
प्रख्यातकीर्त्ति	: लङ्काराज-कुल का श्रमण, महाबोधि-विहार-स्थविर

महाप्रतिहार, महादण्डनायक, नन्दीग्राम का दण्डनायक, प्रहरी, सैनिक इत्यादि

देवकी	: कुमारगुप्त की बड़ी रानी—स्कन्द की माता
अनन्तदेवी	: कुमारगुप्त की छोटी रानी—पुरगुप्त की माता
जयमाला	: बन्धुवर्म्मा की स्त्री—मालव की रानी
देवसेना	: बन्धुवर्म्मा की बहिन
विजया	: मालव के धनकुबेर की कन्या
कमला	: भटार्क की जननी
रामा	: शर्वनाग की स्त्री
मालिनी	: मातृगुप्त की प्रणयिनी

सखी, दासी, इत्यादि

■

प्रथम अङ्क

प्रथम दृश्य

(उज्जयिनी में गुप्त साम्राज्य का स्कन्धावार)

स्कन्दगुप्त—(**टहलते हुए**) अधिकार सुख कितना मादक और सारहीन है। अपने को नियामक और कर्त्ता समझने की बलवती स्पृहा उससे बेगार कराती है! उत्सवों में परिचारक और अस्त्रों में ढाल से भी अधिकार-लोलुप मनुष्य क्या अच्छे हैं? (**ठहरकर**) उँह ! जो कुछ हो, हम तो साम्राज्य के एक सैनिक हैं।

पर्णदत्त— (**प्रवेश करके**) युवराज की जय हो।

स्कन्दगुप्त—आर्य पर्णदत्त को अभिवादन करता हूँ। सेनापति की क्या आज्ञा है ?

पर्णदत्त—मेरी आज्ञा ! युवराज ! आप सम्राट् के प्रतिनिधि हैं; मैं तो आज्ञाकारी सेवक हूँ। इस वृद्ध ने गरुड़ध्वज लेकर आर्य चन्द्रगुप्त की सेना का सञ्चालन किया है। अब भी गुप्त-साम्राज्य की नासीर-सेना में—उसी गरुड़ध्वज की छाया में पवित्र क्षात्र-धर्म का पालन करते हुए उसी के मान के लिए मर-मिटूँ, यही कामना है। गुप्तकुल-भूषण ! आशीर्वाद दीजिये, वृद्ध पर्णदत्त की माता का स्तन्य लज्जित न हो।

स्कन्दगुप्त—आर्य ! आपकी वीरता की लेखमाला शिप्रा और सिन्धु की लोल लहरियों से लिखी जाती है, शत्रु भी उस वीरता की सराहना करते हुए सुने जाते हैं। तब भी सन्देह !

पर्णदत्त—सन्देह दो बातों से है युवराज !

स्कन्दगुप्त—वे कौन-सी हैं ?

पर्णदत्त—अपने अधिकारों के प्रति आपकी उदासीनता और अयोध्या में नित्य नये परिवर्त्तन।

स्कन्दगुप्त—क्या अयोध्या का कोई नया समाचार है ?

पर्णदत्त—सम्भवतः सम्राट् तो कुसुमपुर चले गये हैं, और कुमारामात्य महा-बलाधिकृत वीरसेन ने स्वर्ग की ओर प्रस्थान किया।

स्कन्दगुप्त—क्या ! महाबलाधिकृत अब नहीं हैं ? शोक !

पर्णदत्त—अनेक समरों के विजेता, महामानी, गुप्त-साम्राज्य के महाबलाधिकृत अब इस लोक में नहीं हैं ! इधर प्रौढ़ सम्राट् के विलास की मात्रा बढ़ गई है।

स्कन्दगुप्त—चिन्ता क्या ! आर्य ! अभी तो आप हैं, तब भी मैं ही सब विचारों का भार वहन करूँ, अधिकार का उपयोग करूँ ! वह भी किसलिए ?

पर्णदत्त—किसलिये ? त्रस्त प्रजा की रक्षा के लिए, सतीत्व के सम्मान के लिए देवता, ब्राह्मण और गौ की मर्यादा में विश्वास के लिए, आतङ्क से प्रकृति को आश्वासन देने के लिए आपको अपने अधिकारों का उपयोग करना होगा। युवराज ! इसीलिए मैंने कहा था कि आप अपने अधिकारों के प्रति उदासीन हैं, जिसकी मुझे बड़ी चिन्ता है। गुप्त-साम्राज्य के भावी शासक को अपने उत्तरदायित्व का ध्यान नहीं !

स्कन्दगुप्त—सेनापते ! प्रकृतिस्थ होइये ? परम भट्टारक महाराजाधिराज अश्वमेध-पराक्रम श्रीकुमारगुप्त महेन्द्रादित्य के सुशासित राज्य की सुपालित प्रजा को डरने का कारण नहीं है। गुप्त-सेना की मर्यादा की रक्षा के लिए पर्णदत्त सदृश महावीर अभी प्रस्तुत हैं।

पर्णदत्त—राष्ट्रनीति, दार्शनिकता और कल्पना का लोक नहीं है। इस कठोर प्रत्यक्षवाद की समस्या बड़ी कठिन होती है। गुप्त-साम्राज्य की उत्तरोत्तर वृद्धि के साथ उसका दायित्व भी बढ़ गया है; पर उस बोझ को उठाने के लिये गुप्तकुल के शासक प्रस्तुत नहीं, क्योंकि साम्राज्य-लक्ष्मी को वे अब अनायास और अवश्य अपनी शरण आनेवाली वस्तु समझने लगे हैं।

स्कन्दगुप्त—आर्य ! इतना व्यंग न कीजिये, इसके कुछ प्रमाण भी हैं ?

पर्णदत्त—प्रमाण ! प्रमाण अभी खोजना है ? आँधी आने के पहले आकाश जिस तरह स्तम्भित हो रहता है, बिजली गिरने से पूर्व जिस प्रकार नील कादम्बिनी का मनोहर आवरण महाशून्य पर चढ़ जाता है, क्या वैसी ही दशा गुप्त-साम्राज्य की नहीं है ?

स्कन्दगुप्त—क्या पुष्यमित्रों के युद्ध को देखकर वृद्ध सेनापति चकित हो रहे हैं ? (हँसता है)

पर्णदत्त—युवराज ! व्यंग न कीजिये। केवल पुष्यमित्रों के युद्ध से ही इतिश्री न समझिये, म्लेच्छों के भयानक आक्रमण के लिए भी प्रस्तुत रहना चाहिये। चरों ने आज ही कहा है कि कपिशा को श्वेत हूणों ने पदाक्रान्त कर लिया ! तिस पर भी युवराज पूछते हैं कि 'अधिकारों का उपयोग किसलिये !' यही 'किसलिये' प्रत्यक्ष प्रमाण है कि गुप्तकुल के शासक इस साम्राज्य को 'गले-पड़ी' वस्तु समझने लगे हैं।

(चक्रपालित का प्रवेश)

चक्रपालित—(देखकर) अरे, युवराज भी यहीं हैं ! युवराज की जय हो।

स्कन्दगुप्त—आओ चक्र ! आर्य पर्णदत्त ने मुझे घबरा दिया है।

चक्रपालित—पिताजी ! प्रणाम। कैसी बात है ?

पर्णदत्त—कल्याण हो, आयुष्मन् ! तुम्हारे युवराज अपने अधिकारों से उदासीन हैं। वे पूछते हैं 'अधिकार किसलिये ?'

चक्रपालित—तात ! 'किसलिये' का अर्थ मैं समझाता हूँ।

पर्णदत्त—क्या ?

चक्रपालित—गुप्तकुल का अव्यवस्थित उत्तराधिकार-नियम !

स्कन्दगुप्त—चक्र, सावधान ! तुम्हारे इस अनुमान का कुछ आधार भी है ?

चक्रपालित—युवराज ! यह अनुमान नहीं है, यह प्रत्यक्ष-सिद्ध है।

पर्णदत्त—(**गम्भीरता से**) चक्र ! यदि यह बात हो तो तब भी तुमको ध्यान रखना चाहिये कि हम लोग साम्राज्य के सेवक हैं। असावधान बालक ! अपनी चञ्चलता को बिषवृक्ष न बना देना।

स्कन्दगुप्त—आर्य पर्णदत्त, क्षमा कीजिये। हृदय की बातों को राजनीतिक भाषा में व्यक्त करना चक्र नहीं जानता।

पर्णदत्त—ठीक है, किन्तु उसे इतनी शीघ्रता नहीं करनी चाहिये। (**देखकर**) चर आ रहा है, युद्ध का कोई नया समाचार है क्या ?

(**चर का प्रवेश**)

चर—युवराज की जय हो !

पर्णदत्त—क्या समाचार है ?

चर—अबकी बार पुष्यमित्रों का अन्तिम प्रयत्न है। वे अपनी समस्त शक्ति सङ्कलित करके बढ़ रहे हैं ! नासीर-सेना के नायक ने सहायता माँगी है। दशपुर से भी दूत आया है।

स्कन्दगुप्त—अच्छा, जाओ, उसे भेज दो।

(**चर जाता है, दशपुर के दूत का प्रवेश**)

दूत—युवराज भट्टारक की जय हो !

स्कन्दगुप्त—मालवपति सकुशल हैं ?

दूत—कुशल आपके हाथ है। महाराज विश्ववर्म्मा का शरीरान्त हो गया है ! नवीन नरेश महाराज बन्धुवर्म्मा ने साभिवादन श्रीचरणों में सन्देश भेजा है।

स्कन्दगुप्त—खेद ! ऐसे समय में, जबकि हम लोगों को मालवपति से सहायता की आशा थी, वह स्वयं कौटुम्बिक आपत्तियों में फँस गये हैं !

दूत—इतना ही नहीं, शक-राष्ट्रमण्डल चञ्चल हो रहा है, नवागत म्लेच्छवाहिनी

से सौराष्ट्र भी पदाक्रान्त हो चला है, इसी कारण पश्चिमी मालव भी अब सुरक्षित न रहा।

(**स्कन्दगुप्त पर्णदत्त की ओर देखते हैं**)

पर्णदत्त—वलभी का क्या समाचार है ?

दूत—वलभी का पतन अभी रुका है। किन्तु बर्बर हूणों से उसका बचना कठिन है। मालव की रक्षा के लिए महाराज बन्धुवर्म्मा ने सहायता माँगी है। दशपुर की समस्त सेना सीमा पर जा चुकी है।

स्कन्दगुप्त—मालव और शक-युद्ध में जो सन्धि गुप्त-साम्राज्य और मालवराष्ट्र में हुई है, उसके अनुसार मालव की रक्षा गुप्त-सेना का कर्त्तव्य है। महाराज विश्ववर्म्मा के समय से ही समाट् कुमारगुप्त उनके संरक्षक हैं। परन्तु दूत ! बड़ी कठिन समस्या है।

दूत—विषम अवस्था होने पर भी युवराज ! साम्राज्य ने संरक्षकता का भार लिया है।

पर्णदत्त—दूत ! क्या तुम्हें विदित नहीं है कि पुष्यमित्रों से हमारा युद्ध चल रहा है।

दूत—तब भी मालव ने कुछ समझकर, किसी आशा पर ही, अपनी स्वतन्त्रता को सीमित कर लिया था।

स्कन्दगुप्त—दूत ! केवल सन्धि-नियम ही से हम लोग बाध्य नहीं हैं, किन्तु शरणागत-रक्षा भी क्षत्रिय का धर्म है। तुम विश्राम करो। सेनापति पर्णदत्त समस्त सेना लेकर पुष्यमित्रों की गति रोकेंगे। अकेला स्कन्दगुप्त मालव की रक्षा करने के लिए सन्नद्ध है। जाओ, निर्भय निद्रा का सुख लो। स्कन्दगुप्त के जीते-जी मालव का कुछ न बिगड़ सकेगा।

दूत—धन्य युवराज ! आर्य-साम्राज्य के भावी शासक के उपयुक्त ही यह बात है। (**प्रणाम करके जाता है**)

पर्णदत्त—युवराज ! आज यह वृद्ध, हृदय से प्रसन्न हुआ। और गुप्त-साम्राज्य की लक्ष्मी भी प्रसन्न होंगी।

चक्रपालित—तात ! पुष्यमित्र-युद्ध का अन्त तो समीप है। विजय निश्चित है। किसी दूसरे सैनिक को भेजिये। मुझे युवराज के साथ जाने की अनुमति हो।

स्कन्दगुप्त—नहीं चक्र, तुम विजयी होकर मुझसे मालव में मिलो। ध्यान रखना होगा कि राजधानी से अभी कोई सहायता नहीं मिलती। हम लोगों को इस आसन्न विपद् में अपना ही भरोसा है।

पर्णदत्त—कुछ चिन्ता नहीं युवराज ! भगवान् सब मङ्गल करेंगे। चलिये, विश्राम करें।

पट-परिवर्तन

द्वितीय दृश्य

(कुसुमपुर के राज-मन्दिर में सम्राट् कुमारगुप्त और उनकी परिषद्)

धातुसेन—परम भट्टारक ! आपने भी स्वयं इतने विकट युद्ध किये हैं। मैंने तो समझा था, राजसिंहासन पर बैठे-बैठे राजदण्ड हिला देने से ही इतना बड़ा गुप्त-सम्राज्य स्थापित हो गया था, परन्तु—

कुमारगुप्त—(हंसते हुए) तुम्हारी लङ्का में अब राक्षस नहीं रहते ? क्यों धातुसेन।

धातुसेन—राक्षस यदि कोई था तो विभीषण, और बन्दरों में भी एक सुग्रीव हो गया था। दक्षिणापथ आज भी उनकी करनी का फल भोग रहा है। परन्तु हाँ एक आश्चर्य की बात है कि महामान्य परमेश्वर परम भट्टारक को भी युद्ध करना पड़ा। रामचन्द्र ने तो, सुना था, जब वे युवराज भी न थे तभी युद्ध किया था। सम्राट् होने पर भी युद्ध !

कुमारगुप्त—युद्ध तो करना ही पड़ता है। अपनी सत्ता बनाये रखने के लिए यह आवश्यक है।

धातुसेन—अच्छा तो स्वर्गीय आर्य समुद्रगुप्त ने देवपुत्रों तक का राज्य विजय किया था, सो उनके लिये परम आवश्यक था ? क्या पाटलिपुत्र के समीप ही वह राष्ट्र था।

कुमारगुप्त—तुम भी वालि की सेना में से बचे हुये हो !

धातुसेन—परम भट्टारक की जय हो ! बालि की सेना न थी, और वह युद्ध न था। जब उसमें लड्डू खाने वाले सुग्रीव निकल पड़े, तब फिर—

कुमारगुप्त—क्यों ?

धातुसेन—उनकी बड़ी सुन्दर ग्रीवा में लड्डू अत्यन्त सुशोभित होता था, और सबसे बड़ी बात तो थी बालि के लिये—उनकी तारा का मन्त्रित्व। सुना है सम्राट् ! स्त्री की मन्त्रणा बड़ी अनुकूल और उपयोगी होती है, इसीलिये उन्हें राज्य की झंझटों से शीघ्र छुट्टी मिली गई। परम भट्टारक की दुहाई ! एक स्त्री को मन्त्री आप भी

लना लें, बड़े-बड़े दाढ़ी मूँछवाले मन्त्रियों के बदले उसकी एकान्त मन्त्रणा कल्याण-कारिणी होगी ।

कुमारगुप्त—(हँसते हुए) लेकिन पृथ्वीसेन तो मानते ही नहीं ।

धातुसेन—तब मेरी सम्मति से वे ही कुछ दिनों के लिये स्त्री हो जायँ; क्यों कुमारामात्यजी ?

पृथ्वीसेन—पर तुम तो स्त्री नहीं हो जो मैं तुम्हारी सम्मति मान लूँ ?

कुमारगुप्त—(हँसता हुआ) हाँ, तो आर्य समुद्रगुप्त को विवश होकर उन विद्रोही विदेशियों का दमन करना पड़ा; क्योंकि मौर्य-साम्राज्य के समय से ही सिन्धु के उस पार का देश भी भारत-साम्राज्य के अन्तर्गत था । जगद्विजेता सिकन्दर के सेनापति सिल्यूकस से उस प्रान्त को मौर्य सम्राट चन्द्रगुप्त ने लिया था ।

धातुसेन—फिर तो लड़कर ले लेने की एक परम्परा-सी लग जाती है । उनसे उन्होंने, उन्होंने उनसे ऐसे ही लेते चले आये हैं । उसी प्रकार आर्य !—

कुमारगुप्त—उँह ! तुम समझते नहीं । मनु ने इसकी व्यवस्था दी है ।

धातुसेन—नहीं धर्मावतार ! समझ में तो इतनी बात आ गयी कि लड़कर ले लेना ही एक प्रधान स्वत्व है । संसार में इसी का बोलबाला है ।

भटार्क—नहीं तो क्या रोने से, भीख माँगने से कुछ अधिकार मिलता है ? जिसके हाथों में बल नहीं, उसका अधिकार ही कैसा ? और यदि माँगकर मिल जाय, तो शान्ति की रक्षा कौन करेगा ?

मुद्गल—(प्रवेश करके) रक्षा पेट कर लेगा, कोई दे भी तो । अक्षय तूणीर, अक्षय कवच सब लोगों ने सुना होगा; परन्तु इस अक्षय मञ्जूषा का हाल मेरे सिवा कोई नहीं जानता ! इसके भीतर कुछ रखकर देखो, मैं कैसी शान्ति से बैठा रहता हूँ !

(**पद्मासन से बैठ जाता है**)

पृथ्वीसेन—परम भट्टारक की जय हो ! मुझे कुछ निवेदन करना है—यदि आज्ञा हो तो ।

कुमारगुप्त—हाँ, हाँ कहिये ।

पृथ्वीसेन—शिप्रा के इस पार साम्राज्य का स्कन्धावार स्थापित है । मालवेश का दूत भी आ गया है कि 'हम ससैन्य युवराज के सहायतार्थ प्रस्तुत हैं ।' महानायक पर्ण-दत्त ने भी अनुकूल समाचार भेजा है ।

कुमारगुप्त—मालव का इस अभियान से कैसा भाव है, कुछ पता चला ? क्योंकि यह युद्ध तो जान-बूझकर छेड़ा गया है ।

पृथ्वीसेन—अपने मुख से मालवेश ने दूत से यहाँ तक कहा था कि युवराज को

कष्ट देने की क्या आवश्यकता थी, आज्ञा पाने ही से मैं स्वयं इन्हे ठीक कर लेता।

कुमारगुप्त—महासन्धि-विग्रहिक ! साधु ! यह वंश-परम्परागत तुम्हारी ही विद्या है।

पृथ्वीसेन—सम्राट् के श्रीचरणों का प्रताप है। सौराष्ट्र से भी नवीन समाचार मिलने वाला है। इसलिए युवराज को वहाँ भेजने का मेरा अनुरोध था।

भटार्क—सौराष्ट्र की गति-विधि देखने के लिए एक रणदक्ष सेनापति की आवश्यकता है। वहाँ शक राष्ट्र बड़ा चञ्चल अथच भयानक है।

पृथ्वीसेन—(गूढ़ दृष्टि से देखते हुए) महाबलाधिकृत ! आवश्यकता होने पर आपको वहाँ जाना ही होगा, उत्कण्ठा की आवश्यकता नहीं।

भटार्क—नही, मैं तो····

कुमारगुप्त—महाबलाधिकृत ! तुम्हारी स्मरणीय सेवा स्वीकृत होगी। अभी आवश्यकता नहीं।

धातुसेन—(हाथ जोड़कर) यदि दक्षिणापथ पर आक्रमण का आयोजन हो तो मुझे आज्ञा मिले। मेरा घर पास है, मैं जाकर स्वच्छन्दतापूर्वक लेट रहूँगा, सेना को भी कष्ट न होने पायेगा।

(सब हंसते हैं)

मुद्गल—जय हो देव ! पाकशाला पर चढ़ाई करनी हो तो मुझे आज्ञा मिले। मैं अभी उसका सर्वस्वान्त कर डालूँ।

(फिर सब हँसते हैं। गम्भीर भाव से अभिवादन करते हुए—एक ओर पृथ्वीसेन और दूसरी ओर भटार्क का प्रस्थान)

कुमारगुप्त—मुद्गल ! तुम्हारा कुछ····

मुद्गल—महादेवी ने प्रार्थना की है कि युवक भट्टारक की कल्याण-कामना के लिए चक्रपाणि भगवान् की पूजा की सब सामग्री प्रस्तुत है। आर्यपुत्र कब चलेंगे ?

कुमारगुप्त—(मुँह बनाकर) आज तो कुछ पारसीक नर्त्तकियाँ आने वाली हैं, आपानक भी ! महादेवी से कह देना, असन्तुष्ट न हों, कल चलूँगा। समझा न मुद्गल।

मुद्गल—(खड़ा होकर) परमेश्वर परम भट्टारक की जय हो।

(जाता है)

धातुसेन—वह चाणक्य कुछ भाँग पीता था। उसने लिखा है कि राजपुत्र भेड़िये हैं, इनसे पिता को सदैव सावधान रहना चाहिए।

कुमारगुप्त—यह राष्ट्रनीति है।

(अनन्तदेवी का चुपचाप प्रवेश)

धातुसेन—भूल गया। उसके बदले उस ब्राह्मण को लिखना था कि राजा लोग ब्याह ही न करें, क्यों भेड़ियों-सी सन्तान उत्पन्न हों।

अनन्तदेवी—(सामने आकर) आर्यपुत्र की जय हो !

(धातुसेन भयभीत होने का-सा मुँह बनाकर चुप हो जाता है)

कुमारगुप्त—आओ प्रिये ! तुम्हें खोज ही रहा था।

अनन्तदेवी—नर्तकियों को बुलवाती आ रही हूँ। कुमारामात्य आदि थे, मंत्रणा में बाधा समझकर, जान-बूझकर देर लगाई। आपको तो देखती हूँ कि अवकाश ही नहीं।

(धातुसेन की ओर क्रुद्ध होकर देखती है)

कुमारगुप्त—यह अबोध विदेशी हँसोड़ है।

अनन्तदेवी—तब भी सीमा होनी चाहिए।

धातुसेन—चाणक्य का नाम ही कौटिल्य है। उनके सूत्रों की व्याख्या करने आकर ही यह फल मिला। क्षमा मिले तो एक बात और पूछ लूँ, क्योंकि फिर इस विषय का प्रश्न न करूँगा।

अनन्तदेवी—पूछ लो।

धातुसेन—उसके अनर्थशास्त्र में विषकन्या का....

कुमारगुप्त—(डाँटकर) चुप रहो।

(नर्तकियों का गाते हुए प्रवेश)

न छेड़ना उस अतीत स्मृति से
खिंचे हुए बीन-तार कोकिल
करुण रागिनी तड़प उठेगी
सुना न ऐसी पुकार कोकिल।

हृदय धूल में मिला दिया है
उसे चरण-चिह्न-सा किया है
खिले फूल सब गिरा दिया है
न अब बसन्ती बहार कोकिल

सुनी बहुत आनन्द-भैरवी
विगत हो चुकी निशा-माधवी
रही न अब शारदी कैरवी
न तो मघा की फुहार कोकिल।

न खोज पागल मधुर प्रेम को
न तोड़ना और के नेम को
बचा विरह मौन के क्षेम को
कुचाल अपनी सुधार कोकिल।

पट-परिवर्तन

तृतीय दृश्य

(पथमें मातृगुप्त)

मातृगुप्त—कविता करना अनन्त पुण्य का फल है। इस दुराशा और अनन्त उत्कण्ठा से कवि-जीवन व्यतीत करने की इच्छा हुई। संसार के समस्त अभावों को असन्तोष कहकर हृदय को धोखा देता रहा। परन्तु कैसी विडम्बना! लक्ष्मी के लालों का भ्रू-भङ्ग और क्षोभ की ज्वाला के अतिरिक्त मिला क्या!—एक काल्पनिक प्रशंसनीय जीवन, जो कि दूसरों की दया में अपना अस्तित्व रखता है! सञ्चित हृदय-कोश के अमूल्य रत्नों की उदारता, और दारिद्र्य का व्यंग्यात्मक कठोर अट्टहास, दोनों की विषमता की कौन-सी व्यवस्था होगी। मनोरथ को—भारत के प्रकाण्ड बौद्ध पण्डित को—परास्त करने में मैं भी सबकी प्रशंसा का भाजन बना। परन्तु हुआ क्या?

(मुद्गल का प्रवेश)

मुद्गल—कहिये कविजी! आप तो बहुत दिनों पर दिखायी पड़े! कुलपति की कृपा से कहीं अध्यापन कार्य मिल गया क्या?

मातृगुप्त—मैं तो अभी यों ही बैठा हूँ।

मुद्गल—क्या बैठे-बैठे काम चल जाता है? तब तो भाई, तुम बड़े भाग्यवान हो। कविता करते हो न? भाई! उसे छोड़ दो।

मातृगुप्त—क्यों? वही तो मेरे मूर्ख हृदय का आहार है! कवित्व—वर्णमय चित्र है, जो स्वर्गीय भावपूर्ण सङ्गीत गाया करता है! अन्धकार का आलोक से, असत् का सत् से, जड़ का चेतन से, और बाह्य जगत् का अन्तर्जगत् से सम्बन्ध कौन कराती है? कविता ही न!

मुद्गल—परन्तु हाथ का मुख से, पेट का अन्न से, और आँखों का निद्रा से भी सम्बन्ध होता है कि नहीं? इसको भी कभी सोचा-विचारा है?

मातृगुप्त—संसार में क्या इतनी ही वस्तुएँ विचारने की हैं? पशु भी इनकी चिन्ता कर लेते होंगे।

मुद्गल—और मनुष्य पशु नहीं है, क्योंकि उसे बातें बनाना आता है—अपनी मूर्खताओं को छिपाना, पापों पर बुद्धिमानी का आवरण चढ़ाना आता है! और वाग्जाल की फाँस उसके पास है। अपनी घोर आवश्यकताओं में कृत्रिमता बढ़ाकर, सभ्य और पशु से कुछ ऊँचा द्विपद मनुष्य, पशु बनने से बच जाता है।

मातृगुप्त—होगा, तुम्हारा तात्पर्य क्या है?

मुद्गल—स्वप्नमय जीवन छोड़कर विचारपूर्ण वास्तविक स्थिति में आओ। ब्राह्मण-कुमार हो, इसीलिये दया आती है।

मातृगुप्त—क्या करूँ ?

मुद्गल—मैं दो-चार दिन में अवन्ती जाने वाला हूँ; युवराज भट्टारक के पास तुम्हें रखवा दूँगा। अच्छी वृत्ति मिलने लग जायगी। है स्वीकार ?

मातृगुप्त—पर तुम्हें मेरे ऊपर इतनी दया क्यों ?

मुद्गल—तुम्हारी बुद्धिमत्ता देखकर मैं प्रसन्न हुआ हूँ। उसी दिन से मैं खोजता था। तुम जानते हो कि राजकृपा का अधिकारी होने के लिए समय की आवश्यकता है। बड़े लोगों की एक दृढ़ धारणा होती है कि, 'अभी टकराने दो; ऐसे बहुत आया-जाया करते हैं।'

मातृगुप्त—तब तो बड़ी कृपा है। मैं अवश्य चलूँगा। काश्मीरमण्डल में हूणों का आतङ्क है, शास्त्र और संस्कृत-विद्या का कोई पूछने वाला नहीं। म्लेच्छाक्रान्त देश छोडकर राजधानी में चला आया था। अब आप ही मेरे पथ-प्रदर्शक हैं।

मुद्गल—अच्छा तो मैं जाता हूँ, शीघ्र ही मिलूँगा; तुम चलने के लिये प्रस्तुत रहना।

(**जाता है**)

मातृगुप्त—काश्मीर ! जन्मभूमि ! ! जिसकी धूलि में लोटकर खड़े होना सीखा, जिसमें खेल-खेलकर शिक्षा प्राप्त की, जिसमें जीवन के परमाणु सङ्गठित हुए थे वही छूट गया एक मनोहर स्वप्न, आह ! वही जो मेरे इस जीवन-पथ का पाथेय रहा !

प्रिय !
संसृति के वे सुन्दरतम क्षण यों ही भूल नहीं जाना।
'वह उच्छृङ्खलता थी अपनी'—कहकर मन मत बहलाना।
मादकता-सी तरल हँसी के प्याले में उठती लहरी।
मेरे निश्वासों से उठकर अधर चूमने को ठहरी।
मैं व्याकुल परिरम्भ-मुकुल में बन्दी अलि-सा काँप रहा।
छलक उठा प्याला, लहरी में मेरे सुख को माप रहा।
सजग सुप्त सौन्दर्य हुआ, हो चपल चली भौंहें मिलने।
लीन हो गयी लहर, लगे मेरे ही नख छाती छिलने।
श्यामा का नखदान मनोहर मुक्ताओं से ग्रथित रहा।
जीवन के उस पार उड़ाता हँसी, खड़ा मैं चकित रहा।
तुम अपनी निष्ठुर क्रीड़ा के विभ्रम से, बहकाने से।
सुखी हुये फिर लगे देखने मुझे पथिक पहचाने-से।
उस सुख का आलिङ्गन करने कभी भूलकर आ जाना।
मिलन-क्षितिज-तट मधु-जलनिधि में मृदु हिलकोर उठा जाना।

कुमारदास—(**प्रवेश करके**) साधु !

मातृगुप्त—(**अपनी भावनाओं में तल्लीन, जैसे किसी को न देख रहा हो**) अमृत के सरोवर में स्वर्ण-कमल खिल रहा था, भ्रमर वंशी बजा रहा था, सौरभ और पराग की चहल-पहल थी। सवेरे सूर्य की किरणें उसे चूमने को लौटती थीं, सन्ध्या में शीतल चाँदनी उसे अपनी चादर से ढँक देती थी। उस मधुर सौन्दर्य, उस अतीन्द्रिय जगत् की साकार कल्पना की ओर मैंने हाथ बढ़ाया था, वहीं स्वप्न टूट गया !

कुमारदास—समझ में न आया, सिंहल में और काश्मीर में क्या भेद है। तुम गौरवर्ण हो, लम्बे हो, खिंची हुई भौंहें; सब होने पर भी सिंहलियों की घुँघराली लटें, उज्ज्वल श्याम शरीर क्या स्वप्न में भी देखने की वस्तु नहीं ?

मातृगुप्त—(**कुमारदास को जैसे सहसा देखकर**), पृथ्वी की समस्त ज्वाला को जहाँ प्रकृति ने अपने बर्फ के अञ्चल से ढँक दिया है, उस हिमालय के—

कुमारदास—और बड़वानल को अनन्त जलराशि से सन्तुष्ट कर रहा है, उस रत्नाकर को—अच्छा जाने दो रत्नाकर नीचा है, गहरा है। हिमालय ऊँचा है, गर्व से सिर उठाये है, तब जय हो काश्मीर की। हाँ, उस हिमालय के····

मातृगुप्त—उस हिमालय के ऊपर प्रभात-सूर्य की सुनहरी प्रभा से आलोकित बर्फ का पीले पोखराज का-सा एक महल था। उसी से नवनीत की पुतली झाँककर विश्व को देखती थी। वह हिम की शीतलता से सुसङ्गठित थी। सुनहरी किरणों को जलन हुई। तप्त होकर महल को गला दिया। पुतली ! उसका मङ्गल हो, हमारे अश्रु की शीतलता उसे सुरक्षित रखे। कल्पना की भाषा के पङ्ख गिर जाते हैं, मौन-नीड़ में निवास करने दो। छेड़ो मत मित्र !

कुमारदास—तुम विद्वान् हो, सुकवि हो, तुमको इतना मोह ?

मातृगुप्त—यदि यह विश्व इन्द्रजाल ही है, तो उस इन्द्रजाली की अनन्त इच्छा को पूर्ण करने का साधन—यह मधुर मोह चिरजीवी हो और अभिलाषा से मचलने वाले भूखे हृदय को आहार मिले।

कुमारदास—मित्र ! तुम्हारी कोमल कल्पना, वाणी में झनकार उत्पन्न करेगी। तुम सचेष्ट बनो, प्रतिभाशील हो तुम्हारा भविष्य बड़ा उज्ज्वल है।

मातृगुप्त—उसकी चिन्ता नहीं। दैन्य जीवन के प्रचण्ड आतप में सुन्दर स्नेह मेरी छाया बने ! झुलसा हुआ जीवन धन्य हो जायगा।

कुमारदास—मित्र ! इन थोड़े दिनों का परिचय मुझे आजीवन स्मरण रहेगा। अब तो मैं सिंहल जाता हूँ—देश की पुकार है। इसलिये मैं स्वप्नों का देश 'भव्य-भारत' छोड़ता हूँ। कविवर ! इस क्षीण परिचय कुमार धातुसेन को भूलना मत—कभी आना।

मातृगुप्त—सम्राट् कुमारगुप्त के सहचर, विनोदशील कुमारदास ! तुम क्या कुमारदास धातुसेन हो ?

कुमारदा—हाँ मित्र, लङ्का का युवराज । हमारा एक मित्र, एक बाल-सहचर प्रख्यातकीर्त्ति, महाबोधि-बिहार का श्रमण है । उसे और गुप्त-सम्राज्य का वैभव देखने पर्यटक के रूप में भारत चला आया था । गौतम के पद-रज से पवित्र भूमि को खूब देखा और देखा दर्प से उद्धत गुप्त-साम्राज्य के तीसरे पहर का सूर्य । आर्य-अभ्युत्थान का यह स्मरणीय युग है । मित्र, परिवर्त्तन उपस्थित है ।

मातृगुप्त—सम्राट् कुमारगुप्त के साम्राज्य में परिवर्त्तन !

धातुसेन—सरल युवक ! इस गतिशील जगत् में परिवर्त्तन पर आश्चर्य ! परिवर्त्तन रुका कि महापरिवर्त्तन—प्रलय—हुआ ! परिवर्त्तन ही सृष्टि है, जीवन है । स्थिर होना मृत्यु है निश्चेष्ट-शान्ति मरण है । प्रकृति क्रियाशील है समय पुरुष ओर स्त्री की गेंद लेकर दोनों हाथ से खेलता हैं । पुल्लिङ्ग और स्त्रीलिङ्ग की समष्टि अभिव्यक्ति की कुञ्जी है । पुरुष उछाल दिया जाता है, उत्क्षेपण होता है । स्त्री आकर्षण करती है । यही जड़ प्रकृति का चेतन रहस्य है ।

मातृगुप्त—निस्सन्देह । अनन्तदेवी के इशारे पर कुमारगुप्त नाच रहे हैं । अद्भुत पहेली है !

धातुसेन—पहेली ! यह भी रहस्य ही है । पुरुष है कुतूहल और प्रश्न; और स्त्री है विश्लेषण, उत्तर और सब बातों का समाधान । पुरुष के प्रत्येक प्रश्न का उत्तर देने के लिए वह प्रस्तुत है । उसके कुतूहल—उसके अभावों को परिपूर्ण करने का उष्ण प्रयत्न और शीतल उपचार ! अभागा मनुष्य सन्तुष्ट है—बच्चों के समान ! पुरुष ने कहा—'क' स्त्री ने अर्थ लगा दिया—'कौवा'. बस, वह रटने लगा । विषय-विह्वल वृद्ध सम्राट् तरुणी की आकांक्षओं के साधन बन रहे हैं । काले मेघ क्षिजित में एकत्र हैं, शीघ्र ही अन्धकार होगा । परन्तु आशा का केन्द्र ध्रुवतारा एक युवराज 'स्कन्द' है । निर्मल शून्य आकाश में शीघ्र ही अनेक वर्ण के मेघ रङ्ग भरेंगे । विकट अभिनय का आरम्भ होने वाला है । तुम भी सम्भवतः उसके अभिनेताओं में से एक होगे । सावधान ! सिंहल तुम्हारे लिये प्रस्तुत है।

(प्रस्थान)

मातृगुप्त—विचक्षण उदार कुमार !

(प्रस्थान)

चतुर्थ दृश्य

(अनन्तदेवी का सुसज्जित प्रकोष्ठ)

अनन्तदेवी—जया ! रात्रि का द्वितीय पहर तो व्यतीत हो रहा है, अभी भटार्क के आने का समय नहीं हुआ ?

जया—स्वामिनी ! आप बड़ा भयानक खेल खेल रही हैं।

अनन्तदेवी—क्षुद्र हृदय—जो चूहे के शब्द से भी शङ्कित होते है, जो अपनी साँस से ही चौंक उठते हैं; उनके लिये उन्नति का कण्टकित मार्ग नहीं है। महत्वाकांक्षा का दुर्गम स्वर्ग उनके लिये स्वप्न है।

जया—परन्तु राजकीय अन्तःपुर की मर्यादा बड़ी कठोर अथच फूल से कोमल है।

अनन्तदेवी—अपनी नियति को पथ मैं अपने पैरों चलूँगी, अपनी शिक्षा रहने दे।

(जया कपाट के समीप कान लगाती है, सङ्केत होता है, गुप्तद्वार खुलते ही भटार्क सामने उपस्थित होता है)

भटार्क—महादेवी की जय हो !

अनन्तदेवी—परिहास न करो मगध के महाबलाधिकृत ! देवकी के रहते किस साहस से तुम मुझे महादेवी कहते हो ?

भटार्क—हमारा हृदय कह रहा है, और आये दिन साम्राज्य की जनता, प्रजा सभी कहेगी।

अनन्तदेवी—मुझे विश्वास नहीं होता।

भटार्क—महादेवी ! कल सम्राट् के समक्ष जो विद्रूप और व्यङ्गबाण मुझ पर बरसाए गये हैं, वे अन्तस्तल में गड़े हुए हैं। उनको निकालने का प्रयत्न नहीं करूँगा, वे ही भावी विप्लव में सहायक होंगे। चुभ-चुभकर वे मुझे सकेत करेंगे। मैं उन पथ-प्रदर्शकों का अनुसरण करूँगा। बाहुबल से, वीरता से और अनेक प्रचण्ड पराक्रमों से ही मुझे मगध के महाबलधिकृत का माननीय पद मिला है; मैं उस सम्मान की रक्षा करूँगा। महादेवी ! आज मैंने अपने हृदय के मार्मिक रहस्य का अकस्मात् उद्‌घाटन कर दिया है। परन्तु वह भी जान बूझकर—समझकर। मेरा हृदय शूलों के लौहफलक सहने के लिए हैं, क्षुद्र विष-वाग्बाण के लिए नहीं।

अनन्तदेवी—तुम वीर हो भटार्क ! यह तुम्हारे उपयुक्त ही है। देवकी का प्रभाव जिस उग्रता से बढ़ रहा है, उसे देखकर मुझे पुरगुप्त के जीवन में शङ्का हो रही है। महाबलाधिकृत, दुर्बल माता का हृदय उसके लिये आज हो से चिन्तित है। सम्राट् की मति एक-सी नहीं रहती वे अव्यवस्थित और चञ्चल हैं इस अवस्था में वे विलास की अधिक मात्रा से केवल जीवन के जटिल सुखों की गुत्थियाँ सुलझाने में व्यस्त हैं।

भटार्क—मैं सब समझ रहा हूँ। पुष्यमित्रों के युद्ध में मुझे सेनापति की पदवी नहीं मिली, इसका कारण भी मैं जानता हूँ। मैं दूध पीनेवाला शिशु नहीं हूँ और यह मुझे स्मरण है कि पृथ्वीसेन के विरोध करने पर भी आपकी कृपा से मुझे महाबलाधिकृत का पद मिला है। मैं कृतघ्न नहीं हूँ, महादेवी! आप निश्चित रहें।

अनन्तदेवी—पुष्यमित्रों के युद्ध में भेजने के लिये मैंने भी कुछ समझकर उद्योग नहीं किया। भटार्क! क्रान्ति उपस्थित है, तुम्हारा यहाँ रहना आवश्यक है।

भटार्क—क्रान्ति के सहसा इतना समीप उपस्थित होने के तो कोई लक्षण मुझे नहीं दिखाई पड़ते।

अनन्तदेवी—राजधानी में आनन्द-विलास हो रहा है, और पारसीक मदिरा की धारा बह रही है; इनके स्थान पर रक्त की धारा बहेगी! आज तुम कालागुरु के गन्ध-धूम से सन्तुष्ट हो रहे हो, कल इन उच्च सौध-मन्दिरों में महापिचाशी की विप्लव-ज्वाला धधकेगी! उस चिरायँध की उत्कट गन्ध असह्य होगी। तब तुम भटार्क! उस आगामी खण्ड-प्रलय के लिए प्रस्तुत हो कि नहीं? (ऊपर देखती हुई) उंहूँ, प्रपञ्चबुद्धि की कोई बात आज तक मिथ्या नहीं हुई।

भटार्क—कौन प्रपञ्चबुद्धि?

अनन्तदेवी—सूची-भेद्य अन्धकार में छिपनेवाली रहस्यमयी नियति का—प्रज्ज्वलित कठोर नियति का—नील आवरण उठाकर झाँकने वाला। उसकी आखों में अभिचार का सङ्केत है; मुस्कुराहट में विनाश की सूचना है, आँधियों से खेलता है; बातें करता है—बिजलियों से आलिंगन!

(प्रपञ्चबुद्धि का सहसा प्रवेश)

प्रपञ्चबुद्धि—स्मरण है भाद्र की अमावस्या?

(भटार्क और अनन्तदेवी सहमकर हाथ जोड़ते हैं।)

अनन्तदेवी—स्मरण है, भिक्षु शिरोमणे! उसे मैं भूल सकती हूँ?

प्रपंचबुद्धि—कौन, महाबलाधिकृत! हँ-हँ-हँ-हँ, तुम लोग सद्धर्म के अभिशाप की लीला देखोगे, है आखों में इतना बल? क्यों समझ लिया था कि इन मुण्डित-मस्तक जीर्ण कलेवर भिक्षु कङ्कालों में क्या धरा है। देखो—शव-चिता में नृत्य करती हुई तारा का ताण्डव नृत्य, शून्य! सर्वनाशकारिणी प्रकृति की मुण्डमालाओं की कन्दुक-क्रीड़ा! अश्वमेध हो चुके, उनके फलस्वरूप महानरमेध का उपसंहार भी देखो। (देखकर) है तुझमें—तू करेगा? अच्छा महादेवी! अमावस्या के पहले पहर में, जब नील गगन से भयानक और उज्ज्वल उल्कापात होगा, महाशून्य की ओर देखना। जाता हूँ। सावधान।

(प्रस्थान)

भटार्क—महादेवी ! यह भूकम्प के समान हृदय को हिला देने वाला कौन व्यक्ति है ? ओह, मेरा तो सिर घूम रहा है !

अनन्तदेवी—यही तो भिक्षु प्रपञ्चबुद्धि हैं !

भटार्क—तब मुझे विश्वास हुआ। यह क्रूर-कठोर नर-पिशाच मेरी सहायता करेगा। मैं उस दिन के लिये प्रस्तुत हूँ।

अनन्तदेवी—तब प्रतिश्रुत होते हो ?

भटार्क—दास सदैव अनुचर रहेगा।

अनन्तदेवी—अच्छा, तुम इसी गुप्तद्वार से जाओ। देखूँ, अभी कादम्ब की मोह-निद्रा से सम्राट् जगे कि नहीं !

जया—(**प्रवेश करके**) परम भट्टारक अँगड़ाइयाँ ले रहे हैं। स्वामिनी शीघ्र चलिये।

(**जया का प्रस्थान**)

भटार्क—तो महादेवी, आज्ञा हो।

अनन्तदेवी—(**देखती हुई**) भटार्क ! जाने को कहूँ ? इस शत्रुपुरी में मैं असहाय अबला इतना—आह ! (**आँसू पोंछती है**)

भटार्क—धैर्य रखिये। इस सेवक के बाहुबल पर विश्वास कीजिये !

अनन्तदेवी—तो भटार्क, जाओ।

(**जया का सहसा प्रवेश**)

जया—चलिये शीघ्र।

(**दोनों जाती हैं**)

भटार्क—एक दुर्भेद्य नारी-हृदय में विश्व-प्रहेलिका का रहस्य-बीज है। ओह कितनी साहसशीला स्त्री है ? देखूँ, गुप्त-साम्राज्य के भाग्य की कुञ्जी यह किधर घुमाती है। परन्तु इसकी आँखों में कामपिपासा के संकेत अभी उबल रहे हैं। अतृप्ति की चञ्चल प्रवंचना कपोलों पर रक्त होकर क्रीड़ा कर रही है। हृदय में श्वासों की गरमी विलास का सन्देश वहन कर रही है। परन्तु, अच्छा चलूँ, यह विचार करने का स्थान नहीं है। (**गुप्त द्वार से जाता है**)

(**पट-परिवर्तन**)

(**अन्तःपुर का द्वार**)

शर्वनाग—(**टहलता हुआ**) कौन-सी वस्तु देखी ? किस सौन्दर्य पर मन रीझा ? कुछ नहीं, सदैव इसी सुन्दरी खड्ग-लता की प्रभा पर मैं मुग्ध रहा। मैं नहीं जानता कि और भी कुछ सुन्दर है। वह मेरी स्त्री—जिसके अभावों का कोश कभी खाली नहीं, जिसकी भर्त्सनाओं का भण्डार अक्षय है, उससे मेरी अन्तरात्मा काँप उठती

है। आज मेरा पहरा है। घर से जान छूटी, परन्तु रात बड़ी भयानक है। चलूँ अपने स्थान पर बैठूँ। सुनता हूँ कि परम भट्टारक की अवस्था अत्यन्त शोचनीय है—जाने भगवान्

(**भटार्क का प्रवेश**)

भटार्क—कौन ?

शर्वनाग—नायक शर्वनाग ?

भटार्क—कितने सैनिक हैं ?

शर्वनाग—पूरा एक गुल्म ?

भटार्क—अन्तःपुर से कोई आज्ञा मिली है ?

शर्वनाग—नहीं।

भटार्क—तुमको मेरे साथ चलना होगा।

शर्वनाग—मैं प्रस्तुत हूँ, कहाँ चलूँ ?

भटार्क—महादेवी के द्वार पर।

शर्वनाग—वहाँ मेरा क्या कर्तव्य होगा ?

भटार्क—कोई न तो भीतर जाने पाये और न भीतर से बाहर आने पाये।

शर्वनाग—(चौंककर) इसका तात्पर्य ?

भटार्क—(**गम्भीरता से**) तुमको महाबलाधिकृत की आज्ञा पालन करनी चाहिये।

शर्वनाग—तब भी क्या स्वयं महादेवी पर नियन्त्रण रखना होगा ?

भटार्क—हाँ।

शर्वनाग—ऐसा !

(**कोलाहल भीषण उल्कापात**)

भटार्क—ओह ठीक समय हो गया ! अच्छा मैं अभी आता हूँ।

(**द्वार खोलकर भटार्क भीतर जाता है**)

(**रामा का प्रवेश**)

रामा—क्यों, तुम आज यहीं हो ?

शर्वनाग—मैं, मैं यहीं हूँ; तुम कैसे ?

रामा—मूर्ख ! महादेवी सम्राट् को देखना चाहती हैं, परन्तु उनके आने में बाधा है। गोबर-गणेश ! तू कुछ कर सकता है ?

शर्वनाग—मैं क्रोध से गर्जते हुए सिंह की पूँछ उखाड़ सकता हूँ; परन्तु सिंह-वाहिनी ! तुम्हें देखकर मेरे देवता कूच कर जाते हैं।

रामा—(**पैर पटक कर**) तुम कीड़े से भी अपदार्थ हो।

शर्वनाग—न-न-न-न, ऐसा न कहो, मैं सब कुछ हूँ। परन्तु मुझे घबराओ मत; समझाकर कहो! मुझे क्या करना होगा?

रामा—महादेवी देवकी की रक्षा करनी होगी, समझा? क्या आज इस सम्पूर्ण गुप्त-साम्राज्य में कोई ऐसा प्राणी नहीं, जो उनकी रक्षा करे! शत्रु अपने विषैले डङ्क और तीखे डाढ़ सँवार रहे हैं। पृथ्वी के नीचे कुमन्त्रणाओं का क्षीण भूकम्प चल रहा है।

शर्वनाग—यही तो मैं भी कभी-कभी सोचता था। परन्तु····

रामा—तुम, जिस प्रकार हो सके, महादेवी के द्वार पर जाओ। मैं जाती हूँ। (**जाती है**)

(**एक सैनिक का प्रवेश**)

सैनिक—नायक! न जाने क्यों हृदय दहल उठा है, जैसे सनसन करती हुई, डर से, यह आधी रात खिसकती जा रही है! पवन में गति है, परन्तु शब्द नहीं। 'सावधान' रहने का शब्द मैं चिल्लाकर कहता हूँ; परन्तु मुझे ही सुनाई नहीं पड़ता है। यह सब क्या है। नायक?

शर्वनाग—तुम्हारी तलवार कहीं भूल तो नहीं गयी है?

सैनिक—म्यान हल्की-सी लगती है, टटोलता हूँ पर···

शर्वनाग—तुम घबराओ मत, तीन साथियों को साथ लेकर घूमो, सबको सचेत रखो। हम इसी शिला पर हैं. कोई डरने की बात नहीं।

(**सैनिक जाता है। फाटक खोलकर पुरगुप्त निकलता है। पीछे भटार्क और सैनिक**)

पुरगुप्त—नायक शर्वनाग!

शर्वनाग—जय हो कुमार की! क्या आज्ञा है?

पुरगुप्त—तुम साम्राज्य की शिष्टता सीखो।

शर्वनाग—कुमार! दास चिर-अपराधी है। (**सिर झुका लेता है**)

भटार्क—इन्हें महादेवी के द्वार पर जाने की आज्ञा दीजिये, यह विश्वस्त सैनिक वीर हैं।

पुरगुप्त—जाओ, तुम महादेवी के द्वार पर। जैसा महाबलाधिकृत ने कहा है, वैसा करना।

शर्वनाग—जैसी आज्ञा।

(**अपने सैनिकों को साथ लेकर जाता है। दूसरे नायक और सैनिक परिक्रमण करते हैं**)

भटार्क—कोई भी पूछे तो यह मत कहना कि सम्राट् का निधन हो गया है। हाँ, बढ़ी हुई अस्वस्थता का समाचार बतलाना और सावधान, कोई भी—चाहे वह कुमारा-

मात्य ही क्यों न हों—भीतर न आने पावें। तुम यही कहना कि परम भट्टारक अत्यन्त विकल हैं किसी से मिलना नहीं चाहते। समझा?

नायक—अच्छा···

(दोनों जाते हैं, फाटक बन्द होता है)

नायक—(सैनिकों से) आज बड़ी विकट अवस्था है, भाइयो सावधान!

(कुमारामात्य पृथ्वीसेन, महादण्डनायक और महाप्रतिहार का प्रवेश)

महाप्रतिहार—नायक, द्वार खोलो, हम लोग परम भट्टारक का दर्शन करेंगे।

नायक—प्रभु! किसी को भीतर जाने की आज्ञा नहीं है।

महाप्रतिहार—(चौंककर) आज्ञा! किसकी आज्ञा? अबोध तू नहीं जानता—सम्राट् के अन्तःपुर पर स्वयं सम्राट् का भी उतना अधिकार नहीं जितना महाप्रतिहार का? शीघ्र द्वार उन्मुक्त कर।

नायक—दण्ड दीजिये प्रभु, परन्तु द्वार न खुल सकेगा।

महाप्रतिहार—तू क्या कह रहा है?

नायक—जैसी भीतर से आज्ञा मिली है।

कुमारामात्य—(पैर पटककर) ओह!

दण्डनायक—विलम्ब असह्य है, नायक! द्वार से हट जाओ।

महाप्रतिहार—मैं आज्ञा देता हूँ कि तुम अन्तःपुर से हट जाओ युवक! नहीं तो तुम्हें पदच्युत करूँगा।

नायक—यथार्थ है। परन्तु मैं महाबलाधिकृत की आज्ञा से यहाँ हूँ, और मैं उन्हीं के अधीनस्थ सैनिक हूँ। महाप्रतिहार के अन्तःपुर-रक्षकों में मैं नहीं हूँ।

महाप्रतिहार—क्या अन्तःपुर पर भी सैनिक नियंत्रण है? पृथ्वीसेन

पृथ्वीसेन—इसका परिणाम भयानक है। अन्तिम शैय्या पर लेटे हुए सम्राट् की आत्मा को कष्ट पहुँचाना होगा।

महाप्रतिहार—अच्छा (कुछ देखकर) हाँ, शर्वनाग कहाँ गया?

नायक—उसे महाबलाधिकृत ने दूसरे स्थान पर भेजा है।

महाप्रतिहार—(क्रोध से) मूर्ख शर्वनाग!

(अन्तःपुर से क्षीण क्रन्दन)

महादण्डनायक—(कान लगाकर सुनते हुए) क्या सब शेष हो गया? हम अवश्य भीतर जायँगे।

(तीनों तलवार खींच लेते हैं, नायक भी सामने आ जाता है, द्वार खोलकर पुरगुप्त और भटार्क का प्रवेश)

पृथ्वीसेन—भटार्क! यह सब क्या है?

भटार्क—(**तलवार खींचकर सिर से लगाता हुआ**) परम भट्टारक राजाधिराज पुरगुप्त की जय हो ! माननीय कुमारामात्य, महादण्डनायक और महाप्रतिहार साम्राज्य के नियमानुसार, शस्त्र अर्पण करके, परम भट्टारक का अभिवादन कीजिए ।

(**तीनों एक-दूसरे का मुँह देखते हैं**)

महाप्रतिहार—तब क्या सम्राट् कुमारगुप्त महेन्द्रादित्य अब संसार में नहीं हैं ?

भटार्क—नहीं ।

पृथ्वीसेन—परन्तु उत्तराधिकारी युवराज स्कन्दगुप्त ?

पुरगुप्त—चुप रहो । तुम लोगों को बैठकर व्यवस्था नहीं देनी होगी । उत्तराधिकारी का निर्णय स्वयं स्वर्गीय सम्राट् कर गये हैं ।

पृथ्वीसेन—परन्तु प्रमाण ?

पुरगुप्त—क्या तुम्हें प्रमाण देना होगा ?

पृथ्वीसेन—अवश्य ।

पुरगुप्त—महाबलाधिकृत ! इन विद्रोहियों को बन्दी करो ।

(**भटार्क आगे बढ़ता है**)

पृथ्वीसेन—ठहरो भटार्क ! तुम्हारी विजय हुई, परन्तु एक बात····

पुरगुप्त—आधी बात भी नहीं, बन्दी करो ।

पृथ्वीसेन—कुमार ! तुम्हारे दुर्बल और अत्याचारी हाथों में गुप्त-साम्राज्य का राजदण्ड टिकेगा नहीं । सम्भवतः तुम साम्राज्य पर विपत्ति का आवाहन करोगे । इसलिये कुमार ! इससे विरत हो जाओ ।

पुरगुप्त—महाबलाधिकृत ! क्यों विलम्ब करते हो ?

भटार्क—आप लोग शस्त्र रखकर आज्ञा मानिये ।

महाप्रतिहार—आततायी ! यह स्वर्गीय आर्यचन्द्रगुप्त का दिया हुआ खड्ग तेरी आज्ञा से नहीं रखा जा सकता । उठा अपना शस्त्र, और अपनी रक्षा कर ।

पृथ्वीसेन—महाप्रतिहार ! सावधान ! क्या करते हो ? यह अन्तर्विद्रोह का समय नहीं है ! पश्चिम और उत्तर से काली घटाएँ उमड़ रही हैं, यह समय बल-नाश करने का नहीं है । आओ, हम लोग गुप्त-साम्राज्य के विधानानुसार चरम प्रतिकार करें । बलिदान देना होगा । परन्तु भटार्क ! जिसे तुम खेल समझकर हाथ में ले रहे हो, उस काल-भुजङ्गी राष्ट्रनीति की—प्राण देकर भी—रक्षा करना । एक नहीं, सौ स्कन्दगुप्त उस पर न्योछावर हों ! आर्य साम्राज्य की जय हो ! (**छुरा मारकर गिरता है, महाप्रतिहार और दण्डनायक भी वैसा ही करते हैं**)

पुरगुप्त—पाखंड स्वयं बिदा हो गये— अच्छा ही हुआ ।

भटार्क—परन्तु भूल हुई । ऐसे स्वामिभक्त सेवक !

पुरगुप्त—कुछ नहीं। (भीतर जाता है)

भटार्क—तो जायँ, सब जायँ, गुप्त-साम्राज्य के हीरों के-से उज्ज्वल-हृदय वीर युवकों का शुद्ध रक्त, सब मेरी प्रतिहिंसा राक्षसी के लिये बलि हों !

(पट-परिवर्तन)

षष्ठ दृश्य

(नगर-प्रान्त के पथ में)

मुद्गल—(प्रवेश करके) किसी के सम्मान-सहित निमन्त्रण देने पर पवित्रता से हाथ-पैर धोकर चौके पर बैठ जाना—एक दूसरी बात है; और भटकते, थकते, उछलते, कूदते, ठोकर खाते और लुढ़कते—हाथ-पैर की पूजा कराते हुए मार्ग चलना—एक भिन्न वस्तु है। कहाँ हम और कहाँ यह दौड़, कुसुमपुरी से अवन्ति और अवन्ति से मूलस्थान ! इस बार की आज्ञा का तो पालन करता हूँ; परन्तु यदि, तथापि, पुनश्च, फिर भी, कभी ऐसी आज्ञा मिली कि इस ब्राह्मण ने साष्टांग प्रणाम किया। अच्छा, इस वृक्ष की छाया में बैठकर विचार कर लूँ कि सैकड़ों योजन लौट चलना अच्छा है कि थोड़ा और चलकर काम कर लेना।

(गठरी रख बैठकर ऊँघने लगता है। मातृगुप्त का प्रवेश)

मातृगुप्त—मुझे तो युवराज ने मूलस्थान की परिस्थिति सँभालने के लिए भेजा, देखता हूँ कि वह मुद्गल भी यहाँ आ पहुँचा ! चलें, इसे कुछ तङ्ग करें, थोड़ा मनोविनोद ही सही।

(कपड़े से मुँह छिपाकर, गठरी खींचकर चलता है)

मुद्गल—(उठकर) ठहरो भाई, हमारे जैसे साधारण लोग अपनी गठरी आप ही ढोते हैं, तुम कष्ट न करो।

(मातृगुप्त चक्कर काटता है। मुद्गल पीछे-पीछे दौड़ता है)

मातृगुप्त—(दूर खड़ा होकर) अब आगे बढ़े कि तुम्हारी टाँग टूटी !

मुद्गल—अपनी गठरी बचाने में टाँग टूटना बुरा नहीं, अपशकुन नहीं। तुम यह न समझना कि हम दूर चलते-चलते थक गये हैं। तुम्हारा पीछा न छूटेगा। हम ब्राह्मण हैं, हमसे शास्त्रार्थ कर लो। डण्डा न दिखाओ। हाँ, मेरी गठरी जो तुम लेते हो, इसमें कौन-सा न्याय है ? बोलो—

मातृगुप्त—न्याय ? तब तो तुम आप्तवाक्य अवश्य मानते होंगे।

मुद्गल—अच्छा तो तर्कशास्त्र लगाना पड़ेगा ?

मातृगुप्त—हाँ, तुमने गीता पढ़ी होगी ?

मुद्गल—हाँ अवश्य, ब्राह्मण और गीता न पढ़े !

मातृगुप्त—उसमें लिखा है कि "न त्वंवाहं जातु नास्मि न त्वं नेमे"—न हम हैं, न तुम हो, न यह वस्तु है, न तुम्हारी है, न हमारी—फिर इस छोटी-सी गठरी के लिए इतना झगड़ा !

मुद्गल—ओहो ! तुम नहीं समझे !

मातृगुप्त—क्या ?

मुद्गल—गीता सुनने के बाद क्या हुआ ?

मातृगुप्त—महाभारत !

मुद्गल—तब भइया, इस गठरी के लिए महाभारत का एक लघु संस्करण हो जाना आवश्यक है । गठरी में हाथ लगाया कि डण्डा लगा ।

(**डण्डा तानता है**)

मातृगुप्त—मुद्गल, डण्डा मत तानो, मैं वैसा मूर्ख नहीं कि सूच्यग्र-भाग के लिए दूध और मधु से बना हुआ एक बूँद भी रक्त गिराऊँ !

(**गठरी देता है**)

मुद्गल—अरे कौन ! मातृगुप्त !

(**नेपथ्य में कोलाहल**)

मातृगुप्त—हाँ मुद्गल । इधर तो शक और हूणों की सम्मिलित सेना घोर आतङ्क फैला रही है, चारों ओर विप्लव का साम्राज्य है । निरीह भारतीयों की घोर दुर्दशा है ।

मुद्गल—और मैं महादेवी का सन्देश लेकर अवन्ति गया, वहाँ युवराज नहीं थे । बलाधिकृत पर्णदत्त की आज्ञा हुई कि महाराजपुत्र स्कन्दगुप्त को जिस तरह हो, खोज निकालो । यहाँ तो विकट समस्या है । हम लोग क्या कर सकते हैं ?

मातृगुप्त—कुछ नहीं, केवल भगवान् से प्रार्थना । साम्राज्य में कोई सुननेवाला नहीं, अकेले युवराज स्कन्दगुप्त क्या करेंगे ?

मुद्गल—परन्तु भाई, हम ईश्वर होते तो इन मनुष्यों की कोई प्रार्थना सुनते ही नहीं । इनको हर काम में हमारी आवश्यकता पड़ती है । मैं तो घबरा जाता, भला वह तो कुछ सुनते भी हैं ।

मातृगुप्त—नहीं मुद्गल, निरीह प्रजा का नाश देखा नहीं जाता । क्या इनकी उत्पत्ति का यही उद्देश्य था ? क्या इनका जीवन केवल चींटियों के समान किसी की

प्रतिहिंसा पूर्ण करने के लिये है ? देखो—वह दूर पर बँधे हुए नागरिक और उन पर हूणों की नृशंसता ! ओह ! !

मुद्गल—अरे ! हाय रे बाप ! !

मातृगुप्त—सावधान ! असहाय अवस्था में प्रार्थना के अतिरिक्त और कोई उपाय नहीं, आओ, हम लोग भगवान् से विनती करें—

(**सम्मिलित स्वर से**)

उतारोगे अब कब भू-भार
बार-बार क्यों कह रक्खा था लूँगा मैं अवतार
उमड़ रहा है इस भूतल पर दुख का पारावार
बाड़व लेलिहान जिह्वा का करता है विस्तार
प्रलय-पयोधर बरस रहे हैं रक्त-अश्रु की धार
मानवता में राक्षसत्व का अब है पूर्ण प्रचार
पड़ा नहीं कानों में अब तक क्या यह हाहाकार
सावधान हो अब तुम जानो मैं तो चुका पुकार

(**बन्दियों के साथ हूण सैनिकों का प्रवेश**)

हूण—चुप रह क्या गाता है ?

मुद्गल—हें हें, भीख माँगता हूँ, गीत गाता हूँ। आप भी कुछ दीजियेगा ?

(**दीन मुद्रा बनाता है**)

हूण—(**धक्का देते हुए**) चल, एक ओर खड़ा हो। हाँ जी, इन दुष्टों ने कुछ देना अभी स्वीकार नहीं किया, बड़े कुत्ते हैं !

नागरिक—हम निरीह प्रजा हैं। हम लोगों के पास क्या रह गया जो आप लोगों को दें। सैनिकों ने तो पहले ही लूट लिया है।

हूण-सेनापति—तुम लोग बातें बनाना खूब जानते हो। अपना छिपा हुआ धन देकर प्राण बचाना चाहते हो तो शीघ्रता करो, नहीं तो गरम किये हुए लोहे प्रस्तुत हैं—कोड़े और तेल में तर कपड़े भी। उस कष्ट का स्मरण करो !

नागरिक—प्राण तो तुम्हारे हाथों में है, जब चाहो ले लो।

हूण-सेनापति—(**कोड़े से मारता हुआ**) उसे तो ले लेंगे ही; पर, धन कहाँ है ?

नागरिक—नहीं है निर्दय ! हत्यारे ! कह दिया कि नहीं है !

हूण-सेनापति—(**सैनिकों से**) इन बालकों को तेल से भीगा हुआ कपड़ा डाल कर जलाओ और स्त्रियों को गरम लोहे से दागो।

स्त्रियाँ—हे नाथ !

हमारे निर्बलों के बल कहाँ हो
हमारे दीन के सम्बल कहाँ हो
नहीं हो नाम ही बस नाम है क्या
सुना केवल यहाँ हो या वहाँ हो
पुकारा जब किसी ने तब सुना था
भला विश्वास यह हमको कहाँ हो !

(हूण स्त्रियों को पकड़ कर खींचते हैं)

मातृगुप्त—हे प्रभु !

हमें विश्वास दो अपना बना लो
सदा स्वच्छन्द हों—चाहे जहाँ हों

इन निरीहों के लिये प्राण उत्सर्ग करना धर्म है। कायरो ! स्त्रियों पर यह अत्याचार ! !

(तलवार से बंधन काटता है । लपकते हुए एक संन्यासी का प्रवेश)

संन्यासी—साधु ! वीर ! सम्हलकर खड़े हो जाओ—भगवान् पर विश्वास करके खड़े हो ।

मुद्गल—(**पहचानता हुआ**) जय हो, महाराजपुत्र गोविन्दगुप्त की जय हो !

(सब उत्साहित होकर भिड़ जाते हैं । हूण सैनिक भागते हैं)

गोविन्दगुप्त—अच्छा मुद्गल ! तुम यहाँ कैसे ? और युवक ! तुम कौन हो ?

मातृगुप्त—युवराज स्कन्दगुप्त का अनुचर ।

मुद्गल—वीर पुङ्गव ! इतने दिनों पर दर्शन भी हुआ तो इस वेश में !

गोविन्दगुप्त—मुद्गल ! क्या कहूँ । स्कन्द कहाँ है ?

मातृगुप्त—उज्जयिनी में !

गोविन्दगुप्त—अच्छा है, सुरक्षित है । चलो, दुर्ग में हमारी सेना पहुँच चुकी है । वहाँ विश्राम करो । यहाँ का प्रबन्ध करके हमको शीघ्र आवश्यक कार्य से मालव जाना है । अब हूणों के आतङ्क का डर नहीं !

सब—जय हो महाराज पुत्र गोविन्दगुप्त की !

गोविन्दगुप्त—पुष्यमित्रों के युद्ध का क्या परिणाम हुआ ?

मातृगुप्त—विजय हुई ।

गोविन्दगुप्त—और मालव का ?

मुद्गल—युवराज थोड़ी सेना लेकर बन्धुवर्म्मा की सहायता के लिये गये हैं ।

गोविन्दगुप्त—(**ऊपर देखकर**) वीरपुत्र है। स्कन्द ! आकाश के देवता और पृथ्वी की लक्ष्मी तुम्हारी रक्षा करें। आर्य-साम्राज्य के तुम्हीं एकमात्र भरोसा हो।

मुद्गल—तब महाराजपुत्र ! बड़ी भूख लगी है । प्राण बचते ही भूखे का धावा हो गया, शीघ्र रक्षा कीजये ।

गोविन्दगुप्त—हाँ-हाँ, सब लोग चलो ।

(सब जाते हैं)

सप्तम दृश्य

(अवन्ति के दुर्ग में देवसेना, विजया, जयमाला)

विजया—विजय किसकी होगी, कौन जानता है ।

जयमाला—तुमको केवल अपने धन की रक्षा का इतना ध्यान है ।

देवसेना—और देश के मान का, स्त्रियों की प्रतिष्ठा का, बच्चों की रक्षा का कुछ नहीं ।

विजया—(संकुचित होकर) नहीं, मेरा अभिप्राय यह नहीं था ।

जयमाला—परन्तु एक उपाय है ।

विजया—वह क्या ?

जयमाला—रक्षा का निश्चित उपाय ।

देवसेना—तुम्हारे पिता ने तो उस समय नहीं माना, न सुना, नहीं तो आज इस भय का अवसर ही न आता ।

जयमाला—तुम्हारी अपार धन-राशि में से एक क्षुद्र अंश, वही यदि इस धन-लोलुप श्रृगालों को दे दिया जाता तो····

विजया—किन्तु इस प्रकार अर्थ देकर विजय खरीदना तो देश की वीरता के प्रतिकूल है ।

जयमाला—ठहरो, कोई आ रहा है ।

(बन्धुवर्म्मा का प्रवेश)

बन्धुवर्म्मा—प्रिये ! अभी तक युवराज का कोई सन्देश नहीं मिला । सम्भवतः शक और हूणों की सम्मिलित वाहिनी से आज दुर्ग की रक्षा न कर सकूँगा ।

जयमाला—नाथ ! तब क्या मुझे स्कन्दगुप्त का अभिनय करना होगा ? क्या मालवेश को दूसरे की सहायता पर ही राज्य करने का साहस हुआ था ? जाओ प्रभु ! सेना लेकर सिंह-विक्रम-से सेना पर टूट पड़ो ! दुर्ग-रक्षा का भार मैं लेती हूँ ।

विजया—महाराज ! यह केवल वाचालता है । दुर्ग रक्षा का भार सुयोग्य सेनापति पर होना चाहिये ।

बन्धुवर्म्मा—घबराओ मत श्रेष्ठि-कन्ये !

जयमाला—स्वर्ण-रत्न की चमक देखने वाली आँखें बिजली-सी तलवारों के तेज को कब तक सह सकती हैं । श्रेष्ठि-कन्ये ! हम क्षत्राणी है, चिर-सङ्गिनी खड्गलता का हम लोगों से चिर-स्नेह है ।

बन्धुवर्म्मा—प्रिये ! शरणागत और विपन्न की मर्यादा रखनी चाहिये । अच्छा, दुर्ग का तो नहीं, अन्तःपुर का भार तुम्हारे ऊपर है ।

देवसेना—भैया, आप निश्चिंत रहिये ।

बन्धुवर्म्मा—भीम दुर्ग का निरीक्षण करेगा; मैं जाता हूँ ।

(**जाता है**)

विजया—भयानक युद्ध समीप जान पड़ता है, क्यों राजकुमारी !

देवसेना—तुम वीणा ले लो तो मैं गाऊँ ।

विजया—हँसी न करो राजकुमारी !

जयमाला—बुरा क्या है ?

विजया—युद्ध और गान !

जयमाला—युद्ध क्या गान नहीं है ? रुद्र का शृङ्गीनाद, भैरवी का ताण्डव-नृत्य और शस्त्रों का वाद्य मिलकर भैरव-सङ्गीत की सृष्टि होती है । जीवन के अन्तिम दृश्य को जानते हुये, अपनी आँखों से देखना; जीवन-रहस्य के चरम-सौन्दर्य की नग्न और भयानक वास्तविकता का अनुभव केवल सच्चे वीर-हृदय को होता है । ध्वंसमयी महामाया-प्रकृति का वह निरन्तर सङ्गीत है । उसे सुनने के लिये हृदय में साहस और बल एकत्र करो । अत्याचार के श्मशान में ही मङ्गल का शिव का, सत्य सुन्दर सङ्गीत का समारम्भ होता है ।

देवसेना—तो भाभी, मैं तो गाती हूँ । एक बार गा लूँ, हमारा प्रिय गान फिर गाने को मिले या नहीं ।

जयमाला—तो गाओ न ।

विजया—रानी ! तुम लोग आग की चिनगारियाँ हो, या स्त्री हो ? देवी ज्वालामुखी की सुन्दर लट के समान तुम लोग···

जयमाला—सुनो, देवसेना गा रही है ।

(**देवसेना गाती है**)

भरा नैनों में मन में रूप ।
किसी छलिया का अमल अनूप ।

जल-थल, मारुत, व्योम में, जो छाया है सब ओर।
खोज-खोजकर खो गयी मैं, पागल-प्रेम विभोर।
भाँग से भरा हुआ यह कूप।
भरा नैनों में मन में रूप।
धमनी की तन्त्री बजी, तू रहा लगाये कान।
बलिहारी मैं, कौन तू है मेरा जीवन-प्रान।
खेलता जैसे छाया-धूप।
भरा नैनों में मन में रूप॥

(**सहसा भीमवर्म्मा का प्रवेश**)

भीमवर्म्मा—भाभी, दुर्ग का द्वार टूट चुका है। हम अन्तःपुर के बाहरी द्वार पर हैं। अब तुम लोग प्रस्तुत रहना।

जयमाला—उनका क्या समाचार है?

भीमवर्म्मा—अभी कुछ नहीं मिला। गिरिसङ्कट में उन्होंने शत्रुओं के मार्ग को रोका था, परन्तु दूसरी शत्रु-सेना गुप्त मार्ग से आ गयी। मैं जाता हूँ, सावधान!

(**जाता है**)

(**नेपथ्य में कोलाहल, भयानक शब्द**)

विजया—महारानी! किसी सुरक्षित स्थान में निकल चलिये।

जयमाला—(**छुरी निकालकर**) रक्षा करनेवाली तो पास है, डर क्या, देवसेना?

देवसेना—भाभी! श्रेष्ठि-कन्या के पास नहीं है, उन्हें भी दो।

विजया—न न न, मैं लेकर क्या करूँगी, भयानक!

देवसेना—इतनी सुन्दर वस्तु क्या कलेजे में रख लेने के योग्य नहीं है?

विजया—(**धड़ाके का शब्द सुनकर**) ओह! तुम लोग बड़ी निर्दय हो!

(**रक्त से लथपथ भीमवर्म्मा का प्रवेश**)

भीमवर्म्मा—भाभी! रक्षा न हो सकी, अब तो मैं जाता हूँ। वीरों के वरणीय सम्मान को अवश्य प्राप्त करूँगा। परन्तु····

जयमाला—हम लोगों की चिन्ता न करो। वीर! स्त्रियों की, ब्राह्मणों की, पीड़ितों और अनाथों की रक्षा में प्राण-विसर्जन करना, क्षत्रिय का धर्म है। एक प्रलय की ज्वाला अपनी तलवार से फैला दो। भैरव के श्रृङ्गीनाद के समान प्रबल हुङ्कार से शत्रु-हृदय कँपा दो! वीर! बढ़ो, गिरो तो मध्याह्न के भीषण सूर्य के समान!—आगे, पीछे, सर्वत्र आलोक और उज्ज्वलता रहे!

(**भीमवर्म्मा का प्रस्थान। द्वार का टूटना। विजयी शत्रु सेनापति का प्रवेश भीमवर्म्मा**

का आकर रोकना। गिरते-गिरते भीमवर्म्मा का जयमाला और देवसेना की सहायता से युद्ध। सहसा स्कन्दगुप्त का सैनिकों के साथ प्रवेश—घोष—'युवराज स्कन्दगुप्त की जय !'

(शक और हूण स्तम्भित होते हैं)

स्कन्दगुप्त—ठहरो देवियो! स्कन्द के जीवित रहते स्त्रियों को शस्त्र नहीं चलाना पड़ेगा।

(युद्ध सब पराजित और बन्दी होते हैं)

विजया—(**झाँककर**) अहा! कैसी भयानक और सुन्दर मूर्ति है!

स्कन्दगुप्त—(**विजया को देखकर**) यह—यह कौन ?

(पटाक्षेप)

द्वितीय अङ्क

प्रथम दृश्य

[मालव में शिप्रा-तट-कुञ्ज]

देवसेना—इसी पृथ्वी पर है और अवश्य है।

विजया—कहाँ राजकुमारी ? संसार मे छल, प्रवचंना और हत्याओं को देखकर कभी-कभी मान ही लेना पड़ता है कि यह जगत् ही नरक है, कृतघ्नता और पाखण्ड का साम्राज्य यहीं है। छीना-झपटी नोच-खसोट, मुँह में से आधी रोटी छीन कर भागनेवाले विकट जीव यहीं तो हैं! श्मशान के कुत्तों से भी बढ़कर मनुष्यों की पतित दशा है।

देवसेना—पवित्रता की माप है मलिनता, सुख का आलोचक है दुःख, पुण्य की कसौटी है पाप। विजया! आकाश के सुन्दर नक्षत्र आँखों से केवल देखे ही जाते हैं, वे कुसुम-कोमल है कि वज्र-कठोर—कौन कह सकता है। आकाश में खेलती हुई कोकिला की करुणामयी तान का कोई रूप है या नहीं, उसे देख नहीं पाते। शतदल और पारिजात का सौरभ बिठा रखने की वस्तु नहीं। परन्तु संसार में ही नक्षत्र-से उज्ज्वल—किन्तु कोमल—स्वर्गीय सङ्गीत की प्रतिमा तथा स्थायी कीर्त्ति-सौरभ वाले प्राणी देखे जाते हैं। उन्हीं से स्वर्ग का अनुमान कर लिया जा सकता है।

विजया—होंगे, परन्तु मैंने नहीं देखा।

देवसेना—तुमने सचमुच कोई ऐसा व्यक्ति नहीं देखा ?

विजया—नहीं तो—

देवसेना—समझकर कहो।

विजया—हाँ, समझ लिया।

देवसेना—क्या तुम्हारा हृदय कभी पराजित नहीं हुआ ? विजया ! विचार कर कहो, किसी भी असाधारण महत्व से तुम्हारा उद्दण्ड हृदय अभिभूत नहीं हुआ ? यदि हुआ है, वही स्वर्ग है। जहाँ हमारी सुन्दर कल्पना आदर्श का नीड़ बनाकर विश्राम करती है, वहीं स्वर्ग है। वही विहार का, वही प्रेम करने का स्थल, स्वर्ग है, और वह इसी लोक मे मिलता है। जिसे नहीं मिला, वह इस संसार में अभागा है।

विजया—तो राजकुमारी, मैं कह दूँ ?

देवसेना—हाँ, हाँ, तुम्हें कहना ही होगा ?

विजया—मुझे तो आज तक किसी को देखकर हारना नहीं पड़ा। हाँ, एक युवराज के सामने मन ढीला हुआ, परन्तु मैं उसे कुछ राजकीय प्रभाव भी कह कर टाल दे सकती हूँ।

देवसेना—नहीं विजया ! वह टालने से, बहला देने से, नहीं हो सकता। तुम भाग्यवती हो, देखो यदि वह स्वर्ग तुम्हारे हाथ लगे। (**सामने देखकर**) अरे लो ! वह युवराज आ रहे हैं। हम लोग हट चलें।

(**दोनों जाती हैं, स्कन्दगुप्त का प्रवेश, पीछे चक्रपालित**)

स्कन्दगुप्त—विजय का क्षणिक उल्लास हृदय की भूख मिटा देगा ? कभी नहीं। वीरों का भी क्या ही व्यवसाय है, क्या ही उन्मत्त भावना है। चक्रपालित ! संसार में जो सबसे महान् है, वह क्या है ? त्याग ! त्याग का ही दूसरा नाम महत्त्व है। प्राणों का मोह त्याग करना वीरता का रहस्य है।

चक्रपालित—युवराज ! सम्पूर्ण संसार कर्मण्य वीरों की चित्रकला है। वीरत्व एक स्वावलम्बी गुण है। प्राणियों का विकास सम्भवतः इसी विचार के ऊर्जित होने से हुआ है। जीवन में वही तो विजयी होता है जो दिन-रात 'युद्धस्व विगतज्वरः' का शङ्खनाद सुना करता है।

स्कन्दगुप्त—चक्र ! ऐसा जीवन तो विडम्बना है, जिसके लिये दिन-रात लड़ना पड़े ! आकाश में जब शीतल शुभ्र शरद-शशि का विलास हो, तब भी दाँत-पर दाँत रखे, मुट्ठियों को बाँधे हुए, लाल आँखों से एक दूसरे को घूरा करे ! वसन्त के मनोहर प्रभात में, निभृत कगारों में, चुपचाप बहने वाली सरिताओं का स्रोत गरम रक्त बहाकर लाल कर दिया जाय ! नहीं, नहीं चक्र ! मेरी समझ में मानव-जीवन का यही उद्देश्य नहीं है। कोई और भी निगूढ़ रहस्य है, चाहे उसे मैं स्वयं न जान सका हूँ।

चक्रपालित—सावधान युवराज ! प्रत्येक जीवन में कोई बड़ा काम करने के पहले ऐसे ही दुर्बल विचार आते हैं ! वह तुच्छ प्राणों का मोह है । अपने को झगड़ों से अलग रखने के लिए, अपनी रक्षा के लिये यह उसका क्षुद्र प्रयत्न होता है । अयोध्या चलने के लिये आपने कब का समय निश्चित किया है ? राजसिंहासन कब तक सूना रहेगा ? पुष्यमित्रों और शकों के युद्ध समाप्त हो चुके हैं ।

स्कन्दगुप्त—तुम मुझे उत्तेजित कर रहे हो ।

चक्रपालित—हाँ युवराज ! मुझे यह अधिकार है ।

स्कन्दगुप्त—नहीं चक्र ! अश्वमेध-पराक्रम स्वर्गीय सम्राट् कुमारगुप्त का आसन मेरे योग्य नहीं है । मैं झगड़ा करना नहीं चाहता, मुझे सिंहासन न चाहिए । पुरगुप्त को रहने दो । मेरा अकेला जीवन है । मुझे····

चक्रपालित—यह नहीं होगा । यदि राज्यशक्ति के केन्द्र में ही अन्याय होगा, तब तो समग्र राष्ट्र अन्यायों का क्रीड़ा-स्थल हो जायगा । आपको सब के अधिकारों की रक्षा के लिये अपना अधिकार सुरक्षित करना ही पड़ेगा ।

(चर का आना । कुछ सङ्केत करना । दोनों का प्रस्थान । देवसेना और विजया का प्रवेश)

विजया—यह क्या राजकुमारी ! युवराज तो उदासीन हैं ।

देवसेना—हाँ विजया, युवराज की मानसिक अवस्था कुछ बदली हुई है ।

विजया—दुर्बलता इन्हें राज्य से हटा रही है ।

देवसेना—कहीं तुम्हारा सोचा हुआ युवराज के महत्त्व का परदा तो नहीं हट रहा है ? क्यों विजया ! वैभव का अभाव तुम्हें खटकने तो नहीं लगा ?

विजया—राजकुमारी ! तुम तो निर्दय वाग्बाणों का प्रयोग कर रही हो ।

देवसेना—नहीं विजया, बात ऐसी नहीं है धनवानों के हाथ में माप ही एक है; वे विद्या, सौन्दर्य, बल, पवित्रता और तो क्या, हृदय भी उसी से मापते हैं । वह माप है—उनका ऐश्वर्य्य ।

विजया—परन्तु राजकुमारी ! इस उदार दृष्टि से तो चक्रपालित क्या, पुरुष नहीं है ? अवश्य है । वीर हृदय है, प्रशस्त वक्ष है, उदार मुख मण्डल है !

देवसेना—और सबसे अच्छी एक बात है । तुम समझती हो कि वह महत्त्वाकाङ्क्षी है । उसे तुम अपने वैभव से क्रय कर सकती हो, क्यों ? भाई, तुमको लेना है, तुम स्वयं समझ लो, मेरी दलाली नहीं चलेगी ।

विजया—जाओ राजकुमारी ।

देवसेना—एक गाना सुनोगी ?

विजया—महारानी खोजती होंगी, अब चलना चाहिये ।

देवसेना—तब तुम अभी प्रेम करने का, मनुष्य फँसाने का, ठीक सिद्धान्त नहीं जानती हो।

विजया—क्या ?

देवसेना—नये ढंग के आभूषण, सुन्दर वसन, भरा हुआ यौवन—यह सब तो चाहिये ही; परन्तु एक वस्तु और चाहिये। पुरुष को वशीभूत करने के पहले चाहिये, धोखे की टट्टी। मेरा तात्पर्य है—एक वेदना अनुभव करने का, एक विह्वलता का, अभिनय उसके मुख पर रहे—जिससे कुछ आड़ी-तिरछी रेखायें मुख पर पड़ें और मूर्ख मनुष्य उन्हीं को लेने के लिए व्याकुल हो जाय और फिर दो बूँद गरम-गरम आँसू और इसके बाद तान—वागीश्वरी की करुण-कोमल तान। बिना इसके सब रङ्ग फीका—

विजया—उस समय भी गान ?

देवसेना—बिना गान के कोई कार्य नहीं। विश्व के प्रत्येक कम्प में एक तान है। आहा ! तुमने सुना नहीं ? दुर्भाग्य तुम्हारा। सुनोगी ?

विजया—राजकुमारी ! गाने का भी रोग होता है क्या ? हाथ को ऊँचे-नीचे हिलाना, मुँह बनाकर एक भाव प्रकट करना, फिर शिर को जोर से हिला देना, जैसे उस तान से शून्य में एक हिलोर उठ गयी !

देवसेना—विजया ! प्रत्येक परमाणु के मिलने में एक सम है, प्रत्येक हरी-हरी पत्ती के हिलने में एक लय है। मनुष्य ने अपना स्वर विकृत कर रक्खा है, इसी से तो उसका स्वर विश्व-वीणा में शीघ्र नहीं मिलता। पांडित्य के मारे जब देखो, जहाँ देखो बेताल-बेसुरा बोलेगा। पक्षियों को देखो, उनकी 'चहचह' 'कलकल' 'छलछल' में, काकली में, रागिनी है।

विजया—राजकुमारी, क्या कह रही हो ?

देवसेना—तुमने एकान्त टीले पर, सब से अलग, शरद के सुन्दर प्रभात में फूला हुआ, फूलों से लदा हुआ, पारिजात-वृक्ष देखा है।

विजया—नहीं तो।

देवसेना—उसका स्वर अन्य वृक्षों से नहीं मिलता। वह अकेले अपने सौरभ की तान से दक्षिण पवन में कम्प उत्पन्न करता है, कलियो को चटकाकर, ताली बजाकर, झूम-झूमकर नाचता है। अपना नृत्य, अपना सङ्गीत, वह स्वयं देखता है—सुनता है। उसके अन्तर में जीवन-शक्ति वीणा बजाती है। वह बड़े कोमल स्वर में गाता है—

घने प्रेम-तरु-तले,
बैठ छाँह लो भव-आतप से तापित और जले।
छाया है विश्वास की श्रद्धा-सरिता-कूल,
सिंची आँसुओं से मृदुल है परागमय धूल,
यहाँ कौन जो छले !

फूल चू पड़े बात से भरे हृदय का घाव,
मन की कथा व्यथा-भरी बैठो सुनते जाव,
कहाँ जा रहे चले !
पी लो छवि-रस-माधुरी सींचो जीवन-बेल,
जी लो सुख से आयु-भर यह माया का खेल,
मिलो स्नेह से गले।
घने प्रेम-तरु-तले।

(बन्धुवर्म्मा का प्रवेश)

देवसेना—**(संकुचित होती-सी)** अरे भइया—

बन्धुवर्म्मा—देवसेना, तुझे गाने का भी विचित्र रोग है !

देवसेना—रोग तो एक-न-एक सभी को लगा है। परन्तु यह रोग अच्छा है, इससे कितने रोग अच्छे किये जा सकते हैं।

बन्धुवर्म्मा—पगली ! जा देख, युवराज जा रहे हैं; कुसुमपुर से कोई समाचार आया है।

देवसेना—तब उन्हें जाना आवश्यक होगा। भाभी बुलाती हैं क्या ?

बन्धुवर्म्मा—हाँ उनकी विदाई करनी होगी। सम्भवतः सिंहासन पर बैठने का—राज्याभिषेक का प्रकरण होगा।

देवसेना—क्या आप को ठीक नहीं मालूम ?

बन्धुवर्म्मा—नहीं तो मुझसे कुछ कहा नहीं परन्तु भौंहों के नीचे एक गहरी छाया है, बात कुछ समझ में नहीं आती।

देवसेना—भइया, तुम लोगों के पास बातें छिपा रखने का एक भारी रहस्य है। जी खोलकर कह देने में पुरुषों की मर्यादा घटती है। जब तुम्हारा हृदय भीतर से क्रन्दन करता है, तब तुम लोग एक मुस्कराहट से उसे टाल देते हो—यह बड़ी प्रवञ्चना है।

बन्धुवर्म्मा—(**हँसकर**) अच्छा जा उधर, उपदेश मत दे।

(**विजया और देवसेना जाती** हैं)

बन्धुवर्म्मा—उदार-वीर हृदय, देवोपम-सौन्दर्य, इस आर्यावर्त्त का एकमात्र आशा-स्थल इस युवराज का विशाल मस्तक कैसी वक्र लिपियों से अङ्कित है ! अन्तःकरण में तीव्र अभिमान के साथ विराग है। आँखों में एक जीवन-पूर्ण ज्योति है। भविष्य के साथ इसका युद्ध होगा, देखूँ कौन विजयी होता है। परन्तु मैं प्रतिज्ञा करता हूँ कि अब से इस वीर परोपकारी के लिए मेरा सर्वस्व अर्पित है। चलूँ—

(**जाता है**)

पटपरिवर्तन

द्वितीय दृश्य

(मठ में प्रपञ्चबुद्धि भटार्क और शर्वनाग)

प्रपञ्चबुद्धि—बाहर देख लो, कोई है तो नहीं।

(शर्व जाकर लौट आता है)

शर्वनाग—कोई नहीं, परन्तु आप इतना चौंकते क्यों हैं ? मैं तो कभी यह चिन्ता नहीं करता कि कौन आया है या कौन आयेगा।

प्रपञ्चबुद्धि—तुम नहीं जानते।

शर्वनाग—नहीं श्रमण ! खड्ग हाथ में लिये प्रत्येक भविष्यत् की प्रतीक्षा करता हूँ। जो कुछ होग, वही निबटा लेगा। इतने डर की, घबराहट की आवश्यकता नहीं। विश्वास करना और देना, इतने ही लघु व्यापार से संसार की सब समस्यायें हल हो जायँगी।

प्रपञ्चबुद्धि—प्रत्येक भित्ति के, किवाड़ों के कान होते हैं; समझ लेना चाहिए, देख लेना चाहिए।

शर्वनाग—अच्छी बात है, कहिए।

भटार्क—तुम पहले चुप तो रहो।

(शर्व चुप रहने की मुद्रा बनाता है)

प्रपञ्चबुद्धि—धर्म की रक्षा करने के लिए प्रत्येक उपाय से काम लेना होगा।

शर्वनाग—भिक्षु शिरोमणे ! वह कौन-सा धर्म है, जिसकी हत्या हो रही है ?

प्रपञ्चबुद्धि—यही हत्या रोकना, अहिंसा, गौतम का धर्म है। यज्ञ की बलियों को रोकना, करुणा और सहानुभूति की प्रेरणा से कल्याण का प्रचार करना। हाँ, अवसर ऐसा है कि हम वह काम भी करें जिससे तुम चौंक उठो। परन्तु नहीं, वह तो तुम्हें करना ही होगा।

भटार्क—क्या ?

प्रपञ्चबुद्धि—महादेवी देवकी के कारण राजधानी में विद्रोह की सम्भावना है, उन्हें संसार से हटाना होगा।

शर्वनाग—ठीक है, तभी आप चौंकते हैं, और तभी धर्म की रक्षा होगी। हत्या के द्वारा हत्या का निषेध कर लेंगे—क्यों ?

भटार्क—ठहरो शर्व ! परन्तु महास्थविर ! क्या इसकी अत्यन्त आवश्यकता है ?

प्रपञ्चबुद्धि—नितान्त।

शर्वनाग—बिना इसके काम नहीं चलेगा, न धर्म ही प्रचारित होगा !

प्रपञ्चबुद्धि—और यह काम शर्व को करना होगा।

शर्वनाग—(**चौंककर**) मुझे ? मैं कदापि नहीं....

भटार्क—शीघ्रता न करो शर्व ! भविष्यत् के सुखों से इसकी तुलना न करो।

शर्वनाग—नाप-तौल मैं नहीं जानता, मुझे शत्रु दिखा दो। मैं भूखे भेड़िये की भाँति उसका रक्तपान कर लूँगा, चाहे मैं ही क्यों न मारा जाऊँ; परन्तु निरीह हत्या—यह मुझसे नहीं....।

भटार्क—मेरी आज्ञा।

शर्वनाग—तुम सैनिक हो, उठाओ तलवार। चलो, दो सहस्र शत्रुओं पर हम दो मनुष्य आक्रमण करें। देखें, मरने से कौन भागता है। कायरता ! अबला महादेवी की हत्या ! किस प्रलोभन में तुम पिशाच बन रहे हो ?

भटार्क—सावधान शर्व ! इस चक्र से तुम नहीं निकल सकते। या तो करो या मरो। मैं सज्जनता का स्वाँग नहीं ले सकता, मुझे वह नहीं भाता। मुझे कुछ लेना है, वह जैसे मिलेगा—लूँगा। साथ दोगे तो तुम भी लाभ में रहोगे।

शर्वनाग—नहीं भटार्क ! लाभ ही के लिए मनुष्य सब काम करता, तो पशु बना रहना ही उसके लिए पर्याप्त था, मुझसे यह नहीं होने का।

प्रपञ्चबुद्धि—ठहरो भटार्क। मुझे पूछने दो। क्यों शर्व ! तुमने जो यह अस्वीकार किया है, वह क्यों ? पाप समझकर ?

शर्वनाग—अवश्य।

प्रपञ्चबुद्धि—तुम किसी कर्म को पाप नहीं कह सकते, वह अपने नग्न रूप में पूर्ण है, पवित्र है। संसार ही युद्ध-क्षेत्र है, इससे पराजित होकर शस्त्र अर्पण करके जीने से क्या लाभ ? तुम युद्ध में हत्या करना धर्म समझते हो ? परन्तु दूसरे स्थल पर अधर्म ?

शर्वनाग—हाँ।

प्रपञ्चबुद्धि—मार डालना, प्राणी का अन्त कर देना, दोनों स्थलों में एक-सा है, केवल देश और काल का भेद है। यही न !

शर्वनाग—हाँ, ऐसा ही तो।

प्रपञ्चबुद्धि—तब तुम स्थान और समय की कसौटी पर कर्म को परखते हो, इसी से कर्म अच्छे और बुरे होने की जाँच करते हो।

शर्वनाग—दूसरा उपाय क्या ?

प्रपञ्चबुद्धि—है क्यों नहीं। हम कर्म की जाँच परिणाम से करते हैं, और यही उद्देश्य तुम्हारे स्थान और समय वाली जाँच का होगा।

शर्वनाग—परन्तु जिसके भावी परिणाम को अभी तुम देख न सके, उसके बल पर तुम कैसे पूर्व-कार्य कर सकते हो ?

प्रपञ्चबुद्धि—आशा पर, जो सृष्टि का रहस्य है। आओ इसका एक प्रत्यक्ष उदाहरण दें। (**मदिरा का पात्र भरता है, स्वयं पीकर सबको पिलाता है, बार-बार ऐसा करता है**)

प्रपञ्चबुद्धि—क्यों, कैसी कड़वी थी ?

शर्वनाग—उँह, हृदय तक लकीर खिंच गयी !

भटार्क—परन्तु अब तो एक आनन्द का स्रोत हृदय में बहने लगा है।

शर्वनाग—मैं नाचूँ ? (**उठना चाहता है**)

प्रपञ्चबुद्धि—ठहरो, मेरे साथ।

(**उठकर दोनों नाचते हैं। अकस्मात् लड़खड़ाकर प्रपञ्चबुद्धि गिर पड़ता है। चोट लगती है**)

भटार्क—अरे रे ! (**सम्हलकर उठता है**)

प्रपञ्चबुद्धि—कुछ चिन्ता नहीं।

शर्वनाग—बड़ी चोट आयी !

प्रपञ्चबुद्धि—परन्तु परिणाम अच्छा हुआ। तुम लोगों पर भारी विपत्ति आने वाली थी।

भटार्क—वह टल गयी क्या ? (**आश्चर्य से देखता है**)

शर्वनाग—क्यों सेनापति ! टल गयी ?

प्रपञ्चबुद्धि—उस विपत्ति का निवारण करने के लिए ही मैंने यह कष्ट सहा। मैं तुम लोगों के भूत, भविष्यत् और वर्तमान का नियामक, रक्षक और द्रष्टा हूँ। जाओ, अब तुम लोग निर्भय हो।

भटार्क—धन्य गुरुदेव !

शर्वनाग—आश्चर्य !

भटार्क—शंका न करो, श्रद्धा करो; श्रद्धा का फल मिलेगा। शर्व, अब भी तुम विश्वास नहीं करते ?

शर्वनाग—करता हूँ। जो आज्ञा होगी वही करूँगा।

प्रपञ्चबुद्धि—अच्छी बात है, चलो—

(**सब जाते हैं। धातुसेन का प्रवेश**)

धातुसेन—मैं अभी यहीं रह गया, सिंहल नहीं गया। इस रहस्यपूर्ण अभिनय को देखने की इच्छा बलवती हुई। परन्तु मुद्‌गल तो अभी नहीं आया, यहाँ तो आने को था ! (**देखता है**) लो वह आ गया।

मुद्‌गल—क्यों भइया, तुम्हीं धातुसेन हो ?

धातुसेन—(हँसकर) पहचानते नहीं ?

मुद्गल—किसी की धातु पहचानना बड़ा असाधारण कार्य है। तुम किस धातु के हो ?

धातुसेन—भाई, सोना अत्यन्त घन होता है, बहुत शीघ्र गरम होता है, और हवा लग जाने से शीतल हो जाता है। मूल्य भी बहुत लगता है। इतने पर भी सिर पर बोझ-सा रहता है। मैं सोना नहीं हूँ, क्योंकि उसको रक्षा के लिए भी एक धातु की आवश्यकता होती है, वह है 'लोहा'।

मुद्गल—तब तुम लोहे के हो ?

धातुसेन—लोहा बड़ा कठोर होता है। कभी-कभी वह लोहे को भी काट डालता है। उहूँ, भाई ! मैं तो मिट्टी हूँ—मिट्टी, जिसमें से सब निकलते हैं। मेरी समझ में तो मेरे शरीर की धातु मिट्टी है, जो किसी के लोभ की सामग्री नहीं, और वास्तव में उसी के लिए सब धातु अस्त्र बनकर चलते हैं, लड़ते हैं, जलते हैं, टूटते हैं, फिर मिट्टी होते हैं। इसलिए मुझे मिट्टी समझो—धूल समझो। परन्तु यह तो बताओ, महादेवी की मुक्ति के लिये क्या उपाय सोचा ?

मुदगल—मुक्ति का उपाय ! अरे ब्राह्मण की मुक्ति भोजन करते हुए मरने में, बनियों की दीवाले की चोट से गिर जाने में, और शूद्रों की—हम तीनों की ठोकरों से मुक्ति-ही-मुक्ति है। महादेवी तो क्षत्राणी हैं, सम्भवतः उनकी मुक्ति शस्त्र से होगी।

धातुसेन—तुमने ठीक सोचा। आज अर्द्धरात्रि में कारागार में !

मुदगल—कुछ चिन्ता नहीं, युवराज आ गये हैं।

धातुसेन—मैं भी प्रस्तुत रहूँगा।

(**दोनों जाते हैं**)

पट-परिवर्तन

तृतीय दृश्य

(देवकी के राजमन्दिर के बाहरी भाग में मन्दिरोन्मत शर्वनाग का प्रवेश)

शर्वनाग—कादम्ब, कामिनी, कञ्चन—वर्णमाला के पहले अक्षर ! करना होगा।

इन्हीं के लिए कर्म करना होगा। मनुष्य को यदि इन कवर्गों की चाट नहीं तो कर्म क्यों करें? 'कर्म' में एक 'कु' और जोड़ दें। लो, अच्छी वर्णमैत्री होगी!

कादम्ब! ओह प्यास! (**प्याले में मदिरा उंड़ेलता है**) लाल—यह क्या रक्त? आह! कैसी भीषण कमनीयता है! लाल मदिरा लाल नेत्रों से लाल-लाल रक्त देखना चाहती है। किसका? एक प्राणी का, जिसके कोमल मांस में रक्त मिला हो। अरे रे, नहीं, दुर्बल नारी। उँह, यह तेरी दुर्बलता है। चल अपना काम देख, देख—सामने सोने का संसार खड़ा है!

(**रामा का प्रवेश**)

राम—पामर! सोने की लङ्का राख हो गयी।

शर्वनाग—उसमें मदिरा न रही होगी, सुन्दरी!

रामा—मदिरा का समुद्र उफन कर बह रहा था—मदिरा समुद्र के तट पर ही लङ्का बसी थी!

शर्वनाग—तब उसमें तुम जैसी कोई कामिनी न होगी। तुम कौन हो—स्वर्ग की अप्सरा या स्वप्न की चुड़ैल?

रामा—स्त्री को देखते ही ढिलमिल हुये आँखें फाड़कर देखते हैं—जैसे खा जायँगे। में कोई हूँ!

सर्वनाग—सुन्दरी! यह तुम्हारा ही दोष हूँ। तुम लोगों का वेश-विन्यास, आँखों की लुका-चोरी, अङ्गों का सिमटना, चलने में एक क्रीड़ा एक कौतूहल, पुकार कर—टोक कर कहते हैं—'हमें देखो।' हम क्या करें देखते ही बनता हैं!

रामा—दुर्वृत्त मद्यप! तू अपनी स्त्री को नहीं पहचानता है—परस्त्री समझ कर उसे छेड़ता है!

शर्वनाग—(**सम्हल कर**) अयँ! अरे ओह! मेरी रामा, तुम हो?

रामा—हाँ मैं हूँ।

शर्वनाग—(**हँस कर**) तभी तो मैं तुमको जान कर ही बोला, नहीं भला मैं किसी परस्त्री से—(**जीभ निकाल कर कान पकड़ता है।**)

रामा—अच्छा, यह तो बताओ, कादम्ब पीना कहाँ से सीखा है? और यह क्या बकते थे?

शर्वनाग—अरे प्रिये! तुमसे न कहूँगा तो किससे कहूँगा, सुनो—

रामा—हाँ, हाँ कहो।

शर्वनाग—तुमको रानी बनाऊँगा।

रामा—(**चौंककर**) क्या?

रामा—अच्छा, यह तो बताओ, कादम्ब पीना कहाँ से सीखा है ? और यह क्या बकते थे ?

शर्वनाग—अरे प्रिये ! तुम से न कहूँगा तो किससे कहूँगा, सुनो—

रामा—हाँ-हाँ, कहो ।

शर्वनाग—तुमको रानी बनाऊँगा !

रामा—(**चौंककर**) क्या ?

शर्वनाग—तुम्हें सोने से लाद दूँगा ।

रामा—किस तरह ?

शर्वनाग—वह भी बतला दूँ ? तुम नित्य कहती आई हो कि 'तू निकम्मा है, अपदार्थ है, कुछ नहीं है'—तो मैं कुछ कर दिखाना चाहता हूँ ।

रामा—अरे कहो भी !

शर्वनाग—वह पीछे बताऊँगा । आज तुम महादेवी के बन्दीगृह में न जाना, समझा न ?

रामा—(**उत्सुकता से**) क्यों ?

शर्वनाग—सोना लेना हो, मान लेना हो, तो ऐसा ही करना, क्योंकि आज वहाँ जो काण्ड होगा, तुम उसे देख न सकोगी । तुम अभी इसी स्थान से लौट जाओ ।

रामा—(**डरती हुई**) क्या करोगे ? तुम पिशाच की दुष्कामना से भी भयानक दिखाई देते हो ! तुम क्या करोगे ? बोलो !

शर्वनाग—(**मद्यपान करता हुआ**) हत्या ! थोड़ी-सी मदिरा दे, शीघ्र दे, नहीं तो छुरा भोंक दूँगा । ओह, मेरा नशा उखड़ा जा रहा है ।

रामा—आज तुम्हें क्या हो गया है ! मेरे स्वामी ! मेरे···

शर्वनाग—अभी मैं तेरा कुछ नहीं हूँ । सोना मिलने से हो जाऊँगा, इसी का उद्योग कर रहा हूं ।

(**इधर-उधर देख कर बगल से सुराही निकाल कर पीता है**)

रामा—ओह ! मैं समझ गई ! तूने बेच दिया—पिशाच के हाथ तूने अपने को बेच दिया ! अहा ! ऐसा सुन्दर, ऐसा मनुष्योचित तन कौड़ी के मोल बेच दिया । लोभवश मनुष्य से पशु हो गया है । रक्तपिपासु ! क्रूरकर्मा मनुष्य ! कृतघ्नता की कीच का कोड़ा ! नरक की दुर्गन्ध ! तेरी इच्छा कदापि पूर्ण न होने दूँगी । मेरे रक्त के प्रत्येक परमाणु में जिसकी कृपा की शक्ति है, जिसके स्नेह का आकर्षण है, उनके प्रतिकूल आचरण ! वह मेरा पति तो क्या, स्वयं ईश्वर भी हो, नहीं करने पावेगा ।

शर्वनाग—क्या, तूँ—ओ—तूँ····

रामा—हाँ-हाँ मैं न होने दूँगी। मुझे ही मार ले हत्यारे! मद्यप! तेरी रक्त-पिपासा शान्त हो जाय। परन्तु महादेवी पर हाथ लगाया तो मैं पिशाचिनी-सी प्रलय की काली आँधी बनकर कुचक्रियों के जीवन की काली राख अपने शरीर में लपेट कर ताण्डव-नृत्य करूँगी। मान जा, इसी में तेरा भला है।

शर्वनाग—अच्छा, तू इसमें विघ्न डालेगी। तू क्या, विघ्नों का पहाड़ भी होगा तो ठोकरों से हटा दिया जायगा। मुझे सोना और सम्मान मिलने में कौन बाधा देगा?

रामा—मैं दूँगी। सोना मैं नहीं चाहती, मान मैं नहीं चाहती, मुझे अपना स्वामी अपने उसी मनुष्य-रूप में चाहिये। (**पैर पकड़ती है**) स्वामी हिंस्र पशु भी जिनसे पाले जाते हैं, उन पर चोट नहीं करते, अरे तुम तो मस्तिष्क रखने वाले मनुष्य हो।

शर्वनाग—(**ठुकरा देता** है) जा, तू, हट जा, नहीं तो मुझे एक के स्थान पर दो हत्यायें करनी पड़ेगीं! मैं प्रतिश्रुत हूँ, वचन दे चुका हूँ!

रामा—(**प्रार्थना करती हुई**) तुम्हारा यह झूठा सत्य है। ऐसी प्रतिज्ञाओं का पालन सत्य नहीं कहा जा सकता, ऐसे धोखे के सत्य लेकर ही संसार में पाप और असत्य बढ़ते हैं। स्वामी! मान जाओ।

शर्वनागा—ओह, विलम्ब होता है तो पहले तू ही ले—(**पकड़ना और मारना चाहता है, रामा शीघ्रता से हाथ छुड़ाकर भाग जाती है**)

(**अनन्तदेवी, प्रपञ्चबुद्धि और भटार्क का प्रवेश**)

भटार्क—शर्व!

शर्वनाग—जय हो! मैं प्रस्तुत हूँ, परन्तु मेरी स्त्री इसमें बाधा डालना चाहती है। मैं पहले उसी को पकड़ना चाहता था, परन्तु वह भगी।

अनन्तदेवी—सौगन्ध है। यदि तू विश्वासघात करेगा तो कुत्तों से नुचवा दिया जायगा।

प्रपञ्चबुद्धि—शर्व! तुम तो स्त्री नहीं हो।

शर्वनाग—नहीं, मैं प्रतिश्रुत हूँ परन्तु....

भटार्क—तुम्हारी पद-वृद्धि और पुरस्कार का प्रमाण-पत्र यह प्रस्तुत है। (**दिखाता है**) काम हो जाने पर—

शर्वनाग—तब शीघ्र चलिये, दुष्टा रामा भीतर पहुंच गयी होगी।

(**सब जाते हैं**)

पट-परिवर्तन

चतुर्थ दृश्य

(बन्दीगृह में देवकी और रामा)

रामा—महादेवी ! मैं लज्जा के गर्त्त में डूब रही हूँ। मुझे कृतज्ञता और सेवा-धर्म्म धिक्कार दे रहे हैं। मेरा स्वामी····

देवकी—शान्त हो रामा ! बुरे दिन कहते किसे हैं ? जब स्वजन लोग अपने शील-शिष्टचार का पालन करें—आत्मसमर्पण, सहानुभूति, सत्पथ का अवलम्बन करें, तो दुर्दिन का साहस नहीं कि उस कुटुम्ब की ओर आँख उठाकर देखे। इसलिये इस कठोर समय में भगवान् की स्निग्ध करुणा का शीतल ध्यान कर।

रामा—महादेवी ! परन्तु आप की क्या दशा होगी ?

देवकी—मेरी दशा ? मेरी लाज का बोझ उसी पर है जिसने वचन दिया है, जिस विपद्-भंजन की असीम दया अपना स्निग्ध अञ्चल सब दुखियों के आँसू पोछने के लिए सदैव हाथ में लिये रहती है।

रामा—परन्तु उसने पिशाच का प्रतिनिधित्व ग्रहण किया है, और····

देवकी—न घबरा रामा ! एक पिशाच नहीं, नरक के असंख्य दुर्दान्त प्रेत और क्रूर पिशाचों का त्रास और उनकी ज्वाला दयामय की कृपादृष्टि के एक बिन्दु से शान्त होती है।

(नेपथ्य-सङ्गीत)

पालना बनें प्रलय की लहरें
शीतल हो ज्वाला की आँधी,
करुणा के घन-छहरें।
दया दुलार करे; पल भर भी—
विपदा पास न ठहरे।
प्रभु का हो विश्वास सत्य तो,
सुख का केतन फहरे।

(भटार्क आदि के साथ अनन्तदेवी का प्रवेश)

अनन्तदेवी—परन्तु व्यंग की विष-ज्वाला रक्तधारा से भी नहीं बुझती देवकी ! तुम मरने के लिए प्रस्तुत हो जाओ।

देवकी—क्या तुम मेरी हत्या करोगी ?

प्रपञ्चबुद्धि—हाँ ! सद्धर्म का विरोधी, हिमालय की निर्जन ऊँची चोटी तथा अगाध समुद्र के अन्तस्थल में भी नहीं बचने पावेगा; और उस महबलिदान का आरम्भ तुम्हीं से होगा। शर्व आगे बढ़ो।

रामा—एक शर्व नहीं, तुम्हारे जैसे सैकड़ों पिशाच भी यदि जुट कर आवें तो भी आज महादेवी का अंगस्पर्श कोई न कर सकेगा।

(छुरी निकालती है)

शर्वनाग—मैं तेरा स्वामी हूँ रामा ! क्या तू मेरी हत्या करेगी ?

रामा—ओह ! बड़ी धर्मबुद्धि जगी है पिशाच को, और यह महादेवी तेरी कौन हैं ?

शर्वनाग—फिर भी मैं तेरा…

रामा—स्वामी ? नहीं-नहीं; तू मेरे स्वामी का नरकवासी प्रेतात्मा है। तेरी हत्या कैसी—तू तो कभी मर चुका है।

देवकी—शान्त हो रामा ! देवकी अपने रक्त के बदले और किसी का रक्त नहीं गिराना चाहती। चल रे रक्त के प्यासे कुत्ते ! चल, अपना काम कर।

(शर्व आगे बढ़ता है)

अनन्तदेवी—क्यों देवकी ! राजसिंहासन लेने की स्पर्धा क्या हुई ?

देवकी—परमात्मा की कृपा है कि मैं स्वामी के रक्त से कलुषित सिंहासन पर न बैठ सकी।

भटार्क—भगवान् का स्मरण कर लो।

देवकी—मेरे अन्तर की करुणा कामना एक थी कि 'स्कन्द' को देख लूँ। परन्तु तुम लोगों से, हत्यारों से, उनके लिए भी प्रार्थना न करूँगी। प्रार्थना उसी विश्वम्भर के श्रीचरणों में है, जो अपनी अनन्त दया का अभेद्य कवच पहना कर मेरे स्कन्द को सदैव सुरक्षित रखेगा।

शर्वनाग—अच्छा तो **(खड्ग उठाता है, रामा सामने आकर खड़ी हो जाती है)** हट जा अभागिनी !

रामा—मूर्ख ! अभागा कौन है ? जो संसार के सबसे पवित्र धर्म कृतज्ञता को भूल जाता है और भूल जाता है कि सबके ऊपर एक अटल अदृष्ट का नियामक सर्वशक्तिमान है, वह या मैं ?

शर्वनाग—कहता हूँ कि अपनी लोथ मुझे पैरों से न ठुकराने दे !

रामा—टुकड़े का लोभी ! तू सती का अपमान करे, यह तेरी स्पर्धा ? तू कीड़ों से भी तुच्छ है। पहले मैं मरूँगी, तब महादेवी।

अनन्तदेवी—(**क्रोध से**) तो पहले इसी का अन्त करो शर्व ! शीघ्रता करो।

शर्वनाग—अच्छा तो वही होगा (**प्रहार करने पर उद्यत होता है**)

(किवाड़ तोड़कर स्कन्द भीतर घुस आता है। पीछे मुद्गल और धातुसेन। आते ही शर्वनाग की गर्दन दबाकर तलवार छीन लेता है)

स्कन्दगुप्त—(**भटार्क से**) क्यों रे नीच पशु ! तेरी क्या इच्छा है ?

भटार्क—राजकुमार ! वीर के प्रति उचित व्यवहार होना चाहिये ।

स्कन्दगुप्त—तू वीर है ? अर्द्ध रात्रि में निस्सहाय अबला महादेवी की हत्या के उद्देश्य से घुसने वाला चोर ! तुझे भी वीरता का अभिमान है ? तो द्वन्द्वयुद्ध के लिए आमन्त्रित करता हूँ—बचा अपने को !

(**भटार्क दो एक हाथ चलाकर घायल होकर गिरता है**)

स्कन्दगुप्त—मेरी सौतेली माँ ! तुम ?

अनन्तदेवी—स्कन्द ! फिर भी मैं तुम्हारे पिता की पत्नी हूँ ।

(**घुटनों के बल बैठ कर हाथ जोड़ती हुई**)

स्कन्दगुप्त—अनन्तदेवी ! कुसुमपुर में पुरगुप्त को लेकर चुपचाप बैठो रहो । जाओ—मैं स्त्री पर हाथ नहीं उठाता, परन्तु सावधान ! विद्रोह की इच्छा न करना, नहीं तो क्षमा असम्भव है । 'अहा ! मेरी माँ !'

देवकी—(**आलिङ्गन करते**) आओ मेरे वत्स !

[**पट-परिवर्तन**]

पञ्चम दृश्य

(**अवन्ति-दुर्ग का एक भाग । बन्धुवर्म्मा, भीमवर्म्मा और जयमाला का प्रवेश**)

बन्धुवर्म्मा—वत्स भीम ! बोलो, तुम्हारी क्या सम्मति है ?

भीमवर्म्मा—तात ! आपकी इच्छा; मैं आपका अनुचर हूँ ।

जयमाला—परन्तु इसकी आवश्यकता ही क्या है ? उनका इतना बड़ा साम्राज्य है, तब भी क्या मालव के बिना काम न चलेगा ?

बन्धुवर्मा—देवी ! केवल स्वार्थ देखने का अवसर नहीं है । यह ठीक है कि शकों के पतन-काल में पुष्करणाधिपति स्वर्गीय महाराज सिंहवर्मा ने एक स्वतन्त्र राज्य स्थापित किया, और उनके वंशधर ही उस राज्य के स्वत्वाधिकारी हैं; परन्तु उस राज्य का ध्वंस हो चुका था, म्लेच्छों की सम्मिलित वाहिनी उसे धूल में मिला चुकी थी; उस समय तुम लोगों को केवल आत्महत्या का ही अवलम्ब निःशेष था, तब इन्हीं स्कन्दगुप्त ने रक्षा की थी; यह राज्य अब न्याय से उन्हीं का है !

भीमवर्म्मा—परन्तु क्या वे माँगते हैं ?

बन्धुवर्मा—नहीं भीम ! युपराज स्कन्द ऐसे क्षुद्र हृदय के नहीं; उन्होंने पुरगुप्त को इस जघन्य अपराध पर भी मगध का शासक बना दिया है। वह तो सिंहासन भी नहीं लेना चाहते।

जयमाला—परन्तु तुम्हारा मालव उन्हें प्रिय है !

बन्धुवर्म्मा—देवी, तुम नहीं देखती हो कि आर्यावर्त्त पर विपत्ति की प्रलय-मेघमाला घिर रही है; आर्य-साम्राज्य के अन्तर्विरोध और दुर्बलता को आक्रमणकारी भली-भाँति जान गये। शीघ्र ही देशव्यापी युद्ध की सम्भावना है। इसलिए यह मेरी ही सम्मति है कि साम्राज्य की सुव्यवस्था के लिये, आर्य राष्ट्र के त्राण के लिये, युवराज उज्जयिनी में रहें; इसी में सबका कल्याण है। आर्यावर्त्त का जीवन केवल स्कन्दगुप्त के कल्याण से है। और उज्जयिनी में साम्राज्याभिषेक का अनुष्ठान होगा, सम्राट् होंगे स्कन्दगुप्त।

जयमाला—आर्यपुत्र ! अपना पैतृक राज्य इस प्रकार दूसरों के पदतल में निस्सङ्कोच अर्पित करते हुए हृदय काँपता नहीं है ? क्या फिर उन्हीं की सेवा करते हुए दास के समान जीवन व्यतीत करना होगा ?

बन्धुवर्म्मा—(**सिर झुकाकर सोचते हुए**) तुम कृतघ्नता का समर्थन करोगी, वैभव और ऐश्वर्य के लिए एसा कदर्य प्रस्ताव करोगी, इसका मुझे स्वप्न में भी ध्यान न था !

जयमाला—यदि होता ?

बन्धुवर्म्मा—तब मैं इस कुटुम्ब की कमनीय कल्पना को दूर से ही नमस्कार करता और आजीवन अविवाहित रहता। क्षत्रिय ! जो केवल खड्ग का अवलम्बन रखने वाले—सैनिक हैं, उन्हें विलास की सामग्रियों का लोभ नहीं रहता। सिंहासन पर मुलायम गद्दों पर लेटने के लिये या अकर्मण्यता और शरीर-पोषण के लिये क्षत्रियों ने लोहे को अपना आभूषण नहीं बनाया है।

भीमवर्म्मा—भैया ! तब ?

बन्धुवर्म्मा—भीम ! क्षत्रियों का कर्तव्य है—आर्त्त-त्राण परायण होना, विपद् का हँसते हुए आलिङ्गन करना, विभीषिकाओं की मुस्कराकर अवहेलना करना, और—और विपन्नों के लिये, अपने धर्म के लिये, देश के लिये प्राण देना !

(**देवसेना का सहसा प्रवेश**)

देवसेना—भाभी ! सर्वात्मा के स्वर में, आत्म-समर्पण के प्रत्येक ताल में अपने विशिष्ट व्यक्तिवाद का विस्मृत हो जाना—एक मनोहर सङ्गीत है ! क्षुद्र स्वार्थ, भाभी जाने दो; भैया को देखो—कैसा उदार, कैसा महान् और कितना पवित्र !

जयमाला—देवसेना ! समष्टि में भी व्यष्टि रहती है। व्यक्तियों से ही जाति

बनती है। विश्व-प्रेम, सर्वभूत-हित-कामना परम धर्म है; परन्तु इसका अर्थ यह नहीं हो सकता कि अपने पर प्रेम न हो। इस अपने ने क्या अन्याय किया है जो इसका बहिष्कार हो?

बन्धुवर्म्मा—ठहरो जयमाला! इसी क्षुद्र ममत्व ने हमको दुष्ट भावना की ओर प्रेरित किया है, इसी से हम स्वार्थ का समर्थन करते हैं। इसे छोड़ दो जयमाला! इसके वशीभूत होकर हम अत्यन्त पवित्र वस्तुओं से बहुत दूर हो जाते हैं। बलिदान करने के योग्य वह नहीं, जिसने अपना आपा नहीं खोया।

भीमवर्म्मा—भाभी! अब तर्क न करो। समस्त देश के कल्याण के लिये—एक कुटुम्ब की भी नहीं, उसके क्षुद्र स्वार्थों की बलि होने दो भाभी! हृदय नाच उठा है, जाने दो इस नीच प्रस्ताव को। देखो—हमारा आर्यावर्त्त विपन्न है, यदि 'हम मर-मिटकर भी इसकी कुछ सेवा कर सकें····

जयमाला—जब सभी लोगों की ऐसी इच्छा है, तब मुझे क्या।

बन्धुवर्म्मा—तब मालवेश्वरी की जय हो, तुम्हीं इस सिंहासन पर बैठो। बन्धुवर्म्मा तो आज से आर्य-साम्राज्य-सेना का एक साधारण सैनिक है। तुम्हें तुम्हारा ऐश्वर्य सुखद हो।

(**जाना चाहता है**)

भीमवर्म्मा—ठहरो भैया; हम भी चलते हैं।

चक्रपालित—(**प्रवेश करके**) धन्य वीर! तुमने क्षत्रिय का सिर ऊँचा किया है। बन्धुवर्म्मा! आज तुम महान् हो, हम तुम्हारा अभिनन्दन करते हैं। रण में, वन में, विपत्ति में, आनन्द में; हम सब सहभागी होंगे। धन्य तुम्हारी जननी—जिसने आर्य राष्ट्र का ऐसा शूर सैनिक उत्पन्न किया।

बन्धुवर्म्मा—स्वागत चक्र! मालवेश्वरी की जय हो! अब हम सब सैनिक जाते हैं!

चक्रपालित—ठहरो बन्धु! एक सुखद समाचार सुन लो। पिताजी का अभी-अभी पत्र आया है कि सौराष्ट्र के शकों को निर्मूल कर के परम भट्टारक मालव के लिए प्रस्थान कर चुके हैं।

बन्धुवर्म्मा—सम्भवतः महाराजपुत्र उत्तरापथ की सीमा की रक्षा करेंगे।

चक्रपालित—हाँ बन्धु!

देवसेना—चलो भाई, मैं भी तुम लोगों की सेवा करूँगी।

जयमाला—(**घुटने टेक कर**) मालवेश्वर की जय हो! प्रजा ने अपराध किया है, दण्ड दीजिए। पतिदेव! आपकी दासी क्षमा माँगती है। मेरी आँखें खुल गई। आज हमने जो राज्य पाया है, वह विश्व-साम्राज्य से भी ऊँचा है—महान् है। मेरे स्वामी और ऐसे महान्! धन्य हूँ मैं····

(**बन्धुवर्म्मा सिर पर हाथ रखता है**)

षष्ठ दृश्य

(पथ में भटार्क और उसकी माता)

कमला—तू मेरा पुत्र है कि नहीं ?

भटार्क—माँ ! संसार में इतना ही तो स्थिर सत्य है, और मुझे इतने ही पर विश्वास है। संसार के समस्त लाञ्छनों का मैं तिरस्कार करता हूँ, किस लिये ? केवल इसीलिये कि तू मेरी माँ है और वह जीवित है।

कमला—और मुझे इसका दुःख है कि मैं मर क्यों न गई; मैं क्यों अपने कलङ्क-पूर्ण जीवन को पालती रही। भटार्क ! तेरी माँ को एक ही आशा थी कि पुत्र देश का सेवक होगा, म्लेच्छों से पद-दलित भारतभूमि का उद्धार करके मेरा कलङ्क धो डालेगा; मेरा सिर ऊँचा होगा। परन्तु हाय !

भटार्क—माँ ! तो तुम्हारी आशाओं को मैंने विफल किया ? क्या मेरी खड्ग-लता आग के फूल नही बरसाती ? क्या मेरे रण-नाद वज्र-ध्वनि के समान शत्रु के कलेजे नहीं कँपा देते ? क्या तेरे भटार्क का लोहा भारत के क्षत्रिय नहीं मानते ?

कमला—मानते हैं, इसी से तो और ग्लानि है।

भटार्क—घर लौट चलो माँ ! ग्लानि क्यों है ?

कमला—इसलिए कि तू देशद्रोही है। तू राजकुल की शान्ति का प्रलय-मेघ बन गया; और तू साम्राज्य के कुचक्रियों में से एक है। ओह ! नीच ! कृतघ्न !! कमला कलङ्किनी हो सकती है, परन्तु यह नीचता, कृतघ्नता, उसके रक्त में नहीं **(रोती है)**

(विजया का प्रवेश)

विजया—माता ! तुम क्यों रो रही हो ? **(भटार्क की ओर देखकर)** और यह कौन ? क्यों जी ! तुमने इस वृद्धा का क्यों अपमान किया है ?

कमला—देवी ! यह मेरा पुत्र था।

विजया—था ! क्या अब नहीं ?

कमला—नहीं, इसने महाबलाधिकृत होने के लालच में अपने हाथ-पैर पाप-शृङ्खला में जकड़ दिये; अब, फिर भी उज्जयिनी में आया है—किसी षड्यंत्र के लिए।

विजया—कौन, तुम महाबलाधिकृत भटार्क हो ? और तुम्हारी माता की यह दीन दशा !

कमला—ना बेटी ! उसे कुछ मत कहो, मैं स्वयं इसका ऐश्वर्य त्याग कर चली आई हूँ। महाकाल के मन्दिर में भिक्षा ग्रहण कर इसी उज्जयिनी में पड़ी रहूँगी, परन्तु इससे····

भटार्क—माँ ! अब और लज्जित न करो। चलो—घर चलूँ।

विजया—(**स्वगत**) अहा ! कैसी वीरत्व-व्यंजक मनोहर मूर्ति है ! और गुप्त-साम्राज्य का महाबलाधिकृत !

कमला—इस पिचाश ने छलने के लिए रूप बदला है। सम्राट् का अभिषेक होने वाला है, यह उसी में कोई प्रपञ्च रचने आया है। मेरी कोई न सुनेगा, नहीं तो मैं इसे दण्डनायक को समर्पित कर देती।

(**सहसा मातृगुप्त, मुद्गल और गोविन्दगुप्त का प्रवेश।**)

मुद्गल—कौन ! भटार्क ? अरे यहाँ भी ! !

(**भटार्क तलवार निकालता है, गोविन्दगुप्त उसके हाथ से तलवार छीन लेते हैं**)

मुद्गल—महाराजपुत्र गोविन्गुप्त की जय !

गोविन्दगुप्त—कृतघ्न ! वीरता उन्माद नहीं है, आँधी नहीं है, जो उचित-अनुचित का विचार न करती हो। केवल शस्त्रबल पर टिकी हुई वीरता बिना पैर की होती है। उसकी दृढ़ भित्ति है—न्याय। तू उसे कुचलने पर सिर ऊँचा उठा कर नहीं रह सकता। मातृगुप्त ! बन्दी करो इसे। (**कमला की ओर घूमकर**) 'और तुम कौन हो भद्रे ?'

कमला—मैं इस कृतघ्न की माता हूँ। अच्छा हुआ, मैं तो स्वयं यही विचार करती थी।

गोविन्दगुप्त—यह तो मैंने अपने कानों से सुना। धन्य हो देवी ! तुम जैसी जननियाँ जब तक उत्पन्न होंगी, तब तक आर्यराष्ट्र का विनाश असम्भव है। (**विजया को इंगित कर**) 'और वह युवती कौन है ?'

कमला—मुझे सहायता देती थी, कोई अभिजात कुल की कन्या है ! इसका कोई अपराध नहीं।

मुद्गल—अरे राम ! यह भी कोई अवश्य भयानक स्त्री होगी।

मातृगुप्त—परन्तु यह अपना कोई परिचय भी नहीं दे रही है !

विजया—मैं अपराधिनी हूँ ; मुझे बन्दी करो।

भटार्क—यह क्यों, इस युवती से तो मैं परिचित भी नहीं हूँ ; इसका कोई अपराध नहीं।

विजया—(**स्वगत**) ओह ! इस आनन्द महोत्सव में मुझे कौन पूछता है, मैं मालव में अब किस काम की हूँ ! जिसके भाई ने समस्त राज्य को अर्पण अर दिया है वह देवसेना और कहाँ मैं ! तब तो मेरा यही.... (**भटार्क की ओर देखती** है)

गोविन्दगुप्त—भद्रे ! तुम अपना स्पष्ट परिचय दो !

विजया—मैं अपराधिनी हूँ।

मातृगुप्त—परन्तु तुम्हारा और भी कोई परिचय है ?

विजया—यही कि मैं बन्दी होने की अभिलाषिनी हूँ।

कमला—वत्से ! तुम अकारण क्यों दुःख उठाती हो ?

विजया—मेरी इच्छा। मुझे बन्दी कीजिये। मैं अपना परिचय न्यायाधिकरण में दूँगी। यहाँ मैं कुछ न कहूँगी। मेरा यहाँ अपमान किया जायगा तो आर्यराष्ट्र के नाम पर मैं तुम लोगों पर अभियोग लगाऊँगी।

गोविन्दगुप्त—भटार्क ! यदि तुम्हीं कुछ कहते—

भटार्क—मैं कुछ नहीं जानता कि यह कौन है। मुझे भी विलम्ब हो रहा है, शीघ्र न्यायाधिकरण में ले चलिये।

मुद्गल—और वृद्धा कमला ?

गोविन्दगुप्त—यह बन्दी नहीं है, परन्तु एक बार स्कन्द के समक्ष उसे चलना होगा।

मातृगुप्त—तो फिर सब चलें, अभिषेक का समय भी समीप है।

(सब जाते हैं)

पट-परिवर्तन

सप्तम दृश्य

राजसभा

(बन्धुवर्मा, भीमवर्मा, मातृगुप्त तथा मुद्गल के साथ स्कन्दगुप्त का एक ओर से और दूसरी ओर से गोविन्दगुप्त का प्रवेश)

स्कन्दगुप्त—**(बीच में खड़ा होकर)** तात ! कहाँ थे ? इस बालक पर अकारण क्रोध करके कहाँ छिपे थे ?

(चरण-वन्दन करता है)

गोविन्दगुप्त—उठो वत्स ! आर्य चन्द्रगुप्त की अनुपम प्रतिकृति ! गुप्तकुल तिलक ! भाई से मैं रूठ गया था, परन्तु तुमसे कदापि नहीं तुम मेरे आत्मा हो वत्स ! **(आलिंगन करता है)**

(अनुचरियों के साथ देवकी का प्रवेश, स्कन्द देवकी की चरण-वन्दना करता है)

देवकी—वत्स ! चिरविजयी हो ! देवता तुम्हारे रक्षक हों । महाराजपुत्र ! इसे आशीर्वाद दीजिये कि गुप्तकुल के गुरुजनों के प्रति वह विनयशील रहे ।

गोविन्दगुप्त—महादेवी ! तुम्हारी कोख से पैदा हुआ यह रत्न, यह गुप्तकुल के अभिमान का चिन्ह, सदैव यशोमण्डित रहेगा !

स्कन्दगुप्त—(**बन्धुवर्मा** से) मित्र मालवेश ! बढ़ो, सिंहासन पर बैठो ! हम लोग तुम्हारा अभिनन्दन करें !

(**जयमाला और देवसेना का प्रवेश**)

जयमाला—देव ! यह सिंहासन आपका है, मालवेश का इस पर कोई अधिकार नहीं । आर्यावर्त्त के सम्राट् के अतिरिक्त अब दूसरा कोई मालव के सिंहासन पर नहीं बैठ सकता ।

(**तुमुल ध्वनि**—'जय मालव')

बन्धुवर्मा—(हँसकर) सम्राट् ! अब तो मालवेश्वरी ने स्वयं सिंहासन त्याग दिया है, और मैं उन्हें दे चुका था, इसलिये अब सिंहासन ग्रहण करने में विलम्ब न कीजिये ।

गोविन्दगुप्त—वत्स ! इन आर्य-जाति के रत्नों की कौन-सी प्रशंसा करूँ । इनका स्वार्थ-त्याग दधीचि के दान से कम नहीं । बढ़ो, बत्स ! सिंहासन पर बैठो, मैं तुम्हारा तिलक करूँ ।

स्कन्दगुप्त—तात ! विपत्तियों के बादल घिर रहे हैं; अन्तर्विद्रोह की ज्वाला प्रज्वलित है; इस समय मैं केवल एक सैनिक बन सकूँगा, सम्राट् नहीं ।

गोविन्दगुप्त—आज आर्य-जाति का प्रत्येक बच्चा सैनिक है, सैनिक छोड़कर और कुछ नहीं । आर्य-कन्यायें अपहरण की जाती हैं, हूणों के विकट ताण्डव से पवित्र भूमि पदाक्रान्त है; कहीं देवता की पूजा नही होती, सीमा की बर्बर जातियों की राक्षसी वृत्ति का प्रचण्ड पाखण्ड फैला है । इसी समय आर्य जाति तुम्हें पुकारती है—सम्राट् होने के लिए नहीं, उद्धार-युद्ध में सेनानी बनने के लिए—सम्राट् !

(**गोविन्दगुप्त और बन्धुवर्मा हाथ पकड़कर स्कन्दगुप्त को सिंहासन बैठाते हैं । भीम छत्र लेकर बैठता है । देवसेना चमर करती है । गरुड़ध्वज लेकर बन्धुवर्मा खड़े होते हैं । देवकी राजतिलक करती है । गोविन्दगुप्त खड्ग का उपहार देते हैं । चक्र पालित गरुड़ांकित राजदण्ड देता है**)

गोविन्दगुप्त—परम भट्टारक महाराजाधिराज स्कन्दगुप्त की जय हो ! (**सब समवेत स्वर से**) जय हो !

बन्धुवर्मा—आर्य-साम्राज्य के महावलाधिकृत महाराजपुत्र गोविन्दगुप्त की जय हो (**सब वैसा ही कहते हैं**)

स्कन्दगुप्त—आर्य ! इस गुरुभार उत्तरदायित्व का सत्य के पालन कर सकूँ, और आर्यराष्ट्र की रक्षा में सर्वस्व अर्पण कर सकूँ, आप लोग इसके लिये भगवान् से प्रार्थना कीजिये और आशीर्वाद दीजिये कि स्कन्दगुप्त अपने कर्तव्य से, स्वदेश-सेवा से, कभी विचलित न हो।

गोविन्दगुप्त—सम्राट् ! परमात्मा की असीम अनुकम्पा से आपका उद्देश्य सफल हो। आज गोविन्द ने अपना कर्तव्य पालन किया। वत्स बन्धुवर्मा ! तुम इस नवीन आर्यराष्ट्र के संस्थापक हो। तुम्हारे इस आत्म-त्याग की गौरवगाथा आर्य-जाति का मुख उज्ज्वल करेगी। वीर ! इस वृद्ध में साम्राज्य के महाबलाधिकृत होने की क्षमता नहीं, तुम्हीं इसके उपयुक्त हो।

बन्धुवर्मा—अभी नहीं आर्य ! आपके चरणों में बैठकर यह बालक स्वदेश-सेधा की शिक्षा ग्रहण करेगा। मालव का राजकुटुम्ब, एक-एक बच्चा, आर्य जाति के कल्याण के लिये जीवन उत्सर्ग करने को प्रस्तुत है। आप जो आज्ञा देंगे, वही होगा।

('धन्य ! धन्य ! का घोष)

स्कन्दगुप्त—तात ! पर्णदत्त इस समय नहीं है !

चक्रपालित—सम्राट् ! वह सौराष्ट्र की चञ्चल राष्ट्रनीति की देख-रेख में लगे हैं।

(कुमारदास का प्रवेश)

मातृगुप्त—सिंहल के युवराज कुमार धातुसेन की जय हो !

(सब आश्चर्य से देखते हैं)

स्कन्दगुप्त—कुमारदास, सिंहल के युवराज ?

मातृगुप्त—हाँ महाराजाधिराज !

स्कन्दगुप्त—अद्भुत ! वीर युवराज ! तुम्हारा स्नेह क्या कभी भूल सकता हूँ ? आओ, स्वागत !

(सब मंच पर बैठते हैं)

गोविन्दगुप्त—बन्दियों को ले जाओ।

(सैनिकों के साथ भटार्क, शर्वनाग, विजया तथा कमला का प्रवेश)

स्कस्दगुप्त—क्यों शर्व ! तुम क्या चाहते हो ?

शर्वनाग—सम्राट् ! मुझे बध की आज्ञा दीजिये, ऐसे नीच के लिये और कोई दण्ड नहीं है।

स्कन्दगुप्त—नहीं मैं तुम्हें इससे भी कड़ा दण्ड दूँगा, जो बध में भी उग्र होगा।

शर्वनाग—वही हो सम्राट् ! जितनी यन्त्रणा से यह पापी प्राण निकला जाय, उतना ही उत्तम होगा।

स्कन्दगुप्त—परन्तु मैं तुम्हें मुक्त करता हूँ, क्षमा करता हूँ। तुम्हारे अपराध ही तुम्हारे मर्मस्थल पर सैकड़ों बिच्छुओं के डङ्क की चोट करेंगे। आजीवन तुम उसी यन्त्रणा को भोगो, क्योंकि रामा—साध्वी रामा—को मैं अपनी आज्ञा से विधवा न बनाऊँगा। रामा सती ! तेरे पुण्य से आज तेरा पति मृत्यु से बचा।

(रामा सम्राट् का पैर पकड़ती है)

शर्वनाग—दुहाई सम्राट् की ! मुझे वध की आज्ञा दीजिये; नहीं तो आत्महत्या करूँगा। ऐसे देवता के प्रति मैंने दुराचरण किया था। ओह !

(छुरी निकालना चाहता है)

स्कन्दगुप्त—ठहरो शर्व ! मैं तुम्हें आजीवन बन्दी बनाऊँगा।

(रामा आश्चर्य और दुःख से देखती है)

स्कन्दगुप्त—शर्व ! यहाँ आओ।

(शर्व समीप आता है)

देवकी—वत्स ! इसे किसी विषय का शासक बना कर भेजो, जिसमें दुखिया रामा को किसी प्रकार का कष्ट न हो।

सब महादेवी की जय हो।

स्कन्दगुप्त—शर्व ! तुम आज से अन्तर्वेद के विषयपति नियत किये गये। यह लो (खड्ग देता है)

शर्वनाग—**(रुद्ध कण्ठ से)** सम्राट् ! देवता ! आपकी जय हो ! **(देवकी के पैर पर गिर कर)** माँ मुझे क्षमा करो, मैं मनुष्य से पशु हो गया था ! अब तुम्हारी ही दया से मैं मनुष्य हुआ। आशीर्वाद दो जगद्धात्री कि मैं देव-चरणों में आत्मबलि देकर जीवन सफल करूँ !

देवकी—उठो। क्षमा पर मनुष्य का अधिकार है, वह पशु के पास नहीं मिलती। प्रतिहिंसा पाशव-धर्म है। उठो, मैं तुम्हें क्षमा करती हूँ।

(शर्व खड़ा होता है)

स्कन्दगुप्त—भटार्क ! तुम गुप्त-साम्राज्य के महाबलाधिकृत नियत किये गये थे, और तुम्हीं साम्राज्य-लक्ष्मी महादेवी की हत्या के कुचक्र मे सम्मिलित थे ! यह तुम्हारा अक्षम्य अपराध है।

भटार्क—मैं केवल राजमाता की आज्ञा का पालन करता था।

देवकी—क्यों भटार्क ! तुम यह उत्तर सच्चे हृदय से देते हो ? क्या ऐसा कहकर तुम स्वयं अपने को धोखा देते हुए औरों को भी प्रवञ्चित नहीं कर रहे हो ?

भटार्क—अपराध हुआ। (**सिर नीचा कर लेता है**)

स्कन्दगुप्त—तुम्हारे खड्ग पर साम्राज्य को भरोसा था। तुम्हारे हृदय पर तुम्हीं को भरोसा न रहे, यह बड़े धिक्कार की बात है। तुम्हारा इतना पतन ? (**भटार्क स्तब्ध रहता है, विजया की ओर देखकर**) और तुम विजया ? तुम क्यों इसमें—

देवसेना—सम्राट् ! विजया मेरी सखी है।

विजया—परन्तु मैंने भटार्क को वरण किया है।

जयमाला—विजया !!

विजया—कर चुकी देवी !

देवसेना—उसके लिये दूसरा उपाय न था राजाधिराज ! प्रतिहिंसा मनुष्य को इतना नीचे गिरा सकती है ! परन्तु विजया तूने शीघ्रता की।

(**स्कन्द विजया की ओर देखते हुये विचार में पड़ जाता है**)

गोविन्दगुप्त—यह वृद्धा इसी कृतघ्न भटार्क की माता है ! भटार्क के नीच कर्म से दुखी होकर यह उज्जयिनी चली आई है।

स्कन्दगुप्त—परन्तु विजया, तुमने यह क्या किया ?

देवसेना—(**स्वागत**) आह ! जिसके लिए मुझे आशङ्का थी, वही है। विजया ! आज तू हार कर भी जीत गयी।

देवकी—वत्स ! आज तुम्हारे शुभ महाभिषेक में एक बूँद भी रक्त न गिरे। तुम्हारी माता की भी यह मङ्गल-कामना है कि तुम्हारा शासन-दण्ड क्षमा के सङ्केत पर चला करे। आज मैं सब के लिए ये क्षमाप्रार्थिनी हूँ।

कुमारदास—आर्यनारी सती ! तुम धन्य हो ! इसी गौरव से तुम्हारे देश का सिर ऊँचा रहेगा।

स्कन्दगुप्त—जैसी माता की इच्छा—

मातृगुप्त—परमेश्वर परम भट्टारक महाराजाधिराज स्कन्दगुप्त की जय !

(**यवनिका**)

●

तृतीय अङ्क

प्रथम दृश्य

(**शिप्रा-तट**)

प्रपञ्चबुद्धि—सब विफल हुआ। इस दुरात्मा स्कन्दगुप्त ने मेरी आशाओं के भण्डार पर अर्गला लगा दी। कुसुमपुर में पुरगुप्त, और अनन्तदेवी अपने विडम्बना के दिन बिता रहे हैं। भटार्क भी बन्दी हुआ, उसके प्राणों की रक्षा नहीं। क्रूर कर्मों की अवतारणा से भी एक बार सद्धर्म के उठाने की आकाङ्क्षा थी, परन्तु वह दूर गया! (कुछ सोचकर) उग्रतारा की साधना से विकट से भी विकट कार्य सिद्ध होते हैं, तो फिर इस महाकाल के महास्मशान से बढ़ कर कौन उपयुक्त स्थान होगा! चलूँ—

भटार्क—भिक्षुशिरोमणे! प्रणाम!

प्रपञ्चबुद्धि—कौन, भटार्क? अरे मैं स्वप्न देख रहा हूँ क्या!

भटार्क—नहीं आर्य, मैं जीवित हूँ।

प्रपञ्चबुद्धि—उसने तुम्हें सूली पर नहीं चढ़ाया?

भटार्क—नहीं, उससे बढ़ कर!

प्रपञ्चबुद्धि—क्या?

भटार्क—मुझे अपमानित करके क्षमा किया। मेरी वीरता पर एक दुर्वह उपकार का बोझ लाद दिया।

प्रपञ्चबुद्धि—तुम मूर्ख हो। शत्रु से बदला लेने का उपाय करना चाहिये, न कि उनके उपकारों का स्मरण!

भटार्क—मैं इतना नीच नहीं हूँ!

प्रपञ्चबुद्धि—परन्तु मैं तुम्हारी प्रवृत्ति जानता हूँ। तुम इतने उच्च भी नहीं हो। चलो एकान्त में बात करें। कोई आता है।

(**दोनों जाते हैं। विजया का प्रवेश**)

विजया—मैं कहाँ जाऊँ! उस उच्छृङ्खल वीर को मैं लौहश्रृङ्खला पहना सकूँगी? उसे अपने बाहु-पाश में जकड़ सकती हूँ? हृदय के विकल मनोरथ! आह!

(**गाती है**)

उमड़ कर चली भिगोने आज
तुम्हारा निश्चल अञ्चल छोर

नयन जल-धारा रे प्रतिकूल
देख ले तू फिरकर इस ओर

हृदय की अन्तरतम मुसक्यान
कल्पनामय तेरा यह विश्व
लालिमा में लय हो लवलीन
निरखते इन आँखों की कोर

यह कौन ? ओ ! राजकुमारी !

(देवसेना का प्रवेश—दूर पर उसकी परिचारिकायें)

देवसेना—विजया ! सायङ्काल का दृश्य देखने शिप्रा-तट पर तुम भी आ गई हो।

विजया—हाँ, राजकुमारी ! (सिर झुका लेती है)

देवसेना—विजया, अच्छा हुआ, तुमसे भेंट हो गई; मुझे कुछ पूछना था।

विजया—पूछना क्या है ?

देवसेना—क्या जो तुमने किया है, उसे सोच-समझ कर ? कहीं तुम्हारे दम्भ ने तुमको छल तो नहीं लिया ? तीव्र मनोवृत्ति के कशाघात ने तुम्हें विपथगामिनी तो नहीं बना दिया ?

विजया—राजकुमारी ! मैं अनुगृहीत हूँ। उस कृपा को नहीं भूल सकती जो आपने दिखायी है। परन्तु अब और प्रश्न करके मुझे उत्तेजित करना ठीक नहीं।

देवसेना—(आश्चर्य से) क्यों विजया ! मेरे सखी-जनोचित सरल प्रश्नों में भी तुम्हें व्यङ्ग सुनाई पड़ता है ?

विजया—क्या इसमें भी प्रमाण की आवश्यकता है ? राजकुमारी ! आज से मेरी ओर देखना मत। मुझे कृत्या, अभिशाप की ज्वाला समझना और....

देवसेना—ठहरो, दम ले लो ! सन्देह के गर्त्त में गिरने के पहले विवेक का अवलम्बन ले लो विजया !

विजया—हताश जीवन कितना भयानक होता है—यह नहीं जानती हो ? उस दिन जिस तीखी छुरी को रखने के लिए मेरी हँसी उड़ायी जा रही थी, मैं समझती हूँ कि उसे रख लेना मेरे लिए आवश्यक था। राजकुमारी ! मुझे न छेड़ना। मैं तुम्हारी शत्रु हूँ। (क्रोध से देखती है)

देवसेना—(आश्चर्य से) क्या कह रही हो ?

विजया—वही जिसे तुम सुन रही हो।

देवसेना—वह तो जैसे उन्मत्त का प्रलाप था, अकस्मात् स्वप्न देखकर जग जाने वाले प्राणी की कुतूहल-गाथा थी। विजया ! क्या मैंने तुम्हारे सुख में बाधा दी ? परन्तु मैंने तो तुम्हारे मार्ग को स्वच्छ करने के सिवा रोड़े न बिछाये।

विजया—उपकारों की ओट से मेरे स्वर्ग को छिपा दिया, मेरी कामना-लता को समूल उखाड़ कर कुचल दिया !

देवसेना—शीघ्रता करने वाली स्त्री ! अपनी असावधानी का दोष दूसरे पर न फेंक। देवसेना मूल्य देकर प्रणय नहीं लिया चाहती है.... । अच्छा, इससे क्या ? **(जाती है)**

विजया—जाती हो, परन्तु सावधान !

(**भटार्क और प्रपञ्चबुद्धि का प्रवेश**)

भटार्क—विजया ! तुम कब आयी हो ?

विजया—अभी-अभी, तुम्हीं को तो खोज रही थी। (**प्रपञ्चबुद्धि को देखकर**) आप कौन हैं ?

भटार्क—'योगाचार संघ' के प्रधान-श्रमण आर्य प्रपञ्चबुद्धि ।

(**विजया नमस्कार करती है**)

प्रपञ्चबुद्धि—कल्याण हो देवि ! भटार्क से तो तुम परिचित-सी हो, परन्तु मुझे भी जान जाओगी।

विजया—आर्य ! आपके अनुग्रह-लाभ की बड़ी आकाङ्क्षा है ।

प्रपञ्चबुद्धि—शुभे ! प्रज्ञापारमिता-स्वरूपा तारा तुम्हारी रक्षा करे ! क्या तुम सद्धर्म की सेवा के लिये कुछ उत्सर्ग कर सकोगी ? (**कुछ सोचकर**) तुम्हारे मनोरथ पूर्ण होने में विघ्न और विलम्ब है । इसीलिये तुम्हें अवश्य धर्माचरण करना होगा ।

विजया—आर्य ! मेरा भी एक स्वार्थ है ।

प्रपञ्चबुद्धि—क्या ?

विजया—राजकुमारी देवसेना का अन्त !

प्रपञ्चबुद्धि—और मुझे उग्रतारा की साधना के लिए महास्मशान में एक राज-बलि चाहिये !

भटार्क—यह तो अच्छा सुयोग है ।

विजया—उसे स्मशान तक ले आना तो मेरा काम है; आगे मैं कुछ न कर सकूँगी ।

प्रपञ्चबुद्धि—सब हो जायगा। उग्रतारा की कृपा से सब कुछ सुसम्पन्न होगा ।

भटार्क—परन्तु मैं कृतघ्नता से कलंकित होऊँगा, और स्कन्दगुप्त से मैं किस मुँह से....नहीं, नहीं....

प्रपञ्चबुद्धि—सावधान ! भटार्क ! अलग ले जाकर इतना समझाया फिर भी....! तुम पहले अनन्तदेवी और पुरगुप्त से प्रतिश्रुत हो चुके हो ।

भटार्क—ओह ! पाप-पङ्क में लिप्त मनुष्य को छुट्टी नहीं ! कुकर्म उसे जकड़ कर अपने नागपाश में बाँध लेता है ! दुर्भाग्य !

(**सब का प्रस्थान**)

मातृगुप्त—(**निकल कर**) भयानक कुचक्र ! एक निर्मल कुसुम-कली को कुचलने के लिये इतनी बड़ी प्रतारणा की चक्की ? मनुष्य ! तुझे हिंसा का उतना ही लोभ है, जितना एक भूखे भेड़िये को ! तब भी तेरे पास उससे कुछ विशेष साधन हैं—छल, कपट, विश्वासघात कृतघ्नता और पैने अस्त्र । इनसे भी बढ़कर प्राण लेने की कला-कुशलता । देखा जायगा; भटार्क ! तुम जाते कहाँ हो !

(**जाता है**)

द्वितीय दृश्य

(**श्मशान में साधक-रूप से प्रपञ्चबुद्धि । दूर से स्कन्दगुप्त टहलता हुआ आता है**)

स्कन्दगुप्त—इस साम्राज्य का बोझ किसके लिये ? हृदय में अशान्ति, राज्य में अशान्ति, परिवार में अशान्ति ! केवल मेरे अस्तित्व से ? मालूम होता है कि सब की—विश्व-भर की—शान्ति-रजनी में मैं ही धूमकेतु हूँ, यदि मैं न होता, तो यह संसार अपनी स्वाभाविक गति से, आनन्द से, चला करता । परन्तु मेरा तो निज का कोई स्वार्थ नहीं, हृदय के एक-एक कोने को छान डाला—कहीं भी कामना की वन्या नहीं; बलवती आशा की आँधी नहीं चल रही है । केवल गुप्त-सम्राट् के वंशधर होने की दयनीय दशा ने मुझे इस रहस्यपूर्ण क्रिया-कलाप में संलग्न रक्खा है । कोई भी मेरे अन्तःकरण का आलिङ्गन करके न रो सकता है, और न तो हँस सकता है । तब भी विजया....? ओह ! उसे स्मरण करके क्या होगा । जिसे हमनें सुख-शर्वरी की सन्ध्यातारा के समान पहले देखा, वही उल्कापिण्ड होकर दिगन्त—दाह करना चाहती है । विजया ! तूने क्या किया ! (**देखकर**) ओह ! कैसा भयानक मनुष्य है ! कैसी क्रूर आकृति है ! मूर्त्तिमान पिशाच है ! अच्छा, मातृगुप्त तो अभी तक नहीं आया । छिप कर देखूँ । (**छिपता है**)

(**विजया के साथ देवसेना का प्रवेश**)

देवसेना—आज फिर तुम किस अभिप्राय से आयी हो ?

विजया—और तुम राजकुमारी ? क्या तुम इस महावीभत्स श्मशान में आने से नहीं डरती हो ?

देवसेना—संसार का मूक शिक्षक 'स्मशान' क्या डरने की वस्तु है ? जीवन की नश्वरता के साथ ही सर्वात्मा के उत्थान का ऐसा सुन्दर स्थल और कौन है ?

(नेपथ्य से गान)

सब जीवन बीता जाता है
धूप-छाँह के खेल-सदृश—सब०
समय भागता है प्रतिक्षण में,
नव-अतीत के तुषार-कण में,
हमें लगा कर भविष्य-रण में,
आप कहाँ छिप जाता है—सब०
बुल्ले, लहर, हवा के झोंके,
मेघ और बिजली के टोंके,
किसका साहस है कुछ रोके,
जीवन का वह नाता है—सब०
वंशी को बस बज जाने दो,
मीठी मीड़ों को आने दो,
आँख बन्द करके गाने दो,
जो कुछ हमको आता है—सब०

विजया—(**स्वगत**) भाव-विभोर दूर की रागिनी सुनती हुई यह कुरङ्गी-सी कुमारी····आह ! कैसा भोला मुखड़ा है ! नहीं, नहीं विजया ! सावधान ! प्रतिहिंसा···· (**प्रकट**) राजकुमारी ! देखो, यह कोई बड़ा सिद्ध है, वहाँ तक चलोगी ?

देवसेना—चलो, परन्तु मुझे सिद्ध से क्या प्रयोजन ? जब मेरी कामनाएँ विस्मृति के नीचे दबा दी गयी हैं, तब वह चाहे स्वयं ईश्वर ही हो तो क्या ? तब भी एक कुतूहल है ! चलो—

(विजया देवसेना को आगे कर प्रपञ्चबुद्धि के पास ले जाती है। और आप हट जाती है। ध्यान से आँख खोल कर प्रपञ्च उसे देखता है)

प्रपञ्चबुद्धि—तुम्हारा नाम देवसेना है ?

देवसेना—(**आश्चर्य से**) हाँ, भगवन् !

प्रपञ्चबुद्धि—तुमको देवसेवा के लिए शीघ्र प्रस्तुत होना होगा। तुम्हारी ललाट-लिपि कह रही है कि तुम बड़ी भाग्यवती हो !

देवसेना—कौन-सी देवसेवा ?

प्रपञ्चबुद्धि—यह नश्वर शरीर, जिसका उपभोग तुम्हारा प्रेमी भी न कर सका और न करने की आशा है, देवसेवा में अर्पित करो ! उग्रतारा तुम्हारा परम-मङ्गल करेगी।

देवसेना--(**सिहर उठती है**) क्या मुझे अपनी बलि देनी होगी ? (**घूम कर देखती है**) विजया ! विजया !!

प्रपञ्चबुद्धि--डरो मत, तुम्हारा सृजन इसीलिए था । नित्य की मोह-ज्वाला में जलने से तो यही अच्छा है कि तुम एक साधक का उपकार करती हुई अपनी ज्वाला शान्त कर दो !

देवसेना--परन्तु····कापालिक ! एक और भी आशा मेरे हृदय में है । वह पूर्ण नहीं हुई है । मैं डरती नहीं हूँ, केवल उसके पूर्ण होने की प्रतीक्षा है । विजया के स्थान को मैं कदापि न ग्रहण करूँगी । उसे भ्रम है, यदि वह छूट जाता····

प्रपञ्चबुद्धि--(**उठ कर उसका हाथ पकड़ कर खड्ग उठाता है**) पर मुझे ठहरने का अवकाश नहीं । उग्रतारा की इच्छा पूर्ण हो !

देवसेना—प्रियतम ! मेरे देवता युवराज ! ! तुम्हारी जय हो !

(**सिर झुकाती है**)

(**पीछे से मातृगुप्त आकर प्रपञ्च का हाथ पकड़ कर नेपथ्य में ले जाता है । देवसेना चकित होकर स्कन्द का आलिङ्गन करती है**)

तृतीय दृश्य

(**मगध में अनन्तदेवी, पुरगुप्त, विजया और भटार्क**)

पुरगुप्त—विजय-पर-विजय ! देखता हूँ कि एक बार वङ्क्षुतट पर गुप्तसाम्राज्य की पताका फिर फहरायेगी । गरुड़ध्वज वङ्क्षु के रेतीले मैदान में अपनी स्वर्ण-प्रभा का विस्तार करेगा ।

अनन्तदेवी—परन्तु तुमको क्या ? निर्वीर्य निरीह बालक ! तुम्हें भी इसकी प्रसन्नता है ? लज्जा की गर्त्त में डूब न ही जाते—और भी छाती फुलाकर इसका आनन्द मनाते हो !

विजया—अहा ! यदि आज राजाधिराज कहकर युवराज पुरगुप्त का अभिनन्दन कर सकती !

भटार्क—यदि मैं जीता रहा तो वह भी कर दिखऊँगा !

(**दौवारिक का प्रवेश**)

दौवारिक—जय हो ! एक चर आया है ।

भटार्क—ले आओ ।

(**दौवारिक जाकर चर को लिवा लाता है**)

चर—युवराज की जय हो !

भटार्क—तुम कहाँ से आये हो ?

चर—नगरहार के हूण-स्कन्धावार से।

भटार्क—क्या सन्देश है ?

चर—सेनापति खिङ्गिल ने पूछा है कि मगध की गुप्तपरिषद् क्या कर रही है ? उसने प्रचुर अर्थ लेकर भी मुझे ठीक समय पर धोखा दिया है। परन्तु स्मरण रहे कि अबकी हमारा अभियान सीधे कुसुमपुर पर होगा। स्कन्दगुप्त का साम्राज्य-ध्वंस पीछे होगा। पहले कुसुमपुरी का मणि-रत्न-भाण्डार लूटा जायगा। प्रतिष्ठान और चरणाद्रि तथा गोपाद्रि के दुर्गपतियों को धन, विद्रोह करने के लिए परिषद् की आज्ञा से भेजा गया था, उसका क्या फल हुआ ? अंतर्वेद के विषयपति की कुटिल दृष्टि ने उस रहस्य का उद्घाटन करके वह धन भी आत्मसात् कर लिया और सहायता के बदले हम लोग प्रवञ्चित हुये, जिससे हूणों को सिन्धु का तट छोड़ देना पड़ा।

भटार्क—ओह ! शर्वनाग ने बड़ी सावधानी से काम लिया। आचार्य प्रपञ्चबुद्धि का निधन होने से यह सब दुर्घटना हुई है। दूत ! हूणराज से कहना कि पुरगुप्त को सम्राट् बनाने में तुम्हें अवश्य सहायता करनी पड़ेगी।

चर—परन्तु उन्हें विश्वास कैसे हो ?

भटार्क—मैं प्रमाण-पत्र दूँगा। हूणों को एक बार ही भारतीय सीमा से दूर करने के लिए स्कन्दगुप्त ने समस्त सामन्तों को आमंत्रण दिया है। मगध की रक्षक सेना भी उसमें सम्मिलित होगी, और मैं ही उसका परिचालन करूँगा। वहीं इसका प्रत्यक्ष प्रमाण मिलेगा। और यह लो प्रमाण-पत्र। **(पत्र लिख कर देता है)**

पुरगुप्त—ठहरो।

अनन्तदेवी—चुप रहो !

दूत—तो यह उपहार भी सम्राज्ञी के लिए प्रस्तुत है।

(रत्नों से भरी हुई मञ्जूषा देता है)

भटार्क—और उत्तरापथ के समस्त धर्मसंघों के लिए क्या किया है ?

दूत—आर्य महाश्रमण के पास मैं हो आया हूँ। समस्त सद्धर्म के अनुयायी और संघ, स्कन्दगुप्त के विरुद्ध हैं। याज्ञिक क्रियाओं की प्रचुरता से उनका हृदय धर्मनाश के भय से घबरा उठा है। सब विद्रोह करने के लिये उत्सुक हैं।

भटार्क—अच्छा, जाओ। नगरहार के गिरिव्रज का युद्ध इसका निबटारा करेगा। हूणराज से कहना कि सावधान रहें, शीघ्र वहीं मिलूँगा।

(दूत प्रणाम करके जाता है)

पुरगुप्त—यह क्या हो रहा है ?

अनन्तदेवी—तुम्हारे सिंहासन पर बैठने की प्रस्तावना है !

(सैनिक का प्रवेश)

सैनिक—महादेवी की जय हो !

भटार्क—क्या है ?

सैनिक—कुसुमपुर की सेना जालन्धर से भी आगे बढ़ चुकी है। साम्राज्य के स्कन्धाबार में शीघ्र ही उसके पहुँच जाने की सम्भावना है।

पुरगुप्त—विजया ! बहुत विलम्ब हुआ। एक पात्र........

(अनन्तदेवी संकेत करती है। विजया उसे पिलाती है)

भटार्क—मेरे अश्वों की व्यवस्था ठीक है न ? मैं उसके पहले पहुँचूंगा !

सैनिक—परन्तु महाबलाधिकृत !

भटार्क—क्या ? कहो !

सैनिक—यह राष्ट्र का आपत्तिकाल है, युद्ध की आयोजनाओं के बदले हम कुसुमपुर में आपानकों का समारोह देख रहे हैं। राजधानी विलासिता का केन्द्र बन रही है। यहाँ मनुष्यों के लिये विलास के उपकरण बिखरे रहने पर भी अपर्याप्त हैं ! नये-नये साधन और नवीन कल्पनाओं से भी इस विलासिता राक्षसी का पेट नहीं भर रहा है। भला मगध के विलासी सैनिक क्या करेंगे ?

भटार्क—अबोध ! जो विलासी न होगा वह भी क्या वीर हो सकता है ? जिस जाति में जीवन न होगा वह विलास क्या करेगी ? जाग्रत राष्ट्र में ही विलास और कलाओं का आदर होता है। वीर एक कान से तलवारों की और दूसरे से नूपुरों की झनकार सुनते हैं।

विजया—बात तो यही है।

सैनिक—आप महाबलाधिकृत हैं, इसलिये मैं कुछ न कहूँगा ?

भटार्क—नहीं तो ?

सैनिक—यदि दूसरा कोई ऐसा कहता, तो मैं यही उससे कहता कि तुम देश के शत्रु हो !

भटार्क—(**क्रोध से**) हैं.......

सैनिक—हाँ। यवनों से उधार ली हुई सभ्यता नाम की विलासिता के पीछे आर्य-जाति उसी तरह पड़ी है, जैसे कुलवधू को छोड़कर कोई नागरिक वेश्या के चरणों में। देश पर बर्बर हूणों की चढ़ाई और तिसपर भी यह निर्लज्ज आमोद ! जातीय जीवन के निर्वाणोन्मुख प्रदीप का यह दृश्य है। आह ! जिस मगध देश की सेना सदैव नासीर में रहती थी, आर्य-चन्द्रगुप्त की वही विजयिनी सेना सबके पीछे निमन्त्रण पाने पर

साम्राज्य-सेना में जाय ! महाबलाधिकृत ! मेरी तो इच्छा होती है कि मैं आत्म हत्या कर लूँ ! मैं उस सेना का नायक हूँ, जिस पर गरुड़ध्वज की रक्षा का भार रहता था।

भटार्क—(**अपने क्रोध के मनोभाव दबा कर**) अच्छा, तुम यहाँ मगध की रक्षा करना, मैं जाता हूँ।

सैनिक—हूँ, अच्छा तो यह खड्ग लीजिए, मैं आज से मगध की सेना का नायक नहीं। (**खड्ग देता है**)

पुरगुप्त—(**मद्यप की-सी चेष्टा बना कर**) यह अच्छा किया, आओ मित्र ! हम-तुम कादम्ब पियें। जाने दो इन्हें। इन्हें लड़ने दो !

अनन्त देवी—(**भटार्क को सङ्केत करती हुई ले जाती है। और विजया से कहती है**) विजया ! युवराज का मन बहलाओ !

(**सैनिक तिरस्कार की दृष्टि से देखते हुए जाता है। भटार्क और अनन्तदेवी एक ओर। विजया और पुरगुप्त दूसरी ओर जाते हैं**)

चतुर्थ दृश्य

(**उपवन में जयमाला और देवसेना**)

जयमाला—तू उदास है कि प्रसन्न, कुछ समझ में नहीं आता ? जब तू गाती है तब मेरे भीतर की रागिनी रोती है और जब हँसती है तब जैसे विषाद की प्रस्तावना होती है !

पहली सखी—सम्राट् युद्ध-यात्रा में गये हैं और...

दूसरी सखी—तो क्या ?

देवसेना—तुम सब भी भाभी के साथ मिल गयी हो। क्यों भाभी। गाऊँ वह गीत ?

जयमाला—मेरी प्यारी ! तू गाती है। अहा ! बड़ी-बड़ी आँखें तो बरसाती ताल-सी लहरा रही हैं ! तू दुःखी होती है। ले, मैं जाती हूँ। अरी ! तुम सब इसे हँसाओ। (**जाती है**)

देवसेना—क्या महारथी हार कर भगे ! अब तुम सब क्षुद्र सैनिकों की पारी है ? अच्छा तो आओ।

पहली सखी—नहीं, राजकुमारी ! मैं पूछती हूँ कि सम्राट् ने तुमसे कभी प्रार्थना की थी ?

दूसरी सखी—हाँ, तभी तो प्रेम का सुख है !

तीसरी सखी—तो क्या मेरी राजकुमारी स्वयं प्रार्थिनी होंगी ? उहूँ !

देवसेना—प्रार्थना किसने की है, यह रहस्य की बात है। क्यों कहूँ ? प्रार्थना हुई है मालव की ओर से; लोग कहेंगे कि मालव देकर देवसेना का व्याह किया जा रहा है।

पहली सखी—न कहो, तब फिर क्या—हरी-हरी कोंपलों की टट्टी में फूल खिल रहा है—और क्या !

देवसेना—तेरा मुँह काला और क्या ? निर्दय होकर आघात मत कर, मर्म बड़ा कोमल है। कोई दूसरी हँसी तुझे नहीं आती ?

(मुँह फेर लेती है)

दूसरी सखी—लक्ष्यभेद ठीक हुआ-सा देखती हूँ !

देवसेना—क्यों घाव पर नमक छिड़कती है ? मैंने कभी उनसे प्रेम की चर्चा करके उनका अपमान नहीं होने दिया है। नीरव-जीवन और एकान्त-व्याकुलता, कचोटने का सुख मिलता है। जब हृदय में रुदन का स्वर उठता है, तभी सङ्गीत की वीणा मिला लेती हूँ। उसी में सब छिप जाता है।

(आँखों से आँसू बहता है)

तीसरी सखी—हैं-हैं....क्या तुम रोती हो ? मेरा अपराध क्षमा करो !

देवसेना—**(सिसकती हुई)** नहीं प्यारी सखी ! आज ही मैं प्रेम के नाम पर जी खोलकर रोती हूँ; बस, फिर नहीं। यह एक क्षण का रुदन अनन्त स्वर्ग का सृजन करेगा।

दूसरी सखी—तुम्हें इतना दुःख है, मैं यह कल्पना भी न कर सकी थी।

देवसेना—**(सम्हलकर)** यही तू भूलती है। मुझे तो इसी में सुख मिलता है; मेरा हृदय मुझसे अनुरोध करता है, मचलता है, रूठता है, मैं उसे मनाती हूँ। आँखें प्रणय-कलह उत्पन्न कराती हैं, चित्त उत्तेजित करता है, बुद्धि झिड़कती है, कान कुछ सुनते ही नहीं ! मैं सब को समझाती हूँ, विवाद मिटाती हूँ। सखी ! फिर भी मैं इसी झगड़ालू कुटुम्ब में गृहस्थी सम्हाल कर, स्वस्थ हो कर, बैठती हूँ।

तीसरी सखी—आश्चर्य ! राजकुमारी ! तुम्हारे हृदय में एक बरसाती नदी वेग से भरी है !

देवसेना—कूलों में उफन कर बहने वाली नदी, तुमुल तरङ्ग, प्रचण्ड पवन और भयानक वर्षा ! परन्तु उसमें भी नाव चलानी ही होगी।

(पहली सखी गाती है) —

माझी ! साहस है खे लोगे !
जर्जर तरी भरी पथिकों से—
झड़ में क्या खोलोगे ?

अलस नील-घन की छाया में—
जलजालों की छल-माया में—
अपना बल तोलोगे !
अनजाने तट की मदमाती—
लहरें, क्षितिज चूमती आतीं :
ये झटके झेलोगे ? माझी—

(भीमवर्मा का प्रवेश)

भीमवर्मा—बहिन ! शक-मण्डल से विजय का समाचार आया है !

देवसेना—भगवान् की दया है !

भीमवर्मा—परन्तु महाराजपुत्र गोविन्दगुप्त वीरगति को प्राप्त हुए, यह बड़ा····

देवसेना—वे धन्य हैं !

भीमवर्मा—वीर-शय्या पर सोते-सोते उन्होंने अनुरोध किया कि महाराज बन्धुवर्मा गुप्त-साम्राज्य के महाबलाधिकृत बनाये जायँ, इसलिये अभी वे स्कन्धावार में ठहरेंगे । उनका आना अभी नहीं हो सकता । और भी कुछ सुना देवसेना ?

देवसेना—क्या ?

भीमवर्मा—सम्राट् ने तुम्हें बचाने के पुरस्कार-स्वरूप मातृगुप्त को काश्मीर का शासक बना दिया है । गान्धारवंशी राजा अब वहाँ नहीं है । काश्मीर अब साम्राज्य के अन्तर्गत हो गया है ।

देवसेना—सम्राट् की महानुभावता है । भाई ! मेरे प्राणों का इतना मूल्य ?

भीमवर्मा—आर्य-साम्राज्य का उद्धार हुआ है बहिन ! सिन्धु के प्रदेश से म्लेच्छ-राज्य ध्वस्त हो गया है । प्रवीर-सम्राट्-स्कन्दगुप्त ने विक्रमादित्य की उपाधि धारण की है । गौ, ब्राह्मण और देवताओं की ओर कोई भी आततायी आँख उठा कर नहीं देखता । लौहित्य से सिन्धु तक हिमालय की कन्दराओं में भी, स्वच्छन्दतापूर्वक सामगान होने लगा है । धन्य हैं हम लोग जो इस दृश्य को देखने के लिये जीवित हैं !

देवसेना—मङ्गलमय भगवान् सब मङ्गल करेंगे । भाई, साहस चाहिए, कोई वस्तु असम्भव नहीं ।

भीमवर्मा—उत्तरापथ के सुशासन की व्यवस्था करके परम भट्टारक शीघ्र आवेंगे । मुझे अभी स्नान करना है, जाता हूँ ।

देवसेना—भाई ! तुम अपने शरीर के लिये बड़े ही निश्चिन्त रहते हो । और कामों के लिए तो···

(भीम हँसता हुआ जाता है—मुद्गल का प्रवेश)

मुद्गल—जो है सो काणाम करके यह तो अपने से नहीं हो सकता। उहूँ, जब कोई न मिला तो फूटे ढोल की तरह मेरे गले पड़ी।

देवसेना—क्या है मुद्गल ?

मुद्गल—वही-वही, सीता की सखी मन्दोदरी की नानी त्रिजटा। कहाँ है मातृगुप्त ज्योतिषी की दुम ! अपने को कवि भी लगाता था ! मेरी कुण्डली मिलायी या कि मुझे मिट्टी में मिलाया। शाप दूंगा। एक शाप ! दाँत पीसकर, हाथ उठाकर, शिखा खोलते हुए चाणक्य का लकड़दादा बन जाऊँगा। मुझे इस झञ्झट में फँसा दिया ! उसने क्यों मेरा ब्याह कराया....?

देवसेना—तो क्या बुरा किया ?

मुद्गल—झख मारा, जो है सो काणाम करके।

देवसेना—अरे ब्याह भी तुम्हारा होता ?

मुद्गल—न होता तो क्या इससे भी बुरा रहता ? बाबा, अब तो मैं इस पर भी प्रस्तुत हूँ कि कोई इसको फेर ले। परन्तु यह हत्या कौन अपने पल्ले बाँधेगा !

(सब हँसती हैं)

देवसेना—आज कौन-सी तिथि है ? एकादशी तो नहीं है ?

मुद्गल—हाँ, यजमान के घर एकादशी और मेरे पारण की द्वादशी; क्योंकि ठीक मध्याह्न में एकादशी के ऊपर चढ़ बैठती है, उसका गला दबा देती है, पेट पचकने लगता है !

देवसेना—अच्छा, आज तुम्हारा निमन्त्रण है—तुम्हारी स्त्री के साथ।

मुद्गल—जो है सो देवता प्रसन्न हों, आपका कल्याण हो ! फिर शीघ्रता होनी चाहिये। पुण्यकाल बीत न जाय....चलिये मैं उसे बला लेता हूँ। (**जाता है**)

(सबका प्रस्थान)

पञ्चम दृश्य

(गान्धार की घाटी—रणक्षेत्र में)

(तुरही बजती है। स्कन्दगुप्त और बन्धुवर्मा के साथ सैनिकों का प्रवेश)

बन्धुवर्मा—वीरों ! तुम्हारी विश्वविजयिनी वीर-गाथा सुर-सुन्दरियों की वीणा के साथ मन्द-ध्वनि से नन्दन में गूँज उठेगी। असीम साहसी आर्य-सैनिक ! तुम्हारे शस्त्र ने बर्बर हूणों को बता दिया है कि रणविद्या केवल नृशंसता नहीं है। जिनके आतङ्क से आज विश्वविख्यात रूम-साम्राज्य पादाक्रान्त है, उन्हें तुम्हारा लोहा मानना

होगा और तुम्हारे पैरों के नीचे दबे हुए कण्ठ से उन्हें स्वीकार करना होगा कि भारतीय दुर्जेय वीर हैं ! समझ लो—आज के युद्ध में प्रत्यावर्त्तन नहीं है। जिसे लौटना हो, अभी से लौट जाय।

सैनिक—आर्य-सैनिकों का अपमान करने का अधिकार महाबलाधिकृत को भी नहीं है ! हम सब प्राण देने आये हैं, खेलने नहीं !

स्कन्दगुप्त—साधु ! तुम यथार्थ ही जननी जन्मभूमि की सन्तान हो।

सैनिक—राजाधिराज श्री स्कन्दगुप्त विक्रमादित्य की जय।

(**चर का प्रवेश**)

चर—परम भट्टारक की जय हो !

स्कन्दगुप्त—क्या समाचार है ?

चर—देव ! हूण शीघ्र ही नदी पार होकर आक्रमण की प्रतीक्षा कर रहे हैं; परन्तु यदि आक्रमण न हुआ, तो स्वयं आक्रमण करेंगे।

बन्धुवर्मा—और कुभा के रणक्षेत्र का क्या समाचार है ?

चर—मगध की सेना पर विश्वास करने के लिए मैं न कहूँगा। भटार्क की दृष्टि में पिशाच की मन्त्रणा चल रही है, खिङ्गिल के दूत भी आ जा रहे हैं। चक्रपालित उस कूट-चक्र को तोड़ सकेंगे कि नहीं, इसमें सन्देह है।

स्कन्दगुप्त—बन्धुवर्मा ! तुम कुभा के रण-क्षेत्र की ओर जाओ, मैं यहाँ देख लूँगा।

बन्धुवर्मा—राजाधिराज ! मगध की सेना पर अधिकार रखना मेरे सामर्थ्य के बाहर होगा, और मालव की सेना आज नासीर में है। आज इस नदी की तीक्ष्ण धारा को लाल करके बहा देने की मेरी प्रतिज्ञा है। आज मालव का एक भी सैनिक नासीर-सेना से न हटेगा।

स्कन्दगुप्त—बन्धु ! यह यश मुझसे मत छीन लो।

बन्धुवर्मा—परन्तु सबके प्राण देने के स्थान भिन्न हैं। यहाँ मालव की सेना मरेगी, दूसरे को यहाँ मरकर अधिकार जमाने का अधिकार नहीं। और बन्धुवर्मा मरने-मारने में जितना पटु है, उतना षड्यन्त्र में नहीं। आप के रहने से सौ बन्धुवर्मा उत्पन्न होंगे। आप शीघ्रता कीजिये।

स्कन्दगुप्त—बन्धुवर्मा ! तुम बड़े कठोर हो।

बन्धुवर्मा—शीघ्रता कीजिये। यहाँ हूणों को रोकना मेरा ही कर्त्तव्य है, उसे मैं ही करूँगा। महाबलाधिकृत का अधिकार मैं न छोड़ूँगा। चक्रपालित वीर है, परन्तु अभी वह नवयुवक है; आपका वहाँ पहुँचना आवश्यक है। भटार्क पर विश्वास न कीजिये।

स्कन्दगुप्त—मैंने समझा कि हूणों के सम्मुख वह विश्वासघात न करेगा।

बन्धुवर्मा—ओह! जिस दिन ऐसा हो जायगा, उस दिन कोई भी इधर आँख उठाकर न देखेगा। सम्राट्! शीघ्रता कीजिये।

स्कन्दगुप्त—(**आलिङ्गन करता है**) मालवेश की जय!

बन्धुवर्मा—महाराजाधिराज श्री स्कन्दगुप्त की जय!

(चर के साथ स्कन्दगुप्त जाते हैं)

(नेपथ्य में रणवाद्य। शत्रु-सेना आती है। हूणों की सेना से विकट युद्ध: हूणों का मारना। घायल होकर भागना। बन्धुवर्मा की अन्तिम अवस्था गरुड़ध्वज टेक कर उसे चूमना)

बन्धुवर्मा—(**दम तोड़ते हुए**) विजय! तुम्हारी····विजय····! आर्यसाम्राज्य की जय।

सब—आर्य साम्राज्य की जय!

बन्धुवर्मा—भाई! स्कन्दगुप्त मे कहना कि मालव-वीर ने अपनी प्रतिज्ञा पूरी की; भीम और देवसेना उनकी हैं।

सैनिक—महाराज! आप क्या कहते हैं हैं! (**सब शोक करते हैं**)

बन्धुवर्मा—बन्धुगुण! यह रोने का नहीं, आनन्द का समय है। कौन वीर इसी तरह जन्मभूमि की रक्षा में प्राण देता है, यही मैं ऊपर से देखने जाता हूँ।

सैनिक—महाराज बन्धुवर्मा की जय!

(गरुड़ध्वज की छाया में बन्धुवर्मा की मृत्यु)

षष्टम दृश्य

(दुर्ग के सम्मुख कुम्भा का रणक्षेत्र चक्र पालित और स्कन्दगुप्त)

चक्रपालित—सम्राट्! प्रतारणा की पराकाष्ठा! दो दिन से जान-बूझकर शत्रु को उस ऊँची पहाड़ी पर जमने का अवकाश दिया जा रहा है। आक्रमण करने से मैं रोका जा रहा हूँ। समस्त मगध की सेना उसके सङ्केत पर चल रही है।

स्कन्दगुप्त—चक्र! कुम्भा में जल बहुत कम है, आज ही उतरना होगा। तुम्हें दुर्ग में रहना चाहिये। मैं भटार्क पर विश्वास तो करता ही नहीं, परन्तु उस पर प्रकट रूप से अविश्वास का भी समय नहीं रहा।

चक्रपालित—नहीं सम्राट्! उसे बन्दी कीजिये। वह देखिये—आ रहा है।

भटार्क—(**प्रवेश करके**) राजाधिराज की जय हो!

स्कन्दगुप्त—क्यों सेनापति ! यह क्या हो रहा है ?

भटार्क—आक्रमण की प्रतीक्षा सम्राट् !

स्कन्दगुप्त—या समय की ?

भटार्क—सम्राट् का मुझ पर विश्वास नहीं है, यह····!

चक्रपालित—विश्वास तो कहीं से क्रय नहीं किया जाता !

भटार्क—तुम अभी बालक हो !

चक्रपालित—दुराचारी ! कृतघ्न ! अभी मैं तेरा कलेजा फाड़ खाता; तेरा·· !

भटार्क—सावधान ! अब मैं सहन नहीं कर सकता !

(तलवार पर हाथ रखता है)

स्कन्दगुप्त—भटार्क ! वह बालक है। कूटमन्त्रणा, वाक्चातुरी नहीं जानता। चुप रहो चक्र !

(चक्रपालित और भटार्क सिर नीचा कर लेते हैं)

स्कन्दगुप्त—भटार्क ! प्रवंचना का समय नहीं है। स्मरण रखना—कृतघ्न और नीचों की श्रेणी में तुम्हारा नाम पहले रहेगा।

(भटार्क चुप रह जाता है)

स्कन्दगुप्त—युद्ध के लिए प्रस्तुत हो ?

भटार्क—मेरा खड्ग साम्राज्य की सेवा करेगा।

स्कन्दगुप्त—अच्छा तो अपनी सेना लेकर तुम गिरिसंकट पर पीछे से आक्रमण करो और सामने से मैं आता हूँ। चक्र ! तुम दुर्ग की रक्षा करो।

भटार्क—जैसी आज्ञा। नगरहार के स्कन्धावार को भी सहायता के लिये कहला दिया जाय तो अच्छा हो।

स्कन्दगुत—चर गया है। तुम शीघ्र जाओ। देखो—सामने शत्रु दीख पड़ते हैं।

(भटार्क का प्रस्थान)

चक्रपालित—तो मैं बैठता हूँ।

स्कन्दगुप्त—भविष्य अच्छा नहीं है चक्र ! नगरहार से समय पर सहायता पहुँचती नहीं दिखायी देती। परन्तु यदि आवश्यकता हो, तो शीघ्र नगरहार की ओर प्रत्यावर्तन करना। मैं वहीं तुमसे मिलूँगा।

(चर का प्रवेश)

स्कन्दगुप्त—गान्धार युद्ध का क्या समाचार है ?

चर—विजय। उस रणक्षेत्र में हूण नहीं रह गये। परन्तु सम्राट् बन्धु-वर्मा नहीं हैं !

स्कन्दगुप्त—आह बन्धु ! तुम चले गये ? धन्य हो वीर-हृदय !

(शोक मुद्रा से बैठ जाता है)

चक्रपालित—इसका समय नहीं है सम्राट्, उठिये सेना आ रही है; इस समय यह समाचार नहीं प्रचारित करना है।

स्कन्दगुप्त—(**उठते हुए**) ठीक कहा !

(**भटार्क के साथ सेना का प्रवेश**)

स्कन्दगुप्त—देखो कुम्भा के उस बन्ध से सावधान रहना। आक्रमण में यदि असफलता हो, और शत्रु की दूसरी सेना कुभा की पार करना चाहे, तो उसे काट देना। देखो भटार्क ! तुम्हारे विश्वास का यही प्रमाण है।

भटार्क—जैसी आपकी आज्ञा।

(**कुछ सैनिकों के साथ जाता है**)

स्कन्दगुप्त—चक्र ! दुर्ग-रक्षक सैनिकों को लेकर तुम प्रतीक्षा करना। हम इसी छोटी-सी सेना से आक्रमण करेंगे। तुम सावधान !

(**नेपथ्य में रण-वाद्य**)

देखो—वह हूण आ रहे हैं ! उन्हें वहीं रोकना होगा।

चक्रपालित—जैसी आज्ञा। (**जाता है**)

स्कन्दगुप्त—वीर मगध-सैनिकों ! आज स्कन्दगुप्त तुम्हारी परिचालना कर रहा है, यह ध्यान रहे, गरुड़ध्वज का मान रहे, भले ही प्राण जायें !

मगध-सेना—राजाधिराज श्री स्कन्दगुप्त की जय !

(**सेना बढ़ती है, ऊपर से अस्त्र-वर्षा होती है। घोर युद्ध के बाद हूण भागते हैं। साम्राज्य-सेना का जयनाद करते हुए शिखर पर अधिकार करना**)

नायक—(**ऊपर देखता हुआ**) सम्राट् ! आश्चर्य है, भागी हुई हूण-सेना कुभा के उस पार उतर जाना चाहती है !

स्कन्दगुप्त—क्या कहा ?

नायक—कुछ मगध-सेना भी वहाँ है, परन्तु वह तो जैसे उनका स्वागत कर रही है !

स्कन्दगुप्त—विश्वासघात ! प्रतारणा ! नीच भटार्क !

नायक—फिर क्या आज्ञा है ?

स्कन्दगुप्त—दुर्ग की रक्षा होनी चाहिये। उस पार की हूण-सेना यदि आ गयी, तो कृतघ्न भटार्क उन्हें मार्ग बतावेगा। वीरो, शीघ्र उन्हें उसी पार रोकना होगा। अभी कुभा पार होने की सम्भावना है।

(**नायक तुरही बजाता है, सैनिक इकट्ठे होते हैं**)

स्कन्दगुप्त—(**घबराहट से देखते हुए**) शीघ्रता करो !

नायक—क्या ?

स्कन्दगुप्त—नीच भटार्क ने बन्ध तोड़ दिया है, कुम्भा में जल बड़े वेग से बढ़ रहा है । चलो शीघ्र—

(सब उतरना चाहते हैं, कुभा में अकस्मात् जल बढ़ जाता है; सब बहते हुए दिखाई देते हैं)

(अन्धकार)

चतुर्थ अङ्क

प्रथम दृश्य

(प्रकोष्ठ मे विजया और अनन्तदेवी)

अनन्तदेवी—क्या कहा ?

विजया—मैं आज ही पासा पलट सकती हूँ ! जो झूला ऊपर उठ रहा है, उसे एक ही झटके में पृथ्वी चूमने के लिए विवश कर सकती हूँ ।

अनन्तदेवी—क्यों ? इतनी उत्तेजना क्यों है ? सुनूं भी तो !

विजया—समझ जाओ !

अनन्तदेवी—नहीं, स्पष्ट कहो !

विजया—भटार्क मेरा है !

अवन्तदेवी—तो ?

विजया—उस राह से दूसरों को हटाना होगा ।

अनन्तदेवी—कौन छीन रहा है ?

विजया—एक पाप-पंक में फँसी हुई निर्लज्ज नारी । क्या उसका नाम भी बताना होगा ? समझो, नहीं तो साम्राज्य का स्वप्न गला दबा कर भङ्ग कर दिया जानेगा !

अनन्तदेवी— (**हँसती हुई**) मूर्ख रमणी ! तेरा भटार्क केवल मेरे कार्य-साधन का अस्त्र है, और कुछ नहीं । वह पुरगुप्त के ऊँचे सिंहासन की सीढ़ी है, समझी ?

विजया—समझी, और तुम भी जान लो कि तुम्हारा नाश समीप है ।

अनन्तदेवी—(**बात बनाती हुई**) क्या तुम पुरगुप्त के साथ सिंहासन पर नहीं बैठना चाहती हो ? क्यों—वह भी तो कुमारगुप्त का पुत्र है ?

विजया—हाँ, वह कुमारगुप्त का पुत्र है; परन्तु वह तुम्हारे गर्भ ने उत्पन्न है ! तुमसे उत्पन्न हुई सन्तान—छिः !

अनन्तदेवी—क्या कहा ? समझ कर कहना ।

विजया—कहती हूँ, और फिर कहूँगी ! प्रलोभन से, धमकी से, भय से, कोई भी मुझको भटार्क से वञ्चित नहीं कर सकता । प्रणाय-वञ्चिता स्त्रियाँ अपनी राह के रोड़े—विघ्नों—को दूर करने के लिए वज्र से भी दृढ़ होती हैं ! हृदय को छीन लेने वाली स्त्री के प्रति हृत्सर्वस्वा रमणी पहाड़ी नदियों से भयानक, ज्वालामुखी के विस्फोट से बीभत्स, और प्रलय की अनल-शिखा से भी लहरदार होती है ! मुझे तुम्हारा सिंहासन नहीं चाहिये ! मुझे क्षुद्र पुरगुप्त के विलास-जर्जर मन और यौवन में जीर्ण शरीर का अवलम्ब वाञ्छनीय नहीं । कहे देती हूँ, हट जाओ, नहीं तो तुम्हारी समस्त कुमन्त्रणा को एक फूँक में उड़ा दूँगी !

अनन्तदेवी—क्या ! इतना साहस ! तुच्छ स्त्री ! तू जानती है कि किसके साथ बात कर रही है ? मैं वही हूँ—जो अश्वमेध-पराक्रम कुमारगुप्त से, बालों को सुगन्धित करने के लिये गन्धचूर्ण जलवाती थी—जिसकी एक तीखी कोर से गुप्त-साम्राज्य डाँवाडोल हो रहा है, उसे तुम····एक सामान्य स्त्री ! जा-जा, ले अपने भटार्क को; मुझे ऐसे कीट-पतङ्गों की आवश्यकता नहीं ! परन्तु स्मरण रखना, मैं हूँ अनन्तदेवी ! तेरी कूटनीति के कण्टकित कानन की दावाग्नि—तेरे गर्व-शैल-शृङ्ग का वज्र ! मैं वह आग लगाऊँगी, जो प्रलय के समुद्र से भी न बुझे !

(जाती है)

विजया—मैं कहीं की न रही ! इधर भयानक विचारों की लीला-भूमि, उधर गम्भीर समुद्र ! दुर्बल रमणी-हृदय थोड़ी आँच में गरम और शीतल हाथ फेरते ही ठण्डा ! क्रोध से अपने आत्मीय जनों पर विष उगल देना ! जिनको क्षमा की आवश्यकता है—जिन्हें स्नेह के पुरस्कार की वाञ्छा है, उनकी भूल पर कठोर तिरस्कार; और जो पराये हैं, उनके साथ दौड़ती हुई सहानुभूति ! यह मन का विष, यह बदलने वाले हृदय की क्षुद्रता है ! ओह ! जब हम अनजान लोगों की भूल और दुःखों पर क्षमा या सहानुभूति प्रकट करते हैं, तो भूल जाते हैं कि यहाँ मेरा स्वार्थ नहीं है । क्षमा और उदारता वही सच्ची हैं, जहाँ स्वार्थ की भी बलि हो । अपना अतुल धन और हृदय दूसरों के हाथ में देकर चलूँ—कहाँ ? किधर—(उन्मत्त-भाव से प्रस्थान करना चाहती है)

(पदच्युत नायक का प्रवेश)

नायक—शान्त हो ।

विजया—कौन है ?

नायक—एक सैनिक ?

विजया—दूर हो, मुझे सैनिको से घृणा है !

नायक—क्यों सुन्दरी ?

विजया—क्रूर ! केवल अपते झूठे मान के लिवे, बनावटी बड़प्पन के लिये, अपना दम्भ दिखलाने के लिये एक अनियंत्रित हृदय का लोहों से खेल विडम्बना है ! किसकी रक्षा, किस दीन की सहायता के लिए तुम्हारे अस्त्र हैं

नायक—साम्राज्य की रक्षा के लिये !

विजया—झूठ ! तुम सबको जङ्गली हिंस्र पशु होकर जन्म लेना था। डाकू ! थोड़े-से ठीकरों के लिये अमूल्य मानव-जीवन का नाश करने वाले भयानक भेड़िये !

नायक—(**स्वगत**) पागल हो गई है क्या ?

विजया—स्नेहमयी देवसेना का शङ्का से तिरस्कार किया, मिलते हुए स्वर्ग को घमण्ड से तुच्छ समझा, देव-तुल्य स्कन्दगुप्त से विद्रोह किया, किस लिए ? केवल अपना रूप, घन, यौवन दूसरे को दान करके उन्हें नीचा दिखाने के लिए ? स्वार्थपूर्ण मनुष्यों की प्रतारणा में पड़कर खो दिया—इस लोक का सुख, उस लोक की शान्ति ! ओह !

नायक—शान्त हो !

विजया—शान्ति कहाँ ? अपनों को दण्ड देने के लिये मैं स्वयं उनसे अलग हुई; उन्हें दिखाने के लिये—'मैं भी कुछ हूँ !' अपनी भूल थी उसे अभिमान से उनके सिर दोष के रूप में मढ़ रक्खा था ! उन पर झूठा अभियोग ने लगाकर, नीच-हृदय को नित्य उत्तेजित कर रही थी। अब उसका फल मिला।

नायक—रमणी ! भूला हुआ लौट आता है, खोया हुआ मिल जाता है; परन्तु जो जान-बूझकर भूल-भुलैया तोड़ने के अभिमान से उसमें घुसता है, वह उसी चक्र-व्यूह में स्वयं मरता हैं, दूसरों को भो मारता है। शान्ति का—कल्याण का—मार्ग उन्मुक्त है। द्रोह को छोड़ दो, स्वार्थ को विस्मृत करो, सब तुम्हारा हैं।

विजया—(**सिसकती हुई**) मैं अनाथ निःसहाय हूँ !

नायक—(**बनावटी रूप उदारता हैं**) मैं शर्वनाग हूँ ! मै सम्राट् का अनुचर हूँ ! मगध की परिस्थिति देखलर अपने विषय अन्तर्वेद को लौट रहा हूँ।

विजया—क्या अन्तर्वेद के विषयपति शर्वनाग ?

शर्वनाग—हाँ, परन्तु देश पर एक भीषण आतङ्क है ! भटार्क की पिचाशलीला सफल होना चाहती हैं। विजया ! चलो, देश के प्रत्येक बच्चे, बूढ़े और युवक को उसकी भलाई में लगाना होगा; कल्याण का मार्ग प्रशस्त करना होगा। आओ यदि हम राजसिंहासन न प्रस्तुत कर सकें तो हमें अधीर न होना चाहिये। हम देश की प्रत्येक गली को झाड़ू देकर ही इनना स्वच्छ कर दें कि उस पर चलने वाले राजमार्ग का सुख पायें !

विजया—(**कुछ सोचकर**) तुमने सच कहा ! सबको कल्याण के शुभागमन के लिये कटिबद्ध होना चाहिये । चलो— ।

(**दोनों का प्रस्थान**)

द्वितीय दृश्य

(**भटार्क के शिविर में नर्त्तकी गाती है**)

भाव-निधि में लहरियाँ उठतीं तभी,
भूल कर भी जब स्मरण होता कभी ।
मधुर मुरली फूँक दी तुमने भला,
नींद मुझको आ चली थी बस अभी ।
सब रगों में फिर रही हैं बिजलियाँ,
नील नीरद ! क्या न बरसोगे कभी ।
एक झोंका और मलयानिल अहा !
क्षुद्र कलिका हैं खिली जाती अभी ।
कौन मर-मर कर जियेगा इस तरह,
यह समस्या हल न होगी क्या कभी ?

(**कमला और देवकी का प्रवेश**)

देवकी—भटार्क ! कहाँ है मेरा सर्वस्व ? बता दे—मेरे आनन्द का उत्सव, मेरी आशा का सहारा, कहाँ है ?

भटार्क—कौन ?

कमला—कृतघ्न ! नहीं देखता है, यह वही देवी हैं—जिन्होंने तेरे नारकीय अपराध को क्षमा किया था—जिन्होंने तुझ-से घिनौने कीड़े को भी मरने से बचाया था, वही, वही, देव-प्रतिमा महादेवी देवकी ।

भटार्क—(**पहचानकर**) कौन ? मेरी माँ !

कमला—तू कह सकता है । परन्तु मुझे तुझको पुत्र कहने में सङ्कोच होता है, लज्जा से गड़ी जा रही हूँ ! जिस जननी की सन्तान—जिसका अभागा पुत्र—ऐसा देशद्रोही हो, उसको क्या मुँह दिखाना चाहिये ? आह भटार्क !

भटार्क—राजमाता और मेरी माता !

देवकी—बता भटार्क ! वह आर्यावर्त्त का रत्न कहाँ है ? देश का बिना दाम का सेवक, वह जन-साधारण के हृदय का स्वामी, कहाँ है ? उससे शत्रुता करते हुए तुझे····।

कमला—बोल दे भटार्क !

भटार्क—क्या कहूँ, कुभा की क्षुब्ध लहरों से पूछो, हिमवान की गल जाने वाली बर्फ से पूछो कि वह कहाँ है । मैं नहीं····· ।

देवकी—आह ! गया मेरा स्कन्द ! ! मेरा प्राण ! ! !

(गिरती है, मृत्यु)

कमला—(**उसे सम्हालती हुई**) देख पिशाच ! एक बार अपनी विजय पर प्रसन्नता से खिलखिला ले । नीच ! पुण्य-प्रतिमा को, स्त्रियों की गरिमा को, धूल में लोटता हुआ देख कर, एक बार हृदय खोल कर हँस ले । हा देवी !

भटार्क—क्या ! (**भयभीत होकर देखता है**)

कमला—इस यन्त्रणा और प्रतारणा से भरे हुए संसार की पिशाचभूमि को छोड़ कर अक्षय लोक को गई, और तू जीता रहा—सुखी घरों में आग लगाने, हाहाकार मचाने और देश को अनाथ बनाकर उसकी दुर्दशा करने के लिये—नरक के कीड़े ! तू जीता रहा ! !

भटार्क—माँ, अधिक न कहो । साम्राज्य के विरुद्ध कोई अपराध करने का मेरा उद्देश्य नहीं था; केवल पुरगुप्त को सिंहासन पर बिठाने की प्रतिज्ञा से प्रेरित होकर मैंने यह किया । स्कन्दगुप्त न सही, पुरगुप्त सम्राट् होगा

कमला—अरे मूर्ख ! अपनी तुच्छ बुद्धि को सत्य मान कर, उसके दर्प में भूल कर, मनुष्य कितना बड़ा अपराध कर सकता है ! पामर ! तू सम्राटों का नियामक बन गया ? मैंने भूल की; सूतिका-गृह में ही तेरा गला घोंट कर क्यों न मार डाला ! आत्महत्या के अतिरिक्त अब कोई प्रायश्चित्त नहीं ।

भटार्क—माँ, क्षमा करो । आज से मैंने शस्त्र-त्याग किया । मैं इस संघर्ष से अलग हूँ, अब अपनी दुर्बुद्धि से तुम्हें कष्ट न पहुंचाऊँगा (**तलवार डाल देता है**)

कमला—तूने विलम्ब किया भटार्क ! महादेवी··· एक दिन जिसके नाम पर गुप्त-साम्राज्य नतमस्तक होता था, आज उसकी अन्त्येष्टि-क्रिया के लिए कोई उपाय नहीं ! हा दुर्दैव !

भटार्क—(**ताली बजाता है, सैनिक आते हैं**) महादेवी की अन्त्येष्टि-क्रिया राज-सम्मान से होनी चाहिए । चलो, शीघ्रता करो !

(देवकी के शव को एक ऊँचे स्थान पर दोनों मिलकर रखते हैं)

कमला—भटार्क ! इस पुण्यचरण के स्पर्श से, सम्भव है, तेरा पाप छूट जाय ।

(भटार्क और कमला पर तीव्र आलोक)

तृतीय दृश्य

(**काश्मीर के न्यायाधिकरण में मातृ-गुप्त, एक स्त्री और दण्डनायक**)

मातृगुप्त—नन्दीग्रामके दण्डनायक देवनन्द ! यह क्या है ?

देवनन्द—कुमारामात्य की जय हो ! बहुत परिश्रम करने पर भी मैं इस रमणी के अपहृत धन का पता न लगा सका। इसमें मेरा अपराध अधिक नहीं।

मातृगुप्त—फिर किसका है ? तुम गुप्त-साम्राज्य का विधान भूल गये ! प्रजा की रक्षा के लिये कर लिया जाता है। यदि तम उसकी रक्षा न कर सके, तो वह अर्थ तुम्हारी भृति से कट कर इस रमणी को मिलेगा।

देवनन्द—परन्तु वह इतना अधिक है कि मेरे जीवन-भर की भृति से भी उसका भरना असम्भव है।

मातृगुप्त—तब राज-कोष उसे देगा, और तुम उसका फल भोगोगे।

देवनन्द—परन्तु मैं पहले ही निवेदन कर चुका हूँ, इसमें मेरा अपराध अधिक नहीं है। यह श्रीनगर की सबसे अधिक ससृद्धिशालिनीं वेश्या है। यह अपने अन्तरंग लोगों का परिचय भी नहीं बताती; फिर मैं कैसे पता लगाऊँ ? गुप्तचर भी थक गए।

मातृगुप्त—हाँ, इसका नाम मैं भूल गया।

देवनन्द—मालिनी।

मातृगुप्त—क्या ! मालिनी ? (**कुछ सोचता हुआ**) अच्छा, जाओ कोषाध्यक्ष का भेज दो।

(**देवनन्द का प्रस्थान**)

मातृगुप्त—मालिनी ! अवगुण्ठन हटाओ, सिर ऊँचा करो मैं अपना भ्रम निवारण करना चाहता हूँ।

(अवगुण्ठन हटाकर मालिनी मातृगुप्त की ओर देखती है : मातृगुप्त चकित होकर उसको देखता है)

मातृगुप्त—तुम कौन हो—मालिनी ? छलना ! नहीं-नहीं, भ्रम है !

मालिनी—नहीं मातृगुप्त, मैं ही हूँ ! अवगुण्ठन केवल इसलिए था कि मैं तुम्हें मुख नहीं दिखला सकती थी। मातृगुप्त ! मैं वही हूँ।

मातृगुप्त—तुम ? नहीं मेरी मालिनी ! मेरे हृदय की आराध्य देवता—वेश्या ! असम्भव । परन्तु नहीं, वही है मुख ! यद्यपि विलास ने उस पर अपनी मलिन छाया डाल दी है—उस पर अपने अभिशाप की छाप लगा दी है; पर तुम वही हो । हा दुर्दैव !

मालिनी—दुर्दैव !

मातृगुप्त—मैं आज तक तुम्हें पूजता था । तुम्हारी पवित्र स्मृति को कङ्गाल की निधि की भाँति छिपाये रहा । मूर्ख मैं····आह मालिनी ! मेरे शून्य भाग्यकाश के मन्दिर का द्वार खोलकर तुम्हीं ने उनींदी उषा के सदृश झाँका था, और मेरे भिखारी संसार पर स्वर्ण बिखेर दिया था । तुम्हीं मालिनी ! तुमने सोने के लिए नन्दन का अम्लान कुसुम बेंच डाला । जाओ मालिनी ! राज-कोष से अपना धन ले लो ।

मालिनी—(**मातृगुप्त के पैरों पर गिरती हुई**) एक बार क्षमा कर दो मातृगुप्त !

मातृगुप्त—मैं इतना दृढ़ नहीं हूँ मालिनी कि तुम्हें इस अपराध के कारण भूल जाऊँ । पर वह स्मृति दूसरे प्रकार की होगी । उसमें ज्वाला न होगी । धुँआ उठेगा और तुम्हारी मूर्ति धुँधली होकर सामने आयेगी ! जाओ

(मालिनी का प्रस्थान, चर का प्रवेश)

चर—कुमारामात्य की जय हो !

मातृगुप्त—क्या समाचार है ? सम्राट् का पता लगा ?

चर—नहीं । पंचनद हूणों के अधिकार में है, और वे काश्मीर पर भी आक्रमण किया चाहते हैं ।

(चर का प्रस्थान)

मातृगुप्त—तो सब गया ! मेरी कल्पना के सुन्दर स्वप्नों का प्रभात हो रहा है । ।नाचती हुई नीहार-कणिकाओं पर तीखी किरणों के भाले ! ओह ! सोचा था कि देवता जागेंगे, एक बार आयावर्त्त में गौरव का सूर्य चमकेगा, और पुण्य-कर्मों से समस्त पाप-पंक धुल जायँगे; हिमालय से निकली हुई सप्तसिन्धु तथा गङ्गा-यमुना की घाटियाँ, किसी आर्य सद्गृहस्थ के स्वच्छ और पवित्र आँगन-सी, भूखी जाति के निर्वासित प्राणियों को अन्नदान देकर सन्तुष्ट करेंगी; और आर्य जाति अपने दृढ़ सबल हाथों में शस्त्र-ग्रहण करके पुण्य का पुरस्कार और पाप का तिरस्कार करती हुई, अचल हिमाचल की भाँति शिर ऊँचा किये, विश्व को सदाचरण के लिये सावधान करती रहेगी, आलस्य-सिन्धु में शेष-पर्यक-शायी सुषुप्तिनाथ जागेंगे; सिन्धु में हलचल होगी, रत्नाकर से रत्नराशियाँ आर्यावर्त्त की बेला-भूमि पर निछावर होंगी । उद्बोधन के गीत गाये—

हृदय के उद्‌गार सुनाये जायेंगे, परन्तु पासा पलट कर भी न पलटा ! प्रवीर उदार-हृदय स्कन्दगुप्त, कहाँ हैं ? तब, काश्मीर ! तुझसे विदा।

(प्रस्थान)

(नगर प्रान्त के पथ में धातुसेन और प्रख्यातकीर्ति)

प्रख्यातकीर्त्ति—प्रिय वयस्य ! आज तुम्हें आये इतने दिन हुए, क्या सिंहल का राज्य तुम्हें भारत-पर्यटन के सामने तुच्छ प्रतीत होता है ?

धातुसेन—भारत समग्र विश्व का है, और सम्पूर्ण वसुन्धरा इसके प्रेम-पाश में आबद्ध है। अनादि काल से ज्ञान की, मानवता की ज्योति यह विकीर्ण कर रहा है। वसुन्धरा का हृदय—भारत—किस मूर्ख को प्यारा नहीं है ? तुम देखते नहीं कि विश्व का सबसे ऊँचा शृङ्ग इसके सिरहाने, और सबसे गम्भीर तथा विशाल समुद्र इसके चरणों के नीचे है ? एक-से-एक सुन्दर दृश्य प्रकृति ने अपने इस घर में चित्रित कर रक्खा है। भारत के कल्याण के लिये मेरा सर्वस्व अर्पित है। किन्तु देखता हूँ, बौद्ध जनता और सङ्घ भी साम्राज्य के विरुद्ध हैं। महाबोधि-विहार के सङ्घ महा-स्थविर ने निर्वाण-लाभ किया है, उस पद के उपयुक्त भारत-भर में केवल प्रख्यातकीर्त्ति हैं। तुमसे सङ्घ की मलिनता बहुत-कुछ धुल जायगी।

प्रख्यातकीर्त्ति—राजमित्र ! मुझे क्षमा कीजिये। मैं धर्म-लाभ करने के लिये भिक्षु हुआ हूँ, महास्थविर बनने के लिये नहीं !

धातुसेन—मित्र ! मैं मातृगुप्त से मिलना चाहता हूँ।

प्रख्यातकीर्त्ति—वह तो विरक्त होकर घूम रहा है !

धातुसेन—तुमको मेरे साथ काश्मीर चलना होगा।

प्रख्यातकीर्त्ति—पर अभी तो कुछ दिन ठहरोगे ?

धातुसेन—जहाँ तक सम्भव हो, शीघ्र चलो।

(एक भिक्षु का प्रवेश)

भिक्षु—आचार्य ! महान् अनर्थ !

प्रख्यातकीर्त्ति—क्या है ? कुछ कहो भी !

भिक्षु—विहार के समीप जो चतुष्पथ का चैत्य है वहाँ कुछ ब्राह्मण बलि किया चाहते हैं ! इधर भिक्षु और बौद्ध जनता उत्तेजित है।

धातुसेन—चलो, हम लोग भी चलें, उन उत्तेजित लोगों को शान्त करने का प्रयत्न करें।

(सब जाते हैं)

पाचवाँ दृश्य

(विहार के समीप चतुष्पथ । एक ओर ब्राह्मण लोग बलि का उपकरण लिए, दूसरी ओर भिक्षु और बौद्ध जनता । उत्तेजित दण्डनायक का प्रवेश)

दण्डनायक—नागरिकगण ! यह समय अन्तर्विद्रोह का नहीं है । देखते नहीं हो कि साम्राज्य बिना कर्णधार का पोत होकर डगमगा रहा है, और तुम लोग क्षुद्र बातों के लिए परस्पर झगड़ते हो ।

ब्राह्मण—इन्हीं बौद्धों ने गुप्त-शत्रु का काम किया है । कई बार के विताड़ित हूण इन्हीं लोगों की सहायता से पुनः आये हैं । इन गुप्त शत्रुओं को कृतघ्नता का उचित दण्ड मिलना चाहिए ।

श्रमण—ठीक है । गङ्गा, यमुना और सरयू के तट पर गड़े हुए यज्ञयूप सद्धर्मियों की छाती में ठुकी हुई कीलों की तरह अब भी खटकते हैं । हम लोग निस्सहाय थे, क्या करते ? विधर्मी विदेशी की शरण में भी यदि प्राण बच जायँ और धर्म की रक्षा हो । राष्ट्र और समाज मनुष्य के द्वारा बनते हैं—उन्हीं के सुख के लिये । जिस राष्ट्र और समाज से हमारी सुख-शान्ति में बाधा पड़ती हो, उसका हमें तिरस्कार करना ही होगा । इन संस्थाओं का उद्देश्य है—मानवों की सेवा । यदि वे हमी से अवैध सेवा लेना चाहें और हमारे कष्टों को न हटावें, तो हमें उनकी सीमा के बाहर जाना ही पड़ेगा !

ब्राह्मण—ब्राह्मणों को इतनी हीन अवस्था में बहुत दिनों तक विश्वनियन्ता नहीं देख सकते । जो जाति विश्व के मस्तिष्क का शासन करने का अधिकार लिए उत्पन्न हुई है, वह कभी चरणों के नीचे न बैठेगी । आज यहाँ बलि होगी—हमारे धर्माचरण स्वयं विधाता भी बाधा नहीं डाल सकते ।

श्रमण—निरीह प्राणियों के बध में कौन-सा धर्म है, ब्राह्मण ? तुम्हारी इसी हिंसा-नीति और अहङ्कारमूलक आत्मवाद का खण्डन तथागत ने किया था । उस समय तुम्हारा ज्ञान-गौरव कहाँ था ? क्यों नत-मस्तक होकर समग्र जम्बूद्वीप ने उस ज्ञान-रणभूमि के प्रधान मल्ल के समक्ष हार स्वीकार की ? तुम हमारे धर्म पर अत्याचार किया चाहते हो, यह नहीं हो सकेगा । इन पशुओं के बदले हमारी बलि होगी । रक्त-पिपासु दुर्दन्त ब्राह्मणदेव ! तुम्हारी पिपासा हम अपने रुधिर से शान्त करेंगे ।

धातुसेन—(**प्रवेश करके**) अहङ्कारमूलक आत्मवाद का खण्डन करके गौतम ने विश्वात्मवाद को नष्ट नहीं किया । यदि वैसा करते तो इतनी करुणा की क्या आवश्यकता थी ? उपनिषदों के नेति-नेति से ही गौतम का अनात्मवाद पूर्ण है । यह प्राचीन महर्षियों का कथित सिद्धान्त, मध्यमा-प्रतिपदा के नाम से, संसार में प्रचारित

हुआ, व्यक्तिरूप में आत्मा के सदृश कुछ नहीं हैं। वह एक सुधार था, उसके लिए रक्तपात क्यों ?

दण्डनायक—देखो, यदि ये हठी लोग कुछ तुम्हारे समझाने से मान जायँ, अन्यथा यहाँ बलि न होने दूँगा।

ब्राह्मण—क्यों न होंने दोगे ? अधार्मिक शासक ! क्यों न होने दोगे ? आज गुप्त कुचक्रों से गुप्त-साम्राज्य शिथिल है। कोई क्षत्रिय राजा नहीं जो ब्राह्मण के धर्म की रक्षा कर सके—जो धर्माचरण के लिये अपने राजकुमारों को तपस्वियों की रक्षा में नियुक्त करे। आह धर्मदेव ! तुम कहाँ हो ?

धातुसेन—सप्तसिन्धु-प्रदेश नृशंस हूणों से पादाक्रान्त है। जाति भीत और त्रस्त है, और उसका धर्म असहाय अवस्था में पैरों से कुचला जा रहा है। क्षत्रिय राजा, धर्म का पालन कराने वाला राजा, पृथ्वी पर क्यों नहीं रह गया ? आपने इसे विचारा हैं ? क्यों ब्राह्मण टुकड़ों के लिए अन्य लोनों की उपजीविका छीन रहे हैं ? क्यों एक वर्ण के लोग दूसरों की अर्थकरी वृत्तियाँ ग्रहण करने लगे है ? लोभ ने तुम्हारे धर्म का व्यवसाय चला दिया। दक्षिणा की योग्यता से—स्वर्ग, पुत्र, धन, यश, विजय और मोक्ष तुम बेचने लगे। कामना से अन्धी जनता के विलासी समुदाय के ढोंग के लिए तुम्हारा धर्म आवरण हो गया है। जिस धर्म के आचरण के लिए पुष्कल स्वर्ण चाहिये, वह धर्म जन-साधारण की सम्पत्ति नहीं ! धर्मवृक्ष के चारों ओर स्वर्ण के काँटेदार जाल फ़ैलाये गये हैं। और व्यवसाय की ज्वाला से वह दग्ध हो रहा है। जिन धनवानों के लिये तुमने धर्म को सुरक्षित रखा, उन्होंने समझा कि धर्म धन से खरीदा जा सकता है; इसलिए धनोपार्जन मुख्य हुआ और धर्म गौण। जो पारस्यदेश की मूल्यवान मदिरा रात को पी सकता है, वह धार्मिक बने रहने के लिए प्रभात में एक गो-निष्क्रिय भी कर सकता हैं। धर्म को बचाने के लिए तुम्हें राजशक्ति की आवश्यकता हुई। धर्म इतना निर्बल है कि वह पाशव बल के द्वारा सुरक्षित होगा ?

ब्राह्मण—तुम कौन हो ? मूर्ख उपदेशक ! हट जाओ। तुम नास्तिक प्रच्छन्न बौद्ध ! तुमको अधिकार क्या है कि हमारे धर्म की व्याख्या करो ?

धातुसेन—ब्राह्मण क्यों महान् है। इसलिए कि वे त्याग और क्षमा की मूर्त्ति हैं। इसी के बल पर बड़े-बड़े सम्राट् उनके आश्रमों के निकट निरस्त्र होकर जाते थे, और वे तपस्वी ऋत और अमृत वृत्ति से जीवन निर्वाह करते हुए सायं-प्रातः अभिलाषा में भगवान् से प्रार्थना करते थे—

सर्वेऽपि सुखिनः सन्तु सर्वे सन्तु निरामयाः।
सर्वें भद्राणि पश्यन्तु मा कश्चिद्दुःखमाप्नुयात् ॥

—आप लोग उन्हीं ब्राह्मणों की सन्तान है, जिन्होंने अनेक यज्ञों को एक बार ही बन्द कर दिया था। उनका धर्म समयानुकूल प्रत्येक परिवर्तन को स्वीकार करता

हैं; क्योंकि मानव बुद्धि ज्ञान का—जो वेदों के द्वारा हमें मिला है—प्रस्तार करेगी, उसके विकास के साथ बढ़ेगी और यही धर्म की श्रेष्ठता है।

प्रख्यातकीर्त्ति—धर्म के अन्धभक्तो! मनुष्य अपूर्ण है। इसलिये सत्य का विकास जो उसके द्वारा होता है, अपूर्ण होता है। यही विकास का रहस्य है। यदि ऐसा न हो तो ज्ञान की वृद्धि असम्भव हो जाय। प्रत्येक प्रचारक को कुछ-न-कुछ प्राचीन असत्य परम्पराओं का आश्रय इसी से ग्रहण करना पड़ता है। सभी धर्म, समय और देश की स्थिति के अनुसार, विवृत हो रहे हैं और होंगे। हम लोगों को हठधर्मी से उन आगन्तुक क्रमिक पूर्णता प्राप्त करने वाले ज्ञानों से मुँह न फेरना चाहिए। हम लोग एक ही मूल धर्म की दो शाखायें हैं। आओ हम दोनों के विचार के फूलों से दुःख-दग्ध मानवों का कठोर पथ कोमल करें।

बहुत-से लोग—ठीक तो है, ठीक तो है, हम लोग व्यर्थ आपस में ही झगड़ते हैं और आततायियों को देख कर घर में घुस जाते हैं। हूणों के सामने तलवारें लेकर इसी तरह क्यों नहीं अड़ जाते?

दण्डनायक—यही तो बात है नागरिक!

प्रख्यातकीर्त्ति—मैं इस विहार का आचार्य हूँ, और मेरी सम्मति धार्मिक झगड़ों में बौद्धों को माननी चाहिये। मैं जानता हूँ कि भगवान् ने प्राणिमात्र को बराबर बनाया है, और जीव-रक्षा इसीलिये धर्म है। किन्तु जब तुम लोग स्वयं इसके लिये युद्ध करोगे, तो हत्या की संख्या बढ़ेगी ही। अतः यदि तुम में कोई सच्चा धार्मिक हो तो वह आगे आवे, और ब्राह्मणों से पूछे कि आप मेरी बलि देकर इतने जीवों को छोड़ सकते हैं? क्योंकि इन पशुओं से मनुष्यों का मूल्य ब्राह्मणों की दृष्टि में भी विशेष होगा। आइये, कौन आता है, किसे बोधिसत्व होने की इच्छा है।

(बौद्धों में से कोई नहीं हिलता)

प्रख्यातकीर्त्ति—**(हँसकर)** यही आपका धर्मोन्माद था? एक युद्धकरनेवाली मनोवृत्ति की प्रेरणा से उत्तेजित होकर अधर्म करना और धर्माचरण की दुन्दुभी बजाना—यही आपकी करुणा की सीमा है? जाइये घर लौट जाइये। **(ब्राह्मण से)** आओ रक्त-पिपासु धार्मिक! लो मेरा उपहार देकर अपने देवता को सन्तुष्ट करो! **(सिर झुका लेता है)**

ब्राह्मण—**(तलवार फेंक कर)** धन्य हो महाश्रमण! मैं नहीं जानता था कि तुम्हारे ऐसे धार्मिक भी इसी सङ्घ में हैं। मैं बलि नहीं करूँगा।

(जनता में जय-जयकार, सब धीरे-धीरे जाते हैं)

षष्ठम दृश्य

(पथ में विजया और मातृगुप्त)

विजया—नहीं कविवर ! ऐसा नहीं ।

मातृगुप्त—कौन, विजया ?

विजया—आश्चर्य और शोक का समय नहीं है । सुकवि-शिरोमणि ! गा चुके मिलन-सङ्गीत, गा चुके कोमल कल्पनाओं के लचीले गान, रो चुके प्रेम के पचड़े ? एक बार वह उद्‌बोधन-गीत गा दो कि भारतीय अपनी नश्वरता पर विश्वास करके अमर भारत की सेवा के लिये सन्नद्ध हो जायँ।

मातृगुप्त—कौन, विजया ?

विजया—हाँ मातृगुप्त ! एक प्राण बचाने के लिये जिसने तुम्हारे हाथ में काश्मीर-मंडल दे दिया था, आज तुम उसी सम्राट् को खोजते हो ? एक नहीं ऐसे सहस्र स्कन्दगुप्त, ऐसे सहस्रों देव-तुल्य उदार युवक, इस जन्मभूमि पर उत्सर्ग हो जायँ । सुना दो वह सङ्गीत—जिससे पहाड़ हिल जाय; और समुद्र काँप कर रह जाय; अँगड़ाइयाँ लेकर मुचकुन्द की मोह निद्रा से भारतवासी जाग पड़ें । हम-तुम गली-गली, कोने-कोने पर्यटन करेंगे, पैर पड़ेंगे, लोगों को जगावेंगे !

मातृगुप्त—वीर बाले ! तुम धन्य हो । आज से मैं यहीं करूँगा (**देखकर**) वह लो—चक्रपालित आ रहा है ।

(चक्रपालित का प्रवेश)

चक्रपालित—लक्ष्मी की लीला, कमल के पत्तों पर जल-बिन्दु, आकाश से मेघ-समारोह—अरे इनसे भी क्षुद्र-नीहार-कणिकाओं की प्रभात-लीला मनुष्य की अदृष्ट-लिपि वैसी ही है, जैसी अग्नि रेखाओं से कृष्ण-मेघ में बिजली की वर्णमाला—एक क्षण में प्रज्वलित, दूसरे क्षण में विलीन होने वाली ! भविष्यत् का अनुचर तुच्छ मनुष्य केवल अतीत का स्वामी है !

मातृगुप्त—बन्धु चक्रपालित !

चक्रपालित—कौन, मातृगुप्त ?

भीमवर्मा—(**सहसा प्रवेश करके**) कहाँ है मेरा भाई, मेरे हृदय का बल, भुजाओं का तेज, वसुन्धरा का शृङ्गार, वीरता का वरणीय बन्धु, मालव-मुकुट आर्य बन्धुवर्मा ?

(प्रख्यातकीर्त्ति और श्रमण का प्रवेश)

प्रख्यातकीर्त्ति—सब पागल, लूटे गये-से अनाथ और आश्रयहीन—यही तो हैं ।

आर्यराष्ट्र के कुचले हुए अङ्कुर, भग्न साम्राज्य पोत के टूटे हुए पटरे और पतवार, ऐसे वीर हृदय ! ऐसे उदार ! !

मातृगुप्त—तुम कौन हो ?

प्रख्यातकीर्त्ति—सम्भवतः तुम्हीं मातृगुप्त हो !

मातृगुप्त—(**शंका से देखता हुआ**) क्यों अहेरी कुत्तों के समान सूँघते हुये यहाँ भी ! परन्तु तुम···· ।

प्रख्यातकीर्त्ति—सन्देह मत करो मातृगुप्त ! शैशव-सहचर कुमार धातुसेन की आज्ञा से मैं तुम लोगों को खोज रहा हूँ । यह लो प्रमाण-पत्र ।

मातृगुप्त—(**पढ़कर**) धन्य सिंहल के युवराज, श्रमण ! कह देना, मैं आज्ञानुसार चलूँगा, और कनिष्क-चैत्य के समीप भेंट होगी ।

प्रख्यातकीर्त्ति—कल्याण हो ! (**जाता है**)

विजया—कहाँ चलें हम लोग ?

मातृगुप्त—उसी जङ्गल में ।

(**सब लोग जाते हैं**)

(**कमला की कुटी में विचित्र अवस्था में स्कन्दगुप्त का प्रवेश**)

स्कन्दगुप्त : बौद्धों का निर्वाण, योगियों की समाधि और पागलों की-सी सम्पूर्ण विस्मृति मुझे एक साथ चाहिये । चेतना कहती है कि तू राजा है, और उत्तर में जैसे कोई कहता है कि तू खिलौना है—उसी खिलवाड़ी वटपत्रशायी बालक के हाथों का खिलौना है । तेरा मुकुट श्रमजीवी की टोकरी से भी तुच्छ है ! करुणा-सहचर ! क्या जिस पर कृपा होती है, उसी को दुःख का अमोघ दान देते हो ? नाथ ! मुझे दुखों से भय नहीं, संसार के सङ्कोचपूर्ण सङ्केतो की लज्जा नहीं । वैभव की जितनी कड़ियाँ टूटती हैं, उतना ही मनुष्य बन्धनों से छूटता है और तुम्हारी ओर अग्रसर होता है ! परन्तु··· यह ठीकरा इसी सिर पर फूटने को था ! आर्य-साम्राज्य का नाश इन्हीं आँखों को देखना था ! हृदय काँप उठता है, देशाभिमान गरजने लगता है । मेरा स्वत्व न हो, मुझे अधिकार की आवश्यकता नहीं । यह नीति और सदाचारों का महान् आश्रय वृक्ष—गुप्त-साम्राज्य—हरा-भरा रहे, और कोई भी इसका उपयुक्त रक्षक हो । ओह ! जाने दो, गया, सब कुछ गया ! मन बहलाने की कोई वस्तु न रही । कर्तव्य—विस्मृत; भविष्य—अन्धकारपूर्ण, लक्ष्यहीन दौड़ और अनन्त सागर का सन्तरण है !

बजा दो वेणु मनमोहन ! बजा दो
हमारे सुप्त जीवन को जगा दो
विमल स्वातन्त्र्य का बस मन्त्र फूको
हमें सब भीति-बन्धन से छुड़ा दो
सहारा उन अँगुलियों का मिले हाँ
रसीले राग में मन को मिला दो
तुम्हीं सब हो इसी की चेतना हो
इसे आनन्दमय जीवन बना दो

(प्रार्थना में झुकता है । उन्मत्त भाव से शर्वनाग का प्रवेश)

शर्वनाग : छीन लिया, गोद से छीन लिया; सोने के लोभ से मेरे लालों को शूल के मांस की तरह सेंकने लगे ! जिन पर विश्व-भर का भाण्डार लुटाने को मैं प्रस्तुत था उन्हीं गुदड़ी के लालों को राक्षसों ने—हूणों ने—लुटेरों ने—लूट लिया ! किसने आहों को सुना ?—भगवान् ने ? नहीं, उस निष्ठुर ने नहीं सुना। देखते हुये भी न देखा। आते थे कभी एक पुकार पर, दौड़ते थे कभी आधी आह पर, अवतार लेते थे कभी आर्यों की दुर्दशा से दुखी होकर, अब नहीं। देश के हर कानन चिता बन रहे हैं। धधकती हुई नाश की प्रचण्ड ज्वाला दिग्दाह कर रही है। अपने ज्वालामुखियों को बर्फ की मोटी चादर से छिपाये हिमालय मौन है, पिघलकर क्यों नहीं समुद्र से जा मिलता ? अरे जड़, मूक, बधिर, प्रकृति के टीले !

(उन्मत्त भाव से प्रस्थान)

स्कन्दगुप्त—कौन है ? यह शर्वनाग है क्या ? क्या अन्तर्वेद भी हूणों से पादाक्रान्त हुआ ? अरे आर्यावर्त्त के दुर्दैव, बिजली के अक्षरों से क्या भविष्यत् लिख रहा है ? भगवान् ! यह अर्धोन्मत्त शर्व ! आर्यसाम्राज्य की हत्या का कैसा भयानक दृश्य है ? कितना बीभत्स है ! सिंहों की विहार-स्थली में शृगाल-वृन्द सड़ी लोथ नोच रहे हैं !

(पगली रामा का प्रवेश; स्कन्द को देखकर)

रामा—लुटेरा है तू भी ! क्या लेगा, मेरी सूखी, हड्डियाँ ? तेरे दाँतों से टूटेंगी ? देख तो—**(हाथ बढ़ाती है)**

स्कन्दगुप्त—कौन ? रामा ?

रामा—(**आश्चर्य से**) मैं रामा हूँ ! हाँ, जिसकी सन्तान को हूणों ने पीस डाला ! **(ठहरकर)** मेरी ? सन्तान ! इन अभागों की-सी वे नहीं थीं वे तो तलवार की बारीक धार पर पैर फैलाकर सोना चाहती थीं ! झधकती हुई ज्वाला में हँसती हुई कूद पड़ती थीं। तुम **(देखतीहुई)** लुटेरे भी नही, उहूँ, कायर भी नहीं, अकर्मण्य बातों

में भुलाने वाले तुम कौन हो ? देखा था एक दिन ! वही तो है जिसने अपनी प्रचण्ड हुङ्कार से दस्युओं को कँपा दिया था, ठोकर मारकर सोई हुई अकर्मण्य जनता को जगा दिया था, जिसके नाम से रोयें खड़े हो जाते थे, भुजायें फड़कने लगती थीं। वही स्कन्द—रमणियों का रक्षक, बालकों का विश्वास, वृद्धों का आश्रय और आर्यावर्त्त की छत्रछाया। नहीं, भ्रम हुआ ! तुम निष्प्रभ, निस्तेज, उसी के मलिन चित्र-से तुम कौन हो ?

(प्रस्थान)

स्कन्दगुप्त—(**बैठकर**) आह ! मैं वही स्कन्द हूँ—अकेला, निस्सहाय !

(कमला कुटी खोलकर बाहर निकलती है)

कमला—कौन कहता है तुम अकेले हो ? समग्र संसार तुम्हारे साथ है। सहानुभूति को जाग्रत करो। यदि भविष्यत् से डरते हो कि तुम्हारा पतन ही समीप है, तो तुम उस अनिवार्य स्रोत से लड़ जाओ। तुम्हारे प्रचण्ड और विश्वासपूर्ण पादाघात से विन्ध्य के समान कोई शैल उठ खड़ा होगा जो उस विघ्न-स्रोत को लौटा देगा ! राम और कृष्ण के समान क्या तुम भी अवतार नहीं हो सकते ? **समझ लो, जो अपने कर्मों को ईश्वर का कर्म समझकर करता है, वही ईश्वर का अवतार है।** उठो स्कन्द ! आसुरी वृत्तियों का नाश करो, सोने वालों को जगाओ और रोने वालों को हँसाओ। आर्यावर्त्त तुम्हारे साथ होगा और उस आर्य्य-पताका के नीचे समग्र विश्व होगा वीर !

स्कन्दगुप्त—कौन तुम ? भटार्क की जननी।

(नेपथ्य से क्रन्दन—'बचाओ-बचाओ' का शब्द)

स्कन्दगुप्त—कौन ? देवसेना का-सा शब्द ! मेरा खड्ग कहाँ है ? **(जाता है)**

(देवसेना का पीछा करते हुए हूण का प्रवेश)

देवसेना—भीम ! भाई ! मुझे इस अत्याचारी से बचाओ, कहाँ गये ?

हूण—कौन तुझे बचाता है ? (**पकड़ना चाहता है, देवसेना छुरी निकाल कर आत्महत्या किया चाहती है पर्णदत्त सहसा एक ओर से आकर एक हाथ से हूण की गर्दन दूसरे हाथ से देवसेना की छुरी हकड़ता है)**

हूण—क्षमा हो !

पर्णदत्त—अत्याचारी ! जा, तुझे छोड़ देता हूँ। आ बेटी, हम लोग चलें महादेवी की समाधि पर।

कमला—कहाँ, वहीं—कनिष्क के स्तूप के पास ?

देवसेना—हाँ, कौन कमला देवी ?

कमला—वही अभागिनी ।

देवसेना—अच्छा, जाती हूँ; फिर मिलूँगी ।

(पर्णदत्त के साथ देवसेना का प्रस्थान—स्कन्दगुप्त का प्रवेश)

स्कन्दगुप्त—कोई नहीं मिला। कहाँ से वह पुकार आई थी ? मेरा हृदय व्याकुल हो उठा है। सच्चे मित्र बन्धुवर्मा की धरोहर ! ओह !

कमला—वह सुरक्षित है, घबराइये नहीं। कनिष्क के स्तूप के पास आपकी माता की समाधि है, वहीं पर पहुंचा दी गयी हैं ।

स्कन्दगुप्त—माँ ! मेरी जननी ! तू भी न रही ! हा !

(मूर्छित होता है, कमला उसे कुटी में उठा ले जाती है)

(पटाक्षेप)

पंचम अङ्क

पहला दृश्य

[पथ में मुद्गल]

मुद्गल—राजा से रङ्क और ऊपर से नीचे; कभी दुर्वृत्त दानव, कभी स्नेह संवलित मानव; कही वीणा की झनकार, कहीं दीनता का तिरस्कार। **(सिर पर हाथ रखकर बैठ जाता है)** भाग्यचक्र ! तेरी बलिहारी ! जयमाला यह सुनकर कि बन्धुवर्मा वीरगति को प्राप्त हुए, सती हो गई, और देवसेना को लेकर बूढ़ा पर्णदत्त देवकुलिक का-सा महादेवी की समाधि पर जीवन व्यतीत कर रहा है। चक्रपालित, भीमवर्मा और मातृगुप्त राजाधिराज को खोज रहे हैं। सब विक्षिप्त ! सुना है कि विजया का मन कुछ फिरा है, वह भी इन्हीं लोगों के साथ मिली हैं; परन्तु उस पर विश्वास करने को मन नहीं करता। अनन्तदेवी ने पुरगुप्त के साथ हूणों से सन्धि कर ली है; मगध में महादेवी और परम भट्टारक बनने का अभिनय हो रहा है। सम्राट् की उपाधि है 'प्रकाशादित्य' परन्तु प्रकाश के स्थान पर अँधेरा है ! आदित्य में गर्मी नहीं। सिंहासन के सिंह सोने के हैं ! समस्त भारत हूणों के चरणों में लोट रहा है, और भटार्क मूर्ख की बुद्धि के समान अपने कर्मों पर पश्चाताप कर रहा है। **(सामने देखकर)** वह विजया आ रही है ! तो हट चलूँ !

(उठ कर जाता है)

विजया—अरे मुद्गल ! जैसे पहचानता ही न हो। सच है, समय बदलने पर लोगों की आँखें भी बदल जाती हैं।

मुद्गल—तुम कौन हो जी ? बेजान-पहचान की छेड़-छाड़ अच्छी नहीं लगती; और तिस पर मैं हूँ ज्योतिषी। जहाँ देखो वही यह प्रश्न होता है; मुझे उन बातों के सुनने में भी सङ्कोच होता हैं—मुझसे रूठे हुये हैं ? किसी दूसरे पर उनका स्नेह है ? वह सुन्दरी कब मिलेगी ? मिलेगी या नहीं ?—इस देश के छबीले छैल और रसीली छोकरियों ने यही प्रश्न गुरुजी से पाठ में पढ़ा है। अभिसार के लिए, मूहूर्त्त पूछे जाते हैं।

विजया—क्या मुद्गल ! मुझे पहचान लेने का भी तुम्हें अवकाश नहीं है ?

मुद्गल—अवकाश हो या नहीं, मुझे आवश्यता नहीं।

विजया—क्या आवश्यकता न होने से मनुष्य, मनुष्य से बात न करे ? सच है आवश्यकता हो संसार के व्यवहारों की दलाल हैं ! परन्तु मनुष्यता भी कोई वस्तु है मुद्गल !

मुद्गल—उसका नाम न लो। जिस हृदय में अखण्ड वेग है तीव्र तृष्णा से जो पूर्ण है, जो कृतघ्नता और क्रूरताओं का भण्डार है, जो अपने सुख—अपनी तृप्ति के लिए संसार में सब कुछ करने को प्रस्तुत है, उसे मनुष्यता से क्या सम्बन्ध है ?

विजया—न सही, परन्तु इतना तो बता सकोगे, सम्राट् स्कन्दगुप्त से यहाँ भेंट होगी ? क्योंकि यह पता चला है कि वे जीवित है।

मुद्गल—क्या तुम महाराज से भेंट करोगी, किस मुँह से ? अवन्ति में एक दिन यह बात सब जानते थे कि विजया महादेवी होगी !

विजया—उसी एक दिन के बदले मुद्गल आज मैं फिर कुछ कहना चाहती हूँ। वही एक दिन का अतीत आज तक का भविष्य छिपाये था।

मुद्गल—तुम्हारा साहस तो कम नहीं हैं।

विजया—मुद्गल ! बता दोगे ?

मुद्गल—तुम विश्वास के योग्य नहीं। अच्छा अब और तुम क्या कर लोगी। देवसेना के साथ जहाँ पर्णदत्त रहते हैं, आज कमला देवी के कुटीर से सम्राट् वहीं अपनी जननी की समाधि पर जाने वाले हैं, उसी कनिष्क-स्तूप के पास। अच्छा, मैं जाता हूँ। देखो विजया ! मैंने बता दिया, पर सावधान !

(जाता है)

विजया—उसने ठीक कहा। मुझे स्वयं अपने पर विश्वास नहीं। स्वार्थ में ठोकर लगते ही मैं परमार्थ की ओर दौड़ पड़ी, परन्तु क्या यह सच्चा परिवर्तन है? क्या मैं अपने को भूलकर देश-सेवा कर सकूँगी? क्या देवसेना····ओह! फिर मेरे सामने वही समस्या। आज तो स्कन्दगुप्त सम्राट् नहीं हैं, प्रतिहिंसे, सो जा। क्या कहा? नहीं, देवसेना ने एक बार मूल्य देकर खरीदा था, परन्तु विजया भी एक बार वही करेगी। देश-सेवा तो होगी ही, यदि मैं अपनी भी कामना पूरी कर सकती! मेरा रत्न-गृह अभी बचा है, उसे सेना-सङ्कलन करने के लिए सम्राट् को दूँगी, और एक बार बनूँगी महादेवी। क्या नहीं होगा? अवश्य होगा। अदृष्ट ने इसीलिये उस रक्षित रत्न-गृह को बचाया है। उससे एक साम्राज्य ले सकती हूँ! तो आज वही करूँगी, और इसमें दोनों होंगे—स्वार्थ और परमार्थ।

(प्रस्थान)

(भटार्क का प्रवेश)

भटार्क—अपने कुकर्मों का फल चखने में कड़ुवा; परन्तु परिणाम में मधुर होता है। ऐसा वीर ऐसा उपयुक्त और ऐसा परोपकारी सम्राट्! परन्तु गया—मेरी ही भूल से सब गया। आज भी वे शब्द सामने आ जाते हैं, जो उस बूढ़े अमात्य ने कहे थे—'भटार्क' सावधान! जिस काल-भुजंगी राष्ट्रनीति को लेकर तुम खेल रहे हो, प्राण देकर भी उसकी रक्षा करना।' हाय! न हम उसे बस में कर सके और न तो उससे अलग हो सके। मेरी उच्च आकाङ्क्षा, वीरता का दम्भ पाखण्ड की सीमा तक पहुँच गया। अनन्तदेवी—एक क्षुद्र नारी—उसके कुचक्र में, आशा के प्रलोभन में मैंने सब बिगाड़ दिया। सुना है कि कहीं यहीं स्कन्दगुप्त भी हैं, चलूं उस महत् का दर्शन तो कर लूं।

(पट-परिवर्तन)

(कनिष्क स्तूप के पास महादेवी की समाधि)

(अकेले पर्णदत्त टहलते हुये)

पर्णदत्त—सूखी रोटियाँ बचाकर रखनी पड़ती हैं। जिन्हें कुत्तों को देते हुये संकोच होता था, उन्हीं कुत्सित अन्नों का सञ्चय? अक्षय निधि के समान उन पर पहरा देता हूँ। मैं रोऊँगा नहीं; परन्तु यह रक्षा क्या केवल जीवन का बोझ वहन करने के लिये है! नहीं, पर्ण रोना मत। एक बूँद भी आँसू आँखों में न दिखायी पड़े। तुम जीते

रहो, तुम्हारा उद्देश्य सफल होगा। भगवान् यदि होंगे, तो कहेंगे कि मेरी सृष्टि में एक सच्चा हृदय था। सन्तोष कर उछलते हुये हृदय ! सन्तोष कर, तू रोटियों के लिये नहीं जीता है; तू उसकी भूल दिखाता है, जिसने तुझे उत्पन्न किया है। परन्तु जिस काम को कभी नहीं किया, उसे करते नहीं बनता, स्वाँग भरते नहीं बनता; देश के बहुत-से दुर्दशा-ग्रस्त वीर-हृदयों की सेवा के लिये करना पड़ेगा। मैं क्षत्रिय हूँ, मेरा यह पाप ही आपद्धर्म होगा; साक्षी रहना भगवान् !

(एक नागरिक का प्रवेश)

पर्णदत्त—बाबा ! कुछ दे दो।

नागरिक—और वह तुम्हारी कहाँ गई वह···· (**सङ्केत करता है**)

पर्णदत्त—मेरी बेटी स्नान करने गयी। बाबा ! कुछ दे दो।

नागरिक—मुझे उसका गान बहुत प्यारा लगता है, अगर वह गाती तो तुम्हें कुछ अवश्य मिल जाता। अच्छा फिर आऊँगा। (**जाता है**)

पर्णदत्त—(**दाँत पीसकर**)—नीच, दुरात्मा, विलास का नारकीय कीड़ा ! बालों को सँवार कर, अच्छे कपड़े पहन कर, अब भी घमण्ड से तना हुआ निकलता है। कुल-वधुओं का अपमान सामने देखते हुये भी अकड़ कर चल रहा है; अब तक विलास और नीच वासना नहीं गयी। जिस देश के नवयुवक ऐसे हों, उसे अवश्य दूसरों के अधिकार में जाना चाहिये। देश पर यह विपत्ति, फिर भी यह निराली धज !

देवसेना—(**प्रवेश करके**) क्या है बाबा। क्यों चिढ़ रहे हो ? जाने दो, जिसने नहीं दिया—उसने अपना; कुछ तुम्हारा तो नहीं ले गया।

पर्णदत्त—अपना ! देवसेना ! अन्न पर स्वत्व है भूखों का और धन पर स्वत्व है देशवासियों का। प्रकृति ने उन्हें हमारे लिये—हम भूखों के लिये—रख छोड़ा है। वह थाती है, उसे लौटाने में इतनी कुटिलता ! विलास के लिये उनके पास पुष्कल धन है, और दरिद्रों के लिये नहीं ? अन्याय का समर्थन करते हुये तुम्हें भूल न जाना चाहिये कि····

देवसेना—बाबा ! क्षमा करो। जाने दो, कोई तो देगा।

पर्णदत्त—हमारे ऊपर सैकड़ों अनाथ वीरों के बालकों का भार है। बेटी ! ये युद्ध में मरना जानते हैं; परन्तु भूख से तड़पते हुये उन्हें देखकर आँखों से रक्त गिर पड़ता है।

देवसेना—बाबा ! महादेवी की समाधि स्वच्छ करती हुयी आ रही हूँ। कई दिन

दिन से भीम नहीं आया; मातृगुप्त भी नहीं; सब कहाँ हैं ?

पर्णदत्त—आवेंगे बेटी ! तुम बैठो, मैं अभी आता हूँ ।

(**प्रस्थान**)

देवसेना—सङ्गीत-सभा की अन्तिम लहरदार और आश्रयहीन तान, धूपदान की एक क्षीण गन्ध-रेखा, कुचले हुए फूलों का म्लान सौरभ और उत्सव के पीछे का अवसाद; इन सबों की प्रतिकृति मेरा क्षुद्र नारी-जीवन ! मेरे प्रिय गान ! अब क्या गाऊँ और क्या सुनाऊँ ? इन बार-बार के गाये हुए गीतों में क्या आकर्षण है—क्या बल है जो खींचता है ? केवल सुनने की ही नहीं, प्रत्युत जिसके साथ अनन्तकाल तक कण्ठ मिला रखने की इच्छा जग जाती है । (**गाती है**)

शून्य गगन में खोजता जैसे चन्द्र निराश,
राका में रमणीय यह किसका मधुर प्रकाश
हृदय ! तू खोजता किसको छिपा है कौन-सा तुझमें
मचलता है बता क्या दूँ छिपा तुझसे न कुछ मुझमें
रस-निधि में जीवन रहा, मिटी न फिर भी प्यास
मुँह खोले मुक्तामयी सीपी स्वाती आस
हृदय ! तू है बना जल-निधि, लहरियाँ खेलतीं तुझमें
मिला अब कौन-सा नवरत्न जो पहले न था तुझमें

(**प्रस्थान**)

(**वेश बदले हुये स्कन्दगुप्त का प्रवेश**)

स्कन्दगुप्त—जननी ! तुम्हारी पवित्र स्मृति को प्रणाम ! (**समाधि के समीप घुटने टेककर फूल चढ़ाता है**) माँ ! अन्तिम बार आशीर्वाद नहीं मिला, इसी से यह कष्ट, यह अपमान । माँ तुम्हारी गोद में पलकर भी तुम्हारी सेवा न कर सका—यह अपराध क्षमा करो ।

(**देवसेना का प्रवेश**)

देवसेना—(**पहचानती हुई**) कौन ? अरे ! सम्राट् की जय हो ।

स्कन्दगुप्त—देवसेना !

देवसेना—हाँ राजाधिराज ! धन्य भाग्य, आज दर्शन हुए ।

स्कन्दगुप्त—देवसेना ! बड़ी-बड़ी कामनायें थी !

देवसेना—सम्राट् !

स्कन्दगुप्त—क्या तुमने यहाँ कोई कुटी बना ली है ?

देवसेना—हाँ, यहीं गाकर भीख माँगती हूँ, और आर्य पर्णदत्त के साथ रहती हुई महादेवी की समाधि परिष्कृत करती हूँ।

स्कन्दगुप्त—मालवेश-कुमारी देवसेना ! तुम और यह कर्म ! समय जो चाहे करा ले ! कभी हमने भी तुम्हें अपने काम का बनाया था। देवसेना यह सब मेरा प्रायश्चित है। आज मैं बन्धुवर्मा की आत्मा को क्या उत्तर दूँगा ? जिसने निःस्वार्थ भाव से सब कुछ मेरे चरणों में अर्पित कर दिया था, उससे कैसे उऋण होऊँगा ? मैं यह सब देखता हूँ और जीता हूँ ?

देवसेना—मैं अपने लिये ही नहीं माँगती देव ! आर्य पर्णदत्त ने साम्राज्य के बिखरे हुए सब रत्न एकत्र किये हैं, वे सब निरवलम्ब हैं। किसी के पास टूटी हुई तलवार ही बची है, तो किसी के जीर्ण वस्त्रखण्ड उन सब की सेवा इसी आश्रम में होती है।

स्कन्दगुप्त—वृद्ध पर्णदत्त, तात पर्णदत्त ! तुम्हारी यह दशा ? जिसके लोहे से आग बरसती थी, वह जङ्गल की लकड़ियाँ बटोर कर आग सुलगाता है ! देवसेना ! अब इसका कोई काम नहीं; चलो महादेवी की समाधि के सामने प्रतिश्रुत हो, हम-तुम अब अलग न होंगे। साम्राज्य तो नहीं है, मैं बचा हूँ; वह अपना ममत्व तुम्हें अर्पित करके उऋण होऊँगा, और एकान्तवास करूँगा।

देवसेना—सो न होगा सम्राट् ! मैं दासी हूँ ! मालव ने जो देश के लिये उत्सर्ग किया है, उसका प्रतिदान लेकर मृत आत्मा का अपमान न करूँगी। सम्राट् ! देखो, यहीं पर सती जयमाला की भी छोटी-सी समाधि है, उसके गौरव की रक्षा होनी चाहिये।

स्कन्दगुप्त—देवसेना ! बन्धुवर्मा की भी तो यही इच्छा थी।

देवसेना—परन्तु क्षमा हो सम्राट् ! उस समय आप विजया का स्वप्न देखते थे, अब प्रतिदान लेकर मैं उस महत्व को कलङ्कित न करूँगी। मैं आजीवन दासी बनी रहूँगी; परन्तु आपके प्राप्य में भाग न लूँगी।

स्कन्दगुप्त—देवसेना ! एकान्त में, किसी कानन के कोने में, तुम्हें देखता हुआ, जीवन व्यतीत करूँगा। साम्राज्य की इच्छा नहीं—एक बार कह दो।

देवसेना—तब तो और भी नहीं ! मालव का महत्त्व तो रहेगा ही, परन्तु उसका उद्देश्य भी सफल होना चाहिये। आपको अकर्मण्य बनाने के लिये देवसेना जीवित न

रहेगी ! सम्राट् क्षमा हो। इस हृदय में....आह ! कहना ही पड़ा, स्कन्दगुप्त को छोड़ कर न तो कोई दूसरा आया और न वह जायगा। अभिमानी भक्त के समान निष्काम होकर मुझे उसी की उपासना करने दीजिये, उसे कामना के भँवर में फँसाकर कलुषित न कीजिये। नाथ ! मैं आपकी ही हूँ, मैंने अपने को दे दिया है, अब उसके बदले कुछ लिया नहीं चाहती।

(पैरों पर गिरती है)

स्कन्दगुप्त—(**आँसू पोंछता हुआ**) उठो देवसेना ! तुम्हारी विजय हुयी। आज से मैं प्रतिज्ञा करता हूँ कि मैं कुमार जीवन ही व्यतीत करूँगा। मेरी जननी की समाधि इसमें साक्षी है।

देवसेना—हैं, हैं, यह क्या किया !

स्कन्दगुप्त—कल्याण का श्रीगणेश ! यदि साम्राज्य का उद्धार कर सका, तो उसे पुरगुप्त के लिए निष्कण्टक छोड़ जा सकूँगा।

देवसेना—(**निःश्वास लेकर**) देवव्रत ! तुम्हारी जय हो। जाऊँ आर्य पर्णदत्त को लिवा लाऊँ। (**प्रस्थान**)

(विजया का प्रवेश)

विजया—इतना रक्तपात और इतनी ममता, इतना मोह—जैसे सरस्वती के शोणित जल में इन्दीवर का विकास। इसी कारण अब मैं भी मरती हूं। मेरे स्कन्द प्राणाधार !

स्कन्दगुप्त—(**घूमकर**) यह कौन, इन्द्रजाल मन्त्र ? अरे विजया !

विजया—हाँ, मैं ही हूँ।

स्कन्दगुप्त—तुम कैसे ?

विजया—तुम्हारे लिये मेरे अन्तस्तल की आशा जीवित है !

स्कन्दगुप्त—नहीं विजया ! उस खेल को खेलने की इच्छा नहीं; यदि दूसरी बात हो तो कहो। उन बातों को रहने दो।

विजया—नहीं, मुझे कहने दो। (**सिसकती हुई**) मैं अब भी····

स्कन्दगुप्त—चुप रहो विजया ! यह मेरी आराधना की—तपस्या की भूमि हैं, इस प्रवंञ्चना से कलुषित न करो। तुमसे यदि स्वर्ग भी मिले, तो मैं उससे दूर रहना चाहता हूँ।

विजया—मेरे पास अभी दो रत्न-गृह छिपे हैं, जिनसे सेना एकत्र करके तुम सहज ही उन हूणों को परास्त कर सकते हो !

स्कन्दगुप्त—परन्तु, साम्राज्य के लिए मैं अपने को नही बेच सकता। विजया चली जाओ; इस निर्लज्ज प्रलोभन की आवश्यकता नहीं। यह प्रसङ्ग यहीं तक....।

विजया—मैंने देशवासियों को सन्नद्ध करने का सङ्कल्प किया है, और भटार्क का संसर्ग छोड़ दिया है। तुम्हारी सेवा के उपयुक्त बनने का उद्योग कर रही हूँ। मैं मालव और सौराष्ट्र को तुम्हारे लिए स्वतन्त्र करा दूँगी; अर्थलोभी हूण-दस्युओं से उसे छुड़ा लेना मेरा काम है। केवल तुम स्वीकार कर लो।

स्कन्दगुप्त—विजया! तुमने मुझे इतना लोभी समझ लिया है? मैं सम्राट् बनकर सिंहासन पर बैठने के लिये नहीं हूँ। शस्त्र-बल से शरीर देकर भी यदि हो सका, तो जन्म-भूमि का उद्धार कर लूँगा। सुख के लोभ से, मनुष्य के भय से, मैं उत्कोच देकर क्रीत साम्राज्य नहीं चाहता।

विजया—क्या जीवन के प्रत्यक्ष सुखों से तुम्हें वितृष्णा हो गई है? आओ हमारे साथ बचे हुए जीवन का आनन्द लो।

स्कन्दगुप्त—और असहाय दीनों को, राक्षसों के हाथ, उनके भाग्य पर छोड़ दूँ?

विजया—कोई दुःख भोगने के लिये है, कोई सुख। फिर सबका बोझा अपने सिर पर लाद कर क्यों व्यस्त होते हो?

स्कन्दगुप्त—परन्तु इस संसार का कोई उद्देश्य है। इसी पृथ्वी को स्वर्ग होना है, इसी पर देवताओं का निवास होगा; विश्व-नियन्ता का ऐसा ही उद्देश्य मुझे विदित होता है। फिर उसकी इच्छा क्यों न पूर्ण करूँ; विजया! मैं कुछ नहीं हूँ, उसका अस्त्र हूँ—परमात्मा का अमोघ अस्त्र हूँ। मुझे उसके संकेत पर केवल अत्याचारियों के प्रति प्रेरित होना है। किसी से मेरी शत्रुता नहीं, क्योंकि मेरी निज की कोई इच्छा नहीं। देशव्यापी हलचल के भीतर कोई शक्ति कार्य कर रही है, पवित्र प्राकृतिक नियम अपनी रक्षा करने के लिए स्वयं सन्नद्ध हैं। मैं उसी ब्रह्मचक्र का एक....

विजया—रहने दो यह थोथा ज्ञान। प्रियतम! यह भरा हुआ यौवन और प्रेमी हृदय विलास के उपकरणों के साथ प्रस्तुत है। उन्मुक्त आकाश के नील-नीरद मण्डल में दो बिजलियों के समान क्रीड़ा करते-करते हम लोग तिरोहित हो जायँ। और उस क्रीड़ा में तीव्र आलोक हो, जो हम लोगों के विलीन हो जाने पर भी जगत् की आँखों को थोड़े काल के लिए बन्द कर रक्खे। स्वर्ग की कल्पित अप्सरायें और इस लोक के अनन्त पुण्य के भागी जीव भी जिस सुख को देखकर आश्चर्य-चकित हों, वही मादक सुख, घोर आनन्द, विराट्-विनोद हम लोगों का आलिङ्गन करके धन्य हो जाय!—

अगरु-धूम की श्याम लहरियाँ उलझी हों इन अलकों से
व्याकुलता लाली के डोरे इधर फँसे हों पलकों से
व्याकुल बिजली-सी तुम मचलो आर्द्र-हृदय घनमाला से
आँसू बरुनी से उलझे हों, अधर प्रेम के प्याला से

इस उदास मन की अभिलाषा अटकी रहे प्रलोभन से
व्याकुलता सौ-सौ बल खा कर उलझ रही हो जीवन से
छवि-प्रकाश-किरणें उलझी हों जीवन के भविष्य तम से
ये लायेंगी रंग सुलालित होने दो कम्पन सम से
इस आकुल जीवन की घड़ियाँ इन निष्ठुर आघातों से
बजा करें अगणित यन्त्रों से सुख-दुख के अनुपातों से
उखड़ी साँसें उछल रही हों धड़कन से कुछ परिमित हो
अनुनय उलझ रहा हो तीखे तिरस्कार से लाञ्छित हो
यह दुर्बल दीनता रहे उलझी फिर चाहो ठुकराओ
निर्दयता के इन चरणों से, जिसमें तुम भी सुख पाओ

(**स्कन्द के पैरों को पकड़ती है**)

स्कन्दगुप्त—(**पैर छुड़ा कर**) विजया ! पिशाची ! हट जा; नहीं जानती, मैंने आजीवन कौमार-व्रत की प्रतिज्ञा की है।

विजया—तो क्या मैं फिर हारी ?

(**भटार्क का प्रवेश**)

भटार्क—निर्लज्ज हार कर भी नहीं हारता, मर कर भी नहीं मरता।

विजया—कौन, भटार्क ?

भटार्क—हाँ, तेरा पति भटार्क। दुश्चरित्र ! सुना था कि तुझे देश-सेवा करके पवित्र होने का अवसर मिला है; परन्तु हिंस्र पशु कभी एकादशी का व्रत करेगा—कभी पिशाची शान्ति-पाठ पढ़ेगी !

विजया—(**सिर नीचा करके**) अपराध हुआ।

भटार्क—फिर भी किसके साथ ? जिसके ऊपर अत्याचार करके मैं भी लज्जित हूँ, जिससे क्षमा-याचना करने मैं आ रहा था। नीच स्त्री !

विजया—घोर अपमान, तो बस····

(**छुरी निकाल कर आत्महत्या करती है**)

स्कन्दगुप्त—भटार्क ! इसके शव का संस्कार करो।

भटार्क—देव ! मेरी भी लीला समाप्त है।

छुरी निकालकर अपने को मारना चाहता है। स्कन्दगुप्त हाथ पकड़लेता है)

स्कन्दगुप्त—तुम वीर हो, इस समय देश को वीरों की आवश्यकता है। तुम्हारा यह प्रायश्चित्त नहीं। रणभूमि में प्राण देकर जननी जन्म-भूमि पर उपकार करो। भटार्क! यदि कोई साथी न मिला तो साम्राज्य के लिये नहीं—जन्म-भूमि के उद्धार के लिए मैं अकेला युद्ध करूँगा और तुम्हारी प्रतिज्ञा पूरी होगी, पुरगुप्त को सिंहासन देकर मैं बानप्रस्थ आश्रम ग्रहण करूँगा। आत्म-हत्या के लिये जो अस्त्र तुमने ग्रहण किया है, उसे शत्रु के लिए सुरक्षित रक्खो।

भटार्क—(**स्कन्द के सामने घुटने टेककर**) 'श्री स्कन्दगुप्त विक्रमादित्य की जय हो!' जो आज्ञा होगी, वही करूँगा!

स्कन्दगुप्त—पहले इस शव का प्रबन्ध होना चाहिये। (**प्रस्थान**)

भटार्क—(**स्वगत**) इस घृणित शव का अग्नि-संस्कार करना ठीक नहीं, लाओ, इसे यहीं गाड़ दूँ!

(भूमि खोदते समय एक भयानक शब्द के साथ रत्न-गृह का प्रकट होना और भटार्क का प्रसन्न होकर पुकारना; स्कन्दगुप्त का आकर रत्न-गृह देखना)

स्कन्दगुप्त—भटार्क! यह तुम्हारा है।

भटार्क—हाँ सम्राट्! यह हमारा है, इसीलिये देश का है। आज से मैं सेना संकलन में लगूँगा।

स्कन्दगुप्त—वह दूर पर बड़ी भीड़ हो रही है स्तूप के पास।

भटार्क—नागरिकों का उत्सव है। (**रत्न-गृह बन्द करके**) चलिये, देखूँ।

पट-परिवर्तन

तृतीय दृश्य

(स्तूप का एक भाग—नागरिकों का आना। उन्हीं में वेश बदले हुए मातृगुप्त, भीमवर्मा, चक्रपालित, शर्वनाग, कमला, रामा इत्यादि। दूसरी ओर से वृद्ध पर्णदत्त का हाथ पकड़े हुये देवसेना का प्रवेश)

प० नागरिक—अरे वह छोकरी आ गयी, इससे कुछ सुना जाय।

दू० नागरिक—हाँ री छोकरी! कुछ गा तो।

पर्णदत्त—भीख दो बाबा! देश के बच्चे भूखे हैं, नङ्गे हैं, असहाय हैं कुछ दो बाबा।

प० नागरिक—अरे गाने भी दे बूढ़े !

पर्णदत्त—हाय रे अभागे देश !

(देवसेना गाती है)

देश को दुर्दशा निहारोगे
डूबते को कभी उबारोगे
हारते ही रहे, न है कुछ अब
दाँव पर आपको न हारोगे
कुछ करोगे कि बस सदा रोकर
दीन हो दैव को पुकारोगे
सो रहे तुम, न भाग्य सोता है
आप बिगड़ी तुम्हीं सँवारोगे
दीन जीवन बिता रहे अब तक
क्या हुए जा रहे, विचारोगे

पर्णदत्त—नहीं बेटी, निर्लज्ज कभी विचार नहीं करेंगे ।

चक्र० और भीम०—आर्य पर्णदत्त की जय !

पर्णदत्त—मुझे जय नहीं चाहिये—भीख चाहिये । जो दे सकता हो अपने प्राण, जो जन्म-भूमि के लिए उत्सर्ग कर सकता हो जीवन, वैसे वीर चाहिये; कोई देगा भीख में ?

स्कन्दगुप्त—(भीड़ से निकलकर) मैं प्रस्तुत हूँ तात !

भटार्क—श्री स्कन्दगुप्त विक्रमादित्य की जय हो !

(नागरिकों में से बहुत-से युवक निकल पड़ते है)

सब—हम हैं, आपकी सेवा के लिए प्रस्तुत हैं ।

स्कन्दगुप्त—आर्य पर्णदत्त !

पर्णदत्त—आओ वत्स ! सम्राट् ! (आलिङ्गन करता है)

(उत्साह से जनता पूजा के फूल बरसाती है, चक्रपालित, भीमवर्मा, मातृगुप्त, शर्वनाग, कमला, रामा, सबका प्रकट होना—जयनाद)

पट-परिवर्तन

चतुर्थ दृश्य

(महाबोधि-विहार अनन्तदेवी, पुरगुप्त प्रख्यातकीर्ति हूण-सेनापति)

अनन्तदेवी—इसका उत्तर महाश्रमण देंगे।

हूण-सेनापति—मुझे उत्तर चाहिये, चाहे कोई दे।

प्रख्यातकीर्ति—सेनापति ! मुझ से सुनो, समस्त उत्तरापथ का बौद्ध-संघ जो तुम्हारे उत्कोच के प्रलोभन में भूल गया था, वह अब न होगा।

हूण-सेनापति—तभी बौद्ध जनता से जो सहायता हूण-सैनिकों को मिलती थी, बन्द हो गयी; और उलटा तिरस्कार !

प्रख्यातकीर्ति—वह भ्रम था। बौद्धों को विश्वास था कि हूण लोग सद्धर्म का उत्थान करने में सहायक होंगे, परन्तु ऐसे हिंसक लोगों को सद्धर्म कोई आश्रय नहीं देगा। (पुरगुप्त की ओर देखकर) यद्यपि संघ ऐसे अकर्मण्य युवक को आर्य-साम्राज्य के सिंहासन पर नहीं देखा चाहता, तो भी बौद्ध धर्माचरण करेंगे, राजनीति में भाग न लेंगे।

अनन्तदेवी—भिक्षु ! क्या कह रहे हो ? समझ कर कहना।

हूण-सेनापति—गोपाद्रि से समाचार मिला है, स्कन्दगुप्त फिर जी उठा है, और सिन्धु के इस पार के हूण उसकें घेरे में हैं; सम्भवतः शीघ्र ही अन्तिम युद्ध होगा। तब तक के लिए संघ की प्रतिज्ञा भङ्ग न करनी चाहिये

पुरगुप्त—क्या युद्ध ! तुम लोगों को कोई दूसरी बात नहीं·····

अनन्तदेवी—चुप रहो।

पुरगुप्त—तब फिर एक पात्र। (सेवक देता है)

प्रख्यातकीर्ति—अनार्य ! विहार में मद्यपान ! निकलो यहाँ से।

अनन्तदेवी—भिक्षु ! समझ कर बोलो, नहीं तो मुण्डित मस्तक भूमि पर लोटने लगेगा !

हूण-सेनापति—इसी की सब प्रवञ्चना है। इसका तो मैं अवश्य ही बध करूँगा।

प्रख्यातकीर्ति—क्षणिक और आनात्मभव में किसका कौन बध करेगा, मूर्ख !

हूण-सेनापति—पाखण्ड ! मरने के लिये प्रस्तुत हो।

प्रख्यातकीर्ति—सिंहल के युवराज की प्रेरणा से हम लोग इस सत्पथ पर अग्रसर हुये हैं; वहाँ से लौट सकते हैं।

(हूण-सेनापति मारना चाहता है)

कु० धातुसेन—(**सहसा प्रवेश करके**) 'सम्राट् स्कन्दगुप्त की जय !'

(सैनिक सबको बन्दी कर लेते हैं)

धातुसेन—कुचक्रियों ! अपने फल भोगने के लिए प्रस्तुत हो जाओ ! भारत के भीतर की बची हुई समस्त हूण-सेना के रुधिर से यह उन्हीं की लगायी ज्वाला शान्त होगी ।

अनन्तदेवी—धातुसेन ! यह क्या, तुम हो ?

धातुसेन—हाँ महादेवी ! एक दिन मैंने समझाया था, तब मेरी अवहेलना की गई; यह उसी का परिणाम है । (**सैनिकों से**) सबको शीघ्र साम्राज्य-स्कन्धावार में ले चलो ।

सबका प्रस्थान

पाचवाँ दृश्य

[रणक्षेत्र]

[सम्राट् स्कन्दगुप्त, भटार्क, चक्रपालित, पर्णदत्त, मातृगुप्त, भीमवर्मा इत्यादि सेना के साथ परिभ्रमण करते हैं]

(गान)

वीरो !

हिमालय के आँगन में उसे प्रथम किरणों का दे उपहार ।
उषा ने हँस अभिनन्दन किया और पहनाया हीरक हार ।
जगे हम, लगे जगाने विश्व लोक में फैला फिर आलोक ।
व्योम-तम-पुञ्ज हुआ तब नष्ट, अखिल संसृति हो उठी अशोक ।
विमल वाणी ने वीणा ली कमल-कोमल कर में सप्रीति ।
सप्तस्वर सप्तसिन्धु में उठे, छिड़ा तब मधुर साम-सङ्गीत ।
बचा कर बीज-रूप से सृष्टि, नाव पर झेल प्रलय का शीत ।
अरुण-केतन लेकर निज हाथ वरुण पथ में हम बढ़े अभीत ।
सुना है वह दधीचि का त्याग हमारा जातीयता विकास ।
पुरन्दर ने पवि से है लिखा अस्थि-युग का मेरा इतिहास ।
सिन्धु-सा विस्तृत और अथाह एक निर्वासित का उत्साह ।

दे रही अभी दिखाई भग्न मग्न रत्नाकर में वह राह।
धर्म का ले लेकर जो नाम हुआ करती बलि, कर दी बन्द।
हमी ने दिया शान्ति-सन्देश, सुखी होते देकर आनन्द।
विजय केवल लोहे की नहीं, धर्म की रही, धरा पर धूम।
भिक्षु होकर रहते सम्राट् दया दिखलाते घर-घर घूम।
यवन को दिया दया का दान चीन को मिली धर्म की दृष्टि।
मिला था स्वर्ण-भूमि को रत्न शील की सिंहल को भी सृष्टि।
किसी का हमने छीना नहीं, प्रकृति का रहा पालना यहीं।
हमारी जन्म-भूमि थी यही, कहीं से हम आये थे नहीं।
जातियों का, उत्थान-पतन, आँधियां, झड़ी प्रचण्ड समीर।
खड़े देखा, झेला हँसते, प्रलय में पले हुए हम वीर।
चरित थे पूत, भुजा में शक्ति, नम्रता रही सदा सम्पन्न।
हृदय के गौरव में था गर्व, किसी को देख न सके विपन्न।
हमारे सञ्चय में था दान, अतिथि थे सदा हमारे देव।
वचन में सत्य, हृदय में तेज, प्रतिज्ञा में रहती थी टेव।
वही है रक्त, वही है देश, वही साहस है, वैसा ज्ञान।
वही है शान्ति, वही है शक्ति, वही हम दिव्य आर्य सन्तान।
जियें तो सदा उसी के लिये, यही अभिमान रहे, यह हर्ष।
निछावर कर दें हम सर्वस्व, हमारा प्यारा भारतवर्ष।

सब—(**समवेत स्वर में**) जय ! राजाधिराज स्कन्दगुप्त की जय !!

(हूण-सेना के साथ खिगिल का आगमन)

खिङ्गिल—बच गया था भाग्य से, फिर सिंह के मुख में आना चाहता है। भीषण परशु के प्रहारों से तुम्हें अपनी भूल स्मरण हो जायगी।

स्कन्दगुप्त—यह बात करने का स्थल नहीं है।

(घोर युद्ध, खिङ्गिल घायल होकर बन्दी होता है। सम्राट् को बचाने में वृद्ध पर्णदत्त की मृत्यु; गरुड़ध्वज की छाया में वह लिटाया जाता है)

स्कन्दगुप्त—धन्य वीर आर्य पर्णदत्त !

सब—आर्य पर्णदत्त की जय ! आर्य साम्राज्य की जय ! !

(बन्दी-वेश में पुरगुप्त और अनन्तदेवी के साथ धातुसेन का प्रवेश)

स्कन्दगुप्त—मेरी सौतेली माता ! इस विजय से आप सुखी होंगी।

अनन्तदेवी—क्यों लज्जित करते हो स्कन्द ! तुम भी तो मेरे पुत्र हो !

स्कन्दगुप्त—आह ! यही यदि होता मेरी विमाता ! तो देश की इतनी दुर्दशा न होती ।

अनन्तदेवी—मुझे क्षमा करो सम्राट् !

स्कन्दगुप्त—माता का हृदय सदैव क्षम्य है । तुम जिस प्रलोभन से इस दुष्कर्म में प्रवृत्त हुई हो, वही तो कैकेयी ने किया था । तुम्हारा इसमें दोष नहीं । जब तुमने आज मुझे पुत्र कहा, तो मैं भी तुम्हें माता ही समझूँगा परन्तु कुमारगुप्त के इस अग्नितेज को तुमने अपने कुत्सित कर्मों की राख से ढँक दिया । पुरगुप्त !

परगुप्त—देव ! अपराध हुआ । **(पैर पकड़ता है)**

स्कन्दगुप्त—भटार्क ! मैंने तुम्हारी प्रतिज्ञा पूरी की । लो, आज इस रणभूमि में परगुप्त को युवराज बनाता हूँ । देखना, मेरे बाद जन्म-भूमि की दुर्दशा न हो । **(रक्त का टीका पुरगुप्त को लगाता है)**

भटार्क—देवव्रत ! अभी आपकी छत्रछाया में हम लोगों को बहुत-सी विजय प्राप्त करनी है; यह आपका क्या कहते हैं ?

स्कन्दगुप्त—क्षत-जर्जर शरीर अब बहुत दिन नहीं चलेगा, इसी से मैंने भावी साम्राज्य-नीति की घोषणा कर दी है । इस हूण को छोड़ दो; और कह दो कि सिन्ध के पार के पवित्र देश में कभी आने का साहस न करे ।

खिङ्गिल—आर्य सम्राट् ! आपकी आज्ञा शिरोधार्य है ।

(जाता है)

षष्टम दृश्य

(उद्यान का एक भाग)

देवसेना—हृदय की कोमल कल्पना ! सो जा । जीवन में जिसकी सम्भावना नहीं, जिसे द्वार पर आये हुये लौटा दिया था, उसके लिए पुकार मचाना क्या तेरे लिये कोई अच्छी बात है ? आज जीवन के भावी सुख, आशा और आकांक्षा—सब से मैं विदा लेती हूँ ।

आह ! वेदना मिली विदाई
मैंने भ्रमवश जीवन सञ्चित,
मधुकरियों की भीख लुटाई

छलछल थे सन्ध्या के श्रमकण
आँसू-से गिरते थे प्रतिक्षण
मेरी यात्रा पर लेती थी
नीरवता अनन्त अँगड़ाई

श्रमित स्वप्न की मधुमाया में
गहन-विपिन की तरु-छाया में
पथिक उनींदी श्रुति में किसने
यह विहाग की तान उठाई

लगी सतृष्ण दीठ थी सबकी
रही बचाये फिरती कबकी
मेरी आशा आह! बावली
तूने खो दी सकल कमाई

चढ़कर मेरे जीवन-रथ पर
प्रलय चल रहा अपने पथ पर
मैंने निज दुर्बल पद-बल पर
उससे हारी-होड़ लगाई

लौटा लो यह अपनी थाती
मेरी करुणा हा-हा खाती
विश्व! न सँभलेगी यह मुझसे
इसने मन की लाज गँवाई

(स्कन्दगुप्त का प्रवेश)

स्कन्दगुप्त—देवसेना!

देवसेना—जय हो देव! श्रीचरणों में मेरी भी कुछ प्रार्थना है।

स्कन्दगुप्त—मालवेश-कुमारी क्या आज्ञा है? आज बन्धुवर्मा इस आनन्द को देखने के लिये नहीं है। जननी जन्म-भूमि का उद्धार करने की जिस वीर की दृढ़ प्रतिज्ञा थी, जिसका ऋण कभी प्रतिशोध नहीं किया जा सकता, उसी वीर बन्धुवर्मा की भगिनी मालवेश-कुमारी देवसेना की क्या आज्ञा है?

देवसेना—मैं मृत भाई के स्थान पर यथाशक्ति सेवा करती रही; अब मुझे छुट्टी मिले।

स्कन्दगुप्त—देवी! यह न कहो। जीवन के शेष दिन, कर्म के अवसाद में बचे हुये हम दुखी लोग, एक-दूसरे का मुँह देखकर काट लेंगे। हमने अन्तर की प्रेरणा से

शस्त्र द्वारा जो निष्ठुरता की थी, वह इस पृथ्वी को स्वर्ग बनाने के लिए। परन्तु इस नन्दन की वसन्त श्री, इस अमरावती की शची, स्वर्ग की लक्ष्मी तुम चली जाओ— ऐसा मैं किस मुँह से कहूँ ? (**कुछ ठहर कर सोचते हुए**) और किस वज्र कठोर हृदय से तुम्हें रोकूँ ? देवसेना ! देवसेना ! ! तुम जाओ। हतभाग्य स्कन्दगुप्त, अकेला स्कन्द, ओह ! !

देवसेना—कष्ट हृदय की कसौटी है, तपस्या अग्नि है। सम्राट् ! यदि इतना भी न कर सके तो क्या ! सब क्षणिक सुखों का अन्त है। जिसमें सुखों का अन्त न हो, इसलिए सुख करना ही न चाहिये। मेरे इस जीवन के देवता ! और उस जीवन के प्राप्य ! क्षमा !

(घुटने टेकती है स्कन्द उसके सिर पर हाथ रखता है)

यवनिका

एक घूँट

परिचय

अरुणाचल आश्रम

अरुणाचल पहाड़ी के समीप, एक हरे-भरे प्राकृतिक वन में कुछ लोगों ने मिलकर एक स्वास्थ्य-निवास बसा लिया है। कई परिवारों से उसमें छोटे-छोटे स्वच्छ घर बना लिये हैं। उन लोगों की जीवन-यात्रा का अपना निराला ढङ्ग है, जो नागरिक और ग्रामीण जीवन की सन्धि है। उनका आदर्श है सरलता, स्वास्थ्य और सौन्दर्य।

कुञ्ज

आश्रम का मन्त्री। एक सुदक्ष प्रबन्धकारक और उत्साही सञ्चालक सदा प्रसन्न रहनेवाला अधेड़ मनुष्य।

रसाल

एक भावुक कवि। प्रकृति से और मनुष्यों से तथा उनके आचार-व्यवहारों से अपनी कल्पना के लिये सामग्री जुटाने में व्यस्त सरल प्राणी।

वनलता

रसाल कवि की स्त्री। अपनी पति की भावुकता से असन्तुष्ट। उसकी समस्त भावनाओं को अपनी ओर आकर्षित करने में व्यस्त रहती है।

मुकुल

उत्साही तर्कशील युवक! कुतूहल से उसका मन सदैव उत्सुकता-भरी प्रसन्नता में रहता है।

झाड़ूवाला

एक पढ़ा-लिखा किन्तु साधारण स्थिति का मनुष्य अपनी स्त्री को प्रेरणा से उस आश्रम में रहने लगता है; क्योंकि उस आश्रम में कोई साधारण काम करनेवाले को लज्जित होने की आवश्यकता नहीं। सभी कुछ-न-कुछ करते थे। उसकी स्त्री के हृदय में स्त्री-जन-सुलभ लालसायें होती है; किन्तु पूर्ति का कोई उपाय नहीं।

चँदुला

एक विज्ञापन करनेवाला विदूषक।

प्रेमलता

मुकुलकी दूर के सम्बन्ध की बहन। एक कुतूहल से भरी कुमारी। उसके मन में प्रेम और जिज्ञासा भरी है।

आनन्द

एक स्वतन्त्र प्रेम का प्रचारक, घुमक्कड़ और सुन्दर युवक। कई दिनों से आश्रम का अतिथि होकर मुकुल के यहाँ ठहरता है।

(अरुणाचल-आश्रम का एक सघन कुञ्ज । श्रीफल, बट, आम, कदम्ब और मौलसिरी के बड़े-बड़े वृक्षों को झुरमुट में प्रभात की धूप घुसने की चेष्टा कर रही है । उधर समीर के झोंके, पत्तियों और डालों को हिलाकर, जैसे किरणों के निर्विरोध प्रवेश में बाधा डाल रहे हैं । वसन्त के फूलों की भीनी-भीनी सुगन्ध, उस हरी-भरी छाया में कलोल कर रही है । वृक्षों के अन्तराल से गुञ्जारपूर्ण नभखण्ड की नीलिमा में जैसे पक्षियों का कलरव साकार दिखायी देता है ! मौलसिरी के नीचे वेदी पर वनलता बैठी हुई, अपनी साड़ी के अञ्चल की बेल देख रही है । आश्रम में ही कहीं होते हुये सङ्गीत को कभी अनसुनी कर जाती है)

(नेपथ्य में गान)

खोल तू अब भी आँखें खोल !
जीवन-उदधि हिलोरें लेता उठतीं लहरें लोल ।
छबि की किरनों से खिल जा तू,
अमृत-झड़ी सुख से झिल जा तू ।
इस अनन्त स्वर से मिल जा तू वाणी में मधु घोल ।
जिससे जाना जाता सब यह, उसे जानने का प्रयत्न ! अह !
भूल अरे अपने को मत रह जकड़ा, बन्धन खोल ।
खोल तू अब भी आँखें खोल ।

(संगीत बन्द होने पर कोकिला बोलने लगती है । वनलता अञ्चल छोड़कर खड़ी हो जाती है। उसकी तीखी आँखें जैसे कोकिल को खोजने लगती हैं । उसे न देखकर हताश-सी वनलता अपने-ही-आप कहने लगती है—)

वनलता—कितनी टीस है, कितनी कसक है, कितनी प्यास है; निरन्तर पंचम की पुकार ! कोकिल ! तेरा गला जल उठता होगा । विश्व-भर से निचोड़ कर यदि डाल सकती तेरे सूखे गले में एक घूँट । (कुछ सोचती है) किन्तु इस सङ्गीत का.....क्या अर्थ है..... बन्धनों को खोल देना, एक विशृङ्खलता फैलाना, परन्तु मेरे हृदय की पुकार क्या कह रही है । आकर्षण किसी को बाहुपाश में जकड़ने के लिए प्रेरित कर रहा है । इस सञ्चित स्नेह से यदि किसी रूखे मन को चिकना कर सकती ? (रसाल को आते हुए न देखकर) मेरी विश्व-यात्रा के सङ्गी, मेरे स्वामी ! तुम काल्पनिक विचारों के आनन्द में अपनी सच्ची सङ्गिनी को भूल... (रसाल चुपचाप वनलता की आँखें बंद कर लेता

है, वह फिर कहने लगती है) कौन है ? नीला, शीला, प्रेमलता ! बोलती भी नहीं; अच्छा, मैं भी खूब छकाऊँगी, तुम लोग बड़े दुलार पर चढ़ गयी हो न !

रसाल—(निश्वास लेकर हाथ हटाते हुये) इन लोगों के अतिरिक्त और कोई दूसरा तो हो ही नहीं सकता। इतने नाम लिये किन्तु····किन्तु एक मेरा ही स्मरण न आया। क्यों वनलता ?

वनलता—(सिर पर साड़ी खींचती हुई) आप थे ? मैं नहीं जान····

रसाल—(बात काटते हुये) जानोगी कैसे लता ! मैं भी जानने की, स्मरण होने की वस्तु होऊँ तब न ! अच्छा तो है, तुम्हारी विस्मृति भी हमारे लिए स्मरण करने की वस्तु होगी। (निश्वास लेकर) अच्छा, चलती हो आज मेरा व्याख्यान सुनने के लिये ?

वनलता—(आश्चर्य से) व्याख्यान ! तुम कब से देने लगे ? तुम तो कवि हो कवि, भला तुम व्याख्यान देना क्या जानो; और वह विषय कौन-सा होगा जिस पर तुम व्याख्यान दोगे ? घड़ी-दो-घड़ी बोल सकोगे ! छोटी-छोटी कल्पनाओं के उपासक ! सुकुमार सूक्तियों के सञ्चालक ! तुम भला क्या व्याख्यान दोगे !

रसाल—तो मेरे इस भावी अपराध को तुम क्षमा न करोगी। आनन्दजी के स्वागत में मुझे कुछ बोलने के लिए आश्रमवालों ने तङ्ग कर दिया है। क्या करूँ वनलता !

वनलता—(मौलसिरी की एक डाल पकड़कर झुकाती हुई) आनन्दजी का स्वागत ! अब होगा ! कहते क्या हो ! उन्हें आये तो कई दिन हो गये।

रसाल—(सिर पकड़कर) ओह ! मैं भूल गया था, स्वागत नहीं उनके परिचय-स्वरूप कुछ बोलना पड़ेगा।

वनलता—हाँ परिचय ! अच्छा मुझे तो बताइये, यह आनन्दजी कौन हैं, क्यों आये हैं और कब ! नहीं-नहीं; कहाँ रहते हैं ?

रसाल—मनुष्य हैं, उनका कुछ निज का सन्देश है; उसी का प्रचार करते हैं। कोई निश्चित निवास नहीं। (जैसें कुछ स्मरण करता हुआ) तुम भी चलो न ! सङ्गीत भी होगा। आनन्दजी अरुणाचल पहाड़ी की तलहटी में घूमने गये हैं; यदि नदी की ओर भो चले गये हों तो कुछ विलम्ब लगेगा, नहीं तो अब आते ही होंगे। तो मैं चलता हूँ।

(रसाल जाने लगता है। वनलता चुप रहती है। फिर रसाल के कुछ दूर जाने पर उसे बुलाती है)

वनलता—सुनो तो !

रसाल—(**लौटते हुए**) क्या ?

वनलता—यह अभी-अभी जो सङ्गीत हो रहा था (**कुछ सोचकर**) मुझे उसका पद स्मरण नहीं हो रहा है; वह····

रसाल—मेरी 'एक घूँट' नाम की कविता मधुमालती गाती रही होगी।

वनलता—क्या नाम बताया—'एक घूँट ? उहूँ ! कोई दूसरा नाम होगा। तुम भूल रहे हो; वैसा स्वर-विन्यास एक घूँट नाम की कविता में हो ही नहीं सकता।

रसाल—तब ठीक है। कोई दूसरी कविता रही होगी। तो मैं जाऊँ न !

वनलता—(**स्मरण करके**) ओहो, उसमें न जकड़े रहने के लिये, बन्धन खोलने के लिये, और भी क्या-क्या ऐसी ही बातें थीं। वह किसकी कविता है ?

रसाल—(**दूसरी ओर देखकर**) तो, तो वह मेरी—हाँ हाँ—मेरी ही कविता थी।

वनलता—(**त्योरी चढ़ाकर**) अच्छा, तो आप बन्धन तोड़ने की चेष्टा में है आज-कल ! क्यों, कौन बन्धन खल रहा है ?

रसाल—(**हँसने की चेष्टा करता हुआ**) यह अच्छी रही ! किन्तु, लता ! यह क्या पुराने ढङ्ग की साड़ी तुमने पहन ली है ? यह तो समय के अनुकूल नहीं; और मैं तो कहूँगा, सुरुचि के भी प्रतिकूल है।

वनलता—समय के अनुकूल बनने की मेरी बान नहीं, और सुरुचि के सम्बन्ध में मेरा निज का विचार है। उसमें किसी दूसरे की सम्मति की मुझे आवश्यकता नहीं।

रसाल—उस दिन जो नयी साड़ी मैं ले आया था, उसे पहन आओ न ! (**जाने लगता है**)

वनलता—अच्छा-अच्छा, तुम जाते कहाँ हो ? व्याख्यान कहाँ होगा ? ए कवि जी, सुनूँ भी !

रसाल—यही तो मैं भी पूछने जा रहा था।

(वनलता दाहिने हाथ की तर्जनी से अपना अधर दबाये,
बायें हाथ से दाहिनी कुहनी पकड़े हँसने लगती है
और रसाल उसकी मुद्रा साग्रह देखने
लगता है, फिर चला
जाता है)

वनलता—(**दाँतों से ओंठ दबाते हुए**) हूँ ! निरीह, भावुक प्राणी ! जङ्गली पक्षियों के बोल, फूलों की हँसी और नदी के कलनाद का अर्थ समझ लेते हैं। परन्तु मेरे आर्त्तनाद को भी समझने की चेष्टा भी नहीं करते। और मैंने ही····

(दूर से कुछ लोगों के बातचीत करते हुये आने का शब्द सनाई पड़ता है। वनलता चुपचाप बैठ जाती है। प्रेमलता और आनन्द का बात करते हुए प्रवेश। पीछे-पीछे और भी कई स्त्री-पुरुषों का आपस में सङ्केत से बातें करते हुये आना वनलता जैसें उस ओर ध्यान ही नही देती)

आनन्द—(**एक ढीला रेशमी कुरता पहने हुये है, जिसकी बाहें उसे बार-बार चढ़ानी पड़ती हैं, बीच-बीच में चदरा भी सम्हाल लेता है। पान को रूमाल से पोंछते हुए प्रेमलता की ओर गहरी दृष्टि से देखकर**) जैसे उजली धूप सब को हँसाती हुई आलोक फैला देती है, जैसे उल्लास की मुक्त प्रेरणा फूलों की पङ्खड़ियों को गद्‌गद कर देती है, जैसे सुरभि का शीतल झोंका सबका आलिङ्गन करने से लिये विह्वल रहता है, वैसे ही जीवन की निरन्तर परिस्थिति होनी चाहिये।

प्रेमलता—किन्तु, जीवन की झंझटें, आकांक्षाएँ, ऐसा अवसर आने दें तब न! वीच-बीच में ऐसा अवसर आ जाने पर भी वे चिर-परिचित निष्ठुर विचार गुर्राने लगते हैं। तब!

आनन्द—उन्हें पुचकार दो, सहला दो; तब भी न मानें, तो किसी एक का पक्ष न लो। बहुत सम्भव है कि वे आपस में लड़ जायँ और तब तुम तटस्थ दर्शक मात्र बन जाओ और खिलखिलाकर हँसते हुये वह दृश्य देख सको। देख सकोगी न!

प्रेमलता—असम्भव! विचारों का आक्रमण तो सीधे मुझी पर होता है। फिर वे परस्पर कैसे लड़ने लगें? (**स्वगत**) अहा, कितना मधुर यह प्रभात है! यह मेरा मन जो गुदगुदी का अनुभव कर रहा है, उसका संघर्ष किससे करा दूँ।

(मुकुल भवों को चढ़ाकर अपनी एक हथेली पर तर्जनी से प्रहार करता है, जैसे उसकी समझ में प्रेमलता की बात बहुत सोच-विचारकर कही गयी हो। आनन्द दोनों को दखता है, फिर उसकी दृष्टि वनलता की ओर चली जाती है)

आनन्द—(**सँभलते हुए**) जब तुम्हारे हृदय में एक कटु विचार आता है उसके पहले से क्या कोई मधुर भाव प्रस्तुत नहीं रहता? जिससे तुलना करके तुम कटुता का अनुभव करती हो!

प्रेमलता—हाँ, ऐसा ही तो समझ में आता है।

आनन्द—तो इससे स्पष्ट हो जाता है कि पवित्र हृदय-मन्दिर में दो—कटु और मधुर—भावों का द्वन्द्व चला करता है, और उन्हीं में एक, दूसरे पर आतङ्क जमा लेता है।

प्रेमलता—लेता है किन्तु: यह बात मेरी समझ में····

आनन्द—(हँसकर) न आयी होगी। किन्तु तुम उस द्वन्द्व के प्रभाव से मुक्त हो सकती हो। मान लो कि तुम किसी से स्नेह करती हो (ठहरकर प्रेमलता की ओर गूढ़ दृष्टि से देखकर) और तुम्हारे हृदय में इसे सूचित करने··· व्यक्त करने के लिये इतनी व्याकुलता····

प्रेमलता—ठहरिये तो, मैं प्यार करती हूँ कि नहीं, पहले इस पर भी मुझे दृढ़ निश्चय कर लेना चाहिये।

आनन्द—(विरक्ति प्रकट करता हुआ) उँह, दृढ़ निश्चय को बीच में लाकर तुमने मेरी विचार-धारा दूसरी ओर बहा दी। दृढ़ निश्चय! एक बन्धन है। प्रेम की स्वतन्त्र आत्मा को बन्दीगृह में न डालो। इससे उसका स्वास्थ्य, सौन्दर्य और सरलता सब नष्ट हो जायगी।

प्रेमलता—एँ! (और भी कई व्यक्ति आश्चर्य से) एँ!

आनन्द—हाँ-हाँ उस नियमबद्ध प्रेम-व्यापार का बड़ा ही स्वार्थपूर्ण विकृत रूप होगा। जीवन का लक्ष्य भ्रष्ट हो जायगा।

प्रेमलता—(आश्चर्य से) और वह लक्ष्य क्या है?

आनन्द—विश्व-चेतना के आकार धारण करने की चेष्टा का नाम 'जीवन' है। जीवन का लक्ष्य 'सौन्दर्य' है, क्योंकि आनन्दमयी प्रेरणा जो उस चेष्टा या प्रयत्न का मूल रहस्य है, स्वस्थ—अपने आत्म स्वभाव में, निर्विशेष रूप से—रहने पर सफल हो सकती है। दृढ़ निश्चय कर लेने पर उसकी सरलता न रहेगी, अपने मोह-मूलक अधिकार के लिये वह झगड़ेगी।

प्रेमलता—किन्तु अभी-अभी आपने नदी-तट पर जाल की कड़ियों को आपस में लड़ाते हुए मछुओं की बातें सुनी हैं। वे न-जाने····

आनन्द—सुनी हैं। आनन्द के सम्बन्ध में पहले एक बात मेरी सुन लो। आनन्द का अन्तरङ्ग सरलता है और बहिरङ्ग सौन्दर्य है, इसी में वह स्वस्थ रहता है।

प्रेमलता—किन्तु आपकी ये बातें समझ में नहीं आतीं।

आनन्द—(हँसकर) तो इसमें मेरा अपराध नहीं। प्रायः न समझने के कारण मेरे इस कथन का अर्थ उलटा ही लगाया जायगा, या तो पागल का प्रलाप समझा जायगा, किन्तु करूँ क्या, बात तो जैसी है वैसी ही कही जायगी न! उन मछुओं को सरलता और सौन्दर्य दोनों का ज्ञान नहीं। फिर आनन्द नाम पर वे दुख का नाम क्यों लें?

प्रेमलता—(**उदास होकर**) यदि हम लोगों की दृष्टि में उनके यहाँ सौन्दर्य का अभाव हो, तो भी उनके पास सरलता नहीं है, मैं ऐसा नहीं मान सकती।

आनन्द—तुम्हारा न मानने का अधिकार मैं मानता हूँ, किन्तु वे अपने भीतर ज्ञाता बनने का निश्चय करके, अपने स्वार्थों के लिये दृढ़ अधिकार प्रकट करते हुए, अपनी सरलता की हत्या कर रहे थे और सौन्दर्य को मलिन बना रहे थे। काल्पनिक दुःखों को ठोस मानकर....

मुकुल—(**बात काटते हुये**) ठहरिये तो, क्या फिर 'दुःख' नाम की कोई वस्तु हुई नही ?

आनन्द—होगा कहीं ! हम लोग उसे खोज निकालने का प्रयत्न क्यों करें ? अपने काल्पनिक अभाव, शोक, ग्लानि और दुःख के काजल आँखों के आँसू में घोलकर सृष्टि के सुन्दर कपोलों को क्यों कलुषित करें ? मैं उन दार्शनिकों से मतभेद रखता हूँ जो यह कहते आये हैं कि संसार दुःखमय है और दुःख के नाश का उपाय सोचना ही पुरुषार्थ है।

(वनलता चुपचाप तीव्र दृष्टि से दोनों को देखती हुई अपने बाल सँवारने लगती है और प्रेमलता आनन्द को देखती हुई अपने-आप सोचने लगती है)

प्रेमलता—(**स्वगत**) अहा ! कितना सुन्दर जीवन हो, यदि मनुष्य को इस बात का विश्वास हो जाय कि मानव-जीवन की मूल सत्ता में आनन्द है। आनन्द ! आह ! इनकी बातों में कितनी प्रफुल्लता है ! हृदय को जैसे अपनी भूली हुई गति स्मरण हो रही है। (**वह प्रसन्न नेत्रों से आनन्द को देखती हुई कह उठती है**) और !

आनन्द—और दुःख की उपासना करते हुए एक-दूसरे के दुःख से दुखी होकर परम्परागत सहानुभूति—नहीं-नहीं, यह शब्द उपयुक्त नहीं; हाँ—सहरोदन करना मूर्खता है। प्रसन्नता की हत्या का रक्त पानी बन जाता है। पतला, शीतल ! ऐसी संम्वेदनायें संसार में उपकार से अधिक अपकार ही करती हैं।

प्रेमलता—(**स्वगत सोचने लगती है**) सहानुभूति भी अपराध है ? अरे यह कितना निर्दय ! आनन्द ! आनन्द ! यह तुम क्या कह रहे हो ? इस स्वच्छन्द प्रेम से या तुमसे क्या आशा !

मुकुल—फिर संसार में इतना हाहाकार !

आनन्द—उँह, विकासपूर्ण है; है न ? तब विश्व की कामना का मूल रहस्य 'आनन्द' ही है, अन्यथा वह 'विकास' न होकर दूसरा ही कुछ होता।

मुकुल—और संसार में जो एक-दूसरे को कष्ट पहुँचाते हैं, झगड़ते हैं !

आनन्द—दुःख के उपासक उसकी प्रतिमा बनाकर पूजा करने के लिये द्वेष, कलह और उत्पीड़न आदि सामग्री जुटाते रहते हैं। तुम्हें हँसी के हल्के धक्के से उन्हें टाल देना चाहिये।

मुकुल—महोदय, आपका यह हल्के जोगिया रंग का कुरता जैसे आपके सुन्दर शरीर से अभिन्न होकर हम लोगों की आँखों में भ्रम उत्पन्न कर देता है, वैसे आपको दुःख के अञ्चल में सिसकते हुए संसार की पीड़ा का अनुभव स्पष्ट नहीं हो पाता। आपको क्या मालूम कि बुद्धू के घर की काली-कलूटी हाँड़ी भी कई दिन से उपवास कर रही है। छुन्नू मूँगफलीवाले का एक रुपये की पूँजी का खोमचा लड़कों ने उछल-कूदकर गिरा भी दिया और लूटकर खा भी गये, उसके घर पर सात दिन की उपवासी रुग्ण बालिका मुनक्के की आशा में पलक पसारे बैठी होगी या खाट पर पड़ी होगी।

प्रेमलता—(**आनन्द की ओर देखकर**) क्यों ?

आनन्द—ठीक वही बात ! यही तो होना चाहिये। स्वच्छन्द प्रेम को जकड़कर बाँध रखने का, प्रेम की परिधि सङ्कुचित बनाने का यही फल है, यही परिणाम है (**मुस्कराने लगता है**)।

मुकुल—तब क्या सामाजिकता का मूल उद्‌गम—वैवाहिक प्रथा तोड़ देनी चाहिये ? यह तो साफ-साफ दायित्व छोड़कर उद्‌भ्रान्त जीवन बिताने की घोषणा होगी। परस्पर सुख-दुख में गला बाँधकर एक-दूसरे पर विश्वास करते हुये, सन्तुष्ट दो प्राणियों की आशाजनक परिस्थिति क्या छोड़ देने की वस्तु है ? फिर····

प्रेमलता—(**स्वगत**) यह कितनी निराशा मयी शून्य कल्पना है—(**आनन्द को देखने लगती है**)।

आनन्द—(**हताश होने की मुद्रा बनाकर**) ओह ! मनुष्य कभी न समझेगा। अपने दुःखों से भयभीत कङ्गाल दूसरों के दुःख में श्रद्धावान बन जाता है।

मुकुल—मैंने देखा है कि मनुष्य एक ओर तो दूसरे से ठगा जाता है, फिर भी दूसरे से कुछ ठग लेने के लिये सावधान और कुशल बनने का अभिनय करता रहता है।

प्रेमलता—ऐसा भी होता होगा !

आनन्द—यह मोह की भूख····

वनलता—(**पास आकर**) और पेट की ही भूख-प्यास तो मानव-जीवन में नहीं होती। हृदय को—(**छाती पर हाथ रखकर**) कभी इसको—भी टटोलकर देखा है ? इसकी भूख-प्यास का भी कभी अनुभव किया है ? (**आनन्द कुतुहल से वनलता की ओर देखने लगता है। आश्रम के मन्त्री कुञ्ज के साथ रसाल का प्रवेश**)

आनन्द—(**मुस्कराकर**) देवि, तुम्हारा तो विवाहित जीवन है न ! तब भी हृदय

भूखा और प्यासा ! इसी से मैं स्वच्छन्द प्रेम का पक्षपाती हूँ ।

वनलता—वही तो मैं समझ नहीं पाती, प्रतिकूलतायें···(**कहते-कहते रसाल को देखकर रुक जाती है, फिर प्रेमलता को देखकर**) प्रेमलता ! तुमने आज प्रश्न करके हम लोगों के अतिथि श्री आनन्दजी को अधिक समय तक थका दिया है । अच्छा होता कि कोई गान सुनाकर इन शुष्क तर्कों से उत्पन्न हुई हम लोगों की ग्लानि को दूर करतीं ।

प्रेमलता—(**सिर झुकाकर प्रसन्न होती हुई**) अच्छा, सुनिये—

(**सब प्रसन्नता प्रकट करते हुए एक-दूसरे को देखते हैं**)

प्रेमलता—(**गाती है**)—

जीवन में उजियाली है ।
यह किरनों की कोमल धारा—
बहती ले अनुराग तुम्हारा—
फिर भी प्यासा हृदय हमारा—
व्यथा घूमती मतवाली है ।
हरित दलों के अन्तराल से—
बचता-सा इस सघन जाल से—
यह समीर किस कुसुम-बाल से—
माँग रहा मधु की प्याली है ।
एक बूँद का प्यासा जीवन—
निरख रहा सबको भर लोचन ।
कौन छिपाये है उसका धन—
कहाँ सजल वह हरियाली है ।

(**गान समाप्त होने पर एक प्रकार का सन्नाटा हो जाता है । सङ्गीत की प्रतिध्वनि उस कुन्ज में अभी भी जैसे सब लोगों को मुग्ध किये है । वनलता सब लोगों से अलग कुञ्ज से धीरे-धीरे कहती है**)

वनलता—कुछ देखा आपने !

कुञ्ज—क्या ?

वनलता—हमारे आश्रम में एक प्रेमलता ही तो कुमारी है । और यह आनन्दजी भी कुमार ही हैं ।

कुञ्ज—तो इससे क्या ?

वनलता—इससे ! हाँ, यही तो देखना है कि क्या होता है ? होगा कुछ अवश्य ! देखूँ तो मस्तिष्क विजयी होता है कि हृदय ! आपको····

कुंज—(**चिन्तित भाव से**) मुझे तो इसमें····जाने भी दो, वह देखो रसालजी कुछ कहना चाहते हैं क्या ? मैं चलूँ।

(**दोनों आनन्दजी के पास जाकर खड़े हो जाते हैं**)

कुञ्ज—महोदय! मेरे मित्र श्री रसालजी आपके परिचय स्वरूप एक भाषण देना चाहते हैं। यदि आपकी आज्ञा हो तो आपके व्याख्यान के पहले ही—

आनन्द—(**जैसे घबराकर**) क्षमा कीजिये मैं तो व्याख्यान देना नहीं चाहता; परन्तु श्री रसालजी की रसीली वाणी अवश्य सुनूँगा। आप लोगों ने तो मेरा वक्तव्य सुन ही लिया। मैं वक्ता नहीं हूँ। जैसे सब लोग बातचीत करते हैं, कहते हैं, सुनते हैं, ठीक उसी तरह मैंने आप लोगों से वाग्विलास किया है। (**रसाल को देखकर सविनय**) हाँ, तो श्रीमान् रसाल जी !

प्रेमलता—किन्तु बैठने का प्रबन्ध तो कर लिया जाय !

वनलता—आनन्दजी इस वेदी पर बैठ जायँ और हम लोग इन वृक्षों की ठंडी छाया में बड़ी प्रसन्नता से यह गोष्ठी कर लेंगे।

आनन्द—हाँ-हाँ, ठीक तो है।

(**सब लोग बैठ जाते हैं और वनलता एक वृक्ष से टिक कर खड़ी हो जाती है। रसाल आनन्द के पास खड़ा होकर, व्याख्यान देने की चेष्टा करता है। सब मुस्कराते हैं, : फिर वह सम्हल कर कहने लगता है**)

रसाल—व्यक्ति का परिचय तो उसकी वाणी, उसके व्यवहार से वस्तुतः स्वयं हो जाता है, किन्तु यह प्रथा-सी चल पड़ी है कि····

वनलता—(**सस्मित, बीच में ही बात काटकर**) कि जो उस व्यक्ति के सम्बन्ध में भी कुछ नहीं जानते, उन्हीं के सिर पर परिचय देने का भार लाद दिया जाता है।

(**सब लोग वनलता को असन्तुष्ट होकर देखने लगते हैं, और वह अपनी स्वाभाविक हँसी से सबका उत्तर देती है और कहती है**) अस्तु, कविजी, आगे फिर····(**सब हँस पड़ते है**)

रसाल—अच्छा, मैं भी श्री आनन्दजी का परिचय न देकर आपके संदेश के सम्बन्ध में दो-एक बातें कहना चाहता हूँ, क्योंकि आपका संदेश हमारे आश्रम के लिए एक विशेष महत्व रखता है। आपका कहना है कि—(**रुककर सोचने लगता है**)

मुकुल—कहिये-कहिये !

रसाल—कि अरुणाचल-आश्रम इस देश की बड़ी सुन्दर संस्था है, इसका उद्देश्य बड़ा ही स्फूर्त्तिदायक है। इसके आदर्श वाक्य, जिन्हें आप लोगों ने स्थान-स्थान पर लगा रक्खे हैं, बड़े ही उत्कृष्ट हैं; किन्तु उन तीनों में एक और जोड़ देने से आनन्दजी का सन्देश पूर्ण हो जाता है—**स्वास्थ्य, सरलता** और **सौन्दर्य** में **प्रेम** को भी मिला देने से इन तीनों की प्राणप्रतिष्ठा हो जायगी। इन विभूतियों का एकत्र होना विश्व के लिए आनन्द का उत्स खुल जाना है।

प्रेमलता—किन्तु महोदय ! मैं आपके विरुद्ध आप ही की एक कविता गाकर सुनाना चाहती हूँ।

मुकुल—ठहरो प्रेमलता !

वनलता—वाह ! गाने न दीजिये ! अब तो मैं समझती हूँ कि कविजी को जो कुछ कहना था, कह चुके।

(सब लोग एक दूसरे का मुँह देखने लगते हैं। आनन्द सबको विचार-विमूढ़-सा देखकर हँसने लगता है)

प्रेमलता—तो फिर क्या आज्ञा है ?

आनन्द—हाँ-हाँ, बड़ी प्रसन्नता से; हम लोगों के तर्कों, विचारों और विवादों से अधिक सङ्गीत से आनन्द की उपलब्धि होती है।

प्रेमलता—किन्तु यह दुःख का गान है। तब भी मैं गाती हूँ।

(गान)

जलधर की माला
घुमड़ रही जीवन-घाटी पर—जलधर की माला।
आशा-लतिका कँपती थरथर—
गिरे कामना-कुञ्ज हहरकर
अञ्चल में है उपल रही भर—यह करुणा-बाला।
यौवन ले आलोक किरन की
डूब रही अभिलाषा मन की
क्रन्दन चुम्बित निठुर निधन की—बनती वनमाला।
अन्धकार गिरि-शिखर चूमती—
असफलता की लहर घूमती
क्षणिक सुखों पर सतत झूमती—शोकमयी ज्वाला।

(सङ्गीत समाप्त होने पर एक-दूसरे का मुँह बड़ी गम्भीरता की मुद्रा से देखने लगते हैं)

आनन्द—यह स्वास्थ्य के लिए अत्यन्त हानिकारक है। ऐसी भावनायें हृदय को कायर बनाती हैं। रसालजी, यह आपकी ही कविता है। मैं आपसे प्रार्थना करता हूँ कि....

रसाल—मैं स्वीकार करता हूँ कि यह मेरी कल्पना की दुर्बलता है। मैं इससे बचने का प्रयत्न करूँगा। (सब लोगों की ओर देखकर) और आप लोग भी अनिश्चित जीवन की निराशा के गान भूल जाइये! प्रेम का प्रचार करके, परस्पर प्यार करके, दुःखमय विचारों को दूर भगाइये।

मुकुल—किन्तु प्रेम में क्या दुःख नहीं है?

रसाल—होता है, किन्तु वह दुःख मोहका है, जिसे प्रायः लोग प्रेम के सिर मढ़ देते हैं। आपका प्रेम, आनन्दजी के सिद्धान्त पर, सबसे सम-भाव का होना चाहिये। भाई, पिता, माता और स्त्री को भी इन विशेष उपाधियों से मुक्त होकर प्यार करना सीखिये। सीखिये कि हम मानवता के नाते स्त्री को प्यार करते हैं। मानवता के नाम....(सब लोग वनलता की ओर देख व्यङ्ग से हँसने लगते हैं। रसाल जैसे अपनी भूल समझता हुआ चुप हो जाता है)

वनलता—(भँवें चढ़ाकर तीखेपन से)हाँ, मानवता के नाम पर, बात तो बड़ी अच्छी है। किन्तु मानवता आदान-प्रदान चाहती है, विशेष स्वार्थों के साथ। फिर क्यों न झरनों, चाँदनी रातों, कुञ्ज और वनलताओं को ही प्यार किया जाय—जिनकी किसी से कुछ माँग नहीं (ठहरकर) प्रेम की उपासना का एक केन्द्र होना चाहिये, एक अन्तरङ्ग साम्य होना चाहिये।

प्रेमलता—मानवता के नाम पर प्रेम की भीख देने में प्रत्येक व्यक्ति को बड़ा गर्व होगा। उसमें समर्पण का भाव कहाँ?

कुञ्ज—सो तो ठीक है, किन्तु अन्तरङ्ग साम्यवाली बात पर मैं भी एक बात कहना चाहता हूँ। अभी कल ही मैंने 'मधुरा' में एक टिप्पणी देखी थी और उसके साथ कुछ चित्र भी थे, जिनमें दो व्यक्तियों की आकृति का साम्य था। एक वैज्ञानिक कहता है कि प्रकृति जोड़े उत्पन्न करती है।

वनलता—(शीघ्रता से) और उसका उद्देश्य दो को परस्पर प्यार करने का संकेत करना है। क्यों, यही न? किन्तु प्यार करने के लिये हृदय का साम्य चाहिये, अन्तर की समता चाहिये। वह कहाँ मिलती है? दो समान अन्तकरणों का चित्र भी तुमने देखा है? सो भी—

कुञ्ज—एक स्त्री और एक पुरुष का, यही न! (मुँह बनाकर) ऐसा न देखने का अपराध करने के लिये मैं क्षमा माँगता हूँ।

(सब हँसने लगते हैं : ठीक उसी समय एक चँदुला गले में विज्ञापन लटकाये आता है । उसकी चँदुला खोपड़ी पर बड़े अक्षरों में लिखा है 'एक घूँट' और विज्ञापन में लिखा है 'पीते हो सौन्दर्य चमकने लगेगा । स्वास्थ्य के लिये सरलता से सुधारस मिला हुआ सुअवसर हाथ से न जाने दीजिये । पीजिये 'एक घूँट')

कुञ्ज—(**उसे देखकर आश्चर्य से**) हमारे आश्रम के आदर्श शब्द ! सरलता, स्वास्थ्य और सौन्दर्य । वाह !

रसाल—और मेरी कविता का शीर्षक 'एक घूँट !'

चँदुला—(**दाँत निकालकर**) तब तो मैं भी आप ही लोगों की सेवा कर रहा हूँ । है न ? आप लोग भी मेरी सहायता कीजिये । इसीलिये मैं यहाँ....

रसाल—(**उसे रोककर**) किन्तु तुमने अपनी खोपड़ी पर यह क्या भद्दापन अङ्कित कर लिया है ?

चँदुला—(**सिर झुकाकर दिखाते हुये**) महोदय ! प्रायः लोगों की खोपड़ी में ऐसा ही भद्दापन भरा रहता है । मैं तो उसे निकाल बाहर करने का प्रयत्न कर रहा हूँ । आपको इसमें सहमत होना चाहिये । यदि इस समय आप लोगों की कोई सभा, गोष्ठी या ऐसी ही कोई समिति इत्यादि हो रही हो ती गिन लीजिये, मेरे पक्ष में बहुमत होगा । होगा न ?

रसाल—किन्तु यह अत्यन्त अ-सुन्दर है ।

चँदुला—किन्तु मैं ऐसा करने के लिये बाध्य था । महोदय, और करता ही क्या ?

रसाल—क्या ?

चँदुला—मैंने खिड़की से एक दिन झाँककर देखा, एक गोरा-गोरा प्रभावशाली मुख; उसके साथ दो-तीन मनुष्य सीढ़ी और बड़े-बड़े कागज लिये मेरे मकान पर चढ़ाई कर रहे हैं । मैं चिल्लाकर कहा—हँ-हँ-हँ-हँ, यह क्या ?

रसाल—तब क्या हुआ ?

चँदुला—उसने कहा, विज्ञापन चिपकेगा । मैंने बिगड़कर कहा—तुम उस पर लगा हुआ विज्ञापन स्वयं नहीं पढ़ रहे हो, तब तुम्हारा विज्ञापन दूसरा कौन पढेगा । वह मेरी दीवार पर लिखा हुआ विज्ञापन पढ़ने लगा—'यहाँ विज्ञापन चिपकाना मना है !' मैं मुँह बिचकाकर उसकी मूर्खता पर हँसने लगा था कि उसने डाँटकर कहा—'तुम नीचे आओ ।'

रसाल—और तुम नीचे उतर आये, क्यों ?

चँदुला—उतरना ही पड़ा । मैं चँदुला जो था । वह मेरा सिर सहलाकर बोला—अरे तुम अपनी सब जगह बेकार रखते हो । इतनी बड़ी दीवार ! उस पर विज्ञापन

लगाना मना है। और इतना बढ़िया प्रमुख स्थान जैसा किसी अच्छे पत्र में मिलना असम्भव है। तुम्हारी खोपड़ी खाली ! आश्चर्य ! तुम अपनी मूर्खता से हानि उठा रहे हो। तुमको नहीं मालूम कि नङ्गी खोपड़ी पर प्रेत लोग चपत लगाते हैं।'

वनलता—तो उसने भी चपत लगाया होगा ?

चँदुला—नहीं-नहीं, (मुँह बनाकर) वह बड़ा भलामानुस था। उसने कहा—'तुम लोग उपयोगिता का कुछ अर्थ नहीं जानते। मैं तुम्हें प्रतिदिन एक सोने का सिक्का दूँगा और तब मेरा विज्ञापन तुम्हारी चिकनी खोपड़ी पर खूब सजेगा। सोच लो।

रसाल—और तुम सोचने लगे ?

चँदुला—हाँ, किन्तु मैंने सोचने का अवसर कहाँ पाया ? ऊपर से वह बोलीं।

रसाल—ऊपर से कौन ?

चँदुला—वही-वही, (दाँत से जीभ दबाकर) जिनका नाम धर्मशास्त्र की आज्ञानुसार लिया ही नहीं जा सकता।

रसाल—कौन, तुम्हारी स्त्री ?

चँदुला—(हँसकर) जी-ई-ई, उन्होंने तीखे स्वर से कहा—'चुप क्यों हो, कह दो कि हाँ ! अरे पन्द्रह दिनों में एक बढ़िया हार। बड़े मूर्ख हो तुम !' मैंने देखा कि वह विज्ञापनवाला हँस रहा है। मैंने निश्चय कर लिया कि मैं मूर्ख तो नहीं-ही बनूँगा, और चाहे कुछ भी बन जाऊँ ! तुरन्त कह उठा—हाँ—ना नहीं निकला, क्योंकि जिसकी कृपा से खोपड़ी चँदुली हो गयी थी उसी का डर गला दबाये था।

रसाल—(विश्वास लेकर वनलता की ओर देखता हुआ) तब तुमने स्वीकार कर लिया ?

चँदुला—हाँ, और लोगों के आनन्द के लिये।

आनन्द— (आश्चर्य से) आनन्द के लिये ?

चँदुला—जी, मुझे देखकर सब लोग प्रसन्न होते हैं। सब तो होते हैं, एक आप ही का मुँह बिचका हुआ देख रहा हूँ। मुझे देखकर हँसिये तो ! और यह भी कह देना चाहता हूँ कि उसी विज्ञापनदाता ने यह गुरु भार अपने ऊपर लिया है—बीमा कर लिया है—कि कोई मुझे चपत नहीं लगा सकेगा। आप लोग समझ गये ? यह मेरी कथा है।

आनन्द—किन्तु आनन्द के लिए तुमने यह सब किया ! कैसे आश्चर्य की बात है ? (वनलता को देखकर) यह सब स्वच्छन्द प्रेम को सीमित करने का कुफल है, देखा न ?

चँदुला—आश्चर्य क्यों होता है महोदय ! मान लिया कि आपको मेरा विज्ञापन देखकर आनन्द नहीं मिला, न मिले; किन्तु इन्हीं पन्द्रह दिनों में जब मेरी श्रीमती हार

पहनकर अपने मोटे-मोटे अधरों की पगडंडी पर हँसी को धीरे-धीरे दौड़ायेंगी और मेरी चँदुली खोपड़ी पर हलकी-सी चपत लगायेंगी तब क्या मैं आँख मूँदकर आनन्द न लूँगा— आप ही कहिये ? आपने ब्याह किया है तो !

आनन्द—(**डाँटते हुये**) मैंने ब्याह नहीं किया है; किन्तु इतना मैं कह सकता हूँ कि आनन्द को इस गड़बड़-झाला में घोटना ठीक नहीं अन्तरात्मा के उस प्रसन्न-गम्भीर उल्लास को इस तरह कर्दथित करना अपराध है ।

चँदुला—कदापि नहीं, एक घूंट सुधारस पान करके देखिये तो, वही भीतर की सुन्दर प्रेरणा आपकी आँखों में, कपोलों पर, सब जगह, चाँदनी-सी खिल जायगी । और सम्भवतः आप ब्याह करने के लिये....

रसाल—(**डाँटकर**) अच्छा बस, अब जाइये ।

चँदुला—(**झुककर**) जाता हूँ । किन्तु इस सेवक को न भूलियेगा । सुधारस भेजने के लिए शीघ्र ही पत्र लिखियेगा । मैं प्रतीक्षा करूँगा (**जाता हूँ**) ।

(**कुछ लोग गम्भीर होकर निश्वास लेते हैं जैसे प्राण बचा हो, और कुछ हँसने लगते हैं**)

रसाल—(**निश्वास लेकर**) ओह ! कितना पतन है ? कितना वीभत्स ! कितना निर्दय ! मानवता ! तू कहाँ है ?

आनन्द—आनन्द में, मेरे कवि-मित्र ! यह जो दुःखवाद का पचड़ा सब धर्मों ने, दार्शनिकों ने गाया है उसका रहस्य क्या है ? डर उत्पन्न करना ! विभीषिका फैलाना ! जिससे स्निग्ध गम्भीर जल में, अबोधगति से तैरनेवाली मछली-सी विश्वसागर की मानवता चारों ओर जाल-ही-जाल देखे, उसे जल न दिखाई पड़े; वह डरी हुई, संकुचित-सी अपने लिए सदैव कोई रक्षा की जगह खोजती रहे । सब से भयभीत, सब से सशङ्क !

रसाल—अब मेरी समझ में आया !

वनलता—क्या ?

रसाल—यही कि हम लोगों को शोक-सङ्गीतों से अपना पीछा छुड़ा लेना चाहिये, आनन्दातिरेक से आत्मा की साकारता ग्रहण करना ही जीवन है । उसे सफल बनाने के लिये स्वच्छन्द प्रेम करना सीखना-सिखाना होगा ।

वनलता—(**आश्चर्य से**) सीखना होगा और सिखाना होगा ? क्या उसके लिए कोई पाठशाला खुलनी चाहिये ?

आनन्द—नहीं, पाठशाला की कोई आवश्यकता इस शिक्षा के लिये नहीं है । हम लोग वस्तु या व्यक्ति विशेष से मोह करके और लोगों से द्वेष करना सीखते हैं न !

उसे छोड़ देने ही से सब काम चल जायगा।

प्रेमलता—तो फिर हम लोग किसी प्रिय वस्तु पर अधिक आकर्षित न हों—आपका यही तात्पर्य है क्या ?

(आनन्द कुछ बोलने की चेष्टा करता है कि आश्रम का झाड़ूवाला और उसकी स्त्री कलह करती हुई आ जाती है : सब लोग उनकी बातें सुनने लगते हैं)

झाड़ूवाला—(**हाथ से झाड़ू को हिलाकर**) तो तेरे लिये मैं दूसरे दिन उजली साड़ी कहाँ से लाऊँ ? और कहाँ से उठा लाऊँ सत्ताईस रुपये का सितार ! (**सब लोगों की ओर देखकर**) आप लोगों ने यह अच्छा रोग फैलाया।

मन्त्री—क्या है जो !

झाड़ूवाला—(**सिसकती हुई अपनी स्त्री को कुछ कहने से रोककर**) आप लोगों ने स्वास्थ्य, सरलता सौन्दर्य का ठेका ले लिया है; परन्तु मैं कहूँगा कि इन तीनों का गला घोंटकर आप लोगों ने इन्हें बन्दी बनाकर सड़ा डाला है, सड़ा; इन्हीं आश्रम की दीवारों के भीतर ! उनकी अन्त्येष्टि कब होगी ?

रसाल—तुम क्या बक रहे हो ?

झाड़ूवाला—हाँ, बक रहा हूँ ! यह बकने का रोग उसी दिन से लगा जिस दिन मैंने अपनी स्त्री से इन विष भरी बातों को सुना ! और सुना अरुणाचल-आश्रम नाम के स्वास्थ्य-निवास का यश। स्वास्थ्य, सरलता और सौन्दर्य के त्रिदोष ने मुझे भी पागल बना दिया। विधाता ने मेरे जीवन को नये चक्कर में जुतने का संकेत किया। मैंने सोचा कि चलो इसी आश्रम में मैं झाड़ू लगाकर महीने में पन्द्रह रुपये ले लूंगा और और श्रीमतीजी सरलता का पाठ पढ़ेंगी। किन्तु यहाँ तो····

झाड़ूवाले की स्त्री—अत्यन्त घोर अपमान ! भयंकर आक्रमण ! स्त्री होने के कारण मैं कितना सहती रहूँ। सत्ताईस रुपये के सितार के लिए कहना विष हो गया। विष ! (**कान छूती है**) कानों के लिए फूल नहीं—(**हाथों को दिखाकर**) इनके लिए सोने की चूड़ियाँ नहीं माँगती, केवल सङ्गीत सीखने के लिए एक सितार माँगने पर इतनी विडम्बना—(**रोने लगती है**)

सब लोग—(**झाड़ूवाले से सक्रोध**) यह तुम्हारा घोर अत्याचार है। तुम श्रीमती से क्षमा माँगो। समझे ?

झाड़ूवाला—(**जैसे डरा हुआ**) समझ गया। (**अपनी स्त्री से**) श्रीमतीजी, मैं तुमसे क्षमा माँगता हूँ। और कृपाकर अपने लिये, तुम इन लोगों से सितार के मूल्य की भीख माँगो। देखूँ तो ये लोग भी कुछ····

रसाल—(**डाँटकर**) तुम अपना कर्त्तव्य नहीं समझते और इतना उत्पात मचा रहे हो !

झाड़ूवाला—जी, मेरा कर्त्तव्य तो इस समय यहाँ झाड़ू लगाने का है। किन्तु आप लोग यहाँ व्याख्यान झाड़ रहे हैं। फिर भला मैं क्या करूँ। अच्छा तो अब आप लोग यहाँ से पधारिये, मैं....(**झाड़ू देने लगता है ! सब रूमाल नाक से लगाते हुये एक स्वर से 'हैं-हैं-हैं' करने लगते हैं।**)

आनन्द—चलिये यहाँ से !

झाड़ूवाला—वायुसेवन का समय है। खुली सड़क पर, नदी के तट, पहाड़ी के नीचे या मैदानों में निकल जाइये। किन्तु—नहीं-नहीं, मैं सदा भूल करता आया हूँ। मुझे तो ऐसी जगहों में रोगी ही मिले हैं जिन्हें वैद्य ने बता दिया हो—मकरध्वज के साथ एक घण्टा वायुसेबन। अच्छा, आप लोग व्याख्यान दीजिये। मैं चलता हूँ; चलिए श्रीमतीजी ! उँहूँ आप तो सुनेंगी न ! आप ठहरिये। (**झाड़ू देना बन्द कर देता है**)

आनन्द—मुझे भी आज आश्रम से बिदा होना है। आप लोग आज्ञा दीजिये। किन्तु....नहीं, अब मैं उस विषय पर अधिक कुछ न कहकर केवल इतना ही कह देना चाहता हूँ कि इस परिणाम से—स्वच्छन्द प्रेम को बन्धन में डालने के कुफल—से आप लोग परिचित तो हैं; पर उसे टालते रहने का अब समय नहीं है।

(**वनलता, झाड़ूवाला और उसकी स्त्री को छोड़कर सबका प्रस्थान**)

वनलता—(**झाड़ू वाले से**) क्यों जी, तुम तो पढ़े-लिखे मनुष्य हो, समझदार हो ?

झाड़ूवाला—हाँ, देवि, किन्तु समझदारी में एक दुर्गुण है। उस पर चाहे अन्य लोग कितने ही अत्याचार कर लें; परन्तु वह नहीं कर सकता—ठीक-ठीक उत्तर भी नहीं देने पाता ! (**झाड़ू फटकार कर एक वृक्ष से टिका देता है**)

वनलता—प्लेटो-अफलातून ने कहा है कि मनुष्य-जीवन के लिए संगीत और व्यायाम दोनों ही आवश्यक हैं। हृदय में संगीत और शरीर में व्यायाम नवजीवन की धारा बहाता रहता है। मनुष्य....

झाड़ूवाला—और पतञ्जलि ने कहा है कि जो मनुष्य क्लेश, कर्म और विपाक इत्यादि से अर्थात् रहित-तात्पर्य, वही-वही कुछ-कुछ सूना-सूना जो पुरुष मनुष्य हो, वही ईश्वर है।

वनलता—इससे क्या ?

झाड़ूवाला—आपने प्लेटो को पुकारा, मैंने पतंजलि को बुलाया। आपने एक प्रमाण कहकर अपनी बातों का समर्थन किया और मैंने भी एक बड़े आदमी का नाम

ले लिया। उन्होंने इन बातों को जिस रूप में समझा था वैसी मेरी और आपकी परिस्थिति नहीं—समय नहीं, हृदय नहीं। फिर मुझे तो अपनी स्त्री को समझाना है, और आपको अपने पति का हृदय समझना है।

वनलता—(**चौंककर**) मुझे समझना है और तुमको समझाना है ! कहते क्या हो ?

झाड़ूवाला—जी—(**अपनी स्त्री से**) कहो, अब भी तुम समझ सकी हो या नहीं !

झाड़ूवाले की स्त्री—मैंने समझ लिया है कि मुझे सितार की आवश्यकता नहीं, क्योंकि—

झाड़ूवाला—क्योंकि हम लोग दीवार से घिरे हुए एक बड़े भारी कुञ्जवन में सुखी और सन्तुष्ट रहना सीखने के लिए बन्दी बने हैं। जब जगत से, आकांक्षा और अभाव के संसार से, कामना और प्राप्ति के उपायों की क्रीड़ा से विरत होकर एक सुन्दर जीवन, बिता देने के लोभ से मैंने झाड़ू लगाना स्वीकार किया है; विद्यालय की परीक्षा और उपाधि को भुला दिया है तब तुम मेरी स्त्री होकर····

झाड़ूवाले की स्त्री—बस-बस, मैं अब तुमसे कुछ न कहूँगी; मेरी भूल थी। अच्छा तो मैं जाती हूँ।

झाड़ूवाला—मैं भी चलता हूँ—(**दोनों का प्रस्थान**)

वनलता—यही तो, इसे कहते हैं झगड़ा, और यह कितना सुखद है, एक दूसरे को समझकर जब समझौता करने के लिए, मनाने के लिए, उत्सुक होते हैं तब जैसे स्वर्ग हँसने लगता है—हाँ, इसी भीषण संसार में। मैं पागल हूँ। (**सोचती हुई करुण मुखमुद्रा बनाती है, फिर धीरे-धीरे सिसकने लगती है**) वेदना होती है। व्यथा कसकती है। प्यार के लिये। प्यार करने के लिये नहीं, प्रेम पाने के लिये। विश्व की इस अमूल्य सम्पत्ति में क्या मेरा अंश नहीं। इन असफलताओं के सङ्कलन में मन को बहलाने के लिए, जीवन-यात्रा में थके हृदय के सन्तोष के लिए कोई अवलम्बन नहीं। मैं प्यार करती हूँ और प्यार करती रहूँ; किन्तु मुझे मानवता के नाते···इसे सहने के लिये मैं कदापि प्रस्तुत नहीं। आह ! कितना तिरस्कार है। (**वनलता सिर झुकाकर सिसकने लगती है। आनन्द का प्रवेश**)

आनन्द—आप कुछ दुखी हो रही हैं—क्यों ?

वनलता—मान लीजिये कि हाँ मैं दुखी हूँ।

आनन्द—और वह दुःख ऐसा है कि आप रो रही हैं।

वनलता—(**तीखेपन से**) मुझे यह नहीं मालूम कि कितना दुःख हो तब रोना चाहिये और कैसे दुःख में न रोना चाहिये। आपने इसका श्रेणी-विभाग किया होगा। मुझे तो यही दिखलाई देता है कि सब दुखी हैं, सब विकल हैं, सबको एक-एक घूँट की प्यास बनी है।

आनन्द—किन्तु मैं दुःख का अस्तित्व ही नहीं मानता। मेरे पास तो प्रेम अमूल्य चिन्तामणि है।

वनलता—और मैं उसी के अभाव से दुखी हूँ।

आनन्द—आश्चर्य। आपको प्रेम नहीं मिला। कल्याणी! प्रेम तो····

वनलता—हाँ, आश्चर्य क्यों होता है आपको! संसार में लेना तो सब चाहते हैं; कुछ देना ही तो कठिन काम है। गाली, देने की वस्तुओं में सुलभ है; किन्तु सबको वह भी देना नहीं आता। मैं स्वीकार करती हूँ कि मुझे किसी ने अपना निश्छल प्रेम नहीं दिया; और बड़े दुःख के साथ इसे न देने का, संसार का, उपकार मानती हूँ। (**आँखों में जल भर लेती है, फिर जैसे अपनें को सम्हालती हुई**) क्षमा कीजिये, मेरी यह दुर्बलता थी।

आनन्द—नहीं श्रीमती! यहीं तो जीवन की परम आवश्यकता है। आह! कितने दुःख की बात है कि आपको····

वनलता—तो आप दुःख का अस्तित्व मानने लगे!

आनन्द—(**विनम्रता से**) अब मैं इस विवाद को न बढ़ाकर इतना मान लेता हूँ कि आपको प्रेम की आवश्यकता है। और आप दुखी हैं। क्या आप मुझे प्यार करने की आज्ञा देंगी? क्योंकि····

वनलता—'क्योंकि' न लगाइये; फिर प्यार करने में असुविधा होगी। 'क्योंकि' मैं एक कड़वी दुर्गन्ध हैं।

(**रसाल चुपचाप आकर दोनों की बातें सुनता है और समय-समय पर उसकी मुख-मुद्रा में आश्चर्य, क्रोध, और विरक्ति के चिन्ह झलकते हैं**)

आनन्द—क्योंकि मैं किसी को प्यार नहीं करता, इसलिये आपसे प्रेम करता हूँ।

वनलता—(**सक्रोध**) वाग्जाल से क्या तात्पर्य?

आनन्द—मैं—मैं।

वनलता—हाँ, आप ही का, क्या तात्पर्य है?

आनन्द—मेरा किसी से द्वेष नहीं, इसलिये मैं सबको प्यार कर सकता हूँ। प्रेम करने का अधिकारी हूँ।

वनलता—कदापि नहीं, इसलिये कि मैं आपको प्यार नहीं करती। फिर आपके प्रेम का मेरे लिये क्या मूल्य है?

आनन्द—तब! (**ओठ चाटने लगता है**)

वनलता—तब यही कि (**कुछ सोचती हुई**) मैं जिसे प्यार करती हूँ वही—केवल वही व्यक्ति—मुझे प्यार करे, मेरे हृदय को प्यार करे, मेरे शरीर को—जो मेरे सुन्दर हृदय का आवरण है—सतृष्ण देखे। उस प्यास में तृप्ति न हो, एक-एक घूँट वह पीता चले, मैं भी पिया करूँ। समझे? इसमें आपकी पोली दार्शनिकता या व्यर्थ के वाक्यों को स्थान नहीं।

आनन्द—(**जैसे झेंप मिटाता हुआ**) मैं तो पथिक हूँ और संसार ही पथ है। सब अपने-अपने पथ पर घसीटे जा रहे हैं, मैं अपने को ही क्यों कहूँ। एक क्षण एक युग कहिये या एक जीवन कहिये; है वह एक ही क्षण, कहीं विश्राम किया और फिर चले। वैसा ही निर्मोह प्रेम सम्भव है। सबसे एक-एक घूँट पीते-पिलाते नूतन जीवन का सञ्चार करते चल लेना। यह तो मेरा संदेश है।

वनलता—शब्दावली की मधुर प्रवञ्चना से आप जा रहे हैं।

आनन्द—क्या मैं भ्रान्त हूँ?

वनलता—अवश्य! असंख्य जीवनों की भूल-भूलैया में अपने चिर-परिचित को खोज निकालना और किसी शीतल छाया में बैठकर एक घूँट पीना और पिलाना—क्या समझे! प्रेम का एक घूँट! बस इसके अतिरिक्त और कुछ नहीं।

आनन्द—(**हताश होकर अन्तिम आक्रमण करता हुआ**) तो क्या आपने खोज लिया है—पहचान किया है?

वनलता—मैंने तो पहचान लिया है। किन्तु वही, मेरे जीवन-धन अभी नहीं पहचान सके। इसी का मुझे····

(रसाल आकर प्यार से वनलता का हाथ पकड़ता है)
और आनन्द को गूढ़ दृष्टि से देखता है]

आनन्द—अरे आप यहीं—

रसाल—जी···(**वनलता से**) प्रिये! आज तक मैं भ्रान्त था। मैंने आज पहचान लिया। यह कैसी भूल-भुलैया थी।

आनन्द—तो मैं चलूँ····(**सिर खुजलाने लगता है**)

वनलता—यही तो मेरे प्रियतम!

आनन्द—**अलग खड़ा होकर**) यह क्या! यही क्या मेरे सन्देश का, मेरी आकाङ्क्षा का, व्यक्ति रूप है! (**वनलता और रसाल परस्पर स्निग्ध दृष्टि से देख रहे हैं। आनन्द उस सुन्दरता को देखकर धीरे-धीरे मन में सोचता-सा**) असंख्य जीवनों की भूल-भुलैया में अपने चि····र····प····रि····चि····त

(**रसाल और वनलता दोनों एक-दूसरे का हाथ पकड़े आनन्द की ओर देखकर हँसते हुये, चले जाते हैं; आनन्द उसी तरह चिन्ता में विमग्न अपने आप कहने लगता है**—)

चिरपरिचित को खोज निकालना ! कितनी असम्भव बात । किन्तु···परन्तु··· बिल्कुल ठीक···मिलते हैं—हाँ मिल ही जाते हैं, खोजने वाला चाहिये ।

प्रेमलता—(**सहसा हाथ में शर्बत लिये प्रवेश करके**) खोजते-खोजते मैं तो थक गयी । और शर्बत छलकते-छिलकते कितना बचा, इसे आप ही देखिये । आप यहीं बैठे हैं और मैं कहाँ-कहाँ खोज आयी ।

आनन्द—मुझे आप खोज रही थीं ?

प्रेमलता—हाँ-हाँ आप ही की (**हँसती है**) ।

आनन्द—(**रसाल और वनलता की बात मन-ही-मन स्मरण करता हुआ**) सचमुच ! बड़ा आश्चर्य है ! (**फिर कुछ सोचकर**) अच्छा, क्यों ? (**प्रेमलता की गहरी दृष्टि से देखने लगता है**)

प्रेमलता—(**जैसे खीझकर**) आप ही ने कहा था न ! कि मैं जा रहा हूँ । भोजन तो न करूँगा । हाँ, शर्बत या ठण्ढाई एक घूँट पी लूँगा । कहा था न ? मीठी नारङ्गी का शर्बत ले आयी हूँ । पी लीजिये एक घूँट !

आनन्द—एक घूँट ! मुझे पिलाने के लिये खोजने का आपने कष्ट उठाया है ! (**विमूढ़-सा सोचने लगता है और शर्बत लिये प्रेमलता जैसे कुछ लज्जा का अनुभव करती है**)

प्रेमलता—आप मुझे लज्जित क्यों करते हैं ?

आनन्द—(**चौंककर**) ऐं ! आपको मैं लज्जित कर रहा हूँ ! क्षमा कीजिये । मैं कुछ सोच रहा था ।

प्रेमलता—यही आज न जाने की बात ! वाह, तब तो अच्छा होगा । ठहरिये—दो-एक दिन !

आनन्द—नहीं प्रेमलता । आह ! क्षमा कीजिये । मुझसे भूल हुई । मुझे इस तरह आपका नाम····

(हँसती हुई वनलता का प्रवेश)

वनलता—कान पकड़िये, बड़ी भूल हुई । क्यों आनन्दजी यह कौन हैं, आप ? बिना समझे-बूझे नाम जपने लगे ।

(प्रेमलता लज्जित-सी सिर झुका लेती है वनलता फिर अदृश्य हो जाती है। आनन्द प्रेमलता से मधुर मुख पर अनुराग की लाली को सतृष्ण देखने लगता है और प्रेमलता कभी आनन्द को देखती है और कभी आँखें नीची कर लेती है)

आनन्द—प्रेमलता ! प्रेमलता। तुम्हारी स्वच्छ आँखों में तो पहले इसका सङ्केत भी न था। यह कितना मादक है।

प्रेमलता—क्या ! मैंने किया क्या ?

आनन्द—मेरा भ्रम मुझे दिखला दिया। मेरे कल्पित सन्देश में सत्य का कितना अंश था, उसे अलग झलका दिया। मैं प्रेम का अर्थ समझ सका हूँ। आज मेरे मस्तिष्क के साथ हृदय का जैसे मेल हो गया है।

वनलता—(**फिर हँसती हुई प्रवेश करके**) मैं कहती थी न ! खोजते-खोजते चिर-परिचित को पाकर एक घूँट पीना और पिलाना। कैसे पते की कही थी ? हमारे आश्रम की एकमात्र सरला कुमारी प्रेमलता आपसे एक घूँट पीने का अनुरोध कर रही है तब भी···

आनन्द—क्षमा कीजिये श्रीमती ! मैं अपनी मूर्खता पर विचार कर रहा हूँ। इतनी ममता कहाँ छिपी थी प्रेमलता ? लाओ एक घूँट पी लूँ।

वनलता—(**प्रेमलता के साथ**) महाशय ! आज से यही इस अरुणाचल-आश्रम का नियम होगा उछृंखल प्रेम को बाँधने का। चलो प्रेमलता !

(**वनलता के संकेत करने पर प्रेमलता सलज्ज अपने हाथों से आनन्द को पिलाती है—आश्रम की अन्य स्त्रियाँ पहुँचकर गाने लगती है, रसाल, मुकुल और कुञ्ज भी आकर फूल बरसाते हैं**)

मधुर मिलन कुञ्ज में—
जहाँ खो गया जगत का, सारा भ्रम-सन्ताप।
सुमन खिल रहे हों जहाँ, सुखद सरल निष्पाप॥
उसी मिलन कुञ्ज में—
तरु लतिका मिलते गले, सकते कभी न छूट।
उसी स्निग्ध छाया तले···पी···लो···न···एक घूँट॥

■

चन्द्रगुप्त

अङ्गण-वेदी वसुधा कुल्या जलधिः स्थली च पातालम् ।
वल्मीकश्च सुमेरुः, कृत-प्रतिज्ञस्य वीरस्य ॥

—हर्षचरित्

मौर्य्य-वंश

प्राचीन आर्य नृपतिगण का साम्राज्य उस समय नहीं रह गया था। चन्द्र और सूर्यवंश की राजधानियाँ अयोध्या और हस्तिनापुर, विकृत रूप में भारत के वक्षस्थल पर अपने साधारण अस्तित्व का परिचय दे रही थीं। अन्य प्रचण्ड बर्बर जातियों की लगातार चढ़ाइयों से पवित्र सप्तसिन्धु प्रदेश में आर्यों के सामगान का पवित्र स्वर मन्द हो गया था। पाञ्चालों की लीला-भूमि तथा पञ्जाब मिश्रित जातियों से भर गया था। जाति, समाज और धर्म—सब में एक विचित्र मिश्रण और परिवर्तन-सा हो रहा था। कहीं आभीर और कहीं ब्राह्मण; राजा बन बैठे थे। यह सब भारत भूमि की भावी दुर्द्दशा की सूचना क्यों थी ? इसका उत्तर केवल यही आपको मिलेगा कि—धर्म सम्बन्धी महापरिवर्तन होने वाला था। वह बुद्ध से प्रचारित होने वाले बौद्धधर्म की ओर भारतीय आर्य लोगों का झुकाव था, जिसके लिये ये लोग प्रस्तुत हो रहे थे।

उस धर्मबीज को ग्रहण करने के लिए कपिल, कणाद आदि ने आर्यों का हृदय-क्षेत्र पहले ही से उर्वर कर दिया था, किन्तु यह मत सर्वसाधारण में अभी नहीं फैला था। वैदिक-कर्मकाण्ड की जटिलता से उपनिषद् तथा सांख्य आदि शास्त्र आर्य लोगों को सरल और सुगम प्रतीत होने लगे थे। ऐसे ही समय पार्श्वनाथ ने एक जीव-दयामय धर्म प्रचारित किया और वह धर्म बिना किसी शास्त्र-विशेष के; वेद तथा प्रमाण की उपेक्षा करते हुये फैलकर शीघ्रता के साथ सर्वसाधारण से सम्मान पाने लगा। **आर्यों की राजसूय और अश्वमेध आदि शक्ति बढ़ाने वाली क्रियायें—शून्य स्थान में ध्यान और चिन्तन के रूप में परिवर्तित हो गयीं; अहिंसा का प्रचार हुआ। इससे भारत की उत्तरी सीमा में स्थिति जातियों को भारत में आकर उपनिवेश स्थापित करने का उत्साह हुआ।** दार्शनिक मत के प्रबल प्रचार से भारत में धर्म, समाज और साम्राज्य, सब में विचित्र और अनिवार्य परिवर्तन हो रहा था। बुद्धदेव के दो-तीन शताब्दी पहले ही दार्शनिक मतों ने, उन विशेष बन्धनों को, जो उस समय के आर्यों को उद्विग्न कर रहे थे, तोड़ना आरम्भ किया। उस समय ब्राह्मण वल्कलधारी होकर काननों में रहना ही अच्छा न समझते वरन् वे भी राज्यलोलुप होकर स्वतन्त्र छोटे-छोटे राज्यों के अधिकारी बन बैठे। क्षत्रियगण राजदण्ड को बहुत भारी तथा अस्त्र-शस्त्रों को हिंसक समझ कर उनकी जगह जप-चक्र हाथ में रखने लगे। वैश्य लोग भी व्यापार आदि में मनोयोग न देकर, धर्माचार्य की पदवी को सरल समझने लगे और तो क्या भारत के प्राचीन दास भी अन्य देशों से आयी हुई जातियों के साथ मिल कर दस्यु-वृत्ति करने लगे।

वैदिक धर्म पर क्रमशः बहुत-से आघात हुए, जिनसे वह जर्जर हो गया। कहा जाता है कि उस समय धर्म की रक्षा करने में तत्पर ब्राह्मणों ने अर्बुदगिरि पर एक महान् यज्ञ करना आरम्भ किया और उस यज्ञ का प्रधान उद्देश्य वर्णाश्रम धर्म तथा वेद की रक्षा करना था। चारों ओर से दल-के-दल क्षत्रियगण—जिनका युद्ध ही आमोद था—जुटने लगे और वे ब्राह्मण धर्म को मानकर अपने आचार्यों को पूर्ववत् सम्मानित करने लगे। जिन जातियों को अपने कुल की क्रमागत वंशमर्यादा भूल गयी थी, वे तपस्वी और पवित्र ब्राह्मणों के यज्ञ से संस्कृत होकर चार जातियों में विभाजित हुईं। इनका नाम अग्निकुल हुआ। सम्भवतः इसी समय में तक्षक या नागवंशी भी क्षत्रियों की एक श्रेणी में गिने जाने लगे।

यह धर्म-क्रान्ति भारतवर्ष में उस समय हुई थी जब जैन तीर्थङ्कर पार्श्वनाथ हुए, जिनका समय ईसा से ८०० वर्ष पहले माना जाता है। जैन लोगों के मत से भी इस समय में विशेष अन्तर नहीं है। ईसा के आठ सौ वर्ष पूर्व यह बड़ी घटना भारतवर्ष में हुई, जिसने भारतवर्ष में राजपूत जाति बनाने में बड़ी सहायता दी और समय-समय पर उन्हीं राजपूत क्षत्रियों ने बड़े-बड़े कार्य किये। उन राजपूतों की चार जातियों में प्रमुख परमार जाति थी और जहाँ तक इतिहास पता देता है—उन लोगों ने भारत के भिन्न-भिन्न प्रदेशों में फैलकर नवीन जनपद और अक्षय कीर्ति उपार्जित की। धीरे-धीरे भारत के श्रेष्ठ राजन्यवर्गों में उनकी गणना होने लगी। यद्यपि इस कुल की भिन्न-भिन्न पैंतीस शाखाएँ हैं, पर सब में प्रधान और लोक-विश्रुत मौर्य्य नाम की शाखा हुई। भारत का शृङ्खलाबद्ध इतिहास नहीं है, पर बौद्धों के बहुत-से शासन-सम्बन्धी लेख और उनकी धर्म-पुस्तकों से हमें बहुत सहायता मिलेगी, क्योंकि उस धर्म को उन्नति के शिखर पर पहुँचाने वाला उसी मौर्य्य-वंश का सम्राट् अशोक हुआ है। बौद्धों के विवरण से ज्ञात होता है, कि शैशुनाक-वंशी महानन्द के सङ्कर-पुत्र महापद्म के पुत्र घननन्द से मगध का सिंहासन लेने वाला चन्द्रगुप्त मोरियों के नगर का राजकुमार था। वह मोरियों का नगर पिप्पली-कानन था, और पिप्पली-कानन के मौर्य्य-नृपति लोग भी बुद्ध के शरीर-भस्म के भाग लेने वालों में एक थे।

मौर्य्य लोगों की उस समय भारत में कोई दूसरी राजधानी न थी। यद्यपि इस बात का पता नहीं चलता, कि इस वंश के आदि पुरुषों में से किसने पिप्पली-कानन में मौर्य्यों की पहली राजधानी स्थापित की, पर यह स्पष्ट ज्ञात होता है कि ईसा से ५०० वर्ष या इससे पहले यह राजधानी स्थापित हुई और मौर्य्य-जाति, इतिहास-प्रसिद्ध कोई ऐसा कार्य तब तक नहीं कर सकी जब तक प्रतापी चन्द्रगुप्त उसमें न उत्पन्न हुआ। उसने मौर्य्य शब्द को, जो अब तक भारतवर्ष के एक कोने में पड़ा हुआ अपना जीवन अपरिचित रूप से बिता रहा था, केवल भारत ही नहीं वरन् ग्रीस आदि समस्त देशों में परिचित करा दिया। ग्रीक-इतिहास-लेखकों ने अपनी भ्रमपूर्ण लेखनी से इस चन्द्रगुप्त

के बारे में कुछ तुच्छ बातें लिख दी हैं, जो कि बिल्कुल असम्बद्ध ही नहीं, वरन् उल्टी हैं। जैसे—'चन्द्रगुप्त नाइन के पेट से पैदा हुआ महानन्दिन् का लड़का था।' पर यह बात पोरस ने महापद्म और घननन्द आदि के लिये कही है[1] और वही पीछे से चन्द्रगुप्त के लिये भ्रम से यूनानी ग्रन्थकारों ने लिख दी है। ग्रीक-इतिहास-लेखक Plutarch लिखता है कि चन्द्रगुप्त मगध-सिंहासन पर आरोहण करने के बाद कहता था कि सिकन्दर महापद्म को अवश्य जीत लेता, क्योंकि यह नीचजन्मा होने के कारण जन-समाज में अपमानित तथा घृणित था। लिवानियस आदि लेखकों ने तो यहाँ तक भ्रम डाला हैं कि पोरस ही नापित से पैदा हुआ था। पोरस ने ही यह बात कही थी, इससे वही नापित-पुत्र समझा जाने लगा, तो क्या आश्चर्य है कि तक्षशिला में जब चन्द्रगुप्त ने यही बात कही थी, तो वही नापित पुत्र समझा जाने लगा हो। ग्रीकों के भ्रम से ही यह कलङ्क उसे लगाया गया है।

एक बात और भी उस समय तक निर्धारित नहीं हुई थी कि Sandrokottus और Xandramus भिन्न-भिन्न दो व्यक्तियों का या एक का ही नाम है। यह H. H. Wilson ने विष्णुपुराण आदि के सम्पादन-समय में सण्ड्रोकोटस और चन्द्रगुप्त को एक में मिलाया। यूनानी लेखकों ने लिखा है कि Xandramus ने बहुत सेना लेकर सिकन्दर से मुकाबिला किया। उन्होंने उस प्राच्य देश के राजा Xandramus को, जो नन्द था, भूल से चन्द्रगुप्त समझ लिया—जो कि तक्षशिला में एक बार सिकन्दर से मिला था और बिगड़कर लौट आया था। चन्द्रगुप्त और सिकन्दर की भेंट हुई थी, इसलिए भ्रम से वे लोग Sandrokottus और Xandramus को एक समझ कर नन्द की कथा को चन्द्रगुप्त के पीछे जोड़ने लगे।

चन्द्रगुप्त ने पिप्पली-कानन के कोने से निकल कर पाटलिपुत्र पर अधिकार किया। मेगस्थिनीज ने इस नगर का वर्णन किया है और पारस की राजधानी से बढ़कर बतलाया है। अस्तु, मौर्य्यों की दूसरी राजधानी पाटलिपुत्र हुई।

पुराणों को देखने से ज्ञात होता है कि चन्द्रगुप्त के बाद नौ राजा उसके वंश में

---

1. Alexander, who did not at first believe this; inquired from King Porus whether this accont of the power of Xandramus was true, and he was told by Porus that it was true, but that the king was but of mean and obscure extraction accounted to be a barber's son; that the queen, however, had fallen in love with the barber, had mudered her husband and that the kingdom had thus devolved upon Xandramus. Diodorus Sieuiuis

In History of A. S. Literature

मगध के सिंहासन पर बैठे। उनमें अन्तिम राजा बृहद्रथ हुआ, जिसे मारकर पुष्यमित्र—जो शुङ्ग-वंश का था—मगध के सिंहासन पर बैठा; किन्तु चीनी यात्री ह्वेनसांग, जो हर्षवर्धन के समय में आया था, लिखता है—"मगध का अन्तिम अशोकवंशी पूर्णवर्मा हुआ, जिसके समय में शशाङ्कगुप्त ने बोधिद्रुम को विनष्ट किया था। और उसी पूर्ण-वर्मा ने बहुत से गौ के दुग्ध से उस उन्मूलित बोधिद्रुम को सींचा, जिससे वह शीघ्र ही फिर बढ़ गया।" यह बात प्रायः सब मानते हैं कि मौर्य्य-वंश के नौ राजाओं ने मगध के राज्यासन पर बैठकर उसके अधीन समस्त भू-भाग पर शासन किया। जब मगध के सिंहासन पर से मौर्य्यवंशीयों का अधिकार जाता रहा तब उन लोगों ने एक प्रादेशिक राजधानी को अपनी राजधानी बनाया। प्रबल प्रतापी चन्द्रगुप्त का राज्य चार प्रादेशिक शासकों से शासित होता था। अवन्ति, स्वर्णगिरि, तोषालि और तक्ष-शिला में अशोक के चार सूबेदार रहा करते थे। इनमें अवन्ति के सूबेदार प्रायः राजवंश के होते थे। स्वयं अशोक उज्जैन का सूबेदार रह चुका था। सम्भव है कि मगध का शासन डाँवाडोल देखकर मगध के आठवें मौर्य्य नृपति सोमशर्मा के किसी भी राजकुमार ने, जो कि अवन्ति का प्रादेशिक शासक रहा हो, अवन्ति को प्रधान राज-नगर बना लिया हो, क्योंकि उसकी एक ही पीढ़ी के बाद मगध के सिंहासन पर शुङ्गवंशीयों का अधिकार हो गया। यह घटना सम्भवतः १७५ ई० पू० में हुई होगी, क्योंकि १८३ में सोमशर्मा मगध का राजा हुआ। भट्टियों के ग्रन्थों में लिखा है कि मौर्य्य-कुल के मूलवंश से उत्पन्न हुये परमार नृपतिगण ही उस समय भारत के चक्रवर्ती राजा थे; और वे लोग कभी-कभी उज्जयिनी में हीं अपनी राजधानी स्थापित करते थे।

टॉड ने अपने राजस्थान में लिखा है कि जिस चन्द्रगुप्त की महान प्रतिष्ठा का वर्णन भारत के इतिहास में स्वर्णाक्षरों से लिखा है, उस चन्द्रगुप्त का जन्म पवाँर-कुल की मौर्य्य शाखा में हुआ है। सम्भव है कि विक्रम के सौ या कुछ वर्ष पहले जब मौर्य्यों की राजधानी पाटलिपुत्र से हटी, तब इन लोगों ने उज्ज्जयिनी को प्रधानता दी और यहीं पर अपने एक प्रादेशिक शासक की जगह राजा की तरह रहने लगे।

राजस्थान में पवाँर-कुल के मौर्य्य-नृपतिगण ने इतिहास में प्रसिद्ध बड़े-बड़े कार्य किये, किन्तु ईसा की पहली शताब्दी से लेकर ५ वीं शताब्दी तक प्रायः उन्हें गुप्तवंशी तथा अपर जातियों से युद्ध करना पड़ा। भट्टियों ने लिखा है कि उस समय मौर्य्य-कुल के परमार लोग कभी उज्जयिनी को और कभी राजस्थान की धारा को अपनी राजधानी बनाते थे।

इसी दीर्घकालव्यापिनी अस्थिरता से मौर्य्य लोग जिस तरह अपनी प्रभुता बनाये रहे, उस तरह किसी वीर और परिश्रमी जाति के सिवा दूसरा नहीं कर सकता। इसी जाति के महेश्वर नामक राजा ने विक्रम के ६०० वर्ष बाद कार्तवीर्य्यार्जुन की प्राचीन महिष्मती को, जो नर्मदा के तट पर थी, फिर से बसाया और उसका नाम

महेश्वर रखा, उन्हीं का पौत्र भोज हुआ। चित्राङ्ग मौर्य ने भी थोड़े ही समय के अन्तर में चित्रकूट (चित्तौर) का पवित्र दुर्ग बनवाया, जो भारत के स्मारक चिह्नों में एक अपूर्व वस्तु है।

गुप्तवंशियों ने जब अवन्ति मौर्य लोगों से ले ली, उसके बाद वीर मौर्यों के उद्योग से कई नगरियाँ बसाई गयीं और कितनी ही उन लोगों ने दूसरे राजाओं से लीं। अर्बुदगिरि के प्राचीन भू-भाग पर उन्हीं का अधिकार था। उस समय के राजस्थान के सब अच्छे-अच्छे नगर प्रायः मौर्य-राजगण के अधिकार में थे। विक्रमीय संवत् ७८० तक मौर्यों की प्रतिष्ठा राजस्थान में थी और उस अन्तिम प्रतिष्ठा को तो भारतवासी कभी न भूलेंगे जो चित्तौर-पति मौर्यनरनाथ मानसिंह ने खलीफा वलीद को राजस्थान से विताड़ित करके प्राप्त की थी।

मानमौर्य के बनवाये हुए मानसरोवर में एक शिलालेख है, जिसमें लिखा है कि— "महेश्वर को भोज नाम का पुत्र हुआ था, जो धारा और मालव का अधीश्वर था, उसी से मानमौर्य हुए।" इतिहास में ७८४ संवत् में बाप्पारावल का चित्तौर पर अधिकार करना लिखा है, तो इसमें सन्देह नहीं रह जाता कि यही मानमौर्य बाप्पारावल के द्वारा प्रवञ्चित हुआ।

महाराज मान प्रसिद्ध वाप्पादित्य के मातुल थे। वाप्पादित्य ने नागेन्द्र से भागकर मानमौर्य के यहाँ आश्रय लिया, उनके यहाँ सामन्त रूप से रहने लगे। धीरे-धीरे उनका अधिकार सब सामन्तों से बढ़ा, तब सब सामन्त उनसे डाह करने लगे। किन्तु बाप्यादित्य की सहायता से मानमौर्य ने यवनों को फिर भी पराजित किया। पर उन्हीं बाप्पादित्य की दोधारी तलवार मानमौर्य के लिये कालभुजङ्गिनी और मौर्य कुल के लिए तो मानो प्रलय समुद्र की एक बड़ी लहर हुई। मान बाप्पादित्य के हाथ से मारे गये और राजस्थान में मौर्य-कुल का अब कोई राज न रहा। यह घटना विक्रमीय संवत् ७८४ की है।

कोटा के कण्वाश्रम के शिवमन्दिर में एक शिलालेख संवत् ७९५ का पाया गया है। उससे मालूम होता है कि आठवीं शताब्दी के अन्त तक राजपूताना और मालवा पर मौर्य-नृपतियों का अधिकार रहा।

प्रसिद्ध मालवेश भोज भी परमार वंश का था जो १०३५ में हुआ। इस प्रकार परमार और मौर्य-कुल पिछले काल के विवरणों से एक में मिलाये जाते हैं। इस बात की शङ्का हो सकती है कि मौर्य-कुल की मूल शाखा परमार का नाम प्राचीन बौद्धों की पुस्तकों में क्यों नहीं मिलता। परन्तु यह देखा जाता है कि जब एक विशाल जाति से एक छोटा-सा कुल अलग होकर अपनी स्वतन्त्रता सत्ता बना लेता है, तब प्रायः वह अपनी प्राचीन संज्ञा को छोड़कर नवीन नाम को अधिक प्रधानता देता है। जैसे

इक्ष्वाकुवंशी होने पर भी बुद्ध, शाक्य नाम से पुकारे गये और, जब शिलालेखों में मानमौर्य और परमार भोज के हम एक ही वंश में होने का प्रमाण पाते हैं तब कोई संदेह नहीं रह जाता। हो सकता है, मौर्यों के बौद्धयुग के बाद जब इस शाखा का हिन्दू धर्म की ओर अधिक झुकाव हुआ तो परमार नाम फिर से लिया जाने लगा हो, क्योंकि मौर्य लोग बौद्ध-प्रेम के कारण अधिक कुख्यात हो चुके थे। बौद्ध-विद्वेष के कारण अशोक के वंश को अक्षत्रिय तथा नीच कुल का प्रमाणित करने के लिए मध्य-काल में अधिक उत्सुकता देखी जाती है, किन्तु यह अस्वीकार नहीं किया जा सकता है कि प्रसिद्ध परमार-कुल और मौर्य-वंश परस्पर सम्बद्ध हैं।

इस प्रकार अज्ञात पिप्पली-कानन के एंक कोने से निकलकर विक्रम-संवत् के २६४ वर्ष पहले से ७८४ वर्ष बाद तक मौर्य लोगों ने पाटिलपुत्र, उज्जैन, धारा, महेश्वर, चित्तौर (चित्रकूट) और अर्बुदगिरि आदि में अलग-अलग अपनी राजधानियाँ स्थापित कीं और लगभग १०५० वर्ष तक वे लोग मौर्य-नरपति कहकर पुकारे गये।

पिप्पिली-कानन के मौर्य :

मौर्य-कुल का सबसे प्राचीन स्थान पिप्पिली-कानन था। चन्द्रगुप्त के आदि-पुरुष मौर्य इसी स्थान के अधिपति थे और यह राजवंश गौतम बुद्ध के समय में प्रतिष्ठित गिना जाता था, क्योंकि बौद्धो ने महात्मा बुद्ध के शरीर-भस्म का एक भाग पाने वालों में पिप्पिली-कानन के मौर्यों का उल्लेख किया है। पिप्पिली-कानन बस्ती जिले में नेपाल की सीमा पर है। यहाँ ढूह और स्तूप हैं, इसे अब पिपरहियाकोट कहते हैं। फाहियान ने स्तूप आदि देखकर भ्रमवश इसी को पहले कपिलवस्तु समझा था। मि० पीपी ने इसी स्थान को पहले खुदवाया और बुद्धदेव की धातु तथा और जो वस्तुयें मिलीं, उन्हें गवर्नमेंट को अर्पित किया था तथा धातु का प्रधान अंश सरकार ने स्याम के राजा को दिया।

इसी पिप्पिली-कानन में मौर्य लोग अपना छोटा-सा राज्य स्वतन्त्रता से सञ्चालित करते थे, ओर ये क्षत्रिय थे, जैसा कि महावंश के इस अवतरण से सिद्धि होता है "मोरियानं खत्तियानं वंसजातं सिरीधर। चन्द्रगुत्तो सिपंज्जतं चाणक्को ब्राह्मणोततो।" हिन्दू नाटककार विशाखदत्त ने चन्द्रगुप्त को प्रायः वृषल कहकर सम्बोधित कराया है, इसमे उक्त हिन्दू-काल की मनोवृत्ति ही ध्वनित होती है। वस्तुतः वृषल शब्द से तो उनका क्षत्रियत्व और भी प्रमाणित होता है क्योंकि—

शनकैस्तु क्रियालोपादिमाः क्षत्रियजातयः
वृषलत्वं गता लोके ब्राह्मणानामदर्शनात् !

से यही मालूम होता है कि जो क्षत्रिय लोग वैदिक क्रियाओं से उदासीन हो जाते थे,

उन्हें धार्मिक दृष्टि से वृषलत्व प्राप्त होता था। वस्तुतः वे जाति से क्षत्रिय थे। स्वयं अशोक मौर्य अपने को क्षत्रिय कहता था।

यह प्रवाद भी अधिकता से प्रचलित है कि मौर्य-वंश मुरा नाम की शूद्रा से चला है और चन्द्रगुप्त उसका पुत्र था। यह भी कहा जाता है कि चन्द्रगुप्त मौर्य शूद्रा मुरा से उत्पन्न हुआ नन्द ही का पुत्र था। किन्तु V. A. Smith लिखते हैं—"But it is perhaps more probable that the dynsties of Mouryas and Nandas were not connected by blood." तात्पर्य यह कि यह अधिक सम्भव है कि नन्दों और मौर्यों का कोई रक्त-सम्बन्ध न था।

Maxmullar भी लिखते हैं—"The statement of Wilford that Mourya meant in Sanskrit the offspring of a barber and Sudra woman has never been proved."

मुरा शूद्रा तक ही नहीं रही, एक नापित भी आ गया। मौर्य शब्द की व्याख्या करने जाकर कैसा भ्रम फैलाया गया है। मुरा से मौर और मौरेय बन सकता है, न कि मौर्य। कुछ लोगों का अनुमान है कि शुद्ध शब्द मोरिय है, उससे संस्कृत शब्द मौर्य बना है; परन्तु यह बात ठीक नहीं, क्योंकि अशोक के कुछ ही समय बाद के पतञ्जलि ने स्पष्ट मौर्य शब्द का उल्लेख किया है—"**मौर्यैर्हिरण्यार्थिभिरर्चाप्रकल्पिताः**" (भाष्य ५,३-९९)। इसीलिये मौर्य शब्द अपने शुद्ध रूप में संस्कृत का है न कि कहीं से लेकर संस्कार किया गया है। तब तो यह स्पष्ट है कि मौर्य शब्द अपनी संस्कृत-व्युत्पत्ति के द्वारा मुरा का पुत्र वाला अर्थ नहो प्रकट करता। यह वास्तव में कपोल-कल्पना है और यह भ्रम यूनानी लेखकों से प्रचारित किया गया हैं; जैसा कि ऊपर दिखाया जा चुका है। अर्थ-कथा में मौर्य शब्द को एक और व्याख्या मिलती है। शाक्य लोगों में आपस में बुद्ध के जीवन-काल में ही एक झगड़ा हुआ और कुछ लोग हिमवान् के पिप्पिली-कानन प्रदेश में अपना नगर बसाकर रहने लगे। उस नगर के सुन्दर घरों पर क्रौञ्च और मोर पक्षी के चित्र अंकित थे, इसलिये वहाँ के शाक्य लोग मोरिय कहलाये। कुछ सिक्के बिहार में ऐसे भी मिले हैं, जिन पर मयूर का चिह्न अङ्कित है। इससे अनुमान किया जाता है कि वे मौर्य-काल के सिक्के हैं। किन्तु इससे भी उनके क्षत्रिय होने का ही प्रमाण मिलता है।

हिन्दी 'मुद्राराक्षस' की भूमिका में भारतेन्दुजी लिखते हैं कि—"महानन्द, जो कि नन्दवंश का था, उससे नौ पुत्र उत्पन्न हुये। बड़ी रानी के आठ और मुरा नाम्नी नापित-कन्या से नवाँ चन्द्रगुप्त। महानन्द से और उसके मन्त्री शकटार से वैमनस्य हो गया, इस कारण मन्त्री ने चाणक्य द्वारा महानन्द को मरवा डाला और चन्द्रगुप्त को चाणक्य ने राज्य पर बिठाया, जिसकी कथा 'मुद्राराक्षस' में प्रसिद्ध है।"—किन्तु यह भूमिका जिसके आधार पर लिखी हुई है, वह मूल संस्कृत मुद्राराक्षस के टीकाकार का

लिखा हुआ उपोद्घात है। भारतेन्दुजी ने उसे भी अविकल ठीक न मानकर 'कथा-सरित्सागर' के आधार पर उसका बहुत-सा संशोधन किया है। कहीं-कहीं उन्होंने कई कथाओं का उलट-फेर भी कर दिया है। जैसे हिरण्यगुप्त के रहस्य के बतलाने पर राजा के फिर शकटार से प्रसन्न होने की जगह विचक्षणा के उत्तर से प्रसन्न होकर शकटार को छोड़ देना तथा चाणक्य के द्वारा अभिचार से मारे जाने की जगह महानन्द का विचक्षणा के दिये हुए विष से मारा जाना इत्यादि।

ढुण्ढि लिखते हैं कि—"कलि के आदि में नन्द नाम का एक राजवंश था। उसमें सर्वार्थसिद्धि मुख्य था। उसकी दो रानियाँ थीं—एक सुनन्दा, दूसरी वृषला मुरा। सुनन्दा को एक मांसपिण्ड और मुरा को मौर्य उत्पन्न हुआ। मौर्य से नौ पुत्र उत्पन्न हुये। मन्त्री राक्षस ने उस मांसपिण्ड को जल में नौ टुकड़े करके रक्खा, जिससे नौ पुत्र हुये। सर्वार्थसिद्धि अपने उन नौ लड़कों को राज्य देकर तपस्या करने चला गया। उन नौ नन्दों ने मौर्य और उसके लड़के को मार डाला। केवल एक चन्द्रगुप्त प्राण बचाकर भागा, जो चाणक्य की सहायता से नन्दों का नाश करके, मगध का राजा बना।"

कथा-सरित्सागर के कथापीठ लम्बक में चन्द्रगुप्त के विषय में एक विचित्र कथा है। उसमें लिखा है कि—"नन्द के मर जाने पर इन्द्रदत्त (जो कि उसके पास गुरु-दक्षिणा के लिए द्रव्य माँगने गया था) ने अपनी आत्मा को योगबल से राजा के शरीर में डाला, और आप राज्य करने लगा। जब उसने अपने साथी वररुचि को एक करोड़ रुपया देने के लिए कहा, तब मन्त्री शकटार ने, जिसको राजा के मरकर फिर से जी उठने पर पहले ही से शङ्का थी, विरोध किया। तब उसे योगनन्द राजा ने चिढ़कर कैद कर लिया और वररुचि को अपना मन्त्री बनाया। योगनन्द बहुत विलासी हुआ, उसने सब राज्य-भार मन्त्री पर छोड़ दिया। उसकी ऐसी दशा देखकर वररुचि ने शकटार को छुड़ाया और दोनों मिलकर राज्य-कार्य करने लगे। एक दिन योगनन्द की रानी के चित्र में उसकी जाँघ पर एक तिल बना देने से राजा ने वररुचि पर शङ्का करके शकटार को उसके मार डालने की आज्ञा दी। पर शकटार ने अपने उपकारी को छिपा रक्खा।

"योगनन्द के पुत्र हिरण्यगुप्त ने जङ्गल में अपने मित्र रीछ से विश्वासघात किया। इससे वह पागल और गूँगा हो गया। राजा ने कहा—'यदि वररुचि होता, तो इसका कुछ उपाय करता।' अनुकूल समय देखकर शकटार ने वररुचि को प्रकट किया। वररुचि ने हिरण्यगुप्त का सब रहस्य सुनाया और उसे निरोग किया। इस पर योगनन्द ने पूछा कि तुम्हें यह बात कैसे ज्ञात हुई? वररुचि ने उत्तर दिया—'योगबल-से; जैसे रानी के जाँघ का तिल।' राजा उस पर बहुत प्रसन्न हुआ; पर वह फिर न ठहरा और जङ्गल में चला गया। शकटार ने समय ठीक देखकर चाणक्य द्वारा योगनन्द को मरवा डाला और चन्द्रगुप्त को राज्य दिलाया।'

ढुण्ढि ने भी नाटक में वृषल और मौर्य शब्द का प्रयोग देखकर चन्द्रगुप्त को मुरा का पुत्र लिखा है; पर पुराणों में कहीं भी चन्द्रगुप्त को वृषल या शूद्र नहीं लिखा है। पुराणों में जो शूद्र शब्द का प्रयोग हुआ है, वह शूद्राजात महापद्म के वंश के लिए है, यह नीचे लिखे हुए विष्णु-पुराण के उद्धृत अंश पर ध्यान देने से स्पष्ट हो जाएगा—

ततो महानन्दी इत्येते शैशुनाकादशभूमिपलास्त्रोणिवर्ष शतानि द्विषट्यधिकानि भविष्यन्ति ।।३।। महानन्दि सुतः शूद्रागर्भोद्‌भवोऽति लुब्धो महापद्मो नन्दः परशुराम इवापरोऽखिलक्षत्रान्तकारी भविता ।।४।। ततः प्रभृति शूद्राभूमिपाला भविष्यन्ति सचैकच्छत्राम-नुल्लंघित शासनो महापद्मः पृथिवीं भोक्षियन्ति ।।५।। तस्याप्यष्टौ सुताः सुमाल्याद्या भवितारः तस्य च महापद्मस्यानुपृथिवीं भोक्ष्यन्ति महापद्मः तत्पुत्राश्च एकं वर्षशतमवनी पतयो भविष्यन्ति नवैवतान् नंदान् कौटिल्यो ब्राह्मणः समुद्धरिष्यन्ति ।।६।। तेषामभावे मौर्य्याश्च पृथिवींभोक्ष्यंति कौटिल्य एव चन्द्रगुप्तं राज्येभिषेक्ष्यति ।।७।। (चतुर्थ अंश अध्याय २४)

इससे यह मालूम होता है कि महानन्द के पुत्र महापद्म ने जो शूद्राजात था—अपने पिता के बाद राज्य किया और उसके बाद सुमाल्य आदि आठ लड़कों ने राज्य किया और इन सबने मिलकर महानन्द के बाद १०० वर्ष राज्य किया। इनके बाद चन्द्रगुप्त को राज्य मिला।

अब यह देखना चाहिए कि चन्द्रगुप्त को जो लोग महानन्द का पुत्र बताते हैं, उन्हें कितना भ्रम है; क्योंकि उन लोगों ने लिखा है कि—''महानन्द को मारकर चन्द्रगुप्त ने राज्य किया।'' पर ऊपर लिखी हुई वंशावली से यह प्रकट हो जाता है कि महानन्द के बाद १०० वर्ष तक महापद्म और उसके लड़कों ने राज्य किया। तब चन्द्रगुप्त की कितनी आयु मानी जाय कि महानन्द के बाद महापद्मादि के १०० वर्ष राज्य कर लेने पर भी उसने २४ वर्ष शासन किया?

यह एक विलक्षण बात होगी यदि 'नन्दान्तं क्षत्रियकुलम्' के अनुसार शूद्राजात महापद्म और उसके लड़के तो क्षत्रिय मान लिये जायँ और—'अतः परं शूद्राः पृथिवी भोक्ष्यन्ति' के अनुसार शूद्रता चन्द्रगुप्त से आरम्भ की जाय। महानन्द को जब शूद्रा से एक ही लड़का महापद्म था, तब दूसरा चन्द्रगुप्त कहाँ से आया? पुराणों में चन्द्रगुप्त को कहीं भी महानन्द का पुत्र नहीं लिखा है। यदि सचमुच अन्तिम नन्द का ही नाम ग्रीकों ने Xandramus रक्खा था, तो अवश्य ही हम कहेंगे कि विष्णु-पुराण की महापद्म वाली कथा ग्रीकों से ठीक मिल जाती है।

यह अनुमान होता है कि महापद्म वाली कथा, पीछे से बौद्ध-द्वेषी लोगों के द्वारा चन्द्रगुप्त की कथा में जोड़ी गयी है, क्योंकि उसी का पौत्र अशोक बौद्धधर्म का प्रधान प्रचारक था।

ढुण्ढि के उपोद्‌घात से एक बात का और पता लगता है कि चन्द्रगुप्त महानन्द का पुत्र नहीं, किन्तु मौर्य सेनापति का पुत्र था। महापद्मादि शूद्रागर्भोद्‌भव होने पर

भी नन्दवंशी कहाये, तब चन्द्रगुप्त मुरा के गर्भ से उत्पन्न होने के कारण नन्दवंशी होने से क्यों वञ्चित किया जाता है। इसलिए मानना पड़ेगा कि नन्दवंश और मौर्यवंश भिन्न हैं। मौर्यवंश अपना स्वतन्त्र अस्तित्व रखता है; जिसका उल्लेख पुराण, बृहत्कथा, कामन्दकीय इत्यादि में मिलता है और पिछले काल के चित्तौर आदि शिलालेखों में भी इसका उल्लेख है। इसी मौर्यवंश में चन्द्रगुप्त उत्पन्न हुआ।

चन्द्रगुप्त का बाल्य-जीवन :

अर्थकथा, स्थविरावली, कथासरित्सागर और ढुण्ढि के आधार पर चन्द्रगुप्त के जीवन की प्राथमिक घटनाओं का पता चलता हैं।

मगध की राजधानी पाटलिपुत्र, शोण और गङ्गा से सङ्गम पर थी। राजमन्दिर, दुर्ग, लम्बी-चौड़ी पण्य-वीथिका, प्रशस्त राजमार्ग इत्यादि राजधानी के किसी उपयोगी वस्तु का अभाव न था। खाँई, सेना, रणतरी इत्यादि से वह सुरक्षित भी थी। उस समय महापद्म का वहाँ राज्य था।

पुराण में वर्णित अखिल क्षत्रिय-निधनकारी महापद्म नन्द, या कालाशोक के लड़कों में सबसे बड़ा पुत्र एक नीच स्त्री से उत्पन्न हुआ था, जो मगध छोड़ कर किसी अन्य प्रदेश में रहता था। उस समय किसी डाकू से उसकी भेंट हो गयी और वह अपने अपमान का प्रतिशोध लेने के लिए उन्हीं डाकुओं के दल में मिल गया। जब उनका सरदार एक लड़ाई से मारा गया, तो वही राजकुमार उन सबों का नेता बन गया और उसने पाटलिपुत्र पर चढ़ाई की। उग्रसेन के नाम से उसने थोड़े दिनों के लिए पाटलिपुत्र का अधिकार छीन लिया, इसके बाद उसके आठ भाइयों ने कई वर्ष तक राज्य किया।

नवें नन्द का नाम धननन्द था। उसने गङ्गा के घाट बनवाये और उसके प्रवाह को कुछ दिन के लिये हटाकर उसी जगह अपना भारी खजाना गाड़ दिया। उसे लोग धननन्द कहने लगे। धननन्द के अन्नक्षेत्र में एक दिन तक्षशिला-निवासी चाणक्य ब्राह्मण आया और सबसे उच्च आसन पर बैठ गया, जिसे देखकर धननन्द चिढ़ गया और उसे अपमानित करके निकाल दिया। चाणक्य ने धननन्द का नाश करने की प्रतिज्ञा की।

कहते हैं कि जब नन्द बहुत विलासी हुआ, तो उसकी क्रूरता और भी बढ़ गयी—प्राचीन मन्त्री शकटार को बन्दी करके उसने वररुचि नामक ब्राह्मण को अपना मन्त्री बनाया। मगध-निवासी उपवर्ष के दो शिष्य थे, जिनमें से पाणिनि तक्षशिला में विद्याभ्यास करने गया था, किन्तु बररुचि, जिसकी राक्षस से मैत्री थी, नन्द का मन्त्री बना। शकटार जब बन्दी हुआ तब वररुचि ने उसे छुड़ाया, और एक दिन वही दशा मन्त्री वररुचि की भी हुई। इनका नाम कात्यायन भी था। बौद्ध लोग इन्हें 'मगधदेशीय

ब्रह्मबन्धु' लिखते हैं और पाणिनि के सूत्रों के यही वार्तिककार कात्यायन हैं। (कितने लोगों का मत है कि कात्यायन और वररुचि भिन्न-भिन्न व्यक्ति थे)

शकटार ने अपने वैर का समय पाया, और वह विष-प्रयोग द्वारा तथा एक दूसरे को लड़ाकर नन्दों में आन्तरिक द्वेष फैलाकर एक के बाद दूसरे को राजा बनाने लगा। धीरे-धीरे नन्दवंश का नाश हुआ, और केवल अन्तिम नन्द बचा। उसने सावधानी से अपना राज्य सँभाला और वररुचि को फिर मन्त्री बनाया। शकटार ने प्रसिद्ध चाणक्य को, जो कि नीति-शास्त्र विशारद होकर गार्हस्थ्य जीवन में प्रवेश के लिये राजधानी में आया था, नन्द का विरोधी बना दिया। वह क्रुद्ध ब्राह्मण अपनी प्रतिहिंसा पूरी करने के लिए सहायक ढूँढ़ने लगा।

पाटलिपुत्र के नगर-प्रान्त में पिप्पिली-कानन के मौर्य-सेनापति का एक विभवहीन गृह था। महापद्म नन्द के और उनके पुत्रों के अत्याचार से मगध काँप रहा था। मौर्य सेनापति के बन्दी हो जाने के कारण उनके कुटुम्ब का जीवन किसी प्रकार कष्ट से बीत रहा था।

एक बालक उसी घर के सामने खेल रहा था। कई लड़के उसकी प्रजा बने थे और वह था उनका राजा। उन्हीं लड़कों में से वह किसी को घोड़ा और किसी को हाथी बनाकर चढ़ता और दण्ड तथा पुरस्कार आदि देने का राजकीय अभिनय कर रहा था। उसी ओर से चाणक्य जा रहे थे। उन्होंने उस बालक की राज-क्रीड़ा बड़े ध्यान से देखी। उनके मन में कुतूहल हुआ और कुछ विनोद भी। उन्होंने ठीक-ठीक ब्राह्मण की तरह उस बालक राजा के पास जाकर याचना की—"राजन्, मुझे दूध पीने के लिये गऊ चाहिये।" बालक ने राजोचित उदारता का अभिनय करते हुए सामने चरती हुई गौओं को दिखलाकर कहा—"इनमें में जितनी इच्छा हो तुम ले लो।"

ब्राह्मण ने हँसकर कहा—"राजन्, ये जिसकी गायें है, वह मारने लगे तो ?"

बालक ने सगर्व छाती फुलाकर कहा—"किसका साहस है जो मेरे शासन को न माने ? जब मैं राजा हूँ, तब मेरी आज्ञा अवश्य मानी जायगी।"

ब्राह्मण ने आश्चर्य पूर्वक बालक से पूछा—"राजन्, आपका शुभ नाम क्या है ?"

तब तक बालक की माँ वहाँ आ गयी, और ब्राह्मण से हाथ जोड़कर बोली—"महाराज, यह बड़ा धृष्ट लड़का है, इसके किसी अपराध पर ध्यान न दीजियेगा।"

चाणक्य ने कहा—"कोई चिन्ता नहीं, यह बड़ा होनहार बालक है। इसकी मानसिक उन्नति के लिए तुम इसे किसी प्रकार राजकुल में भेजा करो।"

उसकी माँ रोने लगी। बोली—"हम लोगों पर राजकोप है, और हमारे पति राजा की आज्ञा से बन्दी किये गये है।"

ब्राह्मण ने कहा—"बालक का कुछ अनिष्ट न होगा, तुम इसे अवश्य राजकुल में ले जाओ !"

इतना कह, बालक को आशीर्वाद देकर चाणक्य चले गये।

बालक की माँ बहुत डरते-डरते एक दिन, अपने चञ्चल और साहसी लड़के को लेकर राजसभा में पहुची।

नन्द एक निष्ठुर, मूर्ख और त्रासजनक राजा था। उसकी राजसभा बड़े-बड़े चापलूस मूर्खों से भरी रहती थी।

पहले के राजा लोग एक दूसरे के बल, बुद्धि और वैभव की परीक्षा लिया करते थे और इसके लिए वे तरह-तरह के उपाय करते थे। जब बालक माँ के साथ राजसभा में पहुँचा, उसी समय किसी राजा के यहाँ से नन्द की राजसभा की बुद्धि का अनुमान करने के लिए, लोहे के बन्द पिंजड़े में मोम का सिंह बना कर भेजा गया था और उसके साथ यह कहलाया गया था कि पिंजड़े को खोले बिना ही सिंह को निकाल लीजिये।

सारी राजसभा इस पर विचार करने लगी; पर उन चाटुकार मूर्ख-सभासदों को कोई उपाय न सूझा। अपनी माता के साथ वह बालक यह लीला देख रहा था। वह वह भला कब मानने वाला था? उसने कहा—"मैं निकाल दूँगा।"

सब लोग हँस पड़े। बालक की ढिठाई भी कम न थी। राजा को भी आश्चर्य हुआ।

नन्द ने कहा—"यह कौन है?

मालूम हुआ कि राजबन्दी मौर्य-सेनापति का यह लड़का है। फिर क्या, नन्द की मूर्खता की अग्नि में एक और आहुति पड़ी। क्रोधित होकर वह बोला—"यदि तू इसे न निकाल सका, तो तू भी इस पिंजड़े में बन्द कर दिया जायगा।"

उसकी माता ने देखा कि यह भी कहाँ से विपत्ति आयी; परन्तु बालक निर्भीकता से आगे बढ़ा और पिंजड़े के पास जाकर उसको भली भाँति देखा। फिर लोहे की शलाकाओं को गरम करके उस सिंह को गलाकर पिंजड़े को खाली कर दिया।'

सब लोग चकित रह गये।

राजा ने पूछा—"तुम्हारा नाम क्या है?"

बालक ने कहा—"चन्द्रगुप्त।"

ऊपर के विवरण से पता चलता हैं चन्द्रगुप्त किशोरावस्था में नन्दों की सभा में रहता था। वहाँ उसने अपनी विलक्षण बुद्धि का परिचय दिगा।

पिप्पिली-कानन के मौर्य लोग नन्दों के क्षत्रिय-नाशकारी शासन से पीड़ित थे, प्रायः सब दबाये जा चुके थे। उस समय ये क्षत्रिय राजकुल नन्दों की प्रधान शक्ति से आक्रान्त थे। मौर्य भी नन्दों की विशाल वाहिनी में सेनापति का काम करते थे। सम्भवतः वे किसी कारण से राजकोप में पड़े थे और उनका पुत्र चप्द्रगुप्त नन्दों की राजसभा में अपना समय बिताता था। उसके हृदय में नन्दों के प्रति घृणा का होना स्वाभाविक था : जस्टिनस ने लिखा है—

When by his insolent behaviour he has offended Nandas, and was ordered by king to be put to death, he sought safety by a speedy flight (Justinus : X. V.)

चन्द्रगुप्त ने किसी वाद-विवाद या अनबंन के कारण नन्द को क्रुद्ध कर दिया और इस बात में बौद्ध लोगों का विवरण, ढुण्ढि का उपोद्घात तथा ग्रीक इतिहास-लेखक सभी सहमत हैं कि उसे राज-क्रोध के कारण पाटलिपुत्र छोड़ना पड़ा।

शकटार और वररुचि के सम्बन्ध की कथायें जो कथा-सरित्सागर में मिलती है, इस बात का संकेत करती हैं कि महापद्म के पुत्र बड़े उच्छृङ्खल और क्रूर शासक थे। गुप्त-षड्यन्त्रों से मगध पीड़ित था। राजकुल में भी नित्य नये उपद्रव, विरोध और द्वन्द्व चला करते थे, उन्हीं कारणों से चन्द्रगुप्त की भी कोई स्वतन्त्र परिस्थिति उसे भावी नियति की ओर अग्रसर कर कर रही थी। चाणक्य की प्रेरणा से चन्द्रगुप्त ने सीमाप्रान्त की ओर प्रस्थान किया।

महावंश के अनुसार बुद्ध-निर्वण के १४० वर्ष बाद अन्तिम नन्द को राज्य मिला, जिसने २१ वर्ष राज्य किया। इसके बाद चन्द्रगुप्त को राज्य मिला। यदि बुद्ध का निर्वाण ५४३ ई० पूर्व में मान लिया जाय, तो उसमें से नन्द राज्य तक का समय १६२ वर्ष घटा देने से ३८१ ई० पूर्व में चन्द्रगुप्त के राज्यारोहण की तिथि मानी जायगी। पर यह सर्वथा भ्रमात्मक है, क्योंकि ग्रीक इतिहास-लेखकों ने लिखा है कि "तक्षशिला में जब ३२६ ई० पूर्व में सिकन्दर से चन्द्रगुप्त ने भेंट की थी, तब वह युवक राजकुमार था। अस्तु, यदि हम उसकी अवस्था उस समय २० वर्ष के लगभग मान लें, जो कि असङ्गत न होगी, तो उसका जन्म ३४६ ई० पूर्व के लगभग हुआ होगा। मगध के राजविद्रोहकाल में वह १९ या २० वर्ष का रहा होगा।"

मगध से चन्द्रगुप्त के निकलने की तिथि ई० पूर्व ३२७ बा ३२८ निर्धारित की जा सकती है, क्योंकि ३२६ में तो वह सिकन्दर से तक्षशिला में मिला ही था। उसके प्रवास की कथा बड़ी रोचक है। सिकन्दर जिस समय भारतवर्ष में पदार्पण कर रहा था और भारतीय जनता के सर्वनाश का उपक्रम तक्षशिलाधीश्वर ने करना विचार लिया था—वह समय भारत के इतिहास में स्मरणीय है, तक्षशिला नगरी अपनी उन्नति की पराकाष्ठा पर पहुँच चुकी थी। यहाँ का विश्वविद्यालय पाणिनि और जीवक ऐसे छात्रों का शिक्षक हो चुका था—वही तक्षशिला अपनी स्वतन्त्रता पद-दलित

१. "मधूच्छिष्टमयं धातुं जीवन्तमिव पंजरे। सिंहमादाय नन्देभ्यः प्राहिणोत्सिंहलाधिपः। यो द्रावयेदियं क्रूरं द्वारननुद्घाट्य पंजरं। सर्वोऽस्ति कश्चित्सुमतिरित्येवं संदिदेश च। चन्द्रगुप्तस्तु मेधावी तप्तायसशलाकया। व्यलापयत्पंजरस्थं विस्मयन्त ततोऽखिलाः।"

कराने की आकाङ्छा में आकुल थी और उसका उपक्रम भी हो चुका था। कूटनीति-चतुर सिकन्दर ने, जैसा कि ग्रीक लोग कहते हैं, १,००० टेलेंट (प्राय: ३८,००,००० रुपया) देकर लोलुप देशद्रोही तक्षशिलाधीश को अपना मित्र बनाया। उसने प्रसन्न मन से अपनी कायरता का मार्ग खोल दिया और बिना बाधा सिकन्दर को भारत में आने दिया। ग्रीक ग्रन्थकारों के द्वारा हम यह पता पाते हैं कि (ई० पूर्व ३२६ में) उसी समय चन्द्रगुप्त शत्रुओं से बदला लेने के उद्योग में अनेक प्रकार का कष्ट मार्ग में झेलते-झेलते भारत की अर्गला तक्षशिला नगरी में पहुँचा था। तक्षशिला के राजा ने भी महाराज पुरु से अपना बदला लेने के लिए भारत का द्वार मुक्त कर दिया था। उन्हीं ग्रीक ग्रन्थकारों के द्वारा यह पता चलता है कि चन्द्रगुप्त ने एक सप्ताह भी अपने को परमुखापेक्षी नहीं बना रखा और वह क्रुद्ध होकर वहाँ से चला आया। जस्टिनस लिखता है कि उसने अपनी असहनशीलता के कारण सिकन्दर को असंतुष्ट किया। वह सिकन्दर का पूरा विरोधी बन गया :

For having offended Alexander by his impertinent language he was ordered to be put to death, and escaped only by flight.

(JUSTINUS)

In History of A. S. Literature

सिकन्दर और चन्द्रगुप्त पंजाब में :

सिकन्दर ने तक्षशिलाधीश की सहायता से जेहलम को पार करके पोरस के साथ युद्ध किया। उस युद्ध में क्षत्रिय महाराज (पर्वतेश्वर) पुरु किस तरह लड़े और वह कैसा भयंकर युद्ध हुआ, यह केवल इससे ज्ञात होता है कि स्वयं जगद्विजयी सिकन्दर को कहना पड़ा—"आज हमको अपनी बराबरी का भीम-पराक्रम शत्रु मिला और यूनानियों को तुल्य-बल से आज युद्ध करना पड़ा।" इतना ही नहीं, सिकन्दर का प्रसिद्ध अश्व 'बूकाफेलस' इसी युद्ध में हत हुआ और सिकन्दर स्वयं भी आहत हुआ।

यह अनिश्चित है कि सिकन्दर को मगध पर आक्रमण करने को उत्तेजित करने के लिये ही चन्द्रगुप्त उसके पास गया था, अथवा ग्रीक-युद्ध की शिक्षापद्धति सीखने के लिए वहाँ गया था। उसने सिकन्दर से तक्षशिला में अवश्य भेंट की। यद्यपि उसका कोई कार्य वहाँ नहीं हुआ, पर उसे ग्रीकवाहिनी की रणचर्या अवश्य ज्ञात हुई; जिससे कि उसने पार्वत्य-सेना से मगध-राज्य का ध्वंस किया।

क्रमशः विस्तता, चन्द्रभागा, इरावती के प्रदेशों को विजय करता हुआ सिकन्दर विपाशा-तट तक आया और फिर मगध राज्य का प्रचण्ड प्रताप सुनकर उसने दिग्विजय की इच्छा को त्याग दिया और ३२५ ई० पू० में फिलिप नामक पुरुष को क्षत्रप बनाकर आप काबुल की ओर गया। दो वर्ष के बीच में चन्द्रगुप्त भी उसी प्रान्त में घूमता रहा

और जब वह सिकन्दर का विरोधी बन गया था, तो उसी ने पार्वत्य जातियों को सिकन्दर से लड़ने के लिए उत्तेजित किया और जिनके कारण सिकन्दर को इरावती से पाटण तक पहुँचने में दस मास समय लग गया और इन बीच में इन आक्रमणकारियों से सिकन्दर की बहुत क्षति हुई। इस मार्ग में सिकन्दर को मालव जाति से युद्ध करने में बड़ी हानि उठानी पड़ी। एक दुर्ग के युद्ध में तो उसे ऐसा अस्त्राघात मिला कि वह महीनों तक कड़ी बीमारी झेलता रहा। जल-मार्ग से जाने वाले सिपाहियों को निश्चय हो गया था कि सिकन्दर मर गया। किसी-किसी का मत है कि सिकन्दर की मृत्यु का कारण यही घाव था।

सिकन्दर भारतवर्ष लूटने आया, पर जाते समय उसकी यह अवस्था हुई कि अर्थाभाव से अपने सेक्रेटरी यूडामिनिस से उसने कुछ द्रव्य माँगा और न पाने पर उसका कैम्प फुँकवा दिया। सिकन्दर के भारतवर्ष में रहने के ही समय में चन्द्रगुप्त द्वारा प्रचारित सिकन्दर-द्रोह पूर्ण रूप से फैल गया था और इसी समय कुछ पार्वत्य राजा चन्द्रगुप्त के विशेष अनुगत हो गये थे। उनको रण-चतुर बनाकर चन्द्रगुप्त ने एक अच्छी शिक्षित सेना प्रस्तुत कर ली थी और जिसकी परीक्षा प्रथमतः ग्रीक सैनिकों ने ली। इसी गड़बड़ में फिलिप मारा गया[1] और उस प्रदेश के लोग पूर्णरूप से स्वतन्त्र बन गये। चन्द्रगुप्त को पर्वतीय सैनिकों से बड़ी सहायता मिली और वे उसके मित्र बन गये। विदेशी शत्रुओं के साथ भारतवासियों का युद्ध देखकर चन्द्रगुप्त एक रणचतुर नेता बन गया। धीरे-धीरे उसने सीमावासी पर्वतीय लोगों को एक में मिला लिया। चन्द्रगुप्त और पर्वतेश्वर विजय के हिस्सेदार हुए और सम्मिलित शक्ति से मगध-राज्य विजय करने के लिए चल पड़े। अब यह देखना चाहिये कि चन्द्रगुप्त और चाणक्य की सहायक सेना में कौन-कौन देश की सेनायें थीं और वे कब पञ्जाब से चले।

बहुत-से विद्वानों का मत है कि जो सेना चन्द्रगुप्त के साथ थी, वह ग्रीकों की थी। यह बात बिल्कुल असङ्गत नहीं प्रतीत होती। जब फिलिप तक्षशिला के समीप मारा गया, तो सम्भव है कि बिना सरदार की सेना में से किसी प्रकार पर्वतेश्वर ने कुछ ग्रीकों की सेना को अपनी ओर मिला लिया हो जो कि केवल धन के लालच से ग्रीस छोड़कर भारतभूमि तक आये थे। उस सम्मिलित आक्रमणकारी सेना में कुछ ग्रीकों का होना असम्भव नहीं है, क्योंकि मुद्राराक्षस के टीकाकार ढुण्ढि लिखते हैं—

नन्दराज्यार्धपणनात्समुत्थाप्य महाबलम्।
पर्वतेन्द्रो म्लेच्छबलं न्यरुन्धत्कुसुमपुरम्॥

तैलङ्ग महाशय लिखते हैं—"The Yavanas referred in our play Mudra-

---

१. सिकन्दर के चले जाने पर इसी फिलिप ने षड्यन्त्र करके पोरस को मरवा डाला, जिससे बिगड़कर उसकी हत्या हुई।

rakshasa were probably some of frontier tribes–" कुछ तो उस सम्मिलित सेना के नीचे लिखे हुए नाम हैं, जिन्हें कि महाशय तलङ्ग ने लिखा है :

मुद्राराक्षस—	**तैलंग—**
शक	सीदियन
यवन (ग्रीक ?)	अफगान
किरात	सेवेज़ ट्राइब
पारसीक	परशियन
वाल्हीक	बैक्ट्रियन

इस सूची को देखने से ज्ञात होता है कि ये सब जातियाँ प्रायः भारत की उत्तर पश्चिम सीमा में स्थित हैं। इस सेना में उपर्युक्त जातियाँ प्रायः सम्मिलित रही हों तो असम्भव नहीं है। चन्द्रगुप्त ने असभ्य सेनाओं को ग्रीक-प्रणाली से शिक्षित करके उन्हें अपने कार्य योग्य बनाया। मेरा अनुमान है कि यह घटना ३२३ ई० पू० में हुई, क्योंकि वही समय सिकन्दर के मरने का है। उसी समय यूडेमिस नामक ग्रीक कर्मचारी और तक्षशिलाधीश के कुचक्र से फिलिप के द्वारा पुरु (पर्वतेश्वर) की हत्या हुई थी। अस्तु, पञ्जाब प्रान्त ऐक प्रकार से अराजक हो गया और ३२२ ई० पू० में इन सबों को स्वतन्त्र बनाते हुये ३२१ ई० पू० में मगध-राजधानी पाटलिपुत्र को चन्द्रगुप्त ने जा घेरा।[1]

मगध में चन्द्रगुप्त :

अपमानित चन्द्रगुप्त बदला लेने के लिए खड़ा था; मगध राज्य की दशा बड़ी शोचनीय थी। नन्द आन्तरिक विग्रह के कारण जर्जरित हो गया था, चाणक्य-चालित म्लेच्छ सेना कुसुमपुर को चारों ओर से घेरे थी। चन्द्रगुप्त अपनी शिक्षित सेना को बराबर उत्साहित करता हुआ सुचतुर रण-सेनापति का कार्य करने लगा।

पन्द्रह दिन तक कुसुमपुर को बराबर घेरे रहने के कारण और बार-बार खण्ड-युद्ध में विजयी होने के कारण चन्द्रगुप्त एक प्रकार से मगधविजयी हो गया। नन्द ने, जो कि पूर्वकृत पापों से भीत और आतुर हो गया था, नगर से निकलकर चले जाने की आज्ञा माँगी। चन्द्रगुप्त इस वात से सहमत हो गया कि धननन्द अपने साथ जो कुछ ले

---

१. Justinus says :

Sandrocottus gave liberty to India after Alexander's retreat but soon converted the name of liberty into servitude after his success, subjecting thosewhome he had rescued from foriegn domination to his own authority.

History of A. S. Literature

जा सके ले जाय, पर चाणक्य की एक चाल यह भी थी, क्योंकि उसे मगध की प्रजा पर शासन करना था। इसलिए यदि धननन्द मारा जाता तो प्रजा के और विद्रोह करने की सम्भावना थी। इसमें स्थविरावली तथा ढुण्ढि के विवरण से मतभेद है, क्योंकि स्थविरावलीकार लिखते हैं कि चाणक्य ने धननन्द को चले जाने की आज्ञा दी, पर ढुण्ढि कहते हैं, चाणक्य के द्वारा शस्त्र से धननन्द निहत हुआ। मुद्राराक्षस से जाना जाता है कि वह विष-प्रयोग से मारा गया। पर यह बात पहले नन्दों के लिए सम्भव प्रतीत होती है।[1] चाणक्य की नीति की ओर दृष्टि डालने से यही ज्ञात होता है कि जानबूझकर नन्द को अवसर दिया गया, और इसके बाद किसी गुप्त प्रकार से उसकी हत्या हुई।

कई लोगों का मत है कि पर्वतेश्वर की हत्या बिना अपराध चाणक्य ने की! पर जहाँ तक सम्भव है, पर्वतेश्वर को कात्यायन के साथ मिला हुआ जान कर ही चाणक्य के द्वारा विषकन्या पर्वतेश्वर को मिली और यही मत भारतेन्दु जी का भी है। मुद्राराक्षस को देखने से यही ज्ञात भी होता है कि राक्षस पीछे पर्वतेश्वर के पुत्र मलयकेतु से मिल गया था। सम्भव है कि उसका पिता भी वररुचि की ओर पहले मिल गया हो और इसी बात को जान लेने पर चन्द्रगुप्त की हानि की सम्भावना देखकर किसी उपाय से पर्वतेश्वर की हत्या हुई हो।

तात्कालिक स्फुट विवरणों से ज्ञात होता है कि मगध की प्रजा और समीपवर्ती जातियाँ चन्द्रगुप्त के प्रतिपक्ष में खड़ी हुईं। उस लड़ाई में भी अपनी कूटनीति द्वारा चाणक्य ने आपस में भेद करा दिया। प्रबल उत्साह के कारण, अविराम परिश्रम और अध्यवसाय से, अपने बाहुबल और चाणक्य के बुद्धिबल ने, सामान्य भू-स्वामी चन्द्रगुप्त, मगध साम्राज्य के सिंहासन पर बैठा।

बौद्धों की पहली सभा कालाशोक या महापद्म के समय हुई। बुद्ध के ९० वर्ष बाद यह गद्दी पर बैठा और इसके राज्य के दस वर्ष बाद सभा हुई; उसके बाद उसने १८ वर्ष राज्य किया। यह ११८ वर्ष का समय, बुद्ध के निर्वाण से कालशोक के राजत्व-काल तक है। कालाशोक का पुत्र २२ वर्ष तक राज्य करता रहा, उसके बाद २२ वर्ष तक नन्द; उसके बाद चन्द्रगुप्त को राज्य मिला (११८ + २२ + २२ = १६२) बुद्धनिर्वाण के १६२ वर्ष बाद चन्द्रगुप्त को राज्य मिला। बुद्ध का समय यदि ५४३ ई०

---

१. However mysterious the nine Nandas may be if indeed the really were nine, there is no doubt that the last of them was deposed and slain by Chadragupta.

V. A. Smith, E. H. of India.

पू० माना जाय, तब तो ५४३—१६२ = ३८१ ई० पू० में ही चन्द्रगुप्त का राज्यारोहण निर्धारित होता है। दूसरा मत मैक्समूलर आदि विद्वानों का है कि बुद्ध-निर्वाण ४७७ ई० पू० में हुआ! इस प्रकार उक्त राज्यारोहण का समय ३१५ ई० पू० निकलता है। इससे ग्रीक समय का मिलान करने से तो एक तो ४० वर्ष बढ़ जाता है, दूसरा ५ या ६ वर्ष घट जाता है।

महावीर स्वामी के निर्वाण से १५५ वर्ष बाद, चन्द्रगुप्त जैनियों के मत से राज्य पर बैठा, ऐसा मालूम होता है। आर्य-विद्या-सुधाकर के अनुसार ४७० विक्रम पू० में महावीर स्वामी का वर्तमान होना पाया जाता है। इससे यदि ५२० ई० पू० में महावीर स्वामी का निर्माण मान लें, तो उसमें से ११५ घटा देने से १६५ ई० में चन्द्रगुप्त राज्यारोहण का समय होता है जो सर्वथा असम्भव है। यह मत भी बहुत भ्रमपूर्ण है।

पण्डित रामचन्द्रजी शुक्ल ने मेगास्थनीज की भूमिका में लिखा है कि ३१६ ई० पू० में चन्द्रगुप्त गद्दी पर बैठा और २९२ ई० पू० तक उसने २४ वर्ष राज्य किया।

पण्डितजी ने जो पाश्चात्य लेखकों के आधार पर चन्द्रगुप्त का राज्यारोहण-समय लिखा है, वह भी भ्रम से रहित नहीं है, क्योंकि स्ट्राबो के मतानुसार २९६ में Deimachos का मिशन बिन्दुसार के समय में आया था, यदि २९२ तक चन्द्रगुप्त का राज्य-काल मान लिया जाय, तो डिमाकस-चन्द्रगुप्त के राजत्व-काल ही में आया था, ऐसा प्रतीत होगा, क्योंकि शुक्लजी के मत में ३१६ ई० पू० से २९२ ई० पू० तक चन्द्रगुप्त का राजत्व-काल है; डिमाकस के 'मिशन' का समय २९६ ई० पू० जिसके अन्तर्गत हो जाता है। यदि हम चन्द्रगुप्त का राज्यारोहण ३२१ ई० पू० में मानें, तो उसमें से उसका राजत्व-काल २४ वर्ष घटा देने से २९७ ई० पू० तक उसका राजत्व-काल और २९६ ई० पू० में बिन्दुसार का राज्यारोहण और डिमाकस के 'मिशन' का समय ठीक हो जाता है। ऐतिहासिकों का अनुमान है कि २५ वर्ष की अवस्था में चन्द्रगुप्त गद्दी पर बैठा यह भी ठीक हो जाता है। क्योंकि पूर्व-निर्धारित चन्द्रगुप्त के जन्म-समय ३४६ ई० पू० से २५ वर्ष घटा देने से भी ३२१ ई० पू० ही बचता है, जिससे यह सिद्ध होता है कि चन्द्रगुप्त पाटलिपुत्र में मगध-राज्य के सिंहासन पर ३२१ ई० पू० में आसीन हुआ।

विजय :

उस समय गङ्गा के तट पर दो विस्तृत राज्य थे जैसा कि मेगास्थनीज लिखता है, एक प्राच्य (Prassi) और दूसरा गङ्गारिडीज (Gangarideas)। प्राच्य राज्य में अवन्ति, कोसल, मगध, वाराणसी, बिहार आदि देश थे और दूसरा गङ्गारिडीज गङ्गा के उस भाग के तट पर था, जो कि समुद्र के समीप में था। वह बङ्गाल का था। गङ्गारिडीज और गौड़ एक ही देश का नाम प्रतीत होता है। गौड़ राज्य का राजा,

नन्द के अधीन था। अवन्ति में भी एक मध्य प्रदेश की राजधानी थी, वह भी नन्दाधीन थी। बौद्धों के विवरण से ज्ञात होता है कि ताम्रलिप्ति[1] जिसे अब तमलुक कहते हैं, मिदनापुर जिले में उस समय समुद्र-तट पर अवस्थित गङ्गरिडीज के प्रसिद्ध नगरों में था।

प्राच्य देश की राजधानी पालीबोथा थी, जिसे पाटलिपुत्र कहना असङ्गत न होगा। मेगास्थनीज लिखता है कि गङ्गरिडीज की राजधानी पार्थिलीस थी। डाक्टर श्वानवक का मत है कि सम्भवतः यह वर्धमान ही था, जिसे ग्रीक लोग पार्थिलीस कहते थे। इसमें विवाद करने का अवसर नहीं है, क्योंकि वर्धमान गौड़ देश के प्राचीन नगरों में है और यह राजधानी के योग्य भूमि पर बसा हुआ है।

केवल नन्द को ही पराजित करने से, चन्द्रगुप्त को एक बड़ा विस्तृत राज्य मिला, जो आसाम से लेकर भारत के मध्यप्रदेश तक व्याप्त था।

अशोक के जीवनीकार लिखते हैं कि अशोक का राज्य चार प्रादेशिक शासकों से शासित होता था। तक्षशिला पञ्जाब और अफगानिस्तान की राजधानी थी; तोषली कलिङ्ग की, अवन्ति मध्यप्रदेश की और स्वर्णगिरि—भारतवर्ष के दक्षिण भाग की राजधानी थी। अशोक की जीवनी[2] से ज्ञात होता है कि उसने केवल कलिङ्ग ही विजय किया था। बिन्दुसार की विजयों की गाथा कहीं नहीं मिलती। मि० स्मिथ ने लिखा है—"It is more probable that the conquest of the south was the work of Bindusar." परन्तु इसका कोई प्रमाण नहीं है।

प्रायद्वीप खण्ड को जीतकर चन्द्रगुप्त ने स्वर्णगिरि में उसका शासक रखा और सम्भवतः यह घटना उस समय की है, जब विजेता सिल्यूकस एक विशाल साम्राज्य की नींव सीरिया प्रदेश में डाल रहा था। वह घटना ३१६ ई० पू० में हुई।

इस समय चन्द्रगुप्त का शासन भारतवर्ष में प्रधान था और छोटे-छोटे राज्य यद्यपि स्वतन्त्र थे; पर वे भी चन्द्रगुप्त के शासन से सदा भयभीत होकर मित्रभाव का बर्ताव रखते थे। उसका राज्य पांडुचेर और कनानूर से हिमालय की तराई तक तथा सतलज से आसाम तक था। केवल कुछ राज्य दक्षिण में; जैसे—केरल इत्यादि और पञ्जाब में वे प्रदेश, जिन्हें सिकन्दर ने विजय किया था, स्वतन्त्र थे; किन्तु चन्द्रगुप्त

---

१. अस्तीह नगरी लोके ताम्रलिप्तीति विश्रुता। ततः स तत्पिता तेन तनयेन समं ययौ। द्वीपान्तर स्नुषाहेतोर्वाणिज्यपदेशतः ६८।

(कथापीठ लम्बक ५ तरङ्ग)

इससे ज्ञात होता है कि ताम्रलिप्ति समुद्र तट पर अवस्थित थी, जहाँ से द्वीपान्तर जाने में लोगों को सुविधा होती थी।

2. Vincent A. Smith : Life of Ashoka.

पर ईश्वर की अपार कृपा थी, जिसने उसे ऐसा सुयोग दिया कि वह भी ग्रीस इत्यादि विदेशों में अपना आतङ्क फैलावे।

सिकन्दर के मर जाने के बाद ग्रीक जनरलों में बड़ी स्वतन्त्रता-अराजकता फैली। ई० पू० ३२३ में सिकन्दर मरा। उसके प्रतिनिधित्व-स्वरूप पर्दिकस शासन करने लगा; किन्तु इससे भी असन्तोष हुआ, सब जनरलों और प्रधान कर्मचारियों ने मिलकर एक सभा की। ई० पू० ३२१ में सभा हुई और सिल्यूकस बेबीलोन की गद्दी पर बैठाया गया। टालेमी आदि मिस्र के राजा समझे जाने लगे; पर आण्टिगोनस, जो कि पूर्वी एशिया का क्षत्रप था, अपने बल को बढ़ाने लगा और इसी कारण सब जनरल उसके विरुद्ध हो गये, यहाँ तक कि ग्रीक-साम्राज्य से अलग होकर सिल्यूकस ने ३१२ ई० पू० में अपना स्वाधीन राज्य स्थापित किया। बहुत-सी लड़ाइयों के बाद सन्धि हुई और सीरिया इत्यादि प्रदेशों का आण्टिगोनस स्वतन्त्र राजा हुआ। थ्रेस में लिरीमाकस, मिस्र में टालेमी और बेबीलोन के समीप के प्रदेश में सिल्यूकस का आधिपत्य रहा। यह सन्धि ३१९ ई० पूर्व में हुई। सिल्यूकस ने उधर के विग्रहों को कुछ शान्त करके भारत की ओर देखा।

इसे भी वह ग्रीक साम्राज्य का एक अंश समझता था। आराकोशिया, बैक्ट्रिया, जेड्रोशिया आदि विजय करते हुए उसने ३०६ ई० पू० में भारत पर आक्रमण किया। चन्द्रगुप्त उसी समय दिग्विजय करता हुआ पञ्जाब की ओर आ रहा था और उसने जब सुना कि ग्रीक लोग फिर भारत पर चढ़ाई कर रहे हैं, वह भी उन्हीं की ओर चल पड़ा। इस यात्रा में ग्रीक लोग लिखते हैं कि उसके पास ६,००,००० सैनिक थे, जिसमें ३०,००० घोड़े और ९,००० हाथी, बाकी पैदल थे।[1] इतिहासों से पता चलता है कि सिन्धु-तट पर यह युद्ध हुआ।

सिल्यूकस सिन्धु के उसी तीर पर आ गया, मौर्य-सम्राट् इस आक्रमण से अनभिज्ञ था। उसके प्रादेशिक शासक, जो कि उत्तर-पश्चिम प्रान्त के थे, बराबर सिल्यूकस का गतिरोध करने के लिये प्रस्तुत रहते थे; पर अनेक उद्योग करने पर भी कपिशा आदि दुर्ग सिल्यूकस के हस्तगत हो ही गये। चन्द्रगुप्त, जो कि सतलज के समीप से उसी ओर बराबर बढ़ रहा था, सिल्यूकस की क्षुद्र विजयों से घबड़ा कर बहुत शीघ्रता से तक्षशिला की ओर चल पड़ा। चन्द्रगुप्त के बहुत थोड़े समय पहले ही सिल्यूकस सिन्धु के इस पार उतर आया और तक्षशिला के दुर्ग पर चढ़ाई करने के उद्योग में था। तक्षशिला की सूबेदारी बहुत बड़ी थी। उस पर विजय कर लेना सहज कार्य न था। सिल्यूकस अपनी रक्षा के लिए मिट्टी की खाईं बनवाने लगा।

---

1. The same King (Chandragupta) traversed India with an army of 6,00,000 men and conquered the whole.

(Plutarch, in H. of A. S. Lit)

चन्द्रगुप्त अपनी विजयिनी सेना लेकर तक्षशिला में पहुँचा और मौर्य-पताका तक्षशिला-दुर्ग पर फहराकर महाराज चन्द्रगुप्त के आगमन की सूचना देने लगा। मौर्य-सेना ने आक्रमण करके ग्रीकों की मिट्टी की परिखा और उनका ब्यूह नष्ट-भ्रष्ट कर डाला। मौर्यों का वह भयानक आक्रमण उन लोगों ने बड़ी वीरता से सहन किया, ग्रीकों का कृत्रिम दुर्ग उनकी रक्षा कर रहा था; पर कब तक? चारों ओर से असंख्य मौर्य-सेना उस दुर्ग को घेरे थी। आपाततः उन्हें कृत्रिम दुर्ग छोड़ना पड़ा। इस बार भयानक लड़ाई आरम्भ हुई। मौर्य सेना का चन्द्रगुप्त स्वयं नायक था। असीम उत्साह से मौर्यों ने आक्रमण करके ग्रीक-सेना को छिन्न-भिन्न कर दिया। लौटने की राह में बड़ी बाधा-स्वरूप सिन्धु नदी थी, इसलिये अपनी टूटी हुई सेना को एक जगह उन्हें एकत्र करना पड़ा। चन्द्रगुप्त की विजय हुई। इसी समय ग्रीक जनरलों में फिर खलबली मची हुई थी। इस कारण सिल्यूकस शीघ्र ही सन्धि कर लेने पर बाध्य हुआ। इस सन्धि में ग्रीक लोगों को चन्द्रगुप्त और चाणक्य से सब ओर दबना पड़ा।

इस सन्धि के समय में कुछ मतभेद है। किसी का मत है कि यह सन्धि ३०५ ई० पू० में हुई और कुछ लोग कहते हैं ३०३ ई० पू० में। सिल्यूकस ने जो ग्रीक-सन्धि की थी, वह ३११ ई० पू० में हुई; उसके बाद ही वह युद्ध यात्रा के लिए चल पड़ा। अस्तु आरकोशिया, जेड्रोशिया और बैक्ट्रिया आदि विजय करते हुए भारत तक आने मे पाँच वर्ष से विशेष समय नहीं लग सकता और इसी से उस युद्ध का समय, जो कि चन्द्रगुप्त से उसका हुआ था, ३०६ ई० पू० माना गया। तब ३०५ ई० पू० में सन्धि का होना ठीक-सा जँचता है। सन्धि में चन्द्रगुप्त भारतीय प्रदेशों के स्वामी हुये। अफगानिस्तान और मकराना भी चन्द्रगुप्त को मिला और उसके साथ-ही-साथ कुल पञ्जाब और सौराष्ट्र पर चन्द्रगुप्त का अधिकार हो गया। सिल्यूकस बहुत शीघ्र लौटने वाला था। ३०१ ई० पू० में होने वाले युद्ध के लिए, उसे तैयार होना था, जिसमें कि Ipsus के मैदान में उसने अपने चिरशत्रु आण्टिगोनस को मारा था। चन्द्रगुप्त को इस ग्रीक-विप्लव ने बहुत सहायता दी और उसने इसी कारण मनमाने नियमों से सन्धि करने के लिए सिल्यूकस को बाध्य किया।

पाटण आदि बन्दर भी चन्द्रगुप्त के अधीन हुये तथा काबुल में सिल्यूकस की ओर से एक राजदूत का रहना स्थिर हुआ। मेगास्थनीज ही प्रथम राजदूत नियत हुआ। यह तो सब हुआ, पर नीति-चतुर सिल्यूकस ने एक और बुद्धिमानी का कार्य यह किया कि चन्द्रगुप्त से अपनी सुन्दरी कन्या का पाणिग्रहण करा दिया, जिसे चन्द्रगुप्त ने

---

१. हिरात, कंधार, काबुल, मकराना भारत में प्रदेशों के साथ सिल्यूकस ने चन्द्रगुप्त को दिया। —V. A. Smith : E. H. of India.

२. मेगास्थनीज हिरात के क्षत्रप साइबर्टियस के पास रहा करता था।

स्वीकार कर लिया और दोनों राज्य एक सम्बन्ध-सूत्र में बँध गये जिस पर सन्तुष्ट होकर चन्द्रगुप्त ने ५०० हाथियों की एक सेना सिल्यूकस को दी और अब चन्द्रगुप्त का राज्य भारतवर्ष में सर्वत्र हो गया। रुद्रदामा के लेख से ज्ञात होता है कि पुष्पगुप्त[1] उस प्रदेश का शासक नियत किया गया था जो सौराष्ट्र और सिन्ध तथा राजपूताना तक था। अब चन्द्रगुप्त के अधीन दो प्रादेशिक और हुए, एक तक्षशिला में दूसरा सौराष्ट्र में। इस तरह से अध्यवसाय का अवतार चन्द्रगुप्त प्रबल पराक्रान्ता राजा माना जाने लगा और ग्रोस, मिस्र, सीरिया इत्यादि के नरेश उसकी मित्रता में अपना गौरव समझते थे।

उत्तर में हिन्दुकुश, दक्षिण में पांडुचेरी और कनानूर, पूर्व में आसाम और पश्चिम में सौराष्ट्र, समुद्र तथा वाल्हीक तक चन्द्रगुप्त के राज्य की सीमा निर्धारित की जा सकती है।

चन्द्रगुप्त का शासन :

गङ्गा और शोण के तट पर मौर्य-राजधानी पाटलिपुत्र बसा था। दुर्ग पत्थर, ईंट तथा लकड़ी के बने हुये सुदृढ़ प्राचीर से परिवेष्टित था। नगर ८० स्टेडिया लम्बा और ३० स्टेडिया चौड़ा था। दुर्ग में ६४ द्वार तथा ५७० बुर्ज थे। सौध-श्रेणी, राजमार्ग, सुविस्तृत पण्य-वीथिका से नगर पूर्ण था और व्यापारियों की दुकानें अच्छी प्रकार सुशोभित और सज्जित रहती थीं। भारतवर्ष की केन्द्र-नगरी कुसुमपुरी वास्तव में कुसुमपूर्ण रहती थी। सुसज्जित तुरङ्गों पर धनाढ्य लोग प्रायः राजमार्ग में यातायात किया करते थे। गङ्गा के कूल में बने हुये सुन्दर राज-मन्दिर में चन्द्रगुप्त रहता और केवल तीन कामों के लिये महल के बाहर आता—

पहला, प्रजाओं का आवेदन सुनना, जिसके लिये प्रतिदिन एक बार चन्द्रगुप्त को विचारक का आसन ग्रहण करना पड़ता था। उस समय प्रायः तुरङ्ग पर, जो आभूषणों से सजा हुआ रहता था, चन्द्रगुप्त आरोहण करता और प्रतिदिन न्याय से प्रजा का शासन करता था।

दूसरा, धर्मानुष्ठान बलि प्रदान करने के लिए, जो पर्व और उत्सव के उपलक्ष्यों पर होते थे। मुक्तागुच्छ-शोभित कारु-कार्य खचित शिविका पर (जो कि सम्भवत खुली हुई होती थी) चन्द्रगुप्त आरोहण करता। इससे ज्ञात होता है कि चन्द्रगुप्त वैदिक धर्मावलम्बी था; क्योंकि बौद्ध और जैन, ये ही धर्म उस समय वैदिक धर्म के प्रतिकूल प्रचलित थे। बलिप्रदानादिक कर्म वैदिक ही होता रहा होगा।

---

१. पुष्पगुप्त ही ने उस पहाड़ी नदी का बाँध महाराज चन्द्रगुप्त की आज्ञा से इसलिए बनाया कि खेती को बहुत लाभ होगा और उस बड़ी झील का नाम सुदर्शन रक्खा।

तीसरा, मृगया खेलने के समय कुञ्जर पर सवारी निकलती उस समय चन्द्रगुप्त स्त्री-गण से घिरा रहता था, जो धनुर्बाण आदि लिये उसके शरीर की रक्षा करता।

उस समय राज-मार्ग डोरी से घिरा रहता था और कोई उसके भीतर नहीं जाने पाता था।

चन्द्रगुप्त राजसभा में बैठता तो चार सेवक आबनूस के बेलन से उसका अङ्ग-संवाहन करते थे। यद्यपि चन्द्रगुप्त प्रबल प्रतापी राजा था, पर वह षड्यन्त्रों से शङ्कित होकर एक स्थान पर सदा नहीं रहता था, जिसका कि मुद्राराक्षस में कुछ आभास मिलता है, और यह मेगास्थनीज़ ने भी लिखा है।

हाथी, पहलवान, मेढ़ा और गैंडों की लड़ाई भी होती थी, जिसे राजा और प्रजा दोनों बड़े चाव से देखते थे। बहुत-से उत्सव भी नगर में हुआ करते थे।

प्रहरी स्त्रियाँ, जो कि मोल ली जाती थीं, राजा के शरीर की सदा रक्षा करती थीं। वे रथों, घोड़ों और हाथियों पर राजा के साथ चलती थीं, राजदरबार बहुत

---

१. मैसूर में मुद्रित अर्थशास्त्र चाणक्य का ही बनाया है और वह चन्द्रगुप्त के ही लिये बनाया गया है, यह एक प्रकार से सिद्ध हो चुका। उसका उल्लेख प्रायः दशकुमार-चरित, कादम्बरी तथा कामन्दकीय आदि में मिलता है। उसमें भी लिखा है कि ''सर्व-शास्त्राण्यनुक्रम्य प्रयोगमुपलभ्य च। कौटिल्येन नरेन्द्रार्थे शासनाय विधिः कृतः॥'' (७५ पृष्ठ, अर्थशास्त्र) यह नरेन्द्र शब्द चन्द्रगुप्त के ही लिए प्रयोग किया गया है; उसमें चन्द्र-गुप्त के क्षत्रिय होने के तथा वेदधर्मावलम्बी होने के बहुत-से प्रमाण मिलते हैं।

(तृतीय स्नानं भोजनं च सेवेत, स्वाध्यायं च कुर्वीत) ३७ पृ०

(प्रतिष्ठितेऽहनि संध्यामुपासीत) ६८ पृष्ठ, अर्थशास्त्र।

'स्वाध्याय' और 'संध्या' से ज्ञात होता है कि चन्द्रगुप्त वेदधर्मावलम्बी था और यहाँ पर वह मुरा शूद्रावाली कल्पना भी कट जाती है, क्योंकि चाणक्य, जिसने लिखा है कि ''शूद्रस्य द्विजातिशुश्रूषा'' (अर्थशास्त्र) वही यदि चन्द्रगुप्त शूद्र होता तो उसके लिए 'स्वाध्याय' और 'संध्या' का उपदेश न देता।

अस्तु, जहाँ तक देखा जाता है, चन्द्रगुप्त वैदिक धर्मावलम्बी ही था और यह भी प्रसिद्ध है कि अशोक ने ही बौद्ध धर्म को State Religion बनाया।

अर्थशास्त्र में वर्षा होने के लिए इन्द्र की विशेष पूजा का उल्लेख है तथा शिव, स्कन्द, कुबेर इत्यादि की पूजा प्रचलित थी, इनके देवालय नगर के मध्य में रखना आवश्यक समझा जाता था।

—अर्थशास्त्र, २०६–५५ पृ०

R. C. Dutt का भी मत है कि चन्द्रगुप्त और उसका पुत्र बिन्दुसार बौद्ध नहीं था।

आडम्बर से सजा रहता था, जो कि दर्शनीय रहता था, मेगास्थनीज़ इत्यादि ने इसका विवरण विस्तृत रूप से लिखा है।[1] पाटलिपुत्र नगर मौर्य-राजधानी होने से बहुत उन्नत अवस्था में था।

राजधानी में नगर का शासन-प्रबन्ध भी छः विभागों से विभक्त था और उनके द्वारा पूर्णरूप से नगर का प्रबन्ध होता था। मेगास्थनीज़ लिखता है कि प्रथम विभाग उन कर्मचारियों का था, जो विक्रेय वस्तुओं का मूल्य-निर्धारण और श्रमजीवियों का वेतन तथा शिल्पियों का शुक्ल निर्धारण तथा निरीक्षण करता था। किसी शिल्पी के अङ्ग-भङ्ग करने से वही विभाग उन लोगों को दण्ड देता था। सम्भवतः यह विभाग म्युनिसिपैलिटी के बराबर था, जो कि पाँच सदस्यों से कार्य-निर्वाह करता था।

---

1. The district possesses special interest, both for Historian and Archaeologist. Patna City has been identified with Patliputra (See Plibothra of Magasthanes), which is supposed to have been founded six hundred years before the Christian era by Raja Ajatshatru, a contemporary of Gautam the founder of the Buddhist religion.

(Imp. Gaz of India, Vol XI. p. 24)

त्रिकाण्ड शेष और हेमचन्द्र-अभिधान में तथा मुद्राराक्षस में पाटलिपुत्र के दो और नाम पाये जाते हैं, एक कुसुमपुर और दूसरा पुष्पपुर। चीनी यात्री भी इन नामों से परिचित था। The pilgrimage of Fa-Hien में इसका विवरण है। हितोपदेश में लिखा है कि—"अस्ति भागीरथी तीरे पाटलिपुत्र नाम नगरम्।" पर ग्रीक लोगों ने उसे गङ्गा और हिरण्यवाह के तट पर होना लिखा है। इधर मुद्राराक्षस के "शोणं सिन्दूरशोणा मम गजपतयः पास्यन्ति शतशः" से ज्ञात होता है कि वह शोण और गङ्गा के सङ्गम पर था। पाटलिपुत्र कब बसा, इसका ठीक पता नहीं चलता। कथा-सरित्सागर के मत से इसे पुत्रक नामक ब्राह्मणकुमार और पाटलि नाम्नी राजकुमारी ने अपने नामों से बसाया था; पर इसके लिये जो कथा है, वह विश्वास के योग्य नहीं है—

बौद्ध लोग लिखते हैं कि राजा अजातशत्रु के मन्त्री वर्षकार ने पाटलि ग्राम में एक दुर्ग बनवाया था, जिसे देखकर महात्माबुद्ध ने कहा था कि यह कुछ दिनों में एक प्रधान नगर हो जायगा। इधर वायुपुराण में लिखा है कि अजातशत्रु के पुत्र उदयाश्व ने वह नगर बसाया है :

स वै परतरं राजा पृथिव्यां कुसुमाह्वयं।
गङ्गाया दक्षिणे कोणे चतुर्थाब्दे करिष्यति॥

अजातशत्रु और बुद्ध समकालीन थे। बुद्ध का निर्वाण ५५० ई० पू० में मान लें तो सम्भव है कि पाटलि-दुर्ग पचास वर्ष के बाद नगर-रूप में परिणत हो गया हो। अनुमान किया जाता है कि ५०० ई० पू० में पाटलिपुत्र बसा था।

द्वितीय विभाग विदेशियों के व्यवहार पर ध्यान रखता था, [illegible] विदेशियों की सेवा करता था, उनके जाने के लिये वाहन आदि का [illegible] उनके मरने पर उनकी सम्पत्ति की व्यवस्था करना और उन्हें जो हानि पहुँचावे, उसको कठोर दण्ड से दण्डित करना उसका कार्य था। इससे ज्ञात होता है कि व्यापार अथवा अन्य कार्यों के लिए बहुत-से विदेशी कुसुमपुर में आया करते थे।

तृतीय विभाग प्रजा के मरण और जन्म की गणना करता था और उन पर कर निर्धारित करता था।

चतुर्थ विभाग व्यापार का निरीक्षण करता था और तुला तथा नाप का प्रबन्ध करता था।

पञ्चम विभाग राजकीय कोष का था; जहाँ द्रव्य बनाये जाते और रक्षित रहते थे।

छठा विभाग राजकीय कर का था; जिसमें व्यापारियों के लाभ से दशमांश लिया जाता था और उन्हें खूब सावधानी से कार्य करना होता था। जो उस कर को न देता, वह कठोर दण्ड से दण्डित होता था।

राज्य के कर्मचारी लोग भूमि का नाप और उस पर कर-निर्धारण करते थे और जल की नहरों का समुचित प्रबन्ध करते थे; जिससे सब कृषकों को सरलता होती थी। रुद्रदामा के गिरनार वाले लेख से प्रतीत होता है कि सुदर्शन ह्लद महाराज चन्द्रगुप्त के राजत्व-काल में बना था। इससे ज्ञात होता है कि राज्य में सर्वत्र जल का प्रबन्ध रहता था तथा कृषकों के लाभ पर विशेष ध्यान रहता था।

राज्य के प्रत्येक प्रान्त में समाचार संग्रह करने वाले थे, जो सत्य समाचार चन्द्रगुप्त को देते थे। चाणक्य-सा बुद्धिमान् मन्त्री चन्द्रगुप्त को बड़े भाग्य से मिला था और उसकी विद्वत्ता ऊपर लिखित प्रबन्धों से ज्ञात होती है। युद्धादि के समय में भी भूमि बराबर जोती जाती थी, उसके लिए कोई बाधा नहीं थी।

राजकीय सेना में, जिसे राजा अपने व्यय से रखते थे, रणतरी २,००० थी।[1] ८,००० रथ, जो चार घोड़ों से जुते रहते थे, जिस पर एक रथी और दो योद्धा रहते थे। ४,००,००० पैदल असिचर्मधारी, धनुर्बाणधारी [illegible]०,००० अश्वारोही। ९०,००० रण-कुञ्जर, जिन पर महावत लेकर ४ योद्धा रहते थे और युद्ध के भारवाही, अश्व के सेवक तथा अन्य सामग्री ढोनेवालों को मिलाकर ६,[illegible]०,००० मनुष्यों की भीड़भाड़ उस सेना में थी और उस सेना विभाग के प्रत्येक ६ विभागों में ५ सदस्य रहते थे।

---

१. "नदीपर्वतदुर्गीयाभ्यां नदीदुर्गीयात् भूमि [illegible] श्रेयान् नदी दुर्गे हि हस्तिस्तम्भसंक्रम-सेतुबन्धनौभिस्साध्यन्" —अर्थशास्त्र २९४

"नावध्यक्ष : समुद्रसंयाननदीमुखतर प्रचारान् [illegible]रोविसरोनदीतारांश्च स्थानीयादिष्ववेक्षेत—अर्थशास्त्र, प्रकरण ४५।

प्रथम विभाग नौसेना का था। दूसरा विभाग युद्ध-सम्बन्धी भोजन, वस्त्र, कपड़े, बाजा, सेवक और जानवरों के चारे का प्रबन्ध करता था। तीसरे वर्ग के अधीन पैदल सैनिक रहते थे। चौथा विभाग अश्वारोहियों का था। पाँचवाँ, युद्ध-रथ की देखभाल करता था। छठा युद्ध के हाथियों का प्रबन्ध करता था।

इस प्रकार सुरक्षित सेना और अत्युत्तम प्रबन्ध से चन्द्रगुप्त ने २४ वर्ष तक भारत भूमि का शासन किया। भारतवर्ष के इतिहास में मौर्य-युग का एक स्मरणीय समय छोड़ कर २९७ ई० पू० में मानवलीला संवरण करके चन्द्रगुप्त ने अपने सुयोग्य पुत्र के हाथ में राज-सिंहासन दिया।

सम्राट् चन्द्रगुप्त दृढ़ शासक, विनीत, व्यवहार-चतुर; मेधावी, उदार, नैतिक, सद्गुणसम्पन्न तथा भारतभूमि के सपूतों में से एक रत्न था। बौद्ध ग्रन्थ, अर्थकथा और वायुपुराण से चन्द्रगुप्त का शासन २४ वर्षों का ज्ञात होता है जो ३२१ ई० पू० से २९७ ई० पू० तक ठीक प्रतीत होता है।

चन्द्रगुप्त के समय का भारतवर्ष :

भारतभूमि अतीव उर्वरा थी; कृत्रिम जल-स्रोत जो कि राजकीय प्रबन्ध से बने थे, खेतों के लिये बहुत लाभदायक थे। प्राकृतिक बड़ी-बड़ी नदियाँ अपने तट के भू-भाग को सदैव उर्वर बनाती थीं। एक वर्ष में दो बार अन्न काटे जाते थे। यदि किसी कारण से एक फसल ठीक न हुई, तो दूसरी अवश्य इतनी होती कि भारतवर्ष को अकाल का सामना नहीं करना पड़ता था। कृषक लोग बहुत शान्तिप्रिय होते थे। युद्ध आदि के समय में भी कृषक लोग आनन्द से हल चलाते थे। उत्पन्न हुये अन्न का चतुर्थांश राजकोष में जाता था। खेती की उन्नति की ओर राजा का भी विशेष ध्यान रहता था। कृषक लोग आनन्द में अपना जीवन व्यतीत करते थे।

दलदलों में अथवा नदियों के तटस्थ भू-भाग में, फल-फूल भी बहुतायत से उगते थे और वे सुस्वादु तथा गुणदायक होते थे।

जानवर भी यहाँ अनेक प्रकार के यूनानियों ने देखे थे। वे कहते हैं कि चौपाये यहाँ जितने सुन्दर और बलिष्ठ होते थे, वैसे अन्यत्र नहीं। यहाँ के सुन्दर बैलों को सिकन्दर ने यूनान भी भेजा था। जानवरों में जङ्गली और पालतू सब प्रकार के यहाँ मिलते थे। पक्षी भी भिन्न-भिन्न प्रदेशों में बहुत प्रकार के थे, जो अपने घोसलों में बैठकर भारत के सुस्वादु फल खाकर कमनीय कण्ठ से उसकी जय मनाते थे। धातु भी यहाँ प्रायः सब उत्पन्न होते थे। सोना चाँदी, ताँबा, लोहा और जस्ता इत्यादि यहाँ की खानों में से निकलते और उनसे अनेक प्रकार के उपयोगी अस्त्र-शस्त्र, साज-आभूषण इत्यादि प्रस्तुत होते थे। शिल्प यहाँ का बहुत उन्नत अवस्था में था; क्योंकि उसके व्यवसायी सब प्रकार के कर से मुक्त होते थे। यही नहीं, उनको राजा

से सहायता भी मिलती थी जिससे कि वे स्वच्छन्द होकर अपना कार्य करें। क्या विधि-विडम्बना है उसी भारत के शिल्प की, जहाँ के बनाये आडम्बर तथा शिल्प की वस्तुओं को देखकर यूनानियों ने कहा था 'भारत की राजधानी पाटलिपुत्र को देखकर फारस की राजधानी कुछ भी नहीं प्रतीत होती।'

शिल्पकार राज-कर से मुक्त होने के कारण राजा और प्रजा दोनों के हितकारी यन्त्र बनाता था; जिससे कार्यों में सुगमता होती थी।

प्लिनी कहता है कि 'भारतवर्ष में मनुष्य पाँच वर्ग के हैं—एक, जो लोग राजसभा में कार्य करते हैं, दूसरे सिपाही, तीसरे व्यापारी, चौथे कृषक और एक पाँचवा वर्ग भी है जो कि दार्शनिक कहलाता है।'

पहले वर्ग के लोग सम्भवतः ब्राह्मण थे जो कि नौकरी होकर राजसभा में धर्माधिकार का कार्य करते थे।

और सिपाही लोग अवश्य क्षत्रिय ही थे। व्यापारियों का वणिक सम्प्रदाय था। कृषक लोग शूद्र अथवा दास थे; पर वह दासत्व सुसभ्य लोगों की गुलामी नहीं थी।

पाँचवा वर्ग उन ब्राह्मणों का था, जो संसार से एक प्रकार से अलग होकर ईश्वराराधना में अपना दिन बिताते तथा सदुपदेश देकर संसारी लोगों को आनन्दित करते थे। वे स्वयं यज्ञ करते थे और दूसरे का यज्ञ कराते थे; सम्भवतः वे ही मनुष्यों का भविष्य कहते थे और यदि उनका भविष्य कहना सत्य न होता तो वे फिर उस सम्मान की दृष्टि से नहीं देखे जाते थे।

भारतवासियों का व्यवहार बहुत सरल था। यज्ञ को छोड़ कर वे मदिरा और कभी नहीं पीते थे। लोगों का व्यय इतना परिमित था कि वे सूद पर ऋण कभी नहीं लेते थे। भोजन वे लोग नियत समय में तथा अकेले ही करते थे। व्यवहार के वे लोग बहुत सच्चे होते थे, झूठ से उन लोगों को घृणा थी। बारीक मलमल के कामदार कपड़े पहनकर वे चलते थे। उन्हें सौन्दर्य का इतना ध्यान रहता था कि नौकर उन्हें छाता लगाकर चलता था। आपस में मुकदमें बहुत कम होते थे।

विवाह एक जोड़ी बैल देकर होता था और विशेष उत्सव में आडम्बर से कार्य करते थे। तात्पर्य यह है कि महाराज चक्रवर्ती चन्द्रगुप्त के शासन में प्रजा शान्तिपूर्वक निवास करती थी। और सब लोग आनन्द से अपना जीवन व्यतीत करते थे।

शिल्प-वाणिज्य की अच्छी उन्नति थी। राजा और प्रजा में विशेष सद्भाव था, राजा अपनी प्रजा के हित-साधन में सदैव तत्पर रहता था। प्रजा भी अपनी भक्ति से राजा को सन्तुष्ट रखती थी। चक्रवर्ती चन्द्रगुप्त का शासनकाल भारत का स्वर्णयुग था।

इनके बहुत-से नाम मिलते हैं। विष्णुगुप्त, कौटिल्य, चाणक्य, वात्स्यायन, द्रामिल इत्यादि इनके प्रसिद्ध नाम है। भारतीय पर्यटक इन्हें दक्षिणदेशीय कोंकणस्थ ब्राह्मण लिखते हैं और इनके प्रमाण में वे लिखते हैं कि दक्षिणदेशीय ब्राह्मण प्रायः कूटनीतिपटु होते हैं। चाणक्य की कथाओं में मिलता है कि वह श्यामवर्ण के पुरुष तथा कुरूप थे, क्योंकि इसी कारण से वह नन्द की सभा से श्राद्ध के समय उठाये गये। जैनियों के मत से चाणक्य गोल्ल-ग्रामवासी थे और जैन धर्मावलम्बी थे। वह नन्द द्वारा अपमानित होने पर नन्दवंश का नाश करने की प्रतिज्ञा करके बाहर निकल पड़े और चन्द्रगुप्त से मिलकर उसे कौशल से नन्द-राज्य का स्वामी बना दिया।

बौद्ध लोग उहें तक्षशिला-निवासी ब्राह्मण बतलाते हैं और कहते हैं कि धननन्द को मारकर चाणक्य ने चन्द्रगुप्त को राज्य दिया। पुराणों में मिलता है, "**कौटिल्यो नाम ब्राह्मणः समुद्धरिष्यति।**" अस्तु; सब की कथाओं का अनुमान करने से जाना जाता है कि चाणक्य ही चन्द्रगुप्त की उन्नति के मूल हैं।

चाणक्य के बारे में जस्टिस तैलंग लिखते हैं :—

"Chanakya is represented as a clearheaded, self confidant intriguing hard poiitician with ultimate end of his ambition thoroughly well determined and directing all his ciear headness and intrigue to the accomplishment of that end."

V. A. Smith लिखते हैं कि:—

Nor is there any reason to descredit the statements that the userper was attacked by a confederecy of the northern powers, including Kashmere and that the attack failed owing to the maciavellian intrigues of chandragupta's Brahman advisor, who is variousely named chanakya."

कामंदकीय नीतिसार में लिखा है—

यस्याभिचारवज्रेण वज्रज्वलनतेजसः।
पपात मूलतः श्रीमान्सुपर्वानन्दपर्वतः॥
एकाकी मंत्रशक्त्या यः शक्तः शक्तिधरोपमः।
आजहार नृचन्द्राय चन्द्रगुप्ताय मेदिनीम्॥
नीतिशास्त्रामृतं धीमानर्थशास्त्रमहोदधेः।
य उद्दध्रे नमस्तस्मै विष्णुगुप्ताय वेधसे॥

चन्द्रगुप्त का प्रधान सहायक मन्त्री चाणक्य ही था। पर यह ठीक नहीं ज्ञात होता कि वह कहाँ का रहने वाला था। जैनियों के इतिहास से बौद्धों के इतिहास को लोग प्रामाणिक मानते हैं। हेमचन्द्र ने जिस भाव से चाणक्य का चित्र अङ्कित किया है, वह प्रायः अस्वाभाविक घटनाओं से पूर्ण है।

जैन-ग्रन्थों और प्रबन्धों में प्रायः सभी को जैनधर्म में किसी-न-किसी प्रकार आश्रय लेते हुए दिखाया गया है। यही बात चन्द्रगुप्त के सम्बन्ध में भी है। श्रवण बेलगोलवाले लेख के द्वारा, जो किसी जैनमुनि का है, चन्द्रगुप्त के राज्य छोड़कर यति-धर्म ग्रहण करने का प्रमाण दिया जाता है। अनेक ग्रन्थों ने तो यहाँ तक कह डाला है कि उसका साथी चाणक्य भी जैन था।

अर्थशास्त्र के मङ्गलाचरण का प्रमाण देकर यह कहा जाता है कि (नमः शुक्र-बृहस्पतिभ्यां) ऐसा मंगलाचरण आचार्यों के प्रति कृतज्ञतासूचक वैदिक हिन्दुओं का नहीं हो सकता; क्योंकि वे प्रायः ईश्वर को नमस्कार करते हैं। किन्तु कामसूत्र के मंगलाचरण के सम्बन्ध में क्या होगा जिसका मंगलाचरण है **'नमो धर्मार्थकामेभ्यो।'** इनमें भी तो ईश्वर की वन्दना नहीं की गयी है। तो क्या वात्स्यायन भी जैन थे। इसलिये यह सब बातें व्यर्थ हैं। जैनों के अतिरिक्त जिन लोगों का चरित्र उन लोगों ने लिखा है, उसे अद्भुत, कुत्सित और अप्रासङ्गिक बना डाला है। स्पष्ट प्रतीत होता है कि कुछ भारतीय चरित्रों को जैन ढाँचे में ढालने का जैन-संस्कृत-साहित्य द्वारा असफल प्रयत्न किया गया है। यहाँ तक उन लोगों ने लिख डाला है कि चन्द्रगुप्त को भूख लगी तो चाणक्य ने एक ब्राह्मण के पेट से गुलगुले निकाल कर खिलाये। ऐसी अनेक आश्चर्य-जनक कपोलकल्पनाओं के आधार पर चन्द्रगुप्त और चाणक्य को जैन बनाने का प्रयत्न किया जाता है।

इसलिये बौद्धों के विवरण की ओर ही ध्यान आकर्षित होता है। बौद्ध लोग कहते हैं कि 'चाणक्य तक्षशिला-निवासी थे, और इधर हम देखते हैं कि तक्षशिला[1] में उस समय विद्यालय था जहाँ कि पाणिनि, जीवक आदि पढ़ चुके थे। अस्तु, सम्भवतः चाणक्य, जैसा कि बौद्ध लोग कहते हैं, तक्षशिला में रहते या पढ़ते थे। जब हम चन्द्र-गुप्त की सहायक सेना की ओर ध्यान देते हैं, तो यह प्रत्यक्ष ज्ञात होता है कि चाणक्य का तक्षशिला से अवश्य सम्बन्ध था क्योंकि चाणक्य अवश्य उनसे परिचित थे, नहीं तो वे लोग चन्द्रगुप्त को क्या जानते! हमारा यही अनुमान है कि चाणक्य मगध के ब्राह्मण थे। क्योंकि मगध में नन्द की सभा में वे अपमानित हुए थे। उनकी जन्मभूमि पाटलि-पुत्र ही थी।

पाटलिपुत्र इस समय प्रधान नगरी थी, चाणक्य तक्षशिला में विद्याध्ययन करके वहाँ से लौट आये। किसी कारणवश वह राजा पर कुपित हो गये, जिसके बारे में प्रायः सब विवरण मिलते-जुलते हैं। वह ब्राह्मण भी प्रतिज्ञा कर उठा कि आज से,

---

१. कनिंघम साहब वर्तमान शाह देहरी के समीप में तक्षशिला का होना मानते हैं। रामचन्द्र के भाई भरत के दो पुत्रों के नाम से उसी ओर दो नगरियाँ बसायी गयी थी, तक्ष के नाम से तक्षशिला और पुष्कल के नाम से पुष्कलावती। तक्षशिला का विद्यालय उस समय भारत के प्रसिद्ध विद्यालयों में से एक था।

जब तक नन्दवंश का नाश न कर लूँगा, शिखा न बाँधूँगा। और फिर चन्द्रगुप्त को मिलाकर जो-जो कार्य उन्होंने किये, वह पाठकों को ज्ञात ही हैं।

जहाँ तक ज्ञात होता है, चाणक्य वेद धर्मावलम्बी, कूटनीतिज्ञ, प्रखर प्रतिभावान और हठी थे।

उनकी नीति अनोखी होती थी और उनमें अलौकिक क्षमता थी। नीति शास्त्र के आचार्यों में उनकी गणना है। उनके बनाये नीचे लिखे हुए ग्रन्थ बतलाये जाते हैं—चाणक्य नीति, अर्थशास्त्र, कामसूत्र और न्यायभाष्य।

यह अवश्य कहना होगा कि वह मनुष्य बड़ा प्रतिभाशाली था जिसके बुद्धिबल द्वारा, प्रशंसित राज-कार्य-क्रम से चन्द्रगुप्त ने भारत का साम्राज्य स्थापित करके उस पर राज्य किया।

हेमचन्द्र के अभिधान में पक्षिल स्वामी और चाणक्य एक ही व्यक्ति का नाम हैं; चाणक्य का ही नाम★ वात्स्यायन था, चन्द्रगुप्त की राजसभा में उसका रहना प्रमाणित है।

अर्थशास्त्र में स्वयं चाणक्य ने लिखा है—

> येन शास्त्रं च शस्त्रं च नन्दराजागता च भूः।
> अमर्षेणोद्धृतान्याशु तेन शास्त्रमिदं कृतम्॥

काशी
सं० १९६६

—जयशंकर प्रसाद

★ प्रदीपः सर्वविद्यानामुपायः सर्वकर्म्मणाम्।
आश्रयः सर्वधर्म्माणां विद्योद्देशेप्रकीर्तिता॥ (वात्स्यायन न्यायभाष्य)

अर्थशास्त्र में यही श्लोक अविकल मिलता है। केवल उसका चतुर्थपाद बदला दिखाई देता है, जैसे—"विद्योद्देशे प्रकीर्तिता" की जगह "शश्वदान्वीक्षिकीमता" (अर्थशास्त्र ७ पृष्ठ) इससे भी अनुमान होता है कि वात्स्यायन और चाणक्य एक ही थे।

पात्र-पुरुष

चाणक्य (विष्णुगुप्त) : मौर्य साम्राज्य का निर्माता
चन्द्रगुप्त : मौर्य-सम्राट्
नन्द : मगध सम्राट्
राक्षस : मगध का अमात्य
वररुचि (कात्यायन) : मगध का अमात्य
शकटार : मगध का मन्त्री
आम्भीक तक्षशिला का राजकुमार
सिंहरण : मालव गण-मुख्य का कुमार
पर्वतेश्वर : पंजाब का राजा (पोरस)
सिकन्दर : ग्रीक-विजेता
फिलिप्स : सिकन्दर का क्षत्रप
मौर्य-सेनापति : चन्द्रगुप्त का पिता
एनीसा क्रिटीज़ : सिकन्दर का सहचर
देवल, नागदत्त, गणमुख्य : मालव गणतन्त्र के पदाधिकारी
साइबर्टियस, मेगास्थनीज : यवन-दूत
गन्धार-नरेश : आम्भीक का पिता
सिल्यूकस : सिकन्दर का सेनापति
दाण्ड्यायन : एक तपस्वी

स्त्री

अलका : तक्षशिला की राजकुमारी
सुवासिनी : शकटार की कन्या
कल्याणी : मगध राजकुमारी
लीला, नीला : कल्याणी की सहेलियाँ
मालविका : सिन्धु-देश की कुमारी
कार्नेलिया : सिल्यूकस की कन्या
मौर्य-पत्नी : चन्द्रगुप्त की माता
एलिस : कार्नेलिया की सहेली

● ●

प्रथम अंक

पहला दृश्य

(स्थान—तक्षशिला के गुरुकुल का मठ । चाणक्य और सिंहरण)

चाणक्य—सौम्य ! कुलपति ने मुझे गृहस्थ-जीवन में प्रवेश करने की आज्ञा दे दी । केवल तुम्हीं लोगों को अर्थशास्त्र पढ़ाने के लिये ठहरा था; क्योंकि इस वर्ष के भावी स्नातकों को अर्थशास्त्र का पाठ पढ़ाकर मुझ अकिञ्चन को गुरु-दक्षिणा चुका देनी थी ।

सिंहरण—आर्य, मालवों को अर्थशास्त्र की उतनी आवश्यकता नहीं जितनी अस्त्र-शास्त्र की । इसीलिये मैं पाठ में पिछड़ा रहा, क्षमाप्रार्थी हूं ।

चाणक्य—अच्छा, अब तुम मालव जाकर क्या करोगे ?

सिंहरण—अभी तो मैं मालव नहीं जाता । मुझे तक्षशिला की राजनीति पर दृष्टि रखने की आज्ञा मिली है ।

चाणक्य—मुझे प्रसन्नता होती है कि तुम्हारा अर्थशास्त्र पढ़ना सफल होगा । क्या तुम जानते हो कि यवनों के दूत यहाँ क्यों आये हैं ?

सिंहरण—मैं उसे जानने की चेष्टा कर रहा हूँ । आर्यावर्त्त का भविष्य लिखने के लिए कुचक्र और प्रतारणा की लेखनी और मसि प्रस्तुत हो रहो है । उत्तरापथ के खण्ड-राज्य द्वेष से जर्जर हैं । शीघ्र भयानक विस्फोट होगा ।

(सहसा आम्भीक और अलका का प्रवेश)

आम्भीक—कैसा विस्फोट ? युवक, तुम कौन हो ?

सिंहरण—एक मालव ।

आम्भीक—नहीं, विशेष परिचय की आवश्यकता है ।

सिंहरण—तक्षशिला गुरुकुल का एक छात्र ।

आम्भीक—देखता हूं कि तुम दुर्विनीत भी हो ।

सिंहरण—कदापि नहीं राजकुमार ! विनम्रता के साथ निर्भीक होना मालवों का वंशानुगत चरित्र है, और मुझे तो तक्षशिला की शिक्षा का भी गर्व है ।

आम्भीक—परन्तु तुम किसी विस्फोट की बातें अभी कर रहे थे। और चाणक्य क्या तुम्हारा भी इसमें कुछ हाथ है ?

(चाणक्य चुप रहता है)

आम्भीक—(**क्रोध से**) बोलो ब्राह्मण, मेरे राज्य में रहकर, मेरे अन्न से पलकर मेरे ही विरुद्ध कुचक्रों का सृजन !

चाणक्य—राजकुमार, ब्राह्मण न किसी राज्य में रहता है और न किसी के अन्न से पलता है ; स्वाराज्य में विचरता है और अमृत होकर जीता है। वह तुम्हारा मिथ्या गर्व है। ब्राह्मण सब कुछ सामर्थ्य रखने पर भी, स्वेच्छा से इन माया-स्तूपों को ठुकरा देता है, प्रकृति के कल्याण के लिए अपने ज्ञान का दान देता है।

आम्भीक—वह काल्पनिक महत्त्व मायाजाल है; तुम्हारे प्रत्यक्ष नीच कर्म उस पर पर्दा नहीं डाल सकते।

चाणक्य—सो कैसे होगा अविश्वासी क्षत्रिय ? इसी से दस्यु और म्लेच्छ साम्राज्य बना रहे हैं और आर्य जाति पतन के कगार पर खड़ी एक धक्के की राह देख रही है।

आम्भीक—और तुम धक्का देने का कुचक्र विद्यार्थियों को सिखा रहे हो ?

सिंहरण—विद्यार्थी और कुचक्र ! असम्भव। ये तो वे ही कर सकते हैं जिनके हाथ में अधिकार हो—जिनका स्वार्थ समुद्र से भी विशाल और सुमेरु से भी कठोर हो, जो यवनों की मित्रता के लिए स्वयं वाल्हीक तक....

आम्भीक—बस-बस, दुर्द्धर्ष युवक ! बता तेरा अभिप्राय क्या है ?

सिंहरण—कुछ नहीं।

आम्भीक—नहीं, बताना होगा। मेरी आज्ञा है।

सिंहरण—गुरुकुल में केवल आचार्य की आज्ञा शिरोधार्य होती है; अन्य आज्ञायें अवज्ञा के कान से सुनी जाती हैं राजकुमार !

अलका—भाई ! इस वन्य निर्झर के समान स्वच्छ और स्वच्छन्द हृदय में कितना बलवान वेग है ! यह अवज्ञा भी स्पृहणीय है। जाने दो।

आम्भीक—चुप रहो अलका, यह ऐसी बात नहीं है जो यों ही उड़ा दी जाय। इसमें कुछ रहस्य है।

(चाणक्य चुपचाप मुस्कराता है)

सिंहरण—हाँ-हाँ, रहस्य है ! यवन आक्रमणकारियों के पुष्कल-स्वर्ण से पुलकित होकर, आर्यावर्त्त की सुख-रजनी की शान्ति-निद्रा में, उत्तरापथ की अर्गला धीरे से

खोल देने का रहस्य है। क्यों राजकुमार ! सम्भवतः तक्षशिलाधीश वाल्हीक तक इसी रहस्य का उद्घाटन करने गये थे ?

आम्भीक—**(पैर पटक कर)** ओह, असह्य ! युवक, तुम बन्दी हो।

सिंहरण—कदापि नहीं; मालव कदापि बन्दी नहीं हो सकता।

(आम्भीक तलवार खींचता है)

चन्द्रगुप्त—**(सहसा प्रवेश करके)** ठीक है, प्रत्येक निरपराध आर्य स्वतन्त्र है, उसे कोई बन्दी नहीं बना सकता। यह क्या राजकुमार ! खड्ग को कोष में स्थान नहीं है क्या ?

सिंहरण—**(व्यंङ्ग से)** वह तो स्वर्ण से भर गया है।

आम्भीक—तो तुम सब कुचक्र में लिप्त हो। और इस मालव को तो मेरा अपमान करने का प्रतिफल—मृत्यु-दण्ड अवश्य भोगना पड़ेगा।

चन्द्रगुप्त—क्यों, वह क्या एक निस्सहाय छात्र तुम्हारे राज्य में शिक्षा पाता है और तुम एक राजकुमार हो—बस इसीलिए ?

(आम्भीक तलवार चलाता है : चन्द्रगुप्त अपनी तलवार पर उसे रोकता है; आम्भीक की तलवार छूट जाती है : वह निस्सहाय होकर चन्द्रगुप्त के आक्रमण की प्रतीक्षा करता है : बीच में अलका आ जाती है)

सिंहरण—वीर चन्द्रगुप्त, बस। जाओ राजकुमार, यहाँ कोई कुचक्र नहीं है, अपने कुचक्रों से अपनी रक्षा स्वयं करो।

चाणक्य—राजकुमारी, मैं गुरुकुल का अधिकारी हूँ। मैं आज्ञा देता हूँ कि तुम क्रोधाभिभूत कुमार को लिवा जाओ। गुरुकुल में शस्त्रों का प्रयोग शिक्षा के लिये होता है, द्वन्द्व-युद्ध के लिये नहीं। विश्वास रखना इस दुर्व्यवहार का समाचार महाराज के कानों तक न पहुँचेगा।

अलका—ऐसा ही हो। चलो भाई !

(क्षुब्ध आम्भीक उसके साथ जाता है)

चाणक्य—**(चन्द्रगुप्त से)** तुम्हारा पाठ समाप्त हो चुका है और आज का यह काण्ड असाधारण है। मेरी सम्मति है कि तुम शीघ्र तक्षशिला का परित्याग कर दो। और सिंहरण, तुम भी।

चन्द्रगुप्त—आर्य, हम मागध हैं और यह मालव। अच्छा होता कि यहीं गुरु कुल में हम लोग शस्त्र की परीक्षा भी देते।

चाणक्य—क्या यही मेरी शिक्षा है ? बालकों की-सी चपलता दिखलाने का यह स्थल नहीं। तुम लोगों को समय पर शस्त्र का प्रयोग करना पड़ेगा। परन्तु अकारण रक्तपात नीति-विरुद्ध है।

चन्द्रगुप्त—आर्य। संसार-भर की नीति और शिक्षा का अर्थ मैंने यही समझा है कि आत्म-सम्मान के लिए मर मिटना ही दिव्य जीवन है। सिंहरण मेरा आत्मीय है, मित्र है, उसका मान मेरा ही मान है।

चाणक्य—देखूँगा कि इस आत्म-सम्मान की भविष्य-परीक्षा में तुम कहाँ तक उत्तीर्ण होते हो !

सिंहरण—आपके आशीर्वाद से हम लोग अवश्य सफल होंगे।

चाणक्य—तुम मालव हो और यह मागध, यही तुम्हारे मान का अवसान है न ? परन्तु आत्म-सम्मान इतने ही से सन्तुष्ट नहीं होगा। मालव और मागध को भूलकर जब तुम आर्यावर्त्त का नाम लोगे, तभी वह मिलेगा। क्या तुम नहीं देखते हो कि आगामी दिवसों में,आर्यावर्त्त के सब स्वतन्त्र राष्ट्र एक के अनन्तर दूसरे विदेशी विजेता से पददलित होंगे ? आज जिस व्यङ्ग को लेकर इतनी घटना हो गई है, वह बात भावी गान्धार-नरेश आम्भीक के हृदय में शल्य के समान चुभ गयी है। पञ्चनद-नरेश पर्वतेश्वर के विरोध के कारण यह क्षुद्र-हृदय आम्भीक यवनों का स्वागत करेगा और आर्याबर्त्त का सर्वनाश होगा।

चन्द्रगुप्त—गुरुदेव, विश्वास रखिये; यह सब कुछ नहीं होने पायेगा। यह चन्द्रगुप्त आपके चरणों की शपथपूर्वक प्रतिज्ञा करता है, कि यवन यहाँ कुछ न कर सकेंगे।

चाणक्य—तुम्हारी प्रतित्रा अचल हो। परन्तु इसके लिये पहले तुम मगध जाकर साधन-सम्पन्न बनो। यहाँ समय बिताने का प्रयोजन नहीं। मैं भी पञ्चनद-नरेश से मिलता हुआ मगध आऊँगा और सिंहरण, तुम भी सावधान !

सिंहरण—आर्य, आपका आशीर्वाद ही मेरा रक्षक है।

(चन्द्रगुप्त और चाणक्य का प्रस्थान)

सिंहरण—एक अग्निमय गन्धक का स्रोत आर्यावर्त्त के लौह-अस्त्रागार में घुसकर विस्फोट करेगा। चञ्चला रण-लक्ष्मी इन्द्र-धनुष-सी विजय-माल हाथ में लिये उस सुन्दर नील-लोहित प्रलय-जलद में विचरण करेगी और वीर-हृदय मयूर-से नाचेंगे। तब आओ देवि ! स्वागत !!

अलका का प्रवेश

अलका—मालव वीर, अभी तुमने तक्षशिला का परित्याग नहीं किया ?

सिंहरण—क्यों देवि ! क्या मैं यहाँ रहने के उपयुक्त नहीं हूं ?

अलका—नहीं, मैं तुम्हारी सुख-शान्ति के लिए चिन्तित हूँ ? भाई ने तुम्हारा अपमान किया है, पर वह अकारण न था ! जिसका जो मार्ग है उस पर वह चलेगा। तुमने अनधिकार चेष्टा की थी ! देखती हूँ कि प्राय: मनुष्य, दूसरों को अपने मार्ग पर चलाने के लिये रुक जाता है, और अपना चलना बन्द कर देता है।

सिंहरण—परन्तु भद्रे, जीवन-काल में भिन्न-भिन्न मार्गों की परीक्षा करते हुये जो ठहरता हुआ चलता है, वह दूसरों को लाभ ही पहुँचाता है। यह कष्टदायक तो है; परन्तु निष्फल नहीं।

अलका—किन्तु मनुष्य को अपने जीवन और सुख का भी ध्यान रखना चाहिए।

सिंहरण—मानव कब दानव से भी दुर्दन्त, पशु से भी बर्बर और पत्थर से भी कठोर, करुणा के लिए निरवकाश हृदयवाला हो जायगा, नहीं जाना जा सकता। अतीत सुखों के लिए सोच क्यों, अनागत भविष्य के लिए भय क्यों और वर्त्तमान को मैं अपने अनूकूल बना ही लूँगा; फिर चिन्ता किस बात की ?

अलका—मालव, तुम्हारे देश के लिए तुम्हारा जीवन अमूल्य है, और वही यहाँ आपत्ति में है।

सिंहरण—राजकुमारी, इस अनुकम्पा के लिए कृतज्ञ हुआ। परन्तु मेरा देश मालव ही नहीं, गान्धार भी है। यही क्या, समग्र आर्यावर्त्त है, इसलिये मैं—

अलका—(आश्चर्य से) क्या कहते हो ?

सिंहरण—गान्धार आर्यावर्त्त से भिन्न नहीं है, इसीलिये उसके पतन को मैं अपना अपमान समझता हूँ।

अलका—(निःश्वास लेकर) इसका मैं अनुभव कर रही हूँ। परन्तु जिस देश में ऐसे वीर युवक हों, उसका पतन असम्भव है। मालव वीर, तुम्हारे मनोबल में स्वतन्त्रता है और तुम्हारी दृढ़ भुजाओं में आर्यावर्त्त के रक्षण की शक्ति है; तुम्हें सुरक्षित रहना ही चाहिये। मैं भी आर्यावर्त्त की बालिका हूँ—तुमसे अनुरोध करती हूँ कि तुम शीघ्र गान्धार छोड़ दो। मैं आम्भीक को शक्ति भर पतन से रोकूँगी; परन्तु उनके न मानने पर तुम्हारी आवश्यकता होगी। जाओ वीर !

सिंहरण—अच्छा राजकुमारी तुम्हारे स्नेहानुरोध से मैं जाने के लिए बाध्य हो रहा हूँ। शीघ्र ही चला जाऊँगा देवि ! किन्तु यदि किसी प्रकार सिन्धु की प्रखर धारा को यवन सेना न पार कर सकती....

अलका—मैं चेष्टा करूँगी वीर, तुम्हारा नाम ?

सिंहरण—मालवगण के राष्ट्रपति का पुत्र सिंहरण।

अलका—अच्छा, फिर कभी।

(दोनों एक-दूसरे को देखते हुए प्रस्थान करते हैं)

दूसरा दृश्य

(मगध-सम्राट् का विलास-कानन : विलासी युवक और युवतियों का विहार)

नन्द—(**प्रवेश करके**) आज वसन्त-उत्सव है क्या ?

एक युवक—जय हो देव ! आपकी आज्ञा से कुसुमपुर के नागरिकों ने आयोजन किया है ?

नन्द—परन्तु मदिरा का तो तुम्हारे समाज में अभाव है, फिर आमोद कैसा ?—(**एक युवती से**)—देखो-देखो—तुम सुन्दरी हो; परन्तु तुम्हारे यौवन का विभ्रम अभी संकोच की अर्गला से जकड़ा हुआ है ! तुम्हारी आँखों में काम का सुकुमार सङ्केत नहीं, अनुराग की लाली नहीं ! फिर कैसा प्रमोद !

एक युवती—हम लोग तो निमन्त्रित नागरिक हैं देव ! इसका दायित्व तो निमन्त्रण देने वाले पर है।

नन्द—वाह, यह अच्छा उलाहना रहा ! (**अनुचर से**) मूर्ख ! अभी और कुछ सुनावेगा ? तू नहीं जानता कि मैं ब्रह्मास्त्र से अधिक इन सुन्दरियों के कुटिल कटाक्षों से डरता हूँ ! ले आ—शीघ्र ले आ—नागरिकों पर तो मैं राज्य करता हूँ; परन्तु मेरी मगध की नागरिकाओं का शासन मेरे ऊपर है। श्रीमती, सबसे कह दो—नागरिक नन्द, कुसुमपुर के कमनीय कुसुमों से अपराध के लिये क्षमा माँगता है और आज के दिन वह तुम लोगों का कृतज्ञ सहचर-मात्र है।

(अनुचर लोग प्रत्येक कुञ्ज में मदिरा-कलश और चषक पहुँचाते हैं। राक्षस और सुवासिनी का प्रवेश, पीछे-पीछे कुछ नागरिक)

राक्षस—सुवासिनी ! एक पात्र और; चलो इस कुञ्ज में।

सुवासिनी—नहीं, अब मैं न सँभल सकूँगी।

राक्षस—फिर इन लोगों से कैसे पीछा छूटेगा ?

सुवासिनी—मेरी एक इच्छा है।

एक नागरिक—क्या इच्छा है सुवासिनी, हम लोग अनुचर हैं। केवल एक सुन्दर अलाप की, एक कोमल मूर्च्छना की लालसा है।

सुवासिनी--अच्छा तो अभिनय के साथ।

सब—(**उल्लास से**)—सुन्दरियों की रानी सुवासिनी की जय!

सुवासिनी—परन्तु राक्षस को कच का अभिनय करना पड़ेगा।

एक नागरिक—और तुम देवयानी, क्यों? यही न? राक्षस सचमुच राक्षस होगा यदि इसमें आनाकानी करे तो····चलो राक्षस!

दूसरा—नहीं मूर्ख! आर्य राक्षस कह, इतने बड़े कला-कुशल विद्वान को किस प्रकार सम्बोधित करना चाहिये, तू इतना भी नहीं जानता। आर्य राक्षस! इन नागरिकों की प्रार्थना से इस कष्ट को स्वीकार कीजिये!

(**राक्षस, उपयुक्त स्थान ग्रहण करता है। कुछ मूक अभिनय, फिर उसके बाद सुवासिनी का भाव-सहित गान**)

तुम कनक किरण के अन्तराल में
लुक-छिप कर चलते हो क्यों
नत मस्तक गर्व वहन करते
यौवन के घन, रस कन ढरते
हे लाज भरे सौन्दर्य्य
बता दो मौन बने रहते हो क्यों
अधरों के मधुर कगारों में
कल-कल ध्वनि की गुञ्जारों में
मधुसरिता-सी यह हँसी तरल
अपनी पीते रहते हो क्यों
बेला विभ्रम की बीत चली
रजनीगन्धा की कली खिली
अब सान्ध्य-मलय-आकुलित
दुकूल कलित हो, यों छिपते हो क्यों

(**'साधु-साधु' को ध्वनि**)

नन्द—उस अभिनेत्री को यहाँ बुलाओ।

(**सुवासिनी नन्द के समीप आकर प्रणत होती है**)

नन्द—तुम्हारा अभिनय तो अभिनय नहीं हुआ!

नागरिक—अपितु वास्तविक घटना, जैसे देखने में आवे, वैसी ही।

नन्द—तुम बड़े कुशल हो। ठीक कहा।
सुवासिनी—तो मुझे दण्ड मिले। आज्ञा कीजिये देव!
नन्द—मेरे साथ एक पात्र।
सुवासिनी—परन्तु देव, एक बड़ी भूल होगी।
नन्द—वह क्या?
सुवासिनी—आर्य राक्षस का अभिनयपूर्ण गान नहीं हुआ।
नन्द—राक्षस!
नागरिक—यही है देव!
(राक्षस आकर प्रणाम करता है)
नन्द—वसन्तोत्सव की रानी की आज्ञा से तुम्हें गाना होगा।
राक्षस—उसका मूल्य होगा एक पात्र कादम्ब।

(सुवासिनी पात्र भरकर देती है)

(सुवासिनी मान का मूक अभिनय करती है, राक्षस सुवासिनी के सम्मुख अभिनय सहित गाता है—)

निकल मत बाहर दुर्बल आह
लगेगा तुझे हँसी का शीत
शरद नीरद् माला के बीच
तड़प ले चपला-सी भयभीत

पड़ रहे पावन प्रेम-फुहार
जलन कुछ-कुछ है मीठी पीर
सम्हाले चल कितनी है दूर
प्रलय तक व्याकुल हो न अधीर

अश्रुमय सुन्दर विरह निशीथ
भरे तारे न ढुलकते आह
न उफना दे आँसू हैं भरे
इन्हीं आँखों में उनकी चाह

काकली-सी बनने की तुम्हें
लगन लग जाय न हे भगवान्
पपीहा का पी सुनता कभी!
अरे कोकिल की देख दशा न;

हृदय है पास, साँस की राह
चले आना-जाना चुपचाप

अरे छाया बन, छूं मत उसे
भरा है तुझमें भीषण ताप

हिलाकर धड़कन से अविनीत
जगा मत सोया है सुकुमार
देखता है स्मृतियों का स्वप्न
हृदय पर मत कर अत्याचार

कई नागरिक—स्वर्गीय अमात्य वक्रनास के कुल की जय।

नन्द—क्या कहा, वक्रनास का कुल ?

नागरिक—हाँ देव, आर्य राक्षस उन्हीं के भ्रातुष्पुत्र हैं।

नन्द—राक्षस! आज तुम मेरे अमात्यवर्ग में नियुक्त हुए। तुम तो कुसुमपुर के एक रत्न हो।

(उसे माला पहनाता है और शस्त्र देता है)

सब—सम्राट् की जय हो! अमात्य राक्षस की जय हो!

नन्द—और सुवासिनी, तुम मेरी अभिनयशाला की रानी!

(सब हर्ष प्रकट करते हुए जाते हैं)

तृतीय दृश्य

(पाटलिपुत्र में एक भग्न कुटीर)

चाणक्य—(**प्रवेश करके**) झोपड़ी ही तो थी, पिताजी यहीं मुझे गोद में बिठाकर राज-मन्दिर का सुख अनुभव करते थे। ब्राह्मण थे, ऋत और अमृत जीविका से सन्तुष्ट थे, पर वे भी न रहे! कहाँ गये, कोई नहीं जानता। मुझे भी कोई नहीं पहचानता। यही तो मगध का राष्ट्र है। प्रजा की खोज है कि वह वृद्ध दरिद्र ब्राह्मण कहीं ठोकरें खाता होगा या मर गया होगा!

(एक प्रतिवेशी का प्रवेश)

प्रतिवेशी—(**देखकर**) कौन हो जी तुम? इधर के घरों को बड़ी देर से क्या घूर रहे हो?

चाणक्य—ये घर हैं, जिन्हें पशु की खोह कहने में भी सङ्कोच होता है? यहाँ कोई स्वर्ण-रत्नों का ढेर नहीं, जो लुटने का भय है?

प्रतिवेशी—युवक, क्या तुम किसी को खोज रहे हो।

चाणक्य—हाँ, खोज रहा हूँ, यहीं झोपड़ी में रहने वाली वृद्ध ब्राह्मण चणक को आजकल वे कहाँ, बता सकते हो ?

प्रतिवेशी—(सोच कर) ओहो, कई बरस हुए वह तो राजा की आज्ञा से निर्वासित कर दिया गया है। (हँसकर)—वह ब्राह्मण भी बड़ा हठी था। उसने राजा नन्द के विरुद्ध प्रचार करना आरम्भ किया था। सो भी क्यों, एक मन्त्री शकटार के लिये। उसने सुना कि राजा ने शकटार को बन्दीगृह में वध करवा डाला। ब्राह्मण ने नगर में इस अन्याय के विरुद्ध आतङ्क फैलाया। सबसे कहने लगा कि—"यह महापद्म का जारज पुत्र नन्द— महापद्म का हत्याकारी नन्द–मगध में राक्षसी राज्य कर रहा है। नागरिको, सावधान !"

चाणक्य—अच्छा, तब क्या हुआ ?

प्रतिवेशी—वह पकड़ गया। सो भी कब, एक दिन अहेर की यात्रा करते हुए नन्द के लिए राजपथ में मुक्तकण्ठ से नागरिकों ने अनादर के वाक्य कहे। नन्द ने ब्राह्मण को समझाया। यह भी कहा कि तेरा मित्र शकटार बन्दी है, मारा नहीं गया। पर वह बड़ा हठी था, उसने न माना, न ही माना। नन्द ने भी चिढ़ कर उसका ब्रह्मस्व बौद्ध-विहार में दे दिया और मगध से निर्वासित कर दिया। यही तो उसकी झोपड़ी है।

(**जाता है**)

चाणक्य—(**उसे बुलाकर**) अच्छा एक बात और बताओ।

प्रतिवेशी—क्या पूछते हो जी, तुम इतना जान लो कि नन्द को ब्राह्मणों से घोर शत्रुता है और वह बौद्ध धर्मानुयायी हो गया है।

चाणक्य—होने दो; परन्तु यह तो बताओ—शकटार का कुटुम्ब कहाँ है ?

प्रतिवेशी—कैसे मनुष्य हो ? अरे राज-कोपालन में वे सब जल मरे। इतनी-सी बात के लिए मुझे लौटाया था—छिः !

(**जाना चाहता है**)

चाणक्य—हे भगवान् ! एक बात दया करके और बता दो—शकटार की कन्या सुवासिनी कहाँ है ?

प्रतिवेशी—(**जोर से हँसता है**) युवक ! वह बौद्ध-विहार में चली गयी थी, परन्तु वहाँ भी न रह सकी। पहले तो अभिनय करती फिरती थी, आजकल कहाँ है, नहीं जानता।

(**जाता है**)

चाणक्य—पिता का पता नहीं, झोपड़ी भी न रह गयी। सुवासिनी अभिनेत्री हो गयी—सम्भवतः पेट की ज्वाला से। एक साथ दो-दो कुटुम्बों का सर्वनाश और कुसुमपुर फूलों की सेज में ऊँघ रहा है! क्या इसीलिये राष्ट्र की शीतल छाया का संगठन मनुष्य ने किया था! मगध! मगध! सावधान! इतना अत्याचार! सहना असम्भव है। तुझे उलट दूँगा! नया बनाऊँगा, नहीं तो नाश ही करूँगा! **(ठहरकर)** एक बार चलूँ, नन्द से कहूँ। नहीं, परन्तु मेरी भूमि, मेरी वृत्ति, वही मिल जाय, मैं शास्त्र-व्यवसायी न रहूँगा, मैं कृषक बनूँगा। मुझे राष्ट्र की भलाई-बुराई से क्या। तो चलूँ। **(देखकर)** यह एक लकड़ी का स्तम्भ अभी उसी झोपड़ी का खड़ा है, इसके साथ मेरे बाल्यकाल की सहस्रों भाँवरियाँ लिपटी हुई हैं, जिन पर मेरी धवल मधुर हँसी का आवरण चढ़ा रहता था! शैशव की स्निग्ध स्मृति! विलीन हो जा!

(खम्भा खींच कर गिराता हुआ चला जाता है)

चतुर्थ दृश्य

(कुसुमपुर के सरस्वती-मन्दिर का उपवन-पथ)

राक्षस—सुवासिनी! हठ न करो।

सुवासिनी—नहीं, उस ब्राह्मण को दण्ड दिये बिना सुवासिनी जी नहीं सकती अमात्य, तुमको करना होगा। मैं बौद्ध-स्तूप की पूजा करके आ रही थी, उसने व्यङ्ग किया और वह बड़ा कठोर था राक्षस! उसने कहा—"वेश्याओं के लिए भी एक धर्म की आवश्यकता थी, चलो अच्छा ही हुआ। ऐसे धर्म के अनुकूल पतितों की भी कमी नहीं।"

राक्षस—यह उसका अन्याय था।

सुवासिनी—परन्तु अन्याय का प्रतिकार भी है। नहीं तो मैं समझूँगी कि तुम भी वैसे ही एक कठोर ब्राह्मण हो।

राक्षस—मैं वैसा हूँ कि नहीं, यह पीछे मालूम होगा। परन्तु सुवासिनी, मैं स्वयं हृदय से बौद्ध मत का समर्थक हूँ, केवल उसकी दार्शनिक सीमा तक इतना ही कि संसार दुःखमय है।

सुवासिनी—इसके बाद?

राक्षस—मैं इस क्षणिक जीवन की घड़ियों को सुखी बनाने का पक्षपाती हूँ। और तुम जानती हो कि मैंने ब्याह नहीं किया, परन्तु भिक्षु भी न बन सका।

सुवासिनी—तब आज से मेरे कारण तुमको राजचक्र में बौद्ध मत का समर्थन करना होगा।

राक्षस—मैं प्रस्तुत हूँ।

सुवासिनी—फिर लो, मैं तुम्हारी हूँ। मुझे विश्वास है कि दुराचारी सदाचार के द्वारा शुद्ध हो सकता है, और बौद्ध मत इसका समर्थन करता है, सबको शरण देता है। हम दोनों उपासक होकर सुखी बनेंगे।

राक्षस—इतना बड़ा सुख-स्वप्न का जाल आँखों में न फैलाओ।

सुवासिनी—नहीं प्रिय ! मैं तुम्हारी अनुचरी हूँ। मैं नन्द की विलास-लीला का क्षुद्र उपकरण बनकर नहीं रहना चाहती।

(जाती है)

राक्षस—एक परदा उठ रहा है, या गिर रहा है, समझ में नहीं आता **(आँख मींचकर)** सुवासिनी ! कुसुमपुर का स्वर्गीय कुसुम मैं हस्तगत कर लूँ ? नहीं, राजकोप होगा ! परन्तु जीवन वृथा है। मेरी विद्या, मेरा परिष्कृत विचार सब व्यर्थ है। सुवासिनी एक लालसा है, एक प्यास है। वह अमृत है, उसे पाने के लिए सौ बार मरूँगा।

(नेपथ्य से—हटो, मार्ग छोड़ दो)

राक्षस—कोई राजकुल की सवारी है ? तो चलूँ।

(जाता है)

(रक्षियों के साथ शिविका पर राजकुमारी कल्याणी का प्रवेश)

कल्याणी—**(शिविका से उतरती हुई लीला से)** शिविका उद्यान के बाहर ले जाने के लिए कहो और रक्षी लोग भी वहीं ठहरें।

(शिविका लेकर रक्षी जाते हैं)

कल्याणी—**(देखकर)** आज सरस्वती मन्दिर में कोई समाज है क्या ? जा तो नीला, देख आ।

(नीला जाती है)

लीला—राजकुमारी, चलिये इस श्वेत शिला पर बैठिये। यहाँ अशोक की छाया बड़ी मनोहर है। अभी तीसरे पहर का सूर्य कोमल होने पर भी स्पृहणीय नहीं।

कल्याणी—चल।

(दोनों जाकर बैठती हैं। नीला आती है)

नीला—राजकुमारी, आज तक्षशिला से लौटे हुए स्नातक लोग सरस्वती-दर्शन के लिए आये हैं।

कल्याणी—क्या सब लौट आये हैं ?

नीला—यह तो न जान सकी।

कल्याणी—अच्छा, तू भी बैठ। देख, कैसी सुन्दर माधवी लता फैल रही है। महाराज के उद्यान में भी लतायें ऐसी हरी-भरी नहीं जैसे राजआतङ्क से वे भी डरी हुई हों। सच नीला, मैं देखती हूँ कि महाराज से कोई स्नेह नहीं करता, डरते भले ही हों।

नीला—सखी, मुझ पर उनका कन्या-सा ही स्नेह है, परन्तु मुझे डर लगता है।

कल्याणी—मुझे इसका बड़ा दुःख है। देखती हूँ कि समस्त प्रजा उनसे त्रस्त और भयभीत रहती है, प्रचण्ड शासन के कारण उनका बड़ा दुर्नाम है।

नीला—परन्तु इसका उपाय क्या है ? देख नीला, वे दो कौन इधर आ रहे हैं। चल, हम लोग छिप जायें।

(सब कुञ्ज में चली जाती हैं; दो ब्रह्मचारियों का प्रवेश)

एक ब्रह्मचारी—धर्मपालित, मगध को उन्माद हो गया है। वह जनसाधारण के अधिकार अत्याचारियों के हाथ में देकर विलासिता का स्वप्न देख रहा है। तुम तो गये नहीं, मैं अभी उत्तरापथ से आ रहा हूँ गणतन्त्रों में सब प्रजा वन्यवीरुध के समान स्वच्छन्द फल-फूल रही है। इधर उन्मत्त मगध, साम्राज्य की कल्पना में निमग्न है।

दूसरा—स्नातक, तुम ठीक कह रहे हो। महापद्म का जारज-पुत्र नन्द केवल शस्त्र-बल और कूटनीति के द्वारा सदाचारों के सिर पर ताण्डव-नृत्य कर रहा है। वह सिद्धान्त-विहीन, नृशंस, कभी बौद्धों का पक्षपाती, कभी वैदिकों का अनुयायी बनकर दोनों में भेदनीति चलाकर बल-सञ्चय करता रहता है। मूर्ख जनता धर्म की ओट में नचायी जा रही है। परन्तु तुम देश-विदेश देखकर आये हो, आज मेरे घर पर तुम्हारा निमन्त्रण है, वहाँ सबको तुम्हारी यात्रा का विवरण सुनने का अवसर मिलेगा।

पहला—चलो। **(दोनों जाते हैं, कल्याणी बाहर आती है)**

कल्याणी—सुनकर हृदय की गति रुकने लगती है। इतना कदर्थित राजपद ! जिसे साधारण नागरिक भी घृणा की दृष्टि से देखता है—कितने मूल्य का है लीला ?

नेपथ्य से—भागो-भागो ! यह राजा का अहेरी चीता पिंजरे से निकल भागा है, भागो-भागो !

(तीनों डरती हुई कुञ्ज में छिपने लगती है। चीता आता है। दूर से आकर एक तीर उसका सिर भेद कर निकल जाता है। धनुष लिये हुये चन्द्रगुप्त का प्रवेश)

चन्द्रगुप्त—कौन यहाँ है ? किधर से स्त्रियों का क्रन्दन सुनाई पड़ा था !—(देखकर) अरे, यहाँ तो तीन सुकुमारियाँ हैं। भद्रे, पशु ने कुछ चोट तो नहीं पहुँचायी ?

लीला—साधु ! वीर ! राजकुमारी की प्राण-रक्षा के लिए तुम्हें अवश्य पुरस्कार मिलेगा !

चन्द्रगुप्त—कौन ? राजकुमारी कल्याणी देवी ?

लीला—हाँ, यही न है ? भय से मुख विवर्ण हो गया है।

चन्द्रगुप्त—राजकुमारी, मौर्य-सेनापति का पुत्र चन्द्रगुप्त प्रणाम करता है।

कल्याणी—(स्वस्थ होकर सलज्ज) नमस्कार, चन्द्रगुप्त, मैं कृतज्ञ हुई। तुम भी स्नातक होकर लौटे हो ?

चन्द्रगुप्त—हाँ देवि, तक्षशिला में पाँच वर्ष रहने के कारण यहाँ के लोगों को पहचानने में विलम्ब होता है। जिन्हें किशोर छोड़कर गया था, अब वे तरुण दिखाई पड़ते हैं। मैं अपने कई बाल-सहचरों को भी पहचान न सका।

कल्याणी—परन्तु मुझे आशा थी कि तुम मुझे न भूल जाओगे।

चन्द्रगुप्त—देवि, यह अनुचर सेवा के उपयुक्त अवसर पर ही पहुँचा। चलिये, शिविका तक पहुँचा दूँ। (सब जाते हैं)

पंचम दृश्य

(मगध में नन्द की राजसभा में राक्षस और सभासदों के साथ नन्द)

नन्द—हाँ, तब ?

राक्षस—दूत लौट आये और उन्होंने कहा कि पञ्चनद-नरेश को यह सम्बन्ध स्वीकार नहीं।

नन्द—क्यों ?

राक्षस—प्राच्य-देश के बौद्ध और शूद्र राजा की कन्या से वे परिणय नहीं कर सकते।

नन्द—इतना गर्व !

राक्षस—यह उनका गर्व नहीं, यह धर्म का दम्भ है, व्यङ्ग है। मैं इसका फल दूँगा। मगध-जैसे शक्तिशाली राष्ट्र की अपमान करके कोई यों ही नहीं बच जायेगा। ब्राह्मणों का यह....

(प्रतिहारी का प्रवेश)

प्रतिहारी—जय हो देव, मगध से शिक्षा के लिये गये हुए तक्षशिला के स्नातक आये हैं।

नन्द—लिवा लाओ।

(दौवारिक का प्रस्थान चन्द्रगुप्त के साथ कई स्नातकों का प्रवेश)

स्नातक—राजाधिराज की जय हो!

नन्द—स्वागत। अमात्य वररुचि अभी नहीं आये, देखो तो!

(प्रतिहारी का प्रस्थान और वररुचि के साथ प्रवेश)

वररुचि—जय हो देव; मैं स्वयं आ रहा था।

नन्द—तक्षशिला से लौटे हुए स्नातकों की परीक्षा लीजिये।

वररुचि—राजाधिराज, जिस गुरुकुल में मैं स्वयं परीक्षा देकर स्नातक हुआ हूँ, उसके प्रमाण की भी पुनः परीक्षा, अपने गुरुजनों के प्रति अपमान करना है।

नन्द—किन्तु राजकोष का रुपया व्यर्थ ही स्नातकों को भेजने में लगता है या इसका सदुपयोग होता है, इसका निर्णय कैसे हो?

राक्षस—केवल सद्धर्म की शिक्षा ही मनुष्यों के लिए पर्याप्त है! और वह तो मगध में ही मिल सकती है।

(चाणक्य का सहसा प्रवेश त्रस्त दौवारिक पीछे-पीछे आता है)

चाणक्य—परन्तु बौद्ध धर्म की शिक्षा मानव-व्यवहार के लिये पूर्ण नहीं हो सकती भले ही वह सङ्घ-व्यवहार में रहने वालों के लिये उपयुक्त हो।

नन्द—तुम अनधिकार चर्चा करने वाले कौन हो जी?

चाणक्य—तक्षशिला से लौटा हुआ एक स्नातक ब्राह्मण।

नन्द—ब्राह्मण! ब्राह्मण!! जिधर देखो कृत्या के समान इनकी शक्ति-ज्वाला धधक रही है।

चाणक्य—नहीं महाराज! ज्वाला कहाँ? भस्मावगुण्ठित अङ्गार रह गये हैं!

राक्षस—तब भी इतना ताप!

चाणक्य—वह तो रहेगा ही! जिस दिन उसका अन्त होगा, उसी दिन आर्यावर्त्त का ध्वंस होगा। यदि अमात्य ने ब्राह्मण-नाश करने का विचार किया हो तो जन्मभूमि की भलाई के लिए उसका त्याग कर दें, क्योंकि राष्ट्र का शुभ-चिन्तन केवल ब्राह्मण ही कर सकते हैं। एक जीव की हत्या से डरनेवाले तपस्वी बौद्ध, सिर पर मँडराने वाली विपत्तियों से, रक्त-समुद्र की आँधियों से, आर्यावर्त्त की रक्षा करने में असमर्थ प्रमाणित होंगे।

नन्द—ब्राह्मण ! तुम बोलना नहीं जानते हो तो चुप रहना सीखो ।

चाणक्य—महाराज, उसे सीखने के लिए मैं तक्षशिला गया था और मगध का सिर ऊँचा करके उसी गुरुकुल में मैंने अध्यापन का कार्य भी किया है । इसलिये मेरा हृदय यह नहीं मान सकता कि मैं मूर्ख हूँ ।

नन्द—तुम चुप रहो ।

चाणक्य—एक बात कहकर महाराज !

राक्षस—क्या ?

चाणक्य—यवनों की विकट-वाहिनी निषध-पर्वतमाला तक पहुँच गयी है । तक्षशिलाधीश की भी उसमें अभिसन्धि है । सम्भवतः समस्त आर्यावर्त्त पदाक्रान्त होगा । उत्तरापथ में बहुत से छोटे-छोटे गणतन्त्र हैं, वे उस सम्मिलित पारसीक-यवन बल को रोकने में असमर्थ होंगे । अकेले पर्वतेश्वर ने साहस किया है, इसलिये मगध को पर्वतेश्वर की सहायता करनी चाहिये ।

कल्याणी—(**प्रवेश करके**) पिताजी, मैं पर्वतेश्वर के गर्व की परीक्षा लूँगी । मैं बृषल-कन्या हूँ । उस क्षत्रिय को यह सिखा दूँगी कि राज-कन्या कल्याणी किसी क्षत्राणी से कम नहीं । सेनापति को आज्ञा दीजिये कि आसन्न गान्धार युद्ध में मगध की सेना अवश्य जाय और मैं स्वयं उसका संचालन करूँगी । पराजित पर्वतेश्वर को सहायता देकर उसे नीचा दिखाऊँगी ।

(**नन्द हँसता है**)

राक्षस—राजकुमारी, राजनीति महलों में नहीं रहती, इसे हम लोगों के लिये छोड़ देना चाहिए । उद्धत पर्वतेश्वर अपने गर्व का फल भोगें, और ब्राह्मण चाणक्य ! परीक्षा देकर ही कोई साम्राज्य-नीति समझ लेने का अधिकारी नहीं हो जाता ।

चाणक्य—सच है बौद्ध अमात्य; परन्तु यवन आक्रमणकारी बौद्ध और ब्राह्मण का भेद न रखेंगे ।

नन्द—वाचाल ब्राह्मण ! तुम अभी चले जाओ, नहीं तो प्रतिहारी तुम्हें धक्के देकर निकाल देंगे ।

चाणक्य—राजाधिराज ! मैं जानता हूँ कि प्रमाद में मनुष्य कठोर सत्य का भी अनुभव नहीं करता, इसलिये मैंने प्रार्थना नहीं की—अपने अपहृत ब्रह्मस्व के लिये मैंने भिक्षा नहीं माँगी ! क्यों ? जानता था कि वह मुझे ब्राह्मण होने के कारण न मिलेगी; परन्तु जब राष्ट्र के लिए····

राक्षस—चुप रहो । चणक के पुत्र हो न, तुम्हारे पिता भी ऐसे ही हठी थे ।

नन्द—क्या उसी विद्रोही ब्राह्मण की सन्तान ? निकालो इसे अभी यहाँ से ।

(**प्रतिहारी आगे बढ़ता है । चन्द्रगुप्त सामने आकर रोकता है**)

चन्द्रगुप्त—सम्राट्, मैं प्रार्थना करता हूँ कि गुरुदेव का अपमान न किया जाय। मैं भी उत्तरापथ से आ रहा हूँ। आर्य चाणक्य ने जो कुछ कहा है, वह साम्राज्य के हित की बात है। उस पर विचार किया जाय।

नन्द—कौन ? सेनापति मौर्य का कुमार चन्द्रगुप्त !

चन्द्रगुप्त—हाँ देव, मैं युद्ध-नीति सीखने के लिए ही तक्षशिला भेजा गया था। मैंने अपनी आँखों गान्धार का उपप्लव देखा है, मुझे गुरुदेव के मत में पूर्ण विश्वास है। यह आगन्तुक आपत्ति पंचनद-प्रदेश तक ही न रह जायगी।

नन्द—अबोध युवक, तो क्या इसीलिये अपमानित होने पर भी मैं पर्वतेश्वर की सहायता करूँ? असम्भव है। तुम राजाज्ञाओं में बाधा न देकर शिष्टता सीखो। प्रतिहारी, निकालो इस ब्राह्मण को यह बड़ा ही कुचक्री मालूम पड़ता है।

चन्द्रगुप्त—राजाधिराज, ऐसा करके आप एक भारी अन्याय करेंगे और मगध के शुभचिन्तकों को शत्रु बनायेंगे।

राजकुमारी—पिताजी, चन्द्रगुप्त पर ही दया कीजिये! एक बात उसकी भी मान लीजिये।

नन्द—चुप रहो, ऐसे उद्दण्ड को मैं कभी नहीं क्षमा करता; और सुनो चन्द्रगुप्त, तुम भी यदि इच्छा हो तो इसी ब्राह्मण के साथ जा सकते हो, अब कभी मगध में मुँह न दिखाना।

(प्रतिहारी दोनों को निकालना चाहता है चाणक्य रुककर कहता है)

चाणक्य—सावधान नन्द! तुम्हारी धर्मान्धता से प्रेरित राजनीति आँधी की तरह चलेगी, उसमें नन्द-वंश समूल उखड़ेगा। नियति-सुन्दरी के भवों में बल पड़ने लगा है। समय आ गया है कि शूद्र राजसिंहासन से हटाये जायँ और सच्चे क्षत्रिय मूर्धाभिषिक्त हों।

नन्द—यह समझकर कि ब्राह्मण अबध्य है तू मुझे भय दिखलाता है! प्रतिहारी, इसकी शिखा पकड़कर इसे बाहर करो।

(प्रतिहारी उसकी शिखा पकड़कर घसीटता है वह निःशङ्क दृढ़ता से कहता है)

चाणक्य—खींच ले ब्राह्मण की शिखा! शूद्र के अन्न से पले हुए कुत्ते? खींच ले! परन्तु यह शिखा नन्दकुल की काल-सर्पिणी है, वह तब तक न बन्धन में होगी, जब तक नन्दकुल निःशेष न होगा।

नन्द—इसे बन्दी करो।

(चाणक्य बन्दी किया जाता है)

षष्ठम दृश्य

(सिंधु-तट अलका और मालविका)

मालविका—राजकुमारी ! मैं देख आयी, उद्भांड में सिन्धु पर सेतु बन रहा है। युवराज स्वयं उसका निरीक्षण करते हैं और मैंने उक्त सेतु का एक मानचित्र भी प्रस्तुत किया था। यह कुछ अधूरा-सा रह गया है; पर उसके देखने से कुछ आभास मिल जायगा।

अलका—सखी ! बड़ा दुःख होता है, जब से यह स्मरण करती हूँ कि स्वयं महाराज का इसमें हाथ है। देखूँ तेरा मानचित्र !

(**मालविका मानचित्र देती है, अलका उसे देखती है; एक यवन सैनिक का प्रवेश—वह मानचित्र अलका से लेना चाहता है**)

अलका—दूर हो दुर्विनीत दस्यु (**मानचित्र अपने कञ्चुक में छिपा लेती है**)

यवन—वह गुप्तचर है, मैं इसे पहचानता हूँ। परन्तु सुन्दरी ! तुम कौन हो, जो इसकी सहायता कर रही हो ? अच्छा हो कि मुझे मानचित्र मिल जाय और मैं इसे सप्रमाण बन्दी बनाकर महाराज के सामने ले जाऊँ।

अलका—यह असम्भव है। पहले तुम्हें बताना होगा कि तुम यहाँ किस अधिकार से यह अत्याचार किया चाहते हो ?

यवन—मैं ? मैं देवपुत्र विजेता अलक्षेन्द्र का नियुक्त अनुचर हूँ और तक्षशिला की मित्रता का साक्षी हूँ। यह अधिकार मुझे गान्धार नरेश ने दिया है।

अलका—अह ! यवन, गान्धार-नरेश ने तुम्हें यह अधिकार कभी नहीं दिया होगा कि तुम आर्य-ललनाओं के साथ धृष्टता का व्यवहार करो।

यवन—करना ही पड़ेगा, मुझे मानचित्र लेना ही होगा।

अलका—कदापि नहीं।

यवन—क्या वह वही मानचित्र नहीं है, जिसे इस स्त्री ने उद्भांड में बनाना चाहा था ?

अलका—परन्तु यह तुम्हें नहीं मिल सकता। यदि तुम सीधे यहाँ से न टलोगे तो शांति-रक्षकों को बुलाऊँगी।

यवन—तब तो मेरा उपकार होगा, क्योंकि इस अँगूठी को देखकर वे मेरी ही सहायता करेंगे।

अलका—(**देखकर सिर पकड़ लेती है**) ओह !

यवन—(हँसता हुआ) अब ठीक पथ पर आ गयी होगी बुद्धि। लाओ, मान-चित्र मुझे दे दो।

(अलका निस्सहाय इधर-उधर देखती है; सिंहरण का प्रवेश)

सिंहरण—(चौंक कर) हैं! कौन राजकुमारी! और यह यवन!

अलका—महावीर! स्त्री की मर्यादा को न समझने वाले इस यवन को तुम समझा दो कि यह चला जाय।

सिंहरण—यवन, क्या तुम्हारे देश की सभ्यता तुम्हें स्त्रियों का सम्मान करना नहीं सिखाती? क्या सचमुच तुम बर्बर हो?

यवन—मेरी उस सभ्यता ही ने मुझे रोक लिया है, नहीं तो मेरा यह कर्तव्य था कि मैं उस मानचित्र को किसी भी पुरुष के हाथ में होने पर उसे जैसे भी बनता, ले ही लेता।

सिंहरण—तुम बड़े प्रगल्भ हो यवन! क्या तुम्हें भय नहीं कि तुम एक दूसरे राज्य में ऐसा आचरण करके अपनी मृत्यु बुला रहे हो?

यवन—उसे आमन्त्रण देने के लिए ही उतनी दूर से आया हूँ।

सिंहरण—राजकुमारी! यह मानचित्र मुझे देकर आप निरापद हो जायँ, फिर मैं देख लूँगा।

अलका—(मानचित्र देती हुई) तुम्हारे ही लिए तो यह मँगाया गया था।

सिंहरण—(उसे देखते हुए) ठीक है, मैं रुका भी इसीलिये था। (यवन से) हाँ जी, कहो, अब तुम्हारी क्या इच्छा है?

यवन—(खड्ग निकाल कर) मानचित्र हमें दे दो या प्राण देना होगा।

सिंहरण—उसके अधिकारी का निर्वाचन खड्ग करेगा। तो फिर सावधान हो आओ, (तलवार खींचता है)

(यवन के साथ युद्ध—सिंहरण घायल होता है, परन्तु यवन को उसके भीषण प्रत्याक्रमण से भय होता है। वह भाग निकलता है।)

अलका—वीर! यद्यपि तुम्हें विश्राम की आवश्यकता है, परन्तु अवस्था बड़ी भयानक है। वह जाकर कुछ उत्पात मचावेगा। पिता जी पूर्णरूप से यवनों के हाथ में आत्म-समर्पण कर चुके हैं।

सिंहरण—(हँसता और रक्त पोंछता हुआ) मेरा काम हो गया राजकुमारी। मेरी नौका प्रस्तुत है, मैं जाता हूँ। परन्तु बड़ा अनर्थ हुआ चाहता है। क्या गान्धार-नरेश किसी तरह न मानेंगे?

अलका—कदापि नहीं पर्वतेश्वर से उनका बद्धमूल बैर है।

सिंहरण—अच्छा, देखा जायगा, जो कुछ होगा। देखिये, मेरी नौका आ रही है अब बिदा माँगता हूँ।

(सिन्धु में नौका आती है, घायल सिंहरण उसपर बैठता है, सिंहरण और अलका **दोनों** एक-दूसरे को देखते हैं)

अलका—मालविका भी तुम्हारे साथ जायगी—तुम जाने योग्य इस समय नहीं हो।

सिंहरण—जैसी आज्ञा। बहुत शीघ्र फिर दर्शन करूँगा। जन्मभूमि के लिए ही यह जीवन है। फिर जब आप-सी सुकुमारियाँ इसकी सेवा में कटिबद्ध हैं, तब मैं पीछे कब रहूँगा। अच्छा, नमस्कार।

(मालविका नाव में बैठती है अलका सतृष्ण नयनों से देखती हुई नमस्कार करती करती है। नाव चली जाती है)

(चार सैनिकों के **साथ यवन का प्रवेश)**

यवन—निकल गया मेरा अहेर! यह सब प्रपंञ्च इसी रमणी का है। इसको बन्दी बनाओ।

(सैनिक अलका को देखकर सिर झुकाते हैं)

यवन—बन्दी करो सैनिक!

सैनिक—मैं नहीं कर सकता।

यवन—क्यों, गान्धार-नरेश ने तुम्हें क्यों आज्ञा दी है।

सैनिक—यही कि आप जिसे कहें, उसे हम लोग बन्दी करके महाराज के पास ले चलें।

यवन—फिर विलम्ब क्यों?

(अलका संकेत से वर्जित करती है)

सैनिक—हम लोगों की इच्छा।

यवन—तुम राजविद्रोही हो।

सैनिक—कदापि नहीं, पर यह काम हम लोगों से न हो सकेगा।

यवन—सावधान! तुमको इस आज्ञा-भङ्ग का फल भोगना पड़ेगा। मैं स्वयं बन्दी बनाता हूँ।

(अलका को ओर बढ़ता है। सैनिक तलवार खींच लेते हैं)

यवन—**(ठहरकर)**—यह क्यों?

सैनिक—डरते हो क्या? कायर! स्त्रियों पर वीरता दिखाने में बड़े प्रबल हो और एक युवक के सामने भाग निकले!

यवन—तो क्या, तुम राजकीय आज्ञा का न स्वयं पालन करोगे और न करने दोगे।

सैनिक—यदि साहस हो मरने का तो आगे बढ़ो।

अलका—**(सैनिकों से)** ठहरो। विवाद करने का समय नहीं है। **(यवन से)** कहो, तुम्हारा अभिप्राय क्या है?

यवन—मैं तुम्हें बन्दी करना चाहता हूँ।

अलका—कहाँ ले चलोगे?

यवन—गान्धार-नरेश के पास।

अलका—मैं चलती हूँ, चलो।

(आगे अलका, पीछे यवन और सैनिक जाते हैं)

सातवाँ दृश्य

(मगध का बन्दीगृह)

चाणक्य—समीर की गति भी अवरुद्ध है, शरीर का फिर क्या कहना है! परन्तु मन में इतने सङ्कल्प और विकल्प? एक बार निकलने पाता तो दिखा देता कि इन दुर्बल हाथों में साम्राज्य उलटने की शक्ति है और ब्राह्मण के कोमल हृदय में कर्त्तव्य के लिये प्रलय की आँधी चला देने की भी कठोरता है। जकड़ी हुई लौह-शृङ्खले! एक बार तू फूलों की माला बन जा और मैं मदोन्मत्त विलासिनी के समान तेरी सुन्दरता को भङ्ग कर दूँ! क्या रोने लगूँ? इस निष्ठुर यन्त्रणा की कठोरता से बिलबिलाकर दया की भिक्षा मागूँ? 'माँगूँ कि मुझे भोजन के लिए एक मुट्ठी चने जो देते हो, न दो, एक बार स्वतन्त्र कर दो? नहीं, चाणक्य! ऐसा न करना। नहीं तो तू भी साधारण-सी ठोकर खाकर चूर-चूर हो जाने वाली एक बामी हो जायगा। तब मैं आज से प्रण करता हूँ कि दया किसी से न माँगूँगा और अधिकार तथा अवसर मिलने पर किसी पर न करूँगा **(ऊपर देखकर)**—क्या कभी नहीं? हाँ, हाँ कभी किसी पर नहीं। मैं प्रलय के समान अबाध गति और कर्त्तव्य में इन्द्र के वज्र के समान भयानक बनूँगा।

(किवाड़ खुलता है, वररुचि और राक्षस का प्रवेश)

राक्षस—स्नातक! अच्छे तो हो?

चाणक्य—बुरे कब थे बौद्ध अमात्य!

राक्षस—आज हम लोग एक काम से आये हैं। आशा है कि तुम अपनी हठवादिता से मेरा और अपना दोनों का अपकार न करोगे।

वररुचि—हाँ चाणक्य ! अमात्य का कहना मान लो।

चाणक्य—भिक्षोपजीवी ब्राह्मण ! क्या बौद्धों का सङ्ग करते-करते तुम्हें अपनी गरिमा का सम्पूर्ण विस्मरण हो गया ? चाटुकारों के सामने हाँ में हाँ मिलाकर, जीवन की कठिनाइयों से बचकर, मुझे भी कुत्ते का पाठ पढ़ाना चाहते हो ! भूलो मत, यदि राक्षस देवता हो जाय तो उसका विरोध करने के लिए मुझे ब्राह्मण से दैत्य बनना पड़ेगा।

वररुचि—ब्राह्मण हो भाई ! त्याग और क्षमा के प्रमाण—तपोनिधि ब्राह्मण हो। इतना····

चाणक्य—त्याग और क्षमा, तप और विद्या, तेज और सम्मान के लिये हैं—लोहे और सोने के सामने सिर झुकाने के लिए हम लोग ब्राह्मण नहीं बने हैं। हमारी दी हुई विभूति से हमीं को अपमानित किया जाय, ऐसा नहीं हो सकता। कात्यायन ! अब केवल पाणिनि से काम न चलेगा। अर्थशास्त्र और दण्ड-नीति की आवश्यकता है।

वररुचि—मैं वार्तिक लिख रहा हूँ चाणक्य ! उसी के लिये तुम्हें सहकारी बनाना चाहता हूँ। तुम इस बन्दीगृह से निकलो।

चाणक्य—मैं लेखक नहीं हूँ कात्यायन ! शास्त्र-प्रणेता हूँ, व्यवस्थापक हूँ।

राक्षस—अच्छा, मैं आज्ञा देता हूँ कि तुम विवाद न बढ़ाकर स्पष्ट उत्तर दो। तुम तक्षशिला में मगध के गुप्त प्रणिधि बनकर जाना चाहते हो या मृत्यु चाहते हो ? तुम्हीं पर विश्वास करके क्यों भेजना चाहता हूँ, यह तुम्हारी स्वीकृति मिलने पर बताऊँगा।

चाणक्य—जाना तो चाहता हूँ तक्षशिला, पर तुम्हारी सेवा के लिए नहीं। और सुनो, पर्वतेश्वर का नाश करने के लिये तो कदापि नहीं।

राक्षस—यथेष्ट है, अधिक कहने की आवश्यकता नहीं।

वररुचि—विष्णुगुप्त ! मेरा वार्तिक अधूरा रह जायगा। मान जाओ। तुमको पाणिनि से कुछ प्रयोगों का पता भी लगाना होगा जो उस शालातुरीय वैयाकरण ने लिखे हैं। फिर से एक बार तक्षशिला जाने पर ही उनका····

चाणक्य—मेरे पास पाणिनि में सिर खपाने का समय नहीं। भाषा ठीक करने से पहले मैं मनुष्यों को ठीक करना चाहता हूँ, समझे !

वररुचि—जिसने 'श्वयुवमघोनामतद्धिते' सूत्र लिखा है, वह केवल वैयाकरण ही नहीं, दार्शनिक भी था ! उसकी अवहेलना !

चाणक्य—यह मेरी समझ में नहीं आता, मैं कुत्ता, साधारण युवक और इन्द्र को कभी एकसूत्र में नहीं बाँध सकता। कुत्ता कुत्ता ही रहेगा, इन्द्र-इन्द्र ! सुनो वररुचि ! मैं कुत्ते को कुत्ता ही बनाना चाहता हूँ। नीचों के हाथ में इन्द्र का अधिकार चले जाने से जो सुख होता है उसे मैं भोग रहा हूँ। तुम जाओ।

वररुचि—क्या मुक्ति भी नहीं चाहते ?

चाणक्य—तुम लोगों के हाथ से वह भी नहीं।

राक्षस—अच्छा तो फिर तुम्हें अन्धकूप में जाना होगा।

(**चन्द्रगुप्त का रक्तपूर्ण खडग लिये सहसा प्रवेश—चाणक्य का बन्धन काटता है, राक्षस प्रहरियों को बुलाना चाहता है**)

चन्द्रगुप्त—चुप रहो अमात्य ! शवों में बोलने की शक्ति नहीं, तुम्हारे प्रहरी जीवित नहीं रहे।

चाणक्य—मेरे शिष्य ! वत्स चन्द्रगुप्त !

चन्द्रगुप्त—चलिए गुरुदेव ! (खड्ग उठाकर राक्षस से) यदि तुमने कुछ भी कोलाहल किया तो····(राक्षस बैठ जाता है वररुचि गिर पड़ता है : चन्द्रगुप्त चाणक्य को लिए निकलता हुआ किवाड़ बन्द कर देता है)

अष्टम दृश्य

(**गांधार नरेश का प्रकोष्ठ : चिन्तायुक्त राजा प्रवेश करते हुए**)

राजा—बूढ़ा हो चला, परन्तु मन बूढ़ा न हुआ। बहुत दिनों तक तृष्णा को तृप्त करता रहा, पर तृप्त नहीं होती। आम्भीक तो अभी युवक है, उसके मन में महत्त्वाकांक्षा का होना अनिवार्य है। उसका पथ कुटिल है, गन्धर्व नगर की-सी सफलता उसे अपने पीछे दौड़ा रही है। (विचार कर) हाँ, ठीक तो नहीं है; पर उन्नति के शिखर पर नाक की सीधे चढ़ने में बड़ी कठिनता है। (ठहरकर) रोक दूँ ! अब से भी अच्छा है, जब वे घुस आवेंगे तब तो गान्धार को भी वही कष्ट भोगना पड़ेगा, जो हम दूसरों को देना चाहते हैं।

(**अलका के साथ यवन और रक्षकों का प्रवेश**)

राजा—बेटी ! अलका !

अलका—हाँ महाराज, अलका।

राजा—नहीं, कहो—हाँ पिता जी। अलका, कब तक तुम्हें सिखाता रहूँ !

अलका—नहीं महाराज !

राजा—फिर महाराज ! पागल लड़की । कह—पिताजी !

अलका—वह कैसे महाराज ! न्यायाधिकरण पिता-सम्बोधन से पक्षपाती हो जायगा ।

राजा—यह क्या ?

यवन—महाराज ! मुझे नहीं मालूम कि ये राजकुमारी हैं । अन्यथा मैं, इन्हें बन्दी न बनाता ।

राजा—सिल्यूकस ! तुम्हारा मुख कंधे पर से बोल रहा है । यवन ! यह मेरी राजकुमारी अलका है । आ बेटी ! **(उसकी ओर हाथ बढ़ाता है । वह अलग हट जाती है)**

अलका—नहीं महाराज ! पहले न्याय कीजिये ।

यवन—उद्भाण्ड पर बँधने वाले पुल का मानचित्र इन्होंने एक स्त्री से बनवाया है, और जब मैं उसे माँगने लगा, तो एक युवक को देकर इन्होंने उसे हटा दिया । मैंने यह समाचार आप तक निवेदन किया और आज्ञा मिली कि वे बन्दी किये जायँ, परन्तु वह युवक निकल गया ।

राजा—क्यों बेटी ! मानचित्र देखने की इच्छा हुई थी ? **(सिल्यूकस से)** तो क्या चिन्ता है, जाने दो । मानचित्र तुम्हारा पुल बँधना रोक नहीं सकता ।

अलका—नहीं महाराज ? मानचित्र एक विशेष कार्य से बनवाया गया है—वह गान्धार की लगी हुई कालिख छुड़ाने के लिये....

राजा—सो तो मैं जानता हूँ बेटी ! तुम क्या कोई नासमझ हो ।

(वेग से आम्भीक का प्रवेश)

आम्भीक—नहीं पिताजी, आपके राज्य में एक भयानक षड्यन्त्र चल रहा है और तक्षशिला का गुरुकुल उसका केन्द्र है । अलका उस रहस्यपूर्ण कुचक्र की कुञ्जी है ।

राजा—क्यों अलका यह बात सही है ?

अलका—सत्य है महाराज ! जिस उन्नति की आशा में आम्भीक ने यह नीच कर्म किया है, उसका पहला फल है कि आज मैं बन्दिनी हूँ, सम्भव है कल आप होंगे और परसों गान्धार की जनता बेगार करेगी । उनका मुखिया होगा आपका वंश-उज्ज्वलकारी आम्भीक !

यवन—सन्धि के अनुसार देवपुत्र का साम्राज्य और गान्धार मित्र-राज्य हैं, व्यर्थ की बात है ।

आम्भीक—सिल्यूकस ! तुम विश्राम करो। हम उनको समझ कर तुमसे मिलते हैं।

(यवन का प्रस्थान। रक्षकों का दूसरी ओर जाना)

राजा—परन्तु आम्भीक ! राजकुमारी बन्दिनी बनाई जाय, वह भी मेरे ही सामने ! उसके लिए एक यवन दण्ड की व्यवस्था करे, यही तो तुम्हारे उद्योगों का फल है !

अलका—महाराज ! मुझे दण्ड दीजिये, कारागार में भेजिये, नहीं तो मैं मुक्त होने पर भी यही करूँगी। कुलपुत्रों के रक्त से आर्यावर्त्त की भूमि सिंचेगी ! दानवी बनकर जननी जन्म-भूमि अपनी सन्तान को खायेगी। महाराज ! आर्यावर्त्त के सब बच्चे आम्भीक जैसे नहीं होंगे। वे इसकी मान-प्रतिष्ठा और रक्षा के लिए तिल-तिल कट जायँगे। स्मरण रहे, यवनों की विजयवाहिनी के आक्रमण को प्रत्यावर्त्तन बनाने वाले यही भारत-सन्तान होंगे। सब बचे हुए क्षताङ्ग वीर, गान्धार को—भारत के द्वार रक्षक को—विश्वासघाती के नाम से पुकारेंगे और उनमें नाम लिख जायगा मेरे पिता का ! आह ! उसे सुनने के लिए मुझे जीवित न छोड़िये, दण्ड दीजिये—मृत्युदण्ड !

आम्भीक—इसे इन सबों ने खूब बहकाया है। राजनीति के खेल यह क्या जाने ! पिताजी, पर्वतेश्वर—उद्दण्ड पर्वतेश्वर ने जो मेरा अपमान किया है, उसका प्रतिशोध ?

राजा—हाँ बेटी। उसने स्पष्ट कह दिया कि, कायर आम्भीक से अपने लोक-विश्रुत कुल की कुमारी का ब्याह न करूँगा। और उसने भी वितस्ता के इस पार अपनी एक चौकी बना दी है, जो प्राचीन सन्धियों के विरुद्ध है।

अलका—तब महाराज। उस प्रतिष्ठा की रक्षा के लिये जो लड़कर मर नहीं गया वह कायर नहीं तो और क्या है।

आम्भीक—चुप रहो अलका।

राजा—तुम दोनों ही ठीक बातें कर रहे हो, फिर मैं क्या करूँ ?

अलका—तो महाराज! मुझे दण्ड दीजिये, क्योंकि राज्य का उत्तराधिकारी आम्भीक ही उसके शुभाशुभ की कसौटी है; मैं भ्रम में हूँ।

राजा—मैं यह कैसे कहूँ ?

अलका—तब मुझे आज्ञा दीजिये, मैं राज-मन्दिर छोड़कर चली जाऊँ।

राजा—कहाँ जाओगी और क्या करोगी अलका ?

अलका—गांधार में विद्रोह मचाऊँगी।

राजा—नहीं अलका, तुम ऐसा नहीं करोगी।

अलका—करूँगी महाराज, अवश्य करूँगी।

राजा--फिर मैं पागल हो जाऊँगा। मुझे तो विश्वास नहीं होता।

आम्भीक--और तब अलका, मैं अपने हाथों से तुम्हारी हत्या करूंगा।

राजा--नहीं आम्भीक। तुम चुप रहो। सावधान। अलका के शरीर पर जो हाथ उठाना चाहता है, उसे मैं द्वन्द्व-युद्ध के लिए ललकारता हूँ।

(आम्भीक सिर नीचे कर लेता है)

अलका--तो मैं जाती हूँ पिता जी।

राजा--(**अन्यमनस्क भाव से सोचता हुआ**) जाओ।

(अलका चली जाती है)

राजा--आम्भीक।

आम्भीक--पिता जी।

राजा--लौट आओ।

आम्भीक--इस अवस्था में तो लौट आता, परन्तु वे यवन सैनिक छाती पर खड़े हैं। पुल बँध चुका है। नहीं तो पहले गान्धार का ही नाश होगा।

राजा--तब? (**निःश्वास लेकर**)--जो होना हो, सो हो। पर एक बात आम्भीक! आज से मुझसे कुछ न कहना। जो उचित समझो, करो। मैं अलका को खोजने जाता हूँ। गान्धार जाने और तुम जानो!

(वेग से प्रस्थान)

नवम दृश्य

(पर्वतेश्वर की राजसभा)

पर्वतेश्वर--आर्य चाणक्य! आपकी बातें ठीक-ठीक नहीं समझ में आतीं।

चाणक्य--कैसे आवेंगी, मेरे पास केवल बात ही है न, अभी कुछ कर दिखाने में असमर्थ हूँ।

पर्वतेश्वर--परन्तु इस समय मुझे यवनों से युद्ध करना है, मैं अपना एक भी सैनिक मगध नहीं भेज सकता।

चाणक्य--निरुपाय हूँ। लौट जाऊँगा। नहीं तो मगध की लक्षाधिक सेना आगामी यवन-युद्ध में पौरव पर्वतेश्वर की पताका के नीचे युद्ध करती। वही मगध, जिसने सहायता माँगने पर पञ्चमनद का तिरस्कार किया था।

पर्वतेश्वर—हाँ, तो इस मगध-विद्रोह का केन्द्र कौन होगा ? नन्द के विरूद्ध कौन खड़ा होता है ?

चाणक्य—मौर्य-सेनानी का पुत्र चन्द्रगुप्त—जो मेरे साथ यहाँ आया है।

पर्वतेश्वर—पिप्पली-कानन के मौर्य भी तो वैसे ही वृषल हैं; उनको राज्य-सिंहासन दीजियेगा ?

चाणक्य—आर्य-क्रियाओं का लोप हो जाने से इन लोगों को वृषलत्व मिला, वस्तुतः ये क्षत्रिय हैं। बौद्धों के प्रभाव में आने से इनके श्रौत संस्कार छूट गये हैं अवश्य, परन्तु इसके क्षत्रिय होने में कोई सन्देह नहीं। और, महाराज ! धर्म के नियामक ब्राह्मण हैं, मुझे पात्र देखकर उसका संस्कार करने का अधिकार है। **ब्राह्मणत्व एक सार्वभौम शाश्वत बुद्धि-वैभव है।** वह अपनी रक्षा के लिये, पुष्टि के लिये, और सेवा के लिये इतर वर्णों का सङ्गठन कर लेगा। राजन्य संस्कृति से पूर्ण मनुष्य को मूर्धाभिषिक्त बनाने में दोष ही क्या।

पर्वतेश्वर—(हँसकर)—यह आपका सुविचार नहीं है ब्रह्मन् !

चाणक्य—वशिष्ठ का ब्राह्मणत्व जब पीड़ित हुआ था, तब पल्लव, दरद, काम्बोज आदि क्षत्रिय बने थे। राजन्, यह कोई बड़ी बात नहीं है।

पर्वतेश्वर—वह समर्थ ऋषियों की बात है।

चाणक्य—भविष्य इसका विचार करता है कि ऋषि किन्हें कहते हैं। क्षत्रिय, अभिमानी पौरव ! तुम इसके निर्णायक नहीं हो सकते।

पर्वतेश्वर—शूद्र-शासित राष्ट्र में रहने वाले ब्राह्मण के मुख से यह बात शोभा नहीं देती।

चाणक्य—तभी तो ब्राह्मण मगध को क्षत्रिय-शासन में ले आना चाहता है। पौरव ! जिसके लिए कहा गया है, कि क्षत्रिय के शस्त्र धारण करने पर आर्त्तवाणी नहीं सुनाई पड़नी चाहिये, मौर्य चन्द्रगुप्त वैसा ही क्षत्रिय प्रमाणित होगा।

पर्वतेश्वर—कल्पना है।

चाणक्य—प्रत्यक्ष होगी। और स्मरण रखना, आसन्न यवन-युद्ध में, शौर्यगर्व से तुम पराभूत होगे। यवनों के द्वारा समग्र आर्यावर्त पादाक्रान्त होगा। उस समय तुम मुझे स्मरण करोगे।

पर्वतेश्वर—केवल अभिशाप-अस्त्र लेकर ही तो ब्राह्मण लड़ते हैं। मैं इससे नहीं डरता। परन्तु डराने वाले ब्राह्मण। तुम मेरी सीमा के बाहर हो जाओ ?

चाणक्य—(ऊपर देखकर)—रे पददलित ब्राह्मणत्व ? देख, शूद्र ने निगड़बद्ध किया, क्षत्रिय निर्वासित करता है, तब जल—एक बार अपनी ज्वाला से जल ! उसकी

चिनगारो से तेरे पोषक वैश्य, सेवक शूद्र और रक्षक क्षत्रिय उत्पन्न हों। जाता हूँ पौरव !

(प्रस्थान)

दशम दृश्य

(कानन पथ में अलका)

अलका—चली जा रही हूँ। अनन्त पथ है, कहीं पन्थशाला नहीं, और न पहुँचने का निर्दिष्ट स्थान है। शैल पर से गिरा दी गयी स्रोतस्विनी के सदृश्य अविराम भ्रमण, ठोकर और तिरस्कार। कानन में कहाँ चली जा रही हूँ ? **(सामने देखकर)** अरे यवन ! !

(शिकारी के वेश में सिल्यूकस का प्रवेश)

सिल्यूकस—तुम कहाँ सुन्दरी राजकुमारी !

अलका—मेरा देश है मेरे पहाड़ हैं, मेरी नदियाँ हैं और मेरे जङ्गल हैं। इस भूमि के एक-एक परमाणु मेरे हैं और मेरे शरीर के एक-एक क्षुद्र अंश उन्हीं परमाणुओं के बने हैं। फिर मैं कहाँ जाऊँगी यवन।

सिज्यूकस—यहाँ तो तुम अकेली हो सुन्दरी !

अलका—सो तो ठीक है। **(दूसरी ओर देखकर सहसा)** परन्तु देखो वह सिंह आ रहा है !

(सिल्यूकस उधर देखता है अलका दूसरी ओर निकल जाती है)

सिल्यूकस—निकल गयी ! **(दूसरी ओर जाता है)**

(चाणक्य और चन्द्रगुप्त का प्रवेश)

चाणक्य—वत्स, तुम बहुत थक गये होगे।

चन्द्रगुप्त—आर्य ! नसों ने अपने बन्धन ढीले कर दिये हैं, शरीर अवसन्न हो रहा है, प्यास भी लगी है।

चाणक्य—और कुछ दूर न चल सकोगे ?

चन्द्रगुप्त—जैसी आज्ञा हो।

चाणक्य—पास ही सिन्धु लहराता होगा, उसके तट पर ही विश्राम करना ठीक होगा।

(चन्द्रगुप्त चलने के लिए पैर बढ़ाता है फिर बैठ जाता है)

चाणक्य—(**उसे पकड़कर**) सावधान, चन्द्रगुप्त ?

चन्द्रगुप्त—आर्य ? प्यास से कण्ठ सूख रहा है, चक्कर आ रहा है।

चाणक्य—तुम विश्राम करो, मैं अभी जल लेकर आता हूँ। (**प्रस्थान**)

(चन्द्रगुप्त पसीने से तर लेट जाता है। एक व्याघ्र समीप आता दिखाई पड़ता है। सिल्यूकस प्रवेश करके धनुष संभालकर तीर चलाता है। व्याघ्र मरता है। सिल्यूकस की चन्द्रगुप्त को चैतन्य करने की चेष्टा। चाणक्य का जल लिये आना)

सिल्यूकस—थोड़ा जल, इस सत्त्वपूर्ण पथिक की रक्षा करने के लिए थोड़ा जल चाहिये।

चाणक्य—(**जल के छींटे देकर**) आप कौन हैं ?

(चन्द्रगुप्त स्वस्थ होता है)

सिल्यूकस—यवन सेनापति ! तुम कौन हो ?

चाणक्य—एक ब्राह्मण।

सिल्यूकस—यह तो कोई बड़ा श्रीमान् पुरुष है। ब्राह्मण ! तुम इसके साथी हो ?

चाणक्य—हाँ, मैं इस राजकुमार का गुरु हूँ, शिक्षक हूँ।

सिल्यूकस—कहाँ निवास है ?

चाणक्य—यह चन्द्रगुप्त मगध का एक निर्वासित राजकुमार है।

सिल्यूकस—(**कुछ विचारता है**) अच्छा, अभी तो मेरे शिविर में चलो, विश्राम करके फिर कहीं जाना।

चन्द्रगुप्त—यह सिंह कैसे मरा ? ओह, प्यास से मैं हतचेत हो गया था—आपने मेरे प्राणों की रक्षा की, मैं कृतज्ञ हूँ। आज्ञा दीजिये, हम लोग फिर उपस्थित होंगे, निश्चय जानिये।

सिल्यूकस—जब तुम अचेत पड़े थे तब यह तुम्हारे पास बैठा था। मैंने विपद समझ कर इसे मार डाला। मैं यवन सेनापति हूँ।

चन्द्रगुप्त—धन्यवाद ! भारतीय कृतघ्न नहीं होते। सेनापति ! मैं आपका अनुगृहीत हूँ, अवश्य आपके पास आऊँगा।

(तीनों जाते हैं, अलका का प्रवेश)

अलका—आर्य चाणक्य और चन्द्रगुप्त—ये भी यवनों के साथी ! जब आँधी और करका-वृष्टि, अवर्षण और दावाग्नि का प्रकोप हो, तब देश की हरी-भरी खेती का रक्षक कौन है ? शून्य व्योम प्रश्न को बिना उत्तर दिये लौटा देता है । ऐसे लोग भी आक्रमणकारियों के चङ्गुल में फँस रहे हों, तब रक्षा की क्या आशा ! जेहलम के पार सेना उतरना चाहती है, उन्मत्त पर्वतेश्वर अपने विचारों में मग्न है । गान्धार छोड़कर चलूँ, नहीं, एक बार महात्मा दाण्ड्यायन को नमस्कार कर लूँ, उनसे शान्ति-सन्देश का कुछ प्रसाद लेकर तब अन्यत्र जाऊँगी ।

(जाती है)

एकादशम् दृश्य

(सिन्धु-तट पर दाण्ड्यायन का आश्रम)

दाण्ड्यायन—पवन एक क्षण विश्राम नहीं लेता, सिन्धु की जलधारा बही जा रही है, बादलों में नीचे पक्षियों का झुण्ड उड़ा जा रहा है, प्रत्येक परमाणु न जाने किस आकर्षण में खिंचे चले जा रहे हैं । जैसे काल अनेक रूप में चल रहा है—यही तो····

(एनिसाक्रीटीज का प्रवेश)

एनिसाक्रीटीज—महात्मन् !

दाण्ड्यायन—चुप रहो, सब चले जा रहे हैं, तुम भी चले जाओ । अवकाश नहीं, अवसर नहीं ।

एनिसाक्रीटीज—आप से कुछ····

दाण्ड्यायन—मुझसे कुछ मत कहो ! कहो तो अपने-आप ही कहो, जिसे आवश्यकता होगी सुन लेगा । देखते हो, कोई किसी की सुनता है ? मैं कहता हूँ—सिन्धु के एक बिन्दु ! धारा में न बहकर मेरी एक बात सुनने के लिए ठहर जा—सुनता है ? ठहरता है ? कदापि नहीं ।

एनिसाक्रीटीज—परन्तु देवपुत्र ने···

दाण्ड्यायन—देवपुत्र ?

एनिसाक्रीटीज—देवपुत्र जगद्विजेता सिकन्दर ने आपका स्मरण किया है । आपका यश सुनकर आपसे कुछ उपदेश ग्रहण करने की उनकी बलवती इच्छा है ।

दाण्ड्यायन—(**हँसकर**)—भूमा का सुख और उनकी महत्ता का जिसको आभासमात्र हो जाता है. उसको ये नश्वर चमकीले प्रदर्शन नहीं अभिभूत कर सकते, दूत ! वह किसी बलवान की इच्छा का क्रीड़ा-कन्दुक नहीं बन सकता, तुम्हारा राजा अभी जेहलम भी नहीं पार कर सका, फिर भी जगद्विजेता की उपाधि लेकर जगत को वञ्चित करता है । मैं लोभ से, सम्मान से या भय से किसी के पास नहीं जा सकता ।

एनिसाक्रीटीज—महात्मन ! ऐसा क्यों ? यदि न जाने पर देवपुत्र दण्ड दें ?

दाण्ड्यायन—मेरी आवश्यकतायें परमात्मा की विभूति प्रकृति पूरी करती है । उसके रहते दूसरों का शासन कैसा ? समस्त आलोक, चैतन्य और प्राणशक्ति, प्रभु की दी हुई है । मृत्यु के द्वारा वही इसको लौटा लेता है । जिस वस्तु को मनुष्य दे नहीं सकता, उसे ले लेने की स्पर्धा से बढ़कर दूसरा दम्भ नहीं । मैं फल-मूल खाकर अञ्जलि से जलपान कर, तृण-शय्या पर आँख बन्द किये सो रहा हूँ । न मुझसे किसी को डर है और न मुझको डरने का कारण है । तुम ही यदि हठात् मुझे ले जाना चाहो तो केवल मेरे शरीर को ले जा सकते हो, मेरी स्वतन्त्र आत्मा पर तुम्हारे देवपुत्र का भी अधिकार नहीं हो सकता !

एनीसाक्रीटीज—बड़े निर्भीक हो ब्राह्मण । जाता हूँ, यही कह दूँगा (**प्रस्थान**)

(**एक ओर से अलका, दूसरी ओर से चाणक्य और चन्द्रगुप्त का प्रवेश । सब वन्दना करके सविनय बैठते** हैं)

अलका—देव । मैं गान्धार छोड़कर जाती हूँ ।

दाण्ड्यायन—क्यों अलके, तुम गान्धार की लक्ष्मी हो, ऐसा क्यों ?

अलका—ऋषे । यवनों के हाथ स्वाधीनता बेच कर उनके दान से जीने की शक्ति मुझमें नहीं ।

दाण्ड्यायन—तुम उत्तरापथ की लक्ष्मी हो तुम अपना प्राण बचाकर कहाँ जाओगी ?—(**कुछ विचारकर**)—अच्छा जाओ देवी । तुम्हारी आवश्यकता है । मङ्गल-मय विभु अनेक अमङ्गलों में कौन-कौन कल्याण छिपाये रहता है, हम सब उसे नहीं समझ सकते । परन्तु जब तुम्हारी इच्छा हो, निस्सङ्कोच चली आना ।

अलका—देव, हृदय में सन्देह है ।

दाण्ड्यायन—क्या अलका ?

अलका—ये दोनों महाशय, जो आपके सम्मुख बैठे हैं—जिनपर पहले मेरा पूर्ण विश्वास था, वे ही अब यवनों के अनुगत क्यों होना चाहते हैं ।

(**दाण्ड्यायन चाणक्य की ओर देखता है और चाणक्य कुछ विचारने लगता है**)

चन्द्रगुप्त—देवि । कृतज्ञता का बन्धन अमोघ है ।

चाणक्य—राजकुमारी। उस परिस्थिति पर आपने विचार नहीं किया है, आपकी शङ्का निर्मूल है।

दाण्ड्यायन—सन्देह न करो अलका। कल्याणकृत को पूर्ण विश्वासी होना पड़ेगा। विश्वास सुफल देगा, दुर्गति नहीं।

(यवन सैनिक का प्रवेश)

यवन—देवपुत्र आपकी सेवा में आना चाहते हैं, क्या आज्ञा है ?

दाण्ड्यायन—मैं क्या आज्ञा दूँ सैनिक। मेरा कोई रहस्य नहीं, निभृत मन्दिर नहीं, यहाँ पर सबका प्रत्येक क्षण स्वागत है।

(सैनिक जाता है)

अलका—तो मैं जाती हूँ, आज्ञा हो।

दाण्ड्यायन—कोई आतङ्क नहीं है, अलका। ठहरो तो।

चाणक्य—महात्मन्, हम लोगों की क्या आज्ञा है ? किसी दूसरे समय उपस्थित हों ?

दाण्ड्यायन—चाणक्य। तुमको तो कुछ दिनों तक इस स्थान पर रहना होगा, क्योंकि सब विद्या के आचार्य होने पर भी तुम्हें उसका फल नहीं मिला—उद्वेग नहीं मिटा। अभी तुम्हारे हृदय में हलचल मची है, यह अवस्था सन्तोषजनक नहीं।

(सिकन्दर का सिल्यूकस, कार्नेलिया, एनिसाक्रीटीज इत्यादि सहचरों के साथ प्रवेश सिकन्दर नमस्कार करता है, सब बैठते हैं)

दाण्ड्यायन—स्वागत अलक्षेन्द्र ! तुम्हें सुबुद्धि मिले।

सिकन्दर—महात्मन्। अनुगृहीत हुआ, परन्तु मुझे कुछ और आशीर्वाद चाहिये।

दाण्ड्यायन—मैं और आशीर्वाद देने में असमर्थ हूँ क्योंकि इसके अतिरिक्त जितने आशीर्वाद होंगे, वे अमङ्गलजनक होंगे।

सिकन्दर—मैं आपके मुख से जय सुनने का अभिलाषी हूँ।

दाण्डयायन—जयघोष तुम्हारे चारण करेंगे, हत्या, रक्तपात और अग्निकाण्ड के लिए उपकरण जुटाने में मुझे आनन्द नहीं। विजय-तृष्णा का अन्त पराभव में होता है, अलक्षेन्द्र। राजसत्ता सुव्यवस्था से बढ़े तो बढ़ सकती है, केवल विजयों से नहीं। इसीलिये अपनी प्रजा के कल्याण में लगो।

सिकन्दर—अच्छा—(**चन्द्रगुप्त को दिखाकर**)—यह तेजस्वी युवक कौन है ?

सिल्यूकस—यह मगध का एक निर्वासित राजकुमार है!।

सिकन्दर—मैं आपका स्वागत करने के लिए अपने शिविर में निमंत्रित करता हूँ।

चन्द्रगुप्त—अनुग्रहीत हुआ। आर्य लोग किसी निमन्त्रण को अस्वीकार नहीं करते।

सिकन्दर—(**सिल्यूकस से**)—तुमसे इनसे कब परिचय हुआ।

सिल्यूकस—इनसे तो मैं पहले ही मिल चुका हूँ।

चन्द्रगुप्त—आपका उपकार मैं भूला नहीं हूँ। आपने व्याघ्र से मेरी रक्षा की थी, जब मैं अचेत पड़ा था।

सिकन्दर—अच्छा तो आप लोग पूर्व-परिचित भी हैं। तब तो सेनापति, इनके आतिथ्य का भार आप ही पर रहा।

सिल्यूकस—जैसी आज्ञा।

सिकन्दर—(**महात्मा से**)—महात्मन्! लौटती बार आपका फिर दर्शन करूँगा, जब भारत-विजय कर लूँगा।

दाण्ड्यायन—अलक्षेन्द्र, सावधान! (**चन्द्रगुप्त को दिखाकर**) देखो यह भारत का भावी सम्राट् तुम्हारे सामने बैठा है।

(सब स्तब्ध होकर चन्द्रगुप्त को देखते हैं और चन्द्रगुप्त आश्चर्य से कार्नेलिया को देखने लगता है। एक दिव्य आलोक)

पटाक्षेप

द्वितीय अङ्क

(उद्भाण्ड में सिन्धु के किनारे ग्रीक-शिविर के पास वृक्ष के नीचे कार्नेलिया बैठी हुई)

कार्नेलिया—सिन्धु का यह मनोहर तट जैसे मेरी आँखों के सामने एक नया चित्रपट उपस्थित कर रहा है। इस वातावरण से धीरे-धीरे उठती हुई प्रशान्त स्निग्धता जैसे हृदय में घुस रही है। लम्बी यात्रा करके जैसे मैं वहीं पहुँच गयी हूँ, जहाँ के लिए चली थी। यह कितना निसर्ग सुन्दर है, कितना रमणीय है? हाँ, आज वह भारतीय सङ्गीत का पाठ देखूँ, भूल तो नहीं गयी?

(**गाती है**)

अरुण यह मधुमय देश हमारा

जहाँ पहुँच अनजान क्षितिज को मिलता एक सहारा
सरस तामरस गर्भ विभा पर—नाच रही तरुशिखा मनोहर
छिटका जीवन हरियाली पर—मङ्गल कुङ्कुम सारा
लघु सुरधुन से पङ्ख पसारे शीतल मलय समीर सहारे
उड़ते खग जिस ओर मुँह किये—समझ नीड़ निज प्यारा
ब्रसाती आँखों के बादल—बनते जहाँ भरे करुणा जल
लहरें टकराती अनन्त की—पाकर जहाँ किनारा
हेम-कुम्भ ले उषा सवेरे—भरती ढुलकाती सुख मेरे
मंदिर ऊँघते रहते जब—जग कर रजनी भर तारा

फिलिप्स—(**प्रवेश करके**) कैसा मधुर गीत है कार्नेलिया, तुमने तो भारतीय सङ्गीत पर पूरा अधिकार कर लिया है, चाहे हम लोगों को भारत पर अधिकार करने में अभी विलम्ब हो।

कार्नेलिया—फिलिप्स ! यह तुम हो ! आज दारा की कन्या वाल्हीक जायगी ?

फिलिप्स—दारा की कन्या ! नहीं कुमारी, सम्राज्ञी कहो।

कार्नेलिया—असम्भव है फिलिप्स ! ग्रीक लोग केवल देशों को विजय करके समझ लेते हैं कि लोगों के हृदयों पर भी अधिकार कर लिया। वह देवकुमारी-सी सुन्दर बालिका सम्राज्ञी कहने पर तिलमिला जाती है। उसे यह विश्वास है कि यह एक महान् साम्राज्य की लूट में मिली हुई दासी है, प्रणय-परिणीता पत्नी नहीं।

फिलिप्स—कुमारी ! प्रणय के सम्मुख क्या साम्राज्य तुच्छ है।

कार्नेलिया—यदि प्रणय हो !

फिलिप्स—प्रणय तो मेरा हृदय पहचानता है।

कार्नेलिया—(**हँसकर**) ओहो यह तो बड़ी विचित्र बात है।

फिलिप्स—कुमारी, क्या तुम मेरे प्रेम की हँसी उड़ाती हो ?

कार्नेलिया—नहीं सेनापति। तुम्हारा उत्कृष्ट प्रेम बड़ा भयानक होगा, उससे तो डरना चाहिये।

फिलिप्स—((**गंभीर होकर**) मैं पूछने आया हूँ कि आगामी युद्धों से दूर रहने के लिए शिविर की सब स्त्रियाँ स्कन्धावार में सम्राज्ञी के साथ जा रही हैं क्या तुम भी चलोगी ?

कार्नेलिया—नहीं, सम्भवतः पिताजी को यहीं रहना होगा, इसलिए मेरे जाने की आवश्यकता नहीं।

फिलिप्स—**(कुछ खींचकर)** कुमारी ! न जाने फिर कब दर्शन हों, इसलिये एक बार इन कोमल करों को चूमने की आज्ञा दो।

कार्नेलिया—तुम मेरा अपमान करने का साहस न करो फिलिप्स ?

फिलिप्स—प्राण देकर भी नहीं कुमारी ? परन्तु प्रेम अन्धा है।

कार्नेलिया—तुम अपने अन्धेपन से दूसरे को ठुकराने का लाभ नहीं उठा सकते फिलिप्स !

फिलिप्स—**(इधर-उधर देखकर)** यह नहीं हो सकता—

(कार्नेलिया का हाथ पकड़ना चाहता है, वह चिल्लाती है—रक्षा करो! रक्षा करो ! चन्द्रगुप्त प्रवेश करके फिलिप्स की गर्दन पकड़ कर दबाता है, वह गिरकर क्षमा माँगता है, चन्द्रगुप्त छोड़ देता है)

कार्नेलिया—धन्यवाद आर्यवीर !

फिलिप्स—**(लज्जित होकर)** कुमारी, प्रार्थना करता हूँ कि इस घटना को भूल जाओ, क्षमा करो।

कार्नेलिया—क्षमा तो कर दूँगी, परन्तु भूल नहीं सकती फिलिप्स ! तुम अभी चले जाओ।

(फिलिप्स नतमस्तक जाता है)

चन्द्रगुप्त—चलिये, आपको शिविर के भीतर पहुँचा दूँ।

कार्नेलिया—पिताजी कहाँ हैं ? उनसे यह बात कह देनी होगी, यह घटना.... नहीं, तुम्हीं कह देना।

चन्द्रगुप्त—ओह ! वे मुझे बुला गये हैं, मैं जाता हूँ, उनसे कह दूँगा।

कार्नेलिया—आप चलिये; मैं जाती हूँ।

(चन्द्रगुप्त का प्रस्थान)

कार्नेलिया—एक घटना हो गई, फिलिप्स ने विनती की उसे भूल जाने की, किन्तु उस घटना से और भी किसी का सम्बन्ध है, उसे कैसे भूल जाऊँ ! उन दोनों में शृङ्गार और रौद्र का सङ्गम है वह भी आह, कितना आकर्षक है ! कितना तरङ्ग-सङ्कुल है ! इसी चन्द्रगुप्त के लिये न उस साधु ने भविष्यवाणी की है—भारत-सम्राट् होने की ! उसमें कितनी विनयशील वीरता है ! **(प्रस्थान)**

(कुछ सैनिकों के साथ सिकन्दर का प्रवेश)

सिकन्दर—विजय करने की इच्छा क्लान्ति से मिटती जा रही है। हम तो इतने

बड़े आक्रमण के समारम्भ में लगे हैं और यह देश जैसे सोया हुआ है, लड़ना जैसे इनके जीवन का उद्वेगजनक अंश नहीं। अपने ध्यान में दार्शनिक के सदृश निमग्न हैं। सुनते हैं, पौरव ने केवल जेहलम के पास कुछ सेना प्रतिरोध करने के लिये या केवल देखने के लिये रख छोड़ी है। हम लोग जब पहुँच जायँगे तब वे लड़ लेंगे!

एनिसाक्रीटीज—मुझे तो ये लोग आलसा मालूम पड़ते हैं।

सिकन्दर—नहीं-नहीं, यहाँ के दार्शनिक की परीक्षा तो तुम कर चुके—दाण्ड्-यायन को देखा न! थोड़ा ठहरो, यहाँ के वीरों का भी परिचय मिल जायगा। यह अद्भुत देश है।

एनिसाक्रीटीज—परन्तु आम्भीक तो अपनी प्रतिज्ञा का सच्चा निकला—प्रबन्ध तो उसने अच्छा कर रखा है।

सिकन्दर—लोभी है! सुना है कि उसकी एक बहन चिढ़कर संन्यासिनी हो गयी है।

एनिसाक्रीटीज—मुझे विश्वास नहीं होता, इसमें कोई रहस्य होगा! पर एक बात कहूँगा, ऐसे पथ में साम्राज्य की समस्या हल करना कहाँ तक ठीक है? क्यों न शिविर में ही चला जाय?

सिकन्दर—एनिसाक्रीटीज, फिर तो पर्सिपोलिस का राजमहल छोड़ने की आव-श्यकता न थी, यहाँ एकान्त में मुझे कुछ ऐसी बात पर विचार करना है, जिस पर भारत अभियान का भविष्य निर्भर है। मुझे उस नङ्गे ब्राह्मण की बातों से बड़ी आशङ्का हो रही है, भविष्यवाणियाँ प्रायः सत्य होती हैं।

(एक ओर से फिलिप्स, आम्भीक, दूसरी ओर से सिल्यूकस और चन्द्रगुप्त का प्रवेश)

सिकन्दर—कहो फिलिप्स! तुम्हें क्या कहना है?

फिलिप्स—आम्भीक से पूछ लिया जाय।

आम्भीक—यहाँ एक षड्यन्त्र चल रहा है।

फिलिप्स—और उसके सहायक हैं सिल्यूकस।

सिल्यूकस—(क्रोध और आश्चर्य से)—इतनी नीचता! अभी उस लज्जाजनक अपराध का प्रकट करना बाकी ही रहा—उलटा अभियोग! प्रमाणित करना होगा फिलिप्स! नहीं तो खड्ग इसका न्याय करेगा।

सिकन्दर—उत्तेजित न हो सिल्यूकस!

फिलिप्स—तलवार तो कभी का न्याय कर देती, परन्तु देवपुत्र का भी जान लेना आवश्यक था। नहीं तो ऐसे निर्लज्ज विद्रोही की हत्या करना पाप नहीं, पुण्य है।

(सिल्यूकस तलवार खींचता है)

सिकन्दर—तलवार खींचने से अच्छा होता कि तुम अभियोग को निर्मूल प्रमाणित करने की चेष्टा करते! बताओ, तुमने चन्द्रगुप्त के लिये अब क्या सोचा?

सिल्यूकस—चन्द्रगुप्त ने अभी-अभी कार्नेलिया को इस नीच फिलिप्स के हाथ से अपमानित होने से बचाया है और मैं स्वयं यह अभियोग आपके सामने उपस्थित करने वाला था।

सिकन्दर—परन्तु साहस नहीं हुआ, क्यों सिल्यूकस!

फिलिप्स—क्यों साहस होता—इनकी कन्या दाण्ड्यायन के आश्रम पर भारतीय दर्शन पढ़ने जाती है, भारतीय सङ्गीत सीखती है, वहीं पर विद्रोहकारिणी अलका भी आती है। और चन्द्रगुप्त के लिये यह जनरव फैलाया गया है कि यही भारत का भावी सम्राट् होगा!

सिल्यूकस—रोक, अपनी अबाध गति से चलने वाली जीभ रोक!

सिकन्दर—ठहरो सिल्यूकस! तुम अपने को विचाराधीन समझो। हाँ, तो चन्द्रगुप्त! मुझे तुमसे कुछ पूछना है।

चन्द्रगुप्त—क्या है?

सिकन्दर—सुना है कि मगध का वर्तमान शासक एक नीच-जन्मा जारज सन्तान है। उसकी प्रजा असन्तुष्ट है और तुम उस राज्य को हस्तगत कहने का प्रयत्न कर रहे हो?

चन्द्रगुप्त—हस्तगत नहीं, उसका शासक बड़ा क्रूर हो गया है, मगध का उद्धार करना चाहता हूँ।

सिकन्दर—और उस ब्राह्मण के कहने पर अपने सम्राट् होने का तुम्हें विश्वास हो गया होगा, जो परिस्थिति को देखते हुए असम्भव भी नहीं जान पड़ता।

चन्द्रगुप्त—असम्भव क्यों नहीं?

सिकन्दर—हमारी सेना इसमें सहायता करेगी, फिर भी असम्भव है?

चन्द्रगुप्त—मुझे आप से सहायता नहीं लेनी है।

सिकन्दर—(क्रोध से) फिर इतने दिनों तक ग्रीक-शिविर में रहने का तुम्हारा उद्देश्य?

चन्द्रगुप्त—एक सादर निमंत्रण और सिल्यूकस से उपकृत होने के कारण उनके

अनुरोध की रक्षा। परन्तु मैं यवनों को अपना शासक बनने को आमन्त्रित करने नहीं आया हूँ।

सिकन्दर—परन्तु इन्हीं यवनों के द्वारा भारत जो आज तक कभी भी आक्रान्त नहीं हुआ है, विजित किया जायगा।

चन्द्रगुप्त—यह भविष्य के गर्भ में है उसके लिए अभी से इतनी उछल-कूद मचाने की आवश्यकता नहीं।

सिकन्दर—अबोध युवक, तू गुप्तचर है!

चन्द्रगुप्त—नहीं, कदापि नहीं, अवश्य ही यहाँ रहकर यवन-रणनीति से मैं कुछ परिचित हो गया हूँ। मुझे लोभ से पराभूत गान्धार-राज आम्भीक समझने की भूल न होनी चाहिये, मैं मगध का उद्धार करना चाहता हूँ। परन्तु यवन लुटेरों की सहायता से नहीं।

सिकन्दर—तुमको अपनी विपत्तियों से डर नहीं—ग्रीक लुटेरे हैं?

चन्द्रगुप्त—क्या यह झूठ है? लूट के लोभ से हत्या-व्यवसायियों को एकत्र करके उन्हें वीर-सेना कहना, रण-कला का उपहास करना है।

सिकन्दर—(**आश्चर्य और क्रोध से**) सिल्यूकस!

चन्द्रगुप्त—सिल्यूकस नहीं, चन्द्रगुप्त से कहने की बात चन्द्रगुप्त से कहनी चाहिये।

आम्भीक—शिष्टता से बातें करो।

चन्द्रगुप्त—स्वच्छ हृदय भीरु कायरों की-सी वंचक शिष्टता नहीं जानता। अनार्य! देशद्रोही! आम्भीक! चन्द्रगुप्त रोटियों के लालच या घृणाजनक लोभ से सिकन्दर के पास नहीं आया है।

सिकन्दर—बन्दी कर लो इसे।

(आम्भीक; फिलिप्स, एनिसाक्रीटीज़ टूट पड़ते हैं; चन्द्रगुप्त असाधारण वीरता से तीनों को घायल करता हुआ निकल जाता है)

सिकन्दर—सिल्यूकस!

सिल्यूकस—सम्राट्।

सिकन्दर—यह क्या?

सिल्यूकस—आपका अविवेक। चन्द्रगुप्त एक वीर युवक है, यह आचरण उसकी भावी श्री और पूर्ण मनुष्यता का द्योतक है सम्राट्। हम लोग जिस काम से आये हैं,

उसे करना चाहिये। फिलिप्स को अन्त:पुर की महिलाओं के साथ वाल्हीक जाने दीजिये।

सिकन्दर—(सोचकर) अच्छा जाओ।

(प्रस्थान)

द्वितीय दृश्य

(जेहलम-तट का वन-पथ : चाणक्य, चन्द्रगुप्त और अलका का प्रवेश)

अलका—आर्य ! अब हम लोगों का क्या कर्त्तव्य है ?

चाणक्य—पलायन।

चन्द्रगुप्त—व्यङ्ग न कीजिये गुरुदेव।

चाणक्य—दूसरा उपाय क्या है ?

अलका—है क्यों नहीं ?

चाणक्य—हो सकता है (दूसरी ओर देखने लगता है)

चन्द्रगुप्त—गुरुदेव।

चाणक्य—परिव्राजक होने की इच्छा है क्या ? यही सरल उपाय है।

चन्द्रगुप्त—नहीं, कदापि नहीं ! यवनो को प्रतिपद में बाधा देना मेरा कर्त्तव्य है और शक्ति-भर प्रयत्न करूँगा।

चाणक्य—यह तो अच्छी बात है। परन्तु सिंहरण अभी नहीं आया।

चन्द्रगुप्त—उसे समाचार मिलना चाहिये।

चाणक्य—अवश्य मिला होगा।

अलका—यदि न आ सके ?

चाणक्य—जब काली घटाओं से आकाश घिरा हो, रह-रहकर बिजली, चमक जाती हो, पवन स्तब्ध हो, उमस बढ़ रही हो, और आषाढ़ के आरम्भिक दिन हों, तब किस बात की सम्भावना करनी चाहिये ?

अलका—जल बरसने की।

चाणक्य—ठीक उसी प्रकार जब देश में युद्ध हो, सिंहरण मालव को समाचार मिला हो, तब उसके आने की भी निश्चित आशा है।

चन्द्रगुप्त—उधर देखिये—वे दो व्यक्ति कौन आ रहे हैं।

(सिंहरण का सहारा लिए वृद्ध गांधार-राज का प्रवेश)

चाणक्य—राजन् !

गांधार-राज—विभव की छलनाओं से वञ्चित एक वृद्ध ! जिसके पुत्र ने विश्वासघात किया हो और कन्या ने साथ छोड़ दिया हो—मैं वही, एक अभागा मनुष्य हूँ।

अलका—पिताजी। (**गले से लिपट जाती है**)।

गांधार-राज—बेटी अलका, अरे तू कहाँ भटक रही है ?

अलका—कहीं नहीं पिताजी ! आपके लिए छोटी-सी झोपड़ी बना रखी है, चलिये विश्राम कीजिये।

गांधार-राज—नहीं, तू मुझे अपनी झोपड़ी में बिठा कर चली जायगी। जो महलों को छोड़ चुकी है, उसका झोपड़ियों के लिये क्या विश्वास !

अलका—नहीं पिताजी, विश्वास कीजिये। (**सिंहरण से**) मालव मैं कृतज्ञ हुई।

(**सिंहरण सस्मित नमस्कार करता है। पिता के साथ अलका का प्रस्थान**)

चाणक्य—सिंहरण ! तुम आ गये, परन्तु....

सिंहरण—किन्तु परन्तु नहीं आर्य। आप आज्ञा दीजिये, हम लोग कर्त्तव्य में लग जायँ। विपत्तियों के बादल मँडरा रहे हैं।

चाणक्य—उसकी चिन्ता नहीं। पौधे अन्धकार में बढ़ते हैं, और मेरी नीतिलता भी उसी भाँति विपत्ति-तम में लहलही होगी। हाँ, केवल शौर्य से काम नहीं चलेगा। एक बात समझ लो, चाणक्य सिद्धि देखता है, साधन चाहे कैसे ही हों। बोलो, तुम लोग प्रस्तुत हो !

सिंहरण—हम लोग प्रस्तुत हैं।

चाणक्य—तो युद्ध नहीं करना होगा।

चन्द्रगुप्त—फिर क्या ?

चाणक्य—सिंहरण और अलका को नट और नटी बनना होगा; चन्द्रगुप्त बनेगा सँपेरा और मैं ब्रह्मचारी। देख रहे हो चन्द्रगुप्त, पर्वतेश्वर की सेना का जो एक गुल्म अपनी छावनी अलग डाले हैं, वे सैनिक कहाँ के हैं ?

चन्द्रगुप्त—नहीं जानता।

चाणक्य—अभी जानने की आवश्यकता भी नहीं। हम लोग उसी सेना के साथ अपने स्वाँग रखेंगे। वहीं हमारे खेल होंगे ! चलो, हम लोग चलें; देखो—वह नवीन गुल्म का युवक सेनापति जा रहा है।

(**सबका प्रस्थान पुरुष-वेश में कल्याणी और सैनिक का प्रवेश**)

कल्याणी—सेनापति ! मैंने दुस्साहस करके पिताजी को चिढ़ा दिया, पर अब कोई मार्ग बताओ, जिससे मैं सफलता प्राप्त कर सकूँ। पर्वतेश्वर को नीचा दिखलाना ही मेरा प्रधान उद्देश्य है।

सेनापति—राजकुमारी।

कल्याणी—सावधान सेनापति।

सेनापति—क्षमा हो, अब ऐसी भूल न होगी। हाँ, तो केवल एक मार्ग है।

कल्याणी—वह क्या ?

सेनापति—घायलों की शुश्रूषा का भार ले लेना है।

कल्याणी—मगध सेनापति ! तुम कायर हो।

सेनापति—तब जैसी आज्ञा हो !—(**स्वगत**) स्त्री की अधीनता वैसे ही बुरी होती है, तिस पर युद्धक्षेत्र में ! भगवान् ही बचावें।

कल्याणी—मेरी इच्छा है कि जब पर्वतेश्वर यवन सेना द्वारा चारों ओर से घिर जाय; उस समय उसका उद्धार करके अपना मनोरथ पूर्ण करूँ।

सेनापति—बात तो अच्छी है।

कल्याणी—और तब तक हम लोगों की रक्षित सेना (**रुककर देखते हुए**) यह लो, पर्वतेश्वर इधर ही आ रहा है !

(**पर्वतेश्वर का युद्ध-वेश में प्रवेश**)

पर्वतेश्वर—(**दूर दिखलाकर**) वह किस गुल्म का शिविर है युवक ?

कल्याणी—मगध गुल्म का महाराज !

पर्वतेश्वर—मगध की सेना, असम्भव। उसने तो रण निमन्त्रण ही अस्वीकृत किया था !

कल्याणी—परन्तु मगध की बड़ी सेना में से एक छोटा सा वीर युवकों का दल इस युद्ध के लिए परम उत्साहित था। स्वेच्छा से उसने इस युद्ध में योग दिया है।

पर्वतेश्वर—प्राच्य मनुष्यों में भी इतना उत्साह ! (**हँसता है**)

कल्याणी—महाराज, उत्साह का निवास किसी विशेष दिशा में नहीं है।

पर्वतेश्वर—(**हँसकर**) प्रगल्भ हो युवक। परन्तु रण जब नाचने लगता है, तब भी यदि तुम्हारा उत्साह बना रहे तो मानूँगा। हाँ तुम बड़े सुन्दर सुकुमार युवक हो, इसलिये साहस न कर बैठना। तुम मेरी रक्षित सेना के साथ रहो तो अच्छा। समझा न।

कल्याणी—जैसी आज्ञा।

(चन्द्रगुप्त, सिंहरण और अलका का वेश बदले हुए प्रवेश)

सिंहरण—खेल देख लो, खेल ! ऐसा खेल—जो कभी न देखा हो न सुना !

पर्वतेश्वर—नट ! इस समय खेल देखने का अवकाश नहीं !

अलका—क्या युद्ध के पहले ही घबरा गये, सेनापति ! वह भी तो वीरों का खेल ही है।

पर्वतेश्वर—बड़ी ढीठ है।

चन्द्रगुप्त—न हो तो नागों का ही दर्शन कर लो !

कल्याणी—बड़ा कौतुक है महाराज इन नागों को ये लोग किस प्रकार वश कर लेते हैं !

चन्द्रगुप्त—(**सम्भ्रम से**) महाराज हैं ! तब तो अवश्य पुरस्कार मिलेगा।

(सँपेरों की सी चेष्टा करता है। पिटारी खोलकर साँप निकालता है)

कल्याणी—आश्चर्य है, मनुष्य ऐसे कुटिल विषधरों को भी वश सकता है परन्तु मनुष्य को नहीं।

पर्वतेश्वर—नट नागों पर तुम लोगों का अधिकार कैसे हो जाता है ?

चन्द्रगुप्त—मंत्र महौषधि के भाले से बड़े-बड़े मत्त नाग वशीभूत होते हैं।

पर्वतेश्वर—भाले से ?

सिंहरण—हाँ महाराज ! वैसे ही जैसे भालों से मदमत्त मतङ्ग !

पर्वतेश्वर—तुम लोग कहाँ से आ रहे हो ?

सिंहरण—ग्रीकों के शिविर से।

चन्द्रगुप्त—उनके भाले भारतीय हाथियों के लिए वज्र ही है।

पर्वतेश्वर—तुम लोग आम्भीक के चर तो नहीं हो ?

सिंहरण—रातों-रात यवन-सेना वितस्ता के पार हो गयी है—समीप है, महाराज ! सचेत हो जाइये।

पर्वतेश्वर—मगधनायक ! इन लोगों को बन्द करो।

(चन्द्रगुप्त कल्याणी को ध्यान से देखता है)

अलका—उपकार का भी यह फल !

चन्द्रगुप्त—हम लोग बन्दी ही हैं। परन्तु रण-व्यूह से सावधान होकर सैन्य-परिचालन कीजिये। जाइये महाराज ! यवन-रणनीति भिन्न हैं।

(पर्वतेश्वर उद्विग्न भाव से जाता है)

कल्याणी—(सिंहरण से) चलो, हमारे शिविर में ठहरो। फिर बताया जायगा।

चन्द्रगुप्त—मुझे कुछ कहना है।

कल्याणी—अच्छा, तुम लोग आगे चलो।

(सिंहरण इत्यादि आगे बढ़ते हैं)

चन्द्रगुप्त—इस युद्ध में पर्वतेश्वर की पराजय निश्चित है।

कल्याणी—परन्तु तुम कौन हो—(ध्यान से देखती हुई) —मैं तुमको पहचान····

चन्द्रगुप्त—मगध का एक सँपेरा!

कल्याणी—हूँ! और भविष्यवक्ता भी?

चन्द्रगुप्त—मुझे मगध की पताका के सम्मान को······

कल्याणी—कौन! चन्द्रगुप्त तो नहीं।

चन्द्रगुप्त—अभी तो एक सँपेरा हूँ राजकुमारी कल्याणी।

कल्याणी—(एक क्षण चुप रहकर) हम दोनों को चुप रहना चाहिये चलो!

(दोनों का प्रस्थान)

तृतीय दृश्य

(युद्धक्षेत्र। सैनिकों के साथ पर्वतेश्वर)

पर्वतेश्वर—सेनापति, भूल हुई।

सेनापति—हाथियों ने उधम मचा रखा है और रथी सेना भी व्यर्थ-सी हो रही है।

पर्वतेश्वर—सेनापति, युद्ध में जय या मृत्यु—दो में से एक होनी चाहिये।

सेनापति—महाराज सिकन्दर को वितस्ता पर यह अच्छी तरह विदित हो गया है कि हमारी खड्गों में कितनी धार है। स्वयं सिकन्दर का अश्व मारा गया और राजकुमार के भाले की चोट सिकन्दर न सँभाल सका।

पर्वतेश्वर—प्रशंसा का समय नहीं है। शीघ्रता करो। मेरा रणगज प्रस्तुत हो, मैं स्वयं गजसेना का सञ्चालन करूँगा। चलो?

(सब जाते हैं। कल्याणी और चन्द्रगुप्त का प्रवेश)

कल्याणी—चन्द्रगुप्त, तुम्हें यदि मगध सेना विद्रोही जानकर बन्दी बनावे ?

चन्द्रगुप्त—बन्दी सारा देश है राजकुमारी, दारुण द्वेष से सब जकड़े हैं ! मुझको इसकी चिन्ता भी नहीं। परन्तु राजकुमारी का युद्धक्षेत्र में आना अनोखी बात है।

कल्याणी—केवल तुम्हें देखने के लिये ! मैं जानती थी कि तुम युद्ध में अवश्य सम्मिलित होगे और मुझे भ्रम हो रहा है कि तुम्हारे निर्वासन के भीतरी कारणों में एक मैं भी हूँ !

चन्द्रगुप्त—परन्तु राजकुमारी, मेरा हृदय देश की दुर्दशा से व्याकुल है। इस ज्वाला में स्मृति-लता मुरझा गयी।

कल्याणी—चन्द्रगुप्त !

चन्द्रगुप्त—राजकुमारी ! समय नहीं ! वह देखो—भारतीयों के प्रतिकूल दैव ने मेघमाला का सृजन किया है। रथ बेकार होंगे और हाथियों का प्रत्यावर्तन और भी भयानक हो रहा है।

कल्याणी—तब ! मगध-सेना तुम्हारे अधीन है, जैसा चाहो करो !

चन्द्रगुप्त—पहले उस पहाड़ी पर सेना एकत्र होनी चाहिये। शीघ्र आवश्यकता होगी। पर्वतेश्वर की पराजय को रोकने की चेष्टा कर देखूँ।

कल्याणी—चलो !

(मेघों की गड़गड़ाहट। दोनों जाते हैं। एक ओर से सिल्यूसक, दूसरी ओर से पर्वतेश्वर का ससैन्य प्रवेश। युद्ध)

सिल्यूकस—पर्वतेश्वर ! अस्त्र ! रख दो।

पर्वतेश्वर—यवन ! सावधान ! बचाओ अपने को !

(तुमुल युद्ध। घायल होकर सिल्यूकस का हटना)

पर्वतेश्वर—सेनापति ! देखो, उन कायरों को रोको। उनसे कह दो कि आज रणभूमि में पर्वतेश्वर पर्वत के समान अचल है। जय-पराजय की चिन्ता नहीं। इन्हें बतला देना होगा कि भारतीय लड़ना जानते हैं। बादलों से पानी बरसने की जगह वज्र बरसें, सारी गज-सेना छिन्न-भिन्न हो जाय, रथी विरथ हो, रक्त के नाले धमनियों से बहें, परन्तु एक पग भी पीछे हटना पर्वतेश्वर के लिये असम्भव है। धर्मयुद्ध में प्राण-भिक्षा माँगने वाले भिखारी हम नहीं। जाओ उन भगोड़ों से एक बार जननी के स्तन्य को लज्जा के नाम पर रुकने के लिये कहो ! कहो कि मरने का क्षण एक ही है। जाओ।

(सेनापति का प्रस्थान : सिंहरण और अलका का प्रवेश)

सिंहरण—महाराज ! यह स्थान सुरक्षित नहीं। उस पहाड़ी पर चलिये।

पर्वतेश्वर—तुम कौन हो युवक !

सिंहरण—एक मालव !

पर्वतेश्वर—मालव के मुख से ऐसा कभी नहीं सुना गया। मालव ! खड्गक्रीड़ा देखनी हो तो खड़े रहो। डर लगता है तो पहाड़ी पर जाओ।

सिंहरण—महाराज, यवनों का एक दल वह आ रहा है।

पर्वतेश्वर—आने दो। तुम हट जाओ।

(फिलिप्स का प्रवेश। सिंहरण का भीषण युद्ध और पर्वतेश्वर का लड़खड़ा कर गिरने की चेष्टा। चन्द्रगुप्त और कल्याणी का सैनिकों के साथ पहुँचना; दूसरी ओर से सिकन्दर का आना युद्ध बन्द करने के लिये सिकन्दर की आज्ञा)

चन्द्रगुप्त—युद्ध होगा !

सिकन्दर—कौन, चन्द्रगुप्त !

चन्द्रगुप्त—हाँ देवपुत्र !

सिकन्दर—किससे युद्ध ? मुमूर्षु घायल पर्वतेश्वर—वीर पर्वतेश्वर से ! कदापि नहीं। आज मुझे जय-पराजय का विचार नहीं है। मैंने एक अलौकिक वीरता का स्वर्गीय दृश्य देखा है। होमर की कविता में पढ़ी हुई जिस कल्पना से मेरा हृदय भरा है, उसे यहाँ प्रत्यक्ष देखा ! भारतीय वीर पर्वतेश्वर ! अब मैं तुम्हारे साथ कैसा व्यवहार करूँ !

पर्वतेश्वर—(**रक्त पोंछते हुए**) जैसा एक नरपति अन्य नरपति के साथ करता है, सिकन्दर !

सिकन्दर—मैं तुमसे मैत्री करना चाहता हूँ। विस्मय-विमुग्ध होकर तुम्हारी सराहना किये बिना मैं नहीं रह सकता—धन्य ? आर्य वीर ?

पर्वतेश्वर—मैं तुमसे युद्ध न करके मैत्री भी कर सकता हूँ।

चन्द्रगुप्त—पंचनद-नरेश ! आप क्या कर रहे हैं ! समस्त मागध सेना आपकी प्रतीक्षा में है, युद्ध होने दीजिये !

कल्याणी—इन थोड़े-से अर्धजीव यवनों को विचलित करने के लिए पर्याप्त मागध सेना है महाराज ! आज्ञा दीजिये !

पर्वतेश्वर—नहीं युवक ! वीरता भी एक सुन्दर कला है, उस पर मुग्ध होना आश्चर्य की बात नहीं, मैंने वचन दे दिया, अब सिकन्दर चाहे हटें।

सिकन्दर—कदापि नहीं।

कल्याणी—(**शिरस्त्राण फेंककर**) जाती हूँ क्षत्रिय पर्वतेश्वर ! तुम्हारे पतन में रक्षा न कर सकी, बड़ी निराशा हुई !

पर्वतेश्वर—तुम कौन हो !

चन्द्रगुप्त—मगध राजकुमारी कल्याणी देवी ।

पर्वतेश्वर—ओह पराजय ! निकृष्ट पराजय !

(चन्द्रगुप्त और कल्याणी का प्रस्थान । सिकन्दर आश्चर्य से देखता है । अलका घायल सिंहरण को उठाना चाहती है कि आम्भीक आकर दोनों को बन्दी करता है)

पर्वतेश्वर—यह क्या !

आम्भीक—इनको अभी बन्दी बना रखना आवश्यक है ।

पर्वतेश्वर—तो यह लोग मेरे यहाँ रहेंगे ।

सिकन्दर—पञ्चनद-नरेश की जैसी इच्छा हो ।

चतुर्थ दृश्य

(मालव में सिंहरण के उद्यान का एक अंश)

मालविका—**(प्रवेश करके)** फूल हँसते हुए आते हैं, फिर मकरन्द गिराकर मुरझा जाते हैं, आँसू से धरणी को भिगोकर चले जाते हैं ! एक स्निग्ध समीर का झोंका आता है, निःश्वास फेंककर चला जाता है । क्या पृथ्वीतल रोने के लिए ही है ? नहीं, सबके लिए एक ही नियम तो नहीं । कोई रोने के लिये है तो कोई हँसने के लिये—**(विचारती हुई)** आजकल तो छुट्टी-सी है, परन्तु एक विचित्र विदेशियों का दल यहाँ ठहरा है, उनमें से एक को तो देखते ही डर लगता है । लो देखो—यह युवक आ गया !

(सिर झुकाकर फूल सँवारने लगती है । ऐन्द्रजालिक के वेश में चन्द्रगुप्त का प्रवेश)

चन्द्रगुप्त—मालविका !

मालविका—क्या आज्ञा है !

चन्द्रगुप्त—तुम्हारे नागकेशर की क्यारी कैसी है !

मालविका—हरी-भरी !

चन्द्रगुप्त—आज कुछ खेल भी होगा, देखोगी !

मालविका—खेल तो नित्य देखती हूँ । न जाने कहाँ से लोग आते हैं और कुछ न-कुछ अभिनय करते हुये चले जाते हैं । इसी उद्यान के कोने से बैठी हुई सब देखा करती हूँ ।

चन्द्रगुप्त—मालविका, तुमको कुछ गाना आता है?

मालविका—आता तो है, परन्तु····

चन्द्रगुप्त—परन्तु क्या ?

मालविका—युद्धकाल है ! देश में रण-चर्चा छिड़ी है। आजकल मालव-स्थान में कोई गाता-बजाता नहीं।

चन्द्रगुप्त—रण-भेरी के पहले यदि मधुर मुरली की एक तान सुन लूँ, तो हानि न होगी। मालविका ! न जाने क्यों आज ऐसी कामना जाग पड़ी है।

मालविका—अच्छा सुनिये—

(अचानक चाणक्य का प्रवेश)

चाणक्य—छोकरियों से बातें करने का समय नहीं है मौर्य !

चन्द्रगुप्त—नहीं गुरुदेव ! मैं आज ही विपाशा के तट से आया हूँ, यवनशिविर भी घूम कर देख आया हूँ।

चाणक्य—क्या देखा ?

चन्द्रगुप्त—समस्त यवन-सेना शिथिल हो गयी है। मगध का इन्द्रजाली जानकर मुझसे यवन-सैनिकों ने वहाँ की सेना का हाल पूछा। मैंने कहा पञ्चनद के सैनिकों से भी दुर्धर्ष कई लक्ष रण-कुशल योद्धा शतद्रु-तट पर तुम लोगों की प्रतीक्षा कर रहे हैं। यह सुनकर कि नन्द के पास कई लाख सेना है, उन लोगों में आतङ्क छा गया और एक प्रकार का विद्रोह फैल गया।

चाणक्य—हाँ ! तब क्या हुआ ! केलिस्थनीज के अनुयायियों ने क्या किया ?

चन्द्रगुप्त—उनकी उत्तेजना से सैनिकों ने विपाशा को पार करना अस्वीकार कर दिया और यवन देश लौट चलने के लिए आग्रह करने लगे। सिकन्दर के बहुत अनुरोध करने पर भी वे युद्ध के लिए सहमत नहीं हुये। इसलिये रावी के जलमार्ग से लौटने का निश्चय हुआ है। अब उनकी इच्छा युद्ध की नहीं है।

चाणक्य—और क्षुद्रकों का क्या समाचार है ?

चन्द्रगुप्त—वे भी प्रस्तुत हैं। मेरी इच्छा है कि इस जगद्विजेता का ढोंग करने वाले को एक पाठ पराजय का भी पढ़ा दिया जाय। परन्तु इस समय यहाँ सिंहरण का होना अत्यन्त आवश्यक है।

चाणक्य—अच्छा, देखा जायगा। सम्भवतः स्कन्धावार में मालवों की युद्ध-परिषद् होगी। अत्यन्त सावधानी से काम करना होगा। मालवों को मिलाने का पूरा प्रयत्न तो हमने कर लिया है।

चन्द्रगुप्त—चलिये, मैं, अभी आया !

(**चाणक्य का प्रस्थान**)

मालविका—यह खेल तो बड़ा भयानक होगा मागध !

चन्द्रगुप्त—कुछ चिन्ता नहीं । अभी कल्याणी नहीं आयी ?

(**एक सैनिक का प्रवेश**)

चन्द्रगुप्त—क्या है ?

सैनिक—सेनापति ! मगध सेना के लिए क्या आज्ञा है ?

चन्द्रगुप्त—विपाशा और शतद्रु के बीच जहाँ अत्यन्त संकीर्ण भू-भाग है, वहीं अपनी सेना रखो । स्मरण रखना कि विपाशा पार करने पर मगध का साम्राज्य ध्वंस करना यवनों के लिए बड़ा साधारण काम हो जायगा । सिकन्दर की सेना के सामने इतना विराट् प्रदर्शन होना चाहिए कि वह भयभीत हो ।

सैनिक—अच्छा, राजकुमारी ने पूछा है कि आप कब तक आयेंगे ? उनकी इच्छा मालव में ठहरने की नही है ।

चन्द्रगुप्त—राजकुमारी से मेरा प्रणाम कहना और कह देना कि मैं सेनापति का पुत्र हूँ, युद्ध ही हमारी आजीविका है । क्षुद्रकों की सेना का मैं सेनापति होने के लिए आमन्त्रित किया गया हूँ । इसलिये मैं यहाँ रहकर भी मगध की अच्छी सेवा कर सकूँगा ।

सैनिक—जैसी आज्ञा ! (**जाता है ।**)

चन्द्रगुप्त—(**कुछ सोचकर**) सैनिक !

(सैनिक लौट आता है)

सैनिक—क्या आज्ञा है ?

चन्द्रगुप्त—राजकुमारी से कह देना कि मगध जाने की उत्कट इच्छा होने पर भी वे सेना साथ न ले जायें ।

सैनिक—इसका उत्तर भी लेकर आना होगा ।

चन्द्रगुप्त—नहीं ।

(सैनिक का प्रस्थान)

मालविका—मालव में बहुत-सी बातें मेरे देश से विपरीत हैं । इनकी युद्धपिपासा बलवती है । फिर युद्ध !

चन्द्रगुप्त—तो क्या तुम इस देश की नहीं हो ?

मालविका—नहीं, मैं सिन्धु की रहने वाली हूँ, आर्य ! वहाँ युद्ध-विग्रह नहीं, न्यायालयों की आवश्यकता नहीं । प्रचुर स्वर्ण के रहते भी कोई उसका उपयोग नहीं ।

इसलिये अर्थमूलक विवाद कभी उठते ही नहीं। मनुष्य के प्राकृतिक जीवन का सुन्दर पालना मेरा सिन्धु-देश है।

चन्द्रगुप्त—तो यहाँ कैसे चली आयी हो ?

मालविका—मेरी इच्छा हुई कि और देशों को भी देखूँ ! तक्षशिला में राजकुमारी अलका से कुछ ऐसा स्नेह हुआ कि वहीं रहने लगी। उन्होंने मुझे घायल सिंहरण के साथ यहाँ भेज दिया। कुमार सिंहरण बड़े सहृदय हैं। परन्तु मागध, तुमको देखकर तो मैं चकित हो जाती हूँ ! कभी इन्द्रजाली, कभी कुछ ! भला इतना सुन्दर रूप तुम्हें विकृत करने की क्या आवश्यकता है ?

चन्द्रगुप्त—शुभे, मैं तुम्हारी सरलता पर मुग्ध हूँ। तुम इन बातों को पूछकर क्या करोगी ! (**प्रस्थान**)

मालविका—स्नेह से हृदय चिकना हो जाता है। परन्तु बिछलने का भय भी होता है।—अद्‌भुत युवक है। देखूँ कुमार सिंहरण कब आते हैं।

(पट परिवर्तन)

पंचम दृष्य

(बंदीगृह में घायल सिंहरण और अलका)

अलका—अब तो चल-फिर सकोगे ?

सिंहरण—हाँ अलका, परन्तु बन्दीगृह में चलना-फिरना व्यर्थ है।

अलका—नहीं मालव, बहुत शीघ्र स्वस्थ होने की चेष्टा करो। तुम्हारी आवश्यकता है।

सिंहरण—क्या ?

अलका—सिकन्दर की सेना रावी पार हो रही है। पञ्चनद से सन्धि हो गयी अब यवन लोग निश्चिन्त होकर आगे बढ़ना चाहते हैं। आर्य चाणक्य का एक चर यह संदेश सुना गया है।

सिंहरण—कैसे ?

अलका—क्षपणक-वेश में गीत गाता हुआ भीख माँगता आया था, उसने संकेत से अपना तात्पर्य कह सुनाया।

सिंहरण—तो क्या आर्य चाणक्य जानते हैं कि मैं यहाँ बन्दी हूँ ?

अलका—हाँ, आर्य चाणक्य इधर की सब घटनाओं को जानते हैं।

सिंहरण—तब तो मालव पर शीघ्र ही आक्रमण होगा।

अलका—कोई डरने की बात नहीं, क्योंकि चन्द्रगुप्त को साथ लेकर आर्य ने वहाँ, पर एक बड़ा भारी कार्य किया है। क्षुद्रकों और मालवों में सन्धि हो गयी है। चन्द्रगुप्त को उनकी सम्मिलित सेना का सेनापति बनाने का उद्योग हो रहा है।

सिंहरण—(**उठकर**) तब तो अलका, मुझे शीघ्र ही पहुँचना चाहिये।

अलका—परन्तु तुम बन्दी हो।

सिंहरण—जिस तरह हो सके, अलके मुझे पहुँचाओ।

अलका—(**कुछ सोचने लगती है**) तुम जानते हो कि मैं क्यों बन्दिनी हूँ ?

सिंहरण—क्यो ?

अलका—आम्भीक से पर्वतेश्वर की सन्धि हो गयी है और स्वयं सिकन्दर ने विरोध मिटाने के लिए पर्वतेश्वर की भगिनी से आम्भीक का ब्याह करा दिया है; परन्तु आम्भीक ने यह जानकर भी कि मैं यहाँ बन्दिनी हूँ, मुझे छुड़ाने का प्रयत्न नहीं किया। उसकी इच्छा थी, कि पर्वतेश्वर की कई रानियों में से एक मैं भी हो जाऊँ; परन्तु मैंने अस्वीकार कर दिया।

सिंहरण—अलका, तब क्या करना होगा ?

अलका—यदि मैं पर्वतेश्वर से ब्याह करना स्वीकार करूँ; तो सम्भव है तुमको छुड़ा दूँ।

सिंहरण—मैं....अलका ! मुझसे पूछती हो !

अलका—दूसरा उपाय क्या है ?

सिंहरण—मेरा सिर घूम रहा है। अलका ! तुम पर्वतेश्वर की प्रणयिनी बनोगी ! अच्छा होता कि इसके पहले ही मैं न रह जाता।

अलका—क्यों मालव; इसमें तुम्हारी कुछ हानि है ?

सिंहरण—कठिन परीक्षा न लो अलका ! बड़ा दुर्बल हूँ। मैंने जीवन और मरण में तुम्हारा सङ्ग न छोड़ने का प्रण किया है।

अलका—मालव देश की स्वतन्त्रता तुम्हारी आशा में है।

सिंहरण—और तुम पञ्चनद की अधीश्वरी बनने की आशा में....तब मुझे रणभूमि में प्राण देने की आज्ञा दो।

अलका—(**हँसती हुई**) चिढ़ गये ! आर्य चाणक्य की आज्ञा है कि थोड़ी देर पञ्चनद का सूत्र-सञ्चालन करने के लिए मैं यहाँ की रानी बन जाऊँ।

सिंहरण—यह भी कोई हँसी है।

अलका—बन्दी ! जाओ सो रहो मैं आज्ञा देती हूँ।

(सिंहरण का प्रस्थान)

अलका—सुन्दर निश्चल हृदय, तुमसे हँसी करना भी अन्याय है। परन्तु व्यथा को दबाना पड़ेगा। सिंहरण को मालव भेजने के लिये प्रणय के साथ अत्याचार करना होगा।

(गाती है)

प्रथम यौवन-मदिरा से मत्त, प्रेम करने की थी परवाह
और किसको देना है हृदय, चीन्हने की न तनिक थी चाह
बेच डाला था हृदय अमोल, आज वह माँग रहा था दाम
वेदना मिली तुला पर तोल, उसे लोभी ने ली बेकाम
उड़ रही है हृत्पथ में धूल, आ रहे हो तुम बे परवाह
करूँ क्या दृग-जल से छिड़काव, बनाऊँ मैं यह बिछलन राह
सँभलते धीरे-धीरे चलो, इसी मिस तुमको लगे बिलम्ब
सफल हो जीवन की सब साध, मिले आशा को कुछ अवलम्ब
विश्व की सुषमाओं का स्रोत, बह चलेगा आँखों की राह
और दुर्लभ होगी पहचान, रूप-रत्नाकर भरा अथाह

(पर्वतेश्वर का प्रवेश)

पर्वतेश्वर—सुन्दरी अलका; तुम कब तक यहाँ रहोगी ?

अलका—वह बन्दी बनाने वाले की इच्छा पर निर्भर करता है।

पर्वतेश्वर—तुम्हें कौन बन्दी कहता है ? यह तुम्हारा अन्याय है; अलका ! चलो; सुसज्जित राजभवन तुम्हारी प्रत्याशा में है।

अलका—नहीं पौरव, मैं राजभवनों से डरती हूँ, क्योंकि उनके लोभ से मनुष्य आजीवन मानसिक कारावास भोगता है।

पर्वतेश्वर—इसका तात्पर्य ?

अलका—कोमल शय्या पर लेटे रहने की प्रत्याशा में स्वतन्त्रता का भी विसर्जन करना पड़ता है; यही उन विलासपूर्ण राजभवनों का प्रलोभन है।

पर्वतेश्वर—व्यंग न करो अलका। पर्वतेश्वर ने जो कुछ किया है, वह भारत का एक-एक बच्चा जानता है। परन्तु देव प्रतिकूल हो, तब क्या किया जाय ?

अलका—मैं मानती हूँ, परन्तु आपकी आत्मा इसे मानने के लिए प्रस्तुत न होगी, हम लोग जो आपके लिए, देश के लिये, प्राण देने को प्रस्तुत थे, केवल यवनों को प्रसन्न करने के लिये बन्दी किये गये।

पर्वतेश्वर—बन्दी कैसे ?

अलका—बन्दी नहीं तो और क्या ? सिंहरण, जो आपके साथ युद्ध करते घायल हुआ है, आज तक वह क्यों रोका गया ? पञ्चनद-नरेश आपका न्याय अत्यन्त सुन्दर है न !

पर्वतेश्वर—कौन कहता है सिंहरण बन्दी है ? उस वीर की मैं प्रतिष्ठा करता हूँ अलका, परन्तु उससे द्वन्द्व-युद्ध करना चाहता हूँ ।

अलका—क्यों ?

पर्वतेश्वर—क्योंकि अलका के दो प्रेमी नहीं हो सकते ।

अलका—महाराज, यदि भूपालों का-सा व्यवहार न माँगकर आप सिकन्दर से द्वन्द्व-युद्ध माँगते, तो अलका को विचार करने का अवसर मिलता ।

पर्वतेश्वर—यदि मैं सिकन्दर का विपक्षी बन जाऊँ तो तुम मुझे प्यार करोगी अलका ? सच कहो !

अलका—तब विचार करूँगी, पर वैसी सम्भावना नहीं ।

पर्वतेश्वर—क्या प्रमाण चाहती हो अलका ?

अलका—सिंहरण के देश पर यवनों का आक्रमण होने वाला है, वहाँ तुम्हारी सेना यवनों की सहायक न बने; और सिंहरण अपने मालव की रक्षा के लिए मुक्त किया जाय ।

पर्वतेश्वर—मुझे स्वीकार है ।

अलका—तो मैं भी राजभवन में चलने के लिए प्रस्तुत हूँ, परन्तु एक नियम पर !

पर्वतेश्वर—वह क्या ?

अलका—यही कि सिकन्दर के भारत में रहने तक मैं स्वतन्त्र रहूँगी । पञ्चनद नरेश, यह दस्यु-दल बरसाती बाढ़ के समान निकल जायगा, विश्वास रखिये ।

पर्वतेश्वर—सच कहती हो अलका ! अच्छा, मैं प्रतिज्ञा करता हूँ, तुम जैसा कहोगी, वही होगा ! सिंहरण के लिए रथ आवेगा और तुम्हारे लिए शिविका । देखो भूलना मत ।

(चिन्तित भाव से प्रस्थान)

षष्ठम दृश्य

(मालवों के स्कन्धावार में युद्ध-परिषद्)

देवबल—परिषद् के सम्मुख मैं यह विज्ञप्ति उपस्थित करता हूँ कि यवन-युद्ध के लिये जो सन्धि मालव-क्षुद्रकों से हुई है, उसे सफल बनाने के लिये आवश्यक है कि दोनों गणों की एक सम्मिलित सेना बनायी जाय और उसके सेनापकि क्षुद्रकों के मनोनीत सेनापति मागध चन्द्रगुप्त ही हों। उन्हीं की आज्ञा से सैन्य-संचालन हो।

(सिंहरण का प्रवेश। परिषद् में हर्ष।)

सब—कुमार सिंहरण की जय!

नागदत्त—मगध एक साम्राज्य है। लिच्छवि और वृजि गणतन्त्र को कुचलने वाले मगध का निवासी हमारी सेना का सञ्चालन करे, यह अन्याय है। मैं इसका विरोध करता हूँ।

सिंहरण—मैं मालव-सेना का बलाधिकृत हूँ। मुझे सेना का अधिकार परिषद् ने प्रदान किया है और साथ ही मैं सन्धि-विग्रहिक का कार्य भी करता हूँ। पञ्चनद की परिस्थिति मैं स्वयं देख आया हूँ और मागध चन्द्रगुप्त को भी भली-भाँति जानता हूँ। मैं चन्द्रगुप्त के आदेशानुसार युद्ध चलाने के लिये सहमत हूँ। और भी मेरी एक प्रार्थना है उत्तरापथ के विशिष्ट राजनीतिज्ञ आर्य चाणक्य के गम्भीर राजनैतिक विचार सुनने पर आप लोग अपना कर्त्तव्य निश्चित करें।

गणमुख्य—आर्य चाणक्य व्यासपीठ पर आवें।

चाणक्य—**(व्यासपीठ से)** उत्तरापथ के प्रमुख गणतन्त्र मालव राष्ट्र की परिषद का मैं अनुगृहीत हूँ कि ऐसे गम्भीर अवसर पर मुझे कुछ कहने के लिये उसने आमन्त्रित किया। गणतन्त्र और एक राज्य का प्रश्न यहाँ नहीं, क्योंकि लिच्छवि और वृजियों का अपकार करने वाला मगध का एक राज्य, शीघ्र ही गणतन्त्र में परिवर्तित होने वाला है। युद्ध-काल में एक नायक की आज्ञा माननी पड़ती है। वहाँ शलाका ग्रहण करके शस्त्र-प्रहार करना असम्भव है। अतएव सेना का एक नायक तो होना ही चाहिये। और यहाँ की परिस्थिति में चन्द्रगुप्त से बढ़कर इस कार्य के लिये दूसरा व्यक्ति न होगा। वितस्ता-प्रदेश के अधीश्वर पर्वतेश्वर के यवनों से सन्धि करने पर भी चन्द्रगुप्त ही के उद्योग का यह फल है कि पर्वतेश्वर की सेना यवन-सहायता को न आयेगी। उसी के प्रयत्न से यवन-सेना में विद्रोह भी हो गया है, जिससे उसका आगे बढ़ना असम्भव हो गया है। परन्तु सिकन्दर की कूटनीति प्रत्यावर्त्तन में भी विजय चाहती है। वह अपनी विद्रोही सेना को स्थल-मार्ग से लौटने की आज्ञा देकर नौबल के द्वारा स्वयं सिन्ध-संगम तक के प्रदेश विजय करना चाहता है। उसमें मालवों का नाश

निश्चित है। अतएव, सेनापतित्व के लिए आप लोग चन्द्रगुप्त को ही वरण करें तो, क्षुद्रकों का सहयोग भी आप लोगों को मिलेगा। चन्द्रगुप्त को ही उन लोगों ने भी सेनापति बनाया है।

नागदत्त—ऐसा नहीं हो सकता!

चाणक्य—प्रबल प्रतिरोध करने के लिये दोनों सैन्यों में एकाधिपत्य होना आवश्यक है। साथ ही क्षुद्रकों की सन्धि की मर्यादा भी रखनी चाहिये। प्रश्न शासन का नहीं, युद्ध का है। युद्ध में सम्मिलित होने वाले वीरों को एकनिष्ठ होना लाभदायक है! फिर तो मालव और क्षुद्रक दोनों ही स्वतन्त्र संघ है और रहेंगे। सम्भवतः इसमें प्राच्यों का एक गणराष्ट्र आगामी दिनों में और भी आ मिलेगा।

नागदत्त—समझ गया, चन्द्रगुप्त को ही सम्मिलित सेना का सेनापति बनाना श्रेयस्कर होगा!

सिंहरण—अन्न, पान और भैषज्य सेवा करने वाली स्त्रियों ने मालविका को अपना प्रधान बनाने की प्रार्थना की है।

गणमुख्य—यह उन लोगों की इच्छा पर है! अस्तु, महाबलाधिकृत पद के लिये चन्द्रगुप्त को वरण करने की आज्ञा परिषद् देती है।

(समवेत जयघोष)

सप्तम दृश्य

(पर्वतेश्वर का प्रसाद)

अलका—सिंहरण मेरी आशा देख रहा होगा और मैं यहाँ पड़ी हूँ। आज इसका कुछ निबटारा करना होगा। अब अधिक नहीं (**आकाश की ओर देखकर**) तारों से भरी हुई काली रजनी का नीला आकाश—जैसे कोई विराट् गणितज्ञ निभृत में रेखा-गणित की समस्या सिद्ध करने के लिये बिन्दु दे रहा है!

(पर्वतेश्वर का प्रवेश)

पर्वतेश्वर—अलका बड़ी द्विविधा है।

अलका—क्यों पौरव?

पर्वतेश्वर—मैं तुमसे प्रतिश्रुत हो चुका हूँ कि मालव-युद्ध में मैं भाग न लूँगा परन्तु सिकन्दर का दूत आया है कि आठ सहस्र अश्वारोही लेकर रावी तट पर मिलो। साथ ही पता चला है कि कुछ यवन-सेना अपने देश को लौट रही है।

अलका—(**अन्यमनस्क होकर**) हाँ, कहते चलो !

पर्वतेश्वर—तुम क्या कहती हो अलका !

अलका—मैं सुनना चाहती हूँ !

पर्वतेश्वर—बतलाओ, मैं क्या करूँ ?

अलका—जो अच्छा समझो ! मुझे देखने दो ऐसी सुन्दर वेणी—फूलों से गूँथी हुई श्यामा रजनी की सुन्दर वेणी—अहा !

पर्वतेश्वर—क्या कह रही हो ?

अलका—गाने की इच्छा होती है, सुनोगे ?

(**गाती है**)

बिखरी किरन अलक व्याकुल हो विरस वदन पर चिन्ता लेख
छायापथ में राह देखती गिनती प्रणय-अवधि की रेख
प्रियतम के आगमन-पन्थ में उड़ न रही है कोमल धूल
कादम्बिनी उठी यह ढँकने वाली दूर जलधि के कूल
समय-विहग के कृष्णपक्ष में रजत चित्र-सी अङ्कित कौन—
तुम हो सुन्दरि तरल तारिके ! बोलो कुछ, बैठो मत मौन
मन्दाकिनी समीप भरी फिर प्यासी आँखें क्यों नादान
रूप-निशा की ऊषा में फिर कौन सुनेगा तेरा गान

पर्वतेश्वर—अलका ! मैं पागल होता जा रहा हूँ। यह तुमने क्या कर दिया है !

अलका—मैं तो गा रही हूँ।

पर्वतेश्वर—परिहास न करो। बताओ, मैं क्या करूँ ?

अलका—यदि सिकन्दर के रण-निमन्त्रण में तुम न जाओगे तो तुम्हारा राज्य चला जायगा !

पर्वतेश्वर—बड़ी बिडम्बना है !

अलका—पराधीनता से बढ़कर विडम्बना और क्या है ? अब समझ गये होगे कि वह सन्धि नहीं, पराधीनता की स्वीकृति थी।

पर्वतेश्वर—मैं समझता हूँ कि एक हजार अश्वारोहियों को साथ लेकर वहाँ पहुँच जाऊँ, फिर कोई बहाना ढूँढ़ निकालूँगा।

अलका—(**मन में**)—मैं चलूँ, निकल भागने का ऐसा अवसर दूसरा न मिलेगा ! (**प्रकट**) अच्छी बात है, परन्तु मैं भी साथ चलूँगी। मैं यहाँ अकेले क्या करूँगी।

(**पर्वतेश्वर का प्रस्थान**)

अष्टम दृश्य

(रावी के तट पर सैनिकों के साथ मालविका और चन्द्रगुप्त, नदी में दूर पर कुछ नावें)

मालविका—मुझे शीघ्र उत्तर दीजिए।

चन्द्रगुप्त—जैसा उचित समझो, तुम्हारी आवश्यक सामग्री तुम्हारे अधीन रहेगी; सिंहरण को कहाँ छोड़ा।

मालविका—आते ही होंगे।

चन्द्रगुप्त—**(सैनिकों से)** तुम लोग कितनी दूर तक गये थे?

सैनिक—अभी चार योजन तक यवनों का पता नहीं। परन्तु कुछ भारतीय सैनिक रावी के उस पार दिखाई दिये। मालव की पचासों हिंस्त्रीकायें वहाँ निरीक्षण कर रही हैं। उन पर धनुर्धर हैं।

सिंहरण—**(प्रवेश करके)** वह पर्वतेश्वर की सेना होगी। किन्तु मागध! आश्चर्य है।

चन्द्रगुप्त—आश्चर्य कुछ नहीं।

सिंहरण—क्षुद्रकों के केवल कुछ ही गुल्म आये हैं, और तो....

चन्द्रगुप्त—चिन्ता नहीं। कल्याणी के मागध सैनिक और क्षुद्रक अपनी घात में है यवनों को इधर आ जाने दो। सिंहरण, थोड़ी-सी हिंस्त्रिकाओं पर मुझे साहसी वीर चाहिये।

सिंहरण—प्रस्तुत है, आज्ञा दीजिये।

चन्द्रगुप्त—यवनों की जलसेना पर आक्रमण करना होगा। विजय के विचार से नहीं, केवल उलझाने के लिए और उनकी सामग्री नष्ट करने के लिये।

(सिंहरण सङ्केत करता है नावें जाती है)

मालविका—तो मैं स्कन्धावार के पृष्ठ भाग में अपने साधन रखती हूँ। एक क्षुद्र भण्डार मेरे उपवन में भी रहेगा।

चन्द्रगुप्त—**(विचार करके)** अच्छी बात है।

(एक नाव तेजी से आती है, उस पर से अलका उतर पड़ती है)

सिंहरण—**(आश्चर्य से)** तुम कैसे अलका?

अलका—पर्वतेश्वर ने प्रतिज्ञा भङ्ग की है, वह सैनिकों के साथ सिकन्दर की सहायता के लिए आया है। मालवों की नावें घूम रही थी। मैं जान-बूझकर पर्वतेश्वर को छोड़कर वहाँ पहुँच गयी। **(हँसकर)** परन्तु मैं बन्दी होकर आयी हूँ!

चन्द्रगुप्त—देवि ! युद्धकाल है, नियमों को देखना ही पड़ेगा। मालविका ! ले जाओ इन्हे उपवन में।

(मालविका और अलका का प्रस्थान। मालव रक्षकों के साथ एक यवन का प्रवेश)

यवन—मालव के सन्धि-विग्रहिक अमात्य से मिलना चाहता हूँ।

सिंहरण—तुम दूत हो ?

यवन—हाँ !

सिंहरण—कहो, मैं यहीं हूँ।

यवन—देवपुत्र ने आज्ञा दी है कि मालव-नेता मुझसे आकर भेंट करे और मेरी जल-यात्रा की सुविधा का प्रबन्ध करें।

सिंहरण—सिकन्दर से मालवों की ऐसी कोई सन्धि नहीं हुई, जिससे वे इस कार्य के लिए बाध्य हों। हाँ, भेंट करने के लिए मालव सदैव प्रस्तुत हैं—चाहे सन्धि-परिषद् में या रणभूमि में !

यवन—तो यही जाकर कह दूँ ?

सिंहरण—हाँ, जाओ। **(रक्षकों से)** इन्हें सीमा तक पहुँचा दो।

(यवन का रक्षकों के साथ प्रस्थान)

चन्द्रगुप्त—मालव; हम लोगों ने भयानक दायित्व उठाया है, इसका निर्वाह करना होगा।

सिंहरण—जीवन-मरण से खेलते हुए करेंगे, वीरवर !

चन्द्रगुप्त—परन्तु सुनो तो, यवन लोग आर्यों की रण-नीति से नहीं लड़ते ! वे हमीं लोगों के युद्ध हैं, जिनमें रणभूमि के पास ही कृषक-स्वच्छन्दता से हल चलता है। यवन आतङ्क फैलाना जानते हैं और उसे अपनी रण-नीति का प्रधान अङ्ग मानते हैं निरीह साधारण प्रजा को लूटना, गाँवों को जलाना, उनके भीषण परन्तु साधारण कार्य है।

सिंहरण—युद्ध-सीमा के पार के लोगों को भिन्न-भिन्न दुर्गों में एकत्र होने की आज्ञा प्रचारित हो गयी है। जो होगा, देखा जायगा।

चन्द्रगुप्त—पर एक बात सदैव ध्यान में रखनी होगी।

सिंहरण—क्या ?

चन्द्रगुप्त—यही, कि हमें आक्रमणकारी यवनों को यहाँ से हटाना है, और उन्हें जिस प्रकार हो, भारतीय सीमा के बाहर करना है। इसलिये शत्रु की ही नीति से युद्ध करना होगा।

सिंहरण—सेनापति की सब आज्ञायें मानी जायेंगी, चलिये !

(सब का प्रस्थान)

नवम दृश्य

(शिविर के समीप कल्याणी और चाणक्य)

कल्याणी—आर्य, अब मुझे लौटने की आज्ञा दीजिये, क्योंकि सिकन्दर ने विपाशा को अपने आक्रमण की सीमा बना ली है। अग्रसर होने की सम्भावना नहीं; और अमात्य राक्षस भी आ गये हैं, उनके साथ मेरा जाना ही उचित है।

चाणक्य—और चन्द्रगुप्त से क्या कह दिया जाय ?

कल्याणी—मैं नहीं जानती।

चाणक्य—परन्तु राजकुमारी, उसका असीम प्रेमपूर्ण हृदय भग्न हो जायगा। वह बिना पतवार की नौका के सदृश इधर-उधर बहेगा।

कल्याणी—आर्य, मैं इन बातों को नहीं सुनना चाहती, क्योंकि समय ने अव्यवस्थित बना दिया है।

(अमात्य राक्षस का प्रवेश)

राक्षस—कौन ? चाणक्य ?

चाणक्य—हाँ अमात्य ! राजकुमारी मगध लौटना चाहती है।

राक्षस—तो उन्हें कौन रोक सकता है ?

चाणक्य—क्यों ? तुम रोकोगे।

राक्षस—क्या तुमने सबको मूर्ख समझ लिया है ?

चाणक्य—जो होंगे वे अवश्य समझे जायेंगे। अमात्य ! मगध की रक्षा अभीष्ट नहीं है क्या ?

राक्षस—मगध विपन्न कहाँ है !

चाणक्य—तो मैं क्षुद्रकों से कह दूँ कि तुम लोग बाधा न दो, और यवनों से भी यह कह दिया जाय कि वास्तव में यह स्कन्धावार प्राच्य देश के सम्राट् का नहीं है, जिससे भयभीत होकर तुम विपाशा पार नहीं होना चाहते; यह तो क्षुद्रकों की क्षुद्र सेना है, जो तुम्हारे लिए मगध तक पहुँचने का सरल पथ छोड़ देने को प्रस्तुत है—क्यों ?

राक्षस—**(विचार कर)** आह ब्राह्मण, मैं स्वयं रहूँगा, यह तो मान लेने योग्य सम्मति है। परन्तु—

चाणक्य—फिर परन्तु लगाया। तुम स्वयं रहो और राजकुमारी भी रहे और तुम्हारे साथ जो नवीन गुल्म आये हैं, उन्हें भी रखना पड़ेगा। जब सिकन्दर रावी के

अन्तिम छोर पर पहुँचेगा, तब तुम्हारी सेना का नाम पड़ेगा। राक्षस! फिर भी मगध पर मेरा स्नेह है। मैं उसे उजड़ने और हत्याओं से बचाना चाहता हूँ।

(प्रस्थान)

कल्याणी—क्या इच्छा है अमात्य ?

राक्षस—मैं इसका मुँह भी नहीं देखना चाहता पर इसकी बातें मानने के लिये विवश हो रहा हूँ। राजकुमारी! यह मगध का विद्रोही अब तक बन्दी कर लिया जाता, यदि इसके स्वतन्त्रता की आवश्यकता न होती।

कल्याणी—जैसी सम्मति हो।

(चाणक्य का पुनः प्रवेश)

चाणक्य—अमात्य! सिंह पिंजड़े में बन्द हो गया है।

राक्षस—कैसे ?

चाणक्य—जल-यात्रा में इतना विघ्न उपस्थित हुआ कि सिकन्दर को स्थल-मार्ग से मालवों पर आक्रमण करना पड़ा। अपनी विजयों पर फूल कर उसने ऐसा किया, परन्तु जा फँसा उनके चंगुल में। अब इधर क्षुद्रकों और मागधों की नवीन सेनाओं से उसको बाधा पहुँचानी होगी।

राक्षस—तब तुम क्या कहते हो ? क्या चाहते हो ?

चाणक्य—यही, कि तुम अपनी सम्पूर्ण सेना लेकर विपाशा के तट की रक्षा करो, और क्षुद्रकों को लेकर मैं पीछे से आक्रमण करने जाता हूँ। इसमें तो डरने की बात कोई नहीं ?

राक्षस—मैं स्वीकार करता हूँ।

चाणक्य—यदि न करोगे तो अपना अनिष्ट करोगे। (प्रस्थान)

कल्याणी—विचित्र ब्राह्मण है अमात्य! मुझे तो इसको देखकर डर लगता है।

राक्षस—विकट है! राजकुमारी, एक बार इससे मेरा द्वन्द्व होना अनिवार्य है, परन्तु अभी मैं उसे बचाना चाहता हूँ।

कल्याणी—चलिये।

(कल्याणी का प्रस्थान)

चाणक्य—(पुनः प्रवेश करके)—राक्षस, एक बात तुम्हारे कल्याण की है, सुनोगे। मैं कहना भूल गया था।

राक्षस—क्या!

चाणक्य—नन्द को अपनी प्रेमिका सुवासिनी से तुम्हारे अनुचित सम्बन्ध का विश्वास हो गया है। अभी तुम्हारा मगध लौटना ठीक न होगा। समझे!

(चाणक्य का सवेग प्रस्थान। राक्षस सिर पकड़कर बैठ जाता है)

दशम् दृश्य

(मालव दुर्ग का भीतरी भाग । एक शून्य परकोटा)

मालविका—अलका, इधर तो कोई भी सैनिक नहीं है ! यदि शत्रु इधर से आवे तब ?

अलका—दुर्ग ध्वंस करने के लिए यन्त्र लगाये जा चुके हैं, परन्तु मालवसेना भी सुख की नींद नहीं सो रही है । सिंहरण को दुर्ग की भीतरी रक्षा का भार देकर चन्द्रगुप्त नदी-तट से यवन-सेना के पृष्ठभाग पर आक्रमण करेंगे । आज ही युद्ध का अन्तिम निर्णय है । जिस स्थान पर यवन-सेना को ले आना अभीष्ट था, वहाँ तक पहुँच गयी है ।

मालविका—अच्छा, चलो, कुछ नवीन आहत आ गये हैं, उनकी सेवा का प्रबन्ध करना है ।

अलका—(**देखकर**) मालविका ! मेरे पास धनुष है और कटार है । इस आपत्ति-काल में एक आयुध अपने पास रखना चाहिये । तू कटार अपने पास रख ले ।

मालविका—मैं डरती हूँ, घृणा करती हूँ । रक्त की प्यासी छुरी अलग करो, अलका, मैंने सेवा का व्रत लिया है ।

अलका—प्राणों के भय से शस्त्र से घृणा करती हो क्या ?

मालविका—प्राण तो धरोहर है, जिसका होगा वही लेगा, मुझे भयों से इनकी रक्षा करने की आवश्यकता नहीं । मै जाती हूँ ।

अलका—अच्छी बात है, जा ! परन्तु सिंहरण को शीघ्र ही भेज दे । यहाँ जब तक कोई न आ जाय, मैं नहीं हट सकती ।

(मालविका का प्रस्थान)

अलका—सन्ध्या का नीरव निर्जन प्रदेश है । बैठूँ । (**अकस्मात् बाहर से हल्ला होता है, युद्ध शब्द**) क्या चन्द्रगुप्त ने आक्रमण कर दिया ! परन्तु यह स्थान.... बड़ा ही अरक्षित है ! (**उठती है**) अरे ! वह कौन है ? कोई यवन सैनिक है क्या ? तो सावधान हो जाऊँ । (**धनुष चढ़ा कर तीर मारती है । यवन-सैनिक का पतन । दूसरा फिर ऊपर आता है । उसे भी मारती है; तीसरी बार स्वयं सिकन्दर ऊपर आता है, तीर का वार बचाकर दुर्ग में कूदता है और अलका को पकड़ना चाहता है । सहसा सिंहरण का प्रवेश, युद्ध**)

सिंहरण—(**तलवार चलाते हुये**) तुमको स्वयं इतना साहस नहीं करना चाहिये सिकन्दर ! तुम्हारा प्राण बहुमूल्य है !

सिकन्दर—सिकन्दर केवल सेनाओं को आज्ञा देना नहीं जानता । बचाओ अपने को ! (**भाले का वार**)

(सिंहरण इस फुरती से बरछे को ढाल पर लेता है कि वह सिकन्दर के हाथ से छूट जाता है, यवनराज विवश होकर तलवार चलाता है; किन्तु सिंहरण के भयानक प्रत्याघात से घायल होकर गिरता है। तीन यवन-सैनिक कूदकर आते हैं, इधर से मालव-सैनिक पहुँचते हैं)

सिंहरण—यवन! दुस्साहस न करो! तुम्हारे सम्राट् की अवस्था शोचनीय है ले जाओ, इनकी शुश्रूषा करो!

यवन—दुर्ग-द्वार टूटता है अभी हमारे वीर सैनिक इस दुर्ग को मटिया-मेट करते हैं।

सिंहरण—पीछे चन्द्रगुप्त की सेना है मूर्ख इस दुर्ग में आकर तुम सब बन्दी होगे। ले जाओ, सिकन्दर को उठा ले जाओ; जब तक और मालवों को यह न विदित हो जाय कि यही वह सिकन्दर है।

मालव-सैनिक—सेनापति, रक्त का बदला! इन नृशंस ने निरीह जनता का अकारण वध किया है। प्रतिशोध!

सिंहरण—ठहरो, मालव वीरो! ठहरो! यह भी एक प्रतिशोध है। यह भारत के ऊपर एक ऋण था! पर्वतेश्वर के प्रति उदारता दिखाने का यह प्रत्युत्तर है। यवन! जाओ, शीघ्र जाओ!

(तीनों यवन सिकन्दर को लेकर जाते हैं, घबराया हुआ एक सैनिक आता है)

सिंहरण—क्या है?

सैनिक—दुर्ग द्वार टूट गया, यवन-सेना भीतर आ रही है।

सिंहरण—कुछ चिन्ता नहीं। दृढ़ रहो। समस्त मालव-सेना से कह दो सिंहरण तुम्हारे साथ मरेगा। **(अलका से)** तुम मालविका को साथ लेकर अन्तःपुर की स्त्रियों को भूगर्भ-द्वार से सुरक्षित स्थान पर ले जाओ। अलका! मालव के ध्वंस पर ही आर्यों का यशो-मन्दिर ऊँचा खड़ा हो सकेगा। जाओ!

(अलका का प्रस्थान : यवन-सैनिकों का प्रवेश दूसरी ओर से चन्द्रगुप्त का प्रवेश और युद्ध : एक यवन-सैनिक दौड़ा हुआ आता है।)

यवन—सेनापति, सिल्यूकस! क्षुद्रकों की सेना भी पीछे आ गयी है! बाहर की सेना को उन लोगों ने उलझा रक्खा है।

चन्द्रगुप्त—यवन सेनापति, मार्ग चाहते हो या युद्ध? मुझ पर कृतज्ञता का बोझ है। तुम्हारा जीवन!

सिल्यूकस—**(कुछ सोचने लगता है)** हम दोनों के लिए प्रस्तुत हैं! किन्तु····

चन्द्रगुप्त—शान्ति! मार्ग दो! जाओ सेनापति! सिकन्दर का जीवन बच जाय तो फिर आक्रमण करना।

(यवन-सेना का प्रस्थान। चन्द्रगुप्त का जय-घोष)

तृतीय अंक

प्रथम दृश्य

विपाशा-तट का शिविर : राक्षस टहलता हुआ

राक्षस—एक दिन चाणक्य ने कहा था कि आक्रमणकारी यवन, ब्राह्मण और बौद्धों का भेद न मानेंगे। वही बात ठीक उतरी। यदि मालव और क्षुद्रक परास्त हो जाते और यवन-सेना शतद्रु पार कर जाती, तो मगध का नाश निश्चित था। मूर्ख मगध-नरेश ने सन्देह किया है और बार-बार मेरे लौट आने की आज्ञायें आने लगी है। परन्तु····

(एक चर प्रवेश करके प्रणाम करता है)

राक्षस—क्या समाचार है ?

चर—बड़ा ही आतङ्कजनक है अमात्य !

राक्षस—कुछ कहो भी।

चर—सुवासिनी पर आपसे मिल कर कुचक्र रचने का अभियोग है, वह कारागार में है।

राक्षस—(**क्रोध से**) और भी कुछ ?

चर—हाँ अमात्य, प्रान्त-दुर्ग पर अधिकार करके विद्रोह करने के अपराध में आपको बन्दी बनाकर ले आने वाले के लिये पुरस्कार की घोषणा की गयी है।

राक्षस—यहाँ तक ! तुम सत्य कहते हो ?

चर—मैं तो यहाँ तक कहने के लिये प्रस्तुत हूँ कि अपने बचने का शीघ्र उपाय कीजिये।

राक्षस—भूल थी ! मेरी भूल थी ! मूर्ख राक्षस ! मगध की रक्षा करने चला था ! जाता मगध, कटती प्रजा, लुटते नगर ! नन्द ! क्रूरता और मूर्खता की प्रतिमूर्ति नन्द ! एक पशु ! उसके लिए क्या चिन्ता थी ! सुवासिनी ! मैं सुवासिनी के लिये मगध को बचाना चाहता था। कुटिल विश्वासघातिनी राज-सेवा ! तुझे धिक्कार है !

(एक नायक का सैनिकों के साथ प्रवेश)

नायक—अमात्य राक्षस, मगध-सम्राट् की आज्ञा से शस्त्र-त्याग कीजिये; आप बन्दी हैं !

राक्षस—(**खड्ग खींचकर**) कौन है तू मूर्ख ! इतना साहस !

नायक—यह तो बन्दीगृह बतावेगा। बल-प्रयोग करने के लिये मैं बाध्य हूँ! **(सैनिकों से)** अच्छा! बाँध लो।

(दूसरी ओर से आठ सैनिक आकर उन पहले के सैनिकों को बन्दी बनाते हैं। राक्षस आश्चर्य चकित होकर देखता है)

नायक—तुम सब कौन हो?

नवागतसैनिक—राक्षस के शरीर-रक्षक!

राक्षस—मेरे!

नवागत—हाँ अमात्य! आर्य चाणक्य ने आज्ञा दी है कि जब तक यवनों का उपद्रव है, तब तक सबकी रक्षा होनी चाहिये, भले ही वह राक्षस क्यों न हो।

राक्षस—इसके लिये मैं चाणक्य का कृतज्ञ हूँ।

नवागत—परन्तु अमात्य! कृतज्ञता प्रकट करने के लिये आपको उनके समीप तक चलना होगा।

(सैनिकों को सङ्केत करता है। बन्दियों को लेकर चले जाते हैं)

राक्षस—मुझे कहाँ चलना होगा? राजकुमारी से शिविर में भेंट कर लूँ।

नवागत—वहीं सबसे भेंट होगी। यह पत्र है।

(राक्षस पत्र लेकर पढ़ता है)

राक्षस—अलका का सिंहरण से ब्याह होने वाला है उसमें मैं भी निमन्त्रित किया गया हूँ। चाणक्य विलक्षण बुद्धि का ब्राह्मण है, उसकी प्रखर प्रतिभा कूट—राजनीति के साथ दिन-रात जैसे खिलवाड़ किया करती है।

नवागत—हाँ आपने और भी कुछ सुना है?

राक्षस—क्या?

नवागत—यवनों ने मालवों से सन्धि करने का सन्देश भेजा है। सिकन्दर ने उस वीर रमणी अलका को देखने की बड़ी इच्छा प्रकट की है, जिसने दुर्ग में सिकन्दर का प्रतिरोध किया था।

राक्षस—आश्चर्य!

चर—हाँ अमात्य! यह तो मैं कहने ही नहीं पाया था। रावी-तट पर एक विस्तृत शिविरों की रङ्ग-भूमि बनी है, जिसमें अलका का ब्याह होगा। जब से सिकन्दर को यह विदित हुआ है कि अलका तक्षशिला-नरेश आम्भीक की बहन है, तब से उसे एक अच्छा अवसर मिल गया है। उसने उक्त शुभ अवसर पर मालवों और यवनों के एक सम्मिलित उत्सव के करने की घोषणा कर दी है। आम्भीक के पास से स्वयं निमन्त्रित होकर, परिणय-सम्पादन कराने दल-बल के साथ सिकन्दर भी आवेगा।

राक्षस—चाणक्य! तू धन्य है ! मुझे ईर्ष्या होती है । चला

(सब जाते हैं)

दूसरा दृश्य

(रावी-तट के उत्सव-शिविर के एक पथ में पर्वतेश्वर अकेले टहलते हुए)

पर्वतेश्वर—आह ! कैसा अपमान ! जिस पर्वतेश्वर ने उत्तरापथ में अनेक प्रबल शत्रुओं के रहते भी विरोधों को कुचल कर गर्व से सिर ऊँचा कर रखा था, जिसने दुर्दान्त सिकन्दर के सामने मरण को तुच्छ समझते हुये, वक्ष ऊँचा करके भाग्य से हँसी-ठट्ठा किया था, उसी का यह तिरस्कार—सो भी एक स्त्री के द्वारा ! और सिकन्दर के सङ्केत से ! प्रतिशोध ! रक्त-पिशाची प्रतिहिंसा अपने दाँतों से नसों को नोच रही है । मरूँ या मार डालूँ ! मारना तो असम्भव है सिंहरण और अलका, वर-वधू वेश में हैं; मालवों के चुने हुये वीरों से वे घिरे हैं। सिकन्दर उनकी प्रशंसा और आदर में लगा है । इस समय सिंहरण पर हाथ उठाना असफलता के पैरों तले गिरना है । तो फिर जीकर क्या करूँ ?

(छुरा निकाल कर आत्महत्या करना चाहता है, चाणक्य आकर हाथ पकड़ लेता है)

पर्वतेश्वर—कौन ?

चाणक्य—ब्राह्मण चाणक्य ।

पर्वतेश्वर—इस मेरे अन्तिम समय में भी क्या कुछ दान चाहते हो ?

चाणक्य—हाँ !

पर्वतेश्वर—मैंने अपना राज्य दिया, अब हटो ।

चाणक्य—यह तो तुमने दे दिया, परन्तु मैंने तुमसे माँगा न था, पौरव !

पर्वतेश्वर—फिर क्या चाहते हो ?

चाणक्य—एक प्रश्न का उत्तर ।

पर्वतेश्वर—तुम अपनी बात मुझे स्मरण दिलाने आये हो ? तो ठीक है । ब्राह्मण तुम्हारी बात सच हुई । यवनों ने आर्यावर्त्त को पददलित कर लिया । मैं गर्व में भूला था, तुम्हारी बात न मानो । अब उसी का प्रायश्चित्त करने जाता हूँ। छोड़ दो ।

चाणक्य—पौरव ! शान्त हो । मैं एक दूसरी बात पूछता हूँ । वृषल चन्द्रगुप्त क्षत्रिय है कि नहीं, अथवा उसे मूर्धाभिषिक्त करने में ब्राह्मण से भूल हुई ?

पर्वतेश्वर—आह, ब्राह्मण ! व्यङ्ग न करो । चन्द्रगुप्त के क्षत्रिय होने का प्रमाण यही विराट् आयोजन है । आर्य चाणक्य ! मैं क्षमता रखते हुये जिस काम को न कर

सका, वह कार्य निस्सहाय चन्द्रगुप्त ने किया। आर्य्यावर्त्त से यवनों को निकल जाने का सङ्केत उसके प्रचुर बल का द्योतक है। मैं विश्वस्त हृदय से कहता हूँ कि चन्द्रगुप्त आर्यावर्त्त का एकच्छत्र सम्राट् होने के उपयुक्त है। अब मुझे छोड़ दो····

चाणक्य—पौरव ! ब्राह्मण राज्य करना, नहीं जानता करना भी नहीं चाहता, हाँ, वह राजाओं का नियमन करना जानता है; राजा बनाना जानता है। इसलिए तुम्हें अभी राज्य करना होगा, और करना होगा वह कार्य जिसमें भारतीयों का गौरव हो और तुम्हारे क्षात्र धर्म का पालन हो।

पर्वतेश्वर—(छुरा फेंककर) वह क्या काम है ?

चाणक्य—जिन यवनों ने तुमको लज्जित और अपमानित किया है, उनसे प्रतिशोध !

पर्वतेश्वर—असम्भव है !

चाणक्य—(हँसकर) मनुष्य अपनी दुर्बलता से भली भाँति परिचित रहता है। परन्तु उसे अपने बल से भी अवगत होना चाहिये। असम्भव कहकर किसी काम को करने से पहले कर्मक्षेत्र में काँपकर लड़खड़ाओ मत पौरव ! तुम क्या हो—विचार कर देखो तो ! सिकन्दर ने जो क्षत्रप नियुक्त किया है, जिन सन्धियों को वह प्रगतिशील रखना चाहता है वे सब क्या हैं ? अपनी लूट-पाट को वह साम्राज्य के रूप में देखना चाहता है ! चाणक्य जीते-जी यह नहीं होने देगा ! तुम राज्य करो !

पर्वतेश्वर—परन्तु आर्य, मैंने राज्य दान कर दिया है।

चाणक्य—पौरव, तामस त्याग से सात्त्विक ग्रहण उत्तम है। वह दान न था, उसमें कोई सत्य नहीं। तुम उसे ग्रहण करो।

पर्वतेश्वर—तो क्या आज्ञा है ?

चाणक्य—पीछे बतलाऊँगा। इस समय मुझे केवल यही कहना है कि सिंहरण को अपना भाई समझो और अलका को बहन।

(वृद्ध गांधार-राज का सहसा प्रवेश)

वृद्ध—अलका कहाँ है, अलका ?

पर्वतेश्वर—कौन हो तुम वृद्ध ?

चाणक्य—मैं इन्हें जानता हूँ—वृद्ध गांधार-नरेश !

पर्वतेश्वर—आर्य, मैं पर्वतेश्वर प्रणाम करता है।

वृद्ध—मैं प्रणाम करने योग्य नहीं, पौरव ! मेरी सन्तान से देश का बड़ा अनिष्ट हुआ है। आम्भीक ने लज्जा की यवनिका में मुझे छिपा दिया है। इस देशद्रोही के प्राण केवल अलका को देखने के लिये बचे हैं उसी से कुछ आशा थी जिसको मोल

लेने में लोभ-असमर्थ था, उसी अलका को देखना चाहता हूँ और प्राण दे देना चाहता हूँ! (**हांफता है।**)

चाणक्य—क्षत्रिय ! तुम्हारे पाप और पुण्य दोनों जीवित हैं। स्वस्तिमती अलका आज सौभाग्यवती होने जा रही है, चलो कन्या-सम्प्रदान करके प्रसन्न हो जाओ।

(चाणक्य वृद्ध गांधार-नरेश को लिवा जाता है)

पर्वतेश्वर—जाऊँ ? किधर जाऊँ ? चाणक्य के पीछे ? (**जाता है**)

(कार्नेलिया और चन्द्रगुप्त का प्रवेश)

चन्द्रगुप्त—कुमारी, आज मुझे बड़ी प्रसन्नता हुई !

कार्नेलिया—किस बात की।

चन्द्रगुप्त—कि मैं विस्मृत नहीं हुआ।

कार्नेलिया—स्मृति कोई अच्छी वस्तु है क्या !

चन्द्रगुप्त—स्मृति जीवन का पुरस्कार है सुन्दरी।

कार्नेलिया—परन्तु मैं कितने दूर देश की हूँ। स्मृतियाँ ऐसे अवसर पर उद्दण्ड हो जाती हैं। अतीत के कारागृह से बन्दिनी-स्मृतियाँ अपने करुण निःश्वास की शृङ्खलाओं को झनझनाकर सूचीभेद्य अन्धकार में सो जाती हैं।

चन्द्रगुप्त—ऐसा हो तो भूल जाओ शुभे ? इस केन्द्रच्युत जलते हुए उल्कापिंड की कोई कक्षा नहीं। निर्वासित, अपमानित प्राणों की चिंता क्या ?

कार्नेलिया—नहीं चन्द्रगुप्त, मुझे इस देश से जन्मभूमि के समान स्नेह होता जा रहा है। यहाँ के श्यामल-कुञ्ज, घने जंगल, सरिताओं की माला पहने हुए शैल-श्रेणी, हरी-भरी वर्षा गर्मी की चाँदनी शीतकाल की धूप, और भोले कृषक तथा सरला कृषक-बालिकायें बाल्यकाल की सुनी हुई कहानियों की जीवित प्रतिमायें हैं। यह स्वप्नों का देश, यह त्याग और ज्ञान का पालना, यह प्रेम की रङ्गभूमि-भारतभूमि क्या भुलाई जा सकती है ? कदापि नहीं। अन्य देश मनुष्यों की जन्म-भूमि है; यह भारत मानवता की जन्मभूमि है।

चन्द्रगुप्त—शुभे, मैं यह सुनकर चकित हो गया हूँ।

कार्नेलिया—और मैं मर्माहत हो गयी हूँ चन्द्रगुप्त, मुझे पूर्ण विश्वास था कि यहाँ के क्षत्रप पिताजी नियुक्त होंगे और में अलेग्जेंद्रिया में समीप ही रहकर भारत को देख सकूँगी। परन्तु वैसा न हुआ, सम्राट् ने फिलिप्स को यहाँ का शासक नियुक्त कर दिया है।

(अकस्मात् फिलिप्स का प्रवेश)

फिलिप्स—तो बुरा क्या है कुमारी। सिल्यूकस के क्षत्रप न होने पर भी कार्ने-

लिया यहाँ की शासक हो सकती है। फिलिप्स अनुचर होगा (देखकर) फिर वही भारतीय युवक !

चन्द्रगुप्त—सावधान ! यवन ! हम लोग एक बार एक-दूसरे की परीक्षा ले चुके हैं।

फिलिप्स—ऊँह ! तुमसे मेरा सम्बन्ध ही क्या है, परन्तु....

कार्नेलिया—और मुझसे भी नहीं, फिलिप्स ! मैं चाहती हूँ कि तुम मुझसे न बोलो।

फिलिप्स—अच्छी बात है। किन्तु मैं चन्द्रगुप्त को भी तुमसे बातें करते हुये नहीं देख सकता। तुम्हारे प्रेम का....

कार्नेलिया—चुप रहो, मैं कहती हूँ; चुप रहो।

फिलिप्स (**चन्द्रगुप्त से**) मैं तुमसे द्वन्द्व-युद्ध किया चाहता हूँ।

चन्द्रगुप्त—जब इच्छा हो, मैं प्रस्तुत हूँ। और सन्धि भंग करने के लिए तुम्हीं अग्रसर होंगे; यह अच्छी बात होगी।

फिलिप्स—सन्धि राष्ट्र की है। यह मेरी व्यक्तिगत बात है। अच्छा, फिर कभी मैं तुम्हें आह्वान करूँगा।

चन्द्रगुप्त—आधी रात, पिछले पहर, जब तुम्हारी इच्छा हो !

(**फिलिप्स का प्रस्थान**)

कार्नेलिया—सिकन्दर ने भारत से युद्ध किया है और मैंने भारत का अध्ययन किया है। मैं देखती हूँ कि यह ग्रीक और भारतीयों के अस्त्र का ही नहीं, इसमें दो बुद्धियाँ भी लड़ रही हैं। यह अरस्तू और चाणक्य की चोट है, सिकन्दर और चन्द्रगुप्त उनके अस्त्र हैं।

चन्द्रगुप्त—मैं क्या कहूँ; मैं एक निर्वासित—

कार्नेलिया—लोग चाहे जो कहें, मैं भली-भाँति जानती हूँ कि अभी तक चाणक्य की विजय है। पिताजी से और मुझसे इस विषय पर अच्छा विवाद होता है। वे अरस्तू के शिष्यों में हैं।

चन्द्रगुप्त—भविष्य के गर्भ में अभी बहुत-से रहस्य छिपे हैं।

कार्नेलिया—अच्छा तो मैं जाती हूँ और फिर एक बार अपनी कृतज्ञता प्रकट करती हूँ। किन्तु मुझे विश्वास है कि मैं पुनः लौट कर आऊँगी ?

चन्द्रगुप्त—उस समय भी मुझे भूलने की चेष्टा करोगी !

कार्नेलिया—नहीं, चन्द्रगुप्त ! विदा—यवन-बेड़ा आज ही जायगा।

(**दोनों एक-दूसरे की ओर देखते हुए जाते हैं। राक्षस और कल्याणी का प्रवेश**)

कल्याणी—ऐसा विराट् दृश्य तो मैंने नहीं देखा था अमात्य ! मगध को किस बात का गर्व है ?

राक्षस—गर्व है राजकुमारी ! और उसका गर्व सत्य है। चाणक्य और चन्द्रगुप्त मगध की ही प्रजा हैं, जिन्होंने इतना बड़ा उलट-फेर किया है ?

(चाणक्य का प्रवेश)

चाणक्य—तो तुम इसे स्वीकार करते हो अमात्य राक्षस ?

राक्षस—शत्रु की उचित प्रशंसा करना मनुष्य का धर्म है। तुमने अद्भुत कार्य किये, इसमें भी कोई सन्देह है ?

चाणक्य—अस्तु, अब तुम जा सकते हो। मगध तुम्हारा स्वागत करेगा।

राक्षस—राजकुमारी तो कल चली जायेंगी। पर, मैंने अभी तक निश्चय नहीं किया है।

चाणक्य—मेरा कार्य हो गया, राजकुमारी जा सकती हैं, परन्तु एक बात कहूँ ?

राक्षस—क्या ?

चाणक्य—यहाँ की कोई बात नन्द से न कहने की प्रतिज्ञा करनी होगी।

कल्याणी—मैं प्रतिश्रुत होती हूँ।

चाणक्य—राक्षस, मैं सुवासिनी से तुम्हारी भेंट भी करा देता, परन्तु वह मुझ पर विश्वास नहीं करती।

राक्षस—क्या वह भी यहीं हैं ?

चाणक्य—कहीं होगी, तुम्हारा प्रत्यय देख कर वह आ सकती है।

राक्षस—यह लो मेरी अङ्गुलीय मुद्रा। चाणक्य ! सुवासिनी को कारागार से मुक्त करा कर मुझसे भेंट करा दो !

चाणक्य (मुद्रा लेकर) मैं चेष्टा करूँगा।

(प्रस्थान)

राक्षस—तो राजकुमारी, प्रणाम !

कल्याणी—तुमने अपना कर्त्तव्य भली-भाँति सोच लिया होगा। मैं जाती हूँ, और विश्वास दिलाती हूँ कि मुझसे तुम्हारा अनिष्ट न होगा।

(दोनों का प्रस्थान)

तृतीय दृश्य

(रावी का तट। सिकन्दर का बेड़ा प्रस्तुत है। चाणक्य और पर्वतेश्वर)

चाणक्य—पौरव, देखो यह नृशंसता की बाढ़ आज उतर जायगी। चाणक्य ने जो किया, वह-भला था या बुरा, अब समझ में आवेगा।

पर्वतेश्वर—मैं मानता हूँ, यह आप ही का स्तुत्य कार्य है।

चाणक्य—और चन्द्रगुप्त के बाहु-बल का, पौरव! आज फिर मैं उसी बात को दुहराना चाहता हूँ। अत्याचारी नन्द के हाथों से मगध का उद्धार करने के लिए चाणक्य ने तुम्हीं से पहले सहायता माँगी थी और अब तुम्हीं से लेगा भी, अब तो तुम्हें विश्वास होगा?

पर्वतेश्वर—मैं प्रस्तुत हूँ, आर्य!

चाणक्य—मैं विश्वस्त हुआ। अच्छा, यवनों को आज विदा करना है।

(एक ओर से सिकन्दर, सिल्यूकस, कार्नेलिया, फिलिप्स इत्यादि; और दूसरी ओर से चन्द्रगुप्त, सिंहरण, अलका, मालविका और आम्भीक इत्यादि का यवन और भारतीय रणवाद्यों के साथ प्रवेश)

सिकन्दर—सेनापति चन्द्रगुप्त! बधाई है!

चन्द्रगुप्त—किस बात की राजन्!

सिकन्दर—जिस समय तुम भारत के सम्राट् होगे उस समय मैं उपस्थित न रह सकूँगा, उसके लिए पहले से बधाई है। मुझे उस नग्न ब्राह्मण दाण्ड्यायन की बातों का पूर्ण विश्वास हो गया।

चन्द्रगुप्त— आप वीर हैं।

सिकन्दर—आर्य वीर! मैंने भारत में हरक्यूलिस, एचिलिस की आत्माओं को भी देखा और देखा डिमास्थनीज को। सम्भवतः प्लेटो और अरस्तू भी होंगे। मैं भारत का अभिनन्दन करता हूँ।

सिल्यूकस—सम्राट्! यही आर्य चाणक्य हैं।

सिकन्दर—धन्य हैं आप, मैं तलवार खींचे हुबे भारत में आया, हृदय देकर जाता हूँ। विस्मय-विमुग्ध हूँ। जिनसे खड्ग-परीक्षा हुई थी, युद्ध में जिनसे तलवारें मिली थीं, उनसे हाथ मिलाकर—मैत्री के हाथ मिलाकर जाना चाहता हूँ।

चाणक्य—हम लोग प्रस्तुत हैं सिकन्दर! तुम वीर हो, भारतीय सदैव उत्तम गुणों की पूजा करते है। तुम्हारी जल-यात्रा मङ्गलमय हो। हम लोग युद्ध करना जानते हैं, द्वेष नहीं।

(सिकन्दर हँसता हुआ अनुचरों के साथ नौका पर आरोहण करता है। नाव चलती है)

चतुर्थ दृश्य

(पथ में चर और राक्षस)

चर—छल! प्रवञ्चना!! विश्वासघात!!!

राक्षस—क्या है, कुछ सुनूँ भी !

चर—मगध से आज मेरा सखा कुरङ्ग आया है, उससे यह मालूम हुआ है कि महाराज नन्द का कुछ भी क्रोध आपके ऊपर नहीं, वह आपके शीघ्र मगध लौटने के लिये उत्सुक हैं।

राक्षस—और सुवासिनी ?

चर—सुवासिनी सुखी और स्वतन्त्र है। मुझे चाणक्य के चर से वह धोखा हुआ था, जब मैंने आपसे से वहाँ का समाचार कहा था।

राक्षस—तब क्या मैं कुचक्र में डाला गया हूँ ? (विचार कर) चाणक्य की चाल है। ओह, मैं समझ गया। मुझे अभी निकल भागना चाहिये। सुवासिनी पर भी कोई अत्याचार मेरी मुद्रा दिखाकर न किया जा सके, इसके लिये मुझे शीघ्र मगध पहुँचना चाहिये।

चर—क्या आपने मुद्रा भी दे दी है।

राक्षस—मेरी मूर्खता। चाणक्य, मगध में विद्रोह करना चाहता है !

चर—अभी हम लोगों को मगध-गुल्म मार्ग में मिल जायगा, चाणक्य से बचने के लिये उसका आश्रय अच्छा होगा। दो तीव्रगति अश्व मेरे अधिकार में हैं शीघ्रता कीजिये।

राक्षस—तो चलो ! मैं चाणक्य के हाथों का कठपुतला बनकर मगध का नाश नहीं करा सकता।

(दोनों का प्रस्थान। अलका और सिंहरण का प्रवेश)

सिंहरण—देवि ! पर इसका उपाय क्या है ?

अलका—उपाय जो कुछ हो, मित्र के कार्य में तुमको सहायता करनी ही चाहिये। चन्द्रगुप्त आज कह रहे थे कि 'मैं मगध जाऊँगा। देखूँ पर्वतेश्वर क्या करते हैं।'

सिंहरण—चन्द्रगुप्त के लिये यह प्राण अर्पित है अलके, मालव कृतघ्न नहीं होते। देखो, चन्द्रगुप्त और चाणक्य आ रहे हैं।

अलका—और उधर से पर्वतेश्वर भी।

(चन्द्रगुप्त, चाणक्य और पर्वतेश्वर का प्रवेश)

सिंहरण—मित्र ! अभी कुछ दिन और ठहर जाते तो अच्छा था; अथवा जैसी गुरुदेव की आज्ञा।

चाणक्य—पर्वतेश्वर, तुमने मुझसे प्रतिज्ञा की है !

पर्वतेश्वर—मैं प्रस्तुत हूँ आर्य।

चाणक्य—अच्छा तो तुम्हें मेरे साथ चलना होगा। सिंहरण मालव गणराष्ट्र का

एक व्यक्ति है, वह अपनी शक्ति-भर प्रयत्न कर सकता है; किन्तु सहायता बिना परिषद् की अनुमति लिये असम्भव है। मैं परिषद् के सामने अपना भेद खोलना नहीं चाहता। इसलिये पौरव, सहायता केवल तुम्हें करनी होगी। मालव अपने शरीर और खड्ग का स्वामी है, वह मेरे लिये प्रस्तुत है। मगध का अधिकार प्राप्त होने पर जैसा तुम कहोगे....

पर्वतेश्वर—मैं कह चुका हूँ आर्य चाणक्य! इस शरीर में या धन में, विभव में या अधिकार में, मेरी स्पृहा नहीं रह गयी। मेरी सेना के महाबलाधिकृत सिंहरण और मेरा कोष आपका है।

चन्द्रगुप्त—मैं आप लोगों का कृतज्ञ होकर मित्रता को लघु नहीं बनाना चाहता। चन्द्रगुप्त सदैव आप लोगों का वही सहचर है।

चाणक्य—परन्तु तुम्हें मगध नहीं जाना होगा। अभी जो मगध से सन्देश मिले हैं, वे बड़े भयानक हैं! सेनापति, तुम्हारे पिता कारागार में हैं! और भी....

चन्द्रगुप्त—इतने पर भी आप मुझे मगध जाने से रोक रहे हैं?

चाणक्य—यह प्रश्न अभी मत करो।

(चन्द्रगुप्त सिर झुका लेता है। एक पत्र लिये मालविका का प्रवेश)

मालविका—यह सेनापति के नाम पत्र है।

चन्द्रगुप्त—(**पढ़कर**) आर्य, मैं जा भी नहीं सकता।

चाणक्य—क्यों?

चन्द्रगुप्त—युद्ध का आह्वान है। द्वन्द्व के लिए फिलिप्स का निमन्त्रण है।

चाणक्य—तुम डरते तो नहीं?

चन्द्रगुप्त—आर्य! आप मेरा उपहास कर रहे हैं

चाणक्य—(**हँसकर**) तब ठीक है, पौरव! तुम्हारा यहाँ रहना हानिकारक होगा। उत्तरापथ की दासता के अवशिष्ट चिह्न फिलिप्स का नाश निश्चित है। चन्द्रगुप्त उसके लिए उपयुक्त है। परन्तु यवनों से तुम्हारा फिर संघर्ष मुझे ईप्सित नहीं है। यहाँ रहने से तुम्हीं पर सन्देह होगा, इसलिये तुम मगध चलो। और सिंहरण! तुम सन्नद्ध रहना, यवन विद्रोह तुम्हीं को शान्त करना होगा।

(सबका प्रस्थान)

पञ्चम दृश्य

(मगध में नन्द की रङ्गशाला। नन्द का प्रवेश)

नन्द—सुवासिनी।

सुवासिनी—देव !

नन्द—कहीं दो घड़ी चैन से बैठने की छुट्टी भी नहीं, तुम्हारी छाया में विश्राम करने आया हूँ !

सुवासिनी—प्रभु, क्या आज्ञा है ? अभिनय देखने की इच्छा है ?

नन्द—नहीं सुवासिनी, अभिनय तो नित्य देख रहा हूँ। छल, प्रतारणा, विद्रोह के अभिनय देखते-देखते आँखें जल रही हैं। सेनापति मौर्य, जिसके बल पर मैं भूला था, जिसके विश्वास पर मैं निश्चिन्त सोता था, विद्रोही-पुत्र चन्द्रगुप्त को सहायता पहुँचाता है ! उसी का न्याय करना था—आजीवन अन्धकूप का दण्ड देकर आ रहा हूँ। मन काँप रहा है—न्याय हुआ कि अन्याय ! हृदय सन्दिग्ध है। सुवासिनी, किस पर विश्वास करूँ।

सुवासिनी—अपने परिजनों पर देव !

नन्द—अमात्य राक्षस भी नहीं, मैं तो घबरा गया हूँ।

सुवासिनी—द्राक्षासव ले आऊँ ?

नन्द—ले आओ **(सुवासिनी जाती है)** सुवासिनी कितनी सरल है ! प्रेम और यौवन के शीतल मेघ लहलही लता पर मँडरा रहे हैं। परन्तु····

(सुवासिनी का पान-पात्र लिये प्रवेश। पात्र भरकर देती है)

नन्द—सुवासिनी ! गाओ—वही उन्मादक गान !

(सुवासिनी गाती है)

आज इस यौवन के माधवी कुन्ज में कोकिल बोल रहा !
मधु पीकर पागल हुआ, करता प्रेम-प्रलाप,
शिथिल हुआ जाता हृदय, जैसे अपने आप !
लाजके बन्धन खोल रहा !
विछल रही चाँदनी, छवि-मतवाली रात,
कहती कम्पित अधर से, बहकाने की बात।
कौन मधु-मदिरा घोल रहा ?

नन्द—सुवासिनी ! जगत् में और भी कुछ है—ऐसा मुझे तो नहीं प्रतीत होता ! क्या उस कोकिल की पुकार केवल तुम्हीं सुनती हो ? ओह ! मैं इस स्वर्ग से कितनी दूर था, सुवासिनी !

(कामुक की-सी चेष्टा करता है)

सुवासिनी—भ्रम है महाराज ! एक वेतन पानेवाली का यह अभिनय है।

नन्द—कभी नहीं, यह भ्रम है तो समस्त संसार मिथ्या है। तुम सच कहती हो, निर्बोध नन्द ने कभी वह पुकार नहीं सुनी। सुन्दरी! तुम मेरी प्राणेश्वरी हो।

सुवासिनी—(**सहसा चकित होकर**) मैं दासी हूँ महाराज!

नन्द—यह प्रलोभन देकर ऐसी छलना! नन्द नहीं भूल सकता सुवासिनी! आओ—(**हाथ पकड़ता है**)

सुवासिनी—(**भयभीत होकर**) महाराज! मैं अमात्य राक्षस की धरोहर हूँ, सम्राट् की भोग्या नहीं बन सकती।

नन्द—अमात्य राक्षस इस पृथ्वी पर तुम्हारा प्रणयी होकर नहीं जी सकता।

सुवासिनी—तो उसे खोजने के लिए स्वर्ग में जाऊँगी!

(**नन्द उसे बलपूर्वक पकड़ लेता है। ठीक उसी समय अमात्य का प्रवेश**)

नन्द—(**उसे देखते ही छोड़ता हुआ**) तुम! अमात्य राक्षस!

राक्षस—हाँ सम्राट्! एक अबला पर अत्याचार न होने देने के लिए ठीक समय पर पहुँचा।

नन्द—यह तुम्हारी अनुरक्ता है राक्षस! मैं लज्जित हूँ!

राक्षस—मैं प्रसन्न हुआ कि सम्राट् अपने को परखने की चेष्टा करते हैं। अच्छा, तो इस समय जाता हूँ। चलो सुवासिनी!

(**दोनों जाते हैं**)

षष्ठ दृश्य

(**कुसुमपुर का प्रान्त भाग—चाणक्य, मालविका और अलका**)

मालविका—सुवासिनी और राक्षस स्वतन्त्र हैं! उनका परिणय शीघ्र ही होगा! इधर मौर्य कारागार में, वररुचि अपदस्थ, नागरिक लोग नन्द की उच्छृङ्खलताओं से असन्तुष्ट हैं।

चाणक्य—ठीक है, समय हो चला है! मालविका, तुम नर्त्तकी बन सकती हो?

मालविका—हाँ, मैं नृत्य-कला जानती हूँ।

चाणक्य—तो नन्द की रङ्गशाला में जाओ और लो यह मुद्रा तथा पत्र; राक्षस का विवाह होने के पहले—ठीक एक घड़ी पहले—नन्द के हाथ में देना! और पूछने पर बतला देना कि अमात्य राक्षस ने सुवासिनी को देने के लिये कहा था। परन्तु मुझसे भेंट न हो सकी, इसलिये यह उन्हें लौटा देने को आयी हूँ!

मालविका—(**स्वगत**) क्या ?—क्या असत्य बोलना होगा ! चन्द्रगुप्त के लिये सब कुछ करूँगी। (**प्रकट**) अच्छा।

चाणक्य—मैंने सिंहरण को लिख दिया था कि चन्द्रगुप्त को शीघ्र यहाँ भेजो। तुम यवनों के शिर उठाने पर उन्हें शान्त करके आना, तब तक अलका मेरी रक्षा कर लेगी। मैं चाहता हूँ कि सब सेना वणिकों के रूप मे धीरे-धीरे कुसुमपुर में इकट्ठी हो जाय। जिस दिन राक्षस का ब्याह होगा, उसी दिन विद्रोह होगा और उसी दिन चन्द्रगुप्त राजा होगा !

अलका—परन्तु फिलिप्स के द्वन्द्व-युद्ध से चन्द्रगुप्त को लौट तो आने दीजिये क्या जाने क्या हो !

चाणक्य—क्या हो ! वही होकर रहेगा जिसे चाणक्य ने विचार करके ठीक कर लिया है। किन्तु.... अवसर पर एक क्षण का विलम्ब असफलता का प्रवर्त्तक हो जाता है।

(मालविका जाती है)

अलका—गुरुदेव, महानगरी कुसुमपुर का ध्वंस और नन्द-पराजय इस प्रकार सभव है ?

चाणक्य—अलके ! चाणक्य अपना कार्य, अपनी बुद्धि से साधन करेगा। तुम देखती-भर रहो और मैं जो बताऊँ, करती चलो। मालविका अभी बालिका है, उसकी रक्षा आवश्यक है। उसे देखो तो।

(अलका जाती है)

चाणक्य—वह सामने कुसुमपुर है, जहाँ मेरे जीवन का प्रभात हुआ था। मेरे उस सरल हृदय में उत्कट इच्छा थी—कोई भी सुन्दर-मन मेरा साथी हो। प्रत्येक नवीन परिचय में उत्सुकता थी—और उसके लिये मन में सर्वस्व लुटा देने की सन्नद्धता थी। परन्तु संसार—कठोर संसार ने सिखा दिया है कि तुम्हें परखना होगा। समझदारी आने पर यौवन चला जाता है—जब तक माला गूँथी जाती है, तब तक फूल कुम्हला जाते हैं। जिससे मिलने के सम्भार की इतनी धूम-धाम, सजावट, बनावट होती है, उसके आने तक मनुष्य हृदय को सुन्दर और उपयुक्त नहीं बनाये रह सकता। मनुष्य की चञ्चल स्थिति तब तक श्यामल कोमल हृदय को मरुभूमि बना देती है। यही तो विषमता है। मैं—अविश्वास, कूट-चक्र और छलनाओं का कङ्काल ! कठोरताओं का केन्द्र ! आह ! तो इस विश्व में मेरा कोई सुहृद नहीं ? है, मेरा संङ्कल्प ! अब मेरा आत्माभिमान ही मेरा मित्र है। और, थी एक क्षीण रेखा, वह जीवन-पट से धुल चली है। धुल जाने दूँ ? सुवासिनी न-न-न, वह कोई नहीं। मैं अपनी प्रतिज्ञा पर आसक्त हूँ। भयानक रमणीयता है। आज उस प्रतिज्ञा में जन्मभूमि के प्रति कर्त्तव्य का यौवन चमक रहा है। तृणशय्या पर आधे पेट खाकर सो रहने वाले के शिर पर दिव्य यश का

स्वर्ण-मुकुट ! और सामने सफलता का स्मृति-सौध (**आकाश की ओर देखकर**) वह, इन लाल बादलों में दिग्दाह का धूम मिल रहा है ! भीषण रव से सब जैसे चाणक्य का नाम चिल्ला रहे हैं। (**देखकर**) हैं ! यह कौन भूमि-सन्धि तोड़कर सर्प के समान निकल रहा है ! छिपकर देखूँ।

(**छिप जाता है। एक ढूह की मिट्टी गिरती है, उसमें से शकटार वनमानुष के समान निकलता है**)

शकटार—(**चारों ओर देखकर आँखें बन्द कर लेता है। फिर खोलता हुआ**) आँखें नहीं सह सकतीं, इन्हीं प्रकाश-किरणों के लिये तड़प रही थीं ! ओह, तीखी हैं ! तो क्या मैं जीवित हूँ ! कितने दिन हुये, कितने महीने, कितने वर्ष ! स्मरण है। अन्धकूप की प्रधानता सर्वोपरि थी। सात लड़के भूख से तड़प कर मरे ! कृतज्ञ हूँ उस अन्धकार का, जिसने उन विवर्ण मुखों को न देखने दिया। केवल उनके दम तोड़ने का क्षीण शब्द सुन सका। फिर भी जीवित रहा—सत्तू और नमक पानी से मिलाकर, अपनी नसों से रक्त पीकर जीवित रहा ! प्रतिहिंसा के लिये ! पर अब शेष है, दम घुट रहा है। ओह !

(**गिर पड़ता है। चाणक्य पास आकर कपड़ा निचोड़ कर मुँह में जल डाल सचेत करता है**)

चाणक्य—आह ! तुम कोई दुखी मनुष्य हो ! घबराओ मत, मैं तुम्हारी सहायता के लिए प्रस्तुत हूँ।

शकटार—(**ऊपर देखकर**) तुम ! सहायता करोगे ! आश्चर्य ! मनुष्य मनुष्य की सहायता करेगा, वह उसे हिंस्रपशु के समान नोच न डालेगा। हाँ, यह दूसरी बात है कि वह जोंक की तरह बिना कष्ट दिये रक्त चूसे। जिसमें कोई स्वार्थ न हो, ऐसी सहायता ! तुम भूखे भेड़िये !

चाणक्य—अभागे मनुष्य ! सबसे चौंककर अलग न उछल ! अविश्वास की चिनगारी पैरों के नीचे से हटा। तुझ जैसे दुखी बहुत-से पड़े हैं। यदि सहायता नहीं तो परस्पर का स्वार्थ ही सही।

शकटार—दुःख ! दुःख का नाम सुना होगा, या कल्पित आशङ्का से तुम उसका नाम लेकर चिल्ला उठते होगे। देखा है कभी—सात-सात गोद के लालों को भूख से तड़प कर मरते ? अन्धकार की घनी चादर में बरसों भू-गर्भ की जीवित समाधि में एक-दूसरे को अपना आहार देकर स्वेच्छा से मरते—देखा है—प्रतिहिंसा की स्मृति को ठोकरें मार-मार कर जगाते, और प्राण विसर्जन करते ? देखा है कभी यह कष्ट—उन सबों ने अपना आहार मुझे दिया और पिता होकर भी मैं पत्थर-सा जीवित रहा ! उनका आहार खा डाला—उन्हें मरने दिया ! जानते हो क्यों ? वे सुकुमार थे, वे सुख की गोद में पले थे, वे नहीं सहन कर सकते थे, अतः सब मर जाते। मैं बच रहा प्रतिशोध के लिये ! दानवी प्रतिहिंसा के लिये ! ओह ! उस अत्याचारी नर-राक्षस

की अँतड़ियों में से खींचकर एक बार रक्त का फुहारा छोड़ता ? इस पृथ्वी को उसी से रँगा देखता है !

चाणक्य—सावधान ! **(शकटार को उठाता है)**

शकटार—सावधान हों वे, जो दुर्बलों पर अत्याचार करते है ! पीड़ित पद-दलित, सब तरह लुटा हुआ ! जिसने पुत्रों की हड्डियों से सुरङ्ग खोदी है; नखों से मिट्टी हटायी है; उसके लिए सावधान रहने की आवश्यकता नहीं। मेरी वेदना अपने अन्तिम अस्त्रों से सुसज्जित है।

चाणक्य—तो भी तुमको प्रतिशोध लेना हैं। हम लोग एक ही पथ के पथिक हैं। घबराओ मत। क्या तुम्हारा और कोई भी इस संसार में जीवित नहीं ?

शकटार—बची थी, पर न जाने कहाँ है। एक बालिका—अपनी माता की स्मृति—सुवासिनी। पर अब कहाँ है, कौन जाने ?

चाणक्य—क्या कहा ? सुवासिनी ?

शकटार—हाँ, सुवासिनी।

चाणक्य—और तुम शकटार हो ?

शकटार—**(चाणक्य का गला पकड़ कर)** घोंट दूंगा गला—यदि फिर यह नाम तुमने लिया। मुझे नन्द से प्रतिशोध ले लेने दो, फिर चाहे डौंड़ी पीटना।

चाणक्य—**(उसके हाथ हटाते हुए)** वह सुवासिनी नन्द की रङ्गशाला में है। मुझे पहचानते हो ?

शकटार—नहीं तो—**(देखता है)**

चाणक्य—तुम्हारे प्रतिवेशी, सखा ब्राह्मण चणक का पुत्र विष्णुगुप्त। तुम्हारी दिलायी हुई जिसकी ब्रह्मवृत्ति छीन ली गयी, जो तुम्हारा सहकारी जान कर निर्वासित कर दिया गया, मैं उसी चणक का पुत्र चाणक्य हूँ, जिसकी शिखा पकड़ कर राजसभा में खींची गयी, जो बन्दीगृह में मृत्यु की प्रतीक्षा कर रहा था ! मुझ पर विश्वास करोगे ?

शकटार—**(विचारता हुआ खड़ा हो जाता है)** करूँगा, जो तुम कहोगे वही करूँगा। किसी तरह प्रतिशोध चाहिये।

चाणक्य—तो चलो मेरी झोपड़ी में, इस सुरङ्ग को घास फूँस से ढंक दो।

(दोनों ढँककर जाते हैं)

सप्तम दृश्य

(नन्द के राज-मन्दिर का एक प्रकोष्ठ)

नन्द—आज क्यों मेरा मन अनायास ही शंकित हो रहा है। कुछ नही....होगा कुछ।

(सेनापति मौर्य की स्त्री को साथ लिए हुए वररुचि का प्रवेश)

नन्द—कौन है यह स्त्री ?

वररुचि—जय हो देव, यह सेनापति मौर्य की स्त्री है।

नन्द—क्या कहना चाहती है ?

स्त्री—राजा प्रजा का पिता है। वही उसके अपराधों को क्षमा करके सुधार सकता है। चन्द्रगुप्त बालक है, सम्राट् ! उसके अपराध मगध से कोई सम्बन्ध नहीं रखते, तब भी वह निर्वासित है। परन्तु सेनापति पर क्या अभियोग है ? मैं असहाय मगध की प्रजा श्रीचरणों में निवेदन करती हूँ—मेरा पति छोड़ दिया जाय। पति और पुत्र दोनों से न वञ्चित की जाऊँ।

नन्द—रमणी ! राजदण्ड पति और पुत्र के मोहजाल से सर्वथा स्वतन्त्र है। षड्यन्त्रकारियों के लिए बहुत निष्ठुर है, निर्मम है, कठोर है ! तुम लोग आग की ज्वाला से खेलने का फल भोगो। नन्द इन आँसू-भरी आँखों तथा अञ्चल पसार कर भिक्षा के अभिनय में नहीं भुलवाया जा सकता।

स्त्री—ठीक है। महाराज ! मैं ही भ्रम में थी। सेनापति मौर्य का ही तो यह अपराध है। जब कुसुमपुर की समस्त प्रजा विरुद्ध थी, जब जारज-पुत्र के रक्त-रँगे हाथों से सम्राट् महापद्म की लीला शेष हुई थी, तभी सेनापति को चेतना चाहिये था ! कृतघ्न के साथ उपकार किया है, यह उसे नहीं मालूम था।

नन्द—चुप दुष्टे ! **(उसका केश पकड़कर खींचना चाहता है, वररुचि बीच में आकर रोकता है)**

वररुचि—महाराज ! सावधान ! यह अबला है, स्त्री है।

नन्द—यह मैं जानता हूँ कात्यायन ! हटो !

वररुचि—आप जानते हैं, पर इस समय आपको विस्मृत हो गया है।

नन्द—तो क्या मैं तुम्हें भी इस कुचक्र में लिप्त समझूँ ?

वररुचि—यह महाराज की इच्छा पर निर्भर है, और किसी का दास न रहना मेरी इच्छा पर, मैं शस्त्र समर्पण करता हूँ !

नन्द—**(वररुचि का छुरा उठाकर)** विद्रोह ! ब्राह्मण हो न तुम, मैंने अपने को स्वयं धोखा दिया। जाओ। परन्तु ठहरो प्रतिहार ! **(प्रतिहार सामने आता है)**

नन्द—इसे बन्दी करो। और इस स्त्री के साथ मौर्य के समीप पहुँचा दो। (प्रहरी दोनों को बन्दी करते हैं)

वररुचि—नन्द! तुम्हारे पाप का घड़ा फूटना ही चाहता है। अत्याचार की चिन-गारी साम्राज्य का हरा-भरा कानन दग्ध कर देगी। न्याय का गला घोंटकर तुम उस भीषण पुकार को नहीं दबा सकोगे जो तुम तक पहुँचती है अवश्य, किन्तु चाटुकारों द्वारा और ही ढंग से।

नन्द—बस ले जाओ।

(सब का प्रस्थान)

नन्द—(स्वगत) क्या अच्छा नहीं किया? परन्तु ये सब मिले हैं, जाने दो! (एक प्रतिहार का प्रवेश) क्या है?

प्रतिहार—जय हो देव! एक सन्दिग्ध स्त्री राज-मन्दिर में घूमती हुई पकड़ी गयी है! उसके पास अमात्य राक्षस की मुद्रा और एक पत्र मिला है।

नन्द—अभी ले आओ।

(प्रतिहार जाकर मालविका को साथ लाता है)

नन्द—तुम कौन हो?

मालविका—मैं एक स्त्री हूँ, महाराज!

नन्द—पर तुम यहाँ किसके पास आयी हो?

मालविका—मैं—मैं, मुझे किसी ने शतद्रु-तट से भेजा है। मैं पथ में बीमार हो गयी थी, विलम्ब हुआ।

नन्द—कैसा विलम्ब?

मालविका—इस पत्र को सुवासिनी नाम की स्त्री के पास पहुँचाने में।

नन्द—तो किसने तुम्हें भेजा है?

मालविका—मैं नाम तो नहीं जानती।

नन्द—हूँ! (प्रतिहार से) पत्र कहाँ है?

(प्रतिहार पत्र और मुद्रा देता है। नन्द उसे पढ़ता है)

नन्द—तुमको बतलाना पड़ेगा, किसने तुमको यह पत्र दिया है? बोलो, शीघ्र बोलो; राक्षस ने भेजा था?

मालविका—राक्षस नहीं, वह मनुष्य था।

नन्द—दुष्टे, शीघ्र बता! वह राक्षस ही रहा होगा।

मालविका—जैसा आप समझ लें।

नन्द—(**क्रोध से**) प्रतिहार ! इसे भी ले जाओ उन विद्रोहियों की मांद में ! ठहरो, पहले जाकर शीघ्र सुवासिनी और राक्षस को, चाहे जिस अवस्था में हों, ले आओ ।

(**नन्द चिन्तित भाव से दूसरी ओर टहलता है; मालविका बन्दी होती है**)

नन्द—आज सबको एक साथ ही सूली पर चढ़ा दूँगा । नहीं—(**पैर पटक कर**) हाथियों के पैरों के तले कुचलवाऊँगा । यह कथा समाप्त होनी चाहिये । नन्द नीच-जन्मा है न ! यह विद्रोह उसी के लिये किया जा रहा है, तो फिर उसे भी दिखा देना है कि मैं क्या हूँ, यह नाम सुनकर लोग काँप उठें । प्रेम न सही, भय का ही सम्मान हो ।

(पट-परिवर्तन)

अष्टम दृश्य

(कुसुमपुर के प्रान्त पथ में—चाणक्य और पर्वतेश्वर)

चाणक्य—चन्द्रगुप्त कहाँ है ?

पर्वतेश्वर—सार्थवाह के रूप में युद्ध-व्यवसायियों के साथ आ रहे हैं । शीघ्र ही पहुँच जाने की सम्भावना है ।

चाणक्य—और द्वन्द्व में क्या हुआ ?

पर्वतेश्वर—चन्द्रगुप्त ने बड़ी वीरता से युद्ध किया । समस्त उत्तरापथ में फिलिप्स के मारे जाने पर नया उत्साह फैल गया है । आर्य ! बहुत-से प्रमुख यवन और आर्यगण की उपस्थिति में वह युद्ध हुआ—वह खड्ग-परीक्षा देखने योग्य थी ! वह वीर-दृश्य अभिनन्दनीय था ।

चाणक्य—यवन लोगों के क्या भाव थे ?

पर्वतेश्वर—सिंहरण अपनी सेना के साथ रङ्गशाला की रक्षा कर रहा था, कुछ हलचल तो हुई, पर वह पराजय का क्षोभ था । यूडेमिस, जो उसका सहकारी था, अत्यन्त क्रुद्ध हुआ । किसी प्रकार वह ठण्ढा पड़ा । यूडेमिस सिकन्दर की आज्ञा की प्रतीक्षा में रुका था । अकस्मात् सिकन्दर के मरने का समाचार मिला ! यवन लोग अब अपनी ही सोच रहे हैं, चन्द्रगुप्त सिंहरण को वहीं छोड़कर यहाँ चला आया, क्योंकि आपका आदेश था ।

(अलका का प्रवेश)

अलका—गुरुदेव, यज्ञ का प्रारम्भ है ।

चाणक्य—मालविका कहाँ है ?

अलका—वह बन्दी की गयी और राक्षस इत्यादि भी बन्दी होने ही वाले हैं ! वह भी ठीक ऐसे अवसर पर जब उनका परिणय हो रहा है । क्योंकि आज ही....

चाणक्य—तब तुम जाओ, अलके ! उस उत्सव से तुम्हें अलग न रहना चाहिये । उनके पकड़े जाने के अवसर पर ही नगर में उत्तेजना फैल सकती है । जाओ शीघ्र ।

(अलका का प्रस्थान)

पर्वतेश्वर—मुझे क्या आज्ञा है ?

चाणक्य—कुछ चुने हुए अश्वारोहियों को साथ लेकर प्रस्तुत रहना । चन्द्रगुप्त जब भीतर से युद्ध प्रारम्भ करें, उसी समय तुमको नगर-द्वार पर आक्रमण करना होगा ।

(गुफा का द्वार खुलना मौर्य, मालविका, शकटार, वररुचि, पीछे-पीछे चन्द्रगुप्त की जननी का प्रवेश)

चाणक्य—आओ मौर्य !

मौर्य—हम लोगों के उद्धारकर्ता, आप ही महात्मा चाणक्य हैं ?

मालविका—हाँ यही हैं ।

मौर्य—प्रणाम !

चाणक्य—शत्रु से प्रतिशोध लेने के लिये जियो सेनापति ! नन्द के पापों की पूर्णता ने तुम्हारा उद्धार किया है । अब तुम्हारा अवसर है ।

मौर्य—इन दुर्बल हड्डियों को अन्धकूप की भयानकता खटखटा रही है ।

शकटार—और रक्तमय गम्भीर बीभत्स दृश्य, हत्या का निष्ठुर आह्वान कर रहा है ।

(चन्द्रगुप्त का प्रवेश । माता-पिता के चरण छूता है)

चन्द्रगुप्त—पिता ! तुम्हारी यह दशा ! एक-एक पीड़ा की, प्रत्येक निष्ठुरता की गिनती होगी । मेरी माँ ! उन सब का प्रतिकार होगा, प्रतिशोध लिया जायगा ! ओह, मेरा जीवन व्यर्थ है ! नन्द !

चाणक्य—चन्द्रगुप्त, सफलता का एक ही क्षण होता है । आवेश से और कर्त्तव्य से बहुत अन्तर है ।

चन्द्रगुप्त—गुरुदेव आज्ञा दीजिये !

चाणक्य—देखो, उधर, नागरिक लोग आ रहे हैं । सम्भवतः यही अवसर है । तुम लोगों के भीतर जाने का और विद्रोह फैलाने का ।

(नागरिकों का प्रवेश)

प० नागरिक—वेण और कंस का शासन क्या दूसरे प्रकार का रहा होगा ?

दू० नागरिक—ब्याह की वेदी से वर-वधू को घसीट ले जाना, इतने बड़े नागरिक का यह अपमान ! अन्याय है ।

ती० नागरिक—सो भी अमात्य राक्षस और सुवासिनी को ! कुसुमपुर के दो सुन्दर फूल !

चौ० नागरिक—और सेनापति, मन्त्री, सब को अन्धकूप में डाल देना ।

मौर्य—मन्त्री, सेनापति और अमात्यों को बन्दी बनाकर जो राज्य करता है, वह कैसा अच्छा राजा है नागरिक ! उसकी कैसी अद्भुत योग्यता है ! मगध को गर्व होना चाहिये ।

प० नागरिक—गर्व नहीं वृद्ध ! लज्जा होनी चाहिये । ऐसा जघन्य अत्याचार ।

वररुचि—यह तो मगध का पुराना इतिहास है । जरासन्ध का यह अखाड़ा है । यह एकाधिपत्य की कटुता का सदैव से अभ्यस्त है ।

दू० नागरिक—अभ्यस्त होने पर भी अब असह्य है ।

शकटार—आज आप लोगों को बड़ी वेदना है, एक उत्सव का भङ्ग होना अपनी आँखों से देखा है; नहीं तो जिस दिन शकटार को दण्ड मिला था, एक अभिजात नागरिक की सकुटुम्ब हत्या हुई थी, उस दिन जनता कहाँ सो रही थी !

ती० नागरिक—सच तो, पिता के समान हम लोगों की रक्षा करने वाला मन्त्री शकटार—हे भगवान् !

शकटार—मैं ही हूँ । कङ्काल-सा जीवित समाधि से उठ खड़ा हुआ हूँ । मनुष्य मनुष्य को इस तरह कुचलकर स्थिर न रह सकेगा । मैं पिशाच बनकर लौट आया हूँ—अपने निरपराध सात पुत्रों की निष्ठुर हत्या का प्रतिशोध लेने के लिये । चलोगे साथ ?

चौ० नागरिक—मन्त्री शकटार ! आप जीवित हैं ?

शकटार—हाँ, महापद्म के जारज पुत्र नन्द की—वधिक हिंस्रपशु नन्द की—प्रतिहिंसा का लक्ष्य शकटार मैं ही हूँ !

सब नागरिक—हो चुका न्यायाधिकरण का ढोंग ! जनता की शुभ कामना करने की प्रतिज्ञा नष्ट हो गयी । अब नहीं, आज न्यायाधिकरण में पूछना होगा !

मौर्य—और मेरे लिये भी कुछ …

नागरिक—तुम …?

मौर्य—सेनापति मौर्य—जिसका तुम लोगों को पता ही न था ।

नागरिक—आश्चर्य ! हम लोग आज क्या स्वप्न देख रहे हैं ? अभी लौटना चाहिये आप लोग भी ।

शकटार—परन्तु मेरी रक्षा का भार कौन लेता है ?

(सब इधर-उधर देखने लगते । चन्द्रगुप्त तनकर खड़ा हो जाता है)

चन्द्रगुप्त—मैं लेता हूँ ! मैं उन सब पीड़ित, आघात-जर्जर, पद-दलित लोगों का संरक्षक हूँ, जो मगध की प्रजा हैं ।

चाणक्य—साधु ! चन्द्रगुप्त !

(सहसा सब उत्साहित हो जाते हैं । पर्वतेश्वर और चाणक्य तथा वररुचि को छोड़कर सब जाते हैं)

वररुचि—चाणक्य ! यह क्या दावाग्नि फैला दी तुमने ?

चाणक्य—उत्पीड़न की चिनगारी को अत्याचारी अपने ही अञ्चल में छिपाये रहता है ! कात्यायन ! तुमने अन्धकूप का सुख क्यों लिया ? कोई अपराध तुमने किया था ?

वररुचि—नन्द की भूल थी । उसे अब भी सुधारा जा सकता है । ब्राह्मण ! क्षमानिधि ! भूल जाओ !!

चाणक्य—प्रतिज्ञा पूर्ण होने पर हम-तुम साथ ही वैखानस होंगे, कात्यायन ! शक्ति हो जाने दो, फिर क्षमा का विचार करना । चलो पर्वतेश्वर ! सावधान !

(सबका प्रस्थान)

नवम दृश्य

(नन्द की रङ्गशाला : सुवासिनी और राक्षस बन्दी-वेश में)

नन्द—अमात्य राक्षस, यह कौन-सी मन्त्रणा थी ? यह पत्र तुम्हीं ने लिखा है ?

राक्षस—(पत्र लेकर पढ़ता हुआ)—'सुवासिनी, उस कारागार से शीघ्र निकल भागो, इस स्त्री के साथ मुझसे आकर मिलो ! मैं उत्तारापथ में नवीन राज्य की स्थापना कर रहा हूँ । नन्द से फिर समझ लिया जायगा" (नन्द की ओर देखकर) आश्चर्य; मैंने तो यह नहीं लिखा ! यह कैसा प्रपञ्च है—और किसी का नहीं, उसी ब्राह्मण चाणक्य का महाराज, सतर्क रहिये, अपने अनुकूल परिजनों पर भी विश्वास न कीजिये । कोइ भयानक घटना होने वाली है ।

नन्द—इस तरह से मैं प्रतारित नहीं किया जा सकता देखो यह तुम्हारी मुद्रा है ! मुद्रा देता है । (राक्षस देखकर सिर नीचे कर लेता है)

नन्द—कृतघ्न ! बोल; उत्तर दे !

राक्षस—मैं कहूँ भी, तो आप मानने ही क्यों लगे !

नन्द—तो आज तुम लोगों को भी उसी अन्धकूप में जाना होगा, प्रतिहार !

(राक्षस बन्दी किया जाता है । नागरिकों का प्रवेश । राक्षस को शृङ्खला में जकड़ा हुआ देखकर उन सबों में उत्तेजना)

एक नागरिक—सम्राट् ! आपसे मगध की प्रजा प्रार्थना करती है कि राक्षस और

अन्य लोगों पर भी राजदण्ड द्वारा किये गये जो अत्याचार हैं, उनका फिर से निराकरण होना चाहिये।

नन्द—क्या ! तुम लोगों को मेरे न्याय में अविश्वास है ?

नागरिक—इसके प्रमाण हैं—शकटार, वररुचि और मौर्य !

नन्द—(उन लोगों को देखकर) शकटार ! तू अभी जीवित है ?

शकटार—जीवित हूँ नन्द ! नियति सम्राटों से भी प्रबल है।

नन्द—यह मैं क्या देखता हूँ ! प्रतिहार ! पहले इन विद्रोहियों को बन्दी करो क्या तुम लोगों ने इन्हें छुड़ाया है ?

नागरिक—उनका न्याय हम लोगों के सामने किया जाय जिससे हम लोगों को राज-नियमों में विश्वास हो सम्राट् ! न्याय को गौरव देने के लिये इनके अपराध सुनने की इच्छा आपकी प्रजा रखती है।

नन्द—प्रजा की इच्छा से राजा को चलना होगा ?

नागरिक—हाँ, महाराज !

नन्द—क्या तुम सबके सब विद्रोही हो ?

नागरिक—यह सम्राट् अपने हृदय से पूछ देखें।

शकटार—मेरे सात निरपराध पुत्रों का रक्त

नागरिक—न्यायधिकरण की आड़ में इतनी नृशंसता !

नन्द—प्रतिहार ! इन सबको बन्दी बनाओ।

(राज-प्रहरियों का सबको बाँधने का उद्योग। दूसरी ओर से सैनिकों के साथ चन्द्रगुप्त का प्रवेश)

चन्द्रगुप्त—ठहरो ! **(सब स्तब्ध रह जाते हैं)** महाराज नन्द ! हम सब आपकी प्रजा हैं, मनुष्य हैं, हमें पशु बनने का अवसर न दीजिये।

वररुचि—विचार की तो बात है, यदि सुव्यवस्था से काम चल जाय तो उपद्रव क्यों हो ?

नन्द—**(स्वागत)** विभीषिका ! विपत्ति ! सब अपराधी और विद्रोही एकत्र हुये हैं। **(कुछ सोचकर-प्रकट)** अच्छा मोर्य ! तुम हमारे सेनापति हो और तुम वररुचि ! हमने तुम लोगों को क्षमा कर दिया।

शकटार—और हम लोगों से पूछो ! पूछो नन्द ! अपनी नृशंसताओं से पूछो ! क्षमा ? कौन करेगा ! तुम ? कदापि नहीं ! तुम्हारे घृणित अपराधों का न्याय होगा।

नन्द—**(तनकर)** तब रे मूर्खो ! देखो नन्द की निष्ठुरता ! प्रतिहार ! राजसिंहासन सङ्कट में है ! आओ, आज हमें प्रजा से लड़ना है !

(प्रतिहार प्रहरियों के साथ आगे बढ़ता है—कुछ युद्ध होने के साथ ही राजपक्ष के कुछ लोग मारे जाते है। और एक सैनिक आकर नगर के ऊपर आक्रमण होने की सूचना देता है। युद्ध करते-करते चन्द्रगुप्त नन्द को बन्दी बनाता है। चाणक्य का प्रवेश)

चाणक्य—नन्द ! शिखा खुली है फिर खिचवाने की इच्छा हुई है, इसलिये आया हूँ। राजपद के अपवाद नन्द। आज तुम्हारा विचार होगा।

नन्द—तुम ब्राह्मण। मेरे टुकड़ों से पहले हुये। दरिद्र ! तुम मगध के सम्राट् का विचार करोगे ! तुम सब लुटेरे हो; डाकू हो ! विप्लवी हो....अनार्य हो !

चाणक्य—(राजसिंहासन के पास जाकर) नन्द ! तुम्हारे ऊपर इतने अभियोग हैं.... महापद्म की हत्या, शकटार को बन्दी करना—उसके सातों पुत्रों को भूख से तड़पाकर मारना ! सेनापति मौर्य की हत्या का उद्योग—उसकी स्त्री को और वररुचि को बन्दी बनाना ! कितनी ही कुलीन कुमारियों का सतीत्व नाश—नगरभर में व्यभिचार का स्रोत बहाना ! ब्रह्मस्व और अनाथों की वृत्तियों का अपहरण ! अन्त में सुवासिनी पर अत्याचार—शकटार की एकमात्र बची हुई सन्तान सुवासिनी जिसे तुम अपनी घृणित पाशव-वृत्ति का....

नागरिक—(बीच में रोककर हल्ला मचाते हुये) पर्याप्त है ! यह पिशाच-लीला और सुनने की आवश्यता नहीं, सब प्रमाण यहीं उपस्थित हैं।

चन्द्रगुप्त—ठहरिये ! (नन्द से) कुछ उत्तर देना चाहते हैं।

नन्द—कुछ नहीं।

('वध करो ! हत्या करो !' का आतङ्क फैलता है)

चाणक्य—तब भी कुछ समझ लेना चाहिये नन्द ! हम ब्राह्मण हैं, तुम्हारे लिये, भिक्षा माँगकर तुम्हें जीवन-दान दे सकते हैं। लोगे ?

('नहीं मिलेगी, नहीं मिलेगी' की उत्तेजना। कल्याणी को बन्दिनी बनाये पर्वतेश्वर का प्रवेश)

नन्द—आह बेटी, असह्य ! मुझे क्षमा करो ! चाणक्य, मैं कल्याणी के संग जंगल में जाकर तपस्या करना चाहता हूँ।

चाणक्य—नागरिक वृन्द ! आप लोग आज्ञा दें—नन्द को जाने की आज्ञा !

शकटार—(छुरा निकालकर नन्द की छाती में घुसेड़ देता है) सात हत्यायें हैं। यदि नन्द सात जन्मों में मेरे ही द्वारा मारा जाय तो मैं उसे क्षमा कर सकता हूँ। मगध नन्द के बिना भी जी सकता हैं।

वररुचि—अनर्थ।

(सब स्तब्ध रह जाते हैं)

राक्षस—चाणक्य, मुझे भी कुछ बोलने का अधिकार हैं ?

चन्द्रगुप्त—अमात्य राक्षस के बन्धन खोल दो। अब मगध के सब नागरिक स्वतन्त्र हैं!

(राक्षस, सुवासिनी, कल्याणी का बन्धन खुलता है)

राक्षस—राष्ट्र इस तरह नहीं चल सकता।

चाणक्य—तब?

राक्षस—परिषद् की आयोजना होनी चाहिये।

नागरिकवृन्द—राक्षस, वररुचि, शकटार, चन्द्रगुप्त और चाणक्य की सम्मिलित परिषद् की हम घोषणा करते हैं।

चाणक्य—परन्तु उत्तरापथ के समान गणतन्त्र की रमणीयता मगध में नहीं, और मगध पर विपत्ति की भी सम्भावना है। प्राचीनकाल से मगध साम्राज्य रहा है, इसलिये यहा एक सबल और सुनियंत्रित शासक की आवश्यकता है। आप लोगों को यह जान लेना चाहिये कि यवन अभी हमारी छाती पर है।

नागरिक—तो कौन इसके उपयुक्त है?

चाणक्य—आप ही लोग इसे विचारिये।

शकटार—हम लोगों का उद्धारकर्ता, उत्तरापथ के अनेक समरों का विजेता—वीर चन्द्रगुप्त!

नागरिक वृन्द—चन्द्रगुप्त की जय!

चाणक्य—अस्तु, बढ़ो, चन्द्रगुप्त! सिंहासन शून्य नहीं रह सकता। अमात्य राक्षस! सम्राट् का अभिषेक कीजिये!

(मृतक हटाये जाते हैं, कल्याणी दूसरी ओर जाती है; राक्षस चन्द्रगुप्त का हाथ पकड़कर सिंहासन पर बैठाता है)

नागरिक वृन्द—सम्राट् चन्द्रगुप्त की जय! मगध की जय!

चाणक्य—मगध के स्वतन्त्र नागरिकों को बधाई है। आज आप लोगों के राष्ट्र का नवीन जन्म दिवस है। स्मरण रखना होगा कि ईश्वर ने सब मनुष्यों को स्वतन्त्र उत्पन्न किया है, परन्तु व्यक्तिगत स्वतन्त्रता वहीं तक दी जा सकती है, जहाँ दूसरों की स्वतन्त्रता में बाधा न पड़े। यही राष्ट्रीय नियमों का मूल है। वत्स चन्द्रगुप्त! स्वेच्छाचारी शासन का परिणाम तुमने स्वयं देखा लिया है, अब मन्त्रि-परिषद् की सम्मति से मगध और आर्यावर्त्त के कल्याण में लगो।

('सम्राट चन्द्रगुप्त की जय' का घोष)

पटाक्षेप

चतुर्थ अंक

प्रथम दृश्य

(मगध में राजकीय उपवन—कल्याणी)

कल्याणी—मेरे जीवन के दो स्वप्न थे—दुर्दिन के बाद आकाश के नक्षत्र विलास-सी चन्द्रगुप्त की छवि, और पर्वतेश्वर से प्रतिशोध, किन्तु मगध की राजकुमारी आज अपने ही उपवन में बन्दिनी है। मैं वही तो हूँ—जिसके सङ्केत पर मगध का साम्राज्य चल सकता था! वही शरीर है, वही रूप है, वही हृदय है, पर छिन गया अधिकार और मनुष्य का मान-दण्ड ऐश्वर्य। अब तुलना में सबसे छोटी हूँ। जीवन लज्जा की रङ्गभूमि बन रहा है **(सिर झुका लेती है)** तो जब नन्दवंश का कोई न रहा, तब एक राजकुमारी बचकर क्या करेगी?

(मद्यप की-सी चेष्टा करते हुए पर्वतेश्वर को प्रवेश करते देख चुप हो जाती है)

पर्वतेश्वर—मगध मेरा है—आधा भाग मेरा है! और मुझसे कुछ पूछा तक न गया! चन्द्रगुप्त अकेले सम्राट् बन बैठा! कभी नहीं, यह मेरे जीते-जी नहीं हो सकता! **(सामने देखकर)** कौन है? यह कोई अप्सरा होगी! अरे! कोई अपदेवता न हो! अरे! **(प्रस्थान)**

कल्याणी—मगध के राज-मन्दिर उसी तरह खड़े हैं। गङ्गा शोण उसी स्नेह से मिल रही है; नगर का कोलाहल पूर्ववत है। परन्तु न रहेगा एक नन्द-वंश! फिर क्या करूँ? आत्महत्या करूँ? नहीं, जीवन इतना सस्ता नहीं! अहा, देखो—वह मधुर आलोकवाला चन्द्र! उसी प्रकार नित्य—जैसे एकटक इसी पृथ्वी को देख रहा हो! कुमुद-बन्धु!

(गाती है)

सुधा-सीकर से नहला दो
लहरें डूब रही हों रस में
रह न जायँ वे अपने वश में
रूप-राशि इस व्यथित हृदय-सागर को—बहला दो
अन्धकार उजला हो जाये,
हँसी हंसमाला मँड़राये,
मधुराका आगमन कलरवों के मिस—कहला दो

करुणा के अञ्चल पर निखरे

घायल आँसू हैं जो बिखरे

ये मोती बन जायँ, मृदुल कर से लो—सहला दो !

(पर्वतेश्वर का फिर प्रवेश)

पर्वतेश्वर—तुम कौन हो सुन्दरी ? मैं भ्रमवश चला गया था ।

कल्याणी—तुम कौन हो ?

पर्वतेश्वर—पर्वतेश्वर ।

कल्याणी—मैं हूँ कल्याणी, जिसे नगर-अवरोध के समय तुमने बन्दी बनाया था ।

पर्वतेश्वर—राजकुमारी ! नन्द की दुहिता तुम्हीं हो ?

कल्याणी—हाँ पर्वतेश्वर !

पर्वतेश्वर—तुम्हीं से मेरा विवाह होने वाला था ?

कल्याणी—अब यम से होगा !

पर्वतेश्वर—नहीं सुन्दरी, ऐसा भरा हुआ यौवन !

कल्याणी—सब छीन कर अपमान भी !

पर्वतेश्वर—तुम नहीं जानती हो, मगध का आधा राज्य मेरा है। तुम प्रियतमा होकर सुखी रहोगी ।

कल्याणी—मैं अब सुख नहीं चाहती । सुख अच्छा है या दुःख—मैं स्थिर न कर सकी । तुम मुझे कष्ट न दो ।

पर्वतेश्वर—हमारे-तुम्हारे मिल जाने से मगध का पूरा राज्य हम लोगों का हो जायगा । उत्तरापथ की सङ्कटमयी परिस्थिति से अलग रहकर यहीं शान्ति मिलेगी ।

कल्याणी—चुप रहो ।

पर्वतेश्वर—सुन्दरी, तुम्हें देख लेने पर ऐसा नहीं हो सकता !

(उसे पकड़ना चाहता है, वह भागती है परन्तु पर्वतेश्वर पकड़ ही लेता है । कल्याणी उसी का छुरा निकालकर उसका वध करती है, चीत्कार सुनकर चन्द्रगुप्त आ जाता है ।)

चन्द्रगुप्त—कल्याणी ! कल्याणी ! यह क्या !!

कल्याणी—वही जो होना था । चन्द्रगुप्त ! यह पशु मेरा अपमान करना चाहता था—मुझे भ्रष्ट करके, अपनी सङ्गिनी बनाकर पूरे मगध पर अधिकार करना चाहता था । परन्तु मौर्य ! कल्याणी ने वरण किया था केवल एक पुरुष को—वह था चन्द्रगुप्त ।

चन्द्रगुप्त—क्या यह सच है कल्याणी !

कल्याणी—हाँ, यह सच है। परन्तु तुम मेरे पिता के विरोधी हुए, इसलिये उस प्रणय को—प्रेम-पीड़ा को—मैं पैरों से कुचल कर, दबा कर खड़ी रही! अब मेरे लिए कुछ भी अवशिष्ट नहीं रहा। पिता! लो मैं भी आती हूँ।

(अचानक छुरी मारकर आत्महत्या करती है, चन्द्रगुप्त उसे गोद में उठा लेता है)

चाणक्य—(**प्रवेश करके**) चन्द्रगुप्त! आज तुम निष्कण्टक हुए!

चन्द्रगुप्त—गुरुदेव! इतनी क्रूरता?

चाणक्य—महत्वाकांक्षा का मोती निष्ठुरता की सीपी में रहता है! चलो अपना काम करो, विवाद करना तुम्हारा काम नहीं। अब तुम स्वच्छन्द होकर दक्षिणापथ जाने की आयोजना करो। (**प्रस्थान**)

(चन्द्रगुप्त कल्याणी को लिटा देता है)

द्वितीय दृश्य

(पथ में राक्षस और सुवासिनी)

सुवासिनी—राक्षस! मुझे क्षमा करो!

राक्षस—क्यों सुवासिनी; यदि वह बाधा एक क्षण और रुकी रहती तो क्या हम लोग इस सामाजिक नियम के बन्धन से बँध न गये होते! अब क्या हो गया।

सुवासिनी—अब पिताजी की अनुमति आवश्यक हो गयी है।

राक्षस—(**व्यङ्ग से**) क्यों? क्या अब वह तुम्हारे ऊपर अधिक नियन्त्रण रखते हैं? क्या उनका तुम्हारे विगत जीवन से कुछ सम्पर्क नहीं? क्या....

सुवासिनी—अमात्य! मैं अनाथ थी, जीविका के लिये मैंने चाहे कुछ भी किया हो; पर स्त्रीत्व नहीं बेचा।

राक्षस—सुवासिनी, मैंने सोचा था, तुम्हारे अङ्क में सिर रखकर विश्राम करते मगध की भलाई से विपथगामी न हूँगा। पर तुमने ठोकर मार दिया? क्या तुम नहीं जानतीं कि मेरे भीतर एक दुष्ट प्रतिमा सदैव सचेष्ट रहती है? अवसर न दो, उसे न जगाओ! मुझे पाप से बचाओ!

सुवासिनी—मैं तुम्हारा प्रणय अस्वीकार नहीं करती। किन्तु अब इसका प्रस्ताव पिताजी से करो। तुम मेरे रूप और गुण के ग्राहक हो, और सच्चे ग्राहक हो, परन्तु राक्षस! मैं जानती हूँ कि यदि ब्याह छोड़कर अन्य किसी भी प्रकार से मैं तुम्हारी हो

जाती तो तुम ब्याह से अधिक सुखी होते। उधर पिता ने, जिनके लिए मेरा चारित्र्य, मेरी निष्कलङ्कता नितान्त वाञ्छनीय हो सकती है, मुझे इस मलिनता के कीचड़ से कमल के समान हाथों में ले लिया है! मेरे चिर दुखी पिता! राक्षस, तुम वासना से उत्तेजित हो, तुम नहीं देख रहे हो कि सामने एक जुड़ता हुआ घायल हृदय बिछुड़ जायगा, एक पवित्र कल्पना सहज ही नष्ट हो जायगी!

राक्षस—यह मैं मान लेता, कदाचित् इस पर पूर्ण विश्वास भी कर लेता; परन्तु सुवासिनी, मुझे शङ्का है। चाणक्य का तुम्हारा बाल्य परिचय है। तुम शक्तिशाली की उपासना....

सुवासिनी—ठहरो अमात्य! मैं चाणक्य को इधर तो एक प्रकार से विस्मृत-सी हो गयी थी, तुम इस सोयी हुई भ्रान्ति को न जगाओ!

(प्रस्थान)

राक्षस—चाणक्य भूल सकता है? कभी नहीं। वह राजनीति का आचार्य हो जाय, वह विरक्त तपस्वी हो जाय, परन्तु सुवासिनी का चित्र—यदि अङ्कित हो गया तो—उहूँ—(सोचता है)

(नेपथ्य से गान)

कैसी कड़ी रूप की ज्वाला?
पड़ता है पतङ्ग-सा इसमें मन होकर मतवाला,
सान्ध्य गगन-सी रागमयी यह बड़ी तीव्र है हाला,
लौह शृङ्खला से न कड़ी क्या यह फूलों की माला?

राक्षस—(चैतन्य होकर) तो चाणक्य से फिर मेरी टक्कर होगी, होने दो! यह अधिक सुखदायी होगा। आज से हृदय का यही ध्येय रहा। शकटार से किस मुँह से प्रस्ताव करूँ। वह सुवासिनी को मेरे हाथ में सौंप दे, यह असम्भव है! तो मगध में फिर एक आँधी आवे! चलूँ, चन्द्रगुप्त भी तो नहीं है, चन्द्रगुप्त सम्राट् हो सकता है, तो दूसरे भी इसके अधिकारी हैं। कल्याणी की मृत्यु से बहुत से लोग उत्तेजित हैं। आहुति की आवश्यकता है, वह्नि प्रज्वलित है।

(प्रस्थान)

तृतीय दृश्य

(मगध का परिषद्-गृह)

राक्षस—(**प्रवेश करके**) तो आप लोगों की सम्मति है कि विजयोत्सव न मनाया जाय ? मगध का उत्कर्ष, उसके गर्व का दिन यों ही फीका रह जाय !

शकटार—मैं तो चाहता हूँ, परन्तु आर्य चाणक्य की सम्मति इसमें नहीं है ।

कात्यायन—जो कार्य बिना किसी आडम्बर के हो जाय, वही तो अच्छा है ।

(मौर्य सेनापति और उसकी स्त्री का प्रवेश)

मौर्य—विजयी होकर चन्द्रगुप्त लौट रहा है, हम लोग आज भी उत्सव न मनाने पावेंगे ? राजकीय आवरण में यह कैसी दासता है !

मौर्य-पत्नी—तब यहाँ स्पष्ट हो जाना चाहिये कि कौन इस साम्राज्य का अधीश्वर है ! विजयी चन्द्रगुप्त अथवा यह ब्राह्मण या परिषद् ?

चाणक्य—(**राक्षस की ओर देखकर**) राक्षस, तुम्हारे मन में क्या है ?

राक्षस—मैं क्या जानूँ, जैसी सब लोगों की इच्छा ।

चाणक्य—मैं अपने अधिकार और दायित्व को समझ कर कहता हूँ कि यह उत्सव न होगा ।

मौर्य-पत्नी—तो मैं ऐसी पराधीनता में नहीं रहना चाहती (**मौर्य से**) समझा न ! हम लोग आज भी बन्दी हैं ।

मौर्य—(**क्रोध से**) क्या कहा, बन्दी ? नहीं, ऐसा नहीं हो सकता ? हमलोग चलते हैं । देखूँ जिसकी सामर्थ्य है जो रोके ! अपमान से जीवित रहना मौर्य नहीं जानता है । चलो—

(चाणक्य और कात्यायन को छोड़कर सब जाते हैं)

कत्यायन—विष्णुगुप्त, तुमने समझकर ही तो ऐसा किया होगा । फिर भी मौर्य का इस तरह चले जाना चन्द्रगुप्त को....

चाणक्य—बुरा लगेगा ! क्यों ? भला करने के लिए मैं कोई काम नहीं करता कात्यायन ! परिणाम में भलाई ही मेरे कामों की कसौटी है । तुम्हारी इच्छा हो, तो तुम भी चले जाओ ! बको मत !

(कात्यायन का प्रस्थान)

चाणक्य—कारण समझ में नहीं आता—यह वात्याचक्र क्यों ? (**विचारता हुआ**)—क्या कोई नवीन अध्याय खुलने वाला है ? अपनी विजयों पर मुझे विश्वास है, फिर यह क्या ? (**सोचता है**)

(सुवासिनी का प्रवेश)

सुवासिनी—विष्णुगुप्त !

चाणक्य—कहो सुवासिनी !

सुवासिनी—अभी परिषद-गृह से जाते हुए पिताजी वहुत दुखो दिखाई दिये। तुमने अपमान किया क्या ?

चाणक्य—यह तुमसे किसने कहा ? इस उत्सव को रोक देने से साम्राज्य का कुछ बनता-बिगड़ता नहीं। मौर्यों का जो कुछ है, वह मेरे दायित्व पर है। अपमान हो या मान, मैं उसका उत्तरदायी हूँ। और पितृव्य-तुल्य शकटार को मैं अपमानित करूँगा, यह तुम्हें कैसे विश्वास हुआ ?

सुवासिनी—तो राक्षस ने ऐसा क्यों····

चाणक्य—कहा ? ऐं ? सो तो कहना ही चाहिये ! और तुम्हारा भी उस पर विश्वास होना आवश्यक है, क्यों न सुवासिनी ?

सुवासिनी—विष्णुगुप्त ! मैं एक समस्या में डाल दी गयी हूँ।

चाणक्य—तुम स्वयं पड़ना चाहती हो, कदाचित् यह ठीक भी है।

सुवासिनी—व्यङ्ग न करो, तुम्हारी कृपा मुझ पर होगी ही, मुझे इसका विश्वास है।

चाणक्य—मैं तुमसे बाल्य-काल से परिचित हूँ, सुवासिनी ! तुम खेल में भी हारने के समय रोते हुये हँस दिया करतीं और तब मैं हार स्वीकार कर लेता। इधर तो तुम्हारा अभिनय का अभ्यास भी बढ़ गया है। तब तो····**(देखने लगता है)**

सुवासिनी—यह क्या, विष्णुगुप्त, तुम संसार को अपने वश में करने का सङ्कल्प रखते हो। फिर अपने को नहीं ? देखो दर्पण लेकर—तुम्हारी आँखों में तुम्हारा यह कौन-सा नवीन चित्र है। **(प्रस्थान)**

चाणक्य—क्या ? मेरी दुर्बलता ? नहीं ! कौन है ?

दौवारिक—**(प्रवेश करके)** जय हो आर्य, रथ पर मालविका आयी है।

चाणक्य—उसे सीधे मेरे पास लिवा लाओ !

(दौवारिक का प्रस्थान। एक चर का प्रवेश)

चर—आर्य; सम्राट् के पिता और माता दोनों व्यक्ति रथ पर अभी बाहर गये हैं ! **(जाता है)**

चाणक्य—जाने दो ! इनके रहने से चन्द्रगुप्त के एकाधिपत्य में बाधा होती। स्नेहातिरेक से वह कुछ-का कुछ कर बैठता।

(दूसरे चर का प्रवेश)

दूसरा चर—(**प्रणाम करके**) जय हो आर्य; वाल्हीक में नयी हलचल है। विजेता सिल्यूकस अपनी पश्चिमी राजनीति से स्वतन्त्र हो गया है, अब वह सिकन्दर के पूर्वी प्रान्तों की ओर दत्तचित्त है। वाल्हीक की सीमा पर नवीन यवन-सेना के शस्त्र चमकने लगे हैं।

चाणक्य—(**चौंककर**) और गान्धार का समाचार ?

दूसरा चर—अभी कोई नवीनता नहीं है।

चाणक्य—जाओ। (**चर का प्रस्थान**) क्या उसका भी समय आ गया ? तो ठीक है। ब्राह्मण ! अपनी प्रतिज्ञा पर अटल रह ! कुछ चिन्ता नहीं, सब सुयोग आप ही चले आ रहे हैं।

(ऊपर देखकर हँसता है। मालविका का प्रवेश)

मालविका—आर्य, प्रणाम करती हूँ। सम्राट् ने श्रीचरणों में सविनय प्रणाम करके निवेदन किया है कि आपके आशीर्वाद से दक्षिणापथ में अपूर्व सफलता मिली, किन्तु सुदूर दक्षिण जाने के लिये आपका निषेध सुनकर लौटा आ रहा हूँ। सीमान्त के राष्ट्रों ने मित्रता स्वीकार कर ली है।

चाणक्य—मालविका, विश्राम करो। सब बातों का विवरण एक साथ ही लूँगा।

मालिविका—परन्तु आर्य, स्वागत का कोई उत्साह राजधानी में नहीं।

चाणक्य—माविलका, पाटलिपुत्र षड्यन्त्रों का केन्द्र हो रहा है ! सावधान ! चन्द्रगुप्त के प्राणों की रक्षा तुम्हीं को करनी होगी।

चतुर्थ दृश्य

(प्रकोष्ठ में चन्द्रगुप्त का प्रवेश)

चन्द्रगुप्त—विजयों की सीमा है, परन्तु अभिलाषाओं की नहीं ! मन ऊब-सा गया है। झञ्झटों से घड़ी-भर अवकाश नहीं। गुरुदेव और क्या चाहते हैं, समझ में नहीं आता। इतनी उदासी क्यों ! मालविका !

मालविका—(**प्रवेश करके**) सम्राट् की जय हो !

चन्द्रगुप्त—मैं सब से विभिन्न, एक भय-प्रदर्शन-सा बन गया हूँ। कोई मेरा अन्तरङ्ग नहीं, तुम भी मुझे सम्राट् कहकर पुकारती हो !

मालविका—देव, फिर मैं क्या कहूँ।

चन्द्रगुप्त—स्मरण आता है—मालव का उपवन और उसमें अतिथि के रूप में मेरा रहना !

मालविका—सम्राट्, अभी कितने ही भयानक संघर्ष सामने हैं !

चन्द्रगुप्त—संघर्ष ! युद्ध देखना चाहो तो मेरा हृदय फाड़कर देखो मालविका ! आशा निराशा का युद्ध, भावों और अभावों का द्वन्द्व ! कोई कमी नहीं, फिर भी न जाने कौन मेरी सम्पूर्ण सूची में रिक्त-चिह्न लगा देता है। मालविका, तुम मेरी ताम्बूल-वाहिनी नहीं हो, मेरे विश्वास की, मित्रता की प्रतिकृति हो। देखो, मैं दरिद्र हूँ कि नहीं, तुमसे मेरा कोई रहस्य गोपनीय नहीं ! मेरे हृदय में कुछ है कि नहीं, टटोलने से भी नहीं जान पड़ता !

मालविका—आप महापुरुष हैं; साधारणजन-सुलभ दुर्बलता न होनी चाहिये आपमें देव ! बहुत दिनों पर मैंने एक माला बनायी है

(माला पहनाती है)

चन्द्रगुप्त—मालविका, इन फूलों के रस तो भौंरे ले चुके हैं।

मालविका—निरीह कुसुमों पर दोषारोपण क्यों ? उनका काम है सौरभ बिखेरना यह उनका मुक्त दान है। उसे चाहे भ्रमर ले या पवन।

चन्द्रगुप्त—कुछ गाओ तो मन बहल जाय।

(मालविका गाती है)

मधुप कब एक कली का है
पाया जिसमें प्रेम रस, सौरभ और सुहाग
बेसुध हो उस कली से, मिलता भर अनुराग
बिहारी कुञ्जगली का है
कुसुम धूल से धूसरित, चलता है उस राह
काँटों में उलझा तदपि, रही लगन की चाह
बावला रङ्गरली का है
हो मल्लिका, सरोजिनी, या यूथी का पुञ्ज,
अलि को केवल चाहिए; सुखमय क्रीड़ा-कुञ्ज
मधुप कब एक कली का है

चन्द्रगुप्त—मालविका, मन मधुप से भी चञ्चल और पवन से भी प्रगतिशील है, वेगवान है।

मालविका—उसका निग्रह करना ही महापुरुषों का स्वभाव है देव !

(प्रतिहारी का प्रवेश और संकेत। मालविका उससे बात करके लौटती है)

चन्द्रगुप्त—क्या है ?

मालविका—कुछ नहीं, कहती थी कि यह प्राचीन राज-मन्दिर अभी परिष्कृत नहीं, इसलिये मैंने चन्द्रसौध में आपके शयन का प्रबन्ध करने के लिये कह दिया है।

चन्द्रगुप्त—जैसी तुम्हारी इच्छा—(**पान करता हुआ**) कुछ और गाओ मालविका ! आज तुम्हारे स्वर में स्वर्गीय मधुरिमा है।

(**मालविका गाती है**)

बज रही वंशी आठों याम की
अब तक गूँज रही है बोली प्यारे मुख अभिराम की
हुये चपल मृगनैन मोह-वश बजी विपञ्ची काम की
रूप-सुधा के दो दृग प्यालों ने ही मति बेकाम की
बज रही वंशी आठो याम की

(**कञ्चुकी का प्रवेश**)

कञ्चुकी—जय हो देव, शयन का समय समीप हो गया है।

(**प्रतिहारी और कंचुकी के साथ चन्द्रगुप्त का प्रस्थान**)

मालविका—जाओ प्रियतम ! सुखी जीवन बिताने के लिये, और मैं रहती हूँ चिर दुखी जीवन का अन्त करने के लिये, जीवन एक प्रश्न है, और मरण है उसका अटल उत्तर। आर्य चाणक्य की आज्ञा है—"आज घातक इस शयनगृह में आवेंगे, इसलिये चन्द्रगुप्त यहाँ न सोने पावें, और षड्यन्त्रकारी पकड़े जायँ।" (**शय्या पर बैठकर**) यह चन्द्रगुप्त की शय्या है। ओह, आज प्राणों में कितनी मादकता है। मैं ···कहाँ हूँ ? कहाँ ? स्मृति, तू मेरी तरह सो जा ! अनुराग, तू रक्त से भी रङ्गीन बन जा !

(**गाती है**)

ओ मेरी जीवन की स्मृति ! ओ अन्तर के आतुर अनुराग
बैठ गुलाबी विजन उषा में गाते कौन मनोहर राग
चेतन सागर उर्मिल होता यह कैसी कम्पनमय तान
यों अधीरता से न मींड़ लो अभी हुये हैं पुलकित प्रान
कैसा है यह प्रेम तुम्हारा युगल-मूर्ति की बलिहारी
यह उन्मत्त विलास बता दो कुचलेगा किसकी क्यारी
इस अनन्त निधि के हे नाविक, हे मेरे अनङ्ग अनुराग
पाल सुनहला बन, तनती है, स्मृति यों उस अतीत में जाग
कहाँ ले चले कोलाहल से मुखरित तट को छोड़ सुदूर
आह ! तुम्हारे निर्दय डाँडों में होती हैं लहरें चूर
देख नहीं सकते तुम दोनों चकित निराशा है भीमा
बहको मत क्या न है बता दो क्षितिज तुम्हारी नव सीमा

(**शयन**)

पञ्चम दृश्य

(प्रभात में राजमन्दिर का एक प्रान्त)

चन्द्रगुप्त—**(अकेले टहलता हुआ)** चतुर सेवक के समान संसार को जगा कर अन्धकार हट गया। रजनी की निस्तब्धता काकली से चञ्चल हो उठी है! नीला आकाश स्वच्छ होने लगा है, या निद्रा-क्लान्त निशा, उषा की शुभ्र चादर ओढ़कर नींद की गोद में लेटने चली है। यह जागरण का अवसर है। जागरण का अर्थ है कर्मक्षेत्र में अवतीर्ण होना। और कर्मक्षेत्र क्या है? जीवन-संग्राम! किन्तु भीषण संघर्ष करके भी मैं कुछ नहीं हूँ। मेरी सत्ता एक कठपुतली-सी है। तो फिर····मेरे पिता, मेरी माता, इनका तो सम्मान आवश्यक था। वे चले गये, मैं देखता हूँ कि नागरिक तो क्या, मेरे आत्मीय भी आनन्द मनाने से वञ्चित किये गये। यह परतन्त्रता कब तक चलेगी? प्रतिहारी।

प्रतिहारी—**(प्रवेश करके)** जय हो देव!

चन्द्रगुप्त—आर्य चाणक्य को शीघ्र लिवा लाओ!

(प्रतिहारी का प्रस्थान)

चन्द्रगुप्त—**(टहलते हुए)** प्रतिकार आवश्यक है।

(चाणक्य का प्रवेश)

चन्द्रगुप्त—आर्य, प्रणाम!

चाणक्य—कल्याण हो आयुष्मान्, आज तुम्हारा प्रणाम भारी-सा है!

चन्द्रगुप्त—मैं कुछ पूछना चाहता हूँ।

चाणक्य—यह तो मैं पहले ही से समझता था। क्या तुम अपने स्वागत के लिए लड़कों के सदृश रूठे हो?

चन्द्रगुप्त—नहीं आर्य, मेरे माता-पिता—मैं जानना चाहता हूँ कि उन्हें किसने निर्वासित किया?

चाणक्य—जान जाओगे तो उसका वध करोगे क्यों? **(हँसता है)**

चन्द्रगुप्त—हँसिये मत! गुरुदेव! आपकी मर्यादा रखनी चाहिये, यह मैं जानता हूँ। परन्तु वे मेरे माता-पिता थे, यह आपको भी जानना चाहिये।

चाणक्य—तभी तो मैंने उन्हें उपयुक्त अवसर दिया। अब उन्हें आवश्यकता थी शान्ति की, उन्होंने वानप्रस्थाश्रम ग्रहण किया है। इसमें खेद करने की कौन बात है?

चन्द्रगुप्त—यह अक्षुण्ण अधिकार आप कैसे भोग रहे हैं? केवल साम्राज्य का ही नहीं, देखता हूँ, आप मेरे कुटुम्ब का भी नियन्त्रण अपने हाथों में रखना चाहते हैं।

चाणक्य—चन्द्रगुप्त! मैं ब्राह्मण हूँ। मेरा साम्राज्य करुणा का था, मेरा धर्म प्रेम का था। आनन्द-समुद्र में शान्ति-द्वीप का अधिवासी ब्राह्मण मैं, चन्द्र सूर्य-नक्षत्र मेरे

दीप थे, अनन्त आकाश बिताना था, शस्यश्यामला कोमला विश्वम्भरा मेरी शय्या थी। बौद्धिक विनोद कर्म था, सन्तोष धन था। उस अपनी ब्राह्मण की, जन्म-भूमि को छोड़-कर कहाँ आ गया। सौहार्द के स्थान पर कुचक्र; फूलों के प्रतिनिधि काँटे, प्रेम के स्थान में भय। ज्ञानामृत के परिवर्तन में कुमन्त्रणा। पतन और कहाँ तक हो सकता है! ले लो मौर्य चन्द्रगुप्त! अपना अधिकार, छीन लो। यह मेरा पुनर्जन्म होगा। मेरा जीवन राजनीतिक कुचक्रों से कुत्सित और कलङ्कित हो उठा है। किसी छायाचित्र, किसी काल्पनिक महत्त्व के पीछे भ्रमपूर्ण अनुसन्धान करता दौड़ रहा हूँ। शान्ति खो गयी, स्वरूप विस्मृत हो गया! जान गया, मैं कहाँ और कितने नीचे हूँ! **(प्रस्थान)**

चन्द्रगुप्त—जाने दो। **(दीर्घ निःश्वास लेकर)** तो क्या मैं असमर्थ हूँ? ऊँह, सब हो जायगा।

सिंहरण—**(प्रवेश करके)** सम्राट् की जय हो! कुछ विद्रोही और षड्यन्त्रकारी पकड़े गये हैं। एक बड़ी दुखद घटना भी हो गयी है।

चन्द्रगुप्त—**(चौंककर)** क्या?

सिंहरण—मालविका की हत्या···**(गद्गद् कंठ से)** आपका परिच्छद पहनकर वह आप ही की शय्या पर लेटी थी।

चन्द्रगुप्त—तो क्या, उसने इसीलिये मेरे शयन का प्रबन्ध दूसरे प्रकोष्ठ में किया! आह! मालविका!

सिंहरण—आर्य चाणक्य की सूचना पाकर नायक पूरे गुल्म के साथ राजमन्दिर की रक्षा के लिए प्रस्तुत था। एक छोटा-सा युद्ध होकर वे हत्यारे पकड़े गये। परन्तु उनका नेता राक्षस निकल भागा।

चन्द्रगुप्त—क्या राक्षस! उनका नेता था?

सिंहरण—हाँ सम्राट्! गुरुदेव बुलाये जायँ!

चन्द्रगुप्त—वही तो नहीं हो सकता, वे चले गये। कदाचित् न लौटेंगे।

सिंहरण—ऐसा क्यों? क्या आपने कुछ कह दिया?

चन्द्रगुप्त—हाँ सिंहरण! मैंने अपने माता-पिता के चले जाने का कारण पूछा था!

सिंहरण—**(निःश्वास लेकर)** तो नियति कुछ अदृष्ट का सृजन कर रही है! है! सम्राट्, मैं गुरुदेव को खोजने जाता हूँ!

चन्द्रगुप्त—**(विरक्ति से)** जाओ, ठीक है—अधिक हर्ष; अधिक उन्नति के बाद ही तो अधिक दुःख और पतन की बारी आती है!

(सिंहरण का प्रस्थान)

चन्द्रगुप्त—पिता गये, माता गयी, गुरुदेव गये, कन्धे-से-कन्धा मिलाकर प्राण

देने वाला चिर-सहचर सिंहरण गया! तो भी चन्द्रगुप्त को रहना पड़ेगा; और रहेगा; परन्तु मालविका! आह, वह स्वर्गीय कुसुम!

(चिन्तित भावसे प्रस्थान)

छठा दृश्य

(सिन्धु तट पर पर्णकुटीर में चाणक्य और कात्यायन)

चाणक्य—कात्यायन, सो नहीं हो सकता। मैं अब मन्त्रित्व नहीं ग्रहण करने का। तुम यदि किसी प्रकार मेरा रहस्य खोल दोगे, तो मगध का अनिष्ट ही करोगे।

कात्यायन—तब मैं क्या करूँ? चाणक्य, मुझे तो अब इस राज-काज में पड़ना अच्छा नहीं लगता।

चाणक्य—जब तक गान्धार का उपद्रव है, तब तक तुम्हें बाध्य होकर करना पड़ेगा। बताओ, नया समाचार क्या है?

कात्यायन—राक्षस सिल्यूकस की कन्या को पढ़ाने के लिये वहीं रहता है और यह सारा कुचक्र उसी का है! वह इन दिनों वाह्लीक की ओर गया है। मैं अपना वार्तिक पूरा कर चुका, इसीलिये मगध से अवकाश लेकर आया था! चाणक्य, अब मैं मगध जाना चाहता हूँ। यवन-शिविर में अब मेरा जाना असम्भव है।

चाणक्य—जितना शीघ्र हो सके; मगध पहुँचो। मैं सिंहरण को ठीक रखता हूँ। तुम चन्द्रगुप्त को भेजो। सावधान, उसे न मालूम हो कि मैं यहाँ हूँ? अवसर पर मैं स्वयं उपस्थित हो जाऊँगा। देखो, शकटार और तुम्हारे भरोसे मगध रहा है! कात्यायन, यदि सुवासिनी को भेजते तो कार्य में आशातीत सफलता होती। समझे?

कात्यायन—(**हँसकर**) यह जानकर मुझे प्रसन्नता हुई कि तुम········सुवासिनी अच्छा····विष्णुगुप्त! गार्हस्थ्य जीवन कितना सुन्दर है!

चाणक्य—मूर्ख हो, अब हम-तुम साथ ब्याह करेंगे।

कात्यायन—मैं? मुझे नहीं····मेरी गृहणी तो है!

चाणक्य—(**हँसकर**) एक ब्याह और सही। अच्छा बताओ, काम कहाँ तक हुआ?

कात्यायन—(**पत्र देता हुआ**) हाँ यह लो, यवन-शिविर का विवरण है। परन्तु, विष्णुगुप्त, एक बात कहे बिना न रह सकूँगा। यह यवन-बाला सिर से पैर तक आर्य-संस्कृति में पगी है। उसका अनिष्ट?

चाणक्य—(**हँसकर**) कात्यायन, तुम सच्चे ब्राह्मण हो ! यह करुणा और सौहार्द का उद्रेक ऐसे ही हृदयों में होता है। परन्तु—मैं निष्ठुर ! हृदयहीन ! मुझे तो केवल अपने हाथों खड़ा किये हुए एक साम्राज्य का दृश्य देख लेना है।

कात्यायन—फिर भी चाणक्य, उसका सरल मुख-मण्डल! उस लक्ष्मी का अमङ्गल !

चाणक्य—(**हँसकर**) तुम पागल तो नहीं हो ?

कात्यायन—तुभ हँसो मत चाणक्य ! तुम्हारा हँसना तुम्हारे क्रोध से भी भयानक है ! प्रतिज्ञा करो कि उसका अनिष्ट न करूँगा। बोलो !

चाणक्य—कात्यायन अलक्षेन्द्र कितने विकट परिश्रम से भारतवर्ष के बाहर किया गया—यह तुम भूल गये ? अभी है कितने दिनों की बात। अब इस सिल्यूकस को क्या हुआ जो चला आया! तुम नहीं जानते कात्यायन इसी सिल्यूकस ने चन्द्रगुप्त की रक्षा की थो, नियति अब उन्हीं दोनों को एक-दूसरे के विपक्ष में खड्ग खींचे हुये खड़ा कर रही !

कात्यायन—कैसे आश्चर्य की बात है !

चाणक्य—परन्तु इससे क्या ! वह तो होकर रहेगा, जिसे मैंने स्थिर कर लिया है ! वर्तमान भारत की नियति मेरे हृदय पर जलद-पटल में बिजली के समान नाच उठती है। फिर मैं क्या करूँ ?

कात्यायन—तुम निष्ठुर हो ? यह हँसी।

चाणक्य—अच्छा, तुम सदय होकर एक बात कर सकोगे ? बोलो। चन्द्रगुप्त और उस यवन-बाला के परिणय में आचार्य बनोगे ?

कात्यायन—क्या कह रहे हो ? यह हँसी।

चाणक्य—यही है तुम्हारी दया की परीक्षा—देखूँ तुम क्या करते हो। क्या इसमें यवन-बाला का अमङ्गल है ?

कात्यायन—(**सोचकर**) मङ्गल है; मैं प्रस्तुत हूँ।

चाणक्य—(**हँसकर**) तब तुम निश्चय ही एक सहृदय व्यक्ति हो।

कात्यायन—अच्छा तो मैं जाता हूँ।

चाणक्य—हाँ, जाओ। स्मरण रखना, हम लोगों के जीवन में यह अन्तिम सङ्घर्ष है। मुझे आज आम्भीक से मिलना है। वह लोलुप राजा, देखूँ; क्या करता है।

(**कात्यायन का प्रस्थान। चर का प्रवेश**)

चर—महामात्य की जय हो।

चाणक्य—इस समय जय की बड़ी आवश्यकता है। आम्भीक को यदि जय कर सका, तो सर्वत्र जय है। बोलो, आम्भीक ने क्या कहा ?

चर—वे स्वयं आ रहे हैं।

चाणक्य—आने दो, तुम जाओ।

(चर का प्रस्थान। आम्भीक का प्रवेश)

आम्भीक—प्रणाम, ब्राह्मण देवता।

चाणक्य—कल्याण हो। राजन्, तुम्हें भय तो नहीं लगता? मैं एक दुर्नाम मनुष्य हूँ।

आम्भीक—नहीं आर्य, आप कैसी बात कहते हैं।

चाणक्य—तो ठीक है, इसी तक्षशिला के मठ में एक दिन मैंने कहा था—'सो कैसे होगा अविश्वासी क्षत्रिय। तभी तो म्लेच्छ लोग साम्राज्य बना रहे हैं और आर्य-जाति पतन के कगार पर खड़ी एक धक्के की राह देख रही है।'

आम्भीक—स्मरण है।

चाणक्य—तुम्हारी भूल ने कितना कुत्सित दृश्य दिखाया—इसे भी सम्भवतः तुम न भूले होगे।

आम्भीक—नहीं।

चाणक्य—तुम जानते हो कि चन्द्रगुप्त ने दक्षिणापथ स्वर्णगिरि से पञ्चनद तक, सौराष्ट्र से बङ्ग तक एक महान् साम्राज्य स्थापित किया है। यह साम्राज्य मगध का नहीं है, यह आर्य साम्राज्य है। उत्तरापथ के सब प्रमुख गणतन्त्र मालव, क्षुद्रक और यौधेय आदि सिंहरण के नेतृत्व में इस साम्राज्य के अङ्ग हैं। केवल तुम्हीं इससे अलग हो। इस द्वितीय यवन आक्रमण से तुम भारत के द्वार की रक्षा कर लोगे, या पहले ही के समान उत्कोच लेकर, द्वार खोलकर, सब झंझटों से अलग हो जाना चाहते हो?

आम्भीक—आर्य, वही त्रुटि बार-बार न होगी।

चाणक्य—तब साम्राज्य जेहलम-तट की रक्षा करेगा। सिन्धु-तट का भार तुम्हारे ऊपर रहा।

आम्भीक—अकेले मैं यवनों का आक्रमण रोकने में असमर्थ हूँ।

चाणक्य—फिर उपाय क्या है?

(नेपथ्य से जयघोष : आम्भीक चकित होकर देखने लगता है)

चाणक्य—क्या है सुन रहे हो?

आम्भीक—समझ में नहीं आया। **(नेपथ्य की ओर देखकर)** वह एक स्त्री आगे-आगे कुछ गाती हुई आ रही है और उसके साथ बड़ी सी भीड़ **(कोलाहल समीप होता है)**

चाणक्य—आओ, हम लोग अलग हटकर देखें **(दोनों अलग छिप जाते हैं)**

(आर्य-पताका लिये अलका का गाते हुए भीड़ के साथ प्रवेश)

अलका—तक्षशिला के वीर नागरिकों ! एक बार, अभी-अभी सम्राट् चन्द्रगुप्त ने इसका उद्धार किया था, आर्यावर्त्त—प्यारा देश—ग्रीकों की विजय-लालसा से पुनः पद-दलित होने जा रहा है। तब तुम्हारा शासक तटस्थ रहने का ढोंग करके पुण्यभूमि को परतन्त्रता की श्रृङ्खला पहनाने का दृश्य राज्य-महल के झरोखों से देखेगा। तुम्हारा राजा कायर है, और तुम ?

नागरिक—हम लोग उसका परिणाम देख चुके हैं माँ ! हम लोग प्रस्तुत हैं।

अलका—यही तो **(समवेत स्वर के गायन)**

हिमाद्रि तुङ्ग श्रृङ्ग से
प्रबुद्ध शुद्ध भारती—
स्वयम्प्रभा समुज्ज्वला
स्वतन्त्रता पुकारती—
अमर्त्य वीरपुत्र हो, दृढ़-प्रतिज्ञ सोच लो
प्रशस्त पुण्य पन्थ है—बढ़े चलो, बढ़े चलो
असङ्ख्य कीर्ति-रश्मियाँ,
विकीर्ण दिव्य दाह-सी।
सपूत मातृभूमि के—
रुको न शूर साहसी
अराति सैन्य सिन्धु में—सुबाड़वाग्नि-से जलो।
प्रवीर हो जयी बनो—बढ़े चलो, बढ़े चलो ॥

(सब का प्रस्थान)

आम्भीक—यह अलका है ! तक्षशिला में उत्तेजना फैलाती हुई—यह अलका !

चाणक्य—हाँ, आम्भीक ! तुम उसे बन्दी बनाओ, मुँह बन्द करो !

आम्भीक—**(कुछ सोचकर)** असम्भव ! मैं भी साम्राज्य में सम्मिलित होऊँगा !

चाणक्य—यह मैं कैसे कहूँ ? मेरी लक्ष्मी—अलका—ने आर्य-गौरव के लिए क्या-क्या कष्ट नहीं उठाये ! वह भी तो इसी वंश की बालिका है ! फिर तुम तो पुरुष हो, तुम्हीं सोचकर देखो।

आम्भीक—व्यर्थ का अभिमान अब मुझे देश के कल्याण में बाधक न सिद्ध कर सकेगा। आर्य चाणक्य, मैं आर्य-साम्राज्य के बाहर नहीं हूँ !

चाणय—तब तक्षशिला-दुर्ग पर मगध-सेना अधिकार करेगी ! यह तुम सहन करोगे ?

(आम्भीक सिर नीचा करके विचारता है)

चाणक्य—क्षत्रिय ! कह देना और बात है, करना और।

आम्भीक—(**आवेश में**) हार चुका ही हूँ पराधीन हो ही चुका हूँ । अब स्वदेश के अधीन होने में उससे अधिक कलङ्क तो मुझे लगेगा नहीं, आर्य चाणक्य !

चाणक्य—तो इस गांधार और पञ्चनद का शासन-सूत्र होगा अलका के हाथ में और तक्षशिला होगी उसकी राजधानी, बोलो, स्वीकार है ।

आम्भीक—अलका ?

चाणक्य—हाँ, अलका ! और सिंहरण इस महाप्रदेश के शासक होंगे ।

आम्भीक—सब स्वीकार है, ब्राह्मण ! मैं केवल एक बार यवनों के सम्मुख अपना कलङ्क धोने का अवसर चाहता हूँ । रणक्षेत्र में एक सैनिक होना चाहता हूँ । और कुछ नहीं ।

चाणक्य—तुम्हा अभीष्ट पूर्ण हो ।

(**सङ्केत करता है । सिंहरण और अलका का प्रवेश**)

अलका—भाई, आम्भीक !

आम्भीक—बहन, अलका ! तू छोटी है, पर मेरी श्रद्धा का आधार है । मैं भूल करता था बहन ! तक्षशिला के लिए अलका पर्याप्त है, आम्भीक की आवश्यकता न थी ।

अलका—भाई क्या कहते हो ?

आम्भीक—मैं देशद्रोही हूँ ! नीच हूँ ! अधम हूँ ! तूने गान्धार के राजवंश का मुख उज्ज्वल किया है । राज्यासन के योग्य तू ही है ।

अलका—भाई, अब भी तुम्हारा भ्रम नहीं गया ! राज्य किसी का नहीं है ! सुशासन का है : जन्मभूमि के भक्तों में आज जागरण है । देखते नहीं, प्राच्य में सूर्योदय हुआ है । स्वयं सम्राट् चन्द्रगुप्त तक इस महान् आर्य-साम्राज्य के सेवक हैं । स्वतन्त्रता के युद्ध में सैनिक और सेनापति का भेद नहीं । जिसकी खड्ग-प्रभा में विजय का आलोक चमकेगा, वही वरेण्य है । उसी की पूजा होगी भाई ! तक्षशिला मेरी नहीं और तुम्हारी भी नहीं; तक्षशिला आर्यावर्त्त का एक भू-भाग है; वह आर्यावर्त्त की होकर ही रहे, इसके लिये मर मिटो ! फिर उसके कणों में तुम्हारा ही नाम अङ्कित होगा । मेरे पिता स्वर्ग में इन्द्र से प्रतिस्पर्धा करेंगे । वहाँ की अप्सरायें विजयमाला लेकर खड़ी होंगी, सूर्यमण्डल मार्ग बनेगा और उज्ज्वल आलोक में मण्डित होकर गान्धार राजकुल अमर हो जायगा ।

चाणक्य—साधु । अलके, साधु ।

आम्भीक—(**खड्ग खींचकर**) खड्ग की शपथ—मैं कर्त्तव्य से च्युत न होऊँगा !

सिंहरण—(**उसे आलिङ्गन करके**) मित्र आम्भीक ! मनुष्य साधारण धर्मा पशु है, विचारशील होने से मनुष्य होता है और निःस्वार्थ कर्म करने से वही देवता भी हो सकता है ।

(**आम्भीक का प्रस्थान**)

सिंहरण—अलका, सम्राट् किस मानसिक वेदना में दिन बिताते होंगे ?

अलका—वे वीर हैं मालव, उन्हें विश्वास है कि मेरा कुछ कार्य है। उसकी साधना के लिए प्रकृति, अदृष्ट, दैव या ईश्वर, कुछ-न-कुछ अवलम्बन जुटा ही देगा ! सहायक चाहे आर्य चाणक्य हों या मालव !

सिंहरण—अलका उस प्रचण्ड पराक्रम को मैं जानता हूँ। परन्तु मैं यह भी जानता हूँ कि सम्राट् मनुष्य हैं। अपने से बार-बार सहायता करने के लिए कहने में, मानव-स्वभाव विद्रोह करने लगता है। यह सौहार्द और विश्वास का सुन्दर अभिमान है। उस समय मन चाहे अभिनय करता हो सङ्घर्ष से बचने का ; किन्तु जीवन अपना सङ्ग्राम अन्ध होकर लड़ता है। कहता है—अपने को बचाऊँगा नहीं, जो मेरे मित्र हों, आवें और अपना प्रमाण दें।

(दोनों का प्रस्थान सुवासिनी का प्रवेश)

चाणक्य—सुवासिनी, तुम यहाँ कैसे ?

सुवासिनी—सम्राट् को अभी तक आपका पता नहीं; पिता जी ने इसीलिए मुझे भेजा है। उन्होंने कहा—जिस खेल का आरम्भ किया है, उसका पूर्ण और सफल अन्त करना चाहिये।

चाणक्य—क्यों करें सुवासिनी ; तुम राक्षस के साथ सुखी जीवन बिताओगी, यदि इतनी भी मुझे आशा होती—वह तो यवन-सेनानी है, और तुम मगध की मन्त्री-कन्या ! क्या उससे परिणय कर सकोगी ?

सुवासिनी—(**निःश्वास लेकर**) राक्षस से ! नहीं, असम्भव। चाणक्य तुम इतने निर्दय हो !

चाणक्य—(**हँसकर**) सुवासिनी ! वह स्वप्न टूट गया—इस विजन बालुका-सिन्धु में एक सुधा की लहर दौड़ पड़ी थी ; किन्तु तुम्हारे एक भ्रू-भङ्ग ने उसे लौटा दिया। मैं कङ्गाल हूँ (**ठहरकर**) सुवासिनी ! मैं तुम्हें दण्ड दूँगा। चाणक्य की नीति में अपराधों के दण्ड से कोई मुक्त नहीं।

सुवासिनी—क्षमा करो विष्णुगुप्त !

चाणक्य—असम्भव है। तुम्हें राक्षस से व्याह करना होगा, इसी में हमारा, तुम्हारा और मगध का कल्याण है।

सुवासिनी—निष्ठुर ! निर्दय ! !

चाणक्य—(**हँसकर**) तुम्हें अभिनय भी करना पड़ेगा। इसमें समस्त सञ्चित कौशल का प्रदर्शन करना होगा। सुवासिनी, तुम्हें बन्दिनी बनकर ग्रीक-शिविर में राक्षस और राजकुमारी के पास पहुँचना होगा—राक्षस को देशभक्त बनाने के लिये और राजकुमारी की पूर्वस्मृति में आहुति देने के लिये। कार्नेलिया चन्द्रगुप्त से परी-णीता होकर सुखी हो सकेगी कि नहीं, इसकी परीक्षा करनी होगी।

(सुवासिनी सिर पकड़कर बैठ जाती है)

चाणक्य—(उसके सिर पर हाथ रखकर) सुवासिनी ! तुम्हारा प्रणय; स्त्री और पुरुष के रूप में केवल राक्षस से अङ्कुरित हुआ, और शैशव का वह सब, केवल हृदय की स्निग्धता थी। आज इसी कारण से राक्षस का प्रणय द्वेष में बदल रहा है, परन्तु काल पाकर वह अङ्कुर हरा-भरा और सफल हो सकता है! चाणक्य यह नहीं मानता है कि कुछ भी असम्भव है। तुम राक्षस से प्रेम करके सुखी हो सकती हो, क्रमश: उस प्रेम का सच्चा विकास हो सकता है। और मैं अभ्यास करके तुमसे उदासीन हो सकता हो सकता हूँ; यही मेरे लिए अच्छा होगा। मानव-हृदय में वह भाव-सृष्टि तो हुआ ही करती है। यही हृदय का रहस्य है, तब हम लोग जिस सृष्टि में स्वतन्त्र हों, उसमें परवशता क्यों मानें? मैं क्रूर हूँ, केवल वर्तमान के लिये; भविष्य के सुख और शान्ति के लिये, परिणाम के लिये नहीं। श्रेय के लिये मनुष्य को सब त्याग करना, चाहिये, सुवासिनी ! जाओ !

सुवासिनी—(दीनता से चाणक्य का मुँह देखती है) तो विष्णुगुप्त, तुम इतना बड़ा त्याग करोगे ! अपने हाथों बनाया हुआ, इतने बड़े साम्राज्य का शासन हृदय की आकांक्षा के साथ अपने प्रतिद्वन्द्वी को सौंप दोगे ! और सो भी मेरे लिये।

चाणक्य—(घबड़ाकर) मैं बड़ा विलम्ब कर रहा हूँ ! सुवासिनी, आर्य दाण्ड्यायन के आश्रम से पहुँचने के लिये। मैं पथ भूल गया हूँ! मेघ के समान मुक्त वर्षा-सा जीवन-दान, सूर्य के समान अबाध आलोक विकीर्ण करना; सागर के समान कामना नदियों को पचाते हुए सीमा के बाहर न जाना; यही तो ब्राह्मण का आदर्श है। मुझे चन्द्रगुप्त को मेघमुक्त चन्द्र देखकर इस रङ्गमञ्च से हट जाना है !

सुवासिनी—महापुरुष ! मैं नमस्कार करती हूँ। विष्णुगुप्त तुम्हारी बहन तुमसे आशीर्वाद की भिखारिन है। (चरण पकड़ती है)

चाणक्य—सुखी रहो। (सजल नेत्र से उसके सिर पर हाथ फेरते हुये प्रस्थान)

सप्तम दृश्य

(कपिशा में एलेक्जेंड्रिया का राज-मन्दिर। कार्नेलिया और उसकी सखी का प्रवेश)

कार्नेलिया—बहुत दिन हुये देखा था ! वही भारतवर्ष ! वही निर्मल ज्योति का देश, पवित्र भूमि, अब हत्या और लूट से वीभत्स बनायी जायगी—ग्रीक-सैनिक इस शस्यश्यामला पृथ्वी को रक्त-रञ्जित बनावेंगे ! पिता अपने साम्राज्य से सन्तुष्ट नहीं, आशा उन्हें दौड़ावेगी। पिशाची की छलना पड़कर लाखों प्राणियों का नाश होगा। और, सुना है यह युद्ध होगा चन्द्रगुप्त से।

सखी—सम्राट् तो आज स्कन्धावार में जाने वाले हैं !

(राक्षस का प्रवेश)

राक्षस—आयुष्मती ! मैं आ गया।

कार्नेलिया—नमस्कार। तुम्हारे देश में तो सुना है कि ब्राह्मण जाति बड़ी तपस्वी और त्यागी है।

राक्षस—हाँ कल्याणी, वह मेरे पूर्वजों का गौरव है; किन्तु हम लोग तो बौद्ध हैं।

कार्नेलिया—और तुम उसके ध्वंसावशेष हो। मेरे यहाँ ऐसे ही लोगों को देशद्रोही कहते हैं। तुम्हारे यहाँ इसे क्या कहते हैं ?

राक्षस—राजकुमारी। मैं कृतघ्न नहीं, मेरे देश में कृतज्ञता पुरुषत्व का चिन्ह है। जिसके अन्न से जीवन-निर्वाह होता है, उसका कल्याण····

कार्नेलिया—कृतज्ञता पाश है, मनुष्य की दुर्बलताओं के फन्दे उसे और भी दृढ़ करते हैं परन्तु जिस देश ने तुम्हारा पालन-पोषण करके पूर्व उपकारों का बोझ तुम्हारे ऊपर डाला है, उसे विस्मृत करके क्या तुम कृतघ्न नहीं हो ? सुकरात का तर्क तुमने पढ़ा है ?

राक्षस—तर्क और राजनीति में भेद है, मैं प्रतिशोध चाहता हूँ। राजकुमारी। कणिक ने कहा है—

कार्नेलिया—कि सर्वनाश कर दो। यदि ऐसा है, तो मैं तुम्हारी राजनीति नहीं पढ़ना चाहती।

राक्षस—पाठ थोड़ा अवशिष्ट है। उसे भी समाप्त कर लीजिये, आपके पिता की आज्ञा है।

कार्नेलिया—मैं तुम्हारे उशना और कणिक से उब गयी हूँ, जाओ।

(राक्षस का प्रस्थान)

कार्नेलिया—एलिस ! इन दिनों जो ब्राह्मण मुझे रामायण पढ़ाता था, वह कहाँ गया ? उसने व्याकरण पर अपनी नयी टिप्पणी प्रस्तुत की है। वह कितना सरल और विद्वान् है।

एलिस—वह चला गया राजकुमारी।

कार्नेलिया—बड़ा ही निर्लोभी सच्चा ब्राह्मण था। (सिल्यूकस का प्रवेश)—अरे पिताजी।

सिल्यूकस—हाँ बेटी। अब तुमने अध्ययन बन्द कर दिया; ऐसा क्यों ? अभी वह राक्षस मुझसे कह रहा था।

कार्नेलिया—पिताजी ! उसके देश ने उसका नाम कुछ समझ कर ही रक्खा है—राक्षस। मैं उससे डरती हूँ।

सिल्यूकस—बड़ा विद्वान् है बेटी। मैं उसे भारतीय प्रदेश का क्षत्रप बनाऊँगा।

कार्नेलिया—पिताजी। वह पाप की मलिन छाया है। उसकी भँवों में कितना अन्धकार है, आप देखते नहीं। उससे अलग रखिये। विश्राम लीजिये। विजयों की प्रवंचना में अपने को न हारिये। महत्त्वाकाङ्क्षा के दाँव पर मनुष्यता सदैव हारी है। डिमास्थनीज ने····

सिल्यूकस—मुझे दार्शनिकों से तो विरक्ति हो गयी है। क्या ही अच्छा होता कि ग्रीस में दार्शनिक न उत्पन्न होकर केवल योद्धा ही होते।

कार्नेलिया—सो तो होता ही है। मेरे पिता किससे कम वीर हैं। मेरे विजेता पिता। मैं भूल करती हूँ, क्षमा कीजिये।

सिल्यूकस—यही तो मेरी बेटी। ग्रीक-रक्त वीरता के परमाणु से सङ्गठित है। तुम चलोगी युद्ध देखने ? सिन्धु-तट के स्कन्धावार में रहना।

कार्नेलिया—चलूँगी।

सिल्यूकस—अच्छा तो प्रस्तुत रहना। आम्भीक—तक्षशिला का राजा—इस युद्ध में तटस्थ रहेगा, आज उसका पत्र आया है। और राक्षस कहता था कि चाणक्य—चन्द्रगुप्त का मन्त्री—उससे क्रुद्ध होकर कहीं चला गया है। पञ्चनद में चन्द्रगुप्त का कोई सहायक नहीं। बेटी, सिकन्दर से बड़ा साम्राज्य—उससे बड़ी विजय। कितना उज्ज्वल भविष्य है।

कार्नेलिया—हाँ पिताजी।

सिल्यूकस—हाँ पिता जी!—उल्लास की रेखा भी नहीं—इतनी उदासी! तू पढ़ना छोड़ दे! मैं कहता हूं कि तू दार्शनिक होती जा रही है—ग्रीक-रक्त!

कार्नेलिया—वही तो कह रही हूँ। आप ही तो कभी पढ़ने के लिये कहते हैं, कभी छोड़ने के लिये!

सिल्यूकस—तब ठीक है, मैं ही भूल रहा हूँ।

(प्रस्थान)

अष्टम दृश्य

(पथ में चन्द्रगुप्त और सैनिक)

चन्द्रगुप्त—पंचनद का नायक कहाँ है ?

एक सैनिक—वह आ रहे हैं, देव!

(नायक का प्रवेश)

नायक—जय हो देव!

चन्द्रगुप्त—सिंहरण कहाँ ?

(नायक विनम्र होकर पत्र देता है। पत्र पढ़कर उसे फाड़ते हुये)

चन्द्रगुप्त—हूँ ! सिंहरण इस प्रतोक्षा में है कि कोई बलाधिकृत जाय तो वे अपना अधिकार सौंप दें। नायक ! तुम खड्ग पकड़ सकते हो, और उसे हाथ में लिये सत्य से विचलित तो नहीं हो सकते ? बोलो, चन्द्रगुप्त के नाम से प्राण दे सकते हो ? मैंने प्राण देने वाले वीरों को देखा है। चन्द्रगुप्त युद्ध करना जानता है। और विश्वास रक्खो, उसके नाम का जयघोष विजयलक्ष्मी का मंगल-गान है ! आज से मैं ही बलाधिकृत हूँ, मैं आज सम्राट् नहीं, सैनिक हूँ ! चिन्ता क्या ? सिंहरण और गुरुदेव न साथ दें, क्या डर ! सैनिको ! सुन लो, आज से मैं केवल सेनापति हूँ, और कुछ नहीं ! जाओ यह लो मुद्रा और सिंहरण को छुट्टी दो। कह देना कि 'तुम दूर खड़े होकर देख लो सिंहरण ! चन्द्रगुप्त कायर नहीं है।' जाओ।

(नायक जाने लगता है)

चन्द्रगुप्त—ठहरो ! आम्भीक की क्या लीला है ?

नायक—आम्भीक ने यवनों से कहा है कि ग्रीक-सेना मेरे राज्य से आ सकती है, परन्तु युद्ध के लिए सैनिक न दूँगा, क्योंकि मैं उन पर स्वयं विश्वास नहीं करता।

चन्द्रगुप्त—और वह कह ही क्या सकता था ! कायर ! अच्छा जाओ; देखो, वितस्ता के उस पार हम लोगों को शीघ्र पहुँचना चाहिये। तुम सैन्य लेकर मुझसे वहीं मिलो।

(नायक का प्रस्थान)

एक सैनिक—मुझे क्या आज्ञा है, मंगध जाना होगा ?

चन्द्रगुप्त—आर्य शकटार को पत्र देना, और सब समाचार सुना देना मैंने लिख तो दिया है, परन्तु तुम भी उनसे इतना कह देना कि इस समय मुझे सैनिक और शस्त्र तथा अन्न चाहिये। देश में डौंडी फेंर दें कि आर्यावर्त्त में शस्त्र ग्रहण करने में जो समर्थ हैं, सैनिक हैं और जितनी सम्पत्ति है, युद्ध-विभाग की है। जाओ।

(सैनिक का प्रस्थान)

दूसरा सैनिक—शिविर आज कहाँ रहेगा देव ?

चन्द्रगुप्त—अश्व की पीठ पर सैनिक ! कुछ खिला दो, और अश्व बदलो। एक क्षण विश्राम नहीं। हाँ ठहरो; सब सेना-निवेशों में आज्ञा-पत्र भेज दिये गये ?

दूसरा सैनिक—हाँ देव !

चन्द्रगुप्त—तो अब मैं बिजली से भी शीघ्र पहुँचना चाहता हूँ। चलो, शीघ्र प्रस्तुत हो।

(सबका प्रस्थान)

चन्द्रगुप्त—(आकाश की ओर देखकर) अदृष्ट ! खेल न करना ! चन्द्रगुप्त मरण से अधिक भयानक को आलिङ्गन करने लिए प्रस्तुत है ! विजय—मेरे चिर सहचर !

(हंसते हुए प्रस्थान)

नवाँ दृश्य

(ग्रीक-शिविर)

कार्नेलिया—एलिस ! यहाँ आने पर जैसे मन उदास हो गया है। इस सन्ध्या के दृश्य ने मेरी तन्मयता में स्मृति की सूचना दी है। सरला सन्ध्या पक्षियों के नाद से शान्ति को बुलाने लगी है। देखते-देखते एक-एक करके दो-चार नक्षत्र उदय होने लगे। जैसे प्रकृति, अपनी सृष्टि की रक्षा, हीरों की कील से जड़ी हुई काली ढाल लेकर कह रही है और पवन किसी मधुर कथा का भार लेकर मचलता हुआ जा रहा है। यह कहाँ जायगा एलिस !

एलिस—अपने प्रिय के पास !

कार्नेलिया—दुर ! तुझे तो प्रेम-ही-प्रेम सूझता है।

(दासी का प्रवेश)

दासी—राजकुमारी ! एक स्त्री बन्दिनी होकर आयी है।

कार्नेलिया—(आश्चर्य से) तो उसे पिताजी ने मेरे पास भेजा होगा, उसे शीघ्र ले आओ !

(दासी का प्रस्थान। सुवासिनी का प्रवेश)

कार्नेलिया—तुम्हारा नाम क्या है ?

सुवासिनी—मेरा नाम सुवासिनी है। मैं किसी को खोजने जा रही थी, सहसा बन्दी कर ली गयी। वह भी कदाचित् आपके यहाँ बन्दी हो !

कार्नेलिया—उसका नाम ?

सुवासिनी—राक्षस।

कार्नेलिया—ओहो, तुमने उससे ब्याह कर लिया है क्या ? तब तो तुम सचमुच अभागिनी हो !

सुवासिनी—(चौंककर) ऐसा क्यों ? अभी तो ब्याह होने वाला है, क्या आप उसके सम्बन्ध में कुछ जानती हैं ?

कार्नेलिया—बैठो, बताओ, तुम बन्दी बनकर रहना चाहती हो या मेरी सखी ? झटपट बोलो !

सुवासिनी--बन्दी बनकर तो आयी हूँ, यदि सखी हो जाऊँ तो अहोभाग्य !

कार्नेलिया--प्रतिज्ञा करनी होगी कि मेरी अनुमति के बिना तुम व्याह न करोगी !

सुवासिनी--स्वीकार है।

कार्नेलिया--अच्छा, अपनी परीक्षा दो, बताओ, तुम विवाहिता स्त्रियों को क्या समझती हो ?

सुवासिनी--धनियों के प्रमोद का कटा-छँटा हुआ शोभा-वृक्ष। कोई डाली उल्लास से आगे बढ़ी, कुतर दी गयी ! माली के मन से सँवरे हुए गोली-मटोल खड़े रहो !

कार्नेलिया—वाह, ठीक कहा। यही तो मैं भी सोचती थी। क्यों एलिस ! अच्छा, यौवन और प्रेम को क्या समझती हो ?

सुवासिनी—अकस्मात् जीवन-कानन में, एक राका-रजनी की छाया में छिप कर मधुर वसन्त घुस आता है। शरीर की सब क्यारियाँ हरी-भरी हो जाती हैं। सौन्दर्य का कोकिल—'कौन ?' कहकर सबको रोकने-टोकने लगता है, पुकारने लगता है। राजकुमारी ! फिर उसी में प्रेम का मुकुल लग जाता है, आँसू-भरी स्मृतियाँ मकरन्द-सी उसमें छिपी रहती हैं।

कार्नेलिया--(**उसे गले लगाकर**) आह सखी ! तुम तो कवि हो। तुम प्रेम करना चाहती हो और जानती हो उसका रहस्य। तुमसे हमारी पटेगी ! एलिस ! जा, पिताजी से कह दे, कि मैंने उस स्त्री को अपनी सखी बना लिया।

(**एलिस का प्रस्थान**)

सुवासिनी—राजकुमारी ! प्रेम में स्मृति का ही सुख है। एक टीस उठती है, वही तो प्रेम प्राण है। आश्चर्य तो यह है कि प्रत्येक कुमारी के हृदय में वह निवास करती है। पर उसे सब प्रत्यक्ष नहीं कर सकतीं, सबको उसका मार्मिक अभुभव नहीं होता।

कार्नेलिया—तुम क्या कहती हो ?

सुवासिनी—वही स्त्री-जीवन का सत्य है। जो कहती है कि मैं नहीं जानती—वह दूसरे को धोखा देती है, अपने को भी प्रवञ्चित करती है ! धधकते हुये रमणी-वक्ष पर हाथ रख कर उसी कम्पन में स्वर मिला कर कामदेव गाता है। और राजकुमारी ! वही काम-सङ्गीत की तान सौन्दर्य की रङ्गीन लहर बन कर, युवतियों के मुख में लज्जा और स्वास्थ्य की लाली चढ़ाया करती है।

कार्नेलिया—सखी ! मदिरा प्याली में तू स्वप्न-सी लहरों को मत आन्दोलित कर। स्मृति बड़ी निष्ठुर है। यदि प्रेम ही जीवन का सत्य है, तो संसार ज्वालामुखी है।

(**सिल्यूकस का प्रवेश**)

सिल्यूकस—तो बेटी, तुमने इसे अपने पास रख ही लिया ! मन बहलेगा, अच्छा तो है । मैं भी इसी समय जा रहा हूँ, कल ही आक्रमण होगा । देखो; सावधान रहना ।

कार्नेलिया—किस पर आक्रमण होगा । पिताजी ?

सिल्यूकस—चन्द्रगुप्त की सेना पर ! वितस्ता के इस पार सेना आ पहुँची है, अब युद्ध में विलम्ब नहीं ।

कार्नेलिया—पिताजी, उसी चन्द्रगुप्त से युद्ध होगा, जिसके लिए उस साधु ने भविष्यवाणी की थी ? वही तो भारत का राजा हुआ न ?

सिल्यूकस—हाँ बेटी, वही चन्द्रगुप्त ।

कार्नेलिया—पिताजी आप ही ने मृत्यु-मुख से उसका उद्धार किया था और उसी ने आपके प्राणों की रक्षा की थी ?

सिल्यूकस—हाँ, वही तो ।

कार्नेलिया—और उसी ने आपकी कन्या के सम्मान की रक्षा की थी ?—फिलिप्स का वह अशिष्ट आचरण पिताजी !

सिल्यूकस—तभी तो बेटी, मैंने साइबर्टियस को दूत बनाकर समझाने के लिए भेजा था । किन्तु उसने उत्तर दिया कि मैं सिल्यूकस का कृतज्ञ हूँ, तो भी क्षत्रिय हूँ, रणदान जो भी माँगेगा, उसे दूँगा । युद्ध होना अनिवार्य है ।

कार्नेलिया—तब मैं कुछ नहीं कहती ।

सिल्यूकस—(**प्यार से**) तू रूठ गयी बेटी । क्या अपनी कन्या के सम्मान की रक्षा करने वाले का मैं वध करूँगा ?

सुवासिनी—फिलिप्स को द्वन्द्व-युद्ध में सम्राट् चन्द्रगुप्त ने मार डाला । सुना था, इन लोगों का कोई व्यक्तिगत विरोध····

सिल्यूकस—चुप रहो तुम !—(**कार्नेलिया से**) बेटी, मैं चन्द्रगुप्त को क्षत्रप बना दूँगा, बदला चुक जायगा । मैं हत्यारा नहीं, विजेता सिल्यूकस हूँ ।

(**प्रस्थान**)

कार्नेलिया—(**दीर्घ निःश्वास लेकर**) रात अधिक हो गयी, चलो सो रहें ! सुवासिनी, तुम कुछ गाना जानती हो ?

सुवासिनी—जानती थी, भूल गयी हूँ । कोई वाद्य-यन्त्र तो आप न बजाती होंगी ?—(**आकाश की ओर देखकर**) रजनी कितने रहस्यों की रानी है, राजकुमारी !

कार्नेलिया—रजनी ! मेरी स्वप्न-सहचरी !

(**सुवासिनी गाने लगती है**)

सखे ! वह प्रेममयी रजनी
आँखों में स्वप्न बनी
सखे ! वह प्रेममयी रजनी

कोमल द्रुमदल।निष्कम्प रहे.
ठिठका-सा चन्द्र खड़ा
माधव सुमनों में गूंथ-रहा
तारों की किरन-अनी
सखे ! वह प्रेममयी रजनी
नयनों में मदिर विलास लिये
उज्ज्वल आलोक खिला
हँसती-सी सुरभि सुधार रही
अलकों की मृदुल अनी
सखे ! वह प्रेममयी रजनी
मधु-मन्दिर-सा यह विश्व बना
मीठी झन्कार उठी
केवल तूमको थी देख रही—
स्मृतियों की भीड़ घनी ।
सखे ! वह प्रेममयी रजनी ।

दशम् दृश्य

(युद्ध-क्षेत्र के समीप चाणक्य और सिंहरण)

चाणक्य—तो युद्ध आरम्भ हो गया ?

सिंहरण—हाँ आर्य ! प्रचण्ड विक्रम से सम्राट् ने आक्रमण किया है । यवन-सेना थर्रा उठी है । आज के युद्ध में प्राणों को तुच्छ गिनकर वे भीम पराक्रम का परिचय दे रहे हैं । गुरुदेव ! यदि कोई दुर्घटना हुई तो ? आज्ञा दीजिये, अब मैं अपने को नहीं रोक सकता । तक्षशिला और मालवों की चुनी हुई सेना प्रस्तुत है, किस समय काम आवेगी ?

चाणक्य—जब चन्द्रगुप्त की नासीर सेना का बल क्षय होने लगे और सिन्धु के इस पार की यवनों की समस्त सेना युद्ध में सम्मिलित हो जाय, उसी समय आम्भीक आक्रमण करे । और तुम चन्द्रगुप्त का स्थान ग्रहण करो । दुर्ग की सेना सेतु की रक्षा करेगी, साथ ही चन्द्रगुप्त को सिन्धु-के उस पार जाना होगा—यवन-स्कन्धावार पर आक्रमण करने ! समझे ?

(सिंहरण का प्रस्थान । चर का प्रवेश)

चर—क्या आज्ञा है ?

चाणक्य—जब चन्द्रगुप्त की सेना सिन्धु के उस पार पहुँच जाय तब तुम्हें ग्रीकों के प्रधान शिविर की ओर उसे आक्रमण को प्रेरित करना होगा। चन्द्रगुप्त के पराक्रम की अग्नि में घी डालने का काम तुम्हारा है।

चर—जैसी आज्ञा (प्रस्थान).

(दूसरे चर का प्रवेश)

चर—देव ! राक्षस प्रधान शिविर में है।

चाणक्य—जाओ, ठीक है। सुवासिनी से मिलते रहो।

(दोनों का प्रस्थान)

(एक ओर से सिल्यूकस, दूसरी ओर से चन्द्रगुप्त का प्रवेश)

सिल्यूकस—चन्द्रगुप्त, तुम्हें राजपद की बधाई देता हूँ।

चन्द्रगुप्त—स्वागत सिल्यूकस ! अतिथि की-सी तुम्हारी अभ्यर्थना करने में हम विशेष सुखी होते; परन्तु क्षात्र-धर्म बड़ा कठोर है। आर्य कृतघ्न नहीं होते; प्रमाण यही है कि मैं अनुरोध करता हूँ, यवनसेना बिना युद्ध के लौट जाय।

सिल्यूकस—वाह ! तुम वीर हो, परन्तु मुझे भारत-विजय करना ही होगा। फिर चाहे तुम्हीं को क्षत्रप बना दूँ।

चन्द्रगुप्त—यही तो असम्भव है। तो फिर युद्ध हो !

(रण-वाद्य, युद्ध, लड़ते हुए उन लोगों का प्रस्थान : आम्भीक के सैन्य का प्रवेश)

आम्भीक—मगध-सेना प्रत्यावर्त्तन करती है। ओह, कैसा भीषण युद्ध है। अभी ठहरें ? अरे, देखो कैसा परिवर्तन !—यवन-सेना हट रही है; लो, वह भागी।

(चर का प्रवेश)

चर—आक्रमण कीजिये, जिसमें सिन्धु तक यह सेना लौट न सके। आर्य चाणक्य ने कहा है, युद्ध अवरोधात्मक होना चाहिये।

(प्रस्थान)

(रण-वाद्य बजता है। लौटती हुई यवन-सेना का दूसरी ओर से प्रवेश)

सिल्यूकस—कौन ? प्रवञ्चक आम्भीक ! कायर।

आम्भीक—हाँ सिल्यूकस ! आम्भीक सदा प्रवञ्चक रहा; परन्तु यह प्रवञ्चना कुछ महत्व रखती है। सावधान !

(युद्ध : सिल्यूकस को घायल करते हुए आम्भीक की मृत्यु : यवन-सेना का प्रस्थान। सैनिकों के साथ सिंहरण का प्रवेश)

सब—'सम्राट् चन्द्रगुप्त की जय !'

(चन्द्रगुप्त का प्रवेश)

चन्द्रगुप्त—भाई सिंहरण, बड़े अवसर पर आये।

सिंहरण—हाँ सम्राट् ! और समय चाहे मालव न मिलें, पर प्राण देने का महो-

त्सव-पर्व वे नहीं छोड़ सकते ! आर्य चाणक्य ने कहा है कि मालव और तक्षशिला की सेना प्रस्तुत मिलेगी । आप ग्रीकों के प्रधान शिविर का अवरोध कीजिये !

चन्द्रगुप्त—गुरुदेव ने यहाँ भी मेरा ध्यान नहीं छोड़ा ! मैं उनका अपराधी हूँ सिंहरण !

सिंहरण—मैं यहाँ देख लूँगा, आप शीघ्र जाइये ; समय नहीं है ! मैं भी आता हूँ।

सेना—महाबलाधिकृत सिंहरण की जय !

(चन्द्रगुप्त का प्रस्थान । दूसरी ओर से सिंहरण आदि का प्रस्थान)

ग्यारहवाँ दृश्य

(शिविर का एक अंश चिन्तित भाव से राक्षस का प्रवेश)

राक्षस—क्या होगा ? आग लग गयी है, बुझ न सकेगी ? तो मैं कहाँ रहूँगा ? क्या हम सब ओर से गये ?

सुवासिनी—**(प्रवेश करके)** सब ओर से गये राक्षस ! समय रहते तुम सचेत न हुए !

राक्षस—तुम कैसे सुवासिनी !

सुवासिनी—तुम्हें खोजते हुए बन्दी बनाई गयी । अब उपाय क्या है ? चलोगे ?

राक्षस—कहाँ सुवासिनी ? इधर खाई, उधर पर्वत ! कहाँ चलूँ ?

सुवासिनी—मैं इस युद्ध-विप्लव से घबरा रही हूँ । वह देखो, रण-वाद्य बज रहे हैं ! यह स्थान भी सुरक्षित नहीं । मुझे बचाओ राक्षस !

(भय का अभिनय करती हैं)

राक्षस—**(उसे आश्वासन देते हुए)** मेरा कर्त्तव्य मुझे पुकार रहा है । प्रिये, मैं रणक्षेत्र से भाग नहीं सकता, चन्द्रगुप्त के हाथों से प्राण देने में ही कल्याण है ! किन्तु तुमको····

(इधर उधर देखता है । रण-कोलाहल)

सुवासिनी—बचाओ !

राक्षस—**(निःश्वास लेकर)** अदृष्ट ! दैव प्रतिकूल है । चलो सुवासिनी !

(दोनों का प्रस्थान । एकाकिनी कार्नेलिया का प्रवेश । रण-शब्द)

कार्नेलिया—यह क्या ! पराजय न हुई होती तो शिविर पर आक्रमण कैसे होता ?—**(विचार करके)** चिन्ता नहीं, ग्रीक बालिका भी प्राण देना जानती है । आत्म-सम्मान जिये ! (**छुरी निकालती है ।**)—तो अन्तिम समय एक बार नाम लेने में कोई अपराध है ? चन्द्रगुप्त !

(विजयी चन्द्रगुप्त का प्रवेश)

चन्द्रगुप्त—यह क्या। (छुरी ले लेता है) राजकुमारी !

कार्नेलिया—निर्दयी हो चन्द्रगुप्त ! मेरे बूढ़े पिता की हत्या कर चुके होगे ! सम्राट् हो जाने पर आँखें रक्त देखने की प्यासी हो जाती हैं न !

चन्द्रगुप्त—राजकुमारी ! तुम्हारे पिता आ रहे हैं।

(सैनिकों के बीच में सिल्यूकस का प्रवेश)

कार्नेलिया—(हाथों में मुँह छिपाकर) आह ! विजेता सिल्यूकस को भी चन्द्रगुप्त के हाथों से पराजित होना पड़ा।

सिल्यूकस—हाँ बेटी !

चन्द्रगुप्त—यवन-सम्राट् ! आर्य कृतघ्न नहीं होते। आपको सुरक्षित स्थान पर पहुँचा देना ही मेरा कर्त्तव्य था। सिन्धु के इस पार अपने सेना-निवेश में आप हैं, मेरे बन्दी नहीं ! मैं जाता हूँ।

सिल्यूकस—इतनी महत्ता !

चन्द्रगुप्त—राजकुमारी ! पिताजी को विश्राम की आवश्यकता है। फिर हम लोग मित्रों के समान मिल सकते हैं।

(चन्द्रगुप्त का सैनिकों के साथ प्रस्थान। कार्नेलिया उसे देखती रहती है)

बारहवाँ दृश्य

(पथ में साइबर्टियस और मेगास्थनीज़)

साइबर्टियस—उसने तो हम लोगों को मुक्त कर दिया था, फिर अवरोध क्यों ?

मेगास्थनीज़—समस्त ग्रीक-शिविर बन्दी है ! यह उसके मन्त्री चाणक्य की चाल है। मालव और तक्षशिला की सेना हिरात के पथ में खड़ी है, लौटाना असम्भव है।

साइबर्टियस—क्या चाणक्य ! वह तो चन्द्रगुप्त से क्रुद्ध होकर कहीं चला गया था न ? राक्षस ने यही कहा था, क्या वह झूठा था ?

मेगास्थनीज़—सब षड्यन्त्र में मिले थे। शिविर को अरक्षित अवस्था में छोड़, बिना कहे सुवासिनी को लेकर खिसक गया। अभी भी न समझे ! इधर चाणक्य ने आज मुझसे यह भी कहा है कि मुझे ऐंटिगोनस के आक्रमण की भी सूचना मिली है।

(सिल्यूकस का प्रवेश)

सिल्यूकस—क्या ? ऐंटिगोनस !

मेगास्थनीज़—हाँ सम्राट्, इस मर्म से अवगत होकर भारतीय कुछ नियमों पर ही मैत्री किया चाहते हैं।

सिल्यूकस—तो क्या ग्रीक इतने कायर हैं ! युद्ध होगा साइवर्टियस ! हम सबको मरना होगा।

मेगास्थनीज़—(**पत्र देकर**) इसे पढ़ लीजिये, सीरिया पर औंटिगोनस की चढ़ाई समीप है। आपको उस पूर्व-सञ्चित और सुरक्षित साम्राज्य को न गँवा देना चाहिये ।

सिल्यूकस—(**पत्र पढ़कर विषाद से**) तो वे क्या चाहते हैं ?

मेगास्थनीज़—सम्राट् ! सन्धि करने के लिये तो चन्द्रगुप्त प्रस्तुत है, परन्तु नियम बड़े कड़े हैं। सिन्धु के पश्चिम के प्रदेश आर्यावर्त्त की नैसर्गिक सीमा निषध-पर्वत तक के लोग चाहते हैं। और भी····

सिल्यूकस—चुप क्यों हो गये ? कहो, चाहे वे वह शब्द कितने ही कटु हों, मैं उन्हें सुनना चाहता हूँ ।

मेगास्थनीज़—चाणक्य ने एक और भी अड़ङ्गा लगाया है। उसने कहा है, सिकन्दर के साम्राज्य में जो भावी विप्लव है, वह मुझे भली भाँति अवगत है। पश्चिमि का भविष्य रक्त-रञ्जित है, इसलिये यदि पूर्व में स्थायी शान्ति चाहते हों तो ग्रीक-सम्राट् चन्द्रगुप्त को अपना बन्धु बना लें।

सिल्यूकस—सो कैसे ?

मेगास्थनीज़—राजकुमारी कार्नेलिया का सम्राट् चन्द्रगुप्त से परिणय करके।

सिल्यूकस—अधम ! ग्रीक तुम इतने पतित हो !

मेगास्थनीज़—क्षमा हो सम्राट् ! वह ब्राह्मण कहता है कि आर्यावर्त्त की साम्राज्ञी भी तो कार्नेलिया ही होगी।

साइवर्टियस—परन्तु राजकुमारी की भी सम्मति चाहिये।

सिल्यूकस—असम्भव ! घोर अपमानजनक।

मेगास्थनीज़—मैं क्षमा किया जाऊँ तो सम्राट्····! राजकुमारी का चन्द्रगुप्त से पूर्व-परिचय भी है। कौन कह सकता है कि प्रणय अदृश्य सुनहली रश्मियों से एक-दूसरे को न खींच चुका हो ! सम्राट् सिकन्दर के अभियान का स्मरण कीजिये—मैं उस घटना को भूल नहीं गया हूँ।

सिल्यूकस—मेगास्थनीज़ ! मैं यह जानता हूँ ! कार्नेलिया ने इस युद्ध में जितनी बाधायें उपस्थित कीं, वे सब इसकी साक्षी हैं कि उसके मन में कोई भाव है, पूर्व-स्मृति हैं, फिर भी—फिर भी न जाने क्यों। वह देखो, आ रहा है ! तुम लोग हट तो जाओ !

(**साइवर्टियस और मेगास्थनीज़ का प्रस्थान और कार्नेलिया का प्रवेश**)

कार्नेलिया—पिताजी !

सिल्यूकस—बेटी कार्नी !

कार्नेलिया—आप चिन्तित क्यों हैं ?

सिल्यूकस—चन्द्रगुप्त को दण्ड कैसे दूँ ? इसी की चिन्ता है।

कार्नेलिया—क्यों पिताजी, चन्द्रगुप्त ने क्या अपराध किया है ?

सिल्यूकस—है ! अभी बताना होगा कार्नेलिया ! भयानक युद्ध होगा, इसमें चाहे दोनों का सर्वनाश हो जाय !

कार्नेलिया—युद्ध तो हो चुका ! अब क्या मेरी प्रार्थना आप सुनेंगे पिताजी ! विश्राम लीजिये ! चन्द्रगुप्त का तो कोई अपराध नहीं, क्षमा कीजिये पिताजी !

(घुटने टेकती है)

सिल्यूकस—**(बनावटी क्रोध से)** देखता हूँ कि पिता को पराजित करने वाले पर तुम्हारी असीम अनुकम्पा है।

कार्नेलिया— **(रोती हुई)** मैं स्वयं पराजित हूँ। मैंने अपराध किया है पिता-जी ! चलिये, इस भारत की सीमा है दूर ले चलिए, नहीं तो मैं पागल हो जाऊँगी।

सिल्यूकस—**(उसे गले लगाकर)** तब मैं जान गया कार्नी, तू सुखी हो बेटी ! तुझे भारत की सीमा से दूर न जाना होगा—तू भारत की साम्राज्ञी होगी।

कार्नेलिया—पिताजी ।

(प्रस्थान)

तेरहवाँ दृश्य

(दाण्ड्यायन का तपोवन : ध्यानस्थ चाणक्य। भयभीत भाव से राक्षस और सुवासिनी का प्रवेश)

राक्षस—चारों ओर आर्य-सेना ! कहीं से निकलने का उपाय नहीं। क्या किया जाय सुवासिनी !

सुवासिनी—यह तपोवन है, यहीं कहीं हम लोग छिप रहेंगे।

राक्षस—मैं देश-द्रोही, ब्राह्मण-द्रोही बौद्ध ! हृदय काँप रहा है। क्या होगा ?

सुवासिनी—आर्यों का तपोवन इन राग-द्वेषों से परे है।

राक्षस—तो चलो कहीं। **(सामने देखकर)** सुवासिनी। वह देखो—वह कौन ?

सुवासिनी—**(देखकर)** आर्य चाणक्य।

राक्षस—आर्य-सम्राज्य का महामन्त्री इस तपोवन में।

सुवासिनी—यही तो ब्राह्मण की महत्ता है राक्षस ! यों तो मूर्खों की निवृत्ति भी प्रवृत्तिमूलक होती है। देखो, यह सूर्य-रश्मियों का-सा रस-ग्रहण कितना निष्काम कितना निवृत्तिपूर्ण है।

राक्षस—सचमुच मेरा भ्रम था सुवासिनी ! मेरी इच्छा होती हैं कि चलकर इस महात्मा के सामने अपना अपराध स्वीकार कर लूँ और क्षमा माँग लूँ !

सुवासिनी—बड़ी अच्छी बात सोची तुमने । देखो ।

(दोनों छिप जाते हैं)

चाणक्य—**(आँख खोलता हुआ)** कितना गौरवमय आज का अरुणोदय है। भगवान् सविता, तुम्हारा आलोक, जगत् का मङ्गल करे। मैं आज जैसे निष्काम हो रहा हूँ। विदित होता है कि आज तक जो कुछ किया, वह भ्रम था, मुख्य वस्तु आज सामने आयी। आज मुझे अपने अन्तर्निहित ब्राह्मणत्व की उपलब्धि हो रही है। चैतन्य-सागर निस्तरङ्ग है और ज्ञान-ज्योति निर्मल है। तो क्या मेरा कर्म कुलाल-चक्र अपना निर्मित भाण्ड उतार कर धर चुका था ? ठीक तो, प्रभात-पवन के साथ सब की सुख-कामना शान्ति का अलिङ्गन कर रही है। देव ! आज मैं धन्य हूँ।

(दूसरी ओर झाड़ी में मौर्य)

मौर्य—ढोंग है। रक्त और प्रतिशोध, क्रूरता और मृत्यु का खेल देखते ही जीवन बीता, अब क्या मैं इस सरल पथ पर चल सकूँगा ? यह ब्राह्मण आँख मूँदने-खोलने का अभिनय भले ही करें, पर मैं ! असम्भव है, अरे, जैसे मेरा रक्त खोलने लगा ! हृदय में एक भयानक चेतना, एक अवज्ञा का अट्टहास, प्रतिहिंसा जैसे नाचने लगी ! यह एक साधारण मनुष्य, दुर्बल कङ्काल, विश्व के समूचे शस्त्रबल को तिरस्कृत किये बैठा है। रख दूँ गले पर खड्ग, फिर देखूँ तो वह प्राण-भिक्षा माँगता है या नहीं ! सम्राट् चन्द्रगुप्त के पिता की अवज्ञा। नहीं-नहीं, ब्रह्महत्या होगी, हो; मेरा प्रतिशोध ओर चन्द्रगुप्त का निष्कण्टक राज्य !

(छुरी निकालकर चाणक्य को मारना चाहता है, सुवासिनी दौड़कर उसका हाथ पकड़ लेती है : दूसरी ओर से अलका; सिंहरण, अपनी माता के साथ चन्द्रगुप्त का प्रवेश)

चन्द्रगुप्त—**(आश्चर्य और क्रोध से)** यह क्या पिताजी ! सुवासिनी ! बोलो, बात क्या है ?

सुवासिनी—मैंने देखा कि सेनापति, आर्य चाणक्य को मारना ही चाहते हैं इसलिये मैंने इन्हें रोका !

चन्द्रगुप्त—गुरुदेव, प्रणाम ! चन्द्रगुप्त क्षमा का भिखारी नहीं, न्याय करना चाहता है। बतलाइये, पूरा विवरण सुनना चाहता हूँ, और पिताजी, आप शस्त्र रख दीजिये ! सिंहरण ! (**सिंहरण आगे बढ़ता है**)

चाणक्य—**(हँसकर)** सम्राट् ! न्याय करना तो राजा का कर्त्तव्य है; परन्तु यहाँ पिता और गुरु का सम्बन्ध है, कर सकोगे ?

चन्द्रगुप्त—पिताजी !

मौर्य—हाँ चन्द्रगुप्त, मैं इस उद्धत ब्राह्मण का—सब की अवज्ञा करने वाले महात्वाकांक्षी का वध करना चाहता था। कर न सका, इसका दुःख है। इस कुचक्रपूर्ण रहस्य का अन्त न कर सका।

चन्द्रगुप्त—पिताजी, राज-व्यवस्था आप जानते होंगे—वध के लिये, प्राणदण्ड होता है, और आपने गुरुदेव का—इस आर्य-साम्राज्य के निर्माणकर्त्ता ब्राह्मण का बध करने जाकर कितना गुरुतर अपराध किया है!

चाणक्य—किन्तु सम्राट्, वह वध हुआ नहीं, ब्राह्मण जीवित है। अब यह उसकी इच्छा पर है कि वह व्यवहार के लिये न्यायाधिकरण से प्रार्थना करे या नहीं।

चन्द्र०-जननी—आर्य चाणक्य!

चाणक्य—ठहरो देवि! (**चन्द्रगुप्त से**) मैं प्रसन्न हूँ वत्स! यह मेरे अभिनय का दण्ड था। मैंने आज तक जो किया, वह करना चाहिये था; उसी का महाशक्ति-केन्द्र ने प्रायश्चित कराना चाहा। मैं विश्वस्त हूँ कि तुम अपना कर्त्तव्य कर लोगे। राजा न्याय कर सकता है, परन्तु ब्राह्मण क्षमा कर सकता है।

राक्षस—(**प्रवेश करके**) आर्य चाणक्य! आप महान् हैं, मैं आपका अभिनन्दन करता हूँ। न्यायाधिकरण से, अपने अपराध—विद्रोह का दण्ड पाकर सुखी रह सकूँगा। सम्राट्, आपकी जय हो!

चाणक्य—सम्राट्, मुझे आज का अधिकार मिलेगा?

चन्द्रगुप्त—आज वही होगा गुरुदेव! जो आज्ञा होगी।

चाणक्य—मेरा किसी से द्वेष नहीं, केवल राक्षस के सम्बन्ध में अपने पर सन्देह कर सकता था, आज उसका भी अन्त हो गया। सम्राट् सिल्यूकस आते ही होंगे। उसके पहले ही हमें अपना सब विवाद मिटा देना चाहिये।

चन्द्रगुप्त—जैसी आज्ञा।

चाणक्य—आर्य शकटार के भावी जामाता अमात्य राक्षस के लिये मैं अपना मन्त्रित्व छोड़ता हूँ। राक्षस! सुवासिनी को सुखी रखना।

(सुवासिनी और राक्षस चाणक्य को प्रणाम करते हैं)

मौर्य—और मेरा दण्ड? आर्य चाणक्य, मैं क्षमा ग्रहण न करूँ तब? आत्महत्या करूँगा!

चाणक्य—मौर्य! तुम्हारा पुत्र आज आर्यावर्त्त का सम्राट् है—अब और कौन-सा सुख तुम देखना चाहते हो? काषाय ग्रहण कर लो, इसमें अपने अभिमान को मारने का तुम्हें अवसर मिलेगा। वत्स चन्द्रगुप्त! शस्त्र दो अमात्य राक्षस को!

(**मौर्य शस्त्र फेंक देता है। चन्द्रगुप्त शस्त्र देता है। राक्षस सविनय ग्रहण करता है**)

सब—सम्राट् चन्द्रगुप्त मौर्य की जय!

(**प्रतिहारी का प्रवेश**)

प्रतिहारी—सम्राट् सिल्यूकस शिविर से निकल चुके हैं।

चाणक्य—उनकी अभ्यर्थना राज-मन्दिर में होनी चाहिये, तपोवन में नहीं।

चन्द्रगुप्त—आर्य, आप उस समय न उपस्थित रहेंगे !

चाणक्य—देखा जायगा।

(**सब का प्रस्थान**)

चतुर्दश दृश्य

(**राजसभा : एक ओर से सपरिवार चन्द्रगुप्त, और दूसरी ओर से साइबर्टियस, मेगास्थनीज, एलिस और कार्नेलिया के साथ सिल्यूकस का प्रवेश; सब बैठते हैं**)

चन्द्रगुप्त—विजेता सिल्यूकस का मैं अभिनन्दन करता हूँ—स्वागत !

सिल्यूकस—सम्राट् चन्द्रगुप्त ! आज मैं विजेता नहीं, विजित से अधिक भी नहीं ! मैं सन्धि और सहायता के लिये आया हूँ।

चन्द्रगुप्त—कुछ चिन्ता नहीं सम्राट्, हम लोग शस्त्र-विनिमय कर चुके, अब हृदय का विनिमय....

सिल्यूकस—हाँ, हाँ, कहिये।

चन्द्रगुप्त—राजकुमारी, स्वागत ! मैं उस कृपा को नहीं भूल गया जो ग्रीक-शिविर में रहने के समय मुझे आप से प्राप्त हुई थी।

सिल्यूकस—हाँ कार्नी ! चन्द्रगुप्त उसके लिए कृतज्ञता प्रकट कर रहे हैं !

कार्नेलिया—मैं आपको भारतवर्ष का सम्राट् देखकर कितनी प्रसन्न हूँ।

चन्द्रगुप्त—अनुगृहीत हुआ (**सिल्यूकस से**) ऐंटिगोनस से युद्ध होगा। सम्राट् सिल्यूकस, गज-सेना आपकी सहायता के लिये जायगी। हिरात में आपके जो प्रतिनिधि रहेंगे, उनसे समाचार मिलने पर और भी सहायता के लिये आर्यावर्त्त प्रस्तुत है।

सिल्यूकस—इसके लिये धन्यवाद देता हूँ। सम्राट् चन्द्रगुप्त, आज से हम लोग दृढ़ मैत्री के बन्धन में बँधे ! प्रत्येक का दुःख-सुख दोनों का होगा; किन्तु अभिलाषा मन में रह जायगी।

चन्द्रगुप्त—वह क्या ?

सिल्यूकस—उस बुद्धिसागर, आर्य-साम्राज्य के महामन्त्री चाणक्य को देखने की बड़ी अभिलाषा थी।

चन्द्रगुप्त—उन्होंने विरक्त होकर. शान्तिमय जीवन बिताने का निश्चय किया है।

(**सहसा चाणक्य का प्रवेश। सब अभ्युत्थान देकर प्रणाम करते हैं**)

सिल्यूकस—आर्य चाणक्य, मैं आपका अभिनन्दन करता हूँ।

चाणक्य—सुखी रहो सिल्यूकस, हम भारतीय ब्राह्मणों के पास सबकी कल्याण-

कामना के अतिरिक्त और क्या है, जिससे अभ्यर्थना करूँ ? मैं आज का दृश्य देखकर चिर-विश्राम के लिए संसार से अलग होना चाहता हूँ।

सिल्यूकस—और मैं सन्धि करके स्वदेश लौटना चाहता हूँ। आपके आशीर्वाद की बड़ी अभिलाषा थी। सन्धि-पत्र····

चाणक्य—किन्तु सन्धि-पत्र स्वार्थों से प्रबल नहीं होते, हस्ताक्षर तलवारों को रोकने में असमर्थ प्रमाणित होंगे तुम दोनों ही सम्राट् हो, शस्त्र-व्यवसायी हो. फिर भी सङ्घर्ष हो जाना कोई आश्चर्य की बात न होगी। अतएव, दो बालुकापूर्ण कगारों के बीच में एक निर्मल-स्रोतस्विनी का रहना आवश्यक है।

सिल्यूकस—सो कैसे ?

चाणक्य—ग्रीस की गौरव-लक्ष्मी कार्नेलिया को मैं भारत की कल्याणी बनाना चाहता हूँ—यही ब्राह्मण की प्रार्थना है।

सिल्यूकस—मैं तो इससे प्रसन्न ही हूँगा, यदि····

चाणक्य—यदि का काम नहीं, मैं जानता हूँ, इसमें दोनों प्रसन्न और सुखी होंगे।

सिल्यूकस—(**कार्नेलिया की ओर देखता है, वह सलज्ज सिर झुका लेती है**)—तब आओ बेटी····आओ चन्द्रगुप्त !

(**दोनों ही सिल्यूकस के पास आते हैं। सिल्यूकस उनका हाथ मिलाता है। फूलों की वर्षा और जय-ध्वनि**)

चाणक्य—(**मौर्य का हाथ पकड़कर**) चलो, अब हम लोग चलें।

यवनिका

ध्रुवस्वामिनी

सूचना

विशाखदत्त-द्वारा रचित 'देवीचन्द्रगुप्त' नाटक के कुछ अंश 'श्रृङ्गार-प्रकाश' और 'नाट्य-दर्पण' से सन् १९२३ की ऐतिहासिक पत्रिकाओं में जब उद्धृत हुये तब चन्द्रगुप्त द्वितीय विक्रमादित्य के जीवन के सम्बन्ध में जो नयी बातें प्रकाश में आयीं, उनसे इतिहास के विद्वानों में अच्छी हलचल मच गयी। शास्त्रीय मनोवृत्तिवालों को, चन्द्रगुप्त के साथ ध्रुवस्वामिनी का पुनर्लग्न असम्भव, विलक्षण और कुरुचिपूर्ण मालूम हुआ। यहाँ तक कि आठवीं शताब्दी के सञ्जन ताम्रपत्र—

हत्वा भ्रातरमेव राज्यमहरद्देवीं स दीनस्तथा
लक्षं कोटिमलेखयन् किल कलौ दाता स गुप्तान्वयः

के पाठ में सन्देह किया जाने लगा।

किन्तु जिस ऐतिहासिक घटना का वर्णन करते हुए सातवीं शताब्दी में बाणभट्ट ने लिखा है—

अरिपुरेच परकलत्रकामुकं कामिनीवेश-
श्चन्द्रगुप्तो शकपतिमशातयत्।

और ग्यारहवीं शताब्दी में राजशेखर ने भी लिखा है—

दत्वारुद्ध गतिं खसाधिपतये देवीं ध्रुवस्वामिनीम्।
यस्मात् खंडित साहसो निववृते श्रीरामगुप्तोनृपः।

वह घटना केवल जनश्रुति कह कर नहीं उड़ायी जा सकती।

विशाखदत्त को तो श्री जायसवाल ने चन्द्रगुप्त की सभा का राजकवि और उसके 'देवीचन्द्रगुप्त' को जीवनचित्रण नाटक भी माना है। यह प्रश्न अवश्य ही कुछ कुतूहल से भरा हुआ है कि विशाखदत्त ने अपने दोनों नाटकों का नायक चन्द्रगुप्त-नामधारी व्यक्ति को ही क्यों बनाया। परन्तु श्रीतैलंग ने तो विशाखदत्त को सातवीं शताब्दी के अवन्तिवर्मा का आश्रित कवि माना है। क्योंकि 'मुद्राराक्षस' की किसी प्राचीन प्रति में उन्हें मुद्राराक्षस के भरत वाक्य 'प्रार्थिवश्चन्द्रगुप्तः' के स्थान पर 'प्रार्थिवोऽवन्तिवर्मा' भी मिला। विशाखदत्त के आलोचक लोग उसे एक प्रामाणिक ऐतिहासिक नाटककार मानते हैं। उसके लिखे हुये नाटक में इतिहास का अंश कुछ न हो, ऐसा तो नहीं माना जा सकता। राखालदास बनर्जी, प्रोफेसर अल्तेकर और श्रीजायसवाल इत्यादि ने, अन्य प्रामाणिक आधार मिलने के कारण ध्रुस्वस्वामिनी और चन्द्रगुप्त के पुनर्लग्न को ऐतिहासिक तथ्य मान लिया है। यह कहना कि राम-

गुप्त नाम का कोई राजा गुप्तों की वंशावली में नहीं मिलता और न किसी अभिलेख में उसका वर्णन आया है, कोई अर्थ नहीं रखता। समुद्रगुप्त के शासन का उल्लङ्घन करके, कुछ दिनों तक साम्राज्य में उत्पात मचाकर, जो राजनीति के क्षेत्र में अन्तर्धान हो गया हो; उसका अभिलेख वंशावली में न मिले तो कोई आश्चर्य नहीं। हाँ, भण्डारकरजी तो कहते हैं कि उसके लघु-काल-व्यापी शासन का सूचक सिक्का भी चला था। 'काच' के नाम से प्रसिद्ध गुप्त सिक्के मिलते हैं, वे रामगुप्त के ही हैं। राम के स्थान पर भ्रम से काच पढ़ा जा रहा था। इसलिए बाणभट्ट की वर्णित घटना अर्थात् स्त्री-वेश धारण करके चन्द्रगुप्त का पर-कलत्र कामुक शकराज को मारना और ध्रुवस्वामिनी का पुनर्विवाह इत्यादि के ऐतिहासिक सत्य होने में सन्देह नहीं रह गया है। और मुझे तो इसका स्वयं चन्द्रगुप्त की ओर से एक प्रमाण मिलता है। चन्द्रगुप्त के कुछ सिक्कों पर 'रूपकृतो' शब्द का उल्लेख है। रूप और आकृति का जॉन एलन् ने खींच-तानकर जो शारीरिक और आध्यात्मिक अर्थ किया है, वह व्यर्थ है। 'रूपकृती' विरुद का उल्लेख करके चन्द्रगुप्त अपने उस साहसिक कार्य को स्वीकृति देता है जो ध्रुवस्वामिनी की रक्षा के लिए उसने रूप बदलकर किया है, और जिसका पिछले काल के लेखकों ने भी समय-समय पर समर्थन किया हैं।

विशाखदत्त के 'देवीचन्द्रगुप्त' नाटक का जितना अंश प्रकाश में आया है, उसे देखकर अबुलहसनअली की बर्कमारिस वाली कथा का मिलान करके कई ऐतिहासिक विद्वानों ने शास्त्रीय दृष्टिकोण रखनेवाले आलोचकों को उत्तर देते हुए ध्रुवदेवी के पुनर्लग्न को ऐतिहासिक तथ्य तो मान लिया है, किन्तु भण्डारकरजी ने पराशर और नारद की स्मृतियों से उस काल की सामाजिक व्यवस्था में पुनर्लग्न होने का प्रमाण भी दिया है। शास्त्रों में अनुकूल और प्रतिकूल दोनों तरह की बातें मिल सकती हैं, परन्तु जिस प्रथा के लिये विधि और निषेध दोनों तरह की सूचनायें मिलें; तो इतिहास की दृष्टि से वह उस काल में सम्भाव्य मानी जायगी। हाँ, समय-समय पर उनमें विरोध और सुधार हुये होंगे और होते रहेंगे। मुझे तो केवल यही देखना है कि इस घटना की सम्भावना इतिहास की दृष्टि से उचित है कि नहीं।

भारतीय दृष्टिकोण को सुरक्षित रखने वाले विशाखदत्त-जैसे पण्डित ने जब अपने नाटक में लिखा है—

> रम्यांचारतिकारिणीच करुणाशोकेन नीता दशाम्
> तत्कालोपगतेन राहुशिरसा गुप्तेव चांद्रीकला।
> पत्युः क्लीवजनोचितेन चरितेनानेव पुंसः सतो
> लज्जाकोपविषाद भीत्यरतिभिः क्षेत्रीकृता ताम्यते॥

तो उस नाटक के सम्पूर्ण सामने न रहने पर भी, जिससे कि उसके परिणाम का निश्चित पता लगे, उस काल की सामाजिक व्यवस्था का तो अंशतः स्पष्टीकरण हो ही जाता है।

नारद और पराशर के वचन—

अपत्यार्थम् स्त्रियः सृष्टाः स्त्री क्षे[illegible] बीजिनो नराः
क्षेत्रं बीजवते देयं नाबीज[illegible] क्षेत्रमर्हति। (नारद)
नष्टे मृते प्रव्रजिते क्लीवे च पतिते पतौ।
पञ्चस्वापत्सु नारीणां पतिर[illegible] विधीयते। (पराशर)

के प्रकाश में जब 'देवीचन्द्रगुप्त' नाटक के ऊपर[illegible] श्लोक का अर्थ किया जाय तो वह घटना अधिक स्पष्ट हो जाती है। रम्य[illegible] है [illegible]न्तु अरतिकारिणी है, में जो श्लेष है, उसमें शास्त्र-व्यवस्था जनित ध्वनि है। और [illegible] के क्लीव जनोचित चरित का उल्लेख, साथ-ही-साथ क्षेत्रीकृता-जैसा पारिभाषिक शब्द, नाटककार ने कुछ सोचकर ही लिखा होगा।

भण्डारकर और जायसवालजी, दोनों ने ह[illegible] अपने लेखों में विधवा के साथ पुनर्लग्न होने की व्यवस्था मान कर ध्रुवदेवी का [illegible]पुनर्लग्न स्वीकार किया है। किन्तु स्मृति की ही उक्त व्यवस्था में अन्य पति ग्रहण [illegible]रने के लिये पाँच आपत्तियों का उल्लेख किया है, उनमें केवल मृत्यु होने पर ही तो विधवा का पुनर्लग्न होगा। अन्य चार आपत्तियाँ तो पति के जीवन काल में ही उप[illegible]त होती हैं।

उधर जायसवालजी चन्द्रगुप्त द्वारा [illegible]मगुप्त का वध भी नहीं मानना चाहते, तब 'देवीचन्द्रगुप्त' नाटक की कथा का उपसं[illegible]र कैसे हुआ होगा? वैवाहिक विषयों का उल्लेख स्मृतियों को छोड़कर क्या और कहीं नहीं है? क्योंकि स्मृतियों के सम्बन्ध में तो यह भी कहा जा सकता है कि वे [illegible]स युग के लिये नहीं, दूसरे युग के लिये हैं। परन्तु इसी कलियुग के विधान-[illegible]न्थ [illegible]चार्य कौटिल्य के 'अर्थशास्त्र' में मुझे स्मृतियों की पुष्टि मिली।

किस अवस्था में एक पति दूसरी स्त्री ग्रहण कर सकता है, इसका अनुसन्धान करते हुए, धर्मस्थीय प्रकरण के विवाहसंयुक्त में आ[illegible]चार्य कौटिल्य लिखते हैं—

वर्षाण्यष्टा वप्रजायमानामपुत्राम् वंध्य[illegible] चाकांक्षेत् दशविन्दु,
द्वादश कन्या प्रसविनीम्। ततः पु[illegible]र्थी द्वितीयां विंदेत्।

८ वर्ष तक वन्ध्या, १० वर्ष विन्दु अर्था[illegible] नश्यत्प्रसूति, १२ वर्ष तक कन्या प्रसविनी की प्रतीक्षा करके पुत्रार्थी दूसरी स्त्री ग्रह[illegible] कर सकता है। पुरुषों का अधिकार बताकर स्त्रियों के अधिकार की घोषणा भी उसी [illegible]ध्याय के अन्त में है।

नीचत्वम् परदेशम् वा प्रस्थित[illegible] राजकिल्विषी।
प्राणाभिहंता पतितस्त्याज्यः क्ली[illegible]ऽपिवापतिः ॥

इसका मेल पराशर या नारद के वाक्यों से [illegible]लता है। इन्हीं अवस्थाओं में पति को छोड़ने का अधिकार स्त्रियों को था। क्यों[illegible] 'अर्थशास्त्र' में, आगे जो मोक्ष—Divorce का प्रसङ्ग आता है, उसमें न्यायालय [illegible]भवतः 'अमोक्षा भर्तुरकामस्य द्विषती भार्या भार्यायाश्च भर्ता, परस्परं द्वेषान्मोक्षः' के [illegible]आधार पर आदेश देता था। किन्तु

साधारण द्वेष से भी जहाँ अन्य चार विवाहों में मोक्ष हो सकते थे; वहाँ धर्म-विवाह में केवल इन्हीं अवस्थाओं में पति त्याज्य समझा जाता था। नहीं तो 'अमोक्षोहि धर्म-विवाहानाम्' के अनुसार धर्म-विवाहों में मोक्ष नहीं होता था। दमयन्ती के पुनर्लग्न की घोषणा भी पति के नष्ट या परदेश प्रस्थित होने पर ही की गयी थी।

जायसवालजी अबुलहसनअली की यह बात नहीं मानते कि चन्द्रगुप्त ने रामगुप्त की हत्या की होगी। उनका कहना है कि चन्द्रगुप्त तो भरत की तरह बड़े भाई के लिए गद्दी छोड़ चुका था। उनका अनुमान है कि "Very likely, it came about in the form of popular uprsing."

अब नाटककार के 'अरतिकारिणी' और 'क्लीव' आदि शब्द घटना की परिणति की क्या सूचना देते हैं, यह विचारणीय है। बहुत सम्भव है कि अबुलहसन की कथा का आधार 'देवीचन्द्रगुप्त' नाटक ही हो। क्योंकि अबुलहसन के लिखने के पहले उक्त नाटक का होना माना जा सकता है।

यह ठीक है कि हमारे आचार और धर्मशास्त्र की व्यावहारिकता की परम्परा विच्छिन्न-सी है। आगे जितने सुधार या समाजशास्त्र के परीक्षात्मक प्रयोग देखे या सुने जाते हैं, उन्हें अचिन्तित और नवीन समझ कर हम बहुत शीघ्र अभारतीय कह देते हैं, किन्तु मेरा ऐसा विश्वास है कि प्राचीन आर्यावर्त्त ने समाज की दीर्घकालव्यापिनी परम्परा में प्रायः प्रत्येक विधान का परीक्षात्मक प्रयोग किया है। तात्कालिक कल्याण-कारी परिवर्तन भी हुए हैं। इसीलिए डेढ़ हजार वर्ष पहले यह होना अस्वाभाविक नहीं था। क्या होना चाहिये और कैसा होगा, यह तो व्यवस्थापक विचार करें; किन्तु इतिहास के आधार पर जो कुछ हो चुका या जिस घटना के घटित होने की सम्भावना है, उसी को लेकर इस नाटक की कथा-वस्तु का विकास किया गया है!

भण्डारकरजी का मत है कि यह युद्ध गोमती की घाटी में अल्मोड़ा जिले के कार्तिकेयपुर के समीप हुआ। जायसवालजी का मत है कि यह युद्ध ३७४ ई० से लेकर ३८० ई० के बीच में काँगड़ा जिले के अबिबाल स्थान में हुआ था, जहाँ कि प्रथम सिक्ख-युद्ध भी हुआ था।

प्रयाग की प्रशस्तिं में समुद्रगुप्त की साम्राज्य-नीति में विजित राजाओं के आत्म-निवेदन 'कन्योपायन दान' ग्रहण करने का उल्लेख है। मैंने ध्रुवस्वामिनी के गुप्तकुल में आने का वही कारण माना है।

विशाखदत्त ने ध्रुवदेवी नाम लिखा है; किन्तु मुझे ध्रुवस्वामिनी नाम जो राजशेखर के मुक्तक में आया है, स्त्रीजनोचित, सुन्दर, आदर-सूचक और सार्थक प्रतीत हुआ। इसीलिए मैंने उसी का व्यवहार किया है।

प्रथम अङ्क

(**शिविर का पिछला भाग, जिसके पीछे पर्वतमाला की प्राचीर है, शिविर का एक कोना दिखलाई दे रहा है, जिससे सटा हुआ चन्द्रातप टँगा है। मोटी-मोटी रेशमी डोरियों से सुनहले काम के परदे खम्भों से बँधे हैं। दो-तीन सुन्दर मञ्च रक्खे हुए हैं। चन्द्रातप और पहाड़ी के बीच छोटा-सा कुञ्ज; पहाड़ी पर से एक पतली जलधारा उस हरियाली में बहती है। झरने के पास शिलाओं से चिपकी हुई लता की डालियाँ पवन में हिल रही हैं। दो-चार छोटे-बड़े वृक्ष, जिन पर फलों से लदी हुई सेवती की लता छोटा-सा झुरमुट बना रही है। शिविर के कोने से ध्रुवस्वामिनी का प्रवेश। पीछे-पीछे एक लम्बी और कुरूप स्त्री चुपचाप नंगी तलवार लिये आती**)

ध्रुवस्वामिनी—(**सामने पर्वत की ओर देख कर**) सीधा तना हुआ, अपने प्रभुत्व की साकार कठोरता, अभ्रभेदी उन्मुक्त शिखर! और इन क्षुद्र कोमल निरीह लताओं और पौधों को इसके चरण में लोटना ही चाहिये न! (**साथवाली खड्गधारिणी की ओर देखकर**) क्यों, मन्दाकिनी नहीं आई? (**वह उत्तर नहीं देती है**) बोलती क्यों नहीं? यह तो मैं जानती हूँ कि इस राजकुल के अन्तःपुर में मेरे लिए न जाने कब से नीरव अपमान सञ्चित रहा, जो मुझे आते ही मिला; किन्तु क्या तुम-जैसी दासियों से भी वही मिलेगा? इसी शैलमाला की तरह मौन रहने का अभिनय तुम न करो, बोलो! (**वह दाँत निकालकर विनय प्रकट करती हुई कुछ और आगे बढ़ने का सङ्केत करती है**) अरे, यह क्या; मेरे भाग्य-विधाता! यह कैसा इन्द्रजाल? उस दिन राजमहापुरोहित ने कुछ आहुतियों के बाद मुझे जो आशीर्वाद दिया था, क्या वह अभिशाप था? इस राजकीय अन्तःपुर में सब जैसे एक रहस्य छिपाये हुये चलते हैं; बोलते हैं और मौन हो जाते हैं। (**खड्गधारिणी विवशता और भय का अभिनय करती हुई आगे बढ़ने का संकेत करती है**) तो क्या तुम मूक हो? तुम कुछ बोल न सको, मेरी बातों का उत्तर भी न दो, इसलिए तुम मेरी सेवा में नियुक्त की गयी हो? यह असह्य है। इस राजकुल में एक भी सम्पूर्ण मनुष्यता का निदर्शन न मिलेगा क्या? जिधर देखो कुबड़े, बौने, हिजड़े, गूँगे और बहरे····। (**चिढ़ती हुई ध्रुवस्वामिनी आगे बढ़कर झरने के किनारे बैठ जाती है, खड्गधारिणी भी इधर-उधर देखकर ध्रुवस्वामिनी के पैरों के समीप बैठती है**)

खड्गधारिणी—(**सशङ्क चारों ओर देखती हुई**) देवि, प्रत्येक स्थान और समय बोलने के योग्य नहीं होता, कभी-कभी मौन रह जाना बुरी बात नहीं है। मुझे अपनी

दासी समझिये। अवरोध के भीतर मैं गूँगी हूँ ! यहाँ सन्दिग्ध न रहने के लिये मुझे ऐसा ही करना पड़ता है।

ध्रुवस्वामिनी—अरे, तो क्या तुम बोलती भी हो ? पर यह तो कहो, यह कपट-आचरण किस लिये ?

खड्गधारिणी—एक पीड़ित की प्रार्थना सुनाने के लिये। कुमार चन्द्रगुप्त को आप भूल न गयी होंगी।

ध्रुवस्वामिनी—(**उत्कण्ठा से**) वही न, जो मुझे बन्दिनी बनाने के लिये गये थे।

खड्गधारिणी—(**दाँतों से जीभ दबाकर**) यह आप क्या कह रही हैं ? उनको तो स्वयम् अपने भीषण भविष्य का पता नहीं। प्रत्येक क्षण उनके प्राणों पर सन्देह करता है। उन्होंने पूछा है कि मेरा क्या अपराध है ?

ध्रुवस्वामिनी—(**उदासी की मुस्कराहट के साथ**) अपराध ? मैं क्या बताऊँ ! तो क्या कुमार भी बन्दी हैं ?

खड्गधारिणी—कुछ-कुछ वैसा ही है देवि ! राजाधिराज से कहकर क्या आप उनका कुछ उपकार कर सकेंगी ?

ध्रुवस्वामिनी—भला मैं क्या कर सकूँगी ? मैं तो अपने ही प्राणों का मूल्य नहीं समझ पाती। मुझ पर राजा का कितना अनुग्रह है, यह भी मैं आज तक न जान सकी, मैंने तो कभी उनका मधुर सम्भाषण सुना ही नहीं। विलासिनियों के साथ मदिरा में उन्मत्त, उन्हें अपने आनन्द से अवकाश कहाँ !

खड्गधारिणी—तब तो अदृष्ट ही कुमार के जीवन का सहायक होगा। उन्होंने पिता का दिया हुआ स्वत्व और राज्य का अधिकार तो छोड़ ही दिया; इसके साथ अपनी एक अमूल्य निधि भी····। (**कहते-कहते सहसा रुक जाती है**)

ध्रुवस्वामिनी—अपनी अमूल्य निधि ! वह क्या ?

खड्गधारिणी—वह अत्यन्त गुप्त है देवि, किन्तु मैं प्राणों की भीख माँगती हुई कह सकूँगी।

ध्रुवस्वामिनी—(**कुछ सोचकर**) तो जाने दो, छिपी हुई बातों से मैं घबरा उठी हूँ। हाँ, मैंने उन्हें देखा था, वह निरभ्र प्राची का बाल-अरुण ! आह ! राज-चक्र सबको पीसता है, पिसने दो, हम निस्सहायों को और दुर्बलों को पिसने दो।

खड्गधारिणी—देवि, वह वल्लरी जो झरने के समीप पहाड़ी पर चढ़ गयी है, उसकी नन्हीं-नन्हीं पत्तियों को ध्यान से देखने पर आप समझ जायँगी कि वह काई की जाति की है। प्राणों की क्षमता बढ़ा लेने पर वही काई जो बिछलन बन कर गिरा सकती थी, अब दूसरों के ऊपर चढ़ने का अवलम्ब बन गयी है।

ध्रुवस्वामिनी—(**आकाश की ओर देखकर**) वह, बहुत दूर की बात है। आह, कितनी कठोरता है ! मनुष्य के हृदय में देवता को हटा कर राक्षस कहाँ से घुस आता

है ? कुमार की स्निग्ध, सरल और सुन्दर मूर्ति को देख कर कोई भी प्रेम से पुलकित हो सकता है। किन्तु, उन्हीं का भाई ? आश्चर्य ?

खड्गधारिणी—कुमार को इतने में ही सन्तोष होगा कि उन्हें कोई विश्वासपूर्वक स्मरण कर लेता है। रही अभ्युदय की बात, सो तो उनको अपने बाहु-बल और भाग्य पर ही विश्वास है।

ध्रुवस्वामिनी—किन्तु उन्हें कोई ऐसा साहस का काम न करना चाहिये जिसमें उनकी परिस्थिति और भी भयानक हो जाय।

(खड्गधारिणी खड़ी होती है)

—अच्छा, तो अब तू जा और अपने मौन सङ्केत से किसी दासी को यहाँ भेज दे। मैं अभी यहीं बैठना चाहती हूँ।

(खड्गधारिणी नमस्कार करके जाती है। और एक दासी का प्रवेश)

दासी—**(हाथ जोड़ कर)** देवि, सायंकाल हो चला है। वनस्पतियाँ शिथिल होने लगी हैं। देखिये न, व्योम-विहारी पक्षियों का झुण्ड भी अपने नीड़ों में प्रसन्न कोलाहल से लौट रहा है। क्या भीतर चलने की अभी इच्छा नहीं है ?

ध्रुवस्वामिनी—चलूँगी क्यों नहीं ? किन्तु मेरा नीड़ कहाँ ? यह तो स्वर्ण-पिञ्जर है।

(करुण भाव से उठकर दासी के कन्धे पर हाथ रखकर चलने को उद्यत होती है। नेपथ्य में कोलाहल —'महादेवी कहाँ है, उन्हें कौन बुलाने गयी है ?)

ध्रुवस्वामिनी—हैं-हैं, यह उतावली कैसी ?

प्रतिहारी—**(प्रवेश करके घबराहट से)** भट्टारक इधर आये हैं क्या ?

ध्रुवस्वामिनी—**(व्यंग से मुस्कराती हुई)** मेरे अञ्चल में तो छिपे नहीं हैं। देखो किसी कुञ्ज में ढूँढो।

प्रतिहारी—**(सम्भ्रम से)** अरे महादेवी, क्षमा कीजिए। युद्ध-सम्बन्धी एक आवश्यक सम्वाद देने के लिए महाराज को खोजती हुई मैं इधर आ गयी हूँ।

ध्रुवस्वामिनी—होंगे कहीं, यहाँ तो नहीं हैं।

(उदास भाव से दासी के साथ ध्रुवस्वामिनी का प्रस्थान। दूसरी ओर से खड्गधारिणी का पुनः प्रवेश और कुन्ज में से अपना उत्तरीय सँभालता हुआ रामगुप्त निकल कर एक बार प्रतिहारी की ओर फिर खड्गधारिणी की ओर देखता है)

प्रतिहारी—जय हो देव ! एक चिन्ताजनक समाचार निवेदन करने के लिए अमात्य ने मुझे भेजा है।

रामगुप्त—**(झुँझला कर)** चिन्ता करते-करते देखता हूँ कि मुझे मर जाना पड़ेगा ! ठहरो **(खड्गधारिणी से)** हाँ जी, तुमने अपना काम तो अच्छा किया, किन्तु मैं समझ न सका कि चन्द्रगुप्त को वह अब भी प्यार करती है या नहीं ?

(खड्गधारिणी प्रतिहारी की ओर देखकर चुप रह जाती है)

रामगुप्त—(**प्रतिहारी की ओर क्रोध से देखता हुआ**) तुमसे मैंने कह न दिया कि अभी मुझे अवकाश नहीं, ठहर कर आना।

प्रतिहारी—राजाधिराज! शकों ने किसी पहाड़ी राह से उतर कर नीचे का गिरि-पथ रोक लिया है। हम लोगों के शिविर का सम्बन्ध राज-पथ से छूट गया है। शकों ने दोनों ही ओर से घेर लिया है।

रामगुप्त—दोनों ओर से घिरा रहने में शिविर और भी सुरक्षित है। मूर्ख! चुप रह (**खड्गधारिणी से**) तो ध्रुवदेवी, क्या मन-ही-मन चन्द्रगुप्त को····है न मेरा सन्देह ठीक?

प्रतिहारी—(**हाथ जोड़कर**) अपराध क्षमा हो देव! अमात्य, युद्ध-परिषद् में आपकी प्रतीक्षा कर रहे हैं।

रामगुप्त—(**हृदय पर हाथ रखकर**) युद्ध तो यहाँ भी चल रहा है, देखता नहीं, जगत् की अनुपम सुन्दरी मुझसे स्नेह नहीं करती और मैं हूँ इस देश का राजाधिराज!

प्रतिहारी—महाराज, शकराज का सन्देश लेकर एक दूत भी आया है।

रामगुप्त—आह! किन्तु ध्रुवदेवी! उसके मन में टीस है (**कुछ सोचकर**) जो स्त्री दूसरे के शासन में रहकर और प्रेम किसी अन्य पुरुष से करती है; उसमें एक गम्भोर और व्यापक रस उद्वेलित रहता होगा। वही तो····नहीं, जो चन्द्रगुप्त से प्रेम करेगी वह स्त्री न जाने कब चोट कर बैठे? भीतर-भीतर न जाने कितने कुचक्र घूमने लगेंगे (**खड्गधारिणी से**) सुना न, ध्रुवदेवी से कह देना चाहिये कि वह मुझे और मुझसे ही प्यार करे। केवल महादेवी बन जाना ठीक नहीं।

(**खड्गधारिणी का प्रतिहारी के साथ प्रस्थान और शिखरस्वामी का प्रवेश**)

शिखरस्वामी—कुछ आवश्यक बातें कहनी हैं देव!

रामगुप्त—(**चिन्ता से उँगली दिखाते हुए, जैसे अपने-आप बातें कर रहा हो**) ध्रुवदेवी को लेकर क्या साम्राज्य से भी हाथ धोना पड़ेगा! नहीं तो फिर? (**कुछ सोचने लगता है**) ठीक तो, सहसा मेरे राजदण्ड ग्रहण कर लेने से पुरोहित, अमात्य और सेनापति लोग छिपा हुआ विद्रोह-भाव रखते हैं। (**शिखर से**) है न? केवल एक तुम्हीं मेरे विश्वासपात्र हो। समझा न? यही गिरि-पथ सब झगड़ों का अन्तिम निर्णय करेगा। क्यों अमात्य, जिसकी भुजाओ में बल न हो, उसके मस्तिष्क में तो कुछ होना चाहिये?

शिखरस्वामी—(**एक पत्र देकर**) पहले इसे पढ़ लीजिये! (**रामगुप्त पत्र पढ़ते-पढ़ते जैसे आश्चर्य से चौंक उठता है**)। चौंकिये मत, यह घटना इतनी आकस्मिक है कि कुछ सोचने का अवसर नहीं मिलता।

रामगुप्त—(**ठहर कर**) है तो ऐसा ही; किन्तु एक बार ही मेरे प्रतिकूल भी नहीं मुझे इसकी सम्भावना पहले से भी थी।

शिखरस्वामी—(आश्चर्य से) ऐं ? तब तो महाराज ने अवश्य ही कुछ सोच लिया होगा। मेघ-सङ्कुल आकाश की तरह जिसका भविष्य घिरा हो, उसकी बुद्धि को तो बिजली के समान चमकना ही चाहिये।

रामगुप्त—(सशङ्क) कह दूँ ! सोचा तो है मैंने; परन्तु क्या तुम उसका समर्थन करोगे ?

शिखरस्वामी—यदि नीति-युक्त हुआ तो अवश्य समर्थन करूँगा। सबके विरुद्ध रहने पर भी स्वर्गीय आर्य समुद्रगुप्त की आज्ञा के प्रतिकूल मैंने ही आपका समर्थन किया था। नीति-सिद्धान्त के आधार पर ज्येष्ठ राजपुत्र को—।

रामगुप्त—(बात काट कर) वह तो,—वह तो मैं जानता हूँ, किन्तु इस समय जो प्रश्न सामने आ गया है, उस पर विचार करना चाहिये। तुम जानते हो कि मेरी इस विजय-यात्रा का कोई गुप्त उद्देश्य है। उसकी सफलता भी सामने दिखाई पड़ रही है। हाँ, थोड़ा-सा साहस चाहिये।

शिखरस्वामी—वह क्या ?

रामगुप्त—शक-दूत सन्धि के लिए जो प्रमाण चाहता है, उसे अस्वीकार न करना चाहिये। ऐसा करने में इस सङ्कट के बहाने जितना विरोधी प्रकृति है उस सबको हम लोग सहज में ही हटा सकेंगे।

शिखरस्वामी—भविष्य के लिये यह चाहे अच्छा हो; किन्तु इस समय तो हम लोगों को बहुत-से विघ्नों का सामना करना पड़ेगा।

रामगुप्त—(हँसकर) तब तुम्हारी बुद्धि कब काम में आयेगी ? और हाँ, चन्द्रगुप्त के मनोभाव का कुछ पता लगा ?

शिखरस्वामी—कोई नयी बात तो नहीं।

रामगुप्त—मैं देखता हूँ कि मुझे पहले अपने अन्तःपुर के ही विद्रोह का दमन करना होगा। (निःश्वास लेकर) ध्रुवदेवी के हृदय में चन्द्रगुप्त की आकांक्षा धीरे-धीरे जाग रही है।

शिखरस्वामी—यह असम्भव नहीं; किन्तु महाराज इस समय आपको दूत से साक्षात् करके उपस्थित राजनीति पर ध्यान देना चाहिये यह एक विचित्र बात है कि प्रबल पक्ष सन्धि के लिए सन्देश भेजे।

रामगुप्त—विचित्र हो चाहे सचित्र, अमात्य, तुम्हारी राजनीतिज्ञता इसी में है कि भीतर और बाहर के सब शत्रु एक ही चाल में परास्त हों। तो चलो।

(दोनों का प्रस्थान। मन्दाकिनी का सशङ्क भाव से प्रवेश)

मन्दाकिनी—(चारों ओर देख कर) भयानक समस्या है। मूर्खों ने स्वार्थ के लिये साम्राज्य के गौरव का सर्वनाश करने का निश्चय कर लिया है ! सच है, वीरता जब भागती है, तब उसके पैरों से राजनीतिक छल-छन्द की धूल उड़ती है। (कुछ सोचकर)

कुमार चन्द्रगुप्त को यह सब समाचार शीघ्र ही मिलना चाहिये। गूँगा के अभिनय में महादेवी के हृदय का आवरण तनिक-सा हटा है, किन्तु वह थोड़ा-सा स्निग्ध भाव भी कुमार के लिये कम महत्त्व नहीं रखता। कुमार चन्द्रगुप्त! कितना समर्पण का भाव है उसमें? और उसका बड़ा भाई रामगुप्त! कपटाचारी रामगुप्त! जी करता है इस कलुषित वातावरण से कहीं दूर, विस्मृति में अपने को छिपा लूँ। पर मन्दा! तुझे विधाता ने क्यों बनाया? **(सोचने लगती है)** नहीं, मुझे हृदय कठोर करके अपना कर्त्तव्य करने के लिये यहाँ रुकना होगा। न्याय का दुर्बल पक्ष ग्रहण करना होगा।

(गाती है)

यह कसक अरे आँसू सह जा।
बनकर विनम्र अभिमान मुझे
मेरा अस्तित्व बता, रह जा।
बन प्रेम छलक कोने कोने
अपनी नीरव गाथा कह जा।
करुणा बन दुखिया वसुधा पर
शीतलता फैलाता बह जा।

(जाती है। ध्रुवस्वामिनी का उदास भाव से धीरे-धीरे प्रवेश। पीछे एक परिचारिका पान का डिब्बा और दूसरी चमर लिये आती है। ध्रुवस्वामिनी एक मञ्च पर बैठकर अधरों पर उँगली रखकर कुछ सोचने लगती है और चमरधारिणी चमर चलाने लगती है)

ध्रुवस्वामिनी—**(दूसरी परिचारिका से)** हाँ, क्या कहा। शिखरस्वामी कुछ कहना चाहते हैं? कह दो, कल सुनूँगी, आज नहीं।

परिचारिका—जैसी आज्ञा। तो मैं कह आऊँ कि अमात्य से कल महादेवी बातें करेंगी?

ध्रुवस्वामिनी—**(कुछ सोचकर)** ठहरो तो, वह गुप्त-साम्राज्य का अमात्य है, उससे आज ही भेंट करना होगा। हाँ, यह तो बताओ, तुम्हारे राजकुल में नियम क्या है? पहले अमात्य की मन्त्रणा सुननी पड़ती है, तब राजा से भेंट होती है?

परिचारिका—**(दाँतों से जीभ दबाकर)** ऐसा नियम तो मैंने नहीं सुना। यह युद्ध-शिविर है न? परमभट्टारक को अवसर न मिला होगा। महादेवी! आपको सन्देह न करना चाहिये।

ध्रुवस्वामिनी—मैं महादेवी ही हूँ न? यदि यह सत्य है तो क्या तुम मेरी आज्ञा से कुमार चन्द्रगुप्त को यहाँ बुला सकती हो? मैं चाहती हूँ कि अमात्य के साथ ही कुमार से भी कुछ बातें कर लूँ।

परिचारिका—क्षमा कीजिये, इसके लिए तो पहले अमात्य से पूछना होगा।

(ध्रुवस्वामिनी क्रोध से उसकी ओर देखने लगती है और वह पान का डिब्बा रख कर चली जाती है। एक बौने का कुबड़े और हिजड़े के साथ प्रवेश)

कुबड़ा—युद्ध ! भयानक युद्ध ! !

बौना—हो रहा है, कि कहीं होगा मित्र !

हिजड़ा—बहनों, यहीं युद्ध करके दिखाओ न, महादेवी भी देख लें।

बौना—**(कुबड़े से)** सुनता है रे ! तू अपना हिमाचल इधर कर दे—मैं दिग्विजय करने के लिए कुबेर पर चढ़ाई करूँगा।

(उसकी कूबड़ को दबाता है और कुबड़ा अपने घुटनों और हाथों के बल बैठ जाता है। हिजड़ा कुबड़े की पीठ पर बैठता है। बौना एक मोछंल लेकर तलवार की तरह उसे घुमाने लगता है)

हिजड़ा—अरे ! यह तो मैं हूँ नल-कूबर की वधू ! दिग्विजयी वीर, क्या तुम स्त्री से युद्ध करोगे ? लौट जाओ, कल आना। मेरे श्वसुर और आर्यपुत्र दोनों ही उर्वशी और रम्भा के अभिसार से अभी नहीं आये। कुछ आज ही तो युद्ध करने का शुभ मुहूर्त नहीं है।

बौना—**(मोछंल से पटा घुमाता हुआ)** नहीं; आज ही युद्ध होगा। तुम स्त्री नहीं हो, तुम्हारी उँगलिया तो मेरी तलवार से भी अधिक चल रही हैं। कूबड़ तुम्हारे नीचे है। तब मैं कैसे मान लूँ कि तुम न तो नल-कूबर हो और न कुबेर ! तुम्हारे वस्त्रों से मैं धोखा न खा जाऊँगा। तुम पुरुष हो, युद्ध करो !

हिजड़ा—**(उसी तरह मटकते हुये)** अरे, मैं स्त्री हूँ बहनो, कोई मुझसे ब्याह भले ही कर सकता है, लड़ाई मैं क्या जानूँ।

(दासी के साथ शिखरस्वामी का प्रवेश)

शिखरस्वामी—महादेवी की जय हो !

(दूसरी ओर से एक युवती दासी के कन्धे का सहारा लिये कुछ-कुछ मदिरा के नशे में रामगुप्त का प्रवेश। मुस्कराता हुआ बौने का खेल देखने लगता है। ध्रुवस्वामिनी उठकर खड़ी हो जाती है और शिखरस्वामी रामगुप्त को संकेत करता है)

रामगुप्त—**(कुछ भर्राये हुये कण्ठ से)** महादेवी की जय हो !

ध्रुवस्वामिनी—स्वागत महाराज !

(रामगुप्त एक मञ्च पर बैठ जाता है और शिखरस्वामी ध्रुवस्वामिनी के इस उदासीन शिष्टाचार से चकित होकर सिर खुजलाने लगता है)

कुबड़ा—दोहाई राजाधिराज की ! मुझ हिमालय का कूबड़ दुखने लगा। न तो यह नल-कूबर की बहू मेरे कूबर से उठती है और न तो यह बौना मुझे बिजय ही कर लेता है।

रामगुप्त—(**हँसते हुये**) वाह रे वामन वीर ! यहाँ दिग्विजय का नाटक खेला जा रहा है क्या ?

बौना—(**अकड़कर**) वामन के बलि-विजय की गाथा और तीन पगों की महिमा सब लोग जानते हैं। मैं भी तीन लात में इसका कूबर सीधा कर सकता हूँ।

कुबड़ा—लगा दे भाई बौने ! फिर यह अचल हेमकूट बनना तो छूट जाय !

हिजड़ा—देखो जी, मैं नल-कूबर की वधू इस पर बैठी हूं।

बौना—झूठ ! युद्ध के डर से पुरुष होकर भी यह स्त्री बन गया है।

हिजड़ा—मैं तो पहले ही कह चुकी कि मैं युद्ध करना नहीं जानती।

बौना—तुम नल-कूबर की स्त्री हो न, तो अपनी विजय का उपहार समझ कर मैंतुम्हारा हरण कर लूँगा। (**और लोगों को ओर देखकर उसका हाथ पकड़ कर खींचता हुआ**) ठीक होगा न ? कदाचित् यह धर्म के विरुद्ध न होगा !

(**रामगुप्त ठठाकर हँसने लगता है**)

ध्रुवस्वामिनी—(**क्रोध से कड़क कर**) निकलो ! अभी निकलो, यहाँ ऐसी निर्लज्जता का नाटक मैं नहीं देखना चाहती। (**शिखरस्वामी की ओर भी सक्रोध देखती है। शिखर के सङ्केत करने पर वे सब भाग जाते हैं**)

रामगुप्त—अरे, ओ दिग्विजयी ! सुन तो (**उठ कर ताली पीटता हुआ हँसने लगता है। ध्रुवस्वामिनी क्षोभ और घृणा से मुँह फिरा लेती है। शिखरस्वामी के सङ्केत से दासी मदिरा का पात्र ले आती है, उसे देख कर प्रसन्नता से आँखें फाड़ कर शिखर की ओर अपना हाथ बढ़ा देता है**) अमात्य, आज ही महादेवी के पास मैं आया और आप भी पहुंच गये, यह एक विलक्षण घटना है। है न ? (**पात्र लेकर पीता है**)

शिखरस्वामी—देव, मैं इस समय एक आवश्यक कार्य से आया हूँ।

रामगुप्त—ओह, मैं तो भूल ही गया था ! वह बर्बर शकराज क्या चाहता है ? मैं आक्रमण न करूँ, इतना ही तो ? जाने दो, युद्ध कोई अच्छी बात तो नहीं !

शिखरस्वामी—वह और भी कुछ चाहता है।

रामगुप्त—क्या कुछ सहायता भी माँग रहा है ?

शिखरस्वामी—(**सिर झुका कर गम्भीरता से**) नहीं देव, वह बहुत ही असङ्गत और अशिष्ट याचना कर रहा है।

रामगुप्त—क्या ? कुछ कहो भी।

शिखरस्वामी—क्षमा हो महाराज ! दूत तो अवध्य होता है; इसलिये उसका सन्देश सुनना हो पड़ा। वह कहता था कि शकराज से महादेवी ध्रुवस्वामिनी का (**रुक कर ध्रुवस्वामिनी की ओर देखने लगता है। ध्रुवस्वामिनी सिर हिला कर कहने की आज्ञा देती है**) विवाह-सम्बन्ध स्थिर हो चुका था, बीच में ही आर्य समुद्रगुप्त की विजय यात्रा में महादेवी के पिता जी ने उपहार में गुप्तकुल में भेज दिया, इसलिए महादेवी को वह····।

रामगुप्त—ऐं, क्या कहते हो अमात्य ? क्या वह महादेवी को माँगता है।

शिखरस्वामी—हाँ देव ! साथ ही वह अपने सामन्तों के लिए भी मगध के सामन्तों की स्त्रियों को माँगता है।

रामगुप्त—(**श्वास लेकर**) ठीक ही है, जब उसके यहाँ सामन्त हैं, तब उन लोगों के लिए भी स्त्रियाँ चाहियें। हाँ, क्या यह सच है कि महादेवी के पिता ने पहले शक-राज से इनका सम्बन्ध स्थिर कर लिया था ?

शिखरस्वामी—यह तो मुझे नहीं मालूम ?

(**ध्रुवस्वामिनी रोष से फूलती हुई काँपने लगती है**)

रामगुप्त—महादेवी, अमात्य क्या पूछ रहे हैं ?

ध्रुवस्वामिनी—इस प्रथम सम्भाषण के लिए मैं कृतज्ञ हुई महाराज ! किन्तु मैं भी यह जानना चाहती हूँ कि गुप्त-साम्राज्य क्या स्त्री-सम्प्रदान से ही बढ़ा है ?

रामगुप्त—(**झेंपकर हंसता हुआ**) हें-हें-हें, बताइये अमात्य जी !

शिखरस्वामी—मैं क्या कहूँ ? शत्रु-पक्ष का यही सन्धि-सन्देश है। यदि स्वीकार न हो तो युद्ध कीजिये। शिविर दोनों ओर से घिर गया है। उसकी बातें मानिये, या मर कर भी अपनी कुल-मर्यादा की रक्षा कीजिये। दूसरा कोई उपाय नहीं।

रामगुप्त—(**चौंककर**) क्या प्राण देने के अतिरिक्त दूसरा कोई उपाय नहीं ? ऊँहूँ, तब तो महादेवी से पूछिये।

ध्रुवस्वामिनी—(**तीव्र स्वर से**) और आप क्लीबों, कुबड़ों, बौनों और नपुंसकों का नृत्य देखेंगे। मैं जानना चाहती हूँ किसने सुख-दुख में मेरा साथ न छोड़ने की प्रतिज्ञा अग्नि-वेदी के सामने की है ?

रामगुप्त—(**चारों ओर देखकर**) किसने की है, कोई बोलता क्यों नहीं ?

ध्रुववामिनी—तो क्या मैं राजधिराज रामगुप्त की महादेवी नहीं हूँ ?

रामगुप्त—क्यों नहीं ? परन्तु रामगुप्त ने ऐसी कोई प्रतिज्ञा न की होगी। मैं तो उस दिन द्रक्षासव में डुबकी लगा रहा था। पुरोहितों ने न जाने क्या-क्या पढ़ा दिया होगा। उन सब बातों का बोझ मेरे सिर पर ! (**सिर हिलाकर**) कदापि नहीं।

ध्रुवस्वामिनी—(**निस्सहाय होकर दीनता से शिखरस्वामी के प्रति**) यह तो हुई राजा की व्यवस्था, अब सुनूँ मन्त्री महोदय क्या कहते हैं !

शिखरस्वामी—मैं कहूँगा देवी, अवसर देखकर राज्य की रक्षा करने वाली उचित सम्मति दे देना ही तो मेरा कर्तव्य है। राजनीति के सिद्धान्त से राष्ट्र की रक्षा सब उपायों से करने का आदेश है। उसके लिए राजा, रानी, कुमार और अमात्य सब का विसर्जन किया जा सकता है; किन्तु राज-विसर्जन अन्तिम उपाय है।

रामगुप्त—(**प्रसन्नता से**) वाह ! क्या कहा तुमने ! तभी तो लोग तुम्हें नीति-शास्त्र का बृहस्पति समझते हैं !

ध्रुवस्वामिनी—अमात्य, तुम बृहस्पति हो चाहे शुक्र, किन्तु धूर्त्त होने से ही क्या मनुष्य भूल नहीं करता ? आर्य समुद्रगुप्त के पुत्र को पहचानने में तुमने भूल तो नहीं की ? सिंहासन पर भ्रम से किसी दूसरे को तो नहीं बिठा दिया !

रामगुप्त—(**आश्चर्य से**) क्या ? क्या ? ? क्या ? ? ?

ध्रुवस्वामिनी—कुछ नहीं, मैं केवल यही कहना चाहती हूँ कि पुरुषों ने स्त्रियों को अपनी पशु-सम्पत्ति समझकर उन पर अत्याचार करने का अभ्यास बना लिया है, वह मेरे साथ नहीं चल सकता। यदि तुम मेरी रक्षा नहीं कर सकते, अपने कुल की मर्यादा, नारी का गौरव, नहीं बचा सकते, तो मुझे बेच भी नहीं सकते हो। हाँ तुम लोगों को आपत्ति से बचाने के लिए मैं स्वयं यहाँ से चली जाऊँगी।

शिखरस्वामी—(**मुँह बना कर**) उँह, राजनीति में ऐसी बातों को स्थान नहीं। जब तक नियमों के अनुकूल सन्धि का पूर्ण रूप से पालन न किया जाय, तब तक सन्धि का कोई अर्थ ही नहीं।

ध्रुवस्वामिनी—देखती हूँ कि इस राष्ट्र-रक्षा-यज्ञ में रानी की बलि होगी ही।

शिखरस्वामी—दूसरा कोई उपाय नहीं।

ध्रुवस्वामिनी—(**क्रोध से पैर पटक कर**) उपाय नहीं, तो न हो निर्लज्ज अमात्य फिर ऐसा प्रस्ताव मैं सुनना नहीं चाहती।

रामगुप्त—(**चौंक कर**) इस छोटी सी बात के लिए इतना बड़ा उपद्रव ! (**दासी की ओर देख कर**) मेरा तो कण्ठ सूखने लगा।

(**वह मदिरा देती है**)

ध्रुवस्वामिनी—(**दृढ़ता से**) अच्छा, तो अब मैं चाहती हूँ कि अमात्य अपने मन्त्रणा-गृह में जायँ मैं केवल रानी ही नहीं, किन्तु स्त्री भी हूँ; मुझे अपने को पति कहने वाले पुरुष से कुछ कहना है, राजा से नहीं।

(**शिखरस्वामी का दासियों के साथ प्रस्थान**)

रामगुप्त—ठहरो जी, मैं भी चलता हूँ (**उठता चाहता है। ध्रुवस्वामिनी उसका हाथ पकड़ कर रोक लेती है :**) तुम मुझसे क्या कहना चाहती हो ?

ध्रुवस्वामिनी—(**ठहर कर**) अकेले यहाँ भय लगता है क्या ? बैठिये, सुनिये, । मेरे पिता ने उपहार-स्वरूप कन्या-दान किया था। किन्तु गुप्त-सम्राट् क्या अपनी पत्नी शत्रु को उपहार में देंगे ? (**घुटने के बल बैठकर**) देखिये, मेरी ओर देखिये। मेरा स्त्रीत्व क्या इतने का भी अधिकारी नहीं कि अपने को स्वामी समझनेवाला पुरुष उसके लिए प्राणों का पण लगा सके।

रामगुप्त—(**उसे देखता हुआ**) तुम सुन्दर हो, ओह, कितनी सुन्दर; किन्तु सोने की कटार पर मुग्ध होकर उसे कोई अपने हृदय में डुबा नहीं सकता। तुम्हारी सुन्दरता

—तुम्हारा नारीत्व—अमूल्य हो सकता है। फिर भी अपने लिये मैं स्वयं कितना आवश्यक हूँ, कदाचित् तुम यह नहीं जानती हो।

ध्रुवस्वामिनी—(**उसके पैरों को पकड़ कर**) मैं गुप्त-कुल की वधू होकर इस राज-परिवार में आयी हूँ। इसी विश्वास पर....।

रामगुप्त—(**उसे रोक कर**) वह सब मैं नहीं सुनना चाहता।

ध्रुवस्वामिनी—मेरी रक्षा करो। मेरे और अपने गौरव की रक्षा करो। राजा, आज मैं शरण की प्रार्थिनी हूँ। मैं स्वीकार करती हूँ, कि आज तक मैं तुम्हारे विलास की सहचरी नहीं हुई; किन्तु वह मेरा अहङ्कार चूर्ण हो गया है। मैं तुम्हारी होकर रहूँगी। राज्य और सम्पत्ति रहने पर राजा को—पुरुष को बहुत-सी रानियाँ और स्त्रियाँ मिलती हैं; किन्तु व्यक्ति का मान नष्ट होने पर फिर नहीं मिलता।

रामगुप्त—(**घबराकर उसका हाथ हटाता हुआ**) ओह, तुम्हारा यह घातक स्पर्श बहुत ही उत्तेजनापूर्ण है! मैं,—नहीं। तुम, मेरी रानी? नहीं, नहीं। जाओ, तुमको जाना पड़ेगा। तुम उपहार की वस्तु हो। आज मैं तुम्हें किसी दूसरे को देना चाहता हूँ। इसमें तुम्हें क्यों आपत्ति हो?

ध्रुवस्वामिनी—(**खड़ी होकर रोष से**) निर्लज्ज! मद्यप!! क्लीव!!! ओह, तो मेरा कोई रक्षक नहीं? (**ठहर कर**) नहीं, मैं अपनी रक्षा स्वयं करूँगी! मैं उपहार में देने की वस्तु, शीतल-मणि नहीं हूँ। मुझमें रक्त की तरल लालिमा है। मेरा हृदय उष्ण है और उसमें आत्म-सम्मान की ज्योति है। उसकी रक्षा मैं ही करूँगा। (**रशना से कृपाणी निकाल लेती है**)।

रामगुप्त—(**भयभीत हो कर पीछे हटता हुआ**) तो क्या तुम मेरी हत्या करोगी?

ध्रुवस्वामिनी—तुम्हारी हत्या? नहीं, तुम जिओ। भेड़ की तरह तुम्हारा क्षुद्र जीवन! उसे न लूँगी! मैं अपना ही जीवन समाप्त करूँगी।

रामगुप्त—किन्तु तुम्हारे मर जाने पर उस बर्बर शकराज के पास किसको भेजा जायगा? नहीं, नहीं, ऐसा न करो। हत्या! हत्या! दौड़ो! दौड़ो!! (**भागता हुआ निकल जाता है: दूसरी ओर से वेग सहित चन्द्रगुप्त का प्रवेश**)

चन्द्रगुप्त—हत्या! कैसी हत्या!! (**ध्रुवस्वामिनी को देखकर**) यह क्या? महादेवी ठहरिये!

ध्रुवस्वामिनी—कुमार, इसी समय तुम्हें भी आना था! (**सकरुण देखती हुई**) मैं प्रार्थना करती हूँ कि तुम यहाँ से चले जाओ! मुझे इतने अपमान में निर्वसन—नग्न देखने का किसी पुरुष को अधिकार नहीं! मुझे मृत्यु की चादर से अपने को ढँक लेने दो।

चन्द्रगुप्त—किन्तु क्या कारण सुनने का मैं अधिकारी नहीं हूँ?

ध्रुवस्वामिनी—सुनोगे? (**ठहर कर सोचती हुई**) नहीं, अभी आत्महत्या नहीं

करूँगी। जब तुम आ गये हो तो थोड़ा ठहरूँगी। यह तीखी छुरी इस अतृप्त हृदय में विकासोन्मुख कुसुम में विषैले कीट के डङ्क की तरह चुभा दूँ या नहीं, इस पर विचार करूँगी। यदि नहीं तो मेरी दुर्दशा का पुरस्कार क्या कुछ और है? हाँ जीवन के लिए कृतज्ञ, उपकृत और आभारी होकर किसी के अभिमानपूर्ण आत्म-विज्ञापन का भार ढोती रहूँ—यही क्या विधाता का निष्ठुर विधान है? छुटकारा नहीं? जीवन नियति के कठोर आदेश पर चलेगा ही? तो क्या यह मेरा जीवन भी अपना नहीं है?

चन्द्रगुप्त—देवि, जीवन विश्व की सम्पत्ति है। प्रमाद से, क्षणिक आवेश से, या दुःख की कठिनाइयों से उसे नष्ट करना ठीक तो नहीं। गुप्त-कुल-लक्ष्मी आज यह छिन्नमस्ता का अवतार किसलिये धारण करना चाहती है? सुनूँ भी?

ध्रुवस्वामिनी—नहीं, मैं न मरूँगी! क्योंकि तुम आ गये हो। मेरी शिविका के साथ चामर-सज्जित अश्व पर चढ़कर तुम्हीं उस दिन आये थे? तुम्हारा विश्वासपूर्ण मुखमण्डल मेरे साथ आने में क्यों इतना प्रसन्न था?

चन्द्रगुप्त—मैं गुप्त-कुल-वधू को आदरसहित ले आने के लिए गया था फिर प्रसन्न क्यों न होता?

ध्रुवस्वामिनी—तो फिर आज मुझे शक-शिविर में पहुँचाने के लिए उसी प्रकार तुमको मेरे साथ चलना होगा। (**आँखों से आँसू पोंछती है**)

चन्द्रगुप्त—(**आश्चर्य से**) यह कैसा परिहास!

ध्रुवस्वामिनी—कुमार! यह परिहास नहीं, राजा की आज्ञा है। शकराज को मेरी अत्यन्त आवश्यकता है। यह अवरोध, बिना मेरा उपहार दिये नहीं हट सकता।

चन्द्रगुप्त—(**आवेश से**) यह नहीं हो सकता। महादेवि! जिस मर्यादा के लिए—जिस महत्व को स्थिर रखने के लिए, मैंने राजदण्ड ग्रहण न करके अपना मिला हुआ अधिकार छोड़ दिया; उसका यह अपमान! मेरे जीवित रहते आर्य समुद्रगुप्त के स्वर्गीय गर्व को इस तरह पद-दलित न होना पड़ेगा। (**ठहर कर**) और भी एक बात है! मेरे हृदय के अन्धकार में प्रथम किरण-सी आकर जिसने अज्ञात भाव से अपना मधुर आलोक ढाल दिया था, उसको भी मैंने केवल इसीलिए भूलने का प्रयत्न किया कि—(**सहसा चुप हो जाता है।**)

ध्रुवस्वामिनी—(**आँख बन्द किये हुए कुतूहल-भरी प्रसन्नता से**) हाँ—हाँ, कहो—कहो।

(**शिखरस्वामी के साथ रामगुप्त का प्रवेश**)

रामगुप्त—देखो तो कुमार! यह भी कोई बात है? आत्महत्या कितना बड़ा अपराध है!

चन्द्रगुप्त—और आप से तो वह भी नहीं करते बनता!

रामगुप्त—(**शिखरस्वामी से**) देखो, कुमार के मन में छिपा हुआ कलुष कितना.... कितना....भयानक है?

शिखरस्वामी—कुमार, विनय गुप्त-कुल का सर्वोत्तम गृह-विधान है, उसे न भूलना चाहिये !

चन्द्रगुप्त—(**व्यङ्ग से हँसकर**) अमात्य, तभी तो तुमने व्यवस्था दी है, कि महादेवी को देकर भी सन्धि की जाय ! क्यों, यही तो विनय की पराकाष्ठा है ? ऐसा विनय प्रवञ्चकों का आवरण है, जिसमें शील न हो। और शील परस्पर सम्मान की घोषणा करता है । कापुरुष ! आर्य समुद्रगुप्त का सम्मान....

शिखरस्वामी—(**बीच में बात काट कर**) उसके लिए मुझे प्राणदण्ड दिया जाय ! मैं उसे अविचल भाव से ग्रहण करूँगा; परन्तु राजा और राष्ट्र की रक्षा होनी चाहिये ।

मन्दाकिनी—(**प्रवेश करके**) राजा अपने राष्ट्र की रक्षा करने में असमर्थ हैं, तब भी उस राज की रक्षा होनी चाहिये। अमात्य यह कैसी विवशता है ! तुम मृत्युदण्ड के लिये उत्सुक ! महादेवी आत्महत्या करने के लिये प्रस्तुत ! फिर यह हिचक क्यों ? एक बार अन्तिम बल से परीक्षा कर देखो। बचोगे तो राष्ट्र और सम्मान भी बचेगा, नहीं तो सर्वनाश !

चन्द्रगुप्त—आहा; मन्दा ! भला तू कहाँ से यह उत्साहभरी बात कहने के लिये आ गयी ? ठीक तो है अमात्य ! सुनो, यह स्त्री क्या कह रही है ?

रामगुप्त—(**अपने हाथों को मसलते हुये**) दुर्भिसन्धि, छल, मेरे प्राण लेने का कौशल !

चन्द्रगुप्त—तब आओ, हम स्त्री बन जायँ और बैठ कर रोयें ।

हिजड़ा—(**प्रवेश करके**) कुमार, स्त्री बनना सहज नहीं है। कुछ दिनों तक मुझसे सीखना होगा। (**सबका मुंह देखता है ओर शिखरस्वामी के मुंह पर हाथ फेरता है**) उहूँ, तुम नहीं बन सकते । तुम्हारे ऊपर बड़ा कठोर आवरण है। (**कुमार के समीप जा कर**) कुमार ! मैं शपथ खा कर कह सकती हूँ कि यदि मैं अपने हाथों से सजा दूँ तो आपको देख कर महादेवी का भ्रम हो जाय ।

(**चन्द्रगुप्त उसका कान पकड़ कर बाहर कर देता है** ।)

ध्रुवस्वामिनी—उसे छोड़ दो कुमार ! यहाँ पर एक वही नपुंसक तो नहीं है। बहुत-से लोगों में से किसको-किसको निकालोगे ?

(**चन्द्रगुप्त उसे छोड़ कर चिन्तित-सा टहलने लगता है और शिखरस्वामी रामगुप्त के कानों में कुछ कहता है**)

चन्द्रगुप्त—(**सहसा खड़े होकर**) अमात्य, तो तुम्हारी ही बात रही। हाँ, उसमें तुम्हारे सहयोगी हिजड़े की भी सम्मति मुझे अच्छी लगी। मैं ध्रुवस्वामिनी बन कर अन्य सामन्त-कुमारों के साथ शकराज के पास जाऊँगा। यदि मैं सफल हुआ तब तो कोई बात ही नहीं, अन्यथा मेरी मृत्यु के बाद तुम लोग जैसा उचित समझना, वैसा करना ।

ध्रुवस्वामिनी—(**चन्द्रगुप्त को अपनी भुजाओं में पकड़ कर**) नहीं, मैं तुमको न जाने दूँगी। मेरे क्षुद्र, दुर्बल नारी-जीवन का सम्मान बचाने के लिए इतने बड़े बलिदान की आवश्यकता नहीं।

रामगुप्त—(**आश्चर्य और क्रोध से**) छोड़ो, छोड़ो, यह कैसा अनर्थ! सबके सामने यह कैसी निर्लज्जता!

ध्रुवस्वामिनी—(**चन्द्रगुप्त को छोड़ती हुई जैसे चैतन्य हो कर**) यह पाप है? जो मेरे लिए अपनी बलि दे सकता हो, जो मेरे स्नेह (**ठहर कर**) अथवा इससे क्या? शकराज क्या मुझे देवी बना कर भक्ति-भाव से मेरी पूजा करेगा! वाह रे लज्जाशील पुरुष!

(**शिखरस्वामी फिर रामगुप्त के कान में कुछ कहता है। रामगुप्त स्वीकारसूचक सिर हिलाता है**)

शिखरस्वामी—राजाधिराज, आज्ञा दीजिये, यही एक उपाय है, जिसे कुमार बता रहे हैं। किन्तु राजनीति की दृष्टि से महादेवी का भी वहाँ जाना आवश्यक है।

चन्द्रगुप्त—(**क्रोध से**) क्यों आवश्यक है! यदि उन्हें जाना ही पड़ा, तो फिर मेरे जाने से क्या लाभ! तब मैं न जाऊँगा।

रामगुप्त—नहीं यह मेरी आज्ञा है। सामन्त-कुमारों के साथ जाने के लिये प्रस्तुत हो जाओ।

ध्रुवस्वामिनी—तो कुमार! हम लोगों का चलना निश्चित ही है अब इसमें विलम्ब की आवश्यकता नहीं।

(**चन्द्रगुप्त का प्रस्थान। ध्रुवस्वामिनी मञ्च पर बैठ कर रोने लगती है**)

रामगुप्त—अब यह कैसा अभिनय! मुझे तो पहले से ही शङ्का थी, और आज तो तुमने मेरी आँखें भी खोल दीं।

ध्रुवस्वामिनी—अनार्य! निष्ठुर! मुझे कलङ्क-कालिमा के कारागार में बन्द-कर, मर्म वाक्य के धुँयें से दम घोंट कर मार डालने की आशा न करो। आज मेरी असहायता मुझे अमृत पिलाकर मेरा निर्लज्ज जीवन बढ़ाने के लिये तत्पर है। (**उठकर, हाथ से निकल जाने का सङ्केत करती हुई**) जाओ मैं एकान्त चाहती हूँ।

(**शिखरस्वामी के साथ रामगुप्त का प्रस्थान**)

ध्रुवस्वामिनी—कितना अनुभूतिपूर्ण था वह एक क्षण का आलिङ्गन! कितने सन्तोष से भरा था! नियति ने अज्ञात भाव से मानो लू से तपी हुई वसुधा को क्षितिज के निर्जन से सायङ्कालीन शीतल आकाश से मिला दिया हो। (**ठहर कर**) जिस वायुविहीन प्रदेश में उखड़ी हुई साँसों पर बन्धन हो—अर्गला हो, वहाँ रहते-रहते यह जीवन असह्य हो गया था। तो भी मरूँगी नहीं। संसार के कुछ दिन विधाता के विधान में अपने लिये सुरक्षित करा लूँगी। कुमार! तुमने वही किया, जिसे मैं बचाती

रही। तुम्हारे उपकार और स्नेह की वर्षा से मैं भींगी जा रही हूँ। ओह, (**हृदय पर उँगली रख कर**) इस वक्षस्थल में दो हृदय हैं क्या? जब अन्तरङ्ग 'हाँ' करना चाहता है, तब ऊपरी मन 'ना' क्यों कहला देता है?

चन्द्रगुप्त—(**प्रवेश कर के**) महादेवि, हम लोग प्रस्तुत हैं किन्तु ध्रुवस्वामिनी के साथ शक-शिविर में जाने के लिये हम लोग सहमत नहीं।

ध्रुवस्वामिनी—(**हँस कर**) राजा की आज्ञा मान लेना ही पर्याप्त नहीं। रानी की भी एक बात न मानोगे? मैंने तो पहले ही कुमार से प्रार्थना की थी कि मुझे जैसे ले आये हो; उसी तरह पहुँचा भी दो।

चन्द्रगुप्त—नहीं,—मैं अकेला ही जाऊँगा।

ध्रुवस्वामिनी—कुमार! यह मृत्यु और निर्वासन का सुख, तुम अकेले ही लोगे, ऐसा नहीं हो सकता। राजा की इच्छा क्या है, यह जानते हो? मुझसे और तुमसे एक साथ ही छुटकारा। तो फिर वही क्यो न हो? हम दोनों ही चलेंगे। मृत्यु के गह्वर में प्रवेश करने के समय मैं भी तुम्हारी ज्योति बन कर बुझ जाने की कामना रखती हूँ। और भी एक विनोद, प्रलय का परिहास, देख सकूँगी। मेरी सहचरी, तुम्हारा वह ध्रुवस्वामिनी का वेश, ध्रुवस्वामिनी ही न देखे तो किस काम का?

(**दोनों हाथों से चन्द्रगुप्त का चिबुक पकड़ कर सकरुण देखती है**)

चन्द्रगुप्त—(**अधखुली आँखों से देखता हुआ**) तो फिर चलो।

सामन्त-कुमारों के आगे-आगे मन्दाकिनी का गम्भीर स्वर से गाते हुये प्रवेश

पैरों के नीचे जलधर हों, बिजली से उनका खेल चले
सङ्कीर्ण कगारों के नीचे, शत-शत झरने बेमेल चले
सन्नाटे में हो विकल पवन, पादप निज पद हों चूम रहे
तब भी गिरि पथ का अथक पथिक, ऊपर ऊँचे सब झेल चले
पृथ्वी की आँखों में बन कर छाया का पुतला बढ़ता हो
सूने तम में हो ज्योति बना, अपनी प्रतिमा को गढ़ता हो
पीड़ा की धूल उड़ाता-सा, बाधाओं को ठुकराता-सा
कष्टों पर कुछ मुसक्याता-सा, ऊपर ऊँचे सब झेल चले
खिलते हों क्षत के फूल वहाँ बन व्यथा तमिस्रा के तारे,
पद-पद पर ताण्डव नर्त्तन हो, स्वर सप्तक होवें लय सारे
भैरव रव से हो व्याप्त दिशा, हो काँप रही भय-चकित निशा
खिलते हों क्षत के फूल वहाँ बन व्यथा तमिस्रा के तारे
पद-पद पर ताण्डव नर्त्तन हो, स्वर सप्तक होवें लय सारे
भैरव रव से हो व्याप्त दिशा हो काँप रही भय-चकित निशा

हो स्वेद धार बहती कपिशा, ऊपर ऊँचे सब झेल चले
विचलित हो अचल न मौन रहें निष्ठुर श्रृङ्गार उतरता हो
क्रन्दन कम्पन न पुकार बने, निज साहस पर निर्भरता हो
अपनी ज्वाला को आप पिये नव-नीलकण्ठ की छाप लिये
विश्राम शान्ति को शाप दिये, ऊपर ऊँचे सब झेल चले,

(चन्द्रगुप्त और ध्रुवस्वामिनीसाथ सबका के धीरे-धीरे प्रस्थान अकेली मन्दाकिनी खड़ी रह जाती है)

[पटाक्षेप]

द्वितीय अङ्क

(शक दुर्ग के भीतर सुनहले काम वाले खम्भों पर एक दालान, बीच में छोटी-छोटी दो सीढ़ियाँ, उसी के सामने काश्मीरी खुदाई का सुन्दर लकड़ी का सिंहासन : बीच के दो खम्भे खुले हुये हैं, उनके दोनों ओर मोटे-मोटे चित्र बने हुए तिब्बती ढंग के रेशमी पर्दे पड़े हैं। सामने बीच में छोटा-सा आँगन की तरह, जिनके दोनों ओर क्यारियाँ उनमें दो-चार पौधे और लताएँ फूलों से लदी दिखाई पड़ती हैं)

कोमा—**(धीरे-धीरे पौधों को देखती हुई प्रवेश करके)** इन्हें सींचना पड़ता है, नहीं तो इनकी रुखाई और मलिनता सौन्दर्य पर आवरण डाल देती है। **(देखकर)** आज तो इनके पत्ते धुले हुए भी नहीं हैं। इनमें फूल जैसे मुकुलित होकर ही रह गये हैं। खिलखिलाकर हँसने का मानो इन्हें बल नहीं। **(सोचकर)** ठीक, इधर कई दिनों से महाराज अपने युद्ध-विग्रह में लगे हुये है और मैं भी यहाँ नहीं आयी, तो फिर इनकी चिन्ता कौन करता ? उस दिन मैंने यहाँ दो मञ्च और भी रख देने के लिये कह दिया था, पर सुनता कौन है ? सब जैसे रक्त के प्यासे ! प्राण लेने और देने में पागल ! वसन्त का उदास और अलस पवन आता है, चला जाता है। कोई उस स्पर्श से परिचित नहीं। ऐसा तो वास्तविक जीवन नहीं है ? **(सीढ़ी पर बैठकर सोचने लगती है।)** प्रणय ! प्रेम ! जब सामने से आते हुये तीव्र आलोक की तरह आँखों में प्रकाश-पुञ्ज उँडेल देता है, तब सामने की सब वस्तुयें और भी अस्पष्ट हो जाती हैं। अपनी ओर से कोई भी प्रकाश की किरण नहीं। तब वही केवल वही ! हो पागलपन, भूल हो, दुःख मिले, प्रेम करने की एक ऋतु होती है। उसमें चूकना, उसमें सोच-समझ कर चलना, दोनों बराबर है। सुना है, दोनों ही संसार के चतुरों की दृष्टि में मूर्ख बनते है, तब कोमा, तू किसे अच्छा समझती है ?

(गाती है)

यौवन ! तेरी चञ्चल छाया
इसमें बैठ घूँट भर पी लूँ जो रस तू है लाया
मेरे प्याले में मद बनकर कब तू छली समाया
जीवन-वंशी के छिद्रों में स्वर बनकर लहराया
पल भर रुकने वाले ! कह तू पथिक ! कहाँ से आया

(चुप होकर आँखें बन्द किये तन्मय होकर बैठी रह जाती है। शकराज का प्रवेश। हाथ में एक लम्बी तलवार लिये हुये चिन्तित भाव से आकर इस तरह खड़ा होता है, जिससे कोमा को नहीं देखता)

शकराज—खिंगल अभी नहीं आया, क्या वह बन्दी तो नहीं कर लिया गया ? नहीं, यदि वे अन्धे नहीं हैं तो उन्हें अपने सिर पर खड़ी विपत्ति दिखायी देनी चाहिये। (**सोचकर**) विपत्ति ! केवल उन्हीं पर तो नहीं है, हम लोगों को भी रक्त की-नदी बहानी पड़ेगी। चित्त बड़ा चञ्चल हो रहा है। तो बैठ जाऊँ? इस एकान्त में अपने बिखरे हुये मन को सँभाल लूँ ? (**इधर-उधर देखता है, कोमा आहट पा कर उठ खड़ी होती है। उसे देख कर**) अरे, कोमा ! कोमा !

कोमा—हाँ, महाराज ! क्या आज्ञा है ?

शकराज—(**उसे स्निग्ध भाव से देखकर**) आज्ञा नहीं, कोमा ! तुम्हें आज्ञा न दूँगा ! तुम रूठी हुई-सी क्यों बोल रही हो ?

कोमा—रूठने का सुहाग मुझे मिला कब ?

शकराज—आज-कल मैं जैसी भीषण परिस्थिति में हूँ, उसमें अन्यमनस्क होना स्वाभाविक है, तुम्हें यह न भूल जाना चाहिये।

कोमा—तो क्या आपकी दुश्चिन्ताओं में मेरा भाग नहीं ? मुझे उससे अलग रखने से क्या वह परिस्थिति कुछ सरल हो रही है ?

शकराज—तुम्हारे हृदय को उन दुर्भावनाओं में डाल कर व्यथित नहीं करना चाहता। मेरे सामने जीवन-मरण का प्रश्न है।

कोमा—प्रश्न स्वयं किसी के सामने नहीं आते। मैं तो समझती हूँ, मनुष्य उन्हें जीवन के लिए उपयोगी समझता है। मकड़ी की तरह लटकने के लिए अपने-आप ही जाला बुनता है। जीवन का प्राथमिक प्रसन्न उल्लास मनुष्य के भविष्य में मङ्गल और सौभाग्य को आमन्त्रित करता है। उससे उदासीन न होना चाहिये महाराज !

शकराज—सौभाग्य और दुर्भाग्य मनुष्य की दुर्बलता के नाम हैं। मैं तो पुरुषार्थ को ही सबका नियामक समझता हूँ ! पुरुषार्थ ही सौभाग्य को खींच लाता है। हाँ, मैं इस युद्ध के लिए उत्सुक नहीं था कोमा, मैं ही दिग्विजय के लिये नहीं निकला था।

कोमा—संसार के नियम के अनुसार आप अपने से महान् के सम्मुख थोड़ा-सा विनीत बनकर इस उपद्रव से अलग रह सकते थे।

शकराज—यही तो मुझ से नहीं हो सकता।

कोमा—अभावमयी लघुता में मनुष्य अपने को महत्त्वपूर्ण दिखाने का अभिनय न करे तो क्या अच्छा नहीं है ?

शकराज—(**चिढ़कर**) यह शिक्षा अभी रहने दो कोमा, किसी से बड़ा नही हूँ तो छोटा भी नहीं बनना चाहता। तुम अभी तक पाषाणी प्रतिमा की तरह वहीं खड़ी हो, मेरे पास आओ।

कोमा—पाषाणी ! हाँ, राजा ! पाषाणी के भीतर भी कितने मधुर स्रोत बहते रहते हैं। उनमें मदिरा नहीं, शीतल जल की धारा बहती है। प्यासों की तृप्ति—

शकराज––किन्तु मुझे तो इस समय स्फूर्ति के लिए एक प्याला मदिरा ही चाहिये ।

(कोमा एक छोटा-सा मंच रख देखती है और चली जाती है । शकराज मंच पर बैठ जाता है । खिङ्गल का प्रवेश)

कोमा—**(स्थिर दृष्टि से देती हुई)** मैं ले आती हूँ । आप बैठिये ।

शजराज—कहो जी, क्या समाचार है ।

खिङ्गल––महाराज ! मैंने उन्हें अच्छी तरह समझा दिया कि हम लोगों का अवरोध दृढ़ है । उन्हें दो में से एक करना ही होगा । या तो अपने प्राण दें अन्यथा मेरे सन्धि के नियमों को स्वीकार करें ।

शकराज––**(उत्सुकता से)** तो वे समझ गये ?

खिङ्गल—दूसरा उपाय ही क्या था । यह छोकड़ा रामगुप्त, समुद्रगुप्त की तरह दिग्विजय करने निकला था । उसे इन बीहड़ पहाड़ी घाटियों का परिचय नहीं मिला था । किन्तु सब बातों को समझ कर वह आपके नियमों को मानने के लिए बाध्य हुआ ।

शकराज––**(प्रसन्नता से उठकर उसके दोनों हाथ पकड़ लेता है)** ऐं, तुम सच कहते हो ! मुझे आशा नहीं । क्या मेरा दूसरा प्रस्ताव भी रामगुप्त ने मान लिया ?

(स्वर्ण के कलश में मदिरा लेकर कोमा चुपके से आकर पीछे खड़ी हो जाती है)

खिङ्गल—हाँ महाराज ! उसने माँगे हुए सब उपहारों को देना स्वीकार किया और ध्रुवस्वामिनी भी आपकी सेवा में शीघ्र ही उपस्थित होती हैं ।

(कोमा चौंक उठती है और शकराज प्रसन्नता से खिङ्गल के हाथों को झकझोरने लगता है)

शकराज—खिङ्गल ! तुमने कितना सुन्दर समाचार सुनाया । आज देवपुत्रों की स्वर्गीय आत्माएँ प्रसन्न होंगी । उनकी पराजयों का यह प्रतिशोध है । हम लोग गुप्तों की दृष्टि में जङ्गली, बर्बर और असभ्य हैं तो फिर मेरी प्रतिहिंसा भी बर्बरता के ही अनुकूल होगी । हाँ, मैंने अपने शूर-सामन्तों के लिए स्त्रियाँ भी माँगी थीं ।

खिङ्गल—वे भी साथ आयेंगी ।

शकराज—तो फिर सोने की झाँझ वाली नाच का प्रबन्ध करो, इस विजय का उत्सव मनाया जाय और मेरे सामन्तों को भी शीघ्र बुला लाओ ।

(खिङ्गल का प्रस्थान : शकराज अपनी प्रसन्नता में उद्विग्न-सा इधर-उधर टहलने लगता है और कोमा अपना कलश लिये हुए धीरे-धीरे सिंहासन के पास आकर खड़ी हो जाती है । चार सामन्तों का प्रवेश । दूसरी ओर से नर्त्तकियों का दल आता है । शकराज उनकी ओर ही देखता हुआ सिंहासन पर बैठ जाता है । सामन्त लोग उसके पैरों के नीचे सीढ़ियों पर बैठते हैं । नर्त्तकियाँ नाचती हुई गाती हैं)

अस्ताचल पर युवती सन्ध्या की खुली अलक घुँघराली है
लो; मानिक मदिरा की धारा अब बहने लगी निराली है
भर ली पहाड़ियों ने अपनी झीलों की रत्नमयी प्याली
झुक चली चूमने वल्लरियों से लिपटी तरु की डाली है
यह लगा पिघलने मानिनियों का हृदय मृदु प्रणय-रोष भरा
वे हँसती हुई दुलार-भरी मधु लहर उठाने वाली हैं
भरने निकले हैं प्यार-भरे जोड़े कुञ्जों की झुरमुट से
इस मधुर अँधेरे में अब तक क्या इनकी प्याली खाली है
भर उठीं प्यालियाँ, सुमनों ने सौरभ मकरन्द मिलाया है
कामिनियों ने अनुराग-भरे अधरों से उन्हें लगा ली है
वसुधा मदमाती हुई उधर आकाश लगा देखो झुकने
सब झूम रहे अपने सुख में तूने क्यों बाधा डाली है

(नर्त्तकियाँ जाने लगती हैं)

एक सामन्त—श्रीमान् ! इतनी बड़ी विजय के अवसर पर इस सूखे उत्सव से सन्तोष नहीं होता, जब कि कलश सामने भरा हुआ रखा है ।

शकराज—ठीक है, इन लोगों को केवल कहकर ही नहीं, प्यालियाँ भर कर भी देनी चाहिये ।

(सब पीते हैं और नर्तकियाँ एक-एक को सानुरोध पान कराती हैं)

दूसरा सामन्त—श्रीमान् की आज्ञा मानने के अतिरिक्त दूसरी गति नहीं । उन्होंने समझ से काम लिया, नहीं तो हम लोगों को इस रात की कालिमा में रक्त की लाली मिलानी पड़ती ।

तीसरा सामन्त—क्यों बक-बक करते हो ? चुप-चाप इस बिना परिश्रम की विजय का आनन्द लो । लड़ना पड़ता तो सारी हेंकड़ी भूल जाती ।

दूसरासामन्त—**(क्रोध से लड़खड़ाता हुआ उठता है)** हमसे !

तीसरा सामन्त—हाँ जी तुमसे !

दूसरा सामन्त—तो फिर आओ तुम्हीं से निपट लें । **(सब परस्पर लड़ने की चेष्टा कर रहे हैं । शकराज खिङ्गल को सङ्केत करता है । वह उन लोगों को बाहर लिवा जाता है । तूर्यनाद)**

शकराज—रात्रि के आगमन की सूचना हो गयी । दुर्ग का द्वार अब शीघ्र ही बन्द होगा । अब तो हृदय अधीर हो रहा है खिङ्गल !

(खिङ्गल का पुनः प्रवेश)

खिङ्गल—दुर्ग तोरण में शिविकायें आ गयी हैं ।

शकराज—**(गर्व से)** तब विलम्ब क्यों ? उन्हें अभी ले आओ ।

खिङ्गिल—**(सविनय)** किन्तु रानी की एक प्रार्थना है ।

शकराज—क्या !

खिङ्गिल—वह पहले केवल श्रीमान् से ही सीधे भेंट करना चाहती है । उसकी मर्यादा....

शकराज—**(ठठा कर हँसते हुए)** क्या कहा ? मर्यादा ? भाग्य ने झुकने के लिए जिन्हें परवश कर दिया है, उन लोगों के मन में मर्यादा का ध्यान और भी अधिक रहता है । यह उनकी दयनीय दशा है ।

खिङ्गिल—वह श्रीमान् की रानी होने के लिये आ रही है ।

शकराज—**(हँस कर)** अच्छा, तुम मध्यस्थ हो न ! तुम्हारी बात मान कर मैं उससे एकान्त में ही भेंट करूँगा ! जाओ ।

(खिङ्गिल का प्रस्थान)

कोमा—महाराज ! मुझे क्या आज्ञा है ।

शकराज—**(चौंक कर)** अरे, तुम अभी यहीं खड़ी हो ? मैं तो जैसे भूल ही गया था । हृदय चञ्चल हो रहा है । मेरे समीप आओ कोमा !

कोमा—नयी रानी के आगमन की प्रसन्नता से ?

शकराज—**(सँभल कर)** नयी रानी का आना क्या तुम्हें अच्छा नहीं लगा कोमा ?

कोमा—**(निर्विकार भाव से)** संसार में बहुत-सी बातें बिना अच्छी हुये भी अच्छी लगती हैं, और बहुत-सी अच्छी बातें बुरी मालूम पड़ती हैं ।

शकराज—**(झुँझला कर)** तुम तो आचार्य मिहिरदेव की तरह दार्शनिकों की-सी बातें कर रही हो !

कोमा—वे मेरे पिता-तुल्य हैं, उन्हीं की शिक्षा में मैं पली हूँ । हाँ ठीक है, जो बातें राजा को अच्छी लगें, वे ही मुझे भी रुचनी ही चाहिये ।

शकराज—**(अव्यवस्थित होकर)** अच्छा, तुम इतनी अनुभूतिमयी हो, यह मैं आज जान सका ।

कोमा—राजा, तुम्हारी स्नेह-सूचनाओं की सहज प्रसन्नता और मधुर आलापों ने जिस दिन मन के नीरस और नीरव शून्य में सङ्गीत की, वसन्त की और मकरन्द की सृष्टि की थी, उसी दिन से मैं अनुभूतिमयी बन गयी हूँ । क्या वह मेरा भ्रम था ? कह दो—कह दो कि वह तेरी भूल थी ।

(उत्तेजित कोमा सिर उठा कर राजा से आँख मिलाती है)

शकराज—**(सङ्कोच से)** नहीं कोमा, वह भ्रम नहीं था । मैं सचमुच तुम्हें प्यार करता हूँ ।

कोमा—(**उसी तरह**) तब भी यह बात ?

शकराज—(**सशङ्क**) कौन-सी बात ?

कोमा—वही जो आज होने जा रही है ! मेरे राजा ! आज तुम एक स्त्री को अपने पति से विच्छिन्न कराकर अपने गर्व की तृप्ति के लिये कैसा अनर्थ कर रहे हो ?

शकराज—(**हँस कर बात उड़ाते हुए**) पगली कोमा ! वह मेरी राजनीति का प्रतिशोध है ।

कोमा—(**दृढ़ता से**) किन्तु, राजनीति का प्रतिशोध, क्या एक नारी को कुचले बिना पूरा नहीं हो सकता ?

शकराज—जो विषय न समझ में आवे, उस पर विवाद न करो ।

कोमा—(**खिन्न होकर**) मैं क्यों न करूँ । (**ठहर कर**) किन्तु नहीं, मुझे विवाद करने का अधिकार नहीं । यह मैं समझ गयी ।

(**वह दुखी होकर जाना चाहती है कि दूसरी ओर से मिहिरदेव का प्रवेश**)

शकराज—(**सम्भ्रम से खड़ा हो कर**) धर्मपूज्य ! मैं वन्दना करता हूँ ।

मिहिरदेव—कल्याण हो ! (**कोमा के सिर पर हाथ रखकर**) बेटी ! मैं तो तुझको ही देखने चला आया । तू उदास क्यों है ?

(**शकराज की ओर गूढ़ दृष्टि से देखने लगता है**)

शकराज—आचार्य ! रामगुप्त का दर्प दलन करने के लिये, मैंने ध्रुवस्वामिनी को उपहार में भेजने की आज्ञा दी थी । आज रामगुप्त की रानी मेरे दुर्ग में आयी है । कोमा को इसमें आपत्ति है ।

मिहिरदेव—(**गम्भीरता से**) ऐसे काम में तो आपत्ति होनी ही चाहिये राजा ! स्त्री का सम्मान नष्ट करके तुम जो भयानक अपराध करोगे, उसका फल क्या अच्छा होगा ? और भी, यह अपनी भावी पत्नी के प्रति तुम्हारा अत्याचार होगा ।

शकराज—(**क्षोभ से**) भावी पत्नी ?

मिहिरदेव—अरे, क्या तुम इस क्षणिक सफलता से प्रमत्त हो जाओगे ? क्या तुमने अपने आचार्य की प्रतिपालिता कुमारी के साथ स्नेह का सम्बन्ध नहीं स्थापित किया है ? क्या इसमें भी सन्देह है । राजा ! स्त्रियों का स्नेह—विश्वास भङ्ग कर देना, कोमल तन्तु को तोड़ने से भी सहज है, परन्तु सावधान होकर उसके परिणाम को भी सोच लो ।

शकराज—मैं समझता हूँ कि आप मेरे राजनीतिक कामों में हस्तक्षेप न करें तो अच्छा हो ।

मिहिरदेव—राजनीति ? राजनीति ही मनुष्यों के लिये सब कुछ नहीं है । राजनीति के पीछे नीति से भी हाथ न धो बैठो, जिसका विश्वमानव के साथ व्यापक

सम्बन्ध है। राजनीति की साधारण छलनाओं से सफलता प्राप्त करके क्षण भर के लिये तुम अपने को चतुर समझ लेने की भूल कर सकते हो। परन्तु इस भीषण संसार में एक प्रेम करने वाले हृदय को खो देना, सबसे बड़ी हानि है। शकराज! दो प्यार करने वालों हृदयों के बीच में स्वर्गीय ज्योति का निवास है।

शकराज—बस, बहुत हो चुका! आपके महत्त्व की भी एक सीमा होगी। अब आप यहाँ से नहीं जाते हैं, तो मैं ही चला जाता हूँ (**प्रस्थान**)।

मिहिरदेव—चल कोमा! हम लोगों को लताओं, वृक्षों और चट्टानों से छाया और सहानुभूति मिलेगी। इस दुर्ग से बाहर चल।

कोमा—(**गद्‌गद् कण्ठ से**) पिता जी! (**खड़ी रहती है**)।

मिहिरदेव—बेटी! हृदय को सँभाल। कष्ट सहन करने के लिये प्रस्तुत हो जा। प्रतारणा में बड़ा मोह होता है। उसे छोड़ने को मन नहीं करता। कोमा! छल का बहिरङ्ग सुन्दर होता है—विनीत और आकर्षक भी; पर दुखदायी और हृदय को बेधने के लिये। इस बन्धन को तोड़ डाल।

कोमा—(**सकरुण**) तोड़ डालूँ पिताजी! मैंने जिसे अपने आँसुओं से सींचा, वही दुलार भरी बल्लरी, मेरे आँख बन्द कर चलने में मेरे ही पैरों से उलझ गयी है। दे दूँ एक झटका—उसकी हरी-हरी पत्तियाँ कुचल जायँ और जड़ छिन्न होकर धूल में लोटने लगे? ना, ऐसी कठोर आज्ञा न दो!

मिहिरदेव(**निश्वास लेकर आकाश को देखते हुए**) यहाँ तेरी भलाई होती, तो मैं चलने के लिए न कहता। हम लोग अखरोट की छाया में बैठेंगे—झरनों के किनारे, दाख के कुञ्जों मे विश्राम करेंगे। जब नीले आकाश में मेघों के टुकड़े, मानसरोवर जाने वाले हंसो का अभिनय करेंगे, तब तू अपनी तकली पर ऊन कातती हुई कहानी कहेगी और मैं सुनूँगा।

कोमा—तो चलूँ! (**एक बार चारों ओर देख कर**) एक घड़ी के लिए मुझे . . .

मिहिरदेव—(**ऊब कर आकाश की ओर देखता हुआ**) तू नहीं मानती। वह देख, नील लोहित रङ्ग का धूमकेतु अविचल भाव से इस दुर्ग की ओर कैसा भयानक सङ्केत कर रहा है।

कोमा—(**उधर देखते हुए**) तब भी एक क्षण मुझे—

मिहिरदेव—पागल लड़की! अच्छा, मैं फिर आऊँगा। तू सोच ले, विचार कर ले (**जाता है**)।

कोमा—जाना ही होगा! तब यह मन की उलझन क्यों? अमङ्गल का अभिशाप अपनी क्रूर हँसी से इस दुर्ग को कँपा देगा, और सुख के स्वप्न विलीन हो जायँगे। मेरे यहाँ रहने से उन्हें अपने भावों को छिपाने के लिए बनावटी व्यवहार करना होगा; पग-

पग पर अपमानित हो कर मेरा हृदय उसे सह नहीं सकेगा। तो चलूँ! यही ठीक है! पिताजी! ठहरिये, मैं आती हूँ।

शकराज—(**प्रवेश करके**) कोमा ?

कोमा—जाती हूँ, राजा !

शकराज—कहाँ ? आचार्य के पास ? मालूम होता है कि वे बहुत ही दुखी हो कर चले गये हैं।

कोमा—धूमकेतु को दिखाकर उन्होंने मुझसे कहा है कि तुम्हारे दुर्ग में रहने से अमङ्गल होगा।

शकराज—(**भयभीत हो कर उसे देखता हुआ**) ओह ! भयावनी पूँछवाला धूमकेतु ! आकाश का उच्छृंखल पर्यटक ! नक्षत्रलोक का अभिशाप ! कोमा ! आचार्य को बुलाओ। वे जो आदेश देंगे, वही मैं करूँगा। इस अमङ्गल की शान्ति होनी चाहिए।

कोमा—वे बहुत चिढ़ गये हैं। अब उनको प्रसन्न करना सहज नहीं है। वे मुझे अपने साथ लिवा जाने के लिए मेरी प्रतीक्षा करते होंगे।

शकराज—कोमा ! तुम कहाँ जाओगी ?

कोमा—पिताजी के साथ।

शकराज—और मेरा प्यार, मेरा स्नेह, सब भुला दोगी ? इस अमङ्गल की शान्ति करने के लिये आचार्य को न समझाओगी ?

कोमा—(**खिन्न हो कर**) प्रेम का नाम न लो ! वह एक पीड़ा थी जो छूट गयी। उसकी कसक भी धीरे-धीरे दूर हो जायगी। राजा, मैं तुम्हें प्यार नहीं करती। मैं तो दर्प से दीप्त तुम्हारी महत्त्वमयी पुरुष-मूर्ति की पुजारिन थी, जिसमें पृथ्वी पर अपने पैरों से खड़े रहने की दृढ़ता थी। इस स्वार्थ-मलिन कलुष से भरी मूर्ति से मेरा परिचय नहीं। अपने तेज की अग्नि में जो सब कुछ भस्म कर सकता हो, उस दृढ़ता का, आकाश के नक्षत्र-कुछ बना-बिगाड़ नहीं सकते। तुम आशङ्का-मात्र से दुर्बल—कम्पित और भयभीत हो।

शकराज—(**धूमकेतु को बार-बार देखता हुआ**) भयानक ! कोमा, मुझे बचाओ !

कोमा—जाती हूँ महाराज ! पिताजी मेरी प्रतीक्षा करते होंगे।

(**जाती है। शकराज अपने सिंहासन पर हताश हो कर बैठ जाता है**)

प्रहरी—(**प्रवेश करके**) महाराज ! ध्रुवस्वामिनी ने पूछा है कि एकान्त हो तो जाऊँ।

शकराज—हाँ कह दो कि यहाँ एकान्त है ! और देखो, यहाँ दूसरा कोई न आने पावे।

(प्रहरी जाता है : शकराज चंचल हो कर टहलने लगता है। धूमकेतु की ओर दृष्टि जाती है तो भयभीत हो कर बैठ जाता है)

शकराज—तो इसका कोई उपाय नहीं ? न जाने क्यों मेरा हृदय घबरा रहा है। कोमा को समझा-बुझा कर ले आना चाहिये (सोच कर) किन्तु इधर ध्रुवस्वामिनी जो आ रही है! तो भी देखूँ, यदि कोमा प्रसन्न हो जाय. (जाता है)

(स्त्री-वेश में चन्द्रगुप्त आगे और पीछे ध्रुवस्वामिनी स्वर्ण-खचित उत्तरीय में सब अङ्ग छिपाये हुये आती है। केवल खुले हुये मुँह पर स्वप्न चेष्टा दिखाई देती है)

चन्द्रगुप्त—तुम आज कितनी प्रसन्न हो।

ध्रुवस्वामिनी—और तुम क्या नहीं ?

चन्द्रगुप्त—मेरे जीवन-निशीथ का ध्रुव-नक्षत्र इस घोर अन्धकार में अपनी स्थिर उज्ज्वलता से चमक रहा है। आज महोत्सव है न ?

ध्रुवस्वामिनी—लौट जाओ, इस तुच्छ नारी-जीवन के लिये इतने महान् उत्सर्ग को आवश्यकता नहीं।

चन्द्रगुप्त—देवि ! यह तुम्हारा क्षणिक मोह है मेरी परीक्षा न लो। मेरे शरीर ने चाहे जो रूप धारण किया हो, किन्तु हृदय निश्छल है !

ध्रुवस्वामिनी—अपनी कामना की वस्तु न पाकर यह आत्महत्या जैसा प्रसङ्ग तो नहीं है।

चन्द्रगुप्त—तीखे वचनों से मर्माहित कर के भी आज कोई मुझे इस मृत्यु-पथ से विमुख नहीं कर सकता ! मैं केवल अपना कर्त्तव्य करूँ, इसी में मुझे सुख है। **(ध्रुवस्वामिनी सङ्केत करती है। शकराज का प्रवेश। दोनों चुप हो जाता है। वह दोनों को चकित होकर देखता है)**

शकराज—मैं किसको रानी समझूँ ? रूप का ऐसा तीव्र आलोक ! नहीं मैंने कभी नहीं देखा था। इसमें कौन ध्रुवस्वामिनी है ?

ध्रुवस्वामिनी—यह मैं आ गयी हूँ।

चन्द्रगुप्त—**(हँसकर)** शकराज को तुम धोखा नहीं दे सकती हो। ध्रुवस्वामिनी कौन है ? यह एक अन्धा भी बता सकता है।

ध्रुवस्वामिनी—**(आश्चर्य से)** चन्द्रे ! तुमको क्या हो गया है ? यहाँ आने पर तुम्हारी इच्छा रानी बनने की हो गई है ? या मुझे शकराज से बचा लेने के लिये यह तुम्हारी स्वामिभक्ति है ?

(शकराज चकित हो कर दोनों की ओर देखता है)

चन्द्रगुप्त—कौन जाने तुम्हीं ऐसा कर रही हो।

ध्रुवस्वामिनी—चन्द्रे ! तुम मुझे दोनों ओर से नष्ट न करो। यहाँ से लौट जाने जाने पर भी क्या मैं गुप्तकुल के अन्तःपुर में रहने पाऊँगी ?

चन्द्रगुप्त—चन्द्रे कह कर मुझको पुकारने से तुम्हारा क्या तात्पर्य है ? यह अच्छा झगड़ा तुमने फैलाया । इसीलिये मैंने एकान्त में मिलने की प्रार्थना की थी ।

ध्रुवस्वामिनी—तो क्या मैं यहाँ भी छली जाऊँगी ?

शकराज—ठहरो, (**दोनों को ध्यान से देखता हुआ**) क्या चिन्ता यदि मैं दोनों को ही रानी सयझ लूँ ?

ध्रुवस्वामिनी—ऐं....

चन्द्रगुप्त—ऐं....

शकराज—क्यों ? इसमें क्या बुरी बात है ?

चन्द्रगुप्त—जी नहीं, यह नहीं हो सकता । ध्रुवस्वामिनी कौन है, पहले इसका निर्णय होना चाहिये ।

ध्रुवस्वामिनी—(**क्रोध से**) चन्द्रे ! मेरे भाग्य के आकाश में धूमकेतु-सी अपनी गति बन्द करो ।

शकराज—(**धूमकेतु की ओर देखकर भयभीत-सा**) ओह भयानक ! (**व्यग्र भाव से टहलने लगता है**)

चन्द्रगुप्त—(**शकराज की पीठ पर हाथ रखकर**) सुनिये....

ध्रुवस्वामिनी—चन्द्रे !

चन्द्रगुप्त—इस धमकी से तो कोई लाभ नहीं ।

ध्रुवस्वामिनी—तो फिर मेरा और तुम्हारा जीवन-मरण साथ ही होगा ।

चन्द्रगुप्त—तो डरता कौन है (**दोनों ही शीघ्र कटार निकाल लेते हैं**)

शकराज—(**घबराकर**) हैं, यह क्या ? तुम लोग यह क्या कर रही हो ? ठहरो ! आचार्य ने ठीक कहा है, आज शुभ मुहूर्त नहीं । मैं कल विश्वसनीय व्यक्ति को बुला कर इसका निश्चय कर लूँगा । आज तुम लोग विश्राम करो ।

ध्रुवस्वामिनी—नहीं, इसका निश्चय तो आज ही होना चाहिये ।

शकराज—(**बीच में खड़ा होकर**) मैं कहता हूँ न ।

चन्द्रगुप्त—वाह रे कहने वाले !

(**ध्रुवस्वामिनी मानो चन्द्रगुप्त के आक्रमण से भयभीत हो कर पीछे हटती है और तूर्यनाद करती है। शकराज आश्चर्य से उसे सुनता हुआ सहसा घूम कर चन्द्रगुप्त का हाथ पकड़ लेता है । ध्रुवस्वामिनी झटके से चन्द्रगुप्त का उत्तरीय खींच लेती है और चन्द्रगुप्त हाथ छुड़ा कर शकराज को घेर लेता है**)

शकराज—(**चकित-सा**) ऐं, यह तुम कौन प्रवञ्चक ?

चन्द्रगुप्त—मैं हूँ चन्द्रगुप्त, तुम्हारा काल । मैं अकेला आया हूँ, तुम्हारी वीरता की परीक्षा लेने । सावधान !

(शकराज भी कटार निकाल कर युद्ध के लिए अग्रसर होता है। युद्ध, और शकराज की मृत्यु। बाहर दुर्ग में कोलाहल। 'ध्रुवस्वामिनी की जय' का हल्ला मचाते हुए रक्ताक्त कलेवर सामन्त कुमारों का प्रवेश। ध्रुवस्वामिनी और चन्द्रगुप्त को घेर कर समवेत स्वर से 'ध्रुवस्वामिनी की जय हो !')

(पटाक्षेप)

तृतीय अङ्क

(शक। दुर्ग के भीतर एक प्रकोष्ठ। तीन मंचों में दो खाली और एक पर ध्रुवस्वामिनी पादपीठ के ऊपर बायें पैर पर दाहिना पैर रखा कर अधरों से ऊँगली लगाये चिन्ता में निमग्न बैठी है। बाहर कुछ कोलाहल होता।)

सैनिक—(प्रवेश करके) महादेवी की जय हो !

ध्रुवस्वामिनी—(चौंककर) क्या ?

सैनिक—विजय का समाचार सुनकर राजाधिराज भी दुर्ग में आ गये हैं। अभी तो वे सैनिकों से बातें कर रहे हैं। उन्होंने पूछा है, महादेवी कहाँ हैं। आपकी जैसी आज्ञा हो; क्योंकि कुमार ने कहा है....।

ध्रुवस्वामिनी—क्या कहा है ? यही न कि मुझसे पूछ कर राजा यहाँ आने पावें ? ठीक है, अभी मैं बहुत थकी हूँ ! (सैनिक जाने लगता है, उसे रोक कर) और सुनो तो ! तुमने यह नहीं बताया कि कुमार के घाव अब कैसे हैं ?

सैनिक—घाव चिन्ताजनक नहीं है, उन पर पट्टियाँ बँध चुकी हैं। कुमार प्रधान-मण्डप में विश्राम कर रहे हैं।

ध्रुवस्वामिनी—अच्छा जाओ ! (सैनिक का प्रस्थान)।

मन्दाकिनी—(सहसा प्रवेश करके) भाभी ! बधाई है। (जैसे भूल कर गई हो) नहीं, नहीं ! महादेवी, क्षमा कीजिये।

ध्रुवस्वामिनी—मन्दा ! भूल से ही तुमने आज एक प्यारी बात कह दी। उसे क्या लौटा लेना चाहती हो ? आह ! यदि वह सत्य होती ?

(पुरोहित का प्रवेश)

मन्दाकिनी—क्या इसमें भी सन्देह है ?

ध्रुवस्वामिनी—मुझे तो सन्देह का इन्द्रजाल ही दिखलायी पड़ रही है। मैं न तो महादेवी हूँ और न तुम्हारी भाभी (पुरोहित को देखकर चुप रह जाती है)।

पुरोहित—(आश्चर्य से इधर-उधर देखता हुआ) तब मैं क्या करूँ ?

मन्दाकिनी—क्यों, आपको कुछ कहना है क्या ?

पुरोहित—ऐसे उपद्रवों के बाद शान्तिकर्म होना आवश्यक है। इसीलिए मैं स्वस्त्ययन करने आया था; किन्तु आप तो कहती हैं कि मैं महादेवी ही नहीं हूँ।

ध्रुवस्वामिनी—(तीखे स्वर में) पुरोहित जी ! मैं राजनीति नहीं जानती; किन्तु इतना समझती हूँ कि जो रानी शत्रु के लिए उपहार में भेज दी जाती है, वह महादेवी की उच्च पदवी से पहले ही वञ्चित हो गयी होगी।

मन्दाकिनी—किन्तु आप तो भाभी होना भी अस्वीकार करती हैं !

ध्रुवस्वामिनी—भाभी कहने का तुम्हें रोग हो तो कह लो। क्योंकि इन्हीं पुरोहित जी ने उस दिन कुछ मन्त्रों को पढ़ा था। उस दिन के बाद मुझे कभी राजा से सरल सम्भाषण करने का अवसर ही न मिला। हाँ, न जाने मेरे किस अपराध पर सन्दिग्ध-चित्त होकर उन्होंने जब मुझे निर्वासित किया, तभी मैंने उनसे अपने स्त्री होने के अधिकार की रक्षा की भीख माँगी थी। वह भी न मिली और मैं बलि-पशु की तरह, अकरुण आज्ञा की डोरी में बँधी हुई शक-दुर्ग में भेज दी गयी। तब भी तुम मुझे भाभी कहना चाहती हो ?

मन्दाकिनी—(सिर झुका कर) यह गर्हित और ग्लानि-जनक प्रसङ्ग है।

पुरोहित—यह मैं क्या सुन रहा हूँ ? मुझे तो यह जान कर प्रसन्नता हुई थी कि वीर रमणी की तरह, अपने साहस के बल पर महादेवी ने इस दुर्ग पर अधिकार किया है।

ध्रुवस्वामिनी—आप झूठ बोलते हैं।

पुरोहित—(आश्चर्य से) मैं और झूठ !

ध्रुवस्वामिनी—हाँ, आप और झूठ, नहीं स्वयं आप ही मिथ्या हैं।

पुरोहित—(हँस कर) क्या आप वेदान्त की बात कहती हैं ? तब तो संसार मिथ्या है ही।

ध्रुवस्वामिनी—(क्रोध से) संसार मिथ्या है या नहीं, यह तो मैं नहीं जानती, परन्तु आप, आपका कर्मकाण्ड और आपके शास्त्र क्या सत्य हैं, जो सदैव रक्षणीया स्त्री की यह दुर्दशा हो रही है ?

पुरोहित—(मन्दाकिनी से) बेटी ! तुम्हीं बताओ, यह मेरा भ्रम है या महादेवी का रोष ?

ध्रुवस्वामिनी—रोष है, हाँ मैं रोष से जली जा रही हूँ। इतना बड़ा उपहास—धर्म के नाम पर स्त्री की आज्ञाकारिता की यह पैशाचिक परीक्षा मुझसे बलपूर्वक ली गयी है। पुरोहित ! तुमने जो मेरा राक्षस-विवाह कराया है, उसका उत्सव भी कितना सुन्दर है ! यह जन-संहार देखो, अभी उस प्रकोष्ठ में रक्त से सनी हुई शकराज की

लोथ पड़ी होगी। कितने ही सैनिक दम तोड़ते होंगे, और इस रक्तधारा में तिरती हुई मैं राक्षसी-सी साँस ले रही हूँ। तुम्हारा स्वस्त्ययन मुझे शान्ति देगा?

मन्दाकिनी—आर्य! आप बोलते क्यों नहीं? आप धर्म के नियामक हैं। जिन स्त्रियों को धर्म-बन्धन में बाँधकर, उनकी सम्मति के बिना आप उनका सब अधिकार छीन लेते हैं, तब क्या धर्म के पास कोई प्रतिकार—कोई संरक्षण नहीं रख छोड़ते, जिससे वे स्त्रियाँ अपनी आपत्ति में अवलम्ब माँग सकें? क्या भविष्य के सहयोग की कोरी कल्पना से उन्हें आप सन्तुष्ट रहने की आज्ञा देकर विश्राम ले लेते हैं?

पुरोहित—नहीं, स्त्री और पुरुष का परस्पर विश्वासपूर्वक अधिकार-रक्षा और सहयोग ही तो विवाह कहा जाता है। यदि ऐसा न हो तो धर्म और विवाह खेल है।

ध्रुवस्वामिनी—खेल हो या न हो, किन्तु एक क्लीव पति के द्वारा परित्यक्ता नारी का मृत्यु-मुख में जाना ही मङ्गल है। उसे स्वस्त्ययन और शान्ति की आवश्यकता नहीं।

पुरोहित—(**आश्चर्य से**) यह मैं क्या सुन रहा हूँ? विश्वास नहीं होता। यदि ये बातें सत्य हैं, तब तो मुझे फिर एक बार धर्मशास्त्र को देखना पड़ेगा। (**प्रस्थान**)

(**मिहिरदेव के साथ कोमा का प्रवेश**)

ध्रुवस्वामिनी—तुम लोग कौन हो?

कोमा—मैं पराजित शक-जाति की एक बालिका हूँ।

ध्रुवस्वामिनी—और?

कोमा—और मैंने प्रेम किया था।

ध्रुवस्वामिनी—इस घोर अपराध का तुम्हें क्या दण्ड मिला?

कोमा—वही, जो स्त्रियों को प्रायः मिला करता है—निराशा निष्पीड़न! और उपहास!! रानी, मैं तुमसे भीख माँगने आयी हूँ।

ध्रुवस्वामिनी—शत्रुओं के लिए मेरे पास कुछ नहीं है। अधिक हठ करने पर दण्ड मिलना भी असम्भव नहीं।

मिहिरदेव—(**दीर्घ निःश्वास लेकर**) पागल लड़की, हो चुका न? अब भी तू न चलेगी?

(**कोमा सिर झुका लेती है**)

मन्दाकिनी—तुम चाहती क्या हो?

कोमा—रानी तुम भी स्त्री हो। क्या स्त्री की व्यथा न समझोगी? आज तुम्हारी विजय का अन्धकार तुम्हारे शाश्वत स्त्रीत्व को ढँक ले, किन्तु सब के जीवन में एक बार प्रेम की दीपावली जलती है। जली होगी अवश्य। तुम्हारे भी जीवन में वह आलोक का महोत्सव आया होगा, जिसमें हृदय हृदय को पहचानने का प्रयत्न करता

है, उदार बनता है और सर्वस्व दान करने का उत्साह रखता है। मुझे शकराज का शव चाहिये।

ध्रुवस्वामिनी—(**सोच कर**) जलो, प्रेम के नाम पर जलना चाहती हो तो तुम उस शव को ले जा कर जलो। जीवित रहने पर मालूम होता है कि तुम्हें अधिक शीतलता मिल चुकी है। अवश्य तुम्हारा जीवन धन्य है। (**सैनिक से**) इसे ले जाने दो।

(**कोमा का प्रस्थान**)

मन्दाकिनी—स्त्रियों के इस बलिदान का भी कोई मूल्य नहीं। कितनी असहाय दशा है। अपने निर्बल और अवलम्ब खोजने वाले हाथों से यह पुरुषों के चरणों को पकड़ती हैं और वह सदैव ही इनको तिरस्कार, घृणा, और दुर्दशा की भिक्षा से उपकृत करता है। तब भी यह बावली मानती है ?

ध्रुवस्वामिनी—भूल है—भ्रम है। (**ठहर कर**) किन्तु उसका कारण भी है। पराधीनता की एक परम्परा-सी उनकी नस-नस में—उनकी चेतना में न जाने किस युग से घुस गयी है। उन्हें समझ कर भी भूल करनी पड़ती है। क्या वह मेरी भूल न थी—जब मुझे निर्वासित किया गया, तब मैं अपनी आत्म-मर्यादा के लिए कितनी तड़प रही थी और राजधिराज रामगुप्त के चरणों में रक्षा के लिये गिरी; पर कोई उपाय चला ? नहीं। पुरुषों की प्रभुता का जाल मुझे अपने निर्दिष्ट पथ पर ले ही आया। मन्दा ! दुर्ग की विजय मेरी सफलता है या मेरा दुर्भाग्य, इसे मैं नहीं समझ सकी हूँ। राजा से मैं सामना करना नहीं चाहती। पृथ्वी-तल से जैसे एक साकार घृणा निकल कर मुझे अपने पीछे लौट चलने का सङ्केत कर रही है। क्यों, क्या यह मेरे मन का कलुष है ? क्या मैं मानसिक पाप कर रही हूँ ?

(**उन्मत्त भाव से प्रस्थान**)

मन्दाकिनी—नारी-हृदय, जिसके मध्य-विन्दु से सट कर, शास्त्र का एक मन्त्र, कील की तरह गड़ गया है और उसे अपने सरल प्रवर्त्तन-चक्र में घूमने से रोक रहा निश्चय ही वह कुमार चन्द्रगुप्त की अनुरागिनी है।

चन्द्रगुप्त—(**सहसा प्रवेश करके**) कौन ?—मन्दा !

मन्दाकिनी—अरे कुमार ! अभी थोड़ा विश्राम करते।

चन्द्रगुप्त—(**बैठते हुए**) विश्राम ! मुझे कहाँ विश्राम ? मैं अभी यहाँ से प्रस्थान करने वाला हूँ। मेरा कर्तव्य पूर्ण हो चुका। यहाँ मेरा ठहरना अच्छा नहीं।

मन्दाकिनी—किन्तु, भाभी की जो बुरी दशा है।

चन्द्रगुप्त—क्यों, उन्हें क्या हुआ ? (**मन्दाकिनी चुप रहती है**) बोलो, मुझे

अवकाश नहीं ! राजाधिराज का सामना होते ही क्या हो जायगा—मैं नहीं कह सकता । क्योंकि अब यह राजनीतिक छल-प्रपञ्च मैं नहीं सह सकता ।

मन्दाकिनी—किन्तु, उन्हें इस असहाय अवस्था में छोड़कर आपका जाना क्या उचित होगा ? और····**(चुप रह जाती है)**

चन्द्रगुप्त—और क्या ? वही क्यों नहीं कहती हो ?

मन्दाकिनी—तो क्या उसे भी कहना होगा कि महादेवी बनने के पहले ध्रुवस्वामिनी का जो मनोभाव था, वह क्या आप से छिपा है ?

चन्द्रगुप्त—किन्तु मन्दाकिनी ! उसकी चर्चा करने से क्या लाभ ?

मन्दाकिनी—हृदय में नैतिक साहस—वास्तविक प्रेरणा और पौरुष की पुकार एकत्र करके सोचिये तो कुमार, कि अब आपको क्या करना चाहिये ? **(चन्द्रगुप्त चिन्तित भाव से टहलने लगता है । नेपथ्य में कुछ लोगों के आने-जाने का शब्द और कोलाहल)** देखूँ तो यह क्या है ? और महादेवी कहाँ गयीं ? **(प्रस्थान)**

चन्द्रगुप्त—विधान की स्याही का एक बिन्दु गिर कर भाग्य-लिपि पर कालिमा चढ़ा देता है । मैं आज यह स्वीकार करने में भी सङ्कुचित हो रहा हूँ कि ध्रुवदेवी मेरी है । **(ठहर कर)** हाँ, वह मेरी है, उसे मैंने आरम्भ से ही अपनी सम्पूर्ण भावना से प्यार किया है । मेरे हृदय के गहन अन्तस्तल से निकली हुई यह मूक स्वीकृति आज बोल रही है । मैं पुरुष हूँ ? नहीं, मैं अपनी आँखों से अपना वैभव और अधिकार दूसरों को अन्याय से छीनते देख रहा हूँ और मेरी वाग्दत्ता पत्नी मेरे ही अनुत्साह से आज मेरी नहीं रही । नहीं, यह शील का कपट, मोह और प्रवञ्चना है । मैं जो हूँ, वही तो नहीं स्पष्ट रूप से प्रकट कर सका । यह कैसी विडम्बना है ! विनय के आवरण में मेरी कायरता अपने को कब तक छिपा सकेगी ?

(एक ओर से मन्दाकिनी का प्रवेश)

मन्दाकिनी—शकराज का शव लेकर जाते हुये आचार्य और उसकी कन्या का राजाधिराज के साथी सैनिकों ने बध कर डाला !

ध्रुवस्वामिनी—**(दूसरी ओर से प्रवेश करके)** ऐं ।

(सामन्त-कुमारों का प्रवेश)

सामन्त-कुमार—**(सब एक साथ ही)** स्वामिनी ! आपकी आज्ञा के विरुद्ध राजाधिराज ने निरीह शकों का संहार करवा दिया है ।

ध्रुवस्वामिनी—फिर आप लोग इतने चञ्चल क्यों हैं ? राजा को आज्ञा देनी चाहिये और प्रजा को नत-मस्तक होकर उसे मानना होगा ।

सामन्त-कुमार—किन्तु अब वह असह्य है । राजसत्ता के अस्तित्व की घोषणा के

लिए इतना भङ्कर प्रदर्शन। मैं तो कहूँगा, इस दुर्ग में आपकी आज्ञा के बिना राजा का आना अन्याय है।

ध्रुवस्वामिनी—मेरे वीर सहायको! मैं तो स्वयं एक परित्यक्ता और हतभागिनी स्त्री हूँ। मुझे तो अपनी स्थिति की कल्पना से भी क्षोभ हो रहा है। मैं क्या कहूँ?

सामन्त-कुमार—मैं सच कहता हूँ, रामगुप्त-जैसे राजपद को कलुषित करने वाले के लिये मेरे हृदय में तनिक भी श्रद्धा नहीं। विजय का उत्साह दिखाने यहाँ वे किस मुँह से आयें, जो हिंसक, पाखण्डी, क्षीव और क्लीव हैं।

रामगुप्त—**(सहसा शिखरस्वामी के साथ प्रवेश कर के)** क्या कहा? फिर से तो कहना!

सामन्त-कुमार—गुप्त-काल के गौरव को कलङ्क-कालिमा के सागर में निमज्जित करनेवाले!

शिखरस्वामी—**(उसे बीच ही में रोककर)** चुप रहो! क्या तुम लोग किसी के बहकाने से आवेश में आ गये हो? **(चन्द्रगुप्त की ओर देखकर)** कुमार! यह क्या हो रहा है?

(चन्द्रगुप्त उत्तर देने की चेष्टा करके चुप रह जाता है)

रामगुप्त—दुर्विनीत, पाखण्डी, पामरो! तुम्हें इस धृष्टता का क्रूर दण्ड भोगना पड़ेगा। **(नेपथ्य की ओर देखकर)** इन विद्रोहियों को बन्दी करो।

(रामगुप्त के सैनिक आकर सामन्त-कुमारों को बन्दी बनाते हैं। रामगुप्त का का सङ्केत पा कर सैनिक लोग चन्द्रगुप्त की ओर भी बढ़ते हैं और चन्द्रगुप्त शृङ्खला में बंध जाता है)

ध्रुवस्वामिनी—कुमार! मैं कहती हूँ कि तुम प्रतिवाद करो। किस अपराध के लिए यह दण्ड ग्रहण कर रहे हो?

(चन्द्रगुप्त एक दीर्घ निःश्वास लेकर चुप रह जाता है)

रामगुप्त—**(हँसकर)** कुचक्र करने वाले क्या बोलेंगे?

ध्रुवस्वामिनी—और जो लोग बोल सकते हैं, जो अपनी पवित्रता की दुन्दुभी बजाते हैं, वे सब-के-सब साधु होते हैं न? **(चन्द्रगुप्त से)** कुमार! तुम्हारी जिह्वा पर कोई बन्धन नहीं। कहते क्यों नहीं कि मेरा यही अपराध है कि मैंने कोई अपराध नहीं किया?

रामगुप्त—महादेवी!

ध्रुवस्वामिनी—**(उसे न सुनते हुए चन्द्रगुप्त से)** झटक दो इन लौह-शृङ्खलाओं को! यह मिथ्या ढोंग कोई नहीं सहेगा। तुम्हारा क्रुद्ध दुर्दैव भी नहीं।

रामगुप्त—**(डाँट कर)** महादेवी! चुप रहो!

ध्रुवस्वामिनी—(तेजस्विता से) कौन महादेवी ! राजा, क्या अब भी मैं महादेवी ही हूँ ? जो शकराज की शय्या के लिये क्रीतदासी की तरह भेजी गयी हो वह भी महादेवी ! आश्चर्य !

शिखरस्वामी—देवि, इस राजनीतिक चातुरी में जो सफलता . . . ।

ध्रुवस्वामिनी—(पैर पटक कर) चुप रहो ! प्रवञ्चना के पुतले ! स्वार्थ के घृणित प्रपञ्च ! चुप रहो !

रामगुप्त—तो तुम महादेवी नहीं हो न ?

ध्रुवस्वामिनी—नहीं । मनुष्य की दी हुई उपाधि मैं लौटा देती हूँ ।

रामगुप्त—और मेरी सहधर्मिणी ?

ध्रुवस्वामिनी—धर्म ही इसका निर्णय करेगा !

रामगुप्त—ऐं, क्या इसमें भी सन्देह !

ध्रुवस्वामिनी—उसे अपने हृदय से पूछिये कि क्या मैं वास्तव में सहधर्मिणी हूँ ?

(**पुरोहित का प्रवेश । सामने सबको देखकर चौंक उठता है । शिखरस्वामी उसे चले जाने का संकेत करता है**)

पुरोहित—नहीं, मैं नहीं जाऊँगा । प्राणि-मात्र के अन्तस्तल में जाग्रत रहने वाले महान् विचारक धर्म की आज्ञा, मैं न टाल सकूँगा । अभी जो प्रश्न अपनी गम्भीरता में भीषण होकर आप लोगों को विचलित कर रहा है, मैं ही उसका उत्तर देने का अधिकारी हूँ । विवाह का धर्मशास्त्र से घनिष्ठ सम्बन्ध है ।

ध्रुवस्वामिनी—आप सत्यवादी ब्राह्मण हैं । कृपा करके बतलाइये . . . ।

शिखरस्वामी—(**विनय से उसे रोककर**) मैं समझता हूँ कि यह विवाद अधिक बढ़ाने से कोई लाभ नहीं !

ध्रुवस्वामिनी—नहीं, मेरी इच्छा इस विवाद का अन्त करने की है । आज यह निर्णय हो जाना चाहिये कि मैं कौन हूँ ।

रामगुप्त—ध्रुवस्वामिनी, निर्लज्जता की भी एक सीमा होती है ।

ध्रुवस्वामिनी—मेरी निर्लज्जता का दायित्व क्लीब का पुरुष पर है । स्त्री की लज्जा लूटने वाले दस्यु के लिये मैं....।

रामगुप्त—(रोक कर) चुप रहो ! तुम्हारा पर-पुरुष में अनुरक्त हृदय अत्यन्त कलुषित हो गया है । तुम काल-सर्पिणी-सी स्त्री ! ओह, तुम्हें धर्म का तनिक भी भय नहीं । शिखर ! इसे भी बन्दी करो ।

पुरोहित—ठहरिये ! महाराज, ठहरिए ! धर्म की ही बात मैं सोच रहा था ।

शिखरस्वामी—(क्रोध से) मैं कहता हूँ कि तुम चुप न रहोगे, तो तुम्हारी भी यही दशा होगी ।

(**सैनिक आगे बढ़ता है**)

मन्दाकिनी—**(उसे रोक कर)** महाराज, पुरुषार्थ का इतना बड़ा प्रहसन ! अबला पर ऐसा अत्याचार ! ! यह गुप्त-सम्राट् के लिए शोभा नहीं देता ।

रामगुप्त—**(सैनिक से)** क्या देखते हो जी !

(सैनिक आगे बढ़ता है और चन्द्रगुप्त आवेश में आकर लोह-शृङ्खला तोड़ डालता है । सब आश्चर्य और भय से देखते हैं)

चन्द्रगुप्त—मैं भी आर्य समुद्रगुप्त का पुत्र हूँ । और शिखरस्वामी, तुम यह अच्छी तरह जानते हो कि मैं ही उनके द्वारा निर्वाचित युवराज भी हूँ। तुम्हारी नीचता अब असह्य है । तुम अपने राजा को ले कर इस दुर्ग से सकुशल बाहर चले जाओ । यहाँ अब मैं ही शकराज के समस्त अधिकारों का स्वामी हूं ।

रामगुप्त—**(भयभीत हो कर चारों ओर देखता हुआ)** क्या ?

ध्रुवस्वामिनी—**(चन्द्रगुप्त से)** यही तो कुमार !

चन्द्रगुप्त—**(सैनिकों को डपट कर)** इन सामन्त-कुमारों को मुक्त करो !

(सैनिक वैसा ही करते हैं और शिखरस्वामी के संकेत से रामगुप्त धीरे-धीरे भय से पीछे हटता हुआ बाहर चला जाता है)

शिखरस्वामी—कुमार ! इस कलह को मिटाने के लिये हम लोगों को परिषद् का निर्णय माननीय होना चाहिये । मुझे आपके अधिपत्य से कोई विरोध नहीं है, किन्तु सब काम विधान के अनुकूल होना चाहिये । मैं कुल-वृद्धों को और सामन्तों को, जो यहाँ उपस्थित हैं, लिवा लाने जाता हूँ ।

(प्रस्थान)

(सैनिक लोग और भी मंच ले आते हैं और सामान्त-कुमार अपने खड्गों को खींच-कर चन्द्रगुप्त के पीछे खड़े हो जाते हैं । ध्रुवस्वामिनी और चन्द्रगुप्त परस्पर एक दूसरे को देखते हुये खड़े रहते हैं । परिषद् के साथ रामगुप्त का प्रवेश । सब लोग मंच पर बैठते हैं)

पुरोहित—कुमार ! आसन ग्रहण कीजिये ।

चन्द्रगुप्त—मैं अभियुक्त हूँ ।

शिखरस्वामी—बीती हुई बातों को भूल जाने में ही भलाई है । भाई-भाई की तरह गले से लग कर गुप्त-कुल का गौरव बढ़ाइये ।

चन्द्रगुप्त—अमात्य, तुम गौरव किसको कहते हो ? वह है कहीं ? रोग-जर्जर शरीर पर अलङ्कारों की सजावट, मलिनता और कलुष की ढेरी पर बाहरी कुङ्कुम-केसर का लेप गौरव नहीं बढ़ता । कुटिलता की प्रतिमूर्ति, बोलो ! मेरी वाग्दत्ता पत्नी और पिता-द्वारा दिये हुये मेरे सिंहासन का अपहरण किसके संकेत से हुआ ? और छल से....।

रामगुप्त—यह उन्मत्त प्रलाप बन्द करो। चन्द्रगुप्त तुम मेरे भाई ही हो न! मैं तुमको क्षमा करता हूँ।

चन्द्रगुप्त—मैं उसे माँगता नहीं और क्षमा देने का अधिकार भी तुम्हारा नहीं रहा। आज तुम राजा नहीं हो। तुम्हारे पाप प्रायश्चित्त की पुकार कर रहे हैं। न्यायपूर्ण निर्णय के लिये प्रतीक्षा करो और अभियुक्त बनकर अपने अपराधों को सुनो।

मन्दाकिनी—(**ध्रुवस्वामिनी को आगे खींच कर**) यह है गुप्तकुल की वधू।

रामगुप्त—मन्दा!

मन्दाकिनी—राजा का भय, मन्दा का गला नहीं घोंट सकता। तुम लोगों को यदि कुछ भी बुद्धि होती, तो इस अपनी कुल-मर्यादा नारी को, शत्रु के दुर्ग में यों न भेजते। भगवान् ने स्त्रियों को उत्पन्न करते ही अधिकारों से वञ्चित नहीं किया है। किन्तु तुम लोगों की दस्यु-वृत्ति ने उन्हें लूटा है। इस परिषद् में मेरी प्रार्थना है कि आर्य समुन्द्रगुप्त का विधान तोड़ कर जिन लोगों ने राज-किल्विष किया हो उन्हें दण्ड मिलना चाहिये।

शिखरस्वामी—तुम क्या कह रही हो?

मन्दाकिनी—मैं तुम लोगों की नीचता की कथा सुना रही हूँ। अनार्य! सुन नहीं सकते? तुम्हारी प्रवञ्चनाओं ने जिस नरक की सृष्टि की है उसका अन्त समीप है। यह साम्राज्य किसका है? आर्य समुद्रगुप्त ने किसे युवराज बनाया था? चन्द्रगुप्त को या इस क्लीव रामगुप्त को जिसने छल और बल से विवाह करके भी इस नारी को अन्य पुरुष की अनुरागिनी बताकर दण्ड देने के लिए आज्ञा दी है। वही, रामगुप्त, जिसने कापुरुषों की तरह इस स्त्री को शत्रु के दुर्ग में बिना विरोध किये भेज दिया था, तुम्हारे गुप्तसाम्राज्य का सम्राट् है! और यह ध्रुवस्वामिनी! जिसे कुछ दिनों तक तुम लोगों ने महादेवी कह कर सम्बोधित किया है, वह क्या है? कौन है? और उसका कैसा अस्तित्व है? कहीं धर्मशास्त्र हो तो उसका मुँह खुलना चाहिये।

पुरोहित—शिखर, मुझे अब भी बोलने दोगे या नहीं। मैं राज्य के सम्बन्ध में कुछ नहीं कहना चाहता। वह तुम्हारी राजनीति जाने। किन्तु इस विवाह के सम्बन्ध में तो मुझे कुछ कहना ही चाहिये।

गुप्तकुल का एक वृद्ध—कहिए देव, आप ही तो धर्मशास्त्र के मुख हैं।

पुरोहित—विवाह की विधि ने देवी ध्रुवस्वामिनी और रामगुप्त को एक भ्रान्तिपूर्ण बन्धन में बाँध दिया है। धर्म का उद्देश्य इस तरह पददलित नहीं किया जा सकता। माता और पिता के प्रमाण के कारण से धर्म-विवाह केवल परस्पर द्वेष से टूट नहीं सकते; परन्तु यह सम्बन्ध उन प्रमाणों से भी विहीन है। और भी (**रामगुप्त को देखकर**) यह रामगुप्त मृत और प्रव्रजित तो नहीं; पर गौरव से नष्ट, आचरण से

पतित और कर्मों से राजकिल्विषी क्लीव है। ऐसी अवस्था में रामगुप्त का ध्रुवस्वामिनी पर कोई अधिकार नहीं।

रामगुप्त—(**खड़ा हो कर क्रोध से**) मूर्ख! तुमको मृत्यु का भय नहीं!

पुरोहित—तनिक भी नहीं। ब्राह्मण केवल धर्म-से भयभीत है। अन्य किसी भी शक्ति को वह तुच्छ समझता हैं। तुम्हारे बधिक मुझे धार्मिक सत्य कहने से रोक नहीं सकते। उन्हें बुलाओ, मैं प्रस्तुत हूँ।

मन्दाकिनी—धन्य हो ब्रह्मदेव!

शिखरस्वामी—किन्तु निर्भीक पुरोहित, तुम क्लीव शब्द का प्रयोग कर रहे हो!

पुरोहित—(**हँसकर**) राजनीतिक दस्यु! तुम शास्त्रार्थ न करो। क्लीव! श्रीकृष्ण ने अर्जुन को क्लीव किस लिये कहा था? जिसे अपनी स्त्री को दूसरे की अङ्कगामिनी बनने के लिये भेजने में कुछ संकोच नहीं, यह क्लीव नहीं तो और क्या है? मैं स्पष्ट कहता हूँ कि धर्म-शास्त्र रामगुप्त से ध्रुवस्वामिनी के मोक्ष की आज्ञा देता हैं।

परिषद् के सब लोग—अनार्य, पतित और क्लीव रामगुप्त, गुप्तसम्राज्य के पवित्र राज्य-सिंहासन पर बैठने का अधिकारी नहीं।

रामगुप्त—(**सशङ्क और भयभीत-सा इधर-उधर देखकर**) तुम सब पाखण्डी हो, विद्रोही हो। मैं अपने न्यायपूर्ण अधिकार को तुम्हारे-जैसे कुत्तों के भौंकने पर न छोड़ दूँगा।

शिखरस्वामी—किन्तु परिषद् का विचार तो मानना ही होगा।

रामगुप्त—(**रोने के स्वर में**) शिखर! तुम भी ऐसा कहते हो? नहीं, मैं यह न मानूँगा।

ध्रुवस्वामिनी—रामगुप्त! तुम अभी इस दुर्ग के बाहर जाओ।

रामगुप्त—ऍं! यह परिवर्तन? तो मैं सचमुच क्लीव हूँ क्या?

(धीरे-धीरे हटता हुआ चन्द्रगुप्त के पीछे पहुँचकर उसे कटार निकाल कर मारना चाहता है चन्द्रगुप्त को विपन्न देखकर कुछ लोग चिल्ला उठते हैं। जब तक चन्द्रगुप्त घूमता है तब तक एक सामन्त-कुमार रामगुप्त पर प्रहार करके चन्द्रगुप्त की रक्षा कर लेता है : रामगुप्त गिर पड़ता है)

सामन्त-कुमार—राजाधिराज चन्द्रगुप्त की जय!

परिषद्—महादेवी ध्रुवस्वामिनी की जय!

(पटाक्षेप)

अग्निमित्र

एक दृश्य मात्र

अपरिसमाप्त नाटक : जिसकी कथा अपरिसमाप्त उपन्यास इरावती में रूपान्तरित हो गई। मूल पाण्डुलिपि का प्रथम पृष्ठ अप्राप्य रहने से बाध्यतः आरम्भ के साढ़े आठ संवादों का (काले टाइप में) क्षेपक हैं जिसके अन्त में = चिह्न है।

—सम्पादक

पात्र-परिचय

सम्राट् : मगध का अन्तिम मौर्य राजा बृहद्रथ
पुष्यमित्र : सेनापति
अग्निमित्र : पुष्यमित्र का पुत्र महानायक
बलमित्र : नायक और पुष्यमित्र का भ्रातृष्पुत्र
इरावती : मालव कन्या
भिक्षु : कुक्कुटाराम का स्थविर
-सैनिक परिचारक-भिक्षुणियाँ-भिक्षु आदि

(उज्जयिनी में शिप्रा तट पर कुक्कुटाराम का द्वार। एक भिक्षु सिर झुकाये टहल रहा है। एक क्रुद्ध और उद्विग्न अश्वारोही सैनिक वेग से आकर उसके समीप रुकता है)

सैनिक—(सरोष) क्या तुम्हीं इस कुक्कुटाराम के स्थविर हो ?

भिक्षु—(मन्द स्वर में) शान्त हो उपासक ! ऐसा अविनय क्यों ?

सैनिक —(क्षोभ से) शान्त ! मृत्यु-शीतल शून्यता की व्यवस्था देने वाले वाग्जाल की विज्ञप्ति बहुत हो चुकी। उत्तर दो तुम्हीं स्थविर हो या अन्य कोई ?

भिक्षु—(अन्तरिक्ष को देखते) यह पिशंग सन्ध्या शून्य का ही विवर्त्त कर रही है। देखो ! न दिन है न रात, दिवापति का निर्वाण हो रहा है। समग्र विश्व मानों तथागत की पीली संघाटी में आश्रय ले रहा.........

सैनिक—(पैर पटकते) बको मत।

भिक्षु—धैर्य धरो, अनुद्विग्न हो जाओ, धर्म का पथ प्रशस्त है, सुआख्यात है। मैं तुम्हें आर्य सत्य बता शील में प्रतिष्ठित करूँगा। आओ, यहाँ निर्वाण का....

सैनिक—निर्वाण ! मैं उसमें विश्वास नहीं करता वह भी शून्य है—असत् है—सबसे बड़ा अन्धकार है। तुम्हें उस दिवापति का निर्वाण दीख रहा है जो आगामी कल अपनी सम्पूर्ण प्रभा से उदित होने वाला है, तथागत की पीली सङ्घाटी की छाया के बाद ? आ रहा है निविड़ अन्धकार ! तुम्हारा वह निर्वाण ढूँढ लूँगा—किसी दूसरे जन्म में जब जीवन अपनी सार्थकता खो देगा। मालव पुनर्जन्मवादी हैं।

भिक्षु—कदाचित् इस पवित्र कुक्कुटाराम के महास्थविर को तुम पूछ रहे थे.......

सैनिक—(व्यङ्ग्यपूर्वक) मेरा प्रश्न भी शून्य बन गया ? अभी कदाचित् लगा रखा है (कुक्कुटाराम की ओर इङ्गित) इस नीहार भरे कुहर ने मनुष्य के सामान्य जीवन को भी नहीं देख पाता। न जाने कब तुम्हारे इस कुक्कुटाराम की प्राचीर गिरेगी और उसमें बन्दिनी मानवता मुक्त होकर अपना कर्त्तव्य करने के लिये स्वतन्त्र होगी।

भिक्षु—(घृणा से) अनार्य ! तुम कितने पाप-मति हो ?

सैनिक—भिक्षु ! तुम्हारा पुण्य न जाने कब धोखे में पाप बन गया है। हाँ; वह पुण्य था। किन्तु अब मानवता को वह किधर ले जा रहा है, इस पर कभी विचार किया ? इस पवित्र मानव-जीवन की, इस चैतन्य—ज्वाला की उपयोगिता क्या निर्वाण में बुझ जाने में है ?

(भिक्षु हताश होकर उसकी ओर देखता चुप रह जाता है। भीतर घण्टा की ध्वनि होती है और उसी द्वार से भिक्षुणियों का दल निकलता है। घण्टा की ध्वनि बन्द हो

जाती है और सजीव शोक-प्रवाह-सी भिक्षुणियों की पाँत, अभ्यास से विषादपूर्ण पाद-विक्षेप करती हुई एक ओर चली जाती हैं। नेपथ्य में गीत)

सुख साधन में भूल न रे मन!
भव तृष्णा न मिटेगी तेरी
आशा दोला झूल न रे मन!
रूप, वेदना, क्षणिक रङ्ग हैं
खिल-खिल कर यों फूल न रे मन!

(भिक्षु और सैनिक जैसे उन्हें न देखते हुये सविनय सिर झुका लेते हैं। सहसा सैनिक एक सुपरिचित मूर्त्ति देखकर जिधर भिक्षुणियों का दल नेपथ्य में चला जाता है उसी ओर देखने लगता है)

सैनिक—(आवेग से आगे बढ़ता हुआ) इरावती! इरावती! सुन लो, चली न जाओ।

भिक्षु—फिर वही अभिनय!

सैनिक—चुप रहो भिक्षु। यह किस क्रूरकर्म्मा का विधान है! जिसे ऊषा की उल्लसित लालिमा में विकसित होना चाहिये, उसे तुम—नहीं तुम्हारे धर्म-दम्भ ने दिनान्त की सन्ध्या के पीलेपन में डूबते हुए मुरझायी साँस लेने की आज्ञा दी है। इरावती, जिसको वसन्त की कोकिला की तरह मादक तान लेनी चाहिये वह चिर शोक-संगीत-सी महाशून्य में चली जा रही है। तुम कहोगे कि इससे धर्म का प्रचार होता है। किन्तु........।

भिक्षु—युवक! धर्म ही मानव हृदय में शान्ति और उपशम का साधन है।

सैनिक—हृदयहीन धार्मिक! शान्ति होगी कहाँ? तुम्हारे क्षणिक विज्ञान के राज्य में शान्ति ठहरेगी कहाँ? तुम क्या जानो? यौवन-काल के सम्पूर्ण समर्पण करने वाले हृदय में घोर दुःख और कष्ट में भी कितना विश्वास और कितनी शान्ति होती है। वह शान्ति तुम्हारी-जैसी मृतक-शान्ति नहीं। किन्तु मैं यह क्या कह रहा हूँ? तुम उसे क्या समझोगे? (विनम्र होकर) स्थविर! क्षमा करो! मैं अतिवादी हूँ। बताओ इरावती को सङ्घ की मृत्यु-शीतल छाया में किसने भेज दिया है?

भिक्षु—(हँसकर) सम्राट् ने।

सैनिक—ओह! सम्राट् ने?

(भिक्षु नेपथ्य की ओर देखकर चुप रहने का सङ्केत करता है। उल्काधारी सैनिक और परिचारिकाओं से घिरा हुआ शिविकारूढ़ सम्राट् का प्रवेश युवक झुककर अभिवादन करता हुआ हट जाता है)

सम्राट्—(भिक्षु को देखकर) भन्ते! मैं वन्दना करता हूँ।